Direito das Famílias

DIMAS MESSIAS DE CARVALHO

Direito das Famílias

Atualizada de acordo com a Lei n. 13.811/2019 e Prov. CNJ n. 83/2019.

8ª edição
2020

saraiva jur

saraiva EDUCAÇÃO | saraiva jur

Av. Paulista, 901, 3º andar
Bela Vista – São Paulo – SP – CEP: 01311-100

SAC | sac.sets@somoseducacao.com.br

DADOS INTERNACIONAIS DE CATALOGAÇÃO NA PUBLICAÇÃO (CIP)
ANGÉLICA ILACQUA CRB-8/7057

Carvalho, Dimas Messias de
Direito das famílias / Dimas Messias de Carvalho. – 8. ed.
– São Paulo : Saraiva Educação, 2020.
1016 p.

Bibliografia
ISBN 978-65-5559-185-9 (impresso)

1. Direito de família I. Título.

20-0342 CDD 340

Índice para catálogo sistemático:
1. Contrato de família : Direito Civil 347.47

Direção executiva	Flávia Alves Bravin
Direção editorial	Renata Pascual Müller
Gerência editorial	Roberto Navarro
Gerência de produção e planejamento	Ana Paula Santos Matos
Gerência de projetos e serviços editoriais	Fernando Penteado
Consultoria acadêmica	Murilo Angeli Dias dos Santos
Planejamento	Clarissa Boraschi Maria (coord.)
Novos projetos	Melissa Rodriguez Arnal da Silva Leite
Edição	Eveline Gonçalves Denardi (coord.) Marisa Amaro dos Reis
Produção editorial	Fernanda Matajs (coord.) Luciana Cordeiro Shirakawa
Arte e digital	Mônica Landi (coord.) Amanda Mota Loyola Camilla Felix Cianelli Chaves Claudirene de Moura Santos Silva Deborah Mattos Guilherme H. M. Salvador Tiago Dela Rosa
Projetos e serviços editoriais	Breno Lopes de Souza Josiane de Araujo Rodrigues Kelli Priscila Pinto Laura Paraíso Buldrini Filogônio Marília Cordeiro Mônica Gonçalves Dias
Diagramação	NSM Soluções Gráficas Ltda.
Revisão	Amélia Kassis Ward
Capa	Deborah Mattos
Imagem de capa	iStock/GettyImagesPlus/Sloop Communications
Produção gráfica	Marli Rampim Sergio Luiz Pereira Lopes
Impressão e acabamento	Gráfica Paym

Data de fechamento da edição: 13-4-2020

Dúvidas? Acesse www.editorasaraiva.com.br/direito

Dedicatória

Aos meus filhos, Dimas Daniel, Marcos Vinícius e Amanda, a maior expressão de afeto do ser humano; à minha neta Mariana; à minha mãe, Divina, pela dedicação e exemplo de vida; ao meu pai, José (*in memoriam*), pelas lições; à Mara, pelo companheirismo; aos meus alunos, pela confiança, camaradagem e incentivo; aos meus mestres, pelos ensinamentos; aos magistrados, membros do Ministério Público, advogados, defensores públicos, estagiários e serventuários da justiça, pelo constante apoio; aos colegas professores e membros do IBDFAM, pelas lições e estímulo; aos meus irmãos e sobrinhos, pelo fortalecimento na família.

Dedico especialmente ao meu filho Guilherme Henrique, um anjo que iluminou minha vida por 19 anos com muito amor e alegria de viver, despertando na essência o mais puro sentimento de ser pai e de afeto, tendo partido precocemente, mas presença diuturna nos meus pensamentos e no coração, deixando a certeza de que ainda nos reencontraremos.

Agradecimentos

Agradeço a Deus por me propiciar muito mais do que fiz por merecer.

À Unifenas por proporcionar a oportunidade, em 1993, de ingressar no ensino jurídico e publicar meu primeiro livro. À Reitora Maria do Rosário Araújo Velano e às Pró-reitoras Larissa Araújo Velano e Viviane Araújo Velano Cassis pela amizade fraternal e constante incentivo.

Ao Desembargador Newton Teixeira Carvalho e ao Professor Rodrigo da Cunha Pereira, meus eternos mestres, por acreditarem e avalizarem nosso trabalho.

Ao Professor Conrado Paulino da Rosa e Dra. Maria Luíza Póvoa Cruz, eternos incentivadores, apoiadores e amigos fraternos.

À coordenadora da Editora Saraiva, Eveline Gonçalves Denardi, e à editora Marisa Amaro, pelo auxílio, disponibilidade e cordialidade.

Ao Ronner Botelho Soares, assessor jurídico e editor do IBDFAM, pela amizade e imprescindível auxílio com jurisprudências atualizadas.

Aos colegas professores e amigos fraternos, em especial da Unifenas/Campo Belo, pelo acolhimento e divulgação do trabalho.

Aos meus alunos, pela confiança, carinho e estímulo.

À Júnia de Cássia Rafael, pela dedicação e lealdade incondicional.

Aos amigos do IBDFAM e das comissões pelas oportunidades proporcionadas.

Aos colegas e amigos das comissões de família e sucessões da OAB/MG, eternos parceiros de aprendizado.

Agradecimentos

Agradeço a Deus por me propiciar muito mais do que fiz por merecer.

À Unifenas por proporcionar-me a oportunidade, em 1993, de ingressar no ensino jurídico e publicar meu primeiro livro. À Professora Maria do Rosário Araújo Velano e às Professoras Larissa Araújo Velano e Viviane Araújo Velano Cassis pela amizade fraternal e constante incentivo.

Ao Desembargador Newton Teixeira Carvalho e ao Professor Rodrigo da Cunha Pereira, meus eternos mestres, por acreditarem e apoiarem o nosso trabalho.

Ao Professor Conrado Paulino da Rosa e Dra. Maria Luiza Póvoa Cruz, eternos incentivadores, apoiadores e amigos fraternos.

À coordenadora da Editora Saraiva, Eveline Gonçalves Denardi, e à editora Maísa Amaro, pelo auxílio, disponibilidade e cordialidade.

Ao [illegible] Bolzano Soares, assessor jurídico e amigo do IBDFAM, pela análise e imprescindível auxílio com jurisprudências atualizadas.

Aos colegas professores e amigos fraternos, em especial da Unifenas/Campo Belo, pelo acolhimento e divulgação do trabalho.

Aos meus alunos, pela confiança, carinho e estímulo.

À [illegible] de Cássia [illegible], pela dedicação e lealdade incondicional.

Aos amigos do IBDFAM e das comissões pelas oportunidades proporcionadas.

Aos colegas e amigos das comissões de família e sucessões da OAB/MG, eternos parceiros de aprendizado.

Sumário

3

5

6

7

8

Nota do Autor à 8ª edição

A 8ª edição do *Direito das Famílias* foi atualizada, revista e ampliada. Como nas edições anteriores, importa na materialização e o amadurecimento jurídico de longa caminhada nas atividades de promotor de justiça na área de família, de professor da disciplina nos cursos de Direito da Unifenas, desde 1993 até os dias atuais, do Unilavras, até meados de 2018, de cursos de pós-graduação em família e sucessões em diversas localidades no Brasil, da participação em congressos jurídicos, dos debates no IBDFAM, na OAB/MG e, por último, da advocacia especializada. Assim, buscou-se conciliar com a experiência, de forma objetiva e didática, a melhor doutrina e a prática para a compreensão do moderno direito de família.

A nova edição foi ampliada e atualizada com os temas mais recentes do Direito de Família, notadamente a vedação para o casamento dos menores de 16 anos, revisando os impedimentos; a discussão sobre o reconhecimento das famílias paralelas para fins previdenciários em julgamento no STF; as famílias coparentais; mantidos os temas sobre o direito fundamental da pessoa transgênero de alterar o prenome e o gênero no registro, de forma judicial ou diretamente no cartório, abordando o Provimento n. 73/2018 do CNJ; os alimentos avoengos (Súmula n. 596, STJ) e a legitimidade do Ministério Público para propor ação de alimentos (Súmula n. 594, STJ); o reconhecimento da multiparentalidade diretamente em cartório (Provimento n. 63/2017 do CNJ atualizado pelo Provimento n. 83/2019).

Foram mantidos os conceitos de família democrática, binuclear e poliafetiva. O princípio da proteção ao idoso foi mantido nos princípios norteadores do direito de família.

No regime de bens teve atenção especial os bens comunicáveis e incomunicáveis nos regimes de comunhão, incluindo o patrimônio intelectual, e a possibilidade de alteração no regime de separação legal. No regime de separação obrigatória abordou-se ainda a exigência do STJ da prova de esforço para comunicação dos bens na constância do casamento ou união estável.

A EC n. 66/2010 e seus efeitos na separação e no divórcio foram revistos e abordados de acordo com as recentes decisões dos Tribunais de Justiça e do Superior Tribunal de Justiça, após a vigência do novo Código de Processo Civil, observando-se a manutenção da separação no ordenamento jurídico no subtítulo "4.1.4. A separação jurídica no STJ". Incluiu-se as teses do STJ sobre separação e divórcio, união estável, alimentos e criança e adolescente.

A alienação parental mereceu atenção especial, diferenciando alienação parental, atos de alienação parental e síndrome de alienação parental, abordando os aspectos legais, processuais e incluindo a autoalienação parental e os desafios do Judiciário.

No capítulo da filiação foi dividido o subtítulo que trata da filiação jurídica em filiação natural ou biológica e filiação civil por outra origem, acrescido o subtítulo "2.4. Filiação múltipla ou multiparentalidade", no qual se discorre sobre as mais recentes posições doutrinárias e jurisprudenciais que acolhem a dupla paternidade/maternidade, incluindo o julgamento do RE 898.060-SC pelo Supremo Tribunal Federal. No reconhecimento voluntário dos filhos aborda-se a Lei n. 13.484/2017 e o Provimentos n. 63/2017 e 83/2019 do CNJ. Nas ações de filiação o subtítulo 2.7.6. trata da investigação na dupla parentalidade: biológica e socioafetiva.

Os alimentos foram objeto de atenção nas suas várias modalidades, incluindo os alimentos subsidiários devidos pelos avós ou alimentos avoengos e a Súmula n. 596 do STJ, os alimentos transitórios e os alimentos compensatórios, os alimentos devidos aos idosos, a (in)transmissibilidade aos herdeiros do devedor e as formas de execução.

Por fim, no capítulo 8, ao tratar da tutela e da curatela, foi analisado o Estatuto da Pessoa com Deficiência, que teve como base a Convenção sobre os Direitos das Pessoas com Deficiência, destinada a promover a inclusão social e a cidadania dos deficientes, importando em significativa revisão da curatela. Foram incluídos os subtítulos "3. Da tomada de decisão apoiada" e "4. Autocuratela".

A sociedade vive em constante evolução, e o ser humano caminha na busca da felicidade, da realização pessoal e afetiva, o que se reflete diretamente nas relações familiares. Assim, o direito também deve evoluir e caminhar com a vida, adaptando-se às novas situações e ao momento social vivido, notadamente o direito das famílias.

A 8ª edição, no mesmo objetivo das anteriores, busca acompanhar o caminhar da vida e apresentar aos leitores os estudos, a complexidade e os novos rumos e temas do Direito das Famílias, de forma compreensível e educativa, fornecendo um instrumento didático aos alunos dos cursos de Direito, um instrumento de auxílio aos colegas professores e um instrumento prático e objetivo aos profissionais que atuam nesse ramo tão evolutivo, humanizado e instigante do direito.

A todos meu abraço, gratidão e boa leitura.

Professor Dimas Messias de Carvalho

Fale com o autor:

dimasmessiasdecarvalho@outlook.com.br

Prefácio da 8ª edição

No mundo conturbado em que vivemos, onde os valores familiares são questionados em virtude das profundas e rápidas transformações por que passa a sociedade contemporânea, Dimas Messias de Carvalho entrega à comunidade esta obra sobre Direito das Famílias, abordando temas relativos ao assunto sob a ótica jurídica e social.

Sentimo-nos prestigiadas por prefaciar relevante obra que serve de baliza a juristas de todo o Brasil e presenteadas pelo autor por tão honroso convite.

Este livro que chega à sua 8ª edição já faz parte da vida dos alunos e professores da Unifenas e é, sem dúvida, expressão do conhecimento e da já sabida competência do autor que, de forma objetiva, clara e sucinta, trata de assuntos que dizem respeito não apenas à Família tradicional, mas às diversas formas de família existentes na sociedade atual. Sob este aspecto, a obra revela-se como um farol para os estudantes e, certamente, fonte especializada para os juristas atuantes no sistema de justiça nas universidades.

A cada nova edição, constata-se que valeram a pena a espera, o estudo, o equilíbrio e a superação de obstáculos para lograr êxito no objetivo traçado.

Partindo da solidez dos princípios que regem o Direito de Família, o autor fundamenta suas reflexões sobre os complexos problemas que têm aflorado em nosso tempo, o que torna este livro importante material de referência e leitura indispensável para todos aqueles que militam na área jurídica.

Mais uma vez, somos agraciadas pela sabedoria do professor Dimas Messias de Carvalho e deixamos aqui registrados nosso orgulho e honra de tê-lo no corpo docente da Unifenas, formando e orientando as mentes brilhantes que em nossa Instituição de Ensino buscam conhecimento e aperfeiçoamento na nobre arte do Direito.

Profª. Maria do Rosário Araújo Velano
Reitora

Dra. Larissa Araujo Velano
Pró-Reitora Administrativo-Financeira

Dra. Viviane Araujo Velano Cassis
Vice-Reitora e Pró-Reitora de Planejamento e Desenvolvimento

Prefácio da 7ª edição

Na vida existem pessoas e pessoas...

A caminhada do operador do Direito é árdua e repleta de desafios, necessidade de atualização constante e, principalmente, de muita dedicação. O imaginário do acadêmico durante suas primeiras semanas de aula certamente não alcança que, muito além da leitura do "caso dos exploradores de cavernas", sua rotina dali para a frente será imensamente mais complexa.

Muito além da gestão da vida intelectual, no meio dos acontecimentos da vida pessoal, cada operador do Direito precisa aprender a enfrentar uma das mais difíceis batalhas: a necessidade do controle das titulações.

A grande prova disso são os casos noticiados de profissionais do Direito que reivindicam – judicialmente! – a prerrogativa de serem chamados de "doutores". Ainda bem que na vida existem pessoas e pessoas...

Aos leitores desta obra fica a certeza de que o professor Dimas Messias de Carvalho representa essa ordem das pessoas, além das pessoas. O que quer dizer isso? O autor conjuga competência, credibilidade e maestria com os melhores predicados que um ser humano pode representar.

Na lógica do direito de família, o discurso precisa se coadunar com a prática, vez que, caso contrário, ele se enfraquece. Considerando que o vetor do direito de família contemporâneo é a afetividade, por certo, o professor Dimas pode ser representado em uma palavra: afeto.

Simpatia, simplicidade, carisma são identificados com poucos segundos de convivência. Sorte minha, sorte nossa, meus amigos! Difícil imaginar tal comportamento em alguém com uma caminhada infinitamente titulada em sua carreira docente, em seus diversos anos enquanto Promotor de Justiça no Estado de Minas Gerais e, nos últimos anos, para prestígio da classe, como advogado e parecerista.

Ao leitor, a certeza de uma ótima leitura. Não é por acaso que o Professor Dimas Messias de Carvalho é citado em decisões em diversos Tribunais do Brasil por ser, na atualidade, um dos maiores referenciais teóricos do direito de família contemporâneo.

É, como disse anteriormente, na vida existem pessoas e pessoas... E por certo "quando eu crescer" eu já sei que quero estar o mais próximo possível do nível, atributos e competências do nosso querido amigo Dimas Messias de Carvalho.

Com carinho e admiração do seu "filho do coração".

Conrado Paulino da Rosa
Advogado
Presidente do IBDFAM/RS

Apresentação da 8ª edição

Se a Ciência do Direito, como um todo, é profundamente inspiradora a quem a ela se dedica, o Direito de Família, em especial, exige de seus operadores ampla capacidade de compreensão dos fenômenos sociais que norteiam as relações humanas e que as tornam, em sua essência, dinâmicas e desafiadoras. Após quase três décadas destinadas à Academia, Professor Dimas Messias de Carvalho – o meu querido amigo Dimas – figura hoje entre os mais destacados estudiosos e pensadores da área, contribuindo, com seu saber, com a necessária formação e atualização de todos aqueles que operam o Direito Civil brasileiro.

Em 2007, reunimo-nos, lado a lado, por ocasião do VI Congresso Brasileiro de Direito de Família do Instituto Brasileiro de Direito de Família (IBDFAM), professor Dimas e eu para o lançamento das primeiras edições do meu livro Separação, Divórcio e Inventário por Via Administrativa, e desta obra, que chega à sua 8ª edição. Desde então, minha admiração e estima pelo respeitado promotor de Justiça mineiro só crescem. Portanto, há de se imaginar quão honrada estou em assinar a apresentação desta edição de Direito de Família.

Aqueles que se debruçarem sobre esta mais recente atualização encontrarão um importante compilado de novas leis, julgados dos Tribunais Superiores, provimentos, súmulas e discussões em torno de temas relacionados aos recentes direitos da pessoa transgênero; à multiparentalidade; famílias paralelas e suas implicações previdenciárias; vedação para o casamento dos menores de 16 anos; alimentos avoengos, dentre outros.

A reordenação de capítulos, títulos e subtítulos, nesta edição, tem o propósito claro de guiar o leitor por uma ampla, complexa e aprofundada pesquisa do Direito de Família, traduzindo-se, ao final, em fundamental instrumento de trabalho para quem se empenha em obter a melhor compreensão do Direito de Família.

Maria Luiza Póvoa Cruz
Juíza aposentada
Advogada
Membro do Conselho Nacional do Idoso e
Presidente da Comissão Nacional do Idoso do IBDFAM

Apresentação da 7ª edição

O direito de família contemporâneo traduz-se melhor como direito das famílias. E é como bem o fez o autor. Afinal, a família deixou de ser singular e passou a ser plural, assim se manifestando em suas diversas representações sociais: famílias matrimonializadas, uniões estáveis hétero e homoafetivas, simultâneas, pluriparentais etc.

Os diversos e multifacetados arranjos familiares conjugais e parentais estão retratados nesta obra de fôlego. Mas não é só isso. Dimas Messias de Carvalho sempre vai além. Ele sempre chega antes, ou junto, trazendo os novos conceitos do direito de família e sempre de acordo com os direitos humanos e os valores éticos expressados nas noções de cidadania e inclusão social. Daí ele ter se ocupado com uma parte significativa de seu livro com uma principiologia constitucional com *status* de direitos fundamentais: dignidade humana, afetividade, liberdade, pluralismo familiar, igualdade, melhor interesse da criança e adolescente, paternidade responsável e planejamento familiar e solidariedade. Todos esses princípios são fundamentais e é o que norteia não apenas este livro, mas toda a obra de Dimas. Todos os seus escritos, tudo o que apregoa, fala e palestra está baseado e sustentado nestes valores, que se tornaram, em verdade, os princípios constitucionais e norteadores da ordem jurídica brasileira, que gravitam em torno da dignidade dos sujeitos de direitos. Já que são também sujeitos desejantes.

O autor não tem medo de inovar e trazer as inovações muitas vezes polêmicas do moderno direito das famílias. Ele diz a que veio. Dos rincões das Minas Gerais, após cumprir com maestria e dedicação sua carreira no Ministério Público, soube muito bem aproveitar sua prática como Promotor de Justiça para trabalhar a teoria. Nada como escrever, teorizar, a partir de uma prática. A teoria, ou seja, uma doutrina jurídica, é vazia se não tem consistência ou se não pode ter uma aplicabilidade prática. Afinal, uma teoria só tem sentido pelos resultados práticos que ela traz ou pode trazer. E nisso o autor é mestre. Ele pensa, fala e escreve com o olhar e o coração voltados para uma realidade viva, contemporânea e de direitos inclusivos. Ele é do "time" de autores que escreve o direito de família com alma, valoriza a essência e não a formalidade das relações. Este livro traduz o direito de família em sua concepção mais contemporânea, com responsabilidade e sem omitir o histórico dos diversos Institutos Jurídicos, como bem o fez, por exemplo, com o divórcio, em que trouxe elementos informativos importantes e significativos como o uso desta expressão no Brasil no início do período republicano: "o termo divórcio não é novo na legislação brasileira, pois já foi adotado no século XVIII, no Decreto 181/1890, para autorizar a separação de corpos e cessar o regime de bens, sem, contudo, dissolver o vínculo conjugal permitindo a reconciliação, diverso do que ocorre nos dias atuais".

O *Direito das famílias*, de Dimas Messias de Carvalho, percorre todo o universo do direito de família, desde o seu conceito, trazendo tudo sobre a família tradicional constituída pelo casamento, desde os seus aspectos materiais, como regime de bens, doação entre cônjuges, bem de família, dissolução do casamento, e também os aspectos pessoais, como guarda e convivência familiar, até as famílias menos tradicionais, como as homoafetivas. Afinal, como diz o próprio autor: "A partir do momento em que o afeto passou a merecer reconhecimento jurídico, a consequência não poderia ser outra: não são mais as leis ou a justiça que determinam quais são as entidades merecedoras de proteção do Estado, mas sim o sentimento existente entre duas pessoas, independentemente de sua orientação sexual, raça, religião ou quaisquer outras designações".

E assim, do antigo ao contemporâneo, do inovador ao polêmico, ele enfrenta tudo com coragem e competência, desbravando fronteiras como faz um bom mineiro. A discussão da culpa pelo fim da conjugalidade transforma-se em responsabilidade; as famílias simultâneas, multiparentais, anaparentais, guarda compartilhada, alienação parental dentre outros novos institutos estão aqui retratados com competência e responsabilidade. E, como bem diz o Professor Dimas de Carvalho: "não existe um modelo a ser seguido, mas uma felicidade a ser buscada". Enfim, todos os ingredientes de um bom livro de direito de família estão aqui reunidos.

Rodrigo da Cunha Pereira
Advogado
Presidente Nacional do IBDFAM

1

INTRODUÇÃO AO DIREITO DE FAMÍLIA

1. BREVE HISTÓRICO DA FAMÍLIA

As famílias ao longo do tempo evoluíram e continuam passando por muitas transformações, de acordo com os costumes e o meio cultural na sua época.

À medida em que o meio social progride a família também evolui e modifica, pois segundo Friederich Engels a família é produto do sistema social, que é um reflexo da cultura daquela época. Acrescenta que a família é ativa, não permanece estacionária, passando de uma forma para outra superior à medida em que a sociedade evolui[1].

Nos primórdios da civilização, no estágio pré-histórico de cultura denominado de estado selvagem, os grupos viviam em tribos, ocorrendo promiscuidade generalizada, já que todas as mulheres pertenciam a todos os homens, possibilitando a existência de vários pais e várias mães no mes-

[1] ENGELS, Friederich. *A origem da família, da propriedade privada e do Estado*. 4. ed. Lisboa: Editorial Presença, 1980. p. 109.

mo grupo e ocorrendo incesto com frequência entre irmãos. Caio Mário cita diversos trabalhos sobre a origem e a evolução da família, entre eles *A origem da família, da propriedade e do Estado*, de Friedrich Engels, para ressaltar uma série de tipos familiares, como o *poliédrico*, em que existiam vários homens para uma mulher, e a união coletiva de algumas mulheres com alguns homens, numa espécie de matrimônio por grupo[2], o que lembra o polimorfismo nos dias atuais e que era denominado de *família punaluana*. Na família punaluana o incesto entre irmãos passou a ser vedado.

Após a proibição do incesto na família punaluana, surge a família que Engels denominou de *família sindiásmica*, na qual o homem tinha uma mulher principal, mas poderia ter outras, que deveriam ser fiéis, surgindo a concepção monogâmica apenas para as mulheres. A monogamia feminina reduziu o número de mulheres disponíveis, o que ensejou nesse período o rapto das mulheres e casamentos arranjados. A família sindiásmica, entretanto, foi o estágio evolutivo para o desenvolvimento da família monogâmica, que surgiu no período de transição entre a fase média e superior da barbárie[3], no segundo estágio da cultura, quando o homem passou a domesticar os animais, a cultivar a terra e fundir o minério de ferro.

A família *monogâmica*, em que o indivíduo possui apenas um parceiro, surgiu, portanto, no estágio da civilização, e não se baseava apenas no amor, na fidelidade sexual e nas condições naturais do homem, mas no desejo de concentração de riquezas, de acúmulo e transmissão de propriedades.

Caio Mário ressalta a possibilidade de que a família monogâmica nem sempre tenha sido patriarcal, tendo ocorrido períodos de organização matriarcal, em que a mulher exercia os poderes na ausência do marido, que estava nas guerras, caças ou pela certeza das relações de parentesco. O fato certo e comprovado, todavia, é que a família ocidental viveu longos períodos sob o patriarcado. A família romana é apontada como modelo dessa instituição, orientando inclusive a família brasileira desde a Colônia e até parte do século XX, organizada sob a autoridade do pai e marido. Acrescenta o saudoso jurista mineiro que:

---

2 PEREIRA, Caio Mário da Silva. *Instituições de direito civil* – direito de família. 7. ed. Rio de Janeiro: Forense, 1991. v. V. p. 19.

3 SILVEIRA, Cláudia da. *A origem da família, da propriedade privada e do Estado*. Disponível em: <www.egov.ufsc.br>. Acesso em: 4-9-2018.

O *pater* era, ao mesmo tempo, chefe político, sacerdote e juiz. Comandava, oficiava o culto dos deuses domésticos (*penates*) e distribuía justiça. Exercia sobre os filhos direito de vida e de morte (*ius vitae ac necis*), podia impor-lhes pena corporal, vendê-los, tirar-lhes a vida. A mulher vivia *in loco filiae*, totalmente subordinada à autoridade marital (*in manu mariti*), nunca adquirindo autonomia, pois que passava da condição de filha à de esposa, sem alteração na sua capacidade; não tinha direitos próprios, era atingida por *capitis deminutio* perpétua que se justificava *propter sexus infirmitatem et ignorantiam rerum forensium*. Podia ser repudiada por ato unilateral do marido.

Somente o *pater* adquiria bens, exercendo a *domenica potestas* (poder sobre o patrimônio familiar) ao lado e como consequência da *patria potestas* (poder sobre a pessoa dos filhos) e da *manus* (poder sobre a mulher)[4].

Conrado Paulino da Rosa ressalta a família greco-romana como berço da civilização, iniciada por volta de 754 a.C., e que tinha como pilar a religião doméstica e o casamento, prevalecendo o poder do pai e também do marido. As famílias cultuavam os antepassados e faziam oferendas em cerimônias particulares junto ao fogo sagrado, importando a família antiga em uma forma de perpetuar o culto aos antepassados. Leciona o jurista gaúcho que:

> Tinha-se como base o poder paterno sustentado pelo culto religioso. O morto que não havia deixado filhos era "condenado à fome perpétua". A indissolubilidade das entidades familiares tem seu princípio com essa tradição, vez que "havia troca perpétua de favores entre os vivos e os mortos de cada família. O antepassado recebia dos seus descendentes uma série de banquetes fúnebres, únicos prazeres usufruídos na segunda vida".
>
> O descendente alcançava do antepassado o auxílio e a força de que necessitava nesta vida. O vivo não podia passar sem o morto, nem este sem aquele. Por esse motivo, poderoso laço se estabelecia, unindo todas as gerações de uma mesma família, constituindo-se ela um corpo eternamente inseparável[5].

---

4 PEREIRA, Caio Mário da Silva. *Instituições de direito civil* – direito de família. 7. ed. Rio de Janeiro: Forense, 1991. v. V. p. 20.

5 ROSA, Conrado Paulino da. *Curso de direito de família contemporâneo*. 4. ed. Salvador: JusPodivm, 2018. p. 22.

A família antiga, portanto, era regida por si mesma, sob a autoridade do *paterfamilias*, ou seja, o ascendente, que não se subordinava a ninguém, importando em verdadeiras unidades isoladas, como leciona Luiz Paulo Vieira de Carvalho:

> Nessas famílias, que eram verdadeiras unidades políticas, agrícolas, religiosas e sociais, a mulher, os filhos e demais agregados, verdadeiros súditos, estavam sujeitos ao poder absoluto do seu fundador, formando entre eles o denominado parentesco *agnatio* ou *político*, não necessariamente *cognatio* ou natural, isto é, um parentesco que independia do vínculo consanguíneo[6].

A partir do século IV, sob Constantino, o direito romano acolheu a concepção cristã da família, assumindo cunho de sacramento indissolúvel, que prevaleceu sobre a religião doméstica, com suas preocupações de ordem moral, reduzindo em parte a autoridade do *paterfamilias*.

2. CONCEITO, EVOLUÇÃO E CONTEÚDO DO DIREITO DE FAMÍLIA

O significado da palavra família, leciona Rodrigo da Cunha Pereira, vem do latim *famulus*, de *famel* (escravo), designando o grupo de parentes que habitavam a mesma casa (*famulus*) e que também cumpriam as funções de servos ou escravos para os seus patrões, os *gens*[7], *gentes* no plural, ou seja, as famílias destacadas e de expressão no universo social e político, de tradição ancestral[8], baseadas na noção de solidariedade aristocrática, que exerciam funções de relevo no seio da sociedade romana.

A família sofreu profundas mudanças na função, natureza e composição, especialmente com o advento do Estado Social no século XX, conforme ressalta Paulo Lôbo. O Estado progressivamente passou a tutelar de forma

---

6 CARVALHO, Luiz Paulo Vieira de. *Direito das sucessões*. 3. ed. São Paulo: Atlas, 2017. p. 1.

7 PEREIRA, Rodrigo da Cunha. *Dicionário de direito e família e sucessões*. São Paulo: Saraiva, 2015. p. 287.

8 FRIGHETTO, Edu. *Considerações sobre o conceito de "gens" e a sua relação com a ideia de identidade nobiliárquica no pensamento de Isidoro de Sevilha (século VII)*. Disponível em: <www.academia.edu>. Acesso em: 21-8-2017.

constitucional a família, definindo modelos e ampliando o âmbito dos interesses protegidos. A família passou a ter proteção do Estado, constituindo esta proteção um direito público subjetivo, conforme consta na Declaração Universal dos Direitos do Homem, votada pela ONU em 10 de dezembro de 1948, ao assegurar no art. 16.3 que "a família é o núcleo natural e fundamental da sociedade e tem direito à proteção da sociedade e do Estado"[9].

O direito de família tem sofrido grandes modificações, especialmente no final do século que se encerrou, e já no início deste século e milênio, tentando acompanhar a evolução social; entretanto, a legislação raramente consegue acompanhar as rápidas modificações sociais. O Código Civil de 1916, obra memorável no seu tempo, não acompanhou a rápida evolução e modificação dos costumes, especialmente na estrutura da família patriarcal do século passado, na qual prevalecia a autoridade do homem, enquanto provedor, marido e pai. A vontade do pai e marido era fundamental e determinante, sendo imposta aos dependentes como lei.

A família brasileira sofreu influência da família romana, na qual predominaram as preocupações de ordem moral; da família canônica, que considera o casamento um sacramento, não podendo os homens dissolverem a união realizada por Deus – *quod Deus conjunxit homo non separet* –, materializada no direito especialmente pelas Ordenações Filipinas, de forte predominância do Direito Canônico; e da família germânica, que originou de forma crescente diversas regras no direito pátrio[10].

Predominantemente rural e patriarcal, a família brasileira passou a partir de meados do século XX a povoar as cidades, abrindo oportunidade para o trabalho externo e, em consequência, mais liberdade e independência da mulher, enfraquecendo a estrutura patriarcal. O Desembargador Francisco Figueiredo destacava, em suas aulas e palestras, que dois fatos foram fundamentais no século passado para a igualdade posterior dos cônjuges no casamento: o surgimento da pílula anticoncepcional, permitindo à mulher controlar a natalidade, e o advento da Lei n. 4.121/1962, denominada Estatuto da Mulher Casada, que lhe conferiu, o que parece absurdo nos dias atuais, mas foi um grande avanço na época, o direito a

[9] LÔBO, Paulo. *Direito civil. Famílias.* São Paulo: Saraiva, 2008. p. 1.

[10] GONÇALVES, Carlos Roberto. *Direito civil brasileiro* – Direito de família. 9. ed. São Paulo: Saraiva, 2012. v. VI. p. 15-16.

exercer profissão lucrativa distinta do marido, a função de colaboradora na sociedade conjugal, a administrar livremente o produto de seu trabalho e os bens com ele adquiridos e a ingressar em juízo, sem autorização do cônjuge. Até a Lei n. 4.121/1962, a mulher casada era considerada relativamente incapaz para os atos da vida civil, exigindo consentimento do marido (art. 242 do CC/1916).

A Constituição de 1988 acolheu as transformações sociais da família brasileira, incluindo no seu texto três eixos modificativos de extrema relevância: a) *igualdade em direitos e deveres do homem e da mulher na sociedade conjugal* (art. 226, § 5º), reproduzindo o princípio da igualdade entre homens e mulheres (art. 5º, I); b) *igualdade absoluta dos filhos* (art. 227, § 6º), sem importar a origem e vedando-se qualquer forma de discriminação; c) *pluralidade dos modelos de família* (art. 226, §§ 1º, 3º e 4º). Não foram recepcionadas as normas do Código Civil de 1916 que importavam em distinção entre homem e mulher, filhos ou modelos de família para proteção do Estado.

Como ressalta Conrado Paulino da Rosa, com a Constituição Federal de 1988 criou-se uma nova visão do direito privado e do conceito de família, compreendendo-se a dignidade humana como o cerne do direito e das relações jurídicas, valorizando a pessoa humana e ampliando os modelos de entidades familiares. Ocorreu uma despatrimonialização no conceito de família dando-se ênfase à pessoa humana, rompendo-se com preconceitos na nova concepção de família[11].

As mudanças na família exigiram a atualização do Código Civil de 1916 e das leis especiais, inclusive com edição de novas normas, resultando finalmente na aprovação do Código Civil de 2002. O Código Civil em vigor também já reclama revisão em diversos textos, alguns já atualizados, para se adequar ao atual momento e concepções modernas de família.

Como ensina Rolf Madaleno, o Código Civil vigente não se apresenta como uma ferramenta completa, atualizada e moderna para regular todas as mudanças ocorridas na sociedade em relação à família. Ocorreram modificações significativas nas relações familiares, exigindo um tratamento mais humanizado diante da busca incessante do ser humano pela felicidade pessoal e familiar, sem discriminações e preconceitos. A constante ebulição em que

---

[11] ROSA, Conrado Paulino da. *Curso de direito de família contemporâneo*. 2. ed. Salvador: JusPodivm, 2017. p. 36.

vive o direito de família, que atrai e atinge a todos nós direta e indiretamente, eleva a importância da doutrina e da jurisprudência para adequar o texto da lei às alterações sociais, abrindo caminhos para conciliar o texto escrito e a verdade axiológica. Exige-se, assim, para a compreensão e interpretação dos textos legais interação com a doutrina e a jurisprudência[12]. Não raras vezes, a dinâmica das evoluções sociais na família não encontra regulamentação no Código Civil e legislações extravagantes, exigindo um judiciário ativo para acolher as construções doutrinárias sobre o tema e conferir juridicidade ao caso concreto. É o que ocorreu no histórico julgamento do Supremo Tribunal Federal na Ação Direta de Inconstitucionalidade 4.227 em 5 de maio de 2011, com eficácia *erga omnes* e efeito vinculante, reconhecendo a união homoafetiva como entidade familiar e conferindo todos os direitos da união estável, suprindo a omissão da legislação que não regula as relações entre pessoas do mesmo sexo, bem como no julgamento do RE n. 898.060-SC, julgado em 21-9-2016, que reconheceu a filiação socioafetiva e a possibilidade de concomitância com a biológica para todos os fins de direito, de modo a prover a mais adequada e completa tutela aos sujeitos envolvidos. No julgamento do RE 878.694/MG, reconheceu-se os mesmos direitos sucessórios entre cônjuges e companheiros, afastando desigualdades e hierarquização nos modelos de famílias.

Conceitua-se o direito de família como as normas que regulam o casamento, a união estável e as relações recíprocas de natureza pessoal e patrimonial entre cônjuges, companheiros, pais, filhos e parentes. Constitui o complexo de normas que regulam a celebração do casamento, sua validade e os efeitos que dele resultam, as relações pessoais e econômicas da sociedade conjugal, a dissolução desta, a união estável e os outros modelos de família, as relações entre pais e filhos, o vínculo do parentesco e os institutos da tutela e curatela[13].

Para alguns autores, a tutela e a curatela não são objeto de direito de família, sustentando que são *institutos complementares*[14] desse ramo do di-

---

[12] MADALENO, Rolf. *Curso de direito de família*. 5. ed. Rio de Janeiro: Forense, 2013. Prólogo.

[13] BEVILÁQUA, Clóvis. *Código Civil comentado*. Rio de Janeiro: Francisco Alves, 1954. p. 6. v. 2.

[14] FRANÇA, R. Limongi. *Direito de família* – Enciclopédia Saraiva de Direito. São Paulo: Saraiva. p. 160-161. v. 26.

reito civil, posto que, embora não resultem de relações familiares, possuem conexão com o direito de família.

Deve ser observado, todavia, que também a união estável, como ocorre no casamento, gera relações pessoais, patrimoniais e assistenciais. Conclui-se, pois, que as normas do direito de família, de conformidade com sua finalidade, *ora regem as relações pessoais* entre cônjuges ou conviventes, entre pais e filhos, entre parentes, como as que tratam dos efeitos pessoais do matrimônio, da filiação, ou as que autorizam o filho a promover a investigação de sua paternidade; *ora regulam as relações patrimoniais* que surgem, por exemplo, entre marido e mulher ou companheiros, entre ascendentes e descendentes, entre tutor e pupilo; *ora disciplinam as relações assistenciais* que existem entre os cônjuges ou conviventes, os filhos perante os pais, o tutelado ante o tutor e o interdito em face do curador[15].

O moderno direito de família agasalha, ainda, as diversas formas de família constituídas pela convivência e afeto entre seus membros, sem importar o vínculo biológico e o sexo. A afetividade é atualmente o elemento agregador da entidade familiar, na busca sempre de uma família eudemonista que se realiza na felicidade e na proteção de cada um dos membros que a integra.

As relações que envolvem as pessoas unidas pelo matrimônio, união estável, parentesco, bem como os institutos complementares de direito protetivo, estão reguladas pelo Código Civil nos arts. 1.511 a 1.783, no Livro IV, dividido em quatro títulos.

Alguns doutrinadores, observando o vínculo gerado, dividem suas obras de direito de família em direito matrimonial (casamento), convivencial (união estável e uniões homoafetivas), parental (regras de parentesco, filiação, adoção e poder familiar), alimentar e assistencial (guarda, tutela, curatela e medidas específicas de proteção ao menor), cujo critério adotaremos.

3. NATUREZA DO DIREITO DE FAMÍLIA

O direito de família tem como um de seus princípios, como será visto, o princípio da liberdade, dispondo o art. 1.513 do Código Civil que "é defeso a qualquer pessoa, de direito público ou privado, interferir na comunhão

---

15 DINIZ, Maria Helena. *Curso de direito civil* – Direito de família, citando PEREIRA, Caio Mário da Silva. 22. ed. São Paulo: Saraiva, 2007. p. 4. v. 5.

de vida instituída pela família". No entanto, a Constituição Federal dispõe em seu art. 226 que "a família, base da sociedade, tem especial proteção do Estado"; logo, recebe intervenção protetora do Estado, especialmente para proteger os membros mais vulneráveis.

Assim, apesar de ser ramo do direito civil, portanto privado, a maioria das normas do direito de família é cogente ou de ordem pública, não se submetendo exclusivamente ao arbítrio individual, por manifestar um interesse público de proteger e solidificar a família, alicerce de toda a estrutura da sociedade e da preservação e fortalecimento do Estado.

Flávio Tartuce faz uma interessante divisão, acompanhando o Código Civil nos Títulos I e II do Direito de Família (Livro IV), em dois grandes livros: direito existencial e direito patrimonial. O *direito existencial de família* é centrado na pessoa humana, trata-se, portanto, de direito pessoal, regulado por normas cogentes ou de ordem pública, seguindo a tendência de *personalização do direito civil* ao tratar a pessoa humana como figura central e mais importante do direito, perdendo o patrimônio a importância de outrora, o papel de ator principal, o que importa em uma *despatrimonialização do direito civil*. O *direito patrimonial de família* é centrado exclusivamente no patrimônio e regulado por normas de ordem privada, dispositivas, permitindo contrato entre as partes estipulando modo diverso, como, por exemplo, no pacto antenupcial ou contrato de união estável, as partes pactuarem regime de bens diverso da comunhão parcial, desde que não exista a obrigatoriedade do regime de separação legal[16].

Parcelas significativas dos direitos conferidos à família se tornam deveres, como o poder familiar, a tutela e curatela, impondo ao titular cuidar, proteger e propiciar melhores condições de vida aos membros vulneráveis cuidados. Na filiação, por exemplo, não bastam aos pais apenas fornecerem alimentos aos filhos, possuem o dever de cuidar, educar e proteger.

As relações jurídicas do casamento, união estável, adoção e reconhecimento de filhos, nascem de atos voluntários, do exercício do princípio da liberdade, mas, uma vez realizados, submetem-se a normas cogentes, de interesse público, assumindo, na maior parte dos casos, o caráter de deveres.

---

[16] TARTUCE, Flávio. *Manual de direito civil*. 3. ed. Rio de Janeiro: Forense. São Paulo: Método, 2013. p. 1.052.

Outra característica do direito de família é a sua natureza personalíssima, portanto, intransferível, intransmissível por herança e irrenunciável, sendo certo que ninguém pode transferir ou renunciar à sua condição de filho ou de pai. O marido não pode transmitir seu direito de contestar a paternidade do filho havido por sua mulher; ninguém pode ceder seu direito de pleitear alimentos ou a prerrogativa de demandar o reconhecimento de sua filiação havida fora do matrimônio[17].

No direito de família existe, portanto, um acentuado predomínio das normas imperativas, com forte proteção do Estado para fortalecê-las e propiciar melhores condições de vida às gerações, por se tratar da base da sociedade. Alguns doutrinadores, por essa constatação, têm sugerido a retirada do direito de família do direito privado e incluí-lo no direito público. Outros preferem classificá-lo como um direito social ou *sui generis*. O direito de família, entretanto, apesar da peculiaridade de suas normas, é direito privado, no ramo do direito civil, destinado a proteger as pessoas nas famílias, os bens que lhe são próprios, a prole e os interesses afins. A íntima relação com o direito público não retira do direito de família seu caráter privado, pois as normas cogentes e de ordem pública que o regem não envolvem diretamente uma relação entre o Estado e o cidadão, mas disciplina um dos mais importantes setores do direito civil. A proteção das normas cogentes às famílias, à prole, menores, casamento, união estável, regime de bens, tutela, curatela, alimentos, regula relações entre as pessoas e não acarreta responsabilidade direta do Estado em razão da inobservância dos deveres de seus membros[18].

A intervenção do Estado na família é para protegê-la e aos membros mais frágeis, preservando a liberdade, a autonomia individual e evitando abusos e o arbítrio de outros. Não cabe ao Estado intervir nos projetos de vida ou nos modelos de arranjos familiares.

Ana Carolina Brochado Teixeira e Renata de Lima Rodrigues lecionam que, com as transformações ocorridas ao longo do último século, o direito de família contemporâneo apresenta-se mais privado do que nunca, passando

---

17 RODRIGUES, Silvio. *Direito civil* – Direito de família. 22. ed. São Paulo: Saraiva, 1997. p. 13-14. v. 6.

18 GONÇALVES, Carlos Roberto. *Direito civil brasileiro* – Direito de família, 9. ed., cit., p. 27.

de instituição que se revelava como instrumento que atendia a interesses extrínsecos, como a Igreja e o Estado, para um grupo íntimo caracterizado por uma concepção eudemonista, voltada para seu interior em busca da realização mútua e pessoal. Na família atual, seus membros são solidários, corresponsabilizando uns pelos outros quando existe algum tipo de vulnerabilidade, e buscam a felicidade através da formação da personalidade de cada um, que possui ampla liberdade para construir-se segundo suas próprias concepções individuais, em um ambiente de igualdade e democrático entre os cônjuges ou companheiros. As relações entre os pais e os filhos também se alteraram substancialmente. A autoridade parental antes exercida verticalmente pelo *pater* cedeu ao diálogo e à participação efetiva dos filhos nas decisões. Diante de tantas mudanças, as relações familiares encontram-se mais humanizadas, permitindo-se a construção livre do projeto de vida comum, relacionadas com o exercício da autonomia privada dos seus membros na busca da felicidade e realização pessoal. O Estado se manifesta na família, nesse contexto, para proteger prioritariamente os sujeitos familiares vulneráveis, como as crianças e os adolescentes, os idosos e os portadores de deficiências mentais[19].

Os estudiosos e os profissionais do Direito de Família lutam, já por um bom tempo, para a aprovação do "Estatuto das Famílias", visando uma codificação dos direitos das famílias em espaço próprio e independente do Código Civil, permitindo especializar as relações jurídicas entre os familiares e acolher os novos paradigmas. Os projetos, todavia, tramitam lentamente no Congresso Nacional.

Resumindo, a natureza do direito de família é ramo do direito privado, regulado por normas cogentes ou de ordem pública, com intervenção do Estado para proteger as vulnerabilidades; suas instituições jurídicas são de direitos-deveres; é direito personalíssimo, irrenunciável e intransmissível.

4. CONCEITO MODERNO E FUNÇÃO SOCIAL DA FAMÍLIA

O direito de família tem por objeto a própria família e seus membros, abrangendo os cônjuges, conviventes, pais, filhos, parentes naturais, cíveis, socioafetivos ou afins, além de conter normas referentes à tutela e à curate-

[19] TEIXEIRA, Ana Carolina Brochado; RODRIGUES, Renata de Lima. *O direito das famílias entre a norma e a realidade*. São Paulo: Atlas, 2010. p. 89-95.

la. A proteção e assistência à família, entretanto, não se destinam mais exclusivamente à instituição, como ocorria com a manutenção do casamento e a família legítima, mas na pessoa de cada um dos membros que a integra (art. 226, § 8º, da CF), com a assistência especial aos membros vulneráveis, como as crianças, os adolescentes e os idosos, além da proteção às mulheres contra a violência doméstica.

Conrado Paulino da Rosa, ao apresentar uma *breve origem etimológica e histórica*, lembra que a palavra *família* vem do latim *famulus*, que significa conjunto de pessoas que viviam em uma mesma casa (pai, mãe, filhos) trabalhando para os patrões que compunham a *gens*, ou seja, a *gente*. Assim, *famulus* eram os criados, os servos, os escravos. No entanto, família, em história natural, entende-se como os grupos de gêneros da fauna ou da flora que possuem caracteres comuns[20].

A antiga família romana formava-se em razão da religião doméstica, do culto familiar aos antepassados, que era restrito aos seus membros. Os rituais eram praticados pelo homem, chefe da família, o *pater familias*, que possuía poderes ilimitados. Pelo casamento se perpetuava o culto doméstico e estabelecia os laços de filiação na família, independentemente do afeto. Com o cristianismo, a família passou a ter uma expressão ideológica e de respeitabilidade, espelhada na sagrada família, mas continuava hierarquizada e patrimonial, como se via na família colonial e perdurando até o século XIX. A família brasileira era uma unidade de produção e consumo, um núcleo religioso, patrimonial e político. A partir do século XIX, o Estado passou a interferir na família, impondo regras cogentes e engessando o modelo de constituição apenas pelo casamento, que lhe conferia legitimidade, como ocorreu no Código Civil de 1916, até serem acolhidas as transformações sociais pela Constituição Federal de 1988[21].

O vocábulo *família* possui diversos sentidos e pode ser ampliado ou reduzido de acordo com os critérios adotados pela lei (sucessório, alimentar, da autoridade, fiscal, previdenciário), pelos caracteres da família (biológico, socioafetivo, econômico, religioso, político, jurídico), pelas acepções do termo e pelas espécies de família, que serão abordadas em capítulo próprio.

---

[20] ROSA, Conrado Paulino da. *iFamily*: um novo conceito de família? São Paulo: Saraiva, 2013. p. 19-20.

[21] ROSA, Conrado Paulino da. *iFamily*: um novo conceito de família?, cit., p. 21-34.

Maria Helena Diniz[22] apresenta as seguintes acepções do vocábulo "família":

• Acepção *amplíssima* – abrange todos os indivíduos que estiverem ligados pelo vínculo da consanguinidade ou da afinidade, chegando a incluir estranhos, como as pessoas do serviço doméstico (art. 1.412, § 2º, do CC) ou que vivam às suas expensas. A família em sentido amplíssimo era muito comum no século passado, especialmente no meio rural, numerosa, com muitos filhos, agregados e empregados.

• Acepção *lata* – inclui a família extensa e abrange os cônjuges, os companheiros, os filhos, os parentes na linha reta e na colateral até o quarto grau e os afins (parentes do cônjuge ou companheiro) na linha reta e na colateral até o segundo grau (arts. 1.591/1.595 do CC).

• Acepção *restrita* – configura a família natural e acolhe somente os cônjuges, conviventes e os filhos, independentemente do estado civil (arts. 1.511, 1.513, 1.567, 1.716 e 1.723 do CC e 226, § 3º, da CF) ou apenas um dos pais e seus descendentes (art. 226, § 4º, da CF). A família constituída por apenas um dos pais e seus descendentes é chamada de *monoparental* ou *unilinear*, desvinculando-se da ideia de casamento ou união estável, pois os filhos vivem com apenas um genitor em razão de adoção unilateral, produção independente, viuvez, separação, divórcio ou ausência de reconhecimento.

A Constituição Federal, ao eleger como princípio a liberdade de planejamento familiar e o pluralismo de entidades familiares, sem distinção ou hierarquia, todas merecedoras de proteção estatal, alargou o conceito de família, que não ocorre mais apenas no modelo jurídico do casamento, que se constitui previamente pela celebração, ou na filiação biológica. Também se constitui pela situação de fato, consistente na convivência socioafetiva, no querer recíproco de seus membros nucleares em ser família, de desenvolver um projeto de vida em comum, independentemente de qualquer ato formal de constituição.

A família atual mantém sua importância como célula *mater* da sociedade e tem especial proteção do Estado (art. 226 da CF), entretanto, o elemento agregador deixa de ser exclusivamente o jurídico, assumindo maior importância a comunhão de afetos. A compreensão da família torna-se um fato cultural, em razão da construção da afetividade na convivência, sem

[22] DINIZ, Maria Helena. *Curso de direito civil* – direito de família, cit., p. 9-10.

interesses materiais, envolta em um ambiente de solidariedade e responsabilidade, privilegiando a realização pessoal e o desenvolvimento de cada membro que a integra. A família verdadeira é a afetiva, antes de ser jurídica[23].

Para a psicanálise, a família não é um grupo natural, mas um grupo cultural, em que cada membro desempenha uma função, como os papéis de pai, de mãe e de filhos e não apenas o homem, a mulher e a prole. Para a sociologia, a família é um grupo natural e cultural, definindo-se também por critérios funcionais[24]. O conceito atual da família moderna ampliou-se, pois permite vários arranjos familiares.

As espécies de família são amplas e plurais, podendo ser conceituadas utilizando-se os vínculos biológicos ou socioafetivos, casamento ou união de fato, natural ou substituta, unilinear ou pluralista, caracterizadas pelo afeto e reciprocidade de seus membros, de forma ostensiva e estável.

O vínculo de parentesco na família pode ser natural, se consanguíneo ou biológico, e afetivo ou civil, quando constituído por outra origem, como ocorre na adoção, na reprodução medicamente assistida heteróloga, na posse do estado de filho e até mesmo na chamada *adoção à brasileira,* que ocorre quando uma pessoa registra filho alheio como próprio.

O conceito e a finalidade social da família sofreram modificações consideráveis a partir da Constituição Federal de 1988. O Código Civil de 1916 reconhecia apenas a família oriunda do casamento, com forte tradição e influência religiosa, tanto que o vínculo era indissolúvel, mantendo-se o casamento a qualquer custo, ainda que custasse a infelicidade dos membros da família em razão da forte discriminação sofrida pelos desquitados, especialmente a mulher. Somente pelo casamento se constituía a família legítima, sendo vedado o reconhecimento de filhos fora do casamento. As uniões estáveis, denominadas concubinato, não eram reconhecidas legalmente mesmo que os concubinos não possuíssem impedimentos para o casamento, o chamado concubinato puro, sendo a família considerada ilegítima.

Leonardo Barreto Moreira Alves ensina que no casamento, na vigência do Código Civil de 1916, prevalecia o cunho econômico e sua manutenção

---

23 ROSA, Conrado Paulino da. *iFamily*: um novo conceito de família?, cit., p. 22, 48 e 109.

24 LIMA, Ricardo Alves de. *Função social da família*: família e relações de poder – transformação funcional familiar a partir do direito privado. Curitiba: Juruá, 2013. p. 56.

a todo custo. Pouco importava se os membros da família estavam felizes ou não, a dignidade deles era secundária. A família era concebida como um instituto em prol dela própria, um fim em si mesma, porque o legislador entendia que aquele modelo fechado era o único correto, ainda que custasse o sacrifício pessoal de seus membros. Os sacrifícios seriam recompensados com valor mais importante que era a manutenção do vínculo familiar. O fato relevante era a manutenção da paz doméstica, o equilíbrio, a segurança, a coesão formal da família, mesmo em detrimento da realização pessoal de seus membros, especialmente a mulher, que era inferiorizada nos seus direitos. Prevalecia a vontade patriarcal[25].

A Constituição Federal de 1988, ao estabelecer o princípio do pluralismo familiar, reconhecendo como entidade familiar, além do casamento, a união estável e a família monoparental (art. 226, §§ 3º e 4º), os princípios da igualdade jurídica dos cônjuges, companheiros e filhos (art. 226, § 5º, e 227, § 6º), e, principalmente, considerando como um dos princípios fundamentais da nação a dignidade da pessoa humana (art. 1º, III), reviu, alterou e ampliou substancialmente o conceito de família.

Com efeito, especialmente a partir do princípio da dignidade humana, a família passa a ser fundamentalmente um meio de promoção pessoal de seus membros e o único requisito para sua constituição deixa de ser jurídico (como era o casamento) e passa a ser fático, ou seja, o afeto. A entidade familiar atualmente é reconhecida como uma comunidade de afeto, de ajuda mútua, de realização da dignidade como ser humano. O *affectio familiae* torna-se o elemento radiador da convivência familiar. Nesse entendimento, o conceito de entidade familiar ultrapassa as previstas na Constituição Federal (casamento, união estável e monoparental) para reconhecer como família todo e qualquer grupo no qual os seus membros, enxergando uns aos outros como seu ente familiar, escolhem para viver como família. O conceito moderno de família se alarga, ganha uma nova roupagem. O afeto, o auxílio mútuo material e espiritual entre seus membros se tornam mais importantes. A família moderna, plural e aberta, deixa, portanto, de ser constituída apenas pelo vínculo jurídico para ser reconhecida quando pre-

---

25 ALVES, Leonardo Barreto Moreira. A função social da família. *Revista Brasileira de Direito de Família*. n. 39. Porto Alegre: Síntese/IBDFAM, 2007. p. 131-153.

sente o *intuito familiae*, o afeto como elemento volitivo de sua formação, o que permite, inclusive, o reconhecimento jurídico das uniões homoafetivas[26].

A Lei n. 11.340/2006, que criou mecanismos para coibir e prevenir a violência doméstica e familiar contra a mulher, denominada Lei Maria da Penha, é apontada pela doutrina como a consagração, na legislação infraconstitucional, do conceito moderno de família, em que o afeto é elemento principal na sua constituição. Deve, assim, ser reconhecido como família o grupo no qual seus membros escolhem, reconhecem reciprocamente como seu ente familiar. O art. 5º, II, da lei referida dispõe que se compreende, no âmbito da família, "a comunidade formada por indivíduos que são ou se consideram aparentados, unidos por laços naturais, por afinidade ou por vontade expressa".

Basta, portanto, aos membros do grupo se considerarem aparentados e se unirem por afinidade ou vontade expressa, independentemente de parentesco natural, para ser reconhecida a família. A Lei Maria da Penha não deixa margem de dúvidas que o conceito de entidade familiar se estendeu também para as uniões homoafetivas, ao acrescentar no parágrafo único do art. 5º que "as relações pessoais enunciadas neste artigo independem de orientação sexual".

Inequívoco, mesmo que a Lei n. 11.340/2006 tenha por objetivo coibir a violência doméstica contra a mulher, que o conceito se aplica às uniões homoafetivas formadas por dois homens em face do princípio da igualdade entre homens e mulheres (art. 5º, I, da CF).

Conclui-se, portanto, que o conceito moderno de família é a comunidade formada pelo afeto de seus membros, parentes ou não, que reciprocamente se enxergam e se consideram como entes familiares, independentemente da opção sexual. O Supremo Tribunal Federal, ao decidir que se aplicam às uniões homoafetivas as mesmas regras e com as mesmas consequências da união estável heteroafetiva, afastou qualquer resistência ao reconhecimento dos modelos de família em sentido amplo.

As transformações e mudanças no direito de família, especialmente no século XX, foram significativas, como nunca antes visto. A sociedade patriarcal e rural do início do século, fortemente influenciada pela religião – leia-se Igreja Católica –, e que reconhecia como família apenas a constituída juridicamente pelo casamento, desagasalhava do manto da lei os demais

[26] ALVES, Leonardo Barreto Moreira. A função social da família. *Revista Brasileira de Direito de Família*, cit., p. 18-19.

arranjos familiares. Esse conceito cedeu lugar a uma sociedade urbana e industrializada, com igualdade de direitos e deveres entre homens e mulheres, proteção e igualdade dos filhos de qualquer origem, pluralidade de constituição de família e valorização da dignidade do ser humano.

A família patriarcal vem cedendo cada vez mais espaço para a *matricialidade sociofamiliar*, responsabilizando e indicando a mulher como a representante familiar, inclusive nas políticas públicas de assistência e atendimento. A mulher já não representa apenas o papel de cuidadora e mãe, assumindo muitas das vezes a centralidade na família, o que gera uma sobrecarga nas responsabilidades da família[27].

Conrado Paulino da Rosa, ao tratar da família na contemporaneidade, ressalta a mudança do modelo de família, que passou a ter um conceito plural, salientando as modificações da família abordada nos seriados e na televisão, que antes eram as famílias perfeitas no casamento e hoje se apresentam em vários arranjos com seus contratempos e conflitos. Conclui que:

> Hodiernamente, vivenciamos um novo modelo de família, plural, democrático, igualitário e, acima de tudo, um espaço para a realização da felicidade dos indivíduos. Os programas de televisão e, como abordado no presente escrito, o desenho "Os Simpsons" retratam um novo momento que vivenciamos o "ser" família, tal como ela é: com suas imperfeições, muitas vezes com as expectativas de felicidade e realização voltadas para os filhos (estando presente o protagonismo do gênero feminino), mas, acima de tudo, tendo a realização afetiva como norte, independente da configuração familiar[28].

O princípio da dignidade da pessoa humana importou na despatrimonialização e na repersonalização das relações de família, valorizando-se os aspectos existenciais e garantindo-se os direitos da personalidade de cada membro, em substituição à exagerada importância que se dava ao tratamento das relações patrimoniais entre os cônjuges, companheiros e parentes, como ocorria anteriormente. O projeto familiar passou a ser desenvolvido no afeto, obrigando-se

---

[27] GASPAROTTO, Geovana Prante; GROSSI, Patrícia Krieger. Matricialidade sociofamiliar: problematizando conceitos e práticas. In: ROSA, Conrado Paulino da; IBIAS, Delma Silveira; THOMÉ, Liane Maria Busnello. *Novos rumos do direito de família e sucessões*. Porto Alegre: IBDFAM/RS, 2016, p. 69-73.

[28] ROSA, Conrado Paulino da. *Curso de direito de família contemporâneo*. 2. ed. cit., p. 38.

os membros a auxiliarem uns aos outros não apenas materialmente, mas também através de cuidados físicos, afetivos e morais. A solidariedade transformou-se em valor característico dos tempos atuais, expressando-se pela paternidade responsável, a exigência da *affectio maritalis*, o reconhecimento da paternidade socioafetiva, a proteção integral da criança e do adolescente e a isonomia dos filhos. A realização moral e material dos membros da nova família brasileira reflete em prol de toda a sociedade, cumprindo uma função social[29].

O direito materializa-se em princípios, que indicam uma finalidade a alcançar, uma determinada função. Por excelência, a sede desses princípios é a Constituição Federal, que estabelece, por exemplo, a função social da propriedade, entretanto, também é mencionada pela legislação infraconstitucional, por exemplo, a função social do contrato (Código Civil). Não é necessário, todavia, menção expressa em texto da função social, já que o direito é um produto cultural e fruto dos anseios de determinada sociedade, resultando que todo instituto é criado e tem um determinado fim a cumprir. É o que sucede com o direito de família, que ressalta como função social da família, além da promoção da dignidade da pessoa humana, a igualdade dos cônjuges, a paternidade responsável, a solidariedade entre os membros, a pluralidade das entidades familiares, a tutela especial à família, o dever de convivência, a proteção integral de menores e idosos, a isonomia dos filhos[30]. Inclui-se ainda a guarda, manutenção e educação da prole, o dever de alimentos entre seus membros, a convivência harmônica e afetuosa, gerando membros compromissados, equilibrados intelectualmente e responsáveis com as injustiças sociais, com inclusão da família na solução dos problemas que afetam toda a sociedade.

Verifica-se, assim, que funções antes exercidas pela família perderam a importância e o sentido, como as funções religiosas, políticas, econômicas e procriação. A importância na função econômica foi perdida para a previdência social, que hoje ampara os idosos. A função procriatória não é mais essencial em face do grande número de casais que optaram por não ter filhos por escolha ou em razão da carreira profissional[31].

---

[29] GAMA, Guilherme Calmon Nogueira da; GUERRA, Leandro dos Santos. A função social da família. *Revista Brasileira de Direito de Família*. n. 39. Porto Alegre: Síntese/ IBDFAM, 2007. p. 157-160.

[30] GAMA, Guilherme Calmon Nogueira da; GUERRA, Leandro dos Santos. A função social da família. *Revista Brasileira de Direito de Família*, cit., p. 162-164.

[31] LÔBO, Paulo. *Direito civil. Famílias*, cit., p. 3.

A função social e a pluralidade das famílias têm merecido atenção especial do Estado e de todos que militam no direito de família, comprometidos em resgatar sua importância nos novos modelos e mantê-las, antes que os problemas deságuem no judiciário. Exemplo disso ocorreu na comarca de Alfenas/MG. O então Juiz da Vara de Família e Sucessões, Nicolau Lupianhes Neto, constatando a urgência no acolhimento da família, criou o *Grupo de Apoio à Família*, dividido em quatro núcleos: *núcleo de mulheres em risco*, para atender e receber as mulheres em situação de risco, como as vítimas de violência, desempregadas, expulsas da residência, depressivas; o *núcleo de homens em situação de risco*, composto especialmente de desempregados e viciados em drogas e álcool, sem esperanças e referências; o *núcleo de crianças e adolescentes*, para acolher os menores em todo tipo de situação de risco; e o *núcleo de idosos*, para acolher e garantir saúde e prazer às pessoas na terceira idade. O magistrado reconheceu a necessidade de orientação e amparo à família, antes da intervenção judicial, em sentido amplo, nos seus vários modelos. Segundo esclareceu o juiz, a família não se caracteriza mais pelo modelo clássico, como pai, mãe e filhos do mesmo casamento, mas pelos laços de afetividade, incidindo novos arranjos familiares, com cada vez mais pessoas optando por formatos menos tradicionais. Assim, existem vários tipos, como a família mononuclear, a plurinuclear, as constituídas entre pessoas amigas que dividem o mesmo espaço e que tem as relações de afeto. O núcleo que caracteriza a família moderna é a afetividade[32].

Cristiano Chaves de Farias e Nelson Rosenvald ressaltam que a família cumpre modernamente um papel funcionalizado, deixando de ser uma *família – instituição* para proteger a própria entidade –, tornando-se uma *família – instrumento do desenvolvimento da pessoa humana* –, demonstrando a preocupação central do ordenamento jurídico com a pessoa humana e o desenvolvimento de sua personalidade. É a chamada família eudemonista, deslocando-se a proteção da instituição para a realização existencial da pessoa. A família serve, assim, como ambiente propício para promover a dignidade e a realização da personalidade de seus membros, propiciando o alcance da felicidade. A família atual é pluralizada, democrática, igualitária

[32] LUPIANHES NETO, Nicolau. *A urgência no acolhimento da família*. Alfenas: Jornal dos Lagos, 31 de maio de 2008. Ed. n. 304. Caderno L. p. 1.

substancialmente, hétero ou homoparental, biológica ou por outra origem (socioafetiva), é uma unidade socioafetiva e possui um caráter instrumental para proteção e realização de seus membros[33].

Oportuna a conclusão de Ricardo Alves de Lima quanto à transformação fundamental da função social da família diante das mudanças sociológicas, econômicas e jurídicas:

> Na expressão função social da família é possível sintetizar uma transformação fundamental, resultado de processos sociais, econômicos, jurídicos etc., qual seja, não se vê mais a família como a célula primeira da sociedade, protegida pelo ordenamento em detrimento dos seus membros, como um ente maior a diluir toda e qualquer individualidade que queira existir em sua porção interna; vê-se a família como a primeira célula social, vocacionada, funcionalizada pelo ordenamento jurídico para ser espaço de realização das pessoas que a compõem[34].

Inequívoco, portanto, que as funções antes desempenhadas pela família de caráter econômico, reprodutivo e político, conferindo proteção à instituição, evoluíram para a efetiva proteção dos direitos fundamentais de seus membros, possibilitando pleno desenvolvimento da pessoa, como cidadã responsável e realizada, plenamente integrada à sociedade.

5. PLURALIDADE DE MODELOS DE FAMÍLIA

A Constituição Federal exemplifica três modelos de família, entretanto, não encerram *numerus clausus*. Acolhe-se outros modelos de arranjos familiares na atual Carta Magna, suprindo a cláusula de exclusão das constituições anteriores que reconhecia a constituição da família apenas pelo casamento.

Conrado Paulino da Rosa leciona que os tipos de modelos de família previstos na Constituição Federal são meramente exemplificativos por serem os mais comuns, merecendo referência expressa, entretanto, vários outros modelos estão implícitos no *caput* do art. 226. Ressalta que para configurar

[33] FARIAS, Cristiano Chaves de; ROSENVALD, Nelson. *Curso de direito civil*: Famílias. 5. ed. Salvador: JusPodivm, 2013. p. 47-49. v. 6.

[34] LIMA, Ricardo Alves de. *Função social da família*: família e relações de poder – transformação funcional familiar a partir do direito privado, cit., p. 118.

um agrupamento familiar são necessários os seguintes pressupostos: a *afetividade*, como mola propulsora dos laços familiares e das relações interpessoais; a *estabilidade*, como elemento constitutivo do núcleo familiar, afastando os relacionamentos casuais e descomprometidos, sem comunhão de vida; a *ostensabilidade*, como demonstrativo da entidade familiar, ou seja, uma unidade familiar que se apresenta publicamente, afastando a clandestinidade; a *vontade*, como elemento volitivo e fundamental para constituição da família[35]. Diante desses elementos característicos, diversos são os arranjos familiares, expressos ou implícitos na Constituição Federal.

Maria Berenice Dias lembra que a Constituição Federal, diante do alargamento conceitual das relações interpessoais, da supremacia da dignidade da pessoa humana lastreada no princípio da igualdade e da liberdade e da ocorrência do resgate do ser humano como sujeito do direito, viu a necessidade de reconhecer a existência de outras entidades familiares além do casamento. A Constituição menciona ainda a união estável e a família monoparental, entretanto, os tipos são meramente exemplificativos por serem os mais comuns. Atualmente, é necessária uma visão pluralista da família, abrigando os mais diversos arranjos familiares, pois não é mais identificada pela celebração do casamento, diferença de sexo do par ou o envolvimento de caráter sexual. O que identifica a família é a presença do vínculo afetivo, que une as pessoas com identidade de projetos de vida e propósitos comuns, empenhada cada vez mais em buscar a felicidade. Considerando a pluralidade das famílias, além das famílias constitucionalizadas ou previstas expressamente, matrimonial, informal (união estável) e monoparental, existem outros modelos, como as famílias homoafetivas, parental ou anaparental, pluriparental ou recompostas, paralela e eudemonista[36].

O conceito de família, especialmente em razão da proteção ao bem de família (Lei n. 8.009/1990), tem se expandido até quando a pessoa vive sozinha, opção cada vez mais frequente, denominada *família unipessoal*, o que foi reforçado pela Súmula n. 364, do STJ, ao dispor que "o conceito de impenhorabilidade de bem de família abrange também o imóvel pertencente a pessoas solteiras, separadas e viúvas".

---

35 ROSA, Conrado Paulino da. *iFamily*: um novo conceito de família?, cit., p. 102-118.

36 DIAS, Maria Berenice. *Manual de direito das famílias*. 8. ed. São Paulo: Revista dos Tribunais, 2011. p. 42-55.

As espécies de família, portanto, não podem ser taxativas, diante das várias possibilidades de formação. Com o declínio do patriarcalismo e o combate ao preconceito, surgem variedades de formas de constituição, de acordo com o momento social e cultural. A família transcende sua própria historicidade, conforme ensina Rodrigo da Cunha Pereira:

> Novas estruturas parentais e conjugais estão em curso, como as famílias mosaico, famílias geradas por meio de processos artificiais, famílias recompostas, famílias simultâneas, famílias homoafetivas, filhos com dois pais e duas mães, parcerias de paternidade, enfim, as suas diversas representações atuais, que estão longe do tradicional conceito de família, que era limitada à ideia de um pai, uma mãe, filhos, casamento civil e religioso[37].

5.1. Família conjugal e família parental

Rodrigo da Cunha Pereira faz uma interessante distinção dos modelos de família em dois grupos, que são o gênero dos quais surgem várias espécies: a família conjugal e a família parental.

A *família conjugal* surge na relação amorosa de seus membros, no desejo e amor sexual dos parceiros, ressaltando, porém, que a sexualidade não está obrigatoriamente relacionada com a prática de atos sexuais genitalizados tradicionais, que podem não ocorrer em razão de impotência ou frigidez, mas o casal continua unido pelo afeto. Da família conjugal surgem as espécies como a família matrimonial, a união estável, a paralela e a homoafetiva.

A *família parental* se constitui em virtude do parentesco, que pode ser biológico ou por outra origem (adoção, reprodução assistida heteróloga, socioafetiva) e também pela afinidade, surgindo, portanto, as espécies como a monoparental, pluriparental e anaparental[38].

5.2. Família matrimonial

A família matrimonial é formada com base no casamento civil pelos cônjuges, incluindo, não necessariamente, a prole, natural ou socioafetiva. É

---

[37] PEREIRA, Rodrigo da Cunha. *Dicionário de direito de família e sucessões*, cit., p. 287.

[38] PEREIRA, Rodrigo da Cunha. *Dicionário de direito de família e sucessões*, cit., p. 291-292.

uma união legal vinculada a normas cogentes, vivendo em plena comunhão de vida e em igualdade de direitos e deveres. O casamento é um contrato especial de direito de família, solene, com intervenção do Estado para sua realização.

A Constituição Federal ao dispor sobre os direitos e deveres na sociedade conjugal determina que sejam exercidos igualmente pelo homem e pela mulher (art. 226, § 5º). O Código Civil dispõe no art. 1.514 que o casamento se realiza no instante em que o homem e a mulher manifestam perante a autoridade celebrante o desejo de se casarem e o juiz os declaram casados. No mesmo sentido, os arts. 1.535 e 1.565 dispõem sobre marido e mulher e homem e mulher ao tratar do casamento.

Recentes decisões, entretanto, inclusive do Superior Tribunal de Justiça (REsp 1.183.378/RS), Provimentos de Corregedorias de Justiças Estaduais e, por fim, a Resolução CNJ n. 175, de 15 de maio de 2013, autorizam o procedimento de habilitação e a conversão da união de pessoas do mesmo sexo em casamento civil. Dispõe o art. 1º da resolução que "é vedada às autoridades competentes a recusa de habilitação, celebração de casamento civil ou de conversão de união estável em casamento entre pessoas de mesmo sexo", introduzindo no Brasil o casamento civil homoafetivo, independente de aprovação pelo Congresso Nacional.

O casamento ainda é o modelo mais tradicional de constituição de família, tanto que a lei favorece a conversão da união estável em matrimônio civil, jurídico e social, e possui enorme atenção na legislação, sendo minuciosamente regulado no Código Civil. Também é merecedor de maior proteção em razão de sua constituição formal, permitindo prova pré-constituída e conferindo presunção de paternidade dos filhos havidos na sua constância.

5.3. Família convivencial (união estável)

A família convivencial é a constituída fora do casamento pela união estável, caracterizada pela união informal pública, duradoura e contínua. Até a Constituição Federal de 1988 não possuía previsão legislativa, sendo tratada pela jurisprudência em caso de dissolução como uma união de fato para permitir a partilha dos bens adquiridos pelo esforço comum na sua constância.

A união estável era denominada de concubinato, distinguindo-se o *concubinato puro*, quando os conviventes não possuíam vínculos matrimoniais ou estavam desquitados, do *concubinato impuro*, quando algum dos conviventes era vinculado matrimonialmente.

Atualmente, a união estável configura-se na união de um homem e uma mulher sem impedimentos para o casamento, exceto quanto à pessoa casada, desde que esteja separada de fato ou juridicamente. A união de pessoas com impedimentos para o casamento constitui-se em concubinato, sem a proteção dos direitos conferidos à união estável. É também denominado de família paralela.

O Supremo Tribunal Federal no julgamento da ADI 4.277/DF e da ADPF 132/RJ decidiu, por unanimidade, com eficácia *erga omnes* e efeito vinculante, que o art. 1.723 do Código Civil, que trata da união estável heteroafetiva, deve ser aplicado para a união de pessoas do mesmo sexo. Assim a família convivencial acolhe as uniões homoafetivas sem qualquer distinção.

5.4. Família monoparental

Família monoparental é a entidade familiar formada por qualquer dos pais e seus descendentes, naturais ou socioafetivos (art. 226, § 4º, da CF). Ocorre quando os filhos vivem em companhia de apenas um dos pais, em razão de viuvez, adoção unilateral ou filhos de mães ou pais solteiros. Caracteriza-se a família monoparental mesmo que o outro genitor esteja vivo, como ocorre entre pais divorciados ou separados de fato, desde que os filhos estejam sob a guarda de apenas um deles.

Uma significativa parcela de nossa população é constituída de famílias monoparentais, tendo como responsável principalmente a mulher.

Cresce no Brasil a tendência de pessoas solteiras constituírem família mediante adoção unilateral ou mediante reprodução medicamente assistida, utilizando-se de material genético de um doador, já que é garantido o direito constitucional ao livre planejamento familiar.

As famílias matrimoniais, convivenciais e monoparentais estão expressamente previstas no art. 226 da Constituição Federal, o que não exclui os diversos outros modelos de entidades familiares possíveis.

5.5. Família homoafetiva ou isossexual

A família homoafetiva é aquela constituída, mediante casamento ou união informal, de pessoas do mesmo sexo, por isso também denominada *isossexual* (do grego *iso*, igual), com fundamento na afetividade de seus membros e merecedoras da proteção legal, possuindo os mesmos direitos e deveres da união estável heteroafetiva, pois, ainda que não prevista na Constituição Federal, não pode ser excluída do *status* de família e ser merecedora da proteção do Estado. O preconceito e a discriminação quanto à orientação homossexual de alguém não solucionam as questões que emergem das uniões homoafetivas, que, em regra, não se diferenciam das uniões estáveis heterossexuais.

A Lei Maria da Penha reconhece expressamente a união homoafetiva ao dispor no art. 5º, parágrafo único, que na proteção contra a violência doméstica "as relações pessoais enunciadas neste artigo independem de orientação sexual".

O Supremo Tribunal Federal, no julgamento histórico da ADI 4.277/DF e da ADPF 132/RJ, ocorrido no dia 5 de maio de 2011, decidiu, por unanimidade, que o art. 1.723, do Código Civil, deve ser interpretado conforme a Constituição Federal, excluindo todo o significado que impeça o reconhecimento da união de pessoas do mesmo sexo, com eficácia *erga omnes* e efeito vinculante. O referido art. 1.723 reconhece como entidade familiar a união estável entre homem e mulher, sendo que o reconhecimento da união de pessoas do mesmo sexo "é de ser feito segundo as mesmas regras e com as mesmas consequências da união estável heteroafetiva" (Rel. Min. Carlos Ayres Britto).

A partir da decisão do Supremo Tribunal Federal, surgiu grande discussão jurídica sobre a possibilidade ou não de casamento de pessoas do mesmo sexo, diretamente ou por conversão da união homoafetiva. Muitos casais homoafetivos passaram a pretender a aplicação de todo o respectivo Título III, que trata da união estável, incluindo o art. 1.726, que autoriza a conversão em casamento, bem como a habilitação para o casamento nos cartórios de registro civil. Alguns casais homoafetivos tiveram êxitos, mas a maioria não.

O Superior Tribunal de Justiça, no REsp 1.183.378/RS, julgado em 25-10-2011, autorizou o procedimento de habilitação para o casamento de duas mulheres gaúchas. As autoras da ação requereram habilitação para o casamento, sendo negado o requerimento no cartório e depois no judiciário em 1º e 2º graus, com fundamento nos arts. 1.514, 1.535 e 1.565, do Código Civil. A 4ª Turma do Superior Tribunal de Justiça, por maioria (4 x 1), tendo como Relator o Ministro Luiz Felipe Salomão, deu provimento ao recurso especial para afastar o óbice relativo à diversidade de sexos e para determinar o prosseguimento do processo de habilitação de casamento.

Diante das decisões do Supremo Tribunal Federal e do Superior Tribunal de Justiça, alguns juízes autorizaram a conversão da união homoafetiva em casamento ou a habilitação para o casamento de pessoas do mesmo sexo em diversas cidades do País. O primeiro casamento homoafetivo foi realizado em Jacareí/SP, em 28 de junho de 2011, de dois homens, e o segundo em Brasília, em 29 de junho de 2011, de duas mulheres.

As Corregedorias de Justiça de vários Estados, também com fundamento no julgamento do Supremo Tribunal Federal, reconheceram por ato normativo e regulamentaram mediante provimento o casamento civil de pessoas do mesmo sexo. O primeiro Estado a reconhecer e regulamentar o casamento civil homoafetivo mediante procedimento de habilitação foi o Estado de Alagoas (Prov. n. 40, de 6 de dezembro de 2011), seguido pelos Estados de Sergipe, Espírito Santo, Bahia (Prov. n. 12/2012) e São Paulo (Prov. CG n. 41/2012).

O Conselho Nacional de Justiça (CNJ), no dia 14 de maio de 2013, aprovou por maioria a Resolução n. 175, que *dispõe sobre a habilitação, celebração de casamento civil ou de conversão de união estável em casamento, entre pessoas de mesmo sexo*.

Publicada no dia 15 de maio de 2013, a Resolução CNJ n. 175 dispõe no art. 1º que as autoridades competentes ficam proibidas de recusar os pedidos de habilitação para o casamento de pessoas do mesmo sexo, de celebrarem o casamento ou mesmo de converter a união homoafetiva em casamento[39]. No art. 2º, como uma advertência, alerta que a recusa na habilitação, celebração ou conversão da união de pessoas do mesmo sexo em casamento importará na comunicação imediata ao juiz corregedor[40], para aplicação de sanções à autoridade que descumprir a resolução do Conselho Nacional de Justiça.

---

39 "Art. 1º É vedada às autoridades competentes a recusa de habilitação, celebração de casamento civil ou de conversão de união estável em casamento entre pessoas de mesmo sexo."

40 "Art. 2º A recusa prevista no artigo 1º implicará a imediata comunicação ao respectivo juiz corregedor para as providências cabíveis."

A legislação brasileira não regula a união homoafetiva, mas regula o casamento. O art. 226, § 5º, da Constituição Federal, dispõe que "os direitos e deveres referentes à sociedade conjugal são exercidos igualmente pelo homem e pela mulher". O art. 1.514 do Código Civil considera que o casamento se realiza quando "o homem e a mulher manifestam perante o juiz, a sua vontade de estabelecer vínculo conjugal, e o juiz os declara casados". Da mesma forma, dispõe o art. 1.535 que a autoridade declara o casamento nos seguintes termos: "De acordo com a vontade que ambos acabais de afirmar perante mim, de vos receberdes por marido e mulher, eu, em nome da lei, vos declaro casados". Ainda, ao tratar da eficácia do casamento, dispõe o art. 1.565 que "pelo casamento, homem e mulher assumem mutuamente a condição de consortes, companheiros e responsáveis pelos encargos da família".

As decisões judiciais que autorizam o casamento civil de pessoas do mesmo sexo trouxeram debates jurídicos se estaria ocorrendo ativismo judicial. A celeuma é se estaria o judiciário expandindo o sentido e o alcance da Constituição, exorbitando sua competência para aplicá-la a situações não previstas expressamente, ou se apenas está ocorrendo exercício do poder-dever que incumbe aos juízes de interpretar e aplicar o direito, que não se esgota nas leis, na concretização e na efetividade dos direitos fundamentais.

Também se questiona se o Conselho Nacional de Justiça, como órgão de controle da atuação administrativa e financeira do Poder Judiciário e do cumprimento dos deveres funcionais dos juízes, tem competência para expedir resolução que regulamenta casamento civil de pessoas do mesmo sexo.

É inequívoca a inércia do Legislativo em se pronunciar sobre o casamento civil de pessoas do mesmo sexo, autorizando-o e revogando os dispositivos que referem a homem e mulher, ou não. Enquanto o Congresso não se manifesta, cabe ao judiciário decidir as omissões que repercutem na vida das pessoas.

Constata-se nos debates jurídicos que a corrente que vislumbra ativismo judicial, especialmente do CNJ, não é contrária ao casamento civil homoafetivo, o que vai possibilitar a plena igualdade das pessoas, independentemente da opção sexual e efetivo reconhecimento do pluralismo familiar. O Congresso Nacional tem uma atitude constrangedora de omissão em debater e decidir democraticamente sobre as propostas nesse sentido, pois o parlamento é o foro adequado para a discussão.

O judiciário, todavia, não pode desconhecer e tornar invisíveis direitos fundamentais de parcela da população em razão da inércia do legislativo em se pronunciar sobre o casamento civil e união estável homoafetiva.

5.6. Família natural, ou nuclear, extensa ou ampliada e família substituta

Esses modelos de família estão previstos no Estatuto da Criança e do Adolescente.

Família *natural* é a família nuclear, a comunidade formada pelos pais ou qualquer deles e seus descendentes, definida no art. 25 da Lei n. 8.069/1990. O conceito de família extensa foi introduzido no Estatuto da Criança e do Adolescente pela Lei n. 12.010/2009 para priorizar a manutenção do menor na família de origem, esgotando-se todos os recursos, antes de encaminhá-lo para adoção.

Família *extensa* ou *ampliada* é a que inclui, além dos pais e filhos, os parentes próximos com os quais as crianças e os adolescentes convivem e mantêm vínculos de afinidade e afetividade (art. 25, parágrafo único, da Lei n. 8.069/1990).

Família *substituta* é aquela que acolhe o menor independentemente de sua situação jurídica, e se configura pela guarda, tutela e adoção (art. 28 da Lei n. 8.069/1990). Na adoção, com o trânsito em julgado, o adotado passa a integrar totalmente a família adotiva, desvinculando-se da biológica.

5.7. Família adotiva

Família *adotiva* é a família constituída pelo vínculo de adoção, mediante sentença judicial. A adoção é regulada pelo Estatuto da Criança e do Adolescente e ocorre quando uma pessoa é acolhida por outra, ou por um casal, como filho.

A filiação adotiva importa nos mesmos direitos e qualificações, sem qualquer discriminação, desvinculando-se o adotado de sua família natural.

5.8. Família anaparental

A família *anaparental* ou *família de parentes* é conceituada como a entidade em que convivem parentes sem diversidade de gerações, sem verticalidade dos vínculos parentais, como duas irmãs, ou mesmo entre pessoas sem vínculos parentais, dentro de uma estruturação com identidade de propósitos. Não existe na família anaparental conjugalidade (casamento ou união estável) entre os membros.

A família anaparental ocorre sem a presença de pai ou mãe no ambiente familiar que a chefie, ou seja, sem vínculo de ascendência e descendência, podendo ser relacionada a grupos de irmãos, de primos e de tios com sobrinhos[41].

5.9. Família mosaico ou reconstituída

A família *mosaico* é a família complexa, reconstituída ou recomposta, na qual um ou ambos os parceiros possuem filhos de uniões anteriores, resultando pluralidade das relações parentais, multiplicidade de vínculos, ambiguidade dos compromissos e interdependência. Os casais trazem para a nova família filhos de relações anteriores, que se juntam aos filhos comuns. É, portanto, uma família complexa que se constitui utilizando famílias monoparentais, formando um mosaico e agregando pessoas. Alguns doutrinadores denominam a família mosaico também de pluriparental, em razão das relações que acabam surgindo entre os membros no início estranhos, como os filhos anteriores dos parceiros que se tornam irmãos unilaterais dos filhos comuns que surgirem. A denominação pluriparental, entretanto, melhor se amolda à família multiparental, em que o filho possui dois pais ou duas mães.

A família mosaico surge quando um dos parceiros, ou ambos, possuía uma família monoparental e constitui uma nova família, com vários arranjos. Pode ocorrer de apenas um dos parceiros possuir filhos de um ou mais relacionamentos e depois não ter filhos próprios; os dois parceiros tiverem filhos e depois não terem filhos próprios; só um dos parceiros ter filhos e depois o casal ter filhos próprios; ou, ainda, ambos os parceiros tiverem filhos e depois terem filhos próprios, convivendo numa mesma família os filhos do marido, os filhos da esposa e os filhos comuns (os *meus*, os *teus* e os *nossos*)[42]. Ainda que biologicamente não exista parentesco entre vários membros nos arranjos familiares, é inquestionável o surgimento de vínculos de afetividade e solidariedade familiar entre eles.

---

41 CARVALHO, Dimas Daniel de. *Famílias simultâneas na ordem constitucional democrática.* Dissertação. Faculdade de Direito do Sul de Minas, Pouso Alegre, 2013. p. 40.

42 DIAS, Maria Berenice. *Manual de direito das famílias*. 8. ed. cit., p. 49.

5.10. Família eudemonista

A família *eudemonista* é o conceito mais inovador de família. Lembra Maria Berenice Dias que é a família identificada pelo seu envolvimento afetivo, que busca a felicidade individual vivendo um processo de emancipação de seus membros. O eudemonismo é a doutrina que enfatiza o sentido de busca pelo sujeito de sua felicidade. A felicidade individual ou coletiva é fundamento da conduta humana moral, sendo consideradas boas as condutas que levam à felicidade. Cada vez mais se reconhece que é no âmbito das relações afetivas que se estrutura a personalidade da pessoa, devendo o afeto ser reconhecido como único modo eficaz de definição da família. É a afetividade, e não a vontade, o elemento constitutivo dos vínculos familiares. Envolve os membros na busca da realização pessoal, deslocando a proteção jurídica da família da instituição para o sujeito, individualizada, assegurando privacidade ao ser humano, tanto que a Constituição Federal dispõe que *o* "Estado assegurará a assistência à família na pessoa de cada um de seus membros" (art. 226, § 8º, 1ª parte)[43].

A família não é mais uma instituição tutelada como unidade de produção econômica e de reprodução, mas uma instituição tutelada pelo Estado para promover o desenvolvimento da pessoa humana, para a realização da personalidade de seus membros, para servir de "alicerce fundamental", nas palavras de Cristiano Chaves de Faria e Nelson Rosenvald, "para o alcance da felicidade". Não se protege a família por si própria, mas como o *locus* para realização da pessoa humana, tendente à felicidade individual de cada membro na convivência familiar, permitindo-lhe a realização pessoal e profissional[44].

O enfraquecimento da família patriarcal e a preponderância da família como instituição hierarquizada permitiram aos membros buscarem a felicidade nas relações familiares, pressupondo o sujeito de direitos na família como sujeito de desejos. "Assim, a família eudemonista é aquela que tem como princípio, meio e fim a felicidade."[45]

O *direito à busca da felicidade* é tema recente no Brasil e possui forte ligação com o princípio da dignidade humana, pois trata de orientação que coloca

---

43 DIAS, Maria Berenice. *Manual de direito das famílias*. 8. ed., cit., p. 38-53.

44 FARIAS, Cristiano Chaves de; ROSENVALD, Nelson. *Curso de direito civil. Famílias*. 5. ed., cit., p. 83-85.

45 PEREIRA, Rodrigo da Cunha. *Dicionário de direito de família e sucessões*, cit., p. 296.

a pessoa no centro do direito, funcionando como uma proteção para que o Estado não obrigue o sujeito a se enquadrar em modelos de família preconcebidos. O direito é que deve se curvar às vontades e necessidades das pessoas, pois os "indivíduos são senhores dos seus próprios destinos, condutas e modos de vida", conforme fundamenta o Ministro Luiz Fux no julgamento do RE n. 898.060/SC. No referido julgamento, o Relator citou o Ministro Luiz Edson Fachin, ao esclarecer, quanto à concepção eudemonista da família, que "sob as relações de afeto, de solidariedade e de cooperação, proclama-se, com mais assento, a concepção eudemonista da família: não é mais o indivíduo que existe para a família e para o casamento, mas a família e o casamento existem para seu desenvolvimento pessoal, em busca de sua aspiração à felicidade"[46].

5.11. Família democrática

A família democrática funde-se com a família eudemonista ao se contrapor à família patriarcal e hierarquizada, pois nela não existe superioridade entre os membros e todos são sujeitos de direito, possuindo igualdade, qualquer que seja a forma de sua constituição. Oportuna, nesse sentido, a lição de Rodrigo da Cunha Pereira:

> Na família democrática, não há superioridade de um gênero sobre o outro, as crianças e adolescentes são sujeitos de direito tanto quanto os adultos, embora tenham lugares e funções diferentes. Não há desigualdade de direitos entre seus membros, repele-se a violência doméstica, o trabalho do homem e da mulher, sejam eles exercidos fora ou dentro do lar, são igualmente valorizados. [...].
>
> Em uma família democrática, quando o casal se divorcia, os filhos continuam convivendo igualmente com ambos os pais, que praticam a guarda compartilhada[47].

Na família democrática, portanto, os membros exercem suas funções sem ser dominados e assujeitados pelo outro, todos contribuindo para a arte de bem viver juntos, respeitando os desejos do outro.

---

46 STF, RE n. 898.060/SC, Rel. Ministro Luiz Fux, j. 21-9-2016.

47 PEREIRA, Rodrigo da Cunha. *Dicionário de direito de família e sucessões*, cit., p. 293.

5.12. Família multiparental ou pluriparental

A família *multiparental* ocorre quando o filho possui dois pais ou duas mães, um biológico e outro socioafetivo, sem que um exclua o outro.

A dinâmica com que se reconstituem as famílias, especialmente em razão da facilidade do divórcio e o vínculo formal do casamento não ter mais a importância de antes na união das pessoas, quebrou o modelo tradicional de família, em que o casal vivia junto mesmo não mais se suportando, para manter o casamento. A família hoje é eudemonista, privilegiando a proteção de cada um dos membros que a integra e que busca a realização pessoal e a felicidade, fazendo com que muitos casais se separam se a união não estiver satisfatória, mesmo possuindo filhos, formando uma família monoparental, que também ocorre com a morte de um dos parceiros.

Após a separação ou viuvez, muitos pais e mães casam-se ou constituem união estável, reconstituindo a família com um novo parceiro, com ou sem filhos, que passam a viver em comunhão de afetos nesse novo arranjo familiar, cada vez mais comum, denominado de família mosaico.

Por muitas vezes, o novo parceiro passa a exercer a autoridade parental dos filhos que seu cônjuge/companheiro trouxe das relações anteriores, surgindo um vínculo de socioafetividade, sem, contudo, o filho perder os vínculos afetivos com o genitor, que mantém o poder familiar.

O vínculo de afeto entre o parceiro do pai ou da mãe já foi reconhecido na Lei n. 11.924/2009, que acrescentou o § 8º ao art. 57 da Lei n. 6.015/1973, para autorizar ao enteado e à enteada acrescentar no seu registro de nascimento os sobrenomes de família de seu padrasto ou madrasta, desde que com a concordância destes.

O padrasto/madrasta pode muitas vezes passar a exercer as funções de pai/mãe, fazendo surgir uma paternidade/maternidade socioafetiva, uma paternidade cultural que se solidifica na convivência familiar, sem que o filho afetivo perca os vínculos com os pais biológicos, possuindo *mais de um pai* ou *mais de uma mãe,* surgindo a família multiparental.

A doutrina já por um bom tempo tem defendido o reconhecimento concomitante da filiação biológica e socioafetiva, com todos os efeitos jurídicos, incluindo os vínculos de parentesco com os dois pais ou duas mães, alimentos e herança[48]. Assim, o registro de nascimento deve espelhar a realidade e abrir espaço para constar o nome de mais de uma mãe ou um pai e os avós[49].

A construção doutrinária, defendida especialmente por Ana Carolina Brochado Teixeira, Renata de Lima Rodrigues e Belmiro Pedro Welter, vinha encontrando algumas resistências na jurisprudência, especialmente em razão do entendimento cada vez mais acolhido de que a paternidade socioafetiva, configurada a posse de estado de filho, sobrepõe e exclui a biológica. Ressalta-se ainda a existência de entendimento jurisprudencial de que ninguém pode ter dois pais ou duas mães, pois uma maternidade ou paternidade exclui a outra, não se confundindo o afeto do padrasto/madrasta em razão do vínculo da afinidade com o vínculo de filiação da paternidade/maternidade.

Apesar das resistências, entretanto, a jurisprudência começou a acolher a multiparentalidade na filiação. O Tribunal de Justiça do Rio Grande do Sul já reconheceu a possibilidade da família multiparental, ao manter o pai registral no assento de nascimento e incluir a paternidade biológica, em ação de investigação de paternidade para obter a paternidade biológica. Constou na ementa que, em face da condição humana tridimensional, que é genética, afetiva e ontológica, não há prevalência na paternidade socioafetiva nem da biológica, o que possibilitou a manutenção do registro com o pai registral e a declaração da paternidade biológica[50].

Também foi autorizado pela juíza da 3ª Vara Cível de Santana do Livramento/RS, Carine Labres, a inclusão do nome do pai biológico no registro de nascimento do filho já registrado em nome do companheiro da mãe, mantendo-se a paternidade afetiva e biológica, atentando-se para a multiparentalidade e o afeto como valor jurídico[51].

---

48 WELTER, Belmiro Pedro. Teoria tridimensional do direito de família: reconhecimento de todos os direitos das filiações genética e socioafetiva. *Revista Brasileira de Direito das Famílias e Sucessões*. Porto Alegre: Magister; Belo Horizonte: IBDFAM. fev.-mar. 2009. p. 113.

49 TEIXEIRA, Ana Carolina Brochado; RODRIGUES, Renata de Lima. *O direito das famílias entre a norma e a realidade*, cit., p. 211.

50 TJRS, 8ª CC, AC 70029363918, Rel. Des. Claudir Fidelis Faccenda, j. 7-5-2009.

51 LABRES, Carine. *Justiça gaúcha reconhece o direito de criança ter dois pais no registro de nascimento*. Disponível em: <www.ibdfam.org.br/noticias>. Acesso em: 8-6-2014.

O Tribunal de Justiça de São Paulo reconheceu a possibilidade de incluir na certidão de nascimento do filho a maternidade socioafetiva da madrasta que o criou, mantendo-se a mãe biológica já falecida, conforme a seguinte ementa:

> MATERNIDADE SOCIOAFETIVA – Preservação da Maternidade Biológica – Respeito à memória da mãe biológica, falecida em decorrência do parto, e de sua família – Enteado criado como filho desde dois anos de idade – Filiação socioafetiva que tem amparo no art. 1.593 do Código Civil e decorre da posse do estado de filho, fruto de longa e estável convivência, aliado ao afeto e considerações mútuos, e sua manifestação pública, de forma a não deixar dúvida, a quem não conhece, de que se trata de parentes – A formação da família moderna não consanguínea tem sua base na afetividade e nos princípios da dignidade da pessoa humana e da solidariedade. Recurso provido[52].

No Estado de Santa Catarina, a juíza Cristina Paul Cunha Bogo, da Vara de Família da Comarca de Camboriú, autorizou a retificação do registro civil de uma adolescente para incluir o pai biológico, após a realização de exames genéticos. Fundamentou a magistrada que a multiparentalidade surgiu para "compatibilizar, de um lado, o rigor da lei e, de outro, o dinamismo da sociedade moderna, viabilizando com isso a anotação dos nomes dos pais biológico e socioafetivo no assento registral do filho". Mantiveram-se, assim, os fortes vínculos socioafetivos com o padrasto e o vínculo biológico com o pai natural[53].

O juiz Juarez Morais de Azevedo, da comarca de Nova Lima, em Minas Gerais, autorizou, em pedido de adoção formulado pelo tio de uma criança e sua esposa, a manutenção do nome da mãe biológica no registro. O casal cuidou do menor desde seu nascimento, pois a mãe faleceu no parto e o pai é desconhecido. Fundamentou o magistrado que o conceito de família tem se alargado, podendo abranger várias formas de núcleos familiares mesmo que não previstos expressamente, como a multiparentalidade, que privilegia o melhor interesse da criança. No caso concreto, o menor vai possuir no

---

52 TJSP, 1ª CDP, AC 0006422-26.2011.8.26.0286, Rel. Des. Alcides Leopoldo e Silva Junior, j. 14-8-2012.

53 BOGO, Cristina Paul Cunha. *Jovem terá os nomes dos pais biológico e socioafetivo anotados em seu registro civil*. Disponível em: <www.aasp.org.br/aasp/imprensa/clipping>. Acesso em: 2-5-2016.

registro os pais afetivos e a manutenção do nome da mãe biológica, preservando sua memória e o conhecimento do passado[54].

A justiça catarinense autorizou o registro de um recém-nascido com os nomes de um casal homoafetivo como pais, em caso de gestação por substituição. No caso concreto, a irmã de um dos companheiros cedeu o óvulo para reprodução assistida e o útero para a gestação, abrindo-se mão da maternidade. A gestação por substituição, mediante a cessão temporária do útero sem fins lucrativos, é prevista na Resolução n. 2.013/2013, do Conselho Federal de Medicina, desde que a cedente seja parente consanguínea até o 4º grau de um dos parceiros e a existência de termo de consentimento entre os envolvidos. Fundamentou o juiz Luiz Cláudio Broering que a parentalidade socioafetiva deve ser respeitada, provindo de um projeto parental amplo, idealizado pelo casal homoafetivo e concluído por meio das técnicas de reprodução assistida heteróloga, ocorrendo doação de óvulo e gestação por substituição[55].

O Tribunal de Justiça de Minas Gerais reconheceu por maioria a ausência de hierarquia entre a paternidade biológica e a socioafetiva por preservar os direitos individuais e o melhor interesse da criança, contrapondo-se ao voto vencido, que determinava a prevalência da paternidade socioafetiva que constava no registro civil, negando o reconhecimento da paternidade biológica. Consta na ementa, reconhecendo a multiparentalidade, que:

> – Possível o reconhecimento judicial da multiparentalidade, conceito que ampara a coexistência de filiação biológica e socioafetiva, preservando sempre o interesse do menor e a evidência das circunstâncias demonstradas nos autos, não obstante o entendimento, segundo o qual o reconhecimento da paternidade biológica redundaria necessariamente na exclusão da dimensão socioafetiva.
>
> – O reconhecimento da situação de multiparentalidade, com a garantia ao assentamento, no registro civil, tanto da paternidade biológica quanto da socioafetiva, revela solução que se harmoniza com a preservação dos interesses do menor, considerando a ausência de hierarquia dentre as dimensões biológica ou socioafetiva da paternidade.

---

[54] AZEVEDO, Juarez Morais de. *Criança terá duas mães e um pai em seu registro.* Disponível em: <www.lex.com.br/noticia>. Acesso em: 20-9-2014.

[55] BROERING, Luiz Cláudio. *Bebê será registrado com nomes de dois pais em caso de gestação por substituição.* Disponível em: <www.lex.com.br/noticia>. Acesso em: 2-8-2014.

– A multiparentalidade garante a estabilização das relações familiares, preservando os direitos individuais e o melhor interesse da criança, pilares constitutivos da ótica orientadora das relações privadas e da família no constitucionalismo contemporâneo[56].

O Supremo Tribunal Federal decidiu, por maioria, no RE 898.060-SC, de relatoria do Ministro Luiz Fux, vencidos em parte os Ministros Dias Toffoli e Marco Aurélio, no mesmo sentido do Tribunal Mineiro, que "a paternidade socioafetiva, declarada ou não em registro público, não impede o reconhecimento do vínculo de filiação concomitante baseado na origem biológica, com os efeitos jurídicos próprios"[57]. Além de acolher expressamente a parentalidade socioafetiva, a Corte Constitucional reconheceu a possibilidade jurídica da multiparentalidade, permitindo o reconhecimento da filiação biológica mesmo que o filho possua paternidade socioafetiva, com todos os efeitos legais.

Maria Goreth considera que a multiparentalidade é um novo fenômeno que surge no direito das famílias, possibilitando o reconhecimento de novas situações antes ignoradas pelo direito, não podendo os aplicadores se omitir sob o fundamento de que a biparentalidade é a regra. A sociedade é dinâmica e o direito não pode permanecer estático diante de tantas mudanças sociais, especialmente perante a facilidade do divórcio, o reconhecimento de outros modelos de famílias, as famílias recompostas possibilitando a convivência entre padrastos e enteados, surgindo inúmeras situações de ocorrência de multiparentalidade. Considera a autora que:

> A defesa que se faz não é da multiparentalidade como uma regra, mas, sim, como mais uma possibilidade de promover e proteger a pessoa humana. Se já existe o reconhecimento de que a família é plural, aceitar também a pluralidade dos vínculos parentais se torna uma imposição para fazer valer o princípio da dignidade humana[58].

---

56 TJMG, 5ª CC. AC 1.0024.13.321589-7/001, Rel. Des. Áurea Brasil, Rel. p/ acórdão Des. Moacyr Lobato, j. 30-6-2019.

57 STF, RE n. 898.060-SC, Rel. Min. Luiz Fux, j. 21-9-2016.

58 VALADARES, Maria Goreth Macedo. *Multiparentalidade e as novas relações parentais*. Rio de Janeiro: Lumen Juris, 2016, p. 207-208.

5.13. Família binuclear

A família binuclear é a que ocorre em face dos filhos após a dissolução da união dos pais. Assim o núcleo anterior formado pela família conjugal se divide em dois núcleos familiares: o paterno e o materno.

Dissolve-se o casamento ou a união estável, mas não a filiação. A família se converte em monoparental binuclear, ou seja, surgem dois núcleos familiares parental originários da família conjugal.

5.14. Família paralela, simultânea ou uniões dúplices

As famílias *paralelas* ou *uniões dúplices* se caracterizam pela constituição pelo homem ou pela mulher, ou por um dos parceiros homoafetivos, de mais de uma união, de forma ostensiva e estável. São as relações desprovidas de efeitos positivos na esfera jurídica, por não configurar união estável, como as ligações afetivas livres, eventuais, transitórias e adulterinas. A tendência é não reconhecer a existência da segunda família, alvo de repúdio social, entretanto, a invisibilidade a que são condenadas as famílias paralelas não as fazem desaparecer e mesmo as uniões adulterinas, com conhecimento de ambos os parceiros, devem gerar efeitos jurídicos, presentes os requisitos legais, sob pena de enriquecimento ilícito de uma das partes, especialmente do bígamo.

As famílias paralelas são admitidas em alguns países africanos e no oriente, que permitem a poligamia ao homem, o que é repudiado no ordenamento jurídico brasileiro, inclusive tipificando como crime no art. 235 do Código Penal.

O Brasil adota o princípio da monogamia na constituição da família, entretanto, as consequências jurídicas nas famílias paralelas vêm provocando debates na doutrina, com repercussões na jurisprudência, sobre a possibilidade de reconhecimento da união não agasalhada pelo direito, denominada *concubinato impuro*. A jurisprudência é predominante em não reconhecer juridicamente a união paralela em razão do princípio da monogamia, mas surgem decisões que admitem a configuração de união estável e contemporânea ao casamento e consequente produção de efeitos jurídicos quando a convivência é longa, ostensiva e estável[59].

---

[59] TJMG, 5ª CC, AC 1.0024.07.690802-9/001 e AC 1.0017.05.016882-6/003, Rel. Des. Maria Elza, p. 20-1-2009 e 10-12-2008.

A melhor doutrina ressalta que não pode ser admissível o ordenamento jurídico não proteger fatos que geram repercussões no mundo da vida, especialmente na estrutura familiar, pois a essência é mais importante que a forma, devendo, assim, ser tutelado como família todo e qualquer núcleo que configura uma entidade familiar. Apesar da inegável função ordenadora da sociedade exercida pelo princípio da monogamia, é possível reconhecer a união paralela se as peculiaridades do caso demonstrarem que os membros cumprem as funções familiares, devendo ser valorizado pelo direito também estas uniões, em virtude da afetividade e da solidariedade familiar[60].

Muito se discute atualmente se a monogamia é um princípio jurídico no direito de família, já que exclui e torna invisíveis as famílias paralelas, violando princípio do pluralismo familiar, ou se deve ser considerado um princípio apenas no casamento, vedando-se a bigamia. O modelo monogâmico, que surgiu remotamente para fortalecer uma única família e controlar a sexualidade da mulher, permitindo a identificação da paternidade e dos herdeiros, sofre críticas como princípio no direito de família diante da ampliação de outros modelos familiares fora do casamento, inclusive ao possibilitar o reconhecimento da união estável mesmo se um dos parceiros for casado, desde que esteja separado de fato. Veda-se um novo casamento sem dissolver o anterior, o que é considerado bigamia e apenado criminalmente, mas não a união estável.

O certo é que muitos paradigmas vêm sendo quebrados no direito de família, como os recentes reconhecimentos que estão obtendo as famílias homoafetivas, também invisíveis na legislação.

Dimas Daniel de Carvalho ressalta que:

> Embora se perceba a evolução do estado em proteger todas as formas de família, até então verificadas no meio social, as famílias simultâneas ainda continuam à margem da lei, são, no seu verdadeiro sentido, as famílias marginais no contexto da dignidade da pessoa humana, corolário do Estado Democrático de Direito[61].

---

[60] TEIXEIRA, Ana Carolina Brochado; RODRIGUES, Renata de Lima. *O direito das famílias entre a norma e a realidade*, cit., p. 119-137.

[61] CARVALHO, Dimas Daniel de. *Famílias simultâneas na ordem constitucional democrática*. Dissertação, cit., p. 78.

Ressalta o mesmo autor, entretanto, que preenchidos os requisitos para sua configuração, essa família deve ser reconhecida, acrescentando que:

> Uma análise extensiva e considerando o objeto do direito de família face ao dispositivo constitucional, a família simultânea que atenda aos requisitos enfatizados no estudo, tais como a boa-fé objetiva, a afetividade, a estabilidade e a ostensibilidade, não poderá ficar afastada da proteção legal do Estado.
>
> Dessa forma, ultrapassando o preconceito e os dogmas conceituais concernentes às relações afetivas, e na omissão do Legislativo, cabe ao Estado-juiz, analisar cada caso concreto, e, mediante o dever de proteção, conferir às famílias simultâneas, presentes seus elementos essenciais, sua efetiva proteção e produção de efeitos, em razão de não existir nenhuma norma que a equipare à bigamia ou proíba o reconhecimento de seus efeitos no mundo jurídico. A relação simultânea que possui esses elementos deve ser considerada como verdadeira família e ter chancelada toda sua eficácia jurídica com efeitos análogos à união estável[62].

A doutrina apresenta quatro elementos para caracterizar família simultânea e conferir direitos, afastando da proteção estatal os relacionamentos eventuais e clandestinos. O primeiro é a *boa-fé objetiva.* A boa-fé subjetiva, que ocorre quando um dos parceiros desconhece a simultaneidade da constituição da família, configura casamento ou união estável putativa, sendo resguardados expressamente pela legislação todos os direitos ao parceiro inocente. A boa-fé objetiva se configura na lealdade, no modo objetivo de conduta, no respeito familiar. O segundo elemento é a *afetividade,* o elemento agregador da família e que confere comunhão de vidas nas relações afetivas. O terceiro é a *estabilidade,* exigindo que o vínculo seja estável, contínuo, excluindo relações passageiras, eventuais, sem compromisso de constituir uma família. Por fim, o quarto elemento é a *ostensibilidade,* vedando-se a clandestinidade. É necessário o conhecimento no meio social em que vivem e dos dois núcleos familiares simultâneos envolvidos[63].

---

62 CARVALHO, Dimas Daniel de. *Famílias simultâneas na ordem constitucional democrática.* Dissertação, cit., p. 78-79.

63 CARVALHO, Dimas Daniel de. *Famílias simultâneas na ordem constitucional democrática*. Dissertação, cit., p. 66-67.

O Superior Tribunal de Justiça e os tribunais estaduais, entretanto, não têm reconhecido efeitos jurídicos nas famílias paralelas, considerando a segunda união, quer no casamento, quer na união estável, como concubinato, aplicando o art. 1.727 do Código Civil. Na ferramenta "Jurisprudência em teses" do STJ, publicada em 11-2-2016, consta na tese 4 que "não é possível o reconhecimento de uniões estáveis simultâneas".

Algumas decisões esparsas, entretanto, em situações excepcionais têm admitido o reconhecimento *post mortem* para fins previdenciários.

5.15. Família poliafetiva

A família *poliafetiva* se constitui pelo vínculo amoroso de mais de duas pessoas, com a plena concordância dos envolvidos, vivendo juntos, sob o mesmo teto ou não, de forma afetiva e recíproca. Não se trata de família paralela, pois na família poliafetiva a união é consensual e os envolvidos compartilham entre si a relação amorosa. É o amor consensual de três ou mais pessoas em um único núcleo familiar.

A família poliafetiva ou o *poliamorismo* ganhou repercussão na mídia ao ser lavrada na cidade de Tupã/SP em 2012 uma escritura pública de união de um homem e duas mulheres. O reconhecimento desse modelo de família pode ser fundamentado no princípio da liberdade no planejamento familiar (art. 226, § 7º, CF), entretanto, encontra muitas resistências na doutrina e na jurisprudência em razão de o Brasil não adotar a poligamia.

5.16. Família *online* ou *iFamily*

Conrado Paulino da Rosa apresenta mais um conceito inovador de família, ou uma adaptação nos modelos existentes, que denomina de família *online* ou *iFamily* em razão da sociedade virtual que vivenciamos na atualidade, em que os contratos, conversas e negócios são realizados diariamente pela rede virtual. "Vive-se um momento de profunda mutação antropológica e sociológica decorrentes dos constantes avanços da tecnologia, em especial da revolução operada na comunicação[64]." A navegação no espaço cibernético rompeu as fronteiras, aproximou os povos, mesclou as culturas.

64 ROSA, Conrado Paulino da. *iFamily*, cit., p. 94-95.

Os interesses econômicos provocaram uma revolução nos modelos existentes vencendo barreiras nos sistemas jurídicos mundiais. Essa fenomenologia também se aplica na família, importando em novas formas de relacionamentos e de distanciamentos, pois a tecnologia possibilita com que o longe fique perto e uma convivência diária e próxima daqueles que estão distantes. Lado outro, também afasta quem está perto. Hoje é comum pais e filhos se comunicarem por mensagens de texto ou *Facebook*. Cônjuges e companheiros ficarem lado a lado navegando na rede virtual sem conversarem. Famílias viajando, mas concentradas nos seus *smartphones*[65].

Esse novo conceito de família convive com os modelos de entidades familiares existentes, expressas ou implícitas na Constituição, e gera um paradoxo. Por vezes, a distância física torna a convivência e o afeto mais intenso entre os conviventes e a prole. É comum quando os membros da família estão distantes, no mesmo País ou fora dele, a comunicação virtual intensificar e se aproximarem[66].

5.17. Famílias ectogenéticas

Famílias *ectogenéticas* é a denominação dada às entidades familiares que possuem filhos havidos mediante a utilização das técnicas de reprodução medicamente assistidas, tanto nas reproduções homólogas, quando o material genético é de ambos os parceiros, quanto na reprodução heteróloga, quando o material genético é de apenas um dos parceiros ou até mesmo de nenhum deles. Também pode ocorrer quando o filho é gestado por outra pessoa que não a mãe biológica, a denominada "barriga solidária"[67].

A Constituição Federal de 1988 confere liberdade ao casal para planejar o modelo de família, entretanto, a legislação ordinária não regulamenta a reprodução medicamente assistida, aplicando-se normas estabelecidas pelo Conselho Federal de Medicina (Resoluções n. 1.957/2010, 2.013/2013 e 2.121/2015).

---

65 ROSA, Conrado Paulino da. *iFamily*, cit., p. 94-97.

66 ROSA, Conrado Paulino da. *iFamily*, cit., p. 99.

67 CHAVES, Marianna. Famílias ectogenéticas: os limites para utilização de técnicas de reprodução assistida. In: PEREIRA, Rodrigo da Cunha (Coord.). *Famílias nossas de cada dia*. Belo Horizonte: IBDFAM, 2015. p. 310.

5.18. Família coparental

A *coparentalidade* é um novo modelo de família que surgiu sem existência de conjugalidade entre os genitores, mas unindo o desejo de ambos de serem pais e assumirem em conjunto o dever de criar, cuidar e educar um filho.

Os pais não buscar um relacionamento afetivo ou relações sexuais, mas o interesse em constituir a parceria para concretizar o desejo de ser pai e mãe. Rodrigo da Cunha Pereira orienta que:

> A coparentalidade, ou famílias parentais, são aquelas que se constituem entre pessoas, hetero ou homoafetivas, que não necessariamente estabeleceram um vínculo amoroso conjugal ou sexual. Elas apenas se encontram movidas pelo desejo e interesse em fazer uma parceria de paternidade/maternidade, e na maioria das vezes o processo de geração de filhos é feito por técnicas de reprodução assistida[68].

A coparentalidade, portanto, não está atrelada ao envolvimento amoroso ou a relações sexuais dos pais, podendo até ocorrer um afeto fraternal entre os envolvidos, mas ao desejo de maternidade/paternidade biológica. Pode até ocorrer relações sexuais com o objetivo de gerar o filho, mas normalmente adota-se a reprodução assistida homóloga, existindo *sites* na internet que facilitam a aproximação de pessoas com esse objetivo.

Não existe legislação específica sobre o tema, mas ocorrendo divergência entre os genitores, aplicam-se as mesmas regras da legislação comum entre pais separados, como a guarda, alimentos e direito de visitas, sempre observando o melhor interesse da criança e do adolescente.

Os interessados, por segurança, podem realizar um *contrato de geração de filhos*, por escritura pública ou escrito particular, dispondo sobre o reconhecimento da paternidade, nome da criança, registro, guarda, visitas, pensão alimentícia, entre outros direitos. O contratoé importante também para a criança, pois nascerá com sua situação regularizada, mesmo que possa ser revista judicialmente se lhe for prejudicial.

---

[68] PEREIRA, Rodrigo da Cunha. *Coparentalidade: desejo de compartilhar paternidade e maternidade*. Disponível em: <www.ibdfam.org.br/notícias>. Acesso em: 5-2-2020.

Ressalta-se, entretanto, ainda que existente contrato, se surgir uma relação afetiva entre os pais e passarem a conviver de forma estável, a coparentalidade pode se transformar em união estável.

6. DOS DIREITOS FUNDAMENTAIS E PRINCÍPIOS CONSTITUCIONAIS NORTEADORES DO DIREITO DE FAMÍLIA

A história mostra que a evolução nas relações familiares foi longa, sendo necessária a quebra de muitos paradigmas e preconceitos para, finalmente, ser reconhecida a igualdade entre os membros da entidade familiar e a necessidade de proteger a dignidade pessoal de cada um dos que a integram, promovendo sua realização e expectativas.

O legado do positivismo foi um entrave, pois o Direito não conseguia prever e regular todos os fatos existenciais, todas as experiências concretas da conduta humana, extremamente dinâmica e com alternância nos seus valores, hábitos e costumes, notadamente nas relações interfamiliares. Era necessário um Direito mais humanizado, que valorizasse a pessoa humana como cerne da norma jurídica e respeitasse sua vontade, o que foi conquistado com muitas lutas políticas e ideais de liberdade e igualdade.

O positivismo tornou-se insuficiente para acompanhar as profundas mudanças nas famílias, sendo necessário aperfeiçoar a aplicação do Direito instalando uma discussão principiológica, pois os princípios traçam regras e preceitos que constituem fundamentos inseridos na estruturação dos ordenamentos jurídicos e com a constitucionalização do direito civil ganharam força normativa muito maior. A aplicação dos princípios, que traduzem o sentido de um ato de vontade e o espírito da norma, permite a proteção e a preservação na plenitude dos direitos humanos, que estão intrinsecamente ligados ao direito de família e à dignidade da pessoa humana[69]. Os princípios, com o pós-positivismo, deixaram de ser utilizados como mero instrumento de complemento das normas como ocorria no positivismo, para se tornarem forma de expressão da própria norma, conferindo harmonia e coerência ao

[69] PEREIRA, Rodrigo da Cunha. *Princípios fundamentais norteadores do direito de família*. 2. ed. São Paulo: Saraiva, 2012. p. 48 e 120.

sistema jurídico, aferindo os conteúdos constitucionais em sua mais elevada dimensão normativa[70].

Rafael L. Simioni, ao tratar da decisão jurídica e autonomia do Direito, ressalta que pensar o Direito hoje não é tarefa fácil, tendo em vista os diversos discursos teóricos, metodológicos, filosóficos e sociológicos sobre a experiência jurídica, permitindo a concepção do Direito em diferentes perspectivas. A prática da realização do direito – decisão jurídica – pode ocorrer em um acentuado pluralismo metodológico. Depois de discorrer sobre a importância da autonomia do Direito e uma série de concepções pós-positivistas no mundo prático, conclui que a decisão jurídica só vai conquistar legitimidade ou justiça se conseguir estabelecer uma mediação, em duplo compromisso, entre a autonomia do Direito e as exigências do mundo prático. Assinala ainda que:

> Por hipótese, portanto, uma decisão jurídica adequada a todo esse complexo e frágil desenvolvimento histórico do pensamento jurídico ocidental é aquela que decide uma solução jurídica comprometida com a lei, com os precedentes jurisprudenciais e doutrinários e com as razões materiais do mundo prático – princípios morais, valores éticos, convicções religiosas, costumes comunitários importantes etc. Em segundo lugar entram as razões do mundo técnico – estratégias políticas, eficiência econômica e orientação às consequências da decisão. A sabedoria está em entender que esse duplo compromisso com as convenções jurídicas e com as razões do mundo prático não é contraditório: trata-se, na realidade, de um único e mesmo compromisso com uma atitude interpretativa do Direito adequada à problemática jurídica e prática implicada ao caso concreto[71].

As diferentes perspectivas e os diversos discursos para compreender e aplicar o Direito excluem na atualidade uma concepção exclusivamente positivista, diante das diversas situações existenciais que envolvem as relações

---

70 CARVALHO, Dimas Daniel de. *Famílias simultâneas na ordem constitucional democrática*, cit., p. 51.

71 SIMIONI, Rafael Lazzarotto. Decisão jurídica e autonomia do direito: a legitimidade da decisão para além do constitucionalismo e democracia. In: FIGUEIREDO, Eduardo Henrique Lopes; MONACO, Gustavo Ferraz de Campos; MAGALHÃES, José Luiz Quadros de (Coords.). *Constitucionalismo e democracia*. Rio de Janeiro: Elsevier, 2012. p. 140-161.

familiares, que somente podem ser agasalhadas em um discurso principiológico que ampare a dignidade do ser humano, acolhendo na plenitude seus direitos fundamentais. Necessário, portanto, uma breve análise dos direitos fundamentais e dos princípios constitucionais norteadores do direito de família, que se tornaram fonte principal da norma, ao estabelecer regras norteadoras e as diretrizes básicas do sistema jurídico-familiar, impedindo interpretações dissonantes da legislação infraconstitucional que não promova o espírito igualitário e solidário das garantias fundamentais[72].

6.1. Dos direitos fundamentais

Apresentar uma noção sobre direitos fundamentais não é tarefa fácil, diante da dificuldade de conceituar direitos humanos com um conteúdo abrangente, pois varia de acordo com os autores e as concepções filosóficas e históricas em que se concretizaram.

Renato Maia leciona que no Brasil um dos primeiros a examinar o tema foi Rui Barbosa, ao distinguir, na interpretação da Constituição de 1891, as disposições declaratórias, que imprimem existência legal aos direitos reconhecidos, das disposições assecuratórias, que em defesa do direito limitam o poder do Estado. Os direitos são as vantagens previstas na Constituição da República, enquanto as garantias constitucionais são os instrumentos pelos quais se assegura o cumprimento e o pleno exercício ou reparação dos direitos violados[73].

O direito de família obteve tratamento e atenção privilegiada na Constituição Federal de 1988, ao regular as relações humanas e pressupor a pessoa humana como valor fundamental de todo o ordenamento, protegendo e amparando a família como base central da sociedade. O respeito ao princípio fundamental da dignidade humana, da igualdade e da liberdade também está expresso na forma de constituição da família, no planejamento familiar e no respeito individual aos valores de cada um de seus membros, assegurando plena assistência a cada um deles, individualmente, conforme disposto no art. 226 e §§ 7º e 8º:

---

72 FARIAS, Cristiano Chaves de; ROSENVALD, Nelson. *Curso de direito civil. Famílias*, cit., p. 74.

73 MAIA, Renato. Da horizontalização dos direitos fundamentais. *Revista da Faculdade de Direito do Sul de Minas*. Pouso Alegre, 2008. Ed. especial, n. 1. p. 108.

> Art. 226. A família, base da sociedade, tem especial proteção do Estado.
>
> [...]
>
> § 7º Fundado nos princípios da dignidade da pessoa humana e da paternidade responsável, o planejamento familiar é livre decisão do casal, competindo ao Estado propiciar recursos educacionais e científicos para o exercício desse direito, vedada qualquer forma coercitiva por parte de instituições oficiais ou privadas.
>
> § 8º O Estado assegurará a assistência à família na pessoa de cada um dos que a integram, criando mecanismos para coibir a violência no âmbito de suas relações.

A eficácia e a aplicação imediata dos direitos e garantias fundamentais (art. 5º, § 1º, da CF) são de suma importância, pois garantem plena proteção e efetividade aos membros da família atual, não dependendo de qualquer norma regulamentadora. Leciona Rolf Madaleno:

> e no direito de família é de substancial importância a efetividade dos princípios que difundem o respeito e a promoção da dignidade humana e da solidariedade, considerando que a família contemporânea é constituída e valorizada pelo respeito à plena liberdade e felicidade de cada um de seus componentes, não podendo ser concebida qualquer restrição ou vacilo a este espaço constitucional da realização do homem em sua relação sociofamiliar[74].

Maria Berenice Dias orienta que "é no direito das famílias em que mais se sente o reflexo dos princípios eleitos pela Constituição Federal, que consagrou como fundamentais valores sociais dominantes". Ressalta ainda que a dignidade da pessoa humana foi elevada como valor nuclear da ordem constitucional, sendo o mais universal de todos os princípios do qual irradiam os demais princípios éticos, pois ocorre opção expressa pela pessoa e encontra na família o solo apropriado para florescer. O direito das famílias liga-se umbilicalmente aos direitos humanos, que possuem como alicerce o princípio da dignidade da pessoa humana[75].

---

74 MADALENO, Rolf. *Curso de direito de família*. 4. ed. Rio de Janeiro: Forense, 2011. p. 19.

75 DIAS, Maria Berenice. *Manual de direito das famílias*. 4. ed., cit., p. 57-60.

Os direitos fundamentais encontram-se enraizados na ideia de dignidade e, portanto, voltados para a tutela do homem como fim em si mesmo, considerando a unidade da pessoa humana e as situações existenciais objeto de proteção jurídica. A família surge inclusa nesta sistemática, como instrumento para promoção dos direitos fundamentais e concretização da tutela do existencialismo e da própria dignidade da pessoa humana. A proteção da família possibilita a efetividade da preservação das situações jurídicas individuais de cada um de seus membros. O princípio da liberdade da pessoa humana e do planejamento familiar autoriza a pessoa a escolher entre constituir ou não uma família, a forma de sua constituição e acolhimento dos filhos, biológicos ou por outra origem, vedando-se ao Estado qualquer intervenção impositiva. A liberdade de constituição familiar pode, por conseguinte, ser considerada um verdadeiro direito fundamental, o direito de escolha de uma pessoa ter uma família, que, por sua vez, é considerada um dos principais abrigos a propiciar a plena satisfação e realização dos direitos fundamentais, mostrando-se a família tão fundamental quanto eles[76].

6.1.1. Dos direitos fundamentais verticais

Os direitos fundamentais verticais surgiram para proteger o homem dos abusos do poder estatal, garantindo uma existência digna com respeito à sua condição de ser humano e sujeito de direitos e deveres. São, assim, os direitos que protegem os homens, limitando a atuação do Estado, garantindo e afirmando em um primeiro momento os direitos de liberdade, em um segundo momento os direitos políticos, incluindo a participação dos membros da sociedade no exercício do poder político, e finalmente proclamando os direitos sociais, expressando o amadurecimento de novas exigências e de novos valores[77].

Durante a história, os direitos fundamentais não foram os mesmos, surgindo novos direitos que se juntaram aos tradicionais ou direitos antigos que foram adaptados às novas exigências do momento. Ressalta Paulo Gustavo Gonet Branco que:

---

[76] ALMEIDA, Renata Barbosa de; RODRIGUES JUNIOR, Walsir Edson. *Direito civil*: Famílias. Rio de Janeiro: Lumen Juris, 2010. p. 70-71.

[77] AMIN, Andréa Rodrigues. Dos direitos fundamentais. In: MACIEL, Kátia Regina Ferreira Lobo Andrade (Coord.). *Curso de direito da criança e do adolescente*. 4. ed. Rio de Janeiro: Lumen Juris, 2010. p. 31.

a sedimentação dos direitos fundamentais como normas obrigatórias é resultado da maturação histórica, o que também permite compreender que os direitos fundamentais não sejam sempre os mesmos em todas as épocas, não correspondendo, além disso, invariavelmente, na sua formulação, a imperativos de coerência lógica[78].

A dificuldade de conceituação de direitos fundamentais aumenta em razão das várias expressões utilizadas para designá-lo, como *direitos humanos* ou *direitos do homem*. Paulo Bonavides cita Konrad Hesse para orientar que os direitos fundamentais são aqueles direitos que o direito vigente qualifica como tais, ou, em outras palavras, os direitos humanos positivados, e que almejam criar e manter os pressupostos elementares de uma vida na liberdade e na dignidade humana. Cita ainda Carl Schmitt no sentido de que os direitos fundamentais são os direitos ou garantias nomeados e especificados no instrumento constitucional, que receberam da constituição um grau mais elevado de garantia ou de segurança, imutáveis ou de mudança dificultada[79].

Ingo Sarlet ressalta a problemática na definição terminológica e delimitação conceitual da expressão *direitos fundamentais*, terminologia que adota, em razão da utilização de outras expressões, como *direitos humanos*, *direitos do homem*, *direitos subjetivos públicos*, *direitos individuais* e *direitos humanos fundamentais*, exigindo um critério unificador. A própria Constituição de 1988 utiliza vários termos ao se referir aos direitos fundamentais, utilizando ainda o termo genérico *Direitos e garantias fundamentais* (Título II) ao tratar dos direitos e deveres individuais e coletivos, direitos sociais, a nacionalidade, direitos políticos e o regramento dos partidos políticos. Os direitos fundamentais, de certa forma, são sempre direitos humanos ou direitos do homem, que são todos os direitos inerentes à pessoa humana, mas pode ser traçada uma distinção no plano da positivação, posto que a expressão *direitos humanos* possui um conceito mais amplo e difuso, enquanto a expressão *direitos fundamentais* possui uma noção mais precisa e restrita, constituindo o conjunto de direitos e liberdades reconhecidos e

---

78 MENDES, Gilmar Ferreira; COELHO, Inocêncio Mártires; BRANCO, Paulo Gustavo Gonet (Coords.). *Curso do direito constitucional*. 4. ed. São Paulo: Saraiva, 2009. p. 265-266.

79 BONAVIDES, Paulo. *Curso de direito constitucional*. 26. ed. São Paulo: Malheiros, 2010. p. 560-561.

garantidos pelo direito positivo do Estado. O autor ainda faz uma distinção no plano da dimensão internacional e nacional, considerando os direitos humanos os reconhecidos em tratados internacionais e os direitos fundamentais os reconhecidos e assegurados internamente em cada Estado, relegando à expressão *direitos do homem*, de conotação jusnaturalista, como aquela utilizada na fase que precedeu ao reconhecimento pelo direito positivo. Didaticamente, Ingo Sarlet apresenta as seguintes distinções:

> Cumpre traçar uma distinção, ainda que de cunho predominantemente didático, entre as expressões *direitos do homem* (no sentido de direitos naturais não, ou ainda não positivados), *direitos humanos* (positivados na esfera do direito internacional) e *direitos fundamentais* (direitos reconhecidos ou outorgados e protegidos pelo direito constitucional interno de cada Estado)[80].

José Afonso da Silva aponta como melhor expressão a ser utilizada *direitos fundamentais do homem*, pois, segundo ele:

> [...] é reservado para designar, *no nível do direito positivo*, aquelas prerrogativas e instituições que ele concretiza em garantias de uma convivência digna, livre e igual de todas as pessoas. No qualificativo *fundamentais* acha-se a indicação de que se trata de situações jurídicas sem as quais a pessoa humana não se realiza, não convive e, às vezes, nem mesmo sobrevive; fundamentais *do homem* no sentido de que a todos, por igual, devem ser, não apenas formalmente reconhecidos, mas concreta e materialmente efetivados[81].

J.J. Gomes Canotilho[82] diz que os direitos fundamentais "são os direitos do homem, jurídico-institucionalmente garantidos [...] os direitos objetivamente vigentes numa ordem jurídica concreta". São, portanto, os direitos inatos ao ser humano, previstos especialmente na Declaração Universal dos Direitos dos Homens e dos Cidadãos aprovada na Assembleia

---

80 SARLET, Ingo Wolfgang. *A eficácia dos direitos fundamentais*: uma teoria geral dos direitos fundamentais na perspectiva constitucional. Porto Alegre: Livraria do Advogado, 2011. p. 27-32.

81 SILVA, José Afonso. *Curso de direito constitucional positivo*. 23. ed. São Paulo: Malheiros, 2004. p. 178.

82 CANOTILHO, J. J. Gomes. *Direito constitucional e teoria da Constituição*. Coimbra: Almedina, 1998. p. 359.

Geral das Nações Unidas em 1948 e presentes nos Estados Democráticos de Direito.

Rolf Madaleno, citando vários autores, leciona que os direitos fundamentais são direitos de todo e qualquer ser humano e não apenas de determinados grupos. São direitos humanos de todos, atuando como alicerce e valor supremo da ordem jurídica democrática, já que "no conteúdo de *fundamental* está embutida a ideia de situação jurídica essencial à realização da pessoa humana". Fundamentais são os direitos declarados em uma comunidade política organizada, para resguardar os princípios da liberdade, igualdade e dignidade humana. São os direitos reconhecidos e positivados no ordenamento jurídico[83].

O leque dos direitos fundamentais vem aumentando gradativamente de acordo com as necessidades do momento histórico, não existindo uma homogeneidade de classes, o que dificulta uma noção que alcance todos eles. Da mesma forma, a positivação dos direitos humanos não é coincidente em todos os ordenamentos jurídicos. A fundamentalidade material dos direitos fundamentais, o ponto característico entre eles, encontra-se, entretanto, na dignidade da pessoa humana[84]. Sem dúvida em cada direito fundamental existe uma projeção da dignidade humana, pois é por meio dela que adquirem existência e inteligência, apesar de que nem todos os direitos fundamentais previstos em nossa legislação tenham fundamento na dignidade humana. Os direitos fundamentais, todavia, são essenciais para dar efetividade à dignidade do ser humano, como salienta Ingo Sarlet:

> [...] os direitos fundamentais constituem – ainda que com intensidade variável – explicitações da dignidade da pessoa, por via de consequência, e, ao menos em princípio (já que exceções são admissíveis, conforme já frisado), em cada direito fundamental se faz presente um conteúdo, ou, pelo menos, alguma projeção da dignidade da pessoa.
>
> [...]
>
> Em suma, o que se pretende sustentar de modo mais enfático é que a dignidade da pessoa humana, na condição de valor (e princípio normativo)

---

83 MADALENO, Rolf. *Curso de direito de família*. 3. ed. Rio de Janeiro: Forense, 2009. p. 17-18.

84 MENDES, Gilmar Ferreira et al. *Curso do direito constitucional*. 4. ed., cit., p. 270.

> fundamental, exige e pressupõe o reconhecimento e proteção dos direitos fundamentais de todas as dimensões (ou gerações, se assim preferirmos), muito embora – importa repisar – nem todos os direitos fundamentais (pelo menos não no que diz com os direitos expressamente positivados na Constituição Federal de 1988) tenham um fundamento direto na dignidade da pessoa humana[85].

Os direitos fundamentais evoluíram na história e se manifestaram em três gerações sucessivas.

A *primeira geração* abrange os direitos referidos na Revolução Francesa e na Revolução Americana, os primeiros a serem positivados, que são os direitos da liberdade individual da pessoa (consciência, culto, inviolabilidade de domicílio, de reunião), que tem por titular o homem individualmente e são oponíveis ao Estado[86]. Os direitos fundamentais da primeira geração não tinham preocupação com as desigualdades sociais, traduzindo-se em postulados de abstenção do Estado para não intervir na vida pessoal de cada indivíduo[87].

Os direitos fundamentais da *segunda geração* são os chamados direitos sociais, que dominaram o século XX, ganhando realce o princípio da igualdade e incluindo as liberdades sociais, como a sindicalização e o direito de greve. Os direitos de segunda geração, diante da industrialização, crescimento demográfico e desigualdades sociais, passaram a exigir do Estado uma atitude ativa na realização da justiça social e intervenção na vida econômica. Obrigou o Estado a prestações positivas para estabelecer uma liberdade real e igual para todos, como assistência social, saúde, educação, trabalho, entre outros direitos sociais. Apesar da denominação, tinham, entretanto, na maior parte dos casos, indivíduos singularizados e não a coletividade[88].

No final do século XX, com a globalização e a concepção de que o homem não vive isoladamente, surgem os direitos de *terceira geração*, que se destinam não apenas aos interesses de um indivíduo ou de um grupo, ou mesmo de um determinado Estado, mas do gênero humano. São os direitos

---

85 SARLET, Ingo Wolfgang. *Dignidade da pessoa humana e direitos fundamentais na Constituição Federal de 1988*. 9. ed. Porto Alegre: Livraria do Advogado, 2011. p. 101-102.

86 BONAVIDES, Paulo. *Curso de direito constitucional*. 26. ed., cit., p. 563.

87 MENDES, Gilmar Ferreira. *Curso do direito constitucional*. 4. ed., cit., p. 267.

88 MENDES, Gilmar Ferreira. *Curso do direito constitucional*, 4. ed., cit., p. 268.

dotados de universalidade e humanismo, denominados de direitos da fraternidade, de titularidade difusa e coletiva, que se acrescentam aos direitos da liberdade e igualdade. A doutrina identifica como direitos da terceira geração (fraternidade) o direito ao desenvolvimento, o direito à paz, à qualidade de meio ambiente, à conservação do patrimônio histórico e cultural da humanidade e à comunicação[89].

A doutrina, em razão da globalização política, apresenta ainda direitos fundamentais da *quarta geração*, referentes aos direitos à democracia, à informação e ao pluralismo. A globalização econômica e a globalização cultural já são realidades, buscando os direitos de quarta geração uma democracia globalizada, tendo como valor central e convergente de todos os sistemas o homem.

Por fim, está surgindo como direito de nova dimensão ou da *quinta geração*, o direito à paz. Traslada-se o direito à paz da terceira para a quinta geração, ressaltando o valor supremo da paz reconhecido em documentos históricos como a *Declaração Universal dos Direitos do Homem*, de 10 de dezembro de 1948, o *Pacto Internacional de Direitos Civis e Políticos*, de 16 de dezembro de 1996, e a *Declaração do Direito dos Povos à Paz*, contida na Resolução n. 39, da ONU, de 12 de novembro de 1984. A Declaração da ONU "proclama solenemente que os povos do nosso planeta têm o direito sagrado à paz", acrescentando ainda que "proteger o direito dos povos à paz e fomentar sua realização é obrigação fundamental de todo Estado"[90].

Fernanda de Melo Meira, ao tratar dos direitos fundamentais na Constituição de 1988, ressalta a aplicabilidade imediata e classifica-os como de primeira, segunda e terceira dimensões. Os direitos fundamentais de primeira dimensão são os que o indivíduo possui como resistência ou oposição perante o Estado, como o direito à vida, à liberdade, à propriedade, à igualdade formal, bem como os direitos políticos e as garantias processuais, previstos especialmente no art. 5º. Os direitos de segunda dimensão são os direitos sociais, os direitos de participação no bem-estar social, como a assistência social, saúde, educação, trabalho e liberdades sociais previstos no art. 7º, como a liberdade de sindicalização, direito de greve, direitos fundamentais dos trabalhadores, entre outros. Por fim, os direitos fundamentais

[89] BONAVIDES, Paulo. *Curso de direito constitucional*. 26. ed., cit., p. 569.
[90] BONAVIDES, Paulo. *Curso de direito constitucional*. 26. ed., cit., p. 571-581.

de terceira dimensão são os destinados à proteção de grupos humanos, como, por exemplo, os direitos de solidariedade, à paz, ao desenvolvimento, ao meio ambiente equilibrado, à qualidade de vida, tratando-se, pois, de direitos difusos e coletivos[91].

A distinção, quanto às gerações de direitos fundamentais, é importante para situar e compreender o momento histórico em que surgiram e foram positivados, entretanto, as gerações não se sucedem, suplantando os direitos antes previstos pelos novos que surgiram. Os direitos anteriores se completam e adaptam aos novos direitos no momento histórico. Os direitos de liberdade da primeira geração se mantêm nos dias atuais, aperfeiçoados e com maior alcance, se integrando aos novos direitos fundamentais.

A Constituição Federal de 1988, no Título II, integra de forma harmônica as categorias de direitos fundamentais, desde os direitos individuais aos coletivos e sociais, sem que um se contraponha ao outro, podendo classificá-los em direitos individuais (art. 5º); direitos à nacionalidade (art. 12); direitos políticos (arts. 14 a 17); direitos sociais (arts. 6º e 193 e parágrafos); direitos coletivos (art. 5º) e direitos solidários (arts. 3º e 255). No art. 5º, § 1º, a Constituição dispõe expressamente que as normas definidoras dos direitos e garantias fundamentais possuem aplicação imediata e, no art. 5º, § 2º, que os direitos fundamentais expressos na norma constitucional não excluem outros decorrentes dos princípios por ela adotados ou previstos em tratados internacionais.

6.1.2. Dos direitos fundamentais horizontais

Os direitos fundamentais de eficácia vertical aplicam-se em face do Estado, como garantias ao homem, com incidência predominante no direito público, o que não veda, entretanto, a aplicação imediata, direta e irradiante, nas relações privadas, especialmente nas relações de família. A aplicação nas relações de família permite a realização de cada membro dentro do núcleo familiar[92],

---

91 MEIRA, Fernanda de Melo. A guarda e a convivência familiar como instrumentos veiculadores de direitos fundamentais. In: TEIXEIRA, Ana Carolina Brochado; RIBEIRO, Gustavo Pereira Leite (Coords.). *Manual de direito das famílias e das sucessões*. 2. ed. Belo Horizonte: Del Rey, 2010. p. 227-228.

92 GAGLIANO, Pablo Stolze; PAMPLONA FILHO, Rodolfo. *Direito de família* – as famílias em perspectiva constitucional. 2. ed. São Paulo: Saraiva, 2012. p. 58-60.

especialmente em face da constitucionalização do direito civil, aproximando cada vez mais o direito público do privado, exigindo que o Estado tutele a dignidade da pessoa humana.

Renato Maia diz que a eficácia horizontal dos direitos fundamentais, também denominada eficácia privada ou externa, surge em oposição à eficácia vertical, autorizando sua aplicação nas relações entre particulares, direta e imediatamente, sem necessidade de previsão legislativa. Historicamente, sabe-se que os direitos inseridos na Constituição alemã foram excluídos pelo regime nazista, mas tal fato propiciou a inserção na Lei Fundamental de Bonn, em 1949, de uma nova sistemática de direitos fundamentais, vinculando a legislação ordinária. A sistemática espalhou-se pelas constituições de vários países, especialmente os que sofreram períodos de exceção, passando a aplicação dos direitos fundamentais a se orientar como fundamento e finalidade do Estado. O princípio da dignidade humana começou a exigir uma reconstrução do ordenamento jurídico e a conciliação entre o direito público e privado, abandonando a noção de oposição entre eles, restando indiscutível a existência de normas de direitos fundamentais que incidem diretamente nas relações privadas[93].

Jane Reis Gonçalves Pereira reafirma a aplicação dos direitos fundamentais nas relações privadas para tutelar a dignidade humana, discorrendo que:

> Tendo os direitos fundamentais sido concebidos e afirmados para tutelar a dignidade e autonomia humana em suas diversas dimensões, não há como defender, do ponto de vista lógico, que estes são aplicáveis apenas em relação às violações operadas pelo poder público[94].

A doutrina distingue os direitos fundamentais de eficácia vertical dos direitos fundamentais de eficácia horizontal. No Estado liberal, os direitos fundamentais verticais surgiram na legislação ordinária como meio de defesa do indivíduo contra a imposição ou intromissão do Estado[95], ou seja, protegia

---

93 MAIA, Renato. *Da horizontalização dos direitos fundamentais*, cit., p. 109-111.

94 PEREIRA, Jane Reis Gonçalves. Apontamentos sobre a aplicação das normas de direito fundamental nas relações jurídicas entre particulares. In: BARROSO, Luis Roberto (Org.). *A nova interpretação constitucional*: ponderação, direitos fundamentais e relações privadas. 2. ed. Rio de Janeiro: Renovar, 2006. p. 149.

95 ROSENVALD, Nelson. *Dignidade humana e boa-fé no Código Civil*. São Paulo: Saraiva, 2005. p. 150.

as relações entre o particular e o poder público, limitando o poder do Estado. Os direitos fundamentais de eficácia horizontal incidem nas relações privadas, protegendo e regulando os direitos invioláveis entre os particulares.

A partir especialmente do Caso Lüth, ao ser reconhecida a liberdade de expressão do boicote antinazista pelo Tribunal Constitucional Alemão, admitiu-se que os direitos fundamentais integravam a ordem normativa centrada na pessoa humana e consequentemente incidiam em todos os ramos do Direito, inclusive o direito civil. O reconhecimento da eficácia irradiante dos direitos fundamentais, disseminando por todo o ordenamento, possibilitou um "novo começo" ao orientar que o Código Civil deveria ser lido à luz dos valores estabelecidos pela Constituição, prevalecendo a aplicação dos direitos fundamentais mesmo numa relação entre particulares. Entre os particulares, todavia, a incidência dos direitos fundamentais é diferente da aplicação em face do Estado, pois os particulares são, ao mesmo tempo, destinatários da aplicação e titulares de outros direitos fundamentais[96].

Caio Mário já vislumbrava que o reconhecimento compulsório da filiação importa em conflito de interesses, que denominou de *duas ideias-forças*, ao ressaltar que:

> Não podemos, contudo, furtar-nos de salientar que o reconhecimento de filiação, precipuamente o compulsório, é a resultante de duas ideias-forças, que às vezes se emparelham, mas não raro se antagonizam, de tal sorte que, obedecendo o direito ao sentido social, e acompanhando a ideia preponderante, ora o facilita ora o dificulta, hoje restringe, para amanhã estender os seus efeitos. As ideias-forças que atuam orientando o legislador são a proteção devida à família legítima e legalmente constituída, de um lado; e a que tem de ser oferecida aos filhos naturais, de outro lado, esta última em crescimento constante[97].

Modernamente, Pietro Perlingiere também aborda o possível conflito entre os direitos fundamentais das pessoas que compõem o núcleo familiar e os direitos originários e invioláveis da família, quando se apresentam de forma separada. Conclui que:

---

[96] CALDERÓN, Ricardo Lucas. *Princípio da afetividade no direito de família*. Rio de Janeiro: Renovar, 2013. p. 127-128.

[97] PEREIRA, Caio Mário da Silva. *Reconhecimento de paternidade e seus efeitos*. Rio de Janeiro: Forense, 1991. p. 2-3.

> Desse modo, atribui-se valor primário e prevalente ora aos direitos da família ora àqueles dos seus componentes, fazendo, respectivamente, prevalecer razões de seriedade, de solidariedade ou de liberdade. O problema, a bem ver, não está na determinação dos fatores de conformação deste ou daquele direito fundamental, mas, antes, em tornar conciliáveis e compatíveis, na mesma formação social, exigências idênticas e/ou diversas, principalmente quando deve ser extraída sempre da mesma tábua de valores constitucionalmente relevantes[98].

A aplicação da eficácia horizontal dos direitos fundamentais, lembra Renato Maia, certamente vai gerar colisão de interesses, exigindo a ponderação de interesses à luz da razoabilidade e da harmonização[99], como, por exemplo, a autonomia da vontade do pai de criação em não desejar reconhecer a paternidade do filho e o direito deste à isonomia na filiação, com o consequente reconhecimento jurídico. Ricardo Lucas Calderón ressalta que os conflitos entre dois direitos fundamentais deverão ter a solução examinada no caso concreto, procurando concretizar o direito fundamental prevalente com o menor sacrifício possível ao outro direito fundamental, usando critérios de adequação, proporcionalidade e razoabilidade[100].

Ocorrendo aparente antagonismo de interesses entre o núcleo familiar e os interesses pessoais de seus membros, ou aparentemente entre dois direitos fundamentais, tornando-se inconciliáveis e incompatíveis, devem prevalecer os interesses da personalidade, em face do princípio da dignidade da pessoa humana e da proteção da família na pessoa de cada um de seus membros (art. 226, § 8º, da CF). Não existe, portanto, por exemplo, conflito de direitos fundamentais entre o interesse personalíssimo do filho em buscar sua paternidade jurídica, biológica ou socioafetiva, com todos os efeitos resultantes, como nome, alimentos e sucessórios, e a proteção à entidade familiar ou a liberdade do pai em não querer reconhecer o vínculo. O direito ao reconhecimento do estado de filiação é personalíssimo, indisponível

---

98 PERLINGIERI, Pietro. *Perfis do direito civil* – introdução ao direito civil constitucional. Trad. Maria Cristina de Cicco. 2. ed. Rio de Janeiro: Renovar, 2002. p. 246-247.

99 MAIA, Renato. *Da horizontalização dos direitos fundamentais*, cit., p. 109.

100 CALDERÓN, Ricardo Lucas. *Princípio da afetividade no direito de família*, cit., p. 135-137.

e imprescritível, podendo ser exercido livremente contra os pais ou seus herdeiros, aplicando-se, de forma direta e imediata, os direitos fundamentais de eficácia horizontal na tutela dos direitos personalíssimos.

6.2. Dos princípios fundamentais norteadores do direito de família

As concepções positivistas no sentido de que a lei seria capaz de prever todas as situações não produz resultados em face da complexidade das sociedades contemporâneas e do amplo acesso à justiça para garantia dos direitos fundamentais. O direito positivo, por si só, não basta para solucionar as demandas. Os elementos do sistema não são mais apenas a letra da lei, mas lei interpretada à luz de princípios jurídicos, a jurisprudência e a doutrina. Assim, o princípio da legalidade que antes significava o apego à letra da lei, hoje significa que o juiz decida de acordo com o sistema jurídico orientado por princípios gerais, com um conjunto harmônico de regras, que pode até fazer com que a norma a ser seguida se afaste da literalidade do dispositivo legal[101].

Ressalta Maria Goreth que "a consciência de que não há como prever por meio de regras todas as situações fáticas capazes de serem vivenciadas pelo ser humano fez com que os princípios ganhassem um lugar de destaque no cenário jurídico". Acrescenta que "na seara no Direito de Família a aplicação dos princípios jurídicos se mostra essencialmente relevante, em virtude das particularidades de situações que podem ocorrer e que não encontram previsão em regras"[102].

Kildare Gonçalves Carvalho ressalta que a Constituição Federal de 1988 foi concebida como um sistema aberto de regras e princípios, assim nosso sistema jurídico não pode ser estruturado exclusivamente no direito positivo (regras) ou somente em princípios. Um sistema constituído exclusivamente por regras, embora proporcionasse maior segurança jurídica, não proporcionaria liberdade para sua complementação e desenvolvimento. No

---

[101] WAMBIER, Teresa Arruda Alvim (Coord.). *Precedentes e evolução do direito. Direito jurisprudencial*. São Paulo: Revista dos Tribunais, 2012. p. 24-26.

[102] VALADARES, Maria Goreth Macedo. *Multiparentalidade e as novas relações parentais*, cit., p. 27.

entanto, se baseado exclusivamente em princípios, a coexistência de princípios conflitantes conduziria a um modelo falho de segurança. E incapaz de reduzir a complexidade do próprio sistema[103].

A palavra *princípio,* novamente leciona Kildare Gonçalves Carvalho, tem origem no latim *principium,* que possui o significado de começo, ponto de partida, início. Filosoficamente tem o sentido de causa, fundamento, a razão de ser da coisa. Logo, não significa a coisa, mas a sua razão de ser. É o fundamento, a razão que justifica por que as coisas são da forma que são[104].

De Plácido e Silva, apresenta o seguinte significado dos princípios:

> No sentido jurídico, notadamente no plural, quer significar as *normas elementares* ou os *requisitos primordiais* instituídos como *base*, como *alicerce* de alguma coisa.
>
> E, assim, *princípios* relevam o conjunto de *regras* ou *preceitos*, que se fixaram para servir de *norma* a toda espécie de ação jurídica, traçando, assim, a *conduta* a ser tida em qualquer *operação jurídica.*
>
> [...]
>
> *Princípios jurídicos*, sem dúvida, significam os *pontos básicos*, que servem de ponto de partida ou de elementos vitais do próprio Direito. Indicam o *alicerce* do Direito.
>
> [...]
>
> Assim, nem sempre os princípios se inscrevem nas leis. Mas, porque servem de base ao Direito, são tidos como preceitos fundamentais para a prática do Direito e proteção aos direitos[105].

O direito atualmente gira em torno da pessoa e das situações jurídicas, principalmente em razão cada vez mais da constitucionalização do direito civil, reafirmando a importância dos princípios. Os princípios significam o alicerce, os pontos básicos e vitais para a sustentação, traçando regras ou

---

[103] CARVALHO, Kildare Gonçalves. *Direito constitucional.* 19. ed. Belo Horizonte: Del Rey, 2012. p. 573.

[104] CARVALHO, Kildare Gonçalves. *Direito constitucional.* 19. ed., cit., p. 570.

[105] SILVA, De Plácido e. *Vocabulário jurídico*. 3. ed. Rio de Janeiro: Forense, 1993. p. 447. v. III e IV.

preceitos para toda a espécie de operação jurídica, razão pela qual o ordenamento jurídico tem buscado o seu ideal de justiça em uma base principiológica[106].

Os princípios, lecionam Cristiano Chaves de Farias e Nelson Rosenvald, conferem coerência e unidade ao sistema jurídico, presidindo a ordem jurídica em toda sua extensão e substancialidade, possuindo induvidosa força normativa aberta e permitindo sua aplicação no caso concreto. Dizem ainda os referidos autores que:

> Registre-se, inclusive, que o reconhecimento dessa força normativa dos princípios decorre, em larga escala, da contribuição emanada dos escritos de RONALD DWORKIN e ROBERT ALEXI, em sede alienígena, bem assim como das lições de LUIS ROBERTO BARROSO, entre nós. Propugnam esses autores – e uma série de outros juristas de relevo – o abandono da histórica compreensão positivista, reconhecendo o caráter normativo dos princípios, como regras jurídicas abertas[107].

Com o direito de família, com maior razão, não é diferente. O direito de família, ensina Carlos Roberto Gonçalves, é o mais humano de todos os ramos do direito e, em razão disso, e também pelo sentido ideológico e histórico de exclusões, é necessário pensá-lo atualmente com a ajuda e pelo ângulo dos direitos humanos, cuja base e ingredientes estão diretamente relacionados à noção de cidadania[108].

Rodrigo da Cunha Pereira ressalta a importância dos princípios que levem em consideração a dignidade da pessoa humana na organização jurídica da família contemporânea. Considerando que o ser humano é o cerne e o sujeito do direito, um sujeito desejante, e que a dignidade humana é um macroprincípio sob o qual irradiam e estão contidos outros princípios e valores, elencou dez princípios fundamentais que considera essenciais para o direito de família, sem os quais as decisões e concepções doutrinárias se

---

[106] PEREIRA, Rodrigo da Cunha. *Princípios fundamentais norteadores do direito de família*. 2. ed., cit., p. 37-45.

[107] FARIAS, Cristiano Chaves de; ROSENVALD, Nelson. *Curso de direito civil. Famílias*. 5. ed., cit., p. 78-79.

[108] GONÇALVES, Carlos Roberto. *Direito civil brasileiro* – Direito de família, cit., p. 6.

distanciariam do ideal de justiça. Aponta como princípios fundamentais norteadores do direito de família os princípios da dignidade humana, da monogamia, do melhor interesse da criança e do adolescente, da igualdade e o respeito às diferenças, da autonomia e da menor intervenção estatal, da pluralidade de formas da família, da afetividade, da solidariedade, da responsabilidade e da paternidade responsável[109].

Walsir Edson e Renata Barbosa resumem os princípios do direito de família no princípio do livre desenvolvimento da personalidade, princípio da afetividade, princípio da pluralidade de entidades familiares, princípio da monogamia, princípio da solidariedade, princípio da igualdade e princípio da proteção especial[110].

Ana Carolina Brochado ressalta que os elementos da família são a reciprocidade, alteridade, respeito e afetividade, que resumem em síntese os seus princípios. A alteridade, termo relativamente novo, significa a aceitação das diferenças, o aprender com os outros, amar e ser responsável pelo outro, aceitando e respeitando suas diferenças de maneira fraterna, sem críticas, julgamentos e agressões. Acrescenta que abstratamente convivem de forma harmônica, mas no caso concreto podem concorrer entre si, sem primazia de um sobre o outro[111].

Paulo Lôbo resume os princípios jurídicos aplicáveis ao direito de família em *princípios fundamentais*, que são os princípios da dignidade humana e o princípio da solidariedade, e os *princípios gerais*, que agrupam o princípio da igualdade, o princípio da liberdade, o princípio da afetividade, o princípio da convivência familiar e o princípio do melhor interesse da criança[112].

Os princípios do direito de família, portanto, não são taxativos, posto que vários podem ser deduzidos de outros princípios gerais ou desdobrados, dependendo do intérprete. Alguns, todavia, assumem maior relevância e são quase unanimidade entre os estudiosos, destacando-se o princípio da

---

109 PEREIRA, Rodrigo da Cunha. *Princípios fundamentais norteadores do direito de família*. 2. ed., cit., p. 113-114.

110 ALMEIDA, Renata Barbosa de; RODRIGUES JÚNIOR, Walsir Edson. *Direito civil*: Famílias, cit., p. 45-68.

111 TEIXEIRA, Ana Carolina Brochado; RODRIGUES, Renata de Lima. *Direito das famílias entre a norma e a realidade*, cit., p. 129-130.

112 LÔBO, Paulo. *Direito civil. Famílias*, cit., p. 34-55.

dignidade da pessoa humana, o princípio da afetividade, o princípio da liberdade, o princípio do pluralismo familiar, o princípio da igualdade jurídica dos cônjuges e companheiros, o princípio da igualdade e isonomia dos filhos, o princípio do melhor interesse da criança e do adolescente, o princípio da paternidade/maternidade responsável e o princípio da solidariedade.

6.2.1. Princípio da dignidade humana

O princípio da dignidade da pessoa humana mudou os parâmetros hermenêuticos que norteavam o intérprete, pois a nova ordem constitucional veio assentar atenção especial às situações existenciais, requerendo tutelas jurídicas para proteção do homem, prezando-o pelo *ser pessoa*. Ao conferir valor maior à proteção da pessoa humana, a Constitucional Federal elegeu valores sociais dominantes como fundamentais, exigindo a aplicação dos princípios aos casos concretos para viabilizar o alcance da dignidade humana nas relações jurídicas, ultrapassando as concepções estritamente positivistas. Não é possível mais aplicar um sistema de regras neutro, adstrito a concepções meramente formais. É necessário construir, mediante um direito principiológico, um direito vivo em consonância com a realidade que vivemos[113].

No Brasil, a dignidade humana foi elevada a fundamento da República, com expressa previsão no art. 1º, III, da Constituição Federal. Renata Barbosa de Almeida e Walsir Edson Rodrigues Júnior ressaltam que a alteração do ordenamento jurídico, instaurada pelo atual texto constitucional, veio assentar uma especial atenção às situações existenciais, requerendo tutelas jurídicas do homem voltadas à sua qualidade humana, prezando-se pelo *ser pessoa*. Não se admite, assim, qualquer situação que *coisifique* o ser humano. Concluem que:

> Alicerce da ordem jurídica democrática, pode-se dizer que a dignidade vem a retratar o conteúdo do imperativo Kantiano, segundo o qual o homem há que ser considerado como um fim em si mesmo, jamais como meio para obtenção de qualquer outra finalidade[114].

[113] PEREIRA, Rodrigo da Cunha. *Princípios fundamentais norteadores do direito de família*. 2. ed., cit., p. 33-39.

[114] ALMEIDA, Renata Barbosa de; RODRIGUES JUNIOR, Walsir Edson. *Direito civil*: Famílias, cit., p. 69.

Inequívoco que a pessoa humana é o cerne do direito, orientando todos os institutos jurídicos para promover o pleno desenvolvimento e a integral proteção do ser humano.

Com efeito, ao colocar a dignidade humana como um dos fundamentos da República, a Constituição brasileira conferiu valor maior à proteção da pessoa humana, vedando qualquer forma de discriminação e garantindo ao homem o exercício e o reconhecimento de sua condição de titular de direitos fundamentais na sociedade em que vive. Como bem ressalta Ingo Sarlet, ao expressar a noção de pessoa como sujeita de direito e obrigações:

> Com fundamento na própria dignidade da pessoa humana, poder-se-á falar também em um direito fundamental de toda pessoa humana a ser titular de direitos fundamentais que reconheçam, assegurem e promovam justamente a sua condição de pessoa (com dignidade) no âmbito de uma comunidade. Aproxima-se desta noção – embora com ela evidentemente não se confunda – o assim denominado princípio da universalidade dos direitos fundamentais[115].

Rodrigo da Cunha Pereira ressalta que a dignidade é um macroprincípio sob o qual estão contidos e irradiam outros princípios essenciais, entre eles a igualdade e alteridade. Apesar de a noção de dignidade estar vinculada à evolução do direito privado, também se tornou um dos pilares do direito público. É fundamento primeiro da ordem constitucional e consequentemente vértice do Estado Democrático de Direito. A Constituição Federal, no art. 1º, III, não define dignidade da pessoa humana, mas traz a indicação de que deve ser buscada ou preservada pelo Estado brasileiro. A dignidade humana teve origem em Immanuel Kant, ao argumentar, em sua *Fundamentação da Metafísica dos Costumes* (1785)[116], que o homem não deve jamais ser transformado num instrumento para a ação de outrem. Dotado de consciência moral, o homem tem um valor que o torna sem preço e o coloca acima de qualquer especulação material, acima das coisas. O valor intrínseco que faz

---

115 SARLET, Ingo Wolfgang. *Dignidade da pessoa humana e direitos fundamentais na Constituição Federal de 1988*. 9. ed., cit., p. 116-117.

116 KANT, Immanuel. *Fundamentação da metafísica dos costumes*. São Paulo: Abril Cultural, 1980. p. 139-140. v. 1. (Coleção Os Pensadores).

do homem superior às coisas é a dignidade, por isso, o homem é considerado pessoa e não coisa. As coisas têm preço, as pessoas têm dignidade[117].

No mundo jurídico a expressão dignidade da pessoa humana é recente. Apesar de já utilizada na Constituição Italiana em 1947 (art. 3º), o seu marco inaugural está na Declaração Universal dos Direitos Humanos, de 1948. Em 1949, a Constituição da Alemanha, em seu art. 1.1, proclamou que: "A dignidade do homem é intangível. Respeitá-la e protegê-la é obrigação de todo poder público". A partir daí todas as constituições democráticas passaram a utilizar a expressão e colocar o homem como fim e não meio de todas as coisas. A dignidade do homem tornou-se assim indissociável das constituições democráticas, que por sua vez são indissociáveis dos preceitos basilares dos direitos humanos. Os homens são livres e iguais em dignidade e direitos. Demonstra-se, dessa forma, que o direito de família está intrinsecamente ligado aos direitos humanos e à dignidade, o que tem resultado no reconhecimento jurídico da igualdade do homem e da mulher, de outros modelos de constituição de família, e na igualdade dos filhos, independente da origem[118].

6.2.2. Princípio da afetividade

O princípio da afetividade não se encontra expresso, mas está implícito no texto constitucional como elemento agregador e inspirador da família, conferindo comunhão de vidas e estabilidade nas relações afetivas. Engloba o princípio da comunhão plena de vida, que é apresentado na doutrina tradicional envolvendo os cônjuges com fundamentos no art. 1.511 do Código Civil. O princípio da afetividade é amplo, pois envolve não apenas os cônjuges, mas todos os membros nos diversos modelos de família, humanizando as relações familiares, que se afastam do formalismo do casamento para aglutinar a família na *affectio*, na realização espiritual dos componentes que a integram.

A família ao longo da história sempre exerceu funções de instituição econômica, religiosa, política e de procriação. Os casamentos eram selados

117 PEREIRA, Rodrigo da Cunha. *Princípios fundamentais norteadores do direito de família*. 2. ed., cit., p. 114-117.

118 PEREIRA, Rodrigo da Cunha. *Princípios fundamentais norteadores do direito de família*, 2. ed., cit., p. 119-120.

com objetivos econômicos e políticos, desconsiderando o afeto. Os noivos muitas vezes eram escolhidos pelos pais para selarem interesses econômicos ou políticos.

No Brasil, mesmo em passado recente (século XIX e meados do século XX), a família era patriarcal, numerosa, econômica e constituía-se formalmente pelo casamento. O homem era o chefe, o *pater famílias* que acumulava os poderes, enquanto a mulher cuidava dos afazeres domésticos e criação dos filhos, dependendo economicamente do marido.

A partir de meados do século XX, a família começou a sofrer profundas modificações com o povoamento das cidades, inserção da mulher no mercado de trabalho, controle da natalidade, direitos conferidos pelo Estatuto da Mulher Casada, acolhimento do divórcio na legislação brasileira e modificação do regime legal de bens. O regime de bens legal deixou de ser da comunhão universal, que importava unicidade do patrimônio do casal, demonstrando o objetivo econômico do matrimônio, passando a ser o de comunhão parcial, que exige esforço comum, ainda que presumido, para comunicabilidade dos bens.

A legislação expressa, entretanto, não tratava de muitas situações existenciais afetivas, surgindo uma necessidade crescente para reconhecimento das ligações afetivas na família, já que os elos matrimoniais, biológicos e registrais não atendiam as situações de fato que surgiam. Os juristas passaram então a debater sobre a necessidade, de algum modo, de valorar a afetividade[119]. A Constituição Federal de 1988 finalmente acolheu as transformações sociais e extinguiu a família patriarcal, conferindo direitos e deveres iguais ao homem e à mulher, igualou os filhos e reconheceu outras formas de família.

Jesus Tupã ressalta que a ideia de família estática, matrimonial e hierarquizada, de cunho patrimonialista, foi superada em razão do princípio da afetividade por entidades familiares múltiplas, dinâmicas e igualitárias, que se formam essencialmente nas relações de afeto[120].

Diante dessa nova estrutura familiar, os casais deixaram de ficar presos ao casamento indissolúvel, a mulher não possui mais dependência econô-

[119] CALDERÓN, Ricardo Lucas. *Princípio da afetividade no direito de família*, cit., p. 2-3.

[120] GOMES, Jesus Tupã Silveira. Do sentimento às consequências jurídicas: análise sobre o afeto e o reconhecimento do princípio da afetividade. In: ROSA, Conrado Paulino da; IBIAS, Delma Silveira; THOMÉ, Liane Maria Busnello, *Novos rumos do direito de família e sucessões*, cit., p. 161.

mica do marido e os filhos podem ser havidos por outra origem além da biológica ou casamento. As antigas funções da família desapareceram ou passaram a desempenhar um papel secundário. Assim, a família atual deixou de ser sustentada em razões econômicas, de sobrevivência da mulher ou legitimidade dos filhos, passando o vínculo a ser preponderantemente por motivações afetivas e solidariedade mútua. A própria Constituição Federal desinstitucionalizou a família ao priorizar a realização da personalidade na assistência a cada um de seus membros e não na entidade familiar. Assim, a família só faz sentido se é um veículo que promove a dignidade de seus membros, numa estrutura vinculada e mantida majoritariamente por elos afetivos. Conclui-se, portanto, que o afeto familiar estável e ostensivo é o elemento essencial de todo e qualquer núcleo familiar, conjugal ou parental, a ser valorado pelo direito quando tratar-se de uma família de fato[121].

Para Rolf Madaleno, o afeto é a mola propulsora dos laços familiares para dar sentido e dignidade à existência humana. Nos vínculos de filiação e parentesco, a afetividade deve estar sempre presente, pois os vínculos consanguíneos não se sobrepõem aos liames afetivos, ao contrário, a afetividade pode sobrepor-se aos laços consanguíneos[122].

Daniella Velloso Pereira e Maria Flávia Cardoso Máximo ressaltam que já não se admite o direito de família sem o afeto. Se antes o vínculo biológico possuía maior valor, atualmente o afeto permeou as divisas do direito e rompeu antigos paradigmas, alicerçando o conceito de família[123].

A Constituição Federal elenca imenso rol de direitos individuais e sociais, que o estado deve cumprir, para assegurar a dignidade de todos. Mesmo a Constituição não adotando a palavra afeto no seu texto, acolheu o princípio da afetividade no âmbito de sua proteção à família eudemonista e igualitária em diversos dispositivos no texto, conforme lembra Maria Berenice Dias. Ressalta-se, ainda, que o afeto não é fruto do sangue, pois os laços afetivos e de solidariedade derivam da convivência familiar[124].

---

121 PEREIRA, Rodrigo da Cunha. *Princípios fundamentais norteadores do direito de família*. 2. ed., cit., p. 210-214.

122 MADALENO, Rolf. *Curso de direito de família*. 4. ed., cit., p. 95.

123 PEREIRA, Daniella Velloso; MÁXIMO, Maria Flávia Cardoso. Maternidade e paternidade socioafetivas. In: NOGUEIRA, Luiz Fernando Valladão (Coord.). *Paternidade e alimentos*. Belo Horizonte: Del Rey, 2012. p. 121-122.

124 DIAS, Maria Berenice. *Manual de direito das famílias*. 8. ed., cit., p. 70-71.

O primeiro jurista a vislumbrar no Brasil a importância da afetividade, como valor jurídico na família, foi o professor João Baptista Villela, ainda na década de 1970, quando publicou o artigo *a desbiologização da paternidade*[125] e que se tornou referência aos estudiosos do direito de família.

Rodrigo da Cunha Pereira ressalta que em outros trabalhos João Baptista Villela consolidou as noções de afetividade, incluindo a frase de que "o amor está para o direito de família assim como a vontade está para o Direito das Obrigações". Após a Constituição Federal de 1988, vários autores desenvolveram a teoria do professor mineiro, mas foi Paulo Lôbo quem, em 1999, deu ao afeto o *status* de princípio jurídico pela primeira vez. O princípio da afetividade é resultante das mudanças pragmáticas no ordenamento jurídico da família, revalorizando e redimensionando os princípios como uma fonte do direito realmente eficaz e de aplicação prática[126].

Luiz Edson Fachin, todavia, ao escrever sobre a relação biológica e afetiva em 1996, já ressaltava a possibilidade de reconhecer a paternidade na visibilidade das relações paterno/filial, construindo o liame na convivência e afetividade, sem que o pai tenha contribuído na geração genética da pessoa. A paternidade se faz. A família deixa de ser um grupo de pessoas ligadas pelo vínculo de sangue, como afirmava Clóvis Beviláqua diante dos valores do século XIX, para se tornar um "grupo de companheirismo e lugar de afetividade", como ressaltava João Baptista Villela[127].

Paulo Lôbo conceitua o princípio da afetividade como aquele que fundamenta o direito de família na estabilidade das relações afetivas e na comunhão de vida, podendo prevalecer sobre as questões de caráter patrimonial ou de caráter biológico. Ressalta que o princípio é um salto à frente da pessoa humana nas relações familiares, fazendo despontar a igualdade entre irmãos, pois a verdade biológica nem sempre é a adequada para fundamentar a filiação, bem como o respeito aos direitos fundamentais. O princípio da afetividade está implícito na Constituição na igualdade de todos os filhos

---

125 VILLELA, João Baptista. A desbiologização da paternidade. *Revista da Faculdade de Direito da UFMG*. Belo Horizonte, n. 21, 1979.

126 PEREIRA, Rodrigo da Cunha. *Princípios fundamentais norteadores do direito de família*. 2. ed., cit., p. 21-32.

127 FACHIN, Luiz Edson. *Da paternidade*: relação biológica e afetiva. Belo Horizonte: Del Rey, 1996. p. 21-23.

independentemente da origem (art. 227, § 6º); na adoção como escolha afetiva e alçada integralmente ao plano de igualdade de direitos (art. 227, §§ 5º e 6º); na comunidade formada por qualquer dos pais e seus descendentes como família constitucionalmente protegida, incluindo os adotivos; e no direito à convivência familiar (mesmo sem origem biológica) assegurado com prioridade absoluta à criança e ao adolescente[128].

O Código Civil de 2002 também faz diversas referências distinguindo paternidade e genética, privilegiando a filiação socioafetiva. O art. 1.593 reconhece o parentesco resultante de consanguinidade ou outra origem; o art. 1.596 iguala, adotando o princípio constitucional, os filhos havidos por consanguinidade ou por adoção; o art. 1.597, V, presume concebidos na constância do casamento os filhos havidos por reprodução assistida heteróloga; o art. 1.605, II, acolhe a posse do estado de filiação como presunção para provar a filiação; o art. 1.614 admite ao filho biológico maior rejeitar o reconhecimento e, ao menor, impugnar ao atingir a maioridade[129].

A afetividade como vínculo agregador da família se faz presente ainda no atual Código Civil ao dispor no art. 1.511 que o casamento exige plena comunhão de vida, tanto que cessada a convivência, mesmo que mediante apenas separação de fato, termina o regime de bens (art. 1.683). A afetividade prevalece ainda sobre o vínculo formal do casamento ao ser reconhecida a união estável de pessoas casadas separadas de fato (art. 1.723, § 3º).

A Lei Maria da Penha também acolhe o princípio da afetividade ao compreender, no âmbito da família, a comunidade que se forma por pessoas que são ou se consideram aparentados, unidos por laços naturais, por afinidade ou por vontade expressa (art. 5º, II).

O Estatuto da Criança e do Adolescente também acolheu expressamente o valor jurídico da afetividade na recente Lei n. 12.010/2009, ao acrescer o parágrafo único ao art. 25 e dispor que se compreende por família extensa os parentes com os quais a criança ou o adolescente convive e mantém vínculos de afinidade e afetividade.

---

128 LÔBO, Paulo. *Direito civil. Famílias*, cit., p. 47-48.

129 LÔBO, Paulo. Socioafetividade no direito de família: a persistente trajetória de um conceito fundamental. *Revista Brasileira de Direito das Famílias e Sucessões*. Porto Alegre: Magister. Belo Horizonte: IBDFAM, n. 05, ago.-set. 2008. p. 7-14-15.

O princípio da afetividade, portanto, apesar de não expresso, também se encontra implícito na legislação infraconstitucional, como norma generalíssima a orientar o direito de família.

Necessário esclarecer, em razão dos equívocos que são cometidos, a distinção da afetividade, como valor jurídico, do afeto, como estado psicológico, como sentimento. Da mesma forma que no Direito das Obrigações a vontade como valor jurídico é a conscientemente externada, objetiva, no direito de família também não se confundem o afeto, como sentimento, com a afetividade externada por comportamentos, por condutas objetivas.

A afeição, o amor, os sentimentos como estado psíquico são inapreensíveis pelo direito. O afeto é conduta de foro íntimo, consiste em um elemento anímico ou psicológico, é um fator metajurídico que não pode ser regulado pelo direito, apenas pelas normas morais. O afeto, como a vontade, só se torna juridicamente relevante quando externado por condutas objetivas, por comportamentos dos membros de uma entidade familiar manifestadas pela convivência, demonstrando a afetividade. O princípio da afetividade funciona assim como um vetor que reestrutura a tutela jurídica das famílias, ocupando mais dos laços afetivos exteriorizados para formação do núcleo familiar do que com os laços de sangue ou o formalismo na sua constituição. A teoria do afeto como valor jurídico é externalizada pelas condutas objetivas de cuidados, solidariedade, exercício dos deveres de criar, educar e assistir, demonstradas na convivência familiar[130].

O ser humano é complexo, lembra Jesus Tupã, possui inteligência, instintos, vontades e afetos, no sentido de sentimentos e emoções, essenciais para sua formação e pertinentes à psicologia e psicanálise, por corresponder a fenômenos internos. No momento em que esses afetos se exteriorizam e influenciam ações e omissões nas relações familiares, passam a ter consequências jurídicas e são regulados pelo direito. Assim, o princípio da afetividade, como elemento normativo, direciona a conduta humana nas relações familiares protegendo as justas expectativas reciprocamente criadas entre seus membros. Conclui o jurista que:

> Conforme se percebe, estamos diante dos dois lados de uma mesma moeda: o afeto, de índole psicológica, é a face subjetiva; a afetividade, de natureza

[130] TEIXEIRA, Ana Carolina Brochado; RODRIGUES, Renata de Lima. *O direito das famílias entre a norma e a realidade*, cit., p. 194-195.

jurídica, é a face objetiva. Para o direito, é essa face objetiva que interessa, pois o comportamento pode ser regulamentado, comprovado e analisado, inclusive em juízo[131].

Ana Carolina Brochado Teixeira e Renata de Lima Rodrigues demonstram o afeto como valor jurídico nas manifestações exteriores, diferenciando-o do amor como elemento anímico ou psicológico, que não pode ser alcançado pelas normas das ciências jurídicas:

> Não é de (des)amor que se trata o afeto como fato jurídico, mas sim aquele que, quando exteriorizado na forma de comportamentos típicos de uma legítima convivência familiar, é capaz de gerar eficácia jurídica. Exemplo disso, a posse de estado de filho, geradora do parentesco socioafetivo entre pais e filhos.
>
> Sendo assim, a nosso sentir, o Direito não é capaz de "enxergar" a ausência de afeto, mas é possível que, quando presente a afetividade entre certos indivíduos, condicionante de seu comportamento, caracterizando-o como tipicamente familiar, aí, sim, o Direito reconheça um fato concreto, um acontecimento ao qual ele pode outorgar qualificação e disciplina jurídica: "um ponto de confluência entre a norma e a transformação da realidade: o modo pelo qual o ordenamento se concretiza".
>
> Por isso, não podemos falar em direito ou dever de afeto. Mas devemos valorizar as manifestações exteriores – condutas e comportamentos – que traduzam a existência do afeto em determinadas relações[132].

O princípio da afetividade, portanto, resulta da convivência familiar, de atos exteriorizados, de condutas objetivas demonstrando o afeto familiar de seus membros na constituição e manutenção das famílias, capaz de gerar vínculos jurídicos como a paternidade socioafetiva.

A discussão sobre a possibilidade do acolhimento jurídico do princípio da afetividade, inclusive diferenciando as expressões afeto, afetividade e socioafetividade, far-se-á com maior profundidade ao tratar dos efeitos jurídicos no reconhecimento da filiação socioafetiva. Serão demonstrados os

---

131 GOMES, Jesus Tupã Silveira. *Do sentimento às consequências jurídicas: análise sobre o afeto e o reconhecimento do princípio da afetividade*, cit., p. 161.

132 TEIXEIRA, Ana Carolina Brochado; RODRIGUES, Renata de Lima. *O direito das famílias entre a norma e a realidade*, cit., p. 196.

pressupostos que autorizam o reconhecimento da afetividade jurídica ou objetiva como valor jurídico, bem como sua dupla face, a que importa em dever jurídico por já reconhecida e a que gera vínculo familiar, dependendo de reconhecimento jurídico da situação existencial.

6.2.3. Princípio da liberdade

A liberdade é um dos mais importantes princípios do direito de família e realçada no atual Código Civil ao vedar qualquer forma de imposição ou restrição na constituição da família (art. 1.513), na decisão livre de planejamento familiar (art. 1.565), opção pelo regime de bens (art. 1.639), aquisição e administração do patrimônio familiar (arts. 1.642 e 1.643), escolha do modelo de formação educacional, cultural e religiosa dos filhos (art. 1.634). A liberdade de constituir uma comunhão de vida familiar, fundada no afeto, na solidariedade, no companheirismo entre seus membros, descentralizada da figura única do casamento, valoriza o relacionamento afetivo e a felicidade das pessoas. O novo conceito de família afastou o pressuposto de que se constituía apenas pelo casamento e a exigência de um par, facultando aos seus membros a liberdade de escolha para formação da família[133].

O respeito à dignidade da pessoa humana e a liberdade de planejamento da família, fundada na afeição mútua e no pluralismo, conferem aos seus membros a opção de constituí-la não apenas pelo casamento, tendo assegurada pelo Estado a assistência e criação de mecanismos para coibir a violência no âmbito de suas relações (art. 226, § 8º, da CF), permitindo a realização da personalidade plena dos membros da família.

Inquestionável, diante dos novos conceitos e ideais da família moderna, sob a proteção dos princípios constitucionais, notadamente da liberdade, o reconhecimento da entidade familiar nas uniões homoafetivas e mesmo nas famílias simultâneas. Em consequência, deve a escolha ser respeitada e a entidade familiar receber o manto da legalidade, aplicando-se às regras protetoras da união estável, permitindo aos parceiros usufruir dos benefícios proporcionados no plano da lei e na esfera das relações sociais, vedando a discriminação pela opção sexual ou modelo de família, e preservando a dignidade da pessoa humana.

---

133 DINIZ, Maria Helena. *Curso de direito civil* – direito de família. 22. ed., cit., p. 17-25.

6.2.4. Princípio do pluralismo familiar

A Constituição da República considera família não apenas a matrimonial, mas também as constituídas pela união estável entre o homem e a mulher e as monoparentais, formadas por apenas um dos pais e seus descendentes (art. 226, §§ 3º e 4º). Diversos estudos apontam que mais de um quarto dos brasileiros vive em famílias monoparentais, a grande maioria chefiada por mulheres solteiras, separadas, divorciadas ou viúvas. Os modelos de famílias expressos na Constituição Federal são apenas exemplificativos, tratando-se de norma de inclusão e não de exclusão.

Os modelos previstos expressamente são apenas exemplificativos, por serem os mais comuns, exigindo-se atualmente uma visão pluralista dos arranjos familiares diante da liberdade de escolha e do planejamento familiar, tanto que a norma constitucional estabelece que "o planejamento familiar é livre decisão do casal, competindo ao Estado propiciar recursos educacionais e científicos para o exercício desse direito" (art. 226, § 7º).

O princípio do pluralismo familiar teve seu marco histórico na Constituição de 1988, ao romper o modelo familiar exclusivo no casamento. Embora não tenha nominado todas as outras formas de família, garante o exercício dos direitos sociais e individuais, especialmente a plena liberdade de constituir família com o modelo que planejou, aceitando a família plural além das previstas expressamente[134].

6.2.5. Princípio da igualdade jurídica dos cônjuges e companheiros

A consagração da igualdade jurídica entre homens e mulheres foi um dos importantes eixos modificativos da Constituição Federal de 1988, importando na igualdade em direitos e obrigações e extinguindo séculos de poder patriarcal, que outorgava ao marido a chefia da sociedade conjugal. A igualdade jurídica entre homens e mulheres como direito e garantia fundamental individual, prevista no art. 5º, I, foi reproduzida no art. 226, § 5º, ao dispor que todos os direitos e deveres na sociedade conjugal são exercidos em igualdade pelo homem e pela mulher.

---

134 PEREIRA, Rodrigo da Cunha. *Princípios fundamentais norteadores do direito de família*. 2. ed., cit., p. 193-195.

O Código Civil de 2002, acolhendo o princípio constitucional, excluiu os dispositivos que discriminavam os direitos e deveres entre homens e mulheres. Igualou a idade núbil em 16 anos (art. 1.517), a idade máxima em 60 anos para escolher livremente o regime de bens, depois acrescida pela Lei n. 12.344/2010 em 70 anos (art. 1.641, II); extinguiu os bens reservados da mulher; o desvirginamento anterior como causa de anulação do casamento; modificou o pátrio poder para poder familiar; permitiu expressamente ao marido adotar os sobrenomes da mulher (art. 1.565, § 1º), entre outros. A autocracia do chefe de família é substituída por um sistema em que as decisões devem ser tomadas de comum acordo entre os conviventes ou entre marido e mulher. Instituiu-se, hodiernamente, com a quebra do patriarcalismo e da hegemonia do poder marital e paterna, a completa paridade dos cônjuges ou conviventes, tanto nas relações pessoais como nas patrimoniais, igualando-se os direitos, deveres e também o seu exercício[135].

A igualdade obviamente não é somente dos cônjuges na constância do casamento, mas das *pessoas*, aplicando-se o tratamento igualitário em todos os modelos de família. É uma isonomia constitucional em defesa da dignidade da pessoa humana. O princípio da igualdade eliminou a tradição sociojurídica da chefia da entidade familiar, da administração dos bens e a representação da família pelo homem, no entanto, importou em novas responsabilidades para a mulher, para também administrar a família, tomar decisões e contribuir financeiramente para a manutenção quando exerce atividade remunerada[136].

Rodrigo da Cunha Pereira ressalta que a igualdade e o respeito às diferenças são fundamentais para resguardar o respeito à dignidade da pessoa humana e inclusão no meio social, afirmando que:

> A igualdade e o respeito às diferenças constituem um dos princípios-chave para as organizações jurídicas e especialmente para o direito de família, sem os quais não há dignidade do sujeito de direito. Consequentemente não há justiça.
>
> O discurso da igualdade está intrinsecamente vinculado à cidadania, uma outra categoria da contemporaneidade, que pressupõe também o respeito

---

135 DINIZ, Maria Helena. *Curso de direito civil* – direito de família. 22. ed., cit., p. 17-25.

136 MADALENO, Rolf. *Curso de direito de família*. 5. ed., cit., p. 47.

às diferenças. Se todos são iguais perante a lei, todos devem estar incluídos no laço social[137].

Necessário, portanto, para resguardar a dignidade da pessoa humana, o respeito às diferenças e à diversidade. Não somos todos iguais, pois se assim fosse não existiria necessidade de reivindicar igualdade. A necessidade da igualdade ocorre em razão de existir um outro diferente, que também deve ser incluído na proteção legal e social pois *todos são iguais perante a lei.* Assim, para a efetiva proteção legal, deve ir além da igualdade genérica e incluir no discurso da isonomia o respeito às diferenças, pois a construção da cidadania somente se consegue com alteridade e respeitando as diferenças[138].

6.2.6. Princípio da igualdade e isonomia dos filhos

No direito de família contemporâneo se percebe o fenômeno da personalização, ao proteger a entidade familiar na pessoa de cada um dos que a integra. A família vive sob o desígnio da liberdade e da igualdade, que visam à tutela irrestrita da dignidade de seus membros. Não é mais a instituição da família e especialmente o casamento que é tutelado, mas as pessoas, oferecendo-lhes condições para que possam realizar-se íntima e afetivamente na família[139].

Um dos princípios constitucionais no direito de família, após séculos e séculos de desigualdades e discriminações, é o da igualdade ou isonomia dos filhos, expressando uma das diversas demonstrações da personalização na família, previsto expressamente no art. 227, § 6º, da Constituição Federal. Regulamenta especificamente na filiação a isonomia constitucional ou igualdade em sentido amplo, prevista no art. 1.596 do Código Civil, ao também dispor que os filhos terão os mesmos direitos e qualificações, havidos ou não do casamento, restando proibidas quaisquer formas de designações discriminatórias. Assim, juridicamente todos os filhos são iguais, consanguíneos ou não, havidos do casamento ou não, não podendo ser utilizada

---

137 PEREIRA, Rodrigo da Cunha. *Princípios fundamentais norteadores do direito de família*. 2. ed., cit., p. 163.

138 PEREIRA, Rodrigo da Cunha. *Princípios fundamentais norteadores do direito de família*. 2. ed., cit., p. 163-164.

139 TEIXEIRA, Ana Carolina Brochado. *Família, guarda e autoridade parental*. 2. ed. Rio de Janeiro: Renovar, 2009. p. 74-75.

mais as expressões de *filho bastardo*, *adulterino*, *espúrio* ou *incestuoso*, por não ser admitida qualquer forma de distinção jurídica[140].

O princípio da igualdade, além da absoluta paridade entre homem e mulher, importa no mesmo tratamento e isonomia dos filhos, respeitando as diferenças, pouco importando a origem, sepultando definitivamente a velha concepção de ilegitimidade da prole. O princípio da afetividade, decorrente dos princípios adotados na Constituição, rompeu a formalidade para constituição do vínculo familiar, tornando-se o afeto o elemento formador da família e desbiologizando a paternidade[141].

Uma das maiores inovações no direito de família na Constituição de 1988, o princípio da igualdade jurídica de todos os filhos, reconheceu expressamente a paternidade socioafetiva fora dos casos de adoção, incluindo a havida por reprodução medicamente assistida heteróloga e a chamada adoção à brasileira, todos previstos no parentesco por outra origem. A filiação, portanto, atualmente é jurídica e não mais em razão do casamento dos pais ou por laços de sangue, podendo se dividir em biológica ou por outra origem, que inclui a adoção, a havida mediante reprodução assistida heteróloga, a socioafetiva mediante a comprovação da posse de estado de filho e a adoção à brasileira.

A Constituição Federal de 1988 extinguiu as odiosas diferenças entre os filhos e vedou qualquer forma de discriminação quanto à filiação biológica ou afetiva. A doutrina da proteção integral da criança e do adolescente coloca o filho como alvo da tutela da pessoa humana para salvaguardar seus direitos fundamentais, priorizando a convivência familiar, biológica ou afetiva, demonstrando a importância da afetividade na família, ressaltando que o filho não é mais assujeitado, mas sujeito nas relações familiares[142].

Paulo Lôbo leciona que a igualdade de direitos dos filhos, de origem biológica ou não, é, juntamente com a igualdade de direitos e obrigações entre os cônjuges e a liberdade de constituição da entidade familiar, uma das

---

[140] TARTUCE, Flávio. Novos princípios do direito de família brasileiro. In: TEIXEIRA, Ana Carolina Brochado; RIBEIRO, Gustavo Pereira (Coords.). *Manual de direito das famílias e sucessões*. 2. ed. Belo Horizonte: Del Rey, 2010. p. 9.

[141] PEREIRA, Rodrigo da Cunha. *Princípios fundamentais norteadores do direito de família*. 2. ed., cit., p. 27-31-163-210.

[142] CARVALHO, Dimas Messias de. *Adoção, guarda e convivência familiar*. 2. ed. Belo Horizonte: Del Rey, 2013. p. 3-5.

mais radicais e importantes modificações havidas no direito brasileiro pela Constituição Federal de 1988. Resultou no fim do *apartheid* legal imposto aos filhos, nas odiosas desigualdades e discriminações. Atualmente, não se permite qualquer resíduo de desigualdade de tratamento aos filhos, independentemente de sua origem. O princípio da igualdade dos filhos retrata a mudança de paradigmas na concepção da família, rompendo o modelo de estruturação da família apenas no casamento, que ocasionava a repulsa aos filhos ilegítimos e a condição inferiorizada dos filhos adotivos[143].

O princípio da igualdade entre os filhos opera, segundo Ana Carolina Brochado Teixeira e Renata de Lima Rodrigues, em dois planos distintos. Em um plano perante o legislador, vedando a criação de normas jurídicas que atribua tratamento distinto aos filhos ou que tenha conteúdo que revele discriminação. No outro plano, a igualdade jurídica da filiação obriga que a lei seja aplicada igualmente a todos aqueles que se encontrem na mesma situação, vedando ao aplicador estabelecer diferenças em razão das origens dos filhos ou circunstâncias que não estejam contempladas na norma, como ocorre no parentesco socioafetivo, que produz todos e os mesmos efeitos do parentesco biológico[144].

6.2.7. Princípio do melhor interesse da criança e do adolescente

Dentre os princípios que norteiam o direito de família, Rodrigo da Cunha Pereira inclui o princípio do melhor interesse da criança e do adolescente. É também denominado na doutrina de princípio da plena proteção das crianças e adolescentes, possuindo suas raízes nas mudanças ocorridas na estrutura da família nos últimos anos, que passou a valer somente enquanto fosse veiculadora da valorização do sujeito e a dignidade de todos os seus membros. Por isso, deve preservar e proteger integralmente as pessoas que se encontram em situação de fragilidade e em processo de amadurecimento e formação da personalidade, possuindo este princípio estreita relação com os direitos e garantias fundamentais da criança e do adolescente, que são de prioridade absoluta[145].

---

143 LÔBO, Paulo. *Direito civil. Famílias,* cit., p. 47-48.

144 TEIXEIRA, Ana Carolina Brochado; RODRIGUES, Renata de Lima. *O direito das famílias entre a norma e a realidade,* cit., p. 193-194.

145 PEREIRA, Rodrigo da Cunha. *Princípios fundamentais norteadores do direito de família.* 2. ed., cit., p. 148-149.

Considerando-se a proteção dos direitos fundamentais na unidade de cada membro da família, merece atenção e prioridade as pessoas em formação, que necessitam de cuidados especiais para sua criação, orientação, educação e plena assistência familiar e comunitária, ou seja, possuem direito ao dever de cuidado.

Na Convenção Internacional dos Direitos da Criança, adotada pela Assembleia Geral das Nações Unidas no dia 20 de novembro de 1989 e ratificada no Brasil em 1990, consagrou no art. 3º, I, que:

> Todas as ações relativas às crianças, levadas a efeito por instituições públicas ou privadas de bem-estar social, autoridades administrativas ou órgãos legislativos, devem considerar, primordialmente, o interesse maior da criança.

O princípio do melhor interesse é de difícil determinação, não possuindo uma definição rígida, devendo ser observado o caso concreto, mas é o corolário da doutrina da proteção integral, considerando, sobretudo, as necessidades do infante em detrimento dos interesses dos pais. Atrela-se à estabilidade de condições de vida do menor, de seu ambiente físico e social e das suas relações afetivas, norteando os responsáveis por sua educação e orientação. Tratando-se de pessoas em desenvolvimento, possuem condição prioritária e proteção não apenas da família, mas do Estado e da sociedade[146].

O dever de cuidado dispensado à criança e ao adolescente pela família, sociedade e Estado assegura com absoluta prioridade a efetivação de seus direitos fundamentais, entre eles os direitos à dignidade, respeito, liberdade e convivência familiar, conforme positivado no art. 227, *caput*, da Constituição Federal[147].

Assim, os infantes, na condição de sujeitos de direitos e não assujeitados pelos responsáveis (art. 100, parágrafo único, da Lei n. 8.069/1990), a par dos direitos fundamentais gerais, possuem direitos fundamentais espe-

---

146 TEIXEIRA, Ana Carolina Brochado. *Família, guarda e autoridade parental*. 2. ed., cit., p. 75.

147 "Art. 227. É dever da família, da sociedade e do Estado assegurar à criança, ao adolescente e ao jovem, com absoluta prioridade, o direito à vida, à saúde, à alimentação, à educação, ao lazer, à profissionalização, à cultura, à dignidade, ao respeito, à liberdade e à convivência familiar e comunitária, além de colocá-los a salvo de toda forma de negligência, discriminação, exploração, violência, crueldade e opressão."

ciais em razão da condição de pessoa em desenvolvimento, que carece de maior proteção[148], conforme expresso no art. 3º da Lei n. 8.069/1990[149].

A relação paterno/filial, assentada na doutrina da proteção integral e no princípio da paternidade responsável, determina e orienta para o bem do menor, assegurando todos os cuidados necessários para desenvolver suas potencialidades, para que consiga se estruturar enquanto pessoa humana, e chegar à condição adulta sob as melhores condições psíquicas, morais, profissionais e materiais. Os interesses dos maiores estão em segundo plano quando conflitantes com os interesses dos infantes. Zelar pelos interesses da criança e do adolescente é garantir o direito de ter uma família, cuidar de sua boa formação, proporcionar uma boa convivência familiar em ambiente afetivo, enfim, prestar os cuidados necessários para seu pleno desenvolvimento[150].

O melhor interesse dos filhos nem sempre é o interesse dos pais, especialmente nos processos de divórcio. A criança não foi casada com o pai ou com a mãe, portanto, não existe divórcio ou disputas entre eles. Não podem ser utilizados nas disputas como armas, espiões ou mensageiros, como comumente acontece, mas ser preservados dos rancores e dos sentimentos de ruptura e abandono, sendo incentivados a conviver com ambos os pais, biológicos ou socioafetivos, sentindo-se amados e protegidos, mesmo diante do desenlace conjugal dos genitores[151].

A proteção plena dos menores integrantes do núcleo familiar, incluindo filhos, netos, sobrinhos, traduz um intransponível fundamento do atual direito de família, a fim de facultar-lhes o pleno desenvolvimento psíquico, físico, moral, espiritual e social, proporcionando-lhes educação, saúde, alimentação, lazer, vestuário, com prioridade absoluta, em condições de dig-

---

148 VILAS BÔAS, Renata Malta. Direito das famílias: a figura da madrasta e sua importância para a criança ou adolescente. *Revista Síntese direito de família*. São Paulo: v. 14, n. 71, abr.-maio 2012. p. 125.

149 "Art. 3º A criança e o adolescente gozam de todos os direitos fundamentais inerentes à pessoa humana, sem prejuízo da proteção integral de que trata a esta Lei, assegurando-se-lhes, por lei ou por outros meios, todas as oportunidades e facilidades, a fim de lhes facultar o desenvolvimento físico, mental, moral, espiritual e social, em condições de liberdade e de dignidade."

150 PEREIRA, Rodrigo da Cunha. *Princípios fundamentais norteadores do direito de família*. 2. ed., cit., p. 151-162.

151 ROSA, Conrado Paulino da. *Desatando nós e criando laços*: os novos desafios da mediação familiar. Belo Horizonte: Del Rey, 2012. p. 115-116.

nidade e liberdade, conforme ressaltam Rodolfo Pamplona Filho e Pablo Stolze Gagliano:

> Isso significa que, em respeito à própria função social desempenhada pela família, todos os integrantes do núcleo familiar, especialmente os pais e mães, devem propiciar o acesso aos adequados meios de promoção moral, material e espiritual das crianças e dos adolescentes viventes em seu meio[152].

A expressão *em condições de dignidade e liberdade*, prevista no art. 3º do Estatuto da Criança e do Adolescente, e o dever de assegurar-lhes o direito à dignidade e à liberdade, conferem respeito às suas vontades e autodeterminação. Dignidade humana e autonomia privada estão intrinsecamente relacionadas, devendo ser permitido aos infantes, que tiverem capacidade de formular juízos de valor, expressar suas opiniões e vontades, respeitando sua autodeterminação. Existindo discernimento os menores possuem autonomia para formarem suas próprias convicções de maneira responsável, assimilando referências e comportamentos nas relações de diálogos, em um processo dinâmico e interativo. Considerando que na relação dialógica o menor vai assimilar referências e formar suas próprias convicções, não pode sofrer nenhuma opressão na sua liberdade de expressão, pois é na interação que a pessoa constrói de maneira individual sua noção de dignidade[153]. Nesse sentido, a lição de Ana Carolina Brochado Teixeira:

> Parte-se da premissa de que ninguém nasce "pronto". A pessoa constrói, no decorrer da vida, a sua identidade e personalidade. Enfim, ela vai edificando em um processo de autoconhecimento e da interação social. É a partir do relacionamento com o outro que ela se molda e, verdadeiramente, constitui-se em todas as suas dimensões. E, por conseguinte, edifica, também, a sua dignidade de forma genuína, pois, embora, esteja concebida de forma singular, visto que compõe a humanidade de cada ser, ela só se forma plenamente através do olhar do outro[154].

---

[152] GAGLIANO, Pablo Stolze; PAMPLONA FILHO, Rodolfo. *Novo curso de direito civil.* Direito de família – as famílias em perspectiva constitucional. 2. ed., cit., p. 100-102.

[153] TEIXEIRA, Ana Carolina Brochado; RODRIGUES, Renata de Lima. *O direito das famílias entre a norma e a realidade*, cit., p. 52-53.

[154] TEIXEIRA, Ana Carolina Brochado. *Família, guarda e autoridade parental.* 2. ed., cit., p. 71.

A proteção à dignidade da criança e do adolescente e a liberdade de expressar sua vontade permitem a construção pela convivência de relação afetiva do menor com aqueles que considera como pais, mesmo não existindo consanguinidade, autorizando o reconhecimento jurídico da paternidade socioafetiva.

6.2.8. Princípio da paternidade responsável e do planejamento familiar

Previstos nos arts. 226, § 7º, e 227 da Constituição Federal, e nos arts. 3º, 4º e 6º do Estatuto da Criança e do Adolescente, os princípios da paternidade responsável e do planejamento familiar podem ser desmembrados dos princípios da liberdade e da dignidade da pessoa humana, ao conferir responsabilidade aos genitores, cônjuges e companheiros no planejamento familiar e criação adequada dos filhos, observando o *melhor interesse da criança*, econômico, emergencial, afetivo, educacional, social e convivencial. Um complementa o outro.

O planejamento familiar é livre decisão do casal, ou do genitor monoparental, sem intervenção do Estado, entretanto, é dever dos pais promover, com absoluta prioridade, a criação, educação, cuidados, dignidade e pleno desenvolvimento dos filhos, preferencialmente no seio de sua família, de forma responsável, cabendo ao poder público proporcionar os recursos educacionais e científicos para exercício desse dever da família e garantir os direitos da criança e do adolescente.

A Lei n. 9.263/1996 trata do planejamento familiar, regulando o § 7º do art. 227 da Constituição Federal, estabelecendo que será orientado por políticas públicas de orientação e prevenção, importando penalidades em caso de violação dos direitos assegurados. Dispõe o art. 2º da Lei n. 9.263/1996:

> Art. 2º Para fins desta Lei, entende-se planejamento familiar como o conjunto de ações de regulação da fecundidade que garanta direitos iguais de constituição, limitação ou aumento da prole pela mulher, pelo homem ou pelo casal.
>
> Parágrafo único. É proibida a utilização das ações a que se refere o *caput* para qualquer tipo de controle demográfico.

A esterilização só pode ocorrer mediante o registro de expressa autorização em documento escrito, após todas as informações necessárias, exigindo, se o paciente for casado, o consentimento de ambos os cônjuges, o que se estende também para os companheiros. Exige-se, ainda, que a pessoa seja capaz e maior de 25 anos, salvo se já tiver dois filhos ou se existir risco à vida ou à saúde da mulher ou do futuro concepto. A esterilização de pessoa incapaz somente podia ocorrer mediante autorização judicial (art. 10 da Lei n. 9.263/1996), entretanto, o Estatuto da Pessoa com Deficiência veda atualmente a esterilização compulsória, dispondo que a deficiência não afeta a capacidade civil (art. 6º, IV)[155]. O descumprimento das normas que regulamentam a esterilização configura crime com penas de reclusão de 2 a 8 anos, agravada em um terço em diversas hipóteses.

Planejado livremente pela pessoa ou casal a gravidez ou adoção, assumem os pais dever de assistir, criar e educar os filhos, ou seja, o *dever de cuidados*, observando a *absoluta prioridade* assegurada à criança e ao adolescente pela família, sociedade e Estado (arts. 229 e 227 do ECA).

Aos pais incumbe a responsabilidade de sustento, guarda, educação e de ter os filhos em sua companhia, mantendo a convivência familiar, mesmo que dissolvam a união ou casamento. Oportuna a lição de Rodrigo da Cunha Pereira nesse sentido:

> Independente da convivência ou relacionamento dos pais, a eles cabe a responsabilidade pela criação e educação dos filhos, pois é inconcebível a ideia de que o divórcio ou término da relação dos genitores acarrete o fim da convivência entre os filhos e seus pais[156].

Os pais não divorciam dos filhos, mas do cônjuge ou do companheiro. A paternidade responsável importa no dever de cuidados, que não se resume à assistência material (pagamento de alimentos), mas também conviver, educar, orientar, participar da vida e do crescimento dos filhos.

6.2.9. Princípio da solidariedade familiar

O princípio da solidariedade na sociedade, em sentido amplo, é previsto na Constituição Federal, no art. 3º, I, como um dos objetivos fundamentais da república, ao dispor que:

---

155 "Art. 6º A deficiência não afeta a plena capacidade civil da pessoa, inclusive para:
[...]
IV – conservar sua fertilidade, sendo vedada a esterilização compulsória;"

156 PEREIRA, Rodrigo da Cunha. *Princípios fundamentais norteadores do direito de família*. 2. ed., cit., p. 246.

> Art. 3º Constituem objetivos fundamentais da República Federativa do Brasil:
>
> I – Construir uma sociedade livre, justa e solidária.

A solidariedade, até então concebida como um valor apenas moral ou ético, portanto, subjetivo e incoercitivo, assumiu com a Constituição Federal valor jurídico, ganhando força normativa de princípio constitucional[157]. Na sociedade, constata-se a aplicação de princípio da solidariedade, por exemplo, no pagamento de impostos, proporcionalmente à renda e ao patrimônio, e que depois se reverte para a coletividade em serviços públicos e programas sociais.

No direito de família, entretanto, por sua própria natureza, que entrelaça comunhão de vidas e afetividade, é onde se aplica na plenitude o princípio da solidariedade, não somente materialmente, mas também afetivamente[158], nos cuidados, na proteção, no auxílio mútuo. Leciona Rolf Madaleno que:

> A solidariedade é princípio e oxigênio de todas as relações familiares e afetivas, porque esses vínculos só podem se sustentar e se desenvolver em ambiente recíproco de compreensão e cooperação, ajudando-se mutuamente sempre que se fizer necessário[159].

Na família, o princípio da solidariedade está previsto na Constituição Federal no art. 229, ao impor o dever de os pais cuidarem dos filhos menores e os filhos maiores cuidarem dos pais na velhice, carência ou enfermidade; no art. 230, determinando o dever de a família, a sociedade e o Estado cuidarem dos idosos; e no art. 227, ao impor o dever de a família, e não apenas os pais, a sociedade e o Estado, assegurarem com absoluta prioridade os direitos da criança e do adolescente.

O Código Civil estabelece o dever recíproco de solidariedade entre os parentes, de prestarem alimentos aos necessitados (art. 1.694); a comunhão de vidas entre os cônjuges, sustento da família e dever de mútua assistência

---

[157] PEREIRA, Rodrigo da Cunha. *Princípios fundamentais norteadores do direito de família*, 2. ed., cit., p. 224-225.

[158] PEREIRA, Rodrigo da Cunha. *Princípios fundamentais norteadores do direito de família*. 2. ed., cit., p. 227.

[159] MADALENO, Rolf. *Curso de direito de família*. 5. ed., cit., p. 93.

(arts. 1.511, 1.565, 1.568 e 1.566, III); o dever de lealdade e assistência mútua entre os companheiros.

A solidariedade se expressa na família, portanto, no auxílio mútuo, material e moral, na assistência, na proteção e no amparo.

6.2.10. Princípio da proteção ao idoso

O princípio da proteção ao idoso pode ser destacado do princípio da solidariedade familiar e encontra previsão no art. 230 da Constituição Federal, que dispõe:

> Art. 230. A família, a sociedade e o Estado têm o dever de amparar as pessoas idosas, assegurando sua participação na comunidade, defendendo sua dignidade e bem-estar e garantindo-lhes o direito à vida.

A Lei n. 10.741/2003, denominada *Estatuto do Idoso*, assegura à pessoa idosa, com absoluta prioridade, a efetivação dos seus direitos fundamentais, estabelece medidas de proteção, políticas de atendimento, acesso à justiça e tipifica crimes praticados contra os idosos, assim considerados as pessoas com idade igual ou superior a sessenta anos. A Lei n. 13.466/2017 conferiu prioridade especial aos idosos maiores de oitenta anos, em face dos demais, especialmente no atendimento de saúde e no acesso à justiça.

Pablo Stolze e Rodolfo Pamplona ressaltam a reverência que deve ser dispensada às pessoas idosas e a mudança no tratamento dispensado, pois hoje já representam cerca de quinze milhões na população e nos próximos vinte anos devem ultrapassar trinta milhões de pessoas. Destaca, que, em razão da compreensível vulnerabilidade do idoso que necessita de alimentos, foi estabelecida uma solidariedade passiva entre os parentes devedores de pensão alimentícia, permitindo ao idoso demandar qualquer um deles (art. 12 da Lei n. 10.741/2003[160]), ou seja, os alimentos podem ser requeridos a qualquer legitimado passivo e exigido o pagamento integral, sem observar a ordem de preferência[161]. Assim, o idoso pode demandar alimentos diretamente ao neto, que possuir melhor situação financeira, mesmo possuindo filhos.

---

[160] "Art. 12. A obrigação alimentar é solidária, podendo o idoso optar entre os prestadores."

[161] GAGLIANO, Pablo Stolze; PAMPLONA FILHO, Rodolfo. *Manual de direito civil*. São Paulo: Saraiva, 2017, p. 1.131.

6.3. Do direito fundamental à alteração do prenome e do gênero da pessoa transgênero – Provimento n. 73/2018 do CNJ

O princípio da dignidade humana tutela e protege as questões existenciais do homem, prezando-o pelo *ser pessoa*, vedando qualquer forma de discriminação e garantindo o exercício de todos os direitos fundamentais, o que inclui o direito fundamental à identidade de gênero. Muitos políticos e até artistas adotam o nome social sem maiores dificuldades, o que deve também ser aplicado aos transexuais, reconhecendo o direito de usar e ter reconhecida sua identidade de gênero.

O conceito de gênero foi empregado para distinguir o sexo, no sentido anatômico, da identidade, no sentido psíquico. Assim, o gênero não está vinculado ao conceito biológico do sexo, mas ao aspecto social[162], com a identificação do indivíduo com determinado gênero, diferenciando-o socialmente.

Sexo são as características estruturais e funcionais (anatômicas) que dividem biologicamente o macho (cromossomos XY) e a fêmea (XX). É biológico.

Gênero é a identidade sexual autopercebida da pessoa, como ela se sente no aspecto psíquico e social (sexo aparente). Não está vinculado ao seu sexo anatômico, biológico, mas a sua escolha comportamental.

Orientação sexual indica por quais gêneros a pessoa se sente atraída e pode ser: heterossexual ou heteroafetivo, quando sente atração por um gênero diverso do seu; homossexual ou homoafetivo, quando sente atração pelo mesmo gênero; bissexual ou biofetivo, quando sente atração por ambos os gêneros; pansexual, quando sente atração por todas as espécies de gêneros; e assexuado quando não possui atração ou interesse por nenhum dos gêneros.

Transgênero, também chamado de transexual, é a pessoa que se identifica com um gênero diverso do seu sexo biológico, ou seja, possui uma expressão de gênero diferente do seu sexo anatômico, o que não está obrigatoriamente associado com a orientação sexual. Uma mulher transgênero, ou seja, um homem biológico identificado com o gênero feminino, pode

---

162 PEREIRA, Rodrigo da Cunha. *Gêneros, transgêneros, cisgêneros*: orgulho e preconceito. Disponível em: <www.ibdfam.org.br/noticias>. Acesso em: 5-9-2018.

sentir atração por uma mulher (homossexual) ou por um homem (heterossexual), portanto, ser transgênero independe da orientação sexual.

As pessoas cisgêneros, em sentido diverso do transgênero, são os indivíduos que se identificam com seu órgão sexual, ocorrendo identidade de gênero do sexo biológico com a identificação sociocultural da pessoa.

Como ressalta Rodrigo da Cunha Pereira, "o sujeito de direito é antes de tudo um sujeito de desejo", logo, em face da noção de direitos humanos, inequívoca a compreensão de que transgêneros e cisgêneros possuem a mesma dignidade e merecem receber a mesma proteção do Estado, não podendo os primeiros possuir barreiras no ordenamento jurídico que dificultem ter sua identidade social reconhecida. Acrescenta que:

> No dia 1º de março, o Supremo Tribunal Federal deu um importante passo em prol do processo civilizatório, e da desestigmatização, ao julgar a ADI 4.275, reconhecendo aos transgêneros que assim o desejarem, independentemente da cirurgia de transgenitalização, ou da realização de tratamentos hormonais ou patologizantes, o direito à substituição de prenome e sexo diretamente no registro civil. Isto significa muito mais que uma simples mudança no registro civil: é uma mudança que protege as pessoas trans do escárnio, da zombaria e da violência.
>
> Há pessoas que não se identificam com o gênero de sua anatomia. Como se não bastasse o sofrimento gerado por esse conflito interno, sofrem também uma condenação social por terem nascido diferente da maioria das pessoas. Pior ainda era o sofrimento causado pelo próprio ordenamento jurídico, que reforçava essa exclusão e marginalização, impondo barreiras jurídicas e dificultando que essas pessoas pudessem ter sua identidade reconhecida de acordo com o gênero com o qual se identificam[163].

Com efeito, o Supremo Tribunal Federal, com fundamento nos princípios da dignidade da pessoa humana, da igualdade, da vedação de discriminação odiosa, da liberdade e da privacidade, que asseguram a inviolabilidade da intimidade, da vida privada, da honra e da imagem das pessoas,

---

[163] PEREIRA, Rodrigo da Cunha. *Gêneros, transgêneros, cisgêneros*: orgulho e preconceito. Disponível em: <www.ibdfam.org.br/noticias>. Acesso em: 5-9-2018.

interpretou o art. 58 da Lei n. 6.015/1973[164] conforme o Pacto de São José da Costa Rica e a Constituição Federal, no julgamento da Ação Direta de Inconstitucionalidade n. 4.275-DF, e reconheceu o direito da pessoa transgênero, que assim o desejar, a substituir o prenome e o sexo diretamente no registro civil, independentemente da cirurgia de transgenitalização, ou da realização de tratamentos hormonais ou patologizantes[165].

A ação foi ajuizada pelo Ministério Público Federal (Procuradoria-Geral da República) para que o art. 58 da Lei de Registros Públicos fosse interpretado conforme a Constituição Federal, permitindo alterar o prenome e o gênero no registro civil sem necessidade de cirurgia de transgenitalização. Os ministros do STF, por unanimidade, reconheceram o direito e, por maioria, dispensaram a necessidade de autorização judicial, vencido em parte o Relator, Ministro Marco Aurélio, que considerou necessário procedimento de jurisdição voluntária, e os Ministros Alexandre de Moraes, Gilmar Mendes e Ricardo Lewandowski, que julgaram pela exigência de autorização judicial para alteração.

Após o julgamento da ADI 4.275/DF, o STF, na Reclamação n. 31.102/PR, cassou decisão do Juízo da 2ª Vara de Família da Comarca de Maringá/PR, que determinou a produção de perícia no processo judicial para alteração do prenome e sexo. Fundamentou o Ministro Alexandre de Moraes que no julgamento da ADI 4.275/DF reconheceu-se que "é vedado exigir ou condicionar a livre expressão da personalidade a um procedimento médico ou laudo psicológico que exijam do indivíduo a assunção de um papel de vítima de determinada condição, sendo a autodeclaração suficiente para justificar a alteração do registro civil, inclusive – e não exclusivamente – na via cartorária". Lembrou o Ministro Fachin que afirmou em seu voto que "a identidade de gênero é manifestação da própria personalidade da pessoa humana e, como tal, cabe ao Estado o papel de reconhecê-la, nunca de constituí-la"[166]. Assim, para a mudança do registro não existem condicionantes, na via judicial ou extrajudicial.

---

164 "Art. 58. Qualquer alteração posterior de nome só por exceção e motivadamente, após audiência do Ministério Público, será permitida por sentença do Juiz a que estiver sujeito o registro, arquivando-se o mandado e publicando-se a alteração pela imprensa."

165 STF, ADI 4.275/DF, Rel. Min. Marco Aurélio, Rel. p/ acórdão Min. Edson Fachin, j. 1º-3-2018.

166 STF, Rcl 31.102/PR, Rel. Min. Alexandre de Moraes, j. 20-8-2018.

No julgamento do RE 670.422, Tema 761, no dia 15-8-2018, com repercussão geral, o Supremo Tribunal Federal, por maioria, reafirmou a possibilidade de alteração de gênero no assento de nascimento civil de transexual, mesmo sem a realização de procedimento cirúrgico de redesignação de sexo, fixando a seguinte tese:

> i) O transgênero tem direito fundamental subjetivo à alteração de seu prenome e de sua classificação de gênero no registro civil, não se exigindo, para tanto, nada além da manifestação de vontade do indivíduo, o qual poderá exercer tal faculdade tanto pela via judicial como diretamente pela via administrativa; ii) Essa alteração deve ser averbada à margem do assento de nascimento, vedada a inclusão do termo "transgênero"; iii) Nas certidões do registro não constará nenhuma observação sobre a origem do ato, vedada a expedição de certidão de inteiro teor, salvo a requerimento do próprio interessado ou por determinação judicial; iv) Efetuando-se o procedimento pela via judicial, caberá ao magistrado determinar de ofício ou a requerimento do interessado a expedição de mandados específicos para a alteração dos demais registros nos órgãos públicos ou privados pertinentes, os quais deverão preservar o sigilo sobre a origem dos atos[167].

A Corregedoria Nacional de Justiça, considerando a decisão do Supremo Tribunal Federal na ADI 4.275/DF, expediu o Provimento n. 73, de 28-6-2018, dispondo sobre a alteração do prenome e do gênero nos assentos de nascimento e casamento de pessoa transgênero no Registro Civil das Pessoas Naturais, diretamente no cartório, sem necessidade de autorização judicial, realização de cirurgia de redesignação sexual ou tratamento hormonal ou patologizante.

A alteração do nome e gênero também dispensa laudo médico ou estudo psicológico que ateste transexualidade, que é apenas facultativo (art. 4º, § 7º, Prov. n. 73/2018), realizando-se o procedimento com base exclusivamente na autonomia privada da pessoa, que exerce na plenitude sua autodeterminação para se adequar à sua identidade sociocultural autopercebida, desde que possua dezoito anos completos. Consta nos arts. 2º e 4º, § 1º, do Provimento n. 73/2018 que:

---

[167] STF, RE 670.422/RS, Rel. Min. Dias Toffoli, j. 15-8-2018.

> Art. 2º Toda pessoa maior de 18 anos completos habilitada à prática de todos os atos da vida civil poderá requerer ao ofício do RCPN a alteração e a averbação do prenome e do gênero, a fim de adequá-los à identidade autopercebida.
>
> § 1º A alteração referida no *caput* deste artigo poderá abranger a inclusão ou a exclusão de agnomes indicativos de gênero ou de descendência.
>
> § 2º A alteração referida no *caput* não compreende a alteração dos nomes de família e não pode ensejar a identidade de prenome com outro membro da família.
>
> § 3º A alteração referida no *caput* poderá ser desconstituída na via administrativa, mediante autorização do juiz corregedor permanente, ou na via judicial.
>
> Art. 4º O procedimento será realizado com base na autonomia da pessoa requerente, que deverá declarar, perante o registrador do RCPN, a vontade de proceder à adequação da identidade mediante a averbação do prenome, do gênero ou de ambos.
>
> § 1º O atendimento do pedido apresentado ao registrador independe de prévia autorização judicial ou da comprovação de realização de cirurgia de redesignação sexual e/ou de tratamento hormonal ou patologizante, assim como de apresentação de laudo médico ou psicológico.

Newton Teixeira Carvalho, antes das decisões do Supremo Tribunal Federal, já defendia a desnecessidade de judicialização para a redesignação de sexo no registro civil, evitando-se rituais judiciais penosos para a pessoa transexual demonstrar que a sua identidade de gênero não é a de seu sexo biológico, mas aquela com a qual se identifica e escolheu. Ressalta que as hipóteses de alteração do nome no registro público são exemplificativas e não restritivas como ocorria. Deve o registro retratar a realidade, existindo motivação mais que justa para alteração do nome e sexo no caso dos transexuais, pois os dados do passado não mais refletem a realidade e causam constrangimento na pessoa[168].

É certo que não é a cirurgia de redesignação de sexo que modifica a identidade de gênero, mas a personalidade e a opção da pessoa humana,

---

[168] CARVALHO, Newton Teixeira. *Redesignação de sexo e a desnecessidade de judicialização para retificação do registro de nascimento*. Belo Horizonte: Conhecimento, 2019. p. 150.

exercendo seu direito à busca da felicidade, não podendo o Estado exigir que se submeta a procedimento cirúrgico para alterar o registro.

No julgamento da ADI 4.275/DF, fundamentou o Min. Edson Fachin em seu voto que "a identidade de gênero é manifestação da própria personalidade da pessoa humana e, como tal, cabe ao Estado apenas o papel de reconhecê-la, nunca de constituí-la"[169].

Márcia Fidelis Lima ressalta que no julgamento pelo STF da ADI 4.275/DF, os ministros foram unânimes sobre a desnecessidade de procedimentos cirúrgicos ou outros tratamentos para a alteração do prenome e sexo no registro civil, fundamentando os votos, ao interpretar o art. 58 da Lei n. 6.015/1973 conforme a Constituição, nos princípios da dignidade da pessoa humana, inviolabilidade da intimidade, da vida privada, da honra e da imagem, e no Pacto de São José da Costa Rica. Os pontos de discordância foram sobre a obrigatoriedade de procedimento judicial para alteração, entendendo a maioria que não, e em outras questões procedimentais. A corte entendeu, por unanimidade, que "o Estado não pode se imiscuir na percepção que o cidadão tem sobre o seu corpo, sobre seu gênero e até sobre sua sexualidade"[170].

Diante das decisões do Supremo Tribunal Federal e do Provimento n. 73 do CNJ, o procedimento administrativo é baseado em autodeclaração, ou seja, é um ato declaratório do interessado, em procedimento sigiloso (art. 5º, Prov. n. 73/CNJ[171]), no exercício pleno de sua autonomia individual. Caso o registrador civil desconfie de simulação, fraude ou má-fé, deve recusar o registro e suscitar a dúvida enviando ao juiz corregedor[172], conforme dispõe o art. 6º do citado provimento:

---

[169] FACHIN, Luiz Edson. STF, ADI 4.275/DF, Rel. Min. Marco Aurélio, Rel. p/acordão Min. Edson Fachin, j. 1º-3-2019.

[170] LIMA, Márcia Fidelis. ADI 4.275 – Suprema corte brasileira marca a história da dignidade da pessoa humana. *Revista IBDFAM Família e Sucessões*. v. 27. Belo Horizonte: IBDFAM, maio/jun, 2018. p. 139.

[171] "Art. 5º A alteração de que trata o presente provimento tem natureza sigilosa, razão pela qual a informação a seu respeito não pode constar das certidões dos assentos, salvo por solicitação da pessoa requerente ou por determinação judicial, hipóteses em que a certidão deverá dispor sobre todo o conteúdo registral."

[172] CARVALHO, Newton Teixeira. *Redesignação de sexo e a desnecessidade de judicialização para retificação do registro de nascimento*, cit., p. 145.

> Art. 6º Suspeitando de fraude, falsidade, má-fé, vício de vontade ou simulação quanto ao desejo real da pessoa requerente, o registrador do RCPN fundamentará a recusa e encaminhará o pedido ao juiz corregedor permanente.

Inequívoco o avanço nas decisões do STF e no Provimento n. 73/2018 do CNJ no reconhecimento dos direitos humanos das pessoas transgêneros, permitindo o exercício de seus direitos fundamentais constitutivos da dignidade humana, garantindo o direito ao nome e o reconhecimento do gênero com que se identifica, a liberdade e o pleno exercício da autonomia privada.

7. A FAMÍLIA À LUZ DA CONSTITUIÇÃO FEDERAL DE 1988 E DO CÓDIGO CIVIL DE 2002

Rodrigo da Cunha Pereira ensina que a legislação, até recentemente, regulava a família do início do século passado, constituída unicamente pelo casamento, matrimonializada, patrimonializada, patriarcal, hierarquizada e heterossexual, ao passo que o moderno enfoque dado à família se volta muito mais à identificação dos vínculos afetivos que consolidou a sua formação. A Constituição de 1988 absorveu as transformações da família, acolheu a nova ordem de valores e privilegiou a dignidade da pessoa humana, reconhecendo a entidade familiar plural com outras formas de constituição além do casamento, vedando a discriminação dos filhos concebidos dentro ou fora do casamento e consagrou o princípio da igualdade entre homens e mulheres. Acrescenta que o Código Civil de 2002 ainda possui imperfeições a serem corrigidas, pois seu projeto é de 1975, apesar do esforço do relator, Deputado Ricardo Fiuza, em evitar inconstitucionalidades em face da Constituição Federal, mostrando-se sensível a muitas das sugestões apresentadas pelo IBDFAM, aperfeiçoando a lei aos princípios constitucionais[173].

A origem do Código Civil atual, entretanto, é ainda anterior. Em 1961, o jurista Orlando Gomes apresentou projeto para atualização do Código

---

[173] PEREIRA, Rodrigo da Cunha. *Direito de família e o novo Código Civil*. In: DIAS, Maria Berenice; PEREIRA, Rodrigo da Cunha (Coords.). *Direito de família e o novo Código Civil*. Belo Horizonte: Del Rey, 2001. p. IX e X.

Civil de 1916 ao então Presidente Jânio Quadros. No ano de 1965, o Ministro Milton Campos recebeu o projeto, já no governo do Presidente Castelo Branco. Em 1969, foi composta uma comissão de juristas notáveis, presidida por Miguel Reale, para revisão e apresentaram novo projeto em 16 de janeiro de 1975 ao então Ministro da Justiça, Armando Falcão. Encaminhado à Câmara Federal, o Projeto de Miguel Reale recebeu o n. 634/1975, permanecendo até ser aprovado em 1984 com 1.063 emendas, sendo encaminhado ao Senado. No Senado, recebeu a Emenda n. 358, com subemendas, incluindo a união estável, pelos senadores Nelson Carneiro e Josaphat Marinho (Relator). No ano de 1988, a comissão revisora fez revisão do Projeto, que ficou arquivado até 1995. Desarquivado e aprovado no Senado com emendas, o Projeto n. 634/1975 retornou à Câmara Federal, sendo nomeado Relator-Geral o Deputado Ricardo Fiuza. Após promovidas as atualizações pelo relator e sub-relatores, com colaboração de juristas e entidades, foi aprovado e remetido para sanção ao Presidente da República, sendo sancionado e publicado aos 10 de janeiro de 2002, entrando em vigor um ano após a publicação, no dia 10 de janeiro de 2003.

Ressalta a doutrina que Miguel Reale imprimiu ao Código de 2002 os seguintes princípios:

- *Socialidade* – os valores coletivos prevalecem sobre os individuais. Destacou-se os direitos e deveres dos cinco personagens do direito privado, ou seja, o proprietário, o contratante, o empresário, o pai de família e o testador.

- *Eticidade* – conferiu ao juiz o poder para suprir lacunas e alterar, onde e quando previsto, de conformidade com os valores éticos, abrandando o formalismo do Código de 1916.

- *Operabilidade* – reuniu as formas prescricionais na parte geral e a decadência nos institutos a ela aplicáveis, deslocou a ausência do direito de família para a parte geral, incluiu o direito de empresa.

- *Concretitude* – ao ressaltar o dever de não legislar em abstrato, mas em situações concretas.

O Código Civil de 2002 possui 2.046 artigos, divididos em duas partes: *parte Geral*, que trata no Livro I, Das Pessoas, no Livro II, Dos Bens, e no Livro III, Dos Fatos Jurídicos, e *Parte Especial*, que trata no Livro I, Do Direito das Obrigações, no Livro II, Do Direito de Empresa, no Livro III, Do Direito das Coisas, no Livro IV, Do direito de família, no Livro V, Do Direito das Sucessões; no Livro Complementar, regula as Disposições Finais e Transitórias.

O Livro IV divide o direito de família em quatro Títulos.

O Título I trata *Do Direito Pessoal,* regulando as relações pessoais resultantes do *Casamento*, incluindo sua constituição, dissolução e proteção da pessoa dos filhos (Subtítulo I – arts. 1.511 a 1.590) e as *Relações de Parentesco*, que regula a filiação, reconhecimento de filhos, adoção e poder familiar (Subtítulo II – arts. 1.591 a 1.638).

O Título II cuida *Do Direito Patrimonial*, regulando o *Regime de Bens entre os Cônjuges* (Subtítulo I – arts. 1.639 a 1.688), *Do Usufruto e Da Administração dos Bens de Filhos Menores* (Subtítulo II – arts. 1.689 a 1.693), *Dos Alimentos* (Subtítulo III – arts. 1.694 a 1.791) *e Do Bem de Família* (Subtítulo IV – arts. 1.711 a 1.722).

O Título III trata da *União Estável*, que não era regulada no Código Civil de 1916, inclusive, distinguindo o conceito de união estável e concubinato (arts. 1.723 a 1.727).

O Título IV cuida *Da Tutela e Da Curatela* (arts. 1.728/1.783), retirando do direito de família a *Ausência*, que o integrava no Código Civil de 1916, incluindo-a na parte geral ao tratar das pessoas naturais (arts. 22 a 39), o que é correto, já que os efeitos da ausência no direito de família são reduzidos apenas quanto à necessidade de nomear tutor se o ausente possuir filhos menores (art. 1.728, I) e dissolução do casamento, na presunção de óbito (art. 1.571, § 1º, do CC), possuindo conexão maior no direito das sucessões, ao prever a sucessão provisória e definitiva.

O Relator-Geral da Revisão do Projeto n. 634/1975, Deputado Ricardo Fiuza, na introdução do livro *Novo Código Civil comentado*, do qual é coordenador, narra todo o histórico de sua tramitação final e aprovação. Ressalta as dificuldades de enfrentar o projeto em tramitação há quase 30 anos, já votado nas duas casas legislativas, e a impossibilidade de alterar os artigos aprovados pela Câmara e não emendados no Senado. A solução para atualizar o Projeto n. 634/1975 foi alterar a Resolução n. 01/1970 – CN, que dispunha sobre o regimento comum do Congresso Nacional, sendo aprovada a Resolução n. 1/2000 – CN, que permitiu, em seu art. 139-A, nos projetos de código há mais de três legislaturas, ser submetido, antes da discussão final na casa que o encaminhou à sanção, a uma revisão para a sua adequação às alterações constitucionais e legais promulgadas desde sua apresentação[174].

Dispõe a Resolução n. 01/2000 – CN que o relatório apontando as alterações necessárias para atualização do texto do projeto é encaminhado pelo relator ao Presidente da Casa, que o remeterá ao Presidente da outra Casa Legislativa, a fim de ser submetido à Comissão de Constituição e Justiça para apreciar se a matéria versa exclusivamente a promover as necessárias atualizações, vedadas emendas ou modificações. Aprovado o parecer sobre o relatório, é comunicada a Casa de Origem para o prosseguimento de sua tramitação regimental (§§ 1º a 5º).

Foi o que ocorreu no Projeto n. 634/1975 e, por sua importância histórica, merece transcrição o art. 139-A da Resolução CN n. 1/2000.

> Art. 139-A. O projeto de código em tramitação no Congresso Nacional há mais de três legislaturas, será, antes de sua discussão final na casa que o encaminhará à sanção, submetido a uma revisão para a sua adequação às alterações constitucionais e legais promulgadas desde sua apresentação.
>
> § 1º O relator do projeto na Casa em que se finalizar sua tramitação no Congresso Nacional, antes de apresentar perante a Comissão respectiva seu parecer, encaminhará ao presidente na Casa relatório apontando as alterações necessárias para atualizar o texto do projeto em face das alterações legais aprovadas durante o curso de sua tramitação.
>
> § 2º O relatório mencionado no § 1º será encaminhado pelo Presidente à outra Casa do Congresso Nacional, que o submeterá à respectiva Comissão de Constituição e Justiça.
>
> § 3º A comissão, no prazo de 5 (cinco) dias, oferecerá parecer sobre a matéria, que se limitará a verificar se as alterações propostas restringem-se a promover a necessária atualização na forma do § 1º.
>
> § 4º O parecer da Comissão será apreciado em plenário no prazo de 5 (cinco) dias, com preferência sobre as demais proposições, vedadas emendas ou modificações.
>
> § 5º Votado o parecer, será feita a devida comunicação à Casa em que se encontra o projeto de Código para o prosseguimento de sua tramitação regimental, incorporadas as alterações aprovadas.

---

174 FIUZA, Ricardo. *Novo código civil comentado*. São Paulo: Saraiva, 2003. p. XI e XII.

A Resolução n. 01/2000 – CN permitiu, na Câmara Federal, uma análise global e atualização de todo o projeto oriundo do Senado, sendo promovidos debates com juristas notáveis, universidades, tribunais e auxílio de instituições como associações de classes jurídicas, Ordem dos Advogados do Brasil (OAB) e Instituto Brasileiro de Direito de Família (IBDFAM).

Os trabalhos na comissão especial da Câmara Federal foram divididos em vários relatores, cabendo a sub-relatoria do direito de família ao Deputado Antônio Carlos Biscaia.

O Código Civil atual, como reconhece o próprio relator do projeto, reclama novos temas, como regular a clonagem humana, negócios eletrônicos, a questão dos embriões excedentários, a doação de óvulos e utilização de *barriga solidária*.

Inequívoco que o Código Civil de 2002 foi um grande avanço, especialmente ao reconhecer diversas formas de família e o afeto como elemento agregador. Demanda, entretanto, urgente atualização em diversas regras para adequá-lo à realidade atual das famílias, pois, como é sabido, o direito nunca se adianta à realidade social, está procurando se adequar aos novos costumes e valores sociais, tardiamente.

Nas palavras de Leonardo Barreto Moreira Alves[175], o Código Civil insistiu em disciplinar alguns institutos jurídicos de direito de família e direito das sucessões com regras que coadunam com o modelo de família anterior, na contramão da história, causando sérias críticas no meio jurídico e exigindo do legislador a adequação de tais regras.

Com efeito, muitas novas regras já foram aprovadas e ainda tramitam no Congresso Nacional diversos projetos para adequar o direito de família e sucessões à realidade atual. O Código Civil de 2002 manteve o esqueleto do Código Civil de 1916, mas lhe deu uma nova alma, portanto, deve ser visto com outros olhos, com outra ideologia, especialmente ao tratar do direito de família, o que mais avançou e quebrou paradigmas nos últimos anos.

A família hoje é referência de afeto e, resumindo, o Código atual, acolhendo os princípios da Constituição de 1998, apresenta essencialmente três eixos modificativos:

---

175 ALVES, Leonardo Barreto Moreira. Reformas legislativas necessárias nos direitos de família. *Revista Brasileira de direito de família*, n. 42, Porto Alegre: Síntese/IBDFAM, jun.-jul. 2007. p. 132.

- *reconhecimento da família fora do casamento,* saindo do singular (casamento) para o plural (casamento, união estável, monoparental e possibilidade de outras formas);
- *extinção da família patriarcal,* adotando a igualdade jurídica de homens e mulheres em direitos e obrigações;
- *isonomia filial,* igualando juridicamente os filhos qualquer que seja a origem da filiação (legítimo, natural, civil ou socioafetivo), sem distinção.

Cíntia Burille ressalta, ao tratar das famílias à luz da Constituição Federal, que os três modelos de entidades familiares previstos se trata de rol meramente exemplificativo. Cita Conrado Paulino da Rosa para acrescentar que:

> Dentre os arranjos familiares não contemplados expressamente no rol constitucional, tem-se, por exemplo: (i) a família unipessoal; (ii) a família anaparental ou parental; (iii) família pluriparental, mosaico ou reconstituída; (iv) família extensa ou ampliada; (v) famílias paralelas ou simultâneas; (vi) família solidária; (vii) família poliafetiva; (viii) família virtual (*ifamily*); (ix) família coparental; (x) família multiespécie[176].

8. RESPONSABILIDADE CIVIL E DANO MORAL NO DIREITO DE FAMÍLIA

8.1. Introdução

A conduta humana comissiva ou omissiva (ou abusiva) realizada em desconformidade com o ordenamento jurídico importa em ato ilícito, e, se lesiva aos direitos de terceiros, gera responsabilidade civil e o dever de reparar o dano patrimonial, moral ou estético. A responsabilidade civil subjetiva deve ser acolhida no direito das famílias, inclusive para compensar o dano moral, quando ocorrer descumprimento dos deveres ou abuso de direitos. Não se justifica a corrente doutrinária contrária ao dano moral no direito

[176] BURILLE, Cíntia. O "Estatuto da família" (Projeto de Lei n. 6.583/2013) à luz do direito de família contemporâneo e os seus desdobramentos à família eudemonista. *Diálogos de família e sucessões*, vol. III. ROSA, Conrado Paulino da (coord.). Porto Alegre: RJR, 2019. p. 72.

das famílias, sob o argumento de ausência de previsão legal, de existirem sanções próprias e a impossibilidade de monetarizar relações afetivas. A obrigação de indenizar é genérica e, portanto, a falta de previsão não exclui a incidência, devendo prevalecer o respeito à dignidade humana. O que gera o dever de indenizar não é perda do afeto, mas a ocorrência de ato ilícito danoso, o descumprimento de deveres legais, não podendo as relações familiares serem causa de exclusão da ilicitude.

8.2. Fatos jurídicos, atos jurídicos e ato ilícito

Antes de tratar da responsabilidade civil, é oportuna uma breve noção de fatos jurídicos, ato jurídico e do ato ilícito, que gera o dever de indenizar na responsabilidade extracontratual.

Os *fatos jurídicos*, leciona Zeno Veloso, são aqueles que causam alguma incidência no mundo jurídico, pois nem todos os fatos, causados pelo homem ou pela natureza, possuem interesse para o direito. O fato, portanto, pode ser não jurídico ou jurídico em sentido amplo. Para o fato ser jurídico é necessário que produza alguma consequência no mundo jurídico, que tenha relevância jurídica, que esteja inserido e repercuta em uma estrutura normativa. Os fatos jurídicos, portanto, "são acontecimentos naturais ou ações humanas que produzem consequências jurídicas"[177].

A doutrina divide os fatos jurídicos, em sentido amplo ou *lato sensu*, em *fato jurídico stricto sensu* (em sentido estrito) e fato jurídico humano ou fato jurígeno[178], ou, genericamente, *atos jurídicos*[179].

O fato jurídico em sentido estrito ocorre por fato natural, sem interferência da vontade humana, mas com relevância no mundo jurídico, como, por exemplo, os frutos produzidos por uma árvore que caem no quintal do vizinho (art. 1.284 do CC), a formação de ilhas (art. 1.249 do CC), a aluvião (art. 1.250 do CC) e a avulsão (art. 1.251 do CC), produzindo efeitos jurídicos. Muitos fatos naturais, todavia, não geram efeitos jurídicos.

Os atos jurídicos em sentido amplo (fato jurídico humano), sem adentrar nas distinções em ato jurídico e atos-fatos jurídicos (atos humanos que

---

177 VELOSO, Zeno. *Invalidade do negócio jurídico*. Belo Horizonte: Del Rey, 2005. p. 1.
178 TARTUCE, Flávio. *Manual de direito civil*, cit., p. 186.
179 VELOSO, Zeno. *Invalidade do negócio jurídico*, cit., p. 3.

produzem efeitos jurídicos sem considerar a vontade do agente), são os fatos jurídicos com a interferência humana, derivando de um comportamento volitivo por ação ou omissão. O Código Civil de 2002 (diferente do que ocorria com o CC/1916) distingue o ato jurídico em *negócio jurídico* e *ato jurídico stricto sensu.*

Negócio jurídico (arts. 104 a 184 do CC) são os atos jurídicos praticados mediante declaração de vontade, reservando a lei um espaço mais amplo para composição da vontade das partes. O sujeito tem um espaço maior, ainda que a lei regule a prática e os efeitos dos negócios, para dispor sobre eles, diverso do que ocorre no ato jurídico *stricto sensu*[180]. No negócio jurídico, as partes exercem a autonomia privada, a vontade de contratar, estabelecendo elas próprias as normas, autorizadas pela lei, que regulam seus interesses[181]. Prevalece a composição das partes para uma finalidade específica lícita[182], ou seja, a vontade das partes é determinante para a obtenção dos efeitos em criar, modificar ou extinguir relações ou situações jurídicas, observados os requisitos legais para sua validade (art. 104 do CC).

Ato jurídico *stricto sensu* (art. 185 do CC), também chamado de *ato jurídico voluntário*, ou ainda ato jurídico não negocial, os efeitos são estabelecidos pela lei, como ocorre, por exemplo, no casamento. O ato jurídico de casar é voluntário, é praticado pela vontade das partes, mas uma vez realizado os efeitos são impostos pela lei, como os deveres conjugais, direitos de herança, formas de dissolução, não podendo as partes modificá-los[183].

Outro exemplo é a filiação. O ato de conceber um filho é voluntário, consciente ou assumindo o risco, mas depois de realizado produz efeitos legais indisponíveis pelos pais, notadamente os deveres de assistir, criar e educar, ou seja, os deveres de cuidados. Os efeitos jurídicos do ato jurídico *stricto sensu* estão previamente determinados na lei, cabendo às pessoas, ao voluntariamente praticá-los, aderir aos seus efeitos preordenados. Oportuna, nesse sentido, a lição de Zeno Veloso:

---

[180] DONIZETI, Elpídio; QUINTELLA, Felipe. *Curso didático de direito civil*. São Paulo: Atlas, 2012. p. 105.

[181] AZEVEDO, Álvaro Villaça. *Teoria geral do direito civil*. São Paulo: Atlas, 2012. p. 169.

[182] TARTUCE, Flávio. *Manual de direito civil*, cit., p. 187.

[183] DONIZETI, Elpídio; QUINTELLA, Felipe. *Curso didático de direito civil*, cit., p. 105.

> No ato jurídico em sentido estrito, a ação humana ou a manifestação de vontade funciona como *mero pressuposto de efeitos preordenados pela lei*. Trata-se de caso em que o comportamento ou a vontade concretiza, apenas, o suporte fático necessário para criar o fato, fazê-lo entrar no mundo jurídico. A eficácia dele, porém, é predeterminada na lei. As consequências jurídicas dão-se, necessariamente, sem que a vontade do agente possa modificá-las, ampliá-las, restringi-las ou evitá-las.
>
> [...]
>
> Note-se: o ato jurídico em sentido estrito é fruto da ação humana, de uma atitude, de um comportamento, da manifestação de vontade. Porém, embora careça disto para existir (pressuposto), os efeitos ocorrem inexoravelmente, *ex lege*, independentemente de terem sido, ou não, *queridos*. A atitude humana ou a vontade, então, é dado necessário e poderoso para criar o ato, dar existência e vida ao fenômeno, mas não tem intensidade e força para estabelecer o resultado, nem o poder de provocar efeito diverso. Não há regulamentação da autonomia privada, mas uma determinação do ordenamento jurídico. A lei fixa, rigorosamente, as consequências, sem levar em consideração uma correspondente *vontade de resultado* do declarante ou do agente[184].

O ato jurídico *stricto sensu* é regulado no art. 185 do Código Civil, denominado de *atos jurídicos lícitos*, ao determinar que se aplicam, no que couber, as disposições dos negócios jurídicos. Os atos jurídicos em sentido estrito e os negócios jurídicos, que compõem os atos jurídicos em sentido amplo, exigem, todavia, para sua validade, que sejam lícitos, ou seja, que sejam realizados *em conformidade com a lei*.

Praticada uma conduta humana em desconformidade com o ordenamento jurídico e lesivo ao direito de terceiro faz surgir o *ato ilícito*, que gera deveres, responsabilidades para o agente causador do dano, com o objetivo de restabelecer a ordem jurídica afetada. No ato ilícito, os efeitos são determinados pela lei, contrariando a vontade ou o querer do causador do dano, *impondo-lhe responsabilidades* que produz consequências[185].

---

184 VELOSO, Zeno. *Invalidade do negócio jurídico*, cit., p. 6-7.

185 VELOSO, Zeno. *Invalidade do negócio jurídico*, cit., p. 14.

O ato ilícito é, portanto, a conduta humana, omissiva ou comissiva, contrária à ordem jurídica, lesiva, violando direitos alheios e causando danos, tanto de ordem material quanto moral (art. 186 do CC), gerando, por consequência, responsabilidades ao agente causador. Também configura ato ilícito o abuso, caracterizado pelo exercício irregular dos direitos, e ocorre quando o agente, ao praticar atos originariamente lícitos, excede manifestamente os limites de seu exercício (art. 187 do CC), exercendo irregularmente seu direito, tornando ilícita sua execução.

A doutrina divide-se em considerar os atos ilícitos também como atos jurídicos, por igualmente produzir efeitos jurídicos, denominando-os de *atos jurídicos ilícitos*, até mesmo em razão da redação do art. 185 do Código Civil, ao tratar, no sentido estrito, dos *atos jurídicos lícitos*. Leva-se, à conclusão, em face do adjetivo *lícitos*, que também existem atos jurídicos ilícitos. Este entendimento não é acolhido pela outra corrente, por considerar que *os atos ilícitos geram obrigação para o responsável*, não derivando de sua vontade, ocorrendo até mesmo contra a vontade do agente. Os atos jurídicos, que por definição são lícitos, seriam apenas os que estão de conformidade com a lei, enquanto aqueles que contravenham a ordem jurídica são apenas os atos ilícitos, reconhecidos no ordenamento jurídico por provocar um efeito jurídico, uma obrigação de indenizar, tratando-se, apenas, de um fato jurídico em sentido amplo[186]. Os efeitos jurídicos não são desejados pelo responsável, são somente impostos pela lei[187].

Pode-se apresentar, assim, a seguinte classificação dos fatos jurídicos:

- Fato jurídico (sentido amplo)
  - Fato jurídico natural ou *stricto sensu*
  - Fato jurídico humano ou ato jurídico amplo
    - Negócio jurídico – arts. 104/184 do CC
    - Ato jurídico *stricto sensu* – art. 185 do CC
  - Ato ilícito
    - Violação de direitos – art. 186 do CC
    - Abuso de direito – art. 187 do CC

[186] VELOSO, Zeno. *Invalidade do negócio jurídico*, cit., p. 14-15.

[187] TARTUCE, Flávio. *Manual de direito civil*, cit., p. 426.

O ato ilícito pode ser penal, civil, administrativo, tributário, trabalhista, gerando consequências em mais de uma esfera ou até mesmo em todas elas cumulativamente. No direito civil, fere direitos subjetivos e cria o dever de reparar o dano, tratando-se de fonte do direito obrigacional[188], fazendo surgir a *responsabilidade civil*, base da obrigação de indenizar, de reparar o dano, material ou moral, à vítima lesada. A responsabilidade civil decorre, portanto, do nexo de causalidade entre a ação em desconformidade com a lei e o dano sofrido, ou seja, *decorre de um vínculo entre a ação – elemento constitutivo da responsabilidade – e o dever de indenizar o dano*[189].

8.3. Responsabilidade civil

8.3.1. Considerações gerais – responsabilidade civil contratual e extracontratual

O termo *responsabilidade*, do verbo latino *respondere*, possui juridicamente o sentido de a pessoa responder pelos atos que pratica, assumir as consequências de sua conduta, em qualquer esfera, importando assim um dever jurídico, um compromisso, uma obrigação legal de satisfazer o que foi convencionado ou determinado pela ordem legal ou de suportar as sanções legais ou penalidades. A responsabilidade, portanto, pode ser penal, administrativa, civil etc., no sentido de cumprir uma obrigação de fazer, dar ou não fazer determinada coisa ou a responsabilidade, denominada secundária, quando a primeira não foi cumprida, de suportar as sanções legais ou penalidades e de ressarcir os danos[190].

A *responsabilidade civil* ocorre quando existe uma agressão ao interesse particular, obrigando ao agente responsável, que cometeu o ilícito, a reparar o dano patrimonial ou moral causado, convertendo-se a obrigação de reparação do dano, se não mais possível, em pagamento de indenização à vítima, devolvendo-se, indiretamente, o equilíbrio nas relações privadas. Cuida, no ramo do direito civil, do dever do agente causador indenizar o

---

188 TARTUCE, Flávio. *Manual de direito civil*, cit., p. 426.

189 VELOSO, Zeno. *Invalidade do negócio jurídico*, cit., p. 14-15.

190 FIUZA, César. *Direito civil*: curso completo. 10. ed. Belo Horizonte: Del Rey, 2007. p. 276-277.

prejuízo sofrido por alguém quando houver algum dano[191], patrimonial ou moral. Esta é a diferença básica entre a responsabilidade civil e a criminal. Na responsabilidade civil, busca-se uma compensação patrimonial à vítima, uma reparação para favorecê-la, enquanto na responsabilidade criminal busca-se uma punição social ao ofensor, que deve sofrer uma cominação legal, uma pena[192].

João Aguirre, ao discorrer sobre a responsabilidade civil como cláusula de tutela da dignidade humana, acrescenta que:

> A tutela prioritária da pessoa e de sua dignidade constitui o alicerce essencial da ordem jurídica constitucional e, por conseguinte, o supedâneo para a aplicação do direito de danos em nosso ordenamento.
>
> A adequação dos fundamentos da responsabilidade civil à realidade pós-moderna, com vistas à promoção do atendimento às vítimas de danos, centra-se, destarte, em um ideal de excelência, fundamento pelo respeito à individualidade e pela consideração recíproca, com vistas à consecução do bem-estar social e da plenitude da vida.
>
> [...]
>
> No âmbito da responsabilidade civil isso significa buscar a ampliação da tutela da pessoa humana, através da preservação do interesse da vítima, fundada nos ideais de solidariedade e de cooperação, posto que a cláusula geral de promoção da dignidade humana e a consequente proteção aos direitos da personalidade devem ser tomadas com valor máximo e com base axiológica de nosso ordenamento jurídico.
>
> Como se vê, a tutela da dignidade da vítima e a valorização de seus interesses constituem diretrizes fundamentais de nosso sistema, em especial no que tange à responsabilidade civil[193].

---

191 WITZEL, Ana Cláudia Paes. *Aspectos gerais da responsabilidade civil no direito de família*. Disponível em: <www.ambitojurídico.com.br>. Acesso em: 24-6-2014.

192 GAGLIANO, Pablo Stolze; PAMPLONA FILHO, Rodolfo. *Novo curso de direito civil*. 9. ed. São Paulo: Saraiva, 2011. p. 46-47. v. III.

193 AGUIRRE, João Ricardo Brandão. O dano moral pela infidelidade. In: MADALENO, Rolf; BARBOSA, Eduardo (Coords.) *Responsabilidade civil no direito de família*. São Paulo: Atlas, 2015. p. 238-239.

Surge a responsabilidade civil, portanto, quando a pessoa não respondeu por seu dever jurídico em razão do descumprimento de uma obrigação, de uma regra contratual, de um preceito normativo[194] ou por abusar e exceder o exercício de seus direitos.

Pode a responsabilidade civil ser analisada ou classificada sob vários ângulos, incluindo por fato próprio (art. 927 do CC), por fato de outrem (art. 932 do CC), por fato de animal (art. 936 do CC) e por fato de coisa (art. 937 do CC). Quanto à origem, a responsabilidade civil classifica-se em *responsabilidade civil contratual ou negocial* e *responsabilidade civil extracontratual ou aquiliana*.

A responsabilidade civil contratual, regulada nos arts. 389 a 393 do Código Civil, decorre do inadimplemento das obrigações em razão da celebração ou execução de um contrato (violação das normas contratuais), importando tanto nas obrigações positivas de dar e fazer como nas obrigações negativas de não fazer.

A responsabilidade civil extracontratual é também denominada aquiliana, em homenagem à *Lex Aquilia*, aprovada no século III a.C., que inovou a responsabilidade civil introduzindo o elemento subjetivo da culpa e substituiu as penas fixas por reparação pecuniária do dano causado, influenciando as legislações modernas. Decorre da prática de ato ilícito consistente na violação ou abuso de direitos. Como já ressaltado, o ato ilícito ocorre quando é realizado em desconformidade com o ordenamento jurídico e lesivo aos direitos de terceiros, bem como com abuso de direitos, que ocorre quando o exercício irregular de um ato lícito torna ilícita sua execução.

- Responsabilidade civil
  - Contratual ou negocial – arts. 389/393 do CC
  - Extracontratual ou aquiliana – ato ilícito
    - Violação de direitos – art. 186 do CC
    - Abuso de direitos – art. 187 do CC

Tartuce ressalta que o Código Civil de 2002 inovou ao incluir na responsabilidade civil extracontratual o abuso de direito, que não era previsto no Código de 1916 (art. 159), modificando a estrutura da matéria de anti-

[194] TARTUCE, Flávio. *Manual de direito civil*, cit., p. 423.

juridicidade na codificação privada. O abuso do direito (art. 187) também deve ser aplicado na responsabilidade contratual, onde certamente terá maior incidência, o que é mais um dispositivo unificador para superar a dictomia *responsabilidade contratual x extracontratual*. Ressalta, ainda, que o art. 186 também inovou ao exigir, com a lesão ao direito, a ocorrência de dano na conduta do agente para caracterizar o ato ilícito. Inovou ainda ao admitir o *dano moral puro*. Leciona o citado autor ao apresentar as diferenças entre o art. 159 do Código Civil de 1916 e o art. 186 do Código Civil de 2002:

> Primeira e a mais importante diferença é que o dispositivo anterior utilizava a expressão *ou* em vez de *e* que consta da atual legislação, admitindo o ato ilícito por mera lesão de direitos. Isso, como se pode perceber da fórmula antes apontada, não é mais possível. A segunda é que a disposição atual permite a reparação do *dano moral puro*, sem repercussão patrimonial ("dano exclusivamente moral")[195].

Com efeito, dispõem os arts. 186 e 187 do Código Civil:

> Art. 186. Aquele que, por ação ou omissão voluntária, negligência ou imprudência, violar direito e causar dano a outrem, ainda que exclusivamente moral, comete ato ilícito.
>
> Art. 187. Também comete ato ilícito o titular de um direito que, ao exercê-lo, excede manifestamente os limites impostos pelo seu fim econômico ou social, pela boa-fé ou pelos bons costumes.

Caracterizado o ato ilícito, o agente causador fica obrigado a reparar o dano, o dever de indenizar, conforme disposição expressa no *caput* do art. 927 do Código Civil:

> Art. 927. Aquele que, por ato ilícito (arts. 186 e 187), causar dano a outrem, fica obrigado a repará-lo.

8.3.2. Pressupostos da responsabilidade civil subjetiva

Os *elementos da responsabilidade civil*, que se exigem como pressupostos para o dever de indenizar, não são unânimes na doutrina e na jurisprudência. César Fiuza ressalta que o único elemento essencial para caracterizar

---

195 TARTUCE, Flávio. *Manual de direito civil*, cit., p. 425-427.

o ato ilícito é a *antijuridicidade*, a conduta contrária ao direito, pois sem ela não haverá ilícito civil. A ilicitude pode, entretanto, ser excluída por razões de equidade, quando o ato é praticado em legítima defesa, estado de necessidade, exercício regular de um direito e no estrito cumprimento do dever legal. Também não caracteriza ato ilícito os atos ocorridos em razão de caso fortuito ou força maior. Os demais elementos, ainda que não essenciais para caracterizar o ato ilícito, são requisitos necessários para gerar a responsabilidade e o dever de indenizar, conforme dispõe o art. 186 do Código Civil: *culpabilidade, dano* e *nexo causal*[196].

Ressalta-se, em razão da *teoria do risco*, que muitos casos de responsabilidade civil independem de demonstração de culpa, fundando-se na responsabilidade objetiva, como nos atos de terceiro, animais e coisas (arts. 932, 933, 937 e 938 do CC), restando inaplicável, atualmente, a Súmula n. 341 do STF. A responsabilidade civil em que se exige demonstração de culpa (ou dolo) é denominada *responsabilidade subjetiva*, que é a mais comum na responsabilidade civil por ato ilícito. A *responsabilidade objetiva* independe de culpa por ser decorrente de atividade de risco e tem por fundamento o dano, que deve ser reparado (teoria do risco).

A ordem jurídica brasileira, embora o Código Civil tenha acolhido a responsabilidade subjetiva como regra, também acolhe a responsabilidade objetiva quando determinada na lei, já que a culpa não é suficiente para regular todas as hipóteses de responsabilidade civil[197], como ocorre, por exemplo, nos atos de terceiros, de incapazes, de animais e na defesa do consumidor. Nas relações familiares, aplica-se a responsabilidade subjetiva, exigindo-se a demonstração da culpa genérica, por ação ou omissão, diante da ausência de previsão no direito de família, acolhendo a regra geral.

Orientam Conrado Paulino da Rosa e Douglas Phillips Freitas quanto à responsabilidade subjetiva que:

> A responsabilidade subjetiva transforma o ato ilícito em fundamento para a reparação do dano. O ato ilícito tem na imputabilidade do agente o pressuposto que gera o dever de indenizar. O agente responde pelo seu ato voluntário, seja este por ação ou omissão.

---

[196] FIUZA, César. *Direito civil*: curso completo. 10. ed., cit., p. 728.

[197] MADALENO, Rolf. Responsabilidade civil na conjugalidade e alimentos compensatórios. *Revista Brasileira de direito de família e Sucessões*. v. 13. Porto Alegre: Magister; Belo Horizonte: IBDFAM, dez.-jan. 2010. p. 8.

A responsabilidade será subjetiva, em que se tornam necessárias a apuração e a comprovação dos seus elementos: ato ilícito, nexo causal, dano (patrimonial ou extrapatrimonial) e culpa[198].

Maria Helena Diniz apresenta como *pressupostos da responsabilidade civil* a existência de uma *ação* comissiva ou omissiva qualificada juridicamente (culposa ou dolosa), a ocorrência de um *dano* moral ou patrimonial causado à vítima pelo ato do agente ou de terceiro, e o *nexo de causalidade* entre o dano e a ação que o produziu, como fato gerador da responsabilidade[199].

Flávio Tartuce[200] analisa os elementos estruturais da responsabilidade civil apresentados por vários autores, apontando, ao final, quatro *pressupostos do dever de indenizar*: a) conduta humana; b) culpa genérica ou *lato sensu*; c) nexo de causalidade; d) dano ou prejuízo. Abordaremos a seguir, invertendo-se a ordem do autor quanto ao nexo de causalidade e o dano (letras c e d) cada um dos pressupostos.

a) A *conduta humana* é a ação comissiva, uma conduta positiva, a prática de um ato, ou omissiva, uma conduta negativa, a inobservância do dever de agir ou a abstenção de um ato que deveria praticar. A conduta objetivamente imputável, ressalta-se, pode ser praticada pelo próprio agente ou por terceiros, ou por fato de animal ou de coisa inanimada (arts. 931, 932, 936 e 937 do CC). Os bens do responsável pelo ato respondem pelo dano causado, aplicando-se *responsabilidade civil patrimonial* (art. 942 do CC).

b) A *culpa genérica* considera a culpa em sentido amplo, incluindo a *culpa em sentido estrito* e o *dolo*. Para muitos autores, entre eles Maria Helena Diniz, conforme já citado, a culpa já está inserida na ação comissiva ou omissiva qualificada juridicamente em face do ato ilícito na responsabilidade civil extracontratual, por contrariar o ordenamento jurídico ou abusar do direito.

O dolo se caracteriza quando o agente age intencionalmente para violar o dever jurídico com o objetivo de prejudicar alguém e causar-lhe dano, querendo o resultado, não ocorrendo na responsabilidade civil as classificações do dolo no direito penal. Comprovado o dolo, a reparação deve ser plena.

---

198 ROSA, Conrado Paulino da; CARVALHO, Dimas Messias de; FREITAS, Douglas Phillips. *Dano moral & direito das famílias*. 2. ed. Belo Horizonte: Del Rey, 2012. p. 40.

199 DINIZ, Maria Helena. *Curso de direito civil brasileiro*. 22. ed., cit., p. 37-38.

200 TARTUCE, Flávio. *Manual de direito civil*, cit., p. 441-463.

A culpa em sentido estrito se dá quando o agente age voluntariamente, mas sem as cautelas e os cuidados necessários, sendo presumível o resultado. O agente não queria o resultado, mas ele era presumível em razão de sua conduta ao agir por *imprudência* (ação positiva sem os cuidados necessários), *negligência* (ação negativa, deixar de fazer, deixar de praticar os cuidados necessários) e *imperícia* (praticar um ato sem estar capacitado ou em desconformidade).

Na responsabilidade civil no direito de família não é necessário estudar as classificações da culpa, pois se aplica a *culpa extracontratual* ou *aquiliana* resultante da violação da ordem jurídica ou do abuso do direito (ato ilícito), diversa da *culpa contratual* referente ao desrespeito às normas contratuais ou a boa-fé objetiva. O grau da culpa, que se classifica em *grave* (quando existe uma conduta culposa relevante, excessiva, aproximando-se do dolo), *leve* ou *média* (uma culpa intermediária em situações que se considera os padrões da pessoa comum) e *levíssima* (no menor grau possível), deve ser considerado apenas na fixação da extensão do dano, especialmente no dano moral, e na culpa concorrente (arts. 944 e 945 do CC).

c) A *ocorrência de um dano* ou *prejuízo*, moral ou patrimonial, ou ainda estético, causado à vítima pelo ato comissivo ou omissivo do agente ou por terceiros sob sua responsabilidade. Admite-se a cumulação dos danos patrimonial e moral oriundos do mesmo fato (Súmula n. 37 do STJ) e ainda com dano estético (Súmula n. 387 do STJ), ocorrendo uma cumulação tripla que pode acontecer nas relações de família, como, por exemplo, em razão de violência doméstica. É necessária a comprovação do dano para a obrigação de indenizar, conforme lembra Flávio Tartuce, citando o art. 333, I, do CPC/1973, previsto no art. 373, I, do CPC/2015:

> Como é notório, para que haja pagamento de indenização, além da prova de culpa ou dolo na conduta é necessário comprovar o dano patrimonial ou extrapatrimonial suportado por alguém. Em regra, não há responsabilidade civil sem dano, cabendo o ônus de sua prova, ao autor da demanda, aplicação do art. 333, I, do CPC[201].

Os *danos patrimoniais* ou *materiais* são os prejuízos sofridos pela vítima, podendo ser positivo (ou danos emergentes) referente ao prejuízo efe-

---

201 TARTUCE, Flávio. *Manual de direito civil*, cit., p. 458.

tivamente ocorrido, ou negativo (ou lucros cessantes) referente ao que deixou de ganhar em face da conduta do agente.

Os *danos morais* ou *imateriais* são aqueles sem conteúdo patrimonial, mas que atingem os direitos de personalidade da pessoa, que são invioláveis. A Constituição Federal de 1988, além de incluir a dignidade humana como princípio fundamental, considera como direito fundamental a indenização por dano moral, quando a pessoa tiver violada sua intimidade, sua vida privada, sua honra e sua imagem, enfim, tiver violado seus direitos de personalidade, assegurando, ainda, o direito de resposta (art. 5º, V e X).

O dano moral não tem por objetivo monetarizar o sofrimento ou constrangimento, pois a dignidade não tem preço, ou ainda reparar o mal sofrido, pois é irreparável, mas compensar de alguma forma a vítima pelos transtornos e servir como sanção e prevenção em face do autor.

d) O *nexo de causalidade* é o vínculo entre o prejuízo sofrido e a ação que ocasionou, uma relação necessária, pois não existe responsabilidade civil sem relação de causalidade, entre o evento danoso e a ação que o produziu, a causa do dano. O nexo de causalidade é o fato gerador da responsabilidade civil, de forma que, se ocorrer um dano sem resultar da conduta do agente, não existe indenização[202]. O nexo de causalidade é a relação vinculante entre a conduta do agente e o resultado sofrido pela vítima (causa e efeito). É necessário, portanto, restar demonstrado que se a ofensa não tivesse ocorrido, o dano não existiria. Aplica-se tal conceito mesmo na responsabilidade objetiva, conforme esclarece Flávio Tartuce:

> – Na responsabilidade subjetiva o nexo de causalidade é formado pela culpa genérica ou *lato sensu*, que inclui o dolo e a culpa estrita (art. 186 do CC).
>
> – Na responsabilidade objetiva o nexo de causalidade é formado pela conduta, cumulada com a previsão legal de responsabilização sem culpa ou pela *atividade de risco* (art. 927, parágrafo único, do CC)[203].

Algumas excludentes podem afastar o nexo de causalidade, como a culpa exclusiva ou fato exclusivo da vítima; a culpa exclusiva ou fato exclusivo de terceiro; e o caso fortuito ou a força maior. A culpa nos dois primeiros casos deve ser exclusiva, pois se concorrente resta a responsabilidade civil,

---

[202] DINIZ, Maria Helena. *Curso de direito civil brasileiro*. 22. ed., cit., p. 107.

[203] TARTUCE, Flávio. *Manual de direito civil*, cit., p. 453.

ainda que reduzida a indenização. No caso concreto, todavia, é necessário verificar se o fato não tem relação com risco do negócio, que admite, em determinadas situações, especialmente na responsabilidade objetiva, a responsabilidade civil mesmo que o ato foi exclusivo de terceiro, ou por caso fortuito, como acidente no transporte de pessoas e assalto dentro de estabelecimento bancário[204].

Pressupostos do dever de indenizar

- a) conduta humana
- b) culpa genérica
  - dolo
  - culpa em sentido estrito
- c) dano
  - patrimonial
  - moral
  - estético (Súmula n. 387 do STJ)
- d) nexo de causalidade

8.4. Responsabilidade civil no direito de família

Eduardo Barbosa ressalta que a responsabilidade civil no direito de família pode ser observada sob o aspecto da conjugalidade e da parentalidade. No caso da conjugalidade, compete ao cônjuge ou companheiro o dever de preservar a integridade física e psíquica afetiva do outro, enquanto na parentalidade compete especialmente aos pais criar e educar os filhos, promovendo o desenvolvimento de sua personalidade em razão do poder familiar. Ocorre o dever de indenizar na conjugalidade, a título ilustrativo, nas hipóteses de ofensas físicas, morais e à imagem do consorte, enquanto no parentesco ocorre, principalmente, nas hipóteses de abuso e abandono afetivo ou material[205].

A responsabilidade civil no direito de família é tema novo, que desperta debates e divisão entre os estudiosos. Rolf Madaleno destaca que o Código Civil é silente quanto à responsabilidade civil nas relações familiares e o direito de família ainda não tem muita simpatia com o tema. Em boa parte

---

204 TARTUCE, Flávio. *Manual de direito civil*, cit., p. 456-457.

205 BARBOSA, Eduardo. A responsabilidade civil pelo descumprimento do dever de coabitação e a usucapião familiar. In: MADALENO, Rolf; BARBOSA, Eduardo (Coords.). *Responsabilidade civil no direito de família*. São Paulo: Atlas, 2015. p. 171.

das decisões judiciais, especialmente no dano moral, a reparação civil tem sido afastada das relações familiares[206], não acolhendo o dever de indenizar. Com efeito, a divisão é perceptível na doutrina e na jurisprudência.

Além da existência de uma posição intermediária, aceitando em casos excepcionais a responsabilidade civil no direito de família, uma corrente é totalmente contrária. Esta corrente defende a impossibilidade de monetarizar as relações afetivas, devendo prevalecer o interesse de manutenção da família e o caráter conciliador, que restaria abalado com pleitos reparatórios entre cônjuges, companheiros, pais e filhos. Ressalta, ainda, que o direito de família já prevê sanções próprias pelo descumprimento dos deveres. Para outra corrente, as relações familiares não podem se converter em exclusão de ilicitude, permitindo-se livremente a prática de atos ilícitos, violando direitos. É justamente nas relações familiares que deve prevalecer com maior intensidade a solidariedade, a proteção à pessoa, nas questões existenciais dos membros que integram a entidade familiar.

Ruy Rosado apresenta, como argumentos dos que negam responsabilidade civil no âmbito familiar, entre outros, a ausência de previsão legal como ocorre em algumas legislações europeias; esfacelamento da harmonia familiar; que a violação dos deveres familiares, notadamente no casamento, gera sanções específicas, próprias, como a culpa na quebra dos deveres; não se aplica à família como instituição as normas do direito das obrigações; não cabe indenização pelo rompimento de uma relação afetiva; a infração, pelo cônjuge ou companheiro, das regras da união, pode ser ocasionada pela própria conduta do outro. No entanto, aqueles que defendem responsabilidade civil no âmbito do direito de família argumentam que o direito moderno preocupa-se com o respeito à dignidade humana; a obrigação de indenizar é genérica e não pode privilegiar o familiar exonerando-o da obrigação de indenizar; a falta de previsão não impede a incidência, pois, além das regras específicas do direito de família, existem as regras gerais do instituto da responsabilidade civil; o rompimento de uma união pode ocasionar danos próprios não ressarcidos pelo direito de família; a indenização deve atender os danos ocorridos durante a união e da própria separação e deve possuir propósito de reparação e finalidade sancionadora[207].

---

206 MADALENO, Rolf. Responsabilidade civil na conjugalidade e alimentos compensatórios. *Revista Brasileira de direito de família e Sucessões*, cit., p. 11.

207 AGUIAR JÚNIOR, Ruy Rosado de. Responsabilidade civil no direito de família. In:

A melhor conclusão é o reconhecimento da responsabilidade civil nas relações familiares, pois não pode o vínculo familiar, sob o fundamento de conservação da família, ser causa eximente de responsabilização de alguém por seus atos danosos, uma causa privilegiadora de isenção de responsabilidade da conduta consciente que tenha vulnerado e causado danos a outrem. Ocorrendo uma colisão de interesses, tendo, de um lado, a conservação da família e a preservação dos familiares e, do outro, a proteção da dignidade da pessoa humana no seio familiar, prevalece a proteção da pessoa, responsabilizando civilmente o autor do dano[208].

A Constituição Federal de 1988 foi concebida como um sistema aberto de regras e princípios, não podendo nosso sistema jurídico ser estruturado exclusivamente no direito positivo, a exigir previsão legal expressa para admitir a responsabilidade civil no direito de família. A dignidade da pessoa humana foi elevada a fundamento da República (art. 1º, III, da CF), assentando atenção especial às situações humanas ao reconhecer a pessoa como o cerne do direito, orientando todos os institutos jurídicos para promover seu pleno desenvolvimento e proteção. Ao inserir no seu texto princípios norteadores do direito de família e diversas matérias de interesse privado, acabou por constitucionalizar o direito civil, consagrando a terminologia *direito civil constitucional*. A constitucionalização do direito de família importa em zelar pela dignidade humana e pela existência de cuidados, mútuo respeito e ética nas relações humanas mais íntimas, exigindo que a interpretação das normas que regulamentam as relações privadas sejam *conforme a Constituição*[209], autorizando a aplicação dos direitos fundamentais nas relações entre particulares, denominados *direitos fundamentais horizontais*, prevalecendo, em caso de aparente colisão de interesses, os direitos da personalidade.

Ocorrendo aparente antagonismo de interesses entre o núcleo familiar e os interesses pessoais de seus membros, ou aparentemente entre dois direitos fundamentais, tornando-se inconciliáveis e incompatíveis, devem

---

MADALENO, Rolf Hanssen; WELTER, Belmiro Pedro (coords.). *Direitos fundamentais no direito de família*. Porto Alegre: Livraria do Advogado, 2004. p. 366-367.

208 AGUIAR JÚNIOR, Ruy Rosado de. Responsabilidade civil no direito de família. In: MADALENO, Rolf Hanssen; WELTER, Belmiro Pedro (Coords.). *Direitos fundamentais no direito de família*, cit., p. 370.

209 WITZEL, Ana Cláudia Paes. *Aspectos gerais da responsabilidade civil no direito de família*. Disponível em: <www.ambitojurídico.com.br>. Acesso em: 24-6-2014.

prevalecer os interesses da personalidade, em face do princípio da dignidade da pessoa humana e da proteção da família na pessoa de cada um de seus membros (art. 226, § 8º, da CF).

A Constituição Federal expressamente faz a opção de proteger a família na pessoa de cada um dos seus membros, ou seja, prevalece o interesse da pessoa humana e não da entidade familiar, conforme o art. 226, § 8º:

> Art. 226. A família, base da sociedade, tem especial proteção do Estado.
>
> [...]
>
> § 8º O Estado assegurará a assistência à família na pessoa de cada um dos que a integram, criando mecanismos para coibir a violência no âmbito de suas relações.

As relações de família, entretanto, geram conflitos em razão da convivência íntima, próprias da natureza humana e da personalidade de cada um dos membros que compõem a entidade familiar, não se justificando reparação civil por meras discordâncias. É necessário a prática de atos ilícitos, abusivos, que afrontam e violam a dignidade humana, como agressões, menosprezo, conduta desleal como atos de infidelidade que ofende a honra e expõe o parceiro a vexames, desmandos, deixar de socorrer injustificadamente e ser solidário com os parceiros, filhos menores e ascendentes idosos, deixar de assistir e cuidar dos filhos, entre outras condutas graves. Nesse sentido, razão assiste à corrente intermediária, ao exigir que os fatos a autorizar reparação civil nas relações familiares possuam gravidade que ultrapassam as relações de família ou meros aborrecimentos.

Não se justifica reparação civil pelo fim do amor de um dos parceiros pelo outro, a perda do afeto, ainda que ocasione dor e sofrimento, pois é um risco que todos estão sujeitos nas relações afetivas, mas sim a conduta desleal, a violação ou abuso de direitos.

Nesse sentido, entendendo não ser admissível o uso irrestrito e indiscriminado da responsabilidade civil no direito de família, acolhendo, portanto, a posição intermediária, é a lição de Cristiano Chaves de Farias e Nelson Rosenvald:

> A aplicação das regras da responsabilidade civil na seara familiar, portanto dependerá da ocorrência de um ato ilícito, devidamente comprovado. A simples violação de um dever decorrente de norma de família não é idônea, por si só, para a reparação de um eventual dano. Assim, a prática de adul-

tério, isoladamente, não é suficiente para gerar dano moral indenizável. No entanto, um adultério praticado em local público, violando a honra do consorte, poderá gerar dano a ser indenizado, no caso concreto.

[...]

Exatamente por isso, não se pode admitir que a pura e simples violação de *afeto* enseje uma indenização por dano moral. Somente quando uma determinada conduta caracterizar-se como ilícita é que será possível indenizar os danos morais e materiais dela decorrentes[210].

- Desdobramentos da responsabilidade civil no direito de família
  - Doutrina contrária
    - Ausência de previsão legal.
    - Não se aplica na família como instituição as normas do direito das obrigações.
    - Aplicam-se as sanções próprias do direito de família.
    - Manutenção da família.
  - Doutrina permissiva
    - A obrigação de indenizar é genérica.
    - Falta de previsão não exclui a incidência.
    - Prevalece no direito o respeito à dignidade da pessoa humana.
    - As relações familiares não isentam responsabilidades.
    - A conduta pode causar danos próprios não ressarcidos pelo direito de família.
  - Doutrina restritiva
    - As relações familiares geram conflitos próprios.
    - Não se justifica reparação civil por meros aborrecimentos.
    - É necessário a ocorrência de ato ilícito.
    - A violação ou perda do afeto não gera dano moral.

210 FARIAS, Cristiano Chaves de; ROSENVALD, Nelson. *Curso de direito civil – Famílias*. 5. ed., cit., p. 163-164.

A responsabilidade civil nas relações familiares pode ocorrer tanto pelo *ato ilícito absoluto*, que ocorre em quaisquer circunstâncias da vida civil, como agressões físicas, danos patrimoniais, estéticos, ofensas à honra, quanto pelo *ato ilícito específico*, ocorridos em razão de descumprimento de deveres ou por abusos de direitos no direito de família, como o genitor deixar de fornecer alimentos aos filhos, de cuidar dos pais idosos, de faltar com o dever de solidariedade com os cônjuges ou companheiros e parentes, entre outros.

8.5. Dano moral no direito de família

A Constituição Federal garante os direitos fundamentais da pessoa humana e impõe o dever de indenizar em caso de violação, dispondo no art. 5º, X, que:

> Art. 5º [...]
>
> [...]
>
> X – são invioláveis a intimidade, a vida privada, a honra e a imagem das pessoas, assegurado o direito a indenização pelo dano material ou moral decorrente de sua violação;

Da mesma forma, após garantir a livre manifestação do pensamento, assegura o direito de resposta *além da indenização por dano material, moral ou à imagem* (art. 5º, V, da CF).

O dano moral é uma agressão aos direitos de personalidade que interfere psicologicamente na vítima, conforme ressaltou em seu voto o Des. Theodureto Camargo:

> No dizer de SERGIO CAVALIERI FILHO, os incisos V e X do art. 5º da Constituição da República sugerem que o dano moral nada mais é do que agressão à dignidade, amor-próprio, autoestima, de sorte que "só deve se reputado como dano moral a dor, vexame, sofrimento ou humilhação que, fugindo à normalidade, interfira intensamente no comportamento psicológico do indivíduo, causando-lhe aflições, angústia e desequilíbrio em seu bem estar" (cfr. Programa de responsabilidade civil. 8. ed., São Paulo: Ed. Atlas, 2008, n. 19.4, p. 83)[211].

---

[211] TJSP, AC 0003701-18.2007.8.26.0650, Rel. Des. Theodureto Camargo, j. 23-2-2011.

Na indenização por dano moral não existe uma finalidade de acrescer o patrimônio da vítima, de determinar um preço pela dor ou sofrimento, mas uma atenuação, uma compensação pelos males sofridos, pelo sofrimento ou incômodo humano. Flávio Tartuce apresenta as seguintes classificações do dano moral:

> *I) Quanto ao sentido da categoria:*
>
> – *Dano moral em sentido próprio* – constitui aquilo que a pessoa sente (dano moral *in natura*), causando na pessoa dor, tristeza, vexame, humilhação, amargura, sofrimento, angustia e depressão.
>
> – *Dano moral em sentido impróprio* ou *em sentido amplo* – constitui qualquer lesão aos direitos da personalidade, como, por exemplo, à opção sexual. Na linha do exposto não necessita da prova do sofrimento em si para sua caracterização.
>
> *II) Quanto à necessidade ou não de prova:*
>
> – *Dano moral provado* ou *dano moral subjetivo* – constituindo regra geral, segundo o atual estágio da jurisprudência nacional, é aquele que necessita ser comprovado pelo autor da demanda, ônus que lhe cabe.
>
> – *Dano moral objetivo* ou *presumido (in re ipsa)* – não necessita de prova, como nos casos de morte de pessoa da família, lesão estética ou uso indevido de imagem para fins lucrativos (Súmula n. 403 do STJ).
>
> *III) Quanto à pessoa atingida:*
>
> – *Dano moral direto* – é aquele que atinge a própria pessoa, a sua honra subjetiva (autoestima) ou objetiva (repercussão social da honra).
>
> – *Dano moral indireto* ou *dano moral ricochete* – é aquele que atinge a pessoa de forma reflexa, como nos casos de morte de uma pessoa da família (art. 948, *caput*, do CC)[212].

Pablo Stolze e Rodolfo Pamplona diferenciam o dano moral indireto do dano moral em ricochete ou dano reflexo. Dá-se o *dano moral indireto* quando existe lesão a um bem ou interesse de natureza patrimonial, mas que indiretamente causa prejuízo extrapatrimonial, como o furto de bem

---

212 TARTUCE, Flávio. *Manual de direito civil*, cit., p. 463.

com valor afetivo ou o rebaixamento irregular de um funcionário. Neste caso, viola-se o direito de personalidade do sujeito em razão de um dano material sofrido por ele. No *dano moral em ricochete* ou dano reflexo, o dano moral ocorre em razão de um dano sofrido por outra pessoa ligado a ele, atingindo-o de forma reflexa[213].

Toda pessoa possui valores éticos que integram sua personalidade e o conceito moral que desfruta na sociedade, que são invioláveis. As lesões provocadas em seus sentimentos íntimos, a sua honra ou sua imagem, causando sofrimentos, físicos ou psicológicos, deixam marcas interiores e também exteriores no ofendido, que pode ter sua imagem abalada, ser vítima de escárnio e preconceitos, inclusive na própria família, resultando em dano moral. O costume de banalizar as lesões sofridas nas relações familiares e o fraco argumento de que não se deve monetarizar o afeto, para não abalar a manutenção da família, não se justificam e não devem permitir a absoluta impunidade do ofensor.

É certo que numa entidade familiar, em que um dos membros é alvo de ações comissivas ou omissivas do outro, violando sua intimidade, honra ou sujeitando-se a violência física, a família já está esfacelada e o dever de solidariedade familiar violado. A indenização por dano moral possui o objetivo de não apenas compensar a vítima dos males sofridos, mas também de sancionar o ofensor, evitando-se a prática e a continuidade de atos ilícitos.

Maria Berenice Dias ressalta que, mesmo não havendo previsão expressa, diversos artigos do Código Civil "apontam condutas a serem observadas pelos cônjuges, parentes, herdeiros, tutores e curadores, cujo descumprimento gera direito de indenização". Esclarece, todavia, que o fim do amor, por si só, não importa em indenização. O descumprimento de promessas amorosas, a quebra da expectativa de um vínculo afetivo eterno, de exclusividade, mesmo causando sofrimento e traumas não é indenizável, pois como diz Vinícius de Moraes, "o amor é eterno enquanto dura". O que gera obrigação indenizatória é a prática de ato ilícito. Acrescenta que:

> A ninguém é lícito impor a permanência em relacionamento sob a alegação de que sua conduta importa violação à moral do consorte. Cônjuges e

[213] GAGLIANO, Pablo Stolze; PAMPLONA FILHO, Rodolfo. *Novo curso de direito civil*. 9. ed., cit., p. 109.

companheiros estariam impedidos de exercer direito constitucionalmente garantido. Dita limitação infringiria, além do direito à liberdade, o próprio princípio de respeito à dignidade da pessoa humana[214].

Não há como imputar como *relações familiares normais*, hipóteses, como exemplifica Alexandre Miguel, de sevícias, de ofensas físicas, de ofensas morais, de injúrias graves, de doenças sexualmente transmissíveis adquiridas em adultério, de abandono moral e material do cônjuge, companheiro, filhos e pais idosos, de recusa injustificada no reconhecimento de filho e pagamento de alimentos[215], a mulher que, conscientemente, apontar falsamente a paternidade do filho ao marido, causando sofrimento em ambos, entre outros. Nesses casos, as condutas configuram atos ilícitos e direito à indenização.

Assim, perfeitamente cabível dano moral no direito das famílias.

8.6. Hipóteses de dano moral no direito de família

O dano moral no Direito das Famílias tem incidido especialmente no rompimento das relações afetivas entre cônjuges e companheiros, ocorrendo atos ilícitos, na violência doméstica e mais recentemente no abandono afetivo. Pouco abordado na doutrina e raro na jurisprudência é o dano moral por inadimplemento alimentar, mas que também merece atenção.

8.6.1. Dano moral por inadimplemento alimentar

O dever de prestar alimentos encontra fundamento no princípio da solidariedade familiar, tendo como fontes, no direito das famílias, no parentesco, casamento e união estável, conforme o art. 1.694 do Código Civil.

Trata-se de um dos aspectos mais importantes do princípio da solidariedade familiar que rege o direito das famílias, pois os alimentos são essenciais para a sobrevivência do alimentando, para a conservação do ser humano.

---

214 DIAS, Maria Berenice. *Manual de Direito das Famílias*. 13. ed. Salvador: Editora JusPodivm, 2020. p. 132-133.

215 MIGUEL, Alexandre. A responsabilidade civil no novo código civil: algumas considerações. In: NERY, Rosa Maria de Andrade; NERY JÚNIOR, Nelson (Org.). *Responsabilidade civil*: teoria geral. São Paulo: Revista dos Tribunais, 2010. v. 1. p. 491.

Oportuno, nesse sentido, o escólio de Conrado Paulino da Rosa e Douglas Phillips Freitas, com influência de Cristiano Chaves de Farias:

> Partindo da afirmação fundamental de que os alimentos são expressão concreta do princípio da dignidade humana e asseguram a própria subsistência da pessoa humana, é fácil depreender a natural exigência de um mecanismo ágil, célere, eficaz e efetivo de cobrança das prestações alimentícias. Até mesmo porque a relutância do cumprimento da obrigação alimentar coloca em xeque não apenas a efetividade de uma decisão judicial, mas o próprio direito à vida e o fundamento do ordenamento jurídico, que é a proteção do ser humano[216].

Tratando-se de obrigação indispensável para a sobrevivência, é inquestionável o dano causado em razão do não pagamento pelo devedor, importando em instabilidade emocional do credor e abalo em sua honra se deixar de cumprir compromissos, além dos riscos à subsistência. O nexo de causalidade entre a prática omissiva no inadimplemento da obrigação alimentar e o dano é patente, pois "existindo o dever de alcançar alimentos a alguém, o inadimplemento, além de gerar angústias e constrangimentos, pode acarretar na morte daquele que necessita da verba para sua existência"[217].

Na Justiça do Trabalho, o não pagamento dos salários, além de autorizar a rescisão indireta do contrato (art. 483 da CLT), tem sido reconhecido o dano moral quando o nome do empregado é inscrito no cadastro de inadimplentes[218] ou quando os atrasos no pagamento dos salários se tornaram habituais, de forma reiterada, atingindo a estabilidade emocional do trabalhador e afetando sua credibilidade, prestígio e imagem na comunidade, causando-lhe dano ao patrimônio moral e psicológico[219].

No Direito Penal, o inadimplemento alimentar injustificável é tipificado como crime de abandono material, acolhendo integralmente o princípio da

---

216 ROSA, Conrado Paulino da; CARVALHO, Dimas Messias de; FREITAS, Douglas Phillips. *Dano moral & direito das famílias*. 2. ed., cit., p. 85-86.

217 ROSA, Conrado Paulino da; CARVALHO, Dimas Messias de; FREITAS, Douglas Phillips. *Dano moral & direito das famílias*. 2. ed., cit., p. 93.

218 TST, 2ª Turma, RR 101900-70.2007.5.13.0009, Rel. Min. Guilherme Augusto Caputo Bastos, j. 30-11-2011.

219 TST, 6ª Turma, AIRR 597-29.2010.5.03.0092, Rel. Min. Maurício Godinho Delgado, j. 30-11-2011.

solidariedade familiar. Como é sabido, antes de qualquer fato ser tipificado como ilícito penal, ele se enquadra como ilícito em outra área jurídica, como ilícito administrativo, ilícito tributário e, principalmente, ilícito civil. Dispõe o art. 244 do Código Penal que:

> Art. 244. Deixar, sem justa causa, de prover a subsistência do cônjuge, ou de filho menor de 18 (dezoito) anos ou inapto para o trabalho, ou de ascendente inválido ou maior de 60 (sessenta) anos, não lhes proporcionando os recursos necessários ou faltando ao pagamento de pensão alimentícia judicialmente acordada, fixada ou majorada; deixar, sem justa causa, de socorrer descendente ou ascendente, gravemente enfermo.
>
> Pena – detenção, de 1 (um) a 4 (quatro) anos e multa, de uma a dez vezes o maior salário mínimo vigente no País.

Importa, portanto, em *ilícito penal* omitir no fornecimento de alimentos ao filho menor, ao cônjuge e ao ascendente inválido ou idoso, ainda que não fixados judicialmente, ou faltar ao pagamento da pensão alimentícia, fixada ou acordada.

Da mesma forma, o inadimplemento alimentar configura *ilícito civil*, por violar norma expressa no ordenamento jurídico (art. 186 do CC), importando em *responsabilidade civil subjetiva* e o dever de indenizar por *dano moral* os males sofridos.

A Constituição Federal determina expressamente o dever dos pais de criar os filhos menores e o dever dos filhos em amparar os pais idosos, independentemente de os alimentos serem fixados judicialmente, dispondo o art. 229 que:

> Art. 229. Os pais têm o dever de assistir, criar e educar os filhos menores, e os filhos maiores têm o dever de ajudar e amparar os pais na velhice, carência ou enfermidade.

O Estatuto da Criança e do Adolescente também determina, expressamente, independentemente de imputação judicial, *o dever dos pais sustentar os filhos*, conforme dispõe o art. 22:

> Art. 22. Aos pais incumbe o dever de sustento, guarda e educação dos filhos menores, cabendo-lhes ainda, no interesse destes, a obrigação de cumprir e fazer cumprir as determinações judiciais.

No entanto, o Código Civil autoriza no art. 12, *em caso de lesão ou ameaça aos direitos da personalidade*, além de cessar a ofensa, que o ofendido reclame perdas e danos e outras sanções. No que se refere aos cônjuges, estabelece no art. 1.566 *os deveres conjugais*, entres eles a *mútua assistência*, moral e material, enquanto no art. 1.724 estabelece *os deveres entre os companheiros*, incluindo o dever de *assistência*, também moral e material.

O dever de fornecer alimentos entre pais e filhos, cônjuges e companheiros necessitados é dever legal, previsto expressamente, e independe de fixação de pensão alimentícia, importando, o inadimplemento, em violação ao direito subjetivo do necessitado. Como já decidiu o Superior Tribunal de Justiça, em julgamento sobre o dever de cuidados dos pais para com os filhos, "comprovar que a imposição legal de cuidar da prole foi descumprida implica em se reconhecer a ocorrência de ilicitude civil, sob a forma de omissão"[220]. Assim, a omissão em fornecer alimentos caracteriza *ato ilícito civil*, acarretando *dano moral*, além de configurar ilícito penal. O ato ilícito se torna ainda mais grave se descumprida a pensão alimentícia fixada judicialmente ou acordada, independentemente da execução.

As ações por danos morais, e mesmo, materiais, por inadimplemento alimentar são raras. Newton Teixeira de Carvalho, já manifestou em debates que o atraso injustificado de pensão alimentícia possibilita o pedido de danos morais, pois se trata de ofensa à honra do alimentando o pai ou o ex-cônjuge deixar, podendo, de pagar alimentos, apenas por vindita, capricho ou aproveitando-se até mesmo da morosidade do Poder Judiciário.

É necessário, entretanto, para configurar o dano e o dever de indenizar, que a omissão do dever de prestar alimentos ocorra por má-fé do alimentante, pois a impossibilidade justificada exclui o ilícito civil e o ilícito penal. Da mesma forma, é necessário que ocorra um dano causado em razão do inadimplemento (nexo de causalidade), ou seja, o liame entre o dano e o fato gerador. O descontrole financeiro do alimentado, causando-lhe abalos morais e materiais, não pode ser imputado ao alimentante em razão de apenas atrasos no pagamento da pensão alimentícia. Nesse sentido, exigindo o nexo de causalidade, é a jurisprudência:

---

220 STJ, 3ª Turma, REsp 1.159.242/SP, Rel. Min. Nancy Andrighi, j. 24-4-2012.

> APELAÇÃO CÍVEL. AÇÃO DE INDENIZAÇÃO POR DANOS MORAIS E MATERIAIS. INADIMPLEMENTO DA PENSÃO ALIMENTÍCIA. IMPROCEDÊNCIA. Se os abalos morais e materiais sofridos pela autora pela sua bancarrota financeira, que inclusive levaram ao cancelamento do curso de Direito em universidade privada, não podem ser debitados ao pai/réu, porque inexiste o alegado inadimplemento da pensão alimentícia por parte dele, mas tão somente atrasos no dia do pagamento, o qual é feito mensalmente, mantém-se a improcedência da ação[221].

Lado outro, comprovado o inadimplemento alimentar injustificado, privando o alimentado de condições adequadas de subsistência e causando constrangimentos, resta caracterizado o dano moral e a condenação no pagamento de indenização. O Tribunal de Justiça de São Paulo condenou o pai, que faltou com o dever de pagar alimentos às filhas, a indenizá-las no valor de 50 salários mínimos para cada uma. Consta na ementa e nos fundamentos do voto que:

> INDENIZAÇÃO DE DANOS MORAIS – DESCUMPRIMENTO HABITUAL DO PAI DO DEVER DE PAGAR ALIMENTOS ÀS FILHAS NO MODO E TEMPO DEVIDOS – INADIMPLEMENTO QUE PERSISTIU MESMO DEPOIS DE REDUZIDO, JUDICIALMENTE, O VALOR DAS PENSÕES – VIOLAÇÃO DO DEVER PREVISTO NO ART. 229 DA CONSTITUIÇÃO DA REPÚBLICA – CONDUTA QUE CARACTERIZA O CRIME DE ABANDONO MATERIAL (CP, ART. 244) – AGRESSÃO À DIGNIDADE, AMOR-PRÓPRIO E AUTOESTIMA DAS APELANTES – DANOS DE ORDEM MORAL – DEVER DE INDENIZAR – RECURSO PROVIDO.
>
> [...]
>
> Ao descumprir a obrigação de pensionar as apelantes no modo e tempo devidos, o apelado faltou com o dever de solidariedade familiar e privou-lhes de condições adequadas de subsistência, dando causa a constrangimentos, como, por exemplo, a devolução de cheques sem suficiente provisão de fundos e a inscrição dos nomes delas em cadastros restritivos de crédito.
>
> [...]

[221] TJRS, 8ª CC, AC 70025389339, Rel. Des. José S. Trindade, j. 21-8-2008.

> Pela agressão à dignidade, amor-próprio e autoestima das apelantes, representada pelo descumprimento contumaz da obrigação de pensioná-las como deveria, conclui-se que o apelado deve ser condenado a pagar-lhes indenização de danos de caráter extrapatrimonial[222].

É inequívoco que, a partir do momento que as ações indenizatórias por dano moral em face de o inadimplemento familiar injustificado tornar-se frequentes, certamente as execuções de alimentos diminuirão, pois produzirão um efeito pedagógico, uma advertência aos devedores de alimentos para cumprirem com suas obrigações, além de efetivar os direitos fundamentais dos credores de alimentos[223].

8.6.2. Dano moral na ruptura do casamento e da união estável

A doutrina e a jurisprudência admitiam, antes do advento da EC n. 66/2010, apesar das divergências, cumular danos morais nas ações de separação litigiosa. A corrente atual predominante é no sentido de a EC n. 66/2010 não ter acolhido a separação jurídica, excluindo-a do ordenamento jurídico pátrio, e, consequentemente, a discussão de culpa na dissolução da sociedade conjugal.

A culpa pelo fim do casamento ou mesmo da convivência na união estável não se confunde com o dano moral por ato ilícito. Não se indeniza pelo fim do amor ou do afeto, mas por violação ou abuso de um direito que cause dano a outrem. Ainda que o fato também importe em causa de separação judicial, em regra específica do direito das famílias, não se confunde com a regra geral do dever de reparação civil dos danos causados, morais, materiais ou estéticos.

Assim, nada impede a cumulação, ou não, do pedido de divórcio ou ruptura judicial de união estável por ato ilícito, em razão de quebra dos deveres legais que causaram danos morais, como, por exemplo, violência doméstica, adultério com exposição vexatória do cônjuge ou companheiro, alienação parental, na imputação falsa de filiação, entre outras possibilidades de ato ilícito nas relações entre cônjuges e companheiros.

---

222 TJSP, AC 0003701-18.2007.8.26.0650, Rel. Des. Theodureto Camargo, j. 23-2-2011.

223 ROSA, Conrado Paulino da; CARVALHO, Dimas Messias de; FREITAS, Douglas Phillips. *Dano moral & direito das famílias*. 2. ed., cit., p. 95.

8.6.3. Dano moral por abandono afetivo

A responsabilidade por abandono afetivo é tema palpitante e atual no direito das famílias, o mesmo ocorrendo com o abandono consciente do filho ao recusar o reconhecimento de paternidade.

Parte da doutrina e da jurisprudência, na mesma linha dos que não reconhecem a afetividade como princípio jurídico, condena a reparação pelo abandono afetivo, sob o fundamento de estar monetarizando o afeto, pagando pela falta de amor, o que é inapreensível pelo direito.

Não é o caso, todavia, de obrigar alguém a amar, sentimento humano e interno, inapreensível pelo direito por sua subjetividade, mas cumprir o dever objetivo de cuidar, previsto no art. 229 da Constituição Federal e no art. 22 da Lei n. 8.069/1990. O Superior Tribunal de Justiça já reconheceu a possibilidade de dano moral por abandono afetivo, mesmo sendo efetuado o pagamento de pensão alimentícia, diferenciando o amor do dever de cuidados. Fundamentou a Ministra Nancy Andrighi no seu voto que, *em suma, amar é faculdade, cuidar é dever*. Consta da ementa que:

> CIVIL E PROCESSUAL CIVIL. FAMÍLIA. ABANDONO AFETIVO. COMPENSAÇÃO POR DANO MORAL. POSSIBILIDADE. 1. Inexistem restrições legais à aplicação das regras concernentes à responsabilidade civil e o consequente dever de indenizar/compensar no direito de família. 2. O cuidado como valor jurídico objetivo está incorporado no ordenamento jurídico brasileiro não com essa expressão, mas com locuções e termos que manifestam suas diversas desinências, como se observa do art. 227 da CF/88. 3. Comprovar que a imposição legal de cuidar da prole foi descumprida implica em se reconhecer a ocorrência de ilicitude civil, sob a forma de omissão. Isso porque o *non facere*, que atinge um bem juridicamente tutelado, leia-se, o necessário dever de criação, educação e companhia – de cuidado – importa em vulneração da imposição legal, exsurgindo, daí, a possibilidade de se pleitear compensação por danos morais por abandono psicológico. 4. Apesar das inúmeras hipóteses que minimizam a possibilidade de pleno cuidado de um dos genitores em relação à sua prole, existe um núcleo mínimo de cuidados parentais que, para além do mero cumprimento da lei, garantam aos filhos, ao menos quanto à afetividade, condições para uma adequada formação psicológica e inserção social. 5. A caracterização do abandono afetivo, a existência de excludentes ou, ainda, fatores atenuantes

– por demandarem revolvimento de matéria fática – não podem ser objeto de reavaliação na estreita via do recurso especial. 6. A alteração do valor fixado a título de compensação por danos morais é possível, em recurso especial, nas hipóteses em que a quantia estipulada pelo Tribunal de origem revela-se irrisória ou exagerada. 7. Recurso especial parcialmente provido[224].

Assim, são devidos danos morais pelo abandono afetivo do filho, violando o dever de cuidados.

8.6.4. Dano moral na recusa injustificada de reconhecimento de filho

A indenização por dano moral pelo repúdio paterno imotivado de reconhecimento do filho, apesar de fortes resistências na jurisprudência, também tem sido admitida naquelas circunstâncias em que o pai tem consciência da paternidade, mas utiliza de todos os meios para furtar-se ao seu dever, inclusive procrastinando de todas as formas o julgamento de ação investigatória.

Apesar das resistências, a jurisprudência já reconheceu dano moral na conduta do pai que abandonou o filho desde a gravidez da mãe, conforme a ementa abaixo:

> Responsabilidade Civil. Dano Moral. Autor abandonado pelo pai desde a gravidez da sua genitora e reconhecido como filho somente após propositura de ação judicial. Discriminação em face dos irmãos. Abandono moral e material caracterizados. Abalo psíquico. Indenização devida. Sentença reformada. Recurso provido para este fim[225].

O art. 27 do Estatuto da Criança e do Adolescente reconhece que o estado de filiação é direito personalíssimo, sendo que a sentença declaratória possui efeitos retroativos, já que o juiz apenas declara o vínculo jurídico que já existe. O estado filial precede à sentença, pois a filiação restou constituída desde o nascimento. Agindo o pai, consciente da paternidade, de forma ilícita para embaraçar o processo judicial de reconhecimento da paternidade, desconsiderando o filho, causando-lhe traumas, sofrimentos e sofrendo necessidades materiais para sua subsistência, violando os preceitos

---

224 STJ, 3ª Turma, REsp 1.159.242/SP, Rel. Min. Nancy Andrighi, j. 24-4-2012.

225 TJSP, AC 5119034700, Rel. Des. Caetano Lagrasta, j. 12-8-2008.

contidos nos arts. 27 e 22 da Lei n. 8.069/1990, deve ser condenado a reparar os danos morais e materiais causados[226].

Maria Berenice Dias aborda a possibilidade de cumular pedido de indenização na ação investigatória de paternidade "por ter o filho, por exemplo, perdido a chance de ter recebido melhor educação". No Direito de Família a teoria da perda de uma chance vem sendo acolhida para reparar o "desaparecimento da probabilidade de um evento que possibilitaria um benefício futuro", como uma modalidade autônoma de dano[227].

8.6.5. Outras hipóteses de dano moral

Diversas outras hipóteses de condutas ilícitas podem ocorrer nas relações familiares a autorizar dano moral, como, por exemplo, pela prática de alienação parental e imposição de falsas memórias; abuso físico e psicológico da criança e do adolescente; abuso de direito na execução de alimentos; descumprimento do dever de coabitação e abandono; uso abusivo do poder familiar; pela prática de infidelidade; pela anulação ou nulidade do casamento; pela falsa imputação da paternidade; pela negligência nas visitas; por fraude patrimonial no regime de bens[228], entre outras.

8.7. Prescrição da reparação civil

A reparação civil por dano material ou moral prescreve no prazo de 3 anos a partir da ocorrência do ato ilícito que importou na responsabilidade civil, nos termos do art. 206, § 3º, V[229], do Código Civil, excetuando as hipóteses em que a prescrição não corre, como entre os cônjuges na constância do casamento, entre pais e filhos sob o poder familiar e entre os tutores e curadores e os tutelados e curatelados (art. 197 do CC).

---

226 MADALENO, Rolf. *Curso de direito de família*. 5. ed., cit., p. 375.

227 DIAS, Maria Berenice. *Manual de Direito das Famílias*. 13. ed., cit., p. 142-143.

228 MADALENO, Rolf; BARBOSA, Eduardo (Coords.). *Responsabilidade civil no direito de família*. São Paulo: Atlas, 2015.

229 Art. 206. Prescreve:

[...]

§ 3º Em 3 anos:

[...]

V – a pretensão de reparação civil;

Assim, os prazos passam a correr após a dissolução do matrimônio, maioridade ou emancipação dos filhos e extinção da tutela ou curatela.

O Superior Tribunal de Justiça já reconheceu que, apesar de a ação investigatória ser imprescritível, o prazo para a reparação civil por abandono afetivo começa a fluir a contar da maioridade se o filho tinha conhecimento da paternidade, independente da data em que foi reconhecido[230].

O Tribunal de Justiça de Minas Gerais já decidiu que a pretensão indenizatória tem caráter econômico, não importando em direitos da personalidade, portanto é prescritível no prazo de 3 anos, na vigência do Código Civil de 2002[231]. No mesmo sentido decidiu novamente a Corte mineira que:

> EMENTA: APELAÇÃO CÍVEL – AÇÃO DE INDENIZAÇÃO POR DANOS MORAIS – ABANDONO AFETIVO – PRESCRIÇÃO – PRAZO TRIENAL – TERMO INICIAL – DATA EM QUE CESSOU O PÁTRIO PODER – INTELIGÊNCIA DO ART. 197, II, DO CCB/02 – PREJUDICIAL ACOLHIDA. Uma vez que o abandono afetivo narrado na inicial teve início ainda durante a infância do apelante, onde admite claramente que sempre teve ciência da identidade do seu pai biológico, o prazo prescricional relativo à pretensão de reparação civil teve início com a sua maioridade civil e o fim do poder familiar, nos termos do art. 197, II, do CCB/02.
>
> Não há dúvida, assim, que a pretensão de reparação civil encontra-se fulminada pela prescrição, uma vez que o presente feito apenas foi ajuizado em agosto de 2012, cerca de nove anos após o início da contagem do prazo trienal[232].

8.8. Teses do STJ sobre dano moral

O Superior Tribunal de Justiça tem admitido o dano moral no direito de família e sucessões. Exige no dano moral por abandono afetivo compro-

---

230 STJ, 4ª Turma, REsp 1.298.576/RJ, Rel. Min. Luis Felipe Salomão, j. 21-8-2012.

231 TJMG, AC 1.0702.11.013785-9/001, Rel. Des. Wanderley Paiva, j. 13-3-2013.

232 TJMG, AC 1.0692.12.001475-2/001, Rel. Des. Sérgio André da Fonseca Xavier, j. 22-1-2016.

vação de ilícito civil, afastando o mero dissabor, e desde que reconhecida a paternidade.

No mês de maio, a Corte infraconstitucional publicou, na ferramenta Jurisprudência em Teses, a Edição n. 125: Responsabilidade Civil – Dano Moral[233], extraindo os entendimentos dos julgados publicados até 26-4-2019. Das onze teses publicadas, oito possuem aplicação no direito de família, transcritos a seguir:

> 1) A fixação do valor devido a título de indenização por danos morais deve considerar o método bifásico, que conjuga os critérios da valorização das circunstâncias do caso e do interesse jurídico lesado, e minimiza eventual arbitrariedade ao se adotar critérios unicamente subjetivos do julgador, além de afastar eventual tarifação do dano.
>
> 2) O dano moral coletivo, aferível *in re ipsa*, é categoria autônoma de dano relacionado à violação injusta e intolerável de valores fundamentais da coletividade.
>
> 3) É lícita a cumulação das indenizações de dano estético e dano moral (Súmula n. 387/STJ).
>
> 4) A legitimidade para pleitear a reparação por danos morais é, em regra, do próprio ofendido, no entanto, em certas situações, são colegitimadas também aquelas pessoas que, sendo muito próximas afetivamente à vítima, são atingidas indiretamente pelo evento danoso, reconhecendo-se, em tais casos, o chamado dano moral reflexo ou em ricochete.
>
> 5) Embora a violação moral atinja apenas os direitos subjetivos do falecido, o espólio e os herdeiros têm legitimidade ativa *ad causam* para pleitear a reparação dos danos morais suportados pelo *de cujus*.
>
> 6) Os sucessores possuem legitimidade para ajuizar ação de reparação de danos morais em decorrência de perseguição, tortura e prisão, sofridos durante a época do regime militar.
>
> 7) O abandono afetivo de filho, em regra, não gera dano moral indenizável, podendo, em hipóteses excepcionais, se comprovada a ocorrência de ilíci-

---

233 STJ, *Jurisprudência em Teses* – Edição n. 125, p. 21-5-2019. Disponível em: <www.stj.jus.br>jurisprudencia>. Acesso em: 27-1-2020.

to civil que ultrapasse o mero dissabor, ser reconhecida a existência do dever de indenizar.

8) Não há responsabilidade por dano moral decorrente de abandono afetivo antes do reconhecimento da paternidade.

9) O prazo prescricional da pretensão reparatória de abandono afetivo começa a fluir a partir da maioridade do autor.

2

Do direito matrimonial

1. CASAMENTO

1.1. Conceito, fins e natureza jurídica do casamento

1.1.1. Conceito

O casamento é uma instituição histórica, milenar, sacralizada, que engloba valores culturais, sociais, religiosas, biológicas, morais e jurídicas. Por séculos foi regulado pela religião, inclusive no Brasil, já que era disciplinado pelo direito canônico até a proclamação da República e a edição do Decreto n. 181, de 24 de janeiro de 1890, que instituiu o casamento civil. Durante a vigência do Código Civil de 1916, o casamento era a única forma de instituir a família legítima, o que somente foi modificado com a Constituição Federal de 1988 ao acolher outras formas de constituição da família[1].

Os conceitos de casamento variam de acordo com a época e a concepção da natureza jurídica dos doutrinadores, ora ressaltando a noção de sacramento

[1] FARIAS, Cristiano Chaves de; ROSENVALD, Nelson. *Curso de direito civil. Famílias*. 5. ed., cit., p. 183-184.

e sua indissolubilidade, ora a sua natureza contratual, ora referindo-se à prole, que não é essencial, já que a falta de filhos não afeta o casamento.

Carlos Roberto Gonçalves ressalta que, enquanto alguns defendem o casamento como o fundamento da sociedade, base da moralidade pública e privada, ou ainda a grande escola fundada pelo próprio Deus para educação do gênero, existem os que o condenam, como Schopenhauer, para quem, em nosso hemisfério monógamo, casar é perder metade de seus direitos e duplicar seus deveres. Na época clássica do direito romano, a partir do conceito de Modestino no século III, acentua-se que casamento é a conjugação do homem e da mulher, que se unem para toda a vida, comunhão do direito divino e do direito humano – *nuptiae sunt coniunctio maris et feminae, consortium omnis vitae, divini et humani juris communicatio*. A alusão ao direito divino e à perenidade, com o tempo, desfiguram-se no próprio direito romano, ocorrendo uma segunda definição, provavelmente elaborada por Ulpiano, consagrada nas *Institutas* de Justiniano, aforando-se a invocação dos costumes[2].

Caio Mário leciona que dominava, na concepção romana do matrimônio, mais a ideia de relação jurídica do que de celebração, prevalecendo a situação fática da convivência, a *affectio maritalis*. O cristianismo, entretanto, elevou o casamento à dignidade de um sacramento, pelo qual um homem e uma mulher selam a sua união sob as bênçãos dos céus, transformando-se em uma única entidade, uma só carne – *carne una*, indissolúvel pelo homem – *quos Deus coniuxit, homo non separet*. Define o casamento, no seu conceito, como a união de duas pessoas de sexo diferente, realizando uma integração fisiopsíquica permanente[3].

Segundo César Fiuza, no direito atual, casamento é união estável, diferenciando de namoro ou noivado, e formal, com rito de celebração prescrito em lei, entre homem e mulher, com o objetivo de satisfazer-se e amparar-se mutuamente, constituindo família[4].

Silvio Rodrigues define o casamento como um contrato de direito de família que tem por fim promover a união do homem e da mulher, de

---

[2] GONÇALVES, Carlos Roberto. *Direito civil brasileiro* – Direito de família. p. 21-22.

[3] PEREIRA, Caio Mário da Silva. *Instituições de direito civil* – direito de família. 7. ed. Rio de Janeiro: Forense, 1991. v. V. p. 31.

[4] FIUZA, César. *Direito civil* – curso completo. 10. ed., Belo Horizonte: Del Rey, 2007. p. 947.

conformidade com a lei, a fim de regularem suas relações sexuais, cuidarem da prole comum e se prestarem mútua assistência[5].

Paulo Lôbo conceitua o casamento como ato jurídico negocial solene, público e complexo, mediante o qual um homem e uma mulher constituem família, pela livre manifestação de vontade e pelo reconhecimento do Estado[6].

O casamento, portanto, pode ser definido atualmente como a união legal de duas pessoas, com diversidade ou igualdade de sexos, em razão da Resolução CNJ n. 175/2013, com o intuito de constituir família, vivendo em plena comunhão de vida e em igualdade de direitos e deveres. É um contrato especial de direito de família vinculado a normas de ordem pública que tem por fim promover a união de pessoas, em plena comunhão de vida, a fim de regularem suas relações sexuais, cuidarem da prole comum que porventura tiverem e se prestarem mútua assistência, material e espiritual.

Conrado Paulino da Rosa ressalta o conceito moderno de casamento pós-Resolução CNJ n. 175/2013, ao lecionar que:

> O conceito da relação para além do tradicional "homem e mulher" somente se fez possível contemporaneamente, considerando que, até hoje, a legislação ainda adota o conceito de que o enlace somente é possível aos que mantiverem relacionamentos heterossexuais. Todavia, considerando os avanços jurisprudenciais, em 2013, o Conselho Nacional de Justiça por meio do provimento 175 passou a obrigar a todos os Cartórios do Registro Civil de Pessoas Naturais do Brasil a celebrar a união entre casais do mesmo sexo[7].

O art. 1.511 do Código Civil dispõe que "o casamento estabelece comunhão plena de vida, com base na igualdade de direitos e deveres dos cônjuges", enquanto o art. 1.565 acrescenta que "pelo casamento homem e mulher assumem mutuamente a condição de consortes, companheiros e responsáveis pelos encargos da família".

---

[5] RODRIGUES, Silvio. *Direito civil* – Direito de família. 27. ed. São Paulo: Saraiva, 2002. v. 6. p. 19.

[6] LÔBO, Paulo. *Direito civil. Famílias*, cit., p. 76.

[7] ROSA, Conrado Paulino da. *Curso de direito de família contemporâneo*. Salvador: JusPodivm, 2016. p. 39.

A legislação atual, ao estabelecer a condição de companheiros e plena comunhão de vida de marido e mulher, elege o afeto como elemento agregador da união, ressaltando a importância da mútua assistência não apenas material, mas sobretudo espiritual entre os consortes. Euclides de Oliveira e Giselda Hironaka destacam que o Código Civil de 2002, antes da EC n. 66/2010 que extinguiu a discussão de culpa, tornou o casamento mais humano, tanto que a ausência de plena comunhão de vida, que pode se configurar, por exemplo, quando um dos cônjuges despreza os interesses e anseios do outro, configurando a tão alardeada incompatibilidade de gênios, autorizava o juiz a decretar a separação judicial do casal, independentemente da prova de culpa, pela falência do casamento, existindo amparo legal no parágrafo único do art. 1.573[8].

É o ato mais formal e solene de nossa legislação, pois deve ser praticado com a estrita observância das formalidades legais, sob pena de anulabilidade ou nulidade.

A legislação atual reconhece expressamente, além do casamento, a união estável e as famílias monoparentais como entidade familiar (art. 226, §§ 3º e 4º, da CF), entretanto, incentiva o matrimônio (art. 226, § 3º, parte final, da CF e art. 1.726 do CC).

O casamento, entretanto, em que pese o reconhecimento jurídico de outras entidades familiares protegidas pelo Estado, continua gozando de maior importância, prestígio e tradição como modelo de família. A ampla liberdade de planejamento familiar e as opções de escolha de modelos de constituição de família não o enfraqueceram. Nem mesmo o divórcio, ao contrário do que apregoaram os opositores, foi suficiente para abalar a solidez e a tradição do casamento, fortemente amparado pelas convicções religiosas.

A revista *Veja* apresentou matéria de capa com o título *Casar faz bem*, ressaltando que o casamento, mais do que em qualquer outro momento de sua história, conserva sua força e modernidade e está mais vivo do que nunca, tratando-se de uma instituição dinâmica e vigorosa, especialmente ao considerar que hoje ninguém é mais obrigado a se casar ou viver um casamento infeliz, importando a união em um pacto e um compromisso

---

[8] OLIVEIRA, Euclides Benedito de; HIRONAKA, Giselda Maria Fernandes Novaes. Do casamento. In: DIAS, Maria Berenice; PEREIRA, Rodrigo da Cunha (Coords.). *Direito de família e o novo Código Civil*. IBDFAM. Belo Horizonte: Del Rey, 2001. p. 12-13.

entre as partes em igualdade de condições. A matéria ressalta ainda que no ano de 2008 o Brasil registrou cerca de 960 mil casamentos, a maior taxa em uma década, ocorrendo um divórcio para cada cinco casamentos. Constatou-se, entretanto, que nos casamentos realizados em 2008, cerca de 17% envolviam ao menos um cônjuge divorciado, aumentando em muito os denominados *recasamentos* e diminuindo o número de pessoas divorciadas[9]. Apesar do levantamento ter ocorrido em 2008 a tendência vem sendo mantida nos dias atuais. O casamento continua sendo a entidade familiar mais prestigiada na sociedade e o número de recasamentos de pessoas divorciadas continua sendo alta.

1.1.2. Fins do casamento

A principal finalidade do casamento está prevista no art. 1.511 do Código Civil, ao estabelecer *plena comunhão de vida* entre os cônjuges, em condições de igualdade, mas são múltiplas as finalidades do casamento, certamente a mais importante instituição de direito privado, considerado por muitos como o fundamento da sociedade. Mesmo diante da evolução do direito de família, consagrando o princípio do pluralismo familiar, é inequívoco que o casamento é a principal, mais duradoura e protegida forma de constituição da família, reforçada pelos costumes e religiosidade de nosso povo.

Silvio Rodrigues resume em três as finalidades do casamento, todas intimamente ligadas à natureza humana: a) *disciplinação das relações sexuais entre os cônjuges*, eis que a satisfação de desejo sexual na união é normal e inerente à sua natureza, possibilitando com o natural convívio, o desenvolvimento de sentimentos afetivos recíprocos; b) *proteção à prole*, já que da união sexual resulta a prole, cuja sobrevivência e educação reclamam a atenção dos pais; c) *mútua assistência*, consistente na proposta dos cônjuges ao estabelecer a sociedade conjugal, de se unirem para juntos enfrentar o futuro, com as alegrias e dificuldades[10].

No plano puramente civilista, Caio Mário leciona que subsistem as ideias do direito canônico – *matrimoni finis primarius est procreatio atque*

---

[9] VEJA, Revista. Edição n. 2.179, 25 de agosto de 2010, São Paulo: Abril, 2010. p. 99-105.

[10] RODRIGUES, Silvio. *Direito civil* – Direito de família. 27. ed., cit., p. 22-23.

educatio prolis; secundarius mutum adiutorium et remedium concupiscentiae, Codex Iuris Canonici de 1917, Cân. 1.013 (casamento tem por fim primeiro a procriação e educação da prole, segundo a mútua assistência e satisfação sexual) –, ao ressaltar que as finalidades do casamento, em primeiro plano, são: a) legitimidade da família; b) procriação dos filhos, finalidade natural, mas não essencial; e c) comunhão de vida e de interesses, efeito natural do casamento, a satisfação do amor recíproco consistente no fator psíquico da vida em comum e sustentáculo da subsistência do casamento, denominada pelos romanos de *affectio maritalis*. A comunhão de vida é a principal finalidade do casamento, importando na identificação de duas existências, sofrendo as mesmas dores e partilhando a mesma felicidade. Acrescentam-se outras finalidades não tão relevantes, como atribuição do nome entre os cônjuges e filhos, reparação de erros do passado, regularização de relações econômicas e a legalização de estados de fato[11].

Diante dessas considerações, é possível estabelecer o fim principal e os fins secundários, dentre outros, do casamento:

a) *Estabelecimento da plena comunhão de vida*, que é, sem dúvida, a principal finalidade do casamento, a *ratio* do matrimônio, firmada na igualdade de direitos entre os cônjuges e mantida pelo afeto especial que deve existir entre o casal, o afeto conjugal, importando num só destino, amparando-se e socorrendo-se mútua, material e espiritualmente. O casamento, ensina Lafayette, impulsiona e mantém duas pessoas a identificarem sua existência, confundindo-se uma na outra, correndo os mesmos destinos, sofrendo das mesmas dores e compartilhando do mesmo quinhão de felicidade que a cada um cabe nas dificuldades, instabilidades e mudanças da vida[12]. A plena comunhão de vida no casamento, prevista no art. 1.511 do Código Civil, implica o partilhamento dos ideais, o amparo moral, econômico e espiritual nos bons e maus momentos, a cumplicidade nos segredos do casal, estruturada no afeto, na solidariedade e no amor.

---

[11] PEREIRA, Caio Mário da Silva. *Instituições do direito civil* – Direito de família. 7. ed., cit., p. 39-40.

[12] PEREIRA, Lafayette Rodrigues. *Direito de família*. 4. ed. Rio de Janeiro: Freitas Bastos, 1945. p. 25.

b) *Legitimidade da família matrimonial*, o que, sem discriminação das outras formas de constituição de família, importa na garantia legal dos direitos e imposição dos deveres entre os cônjuges e os filhos, bem como o benefício das presunções legais oriundas do matrimônio, como a presunção de paternidade dos filhos havidos na constância do casamento, a comunicação dos bens adquiridos onerosamente na ausência ou silêncio do pacto antenupcial, entre outros.

c) *Procriação e educação dos filhos*, fundada na paternidade responsável (arts. 226, § 7º, e 227, da CF), pois cumpre aos cônjuges cuidar, educar e orientar os filhos. A doutrina predominante ressalta, com razão, que apesar de a procriação dos filhos ser uma consequência natural do casamento, não é uma finalidade principal ou exclusiva, como já sustentaram e ainda sustentam alguns, tendo em vista a opção de muitos casais de não possuírem filhos, o que tem se tornado cada vez mais comum, especialmente em razão de a mulher exercer atividades profissionais fora do lar, optando por dedicar-se à carreira. Da mesma forma, a permissão, sem nenhuma ressalva, neste aspecto, do casamento de pessoas com idade já avançada para procriar, e, ainda o casamento nuncupativo (art. 1.540 do CC) ou em caso de moléstia grave de um dos cônjuges (art. 1.539 do CC), sem condições de procriar, afastam a procriação como finalidade do casamento. A afirmação de que a procriação é uma finalidade secundária do casamento e não principal sustenta-se ainda nas causas de sua anulação, já que a impotência *coeundi* ou instrumental, consistente na inaptidão para o ato sexual, interferindo na plena comunhão de vida do casal, autoriza a anulação por tratar-se de defeito físico irremediável (art. 1.557, III, do CC), o que não ocorre na jurisprudência predominante, salvo raras exceções, quanto à impotência *generandi* e *concipiendi*, ou seja, a incapacidade para a fecundação ou para a concepção.

d) *Estabelecimento de direitos e deveres jurídicos do casamento*, tratando-se de seus efeitos, de uma das consequências da constituição e legitimidade da família matrimonial. Com o casamento, surgem os deveres entre os cônjuges, de ordem moral e espiritual, exigidos para a plena comunhão de vida, mas também de ordem patrimonial, como a responsabilidade pelos encargos da família, mútua assistência, sustento, guarda e educação dos filhos (art. 1.565 e 1.566

do CC); estabelece-se o regime de bens, também com reflexos patrimoniais, como a meação, dependendo do regime; direito a alimentos; direitos sucessórios; condição de dependente um do outro nos planos de saúde e previdência.

e) *Possibilidade de adoção do nome do cônjuge*, reciprocamente, podendo a mulher e o marido adotarem o nome do outro (art. 1.565, § 1º, do CC) e ambos conferirem o nome aos filhos.

f) *Estabelecimento dos efeitos sociais do estado de casados*, passando a serem considerados na sociedade como família matrimonial e estabelecendo os vínculos de afinidade com os parentes do outro cônjuge.

Os fins secundários do casamento são exemplificativos, sendo múltiplas as finalidades do matrimônio de acordo com a convicção em que são abordadas, variando, além da jurídica, conforme a concepção filosófica ou religiosa de cada um, mas todas são forçadas a reconhecer, especialmente nos dias atuais, que a principal finalidade do casamento é a perfeita realização do casal na mais plena e íntima comunhão de vida, na união de duas pessoas pelo afeto, para se realizarem, atenderem seus desejos e cumprirem seu destino.

1.1.3. Natureza jurídica do casamento

A natureza jurídica do casamento, já considerado um sacramento, atualmente é controvertida, com muitas opiniões doutrinárias divergentes, considerando uns um contrato, outros uma instituição, surgindo, ainda, uma terceira que acolhe as duas correntes.

Cristina Sanchez Gomes Ferreira apresenta, além do sacramento indissolúvel e constituído para a finalidade de procriação, defendido pela Igreja Católica, as três classificações principais:

> A classificação do matrimônio quanto à sua natureza distingue-se em três correntes principais: a primeira aponta-lhe como uma "instituição"; a segunda, como um "contrato"; e, por fim, uma terceira o identifica como uma figura híbrida, ora a tratar-se de instituição, ora de contrato.
>
> Os fundamentos repousam nas distintas óticas passíveis de serem dispensadas ao matrimônio: se como ato formador de uma família ou se um estado decorrente deste ato, com ênfase na relação matrimonial perpetuada ao longo dos anos de vida do consórcio afetivo, e não em sua origem.

Enquanto que o viés contratual calca-se no *casamento-fonte*, ou seja, no acordo de vontades entre nubentes como o aspecto a ser valorado para sua definição, o institucional fundamenta-se no *casamento-estado*, sob a afirmação de que as regras regulamentadoras da sociedade nupcial são fixadas imperativamente pelo Estado, descabendo aos cônjuges amoldá-las de acordo com suas idiossincrasias e a qualquer tempo[13].

O casamento é considerado para o direito canônico um sacramento, perpétuo, indissolúvel pelas partes e pela autoridade, o que vigorou no direito pátrio por muito tempo, prevalecendo no Brasil-Império a celebração pela Igreja Católica. Somente após a Proclamação da República em 1889, ocorreu a separação entre a Igreja e o Estado, sendo editado no Governo Provisório de Deodoro da Fonseca, o Decreto n. 181, de 24 de janeiro de 1890, instituindo o casamento civil e a celebração por autoridade civil, o que foi mantido na Constituição Federal de 1891, ao dispor que a República só reconhecia o casamento civil (art. 72, § 4º). Somente na Constituição de 1934 o rigor foi abrandado, admitindo-se o reconhecimento dos efeitos civis do casamento religioso celebrado por ministro de qualquer confissão religiosa (art. 146) e não mais exclusivamente a católica.

O casamento civil fez surgir a *corrente contratual*, em oposição ao caráter religioso de sacramento, por decorrer da vontade das partes. O projeto do Código Civil Francês de 1804 definia o casamento em seu art. 3º como um mero contrato, que decorria da vontade das partes, sendo mantido o entendimento no século XIX e sobrevivido no século XX e nos tempos atuais, entretanto, o texto foi suprimido e desenvolveu-se, na própria França, no início do século XX, nova teoria de que o casamento é uma *instituição*.

Caio Mário ensina que, mesmo sendo o casamento um ato civil, disciplinado na lei e estruturado pela doutrina civilista, nunca deve se perder de vista que originariamente sempre foi um ato religioso, repercutindo o caráter sacramental necessariamente na sua conceituação jurídica, mesmo quando enfocado no plano leigo do direito positivo. As variadas definições do matrimônio refletem na definição de sua caracterização jurídica. Lembra Caio Mário que, para Lafayette, é um *ato solene*, para Sá Pereira é uma *con-*

---

13 FERREIRA, Cristina Sanchez Gomes. *Análise econômica do divórcio*. Porto Alegre: Livraria do Advogado, 2015. p. 29.

venção social e para Beviláqua é um *contrato*, surgindo na doutrina ocidental duas correntes quanto à natureza jurídica do casamento: a *contratualista* e a *institucionalista*[14].

A corrente *contratualista* ou *negocial*, também denominada *clássica* ou *individualista,* defende que o casamento é um contrato civil, cuja validade e eficácia decorrem da vontade das partes, aperfeiçoando-se com o consentimento dos nubentes, que há de ser recíproco e manifestado por sinais exteriores. Aplica-se, portanto, ao casamento, as regras comuns a todos os contratos, que nascem no acordo de vontades e realizam os objetivos segundo a motivação inspiradora de cada um, produzindo os efeitos assegurados pela ordem jurídica. O ritual e a solenidade da celebração do casamento não contrariam a natureza contratual.

A corrente *institucionalista* ou *supraindividualista* afirma que o casamento constitui um conjunto de regras impostas pelo Estado, que forma um todo e ao qual as partes têm apenas a faculdade de aderir, pois, uma vez dada a referida adesão, a vontade dos cônjuges torna-se impotente e os efeitos da instituição produzem-se automaticamente. Assim, as partes são livres para escolher o cônjuge e se casar, mas uma vez ultimado o matrimônio os efeitos da instituição são automáticos, por serem de ordem pública e imperativos. A família é considerada, dentro da sociedade, como uma instituição com a finalidade de perpetuidade da espécie humana, sendo o casamento um conjunto de normas impostas pelo Estado e que tem por objetivo dar uma organização social e moral à união sexual de um homem e uma mulher, propiciando a constituição natural de uma família. Assim, para a corrente institucionalista, o casamento é uma instituição social, que nasce da vontade das partes, mas regulada juridicamente pelo Estado, de forma que, após a adesão do casal, a sua vontade torna-se impotente e os efeitos da instituição são produzidos automaticamente pelos parâmetros preestabelecidos pela legislação.

O confronto das doutrinas fez surgir uma terceira corrente, denominada *eclética ou mista*, que considera o casamento um *ato complexo:* contrato na formação e instituição no conteúdo.

Silvio Rodrigues leciona que o casamento representa um ato-condição, pois mediante a manifestação de vontade, feita solenemente, os nubentes se

---

[14] PEREIRA, Caio Mário da Silva. *Instituições de direito civil* – Direito de família. 7. ed., cit., p. 34.

submetem a um regime jurídico minuciosamente regulamentado, sujeitando--se a sofrer consequências e usufruir das vantagens do casamento. Ressalta que, por mais sedutora que se revele a concepção de instituição, não se pode negar o substrato contratual que se encontra no casamento. Todavia, a mera ideia de um contrato privado não é suficiente para explicar a natureza do casamento, pois mesmo os cônjuges ingressando no matrimônio pela manifestação de vontade, este não se aperfeiçoa, já que é necessária a celebração pelo juiz de paz, feita de acordo com a lei, sendo regido por normas cogentes que não podem ser modificadas pelas partes. Conclui o autor que o casamento trata-se de um ato complexo, que une o elemento volitivo ao elemento institucional, denominando-o de *contrato de direito de família*, para diferenciá-lo dos outros contratos de direito privado[15].

No mesmo sentido, Cristiano Chaves de Faria e Nelson Rosenvald inclinam-se pela natureza negocial do casamento, mesmo reconhecendo sua característica especial de índole familiar, especialmente em razão da possibilidade de dissolvê-lo em cartório. Eis as palavras dos autores:

> Parece-nos, vias de consequência, que no alvorecer do século XXI, com a possibilidade de dissolução consensual do casamento em cartório, se tornaram despiciendas as discussões acerca da natureza jurídica do matrimônio, eis que o ordenamento jurídico brasileiro, de certo modo, confirma que a sua formação e a sua extinção dependem, fundamentalmente, da vontade das partes, o que é sinal indicativo indiscutível da sua natureza negocial. Naturalmente, trata-se de um negócio jurídico especial, de índole familiar, não se submetendo, diretamente, a todas as regras do direito contratual, em face de sua estruturação existencial. Assim, por exemplo, não incidem no casamento as regras sobre o equilíbrio econômico e financeiro do contrato (CC, arts. 317 e 478)[16].

Maria Helena Diniz filia-se à teoria institucionalista considerando o casamento uma *instituição social*, ao fundamentar que, diversamente do contrato de direito privado, a simples vontade dos contraentes não tem o condão de constituí-lo, sendo necessária a intervenção da autoridade

---

15 RODRIGUES, Silvio. *Direito civil* – Direito de família. 27. ed., cit., p. 20-21.

16 FARIAS, Cristiano Chaves de; ROSENVALD, Nelson. *Curso de direito civil. Famílias*. 5. ed., cit., p. 195.

civil ou religiosa. Não podem os contraentes dispor livremente as condições ou termos, ou adicionar cláusulas, disciplinar as relações conjugais e familiares de forma contrária à estabelecida por lei, bem como dissolvê-lo por distrato, sendo necessário observar as normas cogentes, de ordem pública que o regem, como os direitos e deveres dos cônjuges, o estado e a legitimidade dos filhos, os direitos, obrigações, relações e privilégios que decorrem desse estado, as origens das relações de consanguinidade e afinidade. Ressalta que considerar o casamento como um contrato é equipará-lo a uma venda ou a uma sociedade, colocando em plano secundário seus nobres fins. Difere o contrato de instituição, apresentando as seguintes notas para demonstrar que o casamento é uma instituição social: a) o contrato é especulativo, a instituição um consórcio onde os interesses são coincidentes; b) o contrato rege-se pela igualdade, a instituição pela disciplina; c) o contrato é uma mera relação que produz efeitos somente entre as partes, a instituição é uma entidade que se impõe tanto às partes como a terceiros; d) o contrato é uma relação exterior aos contratantes, é um laço obrigacional, a instituição, uma interiorização; e) o contrato representa uma trégua na luta pelos direitos individuais, produto da concorrência, a instituição representa um corpo destinado ao compartilhamento por seus membros, produto da comunicação; f) o contrato é precário, extinguindo-se com o pagamento, a instituição é permanente; g) o contrato é uma relação subjetiva de pessoa a pessoa, as relações institucionais são objetivas e estatutárias[17].

Maria Berenice Dias informa a existência de três correntes a respeito da natureza jurídica do casamento, a doutrina individualista (ou contratual); a corrente institucional; e a eclética, como um ato complexo, mas conclui, em razão dos efeitos do casamento, que "quase se poderia dizer que o casamento é um contrato de adesão. Efeitos e formas estão previamente estabelecidas na lei, não havendo espaço para a vontade dos noivos, que se limitam a dizer 'sim' diante da autoridade civil"[18].

Eduardo Barbosa e Douglas Phillips consideram o casamento um contrato especial na sua formação e um instituto na sua existência. Fundamentam que:

---

[17] DINIZ, Maria Helena. *Curso de direito civil brasileiro* – Direito de família. 22. ed., cit., p. 40-41.

[18] DIAS, Maria Berenice. *Manual de Direito das Famílias*. 13. ed., cit., p. 463.

> Entende-se por Casamento o contrato especial do Direito de Família, para o qual devem ser observadas formalidades exigidas por lei, como, por exemplo, a documentação para habilitação, o edital de proclamas com o devido prazo para publicidade, a celebração com "portas abertas" e proferida a declaração de estarem ali de livre e espontânea vontade, entre outros.
>
> Trata-se o casamento de um contrato em sua formação, para o qual se exige, inclusive, a capacidade (nossa legislação prevê a idade núbil de 16 anos), mas um instituto em sua existência, com princípios e efeitos preestabelecidos pelo sistema jurídico[19].

A concepção eclética ou mista melhor caracteriza a natureza jurídica do casamento, posto que é um ato complexo, unindo a vontade das partes, de inegável natureza contratual, com o complexo de regras que o regulam, impostas pelo Estado. A autonomia privada dos nubentes, fundada no princípio da liberdade, de livre escolha do consorte para estabelecer uma plena comunhão de vida, se une e se completa pela intervenção do Estado na celebração e na imposição de normas de ordem pública que regulamenta seus efeitos e deveres. A natureza jurídica do casamento pode ser considerada, portanto, como um ato complexo, contrato especial de direito de família ou *sui generis* na sua formação e uma instituição em seu conteúdo e validade.

1.2. Características e princípios do casamento

O casamento, como um dos modelos de famílias, se constitui mediante ato formal e apresenta diversas características, podendo ser destacadas as seguintes:

1.2.1. Comunhão indivisa

A *comunhão indivisa* importa na plena comunhão de vida. Além de característica, é um princípio e principal finalidade do casamento, a razão do matrimônio, unindo duas pessoas pelo afeto conjugal para construírem uma vida em comum, permanente, em igualdade de direitos e deveres, socorrendo-se mutuamente e compartilhando todas as alegrias e dificuldades

---

[19] FREITAS, Douglas Phillips; BARBOSA, Eduardo Lemos. *Direito de família nas questões empresariais*. Florianópolis: Voxlegem, 2012. p. 16.

que o futuro lhes reserva. O princípio da comunhão indivisa, característica marcante do casamento, é previsto no art. 1.511 do Código Civil ao estabelecer que o casamento importa plena comunhão de vida, com base na igualdade de direitos e deveres dos cônjuges.

1.2.2. Liberdade na escolha do cônjuge

A *liberdade na escolha do cônjuge* ou *caráter personalíssimo* advém do consentimento dos nubentes. É um ato pessoal cabendo unicamente aos contraentes a escolha de seu consorte. Não se admite a escolha por outras pessoas, nem mesmo pelos pais como ainda ocorre em uma minoria de povos, restando anulável por vício de consentimento o matrimônio celebrado nestas condições. Ainda que se admita o casamento por procuração, é ato pessoal, de livre escolha do contraente, não se admitindo condição ou termo limitando a vontade dos contraentes, exceto quanto ao regime de bens, nas hipóteses da imposição obrigatória de separação legal. A liberdade, a autonomia da vontade de escolha do nubente ou liberdade nupcial é um atributo da personalidade, um direito fundamental do ser humano, de tal forma que deve ser considerada não apenas uma característica, mas um princípio do casamento.

1.2.3. Solenidade do ato nupcial

Solenidade do ato nupcial. Não basta a simples união e vontade dos contraentes, sendo imprescindível a celebração. Mesmo realizado em solenidade simples, sem pompa, é exigida a absoluta obediência de seus requisitos formais, desde a prévia habilitação, a cerimônia de celebração presidida pelo representante do Estado ou de autoridade religiosa, a exteriorização inequívoca da manifestação de vontade dos contraentes e a declaração de casados pela autoridade celebrante (art. 1.535 do CC) na presença das testemunhas. Materializa-se a solenidade com a inscrição do ato no registro civil.

1.2.4. Regulamentado por normas de ordem pública

O casamento é *regulamentado por normas de ordem pública.* A legislação matrimonial é imperativa, não permitindo aos contraentes modificá-las ou derrogá-las. O interesse público na manutenção e proteção da família está acima das convenções dos particulares, especialmente na criação e educação da prole e na extensão dos direitos e deveres entre os consortes.

1.2.5. União permanente e durável

O casamento não é celebrado por tempo determinado, mas por tempo indeterminado, somente sendo dissolvido de acordo com a lei. O casamento não é indissolúvel, tanto que parte da doutrina apresenta como uma das características a *dissolubilidade*, por vigorar o divórcio na imensa maioria dos países, inclusive no Brasil, entretanto, a plena comunhão de vida exige permanência e durabilidade no casamento, para construção de uma vida em comum, para criação e orientação da prole, para manutenção da família. A possibilidade do divórcio não pode afastar o caráter de durabilidade, o desejo de permanência do matrimônio por toda a vida, possibilitando a estruturação e a coesão da família. O caráter de indissolubilidade do casamento, seguindo a tradição religiosa do direito canônico, foi abolido no Brasil pela Emenda Constitucional n. 9, de 28 de junho de 1977, ao permitir o divórcio no direito pátrio, restando regulamentado pela Lei n. 6.515, de 26 de dezembro de 1977, a chamada *Lei do Divórcio*, mantido na Constituição Federal de 1988 (art. 226, § 6º) e no Código Civil atual (art. 1.580). Entretanto, não pode ser dissolvido diretamente pelas partes mediante simples distrato, o que reitera o interesse na sua permanência, exigindo intervenção do Estado por meio do judiciário ou do tabelionato de notas, sempre observando as hipóteses previstas na lei.

1.2.6. Monogamia

O matrimônio exige união exclusiva e fidelidade (arts. 1.521, VI; 1.548, II; 1.566, I, do CC) sob pena de sanções cíveis e criminais. O adultério configura hipótese de insuportabilidade da vida em comum e autorizava a separação do casal (art. 1.573, I, do CC), antes da EC n. 66/2010, apesar de não mais ser considerado crime com a revogação do art. 240 do Código Penal pela Lei n. 11.106/2005. A bigamia, entretanto, é crime previsto no art. 235 do Estatuto Repressivo, estabelecendo sanções severas de até seis anos de reclusão. No direito de família, além da configuração de motivo para separação judicial, é nulo o casamento contraído por pessoas casadas por violar impedimento absoluto (arts. 1.548, II, e 1.521, VI, do CC). A monogamia é elevada a tal importância no direito pátrio e na grande maioria dos países, que é considerada um dos princípios que regem o casamento.

Orlando Gomes, citado por Maria Helena Diniz[20], doutrina que três são os princípios que regem o casamento: a) a *livre união dos futuros cônjuges*; b) *a monogamia*; e c) *a comunhão indivisa*. Todos já abordados nas características.

1.3. Desnecessidade de diversidade de sexos para o casamento – casamento homoafetivo

A *diversidade de sexos* atualmente não pode mais ser apontada como característica do casamento, como ocorria recentemente. O casamento sempre exigiu pessoas de sexos diferentes, restando considerado ato inexistente o ato nupcial de pessoas do mesmo sexo, pois somente se realizava no momento em que o *homem* e a *mulher* manifestam sua vontade e a autoridade celebrante os declara casados (art. 1.514 do CC). Ao permitir a conversão da união estável entre o *homem* e a *mulher* em casamento, para alguns a Constituição Federal também sinalizava que o matrimônio seria entre pessoas de sexos diferentes, mas este modelo é apenas exemplificativo, não limitou as espécies de família ou vedou o reconhecimento de direitos e obrigações nas uniões homoafetivas, o que reiteradamente vem sendo reconhecido administrativamente e na jurisprudência. A diversidade de sexos sempre foi considerada, na doutrina tradicional anterior à CF/1988, um *elemento ou requisito natural do casamento*, considerando um pressuposto fático para sua existência. Recentemente, com a edição da Resolução n. 175/2013, do Conselho Nacional de Justiça, vedando às autoridades recusarem a habilitação, celebração do casamento ou conversão da união estável em casamento de pessoas do mesmo sexo, o casamento homoafetivo passou a ser admitido no Brasil, mesmo não existindo legislação que o regulamenta.

Antes da Resolução CNJ n. 175/2013, o Superior Tribunal de Justiça, no REsp 1.183.378/RS, em que foi relator o Ministro Luis Felipe Salomão, julgou procedente o recurso de duas mulheres e determinou que se procedesse a habilitação para o casamento. Um dos fundamentos para a autorização de casamento civil para as pessoas do mesmo sexo foi a orientação principiológica conferida pelo Supremo Tribunal Federal no julgamento histórico da ADPF 132/RJ e da ADI 4.277/DF, ocorrido no dia 5 de maio de 2011, ao reconhecer a união homoafetiva como família e merecedora de proteção

[20] DINIZ, Maria Helena. *Curso de direito civil brasileiro* – Direito de família. 22. ed., cit., p. 43.

do Estado, conferindo-lhe os mesmos direitos e as mesmas consequências da união estável heteroafetiva. Consta na ementa do recurso especial:

> DIREITO DE FAMÍLIA. CASAMENTO CIVIL ENTRE PESSOAS DO MESMO SEXO (HOMOAFETIVO). INTERPRETAÇÃO DOS ARTS. 1.514, 1.521, 1.523, 1.535 e 1.565 DO CÓDIGO CIVIL DE 2002. INEXISTÊNCIA DE VEDAÇÃO EXPRESSA A QUE SE HABILITEM PARA O CASAMENTO PESSOAS DO MESMO SEXO. VEDAÇÃO IMPLÍCITA CONSTITUCIONALMENTE INACEITÁVEL. ORIENTAÇÃO PRINCIPIOLÓGICA CONFERIDA PELO STF NO JULGAMENTO DA ADPF N. 132/RJ E DA ADI N. 4.277/DF.
>
> [...]
>
> 2. O Supremo Tribunal Federal, no julgamento conjunto da ADPF n. 132/RJ e da ADI n. 4.277/DF, conferiu ao art. 1.723 do Código Civil de 2002 interpretação conforme à Constituição para dele excluir todo significado que impeça o reconhecimento da união contínua, pública e duradoura entre pessoas do mesmo sexo como *entidade familiar*, entendida esta como sinônimo perfeito de *família*.
>
> [...]
>
> 4. O *pluralismo familiar* engendrado pela Constituição – explicitamente reconhecido em precedentes tanto desta Corte quanto do STF – impede se pretenda afirmar que as famílias formadas por pares homoafetivos sejam menos dignas de proteção do Estado, se comparadas com aquelas apoiadas na tradição e formadas por casais heteroafetivos[21].

O Superior Tribunal de Justiça fundamentou no julgado citado que incumbe-lhe uniformizar o direito infraconstitucional, evitando conferir à lei uma interpretação que não seja constitucionalmente aceita. A partir da Constituição Federal de 1988, o Brasil inaugurou um novo direito de família, com pluralismo de modelos de família, ocorrendo um *poliformismo familiar*, permitindo-se *arranjos multifacetados*, todos merecedores de especial proteção do Estado. Assim, o casamento entre homem e mulher não foi recepcionado como única via para constituição de família, que se tornou

---

21 STJ, REsp 1.183.378/RS, Rel. Min. Luis Felipe Salomão, j. 25-10-2011.

plural. Não se pode negar, portanto, o reconhecimento de arranjos familiares em razão da orientação sexual dos partícipes, pois a igualdade e o tratamento isonômico somente se realiza se for garantido o direito às diferenças, o direito à afirmação, o direito a um projeto de vida diferente do tradicional, garantido pelo princípio do livre planejamento familiar. Os arts. 1.514, 1.521, 1.523, 1.535 e 1.565, todos do Código Civil, não proíbem o casamento homoafetivo, cabendo ao judiciário, na omissão legislativa, exercer o papel contra majoritário e proteger os direitos humanos das minorias, como também ocorre com as maiorias, fortalecendo a democracia ao conferir um direito de todos, sem exclusão.

Diversas Corregedorias-Gerais de Justiça, após o julgamento do REsp 1.183.378/RS expediram provimentos autorizando o pedido de casamento entre pessoas do mesmo sexo nos Estados.

A Resolução CNJ n. 175, de 14 de maio de 2013, dispondo sobre a "habilitação, celebração do casamento civil, ou de conversão de união estável em casamento, entre pessoas de mesmo sexo", uniformizou o entendimento em todo o País, independentemente da discussão sobre a competência do Conselho Nacional de Justiça para expedir a resolução normativa. A Resolução CNJ n. 175/2013 veda a recusa pelas autoridades, oficiais do registro civil, juízes de paz, juízes de direito, recusarem habilitação, celebração de casamento civil ou a conversão da união estável homoafetiva.

Não se exige mais, portanto, diversidade de sexos para o casamento civil, podendo ser realizado por pessoas do mesmo sexo.

1.4. Promessa de casamento

Denomina-se esponsais ou promessa de casamento o compromisso matrimonial contraído por um homem e uma mulher, entendido, geralmente, como um noivado. Na realidade, é visto como mera promessa de contratar, tratando-se, em síntese, de um negócio preliminar que somente é concluído no momento da celebração. O termo esponsais deriva de *sponsatia* no direito romano, necessário para formação do casamento, consistente na promessa que o *sponsor* (esposo promitente) fazia à *sponsa* (esposa prometida)[22].

---

[22] VENOSA, Sílvio de Salvo. *Direito civil* – Direito de família. 3. ed. São Paulo: Atlas, 2003. p. 45.

A promessa de casamento no nosso antigo ordenamento jurídico tinha natureza contratual e resolvia-se em perdas e danos, entretanto, a partir da Lei do Casamento Civil de 1890 e do Código Civil de 1916, deixou de ser regulamentada. Lembra Sílvio Venosa, todavia, que o Código de 1916 cuidou lateralmente da questão no art. 1.548, ao dispor que a mulher agravada em sua honra podia exigir do ofensor, se este não reparasse o mal pelo casamento, quando seduzida com promessas de matrimônio, um dote correspondente à sua condição e estado. Os tribunais ao aplicarem o dispositivo decidiam pela existência de dano moral quando havia ruptura unilateral de promessa de casamento, arbitrando o respectivo dote necessário para recompor a situação anterior das partes (TJSP, Ap. Cível 81.499-4)[23].

O Código Civil atual também não regulamenta a promessa de casamento.

Com efeito, os esponsais ou promessa de casar-se não geram qualquer obrigatoriedade, podendo ser rompidos a qualquer tempo pelos noivos, até mesmo no momento da celebração.

Ocorre que o matrimônio normalmente é precedido de namoro e noivado com exigências recíprocas e despesas com este fim, com os préstimos e preparativos para o ato, importando o rompimento, sem motivo plausível, em situações extremas, em prejuízos para a outra parte, de ordem material, bem como podendo gerar distúrbios de ordem psicológica e sofrimento depressivo, autorizando, conforme for o caso, o reconhecimento de danos morais.

O atual Código Civil em seu art. 186 dispõe que todo aquele que voluntariamente, por ação ou omissão, negligência ou imperícia, causar dano a outrem ou violar direitos, ainda que exclusivamente moral, comete ato ilícito, surgindo, portanto, a obrigação de reparar o prejuízo.

Pablo Stolze e Rodolfo Pamplona ressaltam que o noivado serve para os noivos aquilatarem suas afinidades e gostos, firmando de maneira séria um compromisso de casamento, não operando seu desfazimento como um simples rompimento de namoro. Assim, a ruptura injustificada do noivado pode acarretar, em situações especiais, dano moral ou material passível de indenização. O rompimento injustificado, sem fundamento, o não simples fim da

[23] VENOSA, Sílvio de Salvo. *Direito civil* – Direito de família. 3. ed., cit., p. 45.

afetividade, pode importar na responsabilidade civil extracontratual e na condenação pelos prejuízos sofridos. Os autores apresentam os seguintes exemplos que podem configurar responsabilidade civil por ruptura do noivado:

> É o caso, por exemplo, do noivo que deixa a sua pretendente, humilhada, no altar, sem razão ou aviso; ou a desistência operada pouco tempo antes do casamento, tendo a outra parte arcado com todas as despesas de bufê, enxoval e aprestos, na firme crença do matrimônio não realizado; na mesma linha e não menos grave, o anúncio constrangedor do fim da relação em plena festa de noivado ou chá de cozinha, por vingança; e finalmente – exemplo extraído de parte da doutrina brasileira – temos a hipótese da noiva que deixa o emprego para casar e, com a posterior recusa do prometido, fica sem trabalho e o marido[24].

Obviamente, não é qualquer rompimento que autoriza ação de reparação de danos materiais ou morais. Tratando-se de direito de família, em que prevalece o princípio da liberdade de escolha do cônjuge e a autonomia da vontade, fundada especialmente no afeto, a promessa de casamento não pode ser analisada sob a ótica das obrigações. É certo, entretanto, que o rompimento injustificado dos esponsais pode causar danos ao outro consorte, autorizando a reparação civil. A doutrina[25] tem exigido, para configurar a responsabilidade de indenizar, os seguintes requisitos:

a) que a promessa de casamento tenha sido feita, livremente, pelos noivos, pois a promessa feita pelos pais, parentes ou qualquer outro interessado não pode ser imputada ao nubente, sendo considerada inidônea. A promessa deve ser feita de maneira inequívoca e consciente;
b) que tenha havido recusa de cumprir a promessa por parte do noivo arrependido, de forma clara e expressa, admitindo-se a tácita quando demonstre de forma inequívoca, o desejo de romper o compromisso;
c) que haja ausência de motivo justo, injustificável. Este requisito é realmente relevante, pois se o outro noivo deu motivo justo não há

---

24 GAGLIANO, Pablo; PAMPLONA FILHO, Rodolfo. *Manual de direito civil*, cit., p. 1.145-1.146.

25 DINIZ, Maria Helena. *Curso de direito civil brasileiro* – Direito de família. 22. ed., cit., p. 45-46.

responsabilidade alguma. O motivo pode gerar culpa grave (erro essencial, infidelidade, sevícia, injúria grave e abandono), leve (prodigalidade, condenação por crime desonroso, situação econômica ou social diversa da apresentada, aversão ao trabalho, desonestidade, excessiva irritabilidade), e levíssima (mudança de religião, grave enfermidade, ruína econômica);

d) que exista dano material ou moral, demonstrando-se o nexo causal.

Comprovados os requisitos no caso concreto, de forma a configurar responsabilidade civil, a quebra injustificada da promessa de casamento acarreta a obrigatoriedade de devolução dos presentes, cartas e retratos (art. 546 do CC) e a indenização por danos patrimoniais, como os gastos para preparação do matrimônio, cerimônia, viagem de núpcias, moradia, objetos destinados ao casamento, demissão do emprego por exigência do outro noivo ou do casamento; e por danos morais pelo sofrimento e humilhação pública, por exemplo, o rompimento abusivo e cruel no momento da celebração.

A jurisprudência tem reconhecido a responsabilidade civil na ruptura injustificada da promessa de casamento:

> Em que pese a possibilidade de rompimento de noivado até o momento da celebração das núpcias, existindo evidente promessa de casamento e ruptura injustificada do compromisso, que acarreta dano às honras objetiva e subjetiva da noiva, certa é a incidência do instituto da responsabilidade civil, com a consequente imposição de indenização[26].

1.5. Condições necessárias à existência, validade e regularidade do casamento

Maria Helena Diniz orienta que, para o ato nupcial ser válido e eficaz, é necessário preencher certas condições imprescindíveis à sua existência jurídica, à sua validade e à sua regularidade[27]. As *condições indispensáveis à existência jurídica do casamento* são a solenidade do ato de celebração (arts. 1.533 a 1.535 do CC) e o consentimento dos nubentes (art. 1.535 do CC). Se não

[26] TJPR, 18ª CC, AC 4.417, Rel. Des. Luiz Sérgio Neiva de L. Vieira, j. 16-8-2006.

[27] DINIZ, Maria Helena. *Curso de direito civil brasileiro* – Direito de família. 22. ed., cit., p. 51-60.

houver celebração ou ocorrer total ausência de consentimento (o consentimento viciado importa em ato anulável) não existe matrimônio, ter-se-á *ato inexistente*, não produzindo qualquer efeito. Trata-se do chamado *casamento inexistente*.

O casamento inexistente não é casamento nulo, nem anulável, não tem necessidade de que sua ineficácia seja declarada por decisão judicial, porque nunca existiu juridicamente, salvo se o fato alegado depende de provas, como, por exemplo, a ausência de consentimento de um dos nubentes. O Código Civil não cuida das condições indispensáveis à existência jurídica do casamento, em razão da evidência dos elementos naturais do casamento, restando desnecessário. Enquanto no ato nulo ou anulável existe a formação do negócio jurídico, ainda que viciado, no ato inexistente não existe a formação do negócio por ausência de seus pressupostos, podendo ocorrer, quando muito, mera aparência do negócio jurídico. A regra que prevalece no direito de família é que o ato somente será nulo ou anulável se existir previsão legal, surgindo a teoria da inexistência do casamento na França, em razão do princípio de que não há nulidade sem texto – *pas de nullité sans texte* –, para justificar que, mesmo possuindo aparência material, o casamento inexistente não se formou, não ingressou no mundo jurídico, não gerou qualquer efeito.

A *diversidade de sexos* com as recentes decisões do Supremo Tribunal Federal, do Superior Tribunal de Justiça e a Resolução CNJ n. 175/2013, como visto, não é mais condição indispensável, sendo plenamente válido o casamento homoafetivo, conforme já abordado.

A teoria da inexistência do casamento e dos atos jurídicos, em geral, é muito criticada na doutrina por sua inutilidade e por ser contraditória, pois o que não existe não pode ser considerado ato e, muitas vezes, é necessária determinação judicial para cancelamento do registro do casamento inexistente.

Considera-se, portanto, atualmente, para a existência do casamento, o atendimento de dois pressupostos ou requisitos essenciais de validade: celebração válida e consentimento dos nubentes. Casamento com falta de celebração ou ausência total de consentimento, do mútuo consenso dos interessados, não é matrimônio, trata-se de um nada jurídico, nenhum efeito jurídico produz.

Para a *validade do ato nupcial*, são necessárias condições naturais de aptidão física, como a puberdade, potência, sanidade mental; intelectual, como as condições de grau de maturidade e consentimento íntegro; condições de ordem social, destacando-se a repressão à bigamia, prazo de viuvez, contas saldadas do tutor e curador; e condições de ordem moral, como a proibição do casamento entre parentes próximos e afins, com o condenado por homicídio ou tentativa contra o consorte, exigência de consentimento dos responsáveis pelo menor.

As condições necessárias à *regularidade do matrimônio* são a celebração por autoridade competente e observância das formalidades legais. Por ser solene o ato nupcial, além de celebrado por autoridade competente, devem ser observadas as formalidades legais, sob pena de nulidade.

As condições de validade e regularidade do casamento serão abordadas oportunamente ao tratar dos impedimentos matrimoniais, causas suspensivas, casamento nulo e anulável.

1.6. Capacidade para o casamento

O casamento, considerado o ato mais formal da nossa legislação e um dos mais importantes, é cercado pela lei de diversas precauções preliminares para a validade do ato, dentre elas constatar se os membros possuem capacidade para contrair o matrimônio.

O Código Civil de 1916 incluía a incapacidade para o casamento no capítulo que tratava dos impedimentos em sentido amplo (arts. 183 e 185), incluindo os impedimentos absolutos, relativos e os impedientes ou precautórios, o que gerava críticas na doutrina ao confundir a incapacidade ou inaptidão para o casamento com impedimento matrimonial. A incapacidade para o casamento é geral, absoluta, obstáculo intransponível, atinge qualquer pessoa enquanto os impedimentos são circunstâncias proibitivas para o casamento, atingindo uma pessoa em relação à outra, mas não necessariamente em relação a todas, exceto quanto às pessoas casadas, sendo, portanto, circunstancial, razão de o impedimento ser considerado pela doutrina como falta de legitimação.

A capacidade para o casamento, em boa técnica, é tratada no Código Civil atual em capítulo próprio, desmembrado dos impedimentos absolutos, das causas suspensivas (impedientes ou precautórios) e das causas de anulação do casamento (considerados impedimentos relativos na legislação anterior).

Não existe perfeita sintonia entre a capacidade comum e a capacidade específica para o casamento, já que excepcionalmente podiam se casar menores de 16 anos (possuem idade núbil os menores com 16 anos), portanto, absolutamente incapazes, que praticavam o ato jurídico mais formal da nossa legislação e seu consentimento é essencial, sob pena de inexistência. Somente após a Lei n. 13.811/2019, conferindo nova redação ao art. 1.520 do Código Civil, foi vedado o casamento dos menores de dezesseis anos. A capacidade para o casamento exige, portanto, condições fisiológicas que caracterizam a puberdade, como o desenvolvimento de órgãos e glândulas que permitem procriar, e condições psíquicas determinadas pelo discernimento adquirido com maturidade e vivência suficientes para assumir a responsabilidade e praticar um ato que permitirá o ingresso do contraente ao estado de casado, estabelecendo plena comunhão de vida do casal e a procriação e criação da prole. Diante da necessidade de só permitir o ingresso no matrimônio de pessoas que já possuem maior desenvolvimento psíquico e intelectual, dada a seriedade do ato e sua repercussão na vida em comum e social, a lei estabelece uma idade mínima para o casamento, denominada *idade núbil*[28].

O Código Civil atual igualou a idade núbil em 16 anos para homens e mulheres, enquanto no Código Civil de 1916, a idade núbil era 18 anos para os homens e 16 anos para as mulheres, em razão do argumento de que a mulher possui amadurecimento tanto físico quanto psicológico mais precoce que o homem, entretanto, além de críticas sobre a alegada precocidade, mantinha-se uma desigualdade vedada pela Constituição Federal, restando reparada.

Não basta, entretanto, os nubentes atingirem a puberdade, sendo necessária a autorização de ambos os pais, enquanto menores. Ocorrendo discordância entre os genitores, qualquer deles pode recorrer ao juiz para solução do desacordo. É o que dispõe o art. 1.517 do Código Civil:

> Art. 1.517. O homem e a mulher com dezesseis anos podem casar, exigindo-se autorização de ambos os pais ou de seus representantes legais, enquanto não atingida a maioridade civil.
>
> Parágrafo único. Se houver divergência entre os pais, aplica-se o disposto no parágrafo único do art. 1.631.

No caso de os pais recusarem injustificadamente o consentimento, os menores podem recorrer ao juiz para supri-lo, dispondo o art. 1.519 do

[28] GONÇALVES, Carlos Roberto. *Direito civil brasileiro* – Direito de família, cit., p. 34-35.

Código Civil que *a denegação do consentimento quando injusta, pode ser suprida pelo juiz.*

A ação própria é a *Ação de Suprimento de Consentimento* ajuizada por um dos pais ou curador especial (art. 9º, I, parte final, do CPC), devendo ser citados os pais ou tutor para contestar e justificar a recusa. Ouvido o Ministério Público e realizada audiência de instrução, se necessário, o juiz decidirá, mantendo a denegação do consentimento ou suprindo-a.

A lei não especifica os casos em que pode ser suprido o consentimento por injusto, ressaltando a doutrina que deve ser apreciado o caso concreto, fornecendo o legislador remédio contra o despotismo de pais tiranos, caprichosos, preconceituosos, ciumentos despropositadamente ou que negam o consentimento por razões insignificantes. Dentre outros motivos, reputa-se justa a denegação do consentimento nos casos de impedimento legal, grave risco à saúde do menor, costumes desregrados como embriaguez habitual ou vícios de jogo, falta de recursos para sustento da família, recusa ou incapacidade para o trabalho e maus antecedentes criminais[29].

Os responsáveis legais dos contraentes que autorizaram o casamento podem retirar a permissão até o momento da celebração, conforme dispõe o art. 1.518 do Código Civil:

> Art. 1.518. Até a celebração de casamento podem os pais, tutores ou curadores, revogar a autorização.

Aos 18 anos, o jovem atinge a capacidade civil (art. 5º do CC), não necessitando de consentimento.

O Código Civil autorizava excepcionalmente o casamento de menores de 16 anos para evitar a imposição ou cumprimento de pena criminal ou em caso de gravidez. Dispunha o art. 1.520, na redação original, que:

> Art. 1.520. Excepcionalmente, será permitido o casamento de quem ainda não alcançou a idade núbil (art. 1.517), para evitar imposição ou cumprimento de pena criminal ou em caso de gravidez.

A norma legal referida permitia, excepcionalmente, o casamento de pessoas sem idade núbil, em ações denominadas *ação de suprimento de*

[29] GONÇALVES, Carlos Roberto. *Direito civil brasileiro* – Direito de família, cit., p. 39.

idade, em apenas duas hipóteses: evitar a imposição ou cumprimento de pena criminal e em caso de gravidez. A primeira hipótese era muito criticada, pois permitia a extinção da punibilidade do agente que casasse com a vítima nos crimes contra os costumes e até mesmo se a ofendida casasse com terceiro, conforme dispunha o art. 107, incisos VII e VIII, do Código Penal, felizmente revogado pela Lei n. 11.106, de 28 de março de 2005, que também descriminalizou os crimes de sedução, rapto e adultério.

A gravidez, como causa de suprimento de idade para o matrimônio, era admitida com cautela, evitando-se casamentos prematuros, sem o necessário amadurecimento dos contraentes.

O casamento do menor de 16 anos, sem suprimento judicial, era anulável, entretanto, validava-se se resultasse gravidez (art. 1.551 do CC).

Apesar da cautela necessária para o suprimento de idade para o casamento, o Brasil era o quarto país no mundo com mais casamentos infantis e, ao contrário do que ocorria antes, quando se entendia que era benéfica à menor para reparar sua honra e moral e evitando conflitos nas famílias, o casamento precoce é extremamente prejudicial às adolescentes, assumindo responsabilidades para as quais ainda não têm maturidade, incompatíveis com seu desenvolvimento. Buscando a proteção integral das crianças e adolescentes, proibindo o casamento infantil, a Lei n. 13.811/2019 deu nova redação ao art. 1.520 do Código Civil, que passou a dispor:

> Art. 1.520. Não será permitido, em qualquer caso, o casamento de quem não atingiu a idade núbil, observado o disposto no art. 1.517 deste Código.

Assim, não se admite mais na legislação brasileira o suprimento de idade para o casamento, restando vedado o casamento infantil.

No caso de suprimento de consentimento, o regime de bens será o de separação legal ou obrigatório determinado no art. 1.641, III, do Código Civil. A jurisprudência, entretanto, já se firmou no sentido de que "no regime de separação legal de bens, comunicam-se os adquiridos na constância do casamento" (Súmula n. 377 do STF). A doutrina e a jurisprudência, como será visto, têm admitido a alteração do regime obrigatório quando os cônjuges atingirem dezoito anos, pois nessa idade possuem plena capacidade e não precisam de autorização.

O suprimento de consentimento dos responsáveis legais não basta para a capacidade. Exige-se, ainda, que o contraente tenha discernimento para os atos da vida civil, tenha condições de compreender o ato que está realizando e consiga manifestar sua vontade. A redação original do art. 1.548, I, do Código Civil dispunha que era nulo o casamento realizado por enfermos mentais.

A Lei n. 13.146, de 6-7-2015 – Estatuto da Pessoa com Deficiência, que entrou em vigor 180 dias após a publicação, no dia 2-1-2016, revogou o inciso I, art. 1.548, dispondo no art. 6º que:

> Art. 6º A deficiência não afeta a plena capacidade civil da pessoa, inclusive para:
>
> I – casar-se e constituir união estável;

O Estatuto foi um grande avanço, pois não é toda deficiência que retira o discernimento da pessoa para constituir família, mas é necessário que consiga expressar sua vontade, sob pena do casamento ser inexistente.

Não existem mais absolutamente incapazes por deficiência mental, apenas os menores de 16 anos (art. 3º, CC), tornando-se relativamente incapazes aqueles que, por causa transitória ou permanente, não puderem exprimir sua vontade (art. 4º, III, CC). Não existe mais interdição no Estatuto, apenas nomeação de curador ao deficiente capaz, todavia não pode assisti-lo mais no casamento (apesar das discussões que podem gerar em razão do regime de bens), conforme dispõe o art. 85 e § 1º, da Lei n. 13.146/2015:

> Art. 85. A curatela afetará tão somente os atos relacionados aos direitos de natureza patrimonial e negocial.
>
> § 1º A definição da curatela não alcança o direito ao próprio corpo, à sexualidade, ao matrimônio, à privacidade, à educação, à saúde, ao trabalho e ao voto.

Assim, são capazes para o casamento os homens e mulheres que completaram 16 anos de idade e possuam sanidade mental que possibilite a compreensão do ato e das responsabilidades que estão a assumir e manifestar sua vontade, sendo necessário o consentimento dos responsáveis legais, se menores.

1.7. Impedimentos matrimoniais e causas suspensivas

O Código Civil de 1916 apresentava 16 impedimentos matrimoniais, divididos em três categorias: dirimentes públicos ou absolutos (art. 183, I a VIII), dirimentes privados ou relativos (incisos IX a XII) e impedientes ou precautórios (incisos XIII a XVI).

O Código atual manteve, em seu art. 1.521, os impedimentos absolutos, em número de sete, excluindo o impedimento anterior que vedava o casamento do cônjuge adúltero com o seu corréu. Não reproduziu os impedimentos relativos, que protegiam o consentimento e a incapacidade dos nubentes, considerando-os como causa de anulação do matrimônio (art. 1.550) e transformou os impedientes ou impedimentos precautórios, em causas suspensivas.

Não se confunde impedimento com as condições indispensáveis à existência jurídica do casamento, cujos requisitos (consentimento válido e solenidade de celebração) sequer são mencionados no Código Civil por entender desnecessária a sua indicação, uma vez que dizem respeito aos elementos naturais da união conjugal, sendo implícita a necessidade de sua presença. Alguns requisitos, porém, são exigidos para a validade e regularidade do casamento, pressupostos estes não somente de ordem jurídica, mas também de natureza moral e ética, tendo em vista a importância e a influência que o casamento exerce nas relações familiares e no meio social. Os impedimentos têm como objetivo evitar uniões que possam prejudicar a família e ameaçar o meio social, sendo a expressão de origem canônica, salientando o caráter excepcional da regra proibitiva, uma vez que, em princípio, todos podem casar[30].

Os impedimentos para o casamento são considerados uma das fortes presenças de normas cogentes ou de ordem pública no direito de família, tratando de questões sensíveis de ordem moral familiar, especialmente para evitar o incesto entre parentes consanguíneos, afins ou adotivos. Relações incestuosas é a união sexual entre parentes próximos, tanto biológicos quanto afetivos. O impedimento para o casamento entre parentes ocorre primeiro para evitar risco de ordem biológica na prole, já que os filhos de parentes consanguíneos apresentam riscos maiores de anomalias genéticas, com

[30] GONÇALVES, Carlos Roberto. *Direito civil brasileiro* – Direito de família, cit., p. 51 e 52.

probabilidade de 50% se os pais forem irmãos. O segundo motivo é de ordem cultural e moral, atingindo também os parentes socioafetivos e os afins em linha reta. O repúdio às relações incestuosas é praticamente universal, evitando uma desordem na família e que, inevitavelmente, acarretaria uma desordem social[31].

Impedimento matrimonial é a existência de determinadas circunstâncias que a lei prevê como proibitivas para o casamento, de forma permanente ou temporária. Impede a realização do casamento válido. Consubstancia-se uma proibição que atinge uma pessoa em relação à outra ou às outras, assim, não se confunde com incapacidade para o casamento. O menor de dez anos (incapaz para o casamento) possui um obstáculo intransponível, não pode se casar com pessoa alguma, enquanto o ascendente não pode se casar com os descendentes (impedimento), entretanto, é capaz para o casamento com outras pessoas.

Conclui-se que o impedimento é circunstancial, relativo a certas pessoas entre si (o pai não pode casar com a filha, mas pode com a cunhada, com a prima, não sendo incapaz de forma absoluta para o casamento), enquanto a incapacidade para o matrimônio é geral, absoluta, atingindo a pessoa em relação a todas as outras (a menor de dez anos não pode se casar com o pai, o cunhado, o primo, ou qualquer outro), razão pela qual se afirma que o impedimento é falta de legitimação e não incapacidade para o casamento.

As causas suspensivas, também denominadas impedimentos impedientes ou precautórios, não se trata de impedimentos, mas de causa de suspensão temporária do processo de celebração a ser realizado, desde que arguido antes do casamento. Se o matrimônio foi realizado com violação das causas, o casamento é válido, aplicando-se apenas sanções, dentre elas o regime de separação de bens (art. 1.641 do CC), ao contrário dos impedimentos absolutos que importam em nulidade do matrimônio.

1.7.1. Impedimentos públicos ou absolutos para o casamento

Os impedimentos absolutos estão previstos no art. 1.521 do Código Civil que dispõe:

---

[31] TEIXEIRA, Ana Carolina Brochado; RODRIGUES, Renata de Lima. *O direito das famílias entre a norma e a realidade*, cit., p. 109-111.

> Art. 1.521. Não podem casar:
>
> I – os ascendentes com os descendentes, seja o parentesco natural ou civil;
>
> II – os afins em linha reta;
>
> III – o adotante com quem foi cônjuge do adotado e o adotado com quem o foi do adotante;
>
> IV – os irmãos, unilaterais ou bilaterais, e os demais colaterais, até o terceiro grau inclusive;
>
> V – o adotado com o filho do adotante;
>
> VI – as pessoas casadas;
>
> VII – o cônjuge sobrevivente com o condenado por homicídio ou tentativa de homicídio contra o seu consorte.

Os impedimentos absolutos se dividem, portanto, em impedimentos resultantes de parentesco (consanguinidade – incisos I e IV, afinidade – inciso II e adoção – incisos I, III e V), de vínculo (inciso VI) e de crime (inciso VII).

Os impedimentos podem ser apresentados por qualquer pessoa capaz antes do casamento, no procedimento de habilitação, mediante declaração escrita e assinada, instruída com as provas ou indicando-as ou, até mesmo, no momento da celebração. Deve, ainda, ser apresentada pelo juiz ou oficial do registro *ex officio*, por interessar à coletividade. Existe interesse público na oposição de impedimentos antes da realização do matrimônio para proteção da família, razão pela qual é amplo o campo de pessoas legitimadas, permitindo-lhes oposição, até o momento da celebração, mediante declaração escrita e assinada, conforme dispõem os arts. 1.522 e 1.529 do Código Civil:

> Art. 1.522. Os impedimentos podem ser opostos, até o momento da celebração do casamento, por qualquer pessoa capaz.
>
> Art. 1.529. Tanto os impedimentos quanto as causas suspensivas serão opostos em declaração escrita e assinada, instruída com as provas do fato alegado, ou com a indicação do lugar onde possam ser obtidas.

A celebração do casamento, infringindo estes impedimentos, acarreta sua nulidade, entretanto, depois de realizado, só pode ser promovida por algum interessado ou pelo Ministério Público (arts. 1.548, II, e 1.549 do CC).

O casamento de pessoas casadas, além de violar impedimento absoluto, importa em crime de bigamia, de ação penal pública incondicionada, apenando o contraente casado com pena de reclusão de dois a seis anos e o contraente não casado, que sabia da circunstância, com reclusão ou detenção de um a três anos. Além do crime de bigamia, o Código Penal tipifica outros crimes praticados contra o casamento, prevendo duas condutas delituosas referentes aos impedimentos. O art. 236 tipifica como criminosa a conduta do agente que "contrair casamento, induzindo em erro essencial o outro contraente, ou ocultando-lhe impedimento que não seja casamento anterior", com pena de detenção de seis meses a dois anos de ação penal privada, que somente se procede mediante queixa (parágrafo único). O art. 237, de ação penal pública incondicionada, prevê como delito a conduta de "contrair casamento, conhecendo a existência de impedimento que lhe cause a nulidade absoluta", apenando-o com detenção de três meses a um ano.

1.7.1.1. *Impedimentos gerados pelo parentesco*

Estes impedimentos se fundam em razões de *ordem moral*, evitando-se núpcias incestuosas e a concupiscência no ambiente familiar, que importaria no relaxamento moral nas relações de pessoas que coabitam, preservando o respeito e a confiança que deve haver na família; e em razões de *eugenia* (estudo das condições mais propícias à reprodução e melhoria da raça humana) ou *biológicas*, para preservar a prole de parentes próximos de defeitos físicos ou mentais (malformações somáticas, taras fisiológicas, defeitos psíquicos etc.). Podem ocorrer: a) em razão da consanguinidade; b) em razão da afinidade; e c) em razão da adoção.

a) Em razão da consanguinidade.

Os impedimentos gerados pelo parentesco em razão da *consanguinidade* estão previstos nos incisos I e IV do art. 1.521 do Código Civil.

Dispõem os incisos I e IV que não podem se casar os ascendentes com os descendentes, seja o parentesco natural ou civil, os irmãos, unilaterais ou bilaterais, e os demais colaterais, até o terceiro grau inclusive. Na adoção extinguem-se os vínculos jurídicos do adotado com a família biológica, entretanto, permanece o parentesco consanguíneo para fins de impedimento matrimonial.

O impedimento na linha reta (ascendente com descendente) é infinito (pai com filha, avô com neta, bisavô com bisneta), atingindo qualquer grau, admitindo-se todos os meios de prova para demonstrar o parentesco, quando não existir a Certidão de Registro Civil, como nos casos de paternidade ou maternidade não reconhecida (art. 212 do CC e art. 369 do CPC).

O impedimento na linha colateral se limita ao 2º grau (irmãos unilaterais e bilaterais) e 3º grau (tios e sobrinhos). No 2º grau, é absoluto, sejam os irmãos havidos do casamento dos pais ou fora do matrimônio, todavia, no 3º grau, o Decreto-Lei n. 3.200/1941, que dispõe sobre a organização e proteção à família, norma especial que permanece em vigor no Brasil por força do art. 2.043 do Código Civil, permite o casamento entre tios e sobrinhos, desde que precedido de exames realizados por dois médicos, nomeados pelo juiz, atestando-lhes a sanidade e não existir riscos para qualquer deles ou a prole.

A autorização para o casamento de tios e sobrinhos, mediante exame médico, é regulamentada minuciosamente no art. 2º e §§ 1º a 8º, do Decreto-Lei n. 3.200/1941. O *caput* do art. 2º dispõe que os colaterais de terceiro grau que pretendem casar-se, assistidos ou representados por seus responsáveis legais se forem menores, devem requerer ao juiz a nomeação de dois médicos peritos para examiná-los e atestar a sanidade[32], ou seja, que não exista nenhum risco por incompatibilidade para a saúde deles ou da prole. A incompatibilidade genética atinge na realidade apenas a prole e o objetivo do exame é apurar se o parentesco próximo não será prejudicial aos filhos, importando em riscos genéticos, físicos ou mentais. Os nubentes podem indicar um terceiro médico desempatador se os peritos divergirem. Se não for possível nomear dois médicos, o juiz pode designar um só perito para o exame. Caso nos exames seja apresentada incompatibilidade, prevalece o impedimento absoluto para o casamento. Se, ao contrário, não existirem

[32] "Art. 2º Os colaterais do terceiro grau, que pretendam casar-se, ou seus representantes legais, se forem menores, requererão ao juiz competente para a habilitação que nomeie dois médicos de reconhecida capacidade, isentos de suspeição, para examiná-los e atestar-lhes a sanidade, afirmando não haver inconveniente, sob o ponto de vista da saúde de qualquer deles e da prole, na realização do matrimônio."

riscos, basta aos nubentes apresentarem o atestado médico determinado pelo juiz no requerimento de habilitação para o casamento (§ 7º do art. 2º do Decreto-Lei n. 3.200/1941)[33], afastando-se o impedimento.

O casamento de tio com sobrinha ou tia com sobrinho, denominado *casamento avuncular*, continua permitido, na vigência do Código Civil de 2002, desde que com autorização judicial, predominando na doutrina e jurisprudência que o Decreto n. 3.200/1941 não foi revogado, não restando incompatível com o art. 1.521, IV, do Código Civil. Na ausência de referência expressa, a exceção prevista no Decreto n. 3.200/1941, pelo atual Código Civil, não aponta aparente contradição, pois o princípio da especialização é suficiente para se afirmar que o sistema atual também comporta exceções, permitindo-se o casamento entre tios e sobrinhos mediante autorização judicial à vista de laudo pericial emitido por dois médicos[34] designados pelo juiz, atestando a inexistência de motivos a desaconselhá-lo, notadamente quanto à saúde dos filhos. Ressalta-se que o Enunciado n. 98, aprovado na 1ª Jornada de Direito Civil dispõe que "o inciso IV do art. 1.521 do novo Código Civil deve ser interpretado à luz do Decreto n. 3.200/1941 no que se refere à possibilidade do casamento entre colaterais de 3º grau"[35].

A teoria moderna já não sustenta que a consanguinidade próxima acarreta a transmissão de defeitos físicos e mentais aos filhos, mas admite que quanto mais próximo for o parentesco, maior a probabilidade de surgirem certas anomalias hereditárias, chamadas recessivas, como de nascer um filho surdo-mudo.

A probabilidade de nascer algum filho com defeito hereditário recessivo também existe, em risco menor, quando o casal for de primos; entretanto, estes podem se casar livremente.

---

[33] "§ 7º Quando o atestado dos dois médicos, havendo ou não desempatador, ou do único médico, no caso do § 2º deste artigo, afirmar a inexistência de motivo que desaconselhe o matrimônio, poderão os interessados promover o processo de habilitação, apresentando, com o requerimento inicial, a prova de sanidade, devidamente autenticada. Se o atestado declarar a inconveniência do casamento, prevalecerá em toda a plenitude o impedimento matrimonial."

[34] TJSP, AC 414.053-4/00, Rel. Des. Francisco Casconi, j. 26-4-2006.

[35] *Revista IOB de Direito de Família*. Porto Alegre: Síntese. v. 9, n. 44. out.-nov. 2007. p. 217.

Ressalta-se que o exame médico de parentes em 3º grau na linha colateral deve ser anterior ao casamento, posto que, se ocorrer após o matrimônio, o ato será nulo.

b) Em razão da afinidade.

O impedimento gerado pelo parentesco *em razão da afinidade* está previsto no inciso II, ao dispor que não podem se casar os afins em linha reta.

A afinidade é o vínculo que liga o cônjuge ou companheiro aos parentes do outro. Os afins em linha reta são os parentes em linha reta do consorte, assim, não podem se casar o genro com a sogra, a madrasta com o enteado, o marido com a neta da mulher, ou qualquer outro ascendente ou descendente do ex-cônjuge ou companheiro, fundando-se em motivos de ordem moral.

Convém ressaltar que o vínculo da afinidade na linha reta não se dissolve com a extinção do casamento que o originou (art. 1.595, § 2º, do CC), assim, o homem terá tantas sogras quantos forem seus casamentos, ainda que extintos pelo divórcio ou morte da esposa. Na linha colateral, o vínculo dissolve-se, podendo o divorciado ou viúvo casar-se com a ex-cunhada ou a sobrinha da ex-mulher.

Ressalta-se que, em razão dos princípios do moderno direito de família, alargando os conceitos e considerando entidade familiar a união estável, também o companheirismo produz afinidade, dispondo o art. 1.595 do Código Civil que, tanto o cônjuge como o companheiro são aliados aos parentes do outro pelo vínculo da afinidade, restando ultrapassada as discussões doutrinárias se o impedimento em razão da afinidade se aplicaria ou não. O impedimento de afinidade veda o casamento somente na linha reta, não se aplicando na linha colateral, de sorte que o cunhadio se dissolve com o desfazimento da união conjugal ou estável, permitindo-se que o divorciado se case com a irmã da ex-mulher[36].

O impedimento por afinidade deve ser estendido também para as uniões concubinárias, homoafetivas e adulterinas. Trata-se de impedimento de ordem moral e ética, que repudia, por exemplo, o filho casar-se com a amante do pai ou a mãe casar-se com o parceiro da filha, restando presentes os

---

[36] DINIZ, Maria Helena. *Curso de direito civil brasileiro* – Direito de família. 22. ed., cit., p. 72.

mesmos motivos que vedam o casamento com os afins na linha reta, em razão de matrimônio ou união estável.

Não existe impedimento para o casamento entre os afins de uma pessoa se entre eles também não ocorrer vínculo de afinidade, ou seja, não existe afinidade entre os afins e os parentes de uma pessoa, como entre os pais e os sogros ou entre os filhos e os enteados. O vínculo é pessoal. Assim, se não existir outros impedimentos, o pai pode casar-se com a sogra do filho, por não existir entre eles (pai e sogra) vínculos de afinidade. Da mesma forma, pode casar-se o filho com a enteada do pai, pois não são irmãos, não existindo impedimento.

c) Em razão da adoção.

Os impedimentos gerados pelo parentesco *em decorrência da adoção* estão previstos nos incisos I, última parte, III e V do art. 1.521 do Código Civil. Fundamentam-se em motivos de ordem moral, de preservação, respeito e confiança que devem existir no seio da família, já que a lei atribui ao adotado a condição de filho dos adotantes, sem qualquer distinção, desligando-o da família biológica e inserindo-o integralmente na nova família. Veda-se, portanto, o casamento do ascendente com o descendente também quando o parentesco for civil, do adotante com quem foi cônjuge do adotado e adotado com quem o foi do adotante, e do adotado com o filho do adotante.

O cônjuge do(a) filho(a) adotado(a) é genro ou nora do adotante, enquanto o cônjuge do adotante é padrasto ou madrasta do adotado, importando, portanto, impedimentos também pelo vínculo da afinidade. Da mesma forma, também importa impedimento, não apenas pelo vínculo da adoção, o casamento do adotado com o filho do adotante, pois são irmãos, restando impedimento pelo vínculo do parentesco.

1.7.1.2. *Impedimento gerado pelo vínculo*

Em razão do vínculo, estão impedidas de se casarem as pessoas vinculadas ao casamento, proibindo-se a bigamia no direito pátrio, tipificada como crime (art. 235 do Código Penal). Assim, não podem se casar as pessoas casadas, o que é vedado também para as separadas judicialmente, posto que a separação judicial dissolve apenas a sociedade conjugal (art. 1.571, III, do CC), mantendo-se o vínculo do casamento válido, que só se extingue pela morte, divórcio e presunção de óbito do ausente (art. 1.571, § 1º).

O Código Civil de 2002 inovou ao admitir a dissolução do casamento no caso de morte presumida do ausente, o que era vedado no Código anterior.

O casamento religioso, sem inscrição no registro civil, não constitui impedimento para o casamento com outra pessoa (art. 1.515 do CC).

O contraente que se casou de boa-fé com pessoa casada, sem saber da circunstância, não é responsabilizado criminalmente e, mesmo nulo, produzirá, quanto a este, todos os efeitos até o dia da sentença declaratória de nulidade, tratando-se do chamado *casamento putativo* (art. 1.561 do CC).

1.7.1.3. *Impedimento gerado por crime*

Também chamado de *impedimentum criminis*, veda a lei o casamento do cônjuge sobrevivente com o condenado por homicídio ou tentativa de homicídio contra o seu consorte.

Impedimento de ordem moral e ético, proíbe o casamento do autor de crime de homicídio, tentado ou consumado, com o cônjuge da vítima, exigindo, entretanto, que seja condenado. Se o autor foi absolvido ou o crime prescrito, não existe impedimento matrimonial.

O entendimento predominante é que o impedimento só se aplica ao crime doloso, já que no culposo não existe a intenção de matar e casar-se com o cônjuge sobrevivente.

O atual Código Civil excluiu a condenação do cônjuge adúltero e seu corréu como impedimento matrimonial, previsto no Código de 1916, até mesmo porque o delito de adultério foi descriminalizado, sendo revogado o art. 240 do Código Penal pela Lei n. 11.106/2005.

1.7.2. Causas suspensivas ou impedientes para o casamento

As causas suspensivas são determinadas circunstâncias capazes de suspender a realização do casamento, que fica suspenso enquanto não forem afastadas. Se forem opostas após a celebração, o casamento será válido, sendo considerado apenas irregular, obrigando, se causar prejuízos às pessoas que a lei visa proteger, a imposição do regime de separação de bens. A oposição das causas suspensivas deve seguir a mesma trilha para os impedimentos, ou seja, em declaração escrita e assinada, instruída ou com indicação do lugar das provas. No tocante à oportunidade, diversamente do impedimento que se permite até o momento da celebração, as causas suspensivas devem ser apresentadas no curso do processo de habilitação, no prazo de 15 dias de publicação dos proclamas, pois se ligam, particularmente, ao procedimento de habilitação[37].

Visam precaver os interesses da prole do leito anterior, a turbação do sangue e a confusão de patrimônio, portanto, se não existir prejuízos aos terceiros, o juiz pode deixar de aplicar a obrigatoriedade do regime de separação de bens (art. 1.523, parágrafo único, do CC).

Podem ser opostas somente por parentes na linha reta, consanguíneos ou afins, e irmãos ou cunhados, por interessarem apenas à família e, eventualmente, terceiros. Não existe interesse público na oposição das causas suspensivas, como ocorre no impedimento, razão pela qual a lei restringe as pessoas legitimadas aos parentes próximos, afastando inclusive o Ministério Público. Dispõe o art. 1.524 do Código Civil que:

> Art. 1.524. As causas suspensivas da celebração do casamento podem ser arguidas pelos parentes em linha reta de um dos nubentes, sejam consanguíneos ou afins, e pelos colaterais em segundo grau, sejam também consanguíneos ou afins.

O casamento depois de realizado será válido, impondo-se como sanção a obrigatoriedade do regime de separação de bens (art. 1.641, I, do CC).

As causas suspensivas estão previstas no art. 1.523 do Código Civil[38], conforme abordadas a seguir.

---

[37] GONÇALVES, Carlos Roberto. *Direito civil brasileiro* – Direito de família, cit., p. 67-68.

[38] "Art. 1.523. Não devem casar:

I – o viúvo ou a viúva que tiver filho do cônjuge falecido, enquanto não fizer inventário dos bens do casal e der partilha aos herdeiros;

II – a viúva, ou a mulher cujo casamento se desfez por ser nulo ou ter sido anulado, até dez meses depois do começo da viuvez, ou da dissolução da sociedade conjugal;

III – o divorciado, enquanto não houver sido homologada ou decidida a partilha dos bens do casal;

IV – o tutor ou o curador e os seus descendentes, ascendentes, irmãos, cunhados ou sobrinhos, com a pessoa tutelada ou curatelada, enquanto não cessar a tutela ou curatela, e não estiverem saldadas as respectivas contas."

1.7.2.1. *O viúvo ou a viúva que tiver filho do cônjuge falecido, enquanto não fizer inventário dos bens do casal e der partilha aos herdeiros*

O objetivo dessa suspensão é impedir que o patrimônio do primeiro casamento se confunda com o do novo matrimônio e prejudique os filhos do antigo casal. Violado o dispositivo, o novo casamento será obrigatoriamente sob o regime de separação de bens (art. 1.641, I) e força a hipoteca legal dos imóveis do viúvo em favor dos filhos (art. 1.489, II, do CC). Não se aplica, por óbvio, as sanções se o viúvo fizer o inventário anterior ao casamento, provar a ausência de bens do matrimônio antigo ou inexistência de prejuízo aos herdeiros (parágrafo único), pois a finalidade da causa suspensiva é preservar o patrimônio do filho do cônjuge que faleceu.

1.7.2.2. *A viúva, ou a mulher cujo casamento se desfez por ser nulo ou ter sido anulado, até dez meses depois do começo da viuvez, ou da dissolução da sociedade conjugal*

Tem por fundamento proteger a legitimidade do filho e a *turbation sanguinis* ou confusão do sangue. O Código Civil estabelece a regra de que o filho presume-se do marido se nascido até 300 dias a contar de seu falecimento ou dissolvido o matrimônio, bem como se nascido 180 dias depois de estabelecida a sociedade conjugal (art. 1.597, II e I). Apesar da confusa solução apresentada no art. 1.598 do Código Civil, a toda evidência que seria incerta a paternidade do filho nascido no 7º mês do segundo casamento, realizado dois meses após a morte do primeiro marido da mulher. Não se aplica a suspensão ou a sanção de separação de bens se a viúva comprovar o nascimento de filho, antes do segundo casamento, provar que não estava grávida na fluência do prazo ou que o primeiro marido era impotente de forma absoluta.

1.7.2.3. *O divorciado, enquanto não houver sido homologada ou decidida a partilha dos bens do casal*

O interesse é patrimonial e objetiva a impedir a confusão do patrimônio do antigo com o do novo casamento e prejudique o ex-cônjuge, não se aplicando a obrigatoriedade do regime de separação de bens se não houver prejuízo ou bens a partilhar.

1.7.2.4. *O tutor ou o curador e seus descendentes, ascendentes, irmãos, cunhados ou sobrinhos, com a pessoa tutelada ou curatelada, e não estiverem saldadas as respectivas contas*

O objetivo da proteção são as pessoas vulneráveis que se achem em poder de outrem de serem influenciadas a um consentimento não espontâneo ou, ainda, utilizar o casamento como forma de evitar a prestação de contas de uma administração ruinosa, causando danos patrimoniais aos incapazes.

As causas suspensivas, conforme já ressaltado, podem ser afastadas se não ocorrer prejuízos a terceiros, dispondo o parágrafo único do art. 1.523 que:

> É permitido aos nubentes solicitar ao juiz que não lhes sejam aplicadas as causas suspensivas previstas nos incisos I, III e IV deste artigo, provando-se a inexistência de prejuízo, respectivamente, para o herdeiro, para o ex-cônjuge e para a pessoa tutelada ou curatelada; no caso do inciso II, a nubente deverá provar nascimento de filho, ou inexistência de gravidez, na fluência do prazo.

O Código Civil atual não reproduziu o impedimento precautório que vedava ao juiz ou escrivão e seus parentes próximos, de se casarem com órfãos ou viúvas da comarca sem autorização superior, evitando a influência dessas autoridades.

1.8. Formalidades preliminares ao casamento. Habilitação

O casamento é um ato eminentemente formal e precedido de um procedimento de *habilitação* com o objetivo, em face da importância e dos efeitos do matrimônio, de verificar a inexistência de impedimentos, de causas suspensivas e demonstrar que os noivos possuem condições de se casarem, evitando a realização com infração às normas jurídicas vigentes ou com a inobservância dos requisitos essenciais à sua celebração.

O procedimento de habilitação para o casamento é iniciado mediante requerimento de ambos os nubentes, ou por procurador, perante o Oficial de Registro Civil do distrito de residência de um dos contraentes (art. 67 da Lei n. 6.015/1973), instruído com os seguintes documentos, conforme exige o art. 1.525 do Código Civil:

I – *Certidão de nascimento ou documento equivalente*, que tem por objetivo identificar os requerentes e verificar o local, data de nascimento e filiação, fundamental para demonstrar se possuem idade suficiente e ausência de parentesco a impedir o matrimônio.

II – *Autorização por escrito das pessoas sob cuja dependência legal estiverem, ou ato judicial que as supra*, tratando-se, neste caso, do consentimento dos pais ou tutores para que os menores entre 16 e 18 anos possam casar. Ocorrendo discordância entre os pais, cabe ao juiz decidir (art. 1.517, parágrafo único, do CC). Exige-se, ainda, autorização do curador ao maior incapaz, desde que possua discernimento para o casamento, como o pródigo (art. 1.767, V, do CC), o ébrio em momento de lucidez (art. 1.767, II, do CC), não se admitindo o casamento do enfermo mental sem discernimento que não possa manifestar o consentimento (art. 1.548, I, do CC). Na ausência de autorização por ausência ou negativa injustificada dos responsáveis, é necessária a juntada de ato judicial, autorizando o casamento, obtido na ação própria de suprimento de consentimento.

III – *Declaração de duas testemunhas maiores, parentes ou não, que atestem conhecê-los e afirmem não existir impedimento que os iniba de casar*. A razão deste requisito é comprovar que os nubentes não são parentes e são desvinculados matrimonialmente, entretanto, na prática, possui pouca valia já que na maioria das vezes é firmado por pessoas próximas aos cartórios, que nem sequer conhecem os contraentes.

IV – *Declaração do estado civil, do domicílio e da residência atual dos contraentes e de seus pais, se forem conhecidos*, o que indicará o atual estado civil dos nubentes (solteiro, divorciado ou viúvo) e a residência, dados necessários para publicação dos editais de proclamas. O Ministério Público pode exigir a apresentação de atestado de residência se desconfiar da veracidade das declarações, quando utilizadas para evitar a oposição de impedimento ou publicar editais de proclamas em outra circunscrição do registro civil (art. 67, § 1º, da LRP).

V – *Certidão de óbito do cônjuge falecido, de sentença declaratória de nulidade ou anulação do casamento, transitada em julgado, ou do registro da sentença do divórcio*, documento necessário para demonstrar que o nubente, antes casado, encontra-se desimpedido para contrair novo matrimônio. Trata-se, ainda, de documento importante para verificar a existência de causas suspensivas, como o transcurso de 300 dias da viuvez da mulher. Neste momento, permite-se ao Ministério Público requerer a comprovação da partilha dos bens se existirem interesses de incapazes.

Além dos documentos exigidos pelo art. 1.525 do Código Civil, devem ser juntados ainda pelos nubentes o *laudo de exame nupcial*, quando se tratar de casamento entre parentes colaterais de 3º grau (tios e sobrinhos).

O Oficial do Registro Civil deve esclarecer aos nubentes sobre os impedimentos, fatos que podem invalidar o casamento e o regime de bens (art. 1.528 do CC). Autuada a petição com os documentos e após verificar que estão em ordem, o oficial expedirá os editais de proclamas, conhecido como *proclamas do casamento*, noticiando que os requerentes pretendem se casar, e convocando a qualquer do povo que aponte fato inidôneo a impedir o matrimônio. Os editais devem ser afixados no cartório durante 15 dias e publicados na imprensa, onde houver. Se os requerentes residirem em distritos de Registro Civil diversos, em ambos devem ser publicados e registrados (arts. 67, §§ 1º e 4º, e 1.527 do CC).

Nos termos do parágrafo único do art. 1.527 do Código Civil, a autoridade competente, havendo urgência, poderá dispensar a publicação dos editais. O pedido de dispensa dos proclamas é dirigido ao juiz, justificando os motivos, como gravidez, moléstia, mudança do país, que decidirá após ouvir o Ministério Público, sem recurso, anexando-se a decisão ao procedimento de habilitação (art. 69 da Lei n. 6.015/1973).

Publicados os editais, os autos da habilitação serão encaminhados ao Ministério Público para manifestar sobre o pedido e requerer o que for necessário à sua regularidade (art. 67, § 1º, da LRP).

Na legislação anterior, somente se ocorresse impugnação, os autos seriam encaminhados ao juiz. No Código Civil, na redação original, após manifestação do promotor de justiça, a habilitação era remetida ao juiz para homologação ou decisão, mesmo sem ocorrer impugnação ou oposição de impedimentos, conforme dispunha o art. 1.526. A Lei n. 12.133, de 17 de dezembro de 2009, deu nova redação ao art. 1.526 do Código Civil, dispondo atualmente que a habilitação será feita perante o oficial do Registro Civil, com a audiência do Ministério Público. Somente ocorrendo impugnação do oficial, do Ministério Público ou de terceiro, a habilitação será submetida ao juiz para decisão.

Os impedimentos e causas suspensivas, como já visto, devem ser opostos em documento escrito e assinado, instruídos com as provas do fato ou indicação do lugar onde possam ser obtidas (art. 1.529 do CC). Os impedimentos absolutos, por serem de interesse público, podem ser opostos por qualquer pessoa capaz até o momento da celebração, inclusive *ex officio* pelo oficial ou juiz (art. 1.522 do CC), enquanto as causas suspensivas ou impedientes, por se tratarem de interesses privados, só podem ser opostas por parentes próximos, em linha reta e colaterais em 2º grau (art. 1.524 do CC), podendo, entretanto, ser opostos pelo Ministério Público em defesa dos interesses de incapazes, impugnando a habilitação.

Opostos impedimentos ou causas suspensivas, os nubentes serão notificados para contrariar e apresentar provas (art. 1.530 do CC). Produzidas as provas, o juiz, após ouvir o Ministério Público, decidirá (art. 67, § 5º, da Lei n. 6.015/1973 e parágrafo único do art. 1.526 do CC).

Cumpridas as formalidades legais ou decididos os impedimentos e causas suspensivas opostos, o Oficial do Registro Civil expedirá Certidão de Habilitação com eficácia para 90 dias, contados da data em que foi extraído o certificado (arts. 1.531/1.532). Se os nubentes não se casarem neste prazo, devem promover nova habilitação.

Os nubentes podem se casar em circunscrição diversa ao da habilitação, comunicando a esta para as devidas anotações (art. 67, § 6º, da LRP).

1.9. Celebração do casamento

O casamento é realizado em ato solene, exigindo ampla publicidade e acesso de qualquer pessoa, possibilitando a apresentação de impedimentos. Concluída a habilitação, os contraentes devem requerer à autoridade competente dia, hora e lugar para a celebração, que deve ocorrer no prazo de até 90 dias a partir da expedição da certidão (arts. 1.533 e 1.532 do CC). A ausência da celebração obedecendo às formalidades legais, salvo no casamento nuncupativo e na conversão da união estável, importa em casamento inexistente.

A autoridade competente, por disposição constitucional, é o Juiz de Paz ou Juiz de Casamentos (art. 98, II, da CF), o que já se encontra regulado nas leis de organização judiciária de quase todos os estados da Federação.

O casamento é civil e a celebração gratuita (art. 1.512 do CC), sendo realizado normalmente na sede do Cartório de Registro Civil, presidido pelo Juiz de Paz e o Oficial do Registro Civil atuando como escrivão. Pode ser celebrado em qualquer dia da semana, inclusive sábados, domingos e feriados, com publicidade e portas abertas, na presença de duas testemunhas, parentes ou não (art. 1.534 do CC).

Se um dos contraentes não souber ou não puder escrever, exige-se quatro testemunhas (art. 1.534, § 2º, 2ª parte).

O casamento pode ser celebrado, ainda, em outro edifício público ou particular, que deverá manter as portas abertas durante o ato, exigindo-se, também nestes casos, a presença de quatro testemunhas (art. 1.534, parte final, §§ 1º e 2º, do CC).

É necessária a presença dos contraentes, simultaneamente, para a celebração, admitindo-se procurador com poderes especiais, das testemunhas, do Juiz de Paz e do oficial, cumprindo ao celebrante indagar aos contraentes se pretendem se casar por livre e espontânea vontade, devendo a manifestação ser clara e firme, não se admitindo o silêncio como forma de consentimento. Admitem-se, todavia, perguntas e respostas escritas ou por sinal, quando os contraentes forem surdos ou mudos. O Juiz de Paz, convencido da espontaneidade da afirmação, declarará contraído o casamento nos seguintes termos: "de acordo com a vontade que ambos acabais de afirmar perante mim, de vos receberdes por marido e mulher, eu, em nome da lei vos declaro casados" (art. 1.535 do CC).

Não se admite, após a declaração, arrependimento dos contraentes, pois o casamento já estará efetuado, logo não produzirá nenhum efeito[39]. O casamento se realiza no momento em que o Juiz de Paz os declara casados (art. 1.514 do CC).

Celebrado o casamento, lavrar-se-á o assento no livro do Registro Civil, para perpetuar e servir de prova, conforme determina o art. 1.536 do Código Civil. No assento deve constar os prenomes, sobrenomes, datas de

---

[39] DINIZ, Maria Helena. *Curso de direito civil.* 17. ed. São Paulo: Saraiva, 2002. v. V. p. 99.

nascimento, profissão, domicílio e residência atual dos cônjuges; os prenomes, sobrenomes, datas de nascimento ou de morte, domicílio e residência atual dos pais; o prenome e sobrenome do cônjuge precedente e a data da dissolução do casamento anterior; data da publicação dos proclamas e da celebração do casamento; a relação dos documentos apresentados ao oficial do registro; o prenome, sobrenome, profissão, domicílio e residência atual das testemunhas e o regime do casamento, com a declaração da data e do cartório em cujas notas foi lavrada a escritura antenupcial, quando o regime não for o da comunhão parcial, ou o obrigatoriamente estabelecido. Após a lavratura, o assento deve ser assinado pela autoridade celebrante, cônjuges, testemunhas e pelo oficial do registro civil.

O assento do casamento no registro civil destina-se a dar publicidade ao ato, servir de prova de sua realização e do regime de bens. A lavratura constitui formalidade para prova do ato e não formalidade para a solenidade, tanto que na remota hipótese de não ser lavrado o assento ou de haver extravio do livro o matrimônio pode ser provado por outros meios, inclusive mediante comprovação da posse do estado de casados ou testemunhas que assistiram a celebração. A falta do registro não importa inexistência ou nulidade do casamento, nem mesmo sua eficácia, mas tão somente a sua prova, pois ocorre depois que o casamento já está concluído e aperfeiçoado, tanto que os contraentes devem assiná-lo com o nome de casados.

A celebração será suspensa se for apresentado impedimento por qualquer pessoa capaz, pelo juiz ou oficial de registro, ou retratado o consentimento do responsável legal (pai, tutor ou curador).

Permite-se a oposição de impedimentos, facultativos para qualquer pessoa e obrigatório para o Juiz de Paz e o oficial do Registro Civil, até o momento da celebração em razão do interesse público, devendo ser observado o procedimento do art. 67 § 5º, da Lei n. 6.015/1975.

Suspende-se, ainda, a celebração, conforme o art. 1.538 do Código Civil[40], se um dos nubentes recusar a declaração de vontade, afirmar que

[40] "Art. 1.538. A celebração do casamento será imediatamente suspensa se algum dos contraentes:
I – recusar a solene afirmação da sua vontade;

não é livre ou espontânea ou manifestar-se arrependido, não sendo admitido retratar-se e prosseguir o ato no mesmo dia.

As formalidades essenciais à cerimônia nupcial resumem-se, então[41]:

a) no requerimento à autoridade competente (Juiz de Paz), para designar hora e local da celebração do matrimônio (art. 1.533 do CC);
b) publicidade do ato nupcial (art. 1.534, parágrafo único, do CC);
c) presença real e simultânea dos contraentes ou de procurador especial (arts. 1.535 e 1.542 do CC), das testemunhas (art. 1.534, §§ 1º e 2º, do CC e 42 da Lei n. 6.015/1973), do oficial do registro e do Juiz de Paz;
d) declaração livre e espontânea de vontade dos nubentes (art. 1.538 do CC);
e) participação do celebrante que declara o casamento (art. 1.535 do CC);
f) lavratura do assento do matrimônio no livro de registro (art. 1.536 do CC c/c o art. 70 da Lei n. 6.015/1973).

1.10. Modalidades do casamento

A legislação brasileira admite efeitos civis ao casamento religioso desde que preenchidos os requisitos legais e inscrito no registro civil, portanto, o Estado reconhece o casamento civil e o religioso com efeitos civis, produzindo os mesmos efeitos jurídicos. Consta no art. 226 e §§ 1º e 2º da Constituição Federal que:

> Art. 226. A família, base da sociedade, tem especial proteção do Estado.
>
> § 1º O casamento é civil e gratuita a celebração.
>
> § 2º O casamento religioso tem efeito civil, nos termos da lei.

II – declarar que esta não é livre e espontânea;
III – manifestar-se arrependido.
Parágrafo único. O nubente que, por algum dos fatos mencionados neste artigo, der causa à suspensão do ato, não será admitido a retratar-se no mesmo dia.”

41 DINIZ, Maria Helena. *Curso de direito civil*. 17. ed., cit., p. 111.

O casamento é civil perante o Estado, produzindo os mesmos efeitos, independente da forma que foi constituído, entretanto, de acordo com a celebração pode apresentar várias modalidades.

1.10.1. Casamento civil comum

É o casamento celebrado pelo Juiz de Casamento (Juiz de Paz), após regular habilitação, com toda publicidade, portas abertas, presença dos contraentes, testemunhas e oficial do registro civil, atendendo às formalidades previstas nos arts. 1.533/1.537 do Código Civil. Como veremos, existem modalidades de casamento que autorizam a celebração, além do Juiz de Paz, por seu substituto, por autoridade religiosa, pelos próprios cônjuges e pelos cônsules, quando realizado no estrangeiro.

1.10.2. Casamento por procuração

O Código Civil admite a celebração do matrimônio por procuração, excepcionando a presença real e simultânea dos contraentes, quando algum deles não possa comparecer à cerimônia. Apesar de ser um ato pessoal, permite-se o casamento sem a presença do contraente.

O instrumento de procuração tem de ser público e com poderes especiais. Possui eficácia por apenas noventa dias e só pode ser revogado também por instrumento público, conforme preconiza o art. 1.542 do Código Civil[42]. Busca-se assim o máximo de segurança, devendo constar os poderes na procuração, identificando o outro contraente, e com prazo de validade reduzido.

Tratando-se de mandato, é ato eminentemente revogável até o momento da celebração, não sendo necessário que chegue ao conhecimento do procurador e do outro contraente; entretanto, se o casamento for celebrado, o

---

[42] "Art. 1.542. O casamento pode celebrar-se mediante procuração, por instrumento público, com poderes especiais.

§ 1º A revogação do mandato não necessita chegar ao conhecimento do mandatário; mas, celebrado o casamento sem que o mandatário ou o outro contraente tivessem ciência da revogação, responderá o mandante por perdas e danos.

§ 2º O nubente que não estiver em iminente risco de vida poderá fazer-se representar no casamento nuncupativo.

§ 3º A eficácia do mandato não ultrapassará noventa dias.

§ 4º Só por instrumento público se poderá revogar o mandato."

mandante responderá por perdas e danos, devendo diligenciar para dar ciência aos interessados.

Realizado o casamento com o mandato revogado, sem ciência do outro contraente e do procurador (mandatário), o mandante possui o prazo de cento e oitenta dias, contados a partir da data que teve conhecimento da celebração, para requerer a anulação do casamento, desde que não tenha ocorrido coabitação (art. 1.550, V, c/c o 1.560, § 2º, do CC). A coabitação entre os contraentes permite, portanto, a convalidação do casamento, considerado apenas anulável, quando realizado sem que o mandatário e o outro contraente soubessem que o mandato foi revogado. O casamento será inexistente por ausência de consentimento, se o mandatário ou outro contraente soubesse que o mandato foi revogado.

O casamento por procuração não dispensa a cerimônia pública, que se efetivará com a presença de um contraente e o procurador do outro. O Código não prevê a possibilidade de casamento com procuradores de ambos os contraentes, mas também não veda. A doutrina já se manifestou no sentido de que é inadmissível que ambos os nubentes se façam representar por mandatário, já que, sem a presença de um deles, o ato nupcial perde os caracteres cerimoniais peculiares[43]. A posição, entretanto, não é unânime, prevalecendo o entendimento da possibilidade da realização do casamento sem a presença dos contraentes, desde que cada um seja representado por procurador diverso, não se admitindo procurador único. Nesse sentido:

> 1) ambos nubentes podem estar ausentes na celebração do matrimônio, desde que estejam representados por procuradores, devidamente constituídos por instrumento público com poderes especiais; 2) é indispensável, nessa situação, que cada nubente seja representado por procurador distinto do outro, não se permitindo a figura do mandatário único[44].

Falecendo o mandante antes da celebração do casamento e este se realizar, sem ciência do mandatário e do outro contraente, também haverá ausência de consentimento e, portanto, *casamento inexistente*, já que a mor-

---

[43] PEREIRA, Caio Mário da Silva. In: DINIZ, Maria Helena. *Curso de direito civil*. 17. ed., cit., p. 103.

[44] SOUZA, Carlos Eduardo Silva e. *Casamento por procuração*: ambos nubentes podem estar ausentes na celebração do matrimônio e representados pelo mesmo procurador? Disponível em: <www.ambito-juridico.com.br>. Acesso em: 13-7-2016.

te extingue o mandato, não se aplicando o disposto no art. 689 do Código Civil, que regula atos patrimoniais e não o casamento, direito indisponível, que pressupõe a existência dos dois nubentes. Os atos praticados pelo mandatário, sem que soubesse da morte do mandante, são válidos no Direito das Obrigações para preservar a boa-fé dos contratantes, entretanto, o casamento estabelece efeitos pessoais, não subsistindo mesmo se contraído de boa-fé pelo mandatário e o outro contraente, ignorando a morte do mandante.

Nulo é o casamento realizado pelo mandatário se o mandante já tiver convolado núpcias com outra pessoa, configurando crime de bigamia se previamente o mandante não revogar a procuração.

1.10.3. Casamento em caso de moléstia grave

O casamento, conforme visto, é o ato mais solene de nossa legislação, pois deve ser precedido de habilitação no Cartório Civil e celebrado por autoridade competente, obedecendo às formalidades essenciais.

A legislação autoriza, entretanto, em casos urgentes, como gravidez, viagem, doença, a dispensa pelo juiz da publicação dos editais, expedindo-se a certidão para celebração do casamento com a brevidade necessária (art. 1.527, parágrafo único, do CC).

O Código Civil e a Lei n. 6.015/1973 possibilitam, ainda, a celebração do casamento sem o cumprimento de todas as formalidades.

No *casamento em caso de moléstia grave*, o juiz de paz fica autorizado a celebrá-lo onde se encontra o enfermo, ainda que à noite, perante duas testemunhas. Autoriza ainda, caso o juiz de paz não possa atender com a urgência necessária, seja celebrado por qualquer dos substitutos legais, nomeando-se, pelo presidente do ato, oficial *ad hoc* se ausente o oficial do registro civil. Presente o oficial e celebrado o casamento pelo juiz de paz ou substituto, será registrado em livro próprio; caso contrário, ausente o oficial, será lavrado termo avulso pelo *ad hoc* e levado no prazo de cinco dias ao Registro Civil para transcrição no livro próprio na presença de duas testemunhas. Esta modalidade de casamento é regulada no art. 1.539 do Código Civil[45], dispondo que em caso de doença grave de um dos contraentes o juiz

[45] "Art. 1.539. No caso de moléstia grave de um dos nubentes, o presidente do ato irá celebrá-lo onde se encontrar o impedido, sendo urgente, ainda que à noite, perante duas testemunhas que saibam ler e escrever.

de paz, presidente do ato, irá celebrá-lo onde se encontrar o impedido, sendo urgente, ainda que à noite, perante duas testemunhas que saibam ler e escrever. Acrescenta que se a autoridade não puder comparecer, qualquer de seus substitutos pode celebrar o casamento, nomeando-se oficial do Registro Civil *ad hoc* se o titular não comparecer. O § 2º do art. 1.539 determina que o oficial *ad hoc* lavrará um termo avulso que será registrado no respectivo registro dentro em cinco dias, perante duas testemunhas, ficando arquivado.

A maioria dos autores inclui esta espécie de casamento na modalidade do nuncupativo, dispensando o processo de habilitação. Entretanto, não se confundem, sendo incabível, no silêncio do art. 1.539 do Código Civil, o registro do casamento sem verificar que os contraentes estão habilitados, sem impedimentos, ainda que a *posteriori,* como ocorre no *in extremis*. Assim, no casamento, em caso de moléstia grave, celebrado pelo Juiz de Paz ou seu substituto legal, é necessária a prévia habilitação para transcrição no livro.

Carlos Roberto Gonçalves leciona que deve ser reputada moléstia grave aquela que pode acarretar a morte do nubente em breve tempo, embora o desenlace não seja iminente, e cuja remoção o sujeita a riscos, autorizando a celebração onde se encontre, como no hospital, ressalvando que somente em caso de urgência pode ser celebrado à noite. Esclarece ainda que o casamento em caso de moléstia grave pressupõe que foram satisfeitas as formalidades preliminares e expedido o certificado de habilitação ao casamento, autorizando a celebração em locais e horários não previamente determinados em razão da gravidade do estado de saúde de um dos nubentes, impedindo-o de aguardar a cerimônia aprazada e de locomover-se[46].

Inexistindo prévia habilitação, incabível o casamento disciplinado no art. 1.539 do Código Civil, devendo ser precedida a habilitação com dispensa pela autoridade competente da publicação dos editais de proclamas para agilizar a celebração.

---

§ 1º A falta ou impedimento da autoridade competente para presidir o casamento suprir-se-á por qualquer dos seus substitutos legais, e a do oficial do Registro Civil por outro ad hoc, nomeado pelo presidente do ato.

§ 2º O termo avulso, lavrado pelo oficial *ad hoc*, será registrado no respectivo registro dentro em cinco dias, perante duas testemunhas, ficando arquivado."

[46] GONÇALVES, Carlos Roberto. *Direito civil brasileiro*. Direito de família, cit., p. 114-115.

1.10.4. Casamento nuncupativo

O *casamento nuncupativo* é aquele celebrado pelos próprios nubentes, informalmente, quando um dos contraentes estiver em *iminente risco de vida* ou estado terminal, não havendo mais tempo suficiente para habilitação e celebração regular, com todo o formalismo prescrito pela lei civil. É também conhecido como *in extremis* ou *in articulum mortis*.

Neste caso, ante a urgência e a premência do tempo, pode ser dispensada a prévia habilitação e até a presença do Juiz de Paz bastando, para sua realização, que na presença de seis testemunhas, que não podem ser parentes na linha reta ou irmãos dos contraentes, estes declarem, de viva voz, que livre e espontaneamente querem receber-se por marido e mulher (art. 1.540 do CC), podendo o nubente que não estiver em risco de vida, fazer-se representar por procurador (art. 1.542, § 2º, do CC).

Após a celebração, as testemunhas deverão comparecer até a autoridade judicial mais próxima no prazo de dez dias, perante o Juiz de Direito da Vara de Família (art. 1.541 do CC), ou intimadas (art. 76, § 1º, da Lei n. 6.015/1973), no prazo de dez dias, declarando que foram convocadas pelo enfermo, que aparentava risco de vida, mas estava em seu juízo perfeito, e que livre e espontaneamente declararam-se marido e mulher.

Autuado o pedido, colhidas as declarações e verificada a inexistência de impedimentos ou julgados improcedentes os opostos, o juiz, após ouvir o Ministério Público (art. 76, § 2º, da Lei n. 6.015/1973), decidirá confirmando ou não o casamento e determinando o seu registro, na primeira hipótese, retroagindo seus efeitos à data da celebração.

Se o enfermo se recuperar, poderá ratificar o casamento na presença do Juiz de Paz e do oficial do registro, dispensando-se as formalidades de investigação, não se exigindo novo casamento, mas apenas a confirmação.

O casamento nuncupativo é regulado no Código Civil pelo art. 1.540[47], ao dispor que se um dos nubentes estiver em grave e iminente risco de morte, não existindo autoridade para celebrar o casamento nem substituto, poderá o casamento ser celebrado pelos próprios contraentes na presença

[47] "Art. 1.540. Quando algum dos contraentes estiver em iminente risco de vida, não obtendo a presença da autoridade à qual incumba presidir o ato, nem a de seu substituto, poderá o casamento ser celebrado na presença de seis testemunhas, que com os nubentes não tenham parentesco em linha reta, ou, na colateral, até segundo grau."

de seis testemunhas, que com os nubentes não tenham parentesco em linha reta, ou, na colateral, até segundo grau.

Depois de realizado, o casamento deverá ser confirmado judicialmente. O art. 1.541 também do Código Civil complementa a Lei dos Registros Públicos quanto ao procedimento judicial para confirmação do casamento nuncupativo, com o colhimento das declarações das testemunhas, verificação da idoneidade dos nubentes e a decisão, expedindo-se mandado para assento no Registro Civil, retroagindo os efeitos do casamento à data da celebração.

O casamento nuncupativo, na ausência de prévia habilitação, pode ser celebrado pelo Juiz de Paz ou seu substituto, dispensando-se, neste caso, a presença das seis testemunhas, exigidas somente quando celebrado pelos próprios nubentes, de viva voz, sob pena de não ser validado judicialmente. Celebrado pelo juiz de casamentos, basta a presença de quatro testemunhas que saibam ler e escrever, posto que celebrado fora do cartório, em analogia à exigência do casamento civil comum celebrado em edifício particular (art. 1.534, § 1º, 1ª parte, do CC), tendo em vista a autoridade do celebrante. É necessário, entretanto, o procedimento judicial para apuração de inexistência de impedimentos e confirmação do casamento, determinando-se o registro.

Caio Mário doutrina que se o enfermo se recuperar antes da confirmação judicial do casamento e não ratificá-lo, não será válido[48]. Silvio Rodrigues complementa que se o nubente enfermo convalescer após a confirmação judicial e transcrição no registro civil, não é necessária confirmação do casamento, que continua absolutamente eficaz[49]. Considerando que o casamento se realiza no momento em que a autoridade celebrante declara os contraentes casados, no casamento nuncupativo ele se consuma com a declaração dos nubentes de se receberem por marido e mulher (art. 1.541, III, do CC), não se admitindo arrependimento posterior do enfermo.

Washington de Barros[50] orienta que o juiz deve agir com a maior cautela nesta modalidade de casamento, para não ser forjado por aventureiros em prejuízo dos sucessores legítimos do enfermo.

---

48 PEREIRA, Caio Mário da Silva. *Instituição de direito civil* – Direito de família. 7. ed., cit., p. 73.

49 RODRIGUES, Silvio. *Direito civil* – Direito de família. 27. ed., cit., p. 64-65.

50 MONTEIRO, Washington de Barros. *Curso de direito civil.* 33. ed. São Paulo: Saraiva, 1996. v. 2. p. 73.

1.10.5. Casamento civil celebrado por religioso

O Código Civil dispõe que o Casamento Civil será celebrado pela *autoridade* que houver de presidir o ato (art. 1.533), sendo normalmente celebrado pelo Juiz de Paz (art. 98, II, da CF c/c o art. 30 da ADCT) ou Juiz de Casamentos; entretanto, a Lei dos Registros Públicos (que continua em vigor por força do art. 2.043 do CC) autoriza a celebração do casamento civil por *autoridade ou ministro religioso* (art. 71). A própria Constituição Federal reconhece os efeitos civis do casamento religioso (art. 226, § 2º).

Assim, nada impede a celebração do casamento civil por autoridade religiosa, desde que requerido pelos nubentes e reconhecida a religião, servindo como escrivão o Oficial do Registro Civil, lavrando assento diretamente no Livro de Registro do Cartório Civil, conforme o art. 1.536 do Código Civil.

1.10.6. Casamento religioso com efeitos civis

O casamento no Brasil Império era somente o religioso, disciplinado pelo Direito Canônico. O casamento católico sempre foi celebrado por seus sacerdotes, somente com a Lei de 1861 foi regulado o casamento dos não católicos[51]. O casamento religioso produzia todos os efeitos, até o advento do Decreto n. 181/1890, que criou o casamento civil e negou, a partir de então, os efeitos civis ao matrimônio realizado perante a igreja, o que foi mantido na Constituição de 1891, ao dispor em seu art. 72, § 4º, que "a República só reconhece o casamento civil, cuja celebração será gratuita".

O casamento religioso passou então a não ter qualquer valor civil, gerando simples concubinato, que também não era reconhecido como entidade familiar na época; entretanto, a religiosidade do povo brasileiro e os costumes do casamento religioso sensibilizaram o Constituinte de 1934, que acabou por admitir, no art. 146 da Constituição Federal daquele ano, que "o casamento perante ministro de qualquer confissão religiosa, cujo rito não contrarie a ordem pública ou os bons costumes, produzirá, todavia, os mesmos efeitos que o casamento civil". As diversas constituições e legislações posteriores mantiveram o reconhecimento civil do casamento religioso, atendidos os

---

[51] RODRIGUES, Silvio. *Direito civil* – Direito de família. 27. ed., cit., p. 23.

requisitos legais; entretanto, acabou não sendo adotado pelo povo brasileiro, que tradicionalmente prefere duas cerimônias: a civil e a religiosa.

A Constituição Federal de 1988 manteve o reconhecimento dos efeitos civis do casamento religioso (art. 226, § 2º), regulado pelas Leis n. 1.110/1950 (arts. 4º, 8º e 9º), 6.015/1973 (arts. 70/75) e pelo art. 1.516 do atual Código Civil, que exige os mesmos requisitos do casamento civil para seu registro.

O casamento religioso pode ser registrado no Cartório de Registro Civil e produzir efeitos em duas hipóteses: com habilitação prévia à celebração ou habilitação posterior. Ambas as modalidades estão previstas no art. 1.516 do Código Civil.

O *casamento religioso precedido de habilitação* está previsto no § 1º do art. 1.516 do Código Civil, que dispõe:

> Art. 1.516. O registro do casamento religioso submete-se aos mesmos requisitos exigidos para o casamento civil.
>
> § 1º O registro civil do casamento religioso deverá ser promovido dentro de noventa dias de sua realização, mediante comunicação do celebrante ao ofício competente, ou por iniciativa de qualquer interessado, desde que haja sido homologada previamente a habilitação regulada neste Código. Após o referido prazo, o registro dependerá de nova habilitação.

Essa modalidade, prevista no § 1º e nos arts. 71/73 da Lei n. 6.015/1973, se dá quando existe prévia habilitação dos nubentes perante o oficial do registro civil. Expedida a certidão, o casamento é realizado, no prazo decadencial de 90 dias (art. 1.532 do CC), pela autoridade religiosa, lavrando-se, após a celebração, o assento em livro próprio do casamento religioso, contendo os requisitos legais (art. 72 da Lei n. 6.015/1973). Dentro do prazo de 90 dias, o ministro religioso ou qualquer interessado (cônjuges, pais, responsáveis legais) deverá apresentar o assento do casamento religioso ao oficial do cartório civil para registro. Se o assento não for apresentado no prazo legal, torna-se necessária nova habilitação.

O *casamento religioso não precedido de habilitação* é previsto no § 2º do art. 1.516 do Código Civil, que dispõe:

> § 2º O casamento religioso, celebrado sem as formalidades exigidas neste Código, terá efeitos civis se, a requerimento do casal, for registrado, a

qualquer tempo, no registro civil, mediante prévia habilitação perante a autoridade competente e observado o prazo do art. 1.532.

Essa modalidade é típica do casamento realizado apenas no religioso, ainda comum em locais mais afastados e anterior à Lei n. 6.015/1973. Não são raros os casais que celebraram apenas o casamento religioso, o que civilmente é apenas uma das provas de união estável, mesmo tratando-se em grande parte de população interiorana, de costumes rígidos e morais. A legislação civil autoriza o registro civil deste casamento religioso, desde que precedido de prévia habilitação, comprovando a inexistência de impedimentos e causas suspensivas, e prova do ato religioso (arts. 1.516, § 2º, do CC e 74 da Lei n. 6.015/1973), retroagindo seus efeitos jurídicos a contar da data da celebração do casamento (art. 75 da LRP). Procede-se, portanto, à habilitação para o casamento junto ao Cartório Civil e o registro mediante requerimento do casal, sem necessidade de celebração civil, valendo a religiosa.

O matrimônio religioso, entretanto, não produzirá efeitos civis e será nulo o seu registro se, antes dele, qualquer dos contraentes casar-se civilmente com outra pessoa, conforme disposição expressa do § 3º do art. 1.516, do Código Civil[52]. É válido o casamento civil com outrem, ainda que posterior ao casamento religioso, se não registrado.

1.10.7. Casamento consular ou diplomático

O casamento de estrangeiros realizado no Brasil obedece à lei brasileira (art. 7º, § 1º, LINDB), todavia, poderá ser celebrado pela autoridade diplomática ou consular de seu país *se ambos forem da mesma nacionalidade* (§ 2º).

Permite-se, da mesma forma, que os brasileiros se casem no exterior perante as autoridades consulares, devendo, todavia, ser registrado no Cartório de Registro Civil do domicílio de um ou de ambos no Brasil e, na falta, no 1º Ofício da Capital do Estado, no prazo de 180 dias a contar da volta ao País. O casamento consular ou diplomático de brasileiros no exterior encontra previsão no art. 18 da Lei de Introdução às Normas do Direito Brasileiro (LINDB) e no art. 1.544 do Código Civil, que dispõem:

---

[52] "§ 3º Será nulo o registro civil do casamento religioso se, antes dele, qualquer dos consorciados houver contraído com outrem casamento civil."

> Art. 18, LINDB. Tratando de brasileiros, são competentes as autoridades consulares brasileiras para lhes celebrar o casamento e os mais atos de Registro Civil e de tabelionato, inclusive o registro de nascimento e de óbito dos filhos de brasileiro ou brasileira nascido no país da sede do Consulado.
>
> Art. 1.544, CC. O casamento de brasileiro, celebrado no estrangeiro, perante as respectivas autoridades ou os cônsules brasileiros, deverá ser registrado em cento e oitenta dias, a contar da volta de um ou de ambos os cônjuges ao Brasil, no cartório do respectivo domicílio, ou, em sua falta, no 1º Ofício da Capital do Estado em que passarem a residir.

O § 2º do art. 7º, da LINDB, não deixa margem de dúvidas de que a autoridade consular só pode celebrar o casamento de brasileiro no estrangeiro se ambos os nubentes forem brasileiros. Tratando-se de casamento de brasileiro com estrangeiro, devem se casar no país onde residem e obedecendo à lei alienígena (art. 7º, *caput*).

Tratando-se de brasileiros, ensina o professor amazonense José Russo, com fundamento no art. 13 do Decreto n. 24.113/1934, que só pode ser celebrado o casamento por cônsules de carreira e quando ambos os cônjuges forem brasileiros. Cita Narciso Orlando Neto para assinalar que a autoridade consular faz as vezes de oficial do registro civil e de juiz de casamentos, como se o casamento se realizasse em cartório, com exigência dos mesmos requisitos da lei brasileira. Leciona, ainda, que o descumprimento do prazo de 180 dias para a realização do traslado do casamento consular em território nacional não invalida o casamento[53]. Tendo em vista que o casamento se realizou no consulado, o traslado do registro é apenas meio de prova do ato, não podendo ser exigida nova habilitação em razão do descumprimento do ato, mas tão somente nova certidão atualizada do consulado brasileiro.

1.10.8. Casamento realizado no exterior e registro no Brasil

O casamento de brasileiro com estrangeiro, ou mesmo entre brasileiros celebrado no exterior, também deve ter seus assentos trasladados nos cartórios do domicílio dos cônjuges no Brasil e, na sua falta, no Cartório do 1º Ofício da Capital de Estado, tendo o art. 1.544 do Código Civil, derrogado

---

[53] RUSSO, José. Casamento perante autoridade consular. *Revista Brasileira de Direito de Família*. n. 23. São Paulo: Síntese, 2004. p. 62-63.

nesta parte o art. 32, § 1º da Lei de Registros Públicos (Lei n. 6.015/1977), ao determinar o registro na capital do Estado e não mais no Distrito Federal. Dispõe o art. 32 da Lei de Registros Públicos que os assentos de nascimento, óbito e de casamento de brasileiros em país estrangeiro serão considerados autênticos, de acordo com a legislação alienígena, se legalizadas as certidões pelos cônsules. Os assentos, entretanto, necessitam ser trasladados nos cartórios do 1º Ofício do domicílio do registrado (ou da capital do Estado) para produzir efeito no País.

O brasileiro no exterior somente pode casar-se com estrangeiro em repartição do país onde estiverem, sendo conferidos à autoridade consular poderes para certificar o casamento, fazer o assento e emitir certidão para o traslado no território brasileiro, nos termos do art. 1.544 do Código Civil[54].

1.10.9. Casamento por conversão da união estável

A Constituição Federal reconhece a união estável como entidade familiar e determina que a lei facilite sua conversão em casamento (art. 226, § 3º).

O art. 8º da Lei n. 9.278/1996 dispõe que os conviventes podem, a qualquer tempo, requerer a conversão da união estável em casamento.

O art. 1.726 do Código Civil também regula a conversão mediante pedido dos companheiros ao juiz e assento no Registro Civil, porém dificultando-a em razão da intervenção judicial, sem regulamentar o procedimento, contrariando a determinação constitucional de facilitar sua conversão em casamento, ao dispor que:

> Art. 1.726. A união estável poderá converter-se em casamento, mediante pedido dos companheiros ao juiz e assento no Registro Civil.

Na omissão do código, deve ser adotado o procedimento de habilitação previsto no art. 1.526 do Código Civil, perante o ofício do Registro Civil, com manifestação do Ministério Público e homologação judicial, como era previsto no art. 8º da Lei n. 9.278/1996, que dispunha que "os conviventes poderão, de comum acordo e a qualquer tempo, requerer a conversão da

---

[54] RUSSO, José. Casamento perante autoridade consular. *Revista Brasileira de Direito de Família*, cit., p. 63.

união estável em casamento, por requerimento ao oficial do registro civil da circunscrição de seu domicílio".

No pedido de conversão, devem ser observados os requisitos para o casamento, a inexistência de impedimento e causas suspensivas e a fixação, na sentença, do período em que se iniciou a união estável, para determinar as datas de aquisição de direitos e deveres, procedendo-se ao registro de acordo com a ordem judicial, sem necessidade de celebração, por tratar-se de conversão em casamento. A questão, entretanto, não é pacífica, tendo os Estados regulado a conversão da união estável em casamento mediante provimentos das corregedorias de justiça.

Em Minas Gerais o Provimento n. 260/CGJ–MG/2013 estabelece procedimentos diferentes para a conversão da união estável e da união homoafetiva em casamento sem reconhecimento da data do início da união estável ou com reconhecimento da data em que se iniciou a união.

Não existindo reconhecimento do início da união, a conversão será requerida diretamente ao oficial do registro civil, que promoverá a devida habilitação para verificar a inexistência dos impedimentos. Após o oficial lavrar o respectivo assento, registrará a conversão da união estável no Livro "B", de registro de casamento, dispensando-se a celebração e demais solenidades, mas sem constar a data do início da união estável (art. 522)[55].

Na conversão com reconhecimento da data do início da união estável, o pedido deve ser judicial, aplicando-se procedimento análogo ao da produção antecipada de provas (arts. 381 a 383, CPC). Em seguida será expedido mandado judicial ao oficial do registro civil para o registro da conversão em casamento, constando a data do início da união estável. Dispõe o art. 523 do Provimento n. 260/CGJ-MG/2013 que:

---

[55] "Art. 522. A conversão da união estável em casamento será requerida pelos conviventes ao oficial de registro civil das pessoas naturais da sua residência.

§ 1º Para verificar a superação dos impedimentos e o regime de bens a ser adotado no casamento, será promovida a devida habilitação e lavrado o respectivo assento nos termos deste título.

§ 2º Uma vez habilitados os requerentes, será registrada a conversão de união estável em casamento no Livro "B", de registro de casamento, dispensando-se a celebração e as demais solenidades previstas para o ato.

§ 3º Não constará do assento data de início da união estável, não servindo este como prova da existência e da duração da união estável em período anterior à conversão."

Art. 523. Para conversão em casamento com reconhecimento da data de início da união estável, o pedido deve ser direcionado ao juízo competente, que apurará o fato de forma análoga à produção antecipada da prova prevista nos arts. 381 a 383 do Código de Processo Civil.

Parágrafo único. Após o reconhecimento judicial, o oficial de registro lavrará no Livro "B", mediante apresentação do respectivo mandado, o assento da conversão de união estável em casamento, do qual constará a data de início da união estável apurada no procedimento de justificação.

A declaração dos conviventes ao oficial do registro civil, especificando a data do início da união, é suficiente para constar no registro, evitando pedido ao juiz, o que agiliza e desburocratiza a conversão.

1.10.10. Casamento putativo

Casamento putativo é o casamento inválido ao qual se reconhecem efeitos, em homenagem à boa-fé de um ou de ambos os cônjuges e dos filhos. O casamento só produz efeitos com relação ao contraente de boa-fé, abrangendo desde a celebração do casamento até o trânsito em julgado da decisão que declarou o matrimônio nulo ou anulável, produzindo efeitos *ex nunc*. Os efeitos da sentença retroagem à celebração apenas quanto ao cônjuge que agiu com má-fé, produzindo efeitos *ex tunc*.

Se ambos estavam de boa-fé, o casamento nulo ou anulável produz os efeitos para estes até o dia do trânsito em julgado da sentença, importando inclusive em partilha dos bens. Prevalece a emancipação obtida com o casamento contraído enquanto menores, podem os ex-cônjuges continuarem usando o nome do outro e ambos possuem direitos a alimentos.

Se apenas um dos cônjuges estava de boa-fé, que nada mais é do que a ignorância da existência de impedimentos para o casamento, somente este se beneficiará com a declaração do casamento putativo, não sendo reconhecido ao cônjuge que agiu com má-fé nenhum dos efeitos do matrimônio, não possuindo, em consequência, direito à partilha de bens do outro, direito a alimentos ou de usar o nome.

Atualmente, saber se o casamento é putativo só tem interesse para os cônjuges, em face da igualização dos filhos, sem distinção, subsistindo quanto a estes todos os efeitos, independentemente da boa-fé dos pais. O casamento putativo é regulado pelo art. 1.561 do Código Civil[56].

1.10.11. Casamento fiduciário

Também denominado *casamento simulado ou fictício* é o casamento realizado para manter uma posição jurídica e não para constituir uma família, utilizando-se das vantagens de casado. Coloca-se no plano da validade do vínculo matrimonial, estatuído à sombra da norma jurídica, produzindo efeitos de direito que não são os queridos por quem pretende constituir matrimônio. Esta modalidade foi muito utilizada para ilidir perseguições raciais ou políticas nas guerras e, atualmente, para obter passaporte, aquisição de nacionalidade ou cidadania do outro nubente, sem que, em momento algum, tivessem vivido como marido e mulher[57].

1.10.12. Casamento avuncular

Casamento avuncular é denominação dada em antropologia (ciência que tem por objetivo estudar e classificar as características físicas do homem e dos grupos humanos) ao casamento entre tios e sobrinhos. O parentesco entre colaterais no 3º grau é impedimento para o casamento, restando nulo o matrimônio contraído, entretanto, como já visto, o impedimento pode ser relativizado por autorização judicial após periciado o casal por dois médicos e constatada a inexistência de riscos para a prole (art. 1.521, IV, do CC e Decreto n. 3.200/1941).

Euclides de Oliveira leciona que a união conjugal entre tios e sobrinhos é tipificada em expressão de pouco uso, ligada à ciência antropológica, de *casamento avuncular*. A expressão dizia respeito originariamente ao tio

---

[56] "Art. 1.561. Embora anulável ou mesmo nulo, se contraído de boa-fé por ambos os cônjuges, o casamento, em relação a estes como aos filhos, produz todos os efeitos até o dia da sentença anulatória.

§ 1º Se um dos cônjuges estava de boa-fé ao celebrar o casamento, os seus efeitos civis só a ele e aos filhos aproveitarão.

§ 2º Se ambos os cônjuges estavam de má-fé ao celebrar o casamento, os seus efeitos civis só aos filhos aproveitarão."

[57] CAHALI, Yussef Said. Casamento fiduciário, fictício ou simulado. *Enciclopédia Saraiva do Direito*. São Paulo: Saraiva. v. 132. p. 420.

materno, estendendo-se posteriormente para as outras hipóteses de casamento entre tios e sobrinhos (tias maternas e paternas e tios paternos), não devendo ser confundida com *avoengo*, procedente e relativo aos avós. Citando diversos doutrinadores, ressalta, ainda, que são impedidos de se casarem os parentes na linha reta ligados por laços de sangue e adoção e os afins, entretanto, na linha colateral, a afinidade não gera impedimento, abrangendo apenas os parentes consanguíneos. A união entre tio e sobrinha ou tia e sobrinho é impedida por serem parentes no 3º grau, tratando-se de resquício do velho *tabu do incesto*, prendendo-se os motivos na proteção da prole em razão dos riscos de saúde para os descendentes e também nas razões de ordem ética, decorrentes da proximidade das pessoas no âmbito familiar. No Brasil, a legislação anterior ao Código de 1916 vedava o casamento somente entre irmãos, permitindo-se os casamentos entre tios e sobrinhos. O Código Civil de 1916 ampliou o impedimento para os colaterais do 3º grau. O Decreto-Lei n. 3.200/1941, que continua em vigor, excepcionou o impedimento se houver autorização judicial. Em outros países, o impedimento atinge só a irmãos (Argentina) ou aplica-se também ao 3º grau (Grã-Bretanha, Austrália, Canadá, Japão, Espanha, alguns estados dos Estados Unidos, França e Itália). O tabu do casamento de tios e sobrinhos, entretanto, esvai-se porque a consanguinidade, neste grau, não mostra riscos de afetar a prole e não causa mais tensão ou violência na moralidade das famílias[58].

1.10.13. Casamento sorodato ou levirato

Esta modalidade de casamento existiu entre os judeus antes de Cristo, previsto na Lei Mosaica, que determinava que a linha reta da família era definida pelo primogênito (primeiro filho homem do casal). Se o primogênito falecesse sem deixar filhos, seu irmão deveria se casar com a viúva para que o primeiro filho fosse o primogênito, seguindo a linhagem. Também conhecido como casamento de cunhado, era o costume pelo qual a viúva não devia vir a pertencer a um homem estranho, alheio, isto é, ela não devia casar-se com alguém fora da família. Quando seu cunhado a tomava, pelo primogênito, levava não o nome do cunhado, mas o do falecido, dando

---

58 OLIVEIRA, Euclides de. Casamento avuncular: dispensa de impedimento ou a quebra do tabu do incesto. *Revista Jurídica Leis e Letras*. n. 10. Fortaleza: Leis e Letras, 2007. p. 41-42.

continuidade à linhagem familiar e à sucessão hereditária, que permanecia na família do falecido. Segundo Deuteronômio 25:5-10, este casamento se aplicava quer o irmão sobrevivente fosse casado, quer não.

1.10.14. Casamento póstumo

Era uma modalidade interessante de casamento que existiu na Península Ibérica e ocorria quando o soldado (português ou espanhol), que possuía noiva ou concubina, falecia ao prestar serviços nas colônias. Para garantir a sobrevivência e o bom nome da mulher, bastava comprovar que havia promessa de casamento (promessa esponsalícia) e ela era declarada, por sentença, casada.

O soldado, portanto, era declarado casado após a morte, enquanto a mulher era declarada casada e viúva ao mesmo tempo.

1.11. Provas do casamento

1.11.1. Introdução

O casamento que tenha realmente ocorrido de forma válida exige comprovação do ato, como qualquer negócio jurídico, mediante a certidão extraída do assento no Registro Civil. A prova do casamento é fundamental em razão de seus efeitos quanto aos consortes e à prole, como a de estabelecimento do regime de bens, a condição de meeiro ou não do cônjuge, de herdeiro legítimo e a comunicação dos bens adquiridos na sua constância; a obrigação de prestar alimentos ao consorte; a nulidade de núpcias posteriores; a presunção da paternidade dos filhos nele havidos, entre outros[59].

O casamento exige prova pré-constituída para sua comprovação, por meio da certidão do registro lavrado no livro do Registro Civil logo após sua celebração, na hipótese de casamento civil (art. 1.536 do CC), ou posteriormente como ocorre no casamento nuncupativo (art. 1.541, § 3º, do CC) e no casamento religioso com efeitos civis (art. 1.516, §§ 1º e 2º).

A legislação é rigorosa na prova do casamento, não podendo, em princípio, ninguém alegar estado de casado sem a certidão do registro, todavia,

---

[59] GONÇALVES, Carlos Roberto. *Direito civil brasileiro* – Direito de família, cit., p. 95.

excepcionalmente pode ser provada a existência do matrimônio na ausência do registro, como por extravio ou destruição do livro de assentos ou mesmo por ausência do próprio registro, admitindo-se, portanto, outras provas de sua existência e validade.

1.11.2. Prova direta específica

O casamento se prova diretamente, denominada prova *específica*, pela Certidão de Casamento expedida pelo Cartório de Registro Civil, quando celebrado no Brasil. Dispõe expressamente o art. 1.543, *caput,* do Código Civil que "o casamento celebrado no Brasil prova-se pela certidão do registro".

Também se prova pela Certidão de Casamento, quando celebrado no exterior perante o cônsul brasileiro (casamento consular) ou mesmo de brasileiros perante a autoridade alienígena, obedecendo aos requisitos da legislação local (art. 7º, 13 e 14 da LINDB). O documento estrangeiro, para produzir efeitos no Brasil, deverá, entretanto, ser traduzido e autenticado pelo agente diplomático brasileiro e registrado no Cartório de Registro Civil do domicílio de um ou de ambos os cônjuges e, na falta, no 1º Ofício da Capital do Estado. Não se trata de novo casamento, mas de trasladar no Brasil o matrimônio realizado no exterior, sendo expedida certidão de traslado. O consulado brasileiro tem competência para registrar e expedir certidões, mas também o casamento celebrado pelo cônsul deve ser trasladado para o Cartório do Registro Civil no Brasil, no prazo de 180 dias a contar da volta do brasileiro (art. 1.544 do CC).

1.11.3. Prova direta supletória

O casamento, conforme já visto, consuma-se pela celebração e não pelo registro no livro próprio no Cartório de Registro Civil, por não ser requisito ou formalidade essencial à sua validade, mas a prova do ato. Pode ocorrer, entretanto, que o oficial, por negligência ou dolo, não registrou o casamento, o livro de assento foi extraviado ou destruído (dolosamente, por inundação, incêndio, guerra), não existindo mais a prova direta específica do matrimônio.

Neste caso, admite-se, supletivamente, qualquer outra espécie de prova, como testemunhas do casamento, passaportes, documentos idôneos constando o estado civil de casados, certidão de proclamas, fotografias da celebração, entre outros, mediante *ação declaratória do casamento*, perante o Juiz de Família e com intervenção do Ministério Público, dispondo o parágrafo único do art. 1.543 do Código Civil que "justificada a falta ou perda do registro civil, é admissível qualquer outra espécie de prova".

A ação declaratória, para ser julgada procedente, exige dois requisitos em momentos distintos: um momento inicial de justificação da falta ou perda do registro e um momento subsequente em que se verifica a evidência da existência do casamento, demonstrada por outros documentos ou mesmo por testemunhas[60].

Supre-se, portanto, a certidão do casamento (prova específica) por outras provas diretas supletivas ou supletórias da existência do matrimônio.

A sentença judicial será registrada no livro do Registro Civil e retroage seus efeitos no que toca ao cônjuge e aos filhos, desde a data da celebração, conforme determina o art. 1.546 do Código Civil.

1.11.4. Prova indireta ou posse do estado de casados

Na hipótese de os cônjuges terem falecido, sofrerem de doença mental ou declarados ausentes, impossibilitando dar informações necessárias que possibilitem indicar o local do casamento ou averiguar o cartório em que foi celebrado, ou ainda justificar a impossibilidade de extrair certidão, admite-se, excepcionalmente, em favor da prole comum, a comprovação, não do casamento, mas da *posse do estado de casados* de um homem e uma mulher que viveram notória e publicamente como casados. Prova-se indiretamente o casamento daqueles que não podem manifestar vontade ou já faleceram (art. 1.545 do CC).

O matrimônio não se presume, sob pena de duas pessoas serem consideradas marido e mulher pelo fato de coabitarem e conviverem sob o mesmo teto, entretanto, admite a presunção da posse do estado de casados em benefício da legitimidade dos filhos, para eliminar dúvidas entre as provas a favor e contra o casamento e, até mesmo, segundo alguns autores, como elemento saneador de eventuais defeitos formais do matrimônio,

---

60 RODRIGUES, Silvio. *Direito civil* – Direito de família, 27. ed., cit., p. 71.

eliminando vícios na celebração do casamento, impedindo que fosse invalidado. O art. 1.547 do Código Civil dispõe expressamente que, na dúvida entre as provas a favor e contra, julgar-se-á pelo casamento se o homem e a mulher viverem ou tiverem vivido na posse do estado de casados.

Assim, salvo se comprovado o casamento de um dos cônjuges com outra pessoa mediante Certidão do Registro Civil, não se pode contestar a presunção do casamento em prejuízo dos filhos (art. 1.545 do CC), orientando, ainda, o juiz a julgar em favor do casamento na dúvida das provas (art. 1.547 do CC). Exige-se para reconhecimento da presunção da posse do estado de casados, os seguintes requisitos:

- *Nomen* – devem usar o nome de casados; a mulher deve usar o nome do marido ou o marido usar o nome da mulher (art. 1.565, § 1º, do CC);
- *Tratactus* – o homem e a mulher deviam tratar-se como se fossem casados. O tratamento devia ser mútuo, mantendo-se os direitos e deveres de casados. Trata-se do elemento interno ou subjetivo do estado de casados.
- Fama ou *reputatio* – devem ser tidos pela sociedade como marido e mulher, na condição de casados, ressaltando o elemento externo e objetivo de viverem como marido e mulher.

Maria Helena Diniz, citando Caio Mário e Silvio Rodrigues, leciona que a posse do estado de casados não constitui propriamente uma prova do casamento, uma vez que o casamento não se presume, mas vale para comprovar indiretamente casamento de pessoas falecidas, em benefício da prole; para eliminar dúvidas entre provas a favor e contra o matrimônio e para sanar eventuais falhas de forma no respectivo assento. Orienta, ainda, que a posse do estado de casados só pode ser invocada pelos filhos se os pais forem falecidos, declarados ausentes ou sofrerem de doença mental, pois se um deles for vivo e lúcido pode indicar o lugar onde se encontra o registro do casamento e na sua falta as provas supletórias, provando-se diretamente o matrimônio[61].

---

[61] DINIZ, Maria Helena. *Curso de direito civil brasileiro*. 17. ed., cit., p. 120.

1.12. Casamento inválido

1.12.1. Considerações gerais – casamento inexistente e irregular

Casamento inválido é o casamento nulo e anulável, dissolvendo o vínculo conjugal constituído com vícios de ordem pública (nulidade) ou de ordem privada no interesse dos próprios contraentes (anulabilidade). A declaração de invalidade do casamento anteriormente possuía muita importância no direito brasileiro por constituir a única forma de dissolver em vida o vínculo conjugal[62], já que o divórcio ao vínculo somente foi admitido no direito pátrio a partir da Emenda Constitucional n. 9, de 28 de junho de 1977. A partir da Constituição Federal de 1988, possibilitando amplamente o divórcio, facilitado ainda mais pela Lei n. 11.441/2007 ao permitir a dissolução do vínculo extrajudicialmente e a EC n. 66/2010 excluindo os prazos e sem necessidade de elencar os motivos, as ações anulatórias e de nulidade do casamento tornaram-se raras.

Aplicam-se parcialmente no casamento inválido os critérios e princípios da Teoria Geral das Nulidades que estabelecem a distinção entre atos nulos e anuláveis. Não se aplicam integralmente porque o casamento possui peculiaridades. Por exemplo, enquanto o ato nulo não possui eficácia, no casamento produz diversos efeitos como prova da filiação dos filhos, impedimento por afinidade, proibição de casamento da mulher nos 300 dias subsequentes à nulidade, alimentos e as diversas consequências do casamento putativo (art. 1.561 do CC).

Enquanto nas nulidades em geral o juiz deve pronunciar de ofício, quando conhecê-las (art. 168, parágrafo único, do CC), no casamento não pode decretar *ex officio* a sua nulidade, devendo, como ensina Silvio Rodrigues[63], comunicá-la ao Ministério Público para promover a ação (art. 1.549 do CC). César Fiuza discorda deste posicionamento ao lecionar que os defeitos graves são os impedimentos absolutos e a enfermidade mental que compromete o discernimento para os atos da vida civil, podendo ser requerida a anulação (nulidade) do casamento por qualquer interessado, pelo Ministério Público e o próprio juiz decretá-la de ofício, não existindo prazo decadencial[64]. A regra

---

[62] RODRIGUES, Silvio. *Direito civil* – Direito de família. 27. ed., cit., p. 79-80.

[63] RODRIGUES, Silvio. *Direito civil* – Direito de família. 27. ed., cit., p. 82.

[64] FIUZA, César. *Direito civil* – Curso completo. 10. ed., cit., p. 966.

contida no art. 1.549 do Código Civil, entretanto, ao tratar da legitimidade em dispositivo próprio para propor a ação de nulidade matrimonial, conferindo-a apenas ao interessado e ao Ministério Público, como guardião do interesse da sociedade, excepciona a regra geral da Teoria das Nulidades, retirando do juiz o poder de decretar de ofício a nulidade do casamento, mesmo que provadas em processo que preside.

Os *atos nulos* são realizados com infração de preceitos legais obrigatórios, mesmo reunindo os elementos essenciais, contendo cláusulas contrárias à ordem pública e aos bons costumes, tornando-se insanáveis, enquanto os *atos anuláveis* ou de *nulidade relativa* são aqueles que advêm de vícios de vontade ou são emanados pelo relativamente incapaz, mas que se consolidam pelo decurso do tempo ou ratificação, por atender ao interesse privado, sendo, portanto, sanáveis.

A doutrina distingue os atos nulos e anuláveis pelos seguintes caracteres:

a) decreta-se a anulabilidade no interesse privado da pessoa prejudicada e a nulidade no interesse público, geral;
b) sana-se a anulabilidade pela ratificação ou confirmação, ao passo que a nulidade é insanável, ainda que desejada pelas partes;
c) a anulabilidade é prescritível, enquanto a nulidade não prescreve;
d) declara-se a anulabilidade a requerimento das próprias partes diretamente interessadas, ao passo que a nulidade decreta-se a pedido destes, dos prejudicados que possuam legítimo interesse ou do Ministério Público, legítimo representante da sociedade[65].

Observa-se, portanto, que existe uma gradação no tocante à violação dos atos jurídicos. Os defeitos mais graves e contrários à ordem pública são nulos, enquanto os que estão eivados especialmente por vícios de consentimento e interessam apenas às partes, são anuláveis.

O Código Civil, entretanto, silencia-se quando o vício é de tal forma que compromete a própria existência do matrimônio, ocorrendo o que a doutrina chama de casamento inexistente.

Casamento inexistente é o que não reúne elementos de fato que caracterizam a sua natureza e sem os quais é impossível imaginá-lo, como a ausência

65 MONTEIRO, Washington de Barros. *Curso de direito civil*. 33. ed., cit., p. 84.

de consentimento válido e a solenidade do ato nupcial (celebração). O casamento inexistente não se formou, mesmo com defeitos como ocorre no casamento nulo e anulável. Não existe no mundo jurídico. A doutrina considera inexistente, portanto, o casamento com ausência de consentimento e quando não houver celebração. Antes da admissão do casamento de pessoas do mesmo sexo pelo judiciário, também era considerado inexistente.

Oportuna a lição de Maria Berenice Dias de que, quando se fala em inexistência, não se está falando em inexistência material, mas em inexistência jurídica. O casamento inexistente, ou na terminologia alemã o não casamento, existe de fato, mas não tem relevância jurídica, não produz efeitos jurídicos. Ressalta a grande dificuldade de estabelecer no plano teórico a distinção entre o nulo e o inexistente, fazendo surgir diversas discussões e problemas na zona de fronteira, especialmente para estabelecer os elementos essenciais à existência do negócio jurídico em geral. Conclui que, nas hipóteses eleitas pela doutrina de casamento inexistente, a única que era sustentável é o casamento homoafetivo (hoje válido), já que a ausência de celebração corresponde a uma falsa celebração, restando contaminada pela incompetência do celebrante (art. 1.550, VI, do CC), enquanto a ausência de consentimento importa vício de vontade (art. 1.558 do CC). Assim, a distinção de casamento nulo de inexistente, no fundo, nada mais é do que uma forma de repúdio ao casamento de pessoas do mesmo sexo, que atualmente restou afastado. Cita Sílvio Venosa, para reforçar, dizendo que um ato nulo ou que não existe é, sob todos os pontos, a mesma coisa[66].

O conceito de casamento inexistente surgiu na doutrina francesa ao consagrar o preceito de que em *matiére matrimoniale, pas de nullité sans texte*, ou seja, *em matéria matrimonial não há nulidade sem texto*. A nulidade do casamento somente ocorre se prevista em lei.

Diante dessa regra, os doutrinadores questionam sobre o procedimento quanto às hipóteses tradicionais de casamento inexistente, ou seja, quando não houve consentimento do contraente ou quando não ocorreu a celebração.

Pontes de Miranda orienta que os princípios que regem as nulidades não se aplicam aos casamentos inexistentes. Esses casamentos não permitem, sequer, ação de nulidade propriamente dita. Pode o interessado, porém, requerer declaração ao juiz que, examinando o título e a situação de fato,

---

66 DIAS, Maria Berenice. *Manual de direito das famílias*. 4. ed., cit., p. 247-248 e 252.

dirá se é inexistente ou não, se a situação tem ou não existência legal, sumarissimamente, em simples despacho[67]. Washington de Barros comunga o mesmo entendimento e cita Carvalho Santos, para concluir que nas hipóteses de identidade de sexos (hoje não se aplica mais pois o casamento homoafetivo é válido), ausência de consentimento e falta de celebração, em princípio, não há necessidade de ação para obter-se a declaração da inexistência do casamento. Todavia, se o fato depender de provas, é imprescindível o processo judicial[68].

Silvio Rodrigues, por seu turno, critica a concepção de casamento inexistente e afirma que, no caso de o casamento estar registrado, não pode ser cancelado por simples despacho judicial, sem audiência da outra parte, exigindo ação ordinária de nulidade em processo regular e sentença com trânsito em julgado. Conclui que deve ser afastado o preconceito de que não há nulidade sem texto e que a ideia de inexistência deve ser substituída vantajosamente pela nulidade[69].

O certo é que casos podem ocorrer que exijam instrução probatória, como a discussão se realmente não houve consentimento ou foi viciado. Nesse caso, pode cuidar-se de anulabilidade e não de inexistência do casamento, o que exige ação ordinária declaratória de inexistência do casamento para apuração dos fatos.

Necessário ainda, se estiver registrado no assento civil, ação declaratória de inexistência para cancelamento do registro, que só pode ocorrer mediante sentença.

O casamento inexistente, se efetivamente existiu convívio entre os parceiros, pode configurar união estável e sua conversão em casamento.

A diversidade de sexos, antes causa de inexistência, não era confundida com as hipóteses de dubiedade de sexos, malformação dos órgãos genitais, de disfunção sexual e até mesmo do transexual a autorizar o reconhecimento de inexistência do casamento, hipóteses que permitem, quando muito, a anulabilidade do ato. Transexual é a pessoa que anatomicamente possui um

---

67 MIRANDA, Pontes de. *Tratado de direito de família*. 3. ed. São Paulo: Bookseller, 2001. v. I. p. 60.

68 MONTEIRO, Washington de Barros. *Curso de direito civil* – Direito de família. 33. ed., cit., p. 84.

69 RODRIGUES, Silvio. *Direito civil* – Direito de família. 27. ed., cit., p. 83-86.

sexo e psicologicamente se sente do outro, ocorrendo uma desconformidade entre o sexo anatômico e o psicológico. O critério anatômico identificado pela aparência externa, com a evolução das técnicas cirúrgicas pode ser modificado para coincidir com o elemento interno ou psicológico da pessoa, com o sexo vivenciado por ela, situando-se como um direito da personalidade. Com fundamento no princípio da dignidade da pessoa humana é permitida a retificação do registro civil, alterando o prenome e a identificação sexual, permitindo o casamento do transexual[70]. Atualmente, repita-se, é válido o casamento de pessoas do mesmo sexo e permite-se a retificação no registro civil dos transexuais, independentemente de cirurgia.

O *casamento irregular*, por seu turno, é casamento válido, celebrado com violação das causas suspensivas (art. 1.523 do CC), sem acarretar sua nulidade ou anulabilidade, impondo, tão somente, sanções econômicas aos contraentes (arts. 1.641, I, e 1.489, II, do CC), especialmente a obrigatoriedade do regime de separação legal de bens. A partir do Código Civil de 2002, foram transformados os impedimentos precautórios em causas suspensivas, permitindo, inclusive, não serem aplicadas pelo juiz se não existirem prejuízos para os interessados que a lei visa proteger.

O próprio regime de separação de bens foi relativizado pela Súmula n. 377 do Supremo Tribunal Federal, que reconhece a comunicação dos bens adquiridos onerosamente na constância do casamento.

1.12.2. Casamento nulo

A nulidade absoluta do casamento ocorria em duas hipóteses: quando contraído pelo enfermo mental sem o necessário discernimento para os atos da vida civil e por infringência de impedimentos, conforme dispunha o art. 1.548 do Código Civil, até ser alterado pela Lei n. 13.146/2015, dispondo atualmente que:

> Art. 1.548. É nulo o casamento contraído:
>
> I – (Revogado pela Lei n. 13.146/2015);
>
> II – por infringência de impedimento.

[70] DIAS, Maria Berenice. *Manual de direito das famílias*. 4. ed., cit., p. 134.

O Estatuto da Pessoa com Deficiência (Lei n. 13.146/2015), dispõe expressamente no art. 85[71] que a curatela afeta tão somente os atos de natureza patrimonial e negocial, não alcançando os direitos personalíssimos, como o direito ao matrimônio; entretanto, para a validade do casamento, é necessária a manifestação íntegra e consciente dos contraentes. Não possuindo a pessoa discernimento sobre o ato que está praticando e capacidade de exprimir sua vontade, ainda que o enfermo mental seja apenas relativamente incapaz, diante das alterações nos arts. 3º e 4º e 1.548, I, do Código Civil, promovidas pela Lei n. 13.146/2015, o casamento é inexistente, por ausência de consentimento válido. A plena incapacidade de exprimir a vontade difere da incapacidade relativa, que não impede a celebração do casamento, autorizando apenas a anulação, se for viciada.

Nos termos do inciso II do art. 1.548, fulmina de nulidade o casamento entre parentes consanguíneos, na linha reta e na colateral até o terceiro grau, ou afins na linha reta ou entre pessoas que, no seio da família, assumem, pela adoção, posição idêntica aos parentes (art. 1.521, I a V, do CC), plenamente justificado em razão da moralidade familiar, da confiança e do respeito que devem existir numa família e para evitar a degeneração da raça (ressaltando a possibilidade do casamento de colaterais no terceiro grau desde que precedido de exame pré-nupcial, Decreto-Lei n. 3.200/1941); entre pessoas casadas (art. 1.521, VI, do CC); entre o cônjuge sobrevivente com o autor do homicídio ou tentativa de homicídio contra seu consorte (art. 1.521, VII, do CC). Percebe-se, portanto, que a nulidade do casamento deriva de enfermidade mental, impossibilitando discernimento para os atos da vida civil, incesto, bigamia e crime de homicídio consumado ou tentativa[72].

Assim, é nulo o casamento nos termos do art. 1.521, do Código Civil:

a) dos ascendentes com os descendentes;

b) dos afins em linha reta;

c) do adotante com o ex-cônjuge do adotado e vice-versa;

---

[71] "Art. 85. A curatela afetará tão somente os atos relacionados aos direitos de natureza patrimonial e negocial.

§ 1º A definição da curatela não alcança o direito ao próprio corpo, à sexualidade, ao matrimônio, à privacidade, à educação, à saúde, ao trabalho e ao voto."

[72] DINIZ, Maria Helena. *Curso de direito civil brasileiro* – Direito de família. 17. ed., cit., p. 257-258.

d) entre os irmãos, sempre, e também dos tios e sobrinhos (3º grau), mas estes podem obter autorização judicial, nos termos do Decreto-Lei n. 3.200/1941;

e) do adotado com o filho do adotante, já que civilmente são irmãos;

f) das pessoas casadas;

g) do cônjuge sobrevivente com o condenado por homicídio ou tentativa contra o seu consorte.

O impedimento em razão da afinidade somente ocorre na linha reta, como o padrasto e a enteada, o marido com a neta da esposa, o sogro com a nora e vice-versa, não existindo impedimentos entre os afins na linha colateral, podendo a divorciada casar-se com o irmão do ex-marido.

Em razão da descriminalização do crime de adultério pela Lei n. 11.106/2005, o Código Civil excluiu, como impedimento matrimonial, a condenação do cônjuge adúltero e seu corréu, permitindo-se o casamento válido entre eles.

O crime de homicídio, consumado ou tentado, a justificar o impedimento ou importar nulidade do casamento, é o crime doloso, excluindo-se o culposo, ou seja, quando o agente não tinha a intenção ou assumiu o risco de praticá-lo.

A Lei n. 13.811/2019 proibiu, em qualquer caso, o casamento do menor de 16 anos, modificando o art. 1.520 do Código Civil, como será abordado. Assim, os menores de 16 anos também são impedidos de se casarem, restando nulo se o casamento for contraído.

A legitimidade para propositura da ação declaratória de nulidade de casamento somente é deferida às pessoas que tiverem legítimo interesse, que pode ser moral (o próprio cônjuge inocente, o consorte bígamo, ascendentes, descendentes, irmãos), econômico (filhos do leito anterior, colaterais sucessíveis, credores dos cônjuges, adquirentes de bens) e social (Ministério Público).

O Código Civil atual não reproduziu o art. 208, II, do Código Civil de 1916, que vedava o ajuizamento da ação pelo Ministério Público se já houvesse falecido algum dos cônjuges, permitindo, portanto, a propositura da ação declaratória de nulidade sem restrições, apesar de argumentos em contrário, por já ter cessado o interesse da sociedade na declaração de nulidade do casamento dissolvido pela morte, posto que foi celebrado violando normas cogentes, de ordem pública. Estabelece o art. 1.549 do Código Civil que o pedido para decretação de nulidade de casamento realizado violando impedimentos pode ser promovida mediante ação direta, por qualquer interessado ou pelo Ministério Público.

Apesar de a morte também dissolver o vínculo do casamento, não faz cessar o direito do cônjuge sobrevivo, ou de outro interessado direto, de ajuizar ação declaratória de nulidade do casamento, em face da retroatividade de seus efeitos à data de sua realização, ou seja, por ter caráter declaratório, a sentença reconhece o fato que invalida o casamento, produzindo efeitos *ex tunc*. Assim, a situação dos contraentes retorna ao estado anterior, não produzindo efeitos pessoais matrimoniais, como o estado civil, regime de bens, nome e cumprimento do pacto antenupcial, exceto se o casamento for putativo, produzindo efeitos quanto ao cônjuge de boa-fé até a data do trânsito em julgado da sentença declaratória (art. 1.561 do CC). Da mesma forma, a nulidade do casamento não prejudica os direitos adquiridos a título oneroso por terceiros de boa-fé ou resultante de sentença transitada em julgado (art. 1.563 do CC).

NULIDADE DO CASAMENTO		
CAUSAS	LEGITIMIDADE PARA A AÇÃO	PRAZOS PARA PROPOSITURA DA AÇÃO DECLARATÓRIA
Por infringência de impedimentos (art. 1.548, II, do CC).	– Qualquer interessado – Ministério Público	A qualquer tempo
Por casamento de menor de 16 anos – Lei n. 13.811/2019. Nossa posição.	– Qualquer interessado – Ministério Público	A qualquer tempo

1.12.3. Casamento anulável

Conforme já ressaltado, enquanto no caso de nulidade absoluta há um interesse coletivo no desfazimento do matrimônio, por violar impedimentos considerados de ordem pública, na anulabilidade ou nulidade relativa visa à proteção do interesse individual, por imperfeição no consentimento, ausência de consentimento do representante legal ou erro essencial sobre a pessoa do outro.

Trata-se, portanto, de casamento virtualmente válido, pois confere às pessoas que se casaram a faculdade de vê-lo subsistir, em vez de promoverem o seu desfazimento, já que o fato é indiferente à sociedade. A desobediência não afeta a ordem pública, apenas os interesses das pessoas que a lei visa proteger, cabendo-lhes, portanto, o direito de vê-lo subsistir, afastando a proteção colocada à sua disposição em vez de promoverem seu desfazimento. As hipóteses de anulação do casamento são menos graves que as causas de nulidade; na sua maioria há uma imperfeição de consentimento por imaturidade, erro, coação ou defeito mental[73].

O Código Civil de 1916 dispunha que o casamento era anulado por violação aos impedimentos relativos (não reproduzidos no Código de 2002) e quando celebrado em erro essencial quanto à pessoa do outro cônjuge. O Código atual trata, no seu art. 1.550, dos casos de anulação do casamento, incluindo, além das hipóteses da legislação anterior, a nulidade relativa quando realizado por mandatário sem que soubesse da revogação do mandato e por incompetência da autoridade celebrante, dispondo que:

> Art. 1.550. É anulável o casamento:
>
> I – de quem não completou a idade mínima para casar;
>
> II – do menor em idade núbil, quando não autorizado por seu representante legal;
>
> III – por vício da vontade, nos termos dos arts. 1.556 a 1.558;
>
> IV – do incapaz de consentir ou manifestar, de modo inequívoco, o consentimento;
>
> V – realizado pelo mandatário, sem que ele ou o outro contraente soubesse da revogação do mandato, e não sobrevindo coabitação entre os cônjuges;
>
> VI – por incompetência da autoridade celebrante.
>
> § 1º Equipara-se à revogação a invalidade do mandato judicialmente decretada.
>
> § 2º A pessoa com deficiência mental ou intelectual em idade núbil poderá contrair matrimônio, expressando sua vontade diretamente ou por meio de seu responsável ou curador.

---

73 RODRIGUES, Silvio. *Direito civil* – Direito de família. 27. ed., cit., p. 90-91.

Assim, autoriza o Código Civil a anulação do casamento contraído por quem não completou a idade núbil; pelo menor de 18 anos e que tenha completado 16, não autorizado pelo seu representante legal; por vícios de consentimento (erro essencial sobre a pessoa do outro cônjuge e coação); pelo incapaz de consentir ou manifestar, de modo inequívoco, o consentimento; pelo procurador, sem que ele ou o outro contraente soubesse da revogação do mandato, não sobrevindo coabitação entre os cônjuges; e por incompetência da autoridade celebrante.

A legitimidade para propor a ação anulatória é restrita aos próprios cônjuges e, em algumas hipóteses, aos representantes legais, ascendentes ou herdeiros necessários, não sendo conferida legitimidade ao Ministério Público por não existir interesse público no desfazimento do casamento.

1.12.3.1. *Anulação (ou nulidade) do casamento por ausência de idade núbil*

O inciso I do art. 1.550 dispõe que é anulável o casamento *de quem não completou a idade mínima para casar*, ou seja, homens e mulheres menores de 16 anos. Considera a lei que as pessoas que ainda não atingiram a idade núbil não possuem maturidade física e intelectual para assumirem as responsabilidades do casamento. A idade núbil sempre foi diferente entre homens e mulheres, tendo em vista que estas se desenvolvem fisiologicamente antes daqueles, exigindo do homem maior amadurecimento para exercer a chefia do lar. No direito romano, a idade núbil era 14 anos para os homens e 12 para as mulheres; no Decreto n. 181/1890, era 14 para as mulheres e 16 para os homens (art. 7º, § 8º); no Código Civil de 1916, era 16 para a mulher e 18 para o homem (art. 183, XII). O Código de 2002 igualou a idade núbil em 16 anos para homens e mulheres.

O Código Civil de 2002 (como também ocorria no CC/1916) admitia o suprimento da idade núbil em caso de gravidez e para evitar a imposição de pena criminal, permissão que foi revogada pela Lei n. 13.811/2019 ao dar nova redação ao art. 1.520 e proibir o casamento de menores de dezesseis anos. A permissão é vedada "em qualquer caso", logo, não comporta exceções.

A Lei n. 13.811/2019, entretanto, não regulou as consequências do ato se o casamento for realizado, surgindo discussões se seria anulável (já que continua a previsão no inciso I do art. 1.550, CC), ou nulo em razão da sua proibição (mas não consta na previsão do art. 1.548, CC). Maria Berenice Dias ressalta que:

> Mas há mais. No afã de impedir casamento de jovens com menos de 16 anos, não foram excluídos os arts. 1.551, 1.552 e 1.553 da lei civil que tratam do mesmo tema. Para Flávio Tartuce o inciso I do art. 1.550 não foi revogado e a anulabilidade ou nulidade relativa do casamento infantil continua em vigor. A mesma afirmativa vale quanto aos demais dispositivos, caso a proibição tenha passado despercebida pelo Cartório do Registro Civil ou se do casamento resultou gravidez[74].

Considerando a corrente que entende que os arts. 1.550, I, 1.551, 1.552 e 1.553 não foram tacitamente revogados, sana-se o defeito de idade se do casamento resulta gravidez, não importando se antes ou após a instauração da ação anulatória, ficando a mesma encerrada, posto que a gravidez presume que o casal possui aptidão procriatória[75], não existindo interesse social em se anular tal matrimônio, por ser preferível que o filho do menor, que demonstrou possuir maturidade pelo menos no campo fisiológico, encontre ao nascer, um lar constituído[76]. O art. 1.551 do Código Civil dispõe expressamente que "não se anulará, por motivo de idade, o casamento de que resultou gravidez".

O casamento do menor que não atingiu a idade núbil poderá ser ratificado quando completá-la, ou seja, quando completar 16 anos, com autorização dos representantes legais ou suprimento judicial, se necessário (art. 1.553 do CC).

A legitimidade para propor a ação de anulação do casamento dos menores de 16 anos é restrita ao próprio cônjuge menor, aos seus representantes legais ou aos seus ascendentes[77], no prazo de 180 dias, contados, para o menor, do dia que perfez 16 anos, e da data do casamento para seus representantes legais ou ascendentes (art. 1.560, § 1º, do CC).

---

[74] DIAS, Maria Berenice. *Manual de direito das famílias*. 13. ed., cit., p. 514.

[75] PEREIRA, Caio Mário da Silva. *Instituições de direito civil* – Direito de família. 7. ed., cit., p. 86.

[76] RODRIGUES, Silvio. *Direito civil* – Direito de família. 27. ed., cit., p. 52.

[77] "Art. 1.552. A anulação do casamento dos menores de dezesseis anos será requerida:
I – pelo próprio cônjuge menor;
II – por seus representantes legais;
III – por seus ascendentes."

A manutenção e a possibilidade de ratificação dos casamentos dos menores de 16 anos deve ser aplicada aos casamentos anteriores à modificação do art. 1.520 do Código Civil, pois a nova redação veda o casamento "em qualquer caso".

Apesar do art. 1.548 do Código Civil não prever expressamente a nulidade do casamento dos menores de 16 anos, a lei civil trouxe no art. 1.520 um impedimento absoluto, fundado em interesse público, para esse casamento. O que era um impedimento relativo, tornou-se um impedimento público, não comportando exceções, conforme leciona Rolf Madaleno:

> Menores de 16 anos não podem casar, nem com autorização judicial, ou de seu representante legal, pois existe uma nova ordem pública em relação ao direito matrimonial, vigendo novo conjunto de princípios jurídicos, tanto públicos como privados, políticos e econômicos, que formatam o atual ordenamento jurídico brasileiro, e dentro de suas atuais diretrizes, sem exceções, a lei impede o casamento de menores de 16 anos, que, acaso realizado, é absolutamente nulo[78].

Excluídas as exceções da redação original do art. 1.520 do Código Civil, os menores de 16 perderam a capacidade matrimonial, posto que absolutamente incapazes, o que reforça o entendimento da nulidade do casamento, já que são incapazes de consentir. Da mesma forma viola a vedação expressa da lei, o que também importa em nulidade (art. 166, I e VI, CC), e não autoriza convalidação ou ratificação (art. 169).

Inequívoco que a nova redação do art. 1.520 do Código Civil é incompatível com os arts. 1.550, I, 1.551, 1.552 e 1.553 do mesmo código, importando em revogação tácita, nos termos do art. 2º, § 1º, da LINDB.

1.12.3.2. *Anulação do casamento por ausência de autorização*

O inciso II prevê a anulação do casamento "do menor em idade núbil, quando não autorizado por seu representante legal". A ação só pode ser proposta no prazo de 180 dias, por iniciativa do incapaz, contado do dia que

[78] MADALENO, Rolf. Casamento de menor de 16 anos – nulidade ou anulação. Lei n. 13.811/2019. *Revista IBDFAM Famílias e Sucessões*. v. 32. Belo Horizonte: IBDFAM, mar./abr., 2019. p. 25.

cessar a incapacidade, por seus representantes legais (pais ou tutores) contados a partir do casamento ou por seus herdeiros necessários, contados da morte do incapaz.

Não se anulará, todavia, o casamento do menor em idade núbil quando seus representantes legais assistiram à celebração e não manifestaram discordância (ratificação tácita) ou, por qualquer outra forma, manifestaram sua aprovação.

A anulação do casamento em idade núbil sem autorização de seu representante legal é regulada no art. 1.555 do Código Civil ao dispor:

> Art. 1.555. O casamento do menor em idade núbil, quando não autorizado por seu representante legal, só poderá ser anulado se a ação for proposta em cento e oitenta dias, por iniciativa do incapaz, ao deixar de sê-lo, de seus representantes legais ou de seus herdeiros necessários.
>
> § 1º O prazo estabelecido neste artigo será contado do dia em que cessou a incapacidade, no primeiro caso; a partir do casamento, no segundo; e, no terceiro, da morte do incapaz.
>
> § 2º Não se anulará o casamento quando à sua celebração houverem assistido os representantes legais do incapaz, ou tiverem, por qualquer modo, manifestado sua aprovação.

1.12.3.3. *Anulação do casamento por vício de vontade*

O inciso III considera passível de anulação o casamento contraído *por vício da vontade, nos termos dos arts. 1.556 a 1.558*, que trata do erro essencial quanto à pessoa do outro cônjuge (art. 1.556 do CC) e da coação (art. 1.558 do CC).

Permite-se a anulação do casamento, por vício no consentimento, quando o nubente foi induzido a erro quanto ao outro, sendo considerado pelo Código Civil (art. 1.557) as seguintes hipóteses de erro essencial:

I – o que diz respeito à sua identidade, sua honra e boa fama, sendo esse erro tal que o seu conhecimento ulterior torne insuportável a vida em comum ao cônjuge enganado;

II – a ignorância de crime, anterior ao casamento, que, por sua natureza, torne insuportável a vida conjugal;

III – a ignorância, anterior ao casamento, de defeito físico irremediável, ou de moléstia grave e transmissível, pelo contágio ou herança, capaz de pôr em risco a saúde do outro cônjuge ou de sua descendência.

Erro é a falsa percepção da realidade, influindo na vontade declarada. A vontade real (interna) é irrelevante, pois a vontade declarada ou externa, denominada *consentimento*, desde que consciente, é que produz efeitos, não sendo raro a vontade interna não coincidir com a vontade declarada, como o contraente ser apaixonado por uma pessoa, mas casar-se com outra por inúmeros motivos, contrariando, conscientemente, seu desejo interno.

Se a pessoa tinha falsa percepção ou ignorância quanto ao outro, levando-a a praticar o ato, o que não ocorreria em caso contrário, sendo, portanto, causa determinante, cometeu em erro.

Sílvio Venosa ressalta que erro é forma de representação psíquica desacertada, incorreta, contrária à verdade. Como vício de vontade, no casamento, deve ser levado em conta seus princípios gerais, somente tendo o condão de anular o ato jurídico do erro substancial ou essencial quanto à pessoa do outro cônjuge, dispondo o Código Civil, na Parte Geral, que o erro é substancial "quando concorre à identidade ou à qualidade essencial da pessoa a quem se refira a declaração de vontade, desde que tenha influído nesta de modo relevante" (art. 139, II)[79].

A ação para anulação do casamento por erro essencial ou por coação é personalíssima, somente podendo ser intentada pelo cônjuge que incidiu em erro ou sofreu a coação (art. 1.559, 1ª parte, do CC). Se um dos cônjuges falecer, o casamento se consolida, restando prejudicado o ajuizamento da ação, não podendo ser proposta nem pelos herdeiros ou contra eles. Da mesma forma a coabitação, havendo ciência do vício, validará o casamento, ressalvadas as hipóteses do art. 1.557, III (desconhecimento anterior às núpcias de defeito físico irremediável, moléstia grave e transmissível)[80].

A ação para anulação do casamento por erro essencial deve ser proposta no prazo de três anos a contar da celebração (art. 1.560, III, do CC).

---

79 VENOSA, Sílvio de Salvo. *Direito civil* – Direito de família. 3. ed., cit., p. 127-128.

80 "Art. 1.559. Somente o cônjuge que incidiu em erro, ou sofreu coação, pode demandar a anulação do casamento; mas a coabitação, havendo ciência do vício, valida o ato, ressalvadas as hipóteses dos incs. III e IV do art. 1.557."

Exigem-se, para justificar a anulação do casamento por erro essencial, os seguintes requisitos:

a) um dos pressupostos taxativos do art. 1.557 do Código Civil;
b) anterioridade do defeito ao ato nupcial, ou seja, a qualidade negativa tem de ser anterior ao casamento; se posterior, não gera anulação;
c) desconhecimento do defeito pelo cônjuge inocente antes do casamento;
d) insuportabilidade para a constância do casamento após o conhecimento do fato pelo cônjuge enganado.

Considera-se erro essencial no inciso I do art. 1.557 do Código Civil, sobre a pessoa do outro cônjuge, "o que diz respeito à sua identidade, sua honra e boa fama", tornando insuportável a vida em comum.

A *identidade* pode ser física ou civil, sendo praticamente impossível o contraente enganar-se quanto à primeira (*error in corpore*), podendo, com muito esforço de raciocínio, ser admitida no casamento por procuração. Entretanto, quanto à civil, pode ocorrer que, apesar de solteiro(a), um dos contraentes já tiver vivido em concubinato, ter filhos de outro leito, utilizar-se de nome falso, entre outros.

O erro sobre a *honra*, que é o conjunto dos atributos morais e cívicos que torna a pessoa apreciada na coletividade e a *boa fama*, que é a estima social de que a pessoa goza por conduzir-se segundo os bons costumes, também configura erro essencial quando desqualifica o consorte. Deve ser considerada, ao examinar a questão, a sensibilidade moral do cônjuge enganado, pois o mesmo fato pode repercutir diversamente nas pessoas[81]. Admite-se a anulação do casamento por violação da honra e da boa fama em casos de prostituição do cônjuge antes do casamento, homem agressor em outros relacionamentos, vício em jogos de azar ilegais e tóxicos, vida desregrada, cáften que se passa por cavalheiro, entre outros.

O inciso II do art. 1.557 do CC, autoriza a anulação do casamento por erro essencial em face da "ignorância de crime, anterior ao casamento, que, por sua natureza, torne insuportável a vida conjugal", não mais exigindo o

81 PEREIRA, Caio Mário da Silva. *Instituições de direito civil* – Direito de família. 7. ed., cit., p. 88.

trânsito em julgado como ocorria no Código anterior. A prática de contravenção pode configurar defeito quanto à honra e à boa fama.

Atualmente, poder-se-á, portanto, anular o casamento sem condenação criminal do cônjuge e sem necessidade de o crime ser inafiançável, bastando que a natureza do crime torne insuportável a vida em comum, considerando a sensibilidade e os princípios éticos e morais do cônjuge enganado. A questão, entretanto, deve ser examinada com muito cuidado pelo juiz de família em razão do princípio da inocência do autor, enquanto a sentença condenatória criminal não transitar em julgado.

O inciso III, também do art. 1.557 do CC, considera erro essencial e prevê anulação do casamento por "ignorância, anterior ao casamento, de defeito físico irremediável, que não caracterize deficiência ou de moléstia grave e transmissível, pelo contágio ou herança, capaz de pôr em risco a saúde do outro cônjuge ou de sua descendência". Autoriza, portanto, duas hipóteses de erro essencial: defeito físico irremediável e moléstia grave e transmissível.

O *defeito físico irremediável* só autoriza a anulação, como determina a lei, se for irremediável, impedindo a realização dos fins matrimoniais, e ignorado pelo outro cônjuge, podendo ser mencionado o sexo dúbio, as deformações genitais, o infantilismo ou vaginismo e a impotência[82]. Até mesmo o pequeno tamanho do órgão genital masculino foi apontado como defeito físico irremediável a autorizar a anulação do casamento.

De todos, o mais comum é a impotência, que se apresenta sob várias formas: *coeundi* ou instrumental (consistente na inaptidão para o ato sexual), *generandi* (incapacidade para a fecundação – homem) e *concipiendi* (incapacidade para a concepção – mulher).

A impotência para a procriação ou esterilidade (*generandi* ou *concipiendi*), por si só, isoladamente, não é causa para anulação do casamento, tendo em vista que a procriação não é o único objetivo do casamento; entretanto, já existem julgados que entendem que a vasectomia, ignorada pela mulher e omitida pelo homem, anula o casamento. A impotência que autoriza a anulação do casamento é a instrumental, ou *coeundi*, já que neste caso a lei pre-

---

[82] MONTEIRO, Washington de Barros. *Curso de direito civil* – Direito de família. 33. ed., cit., p. 98.

sume *juris et de jure* (de direito e por direito) ser intolerável a vida em comum para o cônjuge enganado, que vê frustrar a justa expectativa de satisfação sexual no casamento[83].

Maria Berenice Dias leciona, entretanto, que nem a impotência *coeundi* nem a impotência *generandi* dão ensejo à anulação do casamento, podendo servir, no máximo, de justificativa para um pedido de separação. A ausência de fertilidade não compromete o matrimônio, não tendo como justificar o casamento nuncupativo, o advento da menopausa ou até mesmo ausência planejada da prole. Igualmente, a recusa de relacionamento sexual não pode dar ensejo à anulação do casamento. Não existe o chamado débito conjugal que imponha a prática sexual no casamento, já que o reconhecimento de eventual direito ao sexo pode consagrar a violência sexual entre cônjuges[84].

A posição no sentido de que a ausência de relacionamento sexual não dá ensejo à anulação do casamento, todavia, é minoritária na doutrina e na jurisprudência. O casamento gera a legítima expectativa de conjunção carnal, a plena comunhão de vida, ocorrendo frustração quando um cônjuge não conhecia a intenção ou a impossibilidade do outro, configurando-se erro essencial a autorizar a anulação do casamento, a impotência ou recusa para o ato sexual.

Entretanto, a impotência *coeundi* só anula o casamento se for absoluta, dividindo-se as correntes doutrinárias entre a física e psíquica. A primeira entende que só anula o casamento a impotência orgânica, fundada em causas físicas e que não admite reparação ou cura, como sexo impróprio, impossibilidade de ereção.

A segunda corrente, além das causas físicas, admite também a impotência psíquica, desde que absoluta, podendo ser genérica, quando a impotência atinge qualquer pessoa indistintamente, ou específica, quando impotente de forma absoluta apenas com o cônjuge e não com outras mulheres.

A impotência específica, entretanto, é de difícil prova e acolhimento no judiciário. O Tribunal de Justiça de Minas Gerais, em acórdão relatado pelo Des. Caetano Levi Lopes, não acolheu a alegação de erro essencial e

---

83 DINIZ, Maria Helena. *Curso de direito civil* – Direito de familia. 17. ed., cit., p. 269.

84 DIAS, Maria Berenice. *Manual de direito das famílias*. 4. ed., cit., p. 257-258.

pedido de anulação de casamento em razão de impotência para o ato sexual do marido com a esposa, mesmo a mulher comprovando integridade do hímen, não complacente, em razão de ausência de prova concreta do alegado erro essencial. A autora aduziu que teve frustrada sua expectativa de relacionamento íntimo com o consorte, por ser portador de impotência *coeundi*, circunstância que desconhecia antes do matrimônio, e comprovou que mantinha o hímen íntegro. O homem contestou alegando que não tiveram relações sexuais em razão de a esposa ter aversão a sexo e ser frígida, tanto que após a separação passou a viver em união estável com outra mulher e teve um filho. Não foi acolhida, portanto, a impotência específica[85].

A outra hipótese de erro essencial, prevista no inciso III, é a *moléstia grave e transmissível*, desconhecida do outro cônjuge e que também autoriza a anulação do casamento. Se o cônjuge inocente sabia da doença e assumiu o risco, o casamento é válido.

A lei não exige que o cônjuge doente tenha conhecimento da moléstia e também não exige que seja incurável, basta ter periculosidade e ser transmissível, cabendo na abrangência deste dispositivo a sífilis, a tuberculose, a AIDS, entre outras moléstias graves.

A redação original do Código Civil de 2002 autorizava, no inciso IV do art. 1.557, o reconhecimento de erro essencial por "ignorância, anterior ao casamento, de doença mental grave que, por sua natureza, torne insuportável a vida em comum ao cônjuge enganado". O legislador de 2002 desmembrou o conceito de doença mental, que era admitida no inciso anterior, na vigência do Código Civil de 1916, como moléstias mentais. O inciso IV, entretanto, foi revogado pela Lei n. 13.146/2015, não admitindo a anulação do casamento por doenças mentais graves desconhecidas pelo outro cônjuge, como ocorria, por exemplo, com a esquizofrenia, sadismo, oligofrenia, psicopatia, paranoia, psicose maníaco-depressiva.

A revogação do inciso IV do art. 1.557 do Código Civil, apesar do objetivo nobre de inclusão das pessoas com deficiência, é criticável se observado sob o interesse do cônjuge enganado, que não sabia, por exemplo, que seu consorte é psicopata ou sádico, colocando sua segurança em risco.

---

85 TJMG, 2ª CC, AC 1.0035.03.027573-5/001, Rel. Des. Caetano Levi Lopes, j. 24-3-2009, p. 7-4-2009.

É inequívoco que conviver com uma pessoa que possui doença mental que a torna agressiva e violenta importa em riscos e insuportabilidade de convivência para o outro cônjuge. A jurisprudência, certamente, vai ter de adequar a norma aos casos concretos e anular os casamentos quando comprovadas situações graves e insuportabilidade de convivência, ainda que nas hipóteses do inciso I, ou seja, no erro sobre a boa fama do cônjuge.

São essas as hipóteses de erro essencial a viciar a vontade.

O art. 1.550, III, do Código Civil, ao admitir a anulação do casamento por vício de vontade inclui, além de erro essencial, como já visto, a coação.

A *coação* é um vício de consentimento que atinge a vontade livre e consciente, decorrente de ameaça grave, injusta e iminente, incutindo, no nubente, temor de dano à sua pessoa, sua família ou seus bens, igual, pelo menos, ao receável do ato extorquido (arts. 151 e 152 do CC). É toda ameaça ou pressão injusta exercida sobre uma pessoa para obrigá-la, contra seu desejo, a praticar determinado ato. É o temor infundido na vítima, a coação moral ou relativa (*vis compulsiva*), constituindo um vício de consentimento, apesar da coação, em si, não ser um vício da vontade, mas o temor que ela inspira, tornando viciada a manifestação de querer da vítima. Trata-se, portanto, de uma coação psicológica. A coação física ou absoluta (*vis absoluta*), que se caracteriza pela violência física atual, torna o casamento inexistente em razão da ausência de manifestação da vontade[86].

Realizado o casamento com pessoa, por qualquer motivo coacta, será, portanto, anulável, se o consentimento for conseguido por medo de mal considerável e iminente para a vida, saúde ou honra de um ou de ambos os cônjuges ou de seus familiares, com gravidade igual ou superior ao casamento contra a vontade, ou seja, quando o consentimento for obtido em razão de fundado temor de mal considerável e iminente para a vida, saúde ou honra do nubente ou de seus familiares (art. 1.558 do CC).

A coação deve ser examinada no caso concreto, bem como as condições pessoais e temperamento da pessoa coagida, pois mesmo a lei não considerando o temor reverencial coação (art. 153 do CC), casos há em que a filha se casa contra a vontade por imposição dos pais, especialmente em casos de

[86] GONÇALVES, Carlos Roberto. *Direito civil brasileiro* – Direito de família, cit., p. 157.

gravidez, inexperiência e sem condição de sustentar-se e ao filho sem auxílio dos pais, não conseguindo suportar a pressão exercida, consistindo a anuência ao matrimônio, não em simples respeito e acatamento da orientação paterna, mas imposição coativa, em razão de forte e exacerbado temor reverencial. Apesar de o Código Civil atual não mais fazer menção ao rapto, descriminalizado no Código Penal pela Lei n. 11.606/2005, existe presunção *juris et de jure* de coação do raptor em face da raptada, que não admite prova em contrário, mesmo no rapto consensual, enquanto esta não se achar fora do seu poder e em lugar seguro, possuindo condições de manifestar livremente sua vontade[87].

O prazo para propor a ação para anulação do casamento por coação é de quatro anos, a partir da celebração, e como ocorre no erro essencial é personalíssima e validado o casamento se ocorreu coabitação livremente (arts. 1.560, IV, e 1.559, do Código Civil).

1.12.3.4. *Anulação do casamento por incapacidade de consentimento*

A pessoa com deficiência pode muitas das vezes não possuir condições de exercer sem assistência os atos negociais, mas tem plena condição de expressar afeto e o desejo de constituir matrimônio. Por essa razão, o Estatuto da Pessoa com Deficiência, que teve como base a Convenção sobre os Direitos das Pessoas com Deficiência, ratificada no Brasil pelo Decreto Legislativo n. 186/2008, dispõe, no art. 6º, I, que a deficiência não afeta a plena capacidade civil da pessoa, inclusive para casar e constituir união estável.

Conrado Paulino da Rosa, ao tratar da anulabilidade do casamento quanto ao incapaz de consentir ou manifestar, de modo inequívoco, o consentimento, orienta que:

> Nessa hipótese trata-se daqueles que nossa codificação civil, no artigo 4º, inciso II e III, também modificados pela Lei n. 13.146/2015 e reputa como relativamente incapazes, relativamente a certos atos, quais sejam, os ébrios habituais e os viciados em tóxicos e, igualmente, aqueles que, por causa transitória ou permanente, não puderem exprimir sua vontade[88].

---

[87] DINIZ, Maria Helena. *Curso de direito civil* – Direito de família. 17. ed., cit., p. 271-272.

[88] ROSA, Conrado Paulino da. *Curso de direito de família contemporâneo*, cit., p. 62.

O art. 1.550, IV, prevê que é anulável o casamento "do incapaz de consentir ou manifestar, de modo inequívoco, o consentimento". Trata-se, nesta hipótese, de maiores que, por alguma enfermidade mental ou física ou de alguma deficiência, *não possuem discernimento* para os atos da vida civil, causando incapacidade de consentir de modo claro, ou os surdos-mudos sem educação adequada, praticando o ato sem autorização do curador.

Trata-se, nesse caso, da pessoa com deficiência que não consegue se expressar, não consegue manifestar a vontade.

Nelson Rosenvald orienta que:

> Dispõe o art. 6º que "A deficiência não afeta a plena capacidade civil da pessoa, inclusive para: I – casar-se e constituir união estável". Acertou a norma, pois a deficiência é um impedimento duradouro físico, mental ou sensorial que não induz, em princípio, a qualquer forma de incapacidade, apenas a uma vulnerabilidade.
>
> Todavia, na redação original do Código Civil era nulo o casamento contraído pelo "enfermo mental, sem o necessário discernimento para os atos da vida civil" (art. 1.548, I, CC/02). Portanto, a incapacidade absoluta era incompatível com o matrimônio. Em boa hora, o art. 123, IV, da Lei n. 13.146/15 revoga o referido dispositivo. Assim o fez, pois já não mais existirão os absolutamente incapazes por ausência de discernimento, seja por deficiência ou enfermidade. Ocorre que o Estatuto não revogou o art. 1.550, IV, do Código Civil, que cuida da anulabilidade do matrimônio "do incapaz de consentir ou manifestar, de modo inequívoco, o consentimento". O legislador manteve a norma coerentemente. Ora, se a pessoa deficiente submetida à curatela se converte em relativamente incapaz, o corolário lógico será a revogação dos preceitos que associam os seus atos à sanção da nulidade, e a Lei n. 13.146/15 tutelam a preservação do ato existencial matrimonial da pessoa com deficiência capaz e não daqueles que forem curatelados após processo que comprove a sua incapacidade para consentir[89].

[89] ROSENVALD, Nelson. Curatela. In: PEREIRA, Rodrigo da Cunha (Org.). *Tratado de direito de família*. Belo Horizonte: IBDFAM, 2015. p. 747.

O surdo-mudo que souber ler e escrever, respondendo conscientemente por escrito sua vontade de se casar, durante o ato da celebração, em documento a ser arquivado no cartório, bem como as pessoas com deficiência que consigam se expressar, podem se casar. Assim, permite-se o casamento da pessoa portadora de enfermidade mental ou física ou de alguma deficiência que acarrete um discernimento reduzido para os atos da vida civil, do ébrio habitual, do excepcional sem completo desenvolvimento e do toxicômano, pois a incapacidade dessas pessoas não impede o casamento.

O casamento do deficiente não mais exige autorização do curador, pois a curatela não alcança o direito ao matrimônio, possuindo plena capacidade civil para casar-se (arts. 6º, I, e 85, § 1º, da Lei n. 13.146/2015).

O curador ou responsável da pessoa com deficiência mental ou intelectual para expressar a vontade do representado para casar (inovação da Lei n. 13.146/2015 ao acrescentar o § 2º ao art. 1.550 do CC) obviamente necessitará de autorização expressa, do deficiente ou judicial, por se tratar de ato personalíssimo.

Ao interpretar o § 2º do art. 1.550 do Código Civil, Nelson Rosenvald apresenta as seguintes colocações:

> A região geográfica da Núbia poderia ter sido substituída pela "idade núbil" ... Contudo, o equívoco material e flagrante foi o de conceder ao curador poderes existenciais para substituir o curatelado no exercício no direito fundamental ao personalíssimo intuito matrimonial. Melhor seria apenas reservar a atuação do curador para o *controle a posteriori*, no qual, eventualmente ajuizaria ação de anulabilidade do casamento quando provas robustas demonstrassem o dano existencial dele decorrente em razão da ausência de uma "capacidade natural" da pessoa de compreender o alcance e as consequências do seu consentimento afetivo[90].

O Código Civil não indica as pessoas legitimadas para propositura da ação anulatória por incapacidade do cônjuge, como ocorre com o menor em idade núbil, orientando a doutrina e a jurisprudência que a legitimidade é

[90] ROSENVALD, Nelson. Curatela. In: PEREIRA, Rodrigo da Cunha (Org.). *Tratado de direito de família*. cit., p. 748.

conferida ao cônjuge deficiente ou a seu representante legal, estendendo-se, para alguns, aos herdeiros necessários, se falecer no prazo decadencial de 180 dias. Carlos Roberto Gonçalves cita Arnaldo Pizzardo para lecionar que não pode restringir a legitimidade ao próprio incapaz e seus representantes para propositura da ação, pois os herdeiros possuem interesses econômicos em aumentarem seus quinhões hereditários[91].

Maria Helena Diniz, anterior à Lei n. 13.146/2015, ensina que o pródigo pode casar-se livremente, no regime de comunhão parcial de bens, em razão da sua incapacidade de reger apenas a vida econômica, e não a pessoal, não sofrendo as restrições do art. 1.550, IV, do Código Civil, e sem necessidade de anuência do curador, já que sofre restrições apenas patrimoniais. Ressalta, ainda, que não prevalecerá o pacto antenupcial que porventura tenha feito sem anuência do curador, pois não é incapaz de consentir, mas sofre restrições concernentes às suas relações patrimoniais, que têm por causa legal o vício da dissipação[92].

Atualmente, diante da Lei de Inclusão da Pessoa com Deficiência, não se exige mais a intervenção do curador no casamento do pródigo.

1.12.3.5. *Anulação do casamento realizado por procurador*

No inciso V do art. 1.550 do Código Civil é prevista a anulação do casamento "realizado pelo mandatário, sem que ele ou outro contraente soubesse da revogação do mandato e não sobrevindo coabitação entre os cônjuges", sendo certo que se equipara à revogação a invalidade do mandato judicialmente decretado (parágrafo único).

O mandante possui o prazo de 180 dias para requerer a anulação do casamento a partir da data que teve ciência da celebração (art. 1.560, § 2º, do CC), desde que não tenha coabitado com o cônjuge, o que valida o casamento. Realizado o casamento, tendo o contraente ou o mandatário ciência da revogação, o ato é inexistente, por ausência de consentimento de um dos nubentes.

---

91 GONÇALVES, Carlos Roberto. *Direito civil* – Direito de família, cit., p. 160.

92 DINIZ, Maria Helena. *Curso de direito civil* – Direito de família. 17. ed., cit., p. 273.

1.12.3.6. *Anulação do casamento por incompetência da autoridade celebrante*

O art. 1.550, VI, do Código Civil, por fim, admite que o casamento é anulável por "incompetência da autoridade celebrante". A doutrina tem se dividido quanto à competência, afirmando uma que é *ratione loci* ou territorial, sendo anulável o casamento celebrado por juiz de paz fora dos limites de seu distrito, enquanto a outra defende que o defeito é pessoal, ou seja, realizado por outra autoridade que não o juiz de casamentos (por exemplo, Juiz da Infância e Juventude, Delegado de Polícia etc.) ou, até mesmo, por juiz de paz que não esteja no exercício de suas atribuições ou autoridade religiosa afastada de sua atividade ministerial.

A discussão é irrelevante, pois em ambos os casos o casamento é anulável, salvo se a autoridade incompetente exercer publicamente as funções de juiz de casamentos e tiver registrado o ato no Registro Civil, conforme dispõe o art. 1.554 do Código Civil.

O prazo para ajuizamento da ação anulatória é de dois anos a partir da celebração (art. 1.560, II, do CC), consolidando a validade a partir desse prazo, não podendo mais ser infirmado, justificando-se no interesse dos consortes e dos filhos.

Necessário distinguir a ausência de celebração, que importa em casamento inexistente, com incompetência da autoridade celebrante. No casamento inexistente não ocorreu a solenidade de celebração, enquanto no casamento anulável esta existiu, só que foi celebrada por autoridade que não estava habilitada para presidir o ato.

O casamento anulável produz todos os efeitos, até a sentença, para o cônjuge ou os cônjuges que estavam de boa-fé (art. 1.561 do CC). O cônjuge responsável pela anulação do casamento incorrerá na perda de todas as vantagens obtidas do cônjuge inocente e na obrigação de cumprir as promessas que fez no pacto antenupcial (art. 1.564 do CC).

O Código Civil de 2002 não reproduziu a criticada e arcaica causa de anulação prevista no art. 219, IV, do Código de 1916, que permitia a anulação do casamento em razão do *adultério precoce* da mulher, ou seja, o defloramento anterior ao casamento, ignorado pelo futuro marido. A partir da Constituição Federal de 1988, os tribunais já rejeitavam o *error virginitatis* (erro quanto à virgindade da mulher) como causa de anulação do casamento, por violar a igualdade dos direitos entre homens e mulheres.

ANULAÇÃO DO CASAMENTO		
CAUSAS	LEGITIMIDADE PARA AÇÃO	PRAZOS PARA PROPOSITURA DA AÇÃO ANULATÓRIA
Ausência de idade núbil – art. 1.550, I, do CC **para a corrente que considera anulável. A nosso ver é nulo.*	– Próprio cônjuge menor – Representantes legais – Ascendentes do menor – art. 1.552 do CC	– 180 dias a contar dos 16 anos para o menor – 180 dias a contar da celebração para os demais – art. 1.560, § 1º, do CC
Ausência de autorização dos representantes do menor – art. 1.550, II, do CC	– Menor ao deixar de sê-lo – Representantes legais – Herdeiros necessários – art. 1.555 do CC	– 180 dias a contar da capacidade para o menor – 180 dias a contar do casamento para os representantes legais – 180 dias a contar da morte do incapaz para os herdeiros – art. 1.555, § 1º, do CC
Erro essencial – arts. 1.550, III, e 1.556 do CC	– Somente o cônjuge que incidiu em erro – art. 1.559 do CC	– 3 anos a contar da celebração – art. 1.560, III, do CC
Coação – arts. 1.550, III, e 1.558 do CC	– Somente o cônjuge que sofreu coação – art. 1.559 do CC	– 4 anos da celebração – art. 1.560, IV, do CC
Incapaz relativamente – art. 1.550, IV, do CC	– Cônjuge incapaz – Representantes legais – Herdeiros necessários	– 180 dias da celebração – art. 1.560, I, do CC
Realizado por procurador com os poderes revogados – art. 1.550, V, do CC	– Cônjuge mandante – art. 1.560, § 2º, do CC	– 180 dias a partir do conhecimento da celebração – art. 1.560, § 2º, do CC
Incompetência de autoridade celebrante – art. 1.550, VI, do CC	– Cônjuges	– 2 anos contados da celebração – art. 1.560, II, do CC

1.12.4. Ação de nulidade e ação anulatória do casamento

As ações possuem várias *diferenças* e *efeitos* diversos.

No casamento nulo, cabe ação declaratória de nulidade e no casamento anulável é cabível ação de anulação do casamento.

A sentença na ação de nulidade é declaratória e possui efeitos *ex tunc*, desfazendo o casamento desde a celebração, não produzindo os seus naturais efeitos. Assim, retornam os bens ao proprietário, independentemente do regime e as doações *propter nuptias* não são cumpridas (art. 1.563 do CC). Como já visto, não se aplica integralmente a teoria das nulidades, já que algumas consequências produzem, mesmo nulo, como a prova da filiação dos filhos, o impedimento matrimonial por afinidade, a causa suspensiva para a mulher nos 300 dias subsequentes e os efeitos do casamento putativo (arts. 1.561 e 1.564 do CC). A legitimidade ativa é conferida ao cônjuge, parentes próximos, interessados e Ministério Público, a qualquer tempo (art. 1.549 do CC).

A sentença, na ação anulatória, é desconstitutiva, desfaz a sociedade e o vínculo a partir da sentença, valendo o casamento até aquele momento, possuindo, portanto, eficácia *ex nunc*. A legitimidade ativa é conferida somente ao cônjuge inocente nas hipóteses de erro essencial ou coação, aos cônjuges na hipótese de revogação do mandato e celebrado por autoridade incompetente, e aos cônjuges, representantes legais e ascendentes nos demais casos, nos prazos decadenciais previstos no art. 1.560 do Código Civil.

O casamento nulo é insuscetível de confirmação e não convalesce pelo decurso de tempo (art. 169 do CC), enquanto o casamento anulável se convalida pela decadência; ratificação, que pode ser expressa, praticada pelos responsáveis do incapaz ou pelo próprio menor ao atingir a idade núbil para aqueles que entendem vigente o art. 1.553 do Código Civil, e tácita, quando as pessoas que tinham o direito de consentir compareceram à cerimônia e não apresentaram oposição, evidenciando que concordaram, ou, de outra forma, demonstraram a aprovação (art. 1.555, § 2º, do CC); ou se resultou gravidez (art. 1.551 do CC); ou coabitação (art. 1.559 do CC).

A ação anulatória possui prazo decadencial para sua propositura, se convalidando se não for ajuizada, enquanto a ação declaratória é imprescritível, não se convalidando.

No entanto, possuem várias *semelhanças*.

Ambas são de competência do juízo de família, tratando-se de ação de Estado, exigindo a intervenção, quando não autor, do Ministério Público, atuando como *custos legis* se existir interesses de incapaz (art. 178, II, do CPC), sendo processadas pelo rito comum. O novo CPC não mais exige intervenção do Ministério Público expressamente nas causas concernentes ao estado da pessoa, somente se envolver interesse de incapaz, o que é reiterado no capítulo que trata das ações de família.

O Código Civil de 1916 exigia a participação de curador ao vínculo (art. 222), que tinha a função de defender a manutenção do casamento, o que não foi reproduzido no atual Código Civil.

Não cabe julgamento antecipado da lide com base na revelia por se tratar de ação de Estado, versando sobre direito indisponível (art. 345, II, do CPC).

1.13. Efeitos jurídicos do casamento

Caracteriza-se a sociedade conjugal, que tem por núcleo o marido e a mulher, pela convivência social e física e pela solidariedade econômica. A unidade da família tem como consequência a unidade de nome, domicílio e patrimônio.

O principal efeito do casamento é *estabelecer comunhão plena de vida*, mas o matrimônio, por vincular os cônjuges nas suas mútuas relações, física e espiritual, produz vários efeitos que se projetam no ambiente social, nas relações pessoais e econômicas dos cônjuges e nas relações patrimoniais entre pais e filhos, dando origem a direitos e deveres disciplinados por lei, que se constituem nos *efeitos jurídicos do casamento*, distribuindo-se em três classes: *efeitos sociais*, *efeitos pessoais* e *efeitos patrimoniais*[93].

1.13.1. Efeitos sociais do casamento

O casamento gera efeitos entre os cônjuges que refletem em toda a sociedade, sendo o principal a *constituição da família matrimonial* (art. 1.565 do CC), com livre planejamento familiar, obrigando ao Estado propiciar condições para o exercício deste direito sem interferir na decisão do casal (§ 2º) ou na comunhão de vida (art. 1.513 do CC).

---

93 DINIZ, Maria Helena. *Curso de direito civil* – Direito de família. 17. ed., cit., p. 124.

Além da criação da família, sendo oportuno relembrar que a família legítima não desfruta da posição privilegiada de outrora já que a união estável é considerada entidade familiar, o casamento produz a *emancipação do cônjuge menor de idade* (art. 5º, II, do CC), estabelece o *vínculo de afinidade* (art. 1.595, §§ 1º e 2º, do CC) e confere aos cônjuges o *estado de casados*, todos com reflexos na sociedade, constituindo fator de identificação por ser, a sociedade conjugal, o núcleo básico da família[94].

No contexto social, insere-se, ainda, o planejamento familiar assegurado constitucionalmente ao casal no art. 226, § 7º e no art. 1.565, § 2º, do Código Civil, envolvendo aspectos éticos e morais, submetido à livre decisão do casal, devendo, no entanto, ser orientado pelo princípio da paternidade responsável, impondo ao Estado estabelecer programas educacionais e assistenciais nesse campo[95].

Resumindo, dentre os efeitos sociais do casamento, temos a criação da família matrimonial, com todas suas consequências legais, envolvendo os cônjuges e os filhos havidos na sua constância; o estabelecimento do vínculo de afinidade com os parentes do cônjuge; emancipação do cônjuge menor de idade; constituição do estado de casados dos contraentes; e a liberdade para estabelecer o planejamento familiar com o auxílio obrigatório do Estado.

1.13.2. Efeitos pessoais do casamento. Deveres do cônjuge

Os efeitos pessoais são os direitos e deveres próprios e recíprocos entre os cônjuges e dos pais em relação aos filhos que não permitem auferir valor econômico.

A Constituição Federal estabeleceu a igualdade de direitos e obrigações entre homem e mulher, o que foi mantido no direito de família (arts. 5º, I, e 226, § 5º).

O Código Civil de 2002 não acolheu a distinção do código anterior, excluindo as divisões e diferenciações dos direitos e deveres, unificando-os em igualdade de condições entre homens e mulheres, conforme preceito constitucional.

---

94 DINIZ, Maria Helena. *Curso de direito civil* – Direito de família, 17. ed., cit., p. 125-126.

95 GONÇALVES, Carlos Roberto. *Direito civil brasileiro* – Direito de família, cit., p. 166-167.

O matrimônio desencadeia uma série de obrigações estritamente pessoais e infungíveis entre os consortes e cuja observância é necessária para que se possa realizar a finalidade e os efeitos do casamento, exigindo, a ordem pública e o interesse social, a imposição de direitos e deveres recíprocos aos cônjuges que não se medem em valores pecuniários, mas nem por isso são menos significativos[96].

O art. 1.566 do Código Civil estabelece os seguintes deveres de ambos os cônjuges:

I – fidelidade recíproca;

II – vida em comum, no domicílio conjugal;

III – mútua assistência;

IV – sustento, guarda e educação dos filhos;

V – respeito e consideração mútuos.

A *fidelidade recíproca* importa em dever moral e jurídico, decorrendo do caráter monogâmico do casamento. A infidelidade física implicava infração penal, no crime de adultério previsto no art. 240 do Código Penal até ser revogado pela Lei n. 11.106/2005, e infração civil, uma vez que constituía justa causa para separação judicial (arts. 1.572 e 1.573, I, do CC), perdendo importância como causa de separação em razão da EC n. 66/2010, que excluiu discussão de culpa. A infidelidade moral (quando não ocorre relações sexuais) pode constituir infração civil consistente em conduta desonrosa (art. 1.573, VI, do CC), como namoro com terceira pessoa pela internet. O adultério, entretanto, pode configurar ato ilícito e autoriza indenização por dano moral.

Maria Helena Diniz, mesmo reprovando tanto a infidelidade do marido como a da esposa por ser fator de perturbação da estabilidade do lar e da família, salienta que, sob o prisma psicológico e social, o adultério da mulher é mais grave que o do homem, uma vez que ela pode engravidar de suas relações sexuais extramatrimoniais, introduzindo prole alheia dentro da família, ante a presunção da concepção de filho na constância do casamento (arts. 1.597 e 1.600 do Código Civil), transmitindo ao marido o encargo

[96] PEREIRA, Caio Mário da Silva. *Instituições de direito civil* – Direito de família. 7. ed., cit., p. 97.

de alimentar o fruto de seus amores[97], enquanto os filhos havidos pelo marido fora do casamento geralmente ficam em companhia da mãe. Cita, ainda, Fernando Santosuosso e Orlando Gomes para lembrar que o dever de fidelidade impõe aos consortes abster-se de praticar relações sexuais com terceiro, ficando restrita ao casamento. A infração desse dever constitui adultério (ilícito civil), indicando falência da moral familiar, desagregando toda a vida da família, além de agravar a honra do outro cônjuge, injuriando-o gravemente, configurando-se como uma transgressão, mesmo não havendo continuidade das relações sexuais com terceiros. As causas do adultério são variadas, como mudança de personalidade, monotonia, desejo de vingança, compensação para as decepções sofridas, inadequado relacionamento sexual[98].

Fábio Ulhoa Coelho, filiando-se à corrente que defende que atualmente a fidelidade consiste em dever de lealdade entre os cônjuges e que a infidelidade apenas sexual não viola este dever, leciona que a fidelidade é o menos importante dos deveres conjugais, especialmente nos chamados *casamentos abertos*, em que os cônjuges não dão à exclusividade sexual a menor importância. Para a sociedade, é indiferente se os casados estão sendo fiéis ou não, devendo a fidelidade ser ignorada pela ordem jurídica também no âmbito civil, sendo de exclusiva alçada dos cônjuges, pois muitos não conseguem se satisfazer sexualmente sem a variação de parceiros, representando o dever de fidelidade um entrave na busca da felicidade. Os bissexuais, por exemplo, quando ficam vinculados ao compromisso de serem fiéis nunca conseguem plena expressão da sexualidade[99].

O enfraquecimento do dever de fidelidade, realçando que não é sinônimo de lealdade entre os cônjuges, deve ser acolhido com cautela, pois um casamento vivenciado pela plena comunhão de vida entre os consortes, fundado no afeto, compreensão, companheirismo e respeito mútuo não dá lugar ao adultério. O dever de lealdade não deve ser apenas moral, mas também físico e sexual, não podendo ser, como querem alguns, banalizado o dever de fidelidade na constância do casamento.

---

97 DINIZ, Maria Helena. *Curso de direito civil* – Direito de família. 17. ed., cit., p. 127-128.

98 DINIZ, Maria Helena. *Curso de direito civil* - Direito de família. 17. ed., cit., p. 127-128.

99 COELHO, Fábio Ulhoa. *Curso de direito civil* – Direito de família e sucessões. São Paulo: Saraiva, 2006. v. 5. p. 53-54.

A vida em comum no domicílio conjugal ou coabitação é o estado de pessoas que vivem juntos na mesma casa, convivendo sexualmente, estabelecendo plena comunhão de vida, partilhando os mesmos ideais no dia a dia, enfrentando as dificuldades e alegrias, assumindo em conjunto a direção da sociedade conjugal, no interesse do casal e dos filhos (art. 1.567 do CC), vivendo juntos e concorrendo ambos para o sustento da família e educação dos filhos, na proporção de suas condições, sem importar o regime de bens (art. 1.568 do CC).

A doutrina e a jurisprudência distinguem, no dever de coabitação, dois aspectos fundamentais: o imperativo de viverem juntos os consortes, e o de prestarem mutuamente o débito conjugal, entendido este como o direito-dever dos consortes de realizarem entre si o ato sexual[100].

Maria Berenice Dias ressalta que a origem de *débito conjugal* é religiosa, já que a finalidade do casamento para a igreja é a procriação, o que não pode ser transportado para o casamento civil, pois a eventual ausência de vida sexual do casal não afeta a higidez do casamento. Na vida em comum "basta a comunhão de vida no sentido espiritual e social; o casamento do impotente ou dos estéreis não é menos casamento que os outros". Vida em comum não significa imposição de vida sexual ativa, pois viola o princípio da liberdade, dignidade humana e afronta o direito à inviolabilidade do próprio corpo[101]. Parte da doutrina e da jurisprudência não possui esse entendimento, considerando que a recusa injustificada de manter relações sexuais com o cônjuge importa em quebra do dever conjugal.

O dever de coabitação sob a mesma casa, entretanto, não é absoluto, pois podem existir casos em que a coabitação física fica temporariamente impedida, como em grave enfermidade na hipótese do casamento nuncupativo e ausência do domicílio em razão da profissão (viajante, marinheiro etc.) ou por exercer as atividades em outro local.

O domicílio atualmente é fixado por ambos os cônjuges e não apenas pelo marido como determinava a legislação anterior, podendo a mulher

---

[100] CHAVES, Antônio. *Lições de direito civil*. 1975. v. 2. p. 11-13, apud DINIZ, Maria Helena. *Curso de direito civil brasileiro* – Direito de família. 22. ed. São Paulo: Saraiva. v. 5. p. 125.

[101] DIAS, Maria Berenice. *Manual de direito das famílias*. 13. ed., cit., p. 494.

recusar-se a acompanhar o esposo se existir justa causa, como se mudar para local inóspito, insalubre ou desconfortável por simples capricho ou em razão de vida errante. Autoriza-se, entretanto, um ou o outro ausentar-se do domicílio conjugal para atender a encargos públicos, ao exercício de sua profissão, ou a interesses particulares relevantes (art. 1.569 do CC).

O abandono injustificado e voluntário do lar, durante um ano contínuo, caracteriza quebra do dever conjugal, autorizando a separação judicial litigiosa (art. 1.573, IV, do CC). Para configurar o abandono do lar, a jurisprudência tem exigido os seguintes requisitos: a) saída do domicílio conjugal; b) voluntariedade desta saída; c) sem o consentimento do outro cônjuge; d) com o intuito de romper a vida em comum; e) que esta saída se prolongue por tempo razoável (um ano na redação do art. 1.573, IV, do CC). Não caracteriza abandono se a saída foi justificada, como para evitar prisão e riscos à própria integridade ou dos filhos, bem como se autorizada judicialmente em prévio pedido de separação de corpos (art. 1.562 do CC).

Ressalta-se, o que não é incomum nos dias de hoje, que muitos casais preferem morar em casas separadas, priorizando sua privacidade, o que obviamente não descaracteriza a vida em comum, posto que consensual.

A mútua assistência, respeito e consideração mútuos, é a solidariedade que deve existir entre o casal, não apenas econômica, mas também moral e espiritual, como cuidados pessoais nas moléstias, socorro nas desventuras, apoio nas adversidades e auxílio constante em todas as vicissitudes da vida. Assim, não se resume apenas no atendimento material como fornecimento de alimentos, moradia, vestuário, medicamentos (inciso III), mas também respeito e consideração mútuos (inciso V), que se revela na sinceridade, zelo pela honra e dignidade do consorte e da família, não expondo o outro cônjuge a situações vexatórias, degradantes ou imorais, respeitando suas convicções e privacidade.

A unidade familiar consiste na *solidariedade de ordem material*, impondo o sustento, a saúde, a moradia por ambos os cônjuges (art. 1.568 do CC), os cuidados nas enfermidades, socorro nas dificuldades financeiras; e a *solidariedade de ordem psicológica e ética* que se revela no apoio moral nas adversidades da vida, no zelo pela honra e dignidade do consorte, na lealdade, no companheirismo, no respeito às convicções e à liberdade, entre outros.

A violação desses deveres que se completam e importam na plena comunhão de vida configura injúria grave e autorizava a separação judicial litigiosa (arts. 1.572 e 1.573, III, do CC).

O sustento, guarda e educação dos filhos trata-se não apenas de deveres entre os cônjuges, mas também de deveres entre pais e filhos em razão do poder familiar e da paternidade responsável. Com efeito, é dever de cada um dos pais, e em conjunto, assistir, criar e educar os filhos (arts. 227 e 229 da CF; 1.566, IV, 1.568 e 1.634, I a VII, do CC e 19 e 22 da Lei n. 8.069/1990).

São deveres de ambos os cônjuges sustentarem os filhos provendo sua subsistência material com alimentos, vestuário e medicamentos; exercer a guarda, tendo-os em sua companhia e exercendo vigilância, e educá-los moral, intelectual e fisicamente, de acordo com suas condições sociais e econômicas[102].

A violação dos deveres quanto aos filhos pode importar em justa causa para separação judicial (art. 1.572 do CC), suspensão ou destituição do poder familiar (arts. 1.637 e 1.638 do CC) e os crimes de abandono material, intelectual e moral previstos nos arts. 244 a 247 do Código Penal.

Os direitos e deveres são exercidos em igualdade pelos cônjuges, não existindo mais o que se falar em direito marital, instaurando-se efetivamente a isonomia conjugal. Sempre que ocorrer divergências, qualquer um dos cônjuges pode recorrer ao juiz, que decidirá, observando o interesse do casal e dos filhos, buscando harmonizar o interesse comum da família (art. 1.567 do CC).

Cabe a ambos os cônjuges o *poder doméstico* ou *autoridade parental*, colaborando um com o outro no atendimento dos encargos familiares, sem divisão de tarefas. Cada um deve concorrer na proporção de seus bens e rendimentos para o sustento da família e educação dos filhos, qualquer que seja o regime de bens, conforme disposto no art. 1.568 do Estatuto Civil[103].

Exercerá com exclusividade a direção da família e administração dos bens qualquer dos consortes se o outro ausentar-se sem notícias do seu para-

---

[102] PEREIRA, Caio Mário da Silva. *Instituições de direito civil* – Direito de família. 7. ed., cit., p. 126.

[103] "Art. 1.568. Os cônjuges são obrigados a concorrer, na proporção de seus bens e dos rendimentos do trabalho, para o sustento da família e a educação dos filhos, qualquer que seja o regime patrimonial."

deiro, for preso por mais de 180 dias, interditado judicialmente ou privado da consciência por enfermidade ou acidente (art. 1.570 do CC).

Cada cônjuge deve consultar o outro antes de usar seu poder na direção da sociedade conjugal, sempre buscando atender aos interesses do casal e da prole, pois ambos responderão solidariamente pelas dívidas contraídas para as coisas necessárias à economia doméstica (arts. 1.643 e 1.644 do CC).

Os cônjuges podem, qualquer deles, acrescer ao seu o sobrenome do outro. Em regra, como a lei apenas permite "acrescer", não podem retirar o apelido de família e colocar o do consorte, apenas acrescer (art. 1.565, § 1º[104], do CC). A jurisprudência, inclusive do Superior Tribunal de Justiça, vem relativizando a imutabilidade do nome, admitindo, excepcionalmente, desde que presente justa motivação, a alteração do patronímico[105]. Na hipótese específica de alteração do nome em razão do casamento, decidiu a Corte Superior:

> DIREITO CIVIL. RECURSO ESPECIAL. CASAMENTO. NOME CIVIL. SUPRESSÃO DE PATRONÍMICO. POSSIBILIDADE. DIREITO DA PERSONALIDADE. Desde que não haja prejuízo à ancestralidade, nem à sociedade, é possível a supressão de um patronímico, pelo casamento, pois o nome civil é direito da personalidade. Recurso especial a que não se conhece[106].

A mulher pode exercer livremente sua profissão sem depender da outorga marital, praticando todos os atos inerentes ao seu exercício e à sua defesa. Entretanto, o atual Código Civil excluiu o privilégio da mulher em constituir o produto de seu trabalho em bens reservados, como era previsto no art. 246 do Código Civil de 1916, qualquer que fosse o regime de bens.

O Código Civil igualou todos os direitos entre os cônjuges, entre eles, a necessidade ou dispensa, em certos casos, da outorga marital ou uxória (arts. 1.642, 1.643 e 1.647 do CC), autorizando aos cônjuges praticarem qualquer ato não vedado em lei, sem autorização do outro (art. 1.642, VI).

---

[104] "Art. 1.565. Pelo casamento, homem e mulher assumem mutuamente a condição de consortes, companheiros e responsáveis pelos encargos da família.

§ 1º Qualquer dos nubentes, querendo, poderá acrescer ao seu o sobrenome do outro."

[105] STJ, REsp 401.138/MG, Rel. Min. Castro Filho, j. 26-6-2003.

[106] STJ, REsp 662.799/MG, Rel. Min. Castro Filho, j. 8-11-2005.

Podem, assim, litigar em juízo, como autor ou réu, exceto em causas que tiver conteúdo real (art. 73 do CPC e 1.647, I, do CC), propor ação de separação e divórcio, requerer a interdição do cônjuge, promover a declaração de ausência de seu consorte, reconhecer filho havido fora do casamento, praticar atos relativos à tutela e curatela, aceitar mandato, ingressar reclamação trabalhista, exercer direito de defesa em juízo criminal ou propor ação penal privada, requerer alistamento na justiça eleitoral, entre outros.

1.13.3. Efeitos patrimoniais do casamento

Os efeitos patrimoniais do casamento possuem consequências especialmente no regime de bens, nas obrigações recíprocas de sustento, que serão estudados que capítulos próprios, no direito sucessório e nas doações.

O regime de bens passa a vigorar a partir da celebração e, como ocorre no direito sucessório, se extingue com a dissolução da sociedade conjugal. Também se extinguem os direitos sucessórios se os cônjuges estiverem separados de fato há mais de dois anos. A jurisprudência tem decidido que também não se comunicam os bens adquiridos por um dos cônjuges, se estiver separado de fato.

1.13.3.1. *Outorga uxória e marital*

Uma vez realizado o casamento, surgem direitos e obrigações em relação à pessoa e aos bens patrimoniais do cônjuge. As relações econômicas residem, na imensa maioria, no regime matrimonial de bens; entretanto, impõe-se ao casal direitos e deveres independentemente do regime de bens, estabelecendo limitações ao poder de administração dos cônjuges para praticar certos atos de conteúdo patrimonial, necessitando autorização do outro.

Assim, torna-se necessária a outorga uxória ou marital, exceto no regime de separação absoluta de bens, nos negócios que importam em diminuição do patrimônio do casal (art. 1.647 do CC). O cônjuge não pode praticar os seguintes atos sem autorização do outro:

I – alienar ou gravar de ônus real os bens imóveis;

II – pleitear, como autor ou réu, acerca desses bens ou direitos;

III – prestar fiança ou aval;

IV – fazer doação, não sendo remuneratória, de bens comuns, ou dos que possam integrar futura meação.

O Código de Processo Civil dispõe expressamente que o cônjuge necessitará de autorização do outro, salvo no regime de separação absoluta de bens, para propor ação que verse sobre direito real imobiliário. Exige-se, ainda, a citação de ambos os cônjuges na referida ação, por fato que diga respeito a ambos, por dívidas contraídas por um deles a bem da família ou que importe em ônus de bem imóvel (art. 73).

Admite-se, entretanto, as doações remuneratórias, posto que é pagamento a um serviço prestado, as de pequeno valor e as *propter nuptias* de bens móveis aos filhos (art. 1.647, parágrafo único, CC).

O Código Civil atual inovou ao excluir a exigência de outorga marital (do marido) ou uxória (da mulher) nos negócios, quando se tratar de regime de separação absoluta de bens, e acrescentar a exigência de outorga quando um dos cônjuges prestar aval, já que o Código anterior a exigia apenas na fiança, o que vai evitar muita discussão judicial para exclusão da meação, quando a dívida contraída pelo cônjuge não foi em benefício da família.

A outorga uxória ou marital pode ser suprida judicialmente quando denegada por simples capricho, injustificadamente, ou quando impossível um dos cônjuges concedê-la (art. 1.648 do CC).

Os cônjuges podem livremente, sem autorização do outro (art. 1.642 do CC):

I – praticar todos os atos de disposição e de administração necessários ao desempenho de sua profissão, com as limitações estabelecidas no inciso I do art. 1.647;

II – administrar os bens próprios;

III – desobrigar ou reivindicar os imóveis que tenham sido gravados ou alienados sem o seu consentimento ou sem suprimento judicial;

IV – demandar a rescisão dos contratos de fiança e doação, ou invalidação do aval, realizados pelo outro cônjuge com infração do disposto nos incisos III e IV do art. 1.647;

V – reivindicar os bens comuns, móveis ou imóveis, doados ou transferidos pelo outro cônjuge ao concubino, desde que provado que os bens não foram adquiridos pelo esforço comum destes, se o casal estiver separado de fato por mais de 5 anos;

VI – praticar todos atos que não lhes forem vedados expressamente.

As ações previstas nos incisos III a V, que têm por escopo desobrigar ou reivindicar os imóveis gravados ou alienados sem outorga, rescindir os contratos, e invalidar os avais e reivindicar os bens doados ou transferidos ao concubino, podem ser propostas pelo cônjuge ou herdeiros (art. 1.645 do CC), cabendo ação regressiva, pelo terceiro prejudicado, contra o cônjuge que praticou o ato ou seus herdeiros (art. 1.646 do CC).

Os cônjuges podem, ainda, sem autorização um do outro, comprar a crédito ou obter empréstimo para aquisição das coisas necessárias à economia doméstica (art. 1.643 do CC), respondendo ambos pelas dívidas contraídas (art. 1.644 do CC).

Os prazos nas ações para pleitear a anulação dos atos praticados sem outorga do outro cônjuge ou suprimento judicial são de até dois anos após o término da sociedade conjugal (art. 1.649 do CC), podendo ser validado o ato anulável por documento autêntico, público ou particular (parágrafo único).

1.13.3.2. *Administração da sociedade conjugal*

A administração dos bens comuns e de certos bens particulares, em virtude do regime matrimonial ou pacto antenupcial, será exercida pelos cônjuges (art. 1.567 do CC), cumprindo a ambos velarem pela direção material da família (art. 1.565 do CC). Os atos praticados abusivamente em desvio de administração por qualquer deles podem ser anulados pelo outro, especialmente se não concedeu a outorga.

Se um dos cônjuges não puder exercer a administração dos bens comuns e particulares que lhe incumbe, em face do regime de bens, caberá ao outro gerir os bens comuns e do outro, alienar os bens móveis comuns e, mediante autorização judicial, alienar os imóveis comuns e os móveis ou imóveis do outro (art. 1.651 do CC).

Admite-se, além dos casos de anulação por ausência de consentimento ou outorga, a qualquer dos cônjuges, recorrer à justiça livremente quando o outro abusa ou desvia do seu poder de administrar, arruinando o patrimônio da família, para obter que ele seja privado de seu exercício[107] (art. 1.663, § 3º, do CC).

---

107 DINIZ, Maria Helena. *Curso de direito civil brasileiro* – Direito de família. 17. ed., cit., p. 203.

Apenas um dos cônjuges assumirá a direção da sociedade conjugal e administração dos bens quando o outro estiver em lugar remoto ou não sabido, encarcerado por mais de 180 dias ou incapacitado mentalmente (art. 1.570 do CC).

O cônjuge que estiver na posse dos bens particulares do outro será responsável como usufrutuário se o rendimento for comum, como procurador se tiver mandato expresso ou tácito e como depositário, se não for usufrutuário ou administrador (art. 1.652 do CC).

Nos termos dos arts. 1.649 e 1.650 do Código Civil, as ações para decretação de invalidade dos atos praticados abusivamente sem outorga, consentimento ou suprimento judicial só podem ser demandadas pelo cônjuge prejudicado ou por seus herdeiros, no prazo de até dois anos depois de dissolvida a sociedade conjugal.

1.13.3.3. *Sociedade empresarial entre cônjuges*

O Código Civil de 2002 inovou ao introduzir o *direito de empresa*, sem correspondente no Código anterior, vedando a sociedade entre os cônjuges nos regimes de comunhão universal e de separação obrigatória de bens, ao tratar da capacidade das pessoas de exercerem a atividade de empresários. Dispõe no art. 977 que os cônjuges podem constituir sociedades com terceiros ou entre si, desde que não tenham casado no regime da comunhão universal de bens, ou no da separação obrigatória.

Carlos Roberto Gonçalves cita Ricardo Fiuza para orientar que, no regime de comunhão universal, os bens de ambos os consortes já lhes pertencem em comum, não estando a titularidade das quotas do capital de cada cônjuge na sociedade patrimonialmente separada no âmbito da sociedade conjugal, enquanto no regime da separação obrigatória, a vedação ocorre por disposição legal. Leciona, ainda, que o dispositivo deve ser aplicado, por analogia, à união estável em face do disposto no art. 1.725 do Código Civil[108].

A proibição entre os cônjuges de firmar sociedade empresarial produz efeitos também com referência aos casamentos celebrados antes da entrada

---

[108] GONÇALVES, Carlos Roberto. *Direito civil brasileiro* – Direito de família, cit., p. 183.

em vigor do Código Civil, tendo a lei concedido aos sócios o prazo até 11 de janeiro de 2007 para promover as necessárias adaptações[109], tratando-se de motivo justificável a autorizar judicialmente a alteração do regime de comunhão universal para outros regimes, mesmo no casamento celebrado na vigência do Código Civil de 1916, como será oportunamente abordado.

É vedada, portanto, a sociedade empresarial entre cônjuges no regime de comunhão universal de bens e de separação obrigatória, podendo, no caso do primeiro, os consortes alterarem o regime, o que, a princípio, é vedado na separação obrigatória, imposta pela lei. Assim, conclui-se que, no regime de separação obrigatória, os cônjuges jamais poderão firmar sociedade empresarial entre si, salvo se modificarem o regime, afastada a causa que importou na obrigatoriedade do regime de separação, como suprimento de idade ou de consentimento.

Não se confunde a sociedade empresarial entre os sócios de uma empresa e a sociedade conjugal entre marido e mulher ou mesmo os bens particulares de cada um dos sócios. Assim não se aplica aos bens da empresa a exigência de outorga uxória ou marital, prevista no art. 1.647 do Código Civil, para aliená-los ou gravar de ônus real, podendo o empresário livremente alienar os imóveis que integrem o patrimônio da empresa ou gravá-los de ônus real (art. 978 do CC)[110].

Exige-se, ainda, no direito de empresa, o arquivamento e averbação no Registro Público de Empresas Mercantis dos pactos antenupciais, título de doação, herança ou legado, de bens clausulados de incomunicabilidade ou inalienabilidade e das sentenças que decretarem a separação judicial, o ato de reconciliação e o divórcio dos sócios, sendo que os efeitos da sentença não podem ser opostos a terceiros enquanto não averbados e arquivados no Registro de Empresa (arts. 979 e 980 do CC).

1.13.3.4. *Dever recíproco de socorro*

O dever recíproco de socorro já se encontra inserido nos deveres pessoais, notadamente no dever de mútua assistência, e nos deveres matrimoniais

---

[109] DIAS, Maria Berenice. *Manual de direito das famílias*. 4. ed., cit., p. 556.

[110] "Art. 978. O empresário casado pode, sem necessidade de outorga conjugal, qualquer que seja o regime de bens, alienar os imóveis que integrem o patrimônio da empresa ou gravá-los de ônus real."

entre os cônjuges. Em razão de sua importância no casamento, vários autores preferem, entretanto, destacá-lo separadamente.

Conforme já visto, o dever de mútua assistência importa na solidariedade entre os cônjuges, no atendimento material como fornecimento de alimentos, moradia, vestuário, medicamentos, enquanto o dever de respeito e consideração mútua complementa o dever de solidariedade, importando no dever de solidariedade moral, como nos momentos de dificuldades, o incentivo nas atividades do dia a dia, a compreensão nas fraquezas e nas derrotas, a alegria nas vitórias.

O dever de socorro está previsto no art. 1.566, III, do Código Civil ao tratar da mútua assistência, importando na incumbência de cada cônjuge em relação ao outro de ajudá-lo economicamente, na assistência pecuniária de um a outro consorte, tratando-se de uma obrigação de dar, abrangendo o sustento e outras prestações econômicas, inclusive a prestação de alimentos (arts. 1.694, 1.695, 1.699, 1.702, 1.704, 1.708 e 1.709 do CC). Diversamente do Código Civil de 1916 que preconizava que cabia ao marido o sustento da família, com a colaboração da mulher, o Código Civil atual estabelece absoluta igualdade de direitos e deveres entre os consortes, impondo a ambos o ônus de manter a família, não só com a renda de seus bens como também com o produto de seu trabalho, qualquer que seja a profissão de cada um e o regime matrimonial. Os cônjuges devem ajudar-se mutuamente, independentemente da situação econômica de cada um, concorrendo com seus bens e trabalho para cumprir o dever de sustento da família, excetuando-se apenas no regime de separação de bens, salvo se estipulado em contrário no pacto antenupcial[111].

Atualmente, não há mais de se falar em poder marital. Não cabe ao marido prover exclusivamente a família e interferir nos assuntos particulares da mulher, inclusive abrindo a correspondência. O mesmo se diga da mulher em relação ao marido. O modelo do marido-provedor e da mulher dona de casa não mais existe na atual legislação. O dever de prover a manutenção da família deixou de ser apenas um encargo do marido, incumbindo também à mulher, de acordo com as possibilidades de cada um[112].

---

[111] DINIZ, Maria Helena. *Curso de direito civil brasileiro* – Direito de família. 17. ed., cit., p. 224-225.

[112] GONÇALVES, Carlos Roberto. *Direito civil brasileiro* – Direito de família, cit., p. 178-182.

Cabe, assim, aos cônjuges contribuir para as despesas do casal com o rendimento do seu trabalho e de seus bens na proporção de seu valor, mesmo se o regime for de separação de bens, salvo estipulação em contrário no pacto antenupcial (art. 1.688 do CC), inserindo neste contexto a prestação alimentar, devida na constância do matrimônio, separação de fato ou judicial, sendo cabível, no primeiro caso, quando, mesmo vivendo sob o mesmo teto, um dos cônjuges não cumpre o seu dever de mantença (arts. 1.565 e 1.568 do CC).

A exceção prevista no art. 1.688 do Código Civil, ao permitir que um dos cônjuges deixe de contribuir para as despesas do casal se o regime for o de separação de bens e estipulado no pacto antenupcial, é de interpretação restrita entre o casal, desde que a situação econômica do responsável suporte, não afastando concorrerem mutuamente para os encargos de sustento e educação dos filhos. A plena comunhão de vida, na hipótese de o cônjuge que assumiu a responsabilidade de sustento do casal no regime de separação de bens não possuir ou enfrentar dificuldades para cumprir os encargos, obriga o outro cônjuge, em razão do dever recíproco de socorro, a concorrer na proporção de seus bens e rendimentos (arts. 1.511 e 1.568 do Código Civil).

A exceção, repita-se, de apenas um dos cônjuges assumir as despesas do casal é cabível exclusivamente no regime de separação de bens e se prevista no pacto antenupcial, não se admitindo nos outros regimes matrimoniais.

As questões dos alimentos entre marido e mulher e as obrigações com os filhos, incluindo usufruto e administração dos bens, serão oportunamente abordadas em título próprio.

2. REGIME DE BENS

2.1. Considerações gerais

2.1.1. Conceito e princípios

O casamento, bem como a união estável, desencadeia diversos efeitos pessoais, sociais e patrimoniais. Com o casamento, cônjuges e companheiros criam uma comunidade de interesses pecuniários, uma sociedade conjugal e convivencional, denominadas relações patrimoniais familiares, que faz surgir numerosas relações econômicas entre eles e terceiros. A sociedade conjugal e convivencional é regulada pelo regime de bens escolhido (ou imposto no casamento), firmado, basicamente, em dois conceitos: o de separação e o de comunhão, o que possibilita incluir ou excluir bens[113].

Regime de bens é o complexo de regras que regulam o patrimônio dos cônjuges e companheiros durante o matrimônio ou a união estável. Consiste nas disposições normativas aplicáveis à sociedade conjugal no que concerne aos seus interesses pecuniários, tratando-se do estatuto patrimonial dos cônjuges que começa a vigorar desde a data do casamento. A essência das relações econômicas entre os consortes reside incontestavelmente no regime de bens[114].

Na união estável, começa a vigorar a partir do momento em que se caracteriza a união hétero ou homoafetiva. É uma das consequências jurídicas do casamento e da união estável, que não existem sem o regime patrimonial de bens. A união de duas pessoas estabelece plena comunhão de vida não só em afeto, mas também em solidariedade econômica e entrelaça patrimônios, tornando indispensável que fiquem definidas as questões atinentes aos bens, rendas e responsabilidade de cada um dos parceiros. No casamento, migram-se aspectos econômicos em razão da existência de bens anteriores e a aquisição de bens na sua constância, estabelecendo a lei regras para delimitar as questões patrimoniais durante a vigência e na dissolução do patrimônio, ditando as diretrizes dos diversos regimes. O regime deve ser escolhido pelos noivos entre os modelos existentes, mesclá-los ou, ainda, criar um novo modelo, que vai reger a situação patrimonial do casal, definindo a origem, a titularidade, o destino e a administração, durante a vigência do matrimônio e principalmente quando de sua dissolução[115].

No casamento, o regime de bens deve ser escolhido antes (permitindo-se alterá-lo na vigência), presumidamente, na hipótese do regime da comunhão parcial, ou mediante pacto antenupcial, quanto aos demais regimes convencionais, ou ainda impostos pela lei, na hipótese do regime de separação obrigatória. Na união estável, o regime pode ser convencionado antes ou na vigência desta, não existindo na lei previsão de obrigatoriedade do

---

113 MADALENO, Rolf. *Curso de direito de família*. 3. ed., cit., p. 515-516.

114 DINIZ, Maria Helena. *Curso de direito civil brasileiro* – Direito de família. 17. ed., cit., p. 150.

115 DIAS, Maria Berenice. *Manual do direito das famílias*. 4. ed., cit., p. 200-201.

regime de separação legal. A jurisprudência, entretanto, especialmente do Superior Tribunal de Justiça, vem consolidando que na união do maior de 70 anos impõe-se o regime da separação obrigatória.

A melhor denominação para regime de bens seria regime patrimonial do casamento ou união estável, por estabelecer a titularidade e a administração dos bens comuns e particulares dos cônjuges ou companheiros e em que medida esses bens respondem por obrigações perante terceiros. O regime de bens constitui a modalidade de sistema jurídico que rege as relações patrimoniais derivadas do casamento e da união estável, principalmente a propriedade e administração dos bens anteriores e os adquiridos posteriormente. O regime de bens também produz efeitos secundários como os reflexos no direito sucessório entre os cônjuges[116] e companheiros, em razão do julgamento pelo Supremo Tribunal Federal do RE 878.694/MG, ocorrido em 10-5-2017, decidindo, com repercussão geral, que é inconstitucional a distinção de regime sucessório entre cônjuges e companheiros[117].

No casamento, o regime de bens passa a vigorar a partir da celebração do casamento, sendo nula qualquer cláusula no pacto antenupcial que disponha sobre a sua vigência anterior ou posterior ao ato matrimonial, por violar o teor da norma contida no art. 1.639, § 1º, do Código Civil, que dispõe:

> Art. 1.639. É lícito aos nubentes, antes de celebrado o casamento, estipular, quanto aos seus bens, o que lhes aprouver.
>
> § 1º O regime de bens entre os cônjuges começa a vigorar desde a data do casamento.

Três princípios básicos orientam os regimes matrimoniais[118], que se aplicam, supletivamente, no que couber, na união estável:

Variedade de regime de bens. A legislação oferece atualmente quatro tipos diferentes de regime: o da comunhão universal, comunhão parcial, separação e participação final de aquestos. Pode, ainda, ser mesclado ou

---

[116] VENOSA, Silvio de Salvo. *Direito civil* – Direito de família. 3. ed., cit., p. 169-170.

[117] STF, RE 878.694/MG, Rel. Min. Luis Roberto Barroso, j. 10-5-2017.

[118] DINIZ, Maria Helena. *Curso de direito civil* – Direito de família. 17. ed., cit., p. 150-156.

criado um novo modelo, obedecendo-se às disposições legais. O Código atual excluiu o regime dotal, bem como os bens reservados da mulher, e incluiu o regime de participação final de aquestos;

Autonomia da vontade ou da liberdade dos pactos antenupciais. O direito brasileiro, em face da variedade dos regimes de bens, admite amplamente que "é lícito aos nubentes, antes de celebrado o casamento, estipular, quanto aos seus bens, o que lhes aprouver" (art. 1.639, *caput*, do CC), fazendo a opção no processo de habilitação (art. 1.640, parágrafo único). Podem os cônjuges optar por um regime típico com as regras existentes, combiná-los ou, ainda, estipular cláusulas diversas, desde que não violem as normas imperativas referentes à finalidade do casamento e à estrutura da família. Pode, por exemplo, adotar o regime de separação de bens, mas estipular que os bens adquiridos por herança se comunicam, ou vice-versa, adotar o regime de comunhão universal de bens, mas excluir os bens havidos por herança de cada cônjuge da comunhão, importando em bens particulares do herdeiro.

A exceção a este princípio é o regime de separação legal obrigatório de bens, que será obrigatório e imposto aos nubentes, quando contraírem o casamento inobservando as causas suspensivas, quando realizado por pessoas maiores de 70 anos ou quando necessitarem de suprimento judicial (art. 1.641 do CC).

O regime deve ser escolhido antes do casamento, por convenção ou pacto antenupcial, na forma de escritura pública (art. 1.653 do CC), exceto o regime de comunhão parcial de bens, que prevalecerá na omissão ou nulidade do pacto, podendo ser feita a opção na própria habilitação (art. 1.640 e parágrafo único, do CC). Os nubentes possuem, portanto, o regime de comunhão parcial de bens à sua disposição, sem necessidade de pacto antenupcial, suprindo a escritura pública, entretanto, se optarem por qualquer outro regime, é imprescindível a lavratura da escritura antenupcial. Na união estável, o regime de bens pode ser firmado durante a convivência;

Imutabilidade relativa ou mutabilidade justificada do regime adotado. O regime de bens entra em vigor com a celebração do casamento, não podendo ser modificado posteriormente apenas pela vontade de uma das partes. O Código Civil de 1916 não admitia qualquer alteração, por nenhum pretexto, salvo no caso de estrangeiro que se naturalizasse brasileiro e pudesse optar pelo regime de comunhão parcial com a anuência do cônjuge (art. 7º, § 5º, da LINDB).

O regime de bens era inalterável desde a data do casamento até a dissolução da sociedade conjugal e tinha por fundamento a garantia aos próprios cônjuges e o resguardo aos direitos de terceiros, evitando-se que, no curso da vida, um dos consortes fizesse prevalecer indevidamente sua vontade sobre o outro para alterar o regime, ou agisse em detrimento dos direitos de terceiros que contraíssem obrigações com pessoas casadas em face de determinado regime, em razão dos reflexos nos negócios jurídicos. Os rumos tomados pela união estável, permitindo maior mobilidade no tocante aos bens comuns, já que o regime pode ser firmado na constância da união, certamente influenciaram o legislador a rever a imutabilidade do regime de bens, para não tratar o casamento de forma mais rigorosa que a união sem matrimônio, permitindo-se a alteração, contudo, não será livre, não se erigindo essa possibilidade em um direito meramente potestativo, exigindo pedido de ambos os cônjuges e autorização judicial[119].

O Código Civil de 2002 inovou no art. 1.639, § 2º, ao admitir a modificação do regime, desde que requerido por ambos os cônjuges, em pedido motivado ao juiz de direito, que deverá verificar se foi manifestado livremente, se os motivos são plausíveis e não prejudica terceiros, para deferir ou não a pretensão. A modificação, portanto, fica subordinada à autorização judicial, mediante requerimento de ambos os consortes.

Os motivos, todavia, são amplos, não cabendo ao judiciário esmiuçar as razões dos cônjuges, salvo se restar demonstrado que um dos cônjuges está sendo forçado, já que os direitos dos terceiros serão preservados.

2.1.2. Alteração do regime de bens

2.1.2.1. *Considerações gerais e requisitos*

O Código Civil de 2002, como já abordado, inovou ao relativizar o princípio da imutabilidade do regime de bens, após o casamento, e permitir a alteração ou modificação do existente. O regime continua imutável, não podendo ser alterado pela vontade de apenas um dos consortes. Também não basta apenas a vontade dos cônjuges, sendo necessária autorização judicial em pedido justificado. É o que determina o art. 1.639, § 2º, ao dispor

[119] VENOSA, Sílvio de Salvo. *Direito civil* – Direito de família, cit., p. 171.

que "é admissível alteração do regime de bens, mediante autorização judicial em pedido motivado de ambos os cônjuges, apurada a procedência das razões invocadas e ressalvados os direitos de terceiros".

Érica Canuto apresenta os seguintes requisitos para alteração do regime de bens após o casamento: a) autorização judicial; b) pedido conjunto dos cônjuges; c) exposição dos motivos; d) comprovação, perante o juiz, da veracidade das razões; e) ressalva dos direitos de terceiros[120].

O atual Código de Processo Civil regula o procedimento de alteração do regime de bens no capítulo que trata dos procedimentos de jurisdição voluntária, na Seção IV, juntamente com o divórcio, a separação e a extinção consensual da união estável. O pedido deve ser assinado por ambos os cônjuges, apresentando as razões e a alteração deve ser divulgada para resguardar interesses de terceiros, por edital ou outro meio alternativo, e intimado o Ministério Público. Somente após transcorrer o prazo de 30 dias da publicação do edital, o juiz pode decidir, expedindo-se os competentes mandados para averbações, conforme determina o art. 734[121].

2.1.2.2. *Alteração no regime de separação obrigatória*

Maria Berenice Dias, com muita propriedade, leciona que, apesar da cautela da doutrina à expressão *alteração do regime de bens*, não significa que a única possibilidade é trocar um regime pelo outro, possuindo os côn-

---

[120] CANUTO, Erica Verícia de Oliveira. Liberdade de contratar o regime patrimonial de bens no casamento. Regimes mistos. In: PEREIRA, Rodrigo da Cunha (Coord.). *Anais do V Congresso Brasileiro de Direito de Família*. Belo Horizonte: IBDFAM, 2006. p. 291.

[121] "Art. 734. A alteração do regime de bens do casamento, observados os requisitos legais, poderá ser requerida, motivadamente, em petição assinada por ambos os cônjuges, na qual serão expostas as razões que justificam a alteração, ressalvados os direitos de terceiros.

§ 1º Ao receber a petição inicial, o juiz determinará a intimação do Ministério Público e a publicação de edital que divulgue a pretendida alteração de bens, somente podendo decidir depois de decorrido o prazo de 30 (trinta) dias da publicação do edital.

§ 2º Os cônjuges, na petição inicial ou em petição avulsa, podem propor ao juiz meio alternativo de divulgação da alteração do regime de bens, a fim de resguardar direitos de terceiros.

§ 3º Após o trânsito em julgado da sentença, serão expedidos mandados de averbação aos cartórios de registro civil e de imóveis e, caso qualquer dos cônjuges seja empresário, ao Registro Público de Empresas Mercantis e Atividades Afins."

juges liberdade para introduzir as modificações que quiserem. Ressalta que é descabida a exigência de justificação e a intervenção do Ministério Público, pois os noivos tiveram liberdade de escolher o regime de bens. Ressalta que não é possível autorizar a mudança para os que foram obrigados a adotar o regime de separação de bens, sob pena de contrariar o teor da norma jurídica, que obriga a separação dos bens a fim de proteger um ou ambos os cônjuges. No entanto, superada a causa que impôs o regime de separação obrigatória (art. 1.641, I e III, do CC), não existe impedimento para o pedido de alteração do regime de bens como o viúvo que se casou sem fazer inventário dos bens deixados pela esposa falecida e partilhá-los entre os filhos, se durante o novo matrimônio procedeu ao inventário e partilhou os bens do leito anterior, inexistindo qualquer prejuízo à prole, afastou a causa suspensiva e é possível pedir a alteração do regime no novo casamento. O mesmo não ocorre quando os noivos possuíam mais de 70 anos ao casarem, não existindo como afastar a causa suspensiva e pedir a alteração do regime[122].

Não se justifica, à toda evidência, negar a alteração do regime de separação obrigatória se afastada ou atendida a causa suspensiva do casamento. Podem ser citados ainda como exemplos o cônjuge sem idade núbil, antes da proibição do casamento infantil, que teve necessidade de ser suprimida judicialmente ou o cônjuge menor que teve suprimido o consentimento de seu representante legal, e já atingiram a maioridade, superando as causas que impuseram o regime de separação obrigatória. O cônjuge, hoje já maior de idade, capaz e amadurecido, não pode ser tolhido de optar por novo regime em face das razões que não mais existem e que foram impostas para lhe proteger.

Negada a alteração do regime nestes casos, bastaria aos cônjuges se divorciarem e casarem novamente no regime que lhes aprouver, pois não mais existem as causas suspensivas a impor o regime de separação legal[123].

A aferição do regime de separação obrigatória, já decidiu a jurisprudência, ocorre no momento da celebração do casamento, não podendo ser invocada se a causa surgiu posteriormente, na constância do matrimônio, como ocorre se um dos cônjuges completar 70 anos posteriormente e pre-

[122] DIAS, Maria Berenice. *Manual de direito das famílias*. 13. ed., cit., p. 704-705.

[123] DIAS, Maria Berenice. *Manual de direito das famílias*. 13. ed., cit., p. 705.

tender alterar o regime de bens. O Tribunal de Justiça de Minas Gerais, em julgado anterior à Lei n. 12.344/2010, que aumentou o limite de idade de 60 anos para o regime de separação obrigatória, decidiu que, se o casamento perdurou por quase duas décadas, sob o regime de comunhão parcial de bens, e, na celebração, nenhum dos nubentes contava com 60 anos para impor o regime de separação de bens, para prevenir eventuais golpes meramente patrimoniais, não há como negar o pedido de alteração para o regime de comunhão universal de pessoa hoje maior de 60 anos, devidamente motivado, mediante autorização judicial, ressalvados os direitos de terceiros[124].

2.1.2.3. *Alteração nos casamentos celebrados na vigência do Código de 1916*

A inovação do Código Civil de 2002 levantou questão doutrinária e jurisprudencial sobre a possibilidade de ser alterado o regime de bens celebrado na vigência do Código Civil de 1916, em razão do disposto no art. 2.039, no sentido de que o regime de bens nos casamentos celebrados na vigência do Código Civil de 1916 é o por ele estabelecido.

A leitura menos apressada e mais atenta ao dispositivo legal leva à conclusão de que não veda a alteração do regime de bens celebrado na vigência do Código Civil de 1916. O que determina a norma é a estrita obediência às regras pactuadas no ato jurídico perfeito celebrado pelos cônjuges na vigência da lei anterior. O casamento celebrado no regime da comunhão parcial de bens, por exemplo, deve obedecer às normas previstas no Código Civil de 1916, não se aplicando as novas regras e inovações do Código de 2002, que somente prevalecerão para os casamentos celebrados na sua vigência e nas disposições gerais ao regime de bens. Assim, aplicam-se aos casamentos celebrados na vigência do Código Civil de 1916, as peculiaridades de cada regime de acordo com a lei anterior e as disposições gerais do Código atual a todos os regimes.

O art. 1.639, § 2º, do Código Civil atual não faz qualquer restrição quanto à data da celebração do casamento para alteração do regime de bens, realizado na vigência dos Códigos de 1916 ou de 2002, não existindo, portanto, qualquer impedimento legal. Ressalta-se que, se o Código Civil atual vedasse a modificação do regime de bens nos casamentos celebrados na

---

124 TJMG, 5ª CC, AC 1.0024.04.313007-9/001, Rel. Des. Nepomuceno Silva, j. 24-4-2005.

vigência da lei anterior, seria incoerente nas novas regras do empresário casado, especialmente ao vedar a sociedade entre os cônjuges nos regimes de comunhão universal e separação obrigatória e possibilitar adaptação à nova legislação até 11 de janeiro de 2007 (arts. 977 e 2.031).

Assim, é imposto respeito às regras do regime de bens, quando de sua constituição, e não à sua imodificabilidade. Se a lei concede um benefício mais amplo, não há de se falar em direito adquirido para restringir esse direito, devendo ser invocado o princípio da lei mais benéfica, não cabendo limitar a liberdade dos cônjuges de buscar a alteração do regime. O Código de 1916 segue regulando os casamentos celebrados a seu tempo, sem haver qualquer impedimento à alteração do regime matrimonial[125].

A jurisprudência já decidiu sobre a admissibilidade de alteração do regime de bens de casamento celebrado na vigência do Código Civil de 1916, desde que atendidas as exigências legais e não se evidenciarem prejuízo a qualquer das partes e terceiros[126]. A regra do direito intertemporal do art. 2.039 do Código Civil de 2002 não constitui impedimentos à alteração de regime de bens celebrados na vigência do Código anterior. Podem marido e mulher, objetivando constituir sociedade comercial, modificarem o regime matrimonial de bens, existindo motivo relevante para o pedido, com respeito aos direitos de terceiros[127]. O Superior Tribunal de Justiça uniformizou o entendimento no sentido da possibilidade de alteração de regime de bens de casamento celebrado sob a égide do Código Civil de 1916, por força do § 2º do art. 1.639 do Código Civil atual[128].

2.1.2.4. *Efeitos da alteração e partilha dos bens*

A alteração do regime de bens depende de ação judicial na Vara de Família, tratando-se de procedimento de jurisdição voluntária, proposta consensualmente pelos cônjuges, sendo imutável o regime na forma litigiosa, não se cogitando de suprimento judicial de consentimento do cônjuge resistente para autorizar a alteração do regime. Os cônjuges devem justificar os motivos para a alteração, podendo ser determinada produção de provas

---

[125] DIAS, Maria Berenice. *Manual de direito das famílias*. 4. ed., cit., p. 214-215.

[126] TJSP, 7ª CC, AC 332.192-4/6-00, Rel. Des. Oswaldo Breviglieri, j. 28-4-2004.

[127] TJSC, 2ª CC, AC 2005.032614, Rel. Des. Monteiro Rocha, j. 12-7-2007.

[128] STJ, 3ª Turma, REsp 1.112.123/DF, Rel. Min. Sidney Beneti, j. 16-6-2009.

pelo juiz para apurar a procedência das razões invocadas, se ocorrer indícios de gravame a um dos cônjuges, sendo preservados os direitos de terceiros. Acolhido o pedido, expede-se mandado para averbação no Registro Civil, no Registro de Imóveis e no Registro de Empresas Mercantis, se for o caso, podendo a própria sentença ser levada a registro. A alteração do regime de bens passa a valer a partir do trânsito em julgado da sentença, mas a eficácia perante terceiros depende do registro imobiliário (art. 167, II, 1, da LRP)[129].

Perante terceiros, portanto, a alteração do regime matrimonial produzirá efeitos somente *ex nunc*, contados a partir da averbação no registro público, inclusive no registro de imóveis e no registro de empresas mercantis, resguardados todos os direitos anteriores ao registro conforme expressamente dispõe o art. 1.639, § 2º, do Código Civil.

O Superior Tribunal de Justiça tem acolhido que a mudança de regime de bens do casamento produz efeitos a partir do trânsito em julgado da decisão que a homologou, possuindo, portanto, eficácia *ex nunc*, ou seja, tem efeitos apenas para o futuro, preservando os interesses dos cônjuges e de terceiros no passado. Nesse sentido:

> RECURSO ESPECIAL. CIVIL E PROCESSUAL CIVIL. DIREITO DE FAMÍLIA. DISSOLUÇÃO DO CASAMENTO. ALTERAÇÃO DO REGIME DE BENS. TERMO INICIAL DOS SEUS EFEITOS. *EX NUNC*. ALIMENTOS. RAZOABILIDADE. BINÔMIO NECESSIDADE E POSSIBILIDADE. CONCLUSÕES ALCANÇADAS PELA CORTE DE ORIGEM. IMPOSSIBILIDADE DE REVISÃO NA VIA ELEITA. SÚMULA N. 7/STJ.
>
> 1 – Separação judicial de casal que, após período de união estável, casou-se, em 1997, pelo regime da separação de bens, procedendo a sua alteração para o regime da comunhão parcial em 2007 e separando-se definitivamente em 2008.
>
> 2 – Controvérsia em torno do termo inicial dos efeitos da alteração do regime de bens do casamento ("ex nunc" ou "ex tunc") e do valor dos alimentos.
>
> 3 – Reconhecimento da eficácia "ex nunc" da alteração do regime de bens, tendo por termo inicial a data do trânsito em julgado da decisão judicial que o modificou. Interpretação do art. 1639, § 2º, do CC/2002[130].

---

[129] DIAS, Maria Berenice. *Manual de direito das famílias*. 4. ed., cit., p. 215.

[130] STJ, 3ª Turma, REsp 1.300.036/MT, Rel. Min. Paulo de Tarso Sanseverino, j. 13-5-2014.

A doutrina, todavia, no que se refere exclusivamente aos cônjuges, tem agasalhado a possibilidade de retroagir à data da celebração, desde que exista pedido expresso, produzindo efeitos *ex tunc*.

Os efeitos *ex tunc* são automáticos, mesmo sem pedido expresso, se o regime for alterado para o de comunhão universal de bens, pois qualquer que seja o regime anterior, nesta modalidade de regime, todos os bens entram na comunhão, anteriores, presentes e futuros, salvo se os cônjuges expressamente excluírem da comunicabilidade os bens particulares que possuíam no momento da alteração, afastando a universalidade da comunhão.

Nos outros regimes, admite-se a possibilidade jurídica de retroação na alteração do regime entre os cônjuges, desde que mediante pedido expresso. Não existindo pedido expresso de retroatividade, a sentença possui eficácia *ex nunc*, passando a produzir efeitos entre os cônjuges a partir do trânsito em julgado.

Sérgio Gischkow Pereira cita diversos autores para concluir sobre a possibilidade de retroagir a alteração do regime de bens, pelo menos em relação aos cônjuges. Leciona ser possível a retroação dos efeitos da sentença à data da celebração do casamento, desde que os interessados requeiram em conjunto ao juiz, ressaltando que, na falta de óbice da lei, o que não é proibido é permitido. Refere-se, ainda, à decisão do Tribunal de Justiça do Rio Grande do Sul entendendo por unanimidade que a alteração pode ter efeito *ex tunc*, destacando o voto do Des. Brasil Santos ao fundamentar que o Código não explicita se os efeitos da alteração serão *ex tunc* ou *ex nunc* entre os cônjuges, entretanto, a retroatividade é decorrência lógica. Com relação a terceiros, serão sempre *ex nunc*, uma vez que se encontram ressalvados os direitos destes[131].

O Tribunal de Justiça de Santa Catarina reconheceu a possibilidade de a alteração do regime de bens retroagir, produzindo efeitos *ex tunc* em relação aos cônjuges, quando ocorrer pedido expresso, privilegiando a autonomia da vontade e liberdade dos cônjuges, mas, quanto a terceiros, somente a partir do trânsito em julgado, ou seja, com efeitos *ex nunc*. Consta no julgado que:

---

[131] PEREIRA, Sérgio Gischkow. A alteração do regime de bens: possibilidade de retroagir. *Revista Brasileira de direito de família*. n. 23. Porto Alegre: Síntese/IBDFAM, abr.-maio 2004. p. 66-70.

APELAÇÃO CÍVEL. PEDIDO DE ALTERAÇÃO DO REGIME DE BENS COM PRODUÇÃO DE EFEITOS *EX TUNC*. SENTENÇA QUE ACOLHEU O PEDIDO EXORDIAL PARA MODIFICAR O REGIME DE BENS, CONSIGNANDO, ENTRETANTO, QUE OS EFEITOS SE OPERARIAM A PARTIR DO TRÂNSITO EM JULGADO DA SENTENÇA. IRRESIGNAÇÃO. PEDIDO DE RETROAÇÃO DOS EFEITOS DA MUDANÇA À DATA DA CELEBRAÇÃO DO CASAMENTO. ACOLHIMENTO DO PLEITO PARA QUE A ALTERAÇÃO DO REGIME DE BENS PRODUZA EFEITOS RETROATIVOS À DATA DO CASAMENTO COM RELAÇÃO AOS CÔNJUGES, MAS, COM RELAÇÃO A TERCEIROS, APENAS A PARTIR DO TRÂNSITO EM JULGADO.

"Na ausência de impedimento legal, é possível retroagir os efeitos da mudança do regime. Como o que não é proibido é permitido, é necessário admitir a possibilidade de a alteração atingir bens adquiridos antes do pedido de alteração, assim como os havidos antes mesmo do casamento. Ou seja, a mudança pode atingir bens comuns ou particulares, bens já existentes ou bens futuros. A retificação pode ter efeitos *ex tunc* ou *ex nunc*, a depender da vontade dos cônjuges. Aliás, o próprio texto legislativo conduz à possibilidade de eficácia retroativa ao ressalvar os direitos de terceiros, ressalva essa que só tem cabimento pela possibilidade de retroação. Adotado o regime da comunhão universal, a retroatividade é decorrência lógica. Impossível pensar em comunhão sem implicar comunicação de todos os bens posteriores e anteriores à modificação" (DIAS, Maria Berenice. *Manual de direito das famílias*. 8. ed. rev. e atual. São Paulo: Editora Revista dos Tribunais, 2011. p. 254-255).[132]

Na ausência de pedido expresso dos cônjuges, a alteração do regime de bens produz, portanto, efeitos *ex nunc* a partir do trânsito em julgado da sentença, podendo retroagir, produzindo efeitos *ex tunc*, somente entre os cônjuges, à data da celebração se houver pedido expresso.

Alterando-se o regime de bens e existindo bens comuns a partilhar, a partilha pode e deve ser efetuada de forma consensual, concomitante ao pedido de alteração, homologada pelo juiz e expedidos os competentes mandados de averbação. Nada impede, entretanto, que os bens anteriores continuem em comunhão ou efetue-se a partilha posteriormente.

---

132 TJSC, AC 0310530-68.2016.8.24.0039, Rel. Des. André Carvalho, j. 30-11-2017.

A partilha, entretanto, não é obrigatória, podendo os cônjuges manterem condomínio ou promoverem sua extinção posteriormente.

2.2. Pacto antenupcial – regime legal e convencional

O direito brasileiro, como já visto, regula atualmente os regimes de comunhão universal, comunhão parcial, separação e participação final de aquestos.

O regime pode ser legal ou convencional, conforme imposto pela lei ou escolhido pelos nubentes.

O regime legal divide-se em necessário ou obrigatório.

Regime legal necessário ou *supletivo* é o regime de comunhão parcial de bens, quando as partes optarem na habilitação, sem necessidade de pacto, ou na hipótese de a convenção ser nula ou ineficaz (art. 1.640 e parágrafo único do CC). É uma escolha presumida da lei quando os noivos não firmarem pacto ou este for invalidado.

O regime legal necessário, no Código Civil de 1916, era o da comunhão universal de bens até a entrada em vigor da Lei n. 6.515 (Lei do Divórcio), em 26 de dezembro de 1977, que em seu art. 50 deu nova redação ao art. 258 do Código anterior, alterando-o para o regime de comunhão parcial, o que foi mantido na legislação atual.

Regime legal obrigatório é o regime de separação legal de bens, imposto pelo art. 1.641 do Código Civil, quando os contraentes se casarem violando as causas suspensivas, um ou ambos os nubentes possuírem mais de 70 anos ou dependerem de autorização judicial para casar.

Regime convencional é o escolhido pelos nubentes por meio de pacto ou convenção antenupcial entre os demais regimes, combinando-os ou incluindo novas cláusulas, desde que não sejam incompatíveis, ou até mesmo criando um novo modelo, modificando-os entre si, denominados na doutrina de *regime misto* e *regime personalíssimo*.

Pacto antenupcial, convenção antenupcial ou *pacto dotal* é um contrato solene, realizado antes do casamento, por meio do qual as partes dispõem sobre o regime de bens que vigorará entre elas, durante o matrimônio[133]. É um negócio solene feito por escritura pública no Cartório de Notas, que

[133] RODRIGUES, Silvio. *Direito civil* – Direito de família. 27. ed., cit., p. 173.

disciplina as questões patrimoniais e não patrimoniais entre os cônjuges, bem como as responsabilidades de cada um perante terceiros. Pode ser feito por procurador com poderes especiais e após a feitura não exige a legislação brasileira prazo para o casamento se realizar[134].

É facultativo, salvo no regime de separação obrigatória de bens, podendo os nubentes optarem pelo regime de comunhão parcial (regime legal), por termo no procedimento de habilitação, sem necessidade de pacto. Se os noivos pretenderem regime diverso do legal, é necessária a lavratura por escritura pública, do pacto antenupcial. Não existe, portanto, casamento sem regime de bens. Na ausência de pacto nupcial, a lei determina o regime por termo, conforme o art. 1.640, parágrafo único, do Código Civil[135].

O pacto antenupcial é regulado nos arts. 1.653 a 1.657 do Código Civil, dispondo o art. 1.653 que é nulo o pacto antenupcial não efetuado por escritura pública e ineficaz se não for realizado o casamento. No art. 1.655 dispõe que são nulas as cláusulas do pacto antenupcial que contravenham disposição absoluta da lei.

Assim, trata-se de negócio solene porque o Código Civil exige que seja feito por escritura pública, acarretando nulidade a inobservância deste requisito (arts. 108 e 166, IV, do CC). Da mesma forma, é nula a convenção ou cláusula que contrarie disposição absoluta da lei como dispensa dos deveres conjugais, renúncia a alimentos e ao exercício do poder familiar de um dos cônjuges, submissão de um dos cônjuges ao outro, dispensa de outorga na disposição de bens imóveis nos regimes de comunhão universal e parcial, entre outros.

Admite-se a convenção, no pacto nupcial, de livre disposição de bens imóveis, desde que particulares, no regime de participação final de aquestos (art. 1.656 do CC).

---

134 ALMEIDA, Renata Barbosa de; RODRIGUES JUNIOR, Walsir Edson. *Direito civil*: famílias, cit., p. 180-181.

135 "Art. 1.640. Não havendo convenção, ou sendo ela nula ou ineficaz, vigorará, quanto aos bens entre os cônjuges, o regime da comunhão parcial.
Parágrafo único. Poderão os nubentes, no processo de habilitação, optar por qualquer dos regimes que este código regula. Quanto à forma, reduzir-se-á a termo a opção pela comunhão parcial, fazendo-se o pacto antenupcial por escritura pública, nas demais escolhas."

Conforme já visto, no regime de separação absoluta, os cônjuges podem dispor livremente dos bens, sem necessidade de outorga (arts. 1.647 e 1.687 do CC).

A escritura pública é essencial à validade do pacto antenupcial, sendo da substância do ato, lavrada pelo Tabelião de Notas, que possui fé pública, e atendendo a todos os requisitos legais (arts. 108, 109 e 215 do Código Civil), sob pena de nulidade (art. 166, IV, do CC). Não pode ser lavrada por instrumento particular, ainda que os nubentes sejam capazes. Com efeito, dispõe o art. 1.653 do Código Civil:

> Art. 1.653. É nulo o pacto antenupcial se não for feito por escritura pública, e ineficaz se não lhe seguir o casamento.

O pacto nupcial, celebrado por menores, exige a aprovação de seu representante legal para ser eficaz, devendo assistir o incapaz, ratificando a título de aprovação o ato. Não exige a lei, para aprovação do pacto nupcial, a concordância de ambos os genitores como ocorre no casamento, bastando a aprovação de apenas um deles para a validade da convenção, já que a lei fala somente em representante legal e qualquer um dos pais pode representar o filho menor[136]. O art. 1.654 do Código Civil dispõe expressamente que "a eficácia do pacto antenupcial, realizado por menor, fica condicionada à aprovação de seu representante legal, salvo as hipóteses de regime obrigatório de separação de bens".

A escritura pública do pacto antenupcial é firmada pelos nubentes, desde que aptos a estipulá-lo, interessados no regime de bens para o casamento. Pode, entretanto, ser firmada a escritura pública por procurador, com poderes especiais estabelecidos pelo mandante, em documento público, tendo em vista que a legislação autoriza o casamento por procuração, aplicando-se os mesmos princípios.

O pacto antenupcial pode ser revogado, retificado ou alterado livremente pelos nubentes, mediante outra escritura pública ou escritura retificatória, enquanto o casamento não for celebrado. Após o matrimônio, somente será permitida alteração que justifique os motivos e mediante

[136] DIAS, Maria Berenice. *Manual de direito das famílias*. 4. ed., cit., p. 218.

autorização judicial. Não existe prazo estabelecido na lei para a realização do casamento após a lavratura da escritura pública do pacto antenupcial, como ocorre na certidão de habilitação. Assim, salvo se restou pactuado um prazo para o matrimônio no próprio ato, não existe um prazo determinado de validade do pacto antenupcial, persistindo válido, mesmo caducando a habilitação. Caduca, entretanto, o pacto antenupcial se escoar o prazo para o casamento nele fixado, um dos contraentes falecer ou se casar com pessoa diversa[137].

O Código Civil dispõe que é lícito aos cônjuges, antes do casamento, estipular, quanto aos bens, o que lhes aprouver (art. 1.639). A liberdade, entretanto, não é ilimitada, não podendo ser feita a escolha do regime de bens, nas hipóteses de imposição do regime de separação (regime legal obrigatório) ou que contrarie disposição legal. Sílvio Venosa leciona que o pacto antenupcial é negócio de direito de família e sua finalidade é exclusivamente regular o regime matrimonial dos cônjuges no casamento, devendo ter em mira exclusivamente os direitos patrimoniais, sendo nula qualquer disposição que contrarie ou infrinja direitos fundamentais ou da personalidade. Admite-se, porém, o reconhecimento de filhos, por se tratar de prova escrita de filiação suficiente para o ato[138]. Maria Helena Diniz também leciona que o pacto antenupcial deve conter tão somente estipulações referentes às relações econômicas entre os cônjuges[139]. Maria Berenice Dias ressalta, entretanto, que nada impede estipulações sobre questões não patrimoniais, como encargos, inclusive sobre questões domésticas, como quem irá ao supermercado, proibição de fumar no quarto, entre outros. Ainda que a execução de algumas cláusulas deva ser buscada na via judicial, ao menos como acordo entre eles, tem plena validade[140].

Érica Canuto leciona que o contrato antenupcial se constitui em uma espécie *sui generis*, mas não se condiciona a um único tipo determinado. Podem os nubentes escolher um dos quatro regimes regulados pela lei, criar um regime misto, que regule alguns bens por um certo regime e os outros por regras exclusivas do regime escolhido, ou um regime personalíssimo com

---

137 VENOSA, Sílvio de Salvo. *Direito civil* – Direito de família. 3. ed., cit., p. 179.

138 VENOSA, Sílvio de Salvo. *Direito civil* – Direito de família. 3. ed., cit., p. 179.

139 DINIZ, Maria Helena. *Curso de direito civil brasileiro* – Direito de família, cit., p. 153.

140 DIAS, Maria Berenice. *Manual de direito das famílias*. 4. ed., cit., p. 217.

regras mescladas de um e de outro regime ou criadas afetando todo o patrimônio. Aventa, ainda, sobre a possibilidade de o pacto antenupcial vir acompanhado de elementos acidentais, desde que não tenha por objetivo torná-lo ineficaz, seja admitindo-se condição suspensiva ou resolutiva (nesta última, indicando o novo regime), seja termo. Destaca decisão já proferida pelo Supremo Tribunal Federal decidindo sobre a eficácia de condição prevista no pacto antenupcial, alternando o regime de bens acaso houvesse nascimento de filho, o que é reforçado atualmente pela possibilidade de alteração do regime de bens no Brasil, não necessitando, entretanto, na hipótese de pacto, de autorização judicial[141].

Para produzir efeitos perante terceiros, o pacto antenupcial deve ser registrado em livro próprio no Cartório de Registro de Imóveis (art. 1.657 do CC) após o casamento, para ter publicidade; entretanto, a falta do assento não torna nulo o ato, apenas não produz efeitos *erga omnes*, pois tem por objetivo precaver terceiros que contratam com os cônjuges. O pacto subsiste em todos os seus efeitos nas relações entre os cônjuges e seus herdeiros, independentemente do registro. Necessário, ainda, averbação no Registro de Empresas Mercantis, se o cônjuge for empresário, para produção de efeitos nas relações comerciais.

A convenção antenupcial é condicional, vinculando-se para produção de efeitos à celebração do casamento, tanto que caducará, sem necessidade de pronunciamento judicial, se o matrimônio não se realizar, por morte ou se um dos nubentes se casar com outra pessoa, por faltar-lhe requisito essencial à sua perfeição[142]. Não se seguindo casamento, o pacto não é nulo, mas ineficaz por não produzir qualquer efeito. A nulidade do casamento, por possuir efeitos *ex tunc*, retroagindo à celebração, retira a eficácia do pacto antenupcial, por ser condicionado ao casamento. A anulação do casamento, entretanto, torna inválido o matrimônio a partir da sentença desconstitutiva, valendo o casamento até aquele momento, cumprindo-se as disposições pactuadas, especialmente pelo responsável pela anulação (art.

---

141 CANUTO, Érica Verícia de Oliveira. Liberdade de contratar o regime patrimonial de bens no casamento. Regimes mistos. *Anais do V Congresso Brasileiro de Direito de Família*, cit., p. 292-295.

142 PEREIRA, Caio Mário da Silva. *Instituições de direito civil* – Direito de família. 7. ed., cit., p. 117.

1.564 do CC). A anulação ou nulidade do pacto não interfere na validade do casamento, apenas determina o regime de comunhão parcial.

Antes do casamento, o pacto pode ser modificado pelas partes e é válido mesmo se não constar na habilitação, devendo ser retificado o regime no assento se constou diverso, obedecendo as disposições convencionadas no pacto, em ação própria de *retificação do regime de casamento*.

O pacto antenupcial, portanto, é facultativo e exigido apenas se os cônjuges quiserem adotar regime diverso do legal necessário (comunhão parcial), porém, apesar da liberdade de escolha dos nubentes, não pode ser utilizado nos casos de regime de separação legal obrigatório, sendo nula a convenção por violar disposição legal. Atualmente, em razão da possibilidade de alteração do regime matrimonial, o pacto antenupcial pode ser chamado de pacto nupcial, já que os cônjuges podem, após o casamento, mudar a convenção antenupcial, introduzindo novas cláusulas ou retirando outras.

2.3. Espécies de regimes matrimoniais

Os nubentes possuem liberdade para escolher um dos regimes regulamentados, criar um regime misto, aplicando a determinados bens as regras de outros ao regime escolhido, mesclar as regras entre eles, ou criar um modelo novo exclusivo. O Código Civil regulamenta, entretanto, quatro regimes de bens, estabelecendo suas regras próprias: o regime de comunhão parcial, o regime de comunhão universal, o regime de participação final dos aquestos e o regime de separação de bens. Regula, ainda, os regimes legais necessários e obrigatórios.

- Regime de bens
  - Legal
    - Necessário – Comunhão parcial de bens
    - Obrigatório – Separação de bens
  - Convencional (Pacto antenupcial)
    - Comunhão parcial (com alterações)
    - Comunhão universal
    - Participação final nos aquestos
    - Separação de bens – relativa ou absoluta
    - Misto ou personalíssimo

2.4. Regime de comunhão parcial de bens

2.4.1. Considerações gerais

O art. 50 da Lei n. 6.515, de 26 de dezembro de 1977, em seu n. 7, deu nova redação ao art. 258 do Código Civil de 1916, modificando, a partir desta data, o regime legal de bens, antes de comunhão universal, para comunhão parcial. O Código Civil de 2002 manteve a regra, ao dispor em seu art. 1.640 que não existindo convenção, ou sendo ela nula ou ineficaz, vigorará, quanto aos bens entre os cônjuges, o regime de comunhão parcial.

É também o regime que se aplica na união estável, nos termos do art. 1.725[143] do Código Civil, e também na união homoafetiva, por força do efeito *erga omnes*, portanto, com caráter vinculante e eficácia irradiante, conferido no julgamento pelo Supremo Tribunal Federal, em 5 de maio de 2011, da ADPF 132/2008 e ADI 4.277/2009, que reconheceu a união de pessoas do mesmo sexo como entidade familiar, merecedoras da proteção estatal, com os mesmos direitos e deveres conferidos nas uniões entre homens e mulheres.

O Código Civil de 2002 passou a tratar o regime de comunhão parcial de bens em primeiro lugar, diferente do Código de 1916 que primeiro cuidava do regime de comunhão universal, o que é justificável, pois desde a Lei do Divórcio passou a ser o regime legal ou supletivo no ordenamento jurídico brasileiro[144].

É o regime que vigora necessariamente, em virtude da lei, no silêncio das partes, ou seja, é uma escolha da legislação, substituindo-se a escolha dos nubentes expressada no pacto antenupcial, ou dos companheiros em contrato escrito, presumindo-se que esta era a vontade das partes. Também é o regime que vigora se invalidada a convenção nupcial ou o contrato de união estável.

É denominado de *regime legal* ou *regime legal necessário*, por ser o regime escolhido pela lei na ausência ou invalidade do pacto antenupcial, e também de *regime supletivo*, suprindo a vontade não manifestada das partes.

---

[143] "Art. 1.725. Na união estável, salvo contrato escrito entre os companheiros, aplica-se às relações patrimoniais, no que couber, o regime da comunhão parcial de bens."

[144] MANFRÉ, José Antônio Encinas. *Regime matrimonial de bens no novo Código Civil.* São Paulo: Juarez de Oliveira, 2003. p. 51.

A comunhão parcial é um regime misto, uma mistura de separação e comunhão universal, e era também chamado de comunhão de aquestos ou adquiridos na constância do casamento, que hoje constitui regime próprio, apesar de semelhantes.

Clóvis Beviláqua conceituava o regime de comunhão parcial como aquele em que não se comunicam os bens que cada cônjuge possuía antes do casamento, os adquiridos por cada um a título gratuito na constância da união e os que forem sub-rogados em seus lugares. No entanto, se comunicam os adquiridos onerosamente, por fato eventual e os doados ou deixados por herança ou legado a ambos os consortes[145].

Cristiano Chaves de Farias e Nelson Rosenvald doutrinam que esse regime tem como pano de fundo o reconhecimento da presunção *jure et de jure* (absoluta) de colaboração conjunta na aquisição onerosa dos bens na constância do casamento ou da união estável, não sendo discutida a proporção do esforço de cada parte ou se efetivamente contribuiu. Presume-se de forma absoluta que os bens adquiridos onerosamente são frutos da ajuda mútua, ainda que apenas psicológica ou moralmente. Possui um componente ético no sentido de que "o que é meu é meu, o que é se é seu e o que é nosso, metade de cada um"[146].

Caracteriza-se pela existência de três massas distintas de bens: o patrimônio do marido, o patrimônio da mulher e o patrimônio comum. Estabeleceu a separação quanto ao passado (bens que cada um dos cônjuges possuía antes do matrimônio) e comunhão quanto ao futuro (bens adquiridos na constância do casamento)[147].

Neste regime, excluem-se da comunhão os bens que os cônjuges possuíam ao casar ou que venham a adquirir por causa anterior e alheia ao casamento, como os sub-rogados (bens adquiridos com valores provenientes de bem anterior), sucessão ou liberalidade (doação), denominados *bens incomunicáveis*, *particulares* ou *próprios*. Incluem-se na comunhão os bens

---

[145] BEVILÁQUA, Clóvis. *Direito de família*. 7. ed. Rio de Janeiro: Editora Rio, 1976. p. 204.

[146] FARIAS, Cristiano Chaves de; ROSENVALD, Nelson. *Curso de direito civil*: famílias. 5. ed., cit., p. 387.

[147] GONÇALVES, Carlos Roberto. *Direito civil brasileiro* – Direito de família, cit., p. 412.

adquiridos na constância do casamento, por título oneroso, por liberalidade em nome de ambos ou por fato eventual, denominados *bens comuns* ou *comunicáveis*.

Maria Helena Diniz, citando Ripert e Silvio Rodrigues, ensina que este regime é o que melhor atende ao espírito da sociedade conjugal, unindo materialmente os cônjuges em interesses parcialmente comuns, quanto aos bens adquiridos na constância do casamento, por serem fruto da colaboração que se estabelece entre cônjuges, permanecendo incomunicáveis os adquiridos por motivos anteriores ou alheios ao matrimônio. Ao estabelecer a comunhão dos bens adquiridos na constância do casamento, cria uma solidariedade entre os cônjuges e, no entanto, permite que cada um conserve o que já lhe pertencia no momento do casamento. Ressalta, ainda, que este regime, além de frear a dissolução da sociedade conjugal, torna mais justa a divisão dos bens por ocasião da dissolução do matrimônio[148].

O regime da comunhão parcial de bens, como já ressaltado, é um misto da comunhão universal, comunicando-se os bens adquiridos na constância do casamento, com ressalva dos adquiridos a título gratuito por doação e herança, e da separação de bens quanto aos bens anteriores ao casamento e os alheios ao matrimônio. Duas regras básicas regulam o regime de comunhão de bens. Uma estabelece os bens que não se comunicam e outra os bens que entram na comunhão, previstos expressamente nos arts. 1.659 e 1.660 do Diploma Civil.

2.4.2. Bens incomunicáveis

Os bens que não se comunicam no regime de comunhão parcial estão previstos no art. 1.659 do Código Civil, estabelecendo que excluem da comunhão:

I – os bens que cada cônjuge possuir ao casar, e os que lhe sobrevierem, na constância do casamento, por doação ou sucessão, e os sub-rogados em seu lugar;

II – os bens adquiridos com valores exclusivamente pertencentes a um dos cônjuges em sub-rogação dos bens particulares;

148 DINIZ, Maria Helena. *Curso de direito civil brasileiro* – Direito de família. 17. ed., cit., p. 163.

III – as obrigações anteriores ao casamento;

IV – as obrigações provenientes de atos ilícitos, salvo reversão em proveito do casal;

V – os bens de uso pessoal, os livros e instrumentos de profissão;

VI – os proventos do trabalho pessoal de cada cônjuge;

VII – as pensões, meios-soldos, montepios e outras rendas semelhantes.

Acrescenta o art. 1.661, também do Código Civil, que não se comunicam ainda os bens cuja aquisição tiver por título uma causa anterior ao casamento.

O diploma legal estabelece, assim, que são incomunicáveis, excluindo da comunhão, *os bens que cada cônjuge possuir ao casar, e os que lhe sobrevierem na constância do matrimônio, por doação ou sucessão e os sub-rogados em seu lugar*. É da essência desse regime que são particulares os bens que cada cônjuge possuía ao se casar, restando incomunicáveis por não possuírem qualquer colaboração do outro consorte em razão do casamento ou da união estável. Da mesma forma são próprios de cada cônjuge ou companheiro os bens recebidos a título gratuito na constância do casamento na qualidade de herdeiro, legítimo ou testamentário, legatário ou donatário. Comunicam-se, todavia, os bens adquiridos por sucessão testamentária ou doação se a liberalidade for destinada a ambos os cônjuges.

Do mesmo modo, não se comunicam os bens adquiridos por permuta ou com o produto da venda desses bens (sub-rogação), preenchendo uma omissão do CC 1916 que permitia uma brecha para alegar comunicabilidade a título oneroso quando um bem for adquirido com o produto da venda de uma herança. O Código atual supriu esta lacuna, dispondo que este bem também não se comunica.

Também não se comunicam *os bens adquiridos com valores exclusivamente pertencentes a um dos cônjuges em sub-rogação dos bens particulares*, ou seja, os adquiridos com o produto da venda de bens anteriores incomunicáveis, ocorrendo na sub-rogação a substituição do bem particular que o cônjuge possuía por outro, mediante compra e venda. É necessário restar demonstrado o efetivo reemprego dos fundos provenientes de bens particulares, em face da presunção de comunicabilidade dos bens adquiridos onerosamente na constância do casamento ou da união estável. O ônus de comprovar a sub-rogação é do adquirente, não bastando apenas alegar que possuía fundos de venda de bens anteriores, mas demonstrar efetivamente o nexo causal, tanto em relação ao cônjuge quanto a terceiros. Uma forma de comprovar a incomunicabilidade é inserir na escritura pública, com anuência do cônjuge ou companheiro, a origem dos recursos para a sub-rogação[149].

Importante ressaltar que os frutos dos bens particulares, como juros e aluguéis, entram na comunhão de bens, bem como possível diferença de valores a maior no bem sub-rogado[150]. Na hipótese de o cônjuge possuir um terreno antes do matrimônio e, após, vendê-lo, adquirindo um apartamento pelo dobro do valor auferido, a metade do bem sub-rogado é bem particular do cônjuge comprador e a outra metade é bem comum do casal.

Da mesma forma, não se comunicam *as obrigações anteriores ao casamento* que, como os bens, não se comunicam, e as obrigações *provenientes de atos ilícitos, salvo reversão em proveito do casal*, que devem ser respondidas exclusivamente pelo cônjuge com seus bens particulares, salvo, na segunda hipótese, se o credor comprovar que foi aproveitado pelo casal, como marido que desvia valores de uma empresa, cometendo crime, e utiliza o produto ilícito para reformar e ampliar a residência, lucrando ambos os cônjuges. A responsabilidade pelo ato ilícito é pessoal, imputável exclusivamente a quem lhe deu causa, podendo o cônjuge inocente opor embargos de terceiros para livrar sua meação da penhora em bens comuns que passarão a ser bens particulares seus, entretanto, se o dano foi provocado no exercício de profissão ou atividade de que depende o sustento da família, ou se proporcionou proveito ao patrimônio comum, a indenização será suportada pela totalidade dos bens. As obrigações resultantes de ato ilícito que trouxeram benefício ao casal são excepcionadas pela lei, deixando de ser pessoal e passando para a responsabilidade comum[151].

Os bens de uso pessoal, os livros e instrumentos de profissão também não se comunicam, pois são bens que interessam apenas ao cônjuge, como roupas, sapatos e os utilizados na profissão, pois deles depende sua sobrevivência. São bens que possuem caráter personalíssimo. Os instrumentos de profissão são aqueles essenciais ao exercício da atividade profissional do

---

[149] MADALENO, Rolf. *Curso de direito de família*. 5. ed., cit., p. 746.

[150] GONÇALVES, Carlos Roberto. *Direito civil brasileiro. Direito de família*, cit., p. 414.

[151] GONÇALVES, Carlos Roberto. *Direito civil brasileiro. Direito de família*, cit., p. 416.

cônjuge, próprio, desde que não foram adquiridos com valores comuns ou não tenham um valor considerável, pois o valor econômico prevalece sobre o caráter pessoal. Os livros devem destinar-se ao exercício da profissão, o que exclui outros livros que possuem valor econômico, como uma biblioteca. São livros pessoais, os livros de direito e os códigos do advogado, bem como seu computador, excluindo os demais, que ingressam na comunidade conjugal. Os bens de uso pessoal e os instrumentos de profissão, também denominados de *bens privativos por destino*, são bens de uso pessoal e escasso valor[152]. Não pode, assim, alegar o motorista que adquiriu um caminhão a título oneroso na constância do casamento, que o veículo é instrumento de profissão, tratando-se de bem patrimonial comum.

Maria Berenice Dias ressalta que rege o regime de bens o princípio da comunicabilidade do patrimônio adquirido depois da união, pois o casamento (e mesmo a união estável) gera comunhão de vidas e dever de mútua assistência, prevalecendo a solidariedade familiar. A previsão legal de excluir da comunhão os instrumentos do trabalho tem por objetivo garantir o exercício profissional e subsidiariamente os pagamentos dos alimentos à prole e ao cônjuge necessitado. É descabido, portanto, atribuir exclusivamente a um cônjuge os bens adquiridos durante o casamento pelo simples fato de destinarem ao ofício profissional, como ocorre, por exemplo, com consultórios dentários, veículos, cujos valores podem ser elevados e ocorrer o esforço do casal para sua aquisição[153].

Não se comunicam *os proventos do trabalho pessoal de cada cônjuge*. O Código Civil anterior não previa esta incomunicabilidade, ao contrário, dispunha que comunicavam os frutos civis do trabalho, ou da indústria de cada cônjuge, ou de ambos, o que contrariava até mesmo os princípios do regime de comunhão de bens, gerando muita discussão na doutrina e jurisprudência.

Com a redação do Código atual, Maria Helena Diniz orientava que o produto do trabalho dos consortes e os bens com ele adquiridos não se comunicam, tendo os cônjuges sobre eles todos os poderes de gozo, disposição e administração, exceto no que concerne aos imóveis, cuja alienação requer outorga marital ou uxória, entretanto, a própria doutrinadora reviu o posicionamento e concluiu que a incomunicabilidade refere-se tão somen-

---

152 MADALENO, Rolf. *Curso de direito de família*. 5. ed., cit., p. 749.

153 DIAS, Maria Berenice. *Manual de direito das famílias*. 8. ed., cit., p. 223-224.

te ao direito de percepção dos proventos, uma vez que, percebidos, integrarão o patrimônio do casal, devendo a incomunicabilidade dos proventos ser interpretada com o disposto no art. 1.660, II, que prevê a comunicabilidade dos frutos civis do trabalho. Cita Fábio Ulhoa Coelho para lecionar que os direitos que cada cônjuge passa a titularizar, em razão de seu trabalho, são incomunicáveis, aplicando-se a qualquer tipo de trabalho, sob vínculo empregatício, profissional liberal, administrador, empreitada ou prestação de serviços. O dinheiro recebido na constância do casamento, em razão do trabalho, ingressa no patrimônio do trabalhador e também na comunhão. O FGTS liberado na constância do matrimônio passa a integrar o patrimônio comum, se, entretanto, receber o FGTS depois do divórcio, o ex-cônjuge não possui nenhum direito sobre esse saldo, nem mesmo proporcional ao tempo em que estavam casados[154]. O Superior Tribunal de Justiça tem reconhecido o direito de meação das parcelas depositadas durante a constância do casamento ou da união estável, independentemente da data do resgate, e não de todo o valor depositado[155]. Consta na Edição n. 113 da Jurisprudência em Teses sobre dissolução da sociedade conjugal e da união estável, que:

> 4) Deve ser reconhecido o direito à meação dos valores depositados em conta vinculada ao Fundo de Garantia de Tempo de Serviço – FGTS auferidos durante a constância da união estável ou do casamento celebrado sob o regime da comunhão parcial ou universal de bens, ainda que não sejam sacados imediatamente após a separação do casal ou que tenham sido utilizados para aquisição de imóvel pelo casal durante a vigência da relação[156].

Carlos Roberto Gonçalves cita diversos civilistas para lecionar que, de regra, é do trabalho pessoal de cada cônjuge que advêm os recursos necessários à aquisição dos bens conjugais e se interpretar que o salário já recebido não se comunica, bem como os bens adquiridos com ele (sub-rogação), este entendimento acarretaria um desequilíbrio no âmbito financeiro do casal, contrariando a essência do regime de comunhão parcial, pois deses-

---

[154] DINIZ, Maria Helena. *Curso de direito civil brasileiro* – Direito de família. 17. ed., cit., p. 165-166.

[155] MADALENO, Rolf. *Curso de direito de família*. 5. ed., cit., p. 756.

[156] STJ, *Jurisprudência em Teses* – Edição n. 113: Da dissolução da sociedade conjugal e da união estável – I, Julgados publicados até 5-10-2018. p. 21-10-2018.

timularia a colaboração conjunta dos cônjuges de juntar economias para construção de patrimônio comum. Com efeito, o cônjuge que arcou com as despesas da família restaria prejudicado em relação ao que preferiu conservar, em espécie, seus proventos. Assim, não se comunica somente o direito aos proventos. Recebida a remuneração, o dinheiro ingressa no patrimônio comum, bem como os bens adquiridos com seu produto[157].

A interpretação desse inciso, entretanto, é polêmica, especialmente em razão do direito intertemporal, em face da redação do art. 271 do Código Civil de 1916, que previa a comunicabilidade dos proventos do trabalho, e deve ser aplicado aos casamentos realizados na sua vigência (art. 2.039 do CC/2002). Enquanto parte da doutrina já citada defende que tão logo o cônjuge ou companheiro recebe os proventos o dinheiro comunica, outra conclui que só existem proventos quando o serviço é prestado e a remuneração recebida, estando em mãos ou aplicações financeiras. Assim, o dinheiro recebido ou aplicado continua sendo proventos, portanto, incomunicável. Discorre Rolf Madaleno que:

> A mecânica, portanto, deve ser outra, pois só será provento da pessoa quando ela fizer efetivo jus ao pagamento, a remuneração real será derradeiramente pertencente ao prestador do serviço que deu origem à remuneração, e, a partir do seu recebimento, incomunicável (CC, art. 1.659, inc. VI), enquanto proventos, estando em mãos do credor ou mesmo depositados em contas remuneradas, ou em aplicações financeiras, não deixam de ser proventos do trabalho e como tal devem ser interpretados como incomunicáveis quando da dissolução do casamento, embora se comunique todo o patrimônio eventualmente adquirido com tais recursos, eis que alterada sua espécie pela compra de bens com a referida renda[158].

Mais adiante ressalta o mesmo jurista que:

> O tema vem dividindo opiniões, mas penso se apresente efetivamente correta a posição externada pelo STJ, mesmo guardadas as peculiaridades dos regimes matrimoniais ab-rogados, em decorrência de o casamento ser

[157] GONÇALVES, Carlos Roberto. *Direito civil brasileiro* – Direito de família, cit., p. 417-418.
[158] MADALENO, Rolf. *Curso de direito de família*. 5. ed., cit., p. 750.

anterior ao diploma vigente, pois todo e qualquer patrimônio é comprado ordinariamente com o produto do trabalho das pessoas, não havendo como aceitar a sub-rogação de recursos considerados como frutos do labor, pois isto levaria a reconhecer que qualquer aquisição patrimonial seria resultante de sub-rogação do produto do trabalho e praticamente não existiria nenhum bem comum a ser partilhado, lembrando, ademais, se tratar o FGTS de conta vinculada ao trabalhador, cujo valor, dentre várias hipóteses, também poderá ser sacado para pagamento de prestação de financiamento habitacional ou quitação total ou parcial do preço de aquisição de imóvel (Lei n. 8.036/1990, art. 20, incs. V e VII), representando o seu montante verdadeira remuneração adicional, que pode ser usado para diversas finalidades numeradas em lei, e não uma espécie de indenização pessoal capaz de justificar sua incomunicabilidade[159].

O Superior Tribunal de Justiça reconheceu a comunicabilidade dos proventos em partilha de créditos trabalhistas já na vigência do Código Civil de 2002. Consta na ementa que:

> Para que o ganho salarial insira-se no monte-partível é necessário, portanto, que o cônjuge tenha exercido determinada atividade laborativa e adquirido direito de retribuição pelo trabalho desenvolvido, na constância do casamento. Se um dos cônjuges efetivamente a exerceu e, pleiteando os direitos dela decorrentes, não lhe foram reconhecidas as vantagens daí advindas, tendo que buscar a via judicial, a sentença que as reconhece é declaratória, fazendo retroagir, seus efeitos, à época em que proposta a ação. O direito, por conseguinte, já lhe pertencia, ou seja, já havia ingressado na esfera de seu patrimônio, e, portanto, integrado os bens comuns do casal. Consequentemente, ao cônjuge que durante a constância do casamento arcou com o ônus da defasagem salarial de seu consorte, o que presumivelmente demandou-lhe maior colaboração no sustento da família, não se pode negar o direito à partilha das verbas trabalhistas nascidas e pleiteadas na constância do casamento, ainda que percebidas após a ruptura da vida conjugal[160].

---

159 MADALENO, Rolf. *Curso de direito de família*, 5. ed., cit., p. 752.

160 STJ, 3ª Turma, REsp 1.024.169/RS 2008/0012694-7, Rel. Min. Nancy Andrighi, j. 13-4-2010, p. 28-4-2010.

A decisão do Superior Tribunal de Justiça reconhece que, recebidos os proventos (ou suas diferenças) pelo trabalho prestado na constância do matrimônio (ou união estável), os valores se comunicam, ainda que o recebimento ocorra após a dissolução do casamento. É a solução que melhor atende ao regime da comunhão parcial, que prevê uma solidariedade material quanto aos bens auferidos onerosamente na constância da união. Assim, tanto em diferenças salariais quanto em depósitos do FGTS as verbas devidas ou depositadas na vigência do casamento ou da união estável se comunicam e devem ser partilhadas.

As reiteradas decisões do Superior Tribunal de Justiça importaram na Tese 3 da Jurisprudência em Teses, Edição n. 113, com o seguinte teor:

> 3) As verbas de natureza trabalhista nascidas e pleiteadas na constância da união estável ou do casamento celebrado sob o regime da comunhão parcial ou universal de bens integram o patrimônio comum do casal e, portanto, devem ser objeto da partilha no momento da separação[161].

Após a Edição n. 113 da Jurisprudência em Teses, o Superior Tribunal de Justiça sedimentou o entendimento em novo julgamento unânime, decidindo que as verbas trabalhistas, adquiridas na constância do casamento, se comunicam nos regimes da comunhão parcial e universal:

> AGRAVO INTERNO NO AGRAVO EM RECURSO ESPECIAL – AÇÃO DE SOBREPARTILHA – DECISÃO MONOCRÁTICA QUE CONHECEU DO AGRAVO PARA, DE PLANO, DAR PROVIMENTO AO RECURSO ESPECIAL DA PARTE ADVERSA E RESTAURAR OS TERMOS DA SENTENÇA, INCLUSIVE QUANTO À SUCUMBÊNCIA. INSURGÊNCIA DO REQUERIDO.
>
> 1. A jurisprudência do Superior Tribunal de Justiça está sedimentada no sentido de que nos regimes de comunhão parcial ou universal de bens comunicam-se as verbas trabalhistas a que se tem direito na constância da sociedade conjugal, devendo ser partilhadas quando da separação. Precedentes. 1.1. No caso em tela, impôs-se a reforma do acórdão que considerou

---

[161] STJ, *Jurisprudência em Teses* – Edição n. 113: Da dissolução da sociedade conjugal e da união estável – I, Julgados publicados até 5-10-2018. p. 21-10-2018.

> não ser possível partilhar as verbas trabalhistas referentes a direitos adquiridos na constância da sociedade conjugal[162].

A jurisprudência vem admitindo o reconhecimento do *patrimônio intelectual*, quando o casal conjuga esforços para a formação profissional de um deles, na constância do casamento. Inequívoco que a formação profissional, obtida com o auxílio do outro cônjuge, possui valor econômico e deve ser reconhecida na partilha por ocasião da dissolução do casamento ou da união estável.

Na partilha, determina o art. 2.010 do Código Civil no direito sucessório que se traga à colação todos os gastos com educação aos herdeiros maiores, já que a exceção se refere tão somente aos descendentes e herdeiros menores, o que, por analogia, se aplica aos cônjuges, posto que não se inclui entre os deveres recíprocos (art. 1.566, CC) fornecer ensino superior ao consorte.

Conforme já decidiu o Juiz Ermínio Amarildo Darold, de Santa Catarina, na partilha de bens do casal, sob o regime de comunhão parcial de bens, as despesas para o estudo deverão ser trazidas para a partilha e compensar no quinhão do cônjuge beneficiado, permitindo um equilíbrio na divisão do patrimônio material e imaterial. A formação intelectual do cônjuge não decorre exclusivamente de seu esforço, pois o outro auxiliava no custeio das mensalidades, livros, formatura e laborava tempo mais extenso para cuidar do lar e dos filhos na ausência do consorte estudante durante os estudos. Acrescenta o Magistrado quanto ao patrimônio intelectual que:

> A gênese da reflexão à espécie remonta, compulsoriamente, ao meu ver, ao conceito hodierno de patrimônio. De meridiana clareza que dito conceito já não mais se circunscreve apenas aos bens materiais, abrangendo também os imateriais e, dentre estes, a formação intelectual, como eficiente recurso à produção daqueles, assim como de projeção social, com consequentes realização pessoal e bem-estar. Até porque absurdo entender-se como patrimônio da pessoa apenas seus bens físicos, quando as oportunidades de mercado de trabalho e decorrente produção de bens se ampliam vertiginosamente àqueles com maior formação intelectual.

---

162 STJ, Agint no Ag em REsp 1.313.371/SP, Rel. Min. Marco Buzzi, j. 7-2-2019.

> Há muito que a propriedade material deixou de ser o principal instrumento de poder e componente primeiro na escala dos bens da vida. Por tal razão que tanto enfaticamente se tem conceituado a era do conhecimento. Com efeito, concluo que a formação intelectual compõe o patrimônio da pessoa e, por corolário, também colimo a convicção de que se tal patrimônio foi constituído durante o consórcio conjugal, deve ser trazido à consideração na partilha, sempre que possível estabelecer uma regra objetiva de conversão em valor material, como no caso, onde o requerido postula a compensação das mensalidades pagas[163].

No patrimônio intelectual devem ser levados à partilha todos os valores das mensalidades pagas, demais despesas escolares e de formatura, compensando em seu quinhão por ocasião da partilha.

As pensões, meio-soldos, montepios e outras rendas semelhantes, posto que são bens personalíssimos, aplicando-se os mesmos efeitos dos proventos, também não se comunicam. *Pensão* é a quantia paga periodicamente, por determinação legal ou judicial, por ato *inter vivos* ou *causa mortis*, para a pessoa prover sua subsistência; *meio-soldo* é a metade do soldo pago pelo Estado ao soldado reformado (art. 108 do Decreto-Lei n. 9.698/1946); *montepio* é a pensão que o Estado paga aos herdeiros de um funcionário falecido, em atividade ou não. Incluem-se, entre as outras rendas, as chamadas *tenças*, que são pensões recebidas periodicamente do poder público, de pessoa de direito privado ou até de particular para subsistência do beneficiário. Também não se comunica o direito ao recebimento das rendas, que não é partilhado em caso de divórcio, ou separação, mas como ocorre com os proventos, o dinheiro recebido na constância do casamento entra para a comunhão.

O Superior Tribunal de Justiça tem decidido que os valores aplicados em previdência privada fechada por analogia se inserem nesta incomunicabilidade, publicando a seguinte tese:

> 6) Os valores investidos em previdência privada fechada se inserem, por analogia, na exceção prevista no art. 1.659, VII, do Código Civil de 2002,

[163] DAROLD, Ermínio Amarildo, Comarca de Chapecó/SC, Vara da Família, Órfãos, Infância e Juventude, Autos n. 0004675-02.2006.8.24.0018, j. 24-10-2013.

consequentemente, não integram o patrimônio comum do casal e, portanto, não devem ser objeto da partilha[164].

O art. 1.661 do Código Civil dispõe, ainda, que não se comunicam *os bens cuja aquisição tiver por título uma causa anterior ao casamento*, portanto, alheios ao matrimônio, como as ações de cobrança ou reivindicatórias ajuizadas antes do casamento, ação de usucapião se o prazo prescricional ocorreu anteriormente. A compra de imóvel adquirida antes do matrimônio não se comunica, tratando-se de patrimônio particular do cônjuge comprador, mesmo que o registro imobiliário da compra ocorra após o casamento[165].

2.4.3. Bens comunicáveis

A comunhão os bens adquiridos na constância do casamento por título oneroso é uma característica marcante do regime de comunhão parcial.

Os bens que entram na comunhão e pertencem em igualdade a ambos os cônjuges ou companheiros estão previstos no art. 1.660 do Código Civil, dispondo que se comunicam:

I – os bens adquiridos na constância do casamento por título oneroso, ainda que só em nome de um dos cônjuges;

II – os bens adquiridos por fato eventual, com ou sem o concurso de trabalho ou despesa anterior;

III – os bens adquiridos por doação, herança ou legado, em favor de ambos os cônjuges;

IV – as benfeitorias em bens particulares de cada cônjuge;

V – os frutos dos bens comuns, ou dos particulares de cada cônjuge, percebidos na constância do casamento, ou pendentes ao tempo de cessar a comunhão.

Os *bens adquiridos a título oneroso na constância do casamento* para se comunicarem independem da efetiva participação do outro cônjuge ou companheiro, presumindo-se *jure et de jure* o esforço comum. Mesmo que

---

164 STJ, *Jurisprudência em Teses* – Edição n. 113: Da dissolução da sociedade conjugal e da união estável – I, Julgados publicados até 5-10-2018. p. 21-10-2018.

165 STJ, 3ª Turma, REsp 707.092/DF, Rel. Min. Nancy Andrighi, j. 1º-8-2005.

o bem seja adquirido com proventos exclusivos e em nome de apenas um dos cônjuges, como um veículo, pertence em igualdade ao casal. Não importa para o bem ser comum que ambos os parceiros tenham contribuído para a aquisição ou que ambos tenham rendimentos, basta que a aquisição tenha ocorrido na constância do matrimônio ou união.

Mas nem todos os bens adquiridos onerosamente na vigência do casamento se comunicam. A doutrina e a jurisprudência têm excluído da comunhão os bens adquiridos por um só dos cônjuges quando separado de fato ou de corpos, afastando a presunção do esforço comum, como ocorre no regime de participação final nos aquestos (art. 1.683 do CC). Também não se comunicam os bens adquiridos com recursos de bens particulares e incomunicáveis[166].

Os *bens adquiridos por fato eventual* também se comunicam, com ou sem concurso do trabalho ou auxílio nas despesas pelo outro cônjuge ou companheiro. Fato eventual ocorre especialmente em razão da sorte, como os prêmios em programas de televisão, em concursos de loterias, em apostas, em sorteios, tenha ou não o outro consorte concorrido para a premiação. A doutrina considera ainda a avulsão, quando um pedaço de terreno se destaca de um prédio e se junta a outro (art. 1.251 do CC), como um fato eventual comunicável.

Também se comunicam *os bens havidos por liberalidade (doação, herança ou legado) em favor de ambos os cônjuges ou companheiros*, pois neste caso o doador/testador quis beneficiar o casal. Na doação a apenas um dos cônjuges ou na sucessão legítima os bens não se comunicam, pois são havidos por liberalidade independentemente do casamento ou união estável e sem esforço comum. A doação ou a herança e legado deixados em testamento a ambos os consortes revela a intenção de beneficiar o casal, importando, pois, em bem comum.

Comunicam-se ainda as *benfeitorias em bens particulares de cada cônjuge*. Rolf Madaleno diferencia benfeitorias de plantações ou construções. As benfeitorias ou melhoramentos são obras ou despesas realizadas em um bem já existente, enquanto as construções ou plantações (arts. 1.253 a 1.259 do CC) são acessões novas, como o plantio em um terreno ou edificação em um

---

166 MADALENO, Rolf. *Curso de direito de família*. 5. ed., cit., p. 762.

lote. Mesmo não sendo benfeitorias, as acessões (construções e plantações) feitas em bens particulares de um dos cônjuges são acréscimos e se comunicam, exceto se forem usados recursos próprios incomunicáveis em sub-rogação. Comunica-se, entretanto, o valor do acréscimo construído na constância do matrimônio ou da união estável. O bem deve ser avaliado separando-se o que já existia ou foi acrescido antes do casamento e os melhoramentos ou edificações efetuados na constância do matrimônio ou união estável, partilhando-se o valor do acréscimo[167].

Presume-se que os bens móveis foram adquiridos na constância do casamento se não houver comprovação, por documento autêntico, que foram adquiridos antes da celebração (art. 1.662 do CC), entrando na comunhão.

A mesma regra se aplica nas empresas constituídas antes do casamento ou da união estável, que são incomunicáveis, privativas, entretanto, pela regra da acessão empresarial, os acréscimos ingressam no patrimônio comum. Todo o crescimento da empresa ou alterações que agregam valor, incluindo aumento do capital, de cotas, mudança de endereço ou de ramo, abertura de filiais, comunica-se. Os ganhos obtidos na atividade comercial de um dos cônjuges integram o patrimônio comum[168]. Nesse sentido, é a jurisprudência:

> AÇÃO DECLARATÓRIA DE EXISTÊNCIA E DISSOLUÇÃO DE UNIÃO ESTÁVEL. PARTILHA DE BENS. FILIAL DE EMPRESA CONSTITUÍDA DURANTE A UNIÃO ESTÁVEL. DIVISÃO DAS QUOTAS SOCIAIS OU DO CRESCIMENTO PATRIMONIAL. Mesmo que as quotas sociais da empresa constituída, antes da união estável, sob o regime patrimonial da comunhão parcial de bens, não se submetam à partilha, o mesmo inocorre com a filial criada durante a relação, devendo ser dividido o valor equivalente às quotas sociais e o respectivo crescimento patrimonial. Recurso da autora provido. Apelação do requerido improvida[169].

As cotas sociais, de propriedade de cada um dos sócios, integram o patrimônio pessoal de cada um deles, enquanto pessoa física, logo a valorização na constância da união é um acréscimo no patrimônio particular de

---

[167] MADALENO, Rolf. *Curso de direito de família*. 5. ed., cit., p. 765-766.

[168] MADALENO, Rolf. *Curso de direito de família*, 5. ed., cit., p. 767.

[169] TJRS, 8ª CC, AC 70021219589, Rel. Des. Claudir Fidelis Faccenda, j. 25-10-2007.

cada um dos cônjuges ou companheiros que se comunica, é patrimônio comum, ainda que as cotas tenham sido adquiridas antes do casamento ou união estável[170]. Esse entendimento, entretanto, não foi acolhido pelo Superior Tribunal de Justiça, ao publicar tese decidindo que a valorização patrimonial de imóveis ou das cotas sociais de sociedade limitada não se comunicam. Consta na tese n. 5 que:

> 5) A valorização patrimonial dos imóveis ou das cotas sociais de sociedade limitada, adquiridos antes do casamento ou da união estável, não deve integrar o patrimônio comum a ser partilhado quando do término do relacionamento, visto que essa valorização é decorrência de um fenômeno econômico que dispensa a comunhão de esforços do casal[171].

Os *frutos dos bens comuns, ou dos particulares de cada cônjuge, percebidos na constância do casamento por título oneroso, ou pendentes ao tempo de cessar a comunhão* também integram o patrimônio comum. Lembram Cristiano Chaves de Farias e Nelson Rosenvald que é em razão de os frutos dos bens particulares entrarem na comunhão que se exige a outorga conjugal para sua alienação, para preservar os interesses do outro cônjuge[172].

Frutos são a produção de uma coisa, regular e periódica, sem alteração ou diminuição de sua substância. Os frutos percebidos são os que já foram recebidos ou os colhidos e os pendentes os que ainda não foram colhidos. Naturais são os frutos de produções espontâneas da natureza e os frutos civis as rendas produzidas pela coisa. Assim, ainda que os bens sejam particulares, comunicam-se as crias de animais ocorridas na vigência da união estável, aumentando o plantel, os rendimentos das aplicações financeiras, os aluguéis de imóveis, os dividendos de ações[173], os rendimentos dos direitos autorais e da propriedade intelectual. Dispõe o art. 39 da Lei n. 9.610/1998 que "os direitos patrimoniais do autor, excetuados os rendimentos resultantes de sua exploração, não se comunicam, salvo pacto antenupcial em contrário".

---

170 TJRS, 8ª CC, AC 70012310058, Rel. Des. Rui Portanova, j. 14-5-2013.

171 STJ, *Jurisprudência em Teses* – Edição n. 113: Da dissolução da sociedade conjugal e da união estável – I, Julgados publicados até 5-10-2018. p. 31-10-2018.

172 FARIAS, Cristiano Chaves de; ROSENVALD, Nelson. *Curso de direito civil*: famílias. 5. ed., cit., p. 387.

173 MADALENO, Rolf. *Curso de direito de família*. 5. ed., cit., p. 770-771.

Os direitos patrimoniais do autor são incomunicáveis, exceto se for pactuada a comunicabilidade, mas os frutos percebidos ou pendentes durante a constância do matrimônio ou união estável se comunicam.

2.4.4. Dívidas e administração dos bens

As dívidas comuns são respondidas por ambos os cônjuges, na razão do proveito de cada um (arts. 1.663, § 1º, e 1.664 do CC), enquanto as contraídas para administração dos bens particulares são respondidas apenas pelo titular (art. 1.666 do CC).

A administração do patrimônio comum compete a qualquer dos cônjuges que necessita de anuência do outro para os atos a título gratuito, que impliquem cessão de uso e gozo dos bens comuns, independentemente dos poderes de administração sem outorga (arts. 1.642 e 1.643 do CC).

Os bens particulares são administrados por seu titular (art. 1.665, 1ª parte, do CC) e as dívidas contraídas para sua administração, por qualquer dos cônjuges, em benefício destes bens, não obrigam os bens comuns. Os cônjuges podem, entretanto, convencionar em pacto antenupcial a administração dos bens próprios e particulares do outro (art. 1.665, parte final, do CC).

Os bens comuns podem ser administrados em conjunto, pelo marido ou pela mulher, permitindo-se a qualquer deles requerer ao juiz o afastamento de um dos cônjuges da administração dos bens comuns em caso de malversação (dilapidação, má administração causadora de desvio de bens ou valores, ou ruinosa). Dispõe o art. 1.663 do Código Civil que a administração do patrimônio comum compete a qualquer dos cônjuges, sendo que os bens comuns respondem pelas dívidas contraídas durante a administração. Também respondem pelas dívidas os bens particulares do administrador, integralmente, e os bens particulares do outro cônjuge até o limite do proveito que obteve (§ 1º). O cônjuge, na administração dos bens comuns, não pode praticar qualquer ato a título gratuito sem anuência do outro (§ 2º).

A administração de patrimônio comum, portanto, compete a ambos os cônjuges, em igualdade. Os bens comuns e os particulares do administrador respondem pelas dívidas contraídas, obrigando ao outro, com seus bens próprios, até o limite do proveito que obteve.

2.5. Regime de comunhão universal

2.5.1. Considerações gerais

O *regime de comunhão universal de bens* era o regime legal necessário até a Lei n. 6.515/1977, portanto, ainda prevalece para todos os casais que constituíram matrimônio até 25 de dezembro de 1977 e não optaram por outro regime.

Atualmente, só pode ser estipulado por meio de pacto antenupcial e torna comum, em regra, tanto os bens que os cônjuges possuíam antes do casamento como os que foram adquiridos posteriormente pelo homem ou pela mulher, bem como as dívidas passivas, constituindo uma só massa de bens, formando-se um único acervo patrimonial, pertencendo a cada um dos cônjuges uma quota ideal correspondente à metade, conforme dispõe o art. 1.667 do Código Civil[174].

Assim, o patrimônio de cada cônjuge anterior ao casamento se funde em um só, comunicando ainda todos os bens e dívidas presentes e futuros, formando-se uma massa patrimonial única, instaurando-se o que se denomina de *mancomunhão* ou propriedades em mão comum, tornando-se cada cônjuge meeiro indiviso em todos os bens[175].

Lafayete Rodrigues Pereira, citado por Maria Helena Diniz, aponta os seguintes princípios do regime da comunhão universal de bens: a) em regra, tudo o que entra para o acervo dos bens do casal fica subordinado à lei da comunhão; b) torna-se comum tudo o que cada consorte adquire, no momento em que se opera a aquisição; c) os cônjuges são meeiros em todos os bens do casal, embora um deles nada trouxesse ou nada adquirisse na constância do matrimônio. Instaura-se, assim, um estado de indivisão patrimonial entre os cônjuges, que não podem nem mesmo formar sociedade entre si. Há comunicação do ativo e do passivo, de tal maneira que, com a dissolução do casamento, os bens não se reintegram ao patrimônio daquele que os trouxe ou os adquiriu[176].

---

[174] "Art. 1.667. O regime de comunhão universal importa a comunicação de todos os bens presentes e futuros dos cônjuges e suas dívidas passivas, com as exceções do artigo seguinte."

[175] DIAS, Maria Berenice. *Manual de direito das* famílias. 8. ed., cit., p. 240.

[176] DINIZ, Maria Helena. *Curso de direito civil brasileiro* – Direito de família. 17. ed., cit., p. 171.

A regra no regime de comunhão universal é, portanto, a comunicação de todos os bens, excepcionando, apenas com expressa previsão legal, os bens particulares.

O regime de bens cessa com a extinção da sociedade conjugal ou do vínculo matrimonial, entretanto, mesmo no regime da comunhão universal, a doutrina e a jurisprudência são pacíficas em concluir que, após a separação de fato do casal, rompe a comunicabilidade dos bens adquiridos individualmente, bem como as dívidas[177]. O Superior Tribunal de Justiça já decidiu por unanimidade que "em regime de comunhão universal, a comunicação de bens e dívidas deve cessar com a ruptura da vida comum, respeitado o direito de meação do patrimônio adquirido na constância da vida conjugal"[178].

2.5.2. Bens incomunicáveis

Mesmo no regime da comunhão universal, que tem por regra a comunicabilidade de todos os bens anteriores ao casamento ou união estável, presentes e futuros, em face dos efeitos personalíssimos ou à própria natureza de alguns bens, admite-se, em algumas hipóteses, a incomunicabilidade, constituindo-se em bens próprios ou particulares de cada cônjuge ou companheiro, conforme disposto no art. 1.668 do Código Civil, que exclui da comunhão:

I – os bens doados ou herdados com a cláusula de incomunicabilidade e os sub-rogados em seu lugar;

II – os bens gravados de fideicomisso e o direito do herdeiro fideicomissário, antes de realizada a condição suspensiva;

III – as dívidas anteriores ao casamento, salvo se provierem de despesas com seus aprestos, ou reverterem em proveito comum;

IV – as doações antenupciais feitas por um dos cônjuges ao outro com a cláusula de incomunicabilidade;

V – os bens referidos nos incisos V a VII do art. 1.659.

---

177 FARIAS, Cristiano Chaves de; ROSENVALD, Nelson. *Curso de direito civil*: famílias. 5. ed., cit., p. 393-394.

178 STJ, 4ª Turma, REsp 555.771/SP, Rel. Min. Luís Felipe Salomão, j. 5-5-2009.

Os *bens doados ou herdados com a cláusula de incomunicabilidade e os sub-rogados em seu lugar* não se comunicam, posto que, neste caso, prevalece a vontade do testador e do doador. Washington de Barros Monteiro[179] inclui, na hipótese de incomunicabilidade, os bens doados com cláusula de reversão (art. 547 do CC), pois com a morte do donatário retornam ao doador que lhe sobrevive, e com a cláusula de inalienabilidade, pois a inalienabilidade acarreta a incomunicabilidade (Súmula n. 49 do STF e art. 1.911 do CC). A doação feita ou a herança recebida por um só dos cônjuges sem cláusula se comunica, diverso do que ocorre no regime de comunhão parcial. Para o bem ser particular, é necessário constar no ato de liberalidade a cláusula de incomunicabilidade ou inalienabilidade, expressamente.

Não se comunicam também *os bens gravados de fideicomisso e o direito do herdeiro fideicomissário, antes de realizada a condição suspensiva.* O Fideicomisso é uma das formas de substituição de herdeiros e ocorre quando o testador, denominado fideicomitente, estabelece que por ocasião de sua morte, sua herança ou legado seja transmitida ao herdeiro fiduciário, de forma resolúvel e restrita, para que por sua morte, a certo tempo ou condição, transfira os bens para outro herdeiro, denominado fideicomissário, que recebe a herança ou legado em definitivo (art. 1.951 do CC).

O fideicomissário, portanto, enquanto não realizada a condição, possui apenas um direito eventual, que pode não se consolidar se vier a falecer antes do fiduciário ou renunciar (art. 1.955 e 1.958 do CC), caso em que a propriedade permanecerá em definitivo com o fiduciário, não existindo substituição. O fiduciário também não possui a propriedade definitiva, pois os bens gravados de fideicomisso serão transferidos ao fideicomissário quando resolvida a condição. Assim, tratando-se de direito eventual, enquanto não resolvida a condição, é incomunicável. O Código Civil atual somente permite a substituição fideicomissária em favor dos não concebidos ao tempo da morte do testador, ou seja, em favor da prole eventual de pessoas certas (art. 1.952).

São incomunicáveis as *dívidas anteriores ao casamento, salvo se provierem de despesas com seus aprestos, ou reverterem em proveito comum*, assim,

[179] MONTEIRO, Washington de Barros. *Curso de direito civil* – Direito de família. 33. ed., cit., p. 166.

em regra, o devedor responde pelas dívidas anteriores ao casamento com seus bens particulares, salvo se provar que as dívidas se destinaram às despesas do casamento ou foram em proveito do casal, como empréstimo para adquirir imóvel destinado a residência, viagem de núpcias, móveis para o lar, hipóteses em que se comunicam.

Não se comunicam também as dívidas provenientes de atos ilícitos, posto que são pessoais, em regra, e que deverão ser suportadas pelos bens particulares do culpado ou sua meação, salvo se o cônjuge inocente obteve proveito, com o sustento da família ou ao patrimônio comum, deixando de ser pessoal do cônjuge que as contraiu e passando a ser de responsabilidade comum do casal. A questão, entretanto, não é pacífica. Parte da doutrina ressalta que o Código Civil de 2002 não excluiu da comunhão, como ocorria no Código revogado, as dívidas provenientes de atos ilícitos. Assim, independentemente de reverter em proveito do casal estas dívidas entram na comunhão, ampliando-se a proteção da vítima de um ato ilícito[180].

A ausência de previsão de exclusão de comunicabilidade no Código Civil não justifica imputar a dívida por ato ilícito ao patrimônio comum. A pena por ato ilícito é pessoal como ocorre com a dívida contraída antes do casamento que não beneficia o casal. O cônjuge que não teve qualquer participação no ato ilícito ou não obteve qualquer proveito não pode ser corresponsável pela obrigação. Entendimento em contrário exclui o caráter da pessoalidade das obrigações provenientes de atos ilícitos.

É perfeitamente admitida na jurisprudência quando a penhora recair em bens comuns, a reserva mediante embargos de terceiros da meação do cônjuge inocente (art. 674, § 2º, I, do CPC). Em princípio, compete ao cônjuge embargante o ônus da prova, na defesa de sua meação, de que a dívida contraída pelo outro não beneficiou o casal; entretanto, na dívida decorrente de ato ilícito, na sistemática do Código revogado, o ônus da prova do benefício da família do devedor tanto no regime de comunhão universal quanto no regime de comunhão parcial cabia ao credor[181].

---

[180] FARIAS, Cristiano Chaves de; ROSENVALD, Nelson. *Curso de direito civil*: famílias. 5. ed., cit., p. 393.

[181] STJ, 4ª Turma, REsp 335.031/SP, Rel. Min. Sálvio de Figueiredo, j. 16-10-2001; e STJ, 4ª Turma, REsp 35.748/SP, Rel. Min. Aldir Passarinho Jr., j. 16-5-2000.

As doações antenupciais feitas por um dos cônjuges ao outro com cláusula de incomunicabilidade também são incomunicáveis. Nenhuma vedação existe nas doações entre noivos, que pode ser efetuada no pacto antenupcial, produzindo efeitos a partir da celebração do matrimônio. Da mesma forma que as doações efetuadas por terceiros, pode ser inserida a cláusula de incomunicabilidade que prevalecerá mesmo após o casamento, a fim de proteger o donatário, ainda que o doador seja outro consorte, pois do contrário, tratando-se de regime de comunhão universal de bens, os bens doados se comunicariam, retornando ao doador. O cônjuge ou companheiro, na constância do casamento, pode doar bens particulares ao outro com cláusula de incomunicabilidade.

Por fim, também não se comunicam os *bens referidos nos incisos V a VII do art. 1.659*, ou seja, os bens de uso pessoal, os livros e instrumentos de profissão, os proventos do trabalho pessoal de cada cônjuge, as pensões, meio-soldos, montepios e outras rendas semelhantes, em razão do cunho pessoal e por se tratarem de bens personalíssimos, incluindo, ainda, os bens da herança necessária, quando existir justa causa para estabelecer cláusula de incomunicabilidade (art. 1.848 do CC) e os direitos autorais do autor, salvo se estipulado em contrário no pacto (art. 39 da Lei n. 9.610/1998), já abordados no regime de comunhão parcial.

A incomunicabilidade dos bens não se estende aos frutos, quando recebidos ou vencidos durante o casamento como a safra de bens incomunicáveis colhida após o casamento e os aluguéis, acolhendo o princípio de que se torna comum tudo o que cada cônjuge adquire no momento em que se opera a aquisição. Determina o art. 1.669 do Código Civil que "a incomunicabilidade dos bens enumerados no artigo antecedente não se estende aos frutos, quando se percebam ou vençam durante o casamento".

2.5.3. Dívidas e administração dos bens

As dívidas posteriores ao casamento se comunicam e são respondidas pelo patrimônio comum, por ambos os cônjuges, independentemente do proveito comum, em face da unicidade de patrimônio, não existindo simetria com o regime de comunhão parcial. As dívidas anteriores ao casamento não se comunicam, salvo se referentes ao casamento ou ocorrer proveito comum. Quanto às dívidas ocorridas em razão de prática de ato ilícito não existe consenso se comunicam ou não. Uma corrente entende que se comunicam, portanto, são respondidas pelo patrimônio comum, pois não foi excluída pelo art. 1.668 do Código Civil. Para outros, são incomunicáveis, salvo se ocorreu proveito comum, posição que parece mais correta, em face da pessoalidade das obrigações por atos ilícitos.

A administração dos bens comuns compete a ambos os cônjuges e aplica as mesmas regras da comunhão parcial (art. 1.670 do CC). No regime de comunhão universal, são raros os bens particulares, somente nas hipóteses do art. 1.668 do Código Civil, cabendo a administração exclusiva ao proprietário, exceto se pactuarem diversamente no contrato antenupcial.

No regime de comunhão universal, como ocorre também na separação obrigatória, é vedado aos cônjuges contratar sociedade entre si, conforme vedação expressa no art. 977 do Código Civil.

A vedação, em face da garantia do ato jurídico perfeito e da validade dos negócios realizados antes da entrada em vigor do Código Civil de 2002 (art. 2.035), somente incide sobre as empresas constituídas após a vigência do Código atual e também quanto às pessoas casadas entre si que sejam sócias na mesma pessoa jurídica. Não se justifica a vedação, que tem por objetivo coibir ocorrências fraudulentas entre sócios casados entre si em regime de comunhão total, de pessoa casada em comunhão universal ser sócia com terceiros em outras empresas, sem a participação do cônjuge[182].

Extingue-se a comunhão entre os cônjuges e as responsabilidades com os credores do outro com a dissolução da sociedade conjugal pela separação judicial, morte, anulação ou nulidade do casamento e pelo divórcio (art. 1.671 do CC). Os bens, entretanto, permanecem indivisos até ser realizada a partilha, em mancomunhão. A jurisprudência é predominante, como visto, no sentido de que, mesmo não dissolvida a sociedade conjugal, não se comunicam os bens adquiridos por um dos cônjuges após separação de fato do casal, em razão da ausência de *affectio maritalis* e importar enriquecimento ilícito do cônjuge que não contribuiu para a aquisição, especialmente se um dos cônjuges ou ambos tinham vida em comum com outro parceiro[183].

Em caso de morte, o cônjuge ou companheiro sobrevivente permanecerá na posse e administração dos bens, sendo nomeado inventariante

---

182 FARIAS, Cristiano Chaves de; ROSENVALD, Nelson. *Curso de direito civil*: famílias. 5. ed., cit., p. 395-396.

183 STJ, 3ª Turma, REsp 67.678/RS, Rel. Min. Nilson Naves, j. 14-8-2000.

(art. 617, I, do CPC), até que se partilhe os bens do espólio, desde que estivesse convivendo com o falecido ao tempo da morte.

2.6. Regime de participação final nos aquestos

Aquesto, do latim *acquisito*, é a denominação dada aos bens que foram adquiridos após o matrimônio, na vigência do casamento, presumindo-se o esforço de ambos os consortes.

Trata-se de regime novo, que não existia no direito anterior, introduzido pelo Código Civil de 2002. Assemelha-se ao regime de comunhão parcial; entretanto, os aquestos, ou bens adquiridos após o casamento, não entram de imediato para a comunhão, constituindo patrimônio individual e separado de cada cônjuge, que administra livremente os bens móveis, podendo aliená-los, e também os imóveis, se estipulado no pacto antenupcial, sendo compensados os valores dos bens próprios que ultrapassarem os bens particulares e divididos os adquiridos a título oneroso pelo casal, em partes iguais, em caso de dissolução da sociedade conjugal.

Maria Helena Diniz ensina que se trata de um regime misto, pois durante a vigência do matrimônio aplicam-se as regras da separação de bens, pelas quais cada cônjuge possui seu próprio patrimônio, tendo a titularidade do direito de propriedade sobre os bens adquiridos, que comporão uma massa incomunicável de bens particulares, podendo manusear com maior liberdade seus pertences, levando adiante seus negócios profissionais, existindo entre os cônjuges apenas a expectativa de direito à meação, que é irrenunciável, incessível ou impenhorável na vigência do casamento (art. 1.682 do CC). Sobrevindo a dissolução do casamento, confere-se a cada cônjuge a metade dos bens amealhados pelo casal, a título oneroso, como ocorre no regime de comunhão parcial, obedecendo a uma precisa e rigorosa verificação contábil, comparando-se o patrimônio existente por ocasião das núpcias e o patrimônio final (art. 1.672 do CC). Há, portanto, dois patrimônios, o *inicial*, que é o conjunto de bens que possuía cada cônjuge ao se casar e os por ele adquiridos a título oneroso ou gratuito durante a vigência do casamento, e o patrimônio *final*, apurado no momento da dissolução do patrimônio[184].

[184] DINIZ, Maria Helena. *Curso de direito civil brasileiro* – Direito de família. 17. ed., cit., p. 176-177.

Novo no direito brasileiro, o regime possui antecedentes em países desenvolvidos como Alemanha, França e Espanha. Possui um caráter complexo ou misto por importar em um patrimônio inicial que perdura durante a vigência do casamento e um patrimônio final calculado quando ocorrer a sua dissolução. Em razão de sua complexidade, não se destina à grande massa da população e não foi bem acolhido e adotado pelo povo brasileiro. Destina-se e é considerado ideal para as pessoas que exercem atividades empresárias, pela liberdade que possui cada um, de administrar livremente seu patrimônio na vigência do casamento, sem afastar a participação nos aquestos do outro por ocasião da dissolução do matrimônio[185].

Maria Berenice Dias destaca que se trata de regime misto ou híbrido, que reclama pacto antenupcial, com regramento exaustivo e tem normas de difícil entendimento. É também de execução complicada, sendo necessário manter rigoroso controle contábil durante o matrimônio para possibilitar a divisão do patrimônio quando de sua dissolução, com necessidade de perícia em certos casos. Destina-se a casais que possuem patrimônio próprio e desempenham atividades econômicas, realidade de poucas famílias brasileiras, razão pela qual, ao certo, será raramente usado. A diferença desse regime de bens em face dos demais consiste no fato de a participação no patrimônio adquirido pelo outro ser de forma contábil e não mediante constituição de condomínio. Após as compensações entre os patrimônios de um e do outro, a diferença apurada se constitui em crédito, ou seja, o direito não é sobre os bens do outro, mas sobre o eventual saldo após a compensação dos acréscimos patrimoniais de cada um[186].

Ocorrendo a dissolução do matrimônio, existem duas massas de bens próprios de cada um dos consortes (patrimônio inicial) e pode existir uma massa de bens comuns, adquiridos em conjunto. Os bens comuns serão divididos e apurados os haveres dos bens próprios de cada um. Não ocorrerá divisão dos bens próprios, mas uma compensação, constituindo-se em créditos de um frente ao outro, ocorrendo a reposição em dinheiro, apenas alienando-se os bens na ausência de numerário. Na partilha, caberá a cada cônjuge: a) a totalidade dos bens particulares adquiridos antes do casamento e os adquiridos na constância, que não se comunicam; b) a metade dos

185 GONÇALVES, Carlos Roberto. Direito *civil brasileiro* – Direito de família, cit., p. 429.

186 DIAS, Maria Berenice. *Manual de direito das famílias*. 4. ed., cit., p. 224-225.

bens comuns; c) os bens próprios adquiridos na constância do casamento; d) a metade da diferença da compensação do valor dos bens que o outro adquiriu em seu nome na constância do matrimônio[187], se for maior; e e) a obrigação de compensar o outro cônjuge, se os seus bens próprios possuírem valor maior que os adquiridos pelo consorte.

O regime de participação final nos aquestos é regulado nos arts. 1.672 a 1.686 do Código Civil. Conforme previsto no art. 1.672[188], cada cônjuge possui seu próprio patrimônio, e lhe cabe, por ocasião da dissolução da sociedade conjugal, direito à metade dos bens adquiridos pelo casal, a título oneroso, na constância do casamento. Pertencem a cada cônjuge, integrando o patrimônio próprio, os bens que possuía ao casar e os por ele adquiridos, a qualquer título, na constância do casamento, administrando com exclusividade (art. 1.673 do CC).

Ocorrendo a dissolução da sociedade conjugal, ou da união estável se optou por esse regime de bens, apura-se o total dos aquestos, excluindo do patrimônio próprios os seguintes bens (art. 1.674 do CC):

I – os bens anteriores ao casamento e os que em seu lugar se sub-rogaram;

II – os que sobrevieram a cada cônjuge por sucessão ou liberalidade;

III – as dívidas relativas a esses bens.

Ao confrontar o patrimônio dos cônjuges ao final, mesmo que um adquiriu mais bens que o outro, será dividido ao meio o valor do que cada um adquiriu onerosamente, compensando-os; e partilhando o que obtiveram em conjunto, com o esforço comum. Determina o art. 1.679 do Código Civil, que "no caso de bens adquiridos pelo trabalho conjunto, terá cada um dos cônjuges uma quota igual no condomínio ou no crédito por aquele modo estabelecido".

Observa-se, assim, a existência de duas massas de bens próprios incomunicáveis durante o casamento, mas que se tornam comuns para compen-

---

187 DIAS, Maria Berenice. *Manual de direito das famílias*, 4. ed., cit., p. 224.

188 "Art. 1.672. No regime de participação final nos aquestos, cada cônjuge possui patrimônio próprio, consoante disposto no artigo seguinte, e lhe cabe, à época da dissolução da sociedade conjugal, direito à metade dos bens adquiridos pelo casal, a título oneroso, na constância do casamento."

sação dos valores patrimoniais no momento da dissolução, existindo, portanto, dois patrimônios:

a) *Patrimônio inicial* composto do conjunto dos bens que possuía cada cônjuge ao se casar e os que foram (por ele) adquiridos, a qualquer título, durante a vigência matrimonial (art. 1.673 do CC), administrados livremente (parágrafo único);

b) *Patrimônio final* que é o verificado no momento da dissolução do casamento para apurar o montante dos aquestos, excluindo-se da soma os bens anteriores ao casamento e os sub-rogados em seu lugar, os que sobrevieram a cada cônjuge por sucessão ou liberalidade e as dívidas relativas a esses bens (art. 1.674, I a II, do CC). O valor do aquesto será dividido em partes iguais entre os cônjuges, compensando-se mutuamente. Confere-se, portanto, ao final, a divisão dos valores que ultrapassaram os bens que cada cônjuge possuía ao se casar, os sub-rogados e os adquiridos por sucessão ou liberalidade, partilhando os adquiridos onerosamente em conjunto na constância do matrimônio, na data em que cessou a convivência (art. 1.683 do CC) e não da data do divórcio ou invalidade do casamento, excluindo-se, portanto, os bens adquiridos quando o cônjuge estava separado de fato.

Além das duas massas de bens próprios, como já visto, pode haver uma massa de bens comuns, adquiridos em conjunto.

Cada cônjuge administra exclusivamente os bens próprios, podendo alienar livremente os móveis (art. 1.673, parágrafo único, do CC), bem como os imóveis, se autorizado na convenção nupcial (art. 1.656 do CC); entretanto, se não ocorrer autorização expressa, os imóveis só podem ser alienados mediante autorização do outro, aplicando a regra geral que só exclui a outorga na separação absoluta (art. 1.647, I, do CC).

As dívidas são respondidas exclusivamente pelo cônjuge que as contraiu após o casamento, salvo se provar que foi revertida em proveito do outro (art. 1.677 do CC) e, se um deles solveu dívida do parceiro com bens de seu patrimônio, poderá imputá-la atualizada na meação do beneficiado na apuração do aquesto (art. 1.678 do CC). O parceiro não responde, nem seus herdeiros, pelas dívidas do outro cônjuge quando superiores à sua meação (art. 1.686 do CC), desde que não foi também em seu benefício, se o parceiro for beneficiado, responderá até o que obteve.

Nas doações feitas por um cônjuge sem autorização do outro, poderá ser reivindicado o valor pelo cônjuge prejudicado ou por seus herdeiros ao se determinar o montante dos aquestos (art. 1.675 do CC), incorporando-se, ainda, ao monte, o valor dos bens alienados em detrimento da meação, facultando ao cônjuge ou aos seus herdeiros reivindicá-lo (art. 1.676 do CC).

Os bens imóveis são de propriedade do cônjuge que constar no registro, cabendo-lhe comprovar a aquisição regular caso a titularidade seja impugnada, bem como se foi sub-rogado de bens anteriores (art. 1.681 e parágrafo único, do CC), pois se adquiridos pelo trabalho conjunto pertencem a ambos.

Os bens móveis presumem-se ser do cônjuge devedor em face de terceiros, exceto se restar comprovado que o bem é de uso pessoal do outro cônjuge (art. 1.680 do CC).

Na divisão dos aquestos, se for inconveniente pela natureza dos bens, os consortes poderão optar pela reposição em dinheiro ao cônjuge não proprietário ou, na impossibilidade, serão avaliados e alienados judicialmente, conforme determina o art. 1.684 do Código Civil[189].

Carlos Roberto Gonçalves cita Zeno Veloso e Silvio Rodrigues para lecionar que no regime de participação final nos aquestos não se forma uma massa de bens para ser partilhada, mas um crédito em favor de um dos cônjuges, contra o outro, para igualar os acréscimos que obteve em seus bens próprios, os ganhos obtidos no casamento. Dissolvido o casamento, o aquesto e a apuração da participação se fazem nas seguintes etapas: a) verificação do acréscimo patrimonial de cada um dos cônjuges; b) apuração do respectivo valor para compensação e identificação do saldo em favor de um ou de outro; e c) execução do crédito[190].

2.7. Regime de separação de bens

O *regime de separação de bens* pode ser convencionado pelas partes em pacto antenupcial ou oriundo de imposição legal. Em regra, não se comu-

---

[189] "Art. 1.684. Se não for possível nem conveniente a divisão de todos os bens em natureza, calcular-se-á o valor de alguns ou de todos para reposição em dinheiro ao cônjuge não proprietário.

Parágrafo único. Não se podendo realizar a reposição em dinheiro, serão avaliados e, mediante autorização judicial, alienados tantos bens quantos bastarem."

[190] GONÇALVES, Carlos Roberto. *Direito civil brasileiro* – Direito de família, cit., p. 431-432.

nicam os bens presentes e futuros e os cônjuges conservam o domínio, posse e administração desses bens, bem como a responsabilidade por dívidas anteriores e posteriores ao casamento.

Eleito pelos cônjuges, exige-se obrigatoriamente a lavratura do pacto antenupcial e, imposto pela lei, obedece às regras estabelecidas. Assim, o regime de separação de bens divide-se em regime de *separação convencional*, que pode subdividir-se em *separação absoluta* ou *pura* e *separação relativa* ou *limitada*, e regime de *separação legal.*

2.7.1. Regime de separação convencional de bens

É escolhido livremente pelos nubentes em pacto antenupcial e pode se apresentar de forma absoluta ou pura e parcial ou limitada.

Trata-se o *regime de separação convencional absoluta de bens* em regra, de um regime de estrutura simples, que estabelece a incomunicabilidade de todos os bens anteriores ou adquiridos após o casamento, inclusive frutos e rendimentos, conservando, cada cônjuge, a integral e exclusiva administração, sendo denominado ainda de *separação total ou pura de bens*. Exige-se, para caracterizar este regime, que conste expressamente a incomunicabilidade absoluta de todos os bens, presentes e futuros.

Existem dois patrimônios distintos: o do marido e o da mulher. Cada qual mantém a exclusividade dos bens que possuíam antes de se casar e os adquiridos posteriormente, a qualquer título, que também não se comunicam.

O atual Código Civil inovou ao estabelecer que, estipulada a separação de bens, esses permanecerão sob a administração exclusiva de cada um dos cônjuges, que os poderá livremente alienar ou gravar de ônus real (art. 1.687 do CC).

Admite-se, assim, que no regime de separação absoluta ou pura de bens o cônjuge pode dispor livremente também dos bens imóveis, sem necessidade de outorga uxória ou marital. Trata-se de inovação introduzida na parte final do art. 1.647 do Código Civil, ao ressaltar que, exclui no regime de separação de bens, a necessidade de autorização do outro para o cônjuge alienar, doar, gravar de ônus real e pleitear como autor ou réu acerca dos bens imóveis e direitos, bem como prestar fiança ou aval.

Como os bens, também as dívidas anteriores ou posteriores ao casamento não se comunicam, não podendo o credor de um dos cônjuges penhorar bens do outro, facultando ao cônjuge prejudicado obter o levantamento da penhora por meio de embargos de terceiro (art. 674, § 2º, I, do CPC), exceto as dívidas contraídas em razão das despesas domésticas (art. 1.644 do CC), tendo em vista que ambos são responsáveis pelas despesas do casal, salvo se estipularem diversamente no pacto antenupcial. Dispõe o art. 1.688 do Código Civil que "ambos os cônjuges são obrigados a contribuir para as despesas do casal na proporção dos rendimentos de seu trabalho e de seus bens, salvo estipulação em contrário no pacto antenupcial".

Assim, no regime de separação pura ou absoluta excluem da comunicação todos os bens anteriores e posteriores ao casarem, inclusive os frutos e rendimentos. Não existe comunicação de aquestos, admitindo-se condomínio quando o bem for adquirido em conjunto por ambos os cônjuges, em nome deles, ou ainda configurar uma sociedade de fato quando estiver em nome de apenas um, mas adquirido em conjunto.

A doutrina e a jurisprudência têm admitido, mesmo no regime de separação absoluta de bens, o reconhecimento do aquesto e consequentemente a comunicação dos bens adquiridos na constância do casamento pelo esforço comum, estendendo a interpretação das Súmulas n. 371 e 380 do STF, evitando o enriquecimento ilícito de um dos cônjuges. O esforço comum, entretanto, não pode ser presumido, sob pena de ser inviabilizado o regime de separação pura de bens, exigindo prova do esforço econômico. As obrigações recíprocas dos cônjuges, inerentes ao casamento, como os deveres pelos encargos da família e mútua assistência, não refletem no esforço comum para aquisição de bens a configurar uma sociedade de fato patrimonial, pois decorreu da existência do próprio matrimônio (arts. 1.565, 1.566, III e IV, e 1.688 do CC). Exige-se, assim, prova inequívoca que o cônjuge contribuiu financeiramente ou com seu trabalho para aquisição, benfeitorias ou reforma em bens pertencentes ao outro, portanto, estranho aos deveres do casamento, para configurar o aquesto e, consequentemente, a partilha de bem comum. O Superior Tribunal de Justiça já decidiu que não deve ser reconhecida a sociedade de fato apenas em razão da vida em comum dos cônjuges e o atendimento dos deveres inerentes e que decorram da existência do matrimônio, mas de uma associação com fins econômicos, a constituição de uma sociedade envolvendo relações outras que não aquelas que derivam de os interessados se terem consorciado[191].

O *regime de separação convencional relativa de bens*, também denominado de regime de *separação parcial ou limitada*, ocorre quando os cônjuges convencionam o regime de separação de bens, mas excluem bens determinados da incomunicabilidade, ou dispõem que os frutos se comunicam ou, ainda, não estipulam que a separação será absoluta, preferindo discriminá-los. No silêncio do pacto os bens se comunicam, observando os princípios do regime de comunhão parcial (art. 1.640 do CC), inovando o atual Código Civil já que no anterior se aplicavam as regras da comunhão universal (art. 259).

No pacto antenupcial, os cônjuges podem estabelecer livremente acerca dos aquestos, ou seja, os bens adquiridos onerosamente na constância do casamento, presumindo o esforço comum, como bem lhes aprouver, estipulando os que se comunicam ou afastando a comunicabilidade.

Tratando-se de regime de bens de separação relativa, não fica dispensado o cônjuge da outorga do outro para a prática de atos como disposição de bens imóveis e prestar fiança ou aval, eis que a separação não é absoluta, conforme determina a parte final do *caput* do art. 1.647 do Código Civil.

O regime de separação de bens, em qualquer de suas modalidades, não dispensa o dever de mútua assistência, bem como a obrigatoriedade de contribuir para as despesas do casal, proporcionalmente aos rendimentos, salvo, neste caso, de convenção diversa no pacto antenupcial.

2.7.2. Regime de separação obrigatória ou legal de bens

Independentemente de pacto antenupcial, a lei determina, obrigatoriamente, o regime de separação de bens, com o objetivo de proteger um dos nubentes e por razões de ordem pública ou por sanção, excepcionando o princípio da autonomia da vontade, das pessoas que o celebraram com infração das causas suspensivas, salvo demonstrando inexistência de danos (art. 1.523 do CC), dos maiores de 70 anos (na redação original do Código Civil de 2002 era 60 anos) e de todos que dependerem de suprimento judicial de idade, antes da vedação do casamento dos menores de 16 anos, ou

191 STJ, 3ª Turma, REsp 30.513-9/MG, Rel. Min. Eduardo Ribeiro, j. 26-4-1994.

consentimento, para se casarem. Dispõe o art. 1.641 do Código Civil, com a nova redação dada pela Lei n. 12.344/2010, a obrigatoriedade do regime de separação de bens no casamento:

I – das pessoas que o contraírem com inobservância das causas suspensivas da celebração do casamento;

II – da pessoa maior de 70 (setenta) anos;

III – de todos os que dependerem, para casar, de suprimento judicial.

As causas suspensivas para o casamento estão previstas no art. 1.523 do Código Civil, dispondo que não devem casar o viúvo ou a viúva que tiver filho do falecido enquanto não fizer o inventário e a partilha; a viúva ou a mulher que desfez o casamento nos 300 dias subsequentes; o divorciado enquanto não fizer a partilha dos bens comuns e o tutor ou curador e parentes próximos enquanto não cessar a tutela ou curatela e saldar as contas.

O Código Civil de 2002 inovou ao estabelecer a igualdade na idade limite da mulher com a do homem para escolher livremente o regime de bens, elevando para 60 anos, já que na legislação anterior era de 50 anos para a mulher e 60 para os homens, e depois para 70 anos, homens e mulheres (Lei n. 12.344/2010).

A obrigatoriedade do regime de separação de bens é muito criticada na doutrina, sob o argumento de que viola os princípios constitucionais da autonomia da vontade, da igualdade jurídica e o Estatuto do Idoso, pois as pessoas acima de 70 anos de idade são plenamente capazes de exercer os atos da vida civil, possuindo maturidade suficiente para escolher o regime e evitar que o casamento se dê por interesse econômico, como pretende a lei proteger, não existindo razão científica para imposição da restrição.

Maria Berenice Dias afirma que de todas as restrições legais, a única que tem coerência é a que suspende o casamento do tutor ou curador e seus parentes próximos enquanto não cessar a tutela ou curatela e prestar e saldar as respectivas contas, em razão da ascendência que exerce sobre o tutelado ou curatelado[192].

---

[192] DIAS, Maria Berenice. *Manual de direito das famílias*. 13. ed., cit., p. 698.

O aumento da idade para 70 anos, permitindo-se a escolha livre do regime de bens, foi aplaudida por uns e criticada por outros.

O aumento dos cuidados com a saúde e com a expectativa de vida dos brasileiros permite que pessoas com mais de 60 anos exerçam na plenitude suas atividades profissionais, sociais e afetivas, ao contrário do que ocorria no século passado, quando eram consideradas velhas e se recolhiam.

O exercício de atividades diversas possibilita que os sessentões e sessentonas se relacionem, trabalhem, namorem, viagem e pratiquem esportes, interagindo com outras pessoas e afastando-se da solidão e da dependência da família.

Assim, o acréscimo de dez anos na obrigação de se casar com separação de bens foi louvável, ampliando a idade limite para as pessoas escolherem livremente o regime de bens.

Parte de especialistas em direito de família, entretanto, foi contrária ao acréscimo da idade para 70 anos diante da possibilidade de aplicação do *golpe do baú*, quando uma pessoa mais jovem se casa com uma idosa apenas por interesse matrimonial. Argumenta-se que a pessoa idosa vai ficando sozinha com a independência e casamento dos filhos e se torna vulnerável, carente e dependente, iludindo-se facilmente e confiando demasiadamente em quem se aproxima com juras de amor, sendo facilmente enganada pelo pretenso cônjuge.

No entanto, a maioria dos juristas são contrários à imposição da obrigação de casar-se com separação de bens após os 70 anos de idade, ocorrendo uma ingerência indevida do Estado na vida privada das pessoas, violando o princípio da liberdade e importando imposição discriminatória.

Rodrigo da Cunha Pereira ressalta que, além de atentar contra a liberdade individual e ferir a autonomia e dignidade dos sujeitos, o limite de idade para escolha do regime de bens importa em preconceito com as pessoas com mais de 70 anos, ao considerá-los incapazes de despertar o amor e o desejo em alguém mais jovem, o que leva a construir histórias de exclusão e expropriação da cidadania[193].

---

[193] PEREIRA, Rodrigo da Cunha. *Restrições ao direito de amar*. Disponível em: <www.editoramagister.com/doutrina>. Acesso em: 23-12-2010.

A jurisprudência, em decisões isoladas, já reconheceu a inconstitucionalidade do art. 1.641, II, do Código Civil, ao impor o regime de separação de bens aos maiores de 70 anos. A posição predominante, todavia, reconhece válida a obrigatoriedade do regime e a constitucionalidade da imposição de idade limite para livre escolha do regime de bens no casamento.

A imposição do regime de separação obrigatória pode, entretanto, ser suprimida pelo juiz em razão das causas suspensivas, provando-se a inexistência de prejuízo às partes protegidas pela lei ou ausência de gravidez da mulher do leito anterior (art. 1.523, parágrafo único, do CC).

Como já abordado no 2.1.2.2 – alteração do regime de bens na separação obrigatória, cessando as causas que importavam na imposição do regime legal de separação, admite-se a alteração, em pedido motivado de ambos os cônjuges ao juiz.

O Superior Tribunal de Justiça vem decidindo que não se aplica a separação obrigatória do maior de 70 anos se o casal já vivia em união estável antes do casamento. Nesse sentido:

> 2. Afasta-se a obrigatoriedade do regime de separação de bens quando o matrimônio é precedido de longo relacionamento em união estável, iniciado quando os cônjuges não tinham restrição legal à escolha do regime de bens, visto que não há que se falar na necessidade de proteção do idoso em relação a relacionamentos fugazes por interesse exclusivamente econômico[194].

A doutrina não é pacífica quanto à possibilidade de comunicabilidade dos bens havidos na constância do matrimônio no regime de separação legal, com renomados doutrinadores prós e contras.

A jurisprudência já se inclinou majoritariamente pela comunhão dos aquestos de bens havidos a título oneroso, como consequência natural da comunhão de vida e de esforços, sendo editada a Súmula n. 377 do STF, dispondo amplamente que "no regime de separação legal de bens, comunicam-se os adquiridos na constância do casamento".

Os aquestos restringem-se, entretanto, aos bens adquiridos onerosamente na vigência do casamento pelo esforço comum. O Superior Tribu-

---

[194] STJ, REsp 1.318.281, Relª Maria Isabel Gallotti, j. 1º-12-2016.

nal de Justiça explicitou a Súmula n. 377 do STF ao decidir que, em se tratando de regime de separação obrigatória (art. 258 do CC/1916; art. 1.641 do CC/2002), comunicam-se os adquiridos na constância do casamento pelo esforço comum. O Enunciado n. 377 da Súmula do STF deve restringir-se aos aquestos resultantes da configuração de esforços do casal em exegese que se afeiçoa à evolução do pensamento jurídico e repudia o enriquecimento sem causa[195].

Não se justifica o entendimento de alguns de exigência de prova efetiva de esforços do cônjuge, com trabalho ou financeiramente, como ocorre no regime de separação absoluta, mediante comprovação em ação autônoma, pois se trata de regime imposto para proteger o cônjuge e não escolhido pelas partes, presumindo-se o esforço comum na constância da convivência para aquisição de bens, evitando o enriquecimento de apenas um deles em detrimento do outro. O Tribunal de Justiça de Minas Gerais decidiu, já na vigência do Código Civil de 2002, que no regime de separação legal cada um dos cônjuges conserva a posse e a propriedade dos bens que trouxe para o casamento, bem como dos que forem a eles sub-rogados. Todavia, nos termos da Súmula n. 377, do excelso Supremo Tribunal Federal, nesse regime, os aquestos adquiridos na constância do matrimônio se comunicam, independentemente de prova de serem fruto do esforço comum[196].

O Superior Tribunal de Justiça reiteradamente vinha decidindo no mesmo sentido pela comunicação dos aquestos no regime de separação legal, independentemente da comprovação do esforço comum, que se presume. Dentre os diversos julgados cita-se o Agravo Regimental no Recurso Especial 1.008.684/RJ, com a seguinte ementa:

> PROCESSUAL CIVIL. AGRAVO REGIMENTAL NO RECURSO ESPECIAL. DIREITO CIVIL. FAMÍLIA. AÇÃO DE INVENTÁRIO QUE VISA À PARTILHA DE BENS ADQUIRIDOS NA CONSTÂNCIA DE SOCIEDADE CONJUGAL FORMADA SOB O REGIME DE SEPARAÇÃO LEGAL DE BENS. ART. 258 DO CC/1916. ESFORÇO COMUM. SÚMULA N. 377/STF. PRECEDENTES DO STJ.

---

195 STJ, REsp 9.938-0/SP, Rel. Min. Sálvio de Figueiredo, j. 3-8-1992.

196 TJMG, 8ª CC, Ag. 1.0701.03.038871-7/001, Rel. Des. Duarte de Paula, j. 16-6-2005.

> 1. A partilha dos bens adquiridos na constância da sociedade conjugal, erigida sob a forma de separação legal de bens (art. 258, parágrafo único, I, do CC/1916), não exige a comprovação ou demonstração de comunhão de esforços na formação desse patrimônio, a qual é presumida, à luz do entendimento cristalizado na Súmula n. 377/STF. Precedentes do STJ.
>
> 2. A necessidade de preservação da dignidade da pessoa humana e de outras garantias constitucionais de igual relevância vem mitigando a importância da análise estritamente financeira da contribuição de cada um dos cônjuges em ações desse jaez, a qual cede espaço à demonstração da existência de vida em comum e comunhão de esforços para êxito pessoal e profissional dos consortes, o que evidentemente terá reflexos na formação do patrimônio do casal[197].

O Superior Tribunal de Justiça, entretanto, modificou o entendimento, apresentando uma *moderna compreensão da Súmula n. 377/STF* e exigindo comprovação do esforço comum para os bens se comunicarem. O esforço comum pode ser direto, quando o cônjuge contribui diretamente na aquisição do bem com dinheiro ou trabalho, ou indireto, quando não contribui financeiramente, mas auxilia com orientação, apoio, incentivo, propiciando, ao outro, condições para a aquisição do bem.

A Segunda Seção do Superior Tribunal decidiu, por unanimidade, sobre a necessidade de prova do esforço comum para a partilha dos bens adquiridos em regime de separação obrigatória, sem, contudo, especificar se o esforço deve ser o direto ou se admite também o indireto. Consta na ementa que:

> EMBARGOS DE DIVERGÊNCIA NO RECURSO ESPECIAL. DIREITO DE FAMÍLIA. UNIÃO ESTÁVEL. CASAMENTO CONTRAÍDO SOB CAUSA SUSPENSIVA. SEPARAÇÃO OBRIGATÓRIA DE BENS (CC/1916, ART. 258, II; CC/2002, ART. 1.641, II). PARTILHA. BENS ADQUIRIDOS ONEROSAMENTE. NECESSIDADE DE PROVA DO ESFORÇO COMUM. PRESSUPOSTO DA PRETENSÃO. MODERNA COMPREENSÃO DA SÚMULA N. 377/STF. EMBARGOS DE DIVERGÊNCIA PROVIDOS.

---

197 STJ, 4ª Turma, AgRg no REsp 1.008.684/RJ, Rel. Min. Antônio Carlos Ferreira, j. 2-5-2012.

1. Nos moldes do art. 1.641, II, do Código Civil de 2002, ao casamento contraído sob causa suspensiva, impõe-se o regime da separação obrigatória de bens.

2. No regime de separação legal de bens, comunicam-se os adquiridos na constância do casamento, desde que comprovado o esforço comum para sua aquisição.

3. Releitura da antiga Súmula n. 377/STF (No regime de separação legal de bens, comunicam-se os adquiridos na constância do casamento), editada com o intuito de interpretar o art. 259 do CC/1916, ainda na época em que cabia à Suprema Corte decidir em última instância acerca da interpretação da legislação federal, mister que hoje cabe ao Superior Tribunal de Justiça[198].

A doutrina tem admitido a possibilidade de o casal afastar a incidência da Súmula n. 377 do STF, debatendo se o enunciado é de ordem pública ou se pode ser afastado. Zeno Veloso ressalta que regula matéria patrimonial, de direito disponível, portanto, é possível pessoas maiores de 70 anos lavrarem pacto antenupcial estipulando regime de separação total e afastar a Súmula n. 377. Fundamenta que "não acho que o enunciado da Súmula seja matéria de ordem pública, represente direito indisponível, e tenha que ser seguida a qualquer custo, irremediavelmente"[199].

O pacto antenupcial ou contrato de convivência adotando o regime de separação de bens não contraria a Súmula n. 377 do STF, ao contrário, reforça a sua incidência em manter separados os bens antes e após a união, reforçando ainda mais a suposta proteção, ampliando seu alcance, no exercício da autonomia privada.

A VIII Jornada de Direito Civil, promovida pelo Centro de Estudos Judiciários do Conselho da Justiça Federal, aprovou o enunciado 634 com o seguinte teor:

> ENUNCIADO 634 – Art. 1.641: É lícito aos que se enquadrem no rol de pessoas sujeitas ao regime da separação obrigatória de bens (art. 1.641 do

[198] STJ, 2ª Seção, Embargos de Divergência em REsp 1.623.858/MG, Rel. Min. Lázaro Guimarães (Desembargador convocado do TRF 5ª região), j. 23-5-2018.

[199] VELOSO, Zeno. *Casal quer afastar a Súmula 377*. Disponível em: <flaviotartuce.jusbrasil.com.br/artigos>. Acesso em: 15-1-2020.

Código Civil) estipular, por pacto antenupcial ou contrato de convivência, o regime da separação de bens, a fim de assegurar os efeitos de tal regime e afastar a incidência da Súmula n. 377 do STF.

Conclui-se, portanto, que o regime de separação legal de bens não é absoluto, comunicando-se os bens adquiridos onerosamente pelo esforço comum em nome de apenas um dos cônjuges, já que, se adquirido em nome de ambos, trata-se de condomínio.

A ação própria para reivindicar os bens havidos pelo esforço comum é a *ação de reconhecimento de aquesto*, omissa na lei, cumulada com partilha de bens.

2.8. Bens particulares, reservados e regime dotal

Bens particulares são os bens excluídos da comunhão, pertencendo apenas a um dos cônjuges como os anteriores ao casamento, os proventos do trabalho, ou os bens doados ou herdados com cláusula de incomunicabilidade, entre outros, arrolados nos arts. 1.659 e 1.668 do Código Civil, incluindo os bens adquiridos por um dos cônjuges durante a separação de fato do casal, já pacificado na jurisprudência, que não se comunicam. Também é particular a meação excluída pelo cônjuge em embargos de terceiro nas execuções de cumprimento de sentença, ajuizadas contra o outro, por dívidas pessoais ou ato ilícito sem proveito para a família.

Os *bens reservados da mulher*, previstos na legislação anterior (CC/16), eram os referentes ao exercício de profissão distinta do marido (art. 246 do Código Civil de 1916), constituindo, o seu produto, patrimônio separado, qualquer que fosse o regime de bens. Foram suprimidos no Código Civil de 2002.

Da mesma forma, foi suprimido no Código atual o *regime dotal*, que consistia num conjunto de bens que a mulher, seus pais ou terceiros entregavam ao marido, a fim de que este, com os frutos ou rendimentos, atendesse às necessidades do casal e da prole, e que deviam ser restituídos ao doador ou à mulher, quando dissolvida a sociedade conjugal.

Os bens reservados e o regime dotal, à toda evidência, ferem a igualdade de direitos e obrigações entre homens e mulheres na constância do casamento.

3. DOAÇÕES ENTRE OS CÔNJUGES

A legislação autoriza livremente, antes do casamento, as doações recíprocas de um ao outro noivo ou mesmo por terceiros, feitas em contemplação do matrimônio futuro, desde que não exceda à metade dos bens do doador se tiver herdeiros necessários ou sem resguardar reserva suficiente para subsistência. As doações feitas em contemplação de casamento futuro com certa e determinada pessoa, pelos nubentes entre si, por terceiro a um deles, a ambos, ou aos filhos que, de futuro, houverem um do outro, não pode ser contestada por falta de aceitação, e só ficará sem efeito se o casamento não se realizar (art. 546 do CC).

A eficácia da doação fica condicionada à realização do casamento, subordinando à realização de evento futuro e incerto, que funciona como condição suspensiva, perdendo o donatário o valor se um dos nubentes se casar com outra pessoa ou falecer antes do matrimônio.

As doações como são feitas *propter nuptias* não precisam, para ter validade, da aceitação do outro cônjuge, já que a própria celebração do casamento importa em aceitação e não podem ser revogadas por ingratidão (art. 564, IV, do CC).

Tratando-se de regime de comunhão de bens, para o bem doado não comunicar, deverá constar a cláusula de incomunicabilidade (art. 1.668, IV, do CC), porém os frutos se comunicam (art. 1.669 do CC).

Antes do casamento, as doações podem, portanto, ser comuns, por escritura pública, e produzir efeitos imediatos, ou para o casamento mediante pacto antenupcial e subordinadas à realização do ato.

Após o casamento, as doações entre os cônjuges – *donationes intervirum et uxorem* – também são lícitas em nosso direito, exceto se prejudicar a legítima dos herdeiros (doação inoficiosa – art. 549 do CC), no regime de comunhão universal, por constituírem um único patrimônio os bens do marido e da mulher, e no regime de separação obrigatória de bens[200].

Também não são válidas as doações do cônjuge adúltero ao seu cúmplice, podendo ser anuladas pelo outro cônjuge ou seus herdeiros necessários até dois anos após a dissolução da sociedade conjugal, conforme o art. 550

[200] DINIZ, Maria Helena. *Curso de direito civil brasileiro* – Direito de família. 22. ed., cit., p. 198.

da Lei Civil, dispondo que "a doação do cônjuge adúltero ao seu cúmplice pode ser anulada pelo outro cônjuge, ou por seus herdeiros necessários, até dois anos depois de dissolvida a sociedade conjugal".

A doação efetuada ao cônjuge, após o casamento, importa em adiantamento de legítima, em razão da nova situação jurídica do consorte no direito sucessório, elevado a herdeiro necessário, e deve levar o valor do bem doado à colação na sucessão do cônjuge falecido, se concorrer com descendentes (arts. 544 e 2.003 do CC)[201].

O Código Civil de 1916 vedava expressamente a doação entre os cônjuges no regime de separação obrigatória de bens (arts. 312 e 226), o que não foi reproduzido na legislação atual, gerando discussões, tendo uma corrente defendido que são inadmissíveis as doações entre os cônjuges, neste regime, por violarem a incomunicabilidade obrigatória, sob pena de fraudar a vedação prevista na lei, restando nula[202].

Zeno Veloso ressalta, todavia, que a questão não é pacífica, argumentando que não se pode presumir fraude à lei na doação de um cônjuge ao outro. Cita Paulo Lôbo, que garante não existir impedimento legal para o cônjuge com mais de 70 anos fazer doação de bens ao outro, e reiteradas decisões do Superior Tribunal de Justiça (REsp n. 471.958/RS, AgRg no REsp n. 194.325/MG, REsp n. 1.254.252/SC), que, por unanimidade, reiteraram a validade das doações promovidas na constância do matrimônio, por cônjuges casados sob o regime de separação obrigatória. Conclui que não se considera proibida a doação entre cônjuges no regime de separação obrigatória[203].

4. BEM DE FAMÍLIA

O Código Civil de 2002 inovou ao introduzir no direito de família o *bem de família voluntário* instituído pelos cônjuges, companheiros ou res-

---

[201] CARVALHO, Dimas Messias de; CARVALHO, Dimas Daniel de. *Direito das sucessões* – inventário e partilha. Belo Horizonte: Del Rey, 2007. p. 179-180.

[202] DINIZ, Maria Helena. *Curso de direito civil brasileiro* – Direito de Família. 30. ed. São Paulo: Saraiva, 2015. p. 224.

[203] VELOSO, Zeno. Separação obrigatória de bens. *Revista IBDFAM Família e Sucessões*. v. 20. Belo Horizonte: IBDFAM, mar./abr., 2017. p. 43-48.

ponsável pelas famílias monoparentais (entidade familiar), mediante escritura pública, de até um terço do patrimônio líquido existente ao tempo da instituição.

O bem de família pode ser instituído também por terceiros, por testamento ou doação, desde que o casal ou entidade familiar aceite.

Testamento é o ato pelo qual uma pessoa dispõe da totalidade ou de parte de seus bens para depois de sua morte ou faz outras declarações de última vontade. É ato unilateral perfeito e acabado com a manifestação de uma única vontade na sua formação e validade, revogável a qualquer tempo por outro testamento, sendo a revogabilidade uma de suas características essenciais. Por tratar-se de disposição de última vontade, é destinado a produzir efeitos *post mortem*[204], portanto, a instituição do bem de família por testamento somente produzirá efeitos após a morte do testador. Conforme disse Zeno Veloso, em uma de suas palestras, *o sopro da morte é o início da vida do testamento* e consequentemente a eficácia da instituição do bem de família, após o registro no Registro Imobiliário.

A doação, por tratar-se de ato *inter vivos*, possui eficácia imediata constituindo-se o bem de família pelo registro. Mediante testamento, a instituição pode ser revogada ou modificada unilateralmente até a morte do testador.

Além do bem de família voluntário previsto no Código Civil, existe o *bem de família legal*, estabelecido pela Lei n. 8.009, de 2 de março de 1990, que determinou a impenhorabilidade geral das moradias familiares próprias.

O bem de família voluntário é um instituto que tem por escopo assegurar um lar à família ou meios para seu sustento, pondo-a ao abrigo de penhoras por débitos posteriores à instituição, salvo as que provierem de tributos relativos ao prédio, ou de despesas condominiais. Tem por finalidade a proteção da família na adversidade garantindo abrigo aos seus membros[205].

Ensina Carlos Roberto Gonçalves que a origem do bem de família surgiu nos Estados Unidos, no estado do Texas, que promulgou em 1839 uma

---

204 CARVALHO, Dimas Messias de; CARVALHO, Dimas Daniel de. *Direito das sucessões – inventário e partilha*. cit., p. 93-97.

205 DINIZ, Maria Helena. *Curso de direito civil brasileiro* – Direito de família. 17. ed., cit., p. 217.

lei, em consequência da grave crise econômica que assolou o país, permitindo que ficasse isenta de penhora a pequena propriedade destinada à residência do devedor, surgindo, assim, o instituto do *homestead*, que se integrou nos demais estados norte-americanos e na legislação de outros países. Cita Álvaro Villaça Azevedo para lecionar que o bem de família é um meio de garantir um asilo à família, tornando-se o imóvel onde ela se instala, domicílio impenhorável e inalienável, enquanto forem vivos os cônjuges e até que os filhos completem sua maioridade. Cita ainda Caio Mário da Silva Pereira para lembrar que a instituição do bem de família é uma forma de afetação de bens a um destino especial que é ser a residência da família, e, enquanto for, é impenhorável por dívidas posteriores à sua constituição[206].

O bem de família, portanto, possui natureza jurídica de afetação. A afetação é a colocação de um bem a um certo destino de uso comum ou especial, ou seja, a determinação imposta a qualquer bem móvel ou imóvel para atender o fim a que se destina ou para o qual será utilizado. O tema da afetação é mais utilizado na gestão dos bens públicos, porém, também se aplica na hipótese do bem de família, por possuir a finalidade de servir de residência da família e colocá-lo a salvo da penhorabilidade.

O prédio para caracterização do bem de família deve ser residencial, requisito básico, devendo também constituir residência efetiva da família. A limitação em um terço do patrimônio líquido do instituidor frustra, entretanto, a obtenção do benefício pelas camadas de baixo poder aquisitivo que, certamente, não possuem patrimônio com sobras para importar a residência em apenas um terço, muitas vezes, o único bem; ao mesmo tempo declara mantidas as regras sobre a impenhorabilidade do imóvel residencial estabelecida em lei especial[207], o que resguarda quem possui apenas um imóvel, mas não aquele que possui apenas dois imóveis e pretendia resguardar o de maior valor, já que ultrapassa um terço do patrimônio líquido.

É instituído por escritura pública ou testamento, portanto, por ato *inter vivos* ou *causa mortis*, desde que ambos os cônjuges beneficiados ou a entidade familiar, quando contemplada por terceiros, aceitem expressamente. Dispõe o art. 1.711 do Código Civil que:

---

206 GONÇALVES, Carlos Roberto. *Direito civil brasileiro*. cit., p. 509.
207 GONÇALVES, Carlos Roberto. *Direito civil brasileiro*. cit., p. 510-514.

> Art. 1.711. Podem os cônjuges, ou a entidade familiar, mediante escritura pública ou testamento, destinar parte de seu patrimônio para instituir bem de família, desde que não ultrapasse um terço do patrimônio líquido existente ao tempo da instituição, mantidas as regras sobre a impenhorabilidade do imóvel residencial estabelecida em lei especial.
>
> Parágrafo único. O terceiro poderá igualmente instituir bem de família por testamento ou doação, dependendo a eficácia do ato da aceitação expressa de ambos os cônjuges beneficiados ou da entidade familiar beneficiada.

Instituído pelos cônjuges ou por terceiros, o bem de família constitui-se pelo registro do seu título no Cartório de Registro de Imóveis (art. 1.714 do CC).

O bem de família voluntário não pode exceder a um terço do patrimônio líquido dos instituidores, existente ao tempo da instituição, e consiste em prédio residencial urbano ou rural, com suas pertenças e acessórios, destinado ao domicílio conjugal, podendo abranger ainda valores mobiliários que não ultrapassem o valor do prédio, cuja renda será aplicada na conservação do imóvel e no sustento da família, devidamente individualizados (art. 1.712 do CC)[208]. A sua aplicação, entretanto, acaba sendo restrita àqueles que possuem mais de um imóvel e patrimônio considerável, tendo em vista que o valor é limitado a um terço do patrimônio líquido do instituidor e, se possuir apenas um imóvel, já é considerado legalmente bem de família, independentemente de instituição.

No bem de família legal, se o casal possuir mais de um imóvel residencial, a impenhorabilidade recairá sempre no de menor valor (art. 5º, parágrafo único, da Lei n. 8.009/1990). Assim, somente se justifica a instituição do bem de família voluntário quando a família possui mais imóveis, e quer excluir da penhorabilidade a residência de maior valor e incluir valores mobiliários. Os valores mobiliários destinados à conservação do imóvel e o sustento da família devem ser individualizados no instrumento constitu-

---

208 "Art. 1.712. O bem de família consistirá em prédio residencial urbano ou rural, com suas pertenças e acessórios, destinando-se em ambos os casos a domicílio familiar, e poderá abranger valores mobiliários, cuja renda será aplicada na conservação do imóvel e no sustento da família."

tivo do bem de família, transcrevendo nos registros se tratar de títulos nominativos. É facultado ao instituidor determinar que a administração dos valores mobiliários seja confiada a instituição financeira, bem como disciplinar a forma de pagamento da respectiva renda aos beneficiários (art. 1.713 do CC).

Os bens podem ser executados por dívidas anteriores à sua constituição e as posteriores relativas a tributos sobre o prédio ou de condomínio, ficando resguardados de execução por dívidas posteriores à sua instituição (art. 1.715 do CC), com o registro no Registro de Imóveis.

A administração do bem de família compete a ambos os cônjuges e, na morte, ao filho mais velho se maior ou ao seu tutor se menor. Admite-se, entretanto, ser estabelecida administração diversa pelo instituidor (art. 1.720 do CC).

O bem de família não pode ter destino diverso de moradia e abrigo, possuindo alienação restrita, somente com o consentimento dos interessados, ouvido o Ministério Público (art. 1.717 do CC).

Perdura o bem de família voluntário enquanto viverem os cônjuges e, na falta destes, enquanto os filhos forem menores (art. 1.716 do CC), portanto, somente se extingue pela morte dos cônjuges e maioridade dos filhos, mantendo-se mesmo que dissolvida a sociedade conjugal (art. 1.721 do CC).

Admite-se, todavia, dissolvida a sociedade conjugal por morte de um dos cônjuges, que o sobrevivente requeira ao juiz a extinção do bem de família, se for o único bem do casal, até mesmo porque, nesta hipótese, o bem único destinado à moradia já se encontra resguardado pela impenhorabilidade do bem de família legal.

Permite-se, ainda, se comprovada a impossibilidade de sua manutenção nas condições em que foi instituído, ao juiz, a pedido dos interessados, extinguir ou autorizar sub-rogação do bem de família em outros bens, depois de ouvir o instituidor e o Ministério Público.

Resumindo, o bem de família voluntário, previsto nos arts. 1.711 a 1.722 do Código Civil, é instituído pelos interessados ou por terceiros, por escritura pública ou testamento, transcrito no registro imobiliário, abrangendo casa e terreno, com alienação restrita, não se confundindo com o bem de família legal, previsto na Lei n. 8.009/1990, de alienação livre.

Com efeito, a Lei n. 8.009/1990 estabeleceu a impenhorabilidade geral de todas as moradias familiares próprias, quitadas, rural ou urbana, abrangendo construções, plantações, benfeitorias e equipamentos, independentemente de qualquer providência dos interessados, recaindo a proteção no imóvel de menor valor se o casal possuir mais de uma residência. É uma norma protetiva da família, razão pela qual a jurisprudência divide-se quanto à abrangência do imóvel da pessoa que mora sozinha, existindo decisões pró e contra. Predomina, entretanto, o correto entendimento de que o bem de família é norma que protege a moradia, direito fundamental do ser humano, e não um determinado número de pessoas, não se justificando abandonar a pessoa solteira, divorciada ou viúva que resida sozinha. O Superior Tribunal de Justiça tem decidido que o art. 1º da Lei n. 8.009/1990[209] deve ter interpretação teleológica, consoante o sentido social do texto, devendo o solteiro receber o mesmo tratamento, pois não está dirigido a um grupo de pessoas, mas à pessoa, não importa seja casada, viva em união estável, solteira, desquitada, divorciada ou viúva, pois o sentido social da lei é garantir um teto para cada pessoa[210].

A expansão da proteção da moradia a uma única pessoa, solteira, separada ou viúva, restou sumulada pelo Superior Tribunal de Justiça, na Súmula n. 364, que dispõe:

> Súmula n. 364. O conceito de impenhorabilidade de bens de família abrange também o imóvel pertencente a pessoas solteiras, separadas e viúvas.

Excluem da impenhorabilidade do bem de família legal os veículos de transporte, obras de arte e adornos suntuosos, entretanto, são impenhoráveis os bens móveis se a família reside em casa alugada, mantendo-se os bens essenciais para a moradia da família (art. 2º da Lei n. 8.009/1990).

---

209 "Art. 1º O imóvel residencial próprio do casal, ou da entidade familiar, é impenhorável e não responderá por qualquer tipo de dívida civil, comercial, fiscal, previdenciária ou de outra natureza, contraída pelos cônjuges ou pelos pais ou filhos que sejam seus proprietários e nele residam, salvo nas hipóteses previstas nesta lei.
Parágrafo único. A impenhorabilidade compreende o imóvel sobre o qual se assentam a construção, as plantações, as benfeitorias de qualquer natureza e todos os equipamentos, inclusive os de uso profissional, ou móveis que guarnecem a casa, desde que quitados."

210 STJ, 6ª Turma, REsp 182.223/SP, Rel. Min. Vicente Cernicchiaro, j. 18-8-1999.

Da mesma forma que os veículos e bens suntuosos, não estão protegidas as dívidas oriundas de créditos trabalhistas dos empregados da casa, de financiamento do próprio imóvel, de débitos de pensão alimentícia, de impostos do imóvel, de hipoteca sobre o imóvel oferecido pelos proprietários, em virtude de execução de sentença penal condenatória ou se o imóvel foi adquirido com produto de crime e fiança em contrato de locação, conforme expressamente dispõe de forma restrita o art. 3º da Lei n. 8.009/1990.

A impenhorabilidade legal pode ser oponível nos processos de execução em andamento, mesmo que as dívidas e a penhora sejam anteriores à Lei n. 8.009/1990, já restando sumulado no Superior Tribunal de Justiça que esta lei se aplica à penhora realizada antes de sua vigência (Súmula n. 205).

Nesse sentido, o bem de família legal diverge do bem de família voluntário, que só pode ser oponível aos credores após o registro do título no Registro de Imóveis (art. 1.714 do CC). Nada impede, entretanto, que nas dívidas anteriores ao bem de família voluntário se aplique a impenhorabilidade legal, resguardando da execução o imóvel residencial de menor valor, conforme o art. 5º e parágrafo único da Lei n. 8.009/1990, que dispõe que para os efeitos de impenhorabilidade considera-se residência um único imóvel utilizado pelo casal ou pela entidade familiar para moradia permanente, recaindo, na hipótese de o casal, ou entidade familiar, ser possuidor de vários imóveis utilizados como residência, sobre o de menor valor.

3

Divórcio e separação jurídica

1. INTRODUÇÃO E HISTÓRIA DO DIVÓRCIO NO BRASIL

O termo *divórcio* não é novo na legislação brasileira, pois já foi adotado no século XIX, no Decreto n. 181/1890, para autorizar a separação de corpos e cessar o regime de bens, sem, contudo, dissolver o vínculo conjugal permitindo a reconciliação, diverso do que ocorre nos dias atuais.

O casamento, no Brasil, ao tempo do Império, era regulado pela Igreja Católica, religião oficial de Portugal e do Brasil Império. Assim, a Igreja Católica regulava a celebração do casamento realizado por seus sacerdotes, suas nulidades e a dissolução pela morte. A possibilidade de os nubentes não católicos se casarem, sem violarem suas convicções religiosas, somente ocorreu pela Lei de 11 de setembro de 1861, regulamentada pelo Decreto de 17 de abril de 1863, que instituiu, ao lado do casamento eclesiástico, o único regulado pela lei, o matrimônio dos não católicos, possibilitando a união de pessoas de seitas dissidentes. Assim, a partir da Lei de 1861, passaram a existir no Brasil Império o *casamento católico*, celebrado entre os católicos, segundo as normas do Concílio de Trento de 1563 e das Constituições do Arcebispado da Bahia, o *casamento misto* celebrado entre católico e não católico, sob a disciplina do Direito Canônico, e o *casamento dos não católicos*, possibilitando a união de pessoas de seitas dissidentes, obedecendo as regras de suas religiões[1].

Após a promulgação da República, deu-se a separação entre a Igreja e o Estado. No Governo Provisório de Deodoro, foi instituído o casamento civil pelo Decreto n. 181, de 24 de janeiro de 1890, que promulgou a Lei Sobre o Casamento, constando de 125 artigos que regulavam as formalidades preliminares, impedimentos, pessoas que podem opor impedimentos, celebração, casamento de brasileiros no estrangeiro, provas, efeitos, casamento nulo e anulável, divórcio, posse de filhos e disposições penais. Dispunha o art. 1º do Decreto n. 181/1890 que "as pessoas que pretenderem casar-se, devem habilitar-se perante o oficial do registro civil", regulando a celebração no Capítulo IV (arts. 23 a 46), bastante semelhante aos dias atuais, inclusive com previsão do casamento nuncupativo.

O Capítulo IX do Decreto n. 181/1890 tratava do *divórcio consensual e litigioso* dispondo, entretanto, no art. 88, que o divórcio não dissolvia o vínculo conjugal, mas autorizava a separação indefinida dos corpos e fazia cessar o regime dos bens como se o casamento fosse dissolvido, ou seja, em 1890 já era utilizada a expressão divórcio, mas não com o efeito de extinguir o vínculo conjugal. Era o chamado *divórcio de cama e mesa* e não ao vínculo, como na legislação moderna. Permitia-se a reconciliação dos cônjuges a qualquer tempo, mas de forma diversa da atual; não restabelecia o regime de bens partilhados que eram administrados e alienados livremente pelo titular sem necessidade de autorização do outro (art. 89). Dispunha os arts. 80, 88 e 89 do Decreto n. 181/1890:

> Art. 80. A ação de divórcio só compete aos cônjuges e extingue-se pela morte de qualquer deles.
>
> Art. 88. O divórcio não dissolve o vínculo conjugal, mas autoriza a separação indefinida dos corpos e faz cessar o regime dos bens, como se o casamento fosse dissolvido.
>
> Art. 89. Os cônjuges divorciados podem reconciliar-se em qualquer tempo, mas não restabelecer o regime de bens, que, uma vez partilhados, serão administrados e alienados sem dependência de autorização do marido ou da mulher.

---

[1] PEREIRA, Caio Mario da Silva. *Instituições de direito civil* – Direito de família. 7. ed., cit., p. 40.

A Constituição Federal de 24 de fevereiro de 1891 manteve a obrigatoriedade do casamento civil, único reconhecido pelo Estado, ao dispor no art. 72, § 4º, que "a República só reconhece o casamento civil, cuja celebração será gratuita". Somente na Constituição de 1934 foram atribuídos efeitos civis ao casamento religioso como ocorre nos dias atuais.

O Código Civil de 1916 adotou os mesmos princípios do Decreto n. 181/1890, com poucas modificações, mantendo o casamento exclusivamente civil, sem reconhecer o religioso, até a Constituição de 1934, entretanto, substituiu o vocábulo *divórcio* por *desquite*, mais apropriado, já que nas legislações estrangeiras o divórcio era admitido como dissolução do vínculo conjugal, o que não era permitido no Brasil.

A denominação desquite também era mais apropriada, de conotação precisa e extensão definitiva, por distinguir de forma clara, em especial para os leigos, separação de corpos e separação de fato, portanto, insuscetível de gerar equívocos de interpretação.

O Código Civil de 1916 cuidava do direito de família no Livro I da Parte Especial (arts. 180 a 484), dispondo no art. 180 que *a habilitação para o casamento faz-se perante o oficial do registro civil*. O Capítulo I, do Título IV, tratava da Dissolução da Sociedade Conjugal, dispondo no art. 315 que a sociedade conjugal terminava:

I – Pela morte de um dos cônjuges.

II – Pela nulidade ou anulação do casamento.

III – Pelo desquite, amigável ou judicial.

O casamento válido somente se dissolvia pela morte de um dos cônjuges.

A ação de desquite competia aos cônjuges, salvo se um deles fosse incapaz, podendo, nesse caso, ser representado por qualquer ascendente ou pelos irmãos (art. 316). O procedimento adotado no desquite litigioso era o ordinário e a ação somente podia fundar-se em um dos seguintes motivos (art. 317):

I – Adultério.

II – Tentativa de morte.

III – Sevícia ou injúria grave.

IV – Abandono voluntário do lar conjugal, durante dois anos contíguos.

Admitia-se o desquite amigável, ou mútuo consentimento dos cônjuges, se fossem casados por mais de dois anos, manifestado perante o juiz e devidamente homologado (art. 318).

Não previa, portanto, o divórcio ao vínculo ou a separação de fato como causa para o desquite, exceto para o que permaneceu no lar abandonado pelo outro cônjuge, por dois anos.

O vocábulo divórcio voltou a ser introduzido no direito brasileiro, desta vez como dissolução do casamento, pela Emenda Constitucional n. 9, de 28 de junho de 1977, que deu nova redação ao § 1º do art. 175 da Constituição Federal de 1967, pondo termo à indissolubilidade do casamento em vida dos cônjuges. A redação original do § 1º do art. 175 dispunha que *o casamento é indissolúvel*. Com a nova redação passou a dispor que:

> Art. 175. A família é constituída pelo casamento e terá direito à prestação dos Poderes Públicos.
>
> § 1º O casamento somente poderá ser dissolvido, nos casos expressos em lei, desde que haja prévia separação judicial por mais de três anos.

A Emenda Constitucional n. 9/1977 autorizou, ainda, no seu art. 2º, o divórcio direto, desde que comprovada separação de fato, por cinco anos, anterior à data de sua promulgação, dispondo que "a separação, de que trata o § 1º do art. 175 da Constituição, poderá ser de fato, devidamente comprovada em juízo, e pelo prazo de cinco anos, se for anterior à data desta emenda".

A EC n. 9/1977 introduziu, portanto, o divórcio por conversão ou indireto e o divórcio direto.

A Lei n. 6.515, de 26 de dezembro de 1977, chamada *Lei do Divórcio*, regulou os casos de dissolução da sociedade conjugal e do casamento. Manteve o divórcio ao vínculo e passou a designar o desquite como separação judicial, revogando o Capítulo I e parte do Capítulo II do Título IV do Código Civil de 1916 (arts. 315 a 328), que tratavam da dissolução da sociedade conjugal e proteção da pessoa dos filhos. Criou no art. 5º, *caput*, as figuras da separação sanção, no art. 5º, § 1º, a separação falência e no art. 5º, § 2º, a separação remédio[2].

---

[2] "Art. 5º A separação judicial pode ser pedida por um só dos cônjuges quando imputar ao outro conduta desonrosa ou qualquer ato que importe grave violação dos deveres do casamento e torne insuportável a vida em comum.

A Constituição Federal de 1988, em seu art. 226, § 6º, alterou profundamente o divórcio, reduzindo o prazo de conversão para um ano (eram três); admitiu o direto em qualquer época (só era permitido para as separações de fato anteriores à EC n. 9/1977); reduziu o prazo para dois anos de separação de fato (eram cinco) e não colocou limites ao número de divórcios, limitado pelo art. 38 da Lei n. 6.515/1977 em apenas uma vez, ao dispor que:

> Art. 226. [...]
>
> [...]
>
> § 6º O casamento civil pode ser dissolvido pelo divórcio, após prévia separação judicial por mais de um ano nos casos expressos em lei, ou comprovada separação de fato por mais de dois anos.

As Leis n. 7.841/1989 e 8.048/1992 introduziram alterações na Lei do Divórcio para adaptá-la às regras constitucionais, revogando o art. 38, atualizando os prazos e regulando o uso do nome da mulher.

O Código Civil de 2002 voltou a regular a dissolução da sociedade conjugal e do vínculo conjugal e a proteção da pessoa dos filhos (Capítulos X e XI, Subtítulo I do Título I – arts. 1.571 a 1.590), nos moldes da Lei do Divórcio, com pequenas alterações, especialmente na redução dos prazos da separação consensual e remédio.

A Lei n. 6.515/1977, todavia, permanece em vigor naquilo não regulado pelo Código Civil, em especial, as disposições de natureza processual (art. 2.043 do CC).

A Lei n. 11.441, de 4 de janeiro de 2007, trouxe grande inovação ao direito pátrio, permitindo-se a separação e o divórcio consensuais administrativamente ou extrajudicial, mediante escritura pública perante o tabelião de notas, não havendo filhos menores ou maiores incapazes, desde que

---

§ 1º A separação judicial pode, também ser pedida se um dos cônjuges provar a ruptura da vida em comum há mais de 1 (um) ano consecutivo, e a impossibilidade de sua reconstituição.

§ 2º O cônjuge pode ainda pedir a separação judicial quando o outro estiver acometido de grave doença mental, manifestada após o casamento, que torne impossível a continuação da vida em comum, desde que, após uma duração de cinco anos, a enfermidade tenha sido reconhecida de cura improvável."

assistidos por advogado. A escritura pública de separação e divórcio extrajudicial constituiu título hábil para o registro civil e o registro de imóveis, produzindo todos os efeitos jurídicos.

A inovação na legislação foi tamanha, ao permitir administrativamente atos que tradicionalmente eram exclusivos do judiciário, que sequer existe previsão de qualificação do estado civil das pessoas separadas extrajudicialmente. Como se sabe, a qualificação civil da pessoa separada legalmente, diferenciando-se da separada de fato, era *separada judicialmente*, não existindo previsão para a *separada extrajudicialmente* ou *administrativamente*. A separação legal ou jurídica passou a ser gênero que comporta as espécies de separação judicial e extrajudicial, necessitando, doravante, ser modificado o estado civil da pessoa separada judicialmente para *separada legalmente* ou *juridicamente*. A inovação trazida pela Lei n. 11.441/2007, ensina Maria Luiza Póvoa Cruz, revela-se reformadora quanto à dinâmica a que se propõe para desafogar o judiciário e, inovadora, quanto aos meios de atingir seus objetivos, cravando-se na nossa jurisfera como um meteoro incandescente, provocando efeitos em cadeia, não imaginados pelo legislador[3].

A Emenda Constitucional n. 66, promulgada em 13 de julho de 2010, deu nova redação ao § 6º da Constituição Federal, excluindo do texto constitucional a separação jurídica, o divórcio por conversão e a necessidade de prazos para a decretação do divórcio, dispondo que:

> Art. 1º O § 6º do art. 226 da Constituição Federal passa a vigorar com a seguinte redação:
>
> Art. 226. [...]
>
> [...]
>
> § 6º O casamento civil pode ser dissolvido pelo divórcio.

A nova norma aboliu do texto constitucional a separação jurídica, que foi mantida na legislação brasileira em 1977 para possibilitar a aprovação da EC n. 9/1977 e introduzir o divórcio ao vínculo. Naquele momento existia no Brasil forte resistência da igreja, no temor de que ocorresse uma enxurrada de pedidos de divórcio e de que a família se enfraquecesse.

---

3 CRUZ, Maria Luiza Póvoa. *Separação, divórcio e inventário por via administrativa*. 2. ed. Belo Horizonte: Del Rey, 2008. p. 3 e 12-13.

Os temores não se concretizaram e a experiência histórica demonstrou que o divórcio, em vez de enfraquecer, fortaleceu as famílias, possibilitando que casais que já não possuíam afeto se libertassem do vínculo, constituindo novos casamentos.

A EC n. 66/2010 foi um grande avanço na legislação brasileira e fruto de enorme empenho do IBDFAM, liderado por seu presidente Rodrigo da Cunha Pereira e pela vice-presidente Maria Berenice Dias, após deliberação em plenário no IV Congresso Brasileiro de Direito de Família, realizado em Belo Horizonte, no sentido de ser apresentada Emenda Constitucional com o objetivo de unificar no divórcio todas as hipóteses de cessação da vida conjugal, restando apresentadas as PECs n. 413/2005 e 33/2007, subscritas pelos deputados e associados do IBDFAM Antônio Carlos Biscaia, ex-promotor de justiça em vara de família, e Sérgio Barradas Carneiro, consolidadas no substitutivo do deputado Joseph Bandeira[4].

O Código de Processo Civil de 2015, apesar dos debates e apresentação de destaques durante as votações no Congresso Nacional, entretanto, manteve a separação no seu texto, tanto na forma contenciosa, nos procedimentos especiais, ao tratar das *ações de família* (art. 693), quanto na forma consensual, nos procedimentos de jurisdição voluntária, juntamente com o divórcio, extinção da união estável e alteração do regime de bens (art. 731). O Código de Processo Civil não estipula qualquer prazo para a separação, que deixou de ser uma etapa para o divórcio, mas continua sendo uma opção aos casais que querem manter o vínculo matrimonial, dissolvendo apenas a sociedade conjugal.

2. SOCIEDADE E VÍNCULO CONJUGAL

O casamento produz diversos efeitos. Segundo ensinam Walsir Edson Rodrigues Júnior e Renata Barbosa de Almeida, os principais são agrupados em três categorias: sociais, pessoais e patrimoniais. Os efeitos patrimoniais importam na propriedade, na administração e a na disponibilidade de cada cônjuge entre si e perante terceiros, submetidos às regras do regime de bens durante a vigência da sociedade conjugal[5].

---

4 GRISARD FILHO, Waldyr. *Divórcio express*: uma mudança de vanguarda. Disponível em: <www.ibdfam.org.br/artigos>. Acesso em: 20-7-2010.

5 ALMEIDA, Renata Barbosa de; RODRIGUES JUNIOR, Walsir Edson. *Direito civil*: famílias.

A sociedade conjugal, entretanto, distingue-se do casamento, embora contida no matrimônio.

O casamento é um instituto mais amplo que a sociedade conjugal por regular a vida dos consortes, suas relações e suas obrigações recíprocas, tanto as morais como as materiais, e seus deveres com a família e com a prole. A sociedade conjugal, embora contida no matrimônio, é um instituto jurídico menor, regendo, apenas, o regime matrimonial de bens dos cônjuges, os frutos civis do trabalho ou indústria de ambos os consortes, ou de cada um deles. Daí, não se pode confundir o *vínculo matrimonial* com a *sociedade conjugal*[6].

A sociedade conjugal é dissolvida pela separação judicial (art. 1.571, III, do CC) ou administrativa, constituindo um abrandamento nas relações dos consortes, pondo ponto final à vida em comum, entretanto, conserva íntegro o vínculo conjugal, razão pela qual os desquitados ou separados judicialmente não podem contrair novas núpcias. A manutenção da separação judicial (antigo desquite) no direito brasileiro, considerando a corrente majoritária, não mais se justifica a partir da EC n. 66/2010, que não a recepcionou, entretanto, foi reproduzida no Código de Processo Civil, existindo ainda inúmeros casais apenas separados judicialmente e vinculados matrimonialmente.

Antes da admissão do divórcio, na legislação pátria, o desquite era fundamental para regularizar a situação da sociedade conjugal entre os cônjuges já que o casamento válido era indissolúvel, somente se extinguindo pela morte de um dos consortes. A manutenção da separação judicial somente se justificou para diminuir as resistências ao divórcio, o que não ocorre atualmente, podendo ser realizado até extrajudicialmente, nos termos da Lei n. 11.441/2007. Na ocasião da EC n. 9/1977, ocorreu uma grande conquista para a sociedade, como lembra Rolf Madaleno, por já terem existido várias tentativas de implantação do divórcio no Brasil, rebatidas pela oposição da Igreja Católica e pela previsão constitucional da indissolubilidade do casamento[7].

Ensina o jurista gaúcho que o sistema dual da separação e do divórcio decorreu do difícil acordo político assumido pelos parlamentares de só

6 DINIZ, Maria Helena. *Curso de direito civil brasileiro* – Direito de família. 22. ed., cit., p. 246.

7 MADALENO, Rolf. *Curso de direito de família*. 3. ed., cit., p. 316.

permitir um único divórcio e possibilitar o restabelecimento da sociedade conjugal por parte dos casais arrependidos apenas separados judicialmente. Afirma que melhor seria se o legislador tivesse extinguido a figura intermediária do instituto da separação, evitando esta situação dual que permitiu a pesquisa de culpa, servindo apenas para manter acesa a chama do ódio e dos ressentimentos de um casamento desfeito[8].

A separação judicial, ao dissolver apenas a sociedade conjugal, nada mais é do que uma situação jurídica intermediária entre o casamento e sua dissolução, desnecessária, tanto que finalmente a EC n. 66/2010 a aboliu do texto constitucional. Injustificável o sistema dual existente no direito brasileiro para romper o vínculo do casamento – separação e depois divórcio –, impondo ao casal um desgastante período em que o casamento já terminou, mas não foi extinto, ficando os envolvidos na situação incômoda de não mais manterem uma sociedade conjugal e não poderem casar-se novamente. O atual Código de Processo Civil, entretanto, manteve a separação consensual e a contenciosa no seu texto, "ressuscitando" o instituto após ser abolido do texto constitucional, permitindo sua utilização.

Rodrigo da Cunha Pereira faz uma interessante consideração entre separação e divórcio, ao escrever com maestria que

> desde a Lei 6.515/1977 tem sido feita a distinção entre "terminar" e "dissolver" o casamento. Foi necessário este "jogo" de palavras para dar alguma coerência ao incoerente e inútil instituto da separação judicial. Como já dito, ele veio substituir o desquite para satisfazer àqueles cuja religião não permite o divórcio. Dissolver ou terminar um casamento tem o mesmo sentido: o casamento acabou. A diferença essencial é que não se pode casar quem apenas se separou judicialmente, enquanto com divórcio é possível casar novamente[9].

A dissolução apenas da sociedade conjugal, mantendo-se o vínculo do casamento, é uma situação transitória, que não soluciona a situação jurídica

---

[8] MADALENO, Rolf. *Curso de direito de família*, 3. ed., cit., p. 315-316.

[9] PEREIRA, Rodrigo da Cunha. *A emenda constitucional n. 66/2010*: semelhanças, diferenças e inutilidades entre separação e divórcio e o direito intertemporal. Disponível em: <www.ibdfam.org.br/artigos>. Acesso em: 20-7-2010.

das partes definitivamente. Apesar de a Constituição Federal ter abolido a separação jurídica de seu texto, restando o entendimento quase unânime de que não foi recepcionada pela EC n. 66/2010, importando ineficazes todas as disposições do Código Civil que tratam da separação, o novo Código de Processo Civil admite a separação para aqueles que adotam entendimento diverso no sentido da manutenção; entretanto, deve cair em desuso por causa da facilidade do divórcio.

O vínculo do casamento somente se dissolve pela morte de um dos cônjuges, pela nulidade ou anulação ou pelo divórcio (art. 1.571, I, II e IV, do CC), dispondo o § 1º do art. 1.571 do Código Civil que "o casamento válido só se dissolve pela morte de um dos cônjuges ou pelo divórcio, aplicando-se a presunção estabelecida neste Código quanto ao ausente".

O divórcio, por conversão da separação judicial, dissolve somente o vínculo, já que a sociedade conjugal foi rompida pela separação; entretanto, se for direto, dissolve a sociedade e o vínculo conjugal; logo, percebe-se, mesmo atualmente em razão das separações existentes, que pode haver dissolução da sociedade conjugal sem a do vínculo matrimonial, mas todo rompimento do vínculo acarreta obrigatoriamente o da sociedade conjugal[10].

Com a dissolução do vínculo conjugal, os consortes podem casar-se novamente.

O falecimento de um dos cônjuges também dissolve a sociedade e o vínculo conjugal, passando o sobrevivente ao estado civil de viúvo.

A morte, entretanto, pode ser real ou presumida.

Morte real ou *efetiva* ocorre quando é comprovada pelo cadáver e atestada por médico ou testemunhas, ainda que o termo tenha sido feito posteriormente por testemunhas que assistiram ao falecimento ou sepultamento (arts. 77 e 83 da Lei n. 6.015/1973).

Morte presumida quando comprovada mediante processo justificatório judicial, que se insere na jurisdição voluntária, com julgamento final por sentença para transcrição do óbito no registro civil, devendo ser fixado na sentença a data provável da morte. Ocorre nos casos de pessoas

---

[10] DINIZ, Maria Helena. *Curso de direito civil brasileiro* – Direito de família. 22. ed., cit., p. 247.

desaparecidas em naufrágio, inundação, incêndio, terremoto ou qualquer outra catástrofe ou perigo de vida, bem como desaparecimento em campanha, após dois anos do fim da guerra, não encontrado o cadáver, desde que comprovada a presença da pessoa no local (art. 88 e parágrafo único, da Lei n. 6.015/1973 e art. 7º do CC).

Presume-se, ainda, com a declaração judicial de ausência, em razão do desaparecimento de uma pessoa por longo tempo sem dar notícias. O Código Civil atual inovou ao admitir a morte presumida na decretação da ausência, no momento em que a lei autoriza a abertura da sucessão definitiva (art. 6º), ou seja, após dez anos de transitada em julgado a sentença que autorizou a abertura da sucessão provisória ou cinco anos das últimas notícias do ausente, se ele possuía 80 anos de idade ou mais (arts. 37 e 38 do CC), para produzir efeitos pessoais e autorizar a dissolução do vínculo do casamento (art. 1.571, § 1º, do CC). Antes desses prazos, a declaração de ausência somente produz efeitos patrimoniais.

Com efeito, na legislação anterior, a ausência não abrangia a personalidade, mas apenas aspectos referentes ao patrimônio e ao poder familiar; portanto, não permitia ao cônjuge do ausente convolar novas núpcias, ficando num estado de semiviuvez, exigindo-se o divórcio para extinguir o vínculo conjugal, o que não é mais exigido.

A morte é presumida também para as pessoas desaparecidas em razão de participação ou acusação de participação em atividades políticas, inicialmente no período de 2 de setembro de 1961 a 15 de agosto de 1979, ampliado este prazo pela Lei n. 10.536/2002 para 5 de outubro de 1988, mediante requerimento de parentes na linha reta, colateral até o quarto grau e cônjuge, ao oficial do registro civil, promovendo justificação judicial, em caso de dúvidas da participação ou desaparecimento (arts. 1º e 3º da Lei n. 9.140/1995).

Evidentemente, o cônjuge não necessita aguardar os prazos da ausência para dissolver o vínculo matrimonial, já que pode requerer o divórcio direto, hoje sem a exigência de dois anos de separação de fato (EC n. 66/2010) e, querendo, casar-se novamente.

O Código Civil não regula, entretanto, a situação do casamento se a pessoa se casar novamente e seu ex-cônjuge, então declarado ausente, retornar. Na omissão da lei, surgem duas correntes opostas: uma que considera válido o segundo casamento, tornando irreversíveis os efeitos da declaração judicial de ausência quanto à dissolução conjugal do anterior; outra que considera nulo o segundo casamento, aplicando-se os efeitos do casamento putativo.

Zeno Veloso leciona que no Direito Alemão (Lei do Casamento, arts. 38 e 39) e no Direito Francês (Código Civil, arts. 128 e 132), o segundo casamento é válido, mesmo que a sentença declaratória de ausência seja anulada, desde que os cônjuges não soubessem que o desaparecido estava vivo. Na Itália (Código Civil, arts. 65 e 68), o segundo casamento é nulo com o retorno do cônjuge declarado ausente, reconhecendo-lhe, todavia, os efeitos civis do casamento putativo. No Uruguai, a nulidade do segundo casamento pode ser requerida, entretanto, apenas pelo ausente, tratando de ação personalíssima (art. 78 do Código Civil). No Direito Português, adotou-se uma fórmula interessante: permite-se o casamento do cônjuge do ausente, mas a declaração de morte presumida não dissolve o casamento, entretanto, se o ausente regressar, considera-se o primeiro casamento dissolvido pelo divórcio, validando o segundo (Código Civil, arts. 115 e 116)[11].

Orienta ainda Zeno Veloso que o anteprojeto do Código Civil de Orlando Gomes, apresentado em 1963, previa que, regressando o ausente, o segundo casamento será declarado nulo, mas produzirá os efeitos do casamento putativo, acolhendo a solução italiana, que não é a melhor. Sugere o jurista paraense o acréscimo ao Código Civil do art. 1.571-A, dispondo que, se o cônjuge do ausente contrair novo matrimônio e o desaparecido retornar, o casamento anterior permanece dissolvido[12].

No Brasil, não existe consenso na doutrina, mas parece mais acertado o entendimento de Carlos Roberto Gonçalves, acompanhando Zeno Veloso, no sentido de que os efeitos declaratórios da sentença de morte do ausente cessam, se ele retornar, mas o casamento continua dissolvido em razão da prolongada ausência que a lei considera suficiente para tal dissolução, em muito superior aos dois anos que considerava bastante para a dissolução do vínculo conjugal pelo divórcio. Assim, poderia a lei, como o fez, fixar o

---

[11] VELOSO, Zeno. Novo casamento do cônjuge ausente. *Revista Brasileira de Direito de Família*. n. 23. Porto Alegre: Síntese/IBDFAM, abr.-maio, 2004. p. 48-52.

[12] VELOSO, Zeno. Novo casamento do cônjuge ausente. In: DEL'OLMO, Florisbal de Souza; ARAÚJO, Luis Ivano de Amorim (Coords.). *Direito de família contemporâneo e os novos direitos: estudos em homenagem ao Professor José Russo*. Rio de Janeiro: Forense, 2006, p. 160-161.

prazo de dez anos do desaparecimento ou de cinco, se o ausente contar com 80 anos, como causa para a dissolução do casamento. A dissolução ocorre simplesmente pelo decurso do prazo e não da morte real, pois, quando o juiz declara uma pessoa ausente, não está afirmando que ela efetivamente faleceu, mas sim que desapareceu de seu domicílio sem dar notícia de seu paradeiro e sem deixar representante[13].

No mesmo sentido é o raciocínio de Rodrigo da Cunha Pereira, citando Maria Berenice Dias, ao lecionar que o novo casamento não poderá ser tido por inexistente ou nulo acaso o ausente apareça, pois em matéria de casamento não existe nulidade sem expressa previsão legal. Também não há que se falar em bigamia. Logo, pelo princípio da legalidade, estará dissolvido o casamento anterior em razão da ausência[14].

O mesmo raciocínio pode ser aplicado nas outras hipóteses de morte presumida, desde que estejam presentes os requisitos legais.

3. EFEITOS DA SEPARAÇÃO DE FATO

A sociedade conjugal termina com a separação jurídica do casal, que pode ser judicial ou extrajudicial perante o tabelionato de notas, e o vínculo do casamento válido com o divórcio, que também pode ser judicial ou extrajudicial, por conversão ou direto.

Os efeitos da separação judicial e do divórcio judicial somente são produzidos a partir do trânsito em julgado da sentença que homologou ou decretou o divórcio ou a separação. Assim, somente com o trânsito em julgado da sentença, o divorciado pode casar-se novamente ou o separado judicialmente pode pedir a conversão em divórcio.

Falecendo um dos cônjuges, antes do trânsito em julgado da sentença de divórcio, o outro passa a ter o estado civil de viúvo, pois ainda não está extinto o vínculo matrimonial. O trânsito em julgado da separação judicial, entretanto, é irrelevante neste caso, posto que, como não extingue o casamento, falecendo o cônjuge separado legal ou judicialmente, extingue-se o vínculo, pela morte, passando o outro ao estado civil de viúvo.

---

13 GONÇALVES, Carlos Roberto. *Direito civil brasileiro* – Direito de família. p. 188-189.

14 PEREIRA, Rodrigo da Cunha. *Divórcio*: teoria e prática. 2. ed. Rio de Janeiro: GZ, 2010. p. 37.

O art. 8º da Lei n. 6.515/1977 trata expressamente do momento em que inicia a produção dos efeitos da separação judicial, ao dispor que a "sentença que julgar a separação judicial produz seus efeitos à data de seu trânsito em julgado, ou à da decisão que tiver concedido separação cautelar".

A separação jurídica ou divórcio extrajudicial produzem efeitos entre as partes a partir da lavratura e da assinatura da escritura pública.

A separação de fato, entretanto, apesar de a sociedade conjugal, no casamento válido, somente terminar com a escritura pública ou o trânsito em julgado da separação judicial ou divórcio, ou pela morte (art. 1.571 do CC), produz diversos efeitos.

Produz efeitos jurídicos para a perda dos direitos sucessórios do cônjuge se separado por mais de dois anos (art. 1.830 do CC); permite o reconhecimento da união estável de pessoa casada (art. 1.723, § 1º, do CC); e constitui o momento de apuração dos bens, para fins de partilha, no regime de participação final nos aquestos, em caso de separação ou divórcio (art. 1.683 do CC).

Maria Luíza Póvoa Cruz orienta que a separação de fato possui como efeitos cessar o dever de coabitação e fidelidade; excluir a presunção de paternidade e legitimidade dos filhos nascidos enquanto os cônjuges estiverem formalmente casados; marcar o termo inicial para o divórcio (e a separação falência); e importar na incomunicabilidade dos bens adquiridos na sua vigência. Ressalta ainda sobre a possibilidade de a separação de corpos consensual ser efetuada por escritura pública[15].

A retroatividade, prevista no art. 8º da Lei n. 6.515/1977, reproduzida no art. 1.580 do Código Civil, para produção de efeitos da separação judicial à data da decisão que concedeu a separação de corpos, fez firmar na doutrina e na jurisprudência como o momento em que se desfazem os deveres de ordem pessoal e patrimonial, como o regime matrimonial de bens entre os cônjuges, não se comunicando a partir da separação de corpos os bens adquiridos por qualquer deles com recursos próprios. Mesmo na vigência do Código Civil anterior, a jurisprudência já afirmava que não se comunicam os bens adquiridos por um dos cônjuges separado de fato com seus próprios recursos, especialmente se vivesse em união estável com terceira pessoa.

---

15 CRUZ, Maria Luíza Póvoa. *Separação, divórcio e inventário por via administrativa*. 4. ed. Belo Horizonte: Del Rey, 2011, p. 42-43.

O Código Civil de 2002 reforçou o entendimento, tanto no âmbito dos deveres pessoais, ao admitir o reconhecimento de união estável da pessoa casada separada de fato, afastando, portanto, os deveres de fidelidade e coabitação no casamento, quanto nos deveres patrimoniais, ao expressamente determinar que cessem os efeitos do regime de bens, na participação final dos aquestos, no momento da separação de fato, dispondo o art. 1.683 do Código Civil, expressamente, o que deve se estender por analogia aos demais regimes, que na dissolução do regime de bens verificar-se-á o montante dos aquestos à data em que cessou a convivência do casal.

Maria Berenice Dias ensina que, não obstante o rompimento da sociedade conjugal se dê mediante a separação e o divórcio, é a separação de fato que efetivamente põe fim aos efeitos do casamento, faltando apenas a chancela estatal. O casamento deixa de existir, extinguindo o regime de bens. O fim da vida em comum faz cessar o ânimo socioafetivo, a conjunção de esforços para aquisição do patrimônio comum, real motivação da comunicação patrimonial. A separação de fato é, portanto, o marco que finaliza o estado patrimonial, de forma que, embora não decretada a separação de corpos nem oficializada a separação jurídica ou o divórcio, os bens adquiridos por qualquer dos cônjuges não se comunicam, evitando soluções injustas e o enriquecimento sem causa[16].

A jurisprudência é predominante no mesmo sentido, julgando descabível a comunicação no acervo patrimonial de um dos cônjuges adquirido durante a separação de fato, que desfez a arquitetura conjugal, acarretando o fim dos deveres do casamento e o regime patrimonial. Assim, não se comunicam os bens havidos depois da separação de fato[17].

4. SEPARAÇÃO JURÍDICA EM FACE DA EC N. 66/2010

4.1. A EC n. 66/2010 e a separação no direito pátrio

4.1.1. Introdução

A EC n. 66/2010, como visto, deu nova redação ao art. 226, § 6º, da Constituição Federal, passando a dispor que *o casamento civil pode ser dissolvido pelo divórcio.*

16 DIAS, Maria Berenice. *Manual de direito das famílias*. 4. ed., cit., p. 272.

17 TJRS, 7ª CC, AC 170006067623, Rel. Des. José Carlos Teixeira Giorgis, j. 25-6-2003.

Com a nova regra constitucional, diversas interpretações para sua aplicação surgiram, destacando-se quatro:

a) não existe mais separação jurídica, aplicando-se o divórcio direto sem exigência de prazos e discussão de causas;
b) continua existindo a separação jurídica, judicial e administrativa, coexistindo com o divórcio direto sem exigência de prazos;
c) aplica-se a legislação ordinária no divórcio e a separação jurídica, exigindo-se os mesmos requisitos (prazos e causas), já que a EC n. 66/2010 apenas prevê que o casamento pode ser dissolvido pelo divórcio;
d) a emenda constitucional extinguiu a exigência de prazos apenas para o divórcio, permanecendo a separação jurídica com os prazos e requisitos da lei ordinária.

Observa-se uma divisão principal nas correntes doutrinárias e jurisprudenciais: a primeira, defendida especialmente pelo IBDFAM, que teve a iniciativa da proposta da emenda constitucional, no sentido de que a separação jurídica foi abolida do ordenamento jurídico brasileiro; a segunda, defendendo a permanência da separação jurídica, desmembrando-se os posicionamentos quanto à existência dos prazos, fazendo surgir pelo menos três subcorrentes.

Os defensores de cada uma das correntes apresentam fundamentos consistentes para suas conclusões, entretanto, a legislação ordinária, pós EC n. 66/2010, ao prever a separação no Código de Processo Civil de 2015, reforçou sobremaneira a corrente pela manutenção da separação no ordenamento jurídico, já acolhida no Superior Tribunal de Justiça.

4.1.2. A abolição da separação no ordenamento jurídico pátrio

Para melhor compreensão da corrente que concluiu pela abolição ou não recepção da separação jurídica no ordenamento pátrio em face da EC n. 66/2010, é necessário rever brevemente o histórico do divórcio no Brasil.

Com a proclamação da independência e a instauração da monarquia permaneceu no Brasil a jurisdição eclesiástica nas questões matrimoniais, firmada pelo Decreto de 3 de novembro de 1827[18].

---

[18] PEREIRA, Rodrigo da Cunha. *Divórcio*: teoria e prática. 2. ed., cit., p. 9.

Assim, no Brasil Império, o casamento era regulado pela Igreja Católica, religião oficial do Estado, denominado *casamento católico*, regulado pelas normas do Concílio de Trento e as Constituições do Arcebispado da Bahia, conforme determinava o Decreto de 3 de novembro de 1827. Somente com o Decreto n. 1.144, de 11 de setembro de 1861 (regulamentado pelo Decreto de 17 de abril de 1963), foi permitido oficialmente o *casamento dos não católicos*, obedecendo as regras de suas religiões.

A partir do advento da República, o Estado Brasileiro tornou-se laico, em razão do Decreto n. 119-A, de 17 de janeiro de 1890, que determinou a separação entre a Igreja e o Estado, sendo instituído o casamento civil no Brasil, como único ato válido para a celebração de casamentos, pelo Decreto n. 181, promulgado em 24 de janeiro de 1890, de autoria de Ruy Barbosa[19].

O Decreto n. 181, de 24 de janeiro de 1890, promulgou a *Lei Sobre Casamento Civil*, com 125 artigos, dispondo sobre as formalidades preliminares, impedimentos e oposições, celebração, casamento de brasileiros no estrangeiro, provas, efeitos, nulidade e anulação, divórcio, posse de filhos e disposições penais. No Capítulo IX tratava do *Divórcio Consensual e Litigioso*, entretanto, o divórcio naquela época não dissolvia o vínculo, apenas o regime de bens e autorizava a separação de corpos, tratando-se do chamado *divórcio de cama e mesa*, tanto que o art. 88 dispunha que o "divórcio não dissolve o vínculo conjugal, mas autoriza a separação indefinida de corpos e faz cessar o regime dos bens, como se o casamento fosse dissolvido".

A Constituição Federal de 1891 foi silente quanto ao divórcio, mas manteve a separação entre a Igreja e o Estado ao dispor no art. 72, § 4º, que "a república só reconhece o casamento civil, cuja celebração será gratuita".

O Código Civil de 1916, projeto de Clóvis Beviláqua em 1901 e que sofreu várias alterações, reproduziu as disposições do Decreto n. 181/1890, entretanto, substituiu a expressão *divórcio*, que possuía no exterior a conotação de extinção do vínculo do casamento, por *desquite*, mais apropriada e de conotação precisa para identificar o fim da sociedade conjugal, mantendo-se íntegro o vínculo conjugal.

A Constituição Federal de 1934 atribuiu efeitos civis ao casamento religioso e, pela primeira vez, elevou a dissolução da sociedade conjugal à matéria

---

[19] VIEGAS, Suzana. *A nova emenda constitucional do divórcio – É o fim da família?* Disponível em: <www.ibdfam.org.br>. Acesso em: 1º-9-2010.

de interesse constitucional, ressaltando no art. 144[20] a indissolubilidade do casamento civil e prevendo o desquite no parágrafo único, ao prever que caberá à lei civil determinar os casos de desquite.

Duas questões são relevantes na norma constitucional de 1934 para interpretação da EC n. 66/2010: a primeira, ao *elevar a interesse constitucional a indissolubilidade do casamento*, considerando, desde aquela época, que as questões de família, e notadamente o casamento, são matérias constitucionais; e a segunda, depois de tratar no texto constitucional sobre o desquite, *remeter para a legislação infraconstitucional regulamentar os casos e requisitos.*

Oportuno, ainda, registrar as razões que levaram o legislador de 1934 a inserir a indissolubilidade do casamento e o desquite no texto da constituição: "impedir que o divórcio ao vínculo fosse introduzido no Brasil pela lei ordinária", dificultando o acolhimento na nossa legislação, como já ocorria em alguns países.

A indissolubilidade do casamento prevista na Constituição de 1934 e nas que se seguiram não desanimaram os divorcistas. Ainda na Constituição de 1946 várias propostas foram apresentadas, entre elas para suprimir o vínculo indissolúvel do casamento civil. Na Constituição de 1967 outorgada pelos militares (EC n. 1/1969) foi apresentada a EC n. 5/1975, que apesar de obter a maioria dos votos não obteve o *quorum* de dois terços[21].

Os contrários ao divórcio, apoiados especialmente pela Igreja Católica, fundamentavam que o divórcio enfraqueceria a família e causaria uma enxurrada de ações no judiciário. Existia ainda, como ainda existe, a consciência religiosa de que o casamento é um sacramento indissolúvel.

Após embates calorosos e muitas resistências, capitaneado pelo Senador Nelson Carneiro, finalmente o divórcio ao vínculo foi introduzido no direito pátrio pela EC n. 9, de 28 de junho de 1977.

A aprovação da EC n. 9/1977 exigiu muitas negociações e concessões. Para possibilitar sua aprovação, foram impostas muitas dificuldades para decretação do divórcio, incluindo prazos excessivos e o famigerado sistema

---

20 "Art. 144. A família, constituída pelo casamento indissolúvel, está sob a proteção especial do Estado.

Parágrafo único. A lei civil determinará os casos de desquite e de anulação de casamento."

21 PEREIRA, Rodrigo da Cunha. *Divórcio*: teoria e prática. 2. ed., cit., p. 10.

dualista de prévia separação judicial para posterior divórcio, impondo sofrimentos e desgastes desnecessários para as partes, em razão da longa espera e comparecimento duas vezes ao judiciário.

O art. 2º da EC n. 9/1977 permitia o divórcio direto apenas aos casais separados de fato por cinco anos, desde que anterior à sua promulgação, ou seja, apenas aos casais já separados de fato até 27 de junho de 1977 e por cinco anos, o que teve pouco alcance. O art. 1º deu nova redação ao § 1º do art. 175 da Constituição Federal de 1967[22], dispondo que o casamento pode ser dissolvido pelo divórcio, desde que ocorra prévia separação judicial por mais de três anos.

Naquela época, em 1977, a nova norma constitucional restou autoaplicável, ocorrendo pedidos de divórcio direto e conversões de desquites em divórcio com fundamento apenas na EC n. 9/1977, sem qualquer questionamento da necessidade de lei ordinária para regulá-la, como injustificadamente tem ocorrido atualmente. Somente no dia 26 de dezembro de 1977 foi aprovada a Lei n. 6.515/1977, impondo requisitos, definindo espécies e regulando processualmente os pedidos de divórcio e a separação judicial, incluindo a maléfica separação litigiosa sanção em seu art. 5º, *caput*, para possibilitar discussão de culpa.

O art. 38 da Lei n. 6.515/1977 ainda trouxe uma inovação ao limitar o divórcio a uma única vez, ocorrendo a esdrúxula situação de uma solteira casar-se com um divorciado e depois não poder divorciar-se.

A EC n. 9/1977 também trouxe três questões importantes para interpretação da EC n. 66/2010: a primeira *refere-se à aplicação imediata* e ao acolhimento do divórcio no ordenamento brasileiro, *perdendo eficácia os arts. 315 a 325 do Código Civil de 1916*, que tratavam da dissolução da sociedade conjugal (desquite), antes mesmo de serem revogados pela Lei n. 6.515/77; a segunda, *em ratificar a opção do legislador em prever constitucionalmente a existência da separação judicial* e regular constitucionalmente a dissolubilidade do casamento; a terceira, *por demonstrar a intenção expressa do legislador constitucional em remeter para a lei ordinária a previsão dos casos de dissolução do casamento.*

---

22 "Art. 175. A família é constituída pelo casamento e terá direito à prestação dos Poderes Públicos.

§ 1º O casamento somente poderá ser dissolvido, nos casos expressos em lei, desde que haja prévia separação judicial por mais de três anos."

O enfraquecimento da família não ocorreu e os casais que viviam em concubinato, às margens da lei, apenas por ser um deles desquitado, puderam casar-se e constituir uma família considerada legal na época, inclusive legitimando os filhos havidos da união.

Os pedidos de divórcio, na imensa maioria, tiveram por objetivo regularizar uma situação de fato consolidada, em que o casamento não mais existia.

O divórcio trouxe ainda a possibilidade da busca de felicidade no casamento, especialmente quanto à mulher, que não mais se via obrigada a carregar a eterna pecha preconceituosa de desquitada caso separasse do marido, obrigando-a a viver um casamento infeliz. Com o divórcio, a mulher poderia casar-se novamente e reconstruir sua família.

O acolhimento do divórcio pela população brasileira diminuiu a resistência dos não divorcistas e permitiu abrandar o rigor para concessão do divórcio na Constituição Federal de 1988. A nova carta *constitucionalizou o direito de família*, ao inserir no Título VIII – Da Ordem Social, o Capítulo VIII – Da Família, da Criança, do Adolescente e do Idoso.

Os diversos princípios inseridos no Capítulo VIII, como igualdade de direitos e deveres dos cônjuges no casamento, igualdade dos filhos e pluralidade das famílias, tiveram aplicabilidade imediata. O reconhecimento de filhos de pais casados, havidos fora do casamento, foi amplamente permitido, mesmo antes de o art. 358 do Código Civil, que vedava o reconhecimento, ser revogado pela Lei n. 7.841/1989.

No que se refere ao divórcio, a Constituição Federal de 1988 continuou a regulá-lo, abrandando os requisitos, ao dispor no art. 226, § 6º, que:

> Art. 226. A família, base da sociedade, tem especial proteção do Estado.
>
> [...]
>
> § 6º O casamento civil pode ser dissolvido pelo divórcio, após prévia separação judicial por mais de um ano nos casos expressos em lei, ou comprovada separação de fato por mais de dois anos.

Novamente, premissas importantes foram mantidas na Constituição Federal de 1988 quanto ao divórcio, podendo destacar pelo menos quatro delas: a primeira, ao demonstrar que *o divórcio continuou sendo regulado constitucionalmente*; a segunda, que *a separação judicial e a conversão em divórcio também são previstas constitucionalmente*; a terceira, *ao prever a exigência de prazos* de separação judicial ou de fato para decretação do divórcio; a quarta, que *a norma constitucional é autoaplicável*.

Apesar de a Constituição Federal utilizar a expressão *pode* e *nos casos expressos em lei*, o § 6º do art. 226 foi imediatamente aplicado, independentemente do que dispunha a Lei do Divórcio, antes de ser adequada pela Lei n. 7.841/1989. Foram decretados divórcios de pessoas que já tinham divorciado uma vez (apesar de o art. 38 da Lei n. 6.515/1977 ainda não estar revogado e vedar); das pessoas que estavam separadas de fato por apenas dois anos e após a EC n. 9/1977; e das pessoas que possuíam apenas um ano de separadas judicialmente.

Na ocasião, também não existiu questionamentos quanto ao disposto na lei ordinária, que possuía requisitos e prazos diversos da nova ordem constitucional, aplicando-se o art. 226, § 6º, da Constituição Federal, inclusive aos processos em andamento.

O Código Civil de 2002 acolheu integralmente a previsão constitucional quanto aos prazos e requisitos para o divórcio.

A Lei n. 11.441/2007 trouxe grande inovação ao direito de família, afastando a intervenção do Poder Judiciário em assuntos tradicionalmente judiciais, como a separação e o divórcio. Ao permitir a separação e o divórcio de casal sem filhos incapazes por escritura pública, a legislação sinalizou de forma contundente o propósito de não interferir na família para manutenção do casamento.

Numa progressão lógica e sistemática, desde a Constituição Federal de 1934, as Constituições brasileiras assumiram em seu texto as hipóteses de dissolução da sociedade e depois do vínculo conjugal. A partir da indissolubilidade do casamento (CF/1934), o legislador constitucional evoluiu sistematicamente para introduzir e depois facilitar o divórcio, até excluir a separação judicial e permitir o divórcio sem causa e prazos na recente EC n. 66/2010, dando nova redação ao art. 226, § 6º, que passou a dispor:

> Art. 226. A família, base da sociedade, tem especial proteção do Estado.
>
> [...]
>
> § 6º O casamento civil pode ser dissolvido pelo divórcio.

Inequívoco que a EC n. 66/2010 é autoaplicável, sem necessidade de legislação ordinária, como ocorreu ao longo da história com a EC n. 9/1977 e a Constituição Federal de 1988 ao reduzir os prazos.

Duas inovações constitucionais resultam da referida emenda: a primeira, ao *excluir do texto constitucional a separação judicial*; e a segunda, ao dispor que *para a decretação do divórcio não se exige constitucionalmente prazos ou causas, o que acabou estendido pela corrente majoritária para a legislação ordinária*.

As opiniões divergentes, que sustentam a permanência da separação judicial, aplicando-se a legislação infraconstitucional, não se sustentam, segundo a corrente então majoritária, diante da interpretação histórica e lógico-sistemática demonstrada.

Ainda que a regulamentação do divórcio não seja questão materialmente constitucional, como sustentam alguns juristas, o certo é que a tradição jurídica e legislativa em nosso País o elevou, por conveniência política ou importância da matéria, a norma de interesse constitucional, tanto que sempre foi regulado constitucionalmente, sem exceção.

A expressão *pode,* que consta da EC n. 66/2010 e muita utilizada para justificar a permanência da legislação ordinária, é de simples explicação. O casamento sadio não se dissolve apenas pelo divórcio, mas também pela morte de um dos cônjuges, enquanto o casamento defeituoso pode ser nulo ou anulado. Assim, o casamento *pode* ser dissolvido pelo divórcio, como pode pela morte, anulação ou nulidade.

A legislação ordinária, nessa linha de raciocínio, comprovadamente não foi recepcionada pela EC n. 66/2010, em razão da exclusão de sua referência no texto constitucional.

Não se trata de simples omissão da separação judicial no texto ou não ser inserida por não dissolver o casamento, o que autorizaria sua permanência no sistema brasileiro, coexistindo com o divórcio.

A referência à legislação ordinária foi excluída do texto da emenda constitucional com o objetivo expresso de abolir a separação judicial.

A proposta original de emenda constitucional resultou das conclusões do plenário no Congresso do IBDFAM, realizado em Belo Horizonte/MG, em 2005. Apresentada pelo deputado Antônio Carlos Biscaia (PEC

n. 413/2005), foi reapresentada em 2007, pelo deputado Sérgio Barradas Carneiro (PEC n. 33/2007), com o seguinte teor:

> § 6º O casamento civil pode ser dissolvido pelo divórcio consensual ou litigioso, na forma da lei.

Conforme Pablo Stolze aprovada a emenda constitucional em sua redação original, remetendo para a lei ordinária regular sua forma, mesmo excluindo a separação jurídica de seu texto, poderia proporcionar interpretações diversas e minimizar a mudança pretendida, razão pela qual a expressão *na forma da lei* foi suprimida posteriormente, passando a constar na última votação a redação atual da EC n. 66/2010. A supressão revestiu-se de grande significado jurídico, evitando qualquer dúvida no sentido de que a separação jurídica foi abolida[23].

Na justificativa da proposta de emenda constitucional consta que

> não mais se justifica a sobrevivência da separação judicial, em que se converteu o antigo desquite. Criou-se, desde 1977, com o advento da legislação do divórcio, uma duplicidade superficial entre dissolução da sociedade conjugal e dissolução do casamento, como solução de compromisso entre divorcistas e antidivorcistas, o que não mais se sustenta. Impõe-se a unificação do divórcio de todas as hipóteses de separação dos cônjuges, sejam litigiosas ou consensuais. A submissão a dois processos judiciais (separação judicial e divórcio por conversão) resulta em acréscimos de despesas para o casal, além de prolongar sofrimentos evitáveis. [...] Para tal, não é necessário que haja dois processos judiciais, bastando o divórcio amigável ou judicial[24].

Zeno Veloso alerta que a PEC n. 28/2009 (que substituiu a PEC n. 33/2007), teve o determinado e explícito objetivo, com forma bem definida, de terminar com a separação jurídica e simplificar o divórcio, sem deixar qualquer dúvida ou entredúvida, de forma clara, franca e leal, como pode ser constatado na justificativa da PEC, nos pareceres dos relatores, discussões,

---

[23] GAGLIANO, Pablo Stolze. *A nova emenda do divórcio*: primeiras reflexões. Disponível em: <www.ibdfam.org.br>. Acesso em: 3-9-2010.

[24] CARNEIRO, Sérgio Barradas. Deputado Federal. Justificativa à PEC n. 33/2007.

debates e até nas votações. Quis o legislador constitucional que a dissolução da sociedade conjugal e a extinção do vínculo matrimonial ocorram pelo divórcio, sem a separação de direito, que persistia no sistema com o fim, o objetivo de viabilizar o divórcio, como um veículo, um meio, um caminho para tal. Conclui que numa interpretação histórica, sociológica, finalística e teleológica do novo texto constitucional, a separação judicial ou administrativa foi abolida em nosso direito[25].

A imensa maioria dos juristas em direito de família concluiu que a separação jurídica não foi recepcionada pela EC n. 66/2010.

Maria Berenice Dias lembra que como toda novidade a EC n. 66/2010 assusta e não faltam vozes contrárias às mudanças, mas leciona que eliminou o instituto da separação e produziu a mais importante alteração no direito de famílias[26].

Maria Luiza Póvoa Cruz, então juíza da 2ª Vara de Família de Goiânia/GO, sob o fundamento de que o ordenamento jurídico não contempla mais a possibilidade de separação, determinou a intimação de todas as partes que estavam em processo de separação a transformarem suas ações em pedido de divórcio. O fim da separação também já foi acolhido nas varas de família nas comarcas de Salvador, Maceió e Belo Horizonte[27]. Sustenta que com a EC n. 66/2010 foi banida do ordenamento jurídico brasileiro a separação, ou seja, na forma judicial ou administrativa. A nova redação do art. 226, § 6º, da Constituição Federal retirou a possibilidade de dissolução apenas da sociedade conjugal, pois a força normativa da Constituição é norma-regra e independe de normas infraconstitucionais[28].

O então juiz da 1ª Vara de Família de Belo Horizonte e hoje desembargador, professor Newton Teixeira de Carvalho, leciona que não há mais separação no direito brasileiro, deixando de ser um estágio necessário ao

---

25 VELOSO, Zeno. *O novo divórcio e o que restou do passado.* Disponível em: <www.ibdfam.org.br>. Acesso em: 2-9-2010.

26 DIAS, Maria Berenice. *Divórcio já!* São Paulo: Revista dos Tribunais, 2010. p. 13-27.

27 CRUZ, Maria Luiza Póvoa. Citada em *Juízes e cartórios têm três interpretações para emenda do divórcio*. Fonte: *Folha de S. Paulo*. Disponível em: <www.ibdfam.org.br>. Acesso em: 9-8-2010.

28 CRUZ, Maria Luiza Povoa. *Separação, divórcio e inventário por via administrativa.* 4. ed. cit.

divórcio. Uma interpretação literal e apressada da EC n. 66/2010, no sentido da manutenção da separação, é revogar a própria Constituição, que elegeu como princípio maior das entidades familiares o afeto. O desamor antecede ao divórcio. Existindo afeto, nenhum dos cônjuges pensará em se divorciar. Não existindo afeto, o caminho único e natural é o divórcio e quanto mais rápido, menos traumatizante será[29].

Como visto, o objetivo da separação judicial era dificultar o divórcio de forma imediata, exigindo-se uma prévia separação judicial por um ano e permitindo-se a reconciliação do casal, ou separação de fato por dois anos. Entendeu o legislador constitucional de 1988 que o prazo era necessário para amadurecer a decisão do casal em romper o vínculo matrimonial ou, até mesmo, atender ao desejo daqueles que mesmo com o fim do casamento preferiam manter o vínculo, dissolvendo apenas a sociedade conjugal, por conveniência e convicções morais ou religiosas.

A experiência demonstrou, entretanto, que as reconciliações entre separados judicialmente foram raras e o desgaste emocional e financeiro com duas ações judiciais era desnecessário, não existindo sentido algum a manutenção de um sistema binário para dissolver o vínculo conjugal. Nelson Rosenvald e Cristiano Chaves de Farias ressaltam que não existe justificativa lógica em manter o caráter dualista para dissolver o casamento, restando injustificável e escapando à razoabilidade a manutenção da separação judicial no direito brasileiro. Consideram, com propriedade, restar incompreensível e ilógico terminar e não dissolver um casamento[30].

A injustificada existência da separação judicial e a exigência de prazos para o divórcio, atravancando a vida das pessoas, muitas constituindo novas famílias e ainda vinculadas matrimonialmente com antigos parceiros, foi que levou o legislador a aprovar a EC n. 66/2010.

José Fernando Simão ressalta que, com a alteração constitucional, fica definitivamente banida do sistema a separação de direito, judicial ou extrajudicial, sendo que o divórcio consensual ou litigioso será, ao lado

---

[29] CARVALHO, Newton Teixeira de. *O fim da separação no ordenamento jurídico brasileiro*. Disponível em: <www.ibdfam.org.br>. Acesso em: 20-7-2010.

[30] FARIAS, Cristiano Chaves de; ROSENVALD, Nelson. *Direito das famílias*. Rio de Janeiro: Lumen Juris, 2008, p. 282.

da morte e da invalidade, a forma de se chegar ao fim do casamento, o que inclui o vínculo e a sociedade conjugal[31].

Paulo Lôbo ensina que somente uma interpretação literal da EC n. 66/2010 poderia levar à conclusão de que a separação de direito permaneceria, enquanto não revogados os artigos que dela tratam no Código Civil, mas o intérprete não sobreviveria na sua conclusão ao aplicar a interpretação histórica, sistemática e teleológica da norma. Na interpretação histórica, constata-se que a Constituição Federal de 1967-1969 introduziu em 1977 o divórcio no Brasil, mas agasalhava a separação judicial e exigia o prazo de mais três anos para sua conversão. A Constituição de 1988, na redação original, evoluiu ao permitir o divórcio direto após o prazo de dois anos de separado de fato, mas manteve a separação judicial no texto e sua conversão em divórcio após um ano. Em ambas, a separação judicial recebia tutela constitucional explícita e convivia com o divórcio, admitindo a legislação, a dissolução da sociedade separada da extinção do vínculo conjugal. A EC n. 66/2010 também evoluiu quanto ao divórcio, excluindo os prazos, mas deixou de contemplar a separação, ou seja, deixou de tutelar a separação jurídica. Na interpretação sistemática, não pode ser aplicada a norma desligando-a de seu contexto normativo e muito menos estender o que a norma restringiu, observando a hierarquia normativa da Constituição sobre o Código Civil. Por fim, na interpretação teleológica, observa-se que os fins sociais a que se destina a nova norma constitucional é permitir, sem dificuldades e sem interferência estatal na intimidade das pessoas, que os cônjuges desconstituam o matrimônio a qualquer tempo e sem precisar declinar os motivos. A manutenção da separação judicial contraria os fins sociais e confronta com os novos valores que a Constituição passou a exprimir em sua evolução[32].

Oportuno o escólio de Rodrigo da Cunha de que a interpretação da norma deve ser contextualizada, inclusive historicamente, e que o argumento finalístico é o de que a Constituição Federal excluiu totalmente de seu texto a única referência que se fazia à separação judicial, não existindo objetivo de mantê-la vigente se ela não pode mais ser convertida em divórcio,

---

31 SIMÃO, José Fernando. *A PEC do divórcio e a culpa*: impossibilidade. Disponível em: <www.ibdfam.org.br/artigos>. Acesso em: 20-7-2010.

32 LÔBO, Paulo. *Divórcio*: alteração constitucional e suas consequências. Disponível em: <www.ibdfam.org.br/artigos>. Acesso em: 20-7-2010.

como ocorria na redação anterior do art. 226, § 6º. Leciona ainda que a interpretação das normas secundárias deve ser compatível com o comando maior da Constituição, não podendo estender o que o comando constitucional restringiu. Conclui que o conflito com o texto constitucional atua no campo da não recepção, não restando recepcionados pela EC n. 66/2010 os arts. 1.571, III, 1.572, 1.573, 1.574, 1.575, 1.576, 1.577 e 1.578 do Código Civil, e os artigos da Lei n. 6.015/73 e da Lei n. 10.406/2002 referentes à separação jurídica. Deve, ainda, ser desconsiderada a expressão "separação judicial", exceto quanto aos anteriormente separados, mantendo seus efeitos para os demais aspectos, nos arts. 10, I, 25, 27, I, 792, 793, 980, 1.562, 1.571, § 2º, 1.580, 1.583, 1.683, 1.775 e 1.831 do Código Civil[33].

Os focos de resistência à abolição da separação jurídica foram amplamente debatidos por Maria Berenice Dias, concluindo que:

> Com a entrada em vigor da Emenda Constitucional 66/2010, finalmente restou sepultado o instituto da separação e, ainda, que foram derrogados todos os dispositivos da legislação infraconstitucional referentes ao tema. Sequer é necessário serem expressamente excluídos para sepultar de vez a inútil tentativa de restringir o divórcio. Não é preciso nem regulamentar a mudança levada a efeito, pois não se trata de nenhuma novidade, uma vez que o divórcio já se encontra disciplinado na lei civil[34].

No mesmo sentido ressalta Luiz Fernando Nogueira que "com a aprovação da EC n. 66, houve a extinção da separação judicial e administrativa, bem como da exigência de prazo de separação de fato para se operar a dissolução do vínculo matrimonial"[35].

A jurisprudência, majoritariamente, também se inclinou pela não recepção da separação jurídica no ordenamento jurídico brasileiro após a EC n. 66/2010.

O Tribunal de Justiça de Minas Gerais, em acórdão em que foi relator o Des. Vieira de Brito, reconheceu que a EC n. 66/2010 é norma de eficácia

---

33 PEREIRA, Rodrigo da Cunha. *A emenda constitucional n. 66/2010*: semelhanças, diferenças e inutilidades entre separação e divórcio e o direito intertemporal. Disponível em: <www.ibdfam.org.br/artigos>. Acesso em: 20-7-2010.

34 DIAS, Maria Berenice. *Divórcio já*, cit., p. 75 e 36.

35 NOGUEIRA, Luiz Fernando Valladão. *Divórcio*: inovações e consequências da EC n. 66/2010. Belo Horizonte: Del Rey, 2011. p. 7.

plena e de aplicabilidade direta, imediata e integral, regulamentados inclusive os processos já em curso, tornando-se o divórcio simples exercício de um direito potestativo das partes. Merece transcrição parte do voto, abordando a teoria tricotômica da eficácia plena e de aplicabilidade imediata da EC n. 66/2010:

> Com efeito, três distintas correntes surgiram para interpretar a aplicação da Emenda Constitucional n. 66/2010. A primeira, que consolida o entendimento majoritário da doutrina, afirma que não existe mais separação jurídica, aplicando-se o divórcio direto sem exigência de prazos e discussão de causas; a segunda, minoritária, assevera que a separação – judicial e administrativa – coexiste com o divórcio direto sem exigência de prazos; e a terceira, quase sem expressão, afiança que permanece em vigor a legislação ordinária, tanto para o divórcio, como para a separação jurídica, com os mesmos requisitos, vez que a emenda apenas previu que o casamento pode ser dissolvido pelo divórcio.
>
> Sem embargo dos entendimentos contrários quanto à separação judicial, entendo como a maioria absoluta da doutrina, que, com a nova redação do dispositivo constitucional, o divórcio passou a independer de restrição temporal ou causal, tornando-se simples exercício de um direito potestativo das partes.
>
> Segundo a teoria tricotômica da eficácia das normas constitucionais, sistematizada por José Afonso da Silva, todas as normas constitucionais são dotadas de eficácia, tendo como elemento de distinção tão somente o grau de seus efeitos jurídicos, a saber:
>
> I – normas constitucionais de eficácia plena;
>
> II – normas constitucionais de eficácia contida;
>
> III – normas constitucionais de eficácia limitada;
>
> Para ele:
>
> 'Na primeira categoria, incluem-se todas as normas que, desde a entrada em vigor da constituição, produzem todos os seus efeitos essenciais (ou têm a possibilidade de produzi-los), todos os objetivos visados pelo legislador constituinte, porque este criou, desde logo, uma normatividade para isso suficiente, incidindo direta e imediatamente sobre a matéria que lhes constitui objeto. O segundo grupo também se constitui de normas que

> incidem imediatamente, e produzem (ou podem produzir) todos os efeitos queridos, mas preveem meios ou conceitos que permitem manter sua eficácia contida em certos limites, dadas certas circunstâncias. Ao contrário, as normas do terceiro grupo são todas as que não produzem com a simples entrada em vigor, todos os seus efeitos essenciais, porque o legislador constituinte, por qualquer motivo, não estabeleceu, sobre a matéria, uma normatividade para isso bastante, deixando essa tarefa ao legislador ordinário ou a outro órgão do Estado'. (SILVA, José Afonso da. Aplicabilidade das Normas Constitucionais, p. 71/72).
>
> A meu aviso, afigura-se solarmente claro que a Emenda Constitucional n. 66/2010 é norma de eficácia plena e de aplicabilidade direta, imediata e integral, porquanto possui todas as possibilidades de produzir os seus efeitos jurídicos essenciais, desde o seu surgimento.
>
> Como já decidido pelo STF, "Dessa eficácia, imediata só se subtraem os processos já concluídos" (ADI 2381 MC/RS, Rel. SEPÚLVEDA PERTENCE, *DJ* 14/12/2001, p. 23), donde de se arremata, ao fácil, que, esta regra auto aplicável regulamenta, inclusive, os processos em curso, como o presente feito.

Assim, diante da modificação constitucional, não há senão outro requisito para divórcio que não a vontade dos cônjuges em não mais manterem a sociedade conjugal[36].

Embora ainda permaneçam no Código Civil dispositivos que tratam da separação judicial, decidiu a 4ª Câmara Cível do TJMG que não foram recepcionados pela nova ordem constitucional, não existindo possibilidade de se buscar a dissolução da sociedade conjugal, mas apenas a dissolução do casamento pelo divórcio[37]. No mesmo sentido, decidiu a 8ª Câmara Cível que a separação judicial não é mais possível em nosso ordenamento jurídico por causa da promulgação da EC n. 66/2010, por possuir eficácia imediata, devendo ser extinta a ação por impossibilidade jurídica superveniente da demanda[38]. Também já decidiu a 5ª Câmara Cível que, após o advento da

---

36 TJMG, AC 1.0210.09.061665-2/001, Rel. Des. Vieira de Brito, j. 21-10-2010.

37 TJMG, AC 1.0487.06.021825-1/001, Rel. Des. Dácio Lopardi Mendes, j. 20-1-2011.

38 TJMG, AC 1.0079.05.225744-5/001, Rel. Des. Bittencourt Marcondes, j. 24-2-2011.

EC n. 66/2010, a separação foi eliminada do ordenamento jurídico, devendo o divórcio ser decretado de imediato, sem restrições[39].

O Tribunal de Justiça de São Paulo também já decidiu que, com a promulgação da EC n. 66/2010, o instituto da separação judicial não foi recepcionado. Fundamentou o Rel. Des. Caetano Lagrasta que a emenda constitucional é de aplicabilidade imediata e não impõe condições, subjetivas ou objetivas, ao reconhecimento do pedido de divórcio, restando incabível a recusa pelo cônjuge, bastando a vontade de um deles para a decretação imediata da extinção do vínculo conjugal[40].

Novamente o Tribunal de Justiça de São Paulo concluiu pela aplicação imediata da EC n. 66/2010 e a desnecessidade de discussão acerca de prazos ou motivos para dissolução do casamento, bem como o fim do instituto da separação. Consta na ementa e parte do voto da Relatora que:

> AÇÃO DE DIVÓRCIO. Emenda constitucional n. 66/2010. Pedido de divórcio distribuído após a sua entrada em vigor. Aplicabilidade imediata. Desnecessidade de discussão acerca de prazos ou motivos para a dissolução do casamento. Decretação do divórcio mantida. Recurso desprovido.
>
> [...].
>
> Vale dizer que o artigo 226, § 6º da Constituição Federal, que antes determinava que o *casamento civil pode ser dissolvido pelo divórcio, após prévia separação judicial por mais de um ano nos casos expressos em lei, ou comprovada separação de fato por mais de dois anos* passou a dispor que *O casamento civil pode ser dissolvido pelo divórcio.*
>
> Dessa forma, doutrina e jurisprudência, defendem, em sua maioria, o fim do instituto da separação como meio de dissolução do matrimônio, estando excluída, por consequência, a necessidade de comprovação de prazos ou de causas para o fim do vínculo conjugal[41].

Predomina, portanto, a corrente doutrinária e jurisprudencial que concluiu pela abolição do instituto da separação jurídica no direito pátrio e

---

[39] TJMG, AC 1.0554.09.017308-5/001, Rel. Des. André Leite Praça, j. 7-4-2011.

[40] TJSP, 8ª CDP, AI 990.10.357301-3, Rel. Des. Caetano Lagrasta, j. 10-11-2010.

[41] TJSP, 6ª CDP, AC 0006479-91.2012.8.26.0453, Rel. Des. Ana Lucia Romanhole Martucci, j. 27-2-2014.

exigência de prazos para o divórcio, considerando direta, plena e imediata aplicabilidade da EC n. 66/2010.

Mesmo após o Código de Processo Civil de 2015, a doutrina ainda sustenta que a separação, não recepcionada pela EC n. 66/2010, não foi restaurada ou recriada com a nova lei processual. Paulo Lôbo ressalta que a inclusão do termo "separação" no CPC/2015 leva a dois caminhos de interpretação: que é inconstitucional em face da EC n. 66/2010 ou que se deve interpretá-lo conforme a Constituição, conferindo sentido válido como separação de fato ou separação de corpos[42].

Mário Luiz Delgado ressalta que franca minoria de autores sustenta que a separação jurídica subsiste em face da redação atual do CPC/2015, fazendo alusão ao divórcio e à separação. Acrescenta:

> Entretanto, mesmo entre estes, um fato parece incontroverso. Ainda que não tenham sido revogadas expressamente, a separação judicial e extrajudicial não haverão de sobreviver diante de sua completa inutilidade prática: se alguém por motivo religioso, por exemplo, não desejar o fim do vínculo matrimonial, mas somente o da sociedade conjugal, como era possível antes da emenda, visando eventual reconciliação, poderá propor, alcançando os mesmos resultados, a medida cautelar de separação de corpos, que faz cessar os deveres conjugais.
>
> [...]
>
> A Constituição é clara: o casamento se dissolve pelo divórcio, independentemente de qualquer requisito ou condição preestabelecida na lei. Não havendo a Carta Magna estabelecido requisitos temporais (ou os havendo suprimido), não seria mais lícito à lei ordinária estabelecê-los[43].

Os fundamentos são robustos ao aplicar a interpretação histórica, sistemática e teleológica, bem como a eficácia da EC n. 66/2010, entretanto, não há como desconsiderar os fundamentos jurídicos das correntes que advogam a manutenção da separação jurídica, notadamente após o CPC/2015,

---

[42] LÔBO, Paulo. *Novo CPC não recriou ou restaurou a separação judicial*. Disponível em: <www.conjur.com.br>. Acesso em: 15-6-2016.

[43] DELGADO, Mário Luiz. Divórcio. In: PEREIRA, Rodrigo da Cunha (Org.). *Tratado de direito das famílias*. Belo Horizonte: IBDFAM, 2015. p. 641-642.

e até mesmo a imputação de culpa (ou atos de indignidade ou de descumprimento dos deveres do casamento) para fixação de alimentos.

4.1.3. A EC n. 66/2010 e a manutenção da separação

A corrente que defende a manutenção da separação jurídica, enquanto não for alterada a legislação infraconstitucional, diverge quanto aos efeitos da EC n. 66/2010.

Pesquisas apontam para pelo menos três subdivisões desta corrente:

a) A EC n. 66/2010 apenas suprimiu do texto constitucional o estabelecimento de prazos e prévia separação para o divórcio, possibilitando ao legislador infraconstitucional manter ou não a separação, a exigência de prazos e requisitos para o divórcio. Assim permanece em vigor toda a legislação ordinária, enquanto não for revogada ou modificada. Ou seja, a EC n. 66/2010 apenas possibilitou que a legislação ordinária fosse alterada, para excluir ou não a separação jurídica e os prazos. Enquanto o Código Civil e a Lei n. 11.441/2007 não restarem modificados, permanecem as espécies de separação, de divórcio, requisitos e prazos.

b) Outra corrente entende que permanece a separação judicial, mas restaram abolidos a exigência de prazos para divórcio e em consequência também para a separação. Se a Constituição Federal não exige prazos para o divórcio, que extingue o vínculo conjugal, não se pode exigir para a separação jurídica, que apenas dissolve a sociedade conjugal. Assim, acolhe parcialmente e eficácia da emenda constitucional.

c) Uma terceira corrente também defende a manutenção da separação, mas acolhe os efeitos parciais da EC n. 66/2010 apenas quanto aos prazos para o divórcio, já que não se referiu expressamente aos prazos da separação. Assim, não se exige para o divórcio direto ou por conversão qualquer lapso temporal previsto no art. 1.580 do Código Civil, mas permanecem os prazos e requisitos da separação jurídica.

A primeira é a mais coerente e já foi defendida pelo Des. Luiz Felipe Brasil Santos, em artigo publicado no *site* do IBDFAM em 21 de julho de 2010, logo após a EC n. 66/2010 entrar em vigor. Sustentou (e ainda sustenta) o magistrado gaúcho que as normas que tratam da separação e do divórcio introduzidas na Constituição Federal são apenas formalmente constitucionais, um dispositivo de segurança para os conservadores, em especial os antidivorcistas, em determinado momento político, para assegurar que a lei ordinária não regulasse de maneira diferente. Excluídas as regras de segurança, o legislador ordinário encontra-se livre para modificar o Código Civil, entretanto, enquanto não ocorrer, o instituto da separação judicial e os requisitos para o divórcio continuam existentes, pois a lei ordinária não deixou de ser constitucional. Consta ainda do artigo que:

> Atente-se que qualquer norma será formalmente constitucional pelo só fato de constar na Constituição Federal. Porém, nem todas as normas formalmente constitucionais são também materialmente constitucionais. Os dispositivos apenas formalmente constitucionais são denominados por alguns autores de lei constitucional. São regras que, por sua natureza, não precisariam constar da Constituição, mas lá são colocadas por razões de simples conveniência política. É como se fosse uma lei inserida no corpo da Constituição. Uma lei travestida de Constituição. Nossa Carta Magna é notoriamente pródiga em normas constitucionais em sentido apenas formal. Os exemplos são até dispensáveis e não caberiam em um texto resumido como este.
>
> É esse exatamente o caso do texto modificado pela EC n. 66/2010.
>
> [...]
>
> Por aí se vê que a eliminação da referência constitucional aos requisitos para a obtenção do divórcio não significa que aquelas condicionantes tenham sido automaticamente abolidas, mas apenas que, deixando de constar no texto da Constituição, e subsistindo exclusivamente na lei ordinária (Código Civil) – como permaneceram durante 40 anos, entre 1937 e 1977 –, está agora aberta a porta para que esta seja modificada[44].

Em caso concreto, decidiu a 8ª Câmara Cível do TJRS, por unanimidade, que o art. 1.580 do Código Civil continua em vigor, exigindo-se para a decretação do divórcio o prazo de um ano do trânsito em julgado da separação judicial ou dois anos de separação de fato[45].

---

44 SANTOS, Luiz Felipe Brasil. *Emenda do divórcio*: cedo para comemorar. Disponível em: <www.ibdfam.org.br/artigos>. Acesso em: 5-8-2010.

45 TJRS, 8ª CC, AC 70039476221, Rel. Des. Luiz Felipe Brasil Santos, j. 13-1-2011.

O Desembargador Moreira Diniz, do TJMG, em voto vencido, também fundamentou que o constituinte não disse que as ações de separação ajuizadas anteriormente não podiam continuar existindo e que a nova redação do § 6º do art. 226 para ser aplicada carece de legislação infraconstitucional, porque a Constituição dá os parâmetros e ela continha restrições e autorizações. Por isso, esta nova modalidade de divórcio, incondicional e livre de sujeições, deve ser disciplinada por lei[46].

No mesmo sentido é o entendimento do Desembargador Afrânio Vilela, relator vencido em julgamento no Tribunal de Justiça de Minas Gerais, ao fundamentar que a Constituição Federal, quanto à sua extensão, classifica-se como analítica ou prolixa, tutelando temas desnecessários de estar em seu corpo, além dos imprescindíveis como os direitos e garantias fundamentais e a organização política – administrativa do Estado. As regras prescindíveis inseridas recebem *status* de norma formalmente constitucional e permitem uma considerável quantidade de emendas desnecessárias. No voto, o Magistrado desenvolve um histórico do divórcio no Brasil, ressaltando que a EC n. 9/1977 permitiu a edição da Lei do divórcio e a referida lei, e não a emenda constitucional, revogou o art. 315 do Código Civil de 1916. Conclui que se a intenção do constituinte era retirar a tutela do Estado sobre a decisão tomada pelos cônjuges, deveria constar expressamente no texto da emenda sobre a desnecessidade do atendimento dos requisitos previstos na lei ordinária e, se não o fez, conclui-se que a EC n. 66/2010 não aboliu a separação judicial do ordenamento jurídico, limitando-se a desconstitucionalizar o tema. O voto vencido possui a seguinte ementa:

> APELAÇÃO CÍVEL – SEPARAÇÃO JUDICIAL – EMENDA CONSTITUCIONAL N. 66/2010 – ABOLIÇÃO DO INSTITUTO – INOCORRÊNCIA – DESCONSTITUCIONALIZAÇÃO DO TEMA – LIBERDADE DE REGULAMENTAÇÃO PELO LEGISLADOR ORDINÁRIO – DIVÓRCIO – DECRETO DIRETO – ART. 1580 CC – LAPSO TEMPORAL – INOBSERVÂNCIA – SENTENÇA REFORMADA. A emenda constitucional n. 66/2010 não aboliu a separação judicial do ordenamento jurídico pátrio, limitando-se à desconstitucionalização do tema, conferindo ao legislador ordinário liberdade para sua regulamentação, em consonância com os reclamos da

46 TJMG, 4ª CC, AC 1.0145.07.429132-2/002, Rel. Des. Moreira Diniz, j. 4-11-2010.

sociedade pós-moderna. Deve ser reformada a sentença que converte a ação de separação judicial em divórcio, sem observância do lapso temporal exigido pelo artigo 1.580 do Código Civil[47].

O juiz Mário Paulo Montoro orienta que a EC n. 66/2010 aboliu os prazos para divórcio conversão e o divórcio direto, mas não revogou o instituto da separação judicial, permitindo às partes dissolver a sociedade conjugal e dispor de um tempo de reflexão para o passo definitivo do divórcio e extinção do vínculo matrimonial. Ressalta que o instituto da separação judicial se revela plenamente compatível como o divórcio na sua nova moldura constitucional, permanecendo íntegra na legislação infraconstitucional como forma de se extinguir a sociedade conjugal. Fundamenta ainda que:

> O fato da Constituição na sua recente redação não mencionar mais o instituto da separação, tal não implica na sua revogação, pois separação e divórcio não são matérias essencialmente constitucionais, eis que não regulam a "a forma de Estado, a forma de governo, o modo de aquisição e exercício do poder, o estabelecimento de seus órgãos, os limites de sua ação, os direitos fundamentais do homem e as respectivas garantias" (Silva, José Afonso, Curso de Direito Constitucional Positivo, Ed. Malheiros, 17ª edição, p. 40). Em verdade separação e divórcio são matérias nitidamente de estatura ordinária, mas pelo fato de estarem disciplinadas na Constituição passam a ter natureza constitucional. Logo, o fato da Constituição não mais mencionar a separação judicial não torna referido incompatível com a Constituição[48].

Diversos doutrinadores também defendem a manutenção da separação judicial.

Luiz Cláudio Chaves doutrina que a EC n. 66/2010 não acabou com a separação, ressaltando, entretanto, que deverá cair em desuso, tornando-se inócua e sem importância, em razão da facilidade do divórcio. Orienta que as ações de separação judicial em andamento, anteriores à emenda constitucional, não devem sofrer qualquer alteração na sua tramitação exceto se

---

47 TJMG, 2ª CC, AC 1.0028.10.001401-9/001, Rel. Des. Afrânio Vilela, j. 22-3-2011.

48 MONTORO, Mário Paulo. Autos 0080672-30.2010.8.13.0382, Comarca de Lavras/MG, j. 18-10-2010.

a parte ré ainda não foi citada e o autor queira alterar o pedido, ou ainda após a citação, por convenção das partes[49].

Regina Beatriz Tavares da Silva lembra que a norma constitucional alterada pela emenda (art. 226, § 6º) é formalmente e não materialmente constitucional, tendo apenas facilitado o divórcio ao excluir os lapsos temporais, sem, entretanto, abolir os institutos da separação e da conversão em divórcio. Fundamenta que a manutenção da separação decorre do respeito aos direitos fundamentais, citando, entre outros, o direito à liberdade de escolha na dissolução apenas da sociedade conjugal ou do vínculo. A manutenção da separação permite a reconciliação dos cônjuges e também atende aqueles que possuem crença religiosa que não admite o divórcio. Tendo em vista que o Brasil é um país laico, é inviolável a liberdade de consciência e de crença e de exercício de direitos em razão de crença (art. 5º, VI e VIII, da CF). Ressalta ainda que em respeito à dignidade da pessoa humana e à tutela dos direitos fundamentais à vida, à integridade física e psíquica e à honra, bem como à proteção especial aos membros da família e ao combate à violência doméstica (arts. 1º, III, 5º, *caput*, III e X, e 226, *caput* e § 8º, da CF), permanecem vigentes a separação sanção, baseada na grave violação do dever conjugal, e a separação remédio, causada pela doença mental do cônjuge, com suas respectivas consequências, ao lado da separação falência, baseada na mera impossibilidade da vida em comum[50].

O respeito aos princípios constitucionais de garantias da pessoa humana é um forte argumento para manutenção da separação jurídica do ordenamento brasileiro.

Ensinam os juristas gaúcho e catarinenses Conrado Paulino da Rosa, Douglas Phillips Freitas e Ana Cristina Quint de Lima que o princípio da dignidade da pessoa humana é um *macroprincípio*, do qual se propagam outros e está diretamente ligado aos direitos humanos, pois se trata do estudo de algumas espécies de valor, possuindo, portanto, valor normativo, com conteúdo

---

49 CHAVES, Luiz Cláudio da Silva. *O novo divórcio*. *Jornal O Estado de Minas*, Caderno Especial. Edição de domingo. 18-7-2010.

50 SILVA, Regina Beatriz Tavares da. *Leia enunciado da V Jornada do Conselho da Justiça Federal sobre a emenda do divórcio*. Disponível em: <www.reginabeatriz.com.br>. Acesso em: 12-12-2011.

moral. Possui como núcleo essencial a ideia de que a pessoa humana é um fim em si mesma, não podendo ser instrumentalizada ou descartada em função das características que lhe conferem individualidade e imprimem sua dinâmica pessoal, é algo que pertence a cada um[51]. Assim, não pode o Estado impor que as pessoas abdiquem, especialmente se suas crenças religiosas de indissolubilidade do casamento, impondo o divórcio como única opção para desfazimento de um casamento infeliz. Por mais que se queira desvincular os conceitos religiosos e morais do direito, estão intrinsecamente ligados.

O princípio da liberdade garante ao indivíduo o direito de escolher a forma de constituição ou desconstituição da família, desde que não exista vedação legal. Assim, como ocorre com a crença religiosa, deve ser assegurada a opção de desfazer de imediato o vínculo conjugal pelo divórcio ou apenas dissolver a sociedade conjugal, permitindo um tempo para reflexão e possibilitando a reconciliação.

As justificativas para manutenção da separação jurídica, colhidas nos fundamentos jurídicos, se resumem em três:

a) crença religiosa diante da indissolubilidade do casamento;

b) possibilidade de reconciliação; e

c) prazo para reflexão antes do divórcio.

O CNJ acolheu apenas parcialmente pedido do IBDFAM para excluir os prazos do divórcio e da separação na Resolução n. 35/2007, adequando-a à EC n. 66/2010. Por cautela, diante da grande divergência doutrinária e jurisprudencial a respeito da separação, o plenário do CNJ, na 112ª sessão ordinária, revogou o art. 53 da Resolução n. 35/2007, que exigia o prazo de dois anos de separação de fato para o divórcio consensual, e deu nova redação ao art. 52, mantendo as disposições referentes à separação consensual, inclusive ao art. 47, que exige o prazo de um ano de casamento. Assim, a referida resolução manteve-se silente quanto ao divórcio direto, mantendo o divórcio por conversão no art. 52, sem exigir prazo. No art. 47 mantém a separação extrajudicial, exigindo prazo de um ano de casamento.

Na V Jornada de direito civil, realizada pelo Centro de Estudos Judiciários do Conselho da Justiça Federal (CJF), foram aprovados os enunciados

---

51 FREITAS, Douglas Phillips; LIMA, Ana Cristina Quint; ROSA, Conrado Paulino. *Adoção por casal homoafetivo.* Florianópolis: Voxlegem, 2012. p. 46-48.

n. 513[52], mantendo a separação judicial e a extrajudicial, ao concluir que a EC n. 66/2010 não extinguiu o instituto da separação; o Enunciado n. 514[53], excluindo o prazo mínimo de um ano de casados para a separação consensual; e o Enunciado n. 516, extinguindo os prazos para o divórcio e mantendo o divórcio indireto ou por conversão[54].

Inequívoco que a aprovação do novo Código de Processo Civil, mantendo a separação, sinaliza que continua no ordenamento jurídico, prevalecendo a partir de então esta corrente, enquanto não for alterada a legislação infraconstitucional. Certamente, muitas posições serão revistas e o debate cinge-se quanto à manutenção dos prazos e os requisitos da litigiosa. Na última votação no Senado Federal foi retirado o destaque que eliminava a separação do texto, mantendo-se como forma de dissolução apenas da sociedade conjugal à disposição dos casais que não querem extinguir o casamento, possibilitando uma possível reconciliação.

Após o novo Código de Processo Civil entrar em vigor, mantendo a separação jurídica, muitos juristas, que pregavam que foi abolida do ordenamento jurídico brasileiro, passaram a admiti-la, mesmo considerando que foi um retrocesso. Zeno Veloso, um dos defensores da exclusão da separação, ressalta que mesmo mantida "a separação judicial ou extrajudicial está definhando, praticamente acabou, ninguém mais quer saber dela". Admite, todavia, que:

> A corrente doutrinária que prega a manutenção das duas figuras, o divórcio e a separação de direito, em nosso ordenamento, ganhou reforço com a entrada em vigor do Novo CPC, que, expressamente, menciona a separação consensual nos arts. 731 e 733, bem como se refere à separação em outros dispositivos: arts. 53, I; 189, II; 693[55].

---

[52] "Art. 1.571. A Emenda Constitucional n. 66/2010 não extinguiu o instituto da separação judicial e extrajudicial."

[53] "Art. 1.574, *caput*. Pela interpretação teleológica da Emenda Constitucional n. 66/2010, não há prazo mínimo de casamento para a separação consensual."

[54] "Art. 1.580. A Emenda Constitucional n. 66/2010 extinguiu os prazos previstos no art. 1.580 do Código Civil, mantido o divórcio por conversão."

[55] VELOSO, Zeno. *Separação, extinção de união estável, divórcio, inventário e partilha consensuais, de acordo com o Novo CPC*. Separata do *Boletim do Instituto de Registro Imobiliário do Brasil – IRIB – em Revista*, edição n. 35, set./2016, São Paulo. p. 22-23.

Inequívoco, entretanto, que excluídos os prazos para o divórcio, obrigatoriamente estão excluídos os prazos e requisitos para a separação.

4.1.4. A separação jurídica no STJ

O Superior Tribunal de Justiça, após a vigência do Código de Processo Civil de 2015, decidiu que a EC n. 66/2010 não excluiu a separação jurídica do ordenamento jurídico e, portanto, não revogou os artigos do Código Civil que tratam da separação judicial.

A Quarta Turma, sob a relatoria da Ministra Maria Isabel Gallotti, no julgamento do Recurso Especial n. 1.247.098/MS, interposto por um casal que teve indeferida a homologação de separação consensual pelo juiz de primeiro grau e mantida no Tribunal de Justiça, sob o fundamento de que a EC n. 66/2010 aboliu a figura da separação, por maioria, vencido o Ministro Luis Felipe Salomão, deu provimento ao recurso especial e determinou o retorno dos autos ao juízo do primeiro grau, para o regular processamento do feito. O STJ reconheceu que não ocorreu revogação tácita da legislação ordinária que versa sobre a separação jurídica, posto que a EC n. 66/2010 não tratou sobre separação e a matéria não é com ela incompatível. Consta na ementa que:

> RECURSO ESPECIAL. DIREITO CIVIL. FAMÍLIA. EMENDA CONSTITUCIONAL N. 66/10. DIVÓRCIO DIRETO. SEPARAÇÃO JUDICIAL. SUBSISTÊNCIA.
>
> 1. A separação é modalidade de extinção da sociedade conjugal, pondo fim aos deveres de coabitação e fidelidade, bem como ao regime de bens, podendo, todavia, ser revertida a qualquer momento pelos cônjuges (Código Civil, arts. 1571, III e 1.577). O divórcio, por outro lado, é forma de dissolução do vínculo conjugal e extingue o casamento, permitindo que os ex-cônjuges celebrem novo matrimônio (Código Civil, arts. 1.571, IV e 1.580). São institutos diversos, com consequências e regramentos jurídicos distintos.
>
> 2. A Emenda Constitucional n. 66/2010 não revogou os artigos do Código Civil que tratam da separação judicial.
>
> 3. Recurso especial provido[56].

---

[56] STJ, 4ª Turma, REsp 1.247.098/MS, Proc. 2011/0074787-0, Rel. Min. Maria Isabel Gallotti, j. 14-3-2017.

O entendimento firmado pela Quarta Turma do Superior Tribunal de Justiça, acolhendo a corrente contrária à supressão da separação jurídica, tem imenso efeito no meio jurídico e vai pautar as decisões dos juízes de primeiro grau e tribunais de justiça. Acolhe-se, assim, o entendimento jurídico de que a nova redação do art. 226, § 6º, da Constituição Federal não veda a existência da separação e muito menos deixou de recepcioná-la, pois dela não tratou, permitindo sua coexistência com o divórcio.

A relatora Ministra Maria Isabel Gallotti fundamentou em seu voto que a EC n. 66/2010 apenas suprimiu do texto constitucional o requisito temporal do divórcio e o sistema bifásico para o casamento ser dissolvido, "constituindo verdadeiro direito potestativo dos cônjuges". O que ocorreu foi a supressão do requisito de prévia separação judicial para a decretação do divórcio, mas não a supressão do instituto em si. Acrescenta a relatora que:

> Ainda, o texto constitucional dispõe que o casamento civil pode ser dissolvido pelo divórcio, imprimindo faculdade aos cônjuges, e não extinguindo a possibilidade de separação judicial. Ademais, sendo o divórcio permitido sem qualquer restrição, forçoso concluir pela possibilidade da separação ainda subsistente no Código Civil, pois quem pode o mais, pode o menos também.
>
> Entender que tal alteração suprimiu a existência da separação extrajudicial ou judicial levaria à interpretação de que qualquer assunto que não fosse mais tratado no texto constitucional por desconstitucionalização estaria extinto, a exemplo também do que ocorreu com a separação de fato, cuja existência não é objeto de dúvida.

No voto vencido, o Ministro Luis Felipe Salomão, citando a jurisprudência majoritária até a vigência do novo Código de Processo Civil, fundamenta que "a partir da EC n. 66/2010, além da extinção do prazo mínimo para a dissolução do vínculo matrimonial, houve o fim da própria separação judicial no ordenamento brasileiro".

Os Ministros Antônio Carlos Ferreira, Marco Buzzi e Raul Araújo acompanharam a relatora. O Ministro Antônio Carlos Ferreira ressaltou que a EC n. 66/2010 teve como principal efeito possibilitar o requerimento do divórcio direto sem prévia separação, que deixou de ser requisito e passou a ser uma faculdade, não ocorreu modificação na legislação infraconstitucional e o novo Código de Processo Civil regula a separação. O Ministro Raul Araújo reconhece que o instituto da separação cairá em desuso, mas não é incompatível com as normas constitucionais, podendo ser utilizado pelas partes.

A Terceira Turma do Superior Tribunal de Justiça acolheu o mesmo entendimento, no sentido de que a EC n. 66/2010 não revogou a separação, que remanesce na legislação como uma opção às partes, tendo apenas excluído os requisitos temporais para facilitar o divórcio. Consta no julgado que:

> RECURSO ESPECIAL. DIREITO CIVIL. DIREITO DE FAMÍLIA. EMENDA CONSTITUCIONAL N. 66/2010. DIVÓRCIO DIRETO. REQUISITO TEMPORAL.EXTINÇÃO. SEPARAÇÃO JUDICIAL OU EXTRAJUDICIAL. COEXISTÊNCIA. INSTITUTOS DISTINTOS. PRINCÍPIO DA AUTONOMIA DA VONTADE. PRESERVAÇÃO. LEGISLAÇÃO INFRACONSTITUCIONAL. OBSERVÂNCIA.
>
> 1. A dissolução da sociedade conjugal pela separação não se confunde com a dissolução definitiva do casamento pelo divórcio, pois versam acerca de institutos autônomos e distintos.
>
> 2. A Emenda à Constituição n. 66/2010 apenas excluiu os requisitos temporais para facilitar o divórcio.
>
> 3. O constituinte derivado reformador não revogou, expressa ou tacitamente, a legislação ordinária que cuida da separação judicial, que remanesce incólume no ordenamento pátrio, conforme previsto pelo Código de Processo Civil de 2015 (arts. 693, 731, 732 e 733 da Lei n. 13.105/2015).
>
> 4. A opção pela separação faculta às partes uma futura reconciliação e permite discussões subjacentes e laterais ao rompimento da relação.
>
> 5. A possibilidade de eventual arrependimento durante o período de separação preserva, indubitavelmente, a autonomia da vontade das partes, princípio basilar do direito privado.
>
> 6. O atual sistema brasileiro se amolda ao sistema dualista opcional que não condiciona o divórcio à prévia separação judicial ou de fato[57].

Diante das decisões do Superior Tribunal de Justiça, no sentido de que a EC n. 66/2010 não excluiu a separação do ordenamento jurídico, os en-

---

[57] STJ, 3ª Turma, REsp 1.431.370/SP, Rel. Min. Ricardo Villas Bôas Cueva, j. 15-8-2017.

tendimentos de que ocorreu repristinação no Código de Processo Civil de 2015 não se sustentam. A separação subsiste e é regulada pelo Código Civil e pelo CPC/2015, não como requisito para o divórcio, mas como uma faculdade colocada à disposição do casal. O Tribunal Superior também reconheceu que a EC n. 66/2010 excluiu os requisitos temporais do divórcio e considerando que "quem pode mais, pode o menos também" (Minª. Maria Isabel Gallotti), forçoso reconhecer que os requisitos temporais da separação também foram excluídos.

4.2. Separação judicial

A manutenção da separação jurídica no novo Código de Processo Civil e reconhecida sua subsistência pelo Superior Tribunal de Justiça, como uma opção aos cônjuges no exercício da autonomia privada, exige a apresentação da separação judicial em todas as suas espécies e requisitos como consta no Código Civil de 2002, conforme será tratado a seguir.

4.2.1. Considerações gerais. Legitimidade e partilha dos bens

A *separação jurídica* põe termo aos deveres de coabitação e fidelidade recíproca e ao regime de bens (art. 1.576 do CC), dissolvendo a sociedade conjugal, não dissolvendo, porém, o vínculo, de maneira que nenhum dos cônjuges poderá casar-se novamente. Dispõe o *caput* do art. 1.576 que a separação judicial põe fim aos deveres de coabitação e fidelidade recíproca e ao regime de bens.

A separação jurídica, judicial e extrajudicial, difere do divórcio, pois apenas põe termo às relações patrimoniais entre os cônjuges e aos deveres de coabitação e fidelidade, sem romper o vínculo conjugal. O divórcio rompe definitivamente o casamento.

Os efeitos da separação judicial ou extrajudicial e do divórcio são, portanto, diversos:

a) a separação põe fim à sociedade conjugal, enquanto o divórcio põe fim ao casamento válido;

b) a separação mantém o vínculo matrimonial, enquanto o divórcio importa no rompimento absoluto;

c) a separação possibilita a reconciliação dos cônjuges, enquanto o divórcio não permite, devendo os divorciados se casarem novamente caso queiram retomar a comunhão plena de vida;

d) a separação impede um novo casamento, apesar de não vedar a constituição de união estável, enquanto as pessoas divorciadas podem casar-se ou constituir união estável[58].

A separação jurídica (antigo desquite) é, portanto, um meio-termo entre o casamento e sua dissolução, não mais se justificando, conforme já ressaltado, no atual sistema jurídico brasileiro, que acolheu o divórcio, permitindo o rompimento do casamento válido sem exigência de prazos e excluiu a separação do texto constitucional. Justificava-se a separação judicial enquanto o casamento era indissolúvel, para regularizar a situação patrimonial dos cônjuges desquitados e pôr fim aos deveres de fidelidade e coabitação.

Como bem ressaltou Luiz Felipe Brasil Santos, o legislador perdeu excelente oportunidade de extinguir, no Código Civil de 2002, o anacrônico instituto da separação judicial, primeiro por tratar-se de uma meia solução para o casamento falido, pois não põe fim ao casamento, inviabilizando novo consórcio do ex-cônjuge enquanto não formalizado o divórcio; segundo porque as razões que levaram sua manutenção quando da aprovação da Lei 6.515/1977 não mais subsistem, tendo em vista o amadurecimento da sociedade brasileira e que os temores de que o divórcio significaria o fim da família não se concretizaram, pelo contrário, foi uma solução para as uniões em que terminou o afeto, essencial para sua subsistência[59].

O Código de Processo Civil, entretanto, privilegiando a autonomia da vontade, manteve em seu texto a separação como uma opção das partes que não querem, de imediato, extinguir o vínculo do casamento.

Na linguagem forense, usa-se o termo separação judicial, adotado pela lei, como gênero, e as expressões *separação consensual* e *separação litigiosa* como espécies, que possui como subespécies as separações *sanção ou com culpa, falência* ou *remédio*.

---

[58] CRUZ, Maria Luiza Póvoa. *Separação, divórcio e inventário por via administrativa*. 2. ed., cit., p. 33-34.

[59] SANTOS, Luiz Felipe Brasil. A separação judicial e o divórcio no novo Código Civil brasileiro. *Revista Brasileira de Direito de Família*. n. 12. Porto Alegre: Síntese/IBDFAM, jan.-mar. 2002. p. 147.

- Separação jurídica
  - consensual – art. 1.574 do CC
  - litigiosa
    - sanção – art. 1.572, *caput*, do CC
    - falência – art. 1.572, § 1º, do CC
    - remédio – art. 1.572, § 2º, do CC

A legitimidade ativa e passiva é conferida apenas aos cônjuges, tratando-se de ação personalíssima, admitindo-se excepcionalmente, em caso de incapacidade do cônjuge, ser representado pelo curador, ascendente ou irmão (art. 1.576, parágrafo único, do CC).

Maria Berenice Dias leciona que a ação de separação judicial é personalíssima, pois ninguém mais que os cônjuges têm capacidade para compreender o ato de separação. Com a maioridade ou o casamento de cônjuge menor, que se emancipa, presume-se a capacidade (art. 5º do CC). Assim, ao cônjuge com deficiência, que não consegue expressar vontade, deve ser nomeado curador. O art. 1.576, parágrafo único, do Código Civil, confere legitimidade para as ações matrimoniais do cônjuge com deficiência mental ou intelectual não apenas ao seu curador, legitimando extraordinariamente os ascendentes e os irmãos. Justifica-se estender a legitimação extraordinária aos parentes próximos, tendo em vista que o cônjuge tem preferência no exercício da curatela do outro, gerando inquestionável conflito de interesses. A legitimação é legal, sendo desnecessária a nomeação de novo curador, bastando a prova da limitação da capacidade psíquica e o parentesco. A doutrina divide-se quanto à possibilidade da legitimidade extraordinária na separação consensual, entretanto, como inexiste qualquer restrição legal, não cabe interpretação restritiva, restando injustificável condenar alguém a ficar casado por possuir alguma deficiência[60].

Tratando-se de deficiência mental grave e de cura improvável, se o pedido de separação judicial for do outro cônjuge, devem ser observados os requisitos da separação remédio previstos no art. 1.572, §§ 2º e 3º, do Código Civil, ainda que a separação seja aceita pelo representante, em face do dever de solidariedade e da proteção especialíssima que a lei confere à pessoa com deficiência, conforme será abordado ao tratar da separação litigiosa remédio.

---

60 DIAS, Maria Berenice. *Manual de direito das famílias*. 4. ed., cit., p. 280-281.

Os mesmos princípios da legitimidade para a separação judicial se aplicam ao divórcio, conforme disposto no art. 1.582 do Código Civil.

O Código de Processo Civil de 2015 não exige audiência de ratificação na separação e no divórcio consensuais (art. 731), determinando, nos processos contenciosos, a designação de audiência de mediação e conciliação, empreendendo todos os esforços para a solução consensual da controvérsia. O Superior Tribunal de Justiça tem decidido pela desnecessidade de audiência de ratificação no divórcio (e em consequência na separação), quando o juiz entender no consensual que pode homologar de plano. Nesse sentido:

> RECURSO ESPECIAL – PROCESSUAL CIVIL – DIREITO CIVIL – FAMÍLIA – AÇÃO DE DIVÓRCIO DIRETO CONSENSUAL – INEXISTÊNCIA DE AUDIÊNCIA DE RATIFICAÇÃO – DIVÓRCIO HOMOLOGADO DE PLANO – POSSIBILIDADE – DESPROVIMENTO DO APELO EXTREMO. INSURGÊNCIA RECURSAL DO PARQUET ESTADUAL.
>
> [...].
>
> 1. Esta Corte já decidiu inexistir obrigatoriedade de realização de audiência de ratificação, em caso de divórcio direto consensual, quando o juiz sentenciante entender apto a sua concessão de imediato, tendo condições de aferir a firme disposição dos cônjuges em se divorciarem, bem como de atestar que as formalidades foram atendidas. Precedentes. [...][61].

A separação judicial importa a separação de corpos e a partilha de bens, podendo a partilha ser efetuada mediante proposta dos cônjuges e homologada pelo juiz ou por este decidida (art. 1.575 do CC).

A redação do art. 1.575 do Código Civil sugere que a partilha dos bens seja efetuada na sentença de separação, ao dispor que "a sentença de separação judicial importa a separação de corpos e a partilha de bens". Acrescenta o parágrafo único que "a partilha de bens poderá ser feita mediante proposta dos cônjuges e homologada pelo juiz ou por este decidida".

Não existe, no entanto, qualquer vedação ou impossibilidade de serem partilhados os bens após a separação judicial, tanto na litigiosa quanto na consensual.

---

61 STJ, REsp 1.554.316/MG, Rel. Min. Marco Buzzi, j. 15-3-2016.

O Código Civil autoriza a dispensa da partilha no divórcio, em qualquer de suas modalidades, ao dispor no art. 1.581 que pode ser concedido sem que haja prévia partilha de bens, estendendo o alcance da Súmula n. 197 do Superior Tribunal de Justiça, que autorizava apenas o divórcio direto sem prévia partilha dos bens. Admitindo-se partilha dos bens, após o divórcio, que extingue o vínculo do casamento, com maior razão permite-se partilha posterior à separação judicial, que põe termo à sociedade conjugal, mas mantém o vínculo.

O Código de Processo Civil ao tratar do divórcio, da separação e da extinção da união estável consensuais, dispõe que a partilha pode ser efetuada depois de homologado o divórcio, mediante procedimento de partilha (art. 731, parágrafo único).

Nada impede, ainda, que os bens comuns do casal sejam partilhados em fração ideal, por ocasião da separação judicial, estabelecendo-se um regime de condomínio, cuja extinção posterior dar-se-á por ação de divisão geodésica ou por alienação judicial, e não por nova partilha[62].

Os efeitos da separação judicial são produzidos a partir do trânsito em julgado da sentença que homologou a separação consensual ou decretou a separação litigiosa, entretanto, a separação de fato produz a maioria dos efeitos, conforme já visto.

4.2.2. Separação consensual

A *separação consensual*, também denominada *separação amigável* ou por *mútuo consentimento*, expressões que substituíram a denominação desquite amigável, resulta do acordo de vontades e conveniência do casal, buscando uma solução para dissolver a sociedade conjugal. É um negócio bilateral sem necessidade de motivação, não existe litígio, prevalecendo a vontade das partes.

A separação consensual, não existindo filhos incapazes, pode ser judicial ou administrativa, mediante escritura pública, nos termos do art. 733 do Código de Processo Civil[63].

---

62 STJ, 3ª Turma, REsp 255.059/RS, Rel. Min. Ari Pargendler, j. 6-6-2000.

63 "Art. 733. O divórcio consensual, a separação consensual e a extinção consensual de união estável, não havendo nascituro ou filhos incapazes e observados os requisitos

O procedimento judicial da separação consensual é de jurisdição voluntária, regulado juntamente com o divórcio consensual e a extinção consensual da união estável. A petição inicial deve ser assinada por ambos os cônjuges e constar a discrição e a partilha dos bens comuns, a pensão alimentícia entre os cônjuges se um deles necessitar, o acordo quanto à guarda, visitas e pensão alimentícia aos filhos. Não existindo acordo quanto à partilha dos bens, como visto, pode ser efetuada posteriormente, conforme o art. 731 do Código de Processo Civil[64].

Havendo filhos menores ou incapazes, a separação consensual será sempre judicial, nos termos do art. 733 do Código de Processo Civil, que veda, neste caso, a separação pela via administrativa.

A doutrina denomina também consensual a separação requerida por uma parte e aceita pela outra, ou seja, trata-se de separação consensual que se opera no curso de uma separação litigiosa[65]. A legislação atual incentiva expressamente que no curso da ação litigiosa as partes entrem em composição, firmando-se um acordo e convertendo a separação em consensual, viabilizando a mediação e a conciliação nas ações de família (arts. 695 e 696 do CPC).

A legislação anterior (art. 4º da Lei n. 6.515/1977) exigia um lapso temporal de mais de dois anos de casados das partes para requererem a separação consensual, com o fundamento de evitar separações apressadas, sem o necessário amadurecimento do casal, diante das primeiras dificuldades do casamento. O Código Civil de 2002 manteve um prazo mínimo de casados, como um estágio ao casal, incentivando a manutenção do matri-

---

legais, poderão ser realizados por escritura pública, da qual constarão as disposições de que trata o art. 731."

64 "Art. 731. A homologação do divórcio ou da separação consensuais, observados os requisitos legais, poderá ser requerida em petição assinada por ambos os cônjuges, da qual constarão:

I – as disposições relativas à descrição e à partilha dos bens comuns;

II – as disposições relativas à pensão alimentícia entre os cônjuges;

III – o acordo relativo à guarda dos filhos incapazes e ao regime de visitas; e

IV – o valor da contribuição para criar e educar os filhos.

Parágrafo único. Se os cônjuges não acordarem sobre a partilha dos bens, far-se-á esta depois de homologado o divórcio, na forma estabelecida nos arts. 647 a 658."

65 DINIZ, Maria Helena. *Curso de direito civil brasileiro* – Direito de família. 22. ed., cit., p. 281.

mônio, entretanto, reduziu para um ano, facultando aos cônjuges requerer a separação consensual após completar este lapso temporal, conforme o art. 1.574:

> Art. 1.574. Dar-se-á a separação judicial por mútuo consentimento dos cônjuges se forem casados por mais de um ano e manifestarem perante o juiz, sendo por ele devidamente homologada a convenção.

O prazo de casados, entretanto, para a corrente majoritária, deve ser desconsiderado a partir da EC n. 66/2010, que não exige tempo para o divórcio, não podendo exigir requisito temporal para a dissolução da sociedade conjugal.

A separação consensual deriva, portanto, da mútua conveniência dos cônjuges, sendo apenas homologada pelo juiz, contudo, pode recusar a homologação se apurar que a convenção não preserva suficientemente os interesses dos filhos ou de um dos cônjuges, como se a separação for meio para fraudar credores e não resultado de uma impossibilidade da vida em comum; se o valor da contribuição para as despesas dos filhos for insuficiente em razão da possibilidade do genitor; se o acordo da guarda não for recomendável, entre outros.

Na prática, entretanto, o juiz incentiva as partes a formularem acordo que atenda aos interesses dos cônjuges e dos filhos, constando a retificação no termo de audiência, homologando-a em seguida, após ouvir o Ministério Público, ou concedendo prazo para apresentação de novo acordo.

Recomenda-se a recusa do juiz apenas quando a separação demonstrar evidente fraude e as cláusulas forem prejudiciais aos interesses da guarda e sustento dos filhos incapazes, não existindo vontade dos cônjuges ou de um deles em alterá-los, ou, ainda, se o juiz perceber que uma das partes está sendo lesada pela outra, induzida em erro ou coagida. O Código Civil reproduziu no art. 1.574, parágrafo único[66], a permissão de recusa da homologação pelo juiz, já prevista na Lei do Divórcio (art. 34, § 2º), ao dispor que pode o juiz negar de homologar e não decretar a separação judicial se apurar que a convenção não preserva suficientemente os interesses tanto dos filhos quanto dos cônjuges.

---

66 "Art. 1.574. [...].

Os requisitos para a separação consensual atualmente são, portanto: *acordo entre os cônjuges*, ressaltando que na separação consensual não se discute culpa, e *homologação judicial*, excluindo, na atualidade, para a corrente majoritária, o requisito temporal de mais de um ano de casados.

Requisitos separação consensual – art. 1.574 do CC	• acordo entre os cônjuges • homologação judicial

Admite-se, em qualquer fase do processo de separação litigiosa a conversão em separação consensual, observando seus requisitos e procedimentos.

4.2.3. Separação litigiosa

4.2.3.1. *Considerações gerais – procedimentos litigiosos no novo CPC, princípio da ruptura e fim da culpa*

A separação *litigiosa*, também denominada *contenciosa* ou *não consensual*, processa-se pelo rito ordinário e possui três espécies: *sanção ou com culpa*, *falência* e *remédio*.

A separação litigiosa será sempre judicial, não sendo admitida extrajudicialmente, que só se permite na forma consensual.

O novo Código de Processo Civil trouxe inovações importantes para dar celeridade nos julgamentos, como a determinação aos juízes para decidirem em casos semelhantes de acordo com os julgados dos tribunais, multas para recursos procrastinatórios, julgamento das causas por ordem cronológica de conclusão, mas, sobretudo, a orientação de realização de audiência preliminar de conciliação e mediação, ou outros métodos de solução consensual dos conflitos, que deverão ser estimulados.

Na parte especial, no Livro I, nos Procedimentos Especiais, o novo CPC incluiu o Capítulo tratando "Das Ações de Família", que se aplicam aos processos litigiosos de divórcio, separação, reconhecimento e extinção de união estável, filiação, guarda e visitas dos filhos (art. 693)[67].

Parágrafo único. O juiz pode recusar a homologação e não decretar a separação judicial se apurar que a convenção não preserva suficientemente os interesses dos filhos ou de um dos cônjuges."

[67] "Art. 693. As normas deste Capítulo aplicam-se aos processos contenciosos de divórcio, separação, reconhecimento e extinção de união estável, guarda, visitação e filiação."

O juiz, ao receber a petição inicial, determina a citação do réu para audiência de mediação e conciliação sem enviar cópias da inicial, para não acirrar os ânimos entre as partes, apesar de ser assegurado o direito de examiná-la caso queira, com propósito de buscar uma solução consensual para o conflito. Podem ser realizadas várias sessões para obter uma composição amigável do litígio, após tomadas as providências necessárias quanto à tutela antecipada e para evitar perecimento do direito (art. 695 do CPC).

Permite-se, a requerimento das partes, a suspensão do processo para se submeterem a mediação extrajudicial ou atendimento multidisciplinar.

Somente se frustrada a conciliação o réu será intimado para apresentar contestação, pessoalmente ou por seu advogado, no prazo de 15 dias, adotando-se o rito comum (art. 697).

O juiz nas ações de família deve contar com o auxílio de profissionais especializados em outras áreas, notadamente quando o fato tratar de abuso ou alienação parental, somente intervindo o Ministério Público se houver interesse de incapaz.

As ações de família continuam tramitando em segredo de justiça e a competência, a partir da vigência do Código de Processo Civil de 2015, que excluiu o foro de prerrogativa da mulher[68], exceto para alimentos que continua sendo do domicílio ou residência do alimentando, será:

I – do domicílio do guardião do filho incapaz;

II – do último domicílio do casal caso não haja filho incapaz;

III – do domicílio do réu se nenhuma das partes residir no último domicílio.

A autoridade judiciária brasileira é a competente, excluindo qualquer outra para proceder à partilha dos bens situados no Brasil nas ações de separação, divórcio e extinção de união estável, ainda que o titular seja estrangeiro e tenha domicílio fora do Brasil.

O Código Civil atual manteve as espécies de separação litigiosa, previstas no art. 5º da Lei n. 6.515/1977 (Lei do Divórcio), reduzindo, entretanto, o prazo da separação remédio para dois anos de doença mental e excluin-

[68] TARTUCE, Fernanda. *Processo civil no direito de família – teoria e prática*. 4. ed. Rio de Janeiro: Forense. São Paulo: Método, 2019. p. 335.

do, na separação falência, a sanção patrimonial imposta ao autor do pedido, consistente na perda dos bens remanescentes levados pelo outro para o casamento, mantendo a penalização somente em benefício do cônjuge enfermo que não houver pedido a separação remédio.

As espécies de separação litigiosa estão previstas no art. 1.572[69] do Estatuto Civil. No *caput* está prevista a separação com culpa ou sanção; no § 1º a separação falência em razão da separação de fato por mais de um ano; e no § 2º a separação remédio em razão da doença mental por um período mínimo de dois anos do outro cônjuge e de cura improvável.

Permite-se a separação litigiosa proposta pelo outro se um dos cônjuges violou gravemente os deveres do casamento e tornou insuportável a vida em comum (separação sanção ou com culpa); por qualquer deles se estiverem separados de fato há mais de um ano, sem possibilidade de reconstituição (separação falência), e pelo cônjuge sadio se o outro estiver acometido de grave doença mental por no mínimo dois anos, de cura improvável, impossibilitando a continuidade da vida em comum (separação remédio em sentido estrito).

Novamente, o legislador perdeu no Código Civil grande oportunidade de excluir do direito brasileiro a imputação de culpa pela separação do casal, como já ocorre no divórcio, possibilitando, em processos desgastantes, a exposição de intimidades do casal, causando desnecessário sofrimento aos cônjuges e aos filhos. Não raras vezes, a separação sanção possibilita ao cônjuge, insatisfeito com o fim do afeto do outro, utilizá-la como instrumento de vingança e castigo, devassando a vida do consorte, pessoal e patrimonial, e a intimidade do casal e dos filhos, desnecessariamente.

O Código Civil destoa da doutrina e jurisprudência moderna, que há muito tem se posicionado no sentido de não mais existir justificativa para

---

[69] "Art. 1.572. Qualquer dos cônjuges poderá propor a ação de separação judicial, imputando ao outro qualquer ato que importe grave violação dos deveres do casamento e torne insuportável a vida em comum.

§ 1º A separação judicial pode também ser pedida se um dos cônjuges provar ruptura da vida em comum há mais de um ano e a impossibilidade de sua reconstituição.

§ 2º O cônjuge pode ainda pedir a separação judicial quando o outro estiver acometido de doença mental grave, manifestada após o casamento, que torne impossível a continuação da vida em comum, desde que, após uma duração de dois anos, a enfermidade tenha sido reconhecida de cura improvável."

atribuição da culpa a qualquer dos cônjuges, quando já ocorreu a falência da vida em comum e do vínculo afetivo que unia duas pessoas, o que foi acolhido constitucionalmente na EC n. 66/2010, ao permitir o divórcio livremente, sem exigência de prazos ou motivos, o que também deve ser aplicado na separação.

João Baptista Villela, citado por Rodrigo da Cunha Pereira, há muito já insurgia contra o *princípio da culpa*, ao lecionar que não cabe ao Estado intervir na intimidade dos cônjuges para investigar o culpado e o inocente pelo fim do casamento. É presunçoso crer que se é capaz de apontar o culpado e o inocente no relacionamento conjugal, uma relação personalíssima, íntima e fortemente interativa. A pretensão estatal chegaria a ser pedante, se antes disso não fosse sumamente ridícula, pois nem os cônjuges terão, muitas vezes, a consciência precisa da causa que frustrou e destruiu o casamento, quase sempre envolta na obscuridade que impregna as relações humanas, em maior ou menor grau. Deve ser abandonado o princípio da culpa em favor do *princípio da deterioração factual*[70], ou seja, a constatação do mero fracasso matrimonial. A separação deve, portanto, basear-se em fatos objetivos, afastando-se das causas consideradas culposas e subjetivas, muitas vezes ocorridas por condutas imperceptíveis de ambos os consortes, desagregando conjuntamente a união afetiva.

É inequívoco que a perquirição de culpa pelo fim do amor, vasculhando os cacos que sobraram de um afeto partido, viola a privacidade e a dignidade dos cônjuges, não mais encontrando guarida no ordenamento jurídico em face da evolução constitucional na dissolução do matrimônio. O amor não termina em razão de um único fato, porém de uma sequência de acontecimentos praticados por um e outro, próprios do convívio dos seres humanos, que minam a relação de afeto. A possibilidade que o Estado faculta a um dos cônjuges de apontar a conduta do outro como responsável pela ruptura, revelando suas intimidades e os segredos do casal, importa, muitas vezes, em instrumento de vingança, tornando traumático e doloroso o processo de separação, com reflexos nos próprios cônjuges e, na maioria das vezes, nos filhos. O fim do afeto conjugal, repita-se, ocorre por condutas recípro-

---

[70] PEREIRA, Rodrigo da Cunha. *A sexualidade vista pelos tribunais*. 2. ed. Belo Horizonte: Del Rey, 2001. p. 225.

cas, muitas vezes por atos que não se percebem, pequeninos aos olhos de outrem, desagregando o amor e a solidariedade entre os consortes.

Leonardo Barreto Moreira Alves leciona que os princípios da Constituição Federal de 1988 e o moderno direito de família aboliram a perquirição de culpa e seus efeitos na separação judicial. Ressalta que, no Código Civil de 1916, a família era caracterizada pelo binômio casamento e indissolubilidade do vínculo conjugal. Assim, a separação (desquite) dependia de prova de culpa e impunha sanções severas ao cônjuge declarado culpado, privando-o de direitos fundamentais à sua própria dignidade humana, como alimentos, uso do nome e guarda dos filhos, com o propósito inequívoco de colocar um freio e desestimular o pedido de separação por apenas um dos consortes. Os princípios constitucionais da pluralidade de famílias e a facilitação do divórcio sepultaram as características da família no Código anterior. O casamento, nos dias atuais, é tido como um dos meios de promoção da dignidade da pessoa humana, estabelecendo plena comunhão de vida, devendo ter vigência enquanto cumprir essa função. No momento em que tal função se encerra, devem ter os consortes plenos direitos de dissolver a sociedade conjugal, não existindo sentido em discutir a culpa, pois não é crível que alguém seja juridicamente punido pelo simples desamor. Se no divórcio direto, que extingue o vínculo conjugal, não se exigem prazos ou motivos; na separação que extingue apenas a sociedade conjugal, não pode ser exigido o elemento culpa para sua decretação, chegando-se ao absurdo, se o pedido for julgado improcedente, após uma desgastada ação judicial, de impor ao cônjuge autor da ação o castigo da manutenção do casamento em uma situação de inteira incompatibilidade, restringindo a própria liberdade do ser humano. Conclui o autor citado que o princípio da culpa passou a ser substituído pelo *princípio da ruptura do casamento*, exigindo-se, para decretação da separação judicial, apenas e tão somente, a prova da ruptura sadia da convivência do casal, a quebra da plena comunhão de vida, da mútua assistência, do afeto, resumindo, requer-se, unicamente, a prova do desamor[71].

A jurisprudência tem acolhido a doutrina e decretado a separação judicial, quando comprovada a ruptura do casamento e a impossibilidade de reconstituição, sem imputar culpa a um dos cônjuges.

---

[71] ALVES, Leonardo Barreto Moreira. *O fim da culpa na separação judicial*. Belo Horizonte: Del Rey, 2007. p. 97-102.

O juiz mineiro Marcelo Paulo Salgado decidiu, antes da EC n. 66/2010, que a procedência do pedido de separação judicial, feito tanto na inicial como na reconvenção, impõe-se, pelo menos em relação à dissolução da sociedade conjugal, pois, de fato, os próprios cônjuges já cuidaram de desfazê-la a seu modo. As transformações judiciais fazem com que a jurisprudência e até a legislação acompanhem a realidade e, no caso de ação e reconvenção, a declaração de culpa é inócua, sendo desnecessário aprofundar na instrução probatória, até porque, com fundamento no art. 462 do Código de Processo Civil (art. 493 do CPC/2015), o juiz pode considerar o lapso temporal da ruptura da vida em comum, transcorrido no curso da lide, como causa suficiente para a separação, ainda mais quando a prova dos autos indica com segurança a indisposição na reconciliação do casal[72]. Acolheu-se, portanto, causa objetiva e não culposa, considerando-se o prazo de tramitação da ação judicial como causa da ruptura do casamento, demonstrando-se, pela própria conduta dos cônjuges em ajuizarem ação e reconvenção, a insuportabilidade da vida em comum e a extinção do afeto conjugal.

No julgamento do recurso aviado pelas partes o relator, Desembargador Francisco Figueiredo, manteve a decisão de 1º grau, fundamentando sobre a impossibilidade de reconciliação do casal, cumulada com grande tempo de separação de fato, não cabendo à justiça impor o responsável (culpado) pela deteriorização do casamento, que ocorreu com a falta de confiança mútua e o desejo de não mais conviverem[73].

O Tribunal de Justiça de Minas Gerais já decidiu também, antes da EC n. 66/2010, que deve ser reconhecida a responsabilidade de ambos os cônjuges pela *deterioração factual* do casamento, na inexistência de prova de que só um deles foi o responsável pelo fracasso da união. Ressalta o julgado que se tratando a intimidade de direito constitucional básico, mesmo em segredo de justiça, é vedado perquirir na relação conjugal um culpado pelo insucesso do matrimônio, num verdadeiro procedimento sadomasoquista. Manifestadas a incompatibilidade e a desestruturação progressiva do relacionamento, é inviável juridicamente e até ridícula maior investigação da

---

72 SALGADO, Marcelo Paulo. Autos 10.887-03, 1ª Vara Cível, Comarca de Lavras/MG, j. 22-4-2003.

73 TJMG, 2ª CC, AC 1.0382.00.010887-0/001, Rel. Des. Francisco Figueiredo, j. 19-10-2004.

intimidade para se apurar culpa predominante, devendo ser atribuída a ambos os consortes a responsabilidade pela deterioração factual, que no casamento não é causa natural ou espontânea, mas derivada do ser humano[74]. A deterioração de fato do casamento acaba com a plena comunhão de vida (art. 1.511 do CC), importando na ruptura de sua principal finalidade, a razão do matrimônio, não existindo motivos para sua manutenção.

A possibilidade de o juiz considerar o princípio da ruptura e decretar a separação do casal, mesmo quando o pedido é de culpa exclusiva de um dos cônjuges e ausente reconvenção, é permitida na inovação prevista no art. 1.573, parágrafo único, do Código Civil, ao dispor que "o juiz poderá considerar outros fatos que tornem evidente a impossibilidade da vida em comum".

O Superior Tribunal de Justiça já admitiu a decretação da separação do casal, mesmo que não provados os motivos elencados pelos cônjuges, mas configurada a insuportabilidade da vida do casal, a insustentabilidade da vida em comum, não obstante a pretensão posta em juízo tivesse como *causa petendi* a existência de conduta desonrosa de um dos cônjuges. A sentença deixou de constituir-se em decreto de separação sanção para ser apenas mais uma hipótese genérica de separação remédio, não importando em julgamento *extra petita*[75]. Com efeito, inexistem razões para manter o casamento, julgando improcedente a separação, se já ocorreu a ruptura do afeto, pois os cônjuges continuarão em litígio.

O Tribunal de Justiça de São Paulo desconsiderou pedido de separação litigiosa e decretou o divórcio, fundamentando que o único requisito atualmente para a dissolução do casamento é a vontade de uma das partes, sendo *incabível discussão de culpa*. Consta na ementa que:

> Apelação. Divórcio e partilha. Irresignação em relação à decretação do divórcio, tendo em vista que o pedido inicial foi de separação. Extinta a necessidade de prévia separação de fato (por dois anos) ou judicial (por um ano) para a obtenção do divórcio, com a promulgação da EC n. 66 de 2010. Satisfeito o único requisito para o divórcio na atual ordem constitucional, a demonstração

[74] TJMG, 4ª CC, AC 1.0024.01.094655-6/001, Rel. Des. Almeida Melo, j. 18-11-2004.

[75] STJ, REsp 467.184/SP, Rel. Min. Ruy Rosado de Aguiar; e REsp 433.206/DF, Rel. Min. Sálvio de Figueiredo Teixeira.

da vontade de uma das partes. Incabível a discussão de culpa para a obtenção do divórcio, por isso, desnecessária a atribuição de culpa ao apelante[76].

Conclui-se, assim, que demonstrado o *princípio da ruptura do casamento*, ou seja, a insustentabilidade da vida em comum, permite-se a decretação da separação do casal sem imputação da culpa por violar a privacidade e a dignidade dos cônjuges, constituindo-se a sentença em uma hipótese genérica de separação remédio, uma solução para o casamento que de fato já não mais existe.

A EC n. 66/2010, ao excluir os requisitos para o divórcio, também extirpou do ordenamento jurídico qualquer discussão de culpa na separação.

Maria Berenice Dias ressalta que a EC n. 66/2010 importou no desaparecimento da separação, que não foi ressuscitada nem pelas referências do CPC nem pelas decisões do STJ, assim "a culpa foi abandonada como fundamento para a dissolução coacta do casamento"[77].

O Tribunal de Justiça do Maranhão decidiu que "a aferição de culpa pela dissolução da sociedade conjugal, visando determinados efeitos pessoais ou patrimoniais, (...) afigura-se descompassada com os novos paradigmas do Direito de Família, em sua perspectiva constitucional"[78].

O Superior Tribunal de Justiça vem decidindo reiteradamente sobre a possibilidade de decretação da separação judicial, na vigência da EC n. 66/2010, sem imputação da causa a nenhuma das partes, quando demonstrada a insuportabilidade da vida em comum, ou seja, demonstrada a ruptura do casamento, conforme parte da ementa a seguir:

> É possível ser decretada a separação judicial do casal sem imputação de causa às partes, quando ficar patente a insustentabilidade da vida em comum, ainda que a pretensão tenha fundamento na existência de culpa[79].

---

76 TJSP, 2ª CDP, AC 0004201-18.2006.8.26.0360, Rel. Des. Joaquim dos Santos, j. 16-10-2012.

77 DIAS, Maria Berenice. *Manual de direito das famílias*. 13. ed., cit., p. 124.

78 TJMA, AC 0000080-53.2008.8.10.0058 MA 0022202015, Relª. Desª. Ângela Maria Moraes Salazar, j. 11-5-2017.

79 STJ, Emb. Declaração no Agravo em REsp 2011/0267529-8/RJ, Relª. Minª. Maria Isabel Gallotti, j. 17-9-2013. No mesmo sentido: REsp 886.744/MG.

O Tribunal de Justiça de Minas Gerais também já decidiu que, com o advento da EC n. 66/2010, não se condiciona mais qualquer lapso para o rompimento do vínculo conjugal e "a discussão a respeito de aferição de culpa para a dissolução do casamento tornou-se inócua", mesmo que mantidos os dispositivos legais referentes à matéria no Código Civil[80].

José Fernando Simão ressalta que a culpa acabou no Direito de Família para fins de impedir o fim do vínculo conjugal, mas reconhece a existência de duas correntes, uma que a culpa persiste para todos os fins, defendida por Regina Beatriz Tavares da Silva, e outra liderada pelos expoentes do IBDFAM, no sentido de que a culpa não pode ser alegada para dissolver o casamento em nenhuma hipótese[81].

A seguir apresentaremos as espécies de separação judicial como previstas no Código Civil, ressaltando, todavia, nosso entendimento após a EC n. 66/2010, que *não subsiste mais no ordenamento jurídico a discussão de culpa na separação*, para fins da dissolução da sociedade conjugal.

4.2.3.2. *Separação sanção ou com culpa*

Maria Berenice Dias, mesmo entendendo que a separação foi abolida do direito pátrio, em razão dos julgamentos do Superior Tribunal de Justiça admite a possibilidade apenas da separação consensual, ressaltando que:

> Para evitar toda essa celeuma o jeito é eventualmente admitir a separação consensual, em que não há indicação de culpados. E, inexistindo filhos incapazes, possível a separação ser levada a efeito por escritura pública. Mas há tabeliães que estão se negando a lavrá-las[82].

A separação judicial litigiosa, entretanto, continua existindo, a teor do art. 693 do Código Civil, restando apenas excluída a discussão de culpa para fins de decretação de sua dissolução, permanecendo nas ações de indeniza-

---

[80] TJMG, AC 1.0079.10.011542-1/002, Rel. Des. Raimundo Messias Júnior, j. 30-7-2014.

[81] SIMÃO, José Fernando. A jurisdição de família – a separação de corpos – decretação do divórcio e capítulos da sentença – as jornadas de direito civil (2011). *Anais do VIII Congresso de Direito de Família*. Disponível em: <www.ibdfam.org.br>. Acesso em: 20-1-2020.

[82] DIAS, Maria Berenice. *Manual de direito das famílias*. 13. ed., cit., p. 537.

ção e até mesmo na fixação de alimentos, apesar de opiniões doutrinárias e jurisprudenciais em contrário.

A posição que predomina, como já ressaltado, é que a extinção dos prazos do divórcio se estende à separação, pois quem pode o mais, pode o menos.

A separação sanção, ou separação com culpa, extremamente criticada por incentivar o embate judicial entre os cônjuges e a invasão de sua privacidade, é utilizada muitas vezes como punição ou vingança pelo cônjuge rejeitado em razão da falência do afeto. O novo Código de Processo Civil, ao prever a prévia mediação e conciliação nas ações de família antes da contestação, citando o réu para a audiência de conciliação sem cópia da petição inicial, trouxe um grande avanço para evitar o litígio e incentivar a conciliação. Com efeito, não tendo o réu ciência das imputações de culpa do outro cônjuge antes da mediação e conciliação, os ânimos não estarão tão acirrados, favorecendo uma composição amigável ou até mesmo a reconciliação, o que é mais difícil de ocorrer quando já existe contestação e foi instaurado o debate na ação litigiosa. A culpa, entretanto, exceto para uma corrente minoritária, está excluída como causa para a dissolução do casamento.

A ação litigiosa sanção é prevista no art. 1.572, *caput*, do Código Civil[83] ao dispor que qualquer dos cônjuges poderá propor a ação de separação judicial, imputando ao outro qualquer ato que importe grave violação dos deveres do casamento e torne insuportável a vida em comum, reproduzindo o art. 5º, *caput,* da Lei n. 6.515/77.

O atual Código Civil preferiu exemplificar os atos que caracterizam impossibilidade da vida em comum, ao dispor no art. 1.573 as hipóteses que podem caracterizar insuportabilidade da vida em comum e autorizar a separação sanção:

I – adultério;

II – tentativa de morte;

III – sevícia ou injúria grave;

IV – abandono voluntário do lar conjugal, durante um ano contínuo;

---

[83] "Art. 1.572. Qualquer dos cônjuges poderá propor a ação de separação judicial, imputando ao outro qualquer ato que importe grave violação dos deveres do casamento e torne insuportável a vida em comum."

V – condenação por crime infamante;

VI – conduta desonrosa.

O rol, entretanto, não é taxativo, o que permite a possibilidade de outros motivos, mediante discricionariedade do juiz para considerar outros fatos que importem impossibilidade da convivência do casal, ao dispor no parágrafo único do art. 1.573 que o juiz pode considerar outras hipóteses, que tornem evidente a impossibilidade da vida em comum.

Ao admitir uma norma do tipo aberto, que apresenta um rol meramente exemplificativo, a lei buscou agasalhar outras situações que podem surgir de acordo com o momento e a evolução dos comportamentos sociais, como a infidelidade virtual, os atos pré-sexuais, inseminação artificial heteróloga sem consentimento do marido e provocação de aborto. A norma permite ainda ao juiz decretar a separação se constatar que o casamento se rompeu, aplicando o princípio da deterioração factual, sem imputar culpa a qualquer dos cônjuges, medida que hoje é aplicada pelo judiciário, especialmente após a EC n. 66/2010, eliminando qualquer discussão de causas para a dissolução do casamento.

A separação sanção é a única que, no Código Civil, não exige prazo e deve ser proposta em regra no foro do domicílio do que tiver a guarda dos filhos incapazes, no último domicílio do casal e, por fim, no domicílio do réu, não existindo mais o foro privilegiado da mulher.

A separação sanção é cabível quando violados os deveres do casamento. São deveres conjugais: fidelidade recíproca, vida em comum no domicílio conjugal, mútua assistência, sustento, guarda e educação dos filhos, respeito e consideração mútuos (art. 1.566 do CC), importando a insuportabilidade os motivos elencados no art. 1.573 do Código Civil. Ressalta-se, mais uma vez, a desnecessidade de demonstração de culpa na separação litigiosa, exceto para corrente minoritária.

A tentativa de morte e as sevícias, que consistem em maus-tratos corporais e agressões físicas, violam o dever de mútua assistência, enquanto a injúria grave, em razão da grande extensão e da elasticidade de seu conceito, era a mais frequentemente invocada nas ações de separação, sendo consideradas como tal todo ato que ofenda a integridade moral do cônjuge, seja ele real ou verbal. A injúria real deriva de gesto ultrajante que diminui a honra e a dignidade do outro ou põe em perigo seu patrimônio, como expulsão do leito conjugal, transmissão de doenças venéreas, recusa injustificada de relações sexuais, ciúme infundado, práticas homossexuais, atentados ao pudor, relações imorais de familiaridade com pessoa de sexo oposto, maus tratos a parentes próximos do cônjuge, negação de tratamento urbano e cortês, entre outros, enquanto a injúria verbal consiste em palavras que ofendam a respeitabilidade do outro consorte, como imputação caluniosa de adultério, difamação, suspeitas infundadas, confidências depreciativas, desconfiança despropositada, comparações desprimorosas[84].

A condenação por crime infamante do cônjuge também acarreta insuportabilidade da vida em comum, desobrigando o outro consorte de viver em companhia de um criminoso de má conduta, de caráter duvidoso. Importa crime infamante todo aquele que causa repúdio, indignação, como os crimes sexuais, sequestro, roubo, tráfico de substância entorpecente, extorsão, entre outros.

A conduta desonrosa, apesar da subjetividade da expressão, é todo comportamento imoral, antissocial ou ilegal do cônjuge que implique menosprezo no ambiente familiar ou no meio social em que vive o casal, como uso de entorpecentes, lenocínio ou exploração do comércio carnal, embriaguez, ociosidade, vícios de jogo, endividamento injustificado, negócios desonrosos, entre outros, tratando-se de referências meramente exemplificativas, cabendo ao juiz, no caso concreto, examinar as circunstâncias considerando o modo de vida e a sensibilidade do cônjuge afetado[85].

A insuportabilidade da vida em comum não precisa ser demonstrada pelo autor, restando presumida em razão da grave violação dos deveres do casamento ou conduta desonrosa do outro cônjuge. É necessária, entretanto, na letra da lei não acolhida pela EC n. 66/2010, a ocorrência de ato que importe grave violação do casamento e a evidência da impossibilidade da continuidade da vida conjugal, conforme inteligência dos arts. 1.572 e 1.573 do Código Civil. A ausência de insuportabilidade da vida em comum, de natureza mais subjetiva que objetiva, afasta a causa da separação por culpa.

---

[84] DINIZ, Maria Helena. *Curso de direito civil brasileiro* – Direito de família. 22. ed., cit., p. 296-297.

[85] PEREIRA, Caio Mário da Silva. *Instituições de direito civil* – Direito de família. 7. ed., cit., p. 146.

Assim, o fato de o autor ajuizar ação de separação culposa, imputando ao réu violação grave dos deveres do casamento, já faz presumir a insuportabilidade da vida em comum, mas faculta ao cônjuge imputado de culpado, invertendo o ônus da prova, comprovar que o ato por ele cometido não tornou para o outro, insuportável a vida em comum, restando perdoado, por exemplo, voltado ao conúbio conjugal, pernoitando no mesmo leito[86]. A intolerância para a vida conjugal é aquela que se constitui no fator determinante da separação, não se caracterizando se o cônjuge ofendido demonstra completa resignação pela falta do outro e segue coabitando[87].

Percebe-se, assim, na letra fria da lei, que a separação pode ser julgada improcedente se ocorrer violação dos deveres conjugais que não importaram insuportabilidade da vida em comum, ou ainda, mesmo que insuportável a convivência não restar demonstrada a quebra dos deveres conjugais ou conduta desonrosa.

A possibilidade de o juiz considerar outros fatos que tornem evidente a impossibilidade da vida em comum, entretanto, alargou as possibilidades de concessão da separação para pôr fim aos conflitos entre os cônjuges. Rolf Madaleno, citado por Carlos Roberto Gonçalves, leciona que o juiz que nega a separação, porque não lhe foram identificados os culpados, não só presta um desserviço social pela recusa da prestação jurisdicional, como também provoca uma separação unilateral, como solução precária até o transcurso do prazo legal para a propositura da separação falência ou divórcio direto (que para a corrente majoritária não exige mais prazo). Deve ser desdramatizada esta forma de separação litigiosa, desobrigando os cônjuges de provarem culpa do outro e alegarem como causa a impossibilidade de convivência e a própria vontade de sua dissolução[88].

Maria Berenice Dias alertava antes da EC n. 66/2010 que o que torna insustentável o casamento é o fim do afeto. Só é infiel, só abandona, só agride quem não ama. É difícil perquirir a culpa no relacionamento, pela subjetividade das relações humanas, quando não se pode ter certeza do que se passa na intimidade do casal. Não há como delegar ao juiz o encargo de avaliar se determinada conduta torna o casamento inviável, pois não é a prática dos

---

[86] GONÇALVES, Carlos Roberto. *Direito civil brasileiro* – Direito de família, cit., p. 206.

[87] MADALENO, Rolf. *Curso de direito de família*. 3. ed., cit., p. 213.

[88] GONÇALVES, Carlos Roberto. *Direito civil brasileiro* – Direito de família, cit., p. 206.

atos previstos na norma jurídica que torna insuportável a convivência, mas o reflexo que o agir de um dos consortes causa no outro. A não decretação da separação por ausência de prova de culpa pode criar a situação insustentável de se manter casado quem se enfrentou em uma ação litigiosa, trocando acusações, expondo mágoas e revelando ressentimentos que gerarão mais desavenças[89].

Ajuizada a ação litigiosa por um dos cônjuges, o juiz determina a citação do outro, sem cópia da petição inicial, para audiência de mediação e conciliação, que poderá dividir-se em quantas sessões forem necessárias para viabilizar uma composição amigável (arts. 695 e 696 do CPC). Será citado o outro cônjuge pessoalmente por se tratar de ação de estado civil (art. 247, I, do CPC). Não sendo localizado o réu, a citação far-se-á por edital; entretanto, a ausência de comparecimento na audiência de conciliação e de contestação não induz os efeitos da revelia.

Inviabilizada a conciliação por impossibilidade de composição ou ausência de comparecimento de qualquer dos cônjuges na audiência de conciliação, o réu terá o prazo de 15 dias para contestar o pedido, iniciando-se a partir da data da audiência, prosseguindo o feito no rito comum. Deve ser realizada nova tentativa de conciliação na audiência de instrução e julgamento.

Ocorrendo acordo, a separação litigiosa converte-se em consensual e, preenchidos os requisitos legais, o juiz homologa.

Julgada procedente a ação, nos termos do Código Civil, o réu perde o direito de usar o nome do outro, desde que requerido pelo cônjuge inocente, salvo se a alteração acarretar evidente prejuízo para sua identificação; manifesta distinção entre o seu nome de família e dos filhos ou dano irreparável reconhecido na decisão judicial (art. 1.578 do CC)[90], o que foi modificado em relação à legislação anterior, que não admitia exceção.

---

89 DIAS, Maria Berenice. *Manual de direito das famílias*. 4. ed., cit., p. 283-284.

90 "Art. 1.578. O cônjuge declarado culpado na ação de separação judicial perde o direito de usar o sobrenome do outro, desde que expressamente requerido pelo cônjuge inocente se a alteração não acarretar:
I – evidente prejuízo para sua identificação;
II – manifesta distinção entre o seu nome de família e o dos filhos havidos da união dissolvida;
III – dano grave reconhecido na decisão judicial."

O cônjuge considerado responsável, admitindo-se discussão de culpa quanto aos alimentos, fica obrigado a pagar alimentos ao inocente, dispondo o art. 1.702 do Código Civil que se o cônjuge inocente não possuir recursos para seu sustento, o outro deverá prestar-lhe pensão alimentícia para viver de modo compatível com sua condição social, observando o binômio necessidade e possibilidade. No entanto, o cônjuge culpado perde o direito de recebê-los (art. 1.704 do CC), salvo, tratando-se de inovação do Código Civil de 2002, se o cônjuge declarado culpado necessitar e não tiver aptidão para o trabalho ou parentes em condições de prestá-los, fixando o juiz apenas o indispensável à sobrevivência (parágrafo único). Observa-se que o cônjuge inocente somente pagará alimentos se o culpado não tiver, em primeiro lugar, parentes em condições de prestá-los ou condições para o trabalho, sendo o valor fixado apenas para a subsistência, denominados naturais ou mínimos. Em ambos os casos, os efeitos de eventual recurso são devolutivos, sendo devidos até a decisão final.

A corrente predominante, como já ressaltado, é no sentido da exclusão de culpa na separação, não se aplicando na fixação dos alimentos. Parte da doutrina e da jurisprudência, entretanto, diferencia a culpa como causa para autorizar a separação, não mais sendo exigida, da culpa para fixação dos alimentos, que permanece, nos termos do parágrafo único do art. 1.704 do Código Civil[91].

Fábio Ulhoa ensina que o cônjuge, cujo comportamento caracterizou grave violação dos deveres matrimoniais e tornou insuportável a convivência, é o culpado pela separação e sofre três sanções: a primeira tem natureza processual, referente à condenação no ônus da sucumbência do processo, como os honorários do advogado e as custas judiciais; a segunda sanção é a perda do direito de usar o nome de casado se for requerido pelo cônjuge inocente e não trouxer prejuízos ao seu interesse; e a terceira refere-se aos alimentos, possuindo o cônjuge culpado, se necessitar direito somente aos alimentos mínimos, isto é, unicamente os indispensáveis à subsistência[92].

Permite-se na ação de separação litigiosa, ocorrendo concordância entre os cônjuges com a separação do casal, mas discordância quanto aos

---

[91] "Art. 1.704. [...].

Parágrafo único. Se o cônjuge declarado culpado vier a necessitar de alimentos, e não tiver parentes em condições de prestá-lo, nem aptidão para o trabalho, o outro cônjuge será obrigado a assegurá-los, fixando o juiz o valor indispensável à sobrevivência."

[92] COELHO, Fábio Ulhoa. *Curso de direito civil* – Direito de família e sucessões, cit., p. 102-103.

seus efeitos, como alimentos, partilha de bens, guarda e direito de visitas dos filhos, que o juiz homologue a separação, dispensando-se a instrução sobre suas causas, o que é recomendável; prosseguindo a ação para decisão de mérito quanto às demais questões[93], de forma objetiva, sem perquirir culpa entre os cônjuges e aplicar as possíveis sanções.

Na separação sanção, cabe contestação e reconvenção, objetivando atribuir culpa também ao autor, admitindo, neste caso, a ocorrência de culpa recíproca, sofrendo ambos os cônjuges as consequências de seus comportamentos culposos, nas questões resultantes. Não existindo acordo na separação litigiosa, o juiz deve decretar a separação, como ocorre no processo litigioso, sem perquirir culpa, em face da EC n. 66/2010, prosseguindo a ação para decidir as questões resultantes.

Não tendo o autor comprovado a culpa do réu, mas este, no pedido de reconvenção comprovar a culpa do reconvindo, o juiz julga improcedente a ação e procedente a reconvenção, decretando a separação por culpa do autor da ação e aplicando as sanções decorrentes.

Requisitos da separação sanção (art. 1.572 do CC)

- grave violação dos deveres do casamento
- insuportabilidade da vida em comum
- sentença judicial
- não exige mais o prazo de casamento ou de separação de fato

4.2.3.3. *Separação falência*

A separação falência, também chamada de separação de fato, antes prevista no art. 5º, § 1º, da Lei n. 6.515, foi reproduzida no § 1º do art. 1.572[94], do Código Civil, ao dispor que a separação judicial pode também ser pedida se um dos cônjuges provar a separação de fato (ruptura da vida em comum) por mais de um ano, tornando impossível a reconciliação.

---

[93] DIAS, Maria Berenice. *Manual de direito das famílias*. 4. ed., cit., p. 286.

[94] "§ 1º A separação judicial pode também ser pedida se um dos cônjuges provar ruptura da vida em comum há mais de um ano, e a impossibilidade de sua reconstituição."

A única prova a ser demonstrada é a de que o casal se encontra separado de fato há mais de um ano e a impossibilidade de reconstituição, que se presume, já que o casamento *faliu* em razão do distanciamento dos consortes.

A exigência do prazo, entretanto, perdeu a razão de existir diante da EC n. 66/2010, ao excluir os prazos para decretação do divórcio, o que deve ser aplicado na separação, permitindo a qualquer dos cônjuges requerê-la, demonstrando apenas estar separado de fato, independentemente do transcurso de um ano.

Não se discutem culpa ou as causas da separação de fato. O cônjuge inocente pela separação, se pretender discutir culpa, tão repudiada no sistema atual, deve ajuizar ação de separação sanção, em razão de seus efeitos quanto aos alimentos (art. 1.704 do CC) e uso do nome (art. 1.578 do CC).

O Código Civil de 2002 alterou diversos princípios da separação falência, previstos na Lei n. 6.515/77, revogando as normas que determinavam que os filhos ficassem com quem estavam (art. 11), o requerente era obrigado a pagar alimentos (art. 26), perdia o direito de uso do nome se fosse a mulher (art. 17, § 1º) e ambos, o direito à meação dos bens remanescentes trazidos pelo outro (art. 5º, § 3º).

Com efeito, o Código Civil prevê que os filhos ficarão sob a guarda compartilhada se ambos possuírem condições, independentemente de culpa ou de quem foi o requerente; só perde o direito a alimentos o cônjuge culpado na separação sanção, exceto os alimentos mínimos para sobrevivência; e não imputou perda do uso do nome e dos bens remanescentes do outro cônjuge.

Assim, na separação falência, ou separação sem culpa com causa objetiva de separação de fato, os filhos ficarão sob a guarda compartilhada ou com o cônjuge que demonstrar melhores condições de exercê-la se o outro não desejar o compartilhamento (art. 1.584 do CC), recomendando o bom senso que continuem na companhia de quem estavam, se bem cuidados; o consorte poderá continuar com o nome de casado(a), fazendo a opção, a qualquer tempo, de mantê-lo ou não (art. 1.578, § 2º, do CC); e o cônjuge necessitado terá direito a alimentos se o outro puder prestá-lo, mediante pensão fixada pelo juiz se não houver acordo (art. 1.704 do CC), não sendo discutida culpa, observando a necessidade do cônjuge ausente de recursos e a possibilidade do outro em fornecê-los.

Esse é o melhor modelo de separação litigiosa, que deve persistir, excluindo apenas o prazo.

Os alimentos aos filhos são deveres de ambos os pais, em razão do poder familiar, portanto, estranho, à separação e ao divórcio, cabendo a cada um contribuir para a criação e educação da prole na proporção de suas possibilidades (arts. 1.579 e 1.703 do CC), independente da guarda ser compartilhada.

Ajuizada a ação, também será designada audiência de mediação e conciliação e, na impossibilidade de composição das partes, o réu terá o prazo para contestar, limitando-se a impugnar a existência de separação de fato, sendo incabível reconvenção sob este fundamento, podendo pleitear, todavia, a guarda dos filhos e alimentos para si, em reconvenção ou na própria contestação, sem discussão de culpa.

Requisitos da separação falência (art. 1.572, § 1º, do CC)	• separação de fato • impossibilidade de reconstituição da vida em comum • sentença judicial

4.2.3.4. *Separação remédio*

A separação remédio, prevista no § 2º do art. 1.572 do Código Civil[95] reproduz o art. 5º, § 2º, da Lei do Divórcio, prevendo a separação judicial quando um dos cônjuges for acometido de doença mental grave, manifestada após o casamento, mas reduzindo o prazo da enfermidade de cinco para dois anos. Exige-se ainda que a enfermidade seja reconhecida de cura improvável e torne insuportável a continuidade do casamento.

A lei é exigente em face da solidariedade que deve existir entre os cônjuges e são necessários todos os requisitos, cabendo ao requerente a prova da deficiência mental do outro, que pode ser aferida por psiquiatra. Percebe-

[95] "§ 2º O cônjuge pode ainda pedir a separação judicial quando o outro estiver acometido de doença mental grave, manifestada após o casamento, que torne insuportável a continuação da vida em comum, desde que, após uma duração de dois anos, a enfermidade tenha sido reconhecida de cura improvável."

-se que a intenção do legislador foi a de não permitir separações matrimoniais por qualquer distúrbio ou neurose da pessoa casada, sendo certo que o casamento é para os bons e maus momentos. São casos de doenças mentais, que levam à separação: a psicose maníaca depressiva, a paranoia, o estado fóbico, histérico ou neurastênico, a neurose traumática[96], alcoolismo quando adquire proporções patológicas, entre outros.

A doença mental atualmente necessita retirar o discernimento da pessoa de forma a não conseguir expressar sua vontade (art. 3º, III, CC), pois a pessoa com deficiência que expressa vontade é plenamente capaz em face do Estatuto da Pessoa com Deficiência.

A maioria dos doutrinadores já lecionava que a separação remédio é letra morta, pois é preferível obter o divórcio direto mediante separação de fato por dois anos, prazo que atualmente não mais exige, mesmo período exigido de duração da doença, ou a separação falência que exige apenas um ano de separação de fato, causa objetiva, sem necessidade de justificar o motivo, evitando-se inclusive sofrer sanções de ordem patrimonial, conforme determina o § 3º do art. 1.572 do Código Civil, dispondo que serão revertidos ao cônjuge enfermo, desde não tenha pedido a separação judicial, os remanescentes dos bens que levou para o casamento e a meação dos adquiridos na constância da sociedade conjugal.

A possibilidade de o cônjuge enfermo, que não pediu a separação, manter os bens levados para o casamento, hipótese para o regime de comunhão universal (comunicação de bens anteriores ao matrimônio), não é apenas uma sanção patrimonial, uma penalização ao cônjuge ao pedir a separação quando o outro necessita de amparo, tratando-se de mais uma proteção ao doente sem discernimento mental. Assim, separam-se os bens remanescentes do cônjuge doente e se partilham os bens comuns do casal, com o propósito de melhor garantir a sobrevivência do enfermo e não apenas apenar ou desestimular o pedido de separação pelo cônjuge sadio.

É certo que a enfermidade mental de um dos cônjuges inviabiliza a manutenção do casamento, importando, em regra, desavenças matrimoniais. Como leciona Carlos Roberto Gonçalves, é inegável que os fins do casamento desaparecem quando um dos consortes perde a razão e o pleno gozo das

[96] DINIZ, Maria Helena. *Curso de direito civil brasileiro* – Direito de família. 22. ed., cit., p. 299-300.

faculdades mentais. Decorre a dissolução da sociedade conjugal, nesses casos, da impossibilidade material e moral de obtenção dos fins do casamento[97]. Mas é certo também que o casamento importa na plena comunhão de vida, assumindo o homem e a mulher a condição de consortes e companheiros para os bons momentos e as adversidades que o futuro lhes reserva.

A plena comunhão de vida é a principal finalidade e a razão do matrimônio, importando no amparo e socorro mútuos, material e espiritual, compartilhando as dificuldades e instabilidades durante a vida. O amparo ao cônjuge mentalmente doente decorre do dever de mútua assistência, do dever moral e ético do cônjuge sadio em amparar o outro.

Assim, em razão da proteção que a lei confere ao cônjuge doente mentalmente quando o outro quer dele separar-se, deve ser excepcionada, nesse caso, a possibilidade do divórcio ou separação judicial com fundamento exclusivo na separação de fato, a teor do art. 1.572, § 2º, do Código Civil. O Tribunal de Justiça de Minas Gerais já decidiu que não se pode manejar ação de divórcio direto, fulcrada em doença mental de cura improvável do outro cônjuge, embora presente o transcurso de mais de dois anos de separado de fato, pois, nesse caso, deve ser proposta anteriormente a ação de separação remédio antes do divórcio, em razão da proteção especialíssima ao cônjuge doente (JM 117:151)[98].

A doença mental deve manifestar-se após o casamento, mesmo que a origem seja anterior, pois, se se manifestou antes do matrimônio, afasta a proteção ao cônjuge doente e não pode o sadio utilizar a doença mental do outro como causa objetiva da separação. A doença mental anterior do cônjuge torna anulável o casamento (art. 1.550, IV, do CC). A enfermidade deve ser ainda de cura improvável, impedindo ao enfermo voltar a ter uma vida normal. Não se exige que a incurabilidade seja absoluta; basta ser improvável, sem uma previsão de cura a possibilitar ao casal retornar ao matrimônio, o que deve ser aferido pelo juiz, valendo-se das provas periciais.

O cônjuge sadio deverá prestar alimentos se o doente não possuir rendimentos e os filhos ficarão sob a guarda do que estiver em condições de assumi-los, se impossibilitada a guarda compartilhada em razão da deficiência mental.

---

97 GONÇALVES, Carlos Roberto. *Direito civil brasileiro* – Direito de família, cit., p. 227.

98 *Boletim de jurisprudência* – Direito de família. Corregedoria-Geral do Ministério Público do Estado de Minas Gerais. Belo Horizonte: Unifenas, 1997. p. 82.

Requisitos da separação remédio art. 1.572, § 2º, do CC	• doença mental grave do cônjuge manifestada após o casamento • duração de, no mínimo, dois anos de cura improvável • impossibilidade da vida em comum

4.2.4. Efeitos da separação judicial

A separação judicial produz efeitos a partir do trânsito em julgado (art. 8º da Lei n. 6.515/1977), dissolvendo a sociedade conjugal; entretanto, em certos casos, retroage à data da sentença e até mesmo da decisão que concedeu a separação de corpos, como nos casos de fixação de alimentos, suspensão do dever de coabitação e contagem de prazo para conversão em divórcio.

Perante terceiros, é necessária a averbação da separação judicial nos registros públicos competentes para produção dos efeitos.

A separação extrajudicial ou administrativa produz os efeitos entre os consortes a partir da escritura pública e perante terceiros após averbação no registro público.

Os efeitos são produzidos em relação à *pessoa dos cônjuges*, aos *bens* e aos *filhos*, todavia, não rompe o vínculo conjugal, que só ocorre com o divórcio. Os efeitos, quanto aos filhos, serão abordados no capítulo próprio, ao tratar da proteção dos filhos, limitando-se, por ora, aos efeitos pessoais e patrimoniais entre os cônjuges.

A sentença, na separação judicial, não produz coisa julgada absoluta, já que pode ser revisto o que foi deliberado em relação aos filhos, alimentos e até mesmo os cônjuges se reconciliarem, restabelecendo a sociedade conjugal (art. 1.577 do CC).

4.2.4.1. *Efeitos pessoais entre os cônjuges*

Os principais efeitos pessoais[99] entre os cônjuges são:

[99] DINIZ, Maria Helena. *Curso de direito civil brasileiro* – Direito de família. 22. ed., cit., p. 306-307.

a) *Cessar o debitum conjugale*, pondo termo aos deveres recíprocos de coabitação, fidelidade e assistência moral (art. 1.576 do CC). Não cessa o dever de assistência material, podendo o cônjuge necessitado exigir alimentos do outro.

b) *Impedir o cônjuge culpado de usar o nome do outro*. O nome é direito da personalidade, identificando a pessoa em suas relações profissionais e sociais. A lei autoriza que seja vedado ao cônjuge julgado culpado na separação sanção a usar o sobrenome do outro, se requerido pelo cônjuge inocente (art. 1.578 do CC), salvo se da alteração ocorrer evidente prejuízo para sua identificação, manifesta distinção entre seu nome e o dos filhos (se tiverem só o sobrenome da mãe ou do pai) ou dano grave reconhecido na decisão judicial (incisos I a III). Na separação falência e na separação remédio, não se discute culpa, apesar de litigiosa; portanto, não existe previsão quanto à perda do uso do nome, como ocorria injustificadamente na Lei n. 6.515/1977 ao determinar que o requerente perdesse o direito de usar o nome do outro, cabendo a opção a cada um dos cônjuges de conservar ou não o sobrenome (art. 1.578, § 2º, do CC), o mesmo ocorrendo na separação consensual, prevalecendo o acordo entre as partes. A jurisprudência já decidiu que, na hipótese de o cônjuge ter conduta imoral ou criminosa, após a separação, praticando atos que comprometam o nome do ex-cônjuge gravemente, ocasionado dano de ordem moral ou financeira como emitir cheques sem provisão de fundos na praça, ligando a conduta reprovável do autor ao antigo consorte em razão do uso do nome, que o prejudicado proíba o uso de seu nome pelo outro, que perderá o direito de usá-lo, em ação ordinária. O cônjuge inocente que conservar o nome de casado poderá, a qualquer momento, renunciar ao direito de usar o sobrenome do outro (art. 1.578, § 1º, do CC), cabendo o mesmo princípio nas demais espécies de separação, entretanto, a renúncia é irretratável, não sendo permitido ao cônjuge separado judicialmente voltar a usar o nome do outro, salvo se o casal reconciliar-se.

c) *Impossibilidade de contrair novas núpcias*, posto que a separação judicial não extingue o vínculo do casamento, apenas a sociedade conjugal, existindo impedimento matrimonial ao separado judicialmente de convolar novas núpcias.

d) *Autorizar a conversão em divórcio*, após o trânsito em julgado da sentença que decretou a separação judicial ou da decisão concessiva da separação de corpos, desde que a separação judicial tenha transitado em julgado.

e) *Proibir a oposição de terceiro nas atividades empresariais em razão da sentença que decretar ou homologar a separação judicial ou o ato de reconciliação de empresário enquanto não for arquivada e averbada no Registro Público de Empresas Mercantis*. A partir do momento em que a sentença da separação e do divórcio é averbada no registro civil, inclusive do empresário, passa a gerar efeitos civis em relação a terceiros (art. 32 da Lei n. 6.515/1977). Todavia, para produzir efeitos perante terceiros, quanto às atividades empresariais, inclusive credores comerciais ou financeiros do empresário, a sentença terá de ser arquivada e registrada na junta comercial da sede da empresa (art. 980 do CC). O Código Civil atual ao tratar, no direito da empresa, da capacidade para exercício da atividade empresarial, autoriza os cônjuges a contratar sociedade entre si, desde que o regime não seja de comunhão universal ou de separação obrigatória (art. 977), podendo o empresário casado alienar ou gravar de ônus real os bens imóveis que integrem o patrimônio da empresa, sem necessidade de outorga conjugal (art. 978), exigindo-se, além dos casos de sentença que homologa ou decreta a separação do casal, o arquivo e a averbação no Registro Público das Empresas Mercantis dos pactos e declarações antenupciais dos empresários, dos títulos de doação, herança ou legado, de bens clausulados de incomunicabilidade ou inalienabilidade (art. 979).

4.2.4.2. *Efeitos patrimoniais*

A separação judicial, ao dissolver a sociedade conjugal, extingue o regime de bens entre os cônjuges, obriga o cônjuge com condições a prestar alimentos ao necessitado, e acarreta a perda dos direitos sucessórios. Assim, os principais efeitos patrimoniais são:

a) *Pôr fim ao regime matrimonial de bens* (art. 1.576, parte final, do CC). Partilham-se os bens dentro dos critérios do regime, que pode ser feito mediante proposta dos cônjuges e homologada pelo juiz, tanto na consensual como na litigiosa (nada impede que os cônjuges acordem na partilha) ou julgada por sentença, se não existir acordo. Na separação extrajudicial ou administrativa, a partilha dos bens é efetuada na escritura pública.

No caso de doença mental, reverte ao cônjuge enfermo que não pediu a separação, o remanescente dos bens que levou para o casamento (art. 1.572, § 2º, do CC), além dos que constituírem a meação dos aquestos (bens adquiridos na constância do casamento).

Revertem ao cônjuge os bens que não se comunicaram com o casamento, partilham-se os comuns e apura-se, no regime de participação final nos aquestos, o seu montante, partilhando-os.

No caso de um dos cônjuges ser sócio de empresa, a sua quota somente poderá ser partilhada se os demais sócios concordarem (arts. 1.002 e 1.003 do CC), não tendo o cônjuge do sócio direito a integrar automaticamente a sociedade, como consequência do resultado da partilha. Assim, nos termos do art. 1.027 do Código Civil, a partilha, em questão, não poderá ter como objeto as quotas detidas pelo sócio na sociedade, mas apenas o direito à percepção dos lucros que ao sócio couber e distribuídos a cada ano, se positivo o resultado oficial[100]. Tratando-se, assim, de sociedade de pessoas, o ex-cônjuge somente será sócio se os demais anuírem, caso contrário, haverá entre os ex-cônjuges uma *subsociedade*, regida pelas normas do condomínio no quinhão do sócio, mas permanecendo o ex-cônjuge alheio à sociedade. Apesar de associado no quinhão de um sócio, o ex-consorte não é sócio dos demais, não podendo interferir na sociedade. O CPC/2015, entretanto, não interessando ao cônjuge não sócio manter uma subsociedade com o ex-consorte, autoriza a *requerer a apuração dos seus haveres na sociedade*, que serão pagos e debitados da cota do sócio, em ação própria de *dissolução parcial da sociedade*, conforme os arts. 599, III[101] e 600, parágrafo único[102].

---

[100] FIUZA, Ricardo (Coord.). *Novo Código Civil comentado*, cit., p. 927.

[101] "Art. 599. A ação de dissolução parcial de sociedade pode ter por objeto:

[...]

III – somente a resolução ou a apuração de haveres."

[102] "Art. 600. A ação pode ser proposta:

[...]

Tratando-se de sociedade de capital, os cônjuges podem partilhar as quotas acrescidas de acordo com o regime de bens. Ressalta-se que, se as quotas pertencem a um dos cônjuges e o seu valor cresceu em razão do desempenho da empresa, o outro não possui direito de meação no acréscimo, entretanto, se ocorrer acréscimo na quantidade de quotas, adquiridos na constância do matrimônio, o cônjuge possui direito de partilhar o acréscimo.

b) *Cessar os direitos hereditários entre os ex-cônjuges*, pois, com a separação judicial, o ex-cônjuge não será chamado à sucessão em concorrência com os descendentes e ascendentes ou como herdeiro único na falta destes (art. 1.830 do CC). O Código Civil inovou ao excluir da sucessão o cônjuge separado de fato há mais de dois anos, salvo se comprovar que não foi o culpado pela separação (art. 1.830, parte final).

c) *Obrigar o cônjuge a prestar alimentos ao necessitado*, substituindo o dever de sustento pela obrigação alimentar. O direito a alimentos entre os cônjuges é recíproco e devido para que possam viver de modo compatível com sua condição social (art. 1.694 do CC), observando o binômio possibilidade/necessidade (art. 1.694, § 1º, do CC).

Na separação consensual, judicial ou extrajudicial prevalecerão os alimentos que os cônjuges acordarem.

Na separação litigiosa sanção, o cônjuge culpado pagará pensão se o outro necessitar. Já o cônjuge inocente somente pagará alimentos se o culpado necessitar, não tiver condições de trabalhar e nem parentes em condições de prestá-los, sendo fixado apenas o indispensável para a sobrevivência (art. 1.704, parágrafo único, do CC). Ocorrendo culpa recíproca, aplica-se o mesmo critério do cônjuge inocente.

Nas separações falência e remédio cabem alimentos de modo recíproco, desde que necessitado um dos cônjuges, observando o disposto no art. 1.704, *caput*, do Código Civil e os critérios que regem as obrigações alimentares, já que nestas hipóteses de separação não existe culpado.

Parágrafo único. O cônjuge ou companheiro do sócio cujo casamento, união estável ou convivência terminou poderá requerer a apuração de seus haveres na sociedade, que serão pagos à conta da quota social titulada por este sócio."

Novo casamento, união estável ou concubinato do cônjuge credor, bem como se tiver procedimento indigno, cessa o dever de o outro prestar alimentos (art. 1.708 e parágrafo único, do CC). Entretanto, novo casamento, união estável ou concubinato do cônjuge devedor não extingue sua obrigação (art. 1.709 do CC).

Admite-se modificação ou até exoneração dos alimentos, se ocorrer modificação na situação financeira dos cônjuges (art. 1.699 do CC).

4.2.5. Restabelecimento da sociedade conjugal

Como na separação judicial não se extingue o vínculo do casamento; é lícito o pedido formulado por ambos os cônjuges para restabelecer, a qualquer momento, a sociedade conjugal, conforme prevê o art. 1.577 do Código Civil[103], não podendo prejudicar o direito de terceiros, adquirido antes ou durante a separação, mediante *termo de reconciliação*, lavrado nos autos da ação de separação (art. 46 da Lei n. 6.515/1977). É ato bilateral, não subordinado a condições ou termos, ficando restabelecida nas mesmas condições em que se constituíra, cumprindo-se o pacto antenupcial.

Admite-se, todavia, na própria reconciliação, a alteração do regime de bens em pedido cumulado e justificado ao juiz, em face da permissão do art. 1.639, § 2º, do Código Civil.

O art. 733 do Código de Processo Civil, como ocorria legislação anterior, não prevê a reconciliação do casal por escritura pública, entretanto, se admitida a separação como consequência lógico-jurídica deve se permitir a reconciliação, atendidos os requisitos legais.

O Conselho Nacional de Justiça, na Resolução n. 35/2007, ao disciplinar a aplicação da Lei n. 11.441/2007, admite o restabelecimento por escritura pública da sociedade conjugal, mesmo que a separação foi judicial, bastando a apresentação de certidão da sentença de separação ou da averbação da separação no assento de casamento (art. 48).

---

[103] "Art. 1.577. Seja qual for a causa da separação judicial e o modo como ela se faça, é lícito aos cônjuges restabelecer, a todo tempo, a sociedade conjugal, por ato regular em juízo. Parágrafo único. A reconciliação em nada prejudicará o direito de terceiros, adquirido antes e durante o estado de separado, seja qual for o regime de bens."

5. DIVÓRCIO JUDICIAL

5.1. Considerações gerais

Conrado Paulino da Rosa leciona que o divórcio é o meio voluntário de dissolução do casamento, facilitado com a EC n. 66/2010, que excluiu a observância de quaisquer prazos. Mesmo persistindo os prazos no Código Civil, "tais dispositivos devem ser interpretados à luz da Constituição Federal que não mais exige a sua presença para o final do relacionamento"[104].

O divórcio rompe definitivamente o vínculo do casamento, dissolvendo o matrimônio e permitindo aos ex-cônjuges casarem-se novamente. Se for por conversão da separação judicial, extingue só o vínculo, já que a sociedade conjugal já estava dissolvida. Se for direto, extingue a sociedade e o vínculo conjugais. Em ambos os casos, exigem-se sentença judicial ou escritura pública e não se admite reconciliação, sendo necessário um novo casamento entre os ex-cônjuges para se unirem novamente pelo matrimônio (art. 33 da Lei n. 6.515/1977).

O divórcio ao vínculo, após uma luta longa e sistemática entre os divorcistas, tendo entre eles o senador Nelson Carneiro, e os não divorcistas apoiados pela posição intransigente da Igreja Católica, que considera o matrimônio um sacramento indissolúvel, foi introduzido no Brasil pela Emenda Constitucional n. 9, de 28 de junho de 1977, e regulado pela Lei n. 6.515/1977. Sofreu alterações na Constituição Federal de 1988, que reduziu o prazo de conversão da separação judicial para um ano (eram três), permitiu o direto em qualquer época (só era admitido para separações de fato anteriores à EC n. 9/1977), reduzindo o prazo para o direto em dois anos (eram cinco). A EC n. 66/2010 aboliu no texto constitucional o divórcio por conversão e os prazos para o divórcio direto, podendo ser pleiteado a qualquer tempo, sem justificar os motivos, tratando-se de direito potestativo das partes.

A Lei n. 6.515/1977 admitia no art. 40, § 1º, o divórcio direto litigioso nas modalidades da separação (sanção, falência e remédio), aplicando as mesmas consequências. Entretanto, o referido parágrafo foi revogado pela Lei n. 7.841/1989, não se aplicando mais a distinção, exigindo-se apenas o prazo de separação de fato, o que foi excluído na nova norma constitucional.

---

[104] ROSA, Conrado Paulino da. *Curso de direito de família contemporâneo*. 4. ed. Salvador: JusPodivm, 2018. p. 264.

O divórcio caracteriza-se por ser uma permissão jurídica colocada à disposição dos consortes; logo, nenhum efeito terá cláusula colocada em pacto antenupcial, em que os cônjuges assumam o compromisso de jamais se divorciarem[105]. Nenhum valor terá cláusula abdicativa do divórcio.

Rolf Madaleno lembra que o divórcio põe termo à sociedade conjugal e dissolve o casamento válido, mas não modifica os deveres dos pais com relação aos filhos e, tampouco, o novo casamento de qualquer dos pais, ou de ambos, não poderá restringir os direitos e deveres[106].

O Código Civil regula acanhadamente o divórcio em poucos artigos (arts. 1.579 a 1.582), o que não ocorre, por exemplo, com a anulação do casamento, de pouco uso e que é regulada em 17 artigos. O divórcio direto nem sequer possui dispositivo próprio, já que é previsto no § 2º do art. 1.580, apesar de sua importância. Este dissolve o casamento e altera o estado civil dos cônjuges que, de casados, passam a ser divorciados, não sendo alterado com a morte de um deles. O estado civil do sobrevivente continua sendo divorciado e não viúvo, diversamente do que ocorre com o separado juridicamente, posto que, como a separação jurídica não dissolve o casamento, o sobrevivente separado passa à condição de viúvo[107].

A Emenda Constitucional n. 66/2010, que alterou o § 6º do art. 226 da Constituição Federal, para suprimir do seu texto a separação judicial, o divórcio por conversão e o prazo de separação de fato, obrigará o legislador ordinário a regular o divórcio com maior atenção, inclusive seus diversos efeitos.

A legitimidade para requerer divórcio é personalíssima, sendo conferida somente aos cônjuges; portanto, só pode ocorrer em vida dos consortes, admitindo-se, excepcionalmente, ser proposto ou defendido por curador, ascendente ou irmão, se o cônjuge for incapaz, conforme autoriza o art. 1.582 do Código Civil[108].

---

105 DINIZ, Maria Helena. *Curso de direito civil brasileiro* – Direito de família. 22. ed., cit., p. 322.

106 MADALENO, Rolf. *Curso de direito de família*. 3. ed., cit., p. 315.

107 DIAS, Maria Berenice. *Manual de direito das famílias*. 4. ed., cit., p. 288-289.

108 "Art. 1.582. O pedido de divórcio somente competirá aos cônjuges.
Parágrafo único. Se o cônjuge for incapaz para propor a ação ou defender-se, poderá fazê-lo o curador, o ascendente ou o irmão."

O atual Código Civil inovou ao admitir que *o divórcio pode ser concedido sem que haja prévia partilha dos bens* (art. 1.581), o que foi reiterado no novo CPC (art. 731, parágrafo único), alterando o art. 31 da Lei n. 6.515/1977, que exigia a prévia partilha dos bens no pedido de conversão. Parte da doutrina, entretanto, lecionava que o art. 1.581 do Código Civil estava se referindo ao divórcio direto litigioso (Súmula n. 197 do STJ) porque, não havendo separação judicial, nem acordo, a partilha poderá ser realizada após a sentença (art. 1.523, III, do CC), não se aplicando nos casos de conversão e divórcio direto consensual. O art. 1.581 do Código Civil, entretanto, não diferencia o divórcio direto do indireto ou o litigioso do consensual, permitindo, em qualquer deles, seja concedido sem prévia partilha de bens, apesar de ser prejudicial, especialmente nos divórcios litigiosos, por perpetuar as desavenças e demandas entre os cônjuges.

A sentença que decreta o divórcio possui eficácia *desconstitutiva*, produzindo efeitos a partir do *trânsito em julgado*, tanto que se falecer uma das partes após a sentença não transitada em julgado extingue-se o processo, por tratar-se de ação personalíssima, intransmissível (art. 485, IX, do CPC)[109]. Mesmo que em execução provisória da sentença que decretou o divórcio, porque pendente o julgamento de recursos contra os despachos que não admitiram o recurso especial, falecendo um dos cônjuges, o estado civil do sobrevivente é de viúvo e não de divorciado, pois ainda não transitada em julgado a decisão que concedeu o divórcio[110].

O divórcio pode ser direto, nas modalidades consensual e litigioso, judicial ou administrativo. Com a manutenção da separação no CPC/2015 continua existindo o divórcio por conversão.

5.2. Divórcio consensual

Ocorre quando os cônjuges entram em acordo, como na separação consensual, adotando o mesmo procedimento previsto nos arts. 731 a 733 do Código de Processo Civil. Deve constar no pedido, conforme o art. 731 do Código de Processo Civil:

---

[109] DIAS, Maria Berenice. *Manual de direito das famílias*. 4. ed., cit., p. 291.

[110] STJ, 3ª Turma, REsp 239.195/SP, Rel. Min. Carlos Alberto Menezes Direito, j. 5-11-2001.

Art. 731. A homologação do divórcio ou da separação consensuais, observados os requisitos legais, poderá ser requerida em petição assinada por ambos os cônjuges, da qual constarão:

I – as disposições relativas à descrição e à partilha dos bens comuns;

II – as disposições relativas à pensão alimentícia entre os cônjuges;

III – o acordo relativo à guarda dos filhos incapazes e ao regime de visitas; e

IV – o valor da contribuição para criar e educar os filhos.

Parágrafo único. Se os cônjuges não acordarem sobre a partilha dos bens, far-se-á esta depois de homologado o divórcio, na forma estabelecida nos arts. 647 a 658.

O requisito é apenas o acordo entre as partes, não sendo exigido comprovação de prazo de casamento, separação de fato ou motivos.

A Lei n. 11.441/2007 também inovou no direito brasileiro e trouxe profunda modificação nas separações e divórcios consensuais, afastando a ingerência excessiva do Estado quando as partes estão acordes, possibilitando o divórcio no tabelionato de notas, extrajudicialmente, se os cônjuges forem capazes e não possuírem filhos menores.

Observa-se que no divórcio consensual, não existindo filhos incapazes, é prescindível a participação do Ministério Público e homologação judicial, nos termos da referida lei, possibilitando a realização por via administrativa.

O Conselho Nacional de Justiça, na Resolução n. 35/2007, considera desnecessária até mesmo a presença pessoal das partes à lavratura da escritura pública de divórcio, podendo ser representadas por procurador (art. 36).

É inequívoco que a Lei n. 11.441/2007, ao possibilitar a prática de atos, antes tradicionalmente jurisdicionais e com intervenção do Ministério Público, mediante via administrativa, altera substancialmente a tradição jurídica nos divórcios consensuais, exigindo a presença do juiz e do Ministério Público na fiscalização tão somente dos interesses dos filhos incapazes, notadamente guarda e alimentos.

Newton Teixeira de Carvalho, tão logo a Lei n. 11.441/2007 entrou em vigor, ressaltava a sua importância por afastar a ingerência do Estado na vida das pessoas e preconizava que repercutia no judiciário, inclusive quanto à desnecessidade de participação do Ministério Público na separação e divórcio consensuais, eis que, se extrajudicialmente perante o tabelião não participa, por razão mais forte, é desnecessária tal intervenção nos requerimentos judiciais, tendo em vista a presença do juiz no feito[111].

O Código de Processo Civil de 2015 acolheu esse entendimento, dispondo no art. 698 que:

> Art. 698. Nas ações de família, o Ministério Público somente intervirá quando houver interesse de incapaz e deverá ser ouvido previamente à homologação de acordo.

A Lei n. 11.441/2007 afastou o formalismo e a morosidade judicial nas separações e divórcios consensuais, notadamente a necessidade de designação de audiência de instrução para comprovação do prazo de separação de fato, o que foi mantido na EC n. 66/2010, dispensando-se a exigência de prazos e permitindo a decretação do divórcio a qualquer tempo e sem motivos, simplificando a dissolução do vínculo matrimonial.

No pedido, como visto, deve constar, como ocorre na separação consensual, o acordo relativo à guarda, visita e alimentos para os filhos menores, o valor da pensão alimentícia ao cônjuge que dela necessitar, a descrição dos bens do casal e a respectiva partilha, além do uso do nome, quando adotado do outro cônjuge. O art. 25, parágrafo único, da Lei n. 6.515/1977, dispunha que o nome adotado do consorte somente seria mantido após o divórcio, se trouxesse evidente prejuízo para a identificação, manifesta distinção entre o seu nome e o dos filhos ou dano grave reconhecido em decisão judicial; o Código Civil, entretanto, dispõe no art. 1.571, § 2º, que "o cônjuge poderá manter o nome de casado".

Se os cônjuges não acordarem sobre a partilha dos bens, o divórcio direto consensual pode ser concedido sem que haja prévia divisão, em face do disposto no art. 1.581 do Código Civil, que acolheu a Súmula n. 197 do STJ, extinguindo a discussão doutrinária e jurisprudencial quanto à necessidade da partilha no divórcio direto consensual e o parágrafo único do art. 731 do Código de Processo Civil.

---

111 CARVALHO, Newton Teixeira de. Lei 11.441 em debate. *Boletim do IBDFAM*. n. 42. Belo Horizonte: IBDFAM, jan.-fev. 2007. p. 4.

A necessidade de designação de audiência de conciliação e ratificação do divórcio, prevista na parte final dos arts. 40, § 2º, III, da Lei n. 6.515/1977 e 1.122 do Código de Processo Civil de 1973, não foi reproduzida no CPC/2015, e pode ser questionada em razão da Lei n. 11.441/2007, que autoriza o divórcio administrativo sem fase de conciliação e sem a presença das partes na lavratura da escritura pública. O Superior Tribunal de Justiça, na vigência do CPC/1973 e após a EC n. 66/2010, vem decidindo que inexiste obrigatoriedade de audiência de ratificação no divórcio consensual, pois não mais existem condições preexistentes, passando a ter vez no Direito de Família a figura da intervenção mínima do Estado[112].

Fernanda Tartuce ressalta que o CPC/2015 passou a prever procedimento simplificado para homologação do divórcio e separações consensuais, prevendo apenas os requisitos da petição inicial e suprimindo a audiência preliminar e a famigerada audiência de ratificação, reduzindo a intervenção do Estado na vontade declarada das pessoas[113].

Recomenda-se, entretanto, a designação de audiência preliminar se o juiz perceber que o acordo não preserva os interesses de um dos cônjuges ou dos filhos, possibilitando às partes adequar o pedido. Mantido os termos, se prejudicial especialmente aos filhos, o juiz indefere a homologação, conforme dispõe o parágrafo único do art. 1.574 do Código Civil:

> Art. 1.574. (...)
>
> Parágrafo único. O juiz pode recusar a homologação e não decretar a separação judicial se apurar que a convenção não preserva suficientemente os interesses dos filhos ou de um dos cônjuges.

O pedido é apresentado por ambos os cônjuges, por procuradores comuns ou distintos, assinado também pelos requerentes.

A petição indicará, sem fazer menção à causa do divórcio, a descrição dos bens do casal e a respectiva partilha, o acordo relativo à guarda e pensão alimentícia aos filhos e eventualmente ao cônjuge que necessitar, devendo

---

[112] STJ, REsp 1.483.841/RS, Rel. Min. Moura Ribeiro, j. 17-3-2015.

[113] TARTUCE, Fernanda. *Processo civil no direito de família – teoria e prática*. 4. ed. Rio de Janeiro: Forense, 2019. p. 333.

obrigatoriamente ser instruída com a certidão de casamento e o contrato antenupcial, se houver.

O Código de Processo Civil, no art. 731, complementado pela Lei do Divórcio, no art. 40, § 2º, estabelece os requisitos da petição inicial, idênticos aos do pedido de separação consensual, dispondo que será requerido em petição assinada também por ambos os cônjuges. A petição deve ser instruída com a certidão de casamento, pacto antenupcial se houver, além dos outros documentos necessários, e deve conter:

a) a descrição dos bens do casal e a respectiva partilha;

b) o acordo relativo à guarda dos filhos menores e ao regime de visitas;

c) o valor da contribuição para criar e educar os filhos; e

d) a pensão alimentícia entre os cônjuges, se um deles não possuir bens ou trabalho suficientes para se manter.

O esboço da partilha deve ser apresentado desde logo, descrevendo devidamente os bens, mencionando quanto aos imóveis, o número da matrícula no registro imobiliário e os seus valores. A partilha pode ser realizada desigualmente, uma vez que os cônjuges são capazes, não estando impedidos de transigir, não se aplicando, neste caso, o princípio da igualdade na partilha exigido quando se tratar de herdeiros necessários (arts. 1.847 e 2.017 do CC). Da mesma forma, pode um dos cônjuges renunciar a sua parte em favor do outro, desde que conscientemente e que possua outros bens próprios ou rendimentos para sua subsistência (art. 548 do CC), sujeitando-se os consortes ao recolhimento do imposto decorrente da doação implicitamente feita, denominado *imposto de reposição*. Orienta a Súmula n. 116 do Supremo Tribunal Federal que "em desquite, ou inventário, é legítima a cobrança do chamado imposto de reposição, quando houver desigualdade nos valores partilhados"[114]. Tratando-se, portanto, de partilha desigual entre os cônjuges, é devido o imposto *inter vivos* por configurar doação o que ultrapassa a meação. No entanto, se o valor das partes for igual, ainda que aquinhoado com bens distintos, móveis ou imóveis, não é devido o imposto.

A partilha, conforme já ressaltado, não existindo acordo entre os cônjuges ou preferindo manter os bens indivisos, pode ser efetuada depois de

---

[114] GONÇALVES, Carlos Roberto. *Direito civil brasileiro* – Direito de família, cit., p. 199.

decretado o divórcio, por sentença em ação de partilha dos bens, conforme expressamente permite o art. 1.581 do Código Civil, proposta dos ex-cônjuges homologada pelo juiz, ou até mesmo extrajudicialmente, por escritura pública.

Permite-se também doação de imóveis aos filhos do casal, feita por escritura pública ou carta de sentença, ou, ainda, promessa de doação de bens homologada judicialmente e expedição de carta de adjudicação hábil ao registro imobiliário. Assim, os cônjuges, no divórcio, sendo este um negócio jurídico, podem inserir cláusulas outras no exercício da autonomia da vontade, desde que não vedadas em lei, como estipular cessões de bens em comodato ou em locação entre os cônjuges, doações ou promessa de doação entre estes ou aos filhos, com ou sem usufruto. Na *doação definitiva*, homologado o acordo no divórcio, o ato se consumou, sem necessidade de ser complementado por instrumento público transmissivo, pois, sendo praticado em juízo, tem os mesmos efeitos da escritura pública. A *promessa de doação* em favor dos filhos também se concretiza no momento da celebração da promessa com a homologação do acordo por sentença, atribuindo eficácia plena e irrestrita, sem condições de retratabilidade e arrependimento, erigindo-se em contrato preliminar e assegurando ao beneficiado, em caso de inadimplemento, exigir a execução específica das obrigações de emitir declaração de vontade, mediante adjudicação compulsória de imóvel ou sentença condenatória substitutiva da declaração de vontade recusada[115].

Existindo filhos menores, o acordo deve regular a guarda e o direito de visitas, de forma clara para evitar embates futuros, extremamente prejudiciais à prole. O acordo, não ocorrendo a guarda compartilhada, deve estabelecer preferencialmente o direito de o genitor receber o filho em visita nos finais de semana alternados, possibilitando ambos os pais tê-lo em sua companhia nos dias de descanso, repartindo-se as férias e alternando os feriados importantes como natal e ano novo.

A doutrina moderna repudia a expressão *direito de visitas*, devendo ser substituída por direito à convivência familiar, direito fundamental da criança e do adolescente em conviver com seus parentes, sem fixação de dias e horários predeterminados, possibilitando a guarda compartilhada entre os pais.

---

115 GONÇALVES, Carlos Roberto. *Direito civil brasileiro* – Direito de família, cit., p. 199-202.

Da mesma forma, o acordo deve estipular a pensão para criação e educação dos filhos, sendo incabível renúncia ao direito à pensão aos filhos menores pelo cônjuge que detém a guarda, tratando-se de direito indisponível. O Ministério Público possui legitimidade para recorrer da sentença homologatória do acordo no divórcio em que a parte renuncia à pensão alimentícia por seus filhos menores, apesar da existência de acórdão admitindo não ser obrigatória a cláusula alimentar para o filho menor, quando ficar em companhia do cônjuge responsável pelo sustento[116]. O juiz deve observar se o acordo preserva os direitos indisponíveis dos filhos menores, negando a homologação se este não resguardar o direito aos alimentos.

A petição deve ainda esclarecer se o ex-cônjuge continua ou não com o nome de casado, já que pode fazer a opção. O ex-consorte que usar o nome do outro poderá, a qualquer momento, unilateralmente, mediante simples petição ao juiz no pedido de divórcio, renunciar ao direito de usá-lo, voltando a adotar o nome de solteiro. Após a opção de não usar o nome do outro ou a renúncia posterior, o ex-cônjuge não pode voltar a usá-lo pois o casamento foi extinto.

O juiz, verificando que a petição preenche os requisitos legais, depois de ouvir o Ministério Público, se existir incapaz, decretará o divórcio e homologará o acordo quanto às questões resultantes.

O divórcio consensual é bilateral, consistindo o acordo em um negócio jurídico, regulando as partes os efeitos tanto na ordem pessoal quanto patrimonial. Entretanto, somente se aperfeiçoa com a decretação judicial e homologação das questões resultantes. Assim, é inequívoco que o cônjuge pode retratar sua manifestação de vontade validamente se o acordo não foi homologado por sentença. Tratando-se de manifestação de vontade, o cônjuge não precisa justificar a retratação. Maria Berenice Dias leciona que há possibilidade de qualquer dos cônjuges retratar antes da sentença, desistindo da separação (o que se aplica ao divórcio consensual), entretanto, após a homologação judicial, não cabe recurso de apelação por arrependimento, a não ser que alegue a parte algum erro procedimental. Não se autoriza o uso da via recursal ou da ação rescisória por simples arrependimento com referência à separação (ou divórcio) ou alguma das cláusulas do acordo. Somen-

---

116 NEGRÃO, Theotonio; GOUVÊA, José Roberto F. *Código de Processo Civil*. 39. ed. São Paulo: Saraiva, 2007. p. 1087.

te se ocorrer vício de consentimento autoriza-se o manejo da ação de anulação do ato[117].

As partes podem, consensualmente, alterar em ação autônoma ou nos próprios autos do divórcio consensual, as convenções referentes a alimentos, guarda e direito de visitas, mesmo após o trânsito em julgado da sentença, bem como apresentar proposta de partilha dos bens para homologação, se não ocorreu por ocasião do divórcio. Se surgirem outros bens, cabe sobrepartilha.

5.3. Divórcio litigioso

5.3.1. Considerações gerais

Ocorre quando não existe acordo entre os cônjuges ou desconhecem o paradeiro de um deles. Adota-se o procedimento previsto no art. 693 do Código de Processo Civil, procedendo-se a citação do outro cônjuge para audiência de mediação e conciliação, adotando-se o rito comum se não existir acordo.

Somente é admitido judicialmente.

Não se exige mais a causa objetiva de separação de fato e tempo mínimo como ocorria na redação primitiva do art. 226, § 6º, da Constituição Federal. Da mesma forma, como já ocorria, não se discutem causas subjetivas para decretação do divórcio. Como ensina Paulo Lôbo, a nova redação da norma constitucional tem a virtude de pôr fim à exigência de comprovação da culpa do outro cônjuge, quando da conversão em divórcio da separação judicial litigiosa, trazendo os ressentimentos da ação anterior, o que comprometia o relacionamento pós-conjugal e prejudicava a criação e formação dos filhos comuns, bem como de tempo mínimo para sua decretação[118].

Não existindo questões resultantes a serem apreciadas, após a audiência de conciliação e contestação do réu, o juiz julga e decreta de imediato o divórcio, conforme já decidiu o Superior Tribunal de Justiça:

> 1. Em razão da modificação do art. 226, § 6º da CF, com a nova redação dada pela EC n. 66/10, descabe falar em requisitos para a concessão do divórcio.

[117] DIAS, Maria Berenice. *Manual de direito das famílias*. 4. ed., cit., p. 278.

[118] LÔBO, Paulo. *Divórcio*: alteração constitucional, suas consequências. Disponível em: <www.ibdfam.org.br/artigos>. Acesso em: 20-7-2010.

2. Inexistindo requisitos a serem comprovados, cabe, caso o magistrado entenda ser a hipótese de concessão de plano do divórcio, a sua homologação[119].

Em razão da ausência de previsão para as consequências do divórcio sem culpa, duas correntes vêm se destacando para aplicação da nova norma constitucional. A *primeira*, numa interpretação literal da EC n. 66/2010, defende que no divórcio sem culpa não se discute qualquer questão resultante. Os outros temas, como alimentos e guarda de filhos, devem ser resolvidos em outro processo. Não cabe reconvenção.

A *segunda* corrente, majoritária, entende que, no pedido de divórcio sem culpa não se discutem causas subjetivas ou objetivas, entretanto, permite-se cumular na mesma ação questões resultantes da extinção do vínculo, como guarda e alimentos aos filhos, alimentos ao cônjuge e partilha de bens. A contestação é ampla e cabe reconvenção, não para o divórcio em si, mas para as questões resultantes.

5.3.2. Cumulação de pedidos, contestação e reconvenção

Aplica-se no divórcio litigioso o rito das ações contenciosas de família previstas nos arts. 693 a 699 do Código do Processo Civil.

Atualmente, a contestação no divórcio litigioso, quanto às questões resultantes, pela nova sistemática, restou reduzida. Os bens podem ser partilhados posteriormente (art. 1.581 do CC) e os filhos ficarão sob a guarda compartilhada, salvo se um deles não puder ou não quiser exercê-la (art. 1.584 do CC), autorizando ao outro o direito de convivência (art. 1.589 do CC). Resta, portanto, maior debate apenas quanto aos alimentos, já que a iniciativa não obriga mais ao autor, e sim ao que estiver em condições de suprir o necessitado, e a partilha dos bens se não optarem por divisão posterior.

A contestação exclusivamente quanto ao divórcio restou incabível, vazia, pois o outro cônjuge não terá elementos para rebater a pretensão de decretação do divórcio, exceto de que não existe casamento. Basta a vontade de um deles para ser alcançado o divórcio.

As posições doutrinárias e jurisprudenciais eram vacilantes quanto à necessidade de prévia audiência de conciliação, exigida anteriormente na

[119] STJ, REsp 1.483.841/RS, Rel. Min. Moura Ribeiro, j. 17-3-2015.

separação judicial e no divórcio consensual, o que restou resolvido no art. 695 do CPC/2015, que determina a citação do réu para a audiência de mediação e conciliação e dispõe:

> Art. 695. Recebida a petição inicial e, se for o caso, tomadas as providências referentes à tutela provisória, o juiz ordenará a citação do réu para comparecer à audiência de mediação e conciliação, observado o disposto no art. 694.
>
> § 1º O mandado de citação conterá apenas os dados necessários à audiência e deverá estar desacompanhado de cópia da petição inicial, assegurado ao réu o direito de examinar seu conteúdo a qualquer tempo.
>
> § 2º A citação ocorrerá com antecedência mínima de 15 (quinze) dias da data designada para a audiência.
>
> § 3º A citação será feita na pessoa do réu.
>
> § 4º Na audiência, as partes deverão estar acompanhadas de seus advogados ou de defensores públicos.

Maria Berenice Dias orienta que é necessária a realização de audiência se existirem filhos menores ou se for declarada a existência de bens comuns. Na ausência de interesse dos filhos pode ser dispensada a solenidade. A ação de divórcio pode ser cumulada com outros pedidos, como alimentos, sendo possível a oposição de reconvenção, quando o réu ainda que concorde com divórcio, pretenda alimentos[120].

Admite-se pedido cumulativo na ação de divórcio, de alimentos, guarda de filhos e partilha, exigindo-se a realização da audiência de mediação e conciliação. Dispõe o art. 327 e § 1º do Código de Processo Civil, quanto ao pedido cumulativo, que:

> Art. 327. É lícita a cumulação, em um único processo, contra o mesmo réu, de vários pedidos, ainda que entre eles não haja conexão.
>
> § 1º São requisitos de admissibilidade da cumulação que:
>
> I – os pedidos sejam compatíveis entre si;
>
> II – seja competente para conhecer deles o mesmo juízo;
>
> III – seja adequado para todos os pedidos o tipo de procedimento.

---

[120] DIAS, Maria Berenice. *Manual de direito das famílias*. 4. ed., cit., p. 290.

Não ocorrendo acordo na audiência, pode ser decretado desde logo o divórcio e prossegue a ação, abrindo-se o prazo para contestação, adotando as normas do procedimento comum.

Em obra conjunta, coordenada por Luiz Fernando Valladão, Newton Teixeira Carvalho e Fabíola Meijon lecionam sobre a cumulação de pedidos no divórcio sob a ótica do autor e do réu, ressaltando que a ação de divórcio tem por fato nuclear a dissolução do vínculo conjugal e por fatos subsequentes os que afetam os filhos, a sobrevivência do cônjuge necessitado e a partilha dos bens, que necessitam ser solucionados e podem ser cumulados pelo autor[121].

Os mesmos autores orientam sobre a possibilidade de cumulação de pedidos pela parte ré, mediante reconvenção na própria contestação, ou pedido contraposto. Incabível reconvenção com relação ao pedido de divórcio, posto que a sentença que o decreta aproveita a ambas as partes, sendo oportuna para discutir os demais temas conexos em razão da extinção do casamento, possibilitando à parte ré resolver no divórcio pretensões não suscitadas pelo autor, otimizando a eficiência do processo com maior proveito para as partes, em vez de propositura de várias ações autônomas, devendo o juiz enfrentá-las na sentença e não relegar para outras ações (TJMG, AI 1.000.00.178.752-2/001)[122].

O pedido contraposto, vem sendo utilizado no direito de família para permitir que as questões resultantes do divórcio levantadas na contestação, independentemente de reconvenção, sejam apreciadas e resolvidas pelo juiz, após a réplica do autor, possibilitando ampla defesa. Resolve-se de maneira simples, eficaz e sem comprometer o devido processo legal[123]. A jurisprudência já tem acolhido esta possibilidade, conforme ementa abaixo:

> FAMÍLIA. AÇÃO DE DIVÓRCIO. FIXAÇÃO DE ALIMENTOS. POSSIBILIDADE. REQUERIMENTO EM SEDE DE RECONVENÇÃO. DESNECESSIDADE. PRINCÍPIOS DA RAZOABILIDADE, ECONOMIA E

[121] NOGUEIRA, Luiz Fernando Valladão. *Divórcio*: inovações e consequências da EC n. 66/2010, cit., p. 94-95.

[122] NOGUEIRA, Luiz Fernando Valladão. *Divórcio*: inovações e consequências da EC n. 66/2010, cit., p. 96-97.

[123] NOGUEIRA, Luiz Fernando Valladão. *Divórcio*: inovações e consequências da EC n. 66/2010, cit., p. 99.

CELERIDADE PROCESSUAL. AUSÊNCIA DE PREJUÍZO. BINÔMIO NECESSIDADE/POSSIBILIDADE OBSERVADO. SENTENÇA MANTIDA. – Em ação de divórcio é possível formular pedido de alimentos em sede de contestação, sendo desnecessária – em prestígio aos princípios da razoabilidade, celeridade e economia processual – a utilização de reconvenção ou manejo de ação própria. – Situação em que, ademais, não houve prejuízo ao autor, que pôde se defender e teve a oportunidade de produzir provas. – Comprovada, pelas provas dos autos a capacidade financeira do autor para prover alimentos à ex-esposa, que tem necessidade, é correta a decisão que arbitrou a pensão alimentícia em valor equivalente a um salário mínimo[124].

Fernanda Tartuce ressalta que o pedido contraposto não é mencionado no CPC/2015, sendo apresentada a reconvenção na própria contestação, desde que conexa com a ação principal ou com o fundamento da defesa, podendo diversos pedidos serem apresentados pelo réu[125].

Dispõe o *caput* do art. 343 do Código de Processo Civil que:

> Art. 343. Na contestação, é lícito ao réu propor reconvenção para manifestar pretensão própria, conexa com a ação principal ou com o fundamento da defesa.

5.3.3. Cisão da sentença

Permite-se, havendo consenso quanto ao divórcio, ou a contestação não abordar inexistência de casamento, seja decretado desde logo, dissolvendo o vínculo do casamento, prosseguindo a ação para decidir as questões resultantes, ocorrendo cisão da sentença em partes, conforme leciona o Desembargador Caetano Lagrasta:

> No que diz respeito ao divórcio litigioso, há que se cogitar da aplicação da figura processual dos "capítulos da sentença", conforme obra homônima de Dinamarco (2009), permitida pela jurisprudência quanto à partilha nas

124 TJMG, AC 1.0390.06.013727-5/001, Rel. Des. Alberto Vilas Boas, j. 7-10-2008.

125 TARTUCE, Fernanda. *Processo civil no direito de família – teoria e prática*. 4. ed., cit., p. 349.

ações de divórcio. Dessa forma, as discussões restantes: guarda e visitas aos filhos, alimentos, sobrenome, bem como a questão patrimonial, devem ser resolvidas em cisão da sentença em partes ou capítulos, em vista da atualidade que o estudioso tenha em mente. É lícito: a) fazer somente a repartição dos preceitos contidos no decisório, referentes às diversas pretensões que compõem o mérito; b) separar, sempre no âmbito do decisório sentencial, capítulos referentes aos pressupostos de admissibilidade do julgamento do mérito e capítulos que contém esse próprio julgamento; c) isolar capítulos segundo os diversos fundamentos da decisão.

Incabível a recusa pelo cônjuge, que não terá elementos para contestar a pretensão à decretação do divórcio, que é imediata, bastando a vontade de um deles[126].

O Tribunal de Justiça de São Paulo já decidiu neste sentido, determinando a decretação imediata do divórcio e prosseguindo o feito para as discussões restantes, como alimentos, guarda e visitas aos filhos, bem como a questão patrimonial, mediante cisão da sentença em partes ou capítulos. Consta na ementa que no pedido de conversão em divórcio, em razão da Emenda Constitucional n. 66/2010 a procedência do pedido deve ter aplicação imediata, determinando o prosseguimento regular do feito quanto aos demais capítulos[127].

O Tribunal de Justiça do Paraná acolheu a mesma orientação, concluindo que, em razão da EC n. 66/2010, o divórcio é direito potestativo das partes, permitindo a tutela antecipada definitiva da parte incontroversa da demanda, prosseguindo o feito para o julgamento das questões resultantes. Consta da ementa e de partes do voto da Relatora que:

AGRAVO DE INSTRUMENTO – AÇÃO DE DIVÓRCIO LITIGIOSO – DIREITO POTESTATIVO – INTERESSE NO TÉRMINO DA SOCIEDADE CONJUGAL – DEMONSTRAÇÃO – PEDIDO PROCEDENTE – PROSSEGUIMENTO DO FEITO QUANTO ÀS QUESTÕES CONTROVERSAS – RECURSO A QUE SE DÁ PROVIMENTO.

---

126 LAGRASTA, Caetano. *O fim da separação e da culpa?* Disponível em: <www.ibdfam.org.br/artigos>. Acesso em: 4-11-2010.

127 TJSP, 8ª CDP, AI 990.10.357301-3, Rel. Des. Caetano Lagrasta, j. 10-11-2010.

> Voto: Com efeito, a Emenda Constitucional n. 66/2010, que entrou em vigor 13 de julho de 2010, excluiu a parte final do art. 226, § 6º, da Constituição Federal, que passou a dispor: "O casamento civil pode ser dissolvido pelo divórcio."
>
> Logo, referido dispositivo estabeleceu que o casamento é dissolvido pelo divórcio e não apresenta qualquer outra ressalva, condição ou providência. Deste modo, o divórcio passou a independer de restrição temporal ou causal, tornando-se o simples exercício de um direito potestativo das partes. Imperioso, portanto, reconhecer a sua eficácia plena e imediata.
>
> [...]
>
> Deste modo, já que ausente controvérsia, o Código de Processo Civil, em seu artigo 273, parágrafo 6º, possibilita a tutela definitiva da parcela incontroversa da demanda. E, verificado que ambas as partes desejam o divórcio, caracterizada está a incontrovérsia desta porção do pedido, podendo ser julgado de imediato[128].

O art. 273, § 6º, CPC/1973, citado no julgado, possui comparativo no art. 356, CPC/2015, ao permitir o julgamento antecipado parcial do mérito, dispondo o *caput* que:

> Art. 356. O juiz decidirá parcialmente o mérito quando um ou mais dos pedidos formulados ou parcela deles:
>
> I – mostrar-se incontroverso;
>
> II – estiver em condições de imediato julgamento, nos termos do art. 355.

Assim, deve o juiz de pronto decretar o divórcio e extinguir o vínculo conjugal, prosseguindo a ação para resolver os pedidos cumulados. O Tribunal de Justiça de Minas Gerais também já decidiu nesse sentido determinando-se a decretação do divórcio e o prosseguimento da ação para partilha dos bens:

> AÇÃO DE SEPARAÇÃO. PEDIDO JURIDICAMENTE IMPOSSÍVEL. CONVERSÃO DA DEMANDA EM AÇÃO DE DIVÓRCIO. DISCORDÂNCIA DE UMA DAS PARTES NÃO IMPEDE A DISSOLUÇÃO DO CASAMENTO. PARTILHA DE BENS. DISCORDÂNCIA QUANTO AO

[128] TJPR, AI 10300315, Rel. Des. Joeci Machado Camargo, j. 25-9-2013.

PATRIMÔNIO. REMESSA ÀS VIAS ORDINÁRIAS. POSSIBILIDADE. I – Após o advento da EC n. 66/2010, a separação foi eliminada do ordenamento jurídico pátrio, deixando de existir, a partir de então, restrições para a concessão do divórcio posto que para tanto prescindir-se-ia de prévia separação assim como de implemento de prazos. II – Manifestada, por qualquer dos cônjuges, a intenção de dissolver a sociedade conjugal, o divórcio deverá ser decretado de imediato. III – Somente com a recusa de ambas as partes à conversão da Ação de Separação em Ação de Divórcio, esta não poderia ocorrer, devendo o processo ser extinto sem resolução do mérito por impossibilidade jurídica do pedido. IV – Havendo grande divergência quanto aos bens que integram o patrimônio comum do casal, poderá ser a questão relativa à partilha remetida às vias ordinárias, de forma a assegurar às partes ampla oportunidade de produção de provas[129].

O julgamento mediante cisão da sentença, extinguindo-se o vínculo do divórcio e prosseguindo o feito quanto às questões resultantes, novamente foi reconhecido no Tribunal Mineiro. Considerando possível o julgamento *per saltum* quando a causa já se encontra madura, decidiu-se que o divórcio, após a alteração constitucional, passou a ser considerado um direito potestativo da parte, não havendo qualquer requisito ou mesmo necessidade de concordância da outra parte para ser decretado[130]. Logo, existindo pedidos cumulativos, pode o juiz decretar o divórcio e prosseguir o feito quanto às questões resultantes.

Nada impede, entretanto, que a parte ré ajuíze ações autônomas quanto às questões resultantes com o fim do matrimônio, independentemente da ação de divórcio. Necessário cuidado especial quanto aos alimentos para o cônjuge eis que, se transitado em julgado o divórcio antes de serem pleiteados, extingue-se o dever alimentar em razão do casamento.

5.4. Divórcio sobreposto à separação jurídica

O separado juridicamente pode também pleitear o divórcio direto, com fundamento na EC n. 66/2010, em vez de requerer a conversão da separação em divórcio.

---

129 TJMG, 5ª CC, AC 1.0554.09.017308-5/001, Rel. Des. André Leite Praça, j. 7-4-2011.

130 TJMG, AC 1.0596.11.000756-1/001, Rel. Des. Bitencourt Marcondes, j. 8-8-2013.

Funda-se a possibilidade no direito, assegurado constitucionalmente, pela nova norma, que autoriza a decretação do divórcio sem exigência de prazo e abolindo a conversão, pois o separado judicialmente não pode ter menos direito que o apenas separado de fato.

5.5. Efeitos do divórcio

A sentença do divórcio, que o homologa ou decreta, possui eficácia *ex nunc*, não atingindo ou suprimindo os efeitos produzidos pelo casamento antes de seu trânsito em julgado, tanto que se um dos cônjuges falecer, mesmo após a sentença, desde que não tenha transitado em julgado, o estado civil do sobrevivente passa a ser o de viúvo. Na escritura pública, produz efeitos após a lavratura e assinatura.

Põe termo na sociedade e no vínculo conjugal.

A sentença definitiva e a escritura pública possuem eficácia, quanto a terceiros depois de averbada no registro público (arts. 10, I, do CC e 32 da Lei n. 6.515/1977).

O divórcio produz os seguintes efeitos:

a) *extingue o vínculo*, pondo termo ao casamento e aos efeitos civis do matrimônio religioso. O divórcio dissolve definitivamente o vínculo conjugal (art. 1.571, § 1º, do CC e art. 24 da Lei n. 6.515/1977). Se for direto, rompe o vínculo e a sociedade conjugal; se indireto ou por conversão, extingue apenas o vínculo matrimonial; eis que a sociedade conjugal foi dissolvida com a separação judicial;

b) *põe termo ao vínculo de afinidade na linha colateral* (art. 1.595, §§ 1º e 2º, do CC), continuando, porém, a afinidade na linha reta, mantendo o impedimento matrimonial (art. 1.521, II, do CC);

c) *põe fim aos deveres recíprocos dos cônjuges e ao regime de bens*, posto que com a dissolução do casamento não mais subsistem os deveres de fidelidade recíproca, vida em comum e mútua assistência. Da mesma forma, extinguem-se a sociedade conjugal e consequentemente o regime de bens;

d) *extingue o exercício do direito de pleitear alimentos*, pois com o fim dos deveres recíprocos fica extinto o dever de mútua assistência, desaparecendo a fonte dos alimentos em razão do casamento. Assim, se o cônjuge dispensou ou renunciou aos alimentos quando do divórcio, não tem mais direito, como ocorre na separação judicial (art. 1.704, *caput*, do CC), apesar da existência de entendimentos minoritários em contrário, que não se sustenta já que o divórcio extingue o matrimônio e, em consequência, a existência do vínculo de direito de família entre os ex-cônjuges e, portanto, a fonte alimentar.

Subsiste, entretanto, a obrigação alimentícia para atender às necessidades do ex-cônjuge se imposta ou convencionada no divórcio direto, não extinguindo a obrigação novo casamento do cônjuge devedor (art. 1.709 do CC e art. 30 da Lei n. 6.515/1977).

Novo casamento, união estável ou concubinato do credor extinguem a obrigação do devedor de prestar alimentos (art. 1.708, *caput*, do CC), bem como o procedimento indigno do credor em relação ao devedor (art. 1.708, parágrafo único, do CC).

No casamento, a prova é pré-constituída, comprovada pela certidão de casamento do ex-cônjuge, extinguindo-se a obrigação a partir da celebração; nos demais casos, entretanto, a prova é pós-constituída, exigindo a comprovação do fato e declaração judicial em ação de exoneração de alimentos.

É cabível, a qualquer tempo, revisão nos valores dos alimentos fixados, se existir alteração na fortuna de um dos ex-cônjuges ou exoneração, se o credor não mais necessitar (art. 1.699 do CC);

e) *possibilita ao ex-cônjuge continuar usando o nome do outro*, apesar da extinção do vínculo conjugal (art. 1.571, § 2º, do CC). Trata-se de inovação do Código atual já que a legislação anterior determinava que, no divórcio, o ex-consorte voltasse a usar o nome de solteiro, exceto se trouxesse evidente prejuízo para sua identidade, manifesta distinção entre o seu nome de família e dos filhos ou dano grave reconhecido em decisão judicial (art. 25 da Lei n. 6.515/1977), o que hoje é mantido apenas quanto ao cônjuge declarado culpado na separação sanção (art. 1.578 do CC);

f) *possibilita novo casamento dos ex-cônjuges*, posto que extinto o vínculo conjugal;

g) *impossibilita a reconciliação jurídica entre os cônjuges*, já que, extinto o vínculo matrimonial, somente mediante um novo casamento os ex-cônjuges poderão restabelecer a sociedade conjugal (art. 33 da Lei n. 6.515/1977);

h) *extingue os direitos sucessórios entre os cônjuges*, sendo excluídos da ordem de vocação hereditária em razão do fim do casamento.

O divórcio, entretanto, não altera os direitos e deveres dos pais em relação aos filhos e autoriza os ex-cônjuges a adotarem em conjunto, desde que o estágio de convivência com o adotando tenha se iniciado na constância da sociedade conjugal (arts. 1.579, parágrafo único, e 1.622, parágrafo único).

5.6. Alimentos no divórcio em face da EC n. 66/2010[131]

A EC n. 66/2010 ao extinguir prazos para decretação do divórcio e abolir a separação jurídica, por óbvio não vedou a cumulação de pedido de alimentos na ação de divórcio.

5.6.1. Dos alimentos no divórcio consensual

Os alimentos no divórcio consensual são os acordados entre as partes.

No divórcio consensual judicial adota-se o mesmo procedimento previsto na separação consensual, restando desnecessária a designação de audiência de conciliação e intervenção do Ministério Público se não existirem filhos incapazes, em razão da Lei n. 11.441/2007, que dispensa audiência de conciliação e presença de promotor de justiça e juiz nos divórcios extrajudiciais[132]. Existindo filhos incapazes ou nascituro, o divórcio será sempre judicial, com intervenção do Ministério Público em razão das questões resultantes cumuladas envolvendo os filhos menores.

Oportuno ressaltar, todavia, que o divórcio sem prazos e culpa é direito potestativo das partes e, mesmo existindo filhos incapazes, nada impede o requerimento apenas do divórcio judicial consensual, o que dispensa intervenção do Ministério Público (as partes são capazes).

O Código de Processo Civil de 2015 dispõe no art. 731 que a homologação do divórcio pode ser requerida em petição assinada por ambos os cônjuges, constando, além do acordo relativo à guarda dos filhos e partilha

---

[131] CARVALHO, Dimas Messias de. Alimentos: alterações advindas da EC 66/2010. In: NOGUEIRA, Luiz Fernando Valladão (coord.). *Paternidade e alimentos*. Belo Horizonte: Del Rey, 2012. p. 251-266.

[132] CARVALHO, Dimas Messias de. *Divórcio*: judicial e administrativo. Belo Horizonte: Del Rey, 2010. p. 55-57.

dos bens, pensão alimentícia entre os cônjuges, se um deles necessitar, e os alimentos aos filhos. Não existe previsão de audiência de ratificação, devendo ser ouvido o Ministério Público existindo interesse de incapazes. Concorde o órgão ministerial, o juiz homologa o divórcio.

5.6.2. Dos alimentos no divórcio litigioso

5.6.2.1. *Cumulação de alimentos no pedido de divórcio*

Cumulando-se pedidos pelo autor com ritos diversos, lecionam Newton Teixeira Carvalho, Fabíola Meijon e Luiz Fernando Valladão se não houver procedimento próprio de natureza especial reúnem-se todos na forma comum, como determina o art. 697 do Código de Processo Civil. Na ação de divórcio, o fato nuclear é a dissolução do vínculo conjugal, mas possui fatos consequentes que afetam os filhos e a sobrevivência do cônjuge. Assim, no pedido de divórcio, pode ser cumulada outras ações, como alimentos, guarda de filhos, regulamentação de convivência e partilha de bens, que são conexas pela mesma causa remota (dissolução do casamento), facultando ao autor cumular ou não os pedidos[133].

O juiz de família é o competente para conhecer dos pedidos de divórcio e de alimentos, para o cônjuge e filhos, compatíveis entre si, empregando-se o procedimento comum, após a audiência de conciliação, atendendo todos os requisitos para admissibilidade da cumulação de pedidos.

Nada impede, todavia, que o juiz decrete o divórcio e prossiga a ação para decidir as questões resultantes (art. 356, CPC), prosseguindo o feito no rito especial da ação de alimentos se for o único pedido cumulativo. Adota-se o procedimento comum se existirem outros pedidos, como guarda de filhos, regulamentação de convivência e partilha de bens. Conforme leciona Rodrigo da Cunha Pereira, citando Luiz Fux, o Código de Processo Civil possibilitou nos pedidos cumulativos que o juiz antecipe e fracione os julgamentos, prosseguindo quanto às demais ações cumuladas. O julgamento antecipado de um deles ou se no curso do feito repelir uma das ações

---

[133] CARVALHO, Newton Teixeira; MEIJON, Fabíola; NOGUEIRA, Luiz Fernando Valladão (coord. e coautor). *Divórcio*: inovações e consequências da EC 66/2010, cit., p. 94.

cumuladas, não ocorre extinção do processo, porque o mesmo prossegue em relação às ações remanescentes[134].

O procedimento adotado por alguns, de remeter as questões resultantes da extinção do casamento para ações autônomas, burocratiza a aplicação da justiça, viola os princípios da economia e celeridade processuais e acumula o judiciário com várias ações que podem ser decididas na ação de divórcio, entre elas os alimentos para o cônjuge necessitado e os filhos, restando, portanto, cabível e recomendável cumular pedido de alimentos na ação de divórcio.

O Desembargador Caetano Lagrasta fundamentou no seu voto, em julgamento no Tribunal de Justiça de São Paulo, que demonstrado que as partes são casadas deve de imediato ser julgado procedente o pedido de divórcio e determinado o regular andamento do feito em relação aos outros capítulos, pois a extinção do vínculo conjugal não depende da resolução das outras questões do processo. Orientou ainda no voto que quanto aos temas restantes, como nome, alimentos, guarda, visitas aos filhos e patrimonial, deve o feito prosseguir regularmente e serem resolvidos mediante cisão da sentença em partes ou capítulos, buscando a melhor utilidade do processo para preservar a força normativa da Constituição[135].

5.6.2.2. *Alimentos para a parte ré e reconvenção*

A questão de alimentos ao réu necessitado é o que demanda maior preocupação e atenção nos efeitos da EC n. 66/2010, que alterou profundamente as questões processuais na decretação do divórcio.

Diante da desnecessidade de comprovação de prazos para o divórcio e da abolição de culpa na separação, o casamento é dissolvido rapidamente e pode trazer graves consequências para a sobrevivência do cônjuge necessitado que oportunamente não pleiteou alimentos.

Decretado o divórcio e transitada em julgado a decisão sem que a parte ré tenha resguardado os alimentos, perderá o direito de futuramente requerer ao ex-cônjuge e, caso não tenha parentes em condições de socorrê-la, certamente passará por privações.

---

134 PEREIRA, Rodrigo da Cunha. *Divórcio*: teoria e prática. 2. ed., cit., p. 200.

135 TJSP, AI 990.10.357301-3, Rel. Des. Caetano Lagrasta, j. 10-11-2010.

A melhor solução à parte ré é requerer alimentos na contestação ao pedido de divórcio, abrindo-se discussão das questões resultantes da dissolução do casamento, como doutrina a corrente defendida por Newton Teixeira Carvalho, Fabíola Meijon e Luiz Fernando Valladão, sem necessidade de reconvenção ou ação autônoma, em pedido contraposto, previsto no procedimento sumário e encampado pelo direito de família, diante da necessidade de enfrentar os temas derivados do fim do matrimônio, oportunizando o contraditório com a réplica do autor[136].

A jurisprudência tem acolhido esta corrente, ressaltando que as questões de família devem se sobrelevar às normas processuais. Independentemente de reconvenção, por economia e celeridades processuais, devem ser fixados alimentos ao cônjuge necessitado e aos filhos pedidos na contestação, cabendo ao magistrado retirar do esquema legal, diante das necessidades sociais, tudo o que puder para prestigiar o exercício dos direitos humanos, a dignidade da pessoa humana e a justiça social[137].

O Tribunal de Justiça de Minas Gerais, em acórdão relatado pelo Desembargador Alberto Vilas Boas, mais uma vez decidiu sobre a desnecessidade de reconvenção ou ação autônoma para arbitrar alimentos à parte ré[138].

Necessário, entretanto, cautela e muita atenção da parte ré caso não seja acolhido pelo julgador o entendimento da possibilidade de conhecer do pedido de alimentos apenas em sede de contestação, apresentando reconvenção na mesma peça (art. 343, CPC).

Assim, duas são as possibilidades jurídicas para arbitrar alimentos: reconvenção e ação autônoma.

A reconvenção, que foi mantida no novo Código de Processo Civil, é incabível no pedido exclusivo de divórcio por ausência de interesse, pois não se discute causas ou prazos, tratando-se de direito potestativo da parte. Admite-se, entretanto, no pedido conexo de alimentos. Questão não pacífica é a possibilidade de reconvenção na hipótese de a parte autora requerer apenas o divórcio, sem pedido cumulativo de alimentos.

---

136 CARVALHO, Newton Teixeira; MEIJON, Fabíola; NOGUEIRA, Luiz Fernando Valladão (coord. e coautor). *Divórcio*: inovações e consequências da EC 66/2010, cit., p. 97.

137 TJMG, AC 1.0518.01.000879-6/001, Rel. Des. Dorival Guimarães Pereira, j. 30-10-2003.

138 TJMG, AC 1.0390.06.013727-5/001, Rel. Des. Alberto Vilas Boas, p. 3-11-2008.

Admite-se à parte ré, em reconvenção, formular pedido de alimentos e introduzir no processo pretensão não suscitada pelo autor, por conta da conexão que guarda com o pedido de dissolução do casamento, dentro de uma mesma relação processual. O fundamento da reconvenção é o objetivo de evitar abertura desnecessária de outras ações que envolvem as mesmas partes, privilegiando o princípio da economia processual, já que na mesma sentença julgar-se-ão a ação e a reconvenção. Assim, a reconvenção oportuniza à parte ré espaço para introduzir no processo questões não suscitadas pela parte autora e otimizar a eficiência do processo[139], conexa com o fundamento da defesa ao arguir necessidade de alimentos (art. 343, CPC).

Incabível, entretanto, para uma corrente doutrinária, ação reconvencional no pedido exclusivo de divórcio para arbitramento de alimentos exclusivamente aos filhos do casal, eis que não são partes no processo, cabendo, neste caso, ser ajuizada ação autônoma. A posição não é unânime já que extinto o casamento os alimentos devidos aos filhos é uma das consequências do divórcio.

Fernanda Tartuce leciona que não procede o entendimento equivocado de que o cônjuge não pode em nome próprio pleitear alimentos aos filhos, pois o sistema jurídico autoriza o pedido, considerando que a própria legislação prevê expressamente o pleito de alimentos aos filhos pelos cônjuges no art. 731 do Código de Processo Civil, no inciso IV[140].

Não acolhidos alimentos em contestação ou oferecida reconvenção, a ação autônoma de alimentos deve ser ajuizada pelo cônjuge antes do trânsito em julgado da sentença de divórcio, pois após o casamento foi dissolvido e não mais existe a fonte para amparar o direito alimentar entre os cônjuges.

O divórcio não altera, entretanto, os direitos e deveres em relação aos filhos, nem mesmo ocorrendo novo casamento dos pais (art. 1.579 do CC). Assim, a qualquer tempo, pode ser ajuizada ação autônoma proposta pelos filhos, representados ou assistidos, pleiteando alimentos ao genitor divorciado ou casado novamente.

---

139 NOGUEIRA, Luiz Fernando Valladão (Coord. e coautor). *Divórcio*: inovações e consequências da EC 66/2010, cit., p. 95-96.

140 TARTUCE, Fernanda. *Processo civil no direito de família – teoria e prática*. 4. ed., cit., p. 351.

5.6.3. Alimentos após o divórcio e a EC n. 66/2010

Resguarda-se aos separados judicialmente e administrativamente, desde que não renunciaram expressamente, o direito de requerer alimentos ao ex-cônjuge, posto que ainda não extinto o vínculo conjugal (art. 1.704, *caput*, do CC).

Ressalta-se, por oportuno, que a vedação à renúncia de alimentos prevista no art. 1.707 do Código Civil, conforme pacífica jurisprudência dos Tribunais de Justiça e do Superior Tribunal de Justiça, aplica-se somente aos parentes. Nos alimentos devidos em razão do casamento não se aplicam as características da indisponibilidade e irrenunciabilidade, restando válida e eficaz a renúncia ocorrida na separação judicial. É o que consta, inclusive, do Enunciado 263 da III Jornada de Direito Civil do Conselho da Justiça Federal, ocorrida em dezembro de 2004, dispondo que o art. 1.707 do Código Civil não impede o reconhecimento eficaz e válido da renúncia manifestada por ocasião de divórcio ou da dissolução da união estável. A irrenunciabilidade do direito a alimentos somente é admitida enquanto subsistir os vínculos do direito de família.

A EC n. 66/2010 trouxe à discussão questão referente à fixação dos alimentos pós-divórcio, diante da agilidade em que se extingue atualmente o vínculo conjugal, sem prazos ou causas.

Alguns doutrinadores, entre eles Alice Birchal, defendem que a pensão entre divorciados é inconstitucional, sob o fundamento de que durante o casamento e a separação do casal vigora o dever de mútua assistência, entretanto, o divórcio extingue o contrato de casamento e todos os seus efeitos, não existindo mais o liame jurídico que os vincule reciprocamente. A única hipótese de manutenção de pensão alimentícia entre os divorciados é se um deles concordar espontaneamente com o pensionamento, caso contrário, a pensão ao divorciado é um problema de responsabilidade da previdência social. Acrescenta a professora que "como o divórcio extingue o contrato de casamento civil, nada vincula, juridicamente, os ex-cônjuges. Mais: cônjuge não é parente, não há dever de alimentos. Inconstitucional o Código Civil ao prever pensão entre divorciados"[141].

[141] BIRCHAL, Alice de Souza. *Inconstitucionalidade da pensão entre divorciados*. Disponível em: <www.jusvi.com/artigos>. Acesso em: 10-6-2011.

No entanto, em sentido oposto, fortalece com a entrada em vigor da EC n. 66/2010 a tese de permanência dos alimentos após o divórcio, com fundamento no princípio da solidariedade (art. 3º, I, da CF) e enquanto não ocorrer novo casamento do ex-cônjuge credor (arts. 1.708 e 1.709 do CC).

Flávio Tartuce ressalta que, em uma visão tradicional, a resposta à possibilidade de alimentos posteriores ao divórcio é negativa pelo desaparecimento da fonte alimentar (art. 1.694 do CC), mas acrescenta que em razão da EC n. 66/2010 ganha corpo, com fundamento no princípio da solidariedade familiar (art. 3º, I, da CF/1988), a permanência dos alimentos depois de dissolvido o vínculo conjugal. Os *alimentos pós-divórcio* importam em exemplo da eficácia horizontal imediata dos direitos fundamentais nas relações particulares, aplicando-se nas relações privadas os princípios constitucionais da dignidade humana e da solidariedade social[142].

Incabível, todavia, pedido de alimentos ao ex-cônjuge após o divórcio, pouco importando tenha sido omitida referência aos alimentos por ocasião do divórcio, dispensados ou renunciados. Com o divórcio, extingue-se o vínculo conjugal e, em consequência, a fonte alimentar. Fixados alimentos anteriormente ou no próprio divórcio, quando ainda existia casamento, o ex-cônjuge mantém o direito de percebê-los, mesmo após a dissolução do vínculo. Divergem a doutrina e a jurisprudência sobre a possibilidade de o ex-cônjuge credor pretender revê-los para acrescer o valor, entretanto, se já fixados, cabe revisão, observando os pressupostos legais.

Não fixados os alimentos, por ocasião do divórcio, o ex-cônjuge não possui legitimidade para pleiteá-los, posteriormente. Apesar de uma ou outra posição doutrinária estender a interpretação do art. 1.704 do Código Civil, a jurisprudência é pacífica quanto à impossibilidade de o ex-cônjuge postular alimentos se, no divórcio, não se faz nenhuma ressalva quanto às parcelas, dado que já definitivamente dissolvido qualquer vínculo existente entre eles, extinguindo o dever conjugal de assistência material[143], importando em carência de ação.

O dever de prestar alimentos entre os ex-cônjuges reveste-se de caráter assistencial e avança no tempo, mesmo após o término da sociedade conjugal,

---

[142] TARTUCE, Flávio. *A emenda constitucional e os alimentos pós-divórcio*. Disponível em: <www.ibdfam.org.br/artigo>. Acesso em: 10-6-2011.

[143] STJ, 4ª Turma, REsp 199.427/SP, Rel. Min. Fernando Gonçalves, j. 9-3-2004.

em razão do vínculo conjugal que ainda os une. Dissolvido o casamento, pelo divórcio, não remanesce qualquer vínculo entre os ex-cônjuges e extingue-se o dever de mútua assistência. Dá-se, portanto, a ruptura dos deveres e obrigações impostas pelo casamento cujo divórcio impôs definitivo termo, cortando-se a possibilidade de se postular alimentos[144].

Decretado o divórcio, rompem-se todos os vínculos legais entre os cônjuges, descabendo à mulher receber alimentos se o direito não veio estipulado ou ressalvado na separação jurídica ou na conversão em divórcio[145]. Com efeito, o art. 1.694 do Código Civil não prevê o dever de prestação de alimentos entre ex-cônjuges após o rompimento do vínculo do casamento, tratando-se de partes ilegítimas na obrigação alimentar. Os ex-cônjuges não são parentes e, inexistente o vínculo matrimonial, passam a ser pessoas estranhas para as quais não subsiste o dever de mútua assistência própria do casamento. Independentemente da possibilidade ou não de dispensa ou renúncia aos alimentos, não tem a ex-mulher legitimidade para reclamar do ex-marido o pagamento de pensão alimentícia[146].

Logo, se fixados alimentos por ocasião do divórcio, em pedido cumulativo ou mediante ação autônoma, subsiste o dever alimentar mesmo após a extinção do vínculo, inclusive direito a revisão do *quantum*, observando os pressupostos legais. Não fixados os alimentos, a fonte alimentar extingue-se com a dissolução do vínculo do casamento, não cabendo mais pedido de alimentos ao ex-cônjuge, tratando-se de parte ilegítima na obrigação alimentar.

5.6.4. Revisão e exoneração dos alimentos entre os ex-cônjuges

Fixados os alimentos na sentença de divórcio ou em ação autônoma, desde que anterior à extinção do vínculo, perfeitamente cabível a revisão do *quantum* alimentar, ocorrendo mudança na situação econômica de uma das partes. A dissolução do vínculo conjugal não impede a rediscussão do valor dos alimentos anteriormente estipulados. Assim, obedecido o requisito de modificação na situação econômica de uma das partes ou de ambas, previs-

144 STJ, 3ª Turma, REsp 933.355/SP, Rel. Min. Nancy Andrighi, j. 25-3-2008.

145 TJMG, AC 1.0456.06.040573-9/001, Rel. Des. Carreira Machado, j. 10-6-2008.

146 TJMG, AC 1.0024.05.901209-6/001, Rel. Des. Maria Elza, j. 22-11-2007.

to no art. 1.699 do Código Civil, podem as partes reclamar revisão do *quantum* para minorar ou majorar.

Da mesma forma, o devedor (e também o credor) pode requerer a exoneração do dever de prestar alimentos se o sustentado não mais necessitar por possuir meios próprios para sua subsistência, casar-se novamente, constituir união estável ou viver em concubinato (art. 1.708 do CC).

Também cessa a obrigação alimentar se o alimentado tiver procedimento indigno em relação ao alimentante, consiste em atos que atentem contra sua integridade física ou moral, denegrindo sua honra (art. 1.708, parágrafo único, CC). O recebimento de alimentos pressupõe um respeito moral, um procedimento ético e consideração do alimentado em relação ao alimentante.

A indignidade como causa de cessação da obrigação alimentar desvincula-se da necessidade do alimentado, exonerando o alimentante independentemente das condições do indigno.

O pressuposto é a conduta indigna do ex-cônjuge alimentado, que se caracteriza com uma prática de agir ofensiva ao seu provedor, atingindo-o moral ou fisicamente. As condutas típicas de atos de indignidade não estão previstas no direito de família, podendo ser utilizadas as hipóteses que autorizam a exclusão do herdeiro no direito das sucessões, por indignidade ou deserdação (arts. 1.814, 1.962 e 1.963 do CC), ou qualquer ato grave que atinja a dignidade do alimentante. Enquanto a indignidade é uma conduta do ofensor, uma prática violenta que atenta moral e fisicamente contra a outra pessoa, a dignidade é um valor interior à pessoa humana, conforme bem leciona Rodrigo da Cunha Pereira:

> A indignidade para efeitos da desobrigação alimentar é uma conduta, uma prática, enquanto a dignidade é um valor, razão pela qual não há que se falar que uma é contrária à outra, pois se trata de gêneros distintos, a primeira afronta a segunda. Há procedimento indigno quando se afronta a dignidade da pessoa humana[147].

Exonera-se ainda a obrigação alimentar se o alimentante não mais possuir meios de contribuir para o sustento do alimentado, por perda de emprego, doença, incapacidade laborativa, entre outras hipóteses.

---

147 PEREIRA, Rodrigo da Cunha. *Divórcio*: teoria e prática. 2. ed., cit., p. 129.

Cessado o dever de alimentar após o divórcio, extingue-se a obrigação de o ex-cônjuge prestar alimentos em razão da dissolução do vínculo conjugal, restando impossibilitado o ajuizamento de novo pedido de alimentos se o então alimentado voltar a necessitar. Assim, por exemplo, se o ex-cônjuge que passa a viver em união estável e o ex-marido é exonerado de prestar alimentos, com a dissolução da união estável a mulher não possui legitimidade para pleitear alimentos ao ex-consorte, por não mais possuir a fonte alimentar em razão do casamento.

6. PARTILHA DE BENS

6.1. Partilha de bens no divórcio

6.1.1. Introdução

Na vigência do Código Civil de 1916, firmou-se o entendimento da possibilidade de decretação do divórcio direto sem partilha de bens, restando editada a Súmula n. 197 do Superior Tribunal de Justiça, dispondo que "o divórcio direto pode ser concedido sem que haja prévia partilha de bens". A Lei n. 6.515/1977 exigia, entretanto, na conversão da separação judicial em divórcio, a prévia partilha dos bens ou decisão na própria sentença do divórcio (art. 31).

A partir da Constituição Federal de 1988, dispondo no art. 226, § 6º, que "o casamento civil pode ser dissolvido pelo divórcio, após prévia separação judicial por mais de um ano nos casos expressos em lei, ou comprovada separação de fato por mais de dois anos", sem impor restrições ou outras condições, além do implemento do prazo de um ano da separação judicial ou de dois anos da separação de fato, a jurisprudência passou a admitir também a conversão da separação em divórcio sem prévia partilha de bens e, até mesmo, com descumprimento das obrigações assumidas na separação, conforme era exigido no art. 36, parágrafo único, II, da Lei n. 6.515/1977.

O Código Civil de 2002, apesar de dispor nas causas suspensivas para o casamento que não devem se casar "o divorciado, enquanto não houver sido homologada ou decidida a partilha dos bens do casal" (art. 1.523, III), acabou com a dualidade do tratamento no divórcio, dispondo indiscriminadamente no art. 1.581 que "o divórcio pode ser concedido sem que haja prévia partilha de bens", aplicando-se tanto ao divórcio conversão como ao divórcio direto[148].

A tendência de postergar a identificação do patrimônio comum e a partilha para fase posterior ao divórcio, no entanto, torna-se prejudicial aos ex-cônjuges na medida em que acaba perpetuando o litígio e as desavenças entre as partes, com desdobramentos desgastantes e onerosos.

6.1.2. Procedimentos e partilha de bens construídos em terreno alheio

Após o divórcio consensual ou litigioso, a divisão dos bens seguirá o rito de partilha. Existindo consenso entre as partes, a partilha pode ser feita nos próprios autos de divórcio, homologada pelo juiz, ou por escritura pública. Não existindo consenso entre as partes em torno da natureza, qualidade e quantidade dos bens, exigindo produção de provas, como no rito do inventário, não se discutem questões de alta indagação, torna-se necessária a fase de liquidação pelo procedimento comum (art. 511, CPC), para identificar e determinar o patrimônio a ser partilhado[149], observando-se, no que couber, o procedimento comum na produção das provas para comprovar a propriedade e a comunicabilidade dos bens.

Três hipóteses, portanto, podem ocorrer na partilha dos bens no divórcio e na separação:

a) *ocorrendo acordo entre as partes* a partilha pode ser apresentada pelos cônjuges nos próprios autos da ação de divórcio e será homologada pelo juiz, expedindo-se o competente formal de partilha. Pode também ser convencionado pelos cônjuges que os bens fiquem em comunhão, na fração ideal de cinquenta por cento para cada um, criando um condomínio entre os ex-cônjuges, que futuramente poderá ser extinto por escritura pública;

b) *inexistindo acordo, mas identificados os bens* a partilha pode ser efetuada nos mesmos autos do divórcio, ou em ação própria de partilha, observando o procedimento de partilha previsto no art. 647 e seguintes do Código de Processo Civil, conforme previsto no parágrafo único do art. 731 do CPC/2015.

---

148 GONÇALVES, Carlos Roberto. *Direito de família*, cit., p. 242-245.

149 DIAS, Maria Berenice. *Manual de direito das famílias*. 13. ed., cit., p. 740.

Não existindo consenso sobre o valor dos bens o juiz nomeia avaliador se na comarca não existir avaliador judicial ou houver necessidade de especialista em razão da natureza dos bens a avaliar. Após ouvir os cônjuges e decidir sobre as impugnações a respeito do valor dos bens, acolhendo o laudo de avaliação, o juiz manda intimar os ex-cônjuges para formularem os pedidos de quinhões e designa os bens que constituirá o quinhão de cada um, conforme determina o *caput* do art. 647 do CPC[150].

O bem desejado por ambos, que não caiba no quinhão de um só ou insuscetível de divisão cômoda, será licitado entre os ex-cônjuges ou vendido judicialmente, partilhando-se o valor apurado, salvo se as partes aceitarem a constituição de condomínio (art. 649, CPC).

No partilhar os bens o juiz deve priorizar a igualdade, prevenção de litígios e comodidade dos ex-cônjuges, conforme o art. 648 do Código de Processo Civil:

> Art. 648. Na partilha, serão observadas as seguintes regras:
>
> I – a máxima igualdade possível quanto ao valor, à natureza e à qualidade dos bens;
>
> II – a prevenção de litígios futuros;
>
> III – a máxima comodidade dos coerdeiros, do cônjuge ou do companheiro, se for o caso.

Ocorrendo desigualdade na partilha a parte beneficiada pode repor à outra a diferença em dinheiro, denominada *torna* ou *reposição*, sendo necessário o recolhimento do imposto de transmissão *inter vivos* (ITBI em MG), pois semelhante à compra e venda. Não existindo reposição em dinheiro ocorre uma doação, sendo necessário também recolhimento do imposto (ITCD em MG e ITCDM em outros estados).

c) *existindo dúvidas e disputas nos bens a partilhar*, partilham-se os identificados e torna-se necessário adotar o procedimento comum de liquidação de sentença, previsto nos arts. 509, II, e 511 do Códi-

[150] "Art. 647. Cumprido o disposto no art. 642, § 3º, o juiz facultará às partes que, no prazo comum de 15 (quinze) dias, formulem o pedido de quinhão e, em seguida, proferirá a decisão de deliberação da partilha, resolvendo os pedidos das partes e designando os bens que devam constituir quinhão de cada herdeiro e legatário."

go de Processo Civil para identificar os bens, sua natureza, qualidade e quantidade[151]. Julgada a liquidação de sentença e identificados os bens, procede-se à partilha.

A competência para processar e julgar as ações de partilha não é tema pacífico. A maioria dos juízes de varas de famílias entendem tratar-se de processo autônomo e remetem para os juízes cíveis[152]. É inequívoco que a partilha e sobrepartilha são questões resultantes da dissolução do vínculo conjugal, conexa à ação de divórcio, de competência das varas de família, podendo prosseguir nos mesmos autos após a decretação do divórcio.

Hipótese muito comum entre casais é a *construção de moradia em terreno de terceiros*, normalmente em imóvel do pai de um deles, e a necessidade de partilhar. Nos termos do art. 1.255 do Código Civil[153], a construção pertence ao proprietário do terreno, cabendo ao ex-cônjuge ou ex-companheiro a metade do valor da construção, recebendo o valor do ex-consorte, que queira ficar com a totalidade da benfeitoria, ou ajuizar ação própria de indenização em face do proprietário do terreno. Assim, estabelece-se uma compensação patrimonial das benfeitorias, já que o imóvel em si não é partilhável[154].

6.1.3. Estado de mancomunhão e condomínio nos bens comuns

Não se confunde durante o procedimento para a partilha dos bens comuns com condomínio entre os cônjuges, ainda que já tenham divorciado e extinto o casamento. Enquanto não ocorrer a partilha entre os ex-cônjuges, os bens ficam em estado de *mancomunhão*, ou seja, de mãos comuns, o que difere do condomínio, pois não podem ser alienados. Ocorrendo uma partilha, ainda que apenas tenha constado que caberá a metade para cada cônjuge nos bens comuns, sem ocorrer uma partilha de fato, ex-

---

151 DIAS, Maria Berenice. *Manual de direito das famílias*. 13. ed., cit., p. 740.

152 DIAS, Maria Berenice. *Manual de direito das famílias*. 13. ed., cit., p. 740.

153 "Art. 1.255. Aquele que semeia, planta ou edifica em terreno alheio perde, em proveito do proprietário, as sementes, plantas e construções; se procedeu de boa-fé, terá direito a indenização.

Parágrafo único. Se a construção ou a plantação exceder consideravelmente o valor do terreno, aquele que, de boa-fé, plantou ou edificou, adquirirá a propriedade do solo, mediante pagamento da indenização fixada judicialmente, se não houver acordo."

154 STJ, REsp 1.327.652/RS, Rel. Min. Luis Felipe Salomão, j. 22-11-2017.

tingue-se a *mancomunhão* e surge um estado de condomínio entre os ex--cônjuges, podendo um deles vender para terceiros o seu direito na metade dos bens caso o outro não exerça o direito de preferência. O Superior Tribunal de Justiça, em voto da Ministra Nancy Andrighi[155], citando edição anterior desta obra, diferencia o estado de mancomunhão do estado de condomínio. Consta no voto que:

> Dimas Messias de Carvalho (*in* Direito de Família, 2ª ed., Belo Horizonte: Del Rey, 2009, p. 211/212) distingue o *estado de mancomunhão* do *estado de condomínio*, com as seguintes considerações:
>
> Os bens não partilhados após o divórcio, pertencem ao casal, semelhante ao que ocorre com a herança, entretanto, nenhum deles pode alienar ou gravar seus direitos na comunhão antes da partilha, sendo ineficaz a cessão, posto que o direito à propriedade e posse é indivisível, ficando os bens numa situação que a doutrina denomina de *estado de mancomunhão*. Não raras vezes, entretanto, quando os bens estão identificados na ação de divórcio e são partilhados na fração ideal de 50% (cinquenta por cento) para cada um, em razão da meação, importa em *estado de condomínio* entre o casal e não mais *estado de mancomunhão*. Tratando-se de condomínio, pode qualquer um dos cônjuges alienar ou gravar seus direitos, observando a preferência do outro, podendo ainda requerer a extinção por ação de divisão ou alienação judicial, não se cogitando a nova partilha e dispensando a abertura de inventário[156].

Maria Berenice Dias leciona que o estado de *mancomunhão* não gera um comodato gratuito entre os titulares a permitir o enriquecimento injustificado de um deles, quando usa exclusivamente um bem comum, cabendo impor o pagamento a título de aluguel, mesmo quando a partilha não foi inteiramente operada para extinguir a comunhão. Porém, quando permanece no imóvel quem recebe alimentos, seja o ex-cônjuge ou os filhos que residem em sua companhia, o uso configura alimentos *in natura*, não cabendo pagamento de aluguel[157]. Permanecendo na residência comum, um dos consortes, mesmo após a separação judicial e partilha dos bens, é possível o

---

155 STJ, 3ª Turma, REsp 983.450/RS, Rel. Min. Nancy Andrighi, j. 2-10-2010.

156 STJ, 3ª Turma, REsp 255.059/RS, Rel. Min. Ari Pargendler, j. 6-6-2000.

157 DIAS, Maria Berenice. *Manual de direito das famílias*. 4. ed., cit., p. 296.

ajuizamento de ação de *arbitramento de aluguel* pelo cônjuge afastado do lar conjugal e coproprietário do imóvel, para receber aluguéis pelo uso exclusivo do outro, devidos a partir da citação[158]. Independentemente da moradia de um dos cônjuges no imóvel comum ou recebimento de alimentos, permite-se ainda, a qualquer deles ajuizar ação de prestação de contas em face do outro que ficou na administração de bens comuns, para entrega de parte da renda líquida e realização posterior da correta partilha dos bens[159].

O Superior Tribunal de Justiça firmou entendimento de que se na separação ou no divórcio ficou convencionado que os bens seriam partilhados tocando a metade para cada cônjuge e permanecendo em comum até a venda a efetiva divisão, são regulados pelas regras do condomínio, desfazendo desde a separação a *mancomunhão* que decorria do direito de família, permitindo ao ex-cônjuge que não possui a posse o direito à indenização pelo uso do outro da propriedade comum, devida desde a citação[160], nos termos do art. 1.319[161] do Código Civil, mas também tem o dever de contribuir com as despesas de manutenção, conforme o art. 1.315[162] da Lei Civil. Nesse sentido:

> – Com a separação do casal cessa a comunhão de bens, de modo que, embora ainda não operada a partilha do patrimônio comum do casal, é facultado a um dos ex-cônjuges exigir do outro, que estiver na posse e uso exclusivos de determinado imóvel, a título de indenização, parcela correspondente à metade da renda de um presumido aluguel, devida a partir da citação.
>
> – Enquanto não dividido o imóvel, a propriedade do casal sobre o bem remanesce, sob as regras que regem o instituto do condomínio, notadamente aquela que estabelece que cada condômino responde aos outros pelos frutos que percebeu da coisa, nos termos do art. 1.319 do CC/02. Assim, se apenas um dos condôminos reside no imóvel, abre-se a via da indenização àquele que se encontra privado da fruição da coisa.

---

158 STJ, 4ª Turma, REsp 673.118/RS, Rel. Min. Jorge Scartezzini, j. 6-12-2004.

159 TJSP, 7ª CC, AC 136.048-4/0-00, Rel. Des. Oswaldo Breviglieri, j. 29-1-2003.

160 STJ, 2ª Turma, REsp 130.605/DF, Rel. Min. Ruy Rosado de Aguiar, j. 23-4-2001.

161 "Art. 1.319. Cada condômino responde aos outros pelos frutos que percebeu da coisa e pelo dano que lhe causou."

162 "Art. 1.315. O condômino é obrigado, na proporção de sua parte, a concorrer para as despesas de conservação ou divisão da coisa, e a suportar os ônus a que estiver sujeita. Parágrafo único. Presumem-se iguais as partes ideais dos condôminos."

O Superior Tribunal de Justiça firmou teses em julgados publicados até 5-10-2018[163] sobre a dissolução da sociedade conjugal e da união estável. Na tese 8 os julgados reconhecem no estado de mancomunhão o *direito de indenização* ao ex-cônjuge pelo uso exclusivo do outro. A tese possui o seguinte teor:

> 8) Na separação e no divórcio, o fato de certo bem ainda pertencer indistintamente aos ex-cônjuges, por ausência de formalização da partilha, não representa automático empecilho ao pagamento de indenização pelo uso exclusivo do bem por um deles, desde que a parte que toca a cada um tenha sido definida por qualquer meio inequívoco, visto que medida diversa poderia importar enriquecimento sem causa.

Na hipótese de o bem já estar partilhado, mas em condomínio, e um deles estiver usufruindo, cabe *arbitramento de aluguel*, conforme tese 9:

> 9) Admite -se o arbitramento de aluguel a um dos cônjuges por uso exclusivo de bem imóvel comum do casal somente na hipótese em que, efetuada a partilha do bem, um dos cônjuges permaneça residindo no imóvel.

Além do dever de indenização, o ex-cônjuge que está na posse e administração dos bens comuns em mancomunhão, tem o *dever de prestar contas* ao outro, conforme tese 7:

> 7) Após a separação de fato ou de corpos, o cônjuge que estiver na posse ou na administração do patrimônio partilhável – seja na condição de administrador provisório, seja na de inventariante – terá o dever de prestar contas ao ex-consorte, enquanto perdurar o estado de mancomunhão.

Maria Berenice Dias ressalta, ainda, questões frequentes e peculiares na partilha dos bens entre os cônjuges no regime de comunhão parcial, como a *sub-rogação parcial* de um bem particular de um cônjuge e a aquisição de outro de maior valor na constância do casamento, comunicando-se e levando à partilha a diferença entre os bens; a *aquisição de bem financiado* antes

---

[163] STJ, *Jurisprudência em Teses* – Edição n. 113: Da dissolução da sociedade conjugal e da união estável – I, p. 31-10-2018.

do casamento e com prestações quitadas na constância, partilhando-se somente estas parcelas; a aquisição de bem, mediante *levantamento do FGTS* na constância do casamento, também se comunica e deve ser partilhado, mas o FGTS não sacado não se comunica[164].

É possível partilhar entre o casal os bens comuns livres e desimpedidos, reservando-se para sobrepartilha os bens litigiosos, desconhecidos e sonegados por um dos cônjuges.

6.1.4. Partilha de quotas empresariais

Apresenta certa dificuldade na partilha quando um dos cônjuges é sócio de uma determinada sociedade limitada.

Douglas Phillips Freitas ensina que nas sociedades limitadas a situação é complexa em razão dos sócios envolvidos e o contrato social, que é a lei entre as partes, pode trazer como regra a impossibilidade de inclusão de terceiros na sociedade, o que impossibilita a divisão das quotas sociais entre os cônjuges (ou companheiros) na partilha e o parceiro ingressar na pessoa jurídica[165].

Existindo vedação de integração do outro cônjuge na sociedade em razão do contrato social, as quotas devem ser partilhadas entre o casal, em partes iguais dependendo do regime do casamento, mas tal partilha não se confunde com a divisão societária das quotas sociais das empresas. Forma-se assim um condomínio entre os ex-cônjuges, nas quotas em que um deles é sócio da empresa, participando dos lucros. O condomínio entre os ex-cônjuges é uma das opções para resolver a partilha, salvo se for possível solucionar a questão mediante a permuta com outros bens, integração do ex-cônjuge à sociedade (se os demais sócios permitirem) ou liquidação das quotas[166].

Na impossibilidade de ingresso do ex-cônjuge ou ex-companheiro na sociedade limitada, em face de vedação no contrato social, o que não ocorre numa firma individual ou sociedade anônima, e a impossibilidade de com-

---

164 DIAS, Maria Berenice. *Manual de direito das famílias*. 4. ed., cit., p. 297-298.

165 FREITAS, Douglas Phillips. Partilha e sucessão das quotas empresariais. In: FREITAS, Douglas Phillips; BARBOSA, Eduardo Lemos (Coords.). *Direito de família nas questões empresariais*. 2. ed. Florianópolis: Voxlegem, 2012. p. 84-85.

166 ABATE, Alessandra. *Dissolução da sociedade conjugal e a partilha das quotas sociais*. Disponível em: <www.correiadasilva.com.br>. Acesso em: 7-1-2012.

pensação em outros bens, a solução é uma subsociedade entre os ex-cônjuges por força da meação, sem intervenção dos demais sócios que integram a sociedade comercial. O ex-consorte será sócio do outro, mas não da sociedade, tornando-se *meeiro das cotas*. Embora o meeiro das cotas não possa integrar a sociedade e intervir na empresa, pode exigir do ex-cônjuge o adimplemento ou alienar seus direitos aos outros sócios que podem integrar a sociedade. Permite-se, ainda, ao não sócio a participação nos lucros[167].

A jurisprudência já decidiu que, embora o ex-cônjuge não integre a sociedade, pode exigir que a empresa providencie o depósito em seu nome da metade dos lucros e dividendos auferidos pelo sócio, oriundos de sua participação societária[168].

O cônjuge que se divorciou do sócio não pode, portanto, exigir desde logo a parte que lhe cabe na parte social, mas receber a divisão dos lucros até a liquidação das quotas, conforme determina o art. 1.027 do Código Civil. Nesse sentido:

> APELAÇÃO CÍVEL – CAUTELAR DE SEQUESTRO – SEPARAÇÃO JUDICIAL – PARTILHA – ALIENAÇÃO DE BENS PERTENCENTES À SOCIEDADE EMPRESÁRIA DA QUAL O EX-CÔNJUGE É SÓCIO – FALTA DE INTERESSE PROCESSUAL – EXTINÇÃO DO PROCESSO. O cônjuge do que se separou judicialmente não pode exigir desde logo a parte que lhe couber na quota social, mas concorrer à divisão periódica dos lucros, até que se liquide a sociedade. A cessão de quotas havida entre os ex-cônjuges, em razão da partilha, permanece estranha à sociedade e demais sócios, cabendo àquele que recebeu quotas de seu ex-consorte dele haver o respectivo montante referente à divisão dos lucros. Há interesse processual quando a parte necessita ingressar em juízo para alcançar a tutela pretendida. O interesse surge da necessidade da intervenção dos órgãos jurisdicionais para evitar-se um prejuízo. Não existindo qualquer direito ameaçado ou efetivamente violado, não há interesse processual, o que importa na extinção do processo, sem resolução de mérito[169].

---

[167] FREITAS, Douglas Phillips. Partilha e sucessão das quotas empresariais. In: FREITAS, Douglas Phillips; BARBOSA, Eduardo Lemos (Coords.). *Direito de família nas questões empresariais*. 2. ed., cit., p. 86-95.

[168] TJSP, AI 994090379411, Rel. Des. Neves Amorim, j. 12-4-2010.

[169] TJMG, 6ª CC, AC 1.0324.09.075483-3/001, Rel. Des. Edilson Fernandes, j. 20-10-2009.

O Código de Processo Civil de 2015 prevê a possibilidade de ação de dissolução parcial de sociedade para apuração de haveres de sócio falecido, excluído ou que exerceu o direito de retirada, conferindo legitimidade ao cônjuge ou companheiro do sócio cuja união terminou. Apurados os haveres, serão pagos à conta da quota social titulada do sócio que separou, divorciou ou extinguiu a união estável na forma do contrato social e, no silêncio, na forma do art. 1.031, § 2º, do Código Civil[170].

O atual Código de Processo Civil, como já visto, autoriza: "o cônjuge ou companheiro do sócio cujo casamento, união estável ou convivência terminou poderá requerer a apuração dos seus haveres na sociedade, que serão pagas à conta da quota social titulada por este sócio" (art. 600, parágrafo único), procedendo-se, mediante ação de dissolução parcial da sociedade, somente à apuração dos haveres (art. 599, III).

6.1.5. Bens no exterior, sobrepartilha e anulação da partilha

Na partilha judicial, deve o julgador buscar a maior igualdade possível e evitar a manutenção de condomínio, possibilitando desavenças futuras e perpetuando o litígio[171]. Na partilha consensual, não se exige obediência ao princípio da igualdade, entretanto, ocorrendo diferença e um dos cônjuges receber acima do que lhe caberia na meação, será devido imposto *inter vivos*, denominado *imposto de reposição*, por caracterizar transferência patrimonial entre os cônjuges, dispondo a Súmula n. 116 do STF que "em desquite ou inventário, é legítima a cobrança do chamado imposto de reposição, quando houver desigualdade nos valores partilhados", devendo a Fazenda Pública ser intimada.

A jurisprudência tem decidido, na existência de bens no Brasil e no exterior, que pode ser incluída na partilha o valor do patrimônio mantido

---

[170] "Art. 1.031. Nos casos em que a sociedade se resolver em relação a um sócio, o valor da sua quota, considerada pelo montante efetivamente realizado, liquidar-se-á, salvo disposição contratual em contrário, com base na situação patrimonial da sociedade, à data da resolução, verificada em balanço especialmente levantado.

§ 1º O capital social sofrerá a correspondente redução, salvo se os demais sócios suprirem o valor da quota.

§ 2º A quota liquidada será paga em dinheiro, no prazo de noventa dias, a partir da liquidação, salvo acordo, ou estipulação contratual em contrário."

[171] TJMG, 7ª CC, AC 000.275.955-3/00, Rel. Des. Pinheiro Lago, j. 21-11-2002.

por um dos cônjuges fora do país, sem que tal ato viole a competência internacional, notadamente o disposto no art. 23 do Código de Processo Civil. Compete à lei brasileira estabelecer a partilha igualitária entre os cônjuges, conforme disposto no regime de bens. O art. 7º da LINDB dispõe expressamente que a lei do país em que for domiciliada pessoa determina as regras sobre o direito de família. O art. 9º, § 2º, da mesma lei, dispõe que toda obrigação resultante do contrato reputa-se constituída no lugar em que residir o proponente. Assim, perfeitamente possível à justiça brasileira incluir na partilha dos bens do casal residente no país o valor do patrimônio que um dos cônjuges, ainda que estrangeiro, possua no exterior.

Após a partilha, se um dos ex-cônjuges descobrir a existência de bens, no exterior ou no Brasil que pertenciam ao casal e não foram incluídos, é cabível *sobrepartilha*, o mesmo ocorrendo com bens litigiosos ou de liquidação complexa, bem como aqueles em que não ocorreu acordo por ocasião da partilha.

Assim, surgindo algum bem não incluído na partilha é possível realizar uma sobrepartilha, utilizada em caso de desconhecimento de bens comuns sonegados por uma das partes ou mesmo que não foram incluídos por comum acordo ou litígio, observando o prazo de 10 anos a partir do trânsito em julgado, na vigência do CC/2002 (art. 205)[172]. O Superior Tribunal de Justiça já decidiu nesse sentido. O Relator do recurso, Min. Villas Bôas Cueva, ressaltou que a autora não pretendia rescisão ou anulação da partilha já homologada, mas partilhar o bem que desconhecia e não foi arrolado pelo marido por má-fé, sendo determinada nova partilha (Fonte STJ)[173].

Julgada a *partilha judicial* por sentença, é *rescindível* se comprovado que ocorreu erro de fato, dolo, coação, simulação ou outras hipóteses previstas nos arts. 966 do Código de Processo Civil e 658 do Código Civil, no prazo de dois anos a partir do trânsito em julgado da sentença, nos termos do art. 975 da lei processual civil[174] observando as exceções dos §§ 2º e 3º.

---

[172] "Art. 205. A prescrição ocorre em dez anos, quando a lei não lhe haja fixado prazo menor."

[173] STJ. *Sobrepartilha: é possível pedir nova divisão quando se descobre a existência de bens depois da separação*. Disponível em: <www.ibdfam.org.br>. Acesso em: 18-1-2020.

[174] "Art. 975. O direito à rescisão se extingue em 2 (dois) anos contados do trânsito em julgado da última decisão proferida no processo."

A *partilha amigável*, homologada pelo juiz ou mediante escritura pública, é *anulável* pelos vícios e defeitos que invalidam os negócios jurídicos (erro, dolo, coação), conforme previsão dos arts. 2.027 do Código Civil e 657 do Código de Processo Civil[175].

O prazo para a ação anulatória não era pacífico, prevendo o Enunciado 612 da VII Jornada de Direito Civil, do Conselho da Justiça Federal, o prazo de um ano. O Superior Tribunal de Justiça, entretanto, consolidou o entendimento que esse prazo se aplica somente no direito sucessório, aplicando na anulação de partilha amigável, na separação, divórcio e dissolução da união estável, o prazo decadencial de quatro anos, previsto no art. 178 do Código Civil[176].

O STJ, na Jurisprudência em Teses, editou a tese n. 2 com o seguinte teor:

> 2) É de quatro anos o prazo decadencial para anular partilha de bens em dissolução de sociedade conjugal ou de união estável, nos termos do art. 178 do Código Civil[177].

No Agravo Interno no REsp 1.546.979/SP, um dos julgados que consolidou a tese 2, o Superior Tribunal de Justiça reafirma a aplicação do prazo previsto no art. 178 do Código Civil, constando em parte da ementa que:

> 2. Os Enunciados elaborados pelas Jornadas de Direito não possuem eficácia vinculante ou força obrigatória perante os órgãos do Poder Judiciário, exercendo papel doutrinário.

---

175 CARVALHO, Dimas Messias de. *Direito das sucessões – inventário e partilha*. 5. ed. São Paulo: Saraiva, 2017. p. 530.

176 "Art. 178. É de quatro anos o prazo de decadência para pleitear-se a anulação do negócio jurídico, contado:

I – no caso de coação, do dia em que ela cessar;

II – no de erro, dolo, fraude contra credores, estado de perigo ou lesão, do dia em que se realizou o negócio jurídico;

III – no de atos de incapazes, do dia em que cessar a incapacidade."

177 STJ, *Jurisprudência em Teses* – Edição n. 113: Da dissolução da sociedade conjugal e da união estável – I, p. 29-5-2019.

3. É assente perante este Superior Tribunal de Justiça que o prazo ânuo para se pleitear a anulação de partilha, disposto nos artigos 1.029, parágrafo único, do Código de Processo Civil de 1973, atual 567, parágrafo único; e 2.027, do Código Civil, aplica-se, tão somente, ao âmbito sucessório, de modo que, quando se tratar de anulação de partilha por ocasião de dissolução de união estável, separação judicial ou divórcio, o prazo decadencial aplicável é o previsto no artigo 178, do Código Civil, de 4 (quatro) anos. Precedentes. Súmula n. 83/STJ.

4. Agravo interno a que se nega provimento[178].

Maria Berenice Dias ressalta, todavia, que depois de realizada a partilha, se um dos cônjuges, especialmente a mulher, descobre que a divisão não foi justa e causou-lhe prejuízo por não conhecer bem os negócios da família, dificilmente vai conseguir provar que foi induzida em erro e anular a partilha[179]. O arrependimento tardio quanto aos termos que foram acordados na partilha, mediante vontade livre e consciente das partes sem comprovação de vício de consentimento, não autoriza o reconhecimento da anulabilidade da partilha, mantendo sua validade e eficácia[180].

Os bens que se comunicam e não comunicam para fins de partilha, nos diversos regimes, foram abordados no título 2 – Regime de bens.

6.2. Aplicação da *disregard doctrine* inversa na partilha de bens e alimentos

A pessoa jurídica possui personalidade e patrimônio próprios. É sujeita de direitos podendo exercer todos os atos que não sejam privativos da pessoa física como casar e adotar. Possuindo existência própria, as pessoas jurídicas não se confundem com as pessoas físicas que a compõem, ou seja, têm personalidade distinta de seus sócios, aplicando-se o *princípio da autonomia da pessoa jurídica*.

A autonomia da pessoa jurídica permite, assim, a realização de negócios distintos de seus sócios. Não se identifica o patrimônio da pessoa jurídica,

[178] STJ, AgInt REsp 1.546.979/SP, Relª. Minª. Maria Isabel Gallotti, j. 10-4-2018.

[179] DIAS, Maria Berenice. *Manual de direito das famílias*. 13. ed., cit., p. 743.

[180] TJSP, AC 1000420-76.2017.8.26.0168, Rel. Des. Rômulo Russo, j. 14-5-2019.

especialmente na sociedade, com o dos sócios, que possuem responsabilidade limitada e não respondem, a princípio, pelas obrigações daquela. Tendo em vista que o patrimônio da sociedade não se confunde com o dos sócios, a autonomia patrimonial, que deveria ser utilizada para atender aos seus fins sociais, não raras vezes, é utilizada para lesar terceiros, especialmente os credores, em evidente abuso e desvio de finalidade.

Com o objetivo de evitar a realização de fraude no uso da personalidade da pessoa jurídica e o enriquecimento ilícito do sócio, aproveitando-se da distinção dos patrimônios, desenvolveu-se a *teoria da desconsideração da personalidade jurídica*, permitindo, no caso concreto, ser afastada a responsabilização da pessoa jurídica e atingir bens particulares dos sócios.

A teoria da desconsideração da personalidade jurídica ou *disregard doctrine* consolidou-se nos Estados Unidos, entretanto, registra que o primeiro precedente jurisprudencial ocorreu na Inglaterra, em 1897, no famoso episódio da empresa *Salomon & Co. Ltd.* Consta que Aaron Salomon possuía 2001 ações da empresa e sua esposa e cinco filhos apenas seis ações. Aaron Salomon cedeu seu fundo de comércio particular à sociedade por valor superfaturado e instituiu garantia real a seu favor, passando a ser credor privilegiado. Com a quebra da empresa, o sócio-majoritário Aaron Salomon não precisou honrar com seus bens particulares as dívidas da empresa, já que a responsabilidade era limitada, e preteriu todos os demais credores sem garantia ao executar seu crédito preferencial, liquidando a seu favor o patrimônio líquido da empresa. A utilização fraudulenta da personalidade distinta da empresa, em visível confusão de patrimônios, simulando a compra de fundo de comércio, gerou litígio entre o sócio-majoritário e os credores da *Salomon & Co. Ltd.*, sendo aplicada a teoria da desconsideração na instância inferior, a *High Court*, condenando o comerciante a pagar os credores em razão da confusão do patrimônio. A decisão foi mantida pela *Court of Appeal*. A *House of Lords* (Câmara dos Lordes), entretanto, reformou as decisões em razão da separação patrimonial da empresa e seus sócios, mas as decisões reformadas repercutiram, especialmente nos Estados Unidos, dando origem à *disregard doctrine*[181].

José Jairo Gomes leciona, quanto a este episódio, que o comerciante Salomon constituiu a companhia com seis membros da família, cedendo seu

[181] FIUZA, César. *Direito civil* – curso completo. 10. ed., cit., p. 155.

fundo de comércio à nova sociedade e recebendo 20.000 ações representativas de sua contribuição ao capital social e, cada novo sócio, só uma. Aaron Salomon, para a integralização do aporte efetuado, recebeu ainda obrigações garantidas de dez mil libras esterlinas, de forma que, após a liquidação da companhia, um ano depois, os bens eram insuficientes para satisfazer seus créditos garantidos, nada sobrando aos credores quirografários. Ressalta, ainda, quanto à teoria da desconsideração da pessoa jurídica no Brasil, que foi acolhida pioneiramente no Direito do Trabalho, em 1º de maio de 1943, data da promulgação da Consolidação das Leis do Trabalho (CLT), ao considerar para fins de relação de emprego, solidariamente responsáveis a empresa principal e cada uma de suas subordinadas, quando constituírem um grupo, ainda que possuam personalidade jurídica própria (art. 2º, § 2º). No Direito Tributário, a Lei n. 5.172, de 25 de outubro de 1966 (CTN), também acolheu a desconsideração no seu art. 135, ao responsabilizar, pelos créditos tributários resultantes de atos praticados em abuso de poder ou infringência de lei, os diretores, os gerentes ou os representantes de pessoas jurídicas de direito privado[182].

O Código Civil de 1916 não tratou da desconsideração da personalidade jurídica e, apesar de acolhida na doutrina e na jurisprudência, somente teve previsão na legislação pátria com o advento da Lei n. 8.078/1990 – Código de Defesa do Consumidor (art. 28) e posteriormente na Lei n. 8.884/1994 – Lei Antitruste (art. 18). O Código Civil de 2002 finalmente consagrou a teoria da desconsideração da personalidade jurídica no art. 50[183] quando ocorrer abuso da personalidade jurídica por desvio de finalidade ou confusão patrimonial, permitindo ao juiz estender os efeitos das relações obrigacionais da empresa aos bens particulares dos administradores ou sócios.

A teoria da desconsideração não anula ou despersonaliza a pessoa jurídica, ao contrário, reconhece a existência da personalidade distinta e autônoma,

---

[182] GOMES, José Jairo. *Direito civil* – introdução e parte geral. Belo Horizonte: Del Rey, 2006. p. 265-267.

[183] "Art. 50. Em caso de abuso da personalidade jurídica, caracterizado pelo desvio de finalidade, ou pela confusão patrimonial, pode o juiz decidir, a requerimento da parte, ou do Ministério Público quando lhe couber intervir no processo, que os efeitos de certas e determinadas relações de obrigações sejam estendidos aos bens particulares dos administradores ou sócios da pessoa jurídica."

apenas não a considera para responsabilizar os sócios, afastando a personalidade temporariamente durante e somente no caso concreto, em função da fraude, abuso ou desvio de finalidade. A desconsideração, por ser uma sanção que se aplica por um comportamento abusivo, deve ser tecnicamente *decretada* pelo juiz, e *não declarada*, como muitas vezes se usa a expressão[184].

A desconsideração da pessoa jurídica, portanto, não questiona a validade do princípio da autonomia patrimonial, que continua plenamente eficaz ao estabelecer que os sócios não respondam pelas obrigações da pessoa jurídica, apenas desconsidera, episodicamente, que a separação patrimonial decorrente da constituição da pessoa jurídica, não será eficaz na repressão à fraude naquele caso concreto, permanecendo válido e plenamente eficaz para todos os demais efeitos. A teoria apenas autoriza o juiz a ignorar a autonomia patrimonial da pessoa jurídica sempre que essa for manipulada para realizar fraudes em prejuízo de terceiros[185].

A desconsideração da personalidade jurídica ou *disregard* será possível, a requerimento da parte ou do Ministério Público quando lhe couber intervir, se o abuso consistir em *desvio de finalidade* ou *confusão patrimonial* (art. 50 do CC). A desconsideração não deve limitar-se apenas aos sócios, estendendo-se aos administradores da pessoa jurídica, especialmente quando são os reais titulares e utilizam *testas de ferro* ou *laranjas* para efeitos formais, no intuito de fraudar o interesse dos credores[186].

O uso da empresa ocorre normalmente nas chamadas *empresas familiares*, que possuem uma administração pessoal, confundindo-se as pessoas físicas com as jurídicas. Empresa familiar, leciona Eduardo Lemos Barbosa, é aquela que está identificada com a família, já em mais de uma geração, e essa ligação resulta na prática de atos voltados para os interesses da família. É de propriedade dos membros da família, que ocupam os cargos gerenciais, em mais de uma geração[187].

---

184 GAGLIANO, Pablo Stolze; FILHO, Rodolfo Pamplona. *Novo curso de direito civil* – Parte geral. 8. ed. São Paulo: Saraiva, 2006. v. I. p. 229-230.

185 COELHO, Fábio Ulhoa. *Curso de direito civil*. São Paulo: Saraiva, 2003. v. 1. p. 242.

186 GAGLIANO, Pablo Stolze; FILHO, Rodolfo Pamplona. *Novo curso de direito civil* – Parte geral. 8. ed., cit., p. 232-233.

187 BARBOSA, Eduardo Lemos. Planejamento sucessório. In: FREITAS, Douglas Phillips; BARBOSA, Eduardo Lemos (Coords.). *Direito de família nas questões empresariais*. 2. ed. Florianópolis: Voxlegem, 2012. p. 102-104.

Em regra, o juiz decreta a desconsideração da personalidade jurídica, quando os sócios fazem uso abusivo do ente moral para encobrir a finalidade de seus atos, usando de fraude para aumentar o patrimônio pessoal em detrimento dos bens da pessoa jurídica ou os utiliza em benefício próprio, levando-a a situação de insolvência. Neste caso, a responsabilização recairá nos bens dos sócios.

A aplicação da *disregard* no direito de família é *inversa*.

Na *desconsideração da personalidade jurídica inversa*, a responsabilização recai na pessoa jurídica pela prática de ato pessoal do sócio. Desconsidera-se a autonomia patrimonial para buscar nos bens ou rendimentos da pessoa jurídica o atendimento de obrigação imputada ao sócio, também por desvio de finalidade ou confusão de patrimônios.

Aplica-se a *disregard* no direito de família para coibir a indevida vantagem ao patrimônio empresarial do cônjuge ou companheiro em detrimento do patrimônio do casal, prejudicando o outro consorte. Não raras vezes o empresário registra em nome da empresa, da qual é sócio ou administrador, utilizando *testas de ferro*, bens móveis e imóveis que adquire ou, até mesmo, retira-se ficticiamente da sociedade em conluio com outros sócios ou utilizando *laranjas*, a fim de afastar da partilha as quotas sociais ou o patrimônio do casal e, até mesmo, reduzir a demonstração da possibilidade de arcar com os alimentos aos filhos. Restando demonstrada a fraude no uso da pessoa jurídica, desviando ou descumprindo a função social da empresa em benefício do empresário, pode o juiz decretar a desconsideração da personalidade jurídica e a ineficácia do ato fraudulento praticado, na própria sentença de divórcio, de reconhecimento da união estável ou que fixa os alimentos. Não se anula ou descarta a personalidade jurídica, aplica-se apenas a *disregard inversa* secundariamente para tornar ineficaz o ato fraudulento, mantendo intocada a personalidade da pessoa jurídica e todos os outros atos praticados pelo empresário, não maculados pela fraude ou abuso de direito[188].

É oportuna a lição de Rolf Madaleno ao tratar da fraude societária para prejudicar o cônjuge ou companheiro:

---

[188] DIAS, Maria Berenice. *Manual de direito das famílias*. 13. ed., cit., p. 731-732.

> Convém ter presente que a fraude entre cônjuges se realiza amiúde, valendo-se o esposo fraudador da estrutura societária já existente ou de uma empresa especialmente criada para desenvolver a tramoia e assim subtrair bens do acervo comum e repassá-los para a pessoa jurídica. O tema é bastante recente na cultura jurídica brasileira e encontra uma norma padrão no artigo 50 do Código Civil, através da desconsideração da personalidade jurídica, não obstante também possa ser tranquilamente falado de desconsideração da personalidade física, quanto interposta pessoa física é utilizada para colocar em seu nome os bens desviados do casamento ou da união estável, o conhecido *laranja*. As manobras realizadas através do mau uso da personalidade societária encontram forte eco no direito de família para sonegar alimentos ou para fraude à meação, pois a incorporação de bens a uma sociedade empresária, ou mesmo o afastamento do cônjuge do quadro societário da empresa conjugal equivale à sua alienação para terceiro[189].

A *disregard inversa* não se aplica somente quando o cônjuge ou companheiro adquire ou transfere bens para a pessoa jurídica da qual é sócio ou administrador, reduzindo o patrimônio particular do casal, mas também quando o patrimônio da empresa é utilizado pelo casal, confundindo-se com o patrimônio comum. A jurisprudência já decidiu que quando o patrimônio da empresa for usado pela família e se confundir com o patrimônio do casal, ainda que as empresas tenham sido constituídas antes do início da união estável ou casamento, o crescimento patrimonial verificado nelas durante o tempo de convivência deve ser alvo de partilha, tornando imperiosa a divisão igualitária dos bens adquiridos na constância da vida comum[190].

Assim, perfeitamente aplicável a *disregard doctrine* no direito de família, decretando a desconsideração da personalidade jurídica sempre que ocorrer atos lesivos praticados pelo empresário para transferir para o patrimônio da empresa, da qual é sócio ou administrador, bens móveis ou imó-

---

[189] MADALENO, Rolf. Fraude material na união estável e conjugal. In: FREITAS, Douglas Phillips; BARBOSA, Eduardo Lemos (Coords.). *Direito de família nas questões empresariais*. 2. ed. Florianópolis: Voxlegem, 2012. p. 184.

[190] TJRS, 7ª CC, AI 70006007553, Rel. Des. Sérgio Fernando de Vasconcellos Chaves, j. 14-5-2003.

veis, reduzindo o patrimônio pessoal para frustrar a meação do cônjuge ou companheiro na partilha, o mesmo ocorrendo quando existe confusão de patrimônio da pessoa jurídica e do casal.

Aplica-se ainda a teoria, quando o empresário utiliza a empresa para esconder sua efetiva retirada, dissimulando os ganhos e a situação financeira, para diminuir o valor dos alimentos ao cônjuge, companheiro ou filhos, abaixo do que suportam suas reais possibilidades.

Maria Berenice Dias orienta que:

> O pedido de desconsideração pode ser requerido na petição inicial (CPC, art. 134, § 2º) ou mediante a instauração de procedimento incidente (CPC, art. 133). Em ambas as hipóteses deve ser citada a pessoa jurídica.
>
> O bloqueio de ativos financeiros da pessoa jurídica, diante dos fortes indícios de transferência fraudulenta de bens do sócio para a empresa de que ele é sócio, pode ser determinada de ofício. Providência que se alberga dentro do poder geral de cautela (CPC, art. 297)[191].

A jurisprudência admite bloqueio de ativos financeiros da pessoa jurídica, em pedido de desconsideração inversa da personalidade jurídica, exigindo, entretanto, seja procedida mediante instauração de incidente. Nesse sentido:

> PRESTAÇÃO DE CONTAS. LIQUIDAÇÃO DE SENTENÇA. PEDIDO DE DESCONSIDERAÇÃO INVERSA DA PERSONALIDADE JURÍDICA. NECESSIDADE DE INCIDENTE. BLOQUEIO DE ATIVOS FINANCEIROS DA PESSOA JURÍDICA. POSSIBILIDADE. PODER GERAL DE CAUTELA. 1. Considerando que o NCPC prevê que o pedido de desconsideração inversa da personalidade jurídica deve ser procedida mediante instauração de incidente, correto o indeferimento de processamento nos autos da ação de prestação de contas. 2. Não há que se falar em decisão *extra petita*, em razão de o Julgador ter determinado o bloqueio de ativos financeiros da pessoa jurídica, diante dos fortes indícios de que o réu está transferindo bens para ela, a fim de frustrar a ultimação da partilha de bens,

[191] DIAS, Maria Berenice. *Manual de direito das famílias*. 13. ed., cit., p. 732.

pois tal providência se enquadra no poder geral de cautela. Inteligência do art. 297, do NCPC (...)[192].

O Código de Processo Civil autoriza o requerimento de desconsideração jurídica na petição inicial, dispensando instauração de incidente. Instaurando incidente suspende-se o processo. Dispõe o art. 134 que:

> Art. 134. O incidente de desconsideração é cabível em todas as fases do processo de conhecimento, no cumprimento de sentença e na execução fundada em título executivo extrajudicial.
>
> § 1º A instauração do incidente será imediatamente comunicada ao distribuidor para as anotações devidas.
>
> § 2º Dispensa-se a instauração do incidente se a desconsideração da personalidade jurídica for requerida na petição inicial, hipótese em que será citado o sócio ou a pessoa jurídica.
>
> § 3º A instauração do incidente suspenderá o processo, salvo na hipótese do § 2º.
>
> § 4º O requerimento deve demonstrar o preenchimento dos pressupostos legais específicos para desconsideração da personalidade jurídica.

Os sócios da pessoa jurídica devem ser citados no pedido de desconsideração inversa (art. 135, CPC).

7. CULPA NO DIREITO DE FAMÍLIA

7.1. Considerações gerais

A culpa na dissolução do casamento restou excluída no ordenamento jurídico pátrio por causa da abolição da separação jurídica pela EC n. 66/2010 no texto constitucional, não restando recepcionada a separação sanção a partir da vigência da nova norma, conforme predominantemente entendimento doutrinário e jurisprudencial.

Marco Túlio Murano Garcia, com propriedade, esclarece que a nova norma constitucional desvinculou o fim do casamento de qualquer motiva-

---

192 TJRS, 7ª CC, AI 70070391594, Rel. Des. Sérgio Fernandes Chaves, j. 26-10-2016.

ção culposa ou objetiva, ressaltando que quando se casa não precisa explicar os motivos do casamento, prevalecendo apenas o amor e o interesse em casar-se. Da mesma forma para descasar, doravante, não terá de declinar os motivos, presumindo-se que acabou o amor e o desinteresse em manter o casamento, sem discutir culpa ou motivação[193].

Independentemente da EC n. 66/2010, a imputação de culpa para decretar a dissolução da sociedade conjugal há muito deixou de ser aplicada, com raras exceções, prevalecendo a teoria da ruptura do casamento, dissolvendo-se a união no momento em que não mais existe a plena comunhão de vida, em que acabou o afeto.

A imputação de culpa nas relações conjugais, entretanto, não está excluída do ordenamento jurídico, sob pena de tornar letra morta os deveres do casamento e os princípios que regulam o direito de família. Não se discute culpa pelo fim do casamento, mas não está abolida para responsabilizar o cônjuge, companheiro e pais pelo descumprimento injustificado de seus deveres e prejudicial ao outro consorte.

Ao casarem, os cônjuges assumem os deveres de fidelidade recíproca, coabitação, mútua assistência moral e material, respeito e consideração mútuos e a cuidarem da prole (art. 1.566 do CC), importando responsabilidade a quebra injustificada das obrigações morais e materiais que assumiu, quando se torna gravosa ao outro.

A culpa deixou de ser relevante na dissolução do casamento, mas evidentemente não acabou no direito de família, o que seria nefasto ao casamento, por torná-lo um compromisso jurídico sem qualquer responsabilidade, importando seus deveres, meras faculdades, desobrigatórios, irrelevantes juridicamente. José Fernando Simão leciona que o debate em torno da culpa para extinção do vínculo do casamento foi abolido. Acabou o afeto, acabou a comunhão de vidas e, portanto, acabou o casamento. Mas isso não permite irresponsabilidade do cônjuge no casamento. Não pode desaparecer do sistema a culpa, fazendo-se de conta que o cônjuge não praticou atos desonrosos contra o outro ou quebrou gravemente seus deveres. A culpa continuará sendo debatida, não mais entre os cônjuges na dis-

---

193 GARCIA, Marco Túlio Murano. *Las Vegas é aqui!* Disponível em: <www.ibdfam.org.br/artigos>. Acesso em: 20-7-2010.

solução do casamento, mas em razão da conduta do cônjuge ou ex-cônjuge ao descumprir seus deveres, em ações autônomas de indenização por danos morais, materiais ou estéticos, e alimentos. A culpa, entretanto, não será mais debatida para excluir uso do sobrenome do outro, que passa a ser também do usuário e integra o direito de personalidade, e no direito sucessório (art. 1.830 do CC), pois a culpa na dissolução do casamento foi abolida. Remanesce a possibilidade de discussão de culpa nas ações de alimentos (art. 1.704, parágrafo único, do CC) e nas ações indenizatórias[194].

7.2. Indenização por danos morais e materiais

Como já abordado ao tratar da Responsabilidade Civil no Direito de Família (Introdução – subtítulo VII), é plenamente possível indenização por danos morais e materiais nas relações familiares.

Maria Helena Diniz orienta que um dos efeitos patrimoniais do casamento é dar origem, se litigiosa a dissolução, à indenização por perdas e danos em face de prejuízos morais ou patrimoniais sofridos pelo cônjuge inocente. Mesmo adotando o entendimento da abolição da separação judicial, aplicam-se os mesmos princípios no divórcio litigioso. Admite-se, assim, que pode haver dano moral, suscetível de reparação civil, por não cumprimento dos deveres conjugais, lesivo ao direito de personalidade de um dos consortes. Logo, este poderá pleitear indenização pelo gravame sofrido, que lhe prejudicou a saúde, provocou dano estético, causou sua desonra ou o submeteu a injúria ou humilhação. Observa-se na orientação que não basta somente a quebra do dever, exigindo-se gravidade no ato, causando dano excessivo ao outro. A renomada doutrinadora ainda defendia que o pedido de indenização pode ser cumulado com a ação de separação litigiosa e, até mesmo, ser deduzida na reconvenção, pela identidade de *causa petendi*, nada impedindo que o juízo de família decida os pedidos cumulados[195].

A abolição da separação jurídica no direito pátrio e a impossibilidade de discutir culpa no divórcio impedem, atualmente, a cumulação de pedido

---

[194] SIMÃO, José Fernando. *A PEC do divórcio*: a revolução do século em matéria de direito de família. Disponível em: <www.ibdfam.org.br/artigos>. Acesso em: 20-7-2010.

[195] DINIZ, Maria Helena. *Curso de direito civil brasileiro* – Direito de família. 22. ed., cit., p. 311-312.

de indenização com a dissolução do vínculo conjugal. O pedido de indenização deve ser efetuado em processo autônomo.

Da mesma forma, também ensina Maximilianus, que ultimamente se tem cogitado de responsabilização do cônjuge por danos materiais ou morais graves, desde que excedam a esfera das relações de família, como as causadas por lesões corporais. As regras pertinentes já regulam os efeitos do divórcio, cabendo, portanto, o dever de indenizar, não pela violação de um dever pessoal de família, mas pela infração de um dever absoluto, como ofensas à integridade física ou, para hipóteses excedentes, como desonra e humilhações, que surgem independentemente da existência ou não de vínculo familiar, utilizando-se, nesses casos, a via da reparação civil[196].

A grave violação dos deveres do casamento pode ultrapassar a esfera das relações de família, configurando ato ilícito a autorizar reparação civil. A mulher agredida fisicamente pelo marido, que sofreu danos estéticos ou físicos, que perdeu o emprego em razão de conduta do cônjuge no seu trabalho ou por imposição do consorte, que sofria maus tratos e constantes humilhações, atingindo sua autoestima e interferindo na sua capacidade laborativa, causando-lhe profunda depressão, pode pleitear indenização por danos materiais, em razão da perda de sua capacidade para o trabalho, e moral, em razão do sofrimento espiritual que o consorte lhe causou, com fundamento no art. 186 do Código Civil, que dispõe que todo aquele que por conduta comissiva ou omissiva, dolosa ou culposa, causar algum dano a outrem, mesmo que exclusivamente moral, pratica ato ilícito[197].

O Tribunal de Justiça de Minas Gerais[198], decidiu por maioria, que cenas desagradáveis de ciúmes doentio do marido no local de trabalho da mulher, conduzindo-a a tratamento de depressão, autoriza a decretação da separação por culpa do varão e a condenação por danos morais. O Relator Desembargador Nilson Reis, vencido no acórdão, ensina que o dano moral é extrapatrimonial, uma lesão subjetiva que afeta o íntimo da pessoa e não

---

196 FÜHRER, Maximilianus Cláudio Américo. *Resumo de direito civil*. 28. ed. São Paulo: Malheiros, 2003. p. 101.

197 "Art. 186. Aquele que, por ação ou omissão voluntária, negligência ou imprudência, violar direito e causar dano a outrem, ainda que exclusivamente moral, comete ato ilícito."

198 TJMG, 2ª CC, AC 1.0024.05.899601-8/001, Rel. Des. Nilson Reis. Rel. para acórdão Des. Jarbas Ladeira, j. 6-3-2007.

um bem material desta. É o prejuízo que afeta o ânimo psíquico, moral e intelectual da vítima. A quantificação é extremamente difícil, pois dor, constrangimento, mágoa ou tristeza são imensuráveis e variam de acordo com os valores de cada pessoa, devendo ser levado em conta o psiquismo do homem médio, afastando o extremamente sensível que se aborrece facilmente com questões comuns do dia a dia e os de pouca sensibilidade, capaz de resistir às durezas da vida. Acrescenta, entretanto, que a indenização por dano moral decorrente da dissolução da sociedade conjugal não pode ser autorizada tão somente pelo mero desgosto e frustração pela falência do casamento, exigindo-se que as agressões verbais e humilhações constrangedoras acarretem algum dano moral, material ou social ao cônjuge, devendo ser indeferida a pretensão de indenização se o ofendido sempre perdoava o agressor e não sofreu prejuízos profissionais ou sociais.

O revisor e relator para o acórdão, Desembargador Jarbas Ladeira, reconheceu no julgado que o fim da união não ocorreu por simples falência do casamento em razão da incompatibilidade de gênios, mas em razão do ciúme doentio e personalidade desequilibrada do varão, caracterizada por pesadas ofensas e utilização de palavras de baixo calão no tratamento à mulher, inclusive na presença de colegas de trabalho, transtornando-a ao ponto de submeter-se a tratamento com psicólogo e psiquiatra, uma vez que apresentava quadro de depressão, ultrapassando as meras relações conjugais a permitir a separação judicial, autorizando a condenação por danos morais. O revisor foi acompanhado pelo Desembargador Brandão Teixeira.

Luciano Chaves de Faria[199], ressalta sobre a necessidade de adaptar a teoria do risco ao direito de família, fundamentando que amar é arriscado por natureza e que a união entre duas pessoas exige amor e afeto, não existindo razão para a permanência de uma relação se este binômio romper. O direito de família moderno é instrumento para o desenvolvimento em busca da felicidade pessoal, sendo incabível exigir justificativa para a ruptura dos relacionamentos quando não mais existe amor e afeto entre os parceiros. Assim, deve ser negada responsabilização por danos morais e materiais quando a ruptura da união for imotivada ou sem justo motivo, mesmo ferin-

[199] FARIAS, Luciano Chaves de. Teoria do risco desautorizando a indenização por danos morais nos casos de ruptura de noivado e das relações matrimoniais. *Revista Brasileira de Direito das Famílias e Sucessões*. n. 01. Porto Alegre: Magister. Belo Horizonte: IBDFAM, dez.-jan. 2008. p. 20-23.

do a honra objetiva e subjetiva da outra parte, como tem decidido equivocadamente alguns julgados, em face do risco que está patente nas relações conjugais, inviabilizando a indenização. Constatado por uma das partes, que não mais existe amor que sustente a relação, o que nem sempre encontra justo motivo para explicar o seu fim, o rompimento surge como única solução racional. A dor da ruptura das relações pessoais, a mágoa, a sensação de perda e abandono são custos da seara humana, fazem parte da existência pessoal.

As pessoas que se envolvem em um relacionamento afetivo devem ter a consciência de que poderão não ser bem-sucedidas; é um fenômeno natural, ficando, portanto, sujeitas aos riscos do insucesso no namoro, noivado e no casamento, sofrendo os riscos da ruptura. O rompimento de uma relação por ausência do afeto, sem motivos justificados, é inerente aos princípios da liberdade e da dignidade da pessoa, não podendo constituir suporte fático a autorizar reparação pecuniária. A indenização somente deve ser deferida nos eventuais casos em que haja violação aos direitos fundamentais, quando restar caracterizado um ato ilícito de extrema gravidade, cuja indenização é cabível independentemente das relações matrimoniais.

Cabe, assim, a discussão de culpa pelo descumprimento injustificado dos deveres conjugais ou qualquer ato grave que cause danos morais, materiais ou estéticos no outro cônjuge, impondo ao ofensor o dever de indenizar.

O fim do amor e do desejo de continuar casados não gera culpa, não mais se discutindo qualquer causa objetiva ou subjetiva para decretação do divórcio. A violação grave dos deveres comprometidos com o casamento, todavia, autoriza ação autônoma de indenização se causar danos graves e desnecessários ao inocente, autorizando perquirir culpa no casamento para responsabilizar o ofensor que injustificadamente descumpriu com seus deveres.

7.3. Culpa nos alimentos

O art. 1.704, parágrafo único, do Código Civil[200], dispõe que se o cônjuge declarado culpado necessitar de alimentos, o outro é obrigado a

---

200 "Art. 1.704. [...].

Parágrafo único. Se o cônjuge declarado culpado vier a necessitar de alimentos, e não tiver parentes em condições de prestá-los, nem aptidão para o trabalho, o fornecê-los em valor indispensável para a sobrevivência, desde que o necessitado não possua parentes em condições de prestá-los.

A referida norma não pode ser ignorada, sob o argumento de que não foi recepcionada pela EC n. 66/2010, que aboliu a separação com culpa. O art. 1.704 trata dos alimentos e não de separação judicial. Conforme já ressaltado, o avanço e a liberalidade da nova ordem constitucional não podem autorizar irresponsabilidade e descompromisso dos cônjuges no casamento.

A facilidade de se obter o divórcio pela falência do casamento, sem declinar motivos ou apontar responsável, quando já não mais existem o afeto e a comunhão de vida, é louvável, pois possibilita aos casais desvencilharem da união infeliz e buscar a felicidade. Tornar o casamento sem deveres recíprocos e responsabilidades é muito diferente, no entanto, de facilitar sua desconstituição.

Não se justifica e agride a moral o cônjuge responsabilizar-se materialmente pelo outro que violou os deveres do casamento, descumprindo seu compromisso com o consorte.

O casamento tornar-se-ia um negócio econômico e fonte desonesta de renda quando um dos cônjuges premeditadamente viesse a contrair núpcias e logo após requerer o divórcio para obter alimentos, ou ainda durante o casamento praticar graves fatos contra consorte, violando os deveres do casamento, vindo, no final, ser beneficiado com o recebimento de pensão daquele que ofendeu.

O parágrafo único do art. 1.708 do Código Civil[201], também prevê que cessa o dever de prestar alimentos quando o credor tiver procedimento indigno em relação ao devedor.

Inequívoco que cabe discussão de culpa na fixação de alimentos, já tendo a doutrina manifestado que o art. 1.704, parágrafo único, do Código Civil, não foi revogado ou alterado pela nova norma constitucional. Aplica-

---

outro cônjuge será obrigado a assegurá-los, fixando o juiz o valor indispensável à sobrevivência."

201 "Art. 1.708. [...]

Parágrafo único. Com relação ao credor cessa, também, o direito a alimentos, se tiver procedimento indigno em relação ao devedor."

-se na ação de alimentos ao cônjuge que descumpre seus deveres conjugais uma sanção, que consiste na perda dos alimentos ou recebendo alimentos mínimos à sua manutenção se não puder prover seu sustento, nem tiver familiares que possam provê-lo. A culpa, entretanto, será debatida nos alimentos e não no divórcio, que será decretado independente de culpa[202].

8. TUTELA DE URGÊNCIA NA SEPARAÇÃO E NO DIVÓRCIO

8.1. Considerações gerais

O Código de Processo Civil de 2015 suprimiu o Livro III – Do Processo Cautelar previsto no Código de 1973, notadamente as medidas cautelares nominadas. O novo CPC incluiu na Parte Geral o Livro V – Da Tutela Provisória, que pode fundamentar-se em urgência ou evidência, tratando, no Título II, da tutela de urgência, e, no Título III, da tutela da evidência (arts. 294 a 311). Não existe mais um livro apenas para o processo cautelar, reunindo-se em um livro na Parte Geral as tutelas antecipadas.

A tutela antecipada de urgência ou de evidência, de natureza satisfativa ou cautelar, pode ser concedida em caráter antecedente (preparatório) ou incidental, conservando sua eficácia durante a tramitação do processo e durante o período de suspensão, salvo decisão judicial em contrário.

A tutela de urgência pode ser concedida liminarmente ou após justificação prévia, sempre que existirem elementos que demonstrem a probabilidade do direito e perigo na demora, salvo se houver perigo de irreversibilidade dos efeitos da decisão. Dispõe o art. 300 do Código de Processo Civil que:

> Art. 300. A tutela de urgência será concedida quando houver elementos que evidenciem a probabilidade do direito e o perigo de dano ou o risco ao resultado útil do processo.
>
> § 1º Para a concessão da tutela de urgência, o juiz pode, conforme o caso, exigir caução real ou fidejussória idônea para ressarcir os danos que a outra parte possa vir a sofrer, podendo a caução ser dispensada se a parte economicamente hipossuficiente não puder oferecê-la.

---

202 SIMÃO, José Fernando. *A PEC do divórcio*: a revolução do século em matéria de direito de família. Disponível em: <www.ibdfam.org.br/artigos>. Acesso em: 20-7-2010.

§ 2º A tutela de urgência pode ser concedida liminarmente ou após justificação prévia.

§ 3º A tutela de urgência de natureza antecipada não será concedida quando houver perigo de irreversibilidade dos efeitos da decisão.

O pedido pode limitar-se ao requerimento de tutela antecipada satisfativa e indicar o pedido de tutela final, tornando-se a decisão estável se não for interposto recurso e permanecendo seus efeitos enquanto não revista, reformada ou invalidada por decisão de mérito, em ação própria proposta por uma das partes, no prazo de até dois anos da ciência da decisão que extinguiu o processo que concedeu a tutela antecipada satisfativa (art. 304 do CPC).

A tutela da evidência pode ser concedida se ficar caracterizado abuso de direito ou propósito protelatório de uma das partes, as alegações de fato ser demonstradas apenas por documentos em casos repetitivos ou tratar-se de pedido reipersecutório fundado em prova documental.

No pedido de tutela cautelar em caráter antecedente à lide, o autor deve indicar os fundamentos jurídicos e o perigo na demora da tutela jurisdicional para proteção do bem da vida, sem caráter satisfativo. Tratando-se de pedido de natureza satisfativa o juiz observará o disposto na tutela antecipada satisfativa.

Efetivada a tutela antecipada cautelar, o pedido principal deve ser efetuado no prazo de 30 dias, nos mesmos autos, sob pena de cessar a eficácia.

As tutelas provisórias de urgência mais utilizadas no direito de família, preparatórias ou incidentais, são os pedidos de separação de corpos, alimentos provisionais ou provisórios e posse e guarda dos filhos.

O arrolamento de bens também é uma medida utilizada para evitar desvio do patrimônio comum e garantir a integralidade na partilha.

8.2. Separação de corpos

A separação de corpos é uma possibilidade colocada à disposição dos cônjuges, quando existe um estado de semidissolução da sociedade conjugal com acirramento de ânimos. É medida protetiva à integridade física e psicológica do casal. Não existe obrigatoriedade, podendo ser requerida de acordo com a necessidade do cônjuge ou companheiro para se preservar de agressões físicas ou psicológicas, e ou ainda evitar constrangimentos e situações embaraçosas na intimidade do casal prestes a se separar em processo contencioso.

O Código Civil de 2002 inovou ao incluir no texto a possibilidade de separação de corpos no divórcio; portanto, é cabível mesmo se existente a separação de fato, e na união estável, ao dispor no art. 1.562 que "antes de mover a ação de nulidade do casamento, a de anulação, a de separação judicial, a de divórcio direto ou de dissolução de união estável, poderá requerer a parte, comprovando sua necessidade, a separação de corpos, que será concedida pelo Juiz com a possível brevidade".

A jurisprudência tem acolhido o pedido de separação de corpos do cônjuge separado de fato, reconhecendo que tem legítimo interesse em ver concedida a tutela antecipada, como forma de assegurar os seus direitos, a despeito de se apresentar evidente o fato de que já tenha deixado de coabitar o lar conjugal. Diante dos efeitos jurídicos do ato judicial de separação de corpos deve ser reconhecido o interesse processual de quem pede[203].

A separação de corpos do casal, como tutela antecipada, preparatória ou incidental, pode ser pedida no divórcio, cumulada com posse e guarda provisória dos filhos e fixação desde logo dos alimentos provisionais (art. 7º, § 1º, da Lei n. 6.515/1977 c/c art. 1.562 do CC).

A separação de corpos pode ser preparatória ou incidental, conforme venha antes ou no curso da ação de separação judicial ou divórcio.

No processo litigioso trata-se de providência que a razão aconselha, posto que é perigoso manter o casal sob o mesmo teto até o desfecho da demanda, com constrangimentos de um lado e de outro, além dos riscos, até de agressão física. O juiz poderá *ordenar* ou *autorizar* a saída de um dos cônjuges do lar conjugal. Nesse momento, não se perderá no exame de futuro pedido de divórcio, observando apenas que haja casamento[204] e os pressupostos da tutela de urgência, ou seja, a probabilidade do direito e o perigo de dano.

Se o autor requerer *autorização* para se ausentar do lar deve o pedido ser deferido de plano, liminarmente; ao contrário, se requerer *o afastamento do outro cônjuge*, o pedido reclama cautela e exame criterioso das provas

---

203 TJMG, 5ª CC, AC 1.0699.07.074181-3/001, Rel. Des. Barros Levenhagem, j. 3-12-2009.

204 VIANA, Marco Aurélio S. *Curso de direito civil*. 2. ed. Belo Horizonte: Del Rey, 1998. v. 2. p. 162-165.

apresentadas de plano pelo juiz, que poderá determinar justificação prévia, sem ouvir o réu (art. 300, § 2º, do CPC), especialmente se agressivo e violento o outro consorte. Comprovados os fatos, pode o juiz determinar a retirada do lar daquele cujo comportamento seja pernicioso e agressivo.

A jurisprudência tem optado, observando o caso concreto, pela retirada do marido, por possuir maior facilidade em agasalhar-se fora do lar conjugal, especialmente se é o autor das desavenças, orientando que na medida cautelar de separação de corpos, cumulada com posse e guarda provisória de menor, é impertinente a discussão dos fatos geradores do pedido, a serem analisados em ação principal, bastando a comprovação do casamento entre as partes, além do receio sofrido por um dos cônjuges, dada a insuportabilidade da convivência conjugal efetivada pelo outro, não se justificando a retirada daquele que não deu causa, mas tão somente daquele que coloca em risco a saúde física e mental dos que com ele convivem[205].

A Lei Maria da Penha (Lei n. 11.340/2006) ao coibir a violência doméstica contra a mulher, criou mecanismos mais ágeis e eficientes nos pedidos de medidas protetivas de urgência (art. 12, III), requeridos pela autoridade policial ou pela vítima, pelo Ministério Público (art. 19 e § 3º) e até de ofício pelo juiz (arts. 20, 22 e § 4º, 23 e 24), que poderá determinar o afastamento do agressor, ou reconduzir a ofendida e seus dependentes ao lar, impedir que se aproxime da casa e impor limite mínimo de distância, suspender visitas, vedar que se comunique com a família, fixar alimentos provisórios ou provisionais[206], entre outras medidas protetivas. Nas cidades que não forem sede de comarca o agressor pode ser afastado pelo delegado de polícia e até pelo policial se não tiver delegado disponível no Município (art. 12-C, incluído pela Lei n. 13.827/2019).

A medida de separação de corpos, quando preparatória, perde a eficácia, se no prazo de 30 dias não for intentada a ação de divórcio (art. 308 do CPC). Ajuizada, a ação conserva a eficácia até a decisão final nos autos principais, podendo, todavia, ser modificada ou revogada (art. 807 do CPC).

A separação de corpos, denominada pela doutrina de consensual, que ocorria antes da EC n. 66/2010, para regularizar juridicamente a situação

---

[205] PAULA, Alexandre de. *Código de Processo Civil anotado*. 7. ed. São Paulo: Revista dos Tribunais, 1998. p. 3410, citando TJSP, AC 246.649-1/0, Rel. Des. Álvaro Lazzarini.

[206] DIAS, Maria Berenice. *Manual de direito das famílias*. 4. ed., cit., p. 103.

dos cônjuges casados há menos de um ano e queriam separar-se consensualmente, não mais existe. O objetivo da separação de corpos consensual, de caráter satisfativo, era manter regularizada a separação de fato até o transcurso do prazo para a separação consensual.

A partir da EC n. 66/2010, já existem opiniões no sentido da possibilidade de ser concedida tutela cautelar de separação de corpos, de caráter satisfativo, quando o casal pretende se separar, mas possui dúvida em se divorciar[207].

A tutela cautelar possibilitaria ao casal separar-se de corpos e amadurecer a decisão de divorciar ou não, o que é salutar, evitando decisões precipitadas, funcionando a medida como um estágio antes de tomar a importante decisão.

A separação de corpos é admitida também na união estável, pois não há como negar a medida, quando há risco à integridade física de uma ou mais pessoas que habitem uma casa, ainda que não sejam casados entre si[208], o que foi acolhido e hoje é previsto expressamente no Código Civil (art. 1.562) e na Lei Maria da Penha, pacificando qualquer discussão em contrário.

8.3. Alimentos provisórios (provisionais)

Os alimentos provisionais são aqueles destinados à subsistência do necessitado e ao custeio das despesas de processo, e podem ser pedidos no divórcio, na separação e na união estável, preparatórios ou incidentalmente, cumulados ou não com a separação de corpos. O cônjuge deduz o pedido para si e para a prole, abrangendo o necessário à manutenção (alimentos, vestuário, saúde, moradia etc.) e à defesa judicial de seus interesses, como custas, despesas com produção de provas, honorários advocatícios, entre outros. São chamados alimentos *ad litem*, fixados de acordo com a possibilidade econômica do alimentante. São devidos no divórcio e na declaração da união estável.

Os alimentos provisionais eram previstos expressamente no art. 852 do CPC/1973, entretanto a expressão não foi reproduzida no Código atual,

---

207 CARVALHO, Newton Teixeira. *O fim da separação no ordenamento jurídico brasileiro*. Disponível em: <www.ibdfam.org.br>. Acesso em: 20-7-2010.

208 PAULA, Alexandre de. *Código de Processo Civil anotado*. 7. ed., cit., p. 3.411, citando TJRS, AC 595.043.027, Rel. Des. Eliseu Gomes Torres.

que utiliza a expressão "provisórios", mesma denominação da Lei de Alimentos, mas que devem, nas tutelas antecipadas nas ações de divórcio, separação e reconhecimento e extinção da união estável, atender às necessidades de subsistência e às despesas do processo.

Os alimentos provisórios atrasados podem ser executados ainda que a ação principal julgue improcedente o pedido de alimentos ou reduza seu valor, já que as características da antecipação provisória da prestação jurisdicional e irrepetibilidade dos alimentos garantem a plena eficácia da decisão que conceder alimentos provisórios, evitando, inclusive, incentivar os devedores a não pagar os alimentos enquanto não decidida a ação principal[209].

8.4. Posse e guarda provisória dos filhos

A posse provisória dos filhos tem por finalidade definir a posse dos filhos até que haja sentença na ação de divórcio ou dissolução da união estável, prevalecendo os interesses do menor e não os dos pais. A tendência é que ninguém melhor que a própria mãe para dispensar cuidados, zelo e carinho aos filhos; entretanto, a guarda será deferida ao que revelar melhores condições de exercê-la, podendo ser conferida ao genitor ou a terceiros, inclusive aos avós (arts. 1.585 e 1.584 do CC).

9. DIVÓRCIO EXTRAJUDICIAL[210]

9.1. Introdução

A Lei n. 11.441/2007 inovou tanto no direito das sucessões quanto no direito de família, ao alterar dispositivos do Código de Processo Civil e possibilitar que o inventário e a partilha, bem como a separação e o divórcio consensuais fossem feitos por escritura pública. O novo Código de Processo Civil incluiu a extinção da união estável administrativamente.

O divórcio e a separação extrajudicial foram um grande avanço, pois é absolutamente indevida a intromissão do Estado na vontade dos cônjuges, seja estabelecendo prazos ou apontando culpas para desfazer o matrimônio.

209 STJ, 3ª Turma, REsp 555.241, Rel. Min. Nancy Andrighi, j. 2-12-2004.

210 CARVALHO, Dimas Daniel. Separação e divórcio extrajudicial. In: CARVALHO, Dimas Messias de. *Direito de Família*. 2. ed. Belo Horizonte: Del Rey, 2009. p. 227-236.

Evidente o desrespeito ao direito à liberdade, razão pela qual não há como deixar de reconhecer como inconstitucional a regra que impõe limitações à separação e ao divórcio, por afrontar o princípio da dignidade da pessoa humana[211].

Não se justificava que a separação e o divórcio continuassem a exigir intervenção do Poder Judiciário, principalmente quando o fim do casamento ocorre de forma consensual.

Assim, sensível ao movimento de desjudicialização e desburocratização dos serviços públicos, o legislador permitiu que a separação e o divórcio fossem levados a efeito na via administrativa, observados os requisitos legais.

Dessa forma, estando as partes concordes, não havendo filhos menores ou incapazes do casal e obedecidos os prazos legais, a separação e o divórcio poderão ser feitos por escritura pública no tabelionato de notas. Ressalte-se que os contratantes devem estar assistidos por advogado. O art. 1.124 do CPC/1973, introduzido pela Lei n. 11.441/2007, foi reproduzido no art. 733 do atual Código de Processo Civil, que incluiu a extinção da união e a proteção ao nascituro:

> Art. 733. O divórcio consensual, a separação consensual e a extinção consensual de união estável, não havendo nascituro ou filhos incapazes e observados os requisitos legais, poderão ser realizados por escritura pública, da qual constarão as disposições de que trata o art. 731.
>
> § 1º A escritura não depende de homologação judicial e constitui título hábil para qualquer ato de registro, bem como para levantamento de importância depositada em instituições financeiras.
>
> § 2º O tabelião somente lavrará a escritura se os interessados estiverem assistidos por advogado ou por defensor público, cuja qualificação e assinatura constarão do ato notarial.

Os requisitos para a separação, o divórcio e a extinção da união estável extrajudiciais são:

a) inexistência de nascituro, de filhos menores ou incapazes;

b) assistência de advogado comum ou de cada uma das partes;

---

211 DIAS, Maria Berenice. *Manual de direito das famílias.* 4. ed., cit., p. 270.

c) escritura pública lavrada no Cartório de Notas;

d) acordo entre as partes sobre a dissolução e as questões emergentes.

A EC n. 66/2010 trouxe grande alteração ao excluir do texto constitucional a separação judicial ou extrajudicial, dispondo que o casamento civil pode ser dissolvido pelo divórcio. A corrente majoritária é no sentido que a nova norma constitucional não recepcionou a separação jurídica. O novo CPC, entretanto, manteve a separação no seu texto, revitalizando sua permanência no direito brasileiro.

Christiano Cassetari esclarece que os requisitos para fazer a dissolução da união estável são os mesmos do divórcio extrajudicial, quais sejam:

> 1º) Consensualidade – só poderá ser feita a escritura se as partes forem concordes, pois em caso de litígio a via judicial é obrigatória. Cumpre lembrar que o consenso é quanto ao desejo de colocar fim à união estável, podendo, a exemplo do que ocorre no divórcio, as questões relativas a partilha dos bens, alimentos e retomada do nome de solteiro ser discutidas posteriormente.
>
> 2º) Inexistência de nascituro – por ter personalidade formal, não poderá ser feita a escritura se a mulher estiver grávida, motivo pelo qual ela deverá, a exemplo do que ocorre no divórcio, declarar nela que não está grávida, ou que desconhece eventual gravidez.
>
> 3º) Inexistência de filhos incapazes – aqui cumpre lembrar que o rol dos absolutamente incapazes (art. 3º do CC) e relativamente incapazes (art. 4º do CC) foi consideravelmente alterado pelo Estatuto da Pessoa com Deficiência, que deu capacidade a todo e qualquer deficiente. Como não exige maioridade na norma, se os filhos já forem emancipados, esta escritura poderá ser feita.
>
> 4º) Assistência de advogado ou defensor público – nesta escritura poderá, facultativamente, ser feita a partilha dos bens, estabelecida a pensão alimentícia para algum companheiro ou para um filho capaz, e haver manifestação quanto ao retorno ou não do uso do nome que possuíam antes da união, para aqueles que o modificaram, conforme autoriza a Lei de Registros Públicos[212].

[212] CASSETARI, Christiano. *Divórcio, extinção de união estável e inventário por escritura pública: teoria e prática*. 8. ed. São Paulo: Atlas, 2017, p. 131.

A doutrina tem defendido a possibilidade de ser efetuado o divórcio, separação judicial ou dissolução de união estável por escritura pública, mesmo na existência de filhos incapazes ou nascituro se existir ação judicial anterior regulando as questões relativas à filiação.

Algumas Corregedorias Gerais de Justiça têm acolhido esse entendimento, podendo citar, entre elas, a Corregedoria Geral de Justiça do Estado de Goiás, que editou o Provimento n. 042, de 17-12-2019, acrescentando ao Código de Normas o art. 84-A, dispondo que:

> Art. 84-A. Admite-se a lavratura de escritura pública de separação, divórcio, conversão da separação em divórcio ou extinção da união estável, consensuais, com ou sem partilha de bens, mesmo que o casal possua filhos incapazes, ou havendo nascituro, desde que comprovado o prévio ajuizamento de ação judicial tratando das questões referentes à guarda, visitação e alimentos, consignando-se no ato notarial respectivo o juízo onde tramita o processo e o número de protocolo correspondente.
>
> Parágrafo único: Lavrada a escritura, o Tabelião responsável deverá comunicar o ato ao juízo da causa mencionado no *caput*, no prazo de 05 (cinco) dias úteis, sem ônus para as partes.

O referido provimento considerou proposta enviada pelo IBDFAM/GO e orientação normativa de outras Corregedorias Gerais de Justiça, entrando em vigor 60 dias após a sua publicação.

9.2. Facultatividade do procedimento

Cristiano Chaves de Faria, entende ser obrigatório o uso da via administrativa, no caso do divórcio consensual, estando as partes concordes e não havendo filhos menores ou incapazes. Se for demandada ação judicial, neste caso, haverá carência da ação por falta de interesse de agir[213].

Acertada, no entanto, é a posição de Romualdo Baptista, ao defender a facultatividade do procedimento extrajudicial, pois a lei processual traz a

[213] FARIAS, Cristiano Chaves de. O novo procedimento para a separação e o divórcio consensuais e a sistemática da Lei n. 11.441/07: o bem vencendo o mal. *Revista Brasileira de Direito de Família*. Porto Alegre: Síntese, IBDFAM. v. 8, n. 40. fev.-mar. 2007.

expressão *poderão* e não *deverão*. As partes podem ter, ainda, interesse no sigilo sobre o patrimônio e a respectiva partilha, e optarem pela via judicial, pois esta prerrogativa não é assegurada nos serviços notariais[214].

A Resolução n. 35, de 24 de abril de 2007, editada pelo Conselho Nacional de Justiça, que disciplina a aplicação da Lei n. 11.441/2007 pelos serviços notariais e registro, em seu art. 3º, facultou a opção pela via judicial ou extrajudicial, podendo ser solicitada, a qualquer momento, a suspensão, pelo prazo de 30 dias, ou a desistência da via judicial, para promoção da via extrajudicial.

Rolf Madaleno ressalta a possibilidade da utilização da via extrajudicial para casais com filhos menores ou incapazes. O intuito da Lei n. 11.441/2007 foi de resguardar os direitos e interesses do nascituro e dos menores e maiores incapazes, impedindo que os cônjuges dispusessem acerca desses direitos, em escrituras públicas, de qualquer maneira, sem passar pelo crivo judicial e do Ministério Público. Dessa forma, será possível o divórcio extrajudicial, desde que o casal já tenha cuidado de acordar acerca da guarda e dos alimentos dos filhos menores ou maiores incapazes em antecedente demanda judicial de guarda e alimentos ou, ainda, em precedente separação consensual de corpos judicialmente homologada e transitada em julgado[215].

Ressalte-se que, no caso de filho menor emancipado, pode perfeitamente ser feito o divórcio notarial, pois com a emancipação ocorre a extinção do poder familiar e consequentemente o dever de alimentar.

9.3. Cláusulas obrigatórias

Conforme o art. 33 da Resolução n. 35 do CNJ, os documentos necessários para a lavratura da escritura são: a) certidão de casamento; b) documento de identidade oficial e CPF; c) pacto antenupcial; d) certidão de nascimento ou outro documento de identidade oficial dos filhos absolutamente capazes, se houver; e) certidão de propriedade de bens imóveis e

---

[214] SANTOS, Romualdo Baptista dos. Considerações sobre a lei de divórcios e separações extrajudiciais. *Revista Brasileira de Direito de Família*. Porto Alegre: Síntese, IBDFAM. v. 9. n. 41. abr.-maio 2007.

[215] MADALENO, Rolf. Separação extrajudicial: praticidade, trâmite e fraude. *Revista Brasileira de Direito de Família*. Porto Alegre: Síntese, IBDFAM, v. 8, n. 40, fev.-mar. 2007.

direitos a eles relativos; f) documentos necessários à comprovação da titularidade dos bens móveis e direitos, se houver.

Da escritura deve constar a livre decisão do casal acerca do valor e do modo de pagamento dos alimentos que um dos cônjuges pagará ao outro, ou sua dispensa, a descrição e a partilha dos bens, e se o cônjuge que tiver adotado o sobrenome do outro mantê-lo-á ou retomará o de solteiro. Nada sendo referido a respeito do nome, presume-se que o cônjuge que adotou o sobrenome do outro vai assim permanecer.

Lamentavelmente, a Resolução n. 35 do CNJ manteve como requisito no art. 47, mesmo após a nova redação dada pela Resolução n. 220/2016, a exigência de um ano de casamento para a separação consensual; o art. 53, que exigia lapso temporal para o divórcio, foi revogado pela Resolução n. 120/2010.

O cônjuge que permanecer com o nome de casado poderá, mediante declaração unilateral de vontade, voltar a usar o nome de solteiro, em nova escritura pública, desde que assistido por advogado (art. 45 da Resolução n. 35 do CNJ).

É admissível, ainda, por consenso das partes, escritura de retificação das cláusulas de obrigações alimentares ajustadas na separação e no divórcio consensuais (art. 44 da Resolução n. 35 do CNJ).

Na partilha, se houver transmissão de bens de um cônjuge para outro, incidirá o respectivo tributo, ITCD, se ocorrer doação, e ITBI, se for compra e venda, os quais deverão ser recolhidos e consignados na escritura. Ocorrendo transferência de um bem particular de um cônjuge ao outro no acordo da partilha, não existe necessidade de lavratura de escritura avulsa, devendo constar na própria escritura de divórcio, com o recolhimento dos tributos devidos.

O recolhimento dos tributos deve ser anterior à lavratura da escritura, apresentando-se ao notário os respectivos comprovantes que ficarão arquivados em pasta própria.

As partes devem ser assistidas por advogado, podendo esta assistência ser comum ou separada. A assistência não é a simples presença formal, mas a efetiva participação no assessoramento e orientação do casal, esclarecendo dúvidas de caráter jurídico e quanto aos efeitos do ato, bem como elaborando minutas para a lavratura da escritura. Na escritura, constarão a qualificação do advogado e sua assinatura, além do número de inscrição na Ordem dos Advogados do Brasil.

No caso de pessoas necessitadas, é possível o pedido de assistência jurídica gratuita, devendo o tabelião, neste caso, orientar as partes a procurarem a Defensoria Pública, instituição essencial à qual incumbe a orientação jurídica e defesa, em todos os graus, dos necessitados (art. 134 da CF/1988).

É imprescindível constar na escritura a declaração de que as partes estão cientes das consequências do divórcio, firmes no propósito de pôr fim ao vínculo matrimonial respectivamente, sem hesitação, e com recusa de reconciliação (art. 35 da Resolução do CNJ).

O notário mencionará, ainda, na escritura pública, que as partes foram orientadas sobre a necessidade de apresentação de seu traslado no registro civil de assento de casamento para averbação devida (art. 43 da Resolução do CNJ).

9.4. Partilha posterior

Questão divergente refere-se à necessidade ou não de que conste na escritura acordo de partilha dos bens comuns do casal. Cristiano Chaves, trilhando as pegadas da Súmula n. 197 do Superior Tribunal de Justiça e do próprio Código Civil, em seu art. 1.581, entende ser perfeitamente possível aos cônjuges findar o casamento (pela separação ou divórcio) sem a prévia partilha de bens, mantendo-os em condomínio[216].

No entanto, Paulo Lôbo reza que, diferentemente do divórcio e da separação judiciais, a partilha dos bens comuns não poderá ser feita posteriormente. A lei determina expressamente sua inclusão na escritura pública, uma vez que a via administrativa pressupõe acordo do casal sobre todas as questões decorrentes da separação, não podendo haver pendências remetidas à decisão judicial[217]. O Código Civil autoriza expressamente no art. 1.581 a decretação do divórcio sem partilha dos bens, e o intuito da via extrajudi-

---

216 FARIAS, Cristiano Chaves de. O novo procedimento para a separação e o divórcio consensuais e a sistemática da Lei n. 11.441/07: o bem vencendo o mal. *Revista Brasileira de Direito de Família*. Porto Alegre: Síntese, IBDFAM, v. 8, n. 40, fev.-mar. 2007.

217 LÔBO, Paulo. *Divórcio e separação consensuais extrajudiciais*. Disponível em: <www.cjn.gov.br>. Consulta feita em: 3-9-2007.

cial foi o de justamente desburocratizar a dissolução da sociedade conjugal entre partes concordes e capazes, não se justificando exigir mais na via administrativa do que na judicial.

Assim, da mesma forma que há possibilidade de nova escritura pública de retificação de obrigações alimentares, ou quanto à volta do uso de nome de solteiro (arts. 44 e 45 da Resolução n. 35/2007 do CNJ), é possível que o patrimônio comum do casal seja partilhado posteriormente, em outra escritura ou em procedimento judicial de partilha. Se na escritura constar que caberá a cada um cinquenta por cento nos bens comuns, os bens ficarão em condomínio e não mais em comunhão.

O Código de Processo Civil de 2015 reitera a possibilidade de separação ou divórcio sem a partilha de bens (art. 731, parágrafo único).

Nada obsta que sejam partilhados alguns bens na escritura, restando os demais para serem partilhados em outra ocasião. Deve-se, entretanto, mencionar na escritura pública que os bens serão partilhados posteriormente, em ação judicial ou administrativamente.

9.5. Representação das partes

Observada a natureza negocial da escritura pública dissolutória e em analogia ao casamento, que pode ser celebrado por procurador (art. 1.535 do CC), é plenamente válido o divórcio realizado por representantes de uma ou de ambas as partes, desde que possuam poderes específicos e a procuração seja pública.

Deve o instrumento público de procuração constar os elementos necessários do ato, como a fixação de alimentos, partilha dos bens, permanência do uso do nome de casado, entre outros.

Nesse sentido, é o art. 36 da Resolução n. 35 do Conselho Nacional de Justiça, dispondo que o comparecimento pessoal das partes para lavratura da escritura pública é dispensável, podendo se fazer representar por procurador, mediante procuração pública com poderes especiais, com validade de 30 dias, especificando as cláusulas do divórcio[218].

---

218 "Art. 36. O comparecimento pessoal das partes é dispensável à lavratura de escritura pública de separação e divórcio consensuais, sendo admissível ao(s) separando(s) ou ao(s) divorciando(s) se fazer representar por mandatário constituído, desde que por

9.6. Emolumentos

No Estado de Minas Gerais, os emolumentos e a taxa de fiscalização judiciária devidos pela lavratura de escrituras públicas, são disciplinados pela Lei estadual n. 15.424/2004. Na escritura pública de divórcio sem bens a partilhar, cobram-se os emolumentos pela Tabela 1 – Escritura Pública (completa, compreendendo certificação ou transcrição de documento e primeiro traslado), relativa a situação jurídica sem conteúdo financeiro. Quando existirem bens móveis e imóveis a partilhar, somam-se todos os valores dos bens móveis e cobra-se de acordo com a Tabela 1, já os imóveis serão considerados os valores de cada unidade imobiliária separadamente, cobrando na Tabela 1, relativa à situação jurídica com conteúdo financeiro, se houver transmissão de bens de um cônjuge ao outro, ou divisão. Se os bens permanecerem comuns, aplica-se a hipótese de escritura sem conteúdo financeiro.

O Código de Processo Civil de 2015 não reproduziu o § 3º do art. 1.124-A do CPC/1973, que dispunha que a escritura pública e demais atos notariais serão gratuitos àqueles que se declararem pobres sob as penas da lei. Com efeito, como não foi estabelecida uma forma de compensação dessa gratuidade, como ocorre, por exemplo, com os atos praticados pelos registradores civis, esse procedimento não era adotado pelo foro extrajudicial, que não possui a função de custear despesas pertencentes aos Estados.

As conclusões do grupo de estudo da Corregedoria-Geral de Justiça do Estado de São Paulo são no sentido de cobrança dos emolumentos pelo critério *escritura com valor declarado* se existirem bens a partilhar e *escritura sem valor declarado* se não tiver partilha, recomendando sugestão ao Executivo para alteração legislativa prevendo a cobrança de emolumentos quando houver outros atos correlatos na mesma escritura (como doação aos filhos, renúncia, procuração ao advogado) e eventual sistema de compensação dos atos gratuitos[219].

---

instrumento público com poderes especiais, descrição de cláusulas essenciais e prazo de validade de trinta dias."

219 Grupo de estudos da Corregedoria-Geral de Justiça do Estado de São Paulo. Disponível em: <www.mundonotarial.org>. Consulta realizada em: 20-10-2007.

9.7. Competência

Em relação à competência funcional, conforme dispõe o art. 7º da Lei n. 8.935/1994 é atribuição exclusiva dos Tabelionatos de Notas a lavratura de escritura pública referente ao divórcio. Em Minas Gerais, entretanto, a Corte Superior do Tribunal de Justiça já decidiu ser líquido e certo o direito do Oficial do Registro Civil das Pessoas Naturais, com atribuições notariais, lavrar escrituras declaratórias[220].

No tocante à competência territorial, é livre a escolha do tabelião de notas para lavratura de atos, qualquer que seja o domicílio das partes ou o lugar da situação dos bens objeto do ato ou negócio, não se aplicando as regras previstas no Código de Processo Civil, conforme prevê o art. 1º da Resolução n. 35 do CNJ[221].

9.8. Efeitos da escritura pública

Lavrada a escritura dissolutória de casamento, não pode o registrador negar-se a registrá-la, pois se trata de negócio jurídico bilateral decorrente da autonomia privada, não comportando objeções ou questionamento do Estado. A recusa dá ensejo ao uso de mandado de segurança, havendo ainda a possibilidade de manejo, pela própria parte, do procedimento administrativo de dúvida (art. 198 c/c o art. 280 da LRP). O Conselho Nacional de Justiça admite a possibilidade de recusa, pelo tabelião, quando houver fundados indícios de prejuízo a um dos cônjuges ou em caso de dúvidas sobre a declaração de vontade (art. 46)[222].

O divórcio ou a separação produzem seus efeitos imediatamente na data da lavratura da escritura pública, não dependendo de homologação judicial. O traslado extraído da escritura é o instrumento hábil para averbação no registro civil e imobiliário, para transferência de bens e direitos, bem como para promoção de todos os atos necessários à materialização das transferências de bens e levantamento de valores, junto aos Detrans, juntas

---

220 TJMG, MS 1.000.06.448225-0/000, Rel. Des. Célio César Paduani, j. 27-6-2007.

221 "Art. 1º Para a lavratura dos atos notariais de que trata a Lei 11.441/07, é livre a escolha do tabelião de notas, não se aplicando as regras de competência do Código de Processo Civil."

222 DIAS, Maria Berenice. *Manual de direito das famílias.* 4. ed., cit., p. 302.

comerciais, instituições financeiras, companhias telefônicas, entre outros (art. 3º da Resolução n. 35 do CNJ).

O Código de Processo Civil dispõe que "a escritura não depende de homologação judicial e constitui título hábil para qualquer ato de registro, bem como para o levantamento de importância depositada em instituições financeiras" (§ 1º, art. 733).

9.9. EC n. 66/2010 e seus efeitos no divórcio extrajudicial

9.9.1. Vigência e efetividade

A EC n. 66/2010 possui eficácia imediata e direta, devendo ser aplicada pelo tabelião na lavratura da escritura pública de divórcio.

As normas infraconstitucionais que forem incompatíveis com a EC n. 66/2010 serão revogadas, por ausência de recepção, não podendo falar em inconstitucionalidade superveniente[223]. A *contrario sensu,* a norma infraconstitucional compatível com a EC n. 66/2010, que é o caso da Lei n. 11.441/2007, será recepcionada, devendo ser cumprida.

Estabelecido que as normas incompatíveis com a Constituição, promulgadas em data anterior, encontram-se revogadas, não é necessário aduzir que a revogação dependeria de outra norma constitucional revogadora expressa. Basta que seja incompatível. Outro raciocínio ofenderia os princípios da supremacia e da força normativa da Constituição[224].

9.9.2. Lapso temporal

O art. 226, § 6º, da CF/88, exigia para dissolução do casamento pelo divórcio: a) prévia separação judicial por mais de um ano nos casos expressos em lei (um ano do trânsito em julgado da sentença que houver decretado a separação judicial, ou da decisão concessiva da medida cautelar de separação de corpos); ou b) comprovada separação de fato por mais de dois anos.

---

223 LENZA, Pedro. *Direito constitucional esquematizado*. 11. ed. São Paulo: Método, 2007. p. 816.

224 RIBEIRO, Paulo Hermano Soares. *Análise preliminar da EC n. 66/10 e seus reflexos no divórcio por escritura pública*. Disponível em: <www.serjus.com.br>. Acesso em: 22-7-2010.

Com o novo texto constitucional do § 6º do art. 226 (alterado pela EC n. 66/2010), o qual não faz referência aos prazos, tornou-se inexistente a exigência do lapso temporal para a separação e o divórcio administrativo, apesar do art. 47 da Resolução n. 35 do CNJ, equivocadamente, exigir o prazo de um ano de casamento para a separação.

9.9.3. Conversão da separação em divórcio

Antes da vigência da EC n. 66/2010, de acordo com a corrente majoritária, existia duas modalidades de divórcio: o direto, que se dá mediante prova da separação de fato por mais de dois anos (art. 1.580, § 2º, do CC) e o divórcio por conversão da separação judicial, após decorrido um ano do trânsito em julgado desta, ou da medida cautelar de separação de corpos (art. 1.580, *caput*, do CC).

Com o novo ordenamento constitucional, acolhendo o mesmo entendimento, restou somente o divórcio, seja ele judicial ou extrajudicial, desaparecendo a figura do divórcio por conversão.

Na hipótese de casais já separados juridicamente, prevalecia o entendimento mais acertado como lavrar escritura pública de divórcio, sendo este a única figura que restou prevista constitucionalmente[225], todavia, em face dos princípios do direito intertemporal, admitia-se a conversão do divórcio para regularizar as situações anteriores consolidadas e não atingidas pelos efeitos da EC n. 66/2010[226].

Com a previsão da separação administrativa no Código de Processo Civil de 2015, a conversão da separação em divórcio continua necessária no ordenamento jurídico, tanto judicial quanto extrajudicial.

9.9.4. Testemunhas

No divórcio direto, não bastava simples declaração do casal de que estão separados de fato há mais de dois anos. A prova deveria ser feita pela

---

225 RIBEIRO, Paulo Hermano Soares. *Análise preliminar da EC n. 66/10 e seus reflexos no divórcio por escritura pública*. Disponível em: <www.serjus.com.br>. Acesso em: 22-7-2010.

226 RIBEIRO, Paulo Hermano Soares. *Análise preliminar da EC n. 66/10 e seus reflexos no divórcio por escritura pública*. Disponível em: <www.serjus.com.br>. Acesso em: 22-7-2010.

declaração de, no mínimo, duas testemunhas, que eram devidamente qualificadas e assinavam a escritura com as partes.

Com o fim dos prazos para requerer-se o divórcio, passou a não mais ser exigida a presença de testemunhas na lavratura da escritura pública de divórcio pelo notário, sendo revogado o art. 53 da Resolução n. 35 do CNJ, que exigia a presença de testemunhas.

9.9.5. Reconciliação dos cônjuges

Por falta de referência legal, surgiram questionamentos sobre a possibilidade da reconciliação dos cônjuges por escritura pública. O art. 1.577 do Código Civil dispõe que, independentemente do motivo da separação, a sociedade conjugal pode ser restabelecida a qualquer tempo. Assim, ilógico seria não admitir que as partes separadas judicialmente possam restabelecer o estado de casados, extrajudicialmente.

Dessa forma, tanto os casais que se encontrem separados judicialmente, com sentença transitada em julgado, como os separados administrativamente, podem restabelecer a sociedade conjugal por escritura pública, lavrada no Tabelionato de Notas. Não poderão as partes, entretanto, alterar o regime de bens do casamento, conforme o art. 1.639, § 2º, do Código Civil[227], que exige decisão judicial.

O art. 48 da Resolução n. 35 do CNJ autoriza expressamente o restabelecimento da sociedade conjugal por escritura pública.

[227] SANTOS, Romualdo Baptista dos. Considerações sobre a Lei de Divórcios e Separações Extrajudiciais. *Revista Brasileira de Direito de Família*. Porto Alegre: Síntese, IBDFAM, v. 9, n. 41, abr.-maio 2007.

4

DIREITO CONVIVENCIAL

1. PLURALIDADE DE ENTIDADES FAMILIARES CONVIVENCIAIS

A Constituição Federal de 1988 desconsiderou o casamento como única forma de constituição de família, permitindo-se seja constituída por outros arranjos, inclusive conceituando a formação pela convivencialidade e monoparentalidade, sem excluir outras formas de edificação familiar. No conceito moderno de direito de família, diversos outros arranjos são considerados entidades familiares, admitindo-se a formação por pessoas do mesmo sexo (homoafetividade), entre pessoas não parentes ou parentes sem diversidade ou descendência de gerações, como tios e irmãos (anaparentalidade e socioafetividade), em razão de parceiros com famílias já constituídas, formando nova família complexa (pluriparentalidade), entre outras hipóteses.

Paulo Lôbo ressalta que as entidades familiares constitucionalizadas superam o *numerus clausus* descritos na Constituição e que serviram de norte para o moderno conceito de família. Menciona que na pesquisa do IBGE, intitulada Pesquisa Nacional por Amostragem de Domicílio (PNAD), os dados têm revelado um perfil das relações familiares bastante diversificado, muito distanciados dos modelos legais, sendo encontradas unidades de vivência formadas por um par andrógino (homem e mulher) casados e com filhos biológicos; par andrógino casados, com filhos biológicos e filhos adotivos ou somente com filhos adotivos, realçando os laços de afetividade; par andrógino sem casamento, somente com filhos biológicos, com filhos biológicos e adotivos ou apenas adotivos (união estável); pai ou mãe e filhos biológicos (família monoparental); pai ou mãe e filhos biológicos e adotivos ou apenas adotivos (comunidade monoparental); união de parentes e pessoas que convivem em interdependência afetiva, sem pai ou mãe que a chefie, como no caso de irmãos (anaparental); pessoas sem laços de parentesco que passam a conviver em caráter permanente, com laços de afetividade e de ajuda mútua, sem finalidade sexual ou econômica, como velhos amigos ou amigas (anaparental); uniões homossexuais, de caráter afetivo e sexual; uniões concubinárias, quando existe impedimento para o casamento de um ou de ambos companheiros, com ou sem filhos (uniões adulterinas ou famílias paralelas) e comunidade afetiva formada com *filhos de criação*, sem procedimento regular de adoção[1].

Podem ser incluídas ainda unidades familiares compostas de mãe e filhos de diversos pais (monoparental); de pais e mães, casados ou não, com filhos de uniões anteriores (casamento ou união estável pluriparental); de filhos com dois pais ou duas mães (multiparental); de par andrógino, casado ou não, sem filhos; até mesmo a família unipessoal, incluindo-se pessoa solitária (solteira, viúva, separada de fato ou juridicamente e divorciada), incluída no conceito de unidade familiar para proteção de sua residência ou móveis como bem de família (Lei n. 8.009/1990 e Súmula n. 364 do STJ).

A Constituição Federal ao adotar o pluralismo familiar repeliu expressamente o casamento como única forma de constituição de família e mesmo orientando para a lei facilitar a conversão da união estável em casamento (art. 226, § 3º), não impõe aos conviventes a obrigatoriedade em convertê-la. Ao tratar da proteção à família no *caput* e no § 8º do art. 226, da liberdade de planejamento familiar no art. 226, § 7º, e nos deveres da família e dos pais para a proteção das crianças, adolescentes e idosos

---

[1] LÔBO, Paulo. Entidades familiares constitucionalizadas: para além do 'numerus clausus'. *Revista Brasileira de Direito de Família*. n. 12. Porto Alegre: Síntese/IBDFAM, jan.-mar. 2002. p. 41.

nos arts. 227, *caput*, § 6º, 229 e 230, a Constituição não estabeleceu qualquer prioridade ou superioridade das famílias constituídas pelo casamento sobre as demais, conferindo igualdade de tratamento para as famílias, independente da forma de constituição.

A questão que se aventava e era objeto de reiterados debates jurídicos é se a Constituição reconhece como entidade familiar apenas o casamento, a união estável heteroafetiva e as famílias monoparentais. O assunto foi o objeto de artigo de Paulo Lôbo, que concluiu que os três tipos previstos na Constituição Federal são meramente exemplificativos, configurando *numerus clausus*. Com efeito, as referências da constituição de família apenas pelo casamento, prevista na Constituição de 1967-1969 (art. 175), foram suprimidas na atual pelo art. 226, *caput*, que se trata, inequivocamente, de *cláusula geral de inclusão*. O § 4º do art. 226 reforça a cláusula geral de inclusão em razão do termo *também* nela contido, que tem o significado de igualmente, da mesma forma, outrossim, de *inclusão de fato sem exclusão de outros*. Ensina que a entidade familiar se configura pelas seguintes características:

a) *afetividade*, como fundamento e finalidade da entidade, sem motivos econômicos;
b) *estabilidade*, importando na comunhão de vida, o que exclui os relacionamentos casuais, descomprometidos, secundários;
c) *ostensibilidade*, que importa na notoriedade da unidade familiar, que se apresenta publicamente, excluindo as furtivas, escondidas[2].

Conrado Paulino da Rosa, ao tratar da construção do conceito de família *on line*, acrescenta mais uma característica para configurar a entidade familiar: *a vontade*. Somente com o livre exercício da liberdade e do querer é possível constituir e conviver em família, logo, "o elemento volitivo é peça fundamental para a constituição da família". No casamento, a demonstração da vontade deve ser expressa na celebração (arts. 1.514 e 1.535 do CC), enquanto na família convivencial está implícita no art. 1.723, parte final, do Código Civil, ao exigir para reconhecimento da união estável o *objetivo de constituição de família*, ou seja, o desejo, a *vontade* de construir uma família,

---

[2] LÔBO, Paulo. Entidades familiares constitucionalizadas: para além do 'numerus clausus', cit., p. 42.

o *animus familiae*. Mesmo que presentes os demais requisitos, não existirá união estável se ausente o *affectio maritalis*[3].

O Código Civil de 2002 regula, além do casamento, a união estável entre homem e mulher ou heteroafetividade (arts. 1.723 a 1.726) e faz referência ao concubinato, como as relações não eventuais entre o homem e a mulher impedidos de casar (art. 1.727), restando silente quanto às demais formas de constituição de família, o que demandou muitos debates na doutrina e jurisprudência, especialmente na união de pessoas do mesmo sexo, denominada homoafetiva.

A *união homoafetiva* despertou embates jurídicos, defendendo uns que é outra espécie da união estável como a heteroafetividade, aplicando-se as regras jurídicas desta por analogia; outros defendem que a união homoafetiva constitui espécie de entidade familiar diversa da união estável, que se aplica em razão dos pressupostos apenas entre homem e mulher, mas aplica-se as regras jurídicas da união estável na omissão da lei. Existe uma corrente que tem reconhecido a união homoafetiva como uma sociedade de fato e aplicado a Súmula 380 do STF, devendo os direitos ser discutidos no âmbito do direito das obrigações, recebendo críticas porque a união se constitui em razão da afetividade e não por lucro como a sociedade civil ou mercantil; outra defende que, apesar de a Constituição não vedar a união afetiva, também não a acolheu e como também não existe legislação ordinária regulando-a, não há como ser reconhecida judicialmente.

O Des. Francisco Figueiredo, em voto vencido, ressaltou que os homoafetivos são cidadãos com direitos à proteção jurisdicional como todos brasileiros, não sendo juridicamente impossível a declaração judicial de existência de união entre pessoas do mesmo sexo, visto que a lei não a veda, existindo diferença entre proibição e não contemplação[4]. O relator do agravo, Des. Caetano Levi Lopes, no voto vencedor, demonstrando que a questão demanda grandes discussões doutrinárias e jurisprudenciais, e estava longe de pacificar, na data do julgamento, concluiu que a ordem jurídica brasileira somente reconhece como entidade familiar a união estável entre homem e mulher, diante da norma expressa do art. 226, § 3º, da Constituição Federal,

---

[3] ROSA, Conrado Paulino da. *iFamily*, cit., p. 116-117.

[4] TJMG, 2ª CC, Ag 1.0702.03.094371-7/001, Rel. Des. Caetano Levi Lopes, j. 14-4-2005.

revelando-se impossível a pretensão declaratória de existência de união estável entre duas pessoas do mesmo sexo[5].

A ausência de previsão legal que regula a união homoafetiva não pode ser argumento para deixar de reconhecê-la juridicamente, pois as transformações sociais e as mudanças nos costumes sociais são mais dinâmicas e muitas vezes antecedem a normatização legislativa, cabendo ao juiz decidir o caso de acordo com a analogia, os costumes e os princípios gerais de direito (art. 4º da LINDB), especialmente os princípios do direito de família que elege o afeto como seu principal elemento agregador. A legislação infraconstitucional, entretanto, já acolheu expressamente a união homoafetiva na *Lei Maria da Penha* (Lei n. 11.340/2006) ao dispor no parágrafo único do art. 5º, que as relações pessoais domésticas e familiares *independem de orientação sexual*.

A aceitação da união homoafetiva é um fenômeno mundial e o judiciário brasileiro não pode fechar os olhos às transformações sociais, devendo alargar a compreensão do moderno direito de família dentro das regras e princípios jurídicos existentes, como já decidiu o Tribunal Regional Federal da 4ª Região, em ação civil pública ajuizada pelo Ministério Público, para determinar ao INSS, com abrangência nacional, considerar os companheiros homoafetivos como dependentes preferenciais da mesma classe das uniões estáveis entre heterossexuais para fins de concessão de benefícios previdenciários, exigindo-se as mesmas provas para comprovação do vínculo afetivo e a dependência econômica presumida entre os casais, nos termos do art. 16, I, da Lei n. 8.213/1991, quando do processamento dos pedidos de pensão por morte e auxílio reclusão[6].

O Superior Tribunal de Justiça ao julgar o REsp 820.475/RJ, em 2-9-2008, por três votos a dois, reconheceu a possibilidade jurídica de discutir ação sobre união homoafetiva. Pela primeira vez, o STJ analisou os direitos de um casal homoafetivo no direito de família e não no direito patrimonial. Após o reconhecimento da união estável entre dois homens ser negado e extinto o processo sem julgamento do mérito, por impossibilidade jurídica do pedido, na 4ª Vara de Família de São Gonçalo e no Tribunal de Justiça do Rio de Janeiro, o Superior Tribunal de Justiça decidiu que a legislação

---

5 TJMG, 2ª CC, Ag 1.0702.03.094371-7/001, Rel. Des. Caetano Levi Lopes, j. 14-4-2005.

6 TRF, 4ª Turma, AC 2000.71.00.009347-0-RS, Rel. Des. Fed. João Batista Pinto Silveira, j. 10-8-2005.

brasileira não traz nenhuma proibição ao reconhecimento de união estável entre pessoas do mesmo sexo, por não utilizar expressão restritiva para excluí-las definitivamente da abrangência legal. O Tribunal Superior não julgou o pedido de reconhecimento da união estável, mas, apenas, a possibilidade jurídica do pedido, devolvendo os autos para a justiça fluminense julgar o mérito, entretanto, sinalizou de forma inequívoca sobre a possibilidade de reconhecimento da união homoafetiva, abrindo forte precedente[7].

O Supremo Tribunal Federal, finalmente, no histórico julgamento conjunto da ADPF 132/RJ e da ADI 4.277/DF, ocorrido em 5 de maio de 2011 e publicado em 14 de outubro de 2011, reconheceu a união homoafetiva como entidade familiar e conferiu-lhe, com eficácia *erga omnes* e efeito vinculante, todos os direitos e deveres da união estável entre homem e mulher acabando com toda forma de discriminação e a invisibilidade jurídica a que eram submetidas as uniões de pessoas do mesmo sexo.

A decisão foi um grande avanço no reconhecimento e na efetivação dos direitos fundamentais dos homossexuais, apesar de a legislação continuar silente, exigindo uma atitude proativa do judiciário, todavia, permanece a discriminação e o preconceito com as famílias paralelas, outro modelo familiar, em que uma pessoa possui simultaneamente dois núcleos familiares.

O Conselho Nacional de Justiça, após a decisão do Supremo Tribunal Federal, aprovou por maioria a Resolução n. 175, publicada no dia 15 de maio de 2013, dispondo que "é vedada às autoridades competentes a recusa de habilitação, celebração de casamento civil ou de conversão de união estável em casamento entre pessoas do mesmo sexo". Assim, restou acolhido no ordenamento jurídico brasileiro a união e o casamento homoafetivo.

Trataremos neste capítulo, diante das semelhanças, a união estável heteroafetiva, o concubinato e a união estável homoafetiva.

2. UNIÃO ESTÁVEL HETEROAFETIVA

2.1. Conceito

Diversos são os conceitos apresentados pelos autores para definir a união estável ou concubinato puro, podendo citar, entre eles, que consiste o

7 STJ, 4ª Turma, REsp 820.475/RJ, Rel. Min. Antônio de Pádua Ribeiro, j. 2-9-2008.

concubinato puro numa união livre e estável de pessoas de sexos diferentes, que não estão ligadas entre si por casamento civil[8], que é a ausência de matrimônio para o casal que viva como marido e mulher[9], ou, ainda, a união do homem e mulher, fora do matrimônio, de caráter estável, prolongada, para o fim de satisfação sexual, assistência mútua e dos filhos comuns e que implica uma presumida fidelidade da mulher ao homem[10].

Conrado Paulino da Rosa leciona que o significado de união estável é de fácil percepção: a palavra "união" significa junção, ligação, adesão; já o vocábulo "estável" importa em permanente, duradouro, fixo. Corresponde, portanto, à ligação duradoura do homem com a mulher[11].

Maria Berenice Dias orienta que não é fácil conceituar união estável, um tema sujeito a tantas transformações sociais e culturais, pois começa e termina por entender o que é família, também de difícil conceituação, ao deixar de ser núcleo econômico e de reprodução para ser espaço de afeto e de amor. Nasce a união estável da convivência, simples fato jurídico que evolui para a constituição de ato jurídico, em face dos direitos que surgem dessa relação, deixando, com isso, aos poucos, de ser união livre para ser união amarrada às regras impostas pelo Estado. O casamento e a união estável são merecedores da mesma e especial tutela do Estado, inexistindo hierarquia entre os dois institutos, apesar do desdém do legislador para com a união estável, disciplinando seus aspectos pessoais e patrimoniais em apenas quatro escassos artigos (arts. 1.723 a 1.726 do CC) e o direito sucessório em apenas um artigo (art. 1.790 do CC). O casamento e a união estável têm origem no elo afetivo, existindo quase uma simetria entre as duas estruturas de convívio. A divergência ocorre só no modo de constituição, pois enquanto o casamento se realiza no momento da celebração (art. 1.514 do CC), a união estável não tem termo inicial estabelecido, nascendo da consolidação do vínculo de convivência, de comprometimento mútuo, entrelaçamento de vidas e embaralhar de patrimônio[12].

---

8 DINIZ, Maria Helena. *Curso de direito civil* – Direito de família. 22. ed., cit., p. 354.

9 MONTEIRO, Washington de Barros. *Curso de direito civil* – Direito de família. 33. ed., cit., p. 18.

10 RODRIGUES, Silvio. *Direito civil* – Direito de família. 27. ed., cit., p. 287.

11 ROSA, Conrado Paulino. *Curso de direito de família contemporâneo*. 4. ed., cit., p. 109.

12 DIAS, Maria Berenice. *Manual de direito das famílias*. 4. ed., cit., p. 158-159.

O art. 1.790 do Código Civil, que conferia tratamento desigual entre cônjuges e companheiros, foi declarado inconstitucional pelo Supremo Tribunal Federal, conferindo tratamento isonômico, no RE 878.694/MG.

O Código Civil reconhece como união estável a convivência pública, contínua e duradoura de um homem e uma mulher, estabelecida com o objetivo de constituição de família (art. 1.723)[13].

2.2. Histórico

Antes de abordar especificamente o conteúdo dos recentes dispositivos legais, cumpre relatar um breve histórico do desenvolvimento do instituto, incluindo a união estável até a Constituição de 1988, quando era denominada concubinato, as Leis n. 8.971/1994, 9.278/1996 e o Código Civil de 2002.

As relações extramatrimoniais apresentavam-se de forma repressora na maioria das vezes. Isso ocorreu porque o Brasil, assim como Portugal, adotou regras rígidas quanto à família, devendo esta ser constituída por um casamento formal.

Além do mais, a Igreja Católica posicionava-se de forma contrária à toda união entre um homem e uma mulher diferentemente do casamento, já que o matrimônio perante o sacerdote é um sacramento.

No Brasil, até o ano de 1977, não existia divórcio ao vínculo do casamento; assim, todos aqueles que se desquitavam não podiam se casar novamente, resultando inúmeras uniões desagasalhadas do manto da lei e designadas ilegítimas, que se somavam às uniões daqueles que, mesmo desimpedidos, não pretendiam se casar.

As uniões se multiplicaram e, diante de tal realidade social e da inércia do legislador ao longo dos anos, coube à jurisprudência solidificar os direi-

[13] "Art. 1.723. É reconhecida como entidade familiar a união estável entre o homem e a mulher, configurada na convivência pública, contínua e duradoura e estabelecida com o objetivo de constituição de família.

§ 1º A união estável não se constituirá se ocorrerem os impedimentos do art. 1.521; não se aplicando a incidência do inciso VI no caso de a pessoa casada se achar separada de fato ou judicialmente.

§ 2º As causas suspensivas do art. 1.523 não impedirão a caracterização da união estável."

tos dos companheiros, especialmente quanto à partilha dos bens adquiridos em nome de apenas um, mas com o esforço comum, evitando o enriquecimento ilícito, desaguando na edição da Súmula 380 do STF, que dispunha que "comprovada a existência de sociedade de fato entre os concubinos, é cabível a sua dissolução judicial, com a partilha do patrimônio adquirido pelo esforço comum".

A súmula dispunha que a companheira tinha o direito de pleitear a partilha dos bens adquiridos pelo esforço comum, ou seja, quando existia a participação de ambos os cônjuges na aquisição do bem adquirido em nome de apenas um. É o chamado direito de aquesto, que não quer dizer a metade, mas a proporção do esforço. A jurisprudência mineira era majoritária no sentido de reconhecer que o labor doméstico, exercido pela mulher, caracterizava contribuição para o patrimônio comum ao propiciar paz e tranquilidade no lar e a gradativa constituição do patrimônio.

Para a corrente que entendia ser necessária a participação efetiva e pecuniária, a companheira que não colaborou na aquisição dos bens conseguia uma indenização por serviços prestados. O fundamento era o pagamento de uma indenização pelo enriquecimento sem causa, pois evidenciava-se o locupletamento à custa alheia no momento em que o companheiro se utilizava dos serviços domésticos da mulher, sem retribuição, princípio previsto no art. 964 do Código Civil de 1916, e reproduzido no art. 876 do Código atual, ao dispor que "todo aquele que recebe o que não lhe era devido fica obrigado à restituição", sendo fixado por arbitramento (art. 596 do CC). O pagamento, obviamente, referia-se ao trabalho doméstico e não à indenização por relações sexuais.

Outras súmulas do Supremo Tribunal Federal ainda regulavam, parcialmente, o concubinato, dispondo a Súmula n. 35 que, em caso de acidente de trabalho ou de transporte, a concubina tem direito a ser indenizada pela morte do amásio, se entre eles não havia impedimento para o matrimônio; a Súmula n. 382 orientando que a vida em comum sob o mesmo teto, *more uxorio*, não é indispensável à caracterização do concubinato; e a Súmula n. 447, ao dispor que é válida a disposição testamentária em favor de filho adulterino do testador com sua concubina.

A companheira, entretanto, apesar dos esforços da jurisprudência não tinha direitos a alimentos e muito menos direitos sucessórios, usufruto ou direito real de habilitação aos bens do companheiro falecido.

A Constituição de 1988, em seu art. 226, § 3º, não acrescentou nenhuma novidade à doutrina e à jurisprudência em termos quantitativos, mas em termos qualitativos provocou alteração na proteção ao concubinato puro, impedindo, doravante, qualquer lei que o reprima, posto que o reconheceu como entidade familiar merecedora de proteção do Estado, dispondo que "para efeito de proteção do Estado, é reconhecida a união estável entre o homem e a mulher como entidade familiar, devendo a lei facilitar sua conversão em casamento".

A Constituição Federal utiliza a denominação união estável para designar o concubinato, que era usado como termo genérico e, obviamente, não o equiparou ao casamento; apenas trouxe proteção aos concubinos, tanto que recomenda facilitar sua conversão em casamento, sem, no entanto, estabelecer hierarquia entre os institutos.

A partir da norma constitucional, começou-se a pensar na elaboração de leis para regulamentar o concubinato, sendo apresentados vários projetos, entre eles o que foi aprovado em 12 de dezembro de 1994 e se transformou na Lei n. 8.971/1994, regulando o direito dos companheiros a alimentos e sucessão e exigindo prazo mínimo de cinco anos de convivência ou existência de prole para caracterizá-lo. Sem nenhuma referência ou conexão ao anterior, em 13 de maio de 1996 foi aprovado outro projeto, transformando-se na Lei n. 9.278/1996, regulando o art. 226, § 3º, da Constituição Federal. Apresenta novo conceito e requisitos para a caracterização da união estável, sem estabelecer prazo ou existência de prole, regula a partilha dos bens em caso de dissolução, reconhece o direito a alimentos, instituiu direito real de habitação ao companheiro sobrevivente e remete à competência do Juízo de Família toda a matéria relativa à união estável.

Ambas tentam estabelecer regras para a união fora do casamento, inclusive introduzindo novas terminologias como união estável, conviventes e companheiros, recebendo, porém, muitas críticas por suas imperfeições, omissões e contradições.

No final de 1996, foi apresentado novo projeto de lei – PL n. 2.696/1996 – elaborado pelo Ministério da Justiça com a participação de notáveis juristas, sendo conhecido como *Estatuto da União Estável*, e que pretendia regular a união em todos os sentidos, com novo conceito, direitos e deveres, regime legal e convencional de bens, relação com terceiros, alimentos, direitos sucessórios, usufruto, vocação sucessória e conversão em casamento, mas não foi submetido à aprovação e foi arquivado.

Finalmente, o Código Civil de 2002 supriu a omissão do código anterior e regulamentou a união estável nos arts. 1.723 a 1.727, reconhecendo o concubinato puro, denominando-o união estável (art. 1.723), que se caracteriza se não existirem os impedimentos absolutos para o casamento, sem estabelecer prazo para sua configuração, e admitindo caracterizar união estável entre parceiros casados, desde que separados de fato dos cônjuges.

O concubinato impuro é denominado apenas de *concubinato* (art. 1.727).

O Código Civil conferiu, ainda, direito a alimentos (art. 1.694); partilha de bens, acolhendo o regime de comunhão parcial de bens (art. 1.725); e direitos sucessórios (art. 1.790). Nos direitos sucessórios, os companheiros restaram em muito inferiorizados aos cônjuges, que foram reconhecidos como herdeiros necessários, concorrentes com descendentes e ascendentes e herdeiros únicos na ausência destes, excluindo os colaterais. Os companheiros eram herdeiros facultativos apenas nos bens adquiridos onerosamente na vigência da união estável, em frações diversas dos cônjuges, concorrendo com descendentes, ascendentes e colaterais. Somente herdaria todos os bens se o companheiro não possuir parentes. Diversos projetos de lei foram propostos no Congresso Nacional para corrigir as normas que regulam os direitos sucessórios dos companheiros, a maioria revogando o art. 1.790 do Código Civil, igualando os direitos sucessórios aos dos cônjuges, entretanto, nenhum deles foi aprovado. Finalmente, o Supremo Tribunal Federal reconheceu a inconstitucionalidade do art. 1.790 do Código Civil (RE 878.694/MG), igualando os direitos sucessórios ao cônjuge.

2.3. Distinção de união estável e concubinato

A jurisprudência e a doutrina distinguiam, antes do atual Código Civil, o(a) companheiro(a), concubino(a) e amante, apesar de ser utilizada a expressão concubinato e concubino(a) como gênero. A Lei n. 8.971/1994 alterou em parte o conceito de companheiro(a) ao incluir, em seu art. 1º, o(a) separado(a) judicialmente (antes era concubino(a) por existir impedimento para o casamento).

A Lei n. 9.278/1996 utilizou a expressão conviventes e não faz nenhuma distinção entre companheira (ou convivente), concubina ou amante.

As relações extramatrimoniais apresentavam, entretanto, as seguintes distinções:

• *companheira(o)* – os desimpedidos que convivem com solteiro(a), viúvo(a), divorciado(a) ou desquitado(a) (Lei n. 8.971/1994);

• *concubino(a)* – o que convive com casado(a), mas que, separado(a) de fato, só vive com ele(a). Não era amparado pela Lei n. 8.971/1994, mas era pela jurisprudência. Parte da doutrina e jurisprudência, entretanto, considerava o(a) concubino(a) como amante, fazendo apenas duas distinções: companheira(a) (solteiro, viúvo, divorciado e separado judicialmente) e concubino(a) (amante e separado(a) de fato);

• *amante* – aquele que vive com homem ou mulher casado(a) ao mesmo tempo com o cônjuge, não está separado de fato, mantém relação afetiva e vive com os(as) dois(duas), existindo famílias paralelas.

Atualmente, em razão do novo Código Civil, existe a seguinte distinção nas relações fora do casamento:

• *união estável ou concubinato puro* – são os relacionamentos estáveis havidos entre pessoas livres, não comprometidas com deveres matrimoniais ou outra relação concubinária, ou se casados, estejam separados de fato (art. 1.723 do CC), com atributos de entidade familiar;

• *concubinato impuro* – são os demais, onde existe vínculo efetivo do casamento com outra pessoa ou várias relações concubinárias (art. 1.723, § 1º, do CC), incluindo, entre estes, os incestuosos e os demais impedidos de se casarem, posto que não pode ser convertido em casamento. São, portanto, os concubinos (amantes) e os impedidos de se casarem, exceto o separado de fato, e que são excluídos da proteção legal (art. 1.727 do CC). Os princípios norteadores de direito de família, notadamente da dignidade da pessoa humana, da afetividade, da liberdade e do pluralismo familiar, podem ser invocados para reconhecer e conferir direitos às famílias paralelas, quando estáveis e ostensivas, com o conhecimento dos núcleos familiares.

O Código Civil de 2002 veda o reconhecimento da união estável se presentes os impedimentos para o casamento, excluindo a pessoa casada separada de fato (art. 1.723, § 1º).

Assim, não cabe no conceito legal de união estável ou concubinato puro as uniões adulterinas, incestuosas e as recentes ou transitórias (sem tempo para caracterizar a estabilidade).

2.4. Elementos caracterizadores da união estável

A Lei n. 8.971/1994 exigia um lapso temporal mínimo de cinco anos de convivência ou prole comum para configurar o concubinato puro, entretanto, o Código Civil (art. 1.723) e a Lei n. 9.278/1996 não estabelecem prazo, exigindo, todavia, que a convivência seja duradoura, pública, contínua, com o objetivo de constituir família.

Os autores não são unânimes, mas obedecendo as características configuradoras da família e da união estável pode-se apresentar os seguintes elementos caracterizadores ou pressupostos de configuração da união estável:

2.4.1. Convivência

A união estável, diverso do casamento, não se constitui formalmente pela celebração ou pelo contrato, mas pela convivência pública e duradoura com o *animus familiae*. O contrato de união estável, por si só, não a configura, ainda que formalizado por escritura pública, tratando-se de um dos meios de prova. Esta é talvez a principal diferença do casamento, que é um ato jurídico formal e solene, que se realiza no momento da celebração, produzindo todos os efeitos, inclusive a presunção de publicidade perante terceiros. Na união estável, o contrato de convivência, mesmo que mediante escritura pública, é uma prova apenas relativa da união, que somente se configura pela convivência familiar de fato, pública e duradoura.

O Superior Tribunal de Justiça diferencia nesse aspecto – formalidade do ato de constituição e publicidade – o casamento da união estável, ao dispensar a exigência de outorga uxória da companheira para a prestação de fiança. No julgamento, sem considerar a união estável como entidade familiar inferiorizada, justifica-se a diferença de tratamento em determinados negócios jurídicos em razão da informalidade na sua constituição e ausência de publicidade. Consta em partes da ementa que:

> 2. Toda e qualquer diferença entre casamento e união estável deve ser analisada a partir da dupla concepção do que seja casamento – por um lado,

ato jurídico solene do qual decorre uma relação jurídica com efeitos tipificados pelo ordenamento jurídico, e, por outro, uma entidade familiar, dentre várias outras protegidas pela Constituição.

3. Assim, o casamento, tido por entidade familiar, não se difere em nenhum aspecto da união estável – também uma entidade familiar –, porquanto não há famílias timbradas como de "segunda classe" pela Constituição Federal de 1988, diferentemente do que ocorria nos diplomas constitucionais e legais superados. Apenas quando se analisa o casamento como ato jurídico formal e solene é que as diferenças entre este e a união estável se fazem visíveis, e somente em razão dessas diferenças entre casamento – ato jurídico – e união estável é que o tratamento legal ou jurisprudencial diferenciado se justifica.

4. A exigência de outorga uxória a determinados negócios jurídicos transita exatamente por este aspecto em que o tratamento diferenciado entre casamento e união estável é justificável. É por intermédio do ato jurídico cartorário e solene do casamento que se presume a publicidade do estado civil dos contratantes, de modo que, em sendo eles conviventes em união estável, hão de ser dispensadas as vênias conjugais para a concessão de fiança.

5. Desse modo, não é nula nem anulável a fiança prestada por fiador convivente em união estável sem a outorga uxória do outro companheiro. Não incidência da Súmula n. 332/STJ à união estável[14].

2.4.2. Diversidade de sexos

A união estável heteroafetiva exige expressamente homem e mulher, conforme o art. 226, § 3º, da Constituição Federal e o art. 1.723 do Código Civil. A exigência de diversidade de sexos na união estável heteroafetiva, todavia, não exclui o reconhecimento jurídico da união de pessoas do mesmo sexo, aplicando-se as mesmas regras.

2.4.3. Ostensibilidade da convivência ou publicidade

Exige-se notoriedade das afeições recíprocas, que não podem ser às escondidas, furtivas. Não se exige ampla publicidade como ocorre com o

[14] STJ, REsp 1.299.866/DF, Rel. Min. Luis Felipe Salomão, j. 25-2-2014, p. 21-3-2014.

casamento, mas afasta-se da configuração da união estável os encontros ocultos, em segredo, agindo como amantes, incompatíveis com a constituição de uma família no meio social. É necessário que a união seja às claras, conhecida no meio social dos conviventes, na família, perante os vizinhos, afastando qualquer conotação de clandestinidade[15].

2.4.4. Durabilidade da convivência

A convivência deve perdurar no tempo, pois meras relações sexuais eventuais e precárias não ensejam o reconhecimento da união estável. Apesar de o Código Civil não dispor sobre prazos, a jurisprudência tem exigido permanência e estabilidade na convivência. Um prazo mínimo deve ser observado em face do caso concreto, analisando, entre outras, as circunstâncias, a idade dos parceiros, a existência de filhos para demonstrar uma vida comum, o objetivo de permanência e de durabilidade na convivência.

2.4.5. Estabilidade

A convivência deve ser contínua, estável, devendo a união perdurar para consolidar uma família, uma comunhão de vida entre o casal, afastando as relações instáveis, passageiras. Não se exige, como ocorria na Lei n. 8.971/1994, um prazo mínimo de cinco anos para configurar a união estável, mas exige-se uma estabilidade na convivência, um período capaz de demonstrar a constituição de uma família. Não configuram união estável as relações inconstantes, com reiterados rompimentos em curto espaço de tempo e reconciliações, impedindo a formação de uma família.

2.4.6. Inexistência de impedimentos para o casamento

Os impedimentos para o casamento também vedam o reconhecimento da união estável (art. 1.723, § 1º, do CC), não incluindo entre eles apenas as pessoas casadas, desde que separadas de fato. A presença dos impedimentos absolutos para o casamento exclui a configuração do relacionamento afetivo como união estável, agasalhada sob o manto da lei, caracterizando concubinato.

---

15 MADALENO, Rolf. *Curso de direito de família*. 5. ed., cit., p. 1100.

2.4.7. Honrabilidade

A honrabilidade é traduzida pela doutrina como o respeito entre os conviventes, incluindo os direitos e deveres previstos no art. 1.724 do Código Civil, como respeito, lealdade, consideração mútua, assistência moral e material recíproca, criação e educação dos filhos. É o vínculo afetivo para fins de família. É o afeto exteriorizado demonstrando a consideração recíproca entre os companheiros, o desejo de ser uma família.

2.4.8. Coabitação

É necessária a vida em comum do casal, sendo inadmissível o simples namoro e relações passageiras sem qualquer compromisso. A coabitação é entendida como o objetivo de constituição de família. É nela que decorre um conjunto de pequenos deveres encontrados no dia a dia da convivência familiar e que importa na sustentação da união. Não se resume apenas na prestação sexual recíproca, mas na presença contínua dos companheiros, no sentar à mesa com o parceiro e os filhos, no contato frequente, no ouvir e orientar, enfim, no exercício prático do dever de assistência moral e espiritual da família. A jurisprudência não exige que os companheiros vivam sob o mesmo teto, admitindo que residam em locais diferentes (por exemplo em razão de viagem, profissão e doença ou por opção), tanto que a Súmula n. 382 do STF dispõe que a vida em comum sob o mesmo teto, *more uxorio,* não é indispensável à caracterização do concubinato puro.

A jurisprudência apresenta os seguintes requisitos para configuração da união estável, conforme os arts. 1.723 e 1.724 do Código Civil, nos termos da seguinte ementa:

> Apelação Cível. Ação Declaratória de União Estável *post mortem*. Sentença que reconheceu a união estável entre a apelada e Sr. Rufino José de Souza com as implicações patrimoniais pertinentes. Sob a tônica dos arts. 1.723 e 1.724 do CC, para a configuração da união estável, devem estar presentes, na relação afetiva, os seguintes requisitos: a) a diversidade de sexos; b) estabilidade; c) publicidade; d) continuidade; e) ausência de impedimentos matrimoniais; e) objetivo de constituição de família. Quanto aos impedimentos matrimoniais, verifica-se que a existência de

casamento anterior (art. 1.521, VI) não constitui óbice para a caracterização da união estável se um dos companheiros, embora ainda casado, já estiver separado de fato – independentemente de prazo (CC, § 1º do art. 1.723, *in fine*)[16].

2.5. Deveres na união estável

Os deveres dos companheiros na constância da união estável estão elencados no art. 1.724 do Código Civil, sendo eles os deveres de lealdade, respeito e assistência, e de guarda, sustento e educação dos filhos[17].

Observa-se que na união estável, à exceção dos deveres de guarda, sustento e educação dos filhos, os deveres são diversos do casamento, apesar de semelhantes.

Na união estável, não se exige expressamente o dever de vida em comum sob o mesmo teto, como ocorre no casamento (art. 1.566, II, do CC), permitindo seja configurada mesmo que os conviventes residam em casas diferentes, o que já foi inclusive sumulado pelo Supremo Tribunal Federal (Súmula n. 382). Exige-se, todavia, comunhão de vidas, a existência da *affectio societatis* com o intuito de constituir família. A coabitação sob o mesmo teto é a regra na união estável, tendo a Súmula n. 382 do STF apenas admitido exceções justificáveis na vida *more uxório*, sob pena de desnaturar a constituição da família.

O dever de lealdade e respeito inclui, sem dúvidas, o dever de respeito e consideração mútuos previsto no casamento, implicando a solidariedade moral que deve existir entre os conviventes; bem como, apesar de posições divergentes, o dever de fidelidade recíproca, tendo em vista a paternidade dos filhos havidos na sua constância, evitar uniões estáveis paralelas e fortalecer a vida em comum.

O dever de assistência importa no dever de socorro entre os conviventes, a assistência material, incluindo o direito a alimentos.

---

16 TJBA, AC 0100560-83.2010.8.05.0001, Rel. Des. José Cícero Landin Neto, j. 19-11-2013.

17 "Art. 1.724. As relações pessoais entre os companheiros obedecerão aos deveres de lealdade, respeito e assistência e de guarda, sustento e educação dos filhos."

2.5.1. Dever de lealdade

O dever de lealdade é um dever moral entre os companheiros, entendido em sentido amplo, importando em confiança mútua entre os conviventes, incluindo sinceridade na relação, fidelidade e estima.

O sentido do dever de lealdade é mais amplo que o dever de fidelidade previsto nos deveres do casamento, pois "a lealdade é gênero de que a fidelidade é espécie"[18].

A quebra do dever de fidelidade na união estável, implícito no dever de lealdade, não gera efeitos jurídicos ou estabelece sanções ao convivente que o violou, por tratar-se de dever moral, de questão de foro íntimo dos companheiros sem existência de interesse público[19], "muito embora possa ser fonte de eventual dever de indenizar nos termos gerais"[20], se ocasionar alguma espécie de dano moral.

A jurisprudência, notadamente do Superior Tribunal de Justiça, tem reconhecido que o conceito de lealdade, somado ao dever de respeito mútuo, é essencial para o reconhecimento da união estável. A ausência de lealdade, que inclui o dever de fidelidade, impede o reconhecimento de união estável paralela, ou seja, a dúplice união estável, o paralelismo afetivo, diante da estrutura monogâmica no direito brasileiro. Nesse sentido:

> DIREITO CIVIL. RECURSO ESPECIAL. FAMÍLIA. AÇÃO DE RECONHECIMENTO DE UNIÃO ESTÁVEL. RELAÇÃO CONCOMITANTE. DEVER DE FIDELIDADE. INTENÇÃO DE CONSTITUIR FAMÍLIA. AUSÊNCIA. ARTIGOS ANALISADOS: ARTS. 1º e 2º DA LEI 9.278/96.
>
> 1. Ação de reconhecimento de união estável, ajuizada em 20.03.2009. Recurso especial concluso a Gabinete em 25.04.2012.
>
> 2. Discussão relativa ao reconhecimento de união estável quando não observado o dever de fidelidade pelo *de cujus*, que mantinha outro relacionamento estável com terceira.

---

[18] AZEVEDO, Álvaro Villaça. *Estatuto da família de fato*. 2. ed. São Paulo: Atlas, 2002. p. 444.

[19] FARIAS, Cristiano Chaves de; ROSENVALD, Nelson. *Curso de direito civil*: famílias. 5. ed., cit., p. 550.

[20] MADALENO, Rolf. *Curso de direito de família*. 5. ed., cit., p. 1100.

> 3. Embora não seja expressamente referida na legislação pertinente, como requisito para configuração da união estável, a fidelidade está ínsita ao próprio dever de respeito e lealdade dentre os companheiros.
>
> 4. A análise dos requisitos para configuração da união estável deve centrar-se na conjunção de fatores presente em cada hipótese, com a *affectio societatis* familiar, participação de esforços, a posse do estado de casado, a continuidade da união, e também a *fidelidade*.
>
> 5. Uma sociedade que apresenta com elemento estrutural a monogamia não pode atenuar o dever de fidelidade – que integra o conceito de lealdade e respeito mútuo – para o fim de inserir no âmbito de Direto de Família relações afetivas paralelas e, por consequência, desleais, em descurar que o núcleo familiar contemporâneo tem como escopo a busca de realização de seus integrantes, vale dizer, a busca de felicidade.
>
> 6. Ao analisar as lides que apresentam paralelismo afetivo, deve o juiz, atento às peculiaridades multifacetadas apresentadas em cada caso, decidir com base na dignidade da pessoa humana, na solidariedade, na afetividade, na busca da felicidade, na liberdade, na igualdade, bem assim, com redobrada atenção ao primado da monogamia, com os pés fincados no princípio da eticidade.
>
> 7. Na hipótese, a recorrente não logrou êxito em demonstrar, nos termos da legislação vigente, a existência da união estável com o recorrido, podendo, no entanto, pleitear, em processo próprio, reconhecimento de uma eventual sociedade de fato entre eles.
>
> 8. Recurso especial desprovido[21].

No julgado citado, o Superior Tribunal de Justiça não reconheceu como união estável a relação paralela, ou seja, união estável dúplice, resguardando, todavia, a possibilidade de reconhecimento de uma sociedade de fato.

2.5.2. Dever de respeito

O dever de respeito importa em honrar o companheiro, não lhe causar dano, o ter em consideração, se confundido com o dever se lealdade. Quem é leal, respeita.

---

[21] STJ, 3ª Turma, REsp 1.348.458/MG, Rel. Des. Nancy Andrighi, j. 8-5-2014.

É também um dever moral que deve permear as relações afetivas evitando-se ofensas ao outro, preservando sua dignidade e integridade, possibilitando uma convivência harmoniosa. Funda-se no dever geral de respeito para o bom relacionamento na união estável, resguardando o direito do outro em ter respeitada sua liberdade individual e os direitos da personalidade[22].

2.5.3. Dever de assistência

Com fundamento no princípio da solidariedade familiar, o dever de assistência mútua, tal qual ocorre no casamento, é um dever jurídico e importa na solidariedade que deve existir entre o casal. Não se resume apenas na solidariedade econômica, mas também na solidariedade moral.

A *assistência material* importa no sustento, notadamente no fornecimento de alimentos, no tratamento à saúde, moradia, educação, enfim, no auxílio mútuo a todas as despesas materiais.

A *assistência moral* importa no apoio nas adversidades da vida, no auxílio constante nas vicissitudes, no zelo pela honra e dignidade do companheiro.

2.5.4. Dever de guarda, sustento e educação dos filhos

Fundado no princípio do planejamento familiar e paternidade responsável, é dever jurídico dos companheiros responsabilizar pela criação adequada e cuidados dos filhos.

É dever dos pais, por mandamento constitucional (arts. 227 e 229), assistir, criar e educar os filhos menores, garantindo-lhe com absoluta prioridade todos os direitos fundamentais, observando sempre seu melhor interesse.

A dissolução da união estável não extingue os deveres de cuidados dos companheiros para com os filhos, assegurando-lhes ainda o direito à convivência familiar, não existindo separação de filhos pelo fim da união dos genitores.

---

22 MADALENO, Rolf. *Curso de direito de família*. 5. ed., cit., p. 1100.

2.6. Efeitos jurídicos da união estável

2.6.1. Regime de bens

2.6.1.1. *Regime legal de bens*

A Lei n. 9.278/1996, em seu art. 5º, supriu a lacuna da Lei n. 8.971/1994 quanto aos bens adquiridos na constância da sociedade de fato, considerando que, por presunção, são fruto do trabalho e da colaboração comum, desde que a título oneroso, pertencendo a ambos em partes iguais.

O Código Civil regulou o regime de bens, equiparando-o, na ausência de contrato, ao regime de comunhão parcial, ao dispor que "aplica-se às relações patrimoniais, no que couber, o regime de comunhão parcial de bens" (art. 1.725).

A lei, portanto, não questiona se ocorreu efetiva participação ou proporção do esforço comum, que é presumido, determinando, mesmo os adquiridos em nome de apenas um, que pertençam igualmente aos conviventes, obedecendo às regras do regime de comunhão parcial.

Excluem do condomínio os bens adquiridos por título gratuito (doação, herança, legado); sub-rogados como o produto de bens anteriores ao início da união; as obrigações anteriores ao casamento e as provenientes de atos ilícitos, salvo, neste caso, se foi em proveito do casal; os bens de uso pessoal; os livros e instrumentos de profissão; os proventos do trabalho de cada um, as pensões e rendas semelhantes (art. 1.659 do CC).

O Superior Tribunal de Justiça vem decidindo que se aplica aos companheiros o regime de separação obrigatória de bens se um deles possuir mais de 70 anos (art. 1.641, II, CC) ou mais de 60 anos (antes da Lei n. 12.344/2010):

> 1. É obrigatório o regime de separação legal de bens na união estável quando um dos companheiros, no início da relação, conta com mais de sessenta anos, à luz da redação originária do art. 1.641, II, do Código Civil, a fim de realizar a isonomia no sistema, evitando-se prestigiar a união estável no lugar do casamento.
>
> 2. No regime de separação obrigatória, apenas se comunicam os bens ad-

quiridos na constância do casamento pelo esforço comum, sob pena de se desvirtuar a opção legislativa, imposta por motivo de ordem pública[23].

2.6.1.2. *Regime convencional – contrato de convivência*

A Lei n. 9.278/1996 já autorizava aos conviventes, em contrato escrito, estipularem regime de bens diverso do previsto no art. 5º, *caput*, não orientando quanto à data (se anterior ao início da união como no pacto antenupcial ou a qualquer tempo) e a forma do contrato escrito (se por instrumento particular ou escritura pública).

O Código Civil acolheu a previsão legal, admitindo no art. 1.725 a estipulação de regime convencional, mediante contrato escrito entre os companheiros, denominado *contrato de convivência,* não especificando se por escrito público ou particular; entretanto, tratando-se de contrato que objetiva regular bens móveis e imóveis, deverá ser firmado por escritura pública, aplicando-se, por analogia, os princípios do pacto antenupcial (art. 1.653 do CC).

Maria Berenice Dias leciona, todavia, que o contrato de convivência trata-se de pacto informal e pode tanto constar de escrito particular como de escritura pública, ser levado ou não a inscrição, registro ou averbação. O contrato de convivência não cria a união estável, pois sua constituição decorre do atendimento dos requisitos legais, assim sua eficácia está condicionada à caracterização da união. O contrato pode ser firmado a qualquer tempo, antes, durante e depois da dissolução da união estável, agregando efeito retroativo. Pode, ainda, ser modificado ou revogado, desde que por vontade expressa de ambos os companheiros. O contrato tem efeito retroativo em relação à existência da união estável, mas não pode retroagir se o regime de bens for o de separação, por ser mais restritivo que a comunhão parcial (TJRS, AC 70073905101 RS, j. 26-7-2017)[24].

O Provimento n. 37/2014, CNJ, autoriza o registro das uniões estáveis no Registro Civil, dispondo os arts. 1º e 2º, *caput*, que:

---

23 STJ, REsp 1.403.419/MG, Rel. Min. Ricardo Villas Bôas Cueva, j. 11-11-2014. No mesmo sentido: STJ, Embargos de Divergência no REsp 1.171.820/PR, Rel. Min. Raul Araújo, j. 26-8-2015.

24 DIAS, Maria Berenice. *Manual de direito das famílias.* 13. ed., cit., p. 599-600.

Art. 1º É facultativo o registro da união estável prevista nos artigos 1.723 a 1.727 do Código Civil, mantida entre o homem e a mulher, ou entre duas pessoas do mesmo sexo.

Art. 2º O registro da sentença declaratória de reconhecimento e dissolução, ou extinção, bem como da escritura pública de contrato e distrato envolvendo união estável, será feito no Livro E, pelo Oficial do Registro Civil das Pessoas Naturais da Sede, ou, onde houver, no 1º Subdistrito da Comarca em que os companheiros têm ou tiveram seu último domicílio, devendo constar:

a) a data do registro;

b) o prenome e o sobrenome, a data de nascimento, a profissão, a indicação da numeração da Cédula de Identidade, o domicílio e residência de cada companheiro, e o CPF se houver;

c) prenomes e sobrenomes dos pais;

d) a indicação das datas e dos Ofícios de Registro Civil das Pessoas Naturais em que foram registrados os nascimentos das partes, os seus casamentos ou uniões estáveis anteriores, assim como os óbitos de seus anteriores cônjuges ou companheiros, quando houver, ou os respectivos divórcios ou separações judiciais ou extrajudiciais se foram anteriormente casados;

e) data do trânsito em julgado da sentença ou do acórdão, número do processo, Juízo e nome do Juiz que a proferiu ou do Desembargador que o relatou, quando o caso;

f) data da escritura pública, mencionando-se no último caso, o livro, a página e o Tabelionato onde foi lavrado o ato;

g) regime de bens dos companheiros, ou consignação de que não especificado na respectiva escritura pública ou sentença declaratória.

2.6.2. Alimentos

Até 29 de dezembro de 1994 os alimentos não eram devidos entre os concubinos.

A Lei n. 8.971/1994 foi a primeira que concedeu à(ao) companheira(o), dissolvida a sociedade de fato, o direito a pleiteá-los.

O atual Código Civil incluiu o(a) companheiro(a) entre os parentes e o cônjuge, conferindo o direito de pleitear alimentos para viver de modo compatível com sua condição social, inclusive, se for o caso, para atender às necessidades de sua educação, ao dispor no art. 1.694 que "podem os parentes, os cônjuges ou companheiros pedir uns aos outros os alimentos de que necessitem para viver de modo compatível com a sua condição social, inclusive para atender às necessidades de sua educação".

A concessão e a duração dependem também de estarem presentes os requisitos que autorizam a concessão dos alimentos (binômio necessidade-possibilidade), pois a regra geral é que todos devem trabalhar e a dependência é exceção, sendo oportuno lembrar que vadiagem é contravenção penal, não podendo os alimentos serem incentivo ao ócio.

Se há quem tenha profissão de pensionista do ex-cônjuge, certamente não faltará quem sonhe com a condição de pensionista do ex-companheiro.

É bem verdade que com o casamento ou união estável muitas mulheres são obrigadas pelo marido ou companheiro, por um machismo atávico (aparecimento em um descendente do caráter de seus ascendentes mais remotos) a cuidar da casa e da família, como antigamente, sendo castrada profissionalmente. Com a dissolução da união perde seu mantenedor, ficando sem rendimentos e não possui acesso imediato ao mercado de trabalho para suprir o próprio sustento; daí a necessidade de ser pensionada até adaptar-se e conseguir se manter por conta própria.

O deferimento dos alimentos deve ser aplicado com muito bom senso, imperando o princípio teleológico da finalidade social a que se destina a lei com repulsa a pretensões desproporcionais como no caso de deferimento de alimentos em curto período de convivência, pois, exercendo uma interpretação glosadora da lei o companheiro teria de pensionar o outro (em razão de um curto relacionamento) e o filho, se existente, em face do direito natural deste, por força do *jus sanguinis*. Deve ser verificada também, com prudência e bom senso, a proporcionalidade entre a necessidade do(a) alimentado(a) e a possibilidade do(a) alimentante na fixação do valor dos alimentos.

Nos pedidos de pensão alimentícia, pode o requerente valer-se da ação de alimentos (Lei n. 5.478/1968) se possuir prova pré-constituída da união estável ou fortes indícios documentais de sua existência, como contrato de convivência ou declaração de dependência junto ao INSS, planos de saúde, imposto de renda, permitindo-se a concessão de alimentos provisórios. Não existindo prova pré-constituída, a solução é ajuizar ação de reconhecimento de união estável cumulada com alimentos e requerer tutela antecipada de urgência para deferir os alimentos a título provisório (art. 300 do CPC), antecipando os efeitos condenatórios de eventual procedência do pedido.

A legislação é omissa quanto à perda dos alimentos na união estável, não se referindo à culpa, que pode ser questionada para eximir o devedor, especialmente se o credor foi o responsável pela ruptura da união, infringindo alguns dos deveres elencados no art. 1.724 do Código Civil, fornecendo apenas o indispensável para a sobrevivência se o(a) companheiro(a) não possui parentes em condição de prestá-los (art. 1.704, parágrafo único, do CC). O entendimento, entretanto, não é pacífico, pois, além da forte resistência atualmente em discutir culpa para condenação a alimentos no casamento, na ação de reconhecimento de união estável, verifica-se apenas os requisitos de sua configuração, não cabendo discussão de culpa, observando-se na fixação da verba alimentar apenas a necessidade do alimentando, a possibilidade do alimentante e a proporcionalidade do *quantum*.

2.6.3. Direitos sucessórios

O art. 1.790 do Código Civil regulou de maneira diversa os direitos sucessórios entre os companheiros, previstos nas Leis n. 8.971/1994 e 9.278/1996, estipulando que, se concorrer com filhos comuns, tem direito à mesma fração dos bens adquiridos onerosamente na constância da união estável; se concorrer só com filhos do companheiro, tem direito à metade da fração ideal, se concorrer com outros herdeiros sucessíveis (qualquer deles até o colateral no 4º grau), tem direito a um terço; e, só na inexistência de herdeiros, terá direito à totalidade da herança. É uma regressão nos direitos dos companheiros adquiridos anteriormente e objeto de severas críticas na doutrina, já não justificando o tratamento discriminatório em relação ao cônjuge.

Após muitos debates sobre a inconstitucionalidade do art. 1.790 do Código Civil, o Supremo Tribunal Federal reconheceu de forma incidental sua inconstitucionalidade, equiparando os direitos sucessórios do companheiro ao do cônjuge, na forma do art. 1.829, do Código Civil.

Para evitar insegurança jurídica, o Supremo Tribunal modulou os efeitos da decisão para aplicá-la apenas aos processos em andamento, excluindo os processos já transitados em julgado e as partilhas extrajudiciais já concluídas[25]. Consta na ementa que:

---

[25] CARVALHO, Dimas Messias de. *Direito das sucessões – inventário e partilha*. 5. ed., cit., p. 198.

DIREITO CONSTITUCIONAL E CIVIL. RECURSO EXTRAORDINÁRIO. REPERCUSSÃO GERAL. APLICAÇÃO DO ARTIGO 1.790 DO CÓDIGO CIVIL À SUCESSÃO EM UNIÃO ESTÁVEL HOMOAFETIVA. INCONSTITUCIONALIDADE DA DISTINÇÃO DE REGIME SUCESSÓRIO ENTRE CÔNJUGES E COMPANHEIROS.

1. A Constituição brasileira contempla diferentes formas de família legítima, além da que resulta do casamento. Nesse rol incluem-se as famílias formadas mediante união estável.

2. Não é legítimo desequiparar, para fins sucessórios, os cônjuges e os companheiros, isto é, a família formada pelo casamento e a formada por união estável. Tal hierarquização entre entidades familiares é incompatível com a Constituição.

3. Assim sendo, o art. 1.790 do Código Civil, ao revogar as Leis n. 8.971/1994 e 9.278/1996 e discriminar a companheira (o companheiro), dando-lhes direitos sucessórios bem inferiores aos conferidos à esposa (ou ao marido), entra em contraste com os princípios da igualdade, da dignidade humana, da proporcionalidade como vedação à proteção deficiente e da vedação do retrocesso.

4. Com a finalidade de preservar a segurança jurídica, o entendimento ora firmado é aplicável apenas aos inventários judiciais em que não tenha havido trânsito em julgado da sentença de partilha, e às partilhas extrajudiciais em que ainda não haja escritura pública.

5. Provimento do recurso extraordinário. Afirmação, em repercussão geral, da seguinte tese: "No sistema constitucional vigente, é inconstitucional a distinção de regimes sucessórios entre cônjuges e companheiros, devendo ser aplicado, em ambos os casos, o regime estabelecido no art. 1.829 do CC/2002"[26].

O Código Civil é silente quanto ao direito real de habitação; entretanto, predomina o entendimento de que não revogou a Lei n. 9.278/1996, assim, o sobrevivente terá direito ainda de residir no imóvel comum destinado à residência enquanto não constituir nova união ou casamento (art. 7º, parágrafo único, da Lei n. 9.278/1996), em face do disposto no art. 2.043. A decisão do STF igualando os direitos sucessórios entre cônjuges e compa-

[26] STF, RE 878.694/MG, Rel. Min. Luis Roberto Barroso, j. 10-5-2017.

nheiros não deixa margem de dúvidas que o companheiro possui direito real de habilitação e foi elevado à categoria de herdeiro necessário.

2.6.4. Adoção

Os companheiros podem adotar, desde que comprovada a estabilidade da família, tenham completado 18 anos e preencham os requisitos legais para a adoção.

Permite-se, ainda, que um dos companheiros adote o filho do outro, mantendo-se os vínculos com o convivente do adotante.

A adoção conjunta, prevista no § 2º[27] do art. 42 do Estatuto da Criança e do Adolescente, exige que os adotantes sejam casados ou vivam em união estável.

A adoção unilateral do enteado ocorre quando o companheiro ou cônjuge adota o filho do seu consorte, mantendo-se os vínculos de filiação do cônjuge ou companheiro e acrescentando os vínculos paterno/filial do adotante, conforme autoriza o § 1º[28] do art. 41 da Lei n. 8.069/1990.

2.6.5. Exercício do poder familiar e guarda dos filhos

Em caso de dissolução da união estável, o filho ficará sob a guarda do que o reconheceu e, se ambos, ficará com o que revelar melhores condições de atender seus interesses, conforme o art. 1.612 do Código Civil[29], resguardando ao outro o direito de visitas, aplicando-se os mesmos princípios do melhor interesse do menor e paternidade responsável.

A Lei n. 13.058/2014, entretanto, deu nova redação ao § 2º do art. 1.584[30] do Código Civil, determinando que, se ambos os pais tiverem condições de exercer o poder familiar, a guarda será compartilhada.

---

[27] "§ 2º Para adoção conjunta, é indispensável que os adotantes sejam casados civilmente ou mantenham união estável, comprovada a estabilidade da família."

[28] "§ 1º Se um dos cônjuges ou concubinos adota o filho do outro, mantêm-se os vínculos de filiação entre o adotado e o cônjuge ou concubino do adotante e os respectivos parentes."

[29] "Art. 1.612. O filho reconhecido, enquanto menor, ficará sob a guarda do genitor que o reconheceu, e, se ambos o reconheceram e não houver acordo, sob a de quem melhor atender aos interesses do menor."

[30] "Art. 1.584. A guarda, unilateral ou compartilhada, poderá ser:
[...].

Na constância da união, a criação e a educação competem igualmente aos dois, exercendo ambos em igualdade o poder familiar, recorrendo ao juiz em caso de discordância.

2.6.6. Nome

Os companheiros podem adotar o nome do outro, como ocorre no casamento (art. 1.565, § 1º, do CC), se presentes os requisitos do art. 57, §§ 2º, 3º e 4º da Lei n. 6.015/1973, ou seja, sem que haja impedimento legal para o casamento, salvo nas hipóteses de separados judicialmente ou de fato, vivam em união estável e que a ex-mulher não use o nome do marido, ou vice-versa.

A doutrina e a jurisprudência têm abrandado as exigências para o companheiro usar o nome do outro, posto que não são exigidas no casamento, permitindo-se, mesmo que o ex-cônjuge ou convivente adote o nome do outro, que o atual possa acrescer aos seus o nome do convivente.

O Superior Tribunal de Justiça reiteradamente vem decidindo que se aplica na união estável as disposições do Código Civil (art. 1.565, § 1º) quanto ao uso do nome, em aplicação analógica ao casamento. Exige-se, apenas por segurança do registro público, prova documental da união estável e autorização do(a) companheiro(a). Consta em partes da ementa no REsp 1.306.196/MG (no mesmo sentido REsp 1.206.656/GO) que:

> 6. O art. 57, § 2º, da Lei n. 6.015/73 não se presta para balizar os pedidos de adoção de sobrenome dentro de uma união estável, situação completamente distinta daquela para qual foi destinada a referida norma. Devem ter aplicação analógica as disposições específicas do Código Civil, relativas à adoção de sobrenome dentro do casamento, porquanto se mostra claro o elemento de identidade entre os institutos.
>
> 7. Em atenção às peculiaridades da união estável, a única ressalva é que seja feita prova documental da relação, por instrumento público, e nela haja anuência do companheiro que terá o nome adotado (...)[31].

---

§ 2º Quando não houver acordo entre a mãe e o pai quanto à guarda do filho, encontrando-se ambos os genitores aptos a exercer o poder familiar, será aplicada a guarda compartilhada, salvo se um dos genitores declarar ao magistrado que não deseja a guarda do menor."

[31] STJ, REsp 1.306.196/MG, Relª. Minª. Nancy Andrighi, p. 28-10-2013.

2.7. Comprovação da união estável

Alguns juristas entendem que, para requerer os seus direitos, o companheiro poderá fazê-lo apenas documentalmente, utilizando meios de prova como a certidão de nascimento de filho comum, certidão de casamento religioso ou no exterior, declaração de dependente no INSS, imposto de renda ou plano de saúde, testamento do falecido, entre outros.

O tema merece reflexão posto que nem sempre a existência dos documentos acima comprova a existência de união estável, como certidão de nascimento de filho sem convivência, e casamento religioso que logo se rompeu, já que a união estável exige convivência e estabilidade para sua configuração.

Enquanto no casamento a prova é *ante factum*, ou seja, é pré-constituída com a solene celebração devidamente proclamada, comprovada com a certidão, regulando para o futuro todos os efeitos jurídicos previstos em lei, a união livre só assume relevância jurídica como família a partir do reconhecimento de seus elementos essenciais, ou seja, é constatada *post factum*, analisando todas as circunstâncias para definir se determinada união livre existe, existiu ou não como entidade familiar. É sempre uma constatação *a posteriori* de uma realidade presente ou já vivida.

A união de um homem e uma mulher não se inicia estável. A estabilidade é um atributo do tempo, na convivência duradoura e contínua.

O art. 1.725 do Código Civil possibilita a estipulação do regime patrimonial em contrato escrito, afastando a presunção de condomínio ou administração conjunta dos bens; porém não cria nenhum ato formal de constituição antecipada de uma união livre estável, mas apenas é indicativo, se prévio, da intenção dos parceiros de tentarem constituir família, tanto que, malograda a convivência antes de caracterizada como estável e duradoura, o contrato cai no vazio.

Ressalta-se que o contrato escrito regula apenas os aspectos materiais, posto que a convivência íntima e afetiva de uma pessoa com outra é exercício de direito da personalidade, não sendo objeto de contrato, razão pela qual a doutrina e a jurisprudência têm considerado nulos os contratos quanto a estes aspectos.

Assim, é necessário um prévio reconhecimento da união estável, comprovando a convivência duradoura, para serem pleiteados os direitos como alimentos (que na Lei n. 5.478/1968 exige-se prova pré-constituída), partilha dos bens e direitos sucessórios, porque é incomum prova documental que demonstre a estabilidade da relação, já que a união estável nasce e perdura no tempo informalmente, sem qualquer intervenção do Estado ou formalismo.

O contrato escrito ou a escritura pública, entretanto, fazem prova da união quando é retroativa, regulando ou reconhecendo a união estável que já existe.

Nada impede, entretanto, que o reconhecimento seja pleiteado com os direitos que se pretende ou a outra parte reconheça, no pedido direto, a união estável, o que tem sido admitido especialmente no direito sucessório entre partes capazes para reconhecer a meação do convivente sobrevivente, inclusive nos inventários e partilhas extrajudiciais (art. 19 da Resolução n. 35/2007 do CNJ).

O Código de Processo Civil de 2015 incluiu no Livro I, na Parte Especial, nos Procedimentos Especiais, no capítulo que trata das ações de família, o reconhecimento e a extinção da união estável. Como ocorre em outras ações de família, deve ser incentivada a mediação e a conciliação, mediante audiência designada pelo juiz ao receber a petição inicial. A citação do réu para a audiência, que pode dividir-se em várias sessões, não será acompanhada da petição inicial, evitando acirramento do litígio. Somente na impossibilidade de conciliação, o réu ou seu advogado será intimado para contestação (arts. 693/699).

Da mesma forma, o novo CPC incluiu a extinção da união estável nos procedimentos de jurisdição voluntária quando consensual, no mesmo procedimento do divórcio consensual, mediante homologação judicial ou mediante escritura pública, desde que, nesse caso, não exista nascituro, filhos menores ou incapazes (arts. 731/733).

Maria Berenice Dias leciona que a ação de reconhecimento da união estável é exclusivamente declaratória, limitando-se a reconhecer que a relação existiu e fixando o termo inicial e final do relacionamento, não cabendo qualquer questionamento a respeito de culpa, já que é um fato jurídico que nasce, perdura e, muitas vezes, acaba sem a chancela do Estado, diverso do que ocorre com o casamento. Na separação judicial e no divórcio, a eficácia da sentença é desconstitutiva, pois o casamento constituiu-se juridicamente com a chancela do Estado. Por essa razão, é inadequado denominar a ação declaratória de reconhecimento de ação de dissolução de união estável, pois, quando as partes vêm a juízo, a união, constituída de fato, já está dissolvida. A sentença, portanto, limita-se a reconhecer que a união existiu e o seu período inicial e final para produção dos efeitos[32].

O Código de Processo Civil de 2015 denomina a ação declaratória de *reconhecimento e extinção da união estável*.

No caso de falecimento de um dos companheiros, a ação declaratória de reconhecimento da união estável, por possuir reflexos não apenas patrimoniais, deve ser ajuizada em face dos sucessores, sendo imprescindível a citação de todos os herdeiros necessários, inclusive do cônjuge sobrevivente. A ação pode também ser ajuizada pelos herdeiros do companheiro falecido em face do sobrevivente. É necessária a citação do cônjuge supérstite, se o companheiro era casado, em face do direito de concorrência sucessória que lhe é assegurado e direitos de meação, de acordo com o regime de bens.

A legitimidade ativa de terceiros, notadamente credores, de obter declaração da união estável do devedor, tem sido admitida, todavia, é questionável, tendo em vista que entre os requisitos para demonstrar a união estável inclui-se a *affectio societatis* familiar, entre outros, exigindo a demonstração de uma relação subjetiva. Assim, diante da necessidade da demonstração do *animus* de constituir uma família, o Superior Tribunal de Justiça reconheceu que somente os titulares da relação jurídica possuem legitimidade ativa para a ação declaratória de existência de união estável, não se justificando o interesse econômico ou financeiro de terceiro credor no reconhecimento, por possuir apenas interesses reflexos e indiretos, conforme ementa abaixo:

> DIREITO CIVIL E FAMÍLIA. RECURSO ESPECIAL. AÇÃO DECLARATÓRIA DE EXISTÊNCIA DE UNIÃO ESTÁVEL LEGITIMIDADE ATIVA. EXCLUSIVA. SUJEITOS DA RELAÇÃO. *AFFECTIO SOCIETATIS* FAMILIAR. EFEITOS PESSOAIS E PATRIMONIAIS. ELEMENTO SUBJETIVO. CONSTITUIÇÃO DE FAMÍLIA. CREDOR. INTERESSES REFLEXOS E INDIRETOS. AUSÊNCIA DE LEGITIMIDADE. ARTIGOS ANALISADOS: ART. 3º DO CPC (atual art. 17).

32 DIAS, Maria Berenice. *Manual de direito das famílias*. 4. ed., cit., p. 175.

1. Ação de reconhecimento de união estável ajuizada em 13.11.2009. Recurso especial concluso ao Gabinete em 06.09.2011.

2. Discussão relativa à legitimidade ativa de credor para propositura de ação declaratória de união estável entre o devedor e terceiro.

3. A análise dos requisitos ínsitos à união estável deve centrar-se na conjunção de fatores presente em cada hipótese, como a *affectio societatis* familiar, a participação de esforços, a posse do estado de casado, a continuidade da união, a fidelidade, entre outros, sendo dispensável a formação de patrimônio comum.

4. A legitimidade, como condição da ação, implica a existência de uma relação de pertinência subjetiva entre o sujeito e a causa, ou seja, uma relação de adequação legítima entre o autor da ação e a tutela jurisdicional pretendida.

5. Nas ações de reconhecimento de união estável, o objetivo é alcançar a declaração judicial da existência de uma sociedade afetiva de fato, e essa pretensão encontra amparo no ordenamento jurídico, ainda que seja de cunho meramente declaratório.

6. Todos os efeitos da declaração de união estável guardam íntima relação de pertinência subjetiva com o próprio casal, titulares da relação jurídica que pretendem ver declarada.

7. Compete exclusivamente aos titulares da relação que se pretende ver declarada, a demonstração do *animus*, ou seja, do elemento subjetivo consubstanciado no desejo anímico de constituir família.

8. Ainda que possa haver algum interesse econômico ou financeiro de terceiro credor no reconhecimento da união estável, ele terá caráter reflexo e indireto, o que não justifica a sua intervenção na relação processual que tem por objetivo declarar a existência de relacionamento afetivo entre as partes.

9. Recurso especial desprovido[33].

Na ação declaratória de união estável, pode ser cumulado o pedido de partilha dos bens comuns, entretanto, na impossibilidade, a identificação dos bens e partilha pode ocorrer posteriormente, em ação própria de partilha no rito de inventário e partilha.

---

[33] STJ, 3ª Turma, REsp 1.353.039/MS, Rel. Min. Nancy Andrighi, j. 7-11-2013.

2.8. Teses do STJ sobre a união estável

O Superior Tribunal de Justiça, com base nos precedentes da Corte, reuniu na ferramenta "Jurisprudência em Teses – n. 50", dezesseis entendimentos consolidados sobre união estável.

Entre as teses inclui a que não reconhece efeitos jurídicos nas uniões simultâneas; a imposição do regime de separação obrigatória nas uniões de maiores de 70 anos; assegura o direito real de habitação ao companheiro sobrevivente; exclui da partilha a valorização patrimonial dos imóveis ou de cotas sociais nos regimes de comunhão; exclui da partilha os bens adquiridos pelos companheiros antes da Lei n. 9.278/1996 e estabelece a competência das varas de família para conhecer e julgar os pedidos de união homoafetiva. Abaixo as dezesseis teses:

1) Os princípios legais que regem a sucessão e a partilha não se confundem: a sucessão é disciplinada pela lei em vigor na data do óbito; a partilha deve observar o regime de bens e o ordenamento jurídico vigente ao tempo da aquisição de cada bem a partilhar.

2) A coabitação não é elemento indispensável à caracterização da união estável.

3) A vara de família é a competente para apreciar e julgar pedido de reconhecimento e dissolução de união estável homoafetiva.

4) Não é possível o reconhecimento de uniões estáveis simultâneas.

5) A existência de casamento válido não obsta o reconhecimento da união estável, desde que haja separação de fato ou judicial entre os casados.

6) Na união estável de pessoa maior de setenta anos (art. 1.641, II, do CC/2002), impõe-se o regime da separação obrigatória, sendo possível a partilha de bens adquiridos na constância da relação, desde que comprovado o esforço comum.

7) São incomunicáveis os bens particulares adquiridos anteriormente à união estável ou ao casamento sob o regime de comunhão parcial, ainda que a transcrição no registro imobiliário ocorra na constância da relação.

8) O companheiro sobrevivente tem direito real de habitação sobre o imóvel no qual convivia com o falecido, ainda que silente o art. 1.831 do atual Código Civil.

9) O direito real de habitação pode ser invocado em demanda possessória

pelo companheiro sobrevivente, ainda que não se tenha buscado em ação declaratória própria o reconhecimento de união estável.

10) Não subsiste o direito real de habitação se houver copropriedade sobre o imóvel antes da abertura da sucessão ou se, àquele tempo, o falecido era mero usufrutuário do bem.

11) A valorização patrimonial dos imóveis ou das cotas sociais de sociedade limitada, adquiridos antes do início do período de convivência, não se comunica, pois não decorre do esforço comum dos companheiros, mas de mero fator econômico.

12) A incomunicabilidade do produto dos bens adquiridos anteriormente ao início da união estável (art. 5º, § 1º, da Lei n. 9.278/96) não afeta a comunicabilidade dos frutos, conforme previsão do art. 1.660, V, do Código Civil de 2002.

13) Comprovada a existência de união homoafetiva, é de se reconhecer o direito do companheiro sobrevivente à meação dos bens adquiridos a título oneroso ao longo do relacionamento.

14) Não há possibilidade de se pleitear indenização por serviços domésticos prestados com o fim do casamento ou da união estável, tampouco com o cessar do concubinato, sob pena de se cometer grave discriminação frente ao casamento, que tem primazia constitucional de tratamento.

15) Compete à Justiça Federal analisar, incidentalmente e como prejudicial de mérito, o reconhecimento da união estável nas hipóteses em que se pleiteia a concessão de benefício previdenciário.

16) A presunção legal de esforço comum quanto aos bens adquiridos onerosamente prevista no art. 5º da Lei n. 9.278/1996, não se aplica à partilha do patrimônio formado pelos conviventes antes da vigência da referida legislação[34].

3. UNIÃO ESTÁVEL HOMOAFETIVA

3.1. Conceito e histórico

A *união homoafetiva* ou *união estável homoafetiva* é a família formada por pessoas do mesmo sexo. Apesar de não prevista expressamente nos

[34] STJ, *Jurisprudências em Teses* – Edição n. 50, p. 11-2-2016. Disponível em: <www.sstj.jus.br>jurisprudencia>. Acesso em: 22-1-2020.

modelos exemplificativos da Constituição Federal, é reconhecida como entidade familiar com efeitos jurídicos segundo estas e com as mesmas consequências da união estável heteroafetiva.

A união de pessoas do mesmo sexo sofreu ao longo da história muitas discriminações e perseguições. Lamentavelmente, ainda sofre nos dias atuais preconceitos por aqueles que julgam ser diferentes e não conseguem conviver com homossexuais. Maria Berenice Dias, que reconhecidamente ao lado de Rodrigo da Cunha Pereira na direção do Instituto Brasileiro de Direito de Família (IBDFAM), foi e é uma das maiores defensoras do reconhecimento da união de pessoas do mesmo sexo como família e merecedora de proteção legal, resume:

> Em face do repúdio social, fruto da rejeição de origem religiosa, as uniões de pessoas do mesmo sexo receberam, ao longo da história, um sem-número de rotulações pejorativas e discriminatórias. Porém, essa é uma realidade que não se pode mais fazer de conta que não existe. É que as pessoas não abandonam o sonho de buscar a felicidade. Afastam-se de relacionamentos jurados como eternos e partem em busca de novos amores. Ingressam em novos vínculos afetivos, mesmo afetando o estabelecido pelo Estado como forma única de constituição da família. Mas a felicidade nem sempre se encontra no relacionamento heterossexual[35].

As uniões homossexuais não possuíam qualquer reconhecimento jurídico, pelo contrário, eram objeto de repúdio e preconceito, não sendo raro os casos de homossexuais que eram expulsos do lar comum pelos parentes do parceiro falecido, que herdaram a totalidade da herança.

A Constituição Federal reconheceu a pluralidade de famílias e expressamente a união estável heteroafetiva, entretanto, as uniões homossexuais continuaram invisíveis, com muitos pedidos de reconhecimento judicial extintos por impossibilidade jurídica do pedido, sob o fundamento de que a Constituição Federal somente reconhecia a união de homem e mulher. Casamento, nem pensar, era considerado inexistente.

A partir do ano de 2000, para afastar termo homossexualismo, com sentido de doença (sufixo *ismo*), Maria Berenice Dias utilizou no livro *União*

---

[35] DIAS, Maria Berenice. *Manual de direito das famílias*. 8. ed., cit., p. 196.

homossexual: o preconceito e a justiça, a expressão *união homoafetiva*, de afeto entre pessoas do mesmo sexo. Coincidência ou não, alguns avanços começaram a surgir no judiciário. Primeiro, reconheceu-se no direito das obrigações o esforço comum dos parceiros no patrimônio e a partilha dos bens como uma sociedade de fato, como ocorria antes da Constituição Federal na união estável (Súmula 380 do STF). Posteriormente, começaram a serem reconhecidos direitos previdenciários entre os companheiros homoafetivos, dependência em planos de saúde, competência das varas de família para julgar os pedidos em união homoafetiva, direito à herança, inelegibilidade eleitoral de parceiros do mesmo sexo, pensão por morte e adoção conjunta[36].

Finalmente, o Supremo Tribunal Federal, no julgamento conjunto da ADI 4.277/DF e ADPF 132/RJ, reconheceu que o sexo das pessoas não se presta como fator de desigualação jurídica, restando proibido pela Constituição Federal (art. 3º, IV) o preconceito em face das famílias homoafetivas, que deve ser reconhecida com os mesmos direitos e deveres da união estável.

3.2. Reconhecimento jurídico da união homoafetiva

O marco histórico no Brasil, de efetividade no reconhecimento dos direitos fundamentais das pessoas do mesmo sexo na constituição de família, foi o julgamento conjunto na Corte Constitucional, ocorrido no dia 5 de maio de 2011, tendo como Relator o Min. Ayres Britto, da ADI 4.277/DF, ajuizada pelo Ministério Público, e da ADPF 132/RJ, ajuizada pelo Governador do Estado do Rio de Janeiro, que tiveram diversas entidades admitidas como *amicus curiae*, entre elas o IBDFAM.

O Supremo Tribunal Federal reconheceu a imperiosa necessidade da interpretação não reducionista (*numerus clausus*) do conceito de família, a eliminação pela Constituição Federal do preconceito quanto à orientação sexual das pessoas, a liberdade para dispor da própria sexualidade como direito fundamental e o direito à intimidade e à vida privada. Concluiu que o art. 1.723 do Código Civil deve ser interpretado conforme a Constituição Federal, aplicando-se à união homoafetiva as mesmas regras e consequências da união estável heteroafetiva. Consta na ementa, que, pelos fundamentos jurídicos e importância, mesmo extensa, merece ser transcrita:

---

[36] DIAS, Maria Berenice. *Manual de direito das famílias*, cit., p. 205-206.

1. ARGUIÇÃO DE DESCUMPRIMENTO DE PRECEITO FUNDAMENTAL (ADPF). PERDA PARCIAL DE OBJETO. RECEBIMENTO, NA PARTE REMANESCENTE, COMO AÇÃO DIRETA DE INCONSTITUCIONALIDADE. UNIÃO HOMOAFETIVA E SEU RECONHECIMENTO COMO INSTITUTO JURÍDICO. CONVERGÊNCIA DE OBJETOS ENTRE AÇÕES DE NATUREZA ABSTRATA. JULGAMENTO CONJUNTO. Encampação dos fundamentos da ADPF n. 132-RJ pela ADI n. 4.277-DF, com a finalidade de conferir "interpretação conforme à Constituição" ao art. 1.723 do Código Civil. Atendimento das condições da ação.

2. PROIBIÇÃO DE DISCRIMINAÇÃO DAS PESSOAS EM RAZÃO DO SEXO, SEJA NO PLANO DA DICOTOMIA HOMEM/MULHER (GÊNERO), SEJA NO PLANO DA ORIENTAÇÃO SEXUAL DE CADA QUAL DELES. A PROIBIÇÃO DO PRECONCEITO COMO CAPÍTULO DO CONSTITUCIONALISMO FRATERNAL. HOMENAGEM AO PLURALISMO COMO VALOR SOCIOPOLÍTICO-CULTURAL. LIBERDADE PARA DISPOR DA PRÓPRIA SEXUALIDADE, INSERIDA NA CATEGORIA DOS DIREITOS FUNDAMENTAIS DO INDIVÍDUO, EXPRESSÃO QUE É DA AUTONOMIA DE VONTADE. DIREITO À INTIMIDADE E À VIDA PRIVADA. CLÁUSULA PÉTREA. O sexo das pessoas, salvo disposição constitucional expressa ou implícita em sentido contrário, não se presta como fator de desigualação jurídica. Proibição de preconceito, à luz do inciso IV do art. 3º da Constituição Federal, por colidir frontalmente com o objetivo constitucional de "promover o bem de todos". Silêncio normativo da Carta Magna a respeito do concreto uso do sexo dos indivíduos como saque da kelseniana "norma geral negativa", segundo a qual "o que não estiver juridicamente proibido, ou obrigado, está juridicamente permitido". Reconhecimento do direito à preferência sexual como direta emanação do princípio da "dignidade da pessoa humana": direito à autoestima no mais elevado ponto da consciência do indivíduo. Direito à busca da felicidade. Salto normativo da proibição do preconceito para a proclamação do direito à liberdade sexual. O concreto uso da sexualidade faz parte da autonomia da vontade das pessoas naturais. Empírico uso da sexualidade nos planos da intimidade e da privacidade constitucionalmente tuteladas. Autonomia da vontade. Cláusula pétrea.

3. TRATAMENTO CONSTITUCIONAL DA INSTITUIÇÃO DA FAMÍLIA. RECONHECIMENTO DE QUE A CONSTITUIÇÃO FEDERAL NÃO EMPRESTA AO SUBSTANTIVO "FAMÍLIA" NENHUM SIGNIFICADO

ORTODOXO OU DA PRÓPRIA TÉCNICA JURÍDICA. A FAMÍLIA COMO CATEGORIA SOCIOCULTURAL E PRINCÍPIO ESPIRITUAL. DIREITO SUBJETIVO DE CONSTITUIR FAMÍLIA. INTERPRETAÇÃO NÃO REDUCIONISTA. O *caput* do art. 226 confere à família, base da sociedade, especial proteção do Estado. Ênfase constitucional à instituição da família. Família em seu coloquial ou proverbial significado de núcleo doméstico, pouco importando se formal ou informalmente constituída, ou se integrada por casais heteroafetivos ou por pares homoafetivos. A Constituição de 1988, ao utilizar-se da expressão "família", não limita sua formação a casais heteroafetivos nem a formalidade cartorária, celebração civil ou liturgia religiosa. Família como instituição privada que, voluntariamente constituída entre pessoas adultas, mantém com o Estado e a sociedade civil uma necessária relação tricotômica. Núcleo familiar que é o principal lócus institucional de concreção dos direitos fundamentais que a própria Constituição designa por "intimidade e vida privada" (inciso X do art. 5º). Isonomia entre casais heteroafetivos e pares homoafetivos que somente ganha plenitude de sentido se desembocar no igual direito subjetivo à formação de uma autonomizada família. Família como figura central ou continente, de que tudo o mais é conteúdo. Imperiosidade da interpretação não reducionista do conceito de família como instituição que também se forma por vias distintas do casamento civil. Avanço da Constituição Federal de 1988 no plano dos costumes. Caminhada na direção do pluralismo como categoria sociopolítico-cultural. Competência do Supremo Tribunal Federal para manter, interpretativamente, o Texto Magno na posse do seu fundamental atributo da coerência, o que passa pela eliminação de preconceito quanto à orientação sexual das pessoas.

4. UNIÃO ESTÁVEL. NORMAÇÃO CONSTITUCIONAL REFERIDA A HOMEM E MULHER, MAS APENAS PARA ESPECIAL PROTEÇÃO DESTA ÚLTIMA. FOCADO PROPÓSITO CONSTITUCIONAL DE ESTABELECER RELAÇÕES JURÍDICAS HORIZONTAIS OU SEM HIERARQUIA ENTRE AS DUAS TIPOLOGIAS DO GÊNERO HUMANO. IDENTIDADE CONSTITUCIONAL DOS CONCEITOS DE "ENTIDADE FAMILIAR" E "FAMÍLIA". A referência constitucional à dualidade básica homem/mulher, no § 3º do seu art. 226, deve-se ao centrado intuito de não se perder a menor oportunidade para favorecer relações jurídicas horizontais ou sem hierarquia no âmbito das sociedades domésticas. Reforço normativo a um mais eficiente combate à renitência patriarcal dos costumes

brasileiros. Impossibilidade de uso da letra da Constituição para ressuscitar o art. 175 da Carta de 1967/1969. Não há como fazer rolar a cabeça do art. 226 no patíbulo do seu parágrafo terceiro. Dispositivo que, ao utilizar da terminologia "entidade familiar", não pretendeu diferenciá-la da "família". Inexistência de hierarquia ou diferença de qualidade jurídica entre as duas formas de constituição de um novo e autonomizado núcleo doméstico. Emprego do fraseado "entidade familiar" como sinônimo perfeito de família. A Constituição não interdita a formação de família por pessoas do mesmo sexo. Consagração do juízo de que não se proíbe nada a ninguém senão em face de um direito ou de proteção de um legítimo interesse de outrem, ou de toda a sociedade, o que não se dá na hipótese *sub judice*. Inexistência do direito dos indivíduos heteroafetivos à sua não equiparação jurídica com os indivíduos homoafetivos. Aplicabilidade do § 2º do art. 5º da Constituição Federal, a evidenciar que outros direitos e garantias, não expressamente listados na Constituição, emergem "do regime e dos princípios por ela adotados", *verbis*: "Os direitos e garantias expressos nesta Constituição não excluem outros decorrentes do regime e dos princípios por ela adotados, ou dos tratados internacionais em que a República Federativa do Brasil seja parte".

5. DIVERGÊNCIAS LATERAIS QUANTO À FUNDAMENTAÇÃO DO ACÓRDÃO. Anotação de que os Ministros Ricardo Lewandowski, Gilmar Mendes e Cezar Peluso convergiram no particular entendimento da impossibilidade de ortodoxo enquadramento da união homoafetiva nas espécies de família constitucionalmente estabelecidas. Sem embargo, reconheceram a união entre parceiros do mesmo sexo como uma nova forma de entidade familiar. Matéria aberta à conformação legislativa, sem prejuízo do reconhecimento da imediata autoaplicabilidade da Constituição.

6. INTERPRETAÇÃO DO ART. 1.723 DO CÓDIGO CIVIL EM CONFORMIDADE COM A CONSTITUIÇÃO FEDERAL (TÉCNICA DA "INTERPRETAÇÃO CONFORME"). RECONHECIMENTO DA UNIÃO HOMOAFETIVA COMO FAMÍLIA. PROCEDÊNCIA DAS AÇÕES. Ante a possibilidade de interpretação em sentido preconceituoso ou discriminatório do art. 1.723 do Código Civil, não resolúvel à luz dele próprio, faz-se necessária a utilização da técnica de "interpretação conforme à Constituição". Isso para excluir do dispositivo em causa qualquer significado que impeça o reconhecimento da união contínua, pública e duradoura entre pessoas do mesmo

sexo como família. Reconhecimento que é de ser feito segundo as mesmas regras e com as mesmas consequências da união estável heteroafetiva[37].

O julgado, com eficácia *erga omnes* e efeito vinculante, teve anotado que três ministros, sem embargo da aplicação imediata, convergiram que a união homoafetiva não se enquadra nos modelos exemplificativos de família previstos na Constituição Federal, tratando-se de outra forma de entidade familiar aberta à conformação legislativa.

Após o julgamento pelo Supremo Tribunal Federal, a grande discussão jurídica que surgiu é sobre a possibilidade ou não de casamento de pessoas do mesmo sexo, diretamente ou por conversão da união homoafetiva.

A partir da decisão da Corte Constitucional no sentido de que o art. 1.723 do Código Civil deve ter *interpretação conforme a Constituição*, passou-se a pretender a aplicação de todo o respectivo Título III, que trata da união estável, incluindo o art. 1.726, que autoriza a conversão da união estável em casamento requerida ao juiz, bem como habilitação junto aos cartórios para o casamento. Alguns casais homoafetivos tiveram êxitos e outros não.

No REsp 1.183.378/RS, julgado em 25 de outubro de 2011, duas mulheres gaúchas requereram habilitação para o casamento, sendo negado o requerimento no cartório e depois na justiça, em 1º e 2º graus, com fundamento nos arts. 1.514, 1.535 e 1.565 do Código Civil. A 4ª Turma do Superior Tribunal de Justiça, por maioria (4 x 1), tendo como Relator o Min. Luiz Felipe Salomão, deu provimento ao recurso especial para afastar o óbice relativo à diversidade de sexos e para determinar o prosseguimento do processo de habilitação de casamento.

Alguns juízes, após o julgamento nas Cortes Superiores, passaram a autorizar a conversão da união homoafetiva em casamento ou habilitação para casamento de pessoas do mesmo sexo em diversas cidades do País.

O primeiro casamento homoafetivo foi realizado em Jacareí/SP, em 28 de junho de 2011 (dois homens), e o segundo em Brasília, em 29 de junho de 2011 (duas mulheres).

O Conselho Nacional de Justiça (CNJ), no dia 14 de maio de 2013, aprovou por maioria a Resolução que "dispõe sobre a habilitação, celebração de casamento civil ou de conversão de união estável em casamento, entre

---

[37] STF, ADPF 132/RJ, Rel. Min. Ayres Britto, j. 2-5-2011.

pessoas de mesmo sexo". A Resolução n. 175 do CNJ[38] foi publicada no dia 15 de maio de 2013, vedando às autoridades recusar habilitação, celebração de casamento ou a conversão da união estável em casamento de pessoas do mesmo sexo.

A Resolução n. 175/2013, por óbvio, veda também aos Cartórios de Notas recusar a lavratura de escritura pública de união homoafetiva. A Corregedoria-Geral de Justiça de Minas Gerais, pouco após o julgamento que reconheceu as uniões homoafetivas, baixou o Provimento n. 223/CGJ/2011, dispondo sobre a *realização de atos notariais e registrais relativos à união estável*. O Provimento reconhece no art. 1º e parágrafo único[39] a união estável formada pelo homem e pela mulher, bem como a mantida por pessoas do mesmo sexo, desde que presentes os requisitos legais.

3.3. Requisitos e efeitos da união homoafetiva

A competência para julgamento das ações declaratórias de união homoafetivas, especialmente após o julgamento pelo Supremo Tribunal Federal da ADI 4.277/DF e ADPF 132/RJ é das varas de família, sendo necessário comprovar para o reconhecimento os requisitos configuradores.

A união homoafetiva exige para sua configuração os mesmos requisitos da união estável: convivência, ostensibilidade, durabilidade, estabilidade, inexistência de impedimentos para o casamento, honrabilidade e coabitação.

O único requisito que difere é a diversidade de sexos. Enquanto na união estável heteroafetiva exige-se sexos diferentes, a união homoafetiva caracteriza-se pela igualdade de sexos.

---

38 "Art. 1º É vedada às autoridades competentes a recusa de habilitação, celebração de casamento civil ou de conversão de união estável em casamento entre pessoas de mesmo sexo.
Art. 2º A recusa prevista no artigo 1º implicará a imediata comunicação ao respectivo juiz corregedor para as providências cabíveis."

39 "Art. 1º Os atos notariais e de registro relativos à união estável observarão o disposto neste Provimento.
Parágrafo único. Para os fins dos atos tratados neste Provimento, considera-se como união estável aquela formada pelo homem e pela mulher, bem como a mantida por pessoas do mesmo sexo, desde que configurada na convivência pública, contínua e duradoura e estabelecida com o objetivo de constituição de família."

A ausência dos requisitos, notadamente a ostensividade e estabilidade, exclui a união homoafetiva, conforme decidiu o Superior Tribunal de Justiça, em não prover recurso especial quando ausentes os requisitos da união estável[40].

Comprovados os requisitos, a união homoafetiva produz todos os efeitos jurídicos da união estável heteroafetiva, como regime de bens, alimentos, direitos sucessórios, adoção, exercício em igualdade do poder familiar, uso do nome e previdenciários, conforme ementa de julgado do Tribunal de Justiça de Minas Gerais:

> AGRAVO DE INSTRUMENTO. AÇÃO ORDINÁRIA. ANTECIPAÇÃO DOS EFEITOS DA TUTELA. DEFERIMENTO. PRESENÇA DA VEROSSIMILAHNÇA DAS ALEGAÇÕES AUTORAIS. UNIÃO ESTÁVEL HOMOAFETIVA. POSSIBILIDADE. ADI N. 4.277-DF. INCLUSÃO DE COMPANHEIRO COMO DEPENDENTE. PREVISÃO LEGAL. LC/MG N. 64/2002, ARTIGO 4º. RECURSO NÃO PROVIDO.
>
> Celebrando a jurisprudência do STF, notadamente o teor da ADI n. 4.277-DF, é possível a união estável entre pessoas do mesmo sexo, em iguais condições das uniões heterossexuais. Sendo possível a inclusão do(a) companheiro(a) como dependente, nos termos da LC/MG n. 64/2002, não é permitido ao IPSEMG, sob o fundamento de se tratar de casal homossexual, negar a inclusão da companheira da autora, para fins previdenciários. Inexistindo cópias dos documentos mencionados na r. decisão agravada, sobre a autenticidade da união estável, não há como rediscutir o reconhecimento da

[40] "PROCESSO CIVIL. DIREITO DE FAMÍLIA. UNIÃO ESTÁVEL HOMOAFETIVA NÃO DEMONSTRAÇÃO. AUSÊNCIA DOS REQUISITOS. ALTERAÇÃO DO CONTEXTO FÁTICO. REEXAME DE PROVAS. INVIABILIDADE. SÚMULA N. 7/STJ. FUNDAMENTO NÃO ATACADO. SÚMULA N. 283/STF.

1. É indubitável que a Constituição Federal reconhece juridicidade às uniões constituídas pelo vínculo da afetividade, dentre as quais incluem-se as relações homoafetivas cujos direitos e deveres relativos ao instituto devem ser observados desde que preenchidos os seus requisitos, quais sejam a estabilidade e a ostensibilidade, com intuito de constituição de família.

2. O tribunal de origem, a partir do conjunto fático-probatório dos autos, reputou ausentes os requisitos aptos à configuração da união estável no caso concreto, contexto que é insindicável nesta instância superior ante o óbice Súmula n. 7/STJ" (STJ REsp 1.381.609/MG, Rel. Min. Nancy Andrighi, j. 17-12-2013).

relação, neste momento. Em princípio, não é necessário demonstrar a dependência econômica do(a) companheiro(a), que visa sua inclusão como dependente junto ao IPSEMG[41].

4. CONCUBINATO OU FAMÍLIAS PARALELAS

4.1. Conceito

A doutrina tem adotado nas uniões extramatrimoniais, envolvendo uma terceira pessoa, as denominações de "famílias paralelas", "famílias dúplices", "famílias simultâneas" ou concubinato, expressão utilizada pelo Código Civil no art. 1.727.

O termo concubinato, que para muitos possui sentido pejorativo por indicar uma relação extramatrimonial e impura, incompatível como entidade familiar, foi utilizado no Código Civil para configurar a união entre um homem e uma mulher insuscetível de converter em casamento.

Giselda Hironaka e FlávioTartuce conceituam as famílias paralelas como:

> à situação na qual alguém que já possui vínculo de conjugalidade ou de união estável com seu cônjuge ou convivente, adquire, sem cessação ou extinção daquele primeiro vínculo, uma outra união com uma terceira pessoa, com quem o primeiro também constitui família[42].

Rodrigo da Cunha Pereira destaca que o concubinato impuro é uma relação paralela ao casamento, no qual uma das pessoas mantém duas ou mais relações, uma oficial e outra extraoficial. Ainda que a relação adulterina constitua uma sociedade de fato e se assemelhe ao concubinato puro ou honesto, não é protegido pelo direito, por não ter lugar em uma sociedade monogâmica, sob pena de destruir toda a lógica do nosso ordenamento jurídico[43].

---

41 TJMG, AI 1.0024.13.17447-0/001, Rel. Des. Armando Freire, j. 8-10-2013.

42 HIRONAKA, Giselda Maria Fernandes Novaes; TARTUCE, Flávio. Famílias paralelas – visão atualizada. *Revista IBDFAM: famílias e sucessões*, n. 33. Belo Horizonte: IBDFAM, maio/jun., 2019.

43 PEREIRA, Rodrigo da Cunha. *Concubinato e união estável*. 4. ed. Belo Horizonte: Del Rey, 1997. p. 74-75.

Ainda sobre o mesmo tema, Rodrigo da Cunha ressalta que o art. 1.727 do Código Civil, que trata das uniões duradouras de pessoas impedidas de se casarem e configura concubinato, sem proteção jurídica, é um bom exemplo "de fetichismo da lei, e que reforça o dogmatismo que não deveria mais ter lugar em um ordenamento jurídico que se compreenda o sujeito de direitos como sujeito de desejos". Ressalta que no concubinato as relações decorrentes não são consideradas no direito de família, devendo os possíveis direitos serem buscados no direito obrigacional. Acrescenta que mesmo existindo um núcleo familiar, o fetichismo considera que a lei vale mais que a realidade. O "justo e o legal nem sempre são coincidentes"[44].

Com efeito, dispõe o art. 1.727 do Código Civil, diferenciando o concubinato da união estável e não lhe conferindo os mesmos direitos, que "as relações não eventuais entre o homem e a mulher, impedidos de casar, constituem concubinato".

4.2. Efeitos nas famílias paralelas e sociedade de fato

A legislação restringe e veda a prática de diversos atos jurídicos entre os concubinos.

Parcela da doutrina tem sustentado, entretanto, que o estado-juiz não pode ignorar a realidade social e os efeitos jurídicos decorrentes de uma família simultânea, ainda que isso implique "repartir" os direitos entre ambas as famílias e seus componentes[45].

Conrado Paulino da Rosa leciona sobre posição doutrinária e jurisprudencial, ressalta-se minoritária, sobre a possibilidade de reconhecimento da *triação*, ou seja, quando existem famílias simultâneas e um triângulo amoroso, dividir um terço dos bens para cada integrante em caso de ruptura. Ressalva ainda a possibilidade de divisão da previdência social entre a esposa e a outra companheira em caso de falecimento do marido[46]. A posição predominante, porém, é que a segunda família concomitante importa em concubinato, incidindo todas as vedações legais.

---

44 PEREIRA, Rodrigo da Cunha. *Direito de família e fetichismo*. Disponível em: <www.ibdfam.org.br/artigos>. Acesso em: 21-1-2020.

45 FERRARINI, Letícia. *Família simultânea e seus efeitos jurídicos: pedaços da realidade em busca da dignidade*. Porto Alegre: Livraria do Advogado, 2010. p. 135.

46 ROSA, Conrado Paulino da. *Curso de direito de família contemporâneo*, cit., p. 179.

É vedado, no concubinato impuro, receber doação do concubino (art. 550 c/c o art. 1.642, V, do CC); nomear a(o) amante beneficiário(a) em seguro de vida (art. 1.474 do CC 1916); nomear herdeiro(a) ou legatário(a) em testamento (art. 1.801, IV, do CC); receber alimentos (art. 1.694 do CC); direitos à indenização por morte do amante em desastre ou acidente (*RT* 360/395), somente admissível à companheira (Súmula 35 do STF); ressarcimento em homicídio (*RT* 159/207), receber pecúlio instituído por associação de classe (*RT* 140/379) e adotarem em conjunto (art. 1.618, parágrafo único, do CC).

As vedações, entretanto, não tem recebido tratamento absoluto na doutrina e na jurisprudência, já tendo decidido o Superior Tribunal de Justiça que existindo *famílias paralelas*, em que o homem mantinha concomitantemente duas famílias, com a esposa e a concubina, já por três décadas, tendo instituído a concubina beneficiária na previdência social, é cabível divisão de pensão previdenciária entre a concubina e a esposa com o falecimento do marido (REsp 742.685, Rel. Min. José Arnaldo da Fonseca). O mesmo Superior Tribunal de Justiça, em outro julgado (REsp 813.175, Rel. Min. Felix Fischer), decidiu, em contrário, que a concubina por mais de 30 anos de homem casado, que também convive com a esposa, e dele dependia economicamente, não tem direito a dividir a pensão, pois a Constituição Federal não contempla como união estável o concubinato, resultante de homem e mulher impedidos legalmente de se casar, ou seja, não há como conferir *status* de união estável à relação concubinária concomitantemente a um casamento válido. Importante ressaltar que nos dois casos o Tribunal Regional Federal da 2ª Região (Rio de Janeiro) reconheceu o direito à concubina no plano da assistência social[47].

Ressalta-se, todavia, que a jurisprudência, inclusive do Superior Tribunal de Justiça, é pacífica no sentido de não conferir às uniões concubinárias concomitantes com o casamento, o reconhecimento dos direitos conferidos à união estável, ressaltando que, enquanto companheira é a mulher que vive, em união estável, com homem desimpedido para o casamento, ou, pelo menos, separado juridicamente ou de fato, a concubina é a mulher que

---

[47] Noticiário: STJ enfrenta polêmica sobre direitos das concubinas. *Revista Brasileira de Direito das Famílias e Sucessões*. n. 2. Porto Alegre: Magister; IBDFAM: Belo Horizonte, fev.-mar. 2008. p. 146-147.

se une, clandestinamente ou não, a homem comprometido, impedido de se casar. Assim, não pode a mulher, na condição de concubina, ter reconhecida a união estável[48], ou até mesmo ser designada como segurada pelo cônjuge adúltero, fazendo jus ao prêmio do seguro (art. 1.474 do CC/16)[49].

O entendimento atual, tanto do Superior Tribunal de Justiça quanto do Supremo Tribunal Federal, é no sentido de não reconhecer efeitos jurídicos de direito de família ao concubinato. Mas essa interpretação não é absoluta. Ao decidir pedido de reconhecimento e dissolução de união concubinária por mais de quarenta anos, o Superior Tribunal de Justiça reconheceu tratar-se de um caso peculiaríssimo e manteve a condenação no dever do concubino de prestar alimentos, conforme ementa:

> RECURSO ESPECIAL. CONCUBINATO DE LONGA DURAÇÃO. CONDENAÇÃO A ALIMENTOS. NEGATIVA DE VIGÊNCIA DE LEI FEDERAL. CASO PECULIARÍSSIMO. PRESERVAÇÃO DA FAMÍLIA X DIGNIDADE E SOLIDARIEDADE HUMANAS. SUSTENTO DA ALIMENTANDA PELO ALIMENTANTE POR QUATRO DÉCADAS. DECISÃO. MANUTENÇÃO DE SITUAÇÃO FÁTICA PREEXISTENTE. INEXISTÊNCIA DE RISCO PARA A FAMÍLIA EM RAZÃO DO DECURSO DO TEMPO. COMPROVADO RISCO DE DEIXAR DESASSISTIDA PESSOA IDOSA. INCIDÊNCIA DOS PRINCÍPIOS DA DIGNIDADE E SOLIDARIEDADE HUMANAS. DISSÍDIO JURISPRUDENCIAL. INEXISTÊNCIA DE SIMILITUDE FÁTICO-JURÍDICA.
>
> 1. De regra, o reconhecimento da existência e dissolução de concubinato impuro, ainda que de longa duração, não gera o dever de prestar alimentos a concubina, pois a família é um bem a ser preservado a qualquer custo.
>
> 2. Nada obstante, dada a peculiaridade do caso e em face da incidência dos princípios da dignidade e solidariedade humanas, há de se manter a obrigação de prestação de alimentos a concubina idosa que os recebeu por mais de quatro décadas, sob pena de causar-lhe desamparo, mormente quando o longo decurso do tempo afasta qualquer risco de desestruturação familiar para o prestador de alimentos.

48 STJ, 4ª Turma, REsp 684.407/RS, Rel. Min. Jorge Scartezzini, j. 27-6-2005.

49 STJ, 3ª Turma, REsp 532.549/RS, Rel. Min. Castro Filho, j. 20-6-2005.

3. O acórdão recorrido, com base na existência de circunstâncias peculiaríssimas – ser a alimentanda septuagenária e ter, na sua juventude, desistido de sua atividade profissional para dedicar-se ao alimentante; haver prova inconteste da dependência econômica; ter o alimentante, ao longo dos quarenta anos em que perdurou o relacionamento amoroso, provido espontaneamente o sustento da alimentanda –, determinou que o recorrente voltasse a prover o sustento da recorrida. Ao assim decidir, amparou-se em interpretação que evitou solução absurda e manifestamente injusta do caso submetido à deliberação jurisprudencial.

[...][50].

A decisão do Superior Tribunal de Justiça foi exceção ao entendimento consolidado da Corte, que já firmou tese sobre a impossibilidade de reconhecimento de uniões estáveis simultâneas (tese 4 da Jurisprudência em Teses n. 50) e reiteradamente tem decidido pela impossibilidade de reconhecimento de união estável paralela ao casamento, se não restar comprovado que os cônjuges estavam separados de fato. Giselda Hironaka e Flávio Tartuce citam diversas decisões nesse sentido, entre elas o AgRg nos EDcl no AgRg no REsp 710.780/RS (j. 27-10-2015), AgRg no Ag 1.363.270/MG (j. 17-11-2015), AgRg no REsp 1.418.167/CE (j. 24-3-2015); REsp 1.185.653/PE (j. 7-12-2010), entre outros[51]. No mesmo sentido: REsp 1.617.789/MA (j. 28-8-2018) e ainda o seguinte julgado:

CIVIL. PROCESSUAL CIVIL. FAMÍLIA. AGRAVO INTERNO NO AGRAVO EM RECURSO ESPECIAL. UNIÃO ESTÁVEL NÃO RECONHECIDA. HOMEM CASADO. SEPARAÇÃO DE FATO NÃO COMPROVADA. REEXAME DO CONJUNTO FÁTICO-PROBATÓRIO DOS AUTOS. INADMISSIBILIDADE. INCIDÊNCIA DA SÚMULA N. 7/STJ. DECISÃO MANTIDA.

1. "A jurisprudência do STJ e do STF é sólida em não reconhecer como união estável a relação concubinária não eventual, simultânea ao casamento, quando não estiver provada a separação de fato ou de direito do parcei-

---

[50] STJ, REsp 1.185.337/RS, Rel. Min. João Otávio de Noronha, j. 17-3-2015.

[51] HIRONAKA, Giselda Maria Fernandes Novaes; TARTUCE, Flávio. Famílias paralelas – visão atualizada, cit., p. 23.

ro casado" (AgRg no AREsp 748.452, Relator Ministro RAUL ARAÚJO, QUARTA TURMA, julgado em 23-2-2016, *DJe* 7-3-2016).

2. O recurso especial não comporta o exame de questões que impliquem revolvimento do contexto fático-probatório dos autos (Súmula n. 7 do STJ).

3. No caso concreto, o Tribunal de origem concluiu pela ausência de comprovação da separação de fato. Alterar esse entendimento demandaria o reexame das provas produzidas nos autos, o que é vedado em recurso especial.

4. Agravo interno a que se nega provimento[52].

Resta pacificado no STJ o entendimento de não reconhecer como união estável a relação afetiva concomitante com o casamento, importando em concubinato. Demanda questionamentos, todavia, a tese 4 da ferramenta Jurisprudência em Teses n. 50, publicada em 11-2-2016, ao dispor que "não é possível o reconhecimento de uniões estáveis simultâneas", pois não deixa claro se refere a todas as uniões ou somente às posteriores a preexistente.

A Corte Superior infraconstitucional já decidiu que o princípio da lealdade implica em franqueza, sinceridade e fidelidade, em uma sociedade que possui como elemento estrutural a monogamia. Assim, não pode atenuar o conceito de lealdade para acolher como união estável todas as relações afetivas paralelas. O julgado, ao final, concluiu que os relacionamentos paralelos ao casamento ou união estável pré e coexistente só podem constituir concubinato. Consta na ementa que:

Direito civil. Família. Paralelismo de uniões afetivas. Recurso especial. Ações de reconhecimento de uniões estáveis concomitantes. Casamento válido dissolvido. Peculiaridades. – Sob a tônica dos arts. 1.723 e 1.724 do CC/2002, para a configuração da união estável como entidade familiar, devem estar presentes, na relação afetiva, os seguintes requisitos: (i) dualidade de sexos; (ii) publicidade; (iii) continuidade; (iv) durabilidade; (v) objetivo de constituição de família; (vi) ausência de impedimentos para o casamento, ressalvadas as hipóteses de separação de fato ou judicial; (vii) observância dos deveres de lealdade, respeito e assistência, bem como de

[52] STJ, 4ª Turma, Ag. Int. no AREsp 999.189/MS, Rel. Min. Antônio Carlos Ferreira, j. 16-5-2017.

guarda, sustento e educação dos filhos. (...) – As uniões afetivas plúrimas, múltiplas, simultâneas e paralelas têm ornado o cenário fático dos processos de família, com os mais inusitados arranjos, entre eles, aqueles em que um sujeito direciona seu afeto para um, dois, ou mais outros sujeitos, formando núcleos distintos e concomitantes, muitas vezes colidentes em seus interesses. – Ao analisar as lides que apresentam paralelismo afetivo, deve o juiz, atento às peculiaridades multifacetadas apresentadas em cada caso, decidir com base na dignidade da pessoa humana, na solidariedade, na afetividade, na busca da felicidade, na liberdade, na igualdade, bem assim, com redobrada atenção ao primado da monogamia, com os pés fincados no princípio da eticidade. – Emprestar aos novos arranjos familiares, de uma forma linear, os efeitos jurídicos inerentes à união estável, implicaria julgar contra o que dispõe a lei; isso porque o art. 1.727 do CC/2002 regulou, em sua esfera de abrangência, as relações afetivas não eventuais em que se fazem presentes impedimentos para casar, de forma que só podem constituir concubinato os relacionamentos paralelos a casamento ou união estável pré e coexistente. Recurso especial provido[53].

No caso julgado o marido (D. A. de O.) separou-se da esposa judicialmente, vindo a divorciar, constituindo união estável com outra mulher (M. da C. G.). Posteriormente voltou a conviver paralelamente com a ex-esposa (S. M. de L. C.), mantendo as relações paralelas até o seu falecimento. Ambas buscavam o reconhecimento da união estável e o direito à pensão por morte. A Relatora Ministra Nancy Andrighi, acompanhada por unanimidade, deu provimento ao recurso especial "para declarar o reconhecimento da união estável mantida entre D. A. de O. e M. da C. G. e determinar, por conseguinte, o pagamento da pensão por morte em favor unicamente da recorrente, companheira do falecido".

Assim, o Superior Tribunal de Justiça não reconheceu todos os relacionamentos como concubinato, mas apenas com a ex-esposa, que teve o casamento extinto pelo divórcio e voltou a conviver com ex-marido quando já tinha constituído união estável. Logo, é de se concluir que não são considerados todos os relacionamentos concubinatos, mas apenas os paralelos à união estável existente, aplicando-se o princípio da monogamia quanto aos

53 STJ, 3ª Turma, REsp 1.157.273/RN, Relª. Minª. Nancy Andrighi, j. 18-5-2010.

demais. O que veda o STJ é o reconhecimento de todas as uniões afetivas múltiplas como uniões estáveis.

O Supremo Tribunal Federal decidiu em 2008[54], por maioria, que a concubina por 37 anos de um fiscal de renda da Bahia não tem direito de dividir a pensão com a viúva, cassando o julgado de TJBA, que deferiu o benefício sob o fundamento de que "tem a companheira direito à pensão, uma vez demonstrada a união estável, ainda que se trate de união paralela com a de um casamento em vigor".

O Relator Ministro Marco Aurélio fundamentou que o art. 226, § 3º, CF exige que para configurar a união estável é necessária a possibilidade de sua conversão em casamento, portanto a união afetiva com homem casado, na constância do casamento, não pode ser considerada estável. O Ministro Ricardo Lewandowski lembrou em seu voto que concubinato vem do latim *concubere*, significando compartilhar o leito, já união estável é "compartilhar a vida"[55].

O entendimento vem sendo mantido na Corte Constitucional, diferenciando união estável de concubinato e vedando a divisão de pensão entre cônjuge e concubina:

> EMENTA: MANDADO DE SEGURANÇA. TRIBUNAL DE CONTAS DA UNIÃO. EX-SERVIDOR DA FUNAI. PENSÃO CIVIL VITALÍCIA. PAGAMENTO PARA CÔNJUGE E COMPANHEIRA. NEGATIVA DE REGISTRO. DETERMINAÇÃO DE REFAZIMENTO DO ATO. UNIÃO ESTÁVEL E CONCUBINATO: INSTITUTOS DISTINTOS. PRECEDENTE. INDEFINIÇÃO SOBRE A SITUAÇÃO DA IMPETRANTE. LEGALIDADE DO ATO IMPUGNADO. MANDADO DE SEGURANÇA DENEGADO.
>
> 1. O reconhecimento da ausência de base legal para o rateio da pensão entre viúva e alegada companheira está fundado na impossibilidade jurídica de concomitância dessas duas situações, conforme expresso no julgamento do Recurso Extraordinário n. 397.762/BA (Relator o Ministro

[54] STF, RE 397.762-8/BA, Rel. Min. Marco Aurelio, j. 3-6-2008.

[55] STF. Notícias do STF. *1ª Turma: concubina não tem direito a dividir pensão com viúva*. p. 3-6-2008. Disponível em: <www.stf.jus.br>. Acesso em: 22-1-2020.

Marco Aurélio, Primeira Turma), quando assentada a distinção entre os institutos da união estável e do concubinato, sendo não acolhido no sistema previdenciário brasileiro. (...)[56]

Tramita atualmente no Supremo Tribunal Federal, todavia, o RE 1.045.273/SE (Tema 529) em matéria previdenciária, em fase adiantada de votação, com repercussão geral, para decidir sobre a possibilidade ou não de divisão da pensão por morte paga pelo INSS para duas pessoas que possuíam relação estável afetiva com o falecido, uma mulher e um homem. A mulher conseguiu o reconhecimento da união estável e recebe o benefício. O homem alega união estável homoafetiva paralela e pleiteia a divisão da pensão. A votação estava com 5 votos a favor da divisão da pensão e três, contra, ocasião em que foi interrompido o julgamento no dia 25-9-2019 por um pedido de vistas do Ministro Dias Toffoli.

O julgamento vai importar em repercussão geral sobre possibilidade de uniões estáveis simultâneas, contrariando o entendimento pacificado do STJ, se o recurso for julgado procedente, ainda que exclusivamente para efeitos previdenciários, pois sem dúvida os fundamentos serão utilizados para a produção de outros efeitos.

O Ministro Edson Fachin, no voto vogal favorável ao reconhecimento, fundamenta na boa-fé objetiva, prevista no art. 1.561 do Código Civil quanto ao casamento putativo, ressaltando que circunscreve seu voto "em torno do estreito campo previdenciário". Conclui que "por isso assento desde logo que é possível o reconhecimento de efeitos *post mortem* previdenciários a uniões estáveis concomitantes, desde que presente o requisito da boa-fé objetiva. Acrescenta ao voto que:

> É certo que, em termos dilatados, o tema acolhido para o desate neste STF tem conexões diversas à luz da hermenêutica constitucional adequada sobre famílias, direitos, deveres, sob os limites e as possibilidades da Constituição da República.
>
> Nada obstante, a nervura temática no cerne do caso se cinge a três pilares: a) benefício previdenciário; b) dependência; c) eficácia póstuma de relações pessoais cujo âmbito se almeja inclusão sob o agasalho da união estável.

---

56 STF, MS 33.622/DF, Relª. Minª. Carmem Lúcia, j. 6-10-2015.

> O fio condutor para o desate do tema, limitado ao campo previdenciário, jaz na boa-fé. A questão central, pois, reside na boa-fé. (...).
>
> Ademais, a boa-fé se presume, inexistente demonstração em sentido contrário, prevalece a presunção, especialmente porque não se cogita de boa-fé subjetiva e sim de boa-fé objetiva.
>
> Desse modo, uma vez não comprovado que ambos os companheiros concomitantes do segurado instituidor, na hipótese dos autos, estavam de má-fé, ou seja, ignoravam a concomitância das relações de união estável por ele travadas, deve ser reconhecida a proteção jurídica para os efeitos previdenciários decorrentes.
>
> Assim, o caso é de provimento do recurso extraordinário, possibilitando o rateio da pensão por morte entre os conviventes.
>
> Proposta de tese: É possível o reconhecimento de efeitos previdenciários póstumos a uniões estáveis concomitantes, desde que presente o requisito da boa-fé objetiva[57].

A procedência do recurso vai importar em revisão do entendimento jurisprudencial consolidado nos tribunais estaduais, nos tribunais regionais federais e no STJ a respeito da possibilidade de uniões estáveis simultâneas.

Ao fundamento de boa-fé objetiva o precedente da Corte Constitucional possibilitará repercussão nos demais direitos da união estável, como alimentos, uso do nome, direitos sucessórios e partilha de bens.

O Tribunal de Justiça do Rio Grande do Sul reconheceu como união estável a relação paralela ao casamento e conferiu efeitos jurídicos, condenando o companheiro a fornecer alimentos a ex-companheira, afastada do trabalho e dependente econômica do provedor, bem como direito à partilha dos bens. O Relator, Des. Rui Portanova, cunhou no Tribunal Gaúcho a expressão "triação", em substituição nos casos de famílias paralelas, à "meação" das famílias monogâmicas nos regimes de comunhão de bens.

A teoria da triação vem sendo admitida no TJRS em face do reconhecimento das uniões estáveis paralelas, conforme ementa:

---

57 FACHIN, Edson. STF. RE 1.045.273/SE. Rel. Min. Alexandre de Moraes.

APELAÇÃO. UNIÃO ESTÁVEL PARALELA AO CASAMENTO. RECONHECIMENTO. PARTILHA. "TRIAÇÃO". ALIMENTOS PARA EX-COMPANHEIRA E PARA O FILHO COMUM.

Viável reconhecer união estável paralela ao casamento. Precedentes jurisprudenciais.

Caso em que restou cabalmente demonstrada a existência de união estável entre as partes, consubstanciada em contrato particular assinado pelos companheiros e por 03 testemunhas; e ratificada pela existência de filho comum, por inúmeras fotografias do casal junto ao longo dos anos, por bilhetes e mensagens trocadas, por existência de patrimônio e conta-bancária conjunta, tudo a demonstrar relação pública, contínua e duradoura, com claro e inequívoco intento de constituir família e vida em comum.

Reconhecimento de união dúplice que impõe partilha de bens na forma de "triação", em sede de liquidação de sentença, com a participação obrigatória da esposa formal. Precedentes jurisprudenciais.

Ex-companheira que está afastada há muitos anos do mercado de trabalho, e que tem evidente dependência econômica, inclusive com reconhecimento expresso disso no contrato particular de união estável firmado entre as partes. De rigor a fixação de alimentos em prol dela. (...)[58].

Letícia Ferrarini leciona, quanto à partilha dos bens nos regimes de comunhão na união estável e no casamento, que dissolvida a conjugalidade apura-se a meação de cada um. Ressalta nas famílias simultâneas a necessidade de salvaguarda do patrimônio do parceiro precedente na relação, não sendo a triação a melhor solução, pois não pode a conduta unilateral do parceiro protagonista da simultaneidade comprometer o patrimônio comum sem a vênia conjugal ou outorga uxória do outro. A atuação unilateral de um dos parceiros não pode repercutir na do outro, alheio à nova relação afetiva. Em razão da lógica protetiva do regime de bens, a meação da esposa/companheira da família precedente ou primária deve ser preservada e partilhada só a meação do responsável pela simultaneidade com a segunda companheira. Acrescenta que:

Não se trata de desprivilegiar uma família em detrimento da outra, mas de tratá-las concretamente como grupo formado por pessoas capazes de as-

[58] TJRS, AC 70039284542, Rel. Des. Rui Portanova, j. 23-12-2010.

sumir as consequências de suas escolhas existenciais. Trata-se da lógica da responsabilidade. Se há espaços de autonomia, há resultados e deveres respectivos.

No âmbito patrimonial, pela perspectiva da meação daquela que não deu causa à simultaneidade, justificou-se a necessidade de preservação da família precedente e seus respectivos direitos. Assim, ao invés de dividir os bens em três partes (triação), com a família paralela, partilha-se apenas a parte de quem escolheu ter outra família, simultânea. Ou seja, o protagonista da simultaneidade terá de partilhar a sua meação (apurada na relação precedente) com a mulher do segundo núcleo familiar. Esta seria, na esteira do que sustentou Rodrigo da Cunha Pereira, "uma boa forma de responsabilizar o sujeito pelas suas escolhas, sem cair em regras morais estigmatizantes e muitas vezes excludentes de direitos".

Salienta-se que a divisão com a segunda família incidirá sobre o patrimônio adquirido no período da comunhão de vida estabelecido concomitantemente à família primitiva, exigindo-se, para tanto, a comprovação dos elementos essenciais à caracterização de uma entidade familiar. Cumpre considerar, a propósito disso, que a mulher da segunda relação assumiu esta realidade afetiva e familiar ciente da existência e manutenção da união primitiva, circunstância que sabidamente não a torna menos digna, porém, lhe impõe limitações conhecidas e por ela aceitas[59].

A solução apresentada é mais justa que a teoria da triação, pois resguarda a meação do cônjuge/companheiro primário, que não protagonizou a simultaneidade, não concedeu outorga uxória, participando a companheira posterior da meação efetivamente no patrimônio pertencente ao responsável pela família paralela. Privilegia a autonomia da vontade mas também assume-se as responsabilidades pelo protagonismo, conforme adverte Rodrigo da Cunha Pereira, pois o direito deve proteger muito mais a essência do que a formalidade que o cerca e não fazer de conta que não existem milhares de famílias paralelas[60].

---

59 FERRARINI, Letícia. *Autonomia existencial e seus custos: o problema do regime de bens nas famílias simultâneas*. Porto Alegre: Tese (doutorado) PUC/RS, 2019. p. 149-150.

60 PEREIRA, Rodrigo da Cunha. *Transformações sociais e econômicas colocam monogamia em xeque*. Disponível em: <www.rodrigodacunha.adv.br>. Acesso em: 23-1-2020.

Independente das discussões sobre o reconhecimento das famílias simultâneas, permite-se, entretanto, o reconhecimento de sociedade de fato entre os concubinos e as consequências jurídicas decorrentes das relações obrigacionais, não podendo a censurabilidade do adultério justificar o locupletamento pelo esforço alheio daquele que o pratica[61].

A doutrina também tem entendido que se os concubinos adquiriram bens móveis ou imóveis em razão do esforço comum e desfeita a relação por morte, consenso ou repúdio, caberá a divisão dos bens que compõem a massa patrimonial de acordo com a contribuição de cada um ou, ainda, se o concubino não tiver como exigir a partilha dos bens, resta-lhe pedir indenização por serviços prestados, comprovando auxílio e dedicação na manutenção do relacionamento comum, inclusive com a prestação de serviços prestados, aplicando-se, em ambas as hipóteses, a proteção jurisdicional antigamente destinada à dissolução da sociedade de fato (Súmula n. 380 do STF), pois hoje, como antes, justifica-se o princípio que veda o enriquecimento sem causa[62].

Diante da vedação de reconhecimento da família concubinária, a forma de evitar o enriquecimento sem causa é invocar a Súmula n. 380 do STF e ajuizar ação para reconhecimento de sociedade de fato e, alternativamente, indenização por serviços prestados, apesar das críticas pelo seu caráter aviltante, pois não é razoável deixar ao desamparo a concubina, já que na maioria das vezes o homem é que mantém duas famílias ao mesmo tempo, especialmente quando não possui meios de subsistência, evitando-se o locupletamento à custa do afeto e dedicação alheia. Admite-se, ainda, na hipótese de desconhecimento de casamento ou outra união estável do parceiro, requerer a declaração da união estável putativa e todos os reflexos de ordem patrimonial, independentemente da comprovação de aporte financeiro para constituição do patrimônio, preservando-se, nesse caso, a meação do outro cônjuge ou companheiro[63].

---

[61] STJ, 4ª Turma, REsp 229.069/SP, Rel. Min. Fernando Gonçalves, j. 16-5-2005.

[62] JORGE JÚNIOR, Alberto Gosson. União estável e concubinato. *Revista IOB de Direito de Família*. n. 45. Porto Alegre: Síntese. v. 9, n. 45, dez.-jan. 2008. p. 97-98.

[63] DIAS, Maria Berenice. *Manual de direito das famílias*. 4. ed., cit., p. 173-174.

4.3. Concubinato, união estável putativa e família simultânea

Deve ser feita uma distinção entre concubinato, união estável putativa e família simultânea.

A *união estável putativa* pode ocorrer quando um ou ambos concubinatos não sabem dos impedimentos para o casamento. A boa-fé de ambos pode ocorrer como em casos já registrados de irmãos que constituíram família sem ter ciência do parentesco, quando um deles não possuía a paternidade reconhecida ou foi adotado. Ainda que exista impedimento para o casamento e a união caracteriza concubinato, aplica-se todos os efeitos da união estável.

Fato não raro também ocorre quando um dos parceiros é casado ou possui outra união estável concomitante, e oculta a situação do outro convivente, que age de boa-fé acreditando ter constituído a única família do companheiro.

Nas duas hipóteses, na conduta de boa-fé de ambos ou de apenas um dos companheiros, deve ser aplicada por analogia os efeitos do casamento putativo, como já admitido no voto do Ministro Edson Fachin no RE 1.045.273/SE já citado, e reconhecer a união estável putativa ao companheiro inocente, conferindo-lhe todos os direitos reconhecidos na união estável, incluindo uso do nome, alimentos, partilha e direitos sucessórios. Dispõe o Código Civil quanto aos efeitos do casamento putativo que:

> Art. 1.561. Embora anulável ou mesmo nulo, se contraído de boa-fé por ambos os cônjuges, o casamento, em relação a estes como aos filhos, produz todos os efeitos até o dia da sentença anulatória.
>
> § 1º Se um dos cônjuges estava de boa-fé ao celebrar o casamento, os seus efeitos civis só a ele e aos filhos aproveitarão.
>
> § 2º Se ambos os cônjuges estavam de má-fé ao celebrar o casamento, os seus efeitos civis só aos filhos aproveitarão.

A *família simultânea*, da mesma forma como ocorreu no passado com a união estável (concubinato puro) e, recentemente, com a união homoafetiva, é objeto cada vez mais de debates jurídicos que buscam soluções para resguardar os direitos nas famílias paralelas ostensivas, mesmo cientes dos impedimentos para o casamento, sob pena de violação dos princípios constitucionais da pluralidade de famílias, igualdade e dignidade humana. Atualmente a jurisprudência tem considerado concubinato a segunda união.

A monogamia, que para muitos não é um princípio do direito de família, mas tão somente do casamento, não pode tornar invisíveis e desprovidos de proteção os arranjos familiares paralelos.

Dimas Daniel de Carvalho conclui que presentes a boa-fé objetiva (a boa-fé subjetiva configura união estável putativa), a afetividade, a estabilidade e a ostensibilidade, deve ser reconhecida a família simultânea e conferidos os efeitos jurídicos[64]. A ostensibilidade importa na publicidade da união no meio social e o conhecimento pelos núcleos familiares envolvidos. Assim, também é um modelo de família pública e ostensiva diversa do concubinato, apesar de não possuir amparo legal. A família simultânea, todavia, é considerada concubinato na jurisprudência e desprovida de efeitos.

O *concubinato*, desprovido de proteção jurídica, conforme previsto no art. 1.727 do Código Civil, é a relação não eventual, de homem e mulher ou de pessoas do mesmo sexo, que ocorre furtivamente, às escondidas, sem ostensibilidade no meio social onde vivem e sem conhecimento do outro núcleo familiar. Não existe família ou núcleo familiar oculta, não podendo, dessa forma, receber o amparo jurídico e o reconhecimento de entidade familiar. O benefício patrimonial que um dos parceiros obter na relação concubinária com o auxílio do outro deve ser reparado, para evitar o enriquecimento sem causa, nas vias obrigacionais e não no direito de família.

---

64 CARVALHO, Dimas Daniel de. *Famílias simultâneas na ordem constitucional democrática*. Dissertação. Faculdade de Direito do Sul de Minas, Pouso Alegre, 2013. p. 78-79.

5

Proteção dos filhos na dissolução do casamento ou da união estável

1. DIREITO À CONVIVÊNCIA FAMILIAR

1.1. Direito fundamental à convivência familiar

Os direitos e garantias fundamentais, que possuem aplicação imediata, estão previstos na Constituição Federal no Título II, sendo que os direitos e deveres individuais e coletivos estão elencados no art. 5º, com 78 incisos. Ocorre que a vasta previsão no artigo referido não é exaustiva. Os incisos não esgotam os direitos fundamentais, que possuem como princípio fundamental a promoção da dignidade da pessoa humana, existindo direitos reconhecidos nos princípios adotados e previstos em outras partes da lei maior, bem como positivados e assegurados em tratados internacionais de que o Brasil seja parte. Dispõe o art. 5º e o § 2º da Constituição Federal:

> Art. 5º Todos são iguais perante a lei, sem distinção de qualquer natureza, garantindo-se aos brasileiros e aos estrangeiros residentes no País a inviolabilidade do direito à vida, à liberdade, à igualdade, à segurança e à propriedade, nos termos seguintes:
>
> [...]

> § 2º Os direitos e garantias expressos nesta Constituição não excluem outros decorrentes do regime e dos princípios por ela adotados, ou dos tratados internacionais em que a República Federativa do Brasil seja parte.

A Constituição Federal, ao regular as relações humanas e pressupor a pessoa humana como valor fundamental de todo o ordenamento, protege e ampara a família como base central da sociedade. O respeito ao princípio fundamental da dignidade humana e da liberdade também está expresso na forma de constituição da família, no planejamento familiar e no respeito individual aos valores de cada um de seus membros, assegurando plena assistência a cada um deles, individualmente, conforme disposto no art. 226 e §§ 7º e 8º:

> Art. 226. A família, base da sociedade, tem especial proteção do Estado.
>
> [...]
>
> § 7º Fundado nos princípios da dignidade da pessoa humana e da paternidade responsável, o planejamento familiar é livre decisão do casal, competindo ao Estado propiciar recursos educacionais e científicos para o exercício desse direito, vedada qualquer forma coercitiva por parte de instituições oficiais ou privadas.
>
> § 8º O Estado assegurará a assistência à família na pessoa de cada um dos que a integram, criando mecanismos para coibir a violência no âmbito de suas relações.

A eficácia e a aplicação imediata dos direitos e garantias fundamentais (art. 5º, § 1º, da CF) são de suma importância, pois garantem plena proteção e efetividade aos membros da família atual, não dependendo de qualquer norma regulamentadora. Como leciona Rolf Madaleno:

> no direito de família é de substancial importância a efetividade dos princípios que difundem o respeito e a promoção da dignidade humana e da solidariedade, considerando que a família contemporânea é constituída e valorizada pelo respeito à plena liberdade e felicidade de cada um de seus componentes, não podendo ser concebida qualquer restrição ou vacilo a este espaço constitucional da realização do homem em sua relação sociofamiliar[1].

[1] MADALENO, Rolf. *Curso de direito de família*. 3. ed., cit., p. 19.

Maria Berenice Dias leciona que "é no direito das famílias em que mais se sente o reflexo dos princípios eleitos pela Constituição Federal, que consagrou como fundamentais valores sociais dominantes". Ressalta ainda que a dignidade da pessoa humana foi elevada como valor nuclear da ordem constitucional, sendo o mais universal de todos os princípios do qual irradiam os demais princípios éticos, pois ocorre opção expressa pela pessoa e encontra na família o solo apropriado para florescer. O direito das famílias liga-se umbilicalmente aos direitos humanos, que possuem como alicerce o princípio da dignidade da pessoa humana[2].

Os direitos fundamentais encontram-se arraizados na ideia de dignidade e, portanto, voltados para a tutela do homem como fim em si mesmo, considerando a unidade da pessoa humana e as situações existenciais objeto de proteção jurídica. A família surge inclusa nesta sistemática, como instrumento para promoção dos direitos fundamentais e concretização da tutela do existencialismo e da própria dignidade da pessoa humana. A proteção da família possibilita a efetividade da preservação das situações jurídicas individuais de cada um de seus membros. O princípio da liberdade da pessoa humana e do planejamento familiar autoriza a pessoa a escolher entre constituir ou não uma família e a forma de sua constituição, vedando-se ao Estado qualquer intervenção impositiva. A constituição familiar pode, por conseguinte, ser considerada como um verdadeiro direito fundamental, o direito de uma pessoa ter uma família, que, por sua vez, é considerada como um dos principais abrigos a propiciar a plena satisfação e realização dos direitos fundamentais, mostrando-se a família tão fundamental quanto eles[3]. Atualmente não se constitui uma pessoa para uma família, mas uma família para a realização da pessoa.

Considerando-se a proteção dos direitos fundamentais na unidade de cada membro da família, merece atenção e prioridade as pessoas em formação, que necessitam de cuidados especiais para sua criação, orientação, educação e plena assistência familiar e comunitária, ou seja, possuem direito ao dever de cuidado.

A criança e o adolescente, na condição de sujeitos de direitos e não assujeitados pelos responsáveis (art. 100, parágrafo único, da Lei n. 8.069/1990),

---

2 DIAS, Maria Berenice. *Manual de direito das famílias*. 4. ed., cit., p. 57-60.

3 ALMEIDA, Renata Barbosa de; RODRIGUES JUNIOR, Walsir Edson. *Direito civil*: famílias, cit., p. 70-71.

a par dos direitos fundamentais gerais, possuem direitos fundamentais especiais em razão da condição de pessoa em desenvolvimento, que carece de maior proteção[4], conforme expresso no art. 3º da Lei n. 8.069/1990:

> Art. 3º A criança e o adolescente gozam de todos os direitos fundamentais inerentes à pessoa humana, sem prejuízo da proteção integral de que trata a esta Lei, assegurando-se-lhes, por lei ou por outros meios, todas as oportunidades e facilidades, a fim de lhes facultar o desenvolvimento físico, mental, moral, espiritual e social, em condições de liberdade e de dignidade.

O dever de cuidado dispensado à criança e ao adolescente pela família, sociedade e Estado assegura com absoluta prioridade a efetivação de seus direitos fundamentais, entre eles o direito à convivência familiar. O direito fundamental à convivência familiar e comunitária é positivado no art. 227, *caput*, da Constituição Federal, ao dispor que:

> Art. 227. É dever da família, da sociedade e do Estado assegurar à criança, ao adolescente e ao jovem, com absoluta prioridade, o direito à vida, à saúde, à alimentação, à educação, ao lazer, à profissionalização, à cultura, à dignidade, ao respeito, à liberdade e à convivência familiar e comunitária, além de colocá-los a salvo de toda forma de negligência, discriminação, exploração, violência, crueldade e opressão.

Geraldo Claret de Arantes ressalta que "um dos direitos mais importantes de crianças e adultos, recepcionados pela Constituição Brasileira, em seu artigo 227, é o direito da convivência familiar, originário da doutrina da proteção integral construída sob a égide da organização das Nações Unidas". A doutrina da proteção integral impõe aos Estados-Partes o dever de zelar para que as crianças não sejam separadas dos pais contra a vontade destes. Na prática, todavia, em especial nas separações judiciais, o genitor que não possui a guarda via de regra acaba tolhido do direito à convivência familiar, como se, por analogia, tivesse ocorrido a perda ou a suspensão do poder familiar, sem que o ascendente tivesse praticado qualquer ato em relação ao filho que autorizasse medida tão grave e violenta[5].

---

[4] VILAS BÔAS, Renata Malta. *Direito das famílias*: a figura da madrasta e sua importância para a criança ou adolescente. São Paulo: *Revista Síntese Direito de Família*. São Paulo. V. 14, n. 71, abr.-maio 2012. p. 125.

[5] ARANTES, Geraldo Claret de. A criança e o direito à convivência familiar. *Revista Síntese Direito de Família*. São Paulo. V. 12, n. 63, dez.-jan. 2011. p. 65.

O genitor que não possui a guarda detém o poder familiar em conjunto com o guardião, mantendo seus direitos e deveres paternos, em especial o de conviver com o filho, conferindo-se a este o direito fundamental de convivência familiar. O Estatuto da Criança e do Adolescente, ao dispor sobre a proteção integral à criança e ao adolescente, assegura com absoluta prioridade a efetivação dos seus direitos fundamentais, entre eles o direito à convivência familiar e comunitária, conforme previsto nas Disposições Preliminares, no art. 4º, *caput*, parte final.

Ao tratar no Título II, Dos Direitos Fundamentais, a Lei n. 8.069/1990 ressalta no art. 16, V, como um dos aspectos do direito à liberdade "participar da vida familiar e comunitária, sem discriminação".

Ainda no Título II, O Estatuto da Criança e do Adolescente trata no Capítulo III, especificamente, *do direito à convivência familiar e comunitária*, dispondo no art. 19, *caput*, que toda criança ou adolescente tem direito a ser criado e educado no seio da sua família, somente, de forma excepcional, em família substituta, mas assegurando-lhe a convivência familiar e comunitária.

O direito à convivência familiar e a manutenção da criança e do adolescente na família natural prevalece sobre o acolhimento institucional e colocação em família substituta (arts. 19, § 3º, 23, parágrafo único, 39, § 1º, 100, parágrafo único, e 101, § 1º). É na convivência com a família natural e extensa que o menor receberá os cuidados necessários para sua sobrevivência, orientação e proteção, proporcionando referencial, equilíbrio e segurança para seu desenvolvimento físico, psíquico, social e moral, tratando-se de um direito fundamental à sobrevivência digna. É na família que o infante recebe afeto, carinho, se sente protegido, amparado, desenvolvendo-se como cidadão responsável.

1.2. Direito à convivência familiar e direito de visitas

A legislação brasileira é econômica ao tratar da convivência entre os pais (e demais familiares) que não possuem a guarda dos filhos, preferindo usar a expressão *visitas*. Deisemara Turatti Longoski lembra que o Código Civil de 1916 não se referia ao direito de visitas, somente assegurado pelo Decreto-Lei n. 9.701, de 3 de setembro de 1946, que, ao cuidar da guarda dos filhos no desquite litigioso, assegurou ao não guardião o direito de visita[6]. Posteriormente a Lei n. 6.515, de 26 de dezembro de 1977 (Lei do Divórcio), no art. 15, assegurou aos pais que não possuem a guarda dos filhos que "poderão visitá-los e tê-los em sua companhia, segundo fixar o juiz, bem como fiscalizar sua manutenção e educação".

O Código Civil de 2002, ao tratar da proteção dos filhos na dissolução da sociedade e do vínculo conjugal, garante ao genitor que não possui a guarda, o direito de visitas e fiscalização na criação da prole, ao dispor no art. 1.589, *caput*, que:

> Art. 1.589. O pai ou mãe, em cuja guarda não estejam os filhos, poderá visitá-los e tê-los em sua companhia, segundo o que acordar com o outro cônjuge, ou for fixado pelo juiz, bem como fiscalizar sua manutenção e educação.

A interpretação isolada dos artigos referidos conduz a uma conclusão equivocada de que o direito de visitas é uma prerrogativa do genitor que não possui a guarda do filho, prevalecendo o interesse do ascendente, considerado um direito e não uma obrigação. Somente com a Lei n. 11.698, de 13 de junho de 2008, que introduziu no ordenamento jurídico a guarda compartilhada, foi imposto ao genitor que não possui a guarda unilateral o dever de supervisionar os interesses e a criação do filho pelo guardião, acrescentando o § 3º ao art. 1.583 do Código Civil. Apesar de ainda tímido, o Código Civil deu o primeiro passo para acolher os direitos fundamentais da criança e do adolescente previstos na Constituição Federal e na Lei n. 8.069/1990, obrigando também ao genitor não guardião o dever de cuidado.

A Lei n. 13.058, de 22 de dezembro de 2014, promoveu alterações no Código Civil (arts. 1.583, 1.584, 1.585 e 1.634), para privilegiar a guarda compartilhada, a convivência familiar dos filhos com ambos os pais e o pleno exercício do poder familiar. A guarda compartilhada ou o direito de visitas deve observar, entretanto, o melhor interesse do filho.

A equivocada interpretação de que o direito de visitas é uma prerrogativa dos pais e não dos filhos é veementemente rebatida por Rolf Madaleno, que considera o entendimento um ledo equívoco, já superado no di-

---

[6] LANGOSKI, Deisemara Turotti. Direito de visitas x direito de convivência. *Revista Síntese Direito de Família*. São Paulo. v. 13, n. 70, fev.-mar. 2012. p. 107.

reito de família. O ascendente não guardião tem o dever de fiscalizar os cuidados e educação dos filhos, enquanto as visitas têm a finalidade concreta de favorecer as relações humanas e de estimular os vínculos afetivos entre pais e filhos, sempre no melhor interesse da criança. O dever de fiscalização trata-se "de um direito de os filhos manterem rotineira comunicação com ambos os pais, atribuindo a atual redação legal o dever do ascendente que não está com a guarda de supervisionar os interesses da prole"[7].

Diante do direito fundamental da criança e do adolescente à convivência familiar, o direito de visitas é do filho, para manter contato e vínculos com o genitor, possuindo os pais o direito e o dever de visitas, cuidado e acompanhamento do desenvolvimento do filho.

No mesmo sentido, Maria Berenice Dias leciona que "a visitação não é somente um direito assegurado ao pai ou a mãe – é um direto do próprio filho de com eles conviver, o que reforça os vínculos paterno e materno-filial". Ressalta o direito da criança, como direito da personalidade, de manter contato com o genitor que não possui a guarda e com o qual não convive cotidianamente, objetivando atenuar a perda da convivência diuturna na relação parental, o que inclui não apenas os genitores, mas também os demais parentes como os avós, irmãos, tios, primos. É criticável a visitação em datas predeterminadas, impondo períodos de afastamento, pois ocasiona estremecimento dos laços afetivos pela ausência do genitor no cotidiano do filho, propiciando distanciamento lento e gradual entre eles, até ocorrer completa exclusão. A necessidade de cultivar o afeto, firmando-se os vínculos familiares de forma efetiva e eficaz, deve substituir o direito de visita pelo direito de convivência do filho com o pai que não reside sob o mesmo teto, atendendo as necessidades psíquicas dos filhos de pais separados[8].

O direito de convivência não deve se restringir apenas aos pais, estendendo-se aos familiares com os quais o menor possui vínculos de afinidade e afetividade. Deve ser preservada a convivência também com os parentes próximos com os quais a criança ou adolescente possui vínculos afetivos, ou seja, com a família extensa (art. 25, parágrafo único, do ECA), especialmente com os avós. A Lei n. 12.398, de 28 de março de 2011, reconhecendo os

---

7 MADALENO, Rolf. *Curso de direito de família*. 3. ed., cit., p. 354-355.

8 DIAS, Maria Berenice. *Manual de direito das famílias*. 4. ed., cit., p. 57-60.

interesses dos menores na convivência familiar e a importância dos avós na formação das pessoas em desenvolvimento, acrescentou o parágrafo único ao art. 1.589 do Código Civil estendendo o direito de visitas a qualquer dos avós, fixando o juiz o período de convivência, considerando o melhor interesse da criança e do adolescente.

Como já ressaltado, não se confunde direito de visitas com convivência familiar. Visitar é ver alguém periodicamente, ir até a casa ou outro local por dever, cortesia ou solidariedade. Conviver é tratar diariamente, coexistir, criar, cultivar e manter vínculos afetivos, essenciais para o desenvolvimento sadio das crianças. Segundo Katia Regina Ferreira Lobo Andrade Maciel "podemos conceituar a convivência familiar como o direito fundamental de toda pessoa humana de viver junto à família de origem, em ambiente de afeto e de cuidado mútuos, configurando-se como um direito vital quando se tratar de pessoa em formação"[9].

Helena de Azevedo Orselli bem diferencia direito de visita e direito à convivência familiar ao lecionar que:

> o direito do filho de manter contato com o genitor com o qual não reside é indevidamente chamado de direito de visita, porém não se trata de visita. Nem o filho "visitará" o pai, nem esse "visitará" aquele. [...] O encontro entre pai não guardião e filho não se dá nem por cortesia, nem por dever, mas para manterem contato frequente, para estreitarem os laços de carinho e afeto, e para que o genitor contribua, a sua maneira, para a educação e a formação do filho. O direito, portanto, é verdadeiramente o direito à convivência familiar[10].

O direito à convivência familiar constitui, portanto, um direito fundamental da criança e do adolescente, sujeitos de direitos, de conviver em família. A convivência solidifica os laços afetivos da criança, reforçando os vínculos com a família materna e paterna, e recebendo todos os cuidados necessários à pessoa em desenvolvimento, valorizando e assegurando sua

[9] MACIEL, Kátia Regina Ferreira Lobo Andrade. *Curso de direito da criança e do adolescente*. 4. ed. Rio de Janeiro: Lumen Juris, 2010. p. 75.

[10] ORSELL, Helena de Azevedo. Reflexões acerca do direito fundamental do filho à convivência com o genitor que não detém sua guarda. *Revista Síntese Direito de Família*. São Paulo. V. 12, n. 63, dez.-jan. 2011. p. 13.

dignidade, o que não é possível obter com mera visitação. Prevalece, assim, o melhor interesse e proteção integral dos filhos.

1.3. Dever do genitor guardião de propiciar a convivência familiar

Não raras vezes verifica-se que o genitor que possui a guarda unilateral do filho, por egoísmo ou sentimento de vingança, dificulta sobremaneira a convivência familiar da criança ou do adolescente com o outro genitor e sua família, trazendo graves frustrações e sofrimentos às partes envolvidas. Muitas das vezes as frustrações e a angústia pelo reiterado insucesso na visitação e convivência acabam provocando o distanciamento entre pais e filhos, causando abandono e traumas irremediáveis na delicada natureza dos relacionamentos familiares, que persistirão pelo resto da vida.

Proporcionar a convivência familiar do filho com o outro genitor e seus familiares, é dever do guardião que possui a guarda unilateral, nos termos do art. 227 da Constituição Federal e do art. 4º da Lei n. 8.069/1990. A omissão importa em forma de negligência, violando os direitos fundamentais e o melhor interesse da criança e do adolescente.

Helena Azevedo Orsell ressalta que os tribunais têm reconhecido a possibilidade de aplicação de multa ao guardião que dificulta ou impede o exercício do direito de visitas, a requerimento das partes ou de ofício pelo juiz. O fundamento encontra-se nos arts. 536, § 1º e 537 do Código de Processo Civil, que autoriza a aplicação de *astreintes* no cumprimento das obrigações de fazer. Ressalta, entretanto, que a mesma medida não é aplicada ao genitor não guardião que descumpre com o dever de visitas[11].

A aplicação de multa, prevista no cumprimento da sentença que reconheça a exigibilidade da obrigação de fazer e não fazer, autorizando o juiz, de ofício ou a requerimento da parte, determinar medidas necessárias, não é o único meio eficaz de obrigar ao genitor guardião a cumprir o dever de proporcionar o convívio familiar.

---

[11] ORSELL, Helena de Azevedo. Reflexões acerca do direito fundamental do filho à convivência com o genitor que não detém sua guarda. *Revista Síntese Direito de Família*. São Paulo. V. 12, n. 63, dez.-jan. 2011. p. 15-18.

O descumprimento injustificado do dever do guardião em proporcionar uma convivência familiar saudável do infante, violando seus direitos e abusando do exercício da autoridade parental, autoriza a aplicação de medidas de proteção para fortalecer ou restabelecer os vínculos familiares (arts. 98, II, e 100 do ECA). Autoriza ainda a imposição de medidas pertinentes aos pais ou responsável previstas no art. 129 da Lei n. 8.069/1990, como advertência, encaminhamento a orientação psicológica, modificação da guarda e em casos mais extremos até a suspensão ou perda do poder familiar, conforme possibilita os arts. 22 e 24 do Estatuto da Criança e do Adolescente.

Além das medidas previstas no Estatuto da Criança e do Adolescente, se a conduta abusiva do genitor ou do responsável em dificultar o contato ou o exercício do direito de convivência familiar, tiver por objetivo romper os vínculos de afeto do menor com o genitor descontínuo, ao ponto de torná-lo distante e alheio, fazendo surgir no filho a sensação de abandono e repúdio, caracteriza-se ato de alienação parental passível de aplicação das medidas previstas no art. 6º da Lei de Alienação Parental (Lei n. 12.318/2010). Entre as medidas aplicáveis incluem ampliar o regime de convivência, estipular multa, determinar acompanhamento psicológico, alterar a guarda unilateral para compartilhada ou vice-versa, fixar domicílio e até suspender a autoridade parental.

Não se pode olvidar ainda ser pacífico, tanto na doutrina quanto na jurisprudência, o reconhecimento de dano moral no direito de família nos casos de abuso, omissão ou excesso nas relações familiares. O descumprimento injustificado, por ação ou omissão do guardião contínuo, importando na ausência de contato e violando injustificadamente a convivência familiar da criança ou adolescente com o genitor não guardião e seus familiares, causando danos psicológicos, é passível de compensação civil. O dever de convivência não é apenas do genitor descontínuo, mas também do genitor guardião em propiciar a convivência, salvo se demonstrar que o convívio é nefasto e prejudicial ao menor, como maus-tratos, abusos sexuais, exploração, alienação parental, recomendando o afastamento para proteger a criança. Na hipótese de danos graves e irreversíveis à criança ou adolescente, o guardião que evita a convivência familiar até pronunciamento judicial possui excludentes de ilicitude a ampará-lo, mas apenas na hipótese de prejuízos ao menor.

Fato corriqueiro nas relações de família, como lembra Rolf Madaleno, é o condicionamento pelo guardião contínuo, do exercício do direito de visitas ao pagamento de pensões alimentícias pelo não guardião. Não se confunde a cobrança executiva dos alimentos, inclusive mediante execução indireta que autoriza a prisão civil do devedor, com convivência familiar, não podendo condicionar as visitas ao pagamento da pensão alimentícia, como se fossem moedas de negociação. Se assim fosse permitido, como defendem muitos, acabaria o menor sendo duplamente punido: a uma, por não receber a visita de seu pai; e a duas, por não receber a pensão deste mesmo genitor. O condicionamento de pagamento de pensão para permitir a visitação distorce todo o sistema de interação entre pais e filhos e o respeito aos melhores interesses do menor, cuja função fundamental é a preservação psicológica e emocional da prole, valores supremos, vinculados à hígida formação mental do filho[12].

Descumprido o dever do guardião em propiciar a convivência familiar pode, portanto, serem aplicadas as seguintes medidas:

- imposição de multa;
- medidas de proteção à criança ou adolescente, em razão da omissão ou abuso dos pais ou responsável (arts. 98, II, e 100 do ECA);
- medidas pertinentes aos pais ou responsável (art. 129 do ECA);
- declaração de alienação parental e aplicação das medidas previstas (arts. 2º e 6º da Lei n. 12.318/2010);
- condenação por dano moral.

1.4. Dever de convivência familiar do genitor não guardião e abandono afetivo

A Constituição Federal, além do princípio da igualdade dos filhos, dispõe no art. 227 deveres da família, da sociedade e do Estado, como assegurar com absoluta prioridade o direito à convivência familiar à criança, ao adolescente e ao jovem, colocando-os a salvo de toda forma de negligência e discriminação. O art. 229 determina que os pais têm o dever de assistir,

[12] MADALENO, Rolf. *Curso de direito de família*. 3. ed., cit., p. 356-357.

criar e educar os filhos. Assistir, criar e educar possui o significado de *cuidar* dos filhos.

O Estatuto da Criança e do Adolescente também impõe o dever de cuidado, ao dispor que aos pais incumbe o dever de sustento, guarda e educação dos filhos e que o poder familiar será exercido em igualdade de condições pelo pai e pela mãe (arts. 21 e 22).

O art. 1.632 do Código Civil dispõe que a dissolução do casamento ou da união estável não altera as relações entre pais e filhos, enquanto o § 3º do art. 1.583 obriga ao genitor não guardião a supervisionar os interesses do filho.

A guarda unilateral não suspende o poder familiar do pai não guardião e não afasta seu dever de cuidado e convivência. Da mesma forma a suspensão ou perda do poder familiar não afasta os deveres da paternidade, apenas retirando dos pais o direito de administrar a pessoa e os bens dos filhos. Suspende-se ou perde-se o poder familiar no melhor interesse e proteção dos filhos e não dos pais. Entendimento em contrário, no sentido de que a perda ou suspensão do poder familiar afastaria os deveres da paternidade, levaria ao absurdo dos pais descuidados e irresponsáveis abandonarem os filhos para se verem livres dos deveres da paternidade.

A Constituição Federal e o Estatuto da Criança e do Adolescente erigiram a paternidade responsável como princípio e dever de cuidado como direito fundamental dos filhos menores. O vínculo paterno-filial não é apenas afetivo, mas jurídico, conferindo à prole o direito à convivência com os pais e aos pais o dever de conviver com os filhos.

Assim entre os deveres paternos inclui o dever de cuidado, incorporado em nosso ordenamento jurídico. O dever dos pais de criar, educar e conviver com os filhos, reconhecendo-se que a pessoa em formação, além das necessidades vitais de sobrevivência, como alimento, moradia, saúde e vestuário, necessita de outros elementos, normalmente imateriais, como educação, regras de conduta, orientação, apoio, referência familiar. Os cuidados são essenciais para a formação de um adulto, para que possua integridade física e psicológica capaz de conviver em sociedade, exercendo na plenitude sua cidadania e respeitando seus limites[13].

[13] STJ, 3ª Turma, REsp 1.159.242/SP, Rel. Min. Nancy Andrighi, j. 24-4-2012.

O Superior Tribunal de Justiça já se pronunciou sobre o dever de cuidado no julgamento do Recurso Especial 1.159.242/SP. No voto da Relatora, Ministra Nancy Andrighi, acompanhada pela maioria, reconheceu-se o cuidado como valor jurídico, distinguindo o amor, por sua subjetividade e impossibilidade de materialização, do dever de cuidado. Enquanto amar é faculdade, cuidar é dever dos pais. Merece transcrição parte do voto, pela excelência, com os destaques como constam no original:

> Vê-se hoje nas normas constitucionais a máxima amplitude possível e, em paralelo, a cristalização do entendimento, no âmbito científico, do que já era empiricamente percebido: *o cuidado é fundamental para a formação do menor e do adolescente*; ganha o debate contornos mais técnicos, *pois não se discute mais a mensuração do intangível – amor – mas, sim, a verificação do cumprimento, descumprimento, ou parcial cumprimento, de uma obrigação legal: cuidar.*
>
> Negar ao cuidado o status de obrigação legal importa na vulneração da membrana constitucional de proteção ao menor e adolescente, cristalizada, na parte final do dispositivo citado: "*[...] além de colocá-los a salvo de toda forma de negligência [...]*".
>
> Alçando-se, no entanto, o cuidado à categoria de obrigação legal supera-se o grande empeço sempre declinado quando se discute o abandono afetivo – a impossibilidade de se obrigar a amar.
>
> *Aqui não se fala ou se discute o amar e, sim, a imposição biológica e legal de cuidar, que é dever jurídico, corolário da liberdade das pessoas de gerarem ou adotarem filhos.*
>
> O amor diz respeito à motivação, questão que refoge os lindes legais, situando-se, pela sua subjetividade e impossibilidade de precisa materialização, no universo metajurídico da filosofia, da psicologia ou da religião.
>
> O cuidado, distintamente, é tisnado por elementos objetivos, distinguindo-se do amar pela possibilidade de verificação e comprovação de seu cumprimento, que exsurge da avaliação de ações concretas: presença; contatos, mesmo que não presenciais; ações voluntárias em favor da prole; comparações entre o tratamento dado aos demais filhos – quando existirem –, entre outras fórmulas possíveis que serão trazidas à apreciação do julgador, pelas partes.
>
> *Em suma, amar é faculdade, cuidar é dever.*

> A comprovação que essa imposição legal foi descumprida implica, por certo, a ocorrência de ilicitude civil, sob a forma de omissão, pois na hipótese o *non facere* que atinge um bem juridicamente tutelado, leia-se, o necessário dever de criação, educação e companhia – de cuidado – importa em vulneração da imposição legal[14].

O Superior Tribunal de Justiça manteve a decisão do Tribunal de Justiça de São Paulo, que reconheceu o abandono afetivo por parte do pai, apesar de efetuar os pagamentos de pensão alimentícia à filha, e condenou o genitor a indenizar por dano moral. O Tribunal Superior deu provimento parcial ao recurso especial apenas para reduzir o valor da indenização. Reconheceu a responsabilidade dos genitores biológicos ou socioafetivos, a partir da escolha ou de assumirem o risco de serem pais, a cuidarem da prole. O cuidado inclui o dever de convivência, possibilitando uma adequada formação psicológica dos filhos, sem sentimentos de rejeição, abandono e descaso, que podem comprometer o desenvolvimento emocional, tornando-os pessoas vulneráveis, traumatizadas ou de difícil relacionamento.

O genitor não guardião possui, portanto, o dever de conviver e cuidar do filho, sendo que o descumprimento injustificado do dever jurídico de convivência importa em abandono afetivo, ocasionando danos morais, suscetível de reparação civil.

Da mesma forma, tratando de um dever jurídico de assistir e cuidar, importa em obrigação de fazer no direito de família, autorizando ao juiz exigir o cumprimento da obrigação e adotar todas as medidas para a obtenção e efetivação da tutela específica consistente no cumprimento do dever de visitar e conviver com o filho. O descumprimento do dever, da obrigação jurídica e moral do pai não guardião, autoriza o juiz, de ofício ou a requerimento da parte, a imposição de multa, da mesma forma em que se aplica ao genitor guardião que dificulta ou impede as visitas.

Descumprido pelo genitor não guardião o dever de convivência com o filho para supervisionar e auxiliar na sua criação e educação, podem ser aplicadas as seguintes medidas:

- imposição de multa; e
- condenação por dano moral (abandono afetivo).

---

[14] STJ, 3ª Turma, REsp 1.159.242/SP, Rel. Min. Nancy Andrighi, j. 24-4-2012.

2. GUARDA

2.1. Conceito

A guarda é um dos deveres inerentes ao poder familiar (art. 1.634, II, do CC) e à tutela (art. 36, parágrafo único, parte final da Lei n. 8.069/1990) e serve, prioritariamente, aos interesses e à proteção da criança e adolescente, obrigando seu detentor a prestar assistência material, moral e educacional, conferindo ao menor a condição de dependente do guardião para todos os fins, inclusive previdenciários, possibilitando ampla proteção. Douglas Phillips Freitas apresenta o seguinte conceito de guarda:

> O novo conceito de Guarda consiste na condição de direito de uma ou mais pessoas, por determinação legal ou judicial em manter um menor de 18 (dezoito) anos sob sua dependência sociojurídica, devendo ser, de regra, compartilhada quando houver ambos os pais, mesmo que separados.
>
> Do latim *guardare* e no germânico *wardem*, seu significado reside em proteger, conservar, olhar, vigiar[15].

A utilização da denominação *guarda*, usada pelo Código Civil e pelo Estatuto da Criança e do Adolescente, apesar de ambos importarem na proteção integral do menor, possui significados diversos.

No Código Civil, a criança ou o adolescente fica na posse dos dois genitores (guarda *compartilhada*) ou de apenas um deles (guarda *uniparental* ou *exclusiva*), reservando ao outro o direito de visitas e fiscalização, possuindo, ambos, o poder familiar.

No Estatuto da Criança e do Adolescente, a guarda é *substituta*, pois diz com a situação do menor de não poder conviver com qualquer dos pais, uma vez que estão com os seus direitos ameaçados ou violados. Tem cabimento para regularizar a posse de fato como *medida liminar ou incidental* nos procedimentos de tutela e adoção ou como *medida específica de proteção* por falta, abuso ou omissão dos pais, do Estado ou em razão de sua própria

---

15 FREITAS, Douglas Phillips. *A nova guarda compartilhada*. 3. ed. Florianópolis: Voxlegem, 2017, p. 41.

conduta (arts. 33, §§ 1º e 2º, e 101, VIII, do ECA), podendo a sua perda ser aplicada aos pais que não cumprem os deveres (art. 129, VIII, do ECA).

No interesse do menor, excepcionalmente a guarda pode, portanto, ser deferida judicialmente para colocação em família substituta fora dos casos de tutela e adoção, para regularizar a posse de fato, para atender a situações peculiares, como o menor abandonado ou órfão, suprir a falta eventual dos pais ou aplicada como medida de proteção, inclusive mediante acolhimento institucional ou inclusão em programa de acolhimento familiar, podendo ser deferido ao guardião o direito de representação para a prática de atos determinados e conferido o direito de opor-se a terceiros, inclusive aos pais.

A guarda dos menores destina-se, assim, a regularizar a posse dos filhos com ambos os cônjuges, com um deles, ou até mesmo com terceiros, conferindo, nesta hipótese, a condição de dependentes para todos os fins e efeitos, obrigando à prestação de assistência material, moral e educacional, conferindo ao detentor o direito de opor-se a terceiros, inclusive aos pais, e podendo ser deferido o direito de representação para a prática de atos determinados (art. 33 do ECA).

Maria Helena Diniz salienta que a guarda é um conjunto de relações jurídicas existentes entre o genitor e o filho menor, decorrentes do fato de estar sob seu poder e companhia, assumindo a responsabilidade de sua criação, educação e vigilância, cabendo-lhe decidir sobre a educação do menor e sua formação religiosa, competindo ao outro genitor, que não a possui, o direito de visita e o de fiscalizar a criação do filho, não tendo poder decisório. Denomina-se *guardião contínuo* o que detém a guarda, o genitor guardião, o que possui a titularidade do exercício do poder familiar, enquanto o outro genitor que não possui a guarda é o *guardião descontínuo*, sendo titular do direito de visita[16].

A guarda conferida a um dos genitores não importa em perda do poder familiar do outro ou afasta da criança ou adolescente o direito de conviver com ambos os pais (art. 1.632 do CC). Confere, entretanto, ao guardião o poder decisório na criação e educação no melhor interesse do filho, cabendo ao outro a fiscalização e o dever de recorrer ao juiz quando a guarda estiver sendo exercida de maneira prejudicial ao menor.

---

16 DINIZ, Maria Helena. *Curso de direito civil brasileiro* – Direito de família. 22. ed., cit., p. 285.

2.2. Modalidades de guarda – unilateral e compartilhada

A doutrina e a jurisprudência reconheciam a *guarda unilateral* e a *guarda compartilhada*, até que a Lei n. 11.698, de 13 de junho de 2008, introduziu a guarda compartilhada na legislação, dispondo o art. 1.583, *caput* e § 1º, que:

> Art. 1.583. A guarda será unilateral ou compartilhada.
>
> § 1º Compreende-se por guarda unilateral a atribuída a um só dos genitores ou a alguém que o substitua (art. 1.584, § 5º) e por guarda compartilhada a responsabilização conjunta e o exercício de direitos e deveres do pai e da mãe que não vivam sob o mesmo teto, concernentes ao poder familiar dos filhos comuns.

A Lei n. 13.058, de 22 de dezembro de 2014, alterou os arts. 1.583, 1.584, 1.585 e 1.634 do Código Civil para privilegiar e estabelecer o significado da guarda compartilhada, modificando o § 2º do art. 1.583 para acrescentar que "na guarda compartilhada, o tempo de convívio com os filhos deve ser dividido de forma equilibrada com a mãe e com o pai, sempre tendo em vista as condições fáticas e os interesses dos filhos".

A guarda *unilateral*, *exclusiva* ou *não dividida*, era a tradicional no direito brasileiro, atribuída a um só dos genitores ou terceiros, e regulada no § 5º do art. 1.583 do Código Civil e, especialmente, no art. 33, § 1º e *caput*, da Lei n. 8.069/1990 (Estatuto da Criança e do Adolescente), ao dispor que "a guarda destina-se a regularizar a posse de fato" e ainda que "obriga à prestação de assistência material, moral e educacional à criança ou adolescente, conferindo a seu detentor o direito de opor-se a terceiros, inclusive aos pais". Ao permitir que o guardião se oponha a terceiros, inclusive aos pais, confere-lhe o exercício exclusivo da guarda, unilateralmente, no melhor interesse do menor. Cabe ao genitor que não a detenha supervisionar os interesses dos filhos.

Na hipótese de não ser recomendável os filhos permanecerem em companhia do pai ou da mãe, o juiz deferirá a guarda a pessoa idônea, no melhor interesse da criança e do adolescente, dando preferência aos parentes, como avós, tios, irmãos mais velhos, ou a pessoas sem vínculo do parentesco, privilegiando os laços de afinidade e afetividade (art. 1.584, § 5º).

Na nova redação do art. 1.583, introduzida pela Lei n. 13.058/2014, dispõe o Código Civil, no § 5º, que:

§ 5º A guarda unilateral obriga o pai ou a mãe que não a detenha a supervisionar os interesses dos filhos, e, para possibilitar tal supervisão, qualquer dos genitores sempre será parte legítima para solicitar informações e/ou prestação de contas, objetivas ou subjetivas, em assuntos ou situações que direta ou indiretamente afetem a saúde física e psicológica e a educação de seus filhos.

O genitor guardião deve ser aquele que revele maior afeto e afinidade com o filho e o grupo familiar, possuindo mais aptidão para propiciar os cuidados com os filhos na criação, saúde, segurança e educação.

A guarda *unilateral* será atribuída, portanto, ao genitor que revele aptidão e melhores condições de exercê-la, considerando o afeto nas relações com o filho e com o grupo familiar, permitindo-se considerar as relações do menor também com os avós e parentes do guardião, a saúde, a segurança e a melhor educação do menor, cabendo ao outro supervisionar o exercício nos interesses dos filhos.

A guarda *compartilhada*, ou *conjunta*, ocorre quando os pais conjuntamente se responsabilizam pela criação e educação dos filhos ao mesmo tempo, decidindo de comum acordo. A guarda compartilhada, ensina Douglas Phillips Freitas, surgiu para diminuir a distância da criança ou adolescente em relação ao pai ou à mãe que não compartilha o mesmo lar, diante do novo enfoque do direito de família que privilegia o melhor interesse da prole[17].

Apesar de tratar-se de um mesmo arranjo familiar, dividindo-se entre os pais as responsabilidades e as decisões sobre os filhos, em conjunto, a doutrina distingue a guarda conjunta ou compartilhada propriamente dita, podendo ser subdividida em pelo menos três modelos, além da guarda alternada, espécie que não importa em compartilhamento.

- *Guarda conjunta*: nesse modelo, o menor possui moradia com apenas um dos genitores, mantendo livre a visitação do outro, ou seja, apenas um possui a guarda física, mas o outro participa de todas as decisões no seu exercício, ambos os pais exercem e partilham conjuntamente a autoridade e decisões. A convivência é livre com ambos os genitores.

---

[17] FREITAS, Douglas Phillips. *Guarda compartilhada*. Florianópolis: Conceito Editorial, 2009. p. 37.

• *Guarda compartilhada propriamente dita* ou *dividida*: nesse outro modelo, também a guarda física é dividida, vivendo o menor alguns períodos com o pai e outros com a mãe. O filho possui dois lares, dividindo o período de vida entre as residências dos genitores, sendo que a autoridade parental é exercida por ambos conjuntamente. Nesta modalidade, privilegia-se a ideia de *estar com* e de *compartilhar*, não existindo conotação de posse, pois é sempre voltada para o melhor interesse da criança ou do adolescente e, consequentemente, dos pais. Exige-se, entretanto, para que tenha sucesso, total acordo entre os pais[18].

• *Guarda aninhamento*: a doutrina ressalta, ainda, a possibilidade de guarda compartilhada mediante *nidação* ou *aninhamento*, raramente utilizada, que consiste em alternação de convivência com o filho no mesmo lar, ou seja, permanece a criança na residência, e cada um dos pais reside com ela por um período, mantendo o menor no *ninho*[19]. A modalidade, se aplicada na prática, seria ideal, pois manteria o filho na residência, muitas vezes recebida em doação dos pais, mantendo uniformidade da vida cotidiana, alternando-se os pais na moradia.

Os arranjos familiares na guarda conjunta e compartilhada propriamente dita são equivalentes, permitindo-se que os pais compartilhem, sem prevalência da autoridade parental de qualquer deles, a posse, criação e educação dos filhos.

A *guarda alternada* também compartilha a guarda física, mas se distingue da compartilhada, pois não existe compartilhamento. Na guarda alternada, a autoridade parental é exercida exclusivamente durante o período no qual o guardião possui a guarda física, concedendo ao outro apenas o direito de visitas e fiscalização. Nesse arranjo de guarda, todavia, não existe compartilhamento, pois a diferença da guarda unilateral comum é apenas a alternância. Trata-se, na realidade, de uma espécie de guarda unilateral exercida por períodos alternados entre os pais, sem cooperação, reservando ao outro apenas o direito de visitas e fiscalização, o que é muito criticado na doutrina por criar instabilidade e insegurança no menor.

Éricka Matozinhos esclarece que a guarda alternada, apresentada como supostamente compartilhada, é extremamente prejudicial ao menor, pois

---

18 FREITAS, Douglas Phillips. *Guarda compartilhada*, cit., p. 45.

19 FREITAS, Douglas Phillips. *Guarda compartilhada*, cit., p. 44.

não deixa de ser uma guarda unilateral, provocando instabilidade emocional e psíquica, em razão das repetidas aproximações e reaproximações. O elevado número de mudanças não permite ao filho continuidade no cotidiano para consolidar hábitos, valores, padrões e formação da personalidade. Acrescenta que esse modelo contraria os preceitos da guarda compartilhada por não garantir a participação em nível de igualdade dos genitores nas decisões que se relacionam ao filho[20], pois efetivamente não ocorre compartilhamento, mas decisões unilaterais, alternadamente.

A jurisprudência também já identifica os malefícios na guarda alternada, trazendo mais malefícios do que benefícios ao menor. Nesse modelo de guarda alternada, fundamentou o Desembargador Eduardo Andrade, do Tribunal Mineiro, em vez de propiciar uma participação mais intensa de ambos os pais no cotidiano dos filhos, a guarda alternada acaba por afastar o menor de um dos pais, por interferência do outro no período em que fica na sua companhia, em razão do modo que dirige sua educação, no que concerne, por exemplo, a deveres, horários e limites, surgindo, ainda que imperceptível, uma disputa entre os genitores para conquistar a preferência do filho. Além disso, em vez de beneficiar o filho, permitindo um desenvolvimento sadio e sereno, as constantes mudanças, separações e reaproximações podem provocar abalo psicológico na criança em razão da ansiedade causada pela alternação de moradia, falta de referência de parâmetros, de horário e limites. Consta da ementa do julgado que:

> FAMÍLIA – PEDIDO DE "GUARDA COMPARTILHADA" – ALTERNÂNCIA DE PERÍODOS EXCLUSIVOS DE GUARDA ENTRE OS GENITORES – VERDADEIRA "GUARDA ALTERNADA" – INCONVENIÊNCIA – PRINCÍPIO DO MELHOR INTERESSE DA CRIANÇA – INEXISTÊNCIA DE CONVIVÊNCIA HARMONIOSA E AMISTOSA ENTRE OS GENITORES. – A guarda em que os pais alternam períodos exclusivos de poder parental sobre o filho, por tempo preestabelecido, mediante, inclusive, revezamento de lares, sem qualquer cooperação ou corresponsabilidade, consiste, em verdade, em "guarda alternada", indesejável e inconveniente, à luz do Princípio do Melhor Interesse da Criança. – Ademais, a "guarda

[20] LISBOA, Éricka de Fátima Matozinhos Ribeiro. Refletindo sobre a guarda compartilhada. *Revista AMMP Notícias*. Belo Horizonte: AMMP, abr. 2010, n. 24. p. 11.

compartilhada" é incabível quando não houver uma relação amistosa e harmoniosa entre os genitores, sob pena de se inviabilizar o exercício compartilhado do poder parental, por meio da condução conjunta da educação e desenvolvimento da criança[21].

A guarda compartilhada tem demandado discussão sobre as vantagens e prejuízos aos filhos, por quebrar as referências de continuidade do menor, cujos interesses devem se sobrepor aos dos pais.

É inequívoco que a guarda compartilhada mantém e até estreita os vínculos de ambos os pais com os filhos, evitando-se a síndrome da alienação parental, auxilia na criação e educação, mantém os vínculos com a família e as referências materna e paterna, o que é benéfico, assumindo ambos, em igualdade, as responsabilidades de cuidados, criação e educação. No entanto, pode ser prejudicial à formação dos filhos, com disputas entre os pais, criação e valores diferentes de um e outro e quebras nos referenciais de continuidade. O Tribunal de Justiça de Santa Catarina já decidiu que, nos casos que envolvem guarda de filhos e direito de visita, é imperioso ater-se sempre ao interesse do menor. A guarda alternada, permanecendo o filho uma semana com cada um dos pais, não é aconselhável, pois as repetidas quebras na continuidade das relações e ambiência afetiva, o elevado número de separações e reaproximações provocam no menor instabilidade emocional e psíquica, prejudicando seu normal desenvolvimento, por vezes retrocessos irrecuperáveis, a não recomendar o modelo alternado, uma caricata divisão pela metade em que os pais são obrigados por lei a dividir pela metade o tempo passado com os filhos[22].

A jurisprudência tem decidido que para o deferimento da guarda compartilhada é imprescindível que exista entre os pais uma relação respeitosa e harmoniosa, sem conflitos ou disputas, agindo no melhor interesse do filho, permitindo-lhe desfrutar tanto da companhia paterna como da materna, num regime de visitação bastante amplo e flexível, mas sem que o filho perca seus referenciais de moradia[23].

---

21 TJMG, AC 1.0145.07.378729-6/001, Rel. Des. Eduardo Andrade, j. 3-8-2010.

22 TJSC, AI 00.000236-4, Rel. Alcides Aguiar citando RJ 268/28. *Boletim IBDFAM*. n. 26. p. 11.

23 TJRS, 7ª CC, AC 70005760673, Rel. Des. Sérgio Fernando de Vasconcelos Chaves, j. 12-3-2003.

Os referenciais de moradia foram considerados na Lei n. 13.058/2014, ao alterar o § 3º do art. 1.583 do Código Civil, para dispor que "na guarda compartilhada, a cidade considerada base de moradia dos filhos será aquela que melhor atender aos interesses dos filhos".

A Lei n. 13.058/2014 ao estabelecer o significado da expressão *guarda compartilhada* e dispor sobre sua aplicação, altera o que tem ocorrido na jurisprudência, de aplicá-la somente quando existe consenso entre os pais. A principal inovação é dar nova redação ao § 2º do art. 1.584 do Código Civil determinando a aplicação da guarda compartilhada na ausência de acordo entre os genitores. O § 2º passa a ter a seguinte redação:

> § 2º Quando não houver acordo entre a mãe e o pai quanto à guarda do filho, encontrando-se ambos os genitores aptos a exercer o poder familiar, será aplicada a guarda compartilhada, salvo se um dos genitores declarar ao magistrado que não deseja a guarda do menor.

A Lei n. 13.058/2014 exclui a expressão *sempre que possível* da legislação anterior, que tinha permitido a aplicação pelo judiciário da guarda compartilhada somente quando existe harmonia entre os pais. A guarda compartilhada passa a ser a regra, automática, tornando-se a guarda unilateral uma exceção, ocorrendo somente quando um dos pais não tiver condições de exercer o poder familiar ou declarar que não deseja a guarda compartilhada.

A guarda compartilhada, portanto, não será obrigatória aos pais, podendo ser aplicada a guarda unilateral se existir consenso entre eles, entretanto, passa a ser a regra na aplicação pelo juiz, somente sendo excepcionada se um dos pais não quiser exercê-la ou não possuir condições de exercício do poder familiar.

Outra novidade da Lei n. 13.058/2014 é estabelecer que na guarda compartilhada *o tempo de custódia física dos filhos deve ser dividido de forma equilibrada com a mãe e com o pai*, observando obviamente os interesses dos filhos.

A Lei n. 13.058/2014 possui entusiastas defensores, mas é recebida com cautela por outros, sob o argumento de que *não se resolvem questões complexas impondo condutas de forma tão objetiva*, ou seja, os conflitos, os desentendimentos, as disputas, os atos de alienação parental, não se resolvem com a imposição da guarda compartilhada, devendo ser observado, subjetivamente e não objetivamente, o melhor interesse da criança e do adolescente[24].

A lei apresenta, entretanto, novidades de extrema importância, ao incluir o § 6º no art. 1.584 do CC, obrigando os estabelecimentos públicos e privados a prestar informações sobre os filhos a qualquer dos pais, sob pena de multa diária, e incluir no art. 1.634, incisos IV e V, no exercício do poder familiar, a necessidade de autorização de ambos os pais para os filhos viajarem ao exterior ou mudarem sua residência permanente para outro município. Essas medidas legais proporcionarão ao genitor não guardião participar ativamente da vida dos filhos e supervisionar seus interesses.

A guarda unilateral, permitindo-se ampla convivência com o genitor não guardião, assemelha-se à guarda compartilhada conjunta, sendo por vezes preferível à guarda alternada ou até mesmo à guarda compartilhada propriamente dita, mantendo os referenciais de continuidade do menor, sem muitas mudanças, separações e reaproximações. Nesse sentido, decidiu o Tribunal de Justiça de Minas Gerais, mantendo a guarda unilateral acordada pelos pais e negando provimento ao recurso do Ministério Público para fixação da guarda compartilhada:

> APELAÇÃO CÍVEL – AÇÃO DE DIVÓRCIO – ACORDO ENTRE AS PARTES – HOMOLOGAÇÃO – GUARDA COMPARTILHADA – AUSÊNCIA DE BENEFÍCIO AOS INFANTES – ALIMENTOS – MANUTENÇÃO DA SENTENÇA.
>
> 1. Em que pese a função jurisdicional do Ministério Público, entendo que, na hipótese em análise, o douto representante do parquet pugnou pela fixação da guarda compartilhada sem qualquer indício nos autos acerca de eventual benefício aos infantes, ou mesmo da possibilidade da divisão da responsabilidade entre os pais, razão pela qual deve ser mantida a douta sentença de primeiro grau, que homologou o acordo firmado entre as partes, mantendo a guarda dos infantes com a genitora, sobretudo diante da fixação de um regime amplo de visitas.
>
> 2. A genitora e representante legal dos menores, conforme determina o artigo 8º do Código de Processo Civil (hoje art. 71) é a pessoa certa para delimitar os gastos dos infantes e saber o quantum oportuno e devido para

[24] CRUZ, Maria Luiza Póvoa. *Guarda compartilhada e interesse do menor*. Disponível em: <www.ibdfam.org./artigos>. Acesso em: 10-11-2014.

a sua manutenção, uma vez que vivencia a real necessidade dos filhos na percepção dos alimentos, bem como tem ciência da situação financeira do genitor, inexistindo qualquer justificativa para a alteração do acordo firmado entre as partes e devidamente homologado pelo juízo.

3. Recurso desprovido[25].

A guarda unilateral ou compartilhada pode ser fixada por determinado período, considerando os interesses do filho, requeridas por consenso pelos pais ou decretada pelo juiz, atendendo às necessidades específicas do filho e observando a distribuição de tempo necessário ao convívio deste com o pai e com a mãe.

O Estatuto da Criança e do Adolescente prevê ainda a *guarda institucional*, ao regular a inserção da criança e do adolescente em situação de risco em programas de acolhimento familiar ou institucional, de caráter provisório e excepcional, utilizados como forma de transição para, preferencialmente, reintegração do menor na família, e, na impossibilidade, a integração em família substituta. A inclusão em programa de acolhimento familiar prevalece sobre o acolhimento institucional, possibilitando a convivência familiar (art. 34, § 1º).

Nas duas hipóteses, devem ser preservados os vínculos familiares e promovida a reintegração familiar, promovendo visitas e contato com os pais, salvo determinação judicial em contrário por motivo justificável ou se o menor estiver em preparação para adoção, devendo a situação da criança e do adolescente ser reavaliada a cada seis meses, e não permanecer institucionalizada por prazo superior a dois anos (arts. 19, §§ 1º e 2º, e 33, § 4º, do ECA).

Ao ser inserido em acolhimento familiar ou institucional, ainda que temporário, é necessário nomear um responsável pela pessoa em desenvolvimento, dispondo a lei "que a pessoa ou casal cadastrado em programas de acolhimento familiar poderá receber a criança ou adolescente, mediante guarda e ainda que o dirigente de entidade que desenvolve programa de acolhimento institucional é equiparado ao guardião, para todos os efeitos de direito" (arts. 34, § 2º, e 92, § 1º, do ECA).

Assim, a pessoa ou casal cadastrado em acolhimento familiar recebe o menor mediante guarda, sem excluir dos genitores o dever de prestar ali-

---

[25] TJMG, 8ª CC, AC 1.0396.12.002543-4/001, Rel. Des. Teresa Cristina Cunha Peixoto, j. 27-2-2014.

mentos, e o dirigente da instituição que o acolher é equiparado ao guardião para todos os efeitos.

Resumo

- Guarda dos pais (arts. 1.583 e 1.584 do CC)
  - Unilateral
  - Compartilhada
    - Conjunta
    - Dividida ou compartilhada propriamente ditada
    - Aninhamento
  - Alternada

- Guarda compartilhada (arts. 1.583 a 1.585 do CC)
  - Soluções
    - Mantém os vínculos com ambos os pais
    - Evita a síndrome da alienação parental
    - Mantém os vínculos com a família
    - Mantém as referências paterna e materna
  - Problemas
    - Disputa entre os pais
    - Criação e valores diferentes de um e outro
    - Repetidas quebras nos referenciais de continuidade
    - Elevado número de separações
    - Instabilidade emocional e psíquica no filho

- Guarda substituta (arts. 28 e 33 do ECA)
  - Tutela ou adoção
  - Regularizar posse de fato
  - Medida específica de proteção
    - Falta dos pais
    - Abuso
    - Omissão

Guarda institucional (arts. 34, § 2º, e 92, § 1º, do ECA)	• Programa de acolhimento familiar • Programa de acolhimento institucional

3. ALIENAÇÃO PARENTAL

3.1. Introdução

A guarda compartilhada tem a grande vantagem de evitar o que se denominou de *síndrome da alienação parental*, causada pela conduta do pai ou da mãe que possui a guarda unilateral de denegrir o outro perante o filho, com informações falsas e depreciativas, ao ponto de passar a rejeitá-lo. A implantação paulatina e constante na memória do filho pelo genitor que possui a guarda de falsas verdades acaba por causar na criança ou adolescente a sensação de que foi abandonado e não é querido pelo outro, causando um transtorno psicológico que o leva a acreditar em tudo que foi dito em desfavor do guardião descontínuo e passa a rejeitá-lo, dificultando as visitas e tornando-o cada vez mais distante até aliená-lo, tornando-se órfão de pai vivo, o que é extremamente prejudicial para ambos[26].

A alienação parental ocorre quando o filho se afasta de um dos pais, ou de ambos, e de seus parentes próximos, como os avós, tornando-os cada vez mais distantes, alheios, ao ponto da criança ou adolescente tornar-se órfão de pai ou pais vivos, causando prejuízos por faltar-lhe a referência paterna ou materna.

Marcos Duarte leciona que a síndrome da alienação parental deve ser compreendida como uma patologia jurídica caracterizada pelo exercício abusivo do direito de guarda, vitimando especialmente o filho, que vive uma contradição de sentimentos até chegar ao rompimento do vínculo de afeto com o genitor não guardião. O guardião passa a manipular o filho com uso de táticas verbais e não verbais, distorcendo a realidade para que passe a acreditar que foi abandonado pelo outro genitor, acabando por perceber um dos pais totalmente bom e perfeito (o alienador) e o outro totalmente mau. A principal característica do guardião alienador é a lavagem cerebral do menor para que atinja uma hostilidade quanto ao pai visitante e passe a

26 CARVALHO, Dimas Messias de. *Adoção e guarda*. Belo Horizonte: Del Rey, 2010. p. 66-67.

acreditar que foi desprezado e abandonado, compartilhando ódio e ressentimento com o alienador, tornando-o seu cúmplice. O filho se transforma em defensor abnegado do guardião, repetindo contra o outro genitor as mesmas palavras apreendidas durante o processo de alienação. O acesso ao filho se torna arma de vingança. Para o alienador, obrigações e compromissos nada significam, nem mesmo os firmados perante o juiz, utilizando, no jogo de manipulações, mentiras e, até mesmo, falsas denúncias, inclusive de abusos sexuais[27].

Síndrome é um conjunto de sintomas, tratando-se de mudanças de comportamento da criança ou adolescente quando é programada pelo alienador, que pode ser um dos pais, parentes ou guardião, para desprezar ou odiar o outro genitor, excluindo-o ou matando-o dentro de si. Apesar de ser utilizada a expressão alienação parental, o que na realidade se percebe é a ocorrência de uma síndrome em face do conjunto de sintomas que o menor apresenta. A síndrome é o resultado causado no filho da prática dos atos de alienação parental cometidos pelo alienador. Logo, podem ocorrer atos de alienação parental sem provocar a síndrome, quando o alienador não obtém sucesso ao manipular o filho.

Oportuno, portanto, distinguir alienação parental, atos de alienação parental e síndrome da alienação parental.

Alienação parental é a extinção, o rompimento dos vínculos afetivos pelo filho em face de um dos pais, ou de ambos, tornando-os cada vez mais distantes, alheios, estranhos, chegando ao ponto de o filho se tornar órfão de pais vivos. A alienação parental é o outro lado da moeda do abandono afetivo, em que o abandono e o afastamento ocorrem por iniciativa do pai irresponsável[28].

Atos de alienação parental são todas as condutas praticadas por um dos pais, avós ou outras pessoas que tenham o menor sob sua autoridade, guarda ou vigilância no sentido de interferir na formação psicológica da criança ou adolescente para que repudie e se afaste do outro genitor, extinguindo ou evitando o restabelecimento dos vínculos afetivos e comprometendo a convivência entre os pais e filhos.

---

27 DUARTE, Marcos. Alienação parental: a morte inventada por mentes perigosas. *Revista Leis e Letras*. 18. ed. Fortaleza: Leis e Letras, 2009. p. 34-38.

28 PEREIRA, Rodrigo da Cunha. *Dicionário de direito de família e sucessões*, cit., p. 74.

Síndrome da alienação parental é o conjunto de sintomas apresentados pelo filho em razão da prática dos atos de alienação parental, é o sucesso, o resultado, a consequência dos atos praticados pelo alienador, mudando o comportamento da criança e do adolescente para rejeitar e matar dentro si um dos genitores. Ocorre "quando o menor começa a evitar o contato sem justificativa legítima, inventando desculpas e muitas vezes forjando situações que não ocorreram – as chamadas falsas memórias – para manter-se afastado do genitor alienado e de sua respectiva família"[29].

O termo Síndrome da Alienação Parental (SAP) foi introduzido, em 1985, na psiquiatria norte-americana, por Richard A. Gardner, do Departamento de Psiquiatria Infantil da Universidade de Columbia, New York, para identificar um distúrbio de infância que aparece quase exclusivamente no contexto de disputas de custódia de crianças. É um transtorno no qual um genitor aliena a criança contra o outro genitor, que faz a *lavagem cerebral, programação, doutrinação*. A SAP é caracterizada por um conjunto de sintomas, que incluem:

a) uma campanha denegritória contra o genitor alienado;
b) racionalizações fracas, absurdas ou frívolas para a depreciação;
c) falta de ambivalência (existência de sentimentos antagônicos, por exemplo, amor e ódio);
d) o fenômeno do *pensador independente*;
e) apoio automático ao genitor alienador no conflito parental;
f) ausência de culpa sobre a crueldade e/ou a exploração contra o genitor alienado;
g) a presença de encenações *encomendadas*;
h) propagação da animosidade aos amigos e/ou à família extensa do genitor alienado[30].

---

[29] BRASIL, Glícia Barbosa de Mattos. Quando a alienação se torna síndrome. *IBDFAM Revista*, Edição 32, abr.-maio 2017, p. 12.

[30] GARDNER, Richard A. *O DSM-IV tem equivalente para o diagnóstico de síndrome de alienação parental (SAP)?* Tradução para o português de Rita Rafaeli. Disponível em: <www.alienacaoparental.com.br/textos>.

As crianças, maiores vítimas, leciona a psicóloga Glícia Barbosa, perdem a espontaneidade, sendo visível o sofrimento, tornando-se reféns dos alienadores. De tão induzidas e manipuladas, têm medo de falar suas vontades e passam a repetir ideias pejorativas e falsas acusações contra o outro genitor, ainda que aparentemente o façam de modo autônomo, longe da presença física do genitor alienador, como se as ideias partissem delas próprias. Muitas vezes, são proferidas decisões judiciais de afastamento do genitor baseadas em fatos inverídicos, apontados pela criança, que apenas repete o que foi dito pelo alienador[31].

Existindo conflito entre os pais, é necessário ter muito cuidado nas narrativas do menor, pois pode fantasiar induzido pelo alienador e descrever situações que nunca ocorreram, entre elas denúncias de abuso sexual, evitando o convívio com o genitor descontínuo para atender o alienador. Segundo a psicologia, o mito de que criança não mente está ultrapassado, pois mente, fantasia e cria estórias para se defender de pressões psicológicas ou porque está doente psicologicamente.

A principal característica do guardião alienador é a lavagem cerebral do menor, para que atinja uma hostilidade quanto ao pai visitante e passe a acreditar que foi desprezado e abandonado, compartilhando ódios e ressentimentos com o alienador, tornando-o seu cúmplice. O filho se transforma em defensor abnegado do guardião, repetindo contra o outro genitor as mesmas palavras apreendidas durante o processo de alienação. As dificuldades de visitas e contatos ao filho transformam-se em armas de vingança e retaliação do alienador, que utiliza de mentiras e falsas verdades no jogo de manipulações para denegrir o outro e afastá-lo do convívio.

Richard Gardner ressalta que a doutrinação de uma criança por meio da SAP é uma forma de abuso – abuso emocional – porque enfraquece a ligação psicológica entre a criança e um genitor amoroso e em alguns casos pode conduzir à destruição total dessa ligação, então, pode ser pior do que outras formas de abuso, como maus-tratos e negligência[32].

---

31 BRASIL, Glícia Barbosa de Mattos. A reconstrução dos vínculos afetivos pelo judiciário. *Revista Brasileira de Direito de Família e Sucessões*. Porto Alegre: Magister; Belo Horizonte: IBDFAM. n. 13, dez.-jan. 2010.

32 GARDNER, Richard A. *O DSM-IV tem equivalente para o diagnóstico de síndrome de alienação parental (SAP)?*, cit.

3.2. Atos de alienação parental

A Lei n. 12.318/2010 dispõe sobre a alienação parental e apresenta mecanismos eficientes para o combate aos atos de alienação parental, possibilitando ao judiciário adotar medidas eficazes para inibir as condutas abusivas e restabelecer os vínculos afetivos e a convivência sadia entre pais e filhos. Dispõe o art. 2º, *caput*, que:

> Art. 2º Considera-se ato de alienação parental a interferência na formação psicológica da criança ou do adolescente promovida ou induzida por um dos genitores, pelos avós ou pelos que tenham a criança ou adolescente sob a sua autoridade, guarda ou vigilância para que repudie genitor ou que cause prejuízo ao estabelecimento ou à manutenção de vínculos com este.

A legislação considera que a prática de atos de alienação parental fere direito fundamental da criança e do adolescente, constitui abuso moral e importa em descumprimento dos deveres inerentes à autoridade parental (art. 3º), o que autoriza a aplicação de medidas para inibir ou atenuar seus efeitos, desde a advertência ao alienador até a suspensão da autoridade parental, conforme a gravidade do caso.

O parágrafo único do art. 2º da Lei de Alienação Parental autoriza ao juiz declarar atos de alienação ou acolher os constatados por perícia, independentes dos exemplificados nos incisos I a VII. Os exemplos de atos de alienação parental, praticados diretamente pelo alienador ou com auxílio de terceiros, encontram-se nos incisos do art. 2º.

I – *Realizar campanha de desqualificação da conduta do genitor no exercício da paternidade ou maternidade*. O rompimento de uma união é sempre doloroso e afeta tanto os pais quanto os filhos. Muitas das vezes um dos genitores, por decepção, frustração ou rancor do parceiro, ao invés de proteger a prole e ajudar a aceitar e superar a separação dos pais, projeta na criança todos os sofrimentos negativos e de vingança, com o objetivo de desqualificar o outro genitor. Na campanha de desqualificação utiliza-se de informações falsas, depreciativas, injuriosas e difamantes, causando insegurança e instabilidade emocional nos filhos para conviver com o outro genitor.

Rolf Madaleno e Ana Carolina Madaleno incluem a desqualificação de ordem econômico-financeira, exercendo irresistível influência sobre a decisão (especialmente adolescentes) na escolha do guardião[33].

II – *Dificultar o exercício da autoridade parental.* A separação do casal não separa os pais dos filhos (exceto quanto a moradia comum) e não altera o exercício dos direitos e deveres do poder familiar (art. 1.635, CC, e 21/22, ECA). Pratica atos de alienação parental o genitor que desautoriza e convence o filho a desprezar e ignorar todas as orientações e decisões do outro genitor, excluindo-o de exercer o seu dever de cuidados e de participar da vida do filho.

III – *Dificultar contato de criança ou adolescente com genitor.* Conduta lamentavelmente comum e que causa muito sofrimento aos filhos. Configura abuso moral o genitor que veda qualquer comunicação e impede o filho de se relacionar com o outro genitor, como telefonar ou receber ligações, comunicar-se pelos meios eletrônicos ou mesmo ter contato pessoal fora dos dias de visita, se não interferir na rotina da criança.

IV – *Dificultar o exercício do direito regulamentado de convivência familiar.* Prática também muito frequente do alienador, que cria inúmeras situações agradáveis e interessantes para atrair o filho coincidentemente nos dias de visitas, levando-o a recusar a convivência com o outro genitor e seus familiares. Diversos outros meios são utilizados para convencer o filho a recusar as visitas ou ausentar-se da residência, o que tem exigido uma atuação eficaz do judiciário para garantir o direito fundamental da criança e do adolescente à convivência familiar.

Além do convencimento sutil do filho para não querer a convivência com o outro genitor e descumprir a visitação estabelecida, o alienador pratica atos graves, como, por exemplo, ministrar sonífero à criança para dormir no momento do horário de visitação.

V – *Omitir deliberadamente ao genitor informações pessoais relevantes sobre a criança ou adolescente, inclusive escolares, médicas e alterações de endereço.* A omissão de informações é uma conduta que tem por objetivo afastar o genitor da vida e do cotidiano do filho, tornando-o um estranho.

---

[33] MADALENO, Ana Carolina Carpes; MADALENO, Rolf. *Síndrome da alienação parental.* 4. ed. Rio de Janeiro: Forense, 2017, p. 105.

A Lei da Guarda Compartilhada acrescentou o § 6º ao art. 1.584, CC, para obrigar as instituições a prestar informações a qualquer genitor.

VI – *Apresentar falsa denúncia contra genitor, contra familiares deste ou contra avós, para obstar ou dificultar a convivência deles com a criança ou adolescente*. A falsa denúncia é uma das mais graves e cruéis formas de alienação parental. A falsa denúncia, especialmente de abuso sexual, é devastadora, pois diante de um fato de tamanha gravidade a primeira atitude do judiciário é suspender a convivência para proteger a criança. Após apurada a falsidade e o alienador receber a pecha de abusador, todo o dano que já foi causado é irreparável.

As denúncias falsas normalmente ocorrem após o alienador implantar na memória do filho informações irreais e ilusórias, induzindo-o a acreditar e relatar fatos inverídicos como se efetivamente tenham ocorrido, o que é denominado de "síndrome das falsas memórias".

A criança é duplamente penalizada: sofre pelo abuso fantasiado e pelo afastamento do genitor.

VII – *Mudar o domicílio para local distante, sem justificativa, visando dificultar a convivência da criança ou adolescente com o outro genitor, com familiares deste ou com os avós*. A mudança de domicílio para local distante, desnecessariamente, frustra a convivência do genitor não guardião com o filho.

O art. 1.634, V, CC, com redação dada pela Lei n. 13.058/2014, exige autorização de ambos os pais para os filhos mudarem a residência permanente para outro Município.

O art. 8º da Lei de Alienação Parental considera irrelevante a alteração do domicílio para determinação da competência, observando-se o domicílio de origem.

3.3. Aspectos processuais

A declaração de atos de alienação parental pode ocorrer mediante *Ação de Declaração de Alienação Parental*, autônoma, ou incidentalmente nas ações de guarda, de fixação de visitas e dissolução de casamento ou união estável, a requerimento do interessado ou de ofício.

Encontrando-se a criança em situação de risco em razão do abuso moral praticado pelo genitor na prática de atos de alienação parental, o

Ministério Público possui legitimidade ativa para propor a Ação de Declaração de Alienação Parental c/c Medidas Protetivas. Nesse sentido:

> Ementa: MEDIDA DE PROTEÇÃO INTENTADA PELO MINISTÉRIO PÚBLICO EM FAVOR DE MENORES. SÍNDROME DE ALIENAÇÃO PARENTAL. INTERESSE DE MENORES. LEGITIMIDADE. COMPETÊNCIA DA VARA DA INFÂNCIA E DA JUVENTUDE. RECONHECIMENTO. DECISÃO QUE ARQUIVOU O FEITO. DESCABIMENTO. REFORMA. 1. Tendo em vista o disposto nos artigos 141 e 201, VIII, da Lei n. 8.069/1990 c/c artigo 82, I, do CPC, o Ministério Público tem legitimidade para figurar no polo ativo de ação em que se pleiteia a adoção de medidas protetivas contra alienação parental. 2. Conjugando-se o disposto no artigo 98, II, com as determinações do artigo 148, § único, d, ambos do ECA, tem-se a competência do Juízo da Infância e da Juventude para conhecer, processar e julgar medida de regulamentação de visita, que busca coibir alienação parental promovida pela mãe contra o pai. 3. Impõe-se a reforma da decisão que determinou o arquivamento dos autos em que se pleiteou medida protetiva para menores, se restar verificado a plausibilidade de eles estarem em situação de risco, especificamente em síndrome de alienação parental. 4. [...][34].

O foro competente (competência territorial) é o do domicílio do guardião do filho incapaz (art. 53, CPC, e 147, ECA), não sendo alterado em razão da mudança do domicílio (art. 8º da Lei de Alienação Parental).

A competência em razão da matéria, tratando-se de ação autônoma, é da Vara da Infância e da Juventude, em razão do abuso moral praticado pelos pais (art. 98, II, c/c 148, ECA). Tratando-se de pedido incidental em ações de família, a competência é da Vara de Família onde tramita o processo principal. Nesse sentido:

> EMENTA: CONFLITO NEGATIVO DE COMPETÊNCIA – AÇÃO DE ALIENAÇÃO PARENTAL – PRETENSÃO DE CUMPRIMENTO DO ACORDO QUE DEFINIU AS VISITAS PATERNAS – MENORES EM SITUAÇÃO DE RISCO – NÃO CONFIGURAÇÃO – ART. 98 DO ECA – ART. 60 DA LCE 59/01 – VARA CÍVEL/DE FAMÍLIA COMPETENTE.

[34] TJMG, AC 1.0114.10.014405-3/001, Rel. Des. Vieira de Brito, j. 26-5-2010.

1. As ações que visam à regulamentação do direito de visita, regra geral, tramitam perante a Vara de Família (art. 60 da LCE 59/01). Somente quanto a criança se encontrar em situação de risco, tal como descrito no art. 98 do ECA, é que a competência será deslocada para a Vara da Infância e Juventude.

2. Crianças que, embora possam estar sofrendo restrição em seu direito de convivência familiar saudável, encontram-se devidamente assistidas por sua mãe, que inclusive constituiu nova família, inexistindo provas ou alegações quanto à exposição a maus-tratos, ou a situações que importem ameaça às suas integridades físicas e mentais.

3. Competência do juízo suscitado[35].

Ajuizada a ação ou alegados incidentalmente os atos de alienação parental, já no início o juiz deve declarar indícios de alienação parental e a requerimento, ou de ofício, determinar com urgência as medidas provisórias para interromper os atos, preservar a integridade psicológica da criança e assegurar a convivência com o genitor ou viabilizar a reaproximação entre ambos, inclusive com visitação assistida se for necessário, impondo tramitação prioritária ao feito (art. 4º e parágrafo único da Lei n. 12.318/2010)[36]. Presentes os indícios de alienação parental, deve o juiz deferir antecipadamente os efeitos da tutela. Nesse sentido:

Ementa: AGRAVO DE INSTRUMENTO – *ALIENAÇÃO PARENTAL* – Decisão que indeferiu o pedido de antecipação dos efeitos da tutela, sob o fundamento de que já há ação discutindo a regulamentação das visitas do autor, ora agravante, ao menor – Insurgência do genitor – Acolhimento –

[35] TJMG, Conflito de Competência 1.0000.13.087667-5/000, Rel. Des. Áurea Brasil, j. 26-6-2014.

[36] "Art. 4º Declarado indício de ato de alienação parental, a requerimento ou de ofício, em qualquer momento processual, em ação autônoma ou incidentalmente, o processo terá tramitação prioritária, e o juiz determinará, com urgência, ouvido o Ministério Público, as medidas provisórias necessárias para preservação da integridade psicológica da criança ou do adolescente, inclusive para assegurar sua convivência com genitor ou viabilizar a efetiva reaproximação entre ambos, se for o caso.
Parágrafo único. Assegurar-se-á à criança ou adolescente e ao genitor garantia mínima de visitação assistida, ressalvados os casos em que há iminente risco de prejuízo à integridade física ou psicológica da criança ou do adolescente, atestado por profissional eventualmente designado pelo juiz para acompanhamento das visitas."

> Agravante que junta aos autos termo de audiência, assinado digitalmente por Magistrado, comprovando que, no Processo n. 1013904-66.2014.8.26.0071, em 17.09.2015, foi homologado acordo judicial entre as partes, estabelecendo regime de visitas do agravante ao filho menor – Os boletins de ocorrência, trazidos aos autos às fls. 20/29 e 36/39, garantem verossimilhança à alegação do autor de que a requerida vem descumprindo o pactuado em juízo, obstando o direito do menor de convívio com seu genitor – Tal atitude da genitora, caso confirmada, representa ato de *alienação parental*, nos termos do art. 2º, parágrafo único, inciso IV, da Lei n. 12.318/2010 – Síntese dos fatos narrados na exordial, bem como na documentação juntada ao processo, são hábeis a caracterizar a presença dos requisitos indispensáveis à concessão da tutela antecipada, previstos no art. 300, do CPC – Decisão reformada, para garantir ao agravante o direito de visitas ao seu filho menor, nos termos do acordo judicialmente homologado (fls.19), fixando-se multa no valor de meio salário mínimo a ser paga pela genitora para cada ocasião de descumprimento da ordem judicial de convivência paterna – Recurso provido, em parte[37].

A perícia psicológica ou biopsicossocial não é obrigatória, mas é fundamental para identificar os atos de alienação parental, devendo o juiz determinar a realização da prova pericial, realizada por profissional ou equipe multidisciplinar, no prazo de noventa dias. Dispõe o § 1º, do art. 5º da Lei de Alienação que:

> § 1º O laudo pericial terá base em ampla avaliação psicológica ou biopsicossocial, conforme o caso, compreendendo, inclusive, entrevista pessoal com as partes, exame de documentos dos autos, histórico do relacionamento do casal e da separação, cronologia de incidentes, avaliação da personalidade dos envolvidos e exame da forma como a criança ou adolescente se manifesta acerca de eventual acusação contra genitor.

A perícia deve levar em conta todas as circunstâncias do processo, a dinâmica familiar, os participantes do conflito e ainda avaliar individualmente os envolvidos, pois nem sempre é fácil identificar a alienação parental, conforme esclarece Sandra Baccara:

[37] TJSP, AI 2095617-94.2016.8.26.0000, Rel. Des. Costa Netto, j. 27-6-2017.

> Diagnosticar ato de alienação parental não é uma atividade simples, pois demanda um vasto conhecimento técnico. A própria Lei 12.318/10 exemplifica o que seriam atos de alienação parental. Porém existem muitas outras formas. Hoje podemos identificar crianças e adolescentes que, apesar de não repudiarem o genitor alienado, claramente manifestam um sofrimento psíquico e/ou corporal típicos de um sujeito alienado.
>
> Assim, se não tivermos uma visão sistêmica sobre o fato, a alienação parental muitas vezes pode passar despercebida ao juízo e mesmo ao assistente técnico e ao perito[38].

Comprovados atos de alienação parental, independente da responsabilidade civil (dano moral) ou criminal (crimes contra a honra, denunciação caluniosa) e da ampla utilização dos instrumentos processuais, o juiz pode aplicar, cumulativamente ou não, medidas judiciais eficazes para impedir ou reduzir os efeitos da alienação (art. 6º). Dentre os instrumentos processuais pode ser determinado busca e apreensão dos filhos. Nesse sentido:

> Ementa: BUSCA E APREENSÃO [...]. DECISÃO MANTIDA. A busca e apreensão determinada no juízo de origem que preserva o interesse dos filhos do casal, mormente diante de fortes indícios de ocorrência da síndrome de alienação parental, deve ser mantida por esta instância revisora em prestígio à prioridade no tratamento das questões menoristas (art. 227 da CF)[39].

O art. 6º da Lei n. 12.318/2010 autoriza ao juiz a ampla utilização de instrumentos processuais para inibir ou atenuar os efeitos dos atos de alienação parental, independente da responsabilidade civil ou criminal do alienador. Além de outras, de acordo com a necessidade do caso concreto, o juiz pode aplicar as seguintes medidas:

I – declarar a ocorrência de alienação parental e advertir o alienador;

II – ampliar o regime de convivência familiar em favor do genitor alienado;

III – estipular multa ao alienador;

---

[38] ARAÚJO, Sandra Maria Baccara. O psicólogo como perito e como assistente técnico. In: ARAÚJO, Sandra Maria Baccara et al. (Orgs.). *Alienação parental: interlocuções entre o direito e a psicologia*. Curitiba: Maresfiels Gardens, 2014, p. 65.

[39] TJMG, AI 1.0672.08.317528-7/001, Rel. Des. Edilson Fernandes, j. 5-10-2010.

IV – determinar acompanhamento psicológico e/ou biopsicossocial. Nesse sentido:

> EMENTA: AÇÃO DE DECLARAÇÃO DE ALIENAÇÃO PARENTAL – ATOS DE ALIENAÇÃO CONFIGURADOS – IMPOSIÇÃO DE ÓBICES À VISITAÇÃO E DENEGRIÇÃO DA FIGURA PATERNA JUNTO AO FILHO – ADVERTÊNCIA E IMPOSIÇÃO DE ACOMPANHAMENTO BIOPSICOSSOCIAL À ALIENANTE.
>
> [...]
>
> – A denegrição da figura paterna junto ao filho, bem como a imposição de óbices à visitação e convivência familiar entre pai e filho, configuram atos de alienação parental praticados pela mãe.
>
> – Para cessar a prática de alienação parental, deve o julgador impor medidas eficazes e que visem o melhor interesse do menor[40].

V – determinar a alteração da guarda para guarda compartilhada ou sua inversão:

> Ementa: APELAÇÃO – Guarda de menores – Pai em face da genitora – Procedência – Laudos conflitantes quanto à atribuição da guarda – Alegação de abuso sexual por parte do atual companheiro da mãe afastada pelas provas dos autos – Genitor que, mesmo possuindo melhores condições financeiras, possui histórico de agressão contra a genitora, pratica *alienação parental*, e não se preocupa em manter os vínculos entre mãe e filhas – Questão financeira que não pode prevalecer sobre os elevados interesses das crianças – Prevalência do Estudo Psicológico mais recente, que também norteou o judicioso parecer da d. Procuradoria Geral de Justiça – Decisão modificada – Guarda que deve ser atribuída à mãe, invertido o regime de visitação. Recurso Provido[41].

VI – determinar a fixação cautelar do domicílio da criança ou adolescente;

VII – declarar a suspensão da autoridade parental.

---

[40] TJMG, AC 1.0024.11.205247-7/001, Rel. Des. Heloísa Combat, j. 2-7-2015.

[41] TJSP, AC 1128918-74.2015.8.26.0100, Rel. Des. Egidio Giacoia, j. 5-4-2017.

Parágrafo único. Caracterizado mudança abusiva de endereço, inviabilização ou obstrução à convivência familiar, o juiz também poderá inverter a obrigação de levar para ou retirar a criança ou adolescente da residência do genitor, por ocasião das alternâncias dos períodos de convivência familiar.

3.4. Autoalienação parental

A autoalienação parental ou alienação autoinfligida ocorre quando o próprio genitor se afasta dos filhos ou, em razão de sua conduta, acaba por afastar os filhos de sua convivência, chegando ao extremo da prole se recusar a conviver com ele. Na prática, a autoalienação ocorre quando o genitor obriga o filho a conviver com sua nova companheira que causou a separação dos pais; quando age agressivamente com os filhos exigindo demonstração de amor e afeto; quando se apresenta como vítima da dissolução da união e chantageia e cobra solidariedade dos filhos; quando demonstra rancor e desqualifica o outro genitor, entre outras condutas, o que leva os filhos a rejeitá-lo, sem qualquer interferência do outro ascendente.

Ana Carolina e Rolf Madaleno ressaltam que o autoalienador possui dificuldades de lidar com a separação e cria inúmeros conflitos familiares, vitimizando-se como um *pai não desejado*, sem perceber ou ignorando o sofrimento e o desconforto que causa nos filhos. Acrescentam que:

> De fato, por vezes a alienação parental se encontra no perfil de um genitor com claros transtornos de personalidade *narcisista, paranoide e borderline*, que não demonstra suas emoções; não sente culpa, porque todos os erros e falhas são decorrência dos atos de outra pessoa; ele não admite ser afrontado, pois sua vontade é soberana e por isso prepondera sobre tudo que ao contrário idealizou. Afirma-se vítima da falta de integridade e ética dos outros, lembrando que para os filhos sempre existe algo que seu dinheiro pode proporcionar, como forma de compensar sua ausência ou ganhar o carinho dos filhos dando-lhes tudo o que pedem ou querem, necessitando ou não, sem limites ou disciplina, tentando mostrar consciente ou inconscientemente suas diferenças em relação ao outro genitor. Pais alienadores que apresentam personalidades vulneráveis perante os conflitos que emergem da separação podem até não ser conscientemente maliciosos, mas agridem

emocionalmente seus filhos, que sofrem essa violência por parte de um pai e dele se distanciam[42].

3.5. Desafios do judiciário

Apesar dos imensos avanços no combate à alienação parental verifica-se na prática a dificuldade do judiciário em inibi-la e reaproximar os filhos já alienados dos pais.

Não raras vezes os pais afastados dos filhos acabam por desanimar, em razão da morosidade da justiça em inibir os atos de alienação e as frustrações nas tentativas de reaproximação, e desistem de conviver com o filho alienado, evitando aborrecimentos com as falsas denúncias e dificuldades na aproximação.

É necessária, nesses casos, uma atuação conjunta de todos os envolvidos para resgatar essa família doente. No artigo de capa do periódico *IBDFAM Revista – Alienação Parental – o monstro do rancor e da vingança* – consta:

> Ainda conforme Glícia Brazil, o ideal é pensar a alienação parental enquanto sintoma da família que adoeceu, com causa multifatorial e com necessidade de uma intervenção conjunta entre operadores do direito (juízes, promotores, advogados e equipe técnica do Juízo – formada por psicólogo, assistente social e médico). "Também é fundamental o trabalho dos assistentes técnicos e dos psicólogos clínicos que atendem a família, pois o fenômeno é complexo, envolve amplo conhecimento de todos os envolvidos e, muitas vezes, coloca em xeque a efetividade das decisões judiciais, porque a intervenção do Poder Judiciário encontra limites na reconstrução dos vínculos de afeto que se perdem com a falta do convívio."[43]

Muriel Gustavo de Andrade alerta sobre as graves consequências dos danosos e destrutivos efeitos da alienação parental e os cuidados que se deve ter no colhimento do depoimento dos menores sem dano. Acrescenta que:

---

[42] MADALENO, Ana Carolina Carpes; MADALENO, Rolf. *Síndrome da alienação parental*, cit., p. 166.

[43] BRASIL, Glícia Barbosa de Matos. *IBDFAM Revista*, Edição 32, cit., p. 12.

> Atualmente, tem-se observado no judiciário uma enxurrada de processos que tratam do tema da alienação parental, em que se percebe cada vez mais genitores submeterem seus filhos a um abuso psicológico com sequelas devastadoras na vida destes.
>
> Os atos de alienação parental são espécies de maltrato e abuso contra a criança e o adolescente, atentando inclusive contra a dignidade destes. As consequências percebidas pelos alienados são profundas, podendo, segundo o ensinamento de Guazzuelli, permanecer para sempre.
>
> [...]
>
> Daí a necessidade de se criarem mecanismos para diminuir e atuar com precisão nestes casos. Dessa forma, idealizado pelo Juiz de Direito Cesar Daltoé, que, percebendo os inúmeros casos de falsas denúncias e da necessidade de possibilitar um ambiente humanizado para a inquirição destas vítimas, criou o depoimento sem dano. Este consistiu na retirada dos menores do ambiente cheio de formalismo da presença do suposto abusador e da autoridade do alienador. Certamente, a criança ou adolescente distante desta situação e na presença de pessoal altamente capacitado contribuirá para que seja evidenciado o que realmente tem experimentado. Sendo vítima de atos de alienação parental ou realmente de abuso sexual, os psicólogos poderão auxiliar o magistrado a que lado seguir no processo[44].

Os principais desafios do judiciário são:

– Identificar, prioritariamente, com auxílio dos serviços auxiliares, mediante perícia por equipe multidisciplinar (art. 5º), a ocorrência de atos de alienação parental;

– Reaproximar e garantir a convivência entre o genitor alienado e o filho, adotando medidas para preservação da integridade do menor (art. 4º), com auxílio de profissionais especializados e equipes de mediações de conflitos;

– Utilizar os instrumentos profissionais para inibir ou atenuar os efeitos dos atos de alienação parental, previstos no art. 6º da Lei n. 12.318/2010.

---

[44] ANDRADE, Muriel Gustavo de. Alienação parental: mecanismos para inibição desta prática. In: RODRIGUES JÚNIOR, Walsir Edson (Org.). *Direito das famílias e das sucessões: novas tendências*. Belo Horizonte: D'Plácido, 2017, v. 1, p. 228-229.

4. DIREITO À CONVIVÊNCIA FAMILIAR COM OS AVÓS

O Código Civil não cuidava expressamente do direito de convivência familiar avoenga, posto que o art. 1.589 referia somente aos pais, entretanto, o maior interesse do menor e o direito à convivência familiar previstos nos arts. 1º da Lei n. 8.069/1990 e 227, *caput*, da Constituição Federal garantem o direito aos netos de conviverem com os avós e a legitimidade destes em requererem regulamentação de visitas, garantindo uma convivência saudável, estreitando os vínculos afetivos e a solidificação da família.

A Lei n. 12.010/2009, ao acrescentar o parágrafo único no art. 25 e o § 1º no art. 39, ambos do Estatuto da Criança e do Adolescente, conceituando a família extensa e prevendo sua preferência em acolher os menores antes da adoção, reconheceu a importância dos parentes na criação, educação e convivência dos infantes, notadamente os avós, os primeiros a exercerem a tutela dos netos na ausência dos pais.

A jurisprudência era remansa no sentido de que constitui princípio fundamental de moral familiar as relações de afetividade e convivência entre os avós e os netos, sem importar interferência ou desrespeito aos direitos dos pais, salvo se ocasionar motivos sérios e graves a não recomendar o convívio. O direito de os avós conviverem com os netos se funda na solidariedade familiar e nas obrigações oriundas do parentesco (art. 227 da CF), mostrando-se odiosa e injusta a oposição à relação de amizade e intercâmbio entre avós e netos, constituindo-se em verdadeiro abuso do poder familiar dos pais[45].

É inequívoco que a convivência dos avós com os netos é extremamente saudável e recomendável, estreitando os laços de afetividade e bem-estar emocional na família. O princípio da dignidade da pessoa humana inclui o direito à própria história, direito personalíssimo da ancestralidade, que também se constrói pelos vínculos de afetividade que se desenvolve entre os parentes próximos, tanto que a Constituição Federal garante ao menor o direito à convivência familiar (art. 227), restando incompatível com tais princípios os pais, por divergência de opiniões ou diversidades de temperamentos, pretenderem afastar os filhos do convívio com os avós[46].

45 TJRJ, 10ª CC, Ag. 2002.002.16288, Rel. Des. Ferdinaldo Nascimento, j. 7-8-2003.

46 TJRJ, 2ª CC, AC 2008.001.09048, Rel. Des. Jesse Torres, j. 19-3-2008.

Finalmente, o legislador se sensibilizou e por meio da Lei n. 12.398/2011 incluiu na legislação expressamente o direito de os avós conviverem com os netos, garantindo-lhes o direito de visitas. Para tanto, além de alterar a redação do inciso VII do art. 888 do Código de Processo Civil de 1973, para incluir os avós no direito de visitas aos netos, acrescentou o parágrafo único[47] ao art. 1.589 do Código Civil, para estender o direito à convivência familiar dos netos com os avós, independentemente do desejo dos pais, desde que não seja prejudicial aos menores, estreitando os laços familiares.

Atualmente, é reconhecido o direito da criança e do adolescente em conviver com seus avós paternos e maternos, de extrema importância para formação dos menores, fortalecendo os laços de afetividade na família.

5. ALIMENTOS AOS FILHOS

É garantido aos filhos menores e maiores incapazes o direito à pensão alimentícia do genitor que não possui a guarda, na proporção de seus recursos, sendo obrigatória e irrenunciável, pois decorre de relação de parentesco, não podendo ser dispensada pelo outro genitor ou representante legal.

Os alimentos aos filhos menores importam em dever inerente ao poder familiar, e aos maiores, ainda sem condições de se manterem pelo próprio trabalho, em dever em razão do parentesco.

Dispõe o art. 1.703 do Código Civil, que também se aplica ao divórcio e união estável, que:

> Art. 1.703. Para manutenção dos filhos, os cônjuges separados judicialmente contribuirão na proporção de seus recursos.

Os pais, em razão do poder familiar, têm o dever de sustentar, criar e educar os filhos menores, sendo o fornecimento de alimentos uma das obrigações intrínsecas à criação, dispondo o art. 1.634, I, do Código Civil que:

> Art. 1.634. Compete aos pais, quanto à pessoa dos filhos menores:
>
> I – dirigir-lhes a criação e educação.

[47] "Parágrafo único. O direito de visita estende-se a qualquer dos avós, a critério do juiz, observados os interesses da criança ou do adolescente."

No mesmo sentido, dispõe o art. 22 do Estatuto da Criança e do Adolescente:

> Art. 22. Aos pais incumbe o dever de sustento, guarda e educação dos filhos menores, cabendo-lhes, ainda, no interesse destes, a obrigação de cumprir e fazer cumprir as determinações judiciais.

O divórcio, portanto, não exclui do cônjuge que não possui a guarda o dever de sustento dos filhos menores, cabendo-lhe, ainda, fiscalizar sua educação e criação.

A maioridade do filho, por si só, não afasta dos pais o dever de sustento, transmudando a obrigação inerente ao poder familiar para o dever de prestar alimentos em razão do parentesco (art. 1.694 do CC), cabendo, neste caso, o filho demonstrar a necessidade, o que é comum quando se encontra estudando regularmente.

6

Direito parental

1. PARENTESCO

1.1. Considerações gerais – vínculos de família

O vocábulo família possui diversas acepções, também existindo vários modelos de entidades familiares, como a família matrimonial (casamento), não matrimonial (união estável, monoparental, anaparental, união homoafetiva e socioafetiva), adotiva (vínculo da adoção) e substituta (guarda, tutela e adoção), surgindo, das relações familiares, cinco vínculos:

• *Vínculo do parentesco* é a relação das pessoas vinculadas pelo sangue, que se originaram pela ascendência direta ou de um tronco comum, ou por outra origem, como a adoção e a socioafetividade.

• *Vínculo conjugal* é o resultante do casamento, o vínculo que liga os cônjuges.

• *Vínculo da união estável* é o elo entre os companheiros, resultante em direitos e obrigações.

• *Vínculo da afinidade* é a relação que liga a pessoa aos parentes de seu cônjuge ou companheiro, sendo que o Código Civil e diversos autores utilizam a expressão *parentesco por afinidade*.

• *Vínculo da afetividade* é o vínculo agregador da família, ocorrendo tanto no parentesco biológico, nas uniões, como nas pessoas que não possuem vínculo consanguíneo, conferindo valor jurídico ao afeto para reconhecer os vínculos socioafetivos.

A família pode ser dividida em dois grandes grupos, que agrega todos os vínculos: conjugalidade e parentalidade.

1.2. Vínculo do parentesco – conceito e espécies no Código Civil de 1916 e no de 2002

Parentesco, no conceito de Maria Helena Diniz, é a relação vinculatória existente não só entre pessoas que descendem umas das outras ou de um mesmo tronco comum, mas também entre um cônjuge e os parentes do outro, entre o adotante e o adotado, e entre o pai institucional e o filho socioafetivo[1], estendendo-se aos demais parentes. O conceito inclui o parentesco por afinidade, que abrange não apenas os parentes do cônjuge, mas também do companheiro, bem como o parentesco socioafetivo.

Assim, considera-se o parentesco por consanguinidade, por adoção ou socioafetivo e por afinidade. A afinidade não pode ser considerada, tecnicamente, um parentesco, já que os afins não descendem uns dos outros ou possuem um ancestral comum. Extinto o casamento ou a união que a originou, a afinidade extingue-se na linha colateral, o que não ocorre entre os parentes.

O parentesco por consanguinidade, que é a relação que vincula entre si pessoas que descendem umas das outras (linha reta), como pais e filhos, avós e netos, ou que descendem de um tronco comum (linha colateral), como irmãos, tios e sobrinhos, era discriminado no Código Civil de 1916, como também ocorria com a filiação, denominando-o de *legítimo*, quando havido do casamento, e *ilegítimo*, quando fruto de relações extramatrimoniais, dividindo-se esta última espécie em *natural*, quando, apesar de os pais não serem casados, não existia impedimento para o matrimônio, *adulterino*, se um dos pais era casado com terceira pessoa, e *incestuosos*, por razão de parentesco dos pais, impeditivo para o casamento. Além do consanguíneo, era reconhecido apenas o parentesco civil mediante adoção e que não produzia todos os efeitos.

---

[1] DINIZ, Maria Helena. *Curso de direito civil brasileiro* – Direito de família. 22. ed., cit., p. 409.

As espécies discriminatórias da legislação anterior não foram recepcionadas pela Constituição Federal de 1988, restando revogadas por leis esparsas. O Código Civil de 2002 refere-se somente ao parentesco natural ou civil, permitindo-se, em igualdade com o consanguíneo, sua constituição por outra origem.

Parentesco na vigência do CC de 1916

- Legítimo – havido do casamento
- Ilegítimo
  - natural
  - adulterino
  - incestuoso
- Civil – adoção

Atualmente, não existem mais as designações discriminatórias, dispondo o Código Civil que "o parentesco é natural ou civil, conforme resulte de consanguinidade ou outra origem" (art. 1.593).

O parentesco consanguíneo ou natural ocorre quando as pessoas biologicamente descendem umas das outras ou de um ancestral comum. É o parentesco de sangue tanto na linha reta como na colateral. Pode ser dividido em *matrimonial*, se oriundo do casamento, e *extramatrimonial*, se proveniente de união estável, relações sexuais eventuais e simultâneas, sem que esta distinção, necessária em face das presunções legais de filiação havida na constância do casamento, importe discriminação, tratando-se de termos axiologicamente indiferentes. O parentesco natural pode ser duplo, quando derivado dos dois genitores, como os irmãos germanos ou bilaterais e os sobrinhos filhos destes, ou simples, quando derivado de apenas um genitor, como os irmãos unilaterais e os sobrinhos[2].

O *parentesco civil* é o constituído por outra origem que não a biológica, por ato voluntário das partes, como ocorre na adoção, na reprodução assistida heteróloga e na posse do estado de filho, importando na filiação socioafetiva.

A adoção tem reflexos amplos e não apenas entre o adotante e o adotado, posto que atribui a este a condição de filho e o introduz na família

---

2 DINIZ, Maria Helena. *Curso de direito civil brasileiro* – Direito de família. 22. ed., cit., p. 409 e 410.

adotante, desligando-o de qualquer vínculo com os pais ou parentes biológicos, salvo para os impedimentos matrimoniais (art. 41 do ECA). O parentesco civil acolhe ainda os filhos havidos por reprodução medicamente assistida heteróloga e os socioafetivos, caracterizado pela posse do estado de filho, incluídos genericamente no parentesco por *outra origem*, conforme dispõe o art. 1.593 do Código Civil:

> Art. 1.593. O parentesco é natural ou civil, conforme resulte de consanguinidade ou outra origem.

- Parentesco no CC de 2002
  - Natural ou consanguíneo
    - Matrimonial
    - Extramatrimonial
  - Civil ou outra origem
    - Adoção
    - Reprodução heteróloga
    - Socioafetivo

Parentesco por afinidade é o vínculo estabelecido entre um cônjuge ou companheiro e os parentes do outro. A denominação é incorreta tanto que o próprio Código Civil usa a expressão *aliado*, no *caput* do art. 1.595[3] para, em seguida, no § 1º, utilizar a denominação *parentesco*. A afinidade não gera direitos e obrigações, exceto impedimento matrimonial na linha reta, não podendo, portanto, ser considerada parentesco. São afins na linha reta, sem limites, os parentes na linha reta do cônjuge ou companheiro, ou seja, sogros, genros, noras, enteados, padrastos e madrastas, limitando-se na linha colateral aos irmãos do cônjuge ou companheiros (cunhados e cunhadas). Assim, não são afins sobrinhos, tios e primos do cônjuge, não ocorrendo, da mesma forma, a afinidade entre os afins, como os concunhados, por tratar-se de um vínculo pessoal.

---

[3] "Art. 1.595. Cada cônjuge ou companheiro é aliado aos parentes do outro pelo vínculo da afinidade.

§ 1º O parentesco por afinidade limita-se aos ascendentes, aos descendentes e aos irmãos do cônjuge ou companheiro.

§ 2º Na linha reta, a afinidade não se extingue com a dissolução do casamento ou da união estável."

A afinidade na linha reta não se extingue com a dissolução do casamento ou da união estável, mantendo-se o impedimento matrimonial, entretanto, não gera outros efeitos entre os afins, como sucessórios ou a alimentos, sendo certo que não há extensão legal à obrigação de alimentos à nora pelo sogro ou sogra ou ambos. Nora está no campo do parentesco por afinidade estabelecido pelo casamento. Embora a afinidade não se dissolva pela morte do cônjuge, ela não municia, no ordenamento legislativo atual e específico, direito à pretensão de alimentos aos sogros, pelo que há de se reconhecer a ilegitimidade passiva *ad causam* destes na ação de alimentos proposta pela nora[4].

Guilherme Calmon Nogueira da Gama destaca que parentesco e afinidade são vínculos que não se confundem, apesar da terminologia que, muitas vezes, os considera no mesmo contexto, não tendo o Código Civil se preocupado em distinguir as noções de parentesco e afinidade[5]. É um equívoco considerar que os afins são parentes. A afinidade é o vínculo que liga o cônjuge ou companheiro aos parentes na linha reta e irmãos do outro, não gerando parentesco entre eles.

1.3. Parentesco biológico, registral e socioafetivo

A evolução do moderno conceito de família e os novos critérios identificadores das relações parentais, privilegiando as relações afetivas, contrapondo à tradição do direito brasileiro que identificava a família mediante o casamento e o registro, primeiro pela Igreja Católica nos assentos de batismo e casamentos religiosos e, depois, com os assentos de nascimento, casamento e óbitos no Registro Civil, fez surgir hoje, como bem doutrina Adalgisa Widemann Chaves, o exame da parentalidade por três enfoques distintos: *parentalidade biológica, parentalidade registral* e *parentalidade socioafetiva.*

A *parentalidade biológica* envolve a consanguinidade, a vinculação genética entre os parentes. É a primeira que surge em virtude da união do

---

4 TJMG, Ag. 230.211-50, Rel. Des. Isalino Lisboa, j. 18-10-2001.

5 GAMA, Guilherme Calmon Nogueira da. Das relações de parentesco. In: DIAS, Maria Berenice; PEREIRA, Rodrigo da Cunha (Coords.). *Direito de família e o novo Código Civil*. 4. ed. Belo Horizonte: Del Rey, 2006. p. 88-89.

gameta masculino e feminino e jamais poderá ser modificada, pois o novo parente trará em seu código genético a marca de sua origem, identificando a parentabilidade biológica pela metade dos genes herdados da mãe e a metade herdada do pai, formando um código genético único que sempre o identificará. A parentalidade genética forma-se tanto pelo congresso carnal entre o casal, como pelas técnicas de reprodução medicamente assistida homóloga, com a fecundação ocorrendo fora do útero materno, denominada fecundação *in vitro*. A doutrina católica sustenta que a existência da pessoa se inicia no momento da fusão do gameta feminino e masculino (fecundação), enquanto para a medicina, a vida começa no momento em que o óvulo fecundado se fixa na parede do útero, iniciando-se a gestação. Para o direito, a personalidade civil, a existência da pessoa, começa com o nascimento com vida, não sendo reconhecidos direitos se nascer morto, apesar da vida uterina, entretanto, desde a concepção, ressalva os direitos do nascituro, condicionando a nascimento vivo (art. 2º do CC).

A *parentalidade registral* identifica, no assento de nascimento, os parentes da pessoa e possui presunção de veracidade e de publicidade para todos os fins legais. Fornece a base documental para toda a vida do ser humano, comprovando juridicamente que existe, sendo o principal gerador de direitos e deveres em razão do parentesco. A paternidade, vínculo mais próximo de parentesco, é presumida no casamento, sendo desnecessária declaração do marido para o assento dos filhos havidos de sua mulher na constância do matrimônio, exigindo-se, fora do casamento, o reconhecimento voluntário ou compulsório da perfilhação (arts. 52 e 59 da Lei n. 6.015/1973 e 1.597, 1.606 e 1.609 do CC). A presunção de veracidade da parentalidade registral é expressa no Código Civil e só pode ser contestada provando-se erro ou falsidade, dispondo os arts. 1.603 e 1.604 que:

> Art. 1.603. A filiação prova-se pela certidão do termo de nascimento registrada no Registro Civil.
>
> Art. 1.604. Ninguém pode vindicar estado contrário ao que resulta do registro de nascimento, salvo provando-se erro ou falsidade do registro.

O vínculo, ainda que meramente registral, é o que alicerça os direitos e deveres entre os parentes, como alimentos, sucessórios e impedimentos para o casamento, tanto que os pais biológicos ou socioafetivos não podem reconhecer os filhos se no assento de nascimento constar outro pai registral, sendo necessário o ajuizamento de ação investigatória de paternidade/maternidade c/c retificação do registro civil. A exceção ocorre apenas na multiparentalidade, quando constam dois pais ou duas mães no registro.

A *parentalidade socioafetiva* envolve os aspectos e os vínculos afetivos e sociais entre os parentes não biológicos. Adalgisa Wiedemann destaca na parentalidade socioafetiva sua constituição mediante o reconhecimento da filiação pela *posse do estado de filho*, configurada na presença dos elementos caracterizadores do *nome*, com a utilização pela pessoa do nome do pai ao qual se identifica; do *trato*, que consiste no tratamento e criação como filho pelo pai socioafetivo; e na *fama*, que representa a exteriorização, o conhecimento externo de terceiros que consideram a relação paterno-filial entre o pai e o filho afetivo[6].

A parentalidade socioafetiva não se limita, entretanto, à posse do estado de filho, sendo esta apenas uma das suas espécies, configurando-se também na adoção, na reprodução medicamente assistida heteróloga e até mesmo na *adoção à brasileira*, quando uma pessoa, impulsionada pelo afeto, registra e cria filho biológico de outrem como seu, incluindo, todos, no parentesco de outra origem que não a biológica (art. 1.593 do CC).

Consiste a socioafetividade em criar-se o vínculo de parentesco não pelo sangue ou procriação, mas pelo afeto, pelos cuidados, pelo sentimento paterno-filial, pelo ato de vontade e escolha pelo amor. Vincula-se à filiação e consequentemente ao parentesco pela convivência e não biologicamente, constituindo e materializando-se no afeto.

O ideal é que o parentesco registral coincida com o biológico e o socioafetivo, como os filhos biológicos registrados, criados e amados pelos pais, ou os filhos registrados pelos pais adotivos em procedimento regular de adoção. Não existindo coincidência entre o registro e a situação fática, como o filho biológico registrado em nome de outrem sem afetividade ou o filho biológico sem vínculos com os pais naturais e criado como filho por outros, a intervenção judicial é necessária para regularizar a situação jurídica, prevalecendo a afetividade sobre o parentesco biológico e ambos sobre

---

6 CHAVES, Adalgisa Wiedemann. A tripla parentalidade (biológica, registral e socioafetiva). *Revista Brasileira de Direito de Família*. Porto Alegre: Síntese/IBDFAM, n. 31, ago.-set. 2005. p. 143-152.

o parentesco registral, que deve ser corrigido para não produzir efeitos jurídicos equivocados, solucionando a situação de fato, conforme será oportunamente abordado na filiação.

1.4. Parentesco na linha reta e colateral

O parentesco possui duas espécies: na linha reta e na linha colateral.

Parentesco na linha reta ocorre quando as pessoas descendem umas das outras, quando foram procriadas diretamente (art. 1.591 do CC). A linha reta será *ascendente* quando o parente sobe ao seu antepassado, como pai, avô, bisavô, tataravô e *descendente* quando desce da pessoa para os descendentes como o filho, neto, bisneto etc., não existindo limitação de parentesco na linha reta.

A linha reta ascendente se divide em *linha paterna* e *linha materna*, sendo utilizada a expressão parentes paternos (avós paternos) ou maternos (avós maternos), quando resultam de parentesco com o pai ou a mãe.

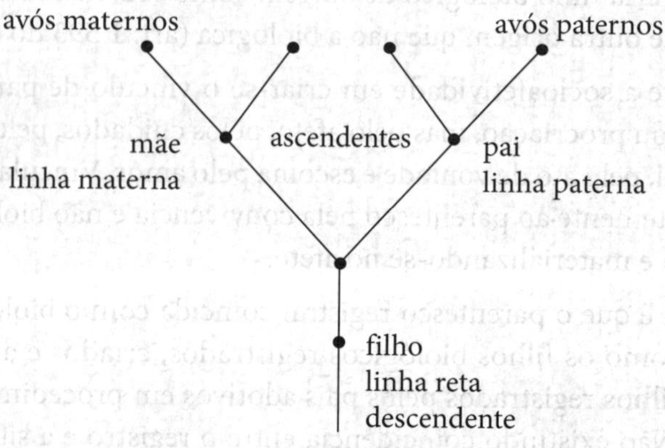

Parentesco na linha colateral, também denominada *oblíqua* ou *transversal*, se dá quando as pessoas, mesmo não descendendo diretamente uma das outras, possuem um tronco ou ancestral comum (art. 1.592 do CC), como irmãos, tios, sobrinhos e primos.

O parentesco na linha colateral não é infinito e o atual Código Civil reduziu do sexto para o quarto grau, limitando aos primos, sobrinhos-netos e tios-avós, adequando-se ao direito sucessório, que considera herdeiros na linha colateral somente os parentes até o quarto grau (art.

1.839 do CC), existindo a presunção de que, após esse limite, o afastamento é tão grande que o afeto e a solidariedade não mais servem de apoio às relações de direito[7].

Na linha colateral, o direito distingue os irmãos, com reflexos no direito sucessório, em bilaterais ou germanos e unilaterais.

Os irmãos *bilaterais ou germanos* são os filhos do mesmo pai e da mesma mãe, enquanto os *irmãos unilaterais* são os ligados por apenas um dos genitores, subdividindo-se em *uterinos* quando são filhos da mesma mãe e pais diversos e *consanguíneos* quando filhos do mesmo pai e mães diversas.

- Irmãos
  - Bilaterais ou germanos – mesma mãe e mesmo pai
  - Unilaterais
    - Uterinos – mesma mãe
    - Consanguíneos – mesmo pai

Os sobrinhos também podem ser bilaterais ou unilaterais. Assim como no caso de irmãos, o parentesco possui reflexos no direito sucessório, já que os unilaterais recebem a metade do quinhão hereditário do que cabe aos bilaterais (art. 1.814 e 1.843, § 2º, do CC). Os primos não possuem qualquer distinção, mas popularmente são chamados de *primos-irmãos* ou *dúplices*, os filhos de irmãos que se casam com também irmãos, ou seja, quando se casa, por exemplo, o cunhado com a irmã do cunhado.

1.5. Graus de parentesco

Grau de parentesco é a distância de gerações que separa um parente do outro.

Na *linha reta,* conta-se o grau de parentesco subindo ou descendo as gerações até o parente. Cada geração é um grau. Assim, na linha reta descendente, o filho é parente no primeiro grau, o neto no segundo, o bisneto no terceiro, sucessivamente, enquanto na linha ascendente, o pai é parente no primeiro grau, o avô no segundo e o bisavô no terceiro.

---

[7] DINIZ, Maria Helena. *Curso de direito civil brasileiro* – Direito de família. 22. ed., cit., São Paulo: Saraiva, 2007. V. 5, p. 412.

Na *linha colateral,* conta-se o parentesco, subindo por uma das linhas genealógicas até o tronco ancestral comum e desce pela linha transversal até a pessoa que se quer determinar, correspondendo cada geração a um grau de parentesco. Para determinar o grau de parentesco do primo, por exemplo, sobe contando até o avô (ascendente comum), segundo grau na linha reta, e desce contando, primeiro o tio (terceiro grau) e depois o primo, parente no quarto grau. Assim, são parentes no segundo grau na linha colateral os irmãos, no terceiro grau os tios e sobrinhos, e no quarto grau os tios-avós, os primos e os sobrinhos-netos.

O grau de parentesco é regulado no art. 1.594 do Código Civil, ao dispor que:

> Art. 1.594. Contam-se, na linha reta, os graus de parentesco pelo número de gerações, e, na colateral, também pelo número delas, subindo de um dos parentes até ao ascendente comum, e descendo até encontrar o outro parente.

Graus de parentesco

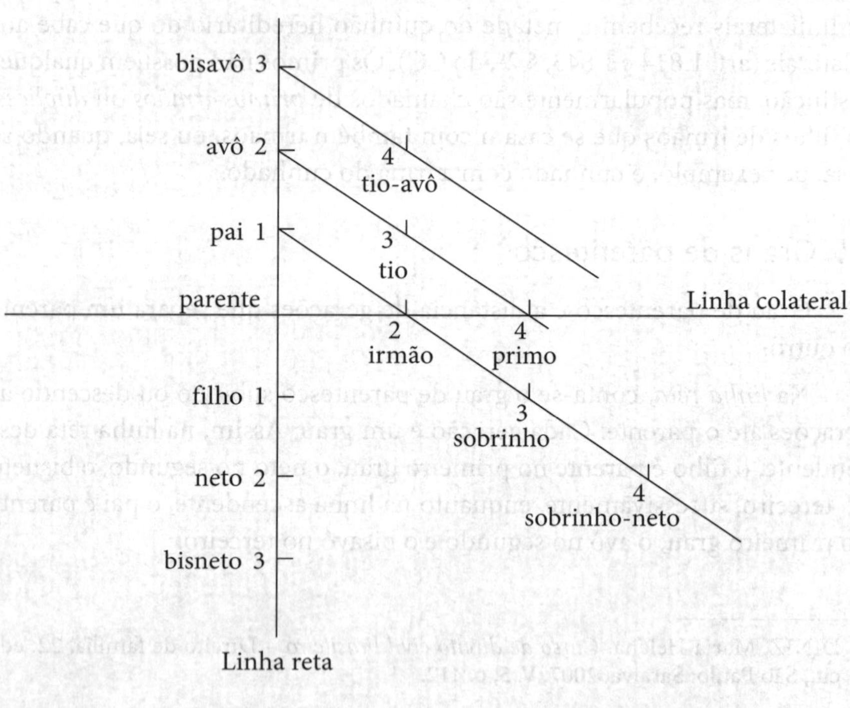

2. FILIAÇÃO

2.1. Conceito e evolução histórica da filiação

Filiação, no conceito moderno, é o vínculo existente entre pais e filhos, tratando-se de parentesco em linha reta de primeiro grau entre uma pessoa e aqueles que lhe deram a vida[8], ou acolheram como filho, incluindo no conceito não apenas os consanguíneos havidos pela união sexual dos pais, mas também por adoção, filiação socioafetiva e os havidos por reprodução assistida, havidos ou não na constância do casamento.

O conceito atual, entretanto, incluindo na filiação os havidos fora do casamento, é recente.

A desigualdade entre os filhos é fato na história da humanidade. Desde as civilizações antigas os filhos são discriminados. Mesmo na família matrimonial e biológica dispensava-se tratamento igual aos filhos, privilegiando-se o homem e o primogênito. O privilégio ao homem primogênito justificava-se historicamente para manter a família unida, forte e poderosa economicamente, com base na união do patrimônio e esforços de todos os membros em tempos difíceis ou de guerra. As famílias formavam-se em clãs e era necessário, notadamente em Roma, manter todo o patrimônio e a chefia da família em uma só pessoa: o primogênito, que substituía o *pater potestas*. Essa é a razão histórica para discriminação dos filhos mesmo na família matrimonial, privilegiando o primogênito, como único herdeiro e chefe. No Egito antigo, diante da proteção natural geográfica dos ataques, em razão das montanhas, os filhos eram iguais, incluindo as mulheres.

A discriminação, entretanto, era mais notada quanto aos filhos havidos fora de uma união dita legalizada dos pais, denominados de bastardos, e que pertenciam apenas à família materna.

Os filhos bastardos gerados e nascidos fora do casamento eram denominados naturais, quando os pais não possuíam impedimento para casamento, e espúrios, quando os pais são impedidos de se casarem em razão de um deles ou ambos serem casados (adulterinos) ou em razão de parentesco (incestuosos).

---

8 DINIZ, Maria Helena Diniz. *Curso de direito civil brasileiro* – Direito de família. 22. ed., cit., p. 420-421.

No antigo direito grego, o filho natural não podia ser reconhecido e legitimado. No direito romano, não admitia a atribuição de efeitos ao reconhecimento de paternidade ao filho natural, pois não havia o vínculo de parentesco do pai (o *agnatio*) com o filho de uma mulher que não tinha sido associada ao culto doméstico pela cerimônia do casamento. Somente o *agnatio* conferia direitos à herança. A única forma de introdução do filho natural na família paterna era mediante a adoção. Somente mais tarde, ao tempo da codificação de Justiniano, os filhos naturais passaram a ter direitos, ainda que limitados, à sucessão do pai[9].

Para efeitos civis no antigo direito romano, o parentesco era vinculado ao sacramento do casamento e ao poder do pai. Parentes eram os que estavam sob o mesmo *pater potestas*, sendo estas pessoas chamadas de *agnados*. O parentesco resultante do casamento, associado ao culto doméstico, era denominado *agnatio*. Assim, o pai e seus descendentes, havidos da mulher com quem celebrou a cerimônia do casamento, eram agnados entre si. O parentesco consanguíneo, sem o vínculo matrimonial, era considerado natural, denominado *cognatio*, e não produzia efeitos civis[10]. Somente com Justiniano o rigor no parentesco *agnatio* foi abrandado, já no direito romano moderno, reconhecendo-se valor ao parentesco consanguíneo.

Christiano Cassetari esclarece que foi lenta a transformação no direito romano para abrandar o rigor da exigência do parentesco *agnatio* e reconhecer efeitos civis ao parentesco consanguíneo ou natural (*cognatio*). Por causa da atuação do pretor, com influência da filosofia grega e propagação do cristianismo, durante a República e no Império, diversas medidas surgiram para amparar o parentesco pela cognação, até ser acolhido por Justiniano, nas Novelas 118 e 127, dos anos 543 e 547. Assim, o parentesco civil em Roma, que era o *agnatio*, evoluiu-se para o *cognatio* durante a República e o Império[11].

---

[9] PEREIRA, Caio Mário da Silva. *Instituições de direito civil* – Direito de família. 7. ed. cit., p. 189.

[10] MEIRA, Silvio A. B. *Instituições de direito romano*. 4. ed. São Paulo: Max Limonad, 1971. p. 106.

[11] CASSETARI, Christiano. *Efeitos jurídicos da parentalidade socioafetiva*. 2013. 245 f. Tese (Doutorado em Direito Civil) – Faculdade de Direito da Universidade de São Paulo, São Paulo, 2013.

A família romana, ensina Ana Carolina Brochado Teixeira, baseava-se em condições econômicas, simbolizando o triunfo da propriedade privada. Por isso, eram os interesses econômicos que determinavam as uniões matrimoniais, sendo que os valores da família romana colocavam o patrimônio privado em escala valorativa superior à própria vida humana. Surgiu nessa época a concepção de monogamia, para assegurar o domínio patriarcal e o patrimônio. A família tinha como característica a autoridade do *pater familias*, ao qual se subordinavam a mulher, filhos, netos, irmãos, escravos e libertos. Apenas o chefe da família era *sui iuris*, ou seja, possuía direito próprio, enquanto os dependentes eram *alieni iuris*, pessoas de direito alheio pertencentes ao patriarca. Os filhos eram propriedades do pai, que deles podia dispor como julgasse melhor, e o casamento é que definia a situação dos filhos, se legítimos ou bastardos. A bastardia era verdadeira condenação ao fruto do ventre não legitimado pelo sacramento do casamento, implicando incapacidade política e sucessória. O filho *bastardo simples* era o gerado por pais não casados e o único que podia ser legitimado após o casamento dos genitores, os *bastardos adulterinos* eram os filhos fruto de adultério, os *bastardos incestuosos* os havidos de relações entre parentes próximos, e os *bastardos sacrílegos*, os filhos de religiosos[12].

A respeito do poder (*potestas*) do pai (*pater*) sobre os filhos, é relevante ressaltar que também sofreu grandes transformações, desde o *pater potestas* do direito romano, que conferia somente poderes e autoridade ao pai. No Brasil, o pátrio poder, no antigo direito civil, conferia poderes, mas também deveres ao pai, era um *munus*, até chegar ao poder familiar ou poder parental atual, exercido em igualdade de condições pelo pai e pela mãe, em benefício da prole, observando o melhor interesse da criança e do adolescente. No direito romano, cabia ao *pater* decidir todos os destinos do filho, desde a profissão a ser exercida até a escolha do cônjuge. Afirma San Tiago Dantas que:

> A *patria potestas* romana não era um *munus*, um encargo, uma obrigação que pesa sobre o titular, e que o obriga a dar cabal desempenho às suas funções do interesse do incapaz. A *patria potestas* não era um *munus*, era

[12] TEIXEIRA, Ana Carolina Brochado. *Família, guarda e autoridade parental*. 2. ed., cit., p. 13-16.

uma *auctoritas*, um direito do *pater*, direito construído do mesmo modo que o *domínio*, de modo que o *pater* estava em face do *filius* como o proprietário em face da coisa: ele é que é o titular do direito, o interesse protegido é o dele, e o *filius* está apenas como um paciente da *auctoritas*, não tem direitos a reclamar, tem uma posição de mera submissão jurídica[13].

Oportuno ressaltar que a palavra *pater*, contrário do conceito atual de pai, era utilizada restritamente para designar um poder, uma autoridade. O *pater* representava na família, que se compunha de pai, mãe, filhos, netos, escravos, serviçais, a função de autoridade principal, de senhor absoluto eleito pela religião doméstica, devendo todos os demais membros obediência máxima a ele. O *pater* assumiu os poderes de sacerdote da sociedade organizada que era a família, de continuador dos antepassados, depositário dos ritos misteriosos do culto, de tal forma que o poder familiar, supremo e absoluto, que teve origem na religião, emergiu em detrimento da figura do pai. Tanto que o filho natural não se achava sob a responsabilidade do pai por não existir comunhão religiosa entre eles, não conferindo ao filho direito algum. Mesmo que a filiação biológica não fosse contestada, o filho nada representava se não pertencia ao círculo sagrado da família, vinculado à religião doméstica. O poder ilimitado do *pater* concedido pela religião acabou reconhecido pelas leis gregas e romanas. O poder absoluto foi ressaltado na Lei das XII Tábuas, antiga legislação que está na origem do direito romano, formando o cerne da constituição de Roma, ao dispor, em sua quarta tábua as seguintes regras:

DO PÁTRIO PODER E DO CASAMENTO

1. É permitido ao pai matar o filho que nasce disforme, mediante o julgamento de cinco vizinhos;

2. O pai terá sobre os filhos nascidos de casamentos legítimos o direito de vida e de morte e o poder de vendê-los;

3. Se o pai vendeu o filho 3 vezes, que esse filho não recaia mais sob o poder paterno;

---

[13] DANTAS, San Tiago. *Direitos de família e sucessões*. Revista e atualizada por José Gomes Bezerra Câmara e Jair Barros. Rio de Janeiro: Forense, 1991. p. 27.

4. Se um filho póstumo nasceu no décimo mês após a dissolução do matrimônio, que esse filho seja reputado legítimo[14].

Caio Mário ressalta a importância da organização religiosa da família no antigo direito romano e o culto doméstico aos ancestrais, os deuses particulares que pertenciam a cada família, que não podiam ser cultuados por estranhos ao parentesco reconhecido pela religião[15]. O autor cita Fustel de Coulanges, que em breves traços resume a posição inferior do filho natural no direito romano, dispondo que ele não podia exercer os ritos religiosos que cabia ao filho, pois não possuía o laço de culto. O filho nascido de uma mulher que não tinha sido associada à religião do marido pela cerimônia do casamento não podia ter parte no culto. Não tinha também o direito de oferecer as oferendas aos mortos e a família não se perpetuava por ele[16].

Segundo Conrado Paulino da Rosa, uma das justificativas para o culto doméstico é que não havia ainda entre os antigos a ideia da criação. Assim, o mistério da geração surgia-lhes como ente divino, razão pela qual o adoravam nos seus antepassados, mantendo-se a entidade familiar unida em função da religião, cujos rituais eram praticados pelos homens e passava de pai para filho, delegando à mulher apenas o papel de mãe para conferir legitimidade aos filhos. Destaca ainda o autor que:

> Na família greco-romana, berço da civilização, havia como pilar a religião, porém não uma religiosidade como a que, contemporaneamente, experimentamos, principalmente em razão da grande influência do cristianismo em nossa sociedade. Naquela, o culto era realizado não apenas a um ser em especial, mas a todos os antepassados da família, aos quais se faziam as oferendas em cerimônias restritas a seus membros. Tal prática era designada pelos gregos como *pratiázein*, e os latinos chamavam-na de *parentare*[17].

---

[14] QUEIROZ, Juliane Fernandes. *Paternidade*: aspectos jurídicos e técnicas de inseminação artificial. Belo Horizonte: Del Rey, 2001. p. 43-45.

[15] PEREIRA, Caio Mário da Silva. *Reconhecimento de paternidade e seus efeitos*, cit., p. 9-10.

[16] COULANGES, Fustel de. *La cité antique*. 17. ed. Paris: Hachette, 1900. p. 11.

[17] ROSA, Conrado Paulino da. *iFamily*: um novo conceito de família?, cit., p. 20.

Mesmo entre os filhos havidos da cerimônia religiosa, ocorria discriminação entre homem e mulher, pois a filha não se igualava ao filho. Enquanto solteira no lar paterno, a filha participava dos cultos domésticos, mas ao se casar deixava de fazer parte da família para se colocar sob o império do deus ancestral de seu marido, até então por ela desconhecido[18].

O parentesco, portanto, advinha do culto religioso. Toda casa romana possuía seu altar doméstico, onde conservavam o fogo eterno e o culto religioso era exercido pelos homens, pelos descendentes masculinos. O filho pertencia ao pai, o que não ocorria com os filhos naturais, tanto que irmãos uterinos não eram agnados. Somente com o enfraquecimento da religião doméstica e a ascensão de Justiniano ao trono, que revisou e atualizou o direito romano por meio do *Corpus Juris Civilis*, o parentesco agnático determinado pela religião foi enfraquecendo e surgiu o *cognatio*, o parentesco consanguíneo de pessoas que descendiam de um tronco comum, passando o sangue a ter maior importância no parentesco[19].

Os modelos de filiação – *agnatio* e *cognatio* – disputaram a primazia por longos séculos, desde a época de Cícero até Justiniano, com o reconhecimento paulatino aos cognados na família, sendo admitido aos filhos naturais suceder ao pai pelas Constituições de Valentiniano e Graciano, até que, finalmente, Justiniano, na Novela 89, Cap. XII, concedeu-lhes o direito, ainda que limitado, também à sucessão *ab intestato*[20].

O surgimento e o fortalecimento do cristianismo, em confronto com os princípios romanos, agravaram ainda mais a desigualdade de tratamento e a discriminação dos filhos, punindo os bastardos pelo ato praticado pelos pais. Buscando manter indissolúvel o casamento por ela abençoado, a Igreja pune os frutos concedidos fora do matrimônio, imprimindo a mancha moral nos bastardos.

Com a queda do Império Romano e a invasão dos bárbaros, que possuíam leis rigorosas para os filhos naturais e severas para a concepção do casamento, somadas a influência da igreja, que já se tornara poderosa e prestigiava apenas o casamento cristão, as conquistas retrocederam e os filhos

---

[18] COULANGES, Fustel de. *A cidade antiga*. Tradução de Jonas Camargo Leite e Eduardo Fonseca. 6. ed. Rio de Janeiro: Ediouro, 1996. p. 31.

[19] MADALENO, Rolf. *Curso de direito de família*. 4. ed., cit., p. 456-457.

[20] PEREIRA, Caio Mário da Silva. *Reconhecimento de paternidade e seus efeitos*, cit., p. 12.

ilegítimos perderam o direito sucessório. Conforme Francis Waël, citado por Caio Mário, a igreja agiu fortemente para prestigiar o casamento cristão e sua indissolubilidade, combatendo os frutos havidos fora do patrimônio. Diante da "falta" praticada pelos pais, os filhos bastardos não podiam atingir as ordens sacras nem os benefícios, tendo o Papa Leão III condenado o concubinato e restringido as prerrogativas que Justiniano concedeu aos filhos naturais[21].

A discriminação era tamanha que no antigo direito francês adotava-se o brocardo *bâtards ne succedent*, privando-os inclusive do direito sucessório[22]. É imputada a Napoleão Bonaparte a frase de que "a sociedade não tem interesse em que os bastardos sejam reconhecidos"[23].

O rigor dos preceitos canônicos foi, entretanto, sendo minado pelos costumes e pela jurisprudência, especialmente nas ações de alimentos, sendo admitido por volta do século XVII prova de paternidade para concessão de pensão alimentícia, mas sem o reconhecimento do parentesco. Mesmo após declarar que o Estado não tinha interesse no destino dos bastardos, proibindo a investigação de paternidade, salvo no caso de rapto, no seu Código Civil Napoleão facultou ao pai reconhecer voluntariamente o filho, exceto o espúrio ou na vigência de casamento posterior (arts. 334, 335, 338 e 340 do Código Francês). Os filhos naturais possuíam direitos sucessórios e de usar o nome paterno, mas não eram equiparados aos legítimos[24].

No século XIX, diversas legislações, como o Código Italiano de 1865, o Código Chileno de 1865, o Código Português de 1867, o Código Uruguaio de 1868 e o Código Civil Alemão de 1896, permitiram o reconhecimento dos filhos ilegítimos, exceto quanto aos incestuosos e adulterinos, mas a maioria restringe os efeitos do reconhecimento, limitando aos alimentos e alguns concedendo direitos sucessórios. No final do século XIX e início do século XX, toma vulto movimento para proteção dos filhos naturais, sendo

---

21 WAËL, Francis. *Droits des Enfants Naturels Reconnus Dans la Succession de Leurs Peres et Mères*. Paris: Rousseau, 1901. p. 22-23. *Apud* PEREIRA, Caio Mário da Silva. *Reconhecimento de paternidade e seus efeitos*, cit., p. 14.

22 PEREIRA, Caio Mário da Silva. *Reconhecimento de paternidade e seus efeitos*, cit., p. 13-14.

23 FARIAS, Cristiano Chaves de; ROSENVALD, Nelson. *Curso de direito civil. Famílias*. 5. ed., cit., p. 639.

24 PEREIRA, Caio Mário da Silva. *Reconhecimento de paternidade e seus efeitos*, cit., p. 15-16.

finalmente revogado o famoso art. 340 do Código de Napoleão, que vedava a investigação de paternidade, pela Lei de 16 de novembro de 1912[25].

No nosso direito anterior ainda havia distinção entre os filhos naturais de pai plebeu e de pai nobre, conforme dispunha a legislação do reino, notadamente a Ordenação do Livro IV, Título 92, que permaneceu vigente mesmo após a proclamação da Independência. Os filhos naturais dos nobres não herdavam *ab intestato*, não concorriam com os descendentes legítimos, possuindo direitos apenas aos alimentos. Falecendo o pai sem descendentes e ascendentes, a herança era deferida aos colaterais. Existindo apenas ascendentes podiam herdar por testamento apenas da *terça*. Somente se não existissem descendentes e ascendentes podia o pai legar-lhes por testamento todos os bens. A proibição só atingia o pai, não pesando sobre os filhos da mulher nobre. Já os filhos de pai plebeu concorriam com os legítimos na herança e preferiam os ascendentes na ordem de vocação hereditária. Somente a partir da Lei n. 463, de 2 de setembro de 1847, foi extinta a distinção entre filhos de plebeus e de nobres. Os filhos adulterinos e incestuosos (de coito danado e punível) não herdavam de seus pais (Ordenação do Livro IV, Título 93), permitindo serem herdeiros pelo pai em testamento somente a partir do decreto de Regência, de 11 de agosto de 1831, desde que não existissem outros descendentes[26].

O reconhecimento da paternidade dos filhos naturais anterior ao Código Civil de 1916, entretanto, somente era possível por vontade e iniciativa do pai, mediante testamento ou escritura pública. O Decreto n. 181, de 24 de janeiro de 1890, que instituiu o casamento civil no Brasil, ampliou o reconhecimento dos filhos naturais pelo pai, acrescentando a confissão espontânea, para fins de oposição de impedimento ao casamento, e o reconhecimento feito no ato do registro de nascimento, escritura pública ou outro documento autêntico emanado do pai (art. 7º, § 1º). A sorte do filho, entretanto, era dependente da vontade do pai em reconhecer seu dever de não deixar ao relento os filhos extraconjugais. Desde o ano de 1896, entretanto, o professor Clóvis Beviláqua já pregava uma solução que beneficiasse os filhos naturais, permitindo-os pleitear a paternidade[27].

---

25 PEREIRA, Caio Mário da Silva. *Reconhecimento de paternidade e seus efeitos*, cit., p. 14-18.

26 PEREIRA, Caio Mário da Silva. *Reconhecimento de paternidade e seus efeitos*, cit., p. 21-22.

27 PEREIRA, Caio Mário da Silva. *Reconhecimento de paternidade e seus efeitos*, cit., p. 13, 21-24.

O Código Civil de 1916, finalmente autorizou o reconhecimento compulsório de paternidade dos filhos ilegítimos naturais no seu art. 363, mediante ação investigatória de paternidade, mas exigia para propositura da ação a presença de um dos seguintes pressupostos: comprovação de concubinato dos pais; coincidência da concepção do filho com o rapto da mãe pelo pai ou de relações sexuais com ela; ou escrito do pai reconhecendo a paternidade.

A legislação civil, todavia, mantinha as desigualdades entre os filhos ao dispor que os filhos incestuosos e os adulterinos não podiam ser reconhecidos, gerando odiosa distinção entre os filhos de sangue (art. 358). Ao associar ao casamento a noção de legitimidade da prole, o Código Civil estabeleceu diferenciação na filiação, criando várias categorias de filhos ilegítimos, não atendendo à evolução que se buscava com a eliminação das desigualdades entre os filhos. Recebeu severas críticas em proibir o reconhecimento dos filhos espúrios e abominar a família natural[28]. Eduardo de Oliveira Leite, ao analisar o Código Civil de 1916 quanto à filiação, concluiu que:

> O Código Civil Brasileiro elaborado num período de transição, com características acentuadamente monarquistas, escravagistas e paternalistas, nunca reproduziu as tendências de uma comunidade em intensa evolução e que caminha decisivamente em direção a um mundo moderno liberado das tradições legadas pelo passado. O Código Civil reproduziu antes as intenções de uma elite, minoritária e refratária, do que as aspirações do povo brasileiro[29].

A legislação civil classificava o parentesco em legítimo e ilegítimo, se oriundo ou não de casamento, e em natural ou civil, conforme resulte de consanguinidade ou adoção (art. 332).

Os filhos também eram classificados pelo Código Civil de 1916 em *legítimos*, se oriundos do casamento dos pais (art. 337); *legitimados*, em razão

---

28 FACHIN, Luiz Edson. *Da paternidade* – relação biológica e afetiva. Belo Horizonte: Del Rey, 1996. p. 81-82.

29 LEITE, Eduardo de Oliveira. *Tratado de direito de família*: origem e evolução do casamento, cit., p. 343.

do casamento posterior dos pais e igualando aos legítimos (arts. 352 e 353); *ilegítimos* (ou bastardos), que se dividiam em *naturais*, quando não existiam impedimentos para o casamento dos pais e podiam ter a paternidade reconhecida (art. 355); *incestuosos*, quando existiam impedimentos para casamento dos pais em razão de parentesco; e *adulterinos*, quando um dos pais (ou ambos) era casado com terceira pessoa; e *adotivo* ou *civil*, quando resultasse de adoção (art. 375).

Filhos no CC/16

- – Legítimo
- – Legitimado
- – Ilegítimo ou bastardo
  - Natural
  - Espúrio
    - Adulterino
    - Incestuoso
- – Adotivo ou civil

Caio Mário esclarece bem esta classificação em razão das situações jurídicas:

> Titulares de situações jurídicas diferentes, classificam-se os filhos em:
>
> *Legítimos*, os concebidos na constância do casamento, ainda que anulado, se putativo;
>
> *Legitimados*, os que foram concebidos ou nascidos de pessoas que só posteriormente convolaram a núpcias;
>
> *Ilegítimos*, os nascidos de pessoas não casadas, ou provindos de casamento nulo não putativo;
>
> *Adotivos*, os que, por força de lei, são considerados filhos de pessoas que não são seus progenitores; entre os adotivos, é de se distinguir a *adoção simples* da adoção plena ou legitimação adotiva, pela diversidade dos respectivos efeitos.
>
> Entre os ilegítimos, pela diversidade de tratamento que lhes dispensa o direito, ainda se distinguem:
>
> *Ilegítimos* ou naturais, *pura* e simplesmente, quando ao tempo de sua concepção inexistia impedimento para que os pais se casassem: são os gerados *ex soluto et soluta*;

> *Adulterinos*, os nascidos de pais que na época da concepção eram impedidos de se unirem em matrimônio, por serem ambos, ou um deles, já casados. Podem, pois, ser bilateralmente adulterinos, ou unilateralmente apenas, e, por existir o vínculo só da parte de pai, ou mãe, dizem-se adulterinos a *patre* ou a *matre*;
>
> *Incestuosos*, aqueles cujos pais são vinculados por consanguinidade, em grau que impeça seu casamento[30].

A adoção recebeu críticas de muitos doutrinadores no Código Civil de 1916, por vislumbrarem a possibilidade de introduzir na família legítima filhos incestuosos e adulterinos, impedidos de ser reconhecidos (art. 358)[31], demonstrando a discriminação na filiação extramatrimonial. Washington de Barros assevera que se tratava de instituto olhado com desconfiança e prevenção, com posições contraditórias. A adoção era olhada, de um lado, como um meio de transmitir o nome e o patrimônio das famílias aristocráticas e de possibilitar introduzir na família legítima, ilegalmente, filhos adulterinos e incestuosos, incompatíveis com a família tradicional. Por outro, consideravam na época que o instituto da adoção era supérfluo, desnecessário para o adotante na missão de *acolher e amparar filhos de outrem, ou para proteger criaturas desvalidas e abandonadas*. Ressalta ainda o autor que a adoção é causa de muitas ingratidões e arrependimentos[32].

A excessiva proteção à família legítima importava em grave discriminação dos filhos considerados espúrios, condenados à invisibilidade paterna, sem direito ao nome, alimentos e direitos sucessórios, para garantir a paz no casamento. O filho ilegítimo era marginalizado, beneficiando o pai adúltero que se safava dos ônus do pátrio poder, brindando quem infringiu os ditames legais[33]. Eram desonrados e punidos pela falta cometida pelos pais. Clóvis Beviláqua afirmava que a "falta é cometida pelos pais, e a desonra recai sobre os filhos. A indignidade está no fato do incesto ou do

---

30 PEREIRA, Caio Mário da Silva. *Reconhecimento de paternidade e seus efeitos*, cit., p. 1-2.

31 ZENI, Bruna Schlindwein. *A evolução histórico-legal da filiação no Brasil*. Disponível em: <www.revistas.unijui.edu.br/revistadireitoemdebate>. Acesso em: 17-10-2013.

32 MONTEIRO, Washington de Barros. *Curso de direito civil* – Direito de família. 26. ed. São Paulo: Saraiva, 1986.v. 2. p. 261-262.

33 DIAS, Maria Berenice. *Manual de direito das famílias*. 8. ed., cit., p. 355.

adultério, mas a lei procede como se estivesse nos frutos infelizes dessas uniões condenadas"[34].

Cristiano Chaves de Faria e Nelson Rosenvald ressaltam que a paternidade biológica, entretanto, não era essencial para configurar a prole legítima. Desde o Código de Hamurabi, admite-se a presunção legal – *pater is est* – de que os filhos nascidos na constância do matrimônio são do marido. Enquanto a maternidade se prova diretamente pelo parto, a paternidade se presume juridicamente pela coabitação com a esposa. Concluem os autores, quanto à presunção legal da paternidade, que:

> É um verdadeiro exercício de lógica aplicada: considerando que as pessoas casadas mantêm relações sexuais entre si, bem como admitindo a exclusividade (decorrente da fidelidade existente entre elas) dessas conjunções carnais entre o casal, infere-se que o filho nascido de uma mulher casada, na constância das núpcias, por presunção, é do seu marido.
>
> É a máxima absorvida no Direito Romano pela expressão *pater is est quaem justae nuptiae demonstrant* (o pai é aquele indicado pelas núpcias, pelo casamento). E mais, vem esta presunção acompanhada de outra, correspondendo ao outro lado da mesma moeda: *mater semper certa est* (a mãe é sempre certa)[35].

A presunção *pater is est* era fundada em uma probabilidade, diverso do que ocorria com a maternidade que se provava pelo parto, diante da impossibilidade de uma prova direta da paternidade, já que por sua natureza era oculta e incerta, elevada pela lei em presunção para preservar o casamento[36].

A dita presunção estabelece que o pai jurídico necessariamente não é o biológico, mas o marido da mãe, surgindo no Código Civil de 1916 dois pilares que sustentavam a paternidade: o jurídico e o consanguíneo. Assim, por vezes, a realidade biológica não era idêntica à jurídica, que não podia

---

[34] BEVILÁQUA, Clóvis. *Código Civil dos Estados Unidos do Brasil comentado*. Rio de Janeiro: Francisco Alves, 1917. v. 2. p. 323.

[35] FARIAS, Cristiano Chaves de; ROSENVALD, Nelson. *Curso de direito civil. Famílias*. p. 661.

[36] GUIMARÃES, Luis Paulo Cotrim. *A paternidade presumida no direito brasileiro e comparado*. Rio de Janeiro: Renovar, 2001. p. 63-65.

ser atribuída a terceiro em razão da indispensável proteção e estabilidade do casamento[37].

João Baptista Villela ressalta que a presunção *pater is est* tinha por objetivo preservar a harmonia da família e assegurar a legitimidade dos filhos, sem compromisso com a verdade biológica, concluindo que:

> A regra *pater est quem nuptiae demonstrant* nunca esteve, no Código Civil, primariamente comprometida com a verdade biológica. Tanto isso é verdade que os arts. 343 e 346, em pleno vigor, não afastam a presunção de paternidade do marido, nem mesmo diante do adultério da mulher ou da confissão materna. Trata-se de um princípio que, quando de sua inclusão no Código, em 1916, tinha dois objetivos, eminentemente sociais. De um lado, preservar intacta a harmonia da família, até o limite do direito personalíssimo do marido de contestar a paternidade. De outro lado, assegurar aos filhos o status de legitimidade matrimonial, a um tempo em que a falta desta condição acarretava sérios prejuízos morais e materiais a quem a sofresse[38].

A verdade biológica, já no Código Civil de 1916, cedia diante do interesse social de preservação da família e de legitimidade do filho. Mesmo sabendo quem era seu pai biológico, o filho espúrio não podia ter estabelecida a paternidade para configurar no registro. No entanto, a paternidade de terceiro não podia ser reconhecida se a mulher fosse casada, mesmo comprovando o adultério a *matre*, para não macular a honra familiar. Somente o marido detinha legitimidade e o direito personalíssimo para negar a paternidade[39].

A negatória de paternidade era rigorosa e impunha prazos exíguos para afastar a presunção *pater is est*, como lembra Luiz Edson Fachin:

> No Código, o estabelecimento da paternidade vinha com um conjunto de regras claramente definido, produzido sob a sociedade e seus valores acerca

---

37 QUEIROZ, Juliane Fernandes. *Paternidade*: aspectos jurídicos e técnicas de inseminação artificial. Belo Horizonte: Del Rey, 2001. p. 46-47.

38 VILLELA, João Baptista. Família hoje. In: BARRETO, Vicente (Coord.). *A nova família*: problema e perspectivas. Rio de Janeiro: Renovar, 1997. p. 85.

39 QUEIROZ, Juliane Fernandes. *Paternidade*: aspectos jurídicos e técnicas de inseminação artificial, cit., p. 46-47.

> da espureidade e de relações reprovadas pela moral; de outro, a negatória da paternidade legítima é cuidadosamente tratada para tornar difícil o afastamento da presunção *pater is est*.
>
> Uma concepção arbitrária e centralizada aí se vê.
>
> A legitimidade do filho fica ao arbítrio do marido ao lhe ser atribuído direito privativo de contestar a paternidade. O que se gera aí, a rigor, é uma legitimidade forçada[40].

O Código de 1916, adotando os princípios do Direito Canônico, conferia legitimidade aos filhos vinculada ao casamento dos pais, independentemente do vínculo biológico, estabelecendo direitos diversos aos filhos matrimoniais e não matrimoniais. Criou ainda classes distintas de filhos ilegítimos por ocasião da revisão do projeto proposto por Clóvis Beviláqua, impondo restrição ao reconhecimento voluntário ou judicial (compulsório) dos filhos espúrios, além de conceder direitos inferiores ao filho natural, especialmente sucessórios, em concorrência com os legítimos e legitimados.

Algumas disposições do Código de 1916, entretanto, não tiveram vida muito longa, mas outras se mantiveram até a Constituição de 1988, sempre caminhando no sentido de conferir igualdade aos filhos e reconhecer a paternidade dos ilegítimos.

A Constituição de 1934 (art. 147) isentou o reconhecimento dos filhos naturais de quaisquer selos ou emolumentos, dispondo ainda que recairia sobre a herança que lhes cabia impostos iguais aos cobrados dos filhos legítimos. A Constituição de 1937 (art. 126) dispôs que deveria ser facilitado o reconhecimento dos filhos naturais e que a lei assegurará igualdade com os legítimos[41], incluindo os direitos e deveres que incumbem aos pais[42].

A Constituição de 1937 trouxe dois princípios aos filhos naturais: facilitação para o reconhecimento e igualdade em direitos e deveres com os legítimos. Apesar da defesa de alguns juristas na época em estender a interpretação do art. 126, não se aplicou aos filhos adulterinos e incestuosos.

---

[40] FACHIN, Luiz Edson. *Da paternidade* – relação biológica e afetiva, cit., p. 87.

[41] Art. 126 da Constituição Federal de 1937 – "Aos filhos naturais, facilitando-lhes o reconhecimento, a lei assegurará igualdade com os legítimos, extensivos àqueles os direitos e deveres que em relação a estes incumbem aos pais."

[42] FACHIN, Luiz Edson. *Da paternidade* – relação biológica e afetiva, cit., p. 82-83.

A inovação constitucional de 1937, todavia, foi de extrema importância em não recepcionar o § 1º do art. 1.605 do Código Civil de 1916, que determinava que ao filho natural caberia na herança do pai apenas a metade do quinhão do filho legítimo ou legitimado.

As Constituições que se seguiram, até a Constituição de 1988, não trouxeram novidades na filiação, cabendo às leis ordinárias os avanços, com progressivo abrandamento da proibição do Código Civil ao reconhecimento dos filhos ilegítimos. O Decreto-Lei n. 3.200, de 19 de abril de 1941, que dispõe sobre a organização e a proteção da família, tratou dos filhos naturais no Capítulo VII, isentando de taxas e emolumentos o reconhecimento (art. 13) e determinando que não se mencione na certidão de registro civil que a filiação não é legítima, salvo se em virtude de requerimento do próprio interessado ou determinação judicial (art. 14). Os arts. 15 e 16 regulavam ainda a permanência do filho natural reconhecido com um dos pais.

O Decreto-Lei n. 4.737, de 24 de setembro de 1942, trouxe grande avanço no reconhecimento do filho adulterino. Na dicção do art. 358 e *caput* do art. 363, o filho extramatrimonial havido na constância do casamento, ainda que sobreviesse desquite ou morte de um dos cônjuges, era considerado adulterino. O referido decreto autorizou o reconhecimento do filho havido fora do matrimônio com a dissolução da sociedade conjugal pelo desquite, espontâneo ou compulsório[43]. O reconhecimento também passou a ser admitido pela jurisprudência nas hipóteses de dissolução do casamento por anulação ou morte de um dos cônjuges[44].

A Lei n. 883, de 21 de outubro de 1949, que tratava especificamente do reconhecimento dos filhos ilegítimos, também foi um grande avanço no reconhecimento dos filhos adulterinos e concessão dos direitos a alimentos. O art. 1º, *caput*, autorizou o reconhecimento do filho havido fora do casamento se dissolvida a sociedade conjugal por qualquer forma, e não mais somente o desquite, como preconizava o Decreto-Lei n. 4.737/1942, que foi revogado pela nova norma, conferindo-lhe legitimação para propositura da

---

43 Art. 1º do Decreto-Lei n. 4.737/42 – "O filho havido pelo cônjuge fora do matrimônio pode, depois do desquite, ser reconhecido ou demandar que se declare sua filiação".

44 PEREIRA, Caio Mário da Silva. *Reconhecimento de paternidade e seus efeitos*, cit., p. 39-40.

ação. No art. 4º autorizou o filho adulterino a pleitear alimentos em segredo de justiça, sem, contudo, ser reconhecida expressamente a paternidade.

Depois dos debates calorosos na sociedade brasileira e no Congresso Nacional, finalmente foi acolhido o divórcio no Brasil pela EC n. 9, de 28 de junho de 1977, sendo editada a Lei n. 6.515, de 26 de dezembro de 1977, denominada *Lei do Divórcio*, para regular a dissolução da sociedade conjugal e do casamento. Enfraquecido o casamento civil como instituição legitimadora da filiação, a Lei n. 6.515/1977 acrescentou diversas disposições liberais na Lei n. 883/49 para favorecer a filiação adulterina. Permitiu o reconhecimento da paternidade de quem obteve os alimentos sem necessidade de ação investigatória (parágrafo único do art. 5º) e reafirmou a igualdade da herança, independentemente da origem da filiação (art. 2º). Outro avanço foi introduzir o parágrafo único ao art. 1º, depois transformado em § 1º pela Lei n. 7.250/1984, autorizando, a qualquer dos cônjuges, na constância do casamento, a reconhecer o filho adulterino em testamento cerrado.

A Lei do Divórcio ainda introduziu nova terminologia à filiação espúria, denominando-a de "filhos havidos fora do casamento", relegando uma denominação mais benigna[45], caminhando na evolução do pensamento em não discriminar qualquer forma de origem da filiação ou utilizar designações desqualificativas.

O filho havido fora do casamento, de cônjuge separado de fato por mais de cinco anos, também passou a ter direito de ser reconhecido judicialmente, de acordo com o § 2º, introduzido pela Lei n. 7.250/1984, ao art. 1º da Lei n. 883/1949. O acolhimento apenas da separação de fato para autorizar o reconhecimento do filho espúrio, agora já denominado *filho havido fora do casamento*, trouxe verdadeira inovação ao direito de família, apontando no sentido de que a vedação ao reconhecimento dos filhos adulterinos e a filiação legítima decorrer apenas do casamento estava prestes a cair[46].

A Constituição Federal de 1988, finalmente, aboliu a desigualdade entre os filhos, garantindo-lhes os mesmos direitos e qualificações, sejam havidos ou não da relação do casamento, ou por adoção, vedando qualquer

---

45 FACHIN, Luiz Edson. *Da paternidade* – relação biológica e afetiva, cit., p. 84.

46 GARCEZ, Sérgio Matheus. A filiação legítima como princípio constitucional e como preceito infraconstitucional. *Revista IOB de Direito de Família*. Porto Alegre: v. 50, out.-nov. 2008. p. 78.

forma de discriminação, excluindo todas as formas de designações (art. 227, § 6º). A Lei n. 7.841/1989 revogou o art. 358 do Código Civil, que vedava o reconhecimento da paternidade dos filhos espúrios.

O Estatuto da Criança e do Adolescente expressamente excluiu qualquer restrição ao reconhecimento da paternidade, que pode ser exercitado contra os pais ou seus herdeiros, a qualquer tempo, tratando-se de direito personalíssimo, indisponível e imprescritível (art. 27). Assegurou ainda o direito à convivência familiar em ambiente saudável para o pleno desenvolvimento da criança e do adolescente (art. 19).

A Lei n. 8.560/1992 trouxe outra inovação ao direito brasileiro, ao regular a investigação de paternidade dos filhos havidos fora do casamento, transformando em interesse social a atribuição da paternidade, seja o pai casado ou parente próximo, conferindo legitimidade ao Ministério Público para propor ação investigatória.

O Código Civil de 2002 previu outras origens de filiação, além da biológica ou por adoção, ao dispor expressamente no art. 1.593 que o parentesco pode ser natural, quando resultar de consanguinidade, ou civil, conforme resulte por outra origem. A filiação civil, portanto, não se limita mais exclusivamente à adoção, como era no Código Civil de 1916, podendo ocorrer por outras formas.

Assim, superados séculos de desigualdades e restrições ao reconhecimento da filiação não havida na constância do casamento, a filiação civil por outra origem possibilita, nos dias atuais, o reconhecimento de filhos havidos por adoção, reprodução assistida heteróloga e também pela socioafetividade, fundada na posse do estado de filho, caracterizada pela convivência, afetividade e estabilidade na relação paterno-filial. Novo modelo se descortina, privilegiando, desta vez, o afeto como mola propulsora das relações familiares mais humanizadas.

O Código Civil atual, todavia, mantém a presunção *pater is est* dos filhos havidos na constância do casamento, sem levar em conta a verdade biológica, mesmo diante do imenso avanço tecnológico e científico para facilmente identificar a origem genética, com o objetivo inequívoco de preservação do casamento. Oportuna a lição de Cristiano Chaves e Nelson Rosenvald, ao comentarem as presunções acolhidas do direito romano de que o pai é aquele indicado pelo matrimônio e a mãe é sempre certa:

> Através da conjugação destas presunções, determina-se, *juridicamente*, a relação filiatória, no momento do nascimento, sem maiores indagações.
>
> [...].
>
> O direito brasileiro sempre prestigiou ambas as presunções, arquitetando as regras filiatórias a partir delas. Estabeleceu-se, com isso, o primeiro critério de determinação filiatória: o critério legal, pelo qual a filiação decorre de uma presunção prevista em lei. Nesse passo, o Código Civil de 2002, no seu art. 1.597, manteve-se fiel às raízes, ignorando, nitidamente, o avanço da biotecnologia e dos métodos científicos, praticamente repetindo a fórmula do seu antecessor[47].

Da mesma forma que o Código anterior, a ação negatória de paternidade é dificultada, cabendo exclusivamente ao marido (art. 1.601 do CC), protegendo a prole e a estabilidade da família. Acolhendo o marido o fruto da mulher, nenhum dos seus herdeiros pode excluir a paternidade. Apesar de imprescritível a ação negatória de paternidade, a doutrina e a jurisprudência são unânimes em lhe dar guarida se o marido acolheu o filho ciente de que não era o pai biológico, diante da disposição expressa de irrevogabilidade do reconhecimento (art. 1.609 do CC).

Permanecem, assim, no sistema atual, os dois pilares que sustentaram a paternidade: o jurídico, em razão da presunção dos filhos havidos na constância do casamento, e o biológico, em razão da consanguinidade.

A adoção constitui mais um pilar, acrescido e consolidado, para sustentar a filiação, em plena paridade com as duas formas anteriores de constituição do vínculo paterno-filial, como vínculo real, efetivo, sem qualquer distinção[48].

Novo pilar se descortina, conferindo efetividade aos direitos fundamentais e aos princípios norteadores do direito de família. Considerando que a pessoa é o cerne do direito, figurando no centro de sua órbita diante da nova ordem do direito constitucional, como sujeito de direitos e obrigações voltados à sua plena realização, também o direito civil, hoje constituciona-

---

47 FARIAS, Cristiano Chaves de; ROSENVALD, Nelson. *Curso de direito civil. Famílias*, cit., p. 661-662.

48 MAIA, Renato; LIMA, Ricardo Alves de. Adoção e direitos fundamentais: a adoção como efetivação da convivência familiar. *Revista da Faculdade de Direito da UFMG*, Belo Horizonte, n. 58, 2011. p. 268.

lizado, tem na valorização da pessoa humana e no respeito à sua dignidade seu ofício mais importante[49]. Diante das transformações da família e a valorização do *ser pessoa*, na relação pai/filho o vínculo mais caro é a afetividade, o elemento aglutinador das relações familiares, surgindo novo, e talvez mais valioso, pilar para sustentar a paternidade: a socioafetividade. Nesse sentido, Juliane Fernandes ressalta que:

> A relação paterno-filial não se explica apenas na descendência genética, mas sim, e preponderantemente, na relação socioafetiva, a qual supre o indivíduo em suas necessidades elementares de alimentação, lazer, educação, sem desconsiderar o afeto e o amor. No mundo moderno, não se pode, portanto, prescindir de um outro pilar que sustenta a paternidade: o socioafetivo.
>
> [...].
>
> Torna-se visível a valorização do elemento socioafetivo, pois a paternidade biológica se torna insuficiente se, ao mesmo tempo, não se encontrar a paternidade de afeto[50].

A legislação atual não prevê expressamente o reconhecimento da paternidade socioafetiva. No Congresso Nacional, foi proposto o Projeto de Lei n. 5.682/2013, para incluir, no art. 27 do Estatuto da Criança e do Adolescente, o exercício do reconhecimento do estado de filiação contra os pais *biológicos e socioafetivos*, entretanto, o projeto foi arquivado em 31-1-2015 em ação de encerramento da legislatura em que foi apresentado (art. 105 do Regimento Interno da Câmara dos Deputados). Assim, como os textos normativos não acompanham a realidade, especialmente no direito de família, diante de sua constante evolução e mudanças, tornou-se necessário buscar na força normativa dos princípios, que possuem preceitos gerais e abrangentes, permitindo maior extensão na aplicação ao caso concreto e viabilização na aplicação do Direito, a solução jurídica para os filhos de criação.

Foi o que ocorreu diante da evolução histórica da filiação, dando efetividade aos princípios fundamentais no direito de família para reconhecimento da paternidade socioafetiva e realmente igualar os filhos de qualquer

---

49 MAIA, Renato; LIMA, Ricardo Alves de. Adoção e direitos fundamentais: a adoção como efetivação da convivência familiar. *Revista da Faculdade de Direito da UFMG*, cit., p. 268.

50 QUEIROZ, Juliane Fernandes. *Paternidade*: aspectos jurídicos e técnicas de inseminação artificial, cit., p. 49.

origem, sem qualquer discriminação. A doutrina e a jurisprudência atualmente são unânimes em reconhecerem a filiação socioafetiva e a possibilidade de concomitância com a biológica permitindo a multiparentalidade.

A filiação atualmente é jurídica, sem qualquer distinção, ainda que classificada como biológica ou socioafetiva e havida no casamento, em face da presunção de paternidade, ou fora do casamento.

2.2. Filiação jurídica

A filiação jurídica pode ser natural ou por outra origem, como a adoção, reprodução medicamente assistida heteróloga ou socioafetiva, conforme expressamente permite o Código Civil de 2002, no art. 1.593, ao dispor que o parentesco civil ocorre por outra origem e não apenas pela adoção, como ocorria na legislação civil anterior, no art. 332 (até ser revogado pela Lei n. 8.560/1992) e no art. 336 do Código Civil de 1916.

2.2.1. Filiação natural ou biológica

A *filiação natural* ou *biológica*, matrimonial ou extramatrimonial, tem origem na consanguinidade, estabelecendo-se a filiação pelos laços de sangue entre os pais e filhos. Juliane Fernandes Queiroz leciona que o filho biológico é aquele em que se funde o sangue dos pais, ligando o novo ser aos seus progenitores. Lembra que o direito pressupõe o fato de que toda pessoa que nasce origina-se de relações sexuais entre um homem e uma mulher, que são seus pais. Assim, pai é o homem que, por meio da cópula, fertiliza a mãe; e mãe é aquela mulher que carrega o filho no ventre, gerado que foi de um óvulo seu, e o coloca no mundo[51]. Com as técnicas de reprodução medicamente assistida, o filho biológico não necessita, obrigatoriamente, ser gerado pela mãe depois da cópula dos pais, podendo ser gerado por uma barriga solidária ou havido mediante reprodução homóloga.

O Código Civil de 2002 tentou acompanhar a evolução da medicina genética e regula parcialmente a reprodução medicamente assistida homóloga, que também configura filiação biológica, e a heteróloga, uma das espécies de filiação por outra origem. Diversas questões, entretanto, não encontram

[51] QUEIROZ, Juliane Fernandes. *Paternidade*: aspectos jurídicos e técnicas de inseminação artificial. cit., p. 15.

solução na lei para identificar a filiação, afligindo os especialistas, como um casal, planejando um filho, recorrer a uma doação de óvulo, já que a mulher é infértil, que é posteriormente fertilizado com o espermatozoide do marido *in vitro* (bebê de proveta), e o embrião inseminado é transferido para o útero de uma terceira mulher (barriga solidária), decidindo as três mulheres envolvidas, com o nascimento da criança, reivindicarem a maternidade. A primeira, mãe afetiva, em razão do planejamento familiar; a segunda, mãe biológica, por fornecer o material genético, e a terceira, mãe hospedeira, por gerar a criança no ventre e parir. Não basta, obviamente, a questão biológica para solucionar a maternidade ou mesmo gerar e parir a criança para ser a mãe, devendo, neste contexto, com toda a sorte de argumentos em contrário, prevalecer a maternidade afetiva pelo planejamento familiar, direito garantido aos pais constitucionalmente (art. 226, § 7º, da CF).

2.2.2. Filiação civil por outra origem

A *filiação civil, por outra origem*, diversa da biológica, vem sofrendo constante valorização, reconhecendo que a paternidade/maternidade natural é insuficiente se, ao mesmo tempo, não existir afeto, ou seja, a relação paterno-filial não se explica apenas na descendência genética, mas na relação socioafetiva, que deve prevalecer, a qual supre o indivíduo em suas necessidades elementares de alimentos, lazer, educação, sem desconsiderar o afeto e o amor[52]. A filiação por outra origem é, portanto, aquela sem origem genética, construída pelo afeto, pela convivência, pelo nascimento emocional e psicológico do filho que enxerga, naqueles com quem convive e recebe afeto, seus verdadeiros pais. A filiação civil afetiva já era reconhecida no Código Civil de 1916 mediante a adoção, entretanto, não considerava a importância e a relevância que o afeto possui nas relações familiares, considerando desigualmente os filhos havidos por adoção em relação aos naturais, limitando o parentesco apenas entre o adotante e o adotado, permitindo sua dissolução e excluindo os filhos adotados dos direitos sucessórios, se o adotante possuísse filhos naturais (arts. 373 a 377 do CC de 1916).

A descoberta do exame genético consistente nas leituras das impressões digitais do DNA, ao contrário de solucionar as investigações de paternidade

[52] QUEIROZ, Juliane Fernandes. *Paternidade*: aspectos jurídicos e técnicas de inseminação artificial. cit., p. 49.

como a princípio se imaginava, fez surgir saudável discussão doutrinária e jurisprudencial sobre o valor do vínculo biológico para configurar a relação paterno-filial, valorizando cada vez mais a relação socioafetiva e o melhor interesse do filho, desaguando no que a doutrina consagrou de *desbiologização da paternidade*. No moderno direito de família, a paternidade socioafetiva passou a ser mais valorizada que a genética, esvaziando-se a prova biológica como fator preponderante para comprovar a verdadeira paternidade e impor uma relação paterno-filial a quem não quer ser pai. A origem biológica comprovada pelo DNA, nos tempos atuais, determina a filiação, de maneira inequívoca, quando inexistente a filiação socioafetiva. A certeza da origem biológica apurada em perícias genética não é suficiente, como ocorria antes da Constituição de 1988, para determinar a paternidade. Pai biológico nem sempre é o pai jurídico ou socioafetivo.

A afetividade, o querer que leva a enxergar, quem não possui os mesmos genes, como pai ou filho, a convivência harmoniosa, o desejo de ser pai e ser filho transformados pelo amor e pelo coração, devem prevalecer em determinadas situações sobre a paternidade biológica, como ocorre na reprodução heteróloga e o pai que reconheceu, como seu, filho biológico de outrem.

O Código Civil de 2002 reconhece expressamente a filiação civil socioafetiva na *adoção* e na *reprodução medicamente assistida heteróloga*, ao considerar pai/mãe jurídicos aqueles que não forneceram o material genético, mas consentiram na fecundação utilizando material do parceiro e de terceiro doador para procriação do filho do casal. O art. 1.593 ampliou outras possibilidades ao constar genericamente, tratando-se de norma de inclusão, da constituição do parentesco por outra origem, possibilitando o reconhecimento da filiação em razão da *posse do estado de filho*, distinguindo o direito de ser filho da origem genética.

Dentre as espécies de parentesco não biológico situam-se a adoção, o derivado de inseminação artificial heteróloga e a posse do estado de filiação, sendo que esta se refere à situação fática na qual uma pessoa desfruta do *status* de filho em relação a outra pessoa, independentemente da realidade legal, consolidando vínculos que não assentam na realidade natural, revelando-se o estado de filiação pela convivência familiar, pelo efetivo cumprimento, pelos pais, dos deveres de guarda, sustento e educação do filho[53], pelo relacionamento afetivo entre pais e filhos.

53 LÔBO, Paulo. *Direito civil. Famílias*, cit., p. 183, 211 e 213.

Os Enunciados n. 103 e 256[54], aprovados pelo Centro de Estudos Judiciários do Conselho da Justiça Federal, dispõem que o Código Civil reconhece o parentesco civil, além da adoção, na reprodução medicamente assistida heteróloga e na paternidade socioafetiva, fundada na posse do estado de filho.

A *posse do estado de filho* permite, portanto, o reconhecimento da paternidade socioafetiva ou sociológica e o registro da filiação, independentemente da origem biológica. A paternidade socioafetiva é um ato de opção fundado no afeto e no amor de quem escolhe ser pai, materializando-se, em uma de suas formas, na posse do estado de filho, que nada mais é do que o tratamento recíproco paterno-filial, reconhecidos como tais publicamente, sendo o filho socioafetivo, denominado popularmente em algumas regiões de *filho de criação*, criado e educado pelo pai afetivo como próprio.

- Filiação jurídica
  - Natural – consanguínea
  - Civil ou por outra origem
    - Adoção
    - Reprodução heteróloga
    - Socioafetiva

2.3. Filiação socioafetiva

A socioafetividade como espécie da filiação, caracterizada pela convivência, afetividade e pela estabilidade nas relações familiares, é cada vez mais marcante na evolução do direito de família, considerando a doutrina que a *verdade real* é o fato de o filho gozar da *posse do estado de filho*, que prova o *vínculo parental civil de outra origem*, atribuindo um papel secundário à verdade biológica. A paternidade jurídica não se caracteriza pela simples origem genética ou pelas presunções legais, mas pelo elo da afetividade construído na convivência, no amor, na escolha de ser pai, de cuidar e amar como seu aquele que acolheu como filho e que também o reconhece como pai, inclusive aos olhos da comunidade, resultando nos pressupostos que

---

[54] Enunciado 103. "O Código Civil reconhece, no art. 1.593, outras espécies de parentesco civil além daquele decorrente da adoção, acolhendo, assim, a noção de que há também parentesco civil no vínculo parental proveniente quer das técnicas de reprodução assistida heteróloga relativamente ao pai (ou mãe) que não contribui com seu material fecundante, quer da paternidade socioafetiva, fundada na posse do estado de filho".

reconhecem a posse do estado de filho: *tratactus* (tratamento recíproco entre os parentes afetivos como pais e filho), *nominatio* (o filho afetivo usa o nome dos pais e assim se apresenta) e a *reputatio* ou fama (conceito que desfrutam no meio onde vivem e se relacionam como pais e filhos)[55].

A evolução foi significativa, resultando finalmente no reconhecimento pelo Supremo Tribunal Federal da multiparentalidade e da possibilidade de coexistência da filiação socioafetiva e biológica, decidindo-se por maioria não existir prevalência de uma sobre a outra[56], como será oportunamente abordado no reconhecimento e efeitos na filiação socioafetiva.

A Corregedoria Nacional de Justiça expediu o Provimento n. 63, de 14 de novembro de 2017, atualizada pelo Provimento n. 83/2019, dispondo sobre o reconhecimento voluntário e a averbação da filiação socioafetiva, uniformizando vários provimentos das corregedorias de tribunais estaduais, que dispunham sobre o tema.

2.3.1. Posse do estado de filho e vínculo jurídico socioafetivo

A família deixou de ser núcleo patrimonial, político e religioso para transformar-se em *locus* de realização do ser humano, protegendo a pessoa, que passou a ser o centro do discurso jurídico em detrimento da instituição casamento ou do patrimônio familiar. E a mola propulsora do bem-querer nas relações familiares é o afeto, convertendo-se a afetividade em um axioma a permear as relações entre os parentes, em um fio condutor do respeito, cuidado, proteção e solidariedade para promover a realização pessoal de cada um de seus membros. Atualmente, não é possível pensar na família sem a presença do afeto, que impulsiona as relações familiares desenvolvidas no cuidado, carinho, proteção e respeito, permitindo o ser humano tornar-se uma pessoa mais solidária e melhor contribuir para uma sociedade mais justa e humana. A família verdadeira é uma comunhão de afetos[57].

O Superior Tribunal de Justiça, em voto do Ministro Luis Felipe Salomão, já reconheceu que o afeto é que fundamenta o direito de família, constando

---

Enunciado 256. "A posse do estado de filho (parentalidade socioafetiva) constitui modalidade de parentesco civil".

55 DIAS, Maria Berenice. *Manual de direito de família*. 4. ed., cit., p. 334.

56 STF, RE 898.060-SC, Rel. Min. Luiz Fux, j. 21-9-2016.

57 ROSA, Conrado Paulino da. *iFamily*: um novo conceito de família?, cit., p. 102-107.

na ementa que o "que deve balizar o conceito de 'família' é, sobretudo, o princípio da afetividade, que fundamenta o direito de família na estabilidade das relações socioafetivas e na comunhão de vida, com primazia sobre as considerações de caráter patrimonial ou biológico"[58].

Sergio Resende de Barros lembra, na história do constitucionalismo, o surgimento de uma terceira geração de direitos humanos, os *direitos de solidariedade*, ideia lançada em 1979 por Konel Vasak, então diretor da Unesco, durante uma aula em Estrasburgo, na França, que se juntara aos *direitos individuais* de primeira geração e os "direitos sociais" de segunda geração. Para conferir efetividade aos direitos humanos, as gerações, apesar de discernidas, não se manifestam em sucessão, mas simultaneamente, interagindo entre si, conforme exige a necessidade histórica. As gerações se tornaram dimensões coordenadas umas com as outras, sendo a primeira, *dimensão singular*, direito individual de cada um; a segunda, *dimensão social categorial*, o direito de certas categorias ou partes da sociedade; e a terceira, *dimensão social difusa*, o direito genérico de todos. Em função da articulação dessas três dimensões é que a Constituição Federal tutela o afeto e os seus efeitos no direito de família, conforme ressalta o autor:

> No âmbito da primeira dimensão, o afeto gera direitos individuais. Nessa dimensão, o primeiro direito individual relativo ao afeto tem por objeto o próprio afeto. É o direito ao afeto. O afeto é primariamente uma relação entre indivíduos que se afeiçoam. Logo, a Constituição o protege como direito individual: direito humano de qualquer indivíduo. Nessa dimensão individual, o direito ao afeto é a liberdade de afeiçoar-se um a outro. É uma liberdade constitucional. Tal como a liberdade de contrato, a liberdade de afeto é um direito individual implícito na Constituição, cujo § 2º do art. 5º admite direitos que, mesmo não declarados, decorram do regime e princípios por ela adotados. No entanto, exatamente por ser uma relação entre os indivíduos, o afeto se desenvolve e evolui como relação social. Progride socialmente. Obriga crescentemente. Vincula. Gera responsabilidade entre os sujeitos. Daí, por que o direito o protege não apenas como fato individual, mas, também como fato social. O afeto é fator de outros fatos que o direito protege. A afeição é um fato social jurígeno, que gera

[58] STJ, REsp 945.283/RN, Rel. Min. Luiz Felipe Salomão, j. 15-9-2009.

direitos e obrigações acerca de vários bens e valores, como alimentos, moradia, saúde, educação etc.[59]

A pessoa possui plena liberdade individual de afeiçoar-se a outro ou não, mas afeiçoando e exteriorizando o afeto, criando relações familiares, gera responsabilidade, como ocorre na união estável, com expressa previsão legal, e obriga em razão do princípio da solidariedade, do compromisso com a dignidade da pessoa humana. Não há como dissociar a liberdade individual em desenvolver uma relação afetiva, que se constrói culturalmente na convivência familiar, com a responsabilidade de seus efeitos.

Inequívoco que o afeto em uma relação paterno/filial não biológica, criando uma filiação/paternidade socioafetiva, gera responsabilidades, direitos e obrigações. Obriga e vincula os indivíduos na relação. Também se desenvolve e evolui socialmente, tornando-se um fato social jurídico configurado na posse do estado de filho.

Não pode ser ignorado que parte da doutrina desconsidera o afeto como princípio jurídico, mesmo reconhecendo sua importância para a compreensão da pessoa humana e situação relevante para o direito de família. Fundamenta-se que afeto é sentimento e a afetividade tem características de espontaneidade, portanto, é desprovida de exigibilidade jurídica por tratar-se de relações que se apresentam voluntariamente. Entre os doutrinadores que não reconhecem a força normativa no afeto, por não considerá-lo princípio jurídico, destacam-se Cristiano Chaves de Faria e Nelson Rosenvald. Afirmam que "a afetividade permeia as relações familiares, permite decisões e providências neles baseadas", entretanto, "não se pode, na esfera técnica do Direito, impor a uma pessoa dedicar afeto (amor, em última análise) a outra". Concluem os autores que:

> Trazendo a lição dos constitucionalistas para o campo das famílias, infere-se que o afeto não é princípio jurídico por não ter obrigatoriedade, vinculatividade. Ninguém é obrigado a gostar, a nutrir afeto por outra pessoa, mesmo que seja de sua própria família. Daí a fácil e serena conclusão de que o afeto não tem força vinculante, normativa. O afeto é relevante para

[59] BARROS, Sérgio Resende de. A tutela constitucional do afeto. *Família e dignidade humana. Anais do V Congresso Brasileiro de Direito de Família*. Belo Horizonte: IBDFAM, 2006. p. 881-885.

as relações de família, mas não é vinculante e obrigatório. Cuida-se, portanto, de um postulado – e não de um princípio fundamental (o que lhe daria força normativa)[60].

Evidentemente que ninguém é obrigado a afeiçoar, a ter amor por outra pessoa, tratando-se de questão inapreensível pelo direito, por sua subjetividade, e liberdade individual, consistindo em elemento psíquico, em fator metajurídico. Entretanto, afeiçoando e fazendo surgir uma relação afetiva, externada por elementos objetivos apreensíveis pelo direito, por comportamentos que envolvem relações familiares comprovadas pela convivência e formando um núcleo familiar, a afetividade assume valor jurídico regulado pelo Direito. A espontaneidade, apresentada voluntariamente, ao evoluir em uma relação entre as pessoas, assume caráter de responsabilidade, surgindo o vínculo socioafetivo, obrigando e vinculando.

O afeto, diante de uma legitima convivência familiar, demonstrada objetivamente, gera eficácia jurídica e produz efeitos para reconhecimento de entidades familiares e relação paterno/filial, obrigando em razão do princípio da afetividade, da solidariedade e do compromisso com o respeito e preservação da dignidade da pessoa humana.

O Superior Tribunal de Justiça já se pronunciou sobre a diferenciação do amor, por sua subjetividade e impossibilidade de materialização, do dever de cuidado, surgido em razão de uma relação jurídica de paternidade em face de consanguinidade ou outra origem. Não se discute a obrigação de amar, mas o dever de cuidar. Reconheceu-se, no julgamento do Recurso Especial 1.159.242/SP, o cuidado como valor jurídico, distinguindo o amor, do dever de cuidado. Enquanto amar é faculdade, cuidar é dever dos pais, que exercendo o dever de liberdade optaram ou assumiram os riscos de terem filhos, biológicos ou por outra origem. Parte do voto da Relatora, Ministra Nancy Andrighi, merece transcrição pela excelência:

> Vê-se hoje nas normas constitucionais a máxima amplitude possível e, em paralelo, a cristalização do entendimento, no âmbito científico, do que já era empiricamente percebido: o cuidado é fundamental para a formação do menor e do adolescente; ganha o debate contornos mais técnicos, pois

[60] FARIAS, Cristiano Chaves de; ROSENVALD, Nelson. *Curso de direito civil*. Famílias, cit., p. 74.

não se discute mais a mensuração do intangível – amor – mas, sim, a verificação do cumprimento, descumprimento, ou parcial cumprimento, de uma obrigação legal: cuidar.

Negar ao cuidado o status de obrigação legal importa na vulneração da membrana constitucional de proteção ao menor e adolescente, cristalizada, na parte final do dispositivo citado: "[...] além de colocá-los a salvo de toda forma de negligência [...]".

Alçando-se, no entanto, o cuidado à categoria de obrigação legal supera-se o grande empeço sempre declinado quando se discute o abandono afetivo – a impossibilidade de se obrigar a amar.

Aqui não se fala ou se discute o amar e, sim, a imposição biológica e legal de cuidar, que é dever jurídico, corolário da liberdade das pessoas de gerarem ou adotarem filhos.

O amor diz respeito à motivação, questão que refoge as lindes legais, situando-se, pela sua subjetividade e impossibilidade de precisa materialização, no universo metajurídico da filosofia, da psicologia ou da religião.

O cuidado, distintamente, é tisnado por elementos objetivos, distinguindo-se do amar pela possibilidade de verificação e comprovação de seu cumprimento, que exsurge da avaliação de ações concretas: presença; contatos, mesmo que não presenciais; ações voluntárias em favor da prole; comparações entre o tratamento dado aos demais filhos – quando existirem –; entre outras fórmulas possíveis que serão trazidas à apreciação do julgador, pelas partes.

Em suma, amar é faculdade, cuidar é dever.

A comprovação que essa imposição legal foi descumprida implica, por certo, a ocorrência de ilicitude civil, sob a forma de omissão, pois na hipótese o *non facere* que atinge um bem juridicamente tutelado, leia-se, o necessário dever de criação, educação e companhia – de cuidado – importa em vulneração da imposição legal[61].

O Superior Tribunal de Justiça manteve a decisão do Tribunal de Justiça de São Paulo, que reconheceu o abandono afetivo por parte do pai, apesar de efetuar os pagamentos de pensão alimentícia à filha, e condenou o genitor a indenizar por dano moral. O Tribunal Superior deu provimento

---

61 STJ, 3ª Turma, REsp 1.159.242/SP, Rel. Min. Nancy Andrighi, j. 24-4-2012.

parcial ao recurso especial apenas para reduzir o valor da indenização. Reconheceu a responsabilidade dos genitores biológicos ou socioafetivos, a partir da escolha ou de assumirem o risco de serem pais, a cuidarem da prole. O cuidado inclui o dever de convivência, possibilitando uma adequada formação psicológica dos filhos, sem sentimentos de rejeição, abandono e descaso, que podem comprometer o desenvolvimento emocional, tornando-os pessoas vulneráveis, traumatizadas ou de difícil relacionamento.

O precedente judicial difere e afasta de vez o entendimento, especialmente de alguns constitucionalistas, de que a afetividade não é princípio jurídico por não ter obrigatoriedade. Confunde-se afetividade, como valor jurídico, exteriorizada por condutas objetivas de criar e cuidar de filho biologicamente alheio como seu, com amor, inapreensível pelo Direito. A convivência afetiva gera a posse do estado de filho e vincula juridicamente, concedendo ao filho o direito subjetivo ao estado de filiação socioafetiva, com os mesmos direitos e deveres da filiação biológica, sem qualquer discriminação.

A filiação é o "conjunto de relações, determinadas pela paternidade e maternidade, vinculando os pais e os filhos"[62], logo, a relação filiação/paternidade/maternidade é multifacetária, podendo ser vista sob três óticas ou perspectivas. A filiação propriamente dita é a vista sob a perspectiva do filho, a paternidade é a relação vista sob a ótica do pai e a maternidade é dada sob a perspectiva da mãe[63]. Assim, nas relações socioafetivas, utiliza-se as expressões filiação socioafetiva sob a perspectiva do filho, paternidade socioafetiva sob a perspectiva do pai e maternidade socioafetiva sob a visão da mãe.

A legislação não reconhece expressamente a filiação socioafetiva fundada na *posse de estado de filho*, ou seja, quando existe tratamento recíproco como pai e filho entre os envolvidos, o filho afetivo utiliza o nome do pai e é reconhecido nesta situação na sociedade. Entretanto, é a que deve prevalecer diante da evolução e nova concepção do direito de família, que dá maior valor aos laços afetivos, especialmente para a solução dos conflitos de paternidade[64].

---

62 ZANNONI, Eduardo A. *Derecho civil*: derecho de familia. 4. ed. Buenos Aires: Astrea, 2002. p. 313.

63 FARIAS, Cristiano Chaves de; ROSENVALD, Nelson. *Curso de direito civil*. Famílias, cit., p. 637.

64 BOEIRA, José Bernardo Ramos. *Investigação de paternidade, posse de estado de filho, paternidade socioafetiva*. Porto Alegre: Livraria do Advogado, 1999. p. 54.

Mesmo não admitindo o afeto como princípio jurídico, Cristiano Chaves de Faria e Nelson Rosenvald o reconhecem como *base fundante* e a sua característica *como o grande contingente que recebe todos os mananciais do direito das famílias*, devendo, portanto, ser o fundamento jurídico de soluções para as situações existenciais concretas para os vários conflitos familiares. Apresentam dois exemplos na legislação, mesmo não tratando diretamente de filiação, que demonstram a importância do afeto nas relações familiares, ao permitir que o enteado adote o nome do padrasto/madrasta e o direito de visitas aos avós. Discorrem os autores:

> Exemplificando, são oportunas duas lembranças. Primeiramente, a Lei n. 11.924/09, apelidada de Lei Clodovil, em homenagem ao falecido Deputado que a idealizou, permite "o acréscimo, por decisão judicial, do sobrenome do padrasto ou da madrasta pelo enteado ou enteada", exatamente com base na existência de um laço afetivo, estabelecido entre eles ao longo do tempo de convivência. Outrossim, a Lei n. 12.398/11, reconhecendo o vínculo afetivo que se forma entre avós e netos, acrescenta um parágrafo único ao art. 1.589 do Código de 2002 e reconhece o "direito de visitas dos avós", paternos e maternos, respeitado o melhor interesse da criança e do adolescente[65].

Os laços de afetividade devem, portanto, ser a *base fundante* para solucionar as questões existenciais que envolvem as relações entre as pessoas sem vínculo consanguíneo que convivem, consideram e comportam como pais e filhos.

A filiação biológica ou natural é aquela em que se fundem o sangue do pai e o da mãe, estabelecendo-se a filiação pela consanguinidade. Assim, pai é o que, por meio da cópula ou fornecimento de sêmen na reprodução medicamente assistida homóloga, fertiliza a mãe; e mãe é aquela mulher que carrega o filho no ventre, gerado que foi de um óvulo seu, e o coloca no mundo[66], ou, ainda, que planejou a filiação e forneceu o óvulo para ser gerado em uma barriga substituta.

A filiação não biológica, denominada de civil, é a que não se estabelece pelos laços de sangue, admitindo-se o parentesco por *outra origem*, conforme expressão utilizada no art. 593 do Código Civil de 2002, ou socioafetiva em

---

[65] FARIAS, Cristiano Chaves de; ROSENVALD, Nelson. *Curso de direito civil*. Famílias, cit., p. 72-73.

[66] QUEIROZ, Juliane Fernandes. *Paternidade*: aspectos jurídicos e técnicos de inseminação artificial, cit., p. 15.

sentido amplo. Trata-se de norma aberta, sem especificar em que consistem as filiações por *outra origem*.

A filiação socioafetiva em sentido amplo, agasalhada pela expressão "outra origem", é, portanto, a filiação não biológica, a filiação acolhida na afetividade, os *filhos do coração*, e pode ocorrer mediante adoção, por reprodução medicamente assistida heteróloga, na chamada *adoção à brasileira*, e pela socioafetiva em sentido estrito, surgida em razão da convivência familiar e cuidados paternos.

A adoção é regulada expressamente pela legislação no Estatuto da Criança e do Adolescente, que também se aplica no que couber aos maiores dezoito anos (art. 1.619 do CC).

A reprodução medicamente assistida heteróloga também é regulada na legislação, ao ser presumido como filhos, havidos na constância do casamento, os havidos mediante inseminação heteróloga, utilizando material genético de terceiros, desde que consentida pelo parceiro (art. 1.597, V, do CC).

Diversas disposições legais reconhecem, portanto, a importância da afetividade e da convivência nas relações de família, notadamente na relação entre pais e filhos.

A *adoção à brasileira* não possui previsão legal, pois é uma burla ao procedimento regular de adoção. Ocorre quando uma pessoa ou um casal registra ou reconhece filho alheio como próprio. Apesar de previsto na lei penal como crime dar parto alheio como próprio ou registrar como seu filho de outrem (art. 242 do CP), no direito de família a doutrina e a jurisprudência vem considerando válido o reconhecimento de filho não biológico nesta forma irregular. Assim, veda-se ao pai ou a mãe que praticou o reconhecimento, consciente da falsidade, posteriormente retificar a filiação, prevalecendo o melhor interesse da criança e do adolescente e privilegiando a convivência familiar e o afeto.

A filiação socioafetiva em sentido estrito distingue-se da adoção e da *adoção à brasileira*, podendo ser considerada como uma *adoção de fato*. Na adoção, o vínculo afetivo constitui-se mediante uma sentença, depois de atendidos os requisitos legais em procedimento judicial. Na *adoção à brasileira*, o vínculo constitui-se com o registro irregular, que convalesce em razão do melhor interesse do menor. Na filiação socioafetiva, o vínculo se constitui pela convivência familiar, pelos cuidados paternos e maternos, solidificando os laços afetivos e fazendo surgir uma relação pai/filho construída culturalmente.

A filiação socioafetiva, consistente na posse de estado de filho, também não possui previsão expressa, mas tem fundamento na nova estrutura da família brasileira, que considera como elemento agregador a afetividade. A verdade não é mais considerada apenas com fundamento nos laços de sangue, sendo fundamental a integração entre pais e filhos pelo sentimento de afeto[67]. A filiação real, ou verdadeira, deixa de ser biológica e passa a ser cultural, revelando-se numa verdade afetiva construída numa relação paterno/filial consolidada nos laços de afeto, que muitas das vezes não existe na filiação biológica. Sustenta-se no desejo de ser pai ou de ser mãe, de conceber um filho no coração, fruto dos sentimentos cultivados durante a convivência e estabelecendo espontaneamente os vínculos paterno-filial[68].

A filiação socioafetiva ocorre, como ressaltado, quando se demonstra a posse do estado de filho, ou seja, quando a aparência faz com que todos acreditem existir uma situação que juridicamente não é verdadeira. Na posse de estado de filho e posse de estado de pai existe uma aparência paterno/filial, uma reciprocidade afetiva entre pai e filho, que juridicamente não são parentes. O direito, entretanto, não pode desprezar este fato, esta paternidade que se constrói na convivência e nos vínculos afetivos recíprocos, que se estabelece no ato de vontade e sedimenta-se no terreno da afetividade. A filiação socioafetiva assenta-se no reconhecimento da posse do estado de filho, apresentando a doutrina três aspectos para sua configuração: a) *tratactus*, quando existe tratamento recíproco entre pai e filho e entre os parentes, sendo criado e educado como filho; b) *nominatio*, quando utiliza o nome dos pais e se apresenta como filho; e c) *reputatio*, quando é conhecido pela opinião pública, no meio onde vive, como filho de seus pais afetivos[69].

A posse do estado de filiação abriga os chamados *filhos de criação*, quando o genitor, apesar da ausência de vínculo biológico e registro, propaga e comporta-se como pai, enquanto o filho também se comporta como descendente, restando presente o vínculo da afetividade, acolhendo o ditado popular de que *pai é quem cria*.

Paulo Lôbo ressalta que para se projetar no direito, especialmente quanto à filiação, a socioafetividade exige a presença dos seguintes elementos: a) pessoas que se comportam como pai e mãe e outra pessoa que se

67 DELINSKI, Julie Cristine. *O novo direito de filiação*. São Paulo: Dialética, 1997. p. 19.

68 MADALENO, Rolf. *Curso de direito de família*. 4. ed., cit., p. 471.

69 DIAS, Maria Berenice. *Manual de direito das famílias*. 8. ed., cit., p. 371.

comporta como filho; b) convivência familiar; c) estabilidade do relacionamento; e d) afetividade[70].

Ana Carolina Brochado Teixeira e Renata de Lima Rodrigues constatam que hoje existe uma dictomia entre a filiação biológica e a socioafetividade, um novo valor jurídico advindo da posse do estado de filho. Existe um conflito entre a verdade genética e a convivência que criou laços de afetividade e deixou marcas na construção da personalidade do filho. Ressaltam que o que garante a estruturação de alguém como sujeito, para que se possa firmar como pessoa, é o exercício das funções maternas e paternas em sua vida, independentemente de laços consanguíneos. Acrescentam quanto à essência da socioafetividade que:

> O que constitui a essência da socioafetividade é o exercício fático da autoridade parental, ou seja, é o fato de alguém, que não é genitor biológico, desincumbir-se de praticar as condutas necessárias para criar e educar filhos menores, com o escopo de edificar sua personalidade independentemente de vínculos consanguíneos que geram tal obrigação legal. Portanto, nesse novo vínculo de parentesco, não é a paternidade ou maternidade que ocasiona a titularidade da autoridade parental e o dever de exercê-la em prol dos filhos menores. É o próprio exercício da autoridade parental, externado sob a roupagem de condutas objetivas como criar, educar e assistir a prole, que acaba por gerar o vínculo jurídico da parentalidade[71].

O vínculo na filiação socioafetiva surge, portanto, na convivência familiar, na afeição demonstrada, nos cuidados paterno/filial, no comportamento nas relações familiares estáveis, condutas que se exteriorizam no exercício do poder parental de uma pessoa para com a outra que não é seu filho biológico. Permite-se o acolhimento jurídico dessa relação e o direito subjetivo do filho afetivo ao reconhecimento do estado de filiação. Não se pode mais, por vedação constitucional, reconhecer a filiação exclusivamente pela origem biológica ou oriunda apenas do casamento dos pais, o que importaria em flagrante discriminação. A filiação socioafetiva é construída culturalmente na convivência familiar, direito fundamental da criança, do

---

[70] LÔBO, Paulo. Socioafetividade no direito de família: a persistente trajetória de um conceito fundamental. *Revista Brasileira de Direito das Famílias e Sucessões*. Porto Alegre: Magister. Belo Horizonte: IBDFAM, n. 05, ago.-set. 2008. p. 6.

[71] TEIXEIRA, Ana Carolina Brochado; RODRIGUES, Renata de Lima. *O direito das famílias entre a norma e a realidade*, cit., p. 173 e 194.

adolescente e do jovem adulto, para depois ser reconhecida juridicamente produzindo todos os efeitos jurídicos.

2.3.2. Reconhecimento e efeitos na filiação socioafetiva

O reconhecimento da paternidade socioafetiva, fundamentada na posse do estado de filho atualmente é reconhecida pelo judiciário sem resistências, produzindo os mesmos efeitos da paternidade biológica, em ações declaratórias de paternidade, afastando o argumento desprovido de fundamentação de impossibilidade jurídica. O reconhecimento da filiação socioafetiva confere efetividade aos direitos fundamentais do ser humano, promovendo a igualdade dos filhos qualquer que seja a origem da filiação, conferindo-lhes dignidade. Reconhecida a paternidade por origem afetiva, produz todos os efeitos da filiação jurídica.

O Supremo Tribunal Federal decidiu no dia 21 de setembro de 2016 que os pais biológicos e afetivos têm as mesmas obrigações com os filhos, produzindo os mesmos efeitos jurídicos. No julgamento o Relator, Ministro Luiz Fux, reconheceu a filiação socioafetiva e a possibilidade da dupla parentalidade, fundamentando em seu voto que:

> Impõe o acolhimento, no aspecto legal, tanto dos vínculos de filiação construído pela relação afetiva entre os envolvidos, quanto daqueles originados da ascendência biológica, sem que seja necessário decidir entre um ou outro vínculo quando o melhor interesse do descendente for o reconhecimento jurídico de ambos[72].

2.3.2.1. *Efetividade do princípio da afetividade no reconhecimento da filiação socioafetiva*

O Código Civil de 2002 reconhece no art. 1.593 o parentesco natural, resultante da consanguinidade, ou civil, quando resulta de outra origem, tratando-se de norma aberta, pois não aponta as formas de constituição do parentesco por outra origem. O Tribunal de Justiça de Minas Gerais já tinha decidido sobre a possibilidade jurídica da ação declaratória de paternidade socioafetiva, antes do julgamento RE 898.060/SC pelo STF:

---

72 STF, RE 898060-SC, Rel. Min. Luiz Fux, j. 21-9-2016.

> AÇÃO DECLARATÓRIA DE FILIAÇÃO SOCIOAFETIVA PÓSTUMA [...]. Não há que se falar em impossibilidade jurídica do pedido de reconhecimento de filiação socioafetiva, posto que esta pretensão encontra respaldo no art. 1.593 do CC/02 que prevê que o parentesco não se funda apenas no critério da consanguinidade, mas também no de outra origem, dentre os quais, conforme entendimento jurisprudencial e doutrinário, se inclui a paternidade socioafetiva[73].

No mesmo sentido, também decidiu o Superior Tribunal de Justiça, reconhecendo o direito subjetivo do filho de pleitear o reconhecimento da filiação socioafetiva em juízo, quando restar demonstrada, de maneira indelével, que está caracterizada a posse do estado de filho, criando-se o vínculo do parentesco civil[74].

E mais, o Tribunal de Justiça do Rio Grande do Sul priorizou a paternidade socioafetiva sobre a biológica, reconhecendo a importância da afetividade nas relações de família, ao decidir que "configuradas a filiação e paternidade socioafetiva, deve ser desconsiderada a verdade biológica"[75]. É necessário, entretanto, para ingressar no mundo jurídico, a existência de uma realidade social consolidada, uma verdade social, para revelar a paternidade socioafetiva, como já decidiu o Tribunal de Justiça do Rio Grande do Sul:

> FILHO DE CRIAÇÃO – ADOÇÃO – SOCIOAFETIVIDADE. No que tange à filiação, para que uma situação de fato seja considerada como realidade social (socioafetividade), é necessário que esteja definitivamente consolidada. A posse do estado de filho liga-se à finalidade de trazer para o mundo jurídico uma verdade social. Diante do caso concreto, restará ao juiz o mister de julgar a ocorrência ou não da posse do estado, revelando quem efetivamente são os pais[76].

Demonstrada a verdade social na posse do estado de filho, o Superior Tribunal de Justiça, em voto da Ministra Nancy Andrighi, além do direito subjetivo de pleitear o estado de filiação, considerou o direito ao reconhecimento da filiação socioafetiva como elemento fundamental da personalidade humana. Fundamentou a Ministra Relatora que "a filiação socioafetiva

---

73 TJMG, 3ª CC, AC 1.0701.09.260881-2/001, Rel. Des. Elias Camilo, j. 3-12-2009.

74 STJ, REsp 1.189.663/RS, Rel. Min. Nancy Andrighi, j. 6-9-2011.

75 TJRS, 8ª CC, AC 70040477960, Rel. Des. Luis Felipe Brasil Santos, j. 1º-12-2011.

76 TJRS, 3ª CC, AC 70007016710, Rel. Des. Rui Portanova, j. 13-11-2003.

encontra amparo geral de tutela da personalidade humana, que salvaguarda a filiação como elemento fundamental na formação da identidade e definição da personalidade"[77].

O Superior Tribunal de Justiça tem decidido pelo acolhimento da filiação socioafetiva, admitindo a possibilidade de ser buscado o reconhecimento em ação de investigação de paternidade ou maternidade. O art. 27 do Estatuto da Criança e do Adolescente[78] afasta as restrições na busca da filiação e assegura ao interessado no reconhecimento de vínculo socioafetivo trânsito livre da pretensão, podendo ser exercitado livremente em face dos pais socioafetivos ou seus herdeiros, se já falecidos os genitores.

O reconhecimento da filiação teve assim um grande avanço na legislação brasileira, afastando todas as restrições para possibilitar a efetividade aos direitos fundamentais, notadamente a plena igualdade também entre os filhos, conferindo plenitude na formação da identidade e dignidade ao ser humano.

O Desembargador Elias Camilo, na Apelação 1.0701.09.260881-2/001, ao reconhecer a filiação socioafetiva, cita em seu voto Milton Paulo de Carvalho Filho e Luiz Edson Fachin para fundamentar que:

> A parentalidade socioafetiva, por sua vez, não decorre de uma declaração, nem tampouco, de um fato biológico. Ela surge em razão da existência de estreitos laços afetivos e sociais que unem determinadas pessoas que se relacionam como entidade familiar, independentemente da correspondência com a verdade biológica ou aquela constante do assento de nascimento. A posse do estado de filho, como também é denominado o relacionamento socioafetivo, é reconhecida pela própria sociedade que identifica o vínculo parental pela observância daquele núcleo familiar que possui uma relação verdadeira entre pais e filhos ligados pelo amor, carinho, consideração, respeito e cumplicidade (páginas 1.678 e 1.682).

A esse respeito, também cumpre transcrever a lição de LUIZ EDSON FACHIN:

---

77 STJ, REsp 450.566/RS, Rel. Min. Nancy Andrighi, j. 3-5-2011.

78 "Art. 27. O reconhecimento do estado de filiação é direito personalíssimo, indisponível e imprescritível, podendo ser exercitado contra os pais ou seus herdeiros, sem qualquer restrição, observado o segredo de Justiça."

O contido no art. 1593 permite, sem dúvida, a construção da paternidade socioafetiva ao referir-se a diversas origens de parentesco. Dele se infere que o parentesco pode derivar do laço de sangue, do vínculo adotivo ou de outra origem, como prevê expressamente. Não sendo a paternidade fundada na consanguinidade ou no parentesco civil, o legislador se referiu, por certo, à relação socioafetiva. É possível, então, agora, à luz dessa hermenêutica construtiva do Código Civil, sustentar que há, também, um nascimento socioafetivo, suscetível de fundar um assento e respectiva certidão de nascimento. Mesmo no reducionismo desatualizado do novo Código é possível garimpar tal horizonte, que pode frutificar por meio de uma hermenêutica construtiva, sistemática e principiológica. (Boletim do Instituto Brasileiro de Direito de Família, n. 19, mar./abr., 2003, p. 3)[79].

Também o Ministro João Otávio de Noronha, no REsp 709.608/MS, já fundamentou que a relação socioafetiva não pode ser desconhecida pelo Direito, devendo ser mantido o registro de nascimento se ao declarar a paternidade o pretenso pai sabia que não era o genitor biológico, reconhecendo-se a filiação socioafetiva na adoção à brasileira. Consta no voto que não é anulado o assento de nascimento quando o declarante sabia que a criança não era seu filho biológico, pois praticou conscientemente a chamada *adoção à brasileira*, movido por sentimento de nobreza e pelo vínculo socioafetivo, materializando sua vontade de reconhecimento do filho afetivo. O vínculo socioafetivo é realidade social que não pode, e não é, desconhecida pelo direito[80].

No mesmo sentido, reconhecendo a maternidade socioafetiva, a Terceira Turma do Superior Tribunal de Justiça, em voto da Ministra Nancy Andrighi, decidiu, conforme consta da ementa, que:

A filiação socioafetiva, que encontra alicerce no art. 227, 6º da CF/88, envolve não apenas a adoção, como também 'parentescos de outra origem', conforme introduzido pelo art. 1.593 do CC/02, além daqueles decorrentes da consanguinidade oriunda da ordem natural, de modo a contemplar a socioafetividade surgida como elemento de ordem cultural.

Assim, ainda que despida de ascendência genética, a filiação socioafetiva constitui uma relação de fato que deve ser reconhecida e amparada juridicamente. [...]

---

79 TJMG, 3ª CC, AC 1.0701.09.260881-2/001, Rel. Des. Elias Camilo, j. 3-12-2009.

80 STJ, 4ª Turma, REsp 709.608/MS, Rel. Min. João Otávio Noronha, j. 5-11-2009.

Como fundamento maior a consolidar a acolhida da filiação socioafetiva no sistema jurídico vigente, exige-se a cláusula geral de tutela da personalidade humana, que salvaguarda a filiação como elemento fundamental na formação da identidade do ser humano[81].

O Supremo Tribunal Federal, ao julgar recurso extraordinário que sustentava a preponderância da paternidade socioafetiva sobre a biológica, decidiu que o conceito de família não pode ser reduzido a modelos padronizados e hierarquizar as diversas formas de filiação, devendo ser contempladas todas as formas de filiação, incluindo o vínculo de filiação construído apenas pelo afeto. Consta no voto do relator que:

> O Código Civil de 2002 passou a preceituar, em seu art. 1.593, que o "*parentesco é natural ou civil, conforme resulte de consanguinidade ou outra origem*". Desse modo, a própria lei passa a reconhecer que a consanguinidade concorre com outras formas de parentesco, dentre as quais certamente se inclui a afetividade[82].

A justiça em 1º grau vem acolhendo sem resistências a filiação socioafetiva, após a consolidação da jurisprudência no STJ e o acolhimento da multiparentalidade pelo STF no RE 898.060/SC, inclusive *post mortem*. O juiz Rodrigo de Melo Oliveira, da Comarca de Lavras/MG, rejeitou a exigência de início de procedimento de adoção ou existência de testamento contendo cláusula de adoção póstuma, arguida pela defesa, e reconheceu a paternidade/maternidade socioafetiva *post mortem* c/c petição de herança, sem determinar a exclusão dos pais biológicos. Fundamentou na decisão que:

> Inicialmente, registra-se que o parentesco socioafetivo constitui uma das modalidades de parentesco civil possíveis no ordenamento jurídico brasileiro, conforme se extrai do art. 1.593 do Código Civil: "*O parentesco é natural ou civil, conforme resulte de consanguinidade ou de outra origem*".
>
> A possibilidade de reconhecimento do parentesco socioafetivo possui como corolário a busca pela verdade real em situações em que ausente o vínculo biológico, mas presente *a posse do estado de filho*, compreendida pela dou-

[81] STJ, 3ª Turma, REsp 1.000.356/SP, Rel. Min. Nancy Andrighi, j. 25-5-2010.

[82] STF, RE 898.060/SC, Rel. Ministro Luiz Fux, j. 21-9-2016.

trina como a presença (não concomitante) de três elementos: o *trato*, a *fama* e o *nome*. O primeiro deles refere-se ao fato de que, entre si e perante a sociedade, os indivíduos se relacionam como componentes de um mesmo núcleo familiar, unidos pelo vínculo de filiação; a *fama*, por sua vez, diz respeito ao reconhecimento, por parte da sociedade, dos indivíduos como componentes da mesma entidade familiar; e o *nome*, terceiro elemento, entendido como complementar e acessório pelo civilista Flávio Tartuce, revela-se quando o pretenso filho utiliza o sobrenome do pretenso pai ou mãe.

Ressalta-se, por oportuno, que presentes tais requisitos, especialmente o *trato* e a *fama*, posto que o *nome* é elemento complementar e acessório, é de fácil constatação a existência de propósito de o pretenso pai ou mãe ser assim reconhecido, não sendo necessário, pois, verificar a existência de procedimentos de adoção iniciados pelos pretensos pais ou até mesmo a existência de testamento contendo cláusula de adoção póstuma[83].

O juiz Célio Marcelino da Silva, respondendo pela Comarca de Itumirim/MG, em julgamento anterior à decisão da Corte Constitucional, também já tinha reconhecido a paternidade/maternidade socioafetiva, conferindo todos os efeitos da filiação, fundamentando na sentença que:

> A parentalidade socioafetiva é largamente defendida pelos doutrinadores do direito de família contemporâneo. O Enunciado n. 103 do CJF, fruto da I Jornada de direito civil, dispõe que "o Código Civil reconhece, no artigo 1.593, outras espécies de parentesco civil além daquele decorrente da adoção, acolhendo, assim, a noção de que há também parentesco civil no vínculo parental proveniente quer das técnicas de reprodução assistida heteróloga relativamente ao pai (ou mãe) que não contribuiu com seu material fecundante, quer da paternidade socioafetiva, fundada na posse do estado de filho". Já o Enunciado n. 108, da mesma Jornada, enuncia que "no fato jurídico do nascimento, mencionado no art. 1.603, compreende-se, à luz do disposto no art. 1.593, a filiação consanguínea e também a socioafetiva". E por fim, com o mesmo espírito, o Enunciado n. 256, construído

---

83 OLIVEIRA, Rodrigo Melo. 1ª Vara Cível da Comarca de Lavras/MG. Autos 0382.15.015354-4, j. 10-1-2020.

> na III Jornada: "A posse do estado de filho (parentalidade socioafetiva) constitui modalidade de parentesco civil".
>
> Conforme se pode perceber, na formação da parentalidade socioafetiva, que decorre de um fato cultural, o conceito de "posse do estado de filho" assume importância central. [...]
>
> A parentalidade socioafetiva também já é reconhecida pela jurisprudência, inclusive dos Tribunais Superiores. Cita-se, para ilustrar, julgado relativamente recente do colendo Superior Tribunal de Justiça, que ainda destacou a aplicabilidade, nas relações familiares, do *venire contra factum proprium*, que ainda será explorado nesta decisão.
>
> Já se pode concluir, portanto, que a origem biológica não é absoluta na formação do vínculo de filiação[84].

Na sentença, foi reconhecida a paternidade socioafetiva dos autores e determinada a inscrição no registro de nascimento dos pais e avós afetivos, excluindo o nome dos biológicos, produzindo todos os efeitos da filiação.

O Tribunal de Justiça de Minas Gerais também acolheu a filiação socioafetiva. Ao julgar o recurso de apelação dos réus contra a decisão proferida na Comarca de Itumirim/MG, manteve a sentença reconhecendo o vínculo socioafetivo. Fundamentou o Relator, Desembargador Kildare Carvalho, no seu voto que:

> Para o direito, a paternidade biológica transformou-se em verdade real, ou seja, entende-se ser ela incontestável. Porém, tendo a doutrina e a jurisprudência adotado um novo conceito no que se refere à paternidade (socioafetiva), o conceito biológico tem perdido espaço na vida prática, eis que o conceito moderno sobre a paternidade tem se baseado no afeto da relação existente entre pai e filho, onde imperam os laços afetivos e amorosos, ficando para trás o critério sanguíneo, por ora, irrelevante, ressalvado, entretanto, o direito de todos de saber qual a sua origem genética, sendo esta, no meu entender, a importância do conceito de paternidade biológica.
>
> A paternidade socioafetiva é fenômeno observado pela doutrina moderna que, baseada na novidade trazida pela Carta de 1988 de se extinguir qual-

84 SILVA, Juiz Célio Marcelino da. Vara Única da Comarca de Itumirim/MG. Autos 0001357-70. 2010, j. 11-7-2012.

> quer distinção relativa à filiação, firmando-se, exclusivamente, no princípio da dignidade da pessoa humana, começa a conquistar importância social e adquirir valorização jurídica, sendo vista também por sua concepção cultural, sustentando-se na afeição e não apenas na verdade biológica.
>
> [...]
>
> Diante disso, entendo que prescinde de reparos a r. sentença, onde foi reconhecida a paternidade socioafetiva dos autores e determinada a inscrição no registro de nascimento dos pais e avós afetivos, excluindo o nome dos pais biológicos, produzindo todos os efeitos da filiação e conferindo efetividade ao reconhecimento[85].

A decisão do Tribunal mineiro, por unanimidade, conferiu efetividade ao princípio da afetividade para o reconhecimento da filiação socioafetiva, que no caso concreto preponderou sobre a biológica, mas excluiu do registro de nascimento os nomes dos pais e avós biológicos para incluir os socioafetivos. Assim, atribuiu valor jurídico ao afeto e concedeu efetividade aos novos princípios fundamentais norteadores do direito *para abrir a possibilidade do reconhecimento judicial de relações familiares com base na afetividade*. A jurisprudência, mais uma vez, reconhece que os laços de afetividade são apreensíveis pelo Direito quando demonstrada a posse do estado de filho, consistente no nome, trato e fama, ou seja, quando pessoas são tratadas por outras como se fossem filhos e estes reconhecem aqueles como pais, existindo uma relação de afeto e carinho, pública e notória. As manifestações exteriorizadas de afeto, apreensíveis por condutas objetivas de pais e filhos não biológicos, de comportamentos jurídicos típicos de uma convivência familiar, autorizam o reconhecimento da filiação e são capazes de gerar efeitos jurídicos, conferindo efetividade ao princípio da afetividade.

2.3.2.2. *Efeitos jurídicos no reconhecimento da filiação socioafetiva*

A socioafetividade produz todos os efeitos jurídicos do reconhecimento da filiação inerentes ao parentesco, notadamente o estado de filho, o nome da família, as relações de parentesco, poder parental, convivência familiar, alimentos e sucessórios.

---

[85] TJMG, AC 1.0343.10.000135-7/001, Comarca de Itumirim/MG, Rel. Des. Kildare Carvalho, j. 8-8-2013, p. 21-8-2013.

O principal efeito da socioafetividade do qual irradiam os demais é possibilitar o reconhecimento jurídico da filiação por outra origem, o *parentesco social*. A filiação socioafetiva possui fundamento na posse do estado de filho, na filiação criada culturalmente na convivência familiar estável e externada no mundo dos fatos, envolvendo pessoas que agem como pais e outras que agem como filhos (*tratactus*), independentemente de laços sanguíneos, e demonstrados publicamente (*reputatio* ou *fama*), usando ou não o filho o nome dos pais afetivos (*nomen*).

No reconhecimento jurídico da socioafetividade, diante da omissão expressa legislativa, necessário aplicar diretamente os princípios constitucionais norteadores do direito de família ao caso concreto, ultrapassando a concepção estritamente positivista adstrita a percepções meramente formais. É necessário ultrapassar a barreira das regras neutras, tendo em vista principalmente a constitucionalização do direito de família, que elegeu valores fundamentais e gira em torno da dignidade da pessoa humana, e construir um direito vivo, adotando uma discussão principiológica[86].

O princípio da dignidade da pessoa humana veda que o filho não biológico fique à margem da proteção jurídica, como se fosse indigno, excluindo-o como pessoa do exercício do estado de filho e de membro jurídico efetivamente integrante de uma família. O princípio da igualdade e isonomia estabelece tratamento igualitário a todos os filhos, vedando qualquer forma de discriminação em razão da origem da filiação. O princípio do melhor interesse da criança e do adolescente orienta que deve ser conferida plena proteção às pessoas em formação, considerando primordialmente seu maior interesse, colocando em segundo plano os interesses dos pais. Por fim, o princípio da afetividade admite o afeto como valor jurídico e autoriza o reconhecimento jurídico dos filhos socioafetivos, incluídos no termo genérico de filiação por outra origem.

Não pode, todavia, ser ignorada a resistência de corrente doutrinária que não classifica a afetividade como princípio jurídico e que se divide em duas subcorrentes.

---

[86] PEREIRA, Rodrigo da Cunha. *Princípios fundamentais norteadores do direito de família*, cit., p. 37-39.

A primeira reconhece a afetividade como um valor relevante a ser observado nas relações jurídicas, mas não a classifica no rol dos princípios do direito de família.

A segunda subcorrente critica o que se denomina de *teoria do afeto*, fundamentando sobre a ausência de considerações sobre o conceito de afeto, em razão da ambivalência do termo. Na linguagem comum, é sinônimo de carinho, amizade, ternura, amor. No sentido filosófico-científico, possui significado de sentimento[87], inapreensível pelo direito, até mesmo pela existência de famílias sem afeto, onde impera a inimizade. Assim, para esta subcorrente, o afeto não possui valor para solução de conflitos jurídicos, pois "não são propriamente critérios jurídicos a serem utilizados para a fundamentação de solução jurídica dada a um problema familiar"[88].

As críticas não inviabilizam a valoração da afetividade pelo direito. Jesus Tupã ressalta que o princípio da afetividade surge "enquanto elemento normativo que direciona a conduta humana no núcleo familiar, com base na boa-fé objetiva, de forma a proteger as justas expectativas reciprocamente criadas entre seus membros"[89].

Os argumentos contrários ao acolhimento jurídico do princípio da afetividade, para autorizar o reconhecimento da filiação socioafetiva, demandam uma maior definição do sentido do termo *afetividade*.

Como alegado, o termo afeto é ambíguo e possui mais de um sentido. É necessário diferenciá-lo do sentimento subjetivo de amor, inapreensível pelo direito, para aferir o termo afetividade no sentido de princípio jurídico, afastando os entendimentos equivocados de um excesso de princípios no direito de família, em *pamprincipialismo* ou *pamprincipiologismo*, como pregam alguns, apesar de o nosso ordenamento jurídico, a partir da Constituição de 1988, ter adotado uma interpretação principiológica da codificação.

---

87 ROCHA, Marco Túlio Carvalho. *O conceito de família e suas implicações jurídicas*: teoria sociojurídica do direito de família. Rio de Janeiro: Elsevier, 2009. p. 61.

88 LISBOA, Roberto Senise. *Manual de direito civil*: direito de família e sucessões. 6. ed. São Paulo: Saraiva, 2010. v. 5. p. 46.

89 GOMES, Jesus Tupã Silveira. *Do sentimento às consequências jurídicas*: análise sobre os afetos e o reconhecimento do princípio da afetividade, cit., p. 160.

Não se trata o princípio da afetividade, obviamente, de um "princípio do amor", mas de um conjunto de relações pessoais e sociais na família, externados por condutas de seus integrantes, que demonstram a existência de vínculos afetivos geradores de relações jurídicas de filiação, independentemente da definição do termo por outras ciências, como ocorre na filosofia ou na psicologia.

Ricardo Lucas Calderón busca dar contornos ao princípio jurídico da afetividade, diferenciando, apesar da mesma origem, os termos *afeto*, *afetividade* e *socioafetividade*. O afeto não possui uma conceituação estritamente jurídica, pois trata dos sentimentos humanos, das relações pessoais, como amor, amizade, carinho, paixão. A afetividade, no entanto, é a manifestação do afeto, as expressões exteriorizadas que indicam a existência do afeto, seu reflexo no mundo dos fatos. A afetividade demonstra a mudança, a passagem da fase de sentimento interno e inapreensível do direito para o mundo externo dos fatos, conferindo dinâmica ao mundo interno do afeto, possibilitando a apreensão jurídica das relações afetivas. A afetividade, portanto, expressa as manifestações que indicam a existência do afeto intersubjetivo, é o reflexo do afeto no meio social, o refletor da manifestação social da afetividade. Assim, "sempre que externados publicamente fatos identificadores da afetividade, resta caracterizada a socioafetividade"[90]. Paulo Lôbo, citado por Ricardo Calderón, acrescenta quanto à socioafetividade que:

> O termo "socioafetividade" conquistou as mentes dos juristas brasileiros, justamente porque propicia enlaçar o fenômeno social com o fenômeno normativo. De um lado há o fato social e de outro o fato jurídico, no qual o primeiro se converteu após a incidência da norma jurídica. A norma é o princípio jurídico da afetividade. As relações familiares e de parentesco são socioafetivas, porque congrega o fato social (*sócio*) e a incidência do princípio normativo (*afetividade*)[91].

A socioafetividade importa, pois, no reconhecimento da afetividade no mundo dos fatos, a realidade fático-jurídico concreta, resultante da con-

[90] CALDERÓN, Ricardo Lucas. Princípio da afetividade no direito de família, cit., p. 301 e 321-322.

[91] LÔBO, Paulo. Socioafetividade em família e a orientação do Superior Tribunal de Justiça. In: FRAZÃO, Ana; TEPEDINO, Gustavo (Coords.). *O Superior Tribunal de Justiça e a reconstrução do direito privado.* São Paulo: Revista dos Tribunais, 2011. p. 646-647.

vivência familiar, dos cuidados, do tratamento recíproco entre pais e filhos, reconhecidos como tais. Assim, é a realidade fática que indicará, nas condutas exteriorizadas de afeto (afetividade), se existe ou não o vínculo socioafetivo. Novamente a lição de Ana Carolina Brochado e Renata de Lima Rodrigues:

> Para tentar responder a tais questões, importa, agora, analisar os pressupostos da posse de estado de filho, pois é exatamente nas condutas exteriorizadas pelas partes que é possível se verificar a existência da socioafetividade. Sem dúvida, é o requisito do trato, ou tratamento; o que se procura evidenciar é se pai/mãe e filho de criação se tratam como tal, ocupando tais funções um na vida do outro. Para tanto, o que é preciso investigar é se os pais socioafetivos se identificam como detentores fáticos da autoridade parental, incumbindo-se de criar, educar e assistir, provendo todas as necessidades biopsíquicas do filho menor e propiciando-lhe pleno acesso a seus direitos fundamentais pois este é o objetivo do poder familiar. Ou em relação aos filhos maiores, se exercem funções paternas e maternas na vida dos filhos, ou mesmo se estes se comportam como filhos em relação a esses pais socioafetivos, conduta esta que possibilita o nascimento e o crescimento do afeto[92].

A doutrina ainda faz uma distinção na dimensão da afetividade entre *afetividade subjetiva* e *afetividade objetiva* ou *afetividade jurídica objetiva*. A afetividade subjetiva diz respeito ao psíquico de cada pessoa, aos sentimentos, ao afeto em si, que não interessa ao direito, mas que restaria implícita quando estivesse presente a dimensão objetiva. A afetividade jurídica objetiva é a que envolve a exteriorização dos atos de afeto a interesses comuns, que sai da órbita do psíquico e envolve fatos da realidade, assumindo relevância jurídica e permitindo sua constatação[93].

No que se refere às consequências ou efeitos da afetividade, reflete-se ainda a existência da *dupla face do princípio da afetividade*: *a face do dever jurídico* e a *face geradora do vínculo familiar*.

---

[92] RODRIGUES, Renata de Lima; TEIXEIRA, Ana Carolina Brochado. Multiparentalidade como fenômeno jurídico contemporâneo. *Revista Brasileira de Direito das Famílias e Sucessões*. Porto Alegre, Magister; Belo Horizonte, IBDFAM, v. 14, fev.-mar. p. 98, 2010.

[93] CALDERÓN, Ricardo Lucas. *Princípio da afetividade no direito de família*, cit., p. 321-322.

A face do dever jurídico do princípio da afetividade, que se aplica para as pessoas que já possuem o reconhecimento do vínculo familiar (parentesco, casamento, uniões livres já reconhecidas), importa no cumprimento dos deveres jurídicos oriundos da relação afetiva. A face geradora do vínculo familiar do princípio da afetividade se aplica às pessoas que possuem uma relação de afetividade objetiva exteriorizada, como a posse do estado de filho ou estado de união, mas não tem ainda o reconhecimento jurídico. É necessário, portanto, verificar nas relações fáticas se são suficientes para caracterizar o vínculo jurídico (filiação ou união estável). Caracterizada a relação jurídica passa a incidir para as pessoas envolvidas, a partir de então, a outra face do princípio, ou seja, os deveres jurídicos da afetividade que produzirão os efeitos jurídicos. Ricardo Lucas Calderón conclui que:

> Como visto, as duas faces do princípio não se confundem e não são excludentes. Muitas das análises acabam por realizar certa confusão entre as duas faces do princípio, que não contribui para sua perfeita compreensão. Com o intuito de esclarecer a abrangência e a incidência do princípio da afetividade, parece oportuno ressaltar estas duas faces: a primeira, de dever jurídico, que prevalece para as pessoas que já possuem algum vínculo familiar configurado; e a segunda, como geradora de vínculo familiar, para as pessoas que não possuem ainda um vínculo familiar reconhecido pelo direito. A partir desta distinção, resta possível detalhar os aspectos de cada uma delas, sem cair em algumas contradições terminológicas[94].

A identificação da face do dever jurídico do princípio da afetividade, para produzir efeitos na filiação socioafetiva, necessita do reconhecimento jurídico da filiação, voluntário ou judicial.

O reconhecimento voluntário de filiação socioafetiva, diferindo da *adoção à brasileira*, pelo ineditismo no sistema jurídico brasileiro, demandou amadurecimento mesmo não existindo nenhuma vedação legal que o impede. O amadurecimento da filiação socioafetiva no sistema possibilitou orientações aos cartórios de Registro Civil (e de notas para lavrar as escrituras) para admitir o reconhecimento espontâneo. Foi o que ocorreu, a título de exemplo, com várias Corregedorias de Justiça estaduais e finalmen-

---

[94] CALDERÓN, Ricardo Lucas. *Princípio da afetividade no direito de família*, cit., p. 311.

te pelo CNJ, nas conversões das uniões e casamento civil entre pessoas do mesmo sexo (Resolução n. 175, de 15 de maio de 2013).

O novo sempre encontra resistência, mas como já ressaltado, o art. 1.593 do Código Civil de 2002 reconhece o parentesco civil por outra origem, além da adoção, e a Constituição de 1988 veda qualquer discriminação quanto à origem da filiação. Evidentemente que o reconhecimento voluntário da filiação socioafetiva exige a existência dos laços afetivos consolidados, o consentimento do filho maior e possibilita ao menor impugnar o reconhecimento ao emancipar ou atingir a maioridade (art. 1.614 do CC).

O reconhecimento voluntário pode ser efetuado por escritura pública ou escrito particular, por testamento ou perante o juiz (art. 1.609 do CC). Diversos Estados autorizam o reconhecimento espontâneo da filiação socioafetiva perante os oficiais do registro civil mediante portarias ou provimentos das corregedorias dos tribunais de justiça, como os Estados do Maranhão (Provimento n. 21/2013), Pernambuco (Provimento n. 9/2013), Ceará (Portaria n. 15/2013), Santa Catarina (Provimento n. 11/2014) e Amazonas (Provimento n. 234/2014).

A Corregedoria Nacional de Justiça, vinculada ao Conselho Nacional de Justiça, diante do reconhecimento da filiação socioafetiva pelos tribunais superiores, concomitante com a filiação biológica, e a regulamentação do reconhecimento voluntário da filiação socioafetiva por corregedorias gerais de justiça nos Estados, expediu o Provimento n. 63, de 14 de novembro de 2017, atualizado pelo Provimento n. 83/2019, regulamentando o reconhecimento voluntário da paternidade e maternidade socioafetiva perante os oficiais de registro civil das pessoas naturais, conforme será oportunamente abordado ao tratar do reconhecimento voluntário dos filhos (2.7.2.2.).

A posse do estado confere ao filho, como já demonstrado, o direito subjetivo de pleitear em juízo, mediante ação declaratória, o reconhecimento da filiação socioafetiva, tratando-se de direito personalíssimo e imprescritível, somente passando a seus herdeiros se iniciou em vida ou se faleceu incapaz. Os legitimados passivos são os pais ou seus herdeiros, biológicos e socioafetivos admitindo-se, portanto, a ação declaratória *post mortem*.

No reconhecimento judicial, é cabível a ação declaratória de filiação socioafetiva mesmo se filho já possuir a paternidade/maternidade registral, devendo, neste caso, cumular com retificação do registro civil e incluir no polo passivo como litisconsortes necessários os pais registrais, consanguíneos ou não. Não é necessária a prévia retificação do registro civil para a exclusão da ascendência registral, pois reconhecida a filiação socioafetiva o consectário lógico é a retificação do registro civil, excluindo ou mantendo os pais e avós biológicos e incluindo os ascendentes socioafetivos, prevalecendo a filiação cultural construída no afeto. O Supremo Tribunal Federal reconheceu a filiação múltipla, ou multiparentalidade (RE 898.060-SC), permitindo a coexistência da filiação biológica e socioafetiva, sem necessidade de excluir uma delas para reconhecer outra.

O reconhecimento da filiação socioafetiva é irrevogável, como ocorre na filiação biológica e na adoção, admitindo-se, todavia, a retificação do reconhecimento voluntário, em ação anulatória do registro de nascimento, se for efetuado por erro ou falsidade (art. 1.604 do CC).

Reconhecido o vínculo socioafetivo, voluntário ou judicial (coercitivo), a filiação produz todos os efeitos jurídicos:

a) o primeiro efeito, e talvez o mais importante e irradiante, é o *estado de filiação*, transcrito no registro civil, e não mais apenas a posse do estado de filho, que se estende a todos os demais parentes, fazendo surgir o *status familiae,* o estado de família, que consiste no estabelecimento das relações de parentesco. A parentalidade que se forma "irá alterar a árvore genealógica e dar aos filhos novos ascendentes e colaterais. Se o filho socioafetivo já se tornou um pai, o seu rebento irá, também, ganhar novos ascendentes e colaterais"[95]. Cria-se também o vínculo de afinidade da esposa/companheira do filho com os parentes socioafetivos. O estado de filho importa, portanto, no estabelecimento do parentesco entre o filho, seus descendentes, os pais e os parentes destes, com todas as consequências legais em direitos e deveres;
b) o reconhecimento do *status familiae* confere ao filho o *direito ao nome* da família, um dos elementos integrantes e constitutivos da personalidade, que individualiza a pessoa e verifica sua filiação pela procedência familiar[96]. Reconhecida a parentalidade socioafetiva, o filho poderá acrescentar o patronímico dos pais ao seu nome,

[95] CASSETTARI, Christiano. *Efeitos jurídicos da parentalidade socioafetiva*, cit., p. 131.
[96] PEREIRA, Caio Mário da Silva. *Reconhecimento da paternidade e seus efeitos*, cit., p. 185.

inclusive excluindo o nome da família biológica. No registro civil, também serão mantidos (multiparentalidade) ou excluídos os nomes dos pais e avós biológicos e incluídos os nomes dos pais e avós socioafetivos. Na hipótese de a filiação socioafetiva ocorrer com apenas um genitor, que pode, por exemplo, ser cônjuge ou companheiro do pai/mãe biológico, mantêm-se os vínculos com o pai/mãe biológico, como ocorre na adoção unilateral do enteado, incluindo apenas o genitor socioafetivo e seus pais como avós;

c) outro efeito no reconhecimento é o *direito recíproco a alimentos*. Os alimentos não são devidos apenas entre os pais e filhos, mas também se estende aos ascendentes, descendentes e irmãos. Assim, o filho socioafetivo reconhecido passa a ser credor e devedor de alimentos em relação aos parentes socioafetivos, observando os pressupostos do trinômio necessidade, possibilidade e proporcionalidade;

d) mais um efeito do reconhecimento da filiação socioafetiva é *conferir aos pais o poder familiar* ou autoridade parental em face do filho socioafetivo menor, incluindo todos os deveres quanto à pessoa e quanto aos seus bens. No exercício do poder familiar quanto à pessoa do filho, incluem-se os deveres de cuidados, criação, assistência, educação, guarda, representação e os poderes de conceder ou negar autorização para o casamento, nomear tutor, reclamá-los de que os detenha ilegalmente e exigir obediência e respeito. No exercício da autoridade parental quanto aos bens dos filhos, compete aos pais o dever de administração e o direito ao usufruto. Ocorrendo separação entre os pais, é assegurado ao filho o direito fundamental à convivência familiar com o genitor que não reside sob o mesmo teto, se a guarda não for compartilhada;

e) outro importante efeito é *conferir direitos sucessórios recíprocos* entre o filho reconhecido e todos os parentes socioafetivos na linha reta e na colateral até o quarto grau, obedecendo à ordem de vocação hereditária. A obediência à ordem de vocação hereditária resguarda todos os seus direitos sucessórios na qualidade de filho, como o direito à petição de herança, colação dos bens doados pelos pais aos outros filhos, nulidade da partilha, exclusão dos herdeiros ascendentes e colaterais na sucessão legítima, vedação aos ascendentes, mediante testamento, de impor, sem causas justificadas, cláusulas restritivas na legítima. Da mesma forma, sujeita o filho socioafetivo, também, nas hipóteses de exclusão da herança por deserdação e indignidade.

Diversos outros efeitos jurídicos surgem no reconhecimento da filiação socioafetiva, em tudo equiparada às outras origens de filiação, sem qualquer discriminação. Christiano Cassetari ressalta os efeitos quanto aos direitos previdenciários; inelegibilidade eleitoral; possibilidade de ação negatória de paternidade em razão de reconhecimento do filho por vício de consentimento, desde que inexistente o vínculo afetivo; impossibilidade da desconstituição do vínculo se não ocorreu vício de consentimento e pressente o vínculo afetivo; abrandamento da presunção *pater is est*, entre outros[97].

A filiação socioafetiva confere, portanto, o *status familiae* ao filho reconhecido, integrando-o totalmente na família dos pais afetivos, estendendo as relações jurídicas com todos os parentes dos genitores, como em qualquer relação paterno/filial, com os mesmos direitos, deveres e qualificações, vedando-se quaisquer designações discriminatórias.

2.4. Filiação múltipla ou multiparentalidade

A multiparentalidade ou multiplicidade de vínculos parentais já é realidade no direito brasileiro, possibilitando ao judiciário, diante da morosidade do poder legislativo em normatizar os avanços que ocorrem nas famílias, o reconhecimento simultâneo da filiação biológica e socioafetiva, com todos os efeitos jurídicos, permitindo a filiação múltipla com dois pais e duas mães, uma mãe e dois pais, um pai e duas mães. A discussão jurídica sobre a preponderância da filiação socioafetiva sobre a biológica, ou vice-versa, perde o sentido com a multiparentalidade. Não se precisa mais questionar se pais são os que conceberam ou os que criaram. Ambos são pais se for o melhor para o filho.

A facilidade do divórcio e a existência cada vez maior de famílias recompostas ou mosaico facilitam a convivência de enteados com padrastos e madrastas, criando vínculos afetivos de filiação, sem necessariamente excluir os pais biológicos, tanto que a Lei n. 11.924/2009, chamada de "Lei Clodovil", já autoriza o enteado a adotar o nome de família do padrasto ou

97 CASSETARI, Christiano. *Efeitos jurídicos da parentalidade socioafetiva*, cit., p. 162-174.

da madrasta, sem excluir os apelidos de sua família, alterando o art. 57 da Lei de Registros Públicos para acrescentar o § 8º[98].

Oportuno ressaltar, todavia, que a adoção pelo enteado do nome do padrasto/madrasta e a inserção no registro civil não gera nenhum efeito jurídico, mas tão somente uma identificação familiar, uma homenagem moral. O vínculo padrasto/enteado é apenas de afinidade, o que difere da socioafetividade, que possui efeitos jurídicos ao criar um parentesco civil, quando presentes os pressupostos da posse do estado de filho, permitindo o reconhecimento da filiação por outra origem, e que pode ser cumulada com a biológica, configurando a multiparentalidade[99].

Maria Goreth ressalta que a multiparentalidade é fenômeno recente no direito das famílias e acontece em razão dos novos conceitos da família plural, podendo ocorrer em várias situações, mas o núcleo mais propício para sua ocorrência são as famílias recompostas. O direito não pode ignorar o surgimento desses novos fatos sociais. Se o filho possui um pai biológico e um afetivo, o registro deve contemplar a multiparentalidade. Acrescenta que:

> O aumento significativo do número de divórcios, o reconhecimento de outras famílias além da matrimonial, a igualdade dos filhos, a força vinculante do afeto como elemento do direito de família são exemplos de que a família de hoje não mais se equipara à família de outrora, o que exige do Legislativo e do Judiciário uma postura ativa na tentativa de dar um retorno às novas questões que se apresentam[100].

Maria Berenice Dias orienta que na reprodução medicamente assistida a concepção conta com mais pessoas, não podendo mais afirmar que alguém só pode ter um pai e uma mãe, sendo necessário o reconhecimento da filiação múltipla, não se justificando que a justiça não reconheça essa realidade.

---

[98] "§ 8º O enteado ou a enteada, havendo motivo ponderável e na forma dos §§ 2º e 7º deste artigo, poderá requerer ao juiz competente que, no registro de nascimento, seja averbado o nome de família de seu padrasto ou de sua madrasta, desde que haja expressa concordância destes, sem prejuízo de seus apelidos de família."

[99] LIMA, Márcia Fidelis. O registro civil da parentalidade socioafetiva e da multiparentalidade. *Revista IBDFAM:* famílias e sucessões, v. 25 (jan./fev.). Belo Horizonte: IBDFAM, 2018, p. 37.

[100] VALADARES, Maria Goreth Macedo. *Multiparentalidade e as novas relações parentais.* Rio de Janeiro: Lumen Juris, 2016, p. 93, 207-208.

Identificada a pluriparentalidade, coexistindo os vínculos biológicos e afetivos, é uma obrigação constitucional reconhecê-la, preservando os direitos fundamentais dos envolvidos e produzindo todos os efeitos jurídicos[101].

A jurisprudência, acompanhando a evolução das famílias, reconhece a coexistência da filiação biológica e afetiva e a possibilidade de seu reconhecimento no registro civil. O Tribunal de Justiça de Minas decidiu sobre o deferimento da multiparentalidade, harmonizando a filiação biológica e a socioafetiva quando se fazem presentes, sem exclusão de uma ou de outra, incluindo no registro civil o pai biológico, o pai registral e os respectivos avós. Sob o argumento de que o direito deve evoluir e caminhar com a vida, fundamentou no voto o Des. Luís Carlos Gambogi:

> O direito nunca se apresenta desvinculado da vida natural, portanto, que, em mudando os fatos ou a situação que disciplina, mude a interpretação. Entre nós, já é possível ao pai biológico buscar o reconhecimento de sua paternidade, mesmo que já tenha sido consolidada a paternidade socioafetiva.
>
> Há que se considerar, sempre, que a prevalência da paternidade socioafetiva ou a prevalência da biológica só se justifica se adotada em função dos interesses e do desenvolvimento do filho.
>
> Colocadas estas premissas, no caso específico destes autos, estou em que não se deve declarar a sobreposição da ascendência socioafetiva sobre a biológica nem a biológica sobre a socioafetiva, devendo-se reconhecer a dupla paternidade[102].

O Supremo Tribunal Federal acolheu o entendimento do Tribunal Mineiro em julgamento de recurso extraordinário que sustentava a necessidade de preponderância da filiação socioafetiva sobre a biológica, decidindo pela coexistência da dupla paternidade. Consta nos itens 13, 15 e 16 da ementa que:

> 13. A paternidade responsável, enunciada expressamente no art. 226, § 7º, da Constituição, na perspectiva da dignidade humana e da busca pela felicidade, impõe o acolhimento, no espectro legal, tanto dos vínculos de

---

101 DIAS, Maria Berenice. *Manual de direito das famílias*. 11. ed. São Paulo: Revista dos Tribunais, 2016, p. 405.

102 TJMG, 5ª CC, AC 1.0024.13.321589-7/001, Rel. Des. Áurea Brasil, Rel. p/ acórdão Des. Moacyr Lobato, j. 30-6-2016.

> filiação construídos pela relação afetiva entre os envolvidos, quanto daqueles originados da ascendência biológica, sem que seja necessário decidir entre um ou outro vínculo quando o melhor interesse do descendente for o reconhecimento jurídico de ambos.
>
> 15. Os arranjos familiares alheios à regulação estatal, por omissão, não podem restar ao desabrigo da proteção a situações de pluriparentalidade, por isso que merecem tutela jurídica concomitante, para todos os fins de direito, os vínculos parentais de origem afetiva e biológica, a fim de prover a mais completa e adequada tutela aos sujeitos envolvidos, ante os princípios constitucionais da dignidade da pessoa humana (art. 1º, III) e da paternidade responsável (art. 226, § 7º).
>
> 16. Recurso Extraordinário a que se nega provimento, fixando-se a seguinte tese jurídica para aplicação a casos semelhantes: "A paternidade socioafetiva, declarada ou não em registro público, não impede o reconhecimento do vínculo de filiação concomitante baseado na origem biológica, com os efeitos jurídicos próprios"[103].

A tese fixada pelo Supremo Tribunal Federal, reconhecendo expressamente a filiação socioafetiva e a multiparentalidade, constitui em precedente que vai orientar todas as ações de filiação no conceito constitucional de famílias, notadamente no cumprimento do princípio da dignidade humana, igualdade dos filhos e no direito à busca da felicidade. A omissão da legislação da possibilidade de reconhecimento da multiparentalidade não pode ser entrave para o reconhecimento concomitante da filiação biológica e socioafetiva. Oportuno transcrever parte do voto do Ministro Luiz Fux no julgamento citado:

> O espectro legal deve acolher, nesse prisma, tanto vínculos de filiação construídos pela relação afetiva entre os envolvidos, quanto aqueles originados da ascendência biológica, por imposição do princípio da paternidade responsável, enunciado expressamente no art. 226, § 7º, da Constituição.
>
> Não cabe à lei agir como o Rei Salomão, na conhecida história em que propôs dividir a criança ao meio pela impossibilidade de reconhecer a parentalidade entre ela e duas pessoas ao mesmo tempo. Da mesma forma, nos tempos atuais, descabe pretender decidir entre a filiação afetiva e a

[103] STF, RE 898.060/SC, Rel. Ministro Luiz Fux, j. 21-9-2016.

biológica quando o melhor interesse do descendente é o reconhecimento jurídico de ambos os vínculos. Do contrário, estar-se-ia transformando o ser humano em mero instrumento de aplicação dos esquadros determinados pelos legisladores. É o direito que deve servir à pessoa, não o contrário.

O reconhecimento da dupla filiação importará na produção de todos os efeitos jurídicos da filiação, como uso do nome de ambos os pais, alimentos e direitos de herança recíprocos. Ou seja, atribuem-se aos pais múltiplos todas as obrigações inerentes à parentalidade, pessoais e patrimoniais.

2.5. Prova da filiação registral

A filiação se prova pela certidão do assento de nascimento (art. 1.603 do CC)[104] transcrita no cartório de registro civil de pessoas naturais, lavrada no local onde ocorreu o parto ou de residência dos pais, no prazo de 15 dias, mas que pode ser ampliado por até três meses quando o parto ocorrer em lugares distantes (mais de 30 km) da sede do cartório (art. 50[105], *caput*, da Lei n. 6.015/1973). É a filiação registral.

O registro dos filhos concebidos na constância do casamento pode ser feito por declaração do pai e, no impedimento ou omissão, sucessivamente pela mãe, parente próximo, administradores do hospital, médico ou parteira, pessoa idônea onde ocorreu o parto ou as pessoas encarregadas da guarda do menor, constando o nome do pai e da mãe, cumprindo ao oficial que duvidar das declarações, comparecer na residência ou exigir documentos que comprovem o parto (art. 52 da Lei n. 6.015/1973).

O Provimento n. 63/CNJ, atualizado pelo Provimento n. 83/2019, CNJ, permite o reconhecimento diretamente no Cartório de Registro Civil do filho acima de 12 anos.

Os filhos concebidos fora do matrimônio não podem ter declarado o nome do pai sem que este expressamente o autorize e compareça ao cartório

104 "Art. 1.603. A filiação prova-se pela certidão do termo de nascimento registrada no Registro Civil."

105 "Art. 50. Todo nascimento que ocorrer no território nacional deverá ser dado a registro no lugar em que tiver ocorrido o parto ou no lugar de residência dos pais, dentro do prazo de 15 (quinze) dias, que será ampliado até 3 (três) meses para os lugares distantes mais de 30 (trinta) quilômetros da sede do cartório."

de registro civil por ocasião do registro (art. 59 da Lei n. 6.015/1973) ou posteriormente o reconheça de forma voluntária ou judicial.

Na ausência do termo de nascimento, desde que efetuado, como inundação, perda do livro, negligência do oficial ao transcrever o assento, ou defeito, como erro nos nomes e datas, poder-se-á provar sua existência por provas legalmente admissíveis, observando a existência de começo de prova escrita ou fortes presunções resultantes de fatos certos (art. 1.605 do CC). Se a declaração de nascimento ou o reconhecimento não foi efetuado, torna-se necessário o registro, ainda que fora do prazo, ou ajuizamento de ação investigatória. A Lei n. 6.015/1973 determinava no art. 46, § 1º, que se o registrando possuir mais de 12 anos, o registro somente se faria com determinação judicial, entretanto, a Lei n. 11.790, de 2 de outubro de 2008, alterou o art. 46, e facilitou o registro, ao dispor que mediante requerimento efetuado pelo registrando ou por seu representante, assinado também por duas testemunhas, pode o assento ser efetuado diretamente no Cartório de Registro Civil no lugar de residência do interessado. Se o oficial suspeitar da falsidade da declaração, pode exigir outras provas e somente se persistir as suspeitas remeterá os autos ao juiz.

Assim, atualmente, o registro fora do prazo, mesmo de pessoas idosas, somente exige intervenção judicial se o oficial do Registro Civil possuir suspeitas de falsidade das declarações.

No registro, apenas não constará o nome da mãe no caso de recém-nascido exposto ou menor abandonado (art. 60/62 da LRP), já que a maternidade se prova pelo parto.

2.6. Filiação matrimonial

2.6.1. Conceito

A filiação no casamento pressupõe a maternidade por parte da esposa e paternidade por parte do marido. O casamento deve, em regra, ser anterior à concepção, ainda que nulo ou anulável (art. 1.561 do CC), provando-se a maternidade pelo parto (arts. 50, *caput*, e 52, § 1º, Lei n. 6.015/1973), sendo crime o suposto (arts. 241 e 242 do Código Penal), e a paternidade pelas presunções estabelecidas pela lei. O Código Civil, fundado em presunções e probabilidades, considera havidos do casamento os filhos nascidos na sua constância, tratando-se de presunção relativa ou *juris tantum*, já que pode ser questionada; entretanto, a contestação da filiação só pode ser produzida pelo marido.

2.6.2. Presunção da paternidade e técnicas de reprodução medicamente assistida

O momento determinante da filiação matrimonial é a concepção e não a data da celebração e extinção do casamento, posto que a lei presume concebido na constância do matrimônio, o filho nascido 180 dias, pelo menos, após a celebração ou nos 300 subsequentes à sua dissolução, conforme dispõe o art. 1.597, I e II, do Código Civil:

> Art. 1.597. Presumem-se concebidos na constância do casamento os filhos:
>
> I – nascidos cento e oitenta dias, pelo menos, depois de estabelecida a convivência conjugal;
>
> II – nascidos nos trezentos dias subsequentes à dissolução da sociedade conjugal, por morte, separação judicial, nulidade e anulação do casamento.

Assim, por presunção legal, a concepção pode ocorrer no espaço de tempo entre os 300 e os 180 dias que antecederam o parto, ou seja, dentro dos primeiros 120 dias dos 300 anteriores ao nascimento, não existindo presunção fora deste período, o que pode ser melhor demonstrado pelo gráfico seguinte:

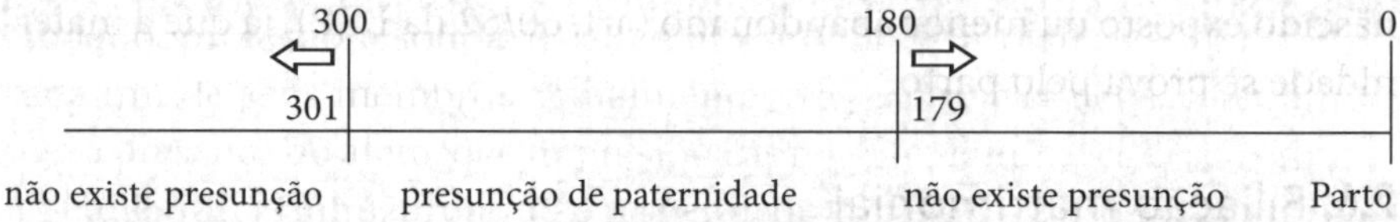

Presume-se que o filho é do primeiro marido se a mulher se casar novamente e ocorrer o parto antes de decorridos 300 dias do falecimento do consorte anterior (art. 1.598 do CC); admite-se, porém, prova em contrário, para comprovar ser do segundo esposo.

O Código Civil de 1916 dispunha que não podia ser contestada a legitimidade do filho nascido antes de 180 dias após celebrado o casamento se o marido tinha ciência da gravidez ou se assistiu pessoalmente à lavratura do assento de nascimento sem contestar (art. 339), o que não foi reproduzido no Código Civil atual, afastando, portanto, a presunção absoluta de paternidade e admitindo contestação neste caso.

O Código Civil de 2002 inovou ao introduzir em seu texto a presunção de concebidos na constância do casamento os filhos havidos mediante *reprodução medicamente assistida*, buscando acompanhar o desenvolvimento da biotecnologia, consistente no conjunto de técnicas e processos biológicos que possibilitam a utilização de matéria viva para degradar, sintetizar e produzir outros materiais. A *biotecnologia de procriação* é um ramo da biotecnologia especializada em técnicas e procedimentos específicos para promover a concepção, interferindo no processo de fertilidade ou infertilidade da espécie humana. Desenvolveram-se, primeiro, técnicas que impediam a fecundação, denominadas anticonceptivas, e depois as técnicas que objetivam promover o ato de procriar, denominadas conceptivas, que buscam atender as expectativas dos casais inférteis desejosos de terem filhos. Estima-se que a infertilidade atinge de 10% a 15% dos casais, em função de fatores masculinos, femininos ou de ambos. Apesar de usados como palavras sinônimas, a *infertilidade* difere na semântica de *esterilidade*. A infertilidade deve ser usada para quem nasce estéril ou teve uma doença que levou a tal condição, enquanto a esterilidade deve ser usada para quem se submeteu a processos cirúrgicos ou químicos para perder a capacidade de procriar[106]. Dispõe o Código Civil no art. 1.597, III a V, que:

> Art. 1.597. Presume-se concebidos na constância do casamento os filhos:
>
> [...]
>
> III – havidos por fecundação artificial homóloga, mesmo que falecido o marido;
>
> IV – havidos a qualquer tempo quando se tratar de embriões excedentários, decorrentes de concepção artificial homóloga;
>
> V – havidos por inseminação artificial heteróloga, desde que tenha prévia autorização do marido.

Antes de abordar cada uma das hipóteses, é necessária uma sucinta noção das técnicas mais comuns de *reprodução medicamente assistida*, colhendo, para tanto, os ensinamentos de Maximilianus[107] e Juliane Queiroz[108], ao conceituá-la e apresentar suas técnicas.

---

[106] QUEIROZ, Juliane Fernandes. *Paternidade*: aspectos jurídicos e técnicos de inseminação artificial. cit., p. 63-64 e 67.

[107] FÜHER, Maximilianus Cláudio Américo. *Resumo de direito civil*. 28. ed., cit., p. 105-106.

[108] QUEIROZ, Juliane Fernandes. *Paternidade*: aspectos jurídicos e técnicos de inseminação artificial, cit., p. 69-81.

A Reprodução Assistida (RA) ou Reprodução Medicamente Assistida (RMA), ou, ainda, Técnicas de Reprodução Assistida (TRA), apesar de o termo não ser o mais correto, já que não ocorre reprodução, mas procriação, compreende a parte da medicina que trata da infertilidade absoluta (esterilidade) ou relativa (hipofertilidade).

Não existe legislação específica que regula a reprodução medicamente assistida, apesar da existência de diversos projetos de lei que não chegam a termo. A única norma reguladora é a Resolução n. 2.168/2017 do Conselho Federal de Medicina, que revogou as resoluções anteriores.

A Resolução n. 2.168, publicada em 10 de novembro de 2017, revogando a Resolução CFM 2015/2015, determina as normas éticas para a utilização das técnicas de reprodução, que só podem ser utilizadas se existir probabilidade de sucesso, em candidatas à gestação com até cinquenta anos de idade (salvo exceções). Não pode ser selecionado o sexo e o número máximo de oócitos ou embriões transferidos não pode ser superior a quatro, sendo vedada a redução embrionária em caso de gravidez múltipla. O número de embriões transferidos leva em consideração a idade da mulher: até 2 embriões para mulheres com até 35 anos; 3 embriões para mulheres entre 36 e 39 anos; e 4 embriões para mulheres com 40 anos ou mais.

Para a realização das técnicas de reprodução assistida, é necessário lavrar um termo de "consentimento livre e esclarecido informado", contendo detalhadamente as técnicas que serão utilizadas, assinado pelos pacientes e profissionais.

A reprodução assistida é permitida aos casais, inclusive homoafetivos, e pessoas solteiras. Permite-se a gestação compartilhada em união homoafetiva feminina, utilizando-se útero de uma mãe com o óvulo inseminado (embrião) da outra companheira. A doação de gametas ou embriões não pode ter caráter lucrativo ou comercial, e a identidade dos doadores é sigilosa. A idade limite para doação de gametas é de 35 anos para mulheres e 50 anos para o homem.

A resolução prevê, ainda, a reprodução assistida utilizando gestação de substituição (barriga solidária), desde que a doadora temporária do útero pertença à família de um dos parceiros em parentesco até o quarto grau, o que inclui primas e filhas de sobrinho, vedando-se o caráter lucrativo ou comercial (barriga de aluguel). Nesse caso, além do termo de consentimento informado, paciente e gestadora devem firmar termo de compromisso, estabelecendo claramente a questão da filiação da criança.

Permite-se a preservação de gametas para mulheres saudáveis, sem indicação de necessidade de auxílio à fertilidade, congelando o material para utilização futura, ou preservação oncológica, de gametas, embriões e tecidos germinativos.

As clínicas, centros ou serviços podem criopreservar espermatozoides, oócitos, embriões e tecidos gonódicos, devendo ser comunicado aos pacientes o número de embriões gerados e a quantidade que será transferida a fresco. Os pacientes devem firmar termo no momento da criopreservação quanto ao destino dos embriões excedentários em caso de separação, divórcio, morte, doença grave e se desejam doá-los. Os embriões criopreservados podem ser descartados em 3 anos por vontade expressa dos pacientes ou se forem abandonados.

A procriação assistida pode, portanto, ser homóloga, utilizando o material genético dos parceiros, ou heteróloga, com material doado.

A reprodução assistida é realizada em clínicas, centros ou serviços que possuam, obrigatoriamente, um diretor técnico com registro de especialista em áreas de interface em reprodução assistida, que será o responsável por todos os procedimentos médicos e laboratoriais. Diversas técnicas podem ser utilizadas, dentre elas:

- A *inseminação homóloga* ou *intraconjugal* que utiliza os gametas (óvulos e espermatozoides) do próprio casal que recorreu às técnicas de reprodução para a fecundação, atribuindo-se a paternidade ou maternidade pelo liame biológico, podendo ocorrer *post mortem* do marido, já que o sêmen ou o embrião pode ser armazenado.

- A *inseminação heteróloga* ou *extraconjugal* utiliza gametas provenientes de doadores estranhos ao casal, em casos de infertilidade da mulher por ausência de óvulos ou do homem por ausência de espermatozoides. A reprodução mais comum, prevista no art. 1.597, V, do Código Civil, é a utilização de sêmen de um terceiro, que não o marido ou o companheiro, para fecundar a mulher. Não é incomum, também, a doação de óvulos ou a gestação em barriga solidária. Nessa situação, não se atribui a paternidade pelo liame biológico, mas o socioafetivo, exigindo expressa autorização. O cônjuge ou companheiro(a) são os pais jurídicos, mas não os pais biológicos.

• *Coito programado* que é o menos invasivo e mais simples, indicado para os casais subférteis, e consiste em monitorar o período ovulatório da mulher para o casal manter relações sexuais, aumentando as chances de gravidez.

• *Inseminação artificial intrauterina* (IIU) – tratando-se de um procedimento também mais simples, consistente na obtenção da fecundação mediante introdução do esperma no interior do canal genital feminino sem realização de ato sexual. O esterileuta monitora o ciclo ovariano da mulher e no momento da ovulação (quando o óvulo sai do ovário para a trompa de falópio) com um cateter deposita espermatozoides bem no alto do colo uterino, ocorrendo a fecundação *in vivo*. A técnica é indicada para os casos de incompatibilidade do muco cervical com os espermatozoides ou defeitos no próprio canal cervical em casos de deficiência seminal leve e casos de alteração na ovulação com o sêmen do marido.

• *Gametha Intra Falopian Transfer* (transferência de gametas para as trompas – GIFT) consiste na transferência para o interior do aparelho genital feminino, de ovócito (óvulo não fertilizado, gameta feminino) e espermatozoides, previamente isolados (gametas), de modo que só ali se dê sua fusão, ocorrendo a fecundação *in vivo*. Os óvulos são coletados na mulher por laparoscopia ou ultrassom vaginal e são transferidos, juntamente com os espermatozoides, imediatamente à trompa de falópio, utilizando um cateter, onde se espera que ocorra a fecundação, evitando a utilização da fecundação *in vitro* por motivos éticos ou religiosos do casal.

• *Injeção intracitoplasmática de espermatozoides* (ICSI) trata-se de uma das tecnologias de procriação mais avançadas e consiste na injeção de apenas um espermatozoide diretamente dentro do óvulo, extinguindo as dificuldades de reprodução por defeitos no espermatozoide que não consegue romper o óvulo e realizar a fecundação, denominados *cabeça chata*, quando os espermatozoides têm dificuldade de locomoção para atingir o óvulo e ainda nas alterações seminais mais graves, quando o homem tem ausência de espermatozoide na ejaculação, mas podem ser encontrados e captados através de uma punção nos testículos.

• *Zigot intra falopian transfer* (transferência de zigotos – ZIFT) trata-se, neste caso, de implantação, no útero feminino, do *zigoto*, que é a célula ainda unicelular resultante da fecundação de um óvulo (ovócito ou oócito) por um espermatozoide, unidos, no presente caso, em laboratório, *in vitro*. As células germinativas masculinas e femininas (espermatozoides e óvulos) chamam-se *gametas* e após sua fusão passam a se chamar *zigotos*. Após o ovo já fecundado entrar em segmentação (no estágio de duas a oito células), nos primeiros estágios de desenvolvimento do organismo, *os zigotos* passam a constituir-se em *embriões*. Portanto, passa a denominar-se embrião o zigoto segmentado, nas suas primeiras divisões em desenvolvimento.

• *Fertilização in vitro* (FIVETE) ou *fecundação in vitro* (FIV) consiste na transferência para o útero de embriões fecundados e incubados *in vitro*. A técnica é a mesma da implantação dos zigotos; a diferença é que a transferência só ocorre quando estes (produto da fusão) entram em segmentação, passando a constituir embriões (estágio de duas a oito células). A fecundação *in vitro* exige a indução da ovulação, punção folicular e cultura dos óvulos, coleta e preparação do esperma, a inseminação e cultura de embriões, para, finalmente, ser implantado no útero da mulher.

Na transferência de embriões, a fertilização é *in vitro*, feita em laboratório, técnica conhecida popularmente como *bebê de proveta* e seu primeiro caso de sucesso ocorreu no dia 5 de julho de 1978, na Inglaterra, com o nascimento de Louise Joy Brown.

As implantações de zigotos ou embriões não ocorrem com muito sucesso em apenas uma tentativa (média de 10% a 30%), razão pela qual o material genético é preparado em escala maior, até mesmo porque, na indução da ovulação, não se tem como controlar quantos folículos e óvulos serão produzidos, e congelado para uso em ciclos subsequentes, constituindo-se embriões excedentes ou supranuméricos, denominados pelo Código Civil, em sentido amplo (zigotos e embriões) de *embriões excedentários*. Existe um limite de embriões que podem ser transferidos para o útero: até 2 para as mulheres com até 35 anos, 3 para as mulheres entre 36 e 39 anos e até 4 para as mulheres de 40 anos ou mais (Resolução CFM n. 2.168/2017). O excedente é congelado, o que torna onerosa a utilização desta técnica, já que os custos de estocagem e manutenção dos embriões excedentários são altos.

O Código Civil presume no inciso III do art. 1.597 serem concebidos na constância do casamento os filhos havidos por fecundação artificial homóloga, de material genético do próprio casal, ou seja, a utilização das técnicas de inseminação artificial ou de transferência de gametas para o órgão reprodutor feminino. O marido, antes de fornecer o material fertilizante, deve ser esclarecido do processo de reprodução assistida, manifestando sua vontade, mediante "Termo de consentimento livre e esclarecido". A lei presume a paternidade, mesmo que falecido o marido, objetivando evitar inúmeros questionamentos sobre o destino dos sêmens excedentes ou a paternidade da criança nascida após decorridos 300 dias da morte do doador, com reflexos no direito de família e sucessórios.

O inciso IV também presume concebidos na constância do casamento, a qualquer tempo, os filhos havidos quando se tratar de embriões excedentários decorrentes de concepção artificial homóloga, ou seja, do próprio casal. Neste caso, também é necessária a anuência do casal, devendo essa ser expressa[109], especialmente se um dos genitores do embrião congelado estiver morto. A questão também enfrenta muitas indagações e controvérsias, como a maternidade no caso de implantação do embrião no útero de outra mulher (barriga solidária), o destino dos embriões não utilizados na hipótese de separação do casal, a situação jurídica do embrião congelado em caso de guarda, doação a terceiros, e até mesmo sobre possível direito potencial à herança. Essas questões devem constar expressamente de termo por escrito por ocasião da criopreservação (Resolução CFM n. 2.168/2017).

O inciso V prevê concebidos no casamento os filhos havidos por inseminação artificial heteróloga, utilizando material genético de um doador, exigindo prévia autorização do marido. Neste caso, em face da presunção legal, não se questiona falsidade no assento do registro de nascimento, inovando o Código ao admitir a paternidade socioafetiva na constância do casamento nas mesmas condições da biológica. Assim, a paternidade jurídica é reconhecida independentemente da biológica, entretanto, é necessária a autorização consciente do marido para inseminação de sua mulher com material genético de outro homem, posto que se transforma no pai legal da criança; caso contrário, se foi enganado ou não consentiu, poderá ajuizar ação negatória de paternidade.

É evidente que o marido não pode arrepender-se e retratar o consentimento após realizada a inseminação, pretendendo interromper a gestação, sob pena de configurar crime de aborto, além de violar o princípio da boa-fé e da lealdade no comportamento.

---

109 DINIZ, Maria Helena. *Curso de direito civil brasileiro* – Direito de família. 22. ed., cit., p. 428.

O Código Civil é criticado por não regulamentar a reprodução assistida, entretanto, apesar das inúmeras críticas, muitas delas afoitas e infundadas, deu o primeiro grande passo para regular a filiação na reprodução assistida, não se furtando aos avanços da engenharia genética, e admitir expressamente a paternidade socioafetiva fora da hipótese de adoção.

2.6.3. Negatória de paternidade e maternidade

A presunção da paternidade no casamento não é *juris et de jure* ou absoluta, mas *juris tantum* ou relativa, no que concerne ao pai, que pode elidi-la provando o contrário[110].

A ação negatória de paternidade é aquela conferida ao marido para impugnar a presunção *pater est*, ou seja, que o pai é marido da mãe.

Newton Teixeira Carvalho e Fabíola Meijon Fadul diferenciam a *ação negatória* da *ação de impugnação da paternidade*, também denominada ação retificatória da filiação ou ação anulatória do registro civil, esclarecendo que:

> Na ação negatória de paternidade o objetivo é negar o *status* de filho ao que goza da presunção decorrente da concepção na constância do casamento. A ação de impugnação de paternidade seria ofertada quando o filho, mesmo nascido durante o casamento, não estivesse sob o manto das presunções ou com relação aos filhos nascidos fora do casamento[111].

A paternidade só pode ser contestada pelo marido em ação negatória de paternidade, tratando-se de ação personalíssima posto que só o esposo tem *legitimatio ad causam*, facultando aos seus herdeiros substituí-lo, prosseguindo no polo ativo, se falecer na pendência da lide. É o que dispõe o art. 1.601 do Código Civil:

> Art. 1.601. Cabe ao marido o direito de contestar a paternidade dos filhos nascidos de sua mulher, sendo tal ação imprescritível.

---

110 DINIZ, Maria Helena. *Curso de direito civil brasileiro* – Direito de família. 22. ed., cit., p. 381.

111 CARVALHO, Newton Teixeira; FADUL, Fabíola Meijon. Ações declaratórias de existência e inexistência da filiação. In: NOGUEIRA, Luiz Fernando Valladão (Coord.). *Paternidade e Alimentos*. Belo Horizonte: Del Rey, 2012. p. 31.

Parágrafo único. Contestada a filiação, os herdeiros do impugnante têm direito de prosseguir na ação.

A legislação é rigorosa na admissão da negatória, impondo a presunção da paternidade jurídica ao marido, na constância do casamento, para proteção da prole e estabilização social, pouco importando se é o responsável ou não pela gestação[112], tanto que não basta o adultério da mulher ou a confissão materna para excluir a paternidade (arts. 1.600 e 1.602), porque, nessas hipóteses, mesmo com dúvidas em razão do adultério, existem possibilidades de que o marido é o pai ou, ainda, a existência de interesses materiais ou sentimentos reprováveis da mulher para atingir o marido e o filho.

O Código Civil de 1916 estabelecia prazo decadencial reduzido para a propositura da ação (art. 178, §§ 3º e 4º); entretanto, a jurisprudência majoritária, por se tratar de direito personalíssimo, já adotava o entendimento de que era imprescritível, o que foi acolhido pelo Código atual (art. 1.601, parte final).

A ação é proposta contra o filho, devendo ser nomeado curador especial se incapaz e a mãe não puder representá-lo ou assisti-lo, com intervenção obrigatória do Ministério Público, se incapaz, devendo o marido, alternativamente, comprovar que era impotente absolutamente para gerar, *generandi* (para a procriação) ou *coeundi* (para o ato sexual), na época da concepção (art. 1.599 do CC); que não coabitou com a mulher nos primeiros 121 dias ou mais dos 300 que antecederam o parto (art. 1.597, I e II, do CC); que não forneceu sêmen para inseminação artificial ou para fecundação *in vitro* (art. 1.597, III e IV, do CC), que não autorizou inseminação artificial ou fecundação heteróloga (art. 1.597, V, do CC); ou, ainda, que ocorreu adultério da mulher, devendo, neste caso, excluir geneticamente a paternidade por provas robustas, entre elas a leitura das impressões digitais do DNA, eis que, conforme já ressaltado, o adultério, por si só, não exclui a presunção legal da paternidade (art. 1.600 do CC), pois existe a possibilidade de o marido ser o pai biológico se ocorreu coabitação.

A ação negatória de paternidade é obstaculizada, entretanto, se restar demonstrada a constituição da paternidade socioafetiva entre o marido da mulher e os filhos desta, ciente de que não era o pai biológico.

---

[112] DINIZ, Maria Helena. *Curso de direito civil brasileiro* – Direito de família. 22. ed., cit., p. 383.

A sabedoria popular já ensina que *pai é quem cria*, ou seja, quem escolheu ou aceitou ser pai e desenvolveu com o filho os laços afetivos paterno-filiais. Assim, se o marido da mulher sabe que o filho não é seu e escolheu ser pai, registrando-o como filho no assento civil, ou ainda, se posteriormente descobre não ser o pai biológico e aceita a paternidade jurídica, não pode posteriormente, especialmente em razão de separação com a mulher, pretender desconstituir a paternidade consolidada no afeto. Não basta demonstrar a diversidade genética mediante a leitura de impressões digitais do DNA para excluir a paternidade socioafetiva consciente, construída na convivência, nos cuidados com a criação e educação e no fortalecimento dos laços afetivos. É necessário demonstrar, ao negar a paternidade, que o pai registral foi induzido em erro ao acolher o menor como filho e não se estabeleceu entre eles relação paterno-filial afetiva.

O juiz Marcelo Paulo Salgado já decidiu, ao julgar improcedente ação negatória de paternidade fundada exclusivamente em prova genética, que a verdade biológica nem sempre é a verdade real da filiação, pois esta pode ser construída e solidificada com base em outros elementos, mais precisamente os de ordem cultural, social e afetiva. Se o marido tomou ciência da infidelidade da mulher, realizou exames de DNA e, mesmo assim, procurou obter guarda do filho em separação judicial, assegurou direito de visitas e destinou alimentos, acolheu-o como filho afetivo e não pode posteriormente desconstituir a paternidade jurídica. Em contraposição à verdade biológica, vem a chamada paternidade afetiva firmada naquela situação de quem quer ser pai, acolhendo o recém-nascido, ensinando-lhe as primeiras palavras, os primeiros passos, a amar e ser amado. A paternidade não é um dado, algo determinado, não se podendo estabelecer por presunção derivada da norma legal ou então somente pela descendência genética, pois, antes de tudo, trata-se de uma situação construída com afeto, convivência, serviço e amor que a procriação, por si só, não é capaz de realizar. A declaração de paternidade no registro e a aceitação de seus termos é uma situação jurídica consolidada e só pode ser declarada sem efeito quando emanarem de erro, dolo, coação ou fraude, cuja prova deve ser cabal, robusta e incontestável, não bastando meras alegações ou dúvidas. Se o pai comparece ao registro civil e declara a paternidade sobre o recém-nascido que não era seu filho biológico, praticou atos inequívocos de convalidação e fica esvaziada a causa justificadora para sua desconstituição, por estabelecer uma situação de fato que se consolidou no estado de filiação socioafetiva[113].

Na ação negatória de paternidade, não basta, portanto, comprovar apenas a verdade biológica, o que é demonstrado pelo resultado das leituras das impressões digitais do DNA, mas também que o pai aceitou a paternidade por vício de consentimento, equivocadamente, pois, ciente ou com dúvidas de que o filho biologicamente não era seu, constituiu uma paternidade irrevogável. Restando demonstrada a existência do vínculo afetivo e desfrutando o filho da posse do estado de filiação, não há como negar a paternidade jurídica. Entre o direito de o pai registral negar a paternidade biológica e o direito de o filho ver preservada a posse do estado de filho consolidada, prevalece a filiação afetiva, mostrando-se a paternidade jurídica[114].

O Tribunal de Justiça de Minas Gerais já decidiu que, apesar de o DNA ser hoje aceito como prova técnica capaz de comprovar o estado de filiação, o reconhecimento de filho não biológico equipara-se à adoção. Assim, a declaração válida de vontade, exarada no momento do registro, não pode ser desconstituída tão somente pelo resultado do exame do DNA que comprova a inexistência de filiação biológica, se ausentes as hipóteses de anulação do negócio jurídico. A espontânea atribuição de paternidade não pode ser arbitrariamente revogada em prejuízo do menor que não participou nem podia participar do ato, todavia, lhe é assegurado o direito de, posteriormente, se for do seu interesse, buscar o reconhecimento de sua verdadeira paternidade[115].

A paternidade socioafetiva pode coexistir com a biológica, mantendo a vinculação genética se também presente o liame afetivo entre o pai e o filho registrado, importando em multiparentalidade.

A *maternidade* se prova pelo parto e só pode ser contestada pela mãe se provar a falsidade do assento de nascimento ou das declarações nele contidas (art. 1.608 do CC), especialmente se declarado o nascimento por terceiros, relembrando que é crime dar parto alheio como próprio ou registrar, como seu, filho de outrem (art. 242 do Código Penal), conduta conhecida como *adoção à brasileira*.

---

[113] SALGADO, Marcelo Paulo. Ação negatória de paternidade 38.068-7, 1ª Vara Cível, Comarca de Lavras/MG, j. 30-6-2005.

[114] DIAS, Maria Berenice. *Manual de direito das famílias*. 4. ed., cit., p. 353.

[115] TJMG, AC 1.0145.02.010191-0/001, Rel. Des. Duarte de Paula, j. 15-4-2005.

Em razão dos sinais exteriores, como gravidez, parto, aleitamento, a maternidade é sempre certa – *mater semper certa est*, entretanto, a possibilidade de uso de útero alheio (barriga solidária) elimina a presunção, possibilitando o ajuizamento da negatória de maternidade se o filho foi registrado em nome da mãe que cedeu o útero, também é cabível se por erro a criança registrada não é seu filho ou se ocorreu simulação e não teve filho algum[116].

José Roberto Moreira Filho, ao tratar das novas técnicas de reprodução humana, conclui que:

> Em relação apenas à maternidade, tem-se que o princípio segundo o qual a mãe é sempre certa (*mater semper certa est*) ficou literalmente abalado pelas novas técnicas de reprodução humana artificial.
>
> Antigamente a mãe era sempre certa, por não haver como fecundar o óvulo fora do útero materno ou transplantá-lo em outra pessoa, tendo-se como certo que a mãe era aquela que estivesse gerando o nascituro.
>
> Atualmente, a certeza em relação à maternidade mostra-se abalada, tendo em vista que a mãe pode ser a que esteja gestando o filho, pode ser a que forneceu o óvulo para fecundação ou ainda a que contratou a barriga de substituição para gestá-lo (mãe socioafetiva) apesar de o ordenamento pátrio consagrar a ideia de que a mãe é a que gestou e deu à luz[117].

A questão se torna complexa quando a mãe que gestou não for a mãe que forneceu o óvulo e ambas não planejaram a gravidez, podendo ocorrer *conflito positivo de maternidade*, quando todas reivindicam para si o filho, ou *conflito negativo de maternidade*, quando nenhuma quer assumir e todas negam a maternidade[118].

Nas ações de maternidade também se aplica os princípios da socioafetividade se ocorrer conflito com a biológica.

---

[116] CARVALHO, Newton Teixeira; FADUL, Fabíola Meijon. Ações declaratórias de existência e inexistência da filiação. *Paternidade e alimentos*, cit., p. 31.

[117] MOREIRA FILHO, José Roberto. A investigação de paternidade e maternidade diante das novas técnicas de reprodução humana artificial. In: NOGUEIRA, Luiz Fernando Valladão (Coord.). *Paternidade e alimentos*. Belo Horizonte: Del Rey, 2012. p. 71.

[118] MOREIRA FILHO, José Roberto. A investigação de paternidade e maternidade diante das novas técnicas de reprodução humana artificial. In: NOGUEIRA, Luiz Fernando Valladão (Coord.). *Paternidade e alimentos*. cit., p. 71.

2.7. Filiação extramatrimonial

2.7.1. Conceito

São os filhos procriados por pessoas não casadas entre si e que eram designados de ilegítimos na legislação anterior, sendo extintas as designações discriminatórias e a vedação de reconhecimento dos filhos chamados incestuosos e adulterinos.

Os filhos extramatrimoniais ou havidos fora do casamento não desfrutam da presunção legal de paternidade, sendo necessário o reconhecimento pelos pais, voluntariamente ou compulsoriamente, mediante reconhecimento judicial.

Ibrahim Fleury leciona que juridicamente não há que se falar em distinção de filhos, entretanto a união estável não gera presunção de paternidade. Complementa que:

> Porém, *presunção legal "juris tantum" da paternidade* (CC, arts. 1.597 e 1.598) refere-se apenas a filhos de pessoas unidas pelo casamento.
>
> Reinaldo Veloso dos Santos escreve que a "presunção de paternidade existe apenas para o casamento, *não se aplicando à união estável, ainda que reconhecida por sentença judicial ou declarada em escritura pública*" [grifo nosso] [...] porque "as presunções legais interpretam-se restritivamente". [...]
>
> Destarte, se o pai não realizar o registro de nascimento nos moldes da Lei n. 6.015, de 31-12-1973, arts. 50 a 66, e casamento houver, a mãe poderá fazê-lo, e pela simples apresentação de certidão de casamento será presumida a paternidade (arts. 1.597 e 1.598 do CC). Em razão da impossibilidade de se provar diretamente a paternidade, o Código Civil assenta a filiação em presunções, fundadas em probabilidades. Firma a presunção de ser pai aquele que o casamento demonstra; presume a lei que o filho de mulher casada foi gerado por seu marido.
>
> Por outro lado, se os pais não forem casados, apesar de viverem em união estável com aparência de casamento, não será possível invocar a presunção e, nos moldes da Lei n. 8.560/92, o registro da paternidade dependerá de expresso reconhecimento da filiação pelo companheiro. Se o pai se negar a esse reconhecimento expresso, apenas restarão as providências adminis-

trativas constantes da Lei n. 8.560/92 ou judiciais, de investigação de paternidade[119].

2.7.2. Reconhecimento dos filhos

2.7.2.1. *Considerações gerais*

Atualmente, todos os filhos podem ser reconhecidos, a qualquer tempo e qualquer que seja o estado civil dos pais, sendo que as conquistas e a evolução do direito de família derrubaram o velho princípio romano de defesa do matrimônio, que impunha sacrifícios, discriminação e preconceitos aos filhos concebidos fora do casamento. Não pode constar, no registro do filho reconhecido, qualquer referência à natureza da filiação, dispondo os arts. 1.607 do Código Civil e 5º da Lei n. 8.560/1992 que:

> Art. 1.607. O filho havido fora do casamento pode ser reconhecido pelos pais, conjunta ou separadamente.
>
> Art. 5º No registro de nascimento não se fará qualquer referência à natureza da filiação, à sua ordem em relação a outros irmãos do mesmo prenome, exceto gêmeos, ao lugar e cartório do casamento dos pais e ao estado civil destes.

O reconhecimento da filiação é um ato declaratório e não constitutivo, pois não cria a paternidade, apenas declara um fato já existente, estabelecendo, juridicamente, o parentesco entre o pai ou mãe e o filho, originando os efeitos decorrentes, já que antes do reconhecimento não existia parentesco na órbita do direito[120].

Não existe possibilidade de reconhecimento do filho se ele já tiver sido reconhecido por outra pessoa, sendo necessário o ajuizamento de ação investigatória c/c retificação do registro anterior por erro ou falsidade (art. 1.604 do CC), exceto nas hipóteses de multiparentalidade, cumulando a filiação biológica e socioafetiva.

O reconhecimento do estado de filiação é direito personalíssimo, indisponível e imprescritível, competindo ao filho, enquanto viver, ou a seus

---

119 MOREIRA FILHO, Ibrahim Fleury de Camargo. *Conversão da união estável em casamento*. São Paulo: Saraiva, 2014, p. 75.

120 DINIZ, Maria Helena. *Curso de direito civil brasileiro* – Direito de família. 22. ed., cit., p. 388.

herdeiros se falecer incapaz (art. 1.606 do CC), exercitável contra os pais ou seus herdeiros, sem qualquer restrição, observado o segredo de justiça (art. 27 do ECA).

O reconhecimento do vínculo da paternidade ou maternidade pode ser voluntário, voluntário oficioso ou judicial.

2.7.2.2. *Reconhecimento voluntário – Lei n. 13.484/2017 e Provimentos n. 63/2017 e 83/2019*

O reconhecimento voluntário é ato de vontade do pai ou da mãe e só pode ser feito por quem esteja no seu juízo perfeito e tenha, pelo menos, capacidade para fazer testamento (uma das formas de reconhecimento); portanto, pelos capazes e os maiores de 16 anos (art. 1.860, parágrafo único, do CC). Os incapazes só podem ver reconhecida a filiação mediante reconhecimento judicial, já que o ato é personalíssimo e não pode ser praticado por seus representantes.

O reconhecimento é irrevogável, mesmo que feito por testamento (art. 1.610 do CC), não admitindo condições ou cláusulas que venham a alterar ou limitar seus efeitos (art. 1.613 do CC), podendo preceder o nascimento do filho, ocorrer em vida ou após a sua morte, desde que tenha deixado descendentes (art. 1.609, parágrafo único, do CC e art. 26, parágrafo único, do ECA).

A irrevogabilidade do reconhecimento voluntário não impede, entretanto, seja questionada judicialmente por vícios de vontade do genitor, por se tratar de ato espontâneo, como erro e coação, ou pelo próprio filho, por erro ou falsidade (art. 1.604 do CC).

O reconhecimento é um ato jurídico personalíssimo e unilateral, feito pelo próprio pai ou mãe ou por procurador com poderes especiais, independentemente da vontade do outro genitor; entretanto, se o filho for maior, é necessário o seu consentimento e, se menor, pode impugná-lo nos quatro anos que se seguirem à maioridade ou à emancipação, mediante *ação de impugnação de reconhecimento*, desde que fundada em falsa filiação ou existente filiação socioafetiva com o pai social, permitindo-se, ainda, transcorrido este prazo, ajuizar *ação de retificação do registro civil*, por falsidade ideológica ou erro. O art. 1.614 do Código Civil[121] dispõe expres-

---

[121] "Art. 1.614. O filho maior não pode ser reconhecido sem o seu consentimento, e o menor pode impugnar o reconhecimento, nos quatro anos que se seguirem à maioridade ou à emancipação."

samente que o filho maior não pode ser reconhecido sem o seu consentimento, o que é reiterado no art. 4º da Lei n. 8.560/1992, e que o menor pode impugnar o reconhecimento no prazo de quatro anos após atingir a capacidade civil.

O fato de a vontade do reconhecido interferir na perfeição do ato não tira seu caráter unilateral uma vez que a anuência do filho maior, ou a permissão para o menor impugnar, tempestivamente, o ato que o reconheceu, são medidas protetoras ante o fato de o reconhecimento envolver efeitos relevantes, de ordem moral e patrimonial, que não podem ser provocados, arbitrariamente, por uma só pessoa[122].

O genitor pode ajuizar *ação reivindicatória de paternidade ou maternidade* para o reconhecimento da filiação se o filho maior recusar consentimento injustificadamente.

O Código Civil, acolhendo as disposições do Estatuto da Criança e do Adolescente (art. 26) e da Lei n. 8.560/1992 (art. 1º), admite em seu art. 1.609 os seguintes modos de reconhecimento dos filhos:

> Art. 1.609. O reconhecimento dos filhos havidos fora do casamento é irrevogável e será feito:
>
> I – no registro do nascimento;
>
> II – por escritura pública ou escrito particular, a ser arquivado em cartório;
>
> III – por testamento, ainda que incidentalmente manifestado;
>
> IV – por manifestação direta e expressa perante o juiz, ainda que o reconhecimento não haja sido o objeto único e principal do ato que o contém.

A Lei n. 13.484/2017 alterou diversos artigos da Lei n. 6.015/1973, determinando que na certidão de nascimento conste a data do nascimento do registrando, a data do assento, o número de identificação da Declaração de Nascido Vivo e a naturalidade. A grande novidade foi permitir ao declarante, no ato do registro, escolher a naturalidade do local onde ocorreu o parto ou do município de residência da mãe, onde a genitora possui os vínculos e

---

122 DINIZ, Maria Helena. *Curso de direito civil brasileiro* – Direito de família. 22. ed., cit., p. 450-451.

certamente o registrando será criado, também criando seus próprios vínculos (art. 54, § 4º, Lei n. 6.015/1973, com nova redação e renumeração)[123].

Existindo residências dos genitores em municípios diversos, prevalece o município de residência da mãe, como opção ao local do parto, desde que situado no território nacional.

Ressalta-se em face do moderno direito de família que o reconhecimento não se limita à filiação biológica, sendo plenamente válido e eficaz o reconhecimento consciente do filho socioafetivo nos modos previstos no art. 1.609 do Código Civil, já que o parentesco resulta da consanguinidade ou *outra origem* (art. 1.593). O reconhecimento somente é anulável se ocorreu vício de consentimento, o que inexiste no reconhecimento da paternidade socioafetiva, já consolidada na convivência afetiva de pai e filho, criando-se o vínculo paterno-filial, restando irrevogável. Não se confunde a adoção à brasileira, quando se registra filho de outrem como próprio, com o reconhecimento da paternidade socioafetiva, com os vínculos já consolidados pela convivência e afeto.

Nesse sentido a Corregedoria Nacional de Justiça, considerando as disposições da Lei n. 13.484/2017, a regulamentação pelas corregedorias gerais de justiça dos Estados do reconhecimento da filiação socioafetiva voluntariamente e a possibilidade de reconhecimento da filiação biológica e socioafetiva, expediu o Provimento n. 63, de 14 de novembro de 2017, alterado pelo Provimento n. 83 de 14 de agosto de 2019, dispondo, entre outros, sobre o reconhecimento voluntário e a averbação da paternidade e maternidade socioafetiva. O reconhecimento é irrevogável, só pode ser efetuado por maiores de 18 anos de idade, vedando-se aos irmãos e ascendentes do reconhecido, exigindo-se, ainda, que os pretensos pais sejam pelo menos dezesseis anos mais velhos que o filho a ser reconhecido, conforme dispõe o art. 10 do provimento[124].

---

[123] "Art. 54. O assento do nascimento deverá conter:
[...]
§ 4º A naturalidade poderá ser do Município em que ocorreu o nascimento ou do Município de residência da mãe do registrando na data do nascimento, desde que localizado em território nacional, e a opção caberá ao declarante no ato de registro do nascimento."

[124] "Art. 10. O reconhecimento voluntário da paternidade ou da maternidade socioafetiva de pessoas acima de 12 anos será autorizado perante os oficiais de registro civil das pessoas naturais."

O Provimento n. 83/2019 alterou o art. 10 do Provimento n. 63/2017 para permitir o reconhecimento em cartório da filiação socioafetiva apenas das pessoas acima de 12 anos.

O Provimento n. 83/2019 também inseriu o art. 10-A no Provimento n. 63/2017 exigindo a demonstração do vínculo socioafetivo, atestado pelo registrador, constando no *caput* e §§ 1º e 2º que:

> Art. 10-A. A paternidade ou a maternidade socioafetiva deve ser estável e deve estar exteriorizada socialmente.
>
> 1º O registrador deverá atestar a existência do vínculo afetivo da paternidade ou maternidade socioafetiva mediante apuração objetiva por intermédio da verificação de elementos concretos.
>
> 2º O requerente demonstrará a afetividade por todos os meios em direito admitidos, bem como por documentos, tais como: apontamento escolar como responsável ou representante do aluno; inscrição do pretenso filho em plano de saúde ou em órgão de previdência; registro oficial de que residem na mesma unidade domiciliar; vínculo de conjugalidade – casamento ou união estável – com o ascendente biológico; inscrição como dependente do requerente em entidades associativas; fotografias em celebrações relevantes; declaração de testemunhas com firma reconhecida.

A ausência dos documentos exigidos no § 2º não impede o registro se puder ser apurado o vínculo socioafetivo de outra forma, atestada pelo registrador, que deverá arquivar os documentos juntamente com o requerimento (§§ 3º e 4º).

O procedimento para o reconhecimento do filho socioafetivo está regulado, portanto, nos arts. 10 a 14 do Provimento n. 63/2017 da Corregedoria Nacional de Justiça, atualizado pelo Provimento n. 83/2019. O pedido é processado perante o oficial de registro civil das pessoas naturais, e, suspeitando o oficial da inexistência, ou mesmo dúvidas, sobre a configuração da posse do estado de filho, deve recusar justificadamente a prática do ato e remeter o requerimento ao juiz competente (art. 12). Exige-se parecer favorável do Ministério Público para ser procedido o registro arquivando-se o expediente se for desfavorável. Existindo dúvidas o registrador remete o expediente ao juiz competente para decisão (art. 11, § 9º).

Exige-se para o reconhecimento voluntário da filiação socioafetiva o consentimento dos pais do reconhecido, devendo a anuência ser feita pessoalmente perante o oficial do registro civil (art. 11, §§ 3º e 5º do Provimento n. 63/2017). Exige-se, ainda, o consentimento do filho a ser reconhecido, se for maior de 18 anos (art. 11, § 4º). O reconhecimento da filiação socioafetiva deve ser feito unilateralmente, ou seja, pelo pai ou pela mãe, limitando-se o reconhecimento por apenas um ascendente socioafetivo. Para o reconhecimento por ambos é necessária ação judicial. É o que dispõe os §§ 1º e 2º, do art. 14, acrescido pelo Provimento n. 83/2019:

> 1ª Somente é permitida a inclusão de um ascendente socioafetivo, seja do lado paterno ou do materno.
>
> 2º A inclusão de mais de um ascendente socioafetivo deverá tramitar pela via judicial.

Marcia Fidélis, ao tratar do registro civil da parentalidade socioafetiva, apresenta os seguintes pressupostos para o procedimento administrativo:

a) ter no mínimo 18 (dezoito) anos (o requerente);

b) ser pelo menos 16 (dezesseis) anos mais velho que o reconhecendo;

c) comprovar as devidas anuências;

d) não ser irmão nem ascendente do reconhecendo;

e) comparecimento (presencial) perante registrador civil das pessoas naturais, sendo vedado o reconhecimento por procuração, não precisando ser o comparecimento na serventia responsável pelo registro de nascimento do filho;

f) desnecessidade de interferência judicial ou do Ministério Público, exceto para os casos de suspeita de fraude, simulação ou má-fé;

g) a escritura pública declaratória não exime da obrigação do comparecimento perante o registrador civil e lá assinar o reconhecimento nos moldes do modelo que compõe o anexo VI do Provimento n. 63/2017 do CNJ[125].

---

[125] LIMA, Márcia Fidelis. O registro civil da parentalidade socioafetiva e da multiparentalidade. *Revista IBDFAM: famílias e sucessões*, v. 25 (jan./fev.). Belo Horizonte: IBDFAM, 2018, p. 44-45.

Pode ser acrescido ainda, em face do Provimento n. 83/2019:

h) possuir o reconhecendo mais de 12 anos;

i) possibilidade de reconhecimento por apenas um requerente.

A idade do registrando é que irá indicar as anuências necessárias dos envolvidos para o registro. Caso o reconhecendo tenha até 18 anos incompletos, exige-se a anuência para o reconhecimento da filiação socioafetiva dos pais registrais e também do registrando. Caso o filho a ser reconhecido possua mais de dezoito anos, exige o Provimento n. 63/2017 do CNJ a anuência apenas do registrando.

Não existindo concordância dos pais do filho que se pretende reconhecer, o pedido de reconhecimento deve ser judicial.

Inequívoco que o reconhecimento voluntário em cartório da filiação socioafetiva facilita e possibilita regularizar a situação jurídica dos chamados "filhos de criação" e dos enteados criados pelos padrastos e madrastas como filhos, conferindo valor jurídico à afetividade, sem necessidade de excluir os pais biológicos, resultando multiparentalidade.

O Provimento n. 63/2017 também estabelece modelos únicos de certidão de nascimento, de casamento e de óbito, determina a inclusão nas certidões do CPF e informações referentes à naturalidade, domicílio ou residência dos pais do registrando. Também regulamenta o assento de nascimento dos filhos havidos por reprodução medicamente assistida heteróloga e gestação por substituição.

2.7.2.3. *Reconhecimento voluntário oficioso e legitimidade extraordinária do Ministério Público*

Trata-se de reconhecimento voluntário regulado pela Lei n. 8.560/1992, que conferiu iniciativa ao Estado para provocar o suposto pai a se manifestar sobre a paternidade atribuída.

No caso de o filho vir a ser registrado somente em nome da mãe, a lei determina que o oficial do registro civil remeta ao juiz competente certidão do registro e informações indicando nome, qualificação e endereço do suposto pai, fornecido pela mãe da criança. A declarante, todavia, não pode ser obrigada a declinar o nome do pai de seu filho, devendo o oficial orientá-la das consequências e vantagens em indicar o genitor.

Recebidas as informações, o juiz, sempre que possível, ouvirá oficiosamente a mãe e mandará notificar o suposto pai para que se manifeste no prazo de 30 dias sobre a paternidade que lhe foi atribuída. Comparecendo o pai e confirmando-se a paternidade, lavra-se o termo de reconhecimento que será remetido ao cartório para a devida averbação.

Diversos juízes têm adotado o procedimento de designar audiência de conciliação para ouvir, em conjunto, a mãe e o suposto pai, notificando-os para comparecer. A medida é prática e produz efeitos imediatos já que, nessa oportunidade, o pai é esclarecido das consequências da recusa injustificada em reconhecer o filho quando existir certeza da paternidade, especialmente o ajuizamento de ação pelo Ministério Público ou Defensoria Pública. Na maioria das vezes, ocorre o reconhecimento voluntário e os genitores acordam sobre direito de visitas, alimentos e acréscimo do nome do pai ao filho, sendo o acordo homologado pelo magistrado, ou, ainda, em caso de dúvidas, se comprometem a realizar exames genéticos para comprovar a filiação, independentemente de ação judicial.

O judiciário, nessas hipóteses, desempenha atividade apenas administrativa, mas de grande alcance social, averiguando oficiosamente a paternidade; com isso, não presta tutela jurisdicional, que só ocorre com requerimento do interessado (art. 2º do CPC), passando a exercer função de sindicante da filiação declarada pela mãe[126].

Na hipótese de o suposto pai não comparecer ou negar a paternidade atribuída, o procedimento administrativo será remetido ao Ministério Público para ajuizamento de ação investigatória, objetivando o reconhecimento judicial, desde que existam elementos suficientes, podendo o promotor de justiça colher novas provas para promover a ação; caso contrário, sendo insuficientes os elementos ou não se convencer da paternidade atribuída, promoverá o arquivamento das peças de informação o que, obviamente, não exclui a quem tenha legítimo interesse de ajuizar a investigatória para obter o reconhecimento da paternidade.

O reconhecimento voluntário oficioso é regulado no art. 2º da Lei n. 8.560/1992 que dispõe:

---

[126] DINIZ, Maria Helena. *Curso de direito civil brasileiro* – Direito de família. 22. ed., cit., p. 454.

Art. 2º Em registro de nascimento de menor apenas com a maternidade estabelecida, o oficial remeterá ao juiz certidão integral do registro e o nome e prenome, profissão, identidade e residência do suposto pai, a fim de ser averiguada oficiosamente a procedência da alegação.

§ 1º O juiz, sempre que possível, ouvirá a mãe sobre a paternidade alegada e mandará, em qualquer caso, notificar o suposto pai, independente de seu estado civil, para que se manifeste sobre a paternidade que lhe é atribuída.

§ 2º O juiz, quando entender necessário, determinará que a diligência seja realizada em segredo de justiça.

§ 3º No caso do suposto pai confirmar expressamente a paternidade, será lavrado termo de reconhecimento e remetida certidão ao oficial do registro, para a devida averbação.

§ 4º Se o suposto pai não atender no prazo de trinta dias a notificação judicial, ou negar a alegada paternidade, o juiz remeterá os autos ao representante do Ministério Público para que intente, havendo elementos suficientes, a ação de investigação de paternidade.

§ 5º A iniciativa conferida ao Ministério não impede a quem tenha legítimo interesse de intentar investigação, visando a obter o pretendido reconhecimento da paternidade.

A Lei n. 8.560/1992 confere, portanto, legitimidade extraordinária ao Ministério Público nos termos do art. 18 do Código de Processo Civil[127], para em nome próprio ajuizar ação investigatória pleiteando o reconhecimento da paternidade do menor. A legitimidade extraordinária, ou substituição processual, permite ao *Parquet*, em nome próprio, defender direito alheio ao reconhecimento da paternidade e cumular ainda pedido de alimentos, já que também legitimado extraordinariamente pelo art. 201, III, do Estatuto da Criança e do Adolescente[128].

---

127 "Art. 18. Ninguém poderá pleitear direito alheio em nome próprio, salvo quando autorizado pelo ordenamento jurídico.

Parágrafo único. Havendo substituição processual, o substituído poderá intervir como assistente litisconsorcial."

128 "Art. 201. Compete ao Ministério Público:

(...)

III – promover e acompanhar as ações de alimentos e os procedimentos de suspensão e destituição do poder familiar, nomeação e remoção de tutores, curadores e guardiães,

O Superior Tribunal de Justiça já pacificou o entendimento e reconheceu a legitimidade do Ministério Público para promover ação de alimentos em favor de menor, independentemente de estar sob o exercício do poder familiar dos pais ou em situação de risco (Súmula 594), o que autoriza a propositura de ação investigatória de paternidade cumulada com alimentos em defesa dos direitos indisponíveis da criança.

2.7.2.4. *Reconhecimento judicial – ação investigatória e posse do estado de filho*

Os filhos não reconhecidos voluntariamente têm ação contra o pai ou os herdeiros deste para o fim de obterem a perfilhação, com os consectários naturais (nome, alimentos, sucessão etc.), não sendo o espólio parte legítima passiva, mesmo que cumulada com petição de herança, por se tratar de ação de Estado que envolve as pessoas vinculadas ao liame do parentesco que se pretende declarar, não se tratando de ação meramente patrimonial[129].

Nas ações de reconhecimento ou retificatórias de filiação aplica-se o procedimento das ações de família previsto no CPC/2015, empreendo todos os esforços para a solução consensual do conflito, utilizando-se a mediação e a conciliação, podendo, inclusive, ser realizados exames genéticos antes da contestação, ainda na fase de conciliação.

O reconhecimento judicial ou perfilhação compulsória é obtido por meio de ação de investigação de paternidade ou maternidade, permitindo ao filho, qualquer que seja a origem da filiação, ou aos seus herdeiros, se morreu menor ou incapaz, ajuizá-la em face dos pais, seus herdeiros ou legatários, dispondo o art. 27 do Estatuto da Criança e do Adolescente que:

> Art. 27. O reconhecimento do estado de filiação é direito personalíssimo, indisponível e imprescritível, podendo ser exercitado contra os pais ou seus herdeiros, sem qualquer restrição, observado o segredo de justiça.

A ação de investigação da filiação, entretanto, não tem mais como finalidade atribuir a paternidade ou a maternidade ao genitor biológico, como

---

bem como oficiar em todos os demais procedimentos da competência da Justiça da Infância e da Juventude."

129 OLIVEIRA FILHO, Bertoldo Mateus de. *Alimentos e investigação de paternidade*. Belo Horizonte: Del Rey, 1993. p. 107-108.

leciona Paulo Lôbo. A filiação genética não é o elemento determinante a configurar o estado de filiação, que supõe a convivência familiar e se comprova com a estabilidade das relações afetivas desenvolvidas entre pais e filhos. Assim, a verdade real da filiação não é dada exclusivamente pela biologia, não podendo ser confundida a origem genética com a paternidade ou maternidade, conceitos jurídicos absorvidos na convivência socioafetiva, afetos ao direito de família. Com efeito, o genitor biológico apontado em um exame de DNA pode ser eventualmente um doador anônimo de sêmen ou de óvulo, ou seja, do exame não sai o pai ou a mãe, mas a origem genética. O direito ao conhecimento da origem genética integra o direito da personalidade, que não se confunde com o direito de família[130].

A ação investigatória ou negatória de paternidade/maternidade não se resume, portanto, na origem genética, já que a paternidade jurídica pode ser biológica ou não biológica, constituída pela adoção, reprodução medicamente assistida heteróloga ou na posse de estado de filho, que se caracteriza pela convivência afetiva e social. O reconhecimento da paternidade biológica e a produção de todos os efeitos somente ocorrerão se inexistir filiação socioafetiva, exceto se ocorrer a multiparentalidade, conforme será abordado ao tratar da ação declaratória de paternidade/maternidade socioafetiva.

A perfilhação compulsória pode, portanto, ser biológica ou socioafetiva ou simultânea. Na primeira, busca-se a comprovação da origem genética, facilmente constatada pelo exame de DNA. Na segunda, busca-se a comprovação dos laços afetivos paterno-filiais, resultantes da convivência e da aceitação recíproca de serem pai e filho, ou seja, a prova do estado de filiação, restando irrelevante a genética.

A *legitimidade ad causam activa* é do filho enquanto viver, a qualquer tempo, posto que a ação de estado é imprescritível, passando aos herdeiros, se morrer menor ou incapaz. Ajuizada a ação pelo filho, os herdeiros podem continuá-la, se o investigante falecer na pendência da lide; entretanto, se o filho falecer maior e capaz antes de ajuizar ação investigatória, falta aos seus sucessores, na redação da lei, legitimidade para movê-la, conforme dispõe expressamente o art. 1.606 do Código Civil:

---

130 LÔBO, Paulo. *Direito civil. Famílias*, cit., p. 240-241.

Art. 1.606. A ação de prova de filiação compete ao filho, enquanto viver, passando aos herdeiros, se ele morrer menor ou incapaz.

Parágrafo único. Se iniciada a ação pelo filho, os herdeiros poderão continuá-la, salvo se julgado extinto o processo.

A ação investigatória tem caráter pessoal, cabendo ao filho para obter a declaração de seu *status familiae,* excepcionando a lei a transferência da titularidade ativa aos herdeiros apenas na hipótese de o filho falecer incapaz; no entanto, como a relação é estabelecida com outras pessoas, os genitores, também estes, devem ter legitimidade ativa, em face do legítimo interesse, cabendo assim, não apenas ao filho, mas também ao pai e mãe biológicos ou socioafetivos[131].

A ação proposta pelos pais para comprovar a filiação é denominada *ação reivindicatória de paternidade/maternidade* ou *ação declaratória de vínculo biológico.* Embora não esteja prevista especificadamente no Código Civil, pode ser proposta pelos supostos genitores em face do filho, com fundamento no art. 19, I, do Código de Processo Civil, que permite a perquirição judicial da simples existência, inexistência ou do modo de ser de uma relação jurídica. É cabível mesmo que o filho esteja registrado em nome de outrem, devendo, neste caso, a ação declaratória de vínculo biológico ser cumulada com anulatória de registro e ser proposta também contra o pai ou mãe registral, procedendo-se no mesmo rito ordinário da ação investigatória[132].

A Lei n. 8.560/1992 em seu art. 2º, § 4º, por seu turno, conferiu legitimidade ativa concorrente ao Ministério Público, observando precedentes no direito comparado, notadamente o Código Civil Português, no título Paternidade Desconhecida e Averiguação Oficiosa, para ajuizar ação de investigação de paternidade, atuando como substituto processual, exercendo em nome próprio uma ação que, embora pertencente a outrem, é conferida ou estendida excepcionalmente a ele, através da legitimação extraordinária. O direito à filiação é imprescritível, personalíssimo e indisponível, já restando pacificado no nosso ordenamento jurídico a legitimidade proces-

---

131 SILVA, Regina Beatriz Tavares da. *Novo Código Civil comentado*. São Paulo: Saraiva. 2003. p. 1418.

132 SILVA, Sandra Maria da. *Direito de filiação. O valor do exame de DNA*. Belo Horizonte: Decálogo, 2007. p. 77.

sual ativa do Ministério Público, evidentemente como substituto processual, para aforar ação investigatória, em nome próprio, contra o suposto pai, postulando o reconhecimento judicial da paternidade[133].

A legitimidade conferida ao Ministério Público não fere a determinação pessoal da filiação, pois à mãe da criança, representante legal, cabe fornecer o nome do suposto pai, autorizando o início do procedimento oficioso da Lei n. 8.560/1992. Por seu turno, entre as atribuições conferidas ao *Parquet* pela Constituição Federal, inclui-se a defesa dos *interesses sociais e individuais indisponíveis* (art. 127).

Acolhida na doutrina, a jurisprudência já admitiu a legitimidade ativa dos netos em ajuizar investigatória em face dos avós, mesmo que o pai faleceu capaz, denominada *investigação avoenga* ou *ação de investigação de ancestralidade*, cujo tema será abordado em título próprio.

Questão pouco comum nos tribunais, refere-se à capacidade de o nascituro postular investigatória de paternidade, especialmente em razão das inúmeras despesas que antecedem o parto, arcadas exclusivamente pela mãe, já que o art. 2º do Código Civil resguarda, *desde a concepção, os direitos do nascituro.* Apesar de a questão não ser pacífica, Bertoldo Mateus de Oliveira Filho, citando diversos julgados e doutrinas, orientava no sentido de que ao nascituro assiste capacidade, no plano processual, para ser parte em ação investigatória, proposta pela mãe, representando aquele que investirá na titularidade da pretensão de direito material, até então apenas uma expectativa resguardada, subordinando seus direitos à condição de nascer com vida[134].

A situação jurídica do nascituro tem demandado fundamentadas discussões doutrinárias. Para Fábio Ulhoa Coelho, o nascituro é sujeito despersonificado humano e como já titulariza os direitos postos a salvo pela lei, são sujeitos de direitos, embora somente se tornem pessoas físicas com o nascimento com vida[135]. José Luiz Quadros de Magalhães e Tatiana Ribeiro de Souza ressaltam que o nascituro não tem personalidade civil, como diz

---

[133] CARVALHO, Dimas Messias de. Da legitimidade do Ministério Público para propor ação de investigação de paternidade. *Revista Jurídica do Ministério Público/MG*. JUS. V. 19. Belo Horizonte: Associação Mineira do Ministério Público, 1999. p. 45-63.

[134] OLIVEIRA FILHO, Bertoldo Mateus de. *Alimentos e investigação de paternidade*, cit., p. 109.

[135] COELHO, Fábio Ulhoa. *Curso de direito civil*. São Paulo: Saraiva, 2005. V. 1. p. 145.

o conceito jurídico específico da legislação civil, mas é pessoa em formação e transformação como qualquer outra, constituindo em um ser social com experiência vivida no útero de sua mãe e carga genética de seus progenitores. O conceito de vida humana está ligado à sua capacidade e possibilidade de razão/consciência, dependendo de forma objetiva para o direito da existência de cérebro, tanto que a vida cessa com a morte cerebral. A formação do sistema nervoso central, o nascimento cerebral, é uma referência à vida. A partir da formação do sistema nervoso, o nascituro é, portanto, pessoa, e, logo, tem personalidade[136].

José Carlos Barbosa Moreira ressalta que o Código Civil, ao estabelecer os direitos do nascituro, utilizou termo técnico, com a propriedade terminológica, não se tratando, portanto, de meros interesses. Tratando-se de direitos, e não interesses, aplica-se ao nascituro os direitos em sentido amplo e não só aqueles previstos expressamente no Código Civil, como as doações e direitos sucessórios, revelando o princípio geral de direito. A ausência de personalidade jurídica prevista na lei não afasta a titularidade de direitos, já que processualmente entes desprovidos de personalidade podem ser partes em processo com diversas hipóteses no direito brasileiro (art. 12, III, IV, V, VII e IX, do CPC/73[137], hoje art. 75, V, VI, VII, IX, XI, CPC/2015).

O art. 1.609, parágrafo único, do Código Civil eliminou as discussões e admite expressamente o reconhecimento da paternidade do nascituro, ao dispor que:

> Art. 1.609. [...].
>
> Parágrafo único. O reconhecimento pode preceder o nascimento do filho ou ser posterior ao seu falecimento, se ele deixar descendentes.

Assim, perfeitamente cabível ação investigatória proposta pelo nascituro, representado pela mãe ou curador especial, se incapaz (art. 1.779 do CC). O Tribunal de Justiça do Rio Grande do Sul já decidiu que o nascituro

---

[136] MAGALHÃES, José Luiz Quadros de; SOUZA, Tatiana Ribeiro de. O direito do nascituro: vida e pessoa. *Revista Brasileira de Direito de Família*. n. 34. Porto Alegre: Síntese/IBDFAM, fev.-mar. 2006. p. 162-163.

[137] MOREIRA, José Carlos Barbosa. O direito do nascituro à vida. *Revista Brasileira de Direito de Família*. n. 34. Porto Alegre: Síntese/IBDFAM, fev.-mar. 2006. p. 145-147.

possui, no plano pessoal, capacidade de ser parte em ação investigatória de paternidade, representado por sua genitora[138].

Não restam dúvidas de que, a partir da concepção ocorre uma significativa mudança na vida da mãe, necessitando ela de cuidados até então inexistentes em razão exclusiva do nascituro, em especial o acompanhamento da gestação, que ocasiona despesas diversas das quais o futuro pai deve participar.

A Lei n. 11.804/2008 concede direitos a alimentos gravídicos, conferindo legitimidade ativa à gestante e perdurando até o parto, convertendo-se em pensão alimentícia se o nascituro nascer com vida, para cobrir as despesas com a gravidez.

No que se refere à *legitimidade passiva,* a ação investigatória pode ser promovida contra o genitor ou seus herdeiros, incluindo os legatários.

A ação, portanto, pode ser proposta em vida contra os genitores, qualquer que seja o estado civil, ou posterior à sua morte, denominada ação investigatória *post mortem,* contra os seus herdeiros ou legatários, jamais em face do espólio, por se tratar de direito pessoal, sob pena de ilegitimidade da parte. A lei autoriza, entretanto, que pode ser contestada por qualquer pessoa que tenha justo interesse, econômico ou moral (art. 1.615 do CC), como a mulher ou companheira do réu, filhos, parentes sucessíveis e por qualquer entidade obrigada ao pagamento de pensão aos herdeiros do suposto pai[139].

O Código Civil de 1916 autorizava, em seu art. 363, a propositura da investigatória quando ocorresse concubinato da mãe com o suposto pai ao tempo da concepção (I), se a concepção do filho reclamante coincidisse com o rapto da mãe pelo suposto pai ou suas relações sexuais com ela (II) ou se existisse escrito do pai reconhecendo a paternidade (III), o que foi revogado pelo art. 27 da Lei n. 8.069/1990.

O atual Código Civil não mais faz estas exigências, podendo o interessado ingressar livremente em juízo se possuir dúvidas quanto à paternidade ou maternidade biológica, direito indisponível e imprescritível de saber sua

---

138 TJRS, AC 583052204, Rel. Des. Athos Gusmão Carneiro, j. 24-4-1984.

139 MONTEIRO, Washington de Barros. *Curso de direito civil* – Direito de família. 33. ed., cit., p. 263-264.

identidade genética. A expressão *relações sexuais*, entretanto, possibilitava, no direito anterior, ampla investigação e difícil comprovação, até mesmo porque, pela própria natureza, eram realizadas às escondidas, longe dos olhos alheios. Na maior parte os casos, eram julgados com base em indícios e presunções, sendo utilizada comumente pela defesa, a alegação da *exceptio plurium concubentium*, ou seja, que na mesma época a mãe do investigante convivia sexualmente com outros homens.

A exceção da *plurium concubentium*, apesar de não mencionada na legislação, era perfeitamente admissível em nosso direito e, comprovada pelo réu, acarretaria a improcedência da ação, entretanto, atualmente, caiu em desuso, pois se permite ao autor comprovar a filiação por prova genética segura, como os exames de leitura das impressões digitais do DNA.

Diversas são as provas utilizadas nas ações investigatórias, especialmente nas biológicas, com maior ou menor confiabilidade, podendo destacar, segundo Maria Helena Diniz:

• *Posse do estado de filho*, que é a situação de fato estabelecida entre o pretenso pai e o investigante, capaz de revelar o parentesco afetivo. Na paternidade socioafetiva, é irrelevante o vínculo biológico, permitindo-se o reconhecimento da paternidade por *outra origem* (art. 1.593 do CC).

• *Testemunhal*, largamente utilizada, mas que deve ser acolhida, pelo juiz, com certa reserva, ante o fato de se deixarem as testemunhas influenciar pela amizade ou pelos interesses.

• *Exames prosopográficos* consistem na ampliação de fotografias do investigante e investigado, justapondo-as e inserindo partes de uma na outra para verificar a semelhança; não induz, obrigatoriamente, a relação de parentesco.

• *Exames hematológicos* adequados para excluir a paternidade se o filho e o pretenso pai possuírem diversos grupos sanguíneos, utilizando-se o sistema ABO. Trata-se de prova negativa e de muita utilidade para excluir a paternidade se o tipo sanguíneo e o fator Rh forem de grupos diversos, entretanto, para comprovação da paternidade, trata-se apenas de mera probabilidade, já que podem ser encontrados o mesmo tipo sanguíneo em milhões de pessoas.

• *Exames odontológicos* utilizados, também, para comprovar as semelhanças; entretanto, como ocorre nos traços fisionômicos, trata-se de prova apenas subsidiária capaz de auxiliar o julgador se não houver outras mais convincentes, não podendo, de *per si*, ser admitida como única prova.

• *Leitura das impressões digitais do DNA*, tendo em vista que, com o avanço da medicina genética, chegou-se finalmente a um exame mais seguro para provar definitivamente a maternidade e a paternidade, que pode ser realizado antes do nascimento, mediante retirada de sangue fetal, ou após a morte, uma vez que o DNA pode ser reconstituído por raízes de cabelos, amostra de sangue de parentes próximos[140]. A prova genética, atualmente, é largamente utilizada, suprimindo as demais provas quando se busca a filiação genética.

O DNA é o componente mais íntimo da bagagem genética que se recebe dos genitores, conservado por toda a vida e que está presente em todas as células do organismo.

Leciona Maria Helena Diniz[141] que o conjunto de moléculas do DNA compõe os cromossomos que estão localizados nos núcleos das células e arranjados aos pares. A espécie humana possui 46 cromossomos, sendo uma metade de origem materna (23 cromossomos) e a outra metade de origem paterna. Como já colocado, cada cromossomo é composto de moléculas de DNA colocadas em sequência única para cada indivíduo. É possível, através deste método, selecionar regiões preferenciais da molécula de DNA do indivíduo e verificar qual é a origem.

O exame para verificação da leitura da impressão digital do DNA é feito utilizando-se uma quantia pequena de sangue (5 ml), colhida de qualquer veia periférica, podendo, portanto, ser aplicado a crianças da mais tenra idade. O sangue pode ser conservado à temperatura ambiente (+ ou – 22 °C) por algumas horas, até o início do teste. Atualmente, tem-se colhido saliva para os exames, mais prático e com os mesmos efeitos.

O DNA do indivíduo é extraído das suas células, fragmentado em várias partes por enzimas de restrição, separadas de acordo com suas cargas elétricas por eletroforese em gel de agarose, transferindo-se o material obtido para uma membrana de *nylon* (por meio da técnica de *Southern Blotting*).

---

140 DINIZ, Maria Helena. *Curso de direito civil brasileiro* – Direito de família. 22. ed., cit., p. 465-470.

141 DINIZ, Maria Helena. *Curso de direito civil brasileiro* – Direito de família. 22. ed., cit., p. 465-470.

O passo seguinte, e decisivo, é a colocação das sondas radioativas de DNA que se ligam às regiões preferenciais, posteriormente reveladas por meio de filmes de raios X.

O aspecto final é o de uma sequência vertical de faixas (bandas), que compõe a impressão digital do DNA (*DNA Fingerprint*), para cada indivíduo.

Para averiguação de paternidade, os materiais genéticos da mãe, do filho e do suposto pai são analisados. Primeiramente, todas as faixas (bandas) da mãe com correspondência no filho são identificadas e marcadas. As faixas (bandas) restantes, necessariamente, têm de ter correspondência com as de origem paterna.

No caso de haver a presença, na criança, das bandas resultantes do material genético do suposto pai, considera-se este como o verdadeiro pai biológico. A exclusão ocorrerá quando não houver correspondência entre as bandas do filho e do suposto pai.

Desde que se obtenha material adequado, é possível a identificação de natimortos, fetos, cujas gestações foram interrompidas por aborto, de crianças trocadas em maternidade ou sequestradas.

Em razão da extrema variabilidade de sua estrutura, a probabilidade de se encontrar ao acaso duas pessoas com a mesma impressão digital do DNA é de uma em cada 30 bilhões. Como a população da Terra é estimada em 7,7 bilhões de pessoas em 2019 (com 3,85 bilhões de homens aproximadamente) é virtualmente impossível que haja coincidência.

A técnica dos exames de DNA, antes dominada por poucos, hoje é realizada por diversos laboratórios e hospitais, sendo que em Minas Gerais (Lei n. 12.460/1997, regulada pelo Decreto n. 38.950/93) e São Paulo (Lei n. 9.934/1998, regulada pelo Decreto n. 44.336/1999) os exames são realizados por determinação judicial, aos comprovadamente pobres, nas ações de investigação de paternidade.

Apresentando confiabilidade superior a 99,9%, o exame de leitura das impressões digitais do DNA é largamente utilizado e acolhido pelo judiciário para identificar a origem biológica, apesar de algumas resistências como prova única, devendo, obviamente, ser admitida contraprova, se ocorrerem suspeitas de credibilidade do laboratório, erro humano (como troca do material genético, falha na leitura ou na transcrição dos dados) ou mesmo má-fé do perito para beneficiar uma das partes.

Uma questão que demanda discussões é sobre a obrigatoriedade ou não de as partes fornecerem o material genético. A posição majoritária é no sentido da não obrigatoriedade de sujeitar-se à coleta de material para o exame de DNA; porém, ante a recusa injustificada, presume-se a procedência da prova em desfavor do renitente.

O Código Civil inovou ao acolher a posição jurisprudencial de presunção da prova que se poderia obter, dispondo em seu art. 232 que "a recusa à perícia médica ordenada pelo juiz poderá suprir a prova que se pretendia obter com o exame".

Trata-se de grande avanço na coleta de provas ao pressionar as partes em se submeterem aos exames periciais, encontrando justificativa na busca da verdade real, sob pena de ser acolhida presumidamente contra o que se recusou. A recusa do suposto pai repousa no fundamento de que a pessoa não é obrigada a produzir prova contra si, entretanto, o Superior Tribunal de Justiça já firmou entendimento de que a recusa à prova pericial genética importa na presunção relativa da paternidade, invertendo-se o ônus da prova. Nos tempos atuais, com a liberdade de relações sexuais sem namoro ou qualquer relacionamento amoroso, a prova pericial é fundamental para indicar a paternidade biológica, devendo o judiciário incentivar a realização para buscar a verdade, penalizando a parte que recusa submeter-se, conforme dispõe a Súmula 301 do Superior Tribunal de Justiça:

> Súmula 301. Em ação investigatória, a recusa do suposto pai a submeter-se ao exame de DNA induz presunção 'juris tantum' de paternidade.

A Lei n. 12.004/2009 acrescentou à Lei n. 8.560/1992 o art. 2º-A, reconhecendo a presunção de paternidade na recusa do réu em submeter-se ao exame ao dispor que:

> Art. 2º-A. Na ação de investigação de paternidade, todos os meios legais, bem como os moralmente legítimos, serão hábeis para provar a verdade dos fatos.
>
> Parágrafo único. A recusa do réu em se submeter ao exame de código genético – DNA gerará a presunção da paternidade, a ser apreciada em conjunto com o contexto probatório.

A prova genética, conforme já ressaltado, é fundamental nas ações investigatórias biológicas, sendo irrelevante nas ações investigatórias socioafetivas em que o elemento fundamental é o afeto, demonstrado pela posse do estado de filho, que se revela pela convivência familiar.

Paulo Lôbo cita Luiz Edson Fachin e Guilherme Oliveira para lecionar que a tutela jurídica da posse de estado de filiação agasalha os chamados *filhos de criação*, que se enquadram na filiação socioafetiva, e que não pode ser contraditada por investigação de paternidade fundada em prova genética. A posse de estado de filho consolida vínculos afetivos que não assentam na realidade genética e impedem, no interesse do filho, o exercício do direito de impugná-la. A filiação também se evidencia pela convivência familiar, no cumprimento dos deveres de guarda, sustento e educação do filho, no comportamento cotidiano, de forma sólida e duradoura, capaz de estreitar os laços de paternidade numa relação socioafetiva, revelando-se quando o pai socioafetivo, além de emprestar o nome de família, o trata como sendo verdadeiramente seu filho perante o ambiente social. A posse do estado de filho ou estado de filiação, de modo geral, se identifica quando há o *tratactus*, exigindo tratamento recíproco entre pai e filho; *nomen*, quando o filho porta ou utiliza o nome de família dos pais; e a *fama* ou *reputatio*, que importa na imagem social ou reputação que a pessoa desfruta na comunidade, família e autoridades, como filho dos pais socioafetivos. Ressalta-se que as características não necessitam estar presentes conjuntamente para configurar o estado de filiação[142], especialmente quanto ao uso do nome de família, que somente se insere nos registros após o reconhecimento da paternidade ou adoção.

O juiz Elias Charbil Abdou Obeid ensina, entretanto, que a paternidade socioafetiva não prevalece se não existir o que denominou de *reputatio interna*, ou seja, se o filho sabia que o pai biológico era outro e não o que o registrou, cabe-lhe decidir se prefere a paternidade socioafetiva ou a biológica, quando atingir a maioridade, resguardando-lhe o direito de ajuizar ação investigatória de paternidade em face do pai genético e retificação do registro civil havido por erro de declaração da paternidade[143]. O Tribunal de Justiça também já decidiu no mesmo sentido, reconhecendo a preponderância da paternidade socioafetiva sobre a biológica enquanto o filho for menor, resguardando-lhe, entretanto, ao atingir a maioridade, escolher qual das

---

142 LÔBO, Paulo. *Direito civil. Famílias*, cit., p. 212-213.

143 OBEID, Elias Charbil Abdou. Autos 46.869-8, 2ª Vara Cível da Comarca de Lavras/MG, j. 18-1-2008.

duas preferirá[144]. Admite-se, entretanto, se o filho considerar ambos como pais, o reconhecimento da multiparentalidade.

A ação de investigação de maternidade, conforme já ressaltado, é raríssima, entretanto, não há mais qualquer restrição no ajuizamento da ação investigatória, adotando os mesmos princípios da investigação de paternidade.

A ação investigatória pode ser cumulada com alimentos, petição de herança ou retificação do registro público, devendo ser proposta no foro do domicílio do réu, exceto quando cumulada com alimentos, prevalecendo, neste caso, o foro privilegiado do alimentando (Súmula n. 1 do STJ).

2.7.3. Investigação da origem genética

A filiação jurídica pode ser natural ou por outra origem, exteriorizada pela adoção, reprodução heteróloga ou socioafetiva em razão da posse do estado de filho. O estado de filiação não é obrigatoriamente genético, firmando-se cada vez mais o entendimento doutrinário e jurisprudencial da prevalência do vínculo afetivo sobre o biológico. Assim, se alguém mantém um vínculo de filiação socioafetiva com outro, mediante posse de estado de filho, adoção ou reprodução heteróloga, registrado ou não, deve ser prestigiada a filiação ou verdade afetiva, desde que preferida, não conferindo efeitos jurídicos à filiação biológica. Admite-se, todavia, ao filho jurídico buscar sua verdade biológica em *ação investigatória de origem genética*, acolhendo-se a ação sem efeitos retificatórios da paternidade socioafetiva, possuindo a sentença conteúdo meramente declaratório do vínculo genético, sem outros efeitos jurídicos, não alternando a filiação que se consolidou pela convivência, portanto, não modificará o registro civil[145], caso não queira a dupla paternidade.

Distingue Paulo Lôbo o estado de filiação e o direito da personalidade ao conhecimento da origem genética, do qual toda pessoa é titular, tanto na espécie direito à vida, em razão das medidas preventivas de saúde em face da ocorrência de doenças em parentes próximos, e até mesmo diante da necessidade de doações de órgãos compatíveis para transplantes, quanto no direito de a pessoa investigar a sua ancestralidade, buscando sua identidade

---

144 TJMG, AC 1.0024.02.826960-3/001, Rel. Des. Caetano Levi Lopes, p. 10-2-2006.

145 DIAS, Maria Berenice. *Manual de direitos das famílias*. 4. ed., cit., p. 358.

biológica para melhor conhecer a si mesmo, sem que a verdade biológica interfira no estado de filiação. Nos direitos alemão, espanhol e argentino, admite-se o direito de personalidade ao conhecimento da origem genética sem efeitos sobre a relação de parentesco e excluindo qualquer tipo de direito alimentar ou sucessórios[146].

No direito brasileiro, não existia legislação que regulamentava o direito ao conhecimento da origem genética até a Lei n. 12.010/2009, mas evidente que, tratando-se de direito da personalidade, atingindo diretamente os interesses da pessoa humana em conhecer suas origens biológicas, quer por questões de saúde, quer para conhecimento de sua ancestralidade, a pretensão é amparada pelo princípio da dignidade da pessoa humana, independentemente das cláusulas de anonimato dos doadores de material fecundante nas reproduções medicamente assistidas heterólogas ou da extinção dos vínculos jurídicos com a família biológica nas adoções. A origem genética, entretanto, não altera a filiação jurídica consolidada na socioafetividade, mantendo-se os laços de parentesco e todas as consequências resultantes com a família socioafetiva.

Inequívoco que é direito de todos conhecer a descendência genética, direito imprescritível, mas se os pais registrais, mesmo na adoção à brasileira, são os pais socioafetivos, prevalece a verdade socioafetiva sobre a verdade genética[147], não podendo ser desconstituída a filiação jurídica registral.

O Estatuto da Criança e do Adolescente, em seu art. 48, com a nova redação dada pela Lei n. 12.010/2009, permite expressamente ao adotado conhecer sua origem genética, reafirmando a possibilidade jurídica do ajuizamento da ação em outras hipóteses, ao dispor que:

> Art. 48. O adotado tem direito de conhecer sua origem biológica, bem como de obter acesso irrestrito ao processo no qual a medida foi aplicada e seus eventuais incidentes, após completar 18 (dezoito) anos.
>
> Parágrafo único. O acesso ao processo de adoção poderá ser também deferido ao adotado menor de 18 (dezoito) anos, a seu pedido, assegurada orientação e assistência jurídica e psicológica.

---

[146] LÔBO, Paulo. *Direito civil. Famílias*, cit., p. 203-204.

[147] TJRS, 8ª CC, AC 70010973402, Rel. Des. Rui Portanova, j. 4-8-2005.

2.7.4. Efeitos do reconhecimento da filiação

O reconhecimento voluntário ou judicial do filho produz efeitos *ex tunc*, retroagindo à data do nascimento e resguardando os direitos desde a concepção, além de diversas consequências, podendo-se destacar dentre elas:

a) estabelecer liame de parentesco entre o filho, seus pais e os parentes destes;

b) impedir que o filho, reconhecido por um dos cônjuges, resida no lar conjugal sem anuência do outro (art. 1.611 do CC);

c) dar ao filho reconhecido, que não reside com o genitor que o reconheceu, direito à assistência e alimentos;

d) sujeitar o filho reconhecido, se menor, ao poder familiar do genitor que o reconheceu, e se reconhecido por ambos os pais, o deferimento da guarda compartilhada ou a apenas um deles, observando o que melhor atender os interesses do menor;

e) conceder direito à prestação alimentícia tanto ao genitor que reconhece como ao filho reconhecido, estendendo-se aos parentes (art. 1.694 do CC);

f) equiparar, para efeitos sucessórios, os filhos de qualquer natureza;

g) autorizar o filho reconhecido a propor ação de petição de herança e a de nulidade de partilha, por causa da sua condição de herdeiro;

h) equiparar a prole reconhecida, tanto para efeito de clausulação de legítima (art. 1.848 do CC) como para o de indignidade (art. 1.814 do CC) ou deserdação (art. 1.962 do CC)[148].

2.7.5. Investigação avoenga e direito à ancestralidade

Apesar de a legislação conferir legitimidade ativa exclusivamente ao filho ou seus herdeiros, se faleceu incapaz, e concorrente ao Ministério Público legitimado extraordinariamente pela Lei n. 8.560/1992, existe precedente no Superior Tribunal de Justiça, admitindo *investigação avoenga*, ajuizada pelos netos em face do avô, após a morte do pai capaz. O relator do recurso especial concluiu que no estágio atual do direito de família, não

---

148 DINIZ, Maria Helena. *Curso de direito civil brasileiro* – Direito de família. 22. ed., cit., p. 475-477.

seria viável recusar aos netos o direito de terem a origem reconhecida pelo fato de o pai não ter proposto ação investigatória[149].

Alice Birchal cita clássico julgamento do Superior Tribunal de Justiça em 3-4-1990 (REsp 269/RS, Rel. Min. Waldemar Zveitter), no sentido de que negar aos netos o exercício de ação declaratória avoenga seria negar-lhes a prestação jurisdicional, o que não se afigura nem jurídico, nem justo. Apesar de a investigação de paternidade ser personalíssima, nos termos do art. 363 do Código Civil (de 1916, hoje 1.606), é admissível a ação declaratória para que diga o judiciário se existe ou não relação material de parentesco com o suposto avô[150].

Uma parte da doutrina e a jurisprudência todavia, acolhem o entendimento de que a relação avoenga deriva da filiação e, como a ação de paternidade possui caráter personalíssimo, vindo o filho a falecer capaz, é juridicamente impossível aos netos postular o reconhecimento da filiação em face do pretenso avô, faltando-lhes legitimidade de agir, posto que não podem pleitear direito alheio em nome próprio, sem previsão legal.

O parágrafo único do art. 1.609 do Código Civil permite, entretanto, ao avô reconhecer o filho que faleceu capaz e consequentemente a relação avoenga com os netos. O art. 27 do Estatuto da Criança e do Adolescente dispõe que o estado de filiação é direito personalíssimo, indisponível e imprescritível, podendo ser exercitado contra os pais ou seus herdeiros, sem qualquer restrição, ampliando sobremaneira a busca pela filiação. Os arts. 1.591, 1.845 e 1.846, todos do Código Civil, consideram os netos parentes na linha reta do avô e a qualidade de herdeiros necessários, resguardando-lhes o direito à legítima. Por fim, o art. 226, § 4º, da Constituição Federal reconhece como família monoparental a comunidade formada pelos pais e seus descendentes, não se limitando apenas aos filhos, estendendo o conceito de filiação. Os dispositivos legais citados ao estreitar as relações de família entre os ascendentes e descendentes, considerando núcleo familiar e herdeiros necessários entre si, permitindo ao avô reconhecer o filho que faleceu capaz se ele deixar descendentes, portanto, seus netos, inequivoca-

---

149 STJ, 3ª Turma, REsp 603.885/RS, Rel. Min. Carlos Alberto Menezes Direito, j. jul. 2005.

150 BIRCHAL, Alice de Souza. A relação processual dos avós no direito de família: direito à busca de ancestralidade, convivência familiar e alimentos. In: PEREIRA, Rodrigo da Cunha (Coord.). *Anais do IV Congresso Brasileiro de Direito de Família*. Belo Horizonte: Del Rey, 2004. p. 47.

damente conflita com a regra do art. 1.606 do Código Civil, que veda aos netos buscar a filiação do pai que faleceu capaz e, em consequência, estabelecer o vínculo de parentesco com o avô.

O Estatuto da Criança e do Adolescente ampliou a família para além da unidade pais e filhos, incluindo os parentes próximos, notadamente os avós, no conceito de família extensa (art. 25, parágrafo único).

Diante da predominância jurisprudencial pela impossibilidade jurídica de os netos ajuizarem ação investigatória do pai em face do avô, sob o fundamento de que a relação avoenga deriva da relação de filiação, Alice Birchal apresenta interessante distinção entre *ação investigatória de paternidade* e *ação de investigação de ancestralidade*. Leciona que o direito ao nome e a origem à ancestralidade inserem-se no conceito de dignidade da pessoa humana, tratando-se de direito da personalidade, imprescritível e indisponível, conferindo-se, portanto, o direito de conhecer sua origem biológica ou ancestralidade. Assim, os netos possuem direito de agir (art. 4º do CPC/1973 e art. 19 do CPC/2015), próprio e personalíssimo, na ação de investigação da ancestralidade, não exercendo direito alheio dos pais. Declarada a existência da relação de parentesco avoenga, proposta pelos netos (e não investigatória de paternidade), por via transversa, ter-se-iam reconhecidos direitos juridicamente protegidos, tanto personalíssimo, como alimentos, visita e guarda, quanto patrimoniais, como o direito à herança. A doutrinadora cita Maria Berenice Dias para ressaltar que o neto tem o direito personalíssimo ao nome, portanto, em ação declaratória em face do avô, não está buscando o direito próprio e exclusivo dos pais, mas sim o próprio direito de personalidade, identidade e ancestralidade. Não há como negar aos netos, se o pai quando vivo não quis buscar sua identidade biológica, o seu próprio direito de ver, no seu assento de nascimento, o nome do avô e resguardar seus direitos sucessórios, pois, neste caso, não estão reclamando direito personalíssimo de seu genitor (TJRS, AC 70004114617/02, j. 29-5-2002)[151].

Diante desses fundamentos e da necessária diferenciação, inequívoco que a *ação de investigação de ancestralidade*, proposta pelos netos em face dos avós, não importa em pleitear direitos alheios, do pai, mas interesses pró-

---

[151] BIRCHAL, Alice de Souza. A relação processual dos avós no direito de família: direito à busca de ancestralidade, convivência familiar e alimentos. In: PEREIRA, Rodrigo da Cunha (Coord.). *Anais do IV Congresso Brasileiro de Direito de Família*. cit., 2004, p. 47-48.

prios, personalíssimos, indisponíveis, encontrando amparo legal no art. 19, I, do Código de Processo Civil[152].

2.7.6. Investigação na dupla parentalidade: biológica e socioafetiva

O conhecimento da origem genética, sem produzir efeitos jurídicos, como ocorre nos casos de doação de sêmen ou adoção, não se confunde com as ações investigatórias de filiação biológica ou declaratória de filiação socioafetiva que buscam o reconhecimento da dupla parentalidade, configurando uma família multiparental. Como já abordado (2.4), o Supremo Tribunal Federal, em recente julgamento, com repercussão geral, acolheu o entendimento de que o fato de o filho estar registrado em nome do pai de criação não retira o direito ao reconhecimento da paternidade biológica, com a produção de todos os efeitos jurídicos. Decidiu a Corte Constitucional sobre a possibilidade da manutenção dos pais afetivos e biológicos, acolhendo a multiparentalidade.

O fundamento para reconhecer a dupla parentalidade é o princípio da paternidade responsável. Não pode o pai biológico eximir-se de seus deveres se o filho foi registrado por outro. Ressaltou o Ministro Dias Toffoli no seu voto: "fez o filho, tem a obrigação. Pode ter sido criado por outra pessoa. Comprovou geneticamente, tem a obrigação, ponto". A Corte decidiu, por maioria, como já visto, que "a paternidade socioafetiva, declarada ou não em registro público, não impede o reconhecimento do vínculo de filiação concomitante baseado na origem biológica, com os efeitos jurídicos próprios"[153].

Da mesma forma que é possível o reconhecimento da paternidade biológica concomitante com a socioafetiva, é possível ao filho, registrado em nome do pai biológico, ter reconhecida a paternidade socioafetiva.

2.8. Ações retificatórias da filiação

2.8.1. Introdução

O direito de família tem sofrido profundas modificações, especialmente as introduzidas pela Constituição de 1988 e, sem dúvida, a maior inovação

[152] "Art. 19. O interesse do autor pode limitar-se à declaração:
I – da existência, da inexistência ou do modo de ser de uma relação jurídica;"

[153] STF, RE 898.060-SC, Rel. Min. Luiz Fux, j. 21-9-2016.

foi igualar os filhos (art. 227, § 6º) e permitir livremente o reconhecimento voluntário ou compulsório da filiação, mesmo de pessoas casadas, havidas fora do matrimônio, inclusive conferindo ao Estado a iniciativa de investigar a paternidade, por meio de informações do registro civil, que pode ocorrer espontaneamente, por meio de declarações perante o juiz de direito, ou compulsoriamente, mediante ação investigatória ajuizada pelo Ministério Público, legitimado concorrentemente pela Lei n. 8.560/1992.

A maternidade se prova pelo parto; entretanto, é também amplamente permitida quando se tratar de recém-nascido abandonado, de criança encontrada, falsidade do registro (art. 1.608 do CC) ou, se apesar do parto, o filho não ser da parturiente, como nos casos de *barriga de solidária* em reprodução medicamente assistida.

A questão que se pretende enfrentar nesse título não é o reconhecimento da paternidade, hoje amplamente permitida, mas as soluções que se apresentam para corrigir uma paternidade irreal, espontânea ou compulsória, que consta do assento de nascimento, pretendendo, de forma direta e objetiva, abordar a *negatória de paternidade, retificação ou anulação do registro civil* ou *impugnação da paternidade* por erro ou falsidade e, até mesmo, a *relativização da coisa julgada* nas ações de investigação de paternidade e maternidade, em coerência com a mais moderna jurisprudência e as disposições do atual Código Civil.

Ressalta-se que tanto nas ações de existência quanto nas ações de inexistência de filiação, biológica ou socioafetiva, trata-se de ações de estado, portanto, imprescritíveis, e não se aplicam os efeitos da revelia. Nesse sentido, julgado do Tribunal de Justiça de Santa Catarina, constando na ementa que:

> Ação negatória de paternidade é típica ação de estado, versando sobre direitos indisponíveis. Disso resulta que ainda que não conteste o demandado a ação, não se operam, quanto a ele, os efeitos da revelia – CPC, art. 319 (art. 344, I, CPC de 2015) – não havendo como se reputar verdadeiros os fatos afirmados pelo autor, conforme claramente previsto no art. 320, inc. II, do Código de Processo Civil[154] (art. 345, II, CPC de 2015).

---

[154] TJSC, AC 2012.064587-0, Rel. Des. Trindade dos Santos, j. 6-6-2013.

2.8.2. Ação negatória de paternidade

Trata-se, conforme já antecipado, de ação exclusiva do marido para excluir a paternidade dos filhos de sua mulher havidos na constância do casamento. Difere da ação de impugnação de paternidade ou retificatória da filiação dos filhos nascidos de mulher não casada, ou, também, casada, fora das hipóteses de presunção dos filhos havidos na constância do casamento.

Os filhos da mulher, nascidos na constância do casamento, presumem-se ser do marido, tanto os concebidos na constância da união quanto os nascidos 180 dias, pelo menos, depois de estabelecida a convivência conjugal ou nos 300 dias subsequentes à sua dissolução (art. 1.597 do CC).

O Código Civil inovou ao incluir na presunção relativa ou *juris tantum* matrimonial os filhos havidos por fecundação artificial homóloga (utilizando o sêmen do marido para fecundar a mulher), mesmo que falecido o cônjuge, desde que tenha autorizado o uso do material fertilizante, os filhos havidos por concepção artificial homóloga, isto é, dos componentes genéticos advindos do marido e da mulher, exigindo, a doutrina, consentimento do casal para reprodução assistida *in vitro*.

Na hipótese de o filho nascido da mulher não ser do marido ou, nas inovações do Código Civil, não ser seu o sêmen na concepção artificial homóloga, ou não ter ele consentido na concepção artificial heteróloga, cabe ação negatória de paternidade, de iniciativa exclusiva do cônjuge, somente sendo admitida sua continuidade pelos herdeiros, se iniciada pelo marido (art. 1.601 do CC).

A ação, portanto, é de iniciativa exclusiva do homem casado para contestar os filhos havidos de sua mulher, não podendo ser utilizada por quem não possui o vínculo matrimonial.

O Código Civil de 1916 exigia, sob pena de decadência, o ajuizamento da ação no prazo de dois meses, se o marido estava presente, e, três meses, se ausente (art. 178, §§ 3º e 4º, I); a jurisprudência, entretanto, firmou-se no sentido de que, tratando-se de ação de estado, de direito personalíssimo, é imprescritível, o que foi acolhido pelo atual Código Civil no art. 1.601, *caput*.

O TJMG reafirmou que a ação negatória de paternidade é constitutiva negativa, portanto, imprescritível, sendo procedente quando não mais existe vínculo afetivo entre o pai registral e o filho. No caso julgado, o marido registrou a filha de sua mulher induzido em erro, acreditando que era o pai biológico, já que nascida durante o convívio conjugal. Após tomar ciência mediante exame genético da inexistência do vínculo biológico, o vínculo paterno/filial, que já era ausente, foi rompido. O autor alegando que foi induzido em erro essencial pleiteou a retificação no registro civil, excluindo a paternidade. A decisão não foi unânime, mas decidiu a maioria pela procedência da ação negatória, por não existir vínculo socioafetivo entre o pai registral e a filha[155].

Não basta, portanto, na ação negatória de paternidade, diante do novo conceito de filiação pós-Constituição de 1988, comprovar apenas a ausência do vínculo biológico, restando necessária a presença de três requisitos:

1 – ausência de vínculo biológico;

2 – que o pai foi induzido em erro, pois se tinha ciência que o filho não era biologicamente seu o reconhecimento é irrevogável;

3 – inexistência de paternidade socioafetiva consolidada, pois esta prevalece sobre a biológica.

No sentido de a exigência do autor da ação negatória de paternidade comprovar a ausência de liame subjetivo, já decidiu o Tribunal de Justiça de Santa Catarina, conforme consta em partes da ementa que:

> NEGATÓRIA DE PATERNIDADE. [...]
>
> 2. No moderno direito de família, a paternidade tem como traço essencialmente preponderante a socioafetividade. Disso resulta que, na atualidade, a paternidade socioafetiva assumiu o 'status' de gênero, do qual são espécies a paternidade biológica e a não biológica. A desbiologização da paternidade, identifica pais e filhos não consanguíneos, mas que, unidos por vínculos de afeto, solidificaram ou formaram uma verdadeira filiação psicológica, que se sobrepõe à filiação biológica. [...]

---

[155] "AÇÃO NEGATÓRIA DE PATERNIDADE – DECADÊNCIA NÃO CONFIGURADA – PATERNIDADE SOCIOAFETIVA NÃO DEMONSTRADA. – É possível o reconhecimento da paternidade socioafetiva. Contudo, inexistindo prova de ela existir entre os envolvidos, não há como reconhecer a paternidade socioafetiva; – A convivência entre o suposto pai e a filha apenas existiu quando havia possibilidade de consanguinidade. Negado este fato, não há como se pretender a manutenção da paternidade socioafetiva, que, mesmo antes, era precária. – Apelação conhecida e provida, reformando a r. sentença e julgando procedente a pretensão inicial" (TJMG, 2ª CC, AC 1.0024.09.584403-1/003, Rel. Des. Caetano Levi Lopes, Rel. para acórdão Des. Hilda Teixeira da Costa, j. 24-4-2012).

4. Ao autor da negatória de paternidade incumbe, com exclusividade, comprovar a ausência de liame socioafetivo entre ele e o menor que registrou voluntariamente como filho, prova essa que não decorre do simples ajuizamento da ação promovida, como implicação lógica e irrefutável desta. Não produzida essa prova, a presunção de socioafetividade subsiste, prevalecendo sobre a verdade biológica[156].

O Superior Tribunal de Justiça também já se pronunciou sobre a necessidade de o autor da ação negatória comprovar a inexistência de origem biológica e também que não existe o vínculo de socioafetividade, caracterizado na posse do estado de filiação, ou seja, a impugnação da paternidade não pode ser deferida quando fundada apenas na origem biológica. É necessário comprovar que não existiu convivência e relações socioafetivas[157].

A comprovação do vício de vontade no reconhecimento da filiação e a demonstração de inexistência de paternidade socioafetiva, como requisitos para deferimento da negatória de paternidade, são reiterados em mais um julgado do Tribunal de Justiça de Minas Gerais. É do teor da ementa que:

---

[156] TJSC, AC 2012.064587-0, Rel. Des. Trindade dos Santos, j. 6-6-2013.

[157] "DIREITO DE FAMÍLIA. AÇÃO NEGATÓRIA DE PATERNIDADE. EXAME DE DNA NEGATIVO. RECONHECIMENTO DE PATERNIDADE SOCIOAFETIVA. IMPROCEDÊNCIA DO PEDIDO.

1. Em conformidade com os princípios do Código Civil de 2002 e da Constituição Federal de 1988, o êxito em ação negatória de paternidade depende da demonstração, a um só tempo, da inexistência de origem biológica e também de que não tenha sido constituído o estado de filiação, fortemente marcado pelas relações socioafetivas e edificado na convivência familiar. Vale dizer que a pretensão voltada à impugnação da paternidade não pode prosperar, quando fundada apenas na origem genética, mas em aberto conflito com a paternidade socioafetiva.

2. No caso, as instâncias ordinárias reconheceram a paternidade socioafetiva (ou a posse do estado de filiação), desde sempre existente entre o autor e as requeridas. Assim, se a declaração realizada pelo autor por ocasião do registro foi uma inverdade no que concerne à origem genética, certamente não o foi no que toca ao desígnio de estabelecer com as então infantes vínculos afetivos próprios do estado de filho, verdade em si bastante à manutenção do registro de nascimento e ao afastamento da alegação de falsidade ou erro.

3. Recurso especial não provido" (STJ, 4ª Turma, REsp 1.059.214/RS. Rel. Min. Luis Felipe Salomão, j. 16-2-2012).

APELAÇÃO CÍVEL – FAMÍLIA – AÇÃO NEGATÓRIA DE PATERNIDADE – ANULAÇÃO DE REGISTRO CIVIL – CAUSA DE PEDIR – EVENTUAL INEXISTÊNCIA DE VÍNCULO BIOLÓGICO – VÍCIO DE CONSENTIMENTO – NÃO EVIDENCIADO – PATERNIDADE SOCIOAFETIVA – IRREVOGABILIDADE DO RECONHECIMENTO.

O reconhecimento de filho, mesmo não sendo eventualmente o pai biológico, realizado em registro de nascimento, é irrevogável, salvo comprovação de vício de vontade, cujo ônus probatório incumbe à parte interessada em anulá-lo.

Não demonstrado vício formal ou material necessários à procedência do pedido, tampouco a ausência da paternidade socioafetiva, não há como desfazer, fundamentado na inexistência de eventual vínculo biológico, ato levado a efeito com perfeita demonstração da vontade, notadamente à vista do direito da criança de ter preservado seu estado de filiação[158].

A negatória de paternidade, portanto, somente é cabível se o marido da mulher desconhecia que o filho não era seu e, ao tomar conhecimento do erro, não admitiu ser o pai, inexistindo paternidade socioafetiva.

2.8.3. Ação anulatória do registro civil ou impugnação da paternidade

A ação negatória de paternidade é personalíssima do homem casado para impugnar os filhos de sua esposa na constância do casamento.

Não se cuidando de negatória de paternidade, portanto, dos filhos havidos da mulher e registrados em nome do marido na constância do casamento, cabe ao pai que reconheceu o filho, induzido em erro, pleitear, em ação ordinária, a retificação do registro para excluir a paternidade falsa e irreal, *impugnando a paternidade*, como dispõe o art. 1.604 do Código Civil:

> Art. 1.604. Ninguém pode vindicar estado contrário ao que resulta do registro de nascimento, salvo provando-se erro ou falsidade do registro.

A ação para ver desconstituída a filiação no registro civil em razão de vícios de consentimento é denominada nos meios jurídicos de *ação de im-*

[158] TJMG, 1ª CC, AC 1.0024.09.743205-8/001, Rel. Des. Armando Freire, j. 18-2-2014.

pugnação da paternidade, ação anulatória de registro civil, ação anulatória de ato jurídico ou *ação retificatória de filiação por erro ou falsidade ideológica.*

Apesar das várias denominações utilizadas, não se confunde com a ação de jurisdição voluntária para correção de erros, restauração, suprimento ou inclusão de nomes no assentamento de registro civil, prevista no art. 109 da Lei n. 6.015/1973[159]. Nessa hipótese, não se trata de impugnar ou investigar a filiação, mas de corrigir erros no assentamento do registro civil, restaurando, suprindo ou retificando.

Na ação de impugnação de paternidade ou anulatória do registro civil, trata-se de ação ordinária, própria do suposto pai, que, acreditando ser seu o filho havido fora do casamento, o reconhece voluntariamente e, após, descobre que estava equivocado, que o filho é de outro, pelas diferenças físicas, confissão da mãe, incompatibilidade sanguínea, exames de leitura das impressões digitais do DNA, entre outras possibilidades, não tendo se consolidado, entre eles, a filiação socioafetiva.

A ação, portanto, é de iniciativa do que reconheceu a paternidade fora do casamento, ou mesmo no casamento fora das hipóteses de presunção, voluntariamente, tendo sua vontade viciada ao incidir em erro.

A questão não é pacífica quando o homem conscientemente reconhece o filho sabendo não ser seu. O falso não pode beneficiar o autor, que agiu maliciosamente, sendo certo que o reconhecimento é irrevogável (art. 1º da Lei n. 8.560/1992); entretanto, parte da jurisprudência, cada vez mais minoritária, admite a retificação, posto que o registro público deve retratar a verdade.

O Desembargador Sérgio Fernando Vasconcelos ressalta, com muita propriedade, que em matéria de paternidade e filiação a verdade está longe

---

159 "Art. 109. Quem pretender que se restaure, supra ou retifique assentamento no Registro Civil, requererá, em petição fundamentada e instruída com documentos ou com indicação de testemunhas, que o Juiz o ordene, ouvido o órgão do Ministério Público e os interessados, no prazo de cinco dias, que correrá em cartório.

[...]

§ 4º Julgado procedente o pedido, o Juiz ordenará que se expeça mandado para que seja lavrado, restaurado e retificado o assentamento, indicando, com precisão, os fatos ou circunstâncias que devam ser retificados, e em que sentido, ou os que devam ser objeto do novo assentamento."

de ser absoluta, não se prendendo a critério único, existindo, além do vínculo biológico, o vínculo registral e os vínculos social e afetivo. Existem situações onde o liame consanguíneo não se verifica e, ainda assim, persiste a relação jurídica da paternidade dada a sua expressão social, como ocorre, por exemplo, quando um homem, com a anuência materna, firma o registro da paternidade, consciente da inexistência do vínculo biológico ou, ainda nas hipóteses da chamada *adoção à brasileira*, que ocorre com a declaração falsa de filiação no registro civil, sem observar o procedimento de adoção, gerando por motivos nobres, ainda que juridicamente ilegais, os vínculos de paternidade e maternidade registral. Nos casos de reconhecimento da paternidade, consciente de que não é o pai biológico, por determinação legal não é dado ao pai registral arrepender-se e buscar a revogação do seu ato. Na *adoção à brasileira*, por seu turno, se agiganta o afeto como novo valor jurídico, prestigiando, não raro, o critério da verdade socioafetiva em detrimento da verdade biológica[160].

O Superior Tribunal de Justiça também já decidiu que a pretensão de anulação do reconhecimento da paternidade, havido por ideologicamente falso, deve ser conferida a terceiros interessados, dada a impossibilidade de revogação do reconhecimento pelo próprio declarante, na medida em que descabido seria lhe conferir, de forma absolutamente potestativa, a possibilidade de desconstituição da relação jurídica que ele próprio, voluntariamente, antes declarara existente. Ademais, a ninguém é dado beneficiar-se da invalidade a que deu causa. Não se pode admitir o cancelamento do reconhecimento de paternidade pelo próprio declarante que agiu em falsidade ideológica[161].

Incabível, portanto, ao pai registral que reconheceu o filho consciente da inexistência do vínculo biológico, ou os pais que registraram filho de outrem como seu na *adoção à brasileira*, arrependerem-se e retratar o reconhecimento mediante ação anulatória da filiação por erro ou falsidade. Restando comprovada a existência de vínculo afetivo e a posse do estado filho com o pai registral, mesmo demonstrando que o registro não espelha a verdade biológica, não há como retificá-lo. Torna-se, entretanto, imperio-

---

160 TJRS, 7ª CC, AC 70022449524, Rel. Des. Sérgio Fernandes de Vasconcelos Chaves, j. 26-3-2008.

161 STJ, REsp 234.833/MG, Rel. Min. Hélio Quaglia Barbosa, j. 25-9-2007.

so desconstituir o registro quando não corresponde à verdade biológica e não existe socioafetividade entre o pai registral e o filho, ou seja, quando não se encontra estabelecida relação de afeto e convivência paterno-filial entre eles[162].

O pai que reconhece o filho mediante erro, induzido pela genitora da criança, por vezes não aceita a paternidade socioafetiva, ocorrendo até mesmo um repúdio, não podendo ser obrigado a aceitar uma paternidade que não é querida. O princípio da dignidade humana deve ser observado por ambas as partes, pai e filho, tratando-se de uma via de mão dupla, não podendo obrigar a alguém que praticou um ato jurídico mediante vício de consentimento a aceitar uma paternidade indesejada. A manutenção da paternidade contrária ao desejo do pai não preservará a afetividade e é prejudicial ao próprio filho, apenas para ter alguém para chamar de pai, sem qualquer vínculo de afeto. O Tribunal de Justiça do Distrito Federal julgou procedente ação negatória de paternidade ajuizada pelo pai que reconheceu o filho mediante vício de consentimento. Consta do acórdão que:

> [...] O princípio da dignidade da pessoa humana, valor supremo que informa e vincula todo o ordenamento jurídico, deve ser fielmente observado em relação a ambas as partes envolvidas na discussão acerca do estado de filiação. A pessoa sobre a qual recai a função paterna deve ser tão respeitada em sua dignidade quanto aquela sobre a qual recai o papel de filho. A proteção, portanto, deve ser feita em mão-dupla, e não somente em favor de uma das partes, mormente quando constatado que o suposto pai somente reconheceu a paternidade, em virtude de vício de consentimento. Não é crível que a criança, apesar de se tratar de pessoa em peculiar estágio de desenvolvimento, seja mais vítima do engano do que a pessoa que acreditou ser pai. A alteração que uma descoberta desse jaez acarreta e produz grandes implicações na vida de uma pessoa adulta, o que não pode ser minimizado. [...][163]

A ação é suscetível de ser intentada, também, pelo suposto filho, para ver declarada a inexistência da filiação, por comprovada falsidade ideológi-

[162] DIAS, Maria Berenice. *Manual de direito das famílias*. 4. ed., cit., p. 353-355.

[163] TJDF, 3ª TC, AC 20110310200003APC, Acórdão 700801, Rel. Des. Esdras Neves, j. 7-8-2013.

ca dos pais ou erro, podendo atingir, neste caso, tanto a filiação matrimonial quanto a havida fora do casamento. Parte da jurisprudência admite que pode ser intentada por outros legítimos interessados, como irmãos na divisão da herança e avós nos alimentos, mas esta posição, já acolhida pelo Superior Tribunal de Justiça (RE 140.579), é minoritária, até porque viola a iniciativa privativa do marido de contestar a legitimidade dos filhos havidos da mulher, e dos filhos para ajuizar a investigatória (art. 1.606 do CC). A ação é proposta para desconstituir a paternidade ou maternidade que consta no assento do registro de nascimento.

Admite-se, ainda, que o filho ajuíze ação investigatória contra seu verdadeiro pai e, no âmbito da ação, prove a falsidade do registro da paternidade anterior e seu consequente cancelamento, não sendo exigido, como querem alguns, que primeiro desconstitua a paternidade registral para depois buscar a paternidade biológica ou socioafetiva. Não há que se falar em impossibilidade jurídica do pedido de reconhecimento de uma outra paternidade, sem antes desconstituir a que consta no registro, posto que a anulação do registro que não retrata a realidade é uma consequência da ação investigatória. Assim, é perfeitamente possível cumular a ação investigatória com a anulação do registro civil, ainda que os pedidos e os réus sejam distintos, ocorrendo, no caso, o instituto do litisconsorte necessário, ocupado no polo passivo pelo suposto pai e aquele que figura como pai na certidão de nascimento[164].

A ação de investigação de paternidade independe, portanto, do prévio ajuizamento da ação de anulação de registro, cujo pedido é apenas uma consequência lógica da procedência da investigatória, devendo ocupar o polo passivo, em litisconsorte unitário, o suposto pai biológico e aquele que figura como pai na certidão de nascimento[165]. É possível cumular as ações ou ajuizar previamente a ação anulatória do registro para desconstituir a paternidade registral e depois ajuizar a investigatória de paternidade, cumulando, ainda, pedidos de alimentos ou petição de herança.

O Superior Tribunal de Justiça reiteradamente vem decidindo pela impossibilidade de o pai que reconheceu o filho de outrem como seu negar a paternidade, retificando o registro. A impossibilidade, entretanto, não se

---

[164] TJMG, Ag. 1.0073.04.014974-9/001, Rel. Des. Jarbas Ladeira, j. 13-9-2005.

[165] STJ, REsp 07.626/SP, Rel. Min. Nancy Andrighi, j. 6-12-2004.

aplica ao filho, permitindo-lhe investigar a paternidade biológica se foi induzido a acreditar que era filho do pai registral. Veja-se a decisão:

> FAMÍLIA. FILIAÇÃO. CIVIL E PROCESSO CIVIL. RECURSO ESPECIAL. AÇÃO DE INVESTIGAÇÃO DE PATERNIDADE. VÍNCULO BIOLÓGICO. PATERNIDADE SOCIOAFETIVA. IDENTIDADE GENÉTICA. ANCESTRALIDADE. ARTIGOS ANALISADOS: ARTS. 326 DO CPC E ART. 1.593 DO CÓDIGO CIVIL.
>
> 1. [...]. 2. Discussão relativa à possibilidade do vínculo socioafetivo com o pai registrário impedir o reconhecimento da paternidade biológica. 3. [...]. 4. A maternidade/paternidade socioafetiva tem seu reconhecimento jurídico decorrente da relação jurídica de afeto, marcadamente nos casos em que, sem nenhum vínculo biológico, os pais criam uma criança por escolha própria, destinando-lhe todo o amor, ternura e cuidados inerentes à relação pai-filho. 5. A prevalência da paternidade/maternidade socioafetiva frente à biológica tem como principal fundamento o interesse do próprio menor, ou seja, visa garantir direitos aos filhos face às pretensões negatórias de paternidade, quando é inequívoco (i) o conhecimento da verdade biológica pelos pais que assim o declararam no registro de nascimento e (ii) a existência de uma relação de afeto, cuidado, assistência moral, patrimonial e respeito, construída ao longo dos anos. 6. Se é o próprio filho quem busca o reconhecimento do vínculo biológico com outrem, porque durante toda a sua vida foi induzido a acreditar em uma verdade que lhe foi imposta por aqueles que o registraram, não é razoável que se lhe imponha a prevalência da paternidade socioafetiva, a fim de impedir sua pretensão. 7. O reconhecimento do estado de filiação constitui direito personalíssimo, indisponível e imprescritível, que pode ser exercitado, portanto, sem qualquer restrição, em face dos pais ou seus herdeiros. 8. Ainda que haja a consequência patrimonial advinda do reconhecimento do vínculo jurídico de parentesco, ela não pode ser invocada como argumento para negar o direito do recorrido à sua ancestralidade. Afinal, todo o embasamento relativo à possibilidade de investigação da paternidade, na hipótese, está no valor supremo da dignidade da pessoa humana e no direito do recorrido à sua identidade genética. 9. Recurso especial desprovido[166].

[166] STJ, 3ª Turma, REsp 1.401.719/MG. Rel. Min. Nancy Andrighi, j. 8-10-2013.

O julgado é de extrema importância ao conferir ao filho que foi induzido em erro, acreditando na paternidade que lhe foi apresentada, a opção em decidir pela paternidade socioafetiva ou biológica, facultando-lhe o ajuizamento da ação investigatória cumulada com retificação do registro civil para excluir o pai registral. Registra, por oportuno, mais uma vez, a possibilidade de reconhecimento da dupla parentalidade, biológica e socioafetiva, se presentes.

2.8.4. Ação declaratória de paternidade/maternidade socioafetiva

A Constituição Federal extinguiu todas as desigualdades e discriminações na filiação, conferindo isonomia entre os filhos sem importar a origem. A convivência familiar e o tratamento recíproco entre pessoas que se comportam como pais e pessoas que comportam como filhos, de forma ostensiva, faz surgir a posse do estado de filho e reconhecimento jurídico da paternidade/maternidade socioafetiva, acolhendo os chamados *filhos de criação*.

A liberdade de afeiçoar-se a alguém, o afeto subjetivo, o sentimento, o amor, não é alcançado juridicamente, não possui obrigatoriedade, é fator metajurídico. Não há como o direito obrigar alguém a amar ou dar valor em sentimentos internos, subjetivos. Entretanto, ao ser exteriorizado e criar uma relação entre as pessoas, uma relação afetiva objetiva, é apreensível pelo direito, vincula e obriga juridicamente. No momento em que duas pessoas se comportam e exteriorizam condutas afetivas como pai e filho, essa relação se torna jurídica.

A *ação declaratória de paternidade ou maternidade socioafetiva*, ou ambas conjuntamente, pode ocorrer em vida dos pais socioafetivos ou *post mortem* em face de seus herdeiros.

A ação será ajuizada apenas em face dos pais afetivos se o filho não possuir pais biológicos conhecidos ou registrais.

Existindo paternidade biológica conhecida ou registral, a ação deve ser cumulada com *retificação do registro civil* e incluído no polo passivo os pais que constam no assento de nascimento. Julgada procedente, será excluído do registro os pais biológicos registrados e incluído os pais socioafetivos e seus ascendentes, produzindo todos os efeitos da filiação.

A ação declaratória de paternidade socioafetiva pode ser cumulada com a filiação biológica, ocorrendo a multiparentalidade, sem necessidade de retificar o registro civil.

2.8.5. Relativização da coisa julgada na ação investigatória

O direito de família, por ser tão dinâmico e evolutivo, já que atinge indistintamente todas as pessoas, independentemente de raça ou condição social, é sempre muito palpitante, evidente e provoca grandes discussões.

Nas últimas décadas, sua evolução e transformação têm atingido velocidade impressionante.

A década de 1970 produziu embates calorosos entre a Igreja Católica, juristas e parlamentares com a discussão e finalmente introdução do divórcio ao vínculo no direito brasileiro pela Emenda Constitucional n. 9/1977, sendo regulado pela Lei n. 6.515/1977.

Na década de 1980, a Constituição de 1988, conforme já ressaltado, trouxe grandes transformações no direito de família como um todo, mas, sem dúvida, a maior conquista foi extinguir a discriminação e a odiosa distinção entre os filhos, permitindo que os havidos fora do casamento, designados espúrios ou bastardos, entre eles os adulterinos, investiguem a paternidade contra os supostos pais, antes protegidos pelo casamento.

Na década de 1990, a companheira, que, na Constituição Federal, teve sua convivência reconhecida como entidade familiar, finalmente teve seus direitos regulados nas Leis n. 8.971/1994 e 9.278/1996, alguns deles inovadores como alimentos e sucessórios; muitos, infelizmente, reduzidos no atual Código Civil em seu art. 1.790, regredindo conquistas alcançadas e discriminando a união estável, resultando em novas discussões da doutrina, projeto de lei e decisões jurídicas para resguardar aos companheiros os mesmos direitos dos cônjuges, inclusive sucessórios, até finalmente ser declarado inconstitucional pelo STF.

Recentemente, as grandes discussões foram os direitos nas relações homoafetivas, reconhecimento do parentesco socioafetivo e a relativização da coisa julgada nas ações investigatórias de paternidade, finalmente acolhidos no Supremo Tribunal Federal.

A coisa julgada, como é sabido, é a decisão judicial de que não caiba mais recurso e, em razão de sua imutabilidade, o direito incorpora-se ao patrimônio do titular, tratando-se de garantia constitucional, conforme dispõe o art. 5º, XXXVI:

> Art. 5º Todos são iguais perante a lei, sem distinção de qualquer natureza, garantindo-se aos brasileiros e aos estrangeiros residentes no País a

> inviolabilidade do direito à vida, à liberdade, à igualdade, à segurança e à propriedade, nos termos seguintes:
>
> [...]
>
> XXXVI – a lei não prejudicará o direito adquirido, o ato jurídico perfeito e a coisa julgada;

A LINDB, em seu art. 6º, § 3º, dispõe: "chama-se coisa julgada ou caso julgado a decisão judicial de que já não caiba mais recurso". O art. 502 do Código de Processo Civil dispõe: "denomina-se coisa julgada material a autoridade que torna imutável e indiscutível a decisão de mérito não mais sujeita a recurso", acrescentando que o juiz não resolverá o mérito quando reconhecer a existência da coisa julgada (arts. 485, V, e 337, VII).

A doutrina e a jurisprudência distinguem a coisa julgada em *material* e *formal*. Kildare Gonçalves Carvalho cita José Cretella Júnior para lecionar que a *coisa julgada formal* é a decisão definitiva que não mais pode ser discutida no mesmo processo, permitindo-se, portanto, a discussão em nova ação, atendidos os pressupostos legais, como ocorre, por exemplo, no valor dos alimentos fixados na ação anterior, se sobrevier modificação na fortuna das partes, enquanto *a coisa julgada material* é a decisão definitiva, perene, imutável, que não pode mais ser discutida em outro processo[167].

José Jairo Gomes também distingue a coisa julgada, conceituando a *coisa julgada formal* como aquela em que se esgotaram todos os recursos processuais com vistas à reforma da decisão, quer porque foram utilizados todos os disponíveis, quer porque se encerrou o prazo e a parte interessada não recorreu, o que se denomina de preclusão consumativa. A *coisa julgada material*, por seu turno, é compreendida como a imutabilidade dos efeitos da sentença, que se projetam para fora do processo, tornando-se lei entre as partes e impedindo que outra demanda seja proposta com o mesmo objeto[168].

A coisa julgada formal atinge, portanto, a relação processual naquele processo, extinguindo-o por sentença terminativa, da qual não caiba mais re-

[167] CARVALHO, Kildare Gonçalves. *Direito constitucional*. 14. ed. Belo Horizonte: Del Rey, 2008. p. 751.

[168] GOMES, José Jairo. *Direito civil* – introdução e parte geral, cit., p. 132.

curso, mas sem o julgamento do mérito, não havendo repercussão em torno do direito material, de forma que não existe impedimento ao ajuizamento de nova ação para apreciar o mérito do direito material. Na coisa julgada material, a sentença de que não caiba mais recurso aprecia a relação de direito material controvertida entre as partes e não só a relação processual, extinguindo o processo por sentença definitiva com resolução do mérito, tornando-se imutável e indiscutível o julgado judicial. Repousa a imutabilidade da sentença na necessidade da paz social, na segurança jurídica que a tutela jurisdicional deve prestar ao cidadão para pacificação social, estabilizando as relações jurídicas e evitando a perpetuação dos litígios[169]. Existe, portanto, na imutabilidade, o interesse público na solução dos conflitos, evitando a incerteza nas relações sociais, impondo a verdade jurídica por gozar de imutabilidade constitucional.

Assim, até por princípio constitucional, a decisão judicial que examinou todas as provas possíveis e produzidas pelas partes, pronunciando sobre o mérito, e concluiu pela existência ou inexistência da filiação pleiteada, ao transitar em julgado opera-se a coisa julgada material, coberta pela certeza jurídica de que deve submeter-se à questão maior de ordem pública, da regra absoluta da coisa julgada, conferindo, no processo judicial, força para garantir a convivência social, dirimindo os conflitos existentes e imprescindíveis para perpetrar a composição dos litígios.

A imutabilidade da coisa julgada, entretanto, não pode ser considerada absoluta, já que a própria lei admite ser revista, em ação rescisória nos casos previstos, no prazo de dois anos após o trânsito em julgado, e também estabelece seus limites.

A evolução e os novos conceitos e princípios do direito de família, amparados pelo avanço da ciência genética, passaram a colidir com a imutabilidade da verdade jurídica protegida pela coisa julgada, especialmente quando firmada em meros indícios, com a verdade real, incluindo ainda a discussão e os conflitos entre a verdade genética e a verdade afetiva.

O art. 27 do Estatuto da Criança e do Adolescente introduziu, no direito brasileiro, *o princípio da livre investigação da paternidade*, tratando-se de direito imprescritível, indisponível, incondicional e, sobretudo, irrestrito

---

[169] GAIO JUNIOR, Antônio Pereira. *Direito processual civil*. 2. ed. Belo Horizonte: Del Rey, 2008. p. 284-285.

da pessoa para buscar, mesmo rompendo dogmas, sua paternidade e/ou maternidade reais. O direito à dignidade da pessoa humana inclui a busca, sem restrições, de sua identidade pessoal, devendo ser encarado como direito constitucional de tutela da pessoa humana e também como direito incondicional e irrestrito à isonomia entre filhos de qualquer origem[170]. Dispõe o art. 27 da Lei n. 8.069/1990, ao prever o reconhecimento da paternidade sem restrição, que:

> Art. 27. O reconhecimento do estado de filiação é direito personalíssimo, indisponível e imprescritível, podendo ser exercitado contra os pais ou seus herdeiros, sem qualquer restrição, observado o segredo de justiça.

A busca da verdade real, especialmente a verdade biológica em razão do exame de leitura das impressões digitais do DNA, valorizando os direitos da personalidade consagrados constitucionalmente, dentre eles o direito fundamental à identidade da origem genética, acabou ensejando o conflito com a imutabilidade da coisa julgada, passando a prevalecer o primeiro princípio sob o fundamento de que a coisa julgada não pode restar imutável se baseada em frágeis elementos probatórios que nada provaram, em acanhado grau de certeza, fazendo surgir o fenômeno que passou a se chamar *relativização da coisa julgada*. Apesar de algumas resistências que ainda persistem em não reconhecer a flexibilização da coisa julgada, entre a segurança social que a imutabilidade assegura e o direito fundamental à identidade, é imperativo invocar o princípio da proporcionalidade, devendo prevalecer o direito fundamental à identidade, especialmente nas ações em que a falta de provas não permitiu um juízo de convicção a ser selado pelo manto da imutabilidade, ou seja, sem resolução do mérito e permitir ao interessado retornar ao juízo, buscando a realização da prova pericial para descobrir a verdade biológica[171].

Belmiro Pedro Welter alerta, com propriedade, sobre a impossibilidade de relativizar a coisa julgada se edificada a filiação afetiva. Ressalta sobre a possibilidade de mutabilidade da coisa julgada quando o filho não tiver um

---

170 DOXSEY, Sonia Maria Rabello. A coisa julgada e a investigação de paternidade cumulada com alimentos. In: PEREIRA, Rodrigo da Cunha (Coord.). *Anais do II Congresso Brasileiro de Direito de Família*. Belo Horizonte: IBDFAM/OAB/MG. Del Rey, 2000. p. 485.

171 DIAS, Maria Berenice. *Manual de direito das famílias*. 4. ed., cit., p. 360-361.

pai jurídico (biológico ou afetivo) e a imutabilidade, se o filho tiver um pai jurídico. A presença de um pai registral não significa a certeza do pai afetivo, admitindo-se, na existência de afetividade ou de paternidade biológica, o ajuizamento de nova ação investigatória, quando na demanda anterior não tiver havido a produção do exame genético; entretanto, fica obstaculizada, se com o pai registral, não biológico, for reconhecida filiação socioafetiva. Orienta, ainda, que três fundamentos podem ser invocados para renovar-se a ação de investigação biológica: o exame genético em DNA ser infalível diante da certeza científica da paternidade, apesar das possibilidades de falha no procedimento por corrupção do perito, troca de tubos de material genético, não realização dos exames em todos os envolvidos e a ausência de controle de qualidade do exame; a inarredável necessidade psicológica do ser humano de conhecer sua ancestralidade, a identidade biológica, como direito fundamental que faz parte da cidadania e da dignidade da pessoa humana; e o interesse de toda a sociedade e não apenas do investigado, em conhecer a paternidade biológica para a paz social[172]. A multiparentalidade, entretanto, permite a relativização da coisa julgada para reconhecer a paternidade biológica, mesmo se presente a paternidade socioafetiva.

A questão, entretanto, não é pacífica, existindo sólidas resistências à imutabilidade da coisa julgada nas ações de filiação, mesmo diante da nova prova genética.

O Tribunal de Justiça de Minas Gerais já decidiu ser inviável o reexame de fatos já decididos em ação anterior, pois a exceção traria consigo grande inconveniência de instalar *ad infinitum* situações que, certas ou erradas, devem permanecer, por dizer respeito a direitos de família ou de filiação, não autorizando a eficiência da prova pericial de DNA a reabertura da instrução[173]. O Desembargador José Carlos Moreira Diniz, do Tribunal mineiro, decidiu não ser admissível a violação do princípio da coisa julgada e repetir a ação para produzir prova moderna, fundamentando que não obstante entendimento jurisprudencial que, ante a natureza do tema, mitiga os efeitos do princípio da coisa julgada, não é razoável acobertar a pretensão para reabrir a produção de prova em ação anulatória de ato jurídico, para

---

172 WELTER, Belmiro Pedro. Relativização da coisa julgada na investigação de paternidade. In: PEREIRA, Rodrigo da Cunha (Coord.). *Anais do IV Congresso Brasileiro de Direito de Família*. Belo Horizonte: Del Rey, 2004, p. 86-87.

173 TJMG, 4ª CC, AC 1.000.00.333697-1, Rel. Des. Almeida Melo, j. 6-11-2003.

comprovar a inexistência de vínculo parental, sob o fundamento de que na ação investigatória não foi realizado o exame de DNA, se naquela ação o réu, ora autor da anulatória, quedou-se inerte na especificação de provas. Ressalta que a verdade judicial foi atingida, dentro dos limites estreitos da lei, cabendo às partes que não se cuidaram na produção das provas possíveis e cabíveis arcar com as consequências de seus atos, tendo em vista que o julgamento foi realizado à vista do que continham os autos. O exame de DNA não é a única prova a ser realizada e não possui caráter vinculativo, sob pena de se substituir a tutela jurisdicional pelos laboratórios de genética[174].

O julgado citado aborda outra questão pouco debatida nas discussões sobre a relativização da coisa julgada: a não realização do exame genético por omissão do interessado na ação anterior. Inequívoco que, se o exame foi colocado à disposição das partes na ação anterior e não o requereram na especificação de provas, quedaram-se inertes ou recusaram-se a submetê-lo, não podem, posteriormente, pretender reabrir a produção de provas preclusas em nova ação, relativizando o julgado anterior. A relativização deve restringir-se nas hipóteses de novas provas genéticas não existentes por ocasião dos julgados, quando ainda não existia a técnica das leituras do DNA, ou as partes não podiam arcar com seus custos na ocasião, bem como nas hipóteses de o julgamento ocorrer à revelia do réu.

A primeira questão que se coloca, na relativização da coisa julgada, são as hipóteses em que a ação foi julgada improcedente por insuficiência ou ausência de provas para se concluir a paternidade. Nesses casos, a jurisprudência é predominante em admitir a propositura de nova ação.

O Juiz Paulo Roberto da Silva, em decisão que julgou o autor carecedor da ação e declarou extinto o processo sem julgamento do mérito, acolhendo a alegação de coisa julgada, em ação negatória de paternidade c/c anulação de registro público, proposta pelo pai que teve a paternidade declarada em investigatória de paternidade, ocasião em que recusou a submeter-se aos exames periciais, admitiu, em sua decisão, que com o desenvolvimento das pesquisas genéticas a jurisprudência tem admitido a repetição da ação de investigação de paternidade, sob novo fundamento, quando a anterior foi julgada improcedente por deficiência de provas[175].

---

174 TJMG, 4ª CC, AC 1.0525.03.043649-3/001, Rel. Des. Moreira Diniz, j. 7-4-2005.

175 SILVA, Paulo Roberto da. Autos 2.634/94 (autos apensos), Comarca de Passa Tempo/MG.

O Tribunal de Justiça de Minas Gerais relativizou a coisa julgada nas investigações de paternidade, no caso da ação anterior negar o pedido por falta de prova segura, sem reconhecer ou negar o vínculo biológico da geração do filho, admitindo que permanece o direito do investigante de ajuizar nova ação, não fazendo a primeira coisa julgada material. Decidiu a 1ª Câmara Cível que

> o direito de investigar a paternidade constitui interesse indisponível e imprescritível, razão pela qual a investigação de paternidade, por se cuidar de uma ação de estado, não se materializa na coisa julgada. Negada anteriormente a paternidade por falta de prova segura, não tendo sido reconhecido ou negado o vínculo biológico da geração do filho e considerando que, quando do ajuizamento da primeira ação, o exame pelo DNA ainda não era disponível e nem havia notoriedade a seu respeito, a sentença que julgou a pretérita ação investigatória não faz coisa julgada material, permanecendo o direito do investigado de intentar nova ação de investigação de paternidade quando entender que possui elementos de prova suficientes para comprovar suas alegações, ainda que tenha sido aforada uma anterior, com sentença julgando improcedente o pedido[176].

Sejam os julgamentos de mérito ou não mérito, sempre hão de alcançar um momento em que não podem mais ser atacados por meio de recurso, quer porque já executados todos os possíveis, quer porque vencido o prazo para a interposição dos cabíveis. Os julgamentos de não mérito, porque não resolvem o litígio, não impedem o retorno da matéria ao Judiciário, outra vez provocado em novo processo. Até porque o litígio que deu ensejo ao primeiro processo restou irresolvido[177].

Predomina, portanto, o entendimento de que negado anteriormente o reconhecimento da paternidade ou julgada improcedente por falta de prova segura, mas sem reconhecer, ou negar o vínculo biológico da geração do filho, a decisão não faz coisa julgada material, possibilitando ao interessado ajuizar nova ação, se possui novos elementos convincentes de prova, especialmente se na época não foi possível realizar o exame genético de DNA.

---

[176] TJMG, AI 247.666-1/00, Rel. Francisco Lopes de Albuquerque, Publ. *MG* de 26-9-2002.

[177] OLIVEIRA LIMA, Paulo Roberto de. *Contribuição à teoria da coisa julgada*. São Paulo: Revista dos Tribunais, 1997. p. 19-20.

O ser humano possui direito de saber a verdade real, de conhecer seu verdadeiro pai biológico, e o judiciário, que tem o monopólio da jurisdição, não pode ficar insensível e decidir ao argumento de que houve a coisa julgada material[178]. Tratando-se de direito indisponível em que a paternidade não foi expressamente excluída por real decisão de mérito, precedida por produção de provas, impossível se mostra cristalizar como coisa julgada material a inexistência do estado de filiação. A ciência jurídica deve acompanhar o desenvolvimento social, sob pena de ver-se estagnada em modelos formais que não respondem aos anseios da sociedade e flexibilizar a coisa julgada nas ações de família[179].

Assim, pacificado o entendimento doutrinário e jurisprudencial de relativizar a coisa julgada nas ações investigatórias quando a ação anterior for julgada improcedente sem reconhecer ou excluir a paternidade, por ausência ou insuficiência de provas, permitindo o ajuizamento de nova investigatória quando existir provas suficientes para demonstrar o vínculo biológico.

A segunda questão, que deve ser abordada e enfrentada, é a das hipóteses em que a sentença, transitada em julgado, examinou o mérito e reconheceu ou excluiu a paternidade, existindo pronunciamento judicial de certeza de que o investigado é ou não o pai do investigante, surgindo prova posterior contrária à decisão. Será possível a rediscussão ou a sentença transitou em julgado de forma absoluta?

O tema é complexo, pois admitir relativizar a coisa julgada material coloca em risco a segurança jurídica e viola a garantia constitucional do titular do direito.

No entanto, a sentença que estabelece uma paternidade irreal é abusiva e viola o princípio da dignidade humana (art. 1º, III, da CF) ao estabelecer uma inverdade no vínculo mais caro do ser humano.

A jurisprudência era vacilante, mas já decidiu que a coisa julgada material nas ações investigatórias também não pode ser agasalhada sob o manto do caráter absoluto e da imutabilidade, sobrepondo-se sobre a ver-

---

178 TJMG, 1ª CC, AC 1.0382.04.037915-0/001 – Comarca de Lavras, Rel. Des. Eduardo Andrade, j. 24-1-2006.

179 STJ, 3ª Turma, REsp 427.117/MS, Rel. Min. Castro Filho, j. 16-2-2004.

dade real, envolvendo direitos indisponíveis nas ações de estado, não podendo ser tolerado que se eternizem erros e injustiças sob o pretexto de não eternizar litígios.

Com efeito, a evolução da engenharia genética, as mudanças dos costumes e redefinição de valores, especialmente no contexto familiar, não permitem ao judiciário a manutenção de conceitos pretéritos, incumbindo-lhe a composição dos litígios com olhos na realização da justiça e na busca da verdade real, ajustando-se à modernidade dos tempos e à evolução das pesquisas genéticas.

A coisa julgada nas investigatórias de paternidade deve ser interpretada *modus in rebus*, por se tratar de ações de estado, recomendando a realização de perícia genética para permitir ao julgador um juízo de fortíssima probabilidade, senão de certeza, na composição do conflito. A justiça, numa sociedade de homens livres, tem de estar acima da segurança[180], devendo oportunizar o ajuizamento de nova ação para proceder ao exame genético em busca da verdade real.

O TJMG acolheu o mesmo entendimento, admitindo ação negatória de paternidade, com realização de exame de DNA, relativizando a coisa julgada da ação investigatória anterior, sob o fundamento de que não há coisa julgada material nas ações de estado. Consta da ementa do acórdão que:

> atualmente, a doutrina e a jurisprudência vêm consolidando o entendimento de que, em se tratando de ações de estado, não há coisa julgada material, de forma que a verdade real seja estabelecida e a justiça realizada. Se a Ação de Investigação de Paternidade ocorreu na época em que o exame de DNA não era acessível, é possível o ajuizamento de nova ação, onde será realizado o referido exame. Não ocorre coisa julgada nas ações que envolvam estado de filiação, quando a prova anteriormente produzida não era suficiente para formar a convicção do julgador e se, no momento atual, é possível realizar prova técnica mais segura[181].

A sociedade moderna, cada vez mais exigente, não aceita e não tolera decisões judiciais contrárias à realidade dos fatos, existindo, à sua disposição, meios para comprovar o erro do pronunciamento judicial, necessitando,

---

180 STJ, 4ª Turma, REsp 226.436/PR, Rel. Min. Sálvio de Figueiredo Teixeira, j. 4-2-2002.

181 TJMG, 2ª CC, AC 1.0687.06.047594-8/001, Rel. Des. Nilson Reis, j. 13-11-2007.

repita-se, ser revistos os conceitos jurídicos que não se amoldam aos tempos atuais, evitando-se o distanciamento da evolução da engenharia genética e o direito. A manutenção de uma decisão contrária à verdade dos fatos, em vez de trazer pacificação social, causa revolta, indignação e descrença na justiça, surgindo, assim, o interesse público de que a verdade jurídica da coisa julgada reflita a verdade dos fatos.

O Supremo Tribunal Federal, finalmente, sob o fundamento de que o direito fundamental à busca da identidade genética, tratando-se de direito da personalidade, não pode ser impedido em razão de óbices de natureza processual, como a coisa julgada, após reconhecer a repercussão geral da matéria, decidiu em plenário, em 2011, sobre a possibilidade de repropositura da ação para realização do exame de DNA. Consta na ementa que:

> 1. É dotada de repercussão geral a matéria atinente à possibilidade da repropositura de ação de investigação de paternidade, quando anterior demanda idêntica, entre as mesmas partes, foi julgada improcedente, por falta de provas, em razão da parte interessada não dispor de condições econômicas para realizar o exame de DNA e o Estado não ter custeado a produção dessa prova.
>
> 2. Deve ser relativizada a coisa julgada estabelecida em ações de investigação de paternidade em que não foi possível determinar-se a efetiva existência de vínculo genético a unir as partes, em decorrência da não realização do exame de DNA, meio de prova que pode fornecer segurança quase absoluta quanto à existência de tal vínculo.
>
> 3. Não devem ser impostos óbices de natureza processual ao exercício do direito fundamental à busca da identidade genética, como natural emanação do direito de personalidade de um ser, de forma a tornar-se igualmente efetivo o direito à igualdade entre os filhos, inclusive de qualificações, bem assim o princípio da paternidade responsável.
>
> 4. Hipótese em que não há disputa de paternidade de cunho biológico, em confronto com outra, de cunho afetivo. Busca-se o reconhecimento de paternidade com relação a pessoa identificada.
>
> 5. Recursos extraordinários conhecidos e providos[182].

O Superior Tribunal de Justiça, após o precedente vinculante do Supremo Tribunal Federal, retratou julgamento anterior, em que reconheceu a

[182] STF, RE 363.889/DF, Rel. Min. Dias Toffoli, j. 2-11-2011.

coisa julgada em investigatória sem a realização do DNA, e admitiu a relativização da coisa julgada nas ações investigatórias. Consta na ementa que:

> NEGATÓRIA DE PATERNIDADE – INVESTIGAÇÃO DE PATERNIDADE ANTERIORMENTE JULGADA PROCEDENTE SEM EXAME DE DNA – RETRATAÇÃO DE JULGADO ANTERIOR DESTA TURMA, DIANTE DE REPERCUSSÃO GERAL DE JULGAMENTO DO SUPREMO TRIBUNAL FEDERAL – INTELIGÊNCIA DO ART. 543-B, § 2º, DO CPC – RECURSO ESPECIAL PROVIDO – NEGATÓRIA DE PATERNIDADE PROCEDENTE.
>
> 1. Embora julgamento anterior desta Turma tenha, segundo o entendimento da época, estabelecido que "se está afirmada a paternidade com base nas provas então disponíveis, não é possível pretender a anulação do registro que daí decorre" (REsp 435.102, Rel. Min. CARLOS ALBERTO MENEZES DIREITO, *DJ* 20-9-2005), deve-se, nos termos do art. 543-B, do CPC, à falta não atribuível a negativa do acionado (Lei Inv. de Pat., Lei 8.560, de 29-12-1992, art. 2ª, § único e Súmula 301 STJ) de exame de DNA, em ação investigatória anterior, diante de dois exames de DNA negativos da paternidade do ora recorrente realizados na nova ação, negatória da paternidade, retratar o julgamento que antes declarou a paternidade, conclusão que se impõe em consequência de orientação, com efeito de repercussão geral, firmada pelo C. Supremo Tribunal Federal, no sentido de que "deve ser relativizada a coisa julgada estabelecida em ações de investigação de paternidade em que não foi possível determinar-se a efetiva existência de vínculo genético a unir as partes, em decorrência da não realização do exame de DNA, meio de prova que pode fornecer segurança quase absoluta quanto à existência de tal vínculo" (...)[183].

A segunda seção do Superior Tribunal de Justiça, por unanimidade, pacificou o entendimento no sentido de que nas ações de estado de filiação deve prevalecer a relativização ou flexibilização da coisa julgada quando não for possível realizar o exame de DNA. Consta na ementa do agravo regimental que:

> AGRAVO REGIMENTAL NOS EMBARGOS DE DIVERGÊNCIA EM RECURSO ESPECIAL. DIREITO DE FAMÍLIA. EXAME DE DNA. COISA JULGADA. MITIGAÇÃO. POSSIBILIDADE.

[183] STJ, REsp 895.545/MG, Rel. Min. Sidnei Beneti, j. 17-12-2013.

1. Nas ações de estado, como as de filiação, deve-se dar prevalência ao princípio da verdade real, admitindo-se a relativização ou flexibilização da coisa julgada.

2. O Supremo Tribunal Federal, no julgamento do RE n. 363.889/DF, de relatoria do Ministro Dias Toffoli, *DJe* de 16/12/2011, reconheceu a repercussão geral da questão e, no mérito, consolidou o entendimento de que "deve ser relativizada a coisa julgada estabelecida em ações de investigação de paternidade em que não foi possível determinar-se a efetiva existência de vínculo genético a unir as partes, em decorrência da não realização do exame de DNA, meio de prova que pode fornecer segurança quase absoluta quanto à existência de tal vínculo" (...)[184].

Oportuno ressaltar que o Código de Processo Civil/2015 prevê na ação rescisória que o prazo extintivo de dois anos começa a contar, no caso de prova nova que a parte desconhecia ou de que não pode fazer uso, a partir da descoberta da prova e não do trânsito em julgado da última decisão. A descoberta, entretanto, deve ocorrer no prazo máximo de cinco anos do trânsito em julgado da última decisão no processo (art. 975, § 2º[185], e 966, VII). Esses prazos, entretanto, não se aplicam nas ações investigatórias/negatórias de paternidade, pois tratam de ações de estado, imprescritíveis, permitindo o ajuizamento das ações e a flexibilização da coisa julgada a qualquer tempo.

Assim, a conclusão a que se chega é a de que, nas ações investigatórias ou negatórias de paternidade, a coisa julgada deve ser relativizada, não apenas nas decisões que negaram o pedido por ausência ou insuficiência de provas, mas também excepcionalmente nos pronunciamentos judiciais que reconheceram ou negaram o vínculo biológico, existindo prova idônea e capaz de comprovar os fatos alegados pelo autor, por se tratar de ação de estado, de

---

184 STJ, AgRg nos Embargos de Divergência em REsp 1.201.791/SP, Rel. Min. Ricardo Villas Bôas Cueva, j. 12-11-2014.

185 "Art. 975. O direito à rescisão se extingue em 2 (dois) anos contados do trânsito em julgado da última decisão proferida no processo.

§ 1º Prorroga-se até o primeiro dia útil imediatamente subsequente o prazo a que se refere o *caput*, quando expirar durante férias forenses, recesso, feriados ou em dia em que não houver expediente forense.

§ 2º Se fundada a ação no inciso VII do art. 966, o termo inicial do prazo será a data de descoberta da prova nova, observado o prazo máximo de 5 (cinco) anos, contado do trânsito em julgado da última decisão proferida no processo."

direito indisponível do ser humano de conhecer a sua verdadeira paternidade ou filiação e que atinge sua dignidade como pessoa humana, princípio garantido constitucionalmente e que deve se sobrepor à coisa julgada. Da mesma forma que é repulsivo e censurável um pai não reconhecer o filho, também o é impor uma falsa paternidade.

O sentimento, o vínculo e a relação afetiva entre pais e filhos são de tamanha grandeza que somente quem possui filhos é capaz de avaliar, a ponto de o genitor desejar transferir aos filhos tudo o que lhe causa conforto, alegria e realizações, como as vitórias no campo profissional, o afeto, um grande amor, serenidade, segurança, prazer, e assumir, para poupá-lo, todas as desventuras do ser humano, como as dores do corpo e da alma, as desilusões, frustrações, tristezas, humilhações, fome e até a morte.

Não são raros os casos de pais que abdicam da busca da felicidade, da realização pessoal, do próprio caminho, para se dedicarem aos filhos e auxiliá-los na sua caminhada e no seu engrandecimento, não podendo sentimentos tão nobres dos seres humanos serem inibidos na busca da verdade real da filiação pela coisa julgada.

2.8.6. Conclusão

Atualmente, o reconhecimento dos filhos é amplamente permitido, voluntária ou compulsoriamente, sendo a iniciativa conferida ao filho, aos seus herdeiros, se iniciou em vida ou morreu incapaz, e ao Ministério Público.

A ação de multiparentalidade é admitida para incluir a filiação socioafetiva quando o filho já é registrado em nome dos pais biológicos e vice-versa, sendo admitida a ação investigatória de paternidade biológica concomitante com a filiação socioafetiva já existente.

A ação negatória de paternidade é personalíssima, cabendo ao marido para contestar a legitimidade dos filhos havidos na constância do casamento ou presumidos, sendo imprescritível.

A ação de impugnação da paternidade, também denonimada anulatória ou retificatória do registro civil é cabível para o pai retificar o assento de filhos havidos fora do casamento, quando induzido em erro, podendo também ser intentada pelo filho, havido ou não do casamento, para ver declarada inexistente a incorreta filiação por erro ou falsidade ideológica, ou, ainda, cumulada com investigatória de paternidade contra seu verdadeiro pai. O pai que, conscientemente, reconheceu filho de outrem não pode pleitear, depois, a retificação do registro, posto que o reconhecimento é irrevogável (art. 1.609 do CC) e a legislação atual admite a paternidade jurídica dos filhos havidos da mulher por inseminação artificial heteróloga. Da mesma forma, a paternidade socioafetiva constituída pela adoção é irrevogável. Assim, aquele que, conscientemente, reconhece filho que biologicamente não é seu, excetuando-se os vícios do ato jurídico, não pode, depois, pretender desconstituí-lo, configurando a paternidade socioafetiva. Ao filho, porém, é cabível a retificação.

É cabível nova ação de investigação ou negatória de paternidade com outras provas, na hipótese de ação ajuizada anteriormente ser julgada improcedente por ausência ou insuficiência de prova segura, não tendo sido negado ou reconhecido o vínculo biológico, não fazendo, neste caso, coisa julgada material a pretérita ação.

A relativização da coisa julgada material nas ações investigatórias ou negatórias de paternidade deve ser estendida, também, para as ações em que a decisão reconheceu ou negou a paternidade, se na ocasião não existia ou não foi realizada prova pericial suficiente para demonstrar ou excluir, com certeza, o vínculo biológico, por tratar-se de ação de estado, pois uma paternidade irreal viola direito indisponível e a dignidade da pessoa humana, que devem se sobrepor à garantia da coisa julgada material.

2.8.7. Sinopse das ações

Ação	Legitimidade
Ação investigatória de paternidade/maternidade (art. 1.606 do CC; Lei n. 8.560/1992; e art. 27 do ECA)	Legitimidade ativa – filho, herdeiro (se faleceu incapaz), Ministério Público Legitimidade passiva – suposto pai e herdeiros (pai registral se for cumulada com filiação socioafetiva já registrada)
Ação negatória de paternidade (art. 1.601 do CC)	Legitimidade ativa – apenas o marido da mãe Legitimidade passiva – o filho ou herdeiros
Ação de impugnação da paternidade por erro ou falsidade (arts. 1.604 e 1.608 do CC)	Legitimidade ativa – filho, suposto pai e suposta mãe Legitimidade passiva – filho (herdeiros), suposto pai, suposta mãe

Ação de declaratória de paternidade/maternidade socioafetiva (arts. 1.593 do CC e 27 do ECA)	Legitimidade ativa – filho (herdeiros se faleceu incapaz) Legitimidade passiva – pais socioafetivos e pais registrais (cumulada com a biológica ou não)
Ação investigatória c/c retificação do registro civil (arts. 1.606 e 1.604 do CC e 27 do ECA)	Legitimidade ativa – filho (herdeiros se faleceu incapaz) Legitimidade passiva – pai biológico e pai registral – mãe biológica e mãe registral
Ação reivindicatória da paternidade/maternidade c/c retificação do registro civil (art. 1.604 do CC)	Legitimidade ativa – pai ou mãe biológicos e afetivos Legitimidade passiva – filho, pai ou mãe registral
Ação de investigação de ancestralidade ou avoenga (art. 1º, II, da CF)	Legitimidade ativa – netos Legitimidade passiva – avós
Relativização da coisa julgada nas investigatórias de paternidade (arts. 1º, III, e 5º, XXXVI, da CF)	Sentenças que concluíram pela insuficiência das provas para reconhecer ou excluir a paternidade Excepcionalmente sentenças que apreciaram o mérito e concluíram pela existência ou inexistência da paternidade existindo prova nova

3. ADOÇÃO[186]

3.1. Conceito e histórico da adoção

Adoção é um ato jurídico solene e bilateral que gera laços de paternidade e filiação entre pessoas naturalmente estranhas umas às outras. Esta-

[186] CARVALHO, Dimas Messias de Carvalho de. *Adoção, guarda e convivência familiar*. Belo Horizonte: Del Rey, 2013. p. 1-58.

belece um vínculo fictício de filiação, trazendo para a sua família, na condição de filho, pessoa que geralmente lhe é estranha. É uma ficção legal que possibilita que se constitua entre o adotante e o adotado um laço de parentesco de 1º grau na linha reta, estendendo-se para toda a família do adotante[187]. É um ato complexo que depende de intervenção judicial, de caráter irrevogável e personalíssimo.

A adoção cria laços de parentesco civil em linha reta entre adotante e adotado e entre este e a família daquele, análogo ao que resulta da filiação biológica, entretanto, constitui um parentesco eletivo, pois decorre exclusivamente de um ato de vontade, tratando-se de filiação construída no amor, quando vínculo de parentesco por opção, consagrando a paternidade socioafetiva[188].

O Projeto de Lei n. 1.756/2003, que tinha por objetivo corrigir as distorções do Código Civil de 2002 em relação ao Estatuto da Criança e do Adolescente, conceituava em seu art. 1º o instituto da adoção, ao dispor que:

> Art. 1º Para os efeitos desta Lei, a adoção é a inclusão de uma pessoa em uma família distinta da sua natural, de forma irrevogável, gerando vínculos de filiação, com os mesmos direitos e deveres, inclusive sucessórios, desligando-a de quaisquer laços com pais e parentes biológicos, salvo os impedimentos matrimoniais, mediante decisão judicial irrecorrível.

Durante a tramitação do projeto, foi apresentado substitutivo pela relatora. Em plenário, entretanto, foi apresentado outro substitutivo com propostas da Secretaria Nacional dos Direitos Humanos da Presidência da República, que restou aprovado na Câmara Federal e depois, com pequenos ajustes, no Senado Federal. Sancionado, o projeto originou a Lei n. 12.010/2009[189].

A adoção surgiu remotamente no dever de perpetuar o culto doméstico. A mesma religião que obrigava o homem a casar-se para ter filhos que cultuassem a memória dos antepassados comuns vinha oferecer, por meio

---

[187] DINIZ, Maria Helena. *Curso de direito civil brasileiro* – Direito de família. 22. ed., cit., p. 483-484.

[188] DIAS, Maria Berenice. *Manual de direito das famílias*. 4. ed., cit., p. 426.

[189] FIGUEIREDO, Luiz Carlos de Barros. *Comentários à nova Lei de Adoção* – Lei 12.010 de 2009. Curitiba: Juruá, 2009. p. 12-13.

da adoção, um último remédio para evitar a desgraça representada pela morte sem descendentes. Permitia ao indivíduo, sem posteridade, obter filhos que lhe perpetuassem o nome e assegurassem o culto doméstico, uma necessidade material dos que se finavam[190].

No direito romano, a adoção mantinha o mesmo objetivo de proporcionar filhos àqueles que não possuíam prole consanguínea, perpetuando o nome do adotante, dispondo as Institutas (Liv. 1º, Tít. 11, § 4º) que o mais jovem não pode adotar o mais velho, imitando a natureza, pois seria monstruoso um pai mais novo do que o filho[191].

O instituto da adoção entrou em desuso quando desapareceu a base religiosa que o incentivava, até ser reutilizado no Código Civil francês, por orientação de Napoleão, preocupado com sua sucessão, sendo acolhido pelas demais legislações modernas, com raras exceções.

No Brasil a adoção não era sistematizada antes do Código Civil de 1916, quando passou a ser regulada com o objetivo de atender aos interesses dos adotantes que não possuíam filhos, tanto que só podiam adotar os maiores de 50 anos, sem prole legítima ou legitimada, permitindo ao casal, que já não possuía condições de ter filhos de sangue, suprir uma falta que a natureza criara.

A Lei n. 3.133/1957 alterou o conceito de adoção, que passou a ter finalidade assistencial, ou seja, deixou de ser um meio de melhorar a condição do adotante remediando a esterilidade, permitindo a adoção por pessoas de 30 anos, tivessem ou não prole legítima ou ilegítima, possibilitando um maior número de pessoas adotadas[192]. A relação de adoção, se o adotante tivesse filhos consanguíneos, não envolvia, entretanto, sucessão hereditária (art. 377 do CC/1916), o que foi mantido até a Constituição de 1988 que equiparou todos os filhos.

Após a Lei n. 3.133/1957, seguiram-se a Lei n. 4.655/1965, que criou a legitimação adotiva, e o Código de Menores (Lei n. 6.697/1979), que substituiu a legitimação adotiva pela adoção plena.

---

[190] MONTEIRO, Washington de Barros. *Curso de direito civil* – Direito de família. 33. ed., cit., p. 269.

[191] RODRIGUES, Silvio. *Direito civil* – Direito de família. 27. ed. São Paulo: Saraiva, 2002. p. 380.

[192] RODRIGUES, Silvio. *Direito civil* – Direito de família. 27. ed., cit., p. 380.

A Constituição Federal de 1988, no seu art. 227, § 6º, extinguiu as diferenças entre os filhos e vedou qualquer forma de discriminação na filiação, biológica ou afetiva, ao dispor que "os filhos, havidos ou não da relação de casamento, ou por adoção, terão os mesmos direitos e qualificações, proibidas quaisquer designações discriminatórias relativas à filiação".

O Estatuto da Criança e do Adolescente (Lei n. 8.069/1990), na redação original, regulamentou a adoção do adotando que possuía, no máximo, 18 anos à data do pedido, salvo se já estiver sob a guarda ou tutela dos adotantes (art. 40). Reduziu a idade dos adotantes para 21 anos e acolheu definitivamente a finalidade social e proteção integral aos menores, tanto que seu art. 1º dispõe "sobre a proteção integral à criança e ao adolescente" e o art. 43 determina que somente será deferida "quando apresentar reais vantagens para o adotando e fundar-se em motivos legítimos".

O Código Civil de 1916 continuou regulando a adoção simples ou restrita referente aos adotandos maiores de 18 anos, prevendo que seria efetuada por escritura pública e admitindo a revogação por repúdio, mútuo consentimento, atos de indignidade e por morte (arts. 373 a 376); entretanto, a jurisprudência já se inclinava no sentido de intervenção judicial na constituição, na irrevogabilidade e a concessão dos mesmos direitos dos filhos de sangue, inclusive nas adoções efetivadas antes da Constituição Federal de 1988.

O Código Civil de 2002 regulou a adoção sem distinção de idade do adotando, extinguindo as espécies. Aboliu a adoção simples e reduziu a idade do adotante para apenas 18 anos, quando a pessoa adquire, atualmente, a maioridade civil (art. 5º). Manteve-se, entretanto, os dispositivos da Lei n. 8.069/1990 que não foram regulados pelo atual Código Civil, que acolheu seus princípios.

A Lei n. 12.010/2009 alterou a Lei n. 8.069/1990, acrescentando diversos dispositivos e aperfeiçoando o direito à convivência familiar da criança e do adolescente, priorizando a manutenção e reintegração na família natural ou extensa; acrescentou o § 5º à Lei n. 8.560/1992 e renumerou o então § 5º para § 6º; deu nova redação aos arts. 1.618, 1.619 e 1.734 do Código Civil e revogou o parágrafo único do art. 1.618, o inciso III do *caput* do art. 10 e os arts. 1.620 a 1.629; por fim, revogou os §§ 1º a 3º do art. 392-A da CLT.

A adoção, com as alterações da Lei n. 12.010/2009, voltou a ser regulada pelo Estatuto da Criança e do Adolescente, inclusive dos maiores de 18 anos, posto que se aplica, no que couber, as regras gerais da Lei n. 8.069/1990 (art. 1.619 do Código Civil).

A Lei n. 12.955/2014 acrescentou o § 9º ao art. 47 da Lei n. 8.069/1990 para priorizar a tramitação dos processos de adoção da pessoa com deficiência ou com doença crônica.

A Lei n. 13.509, de 22 de novembro de 2017, alterou alguns artigos do Estatuto da Criança e do Adolescente para agilizar a adoção, estipulando prazos, procedimentos e dispondo sobre a entrega voluntária do filho para adoção, acolhimento, apadrinhamento, guarda e acrescentando mais uma hipótese de destituição de poder familiar. A Lei n. 13.509/2017 acrescentou o § 10 ao art. 47 do Estatuto da Criança e do Adolescente estipulando o prazo máximo para concluir o processo de adoção, evitando a morosidade para o estabelecimento dos vínculos, como lamentavelmente tem ocorrido. Dispõe o § 10 que:

> § 10. O prazo máximo para conclusão da ação de adoção será de 120 (cento e vinte) dias, prorrogável uma única vez por igual período, mediante decisão fundamentada da autoridade judiciária.

A doutrina atual da proteção integral e vedação de qualquer forma de discriminação na filiação rompeu a concepção tradicional e a ideologia do assistencialismo e da institucionalização da adoção, extinguindo sua natureza contratual e uma paternidade de segunda classe, que privilegiava o interesse e a vontade dos adultos na busca de uma criança para uma família. A adoção, agora, significa também, e talvez muito mais, a busca de uma família para uma criança[193], de forma excepcional, em razão da impossibilidade de manutenção na família natural ou extensa.

Não se trata a adoção de um ato de caridade, mas o estabelecimento de uma relação de filiação sem vínculos biológicos, que se dá no campo do afetivo e do amor, independentemente da genética, construída na convivência, no afeto recíproco. A adoção significa atualmente a busca de uma família para uma criança e uma criança para uma família, é sempre via de mão dupla, em que os filhos e os pais se adotam e não apenas os pais adotam o filho, razão de tratar-se de ato jurídico bilateral. A relação de troca e afeto

[193] DIAS, Maria Berenice. *Manual de direito das famílias*. 4. ed., cit., p. 426.

vai se dando também de forma mais ampla na órbita familiar, com os irmãos, avós, tios, primos e até nas relações afetivas com os amigos, ampliando e multiplicando as adoções recíprocas. O filho é também sujeito ativo na relação e não assujeitado, pois os pais também precisam do afeto do filho para legitimar a paternidade, pois só serão pais se o filho os legitimar[194].

A adoção, portanto, é um ato jurídico bilateral de filiação, construído e solidificado no afeto e na convivência, configurando uma das formas de filiação socioafetiva.

3.2. Doutrina da proteção integral da criança e do adolescente

Considera-se *adolescente* a pessoa com 12 anos completos e menor de 18 anos, enquanto *criança* é considerada a pessoa com até 12 anos incompletos.

Ao completar 18 anos, a pessoa atinge a maioridade e o jovem adulto adquire a capacidade civil e imputabilidade penal.

A criança e o adolescente são merecedores de proteção especial no direito de família, com absoluta prioridade, incumbindo o dever de proteção aos pais, à família, à sociedade e ao poder público. Com efeito, dispõe o art. 227 da Constituição Federal:

> Art. 227. É dever da família, da sociedade e do Estado assegurar à criança e ao adolescente, com absoluta prioridade, o direito à vida, à saúde, à alimentação, à educação, ao lazer, à profissionalização, à cultura, à dignidade, ao respeito, à liberdade e à convivência familiar e comunitária, além de colocá-los a salvo de toda forma de negligência, discriminação, exploração, violência, crueldade e opressão.

O mandamento constitucional materializa a *doutrina da proteção integral da criança e do adolescente*, que irradia para todos os ramos do direito e não apenas no direito de família.

No direito trabalhista, veda-se o trabalho do menor de 16 anos, salvo na condição de aprendiz, a partir de 14 anos (art. 1º da EC n. 20/1998), combatendo o trabalho infantil.

---

194 FREITAS, Lúcia Maria de Fátima. Adoção – quem em nós quer um filho? *Revista Brasileira de Direito de Família*. n. 10. Porto Alegre: Síntese/IBDFAM, jul.-set. 2001. p. 153.

No direito penal, o menor é inimputável (art. 27 do CP), aplicando-se, na condição de autor, ao menor de 12 anos completos e menor de 18, medidas socioeducativas e, ao menor de 12 anos, medidas específicas de proteção. Na condição de vítima, as penas aplicadas ao autor de crimes contra criança são agravadas e presume-se violência, com punições severas, para o abuso, violência e exploração sexual. Da mesma forma, constituem delitos diversas condutas previstas no Estatuto da Criança e do Adolescente, a maioria por omissão ao cumprimento das garantias de proteção.

No direito administrativo, são fixados limites mínimos de percentual para aplicação no ensino, saúde e programas de assistência, para atender adequadamente ao menor desde o pré-natal até o desenvolvimento da pessoa.

Nos vários outros ramos do direito, a criança e o adolescente também recebe proteção especial e prioritária.

Entretanto, é no direito de família que a doutrina da proteção à criança e ao adolescente encontra maior amplitude.

A doutrina da proteção integral estabelece no art. 227 da Constituição Federal um leque de princípios orientadores de regras, valores e direitos a serem observados pela família, sociedade e poder público, assegurando o pleno desenvolvimento da criança e do adolescente.

Andréa Rodrigues Amim orienta que as regras fornecem a segurança necessária para delimitar a conduta, enquanto os princípios expressam valores relevantes e fundamentam as regras, exercendo uma função de integração sistêmica. O Estatuto da Criança e do Adolescente estabelece regras e princípios no campo do direito infantojuvenil brasileiro e, a par de princípios específicos, possui três princípios gerais e orientadores: *princípio da prioridade absoluta, princípio do melhor interesse e princípio da municipalização*[195].

Flávio Tartuce ressalta que o direito de família necessariamente deve ser analisado tendo como ponto de origem a Constituição Federal, o que leva ao caminho sem volta do *Direito Civil Constitucional*. Assim, as normas fundamentais que protegem a pessoa devem irradiar de forma imediata nas relações entre particulares e, também, aos entes privados, de maneira que o direito privado

[195] AMIN, Andréa Rodrigues. *Curso de direito da criança e do adolescente*. 4. ed. Rio de Janeiro: Lumen Juris, 2010. p. 19.

seria, simbolicamente, como um sistema solar, em que o sol é a Constituição Federal, o Código Civil o planeta principal e em torno dele os microssistemas jurídicos, como o Estatuto da Criança e do Adolescente, que são os satélites. Inclui dentre os novos princípios constitucionais remodeladores do direito privado, o *princípio do melhor interesse da criança*, previsto no art. 227, *caput*, da Constituição Federal, regulamentado pelo Estatuto da Criança e do Adolescente e reconhecido de forma implícita pelos arts. 1.583 e 1.584 do Código Civil[196].

A garantia dos direitos fundamentais e a proteção integral infantojuvenil impõem considerar sempre o melhor interesse da criança e do adolescente, recebendo atenção prioritária. O princípio do melhor interesse possui sentido amplo tanto nas questões familiares quanto nas políticas públicas, devendo as decisões ser orientadas para efetivar e preservar o que melhor atende ao desenvolvimento sadio da pessoa em formação, sob todos os aspectos. Assim, por exemplo, apesar do direito à convivência familiar e do poder familiar dos pais, o infante poderá ser retirado de suas companhias se o convívio for prejudicial à sua formação.

A Lei n. 13.509/2017 reafirma o princípio do melhor interesse da criança e do adolescente ao acrescentar o § 3º ao art. 39 da Lei n. 8.069/1990 (ECA), dispondo, ao tratar da adoção, que "em casos de conflito entre direitos e interesses do adotando e de outras pessoas, inclusive seus pais biológicos, devem prevalecer os direitos e os interesses do adotando".

O Estatuto da Criança e do Adolescente garante no art. 3º os direitos fundamentais ao desenvolvimento do infante, ao dispor que:

> Art. 3º A criança e o adolescente gozam de todos os direitos fundamentais inerentes à pessoa humana, sem prejuízo da proteção integral de que trata esta Lei, assegurando-se-lhes, por lei ou por outros meios, todas as oportunidades e facilidades, a fim de lhes facultar o desenvolvimento físico, mental, moral, espiritual e social, em condições de liberdade e de dignidade.

A proteção integral e a garantia de todos os direitos fundamentais à pessoa humana são prioritárias, estabelecendo o *princípio da prioridade absoluta*, e compreendem (art. 4º, parágrafo único, do ECA):

---

[196] TARTUCE, Flávio. *Manual de direito das famílias e das sucessões*. Belo Horizonte: Del Rey e Mandamentos, 2008. p. 35-36 e 46-47.

a) primazia de receber proteção e socorro em quaisquer circunstâncias;

b) precedência de atendimento nos serviços públicos ou de relevância pública;

c) preferência na formulação e na execução das políticas sociais públicas;

d) destinação privilegiada de recursos públicos nas áreas relacionadas com a proteção à infância e à juventude.

A prioridade deve ser assegurada pela família, sociedade e poder público, na órbita administrativa ou no judiciário, em razão da fragilidade da pessoa em desenvolvimento, garantindo a efetivação de todos os seus direitos e a primazia no atendimento de seus interesses.

Maria Berenice Dias ensina que a maior vulnerabilidade e fragilidade das pessoas em desenvolvimento as fazem destinatários de um tratamento especial, exigindo um leque de direitos e garantias que devem ser assegurados com absoluta prioridade pela família, pela sociedade e pelo Estado, para colocá-los a salvo de toda forma de negligência, discriminação, exploração, violência, crueldade e opressão, permitindo gozar de forma plena dos seus direitos fundamentais[197]. Os direitos fundamentais estão elencados nos arts. 227 da Constituição Federal e 4º da Lei n. 8.069/1990, considerados como indispensáveis para a formação da pessoa em desenvolvimento, incluindo entre eles o direito à vida, à saúde, à alimentação, à educação, ao esporte, ao lazer, à profissionalização, à cultura, à dignidade, ao respeito, à liberdade, à convivência familiar e à convivência comunitária.

Paulo Lôbo lembra que as normas protetivas do menor não se esgotam no direito de família, pois os estatutos legais, que se caracterizam pela prioridade dos serviços de ação social ou administrativa, constituem microssistemas pluridisciplinares que igualmente sofrem incidência do direito público (administrativo, penal, processual), como os direitos específicos à saúde, à vida, à educação, à cultura, ao esporte, ao lazer, à profissionalização, ao trabalho, às medidas e políticas públicas de proteção e atendimento, as disposições acerca de atos infracionais, das medidas socioeducativas, do acesso à justiça, do conselho tutelar, das medidas de proteção, das entidades

[197] DIAS, Maria Berenice. *Manual de direito das famílias*. 13. ed., cit., p. 70.

de atendimento, das infrações administrativas, dos crimes e dos procedimentos. Provocam efeitos transversais no direito de família as disposições de direito material do Estatuto da Criança e do Adolescente relativas ao direito à "convivência familiar, ao direito à dignidade, ao poder familiar, à guarda, à tutela e ao reconhecimento ao estado de filiação"[198].

3.3. Direito à convivência familiar da pessoa em formação

Conceituar convivência familiar não é tarefa fácil, mas pode ser entendida como a relação afetiva e duradoura no ambiente comum, entre as pessoas que compõem o grupo familiar. Não é limitada apenas entre os pais e filhos, mas também a convivência com avós e outros parentes com os quais, especialmente a criança e o adolescente, mantêm vínculos de afinidade e afeto. Pressupõe o lar, a moradia em que as pessoas se sentem protegidas, amparadas e acolhidas, demonstrando a verdade real da família socioafetiva. Ainda que os pais estejam separados, é garantido ao filho conviver e manter os laços de afetividade com cada um, com os avós e outros familiares[199].

A convivência familiar é um dos direitos assegurados constitucionalmente à criança e ao adolescente para fortalecer os vínculos de família e afetividade, essencial para o desenvolvimento da pessoa humana, físico, mental e social. É uma necessidade vital da pessoa em formação viver junto à família de origem, em ambiente de afeto e cuidados mútuos, desfrutando de uma rede afetiva onde pode crescer, brincar, ser tolerada, compreendida e amparada[200].

A prioridade é a manutenção do infante na família natural, entretanto, não prevalece mais o conceito de família formada exclusivamente pelo casamento como ocorria na legislação anterior. Como lembra Maria Berenice Dias, as estruturas familiares adquiriram novos contornos desde a Constituição Federal de 1988, já que nas codificações anteriores somente o casamento merecia reconhecimento e proteção, condenando os demais vínculos familiares à invisibilidade. O princípio do pluralismo familiar permitiu o reconhecimento e a proteção nas várias possibilidades de arranjos familiares[201].

---

198 LÔBO, Paulo. *Direito civil. Famílias*, cit., p. 19-20.

199 LÔBO, Paulo. *Direito civil. Famílias*, cit., p. 52-53.

200 MACIEL, Kátia Regina Ferreira Lobo Andrade. *Curso de direito da criança e do adolescente*. 4. ed. Rio de Janeiro: Lumen Juris, 2010. p. 75.

201 DIAS, Maria Berenice. *Manual de direito das famílias*. 4. ed., cit., p. 64.

A Constituição Federal de 1988 quebrou paradigmas e apresentou três eixos modificativos na família, que passou a ter como referência o afeto e não mais o formalismo, ao reconhecer a família fora do casamento, extinguir a família patriarcal e garantir a isonomia filial.

Os modelos de família atualmente são amplos. A doutrina, a jurisprudência e até mesmo a legislação infraconstitucional concluíram que as formas previstas constitucionalmente são meramente exemplificativas, sendo conhecidos e identificados outros arranjos familiares pela presença do vínculo afetivo, principal requisito para a constituição da família, no conceito moderno. Assim, a família atual é a comunidade formada pelo afeto e com propósitos e projetos de vida em comum.

O direito à convivência familiar da criança e do adolescente, realçado quanto à família no art. 1.513 do Código Civil, por vezes não vem sendo observado com a necessária prioridade, tanto na doutrina quanto na jurisprudência, ao invocar o princípio do melhor interesse da criança para retirar o filho da companhia dos pais e entregá-lo a uma família substituta.

O princípio do melhor interesse da criança, incluído na doutrina da proteção integral, preconiza que os interesses dos menores devem ser priorizados tanto pela família quanto pela sociedade e pelo Estado. O interesse dos pais no exercício do poder familiar não pode sobrepor-se ao interesse dos filhos e o Estado deve priorizar suas ações para atender às necessidades e resguardar o pleno desenvolvimento da criança e do adolescente.

Muitas vezes, observa-se que o Estado (mediante as atividades dos Conselhos Tutelares e decisões do Poder Judiciário) tem incorrido em equívocos ao retirar os filhos da família natural, quando seus direitos estão ameaçados, e entregá-los a famílias substitutas, mediante guarda ou adoção, com destituição do poder familiar, ou até mesmo recolhê-los em entidades de acolhimento, em vez de implementar ações e medidas, inclusive as pertinentes aos pais ou responsáveis (art. 129 do ECA).

As medidas, em algumas situações simplistas, não retratam necessariamente o melhor interesse da criança e do adolescente ao ser retirado de sua família natural, que deve incluir não apenas os pais, mas os parentes próximos, como os avós, que muitas vezes são os responsáveis pela criação e educação dos netos.

O direito à convivência familiar garante ao menor ser mantido na família de origem, cabendo ao poder público promover ações para sua proteção e prioritariamente manter ou reintegrá-lo na família natural, somente promovendo sua colocação em família substituta na impossibilidade, excepcionalmente, proporcionando aos pais a mais ampla defesa e contraditório.

A Lei n. 12.010/2009 alterou e acrescentou novos dispositivos ao Estatuto da Criança e do Adolescente para aperfeiçoar a garantia do direito à convivência familiar, priorizando a permanência da criança e do adolescente na família natural. Dispõe o § 1º do art. 1º que:

> Art. 1º [...]
>
> § 1º A intervenção estatal, em observância ao disposto no *caput* do art. 226 da Constituição Federal, será prioritariamente voltada à orientação, apoio e promoção social da família natural, junto à qual a criança e o adolescente devem permanecer, ressalvada absoluta impossibilidade, demonstrada por decisão judicial fundamentada.

A orientação (ou reorientação) legislativa deve frear, ou pelo menos diminuir, a enxurrada de adoções cumuladas com destituições do poder familiar dos pais, por motivos injustificáveis, que poderiam ser solucionados com a intervenção do poder público, mantendo-se os adotandos em suas famílias de origem.

Trata-se de reorientação legislativa posto que a Convenção de Haia de 1993, relativa à proteção das crianças e adolescentes e cooperação à adoção internacional, aprovada no Brasil pelo DL n. 1/1999 e promulgada pelo Decreto n. 3.087/1999, dispõe em suas considerações que "cada país deveria tomar, com caráter prioritário, medidas adequadas para permitir a manutenção da criança em sua família de origem".

A Lei n. 12.010/2009 acrescentou o parágrafo único ao art. 25 do Estatuto da Criança e do Adolescente, ampliando a família de origem além da restrita entre pais e filhos, conceituando a *família extensa ou ampliada* como aquela que se estende para além da família nuclear, formada pelos parentes próximos, como os avós e tios, com os quais o menor mantém convivência e possui afetividade e afinidade. A família extensa possui prioridade para acolher o parente na impossibilidade de ser mantido ou reintegrado na família natural ou nuclear.

A mesma lei citada, ao tratar da aplicação das medidas específicas de proteção, incluiu como princípios que regem sua aplicação, entre outros, a condição da criança e do adolescente como sujeitos de direito; a proteção integral e prioritária; o interesse superior; a responsabilidade parental dos pais; a prevalência da família natural ou extensa sobre a substituta; e a oitiva e participação dos menores, sujeitos de direitos, na definição das medidas a serem aplicadas. Por sua clareza, merecem ser transcritos os referidos incisos acrescidos ao art. 100 do Estatuto da Criança e do Adolescente, sendo alterado o inciso X pela Lei n. 13.509/2017:

> Art. 100. Na aplicação das medidas levar-se-ão em conta as necessidades pedagógicas, preferindo-se aquelas que visem ao fortalecimento dos vínculos familiares e comunitários.
>
> Parágrafo único. São também princípios que regem a aplicação das medidas:
>
> I – condição da criança e do adolescente como sujeitos de direitos: crianças e adolescentes são os titulares dos direitos previstos nesta e em outras Leis, bem como na Constituição Federal;
>
> II – proteção integral e prioritária: a interpretação e aplicação de toda e qualquer norma contida nesta Lei deve ser voltada à proteção integral e prioritária dos direitos de que crianças e adolescentes são titulares;
>
> [...]
>
> IV – interesse superior da criança e do adolescente: a intervenção deve atender prioritariamente aos interesses e direitos da criança e do adolescente, sem prejuízo da consideração que for devida a outros interesses legítimos no âmbito da pluralidade dos interesses presentes no caso concreto;
>
> [...]
>
> IX – responsabilidade parental: a intervenção deve ser efetuada de modo que os pais assumam os seus deveres para com a criança e o adolescente;
>
> X – prevalência da família: na promoção de direitos e na proteção da criança e do adolescente deve ser dada prevalência às medidas que os mantenham ou reintegrem na sua família natural ou extensa ou, se isto não for possível, que promovam a sua integração em família adotiva;
>
> [...]
>
> XII – oitiva obrigatória e participação: a criança e o adolescente, em separado ou na companhia dos pais, de responsável ou de pessoa por si

indicada, bem como os seus pais ou responsável, têm direito a ser ouvidos e a participar nos atos e na definição da medida de promoção dos direitos e de proteção, sendo sua opinião devidamente considerada pela autoridade judiciária competente, observado o disposto nos §§ 1º e 2º do art. 28 desta Lei.

O Estatuto da Criança e do Adolescente reserva capítulo próprio garantindo o direito à convivência familiar da criança e do adolescente (arts. 19 a 24) no título que trata dos direitos fundamentais, com acréscimos e alterações promovidas pela Lei n. 13.509/2017. Dispõe o art. 19, *caput*, que:

> Art. 19. É direito da criança e do adolescente ser criado e educado no seio de sua família e, excepcionalmente, em família substituta, assegurada a convivência familiar e comunitária, em ambiente que garanta seu desenvolvimento integral.

A criança ou adolescente inseridos em acolhimento familiar ou institucional devem ter sua situação avaliada semestralmente e a situação não deve se prolongar por mais de dezoito meses sem motivos justificados, no interesse do menor, garantindo-se a convivência da criança com a mãe adolescente (art. 19, §§ 1º, 2º e 5º, ECA).

A Lei n. 13.509/2017, com o objetivo de agilizar os procedimentos, inseriu o art. 19-A no Estatuto da Criança e do Adolescente, dispondo que *a gestante ou mãe que manifeste interesse em entregar seu filho para adoção*, estabelecendo todo o procedimento de assistência e acompanhamento, oitiva da mãe em juízo, busca por família extensa, oitiva do pai se identificado e suspensão do poder familiar em caso de abandono após o parto. Dispõe o art. 19-A e §§ 1º, 3º e 8º que:

> Art. 19-A. A gestante ou mãe que manifeste interesse em entregar seu filho para adoção, antes ou logo após o nascimento, será encaminhada à Justiça da Infância e da Juventude.
>
> § 1º A gestante ou mãe será ouvida pela equipe interprofissional da Justiça da Infância e da Juventude, que apresentará relatório à autoridade judiciária, considerando inclusive os eventuais efeitos do estado gestacional e puerperal. (...)

> § 3º A busca à família extensa, conforme definida nos termos do parágrafo único do art. 25 desta Lei, respeitará o prazo máximo de 90 (noventa) dias, prorrogável por igual período. (...)
>
> § 8º Na hipótese de desistência pelos genitores – manifestada em audiência ou perante a equipe interprofissional – da entrega da criança após o nascimento, a criança será mantida com os genitores, e será determinado pela Justiça da Infância e da Juventude o acompanhamento familiar pelo prazo de 180 (cento e oitenta) dias.

Evitando-se o prolongamento no pedido de adoção, as buscas pela família extensa possuem um prazo limitado a noventa dias, prorrogável por igual período.

Outra novidade acrescida pela Lei n. 13.509/2017 é a previsão de *programa de apadrinhamento* para os menores que se encontram em acolhimento institucional, inclusive por pessoas jurídicas, possibilitando a convivência comunitária das crianças e adolescentes com remotas possibilidades de reinserção familiar ou adoção. O objetivo é proporcionar ao menor desenvolvimento social, moral, físico, cognitivo, educacional e financeiro. Consta no art. 19-B e §§ 1º e 2º que:

> Art. 19-B. A criança e o adolescente em programa de acolhimento institucional ou familiar poderão participar de programa de apadrinhamento.
>
> § 1º O apadrinhamento consiste em estabelecer e proporcionar à criança e ao adolescente vínculos externos à instituição para fins de convivência familiar e comunitária e colaboração com o seu desenvolvimento nos aspectos social, moral, físico, cognitivo, educacional e financeiro.
>
> § 2º Podem ser padrinhos ou madrinhas pessoas maiores de 18 (dezoito) anos não inscritas nos cadastros de adoção, desde que cumpram os requisitos exigidos pelo programa de apadrinhamento de que fazem parte.

O direito à convivência familiar confere, portanto, à criança e ao adolescente, a manutenção dos laços de afetividade e convivência preferencialmente com os pais e, na impossibilidade, com os parentes que possuem afinidade e se sentem acolhidos e protegidos. Somente diante de absoluta impossibilidade de permanência, dentro de um prazo razoável para a inserção ou reinserção, na família natural ou extensa, serão colocados em família substituta.

3.4. Direito à dignidade

A Constituição Federal, ao dispor sobre os princípios fundamentais do Estado Democrático de Direito, incluiu como fundamento da República Federal do Brasil a proteção da dignidade da pessoa humana (art. 1º, III), elevando a dignidade no direito brasileiro como um princípio superior, um macroprincípio intangível, que sobrepõe aos demais, tornando-se o núcleo existencial que é essencialmente comum a todas as pessoas humanas, impondo-se, a todos, no âmbito da comunidade dos seres humanos, um dever geral de respeito, proteção e intocabilidade. A dignidade é aquela que não tem preço, indisponível, que não pode ser objeto de troca, portanto, todo ato ou conduta que equipare a pessoa a uma coisa disponível, ou seja, que *coisifique* a pessoa humana, viola o princípio da dignidade[202].

Ao elevar a dignidade da pessoa humana como fundamento da República, a Constituição Federal optou expressamente pela pessoa como valor central ou nuclear de fonte irradiadora da ordem jurídica, funcionalizando todos os institutos jurídicos à realização de sua personalidade, provocando, em consequência, a despatrimonialização e a personalização de modo a colocar a pessoa no centro do direito[203].

Assim, o princípio da dignidade humana é considerado um macroprincípio, de valor nuclear da ordem constitucional, demonstrando a preocupação com a promoção dos direitos humanos e da justiça social, do qual irradiam todos os demais, como a liberdade, autonomia privada, cidadania, igualdade, solidariedade, uma coleção de princípios éticos. Representa o epicentro axiológico da ordem constitucional, irradiando efeitos sobre todo o ordenamento jurídico, podendo ser identificado como o princípio de manifestação primeira dos valores constitucionais, carregado de valores afetivos[204].

O Estatuto da Criança e do Adolescente garante a condição peculiar das pessoas em desenvolvimento, sujeitos de direito, em sintonia com os princípios constitucionais da dignidade da pessoa humana (art. 1º, III) e da

---

202 LÔBO, Paulo. *Direito civil. Famílias*, cit., p. 37.

203 TEIXEIRA, Ana Carolina Brochado; SÁ, Maria Fátima de. Fundamentos principiológicos do Estatuto da Criança e do Adolescente e do Estatuto de Idoso. *Revista Brasileira de Direito de Família*, v. 26. Porto Alegre: Síntese/IBDFAM, out.-nov. 2004. p. 20-21.

204 DIAS, Maria Berenice. *Manual de direito das famílias*. 4. ed., cit., p. 59.

proteção integral (art. 227), assegurando-lhes absoluta prioridade para efetivação de seus direitos, garantia do gozo de todos os direitos fundamentais da pessoa humana (arts. 3º, 4º e 6º do ECA) e prioridade de serem mantidos na família natural, garantida a intervenção estatal voltada à orientação, apoio e promoção social para efetivar a permanência.

3.5. Caráter subsidiário da adoção

A adoção, uma das formas de colocação em família substituta, é uma medida excepcional, somente ocorrendo na absoluta impossibilidade de manutenção ou reintegração da criança ou adolescente à sua família natural ou extensa.

A Lei n. 13.257/2016 fortaleceu o direito das crianças e adolescentes à proteção integral e o direito de convivência com a família de origem, incumbindo ao poder público a adoção de medidas, prioritariamente, voltadas para a orientação, apoio e promoção social da família natural. Reafirma, para tanto, a obrigatoriedade de o Estado incluir as famílias naturais em programas oficiais de proteção, apoio e promoção (art. 19, § 3º, ECA); aplicação de medidas específicas de proteção consistentes em encaminhamento dos menores em situação de risco aos pais ou responsável e inclusão em programas comunitários ou oficiais de auxílio à família (art. 101, I e IV, do ECA); aplicação de medidas pertinentes aos pais ou responsável, também consistentes em encaminhamento a programa oficial ou comunitário de proteção à família, programas de auxílio, orientação e tratamento de alcoólatras e toxicômanos, encaminhamento a tratamento psicológico ou psiquiátrico e ainda a cursos e programas de especialização (art. 129, I a IV, do ECA).

A prioridade é, portanto, recuperar a família natural para manutenção da criança ou adolescente, somente sendo deferida a adoção em caráter subsidiário, após esgotados todos os meios para manter ou reintegrar o menor na sua família de origem, observando, entretanto, o prazo de noventa dias, prorrogável por igual período, para a busca de pessoas na família extensa em condições de receber a criança ou adolescente (art. 19-A, § 3º, ECA).

O § 1º do art. 39 do Estatuto da Criança e do Adolescente reafirma o caráter de excepcionalidade e irrevogabilidade da adoção, a qual só deve ser buscada diante da impossibilidade de manter o menor na família de origem, ao dispor que:

§ 1º A adoção é medida excepcional e irrevogável, à qual se deve recorrer apenas quando esgotados os recursos de manutenção da criança ou adolescente na família natural ou extensa, na forma do parágrafo único do art. 25 desta Lei.

3.6. Modalidades de adoção

A adoção, de acordo com a forma em que é requerida e as pessoas que adotam, pode se apresentar de várias modalidades, mas sempre observando os procedimentos e os requisitos essenciais.

3.6.1. Adoção unilateral

A regra geral é a de que a adoção é *unilateral* ou *singular comum*, quando requerida por uma única pessoa; se requerida por duas pessoas, exige-se que sejam casadas ou vivam em união estável.

Assim, a adoção não pode ser requerida em conjunto por dois irmãos ou por dois amigos.

Pode ocorrer a *adoção unilateral* ou *singular de enteado* quando um dos cônjuges ou companheiro adota o filho do outro. Nesse caso, não rompe-se totalmente o vínculo do adotado com sua família de origem, como ocorre na adoção comum, permanecendo os vínculos de filiação com o cônjuge ou companheiro do adotante. Portanto, se o companheiro adota o filho de sua mulher, a maternidade biológica se mantém, rompendo apenas o vínculo com o pai biológico e a família paterna, constituindo os vínculos com o adotante e sua família (art. 41, § 1º, do ECA).

3.6.2. Adoção conjunta

A *adoção conjunta* ou *cumulativa* ocorre quando o filho é adotado por um casal, hétero ou homoafetivo, exigindo-se que sejam casados ou vivam em união estável e possuam uma família estável (art. 42, § 2º, do ECA).

A adoção conjunta pode ser simultânea ou sucessiva: a *simultânea* ocorre quando é efetuada ao mesmo tempo pelo casal, constituída por sentença em única ação de adoção; e a *sucessiva* não ocorre ao mesmo tempo pelo casal, mas ambos adotam o filho alternadamente. Na realidade, existem duas adoções unilaterais que se somam, uma singular comum e outra singular de enteado. Acontece quando um dos cônjuges adota o filho, antes do casamento ou da união estável, ou mesmo na sua vigência, e o outro posteriormente também o adota.

Prática comum, que lamentavelmente ocorria em razão do preconceito, era a de apenas um dos parceiros homoafetivos adotar, para não ter indeferido o pedido ao casal, e ambos exercerem a autoridade parental. Com o julgamento no Supremo Tribunal Federal determinando a aplicação das mesmas regras da união estável nas uniões homoafetivas, abriu-se, finalmente, as possibilidades de regularizar juridicamente essas famílias, sem preconceitos e discriminações.

3.6.3. Adoção *post mortem*

A *adoção post mortem* ocorre quando o adotante, após inequívoca manifestação da vontade de adotar, como a constituição de advogado outorgando procuração ou ajuizamento da ação de adoção, vem a falecer no curso do processo.

A adoção somente se constitui por sentença e produz efeitos após o trânsito em julgado, entretanto, a morte do adotante no curso do processo não extingue a ação e a sentença retroagirá nos seus efeitos na data do óbito do adotante (arts. 42, § 6º, e 47, § 7º, do ECA).

3.6.4. Adoção nacional e internacional

A Lei n. 8.069/1990, na sua redação original, tratava da adoção *por estrangeiros* no art. 51, dispondo que "cuidando-se de pedido de adoção for formulado por estrangeiro residente ou domiciliado fora do País, observar-se-á o disposto no art. 31", que permite a colocação de menor em família substituta alienígena somente mediante adoção e excepcionalmente.

A Lei n. 12.010/2009, todavia, trouxe novo conceito quanto à adoção internacional, acolhendo a Convenção de Haia de 1993, relativa à *Proteção das Crianças e à Cooperação em Matéria de Adoção Internacional*, dando nova redação ao art. 51 do Estatuto da Criança e do Adolescente. O conceito de estrangeiro foi excluído e a adoção nacional e internacional passou a ser regulada pela territorialidade e não mais pela nacionalidade. A Lei n. 13.509/2017 deu nova redação ao *caput* do art. 51, dispondo que:

> Art. 51. Considera-se adoção internacional aquela na qual o pretendente possui residência habitual em país-parte da Convenção de Haia, de 29 de maio de 1993, relativa à Proteção das Crianças e à Cooperação em Matéria de Adoção Internacional, promulgada pelo Decreto n. 3.087, de 21 junho de 1999, e deseja adotar criança em outro país-parte da Convenção.

Adoção nacional é aquela em que o adotante ou adotantes possuem residência ou domicílio no Brasil, brasileiro ou estrangeiro.

Adoção internacional é considerada aquela em que a pessoa ou casal, brasileiros ou estrangeiros, possui residência ou domicílio fora do Brasil. Os requisitos e procedimentos para a adoção internacional serão abordados em título próprio.

3.6.5. Adoção consentida ou *intuitu personae*

A *adoção consentida*, também conhecida como *intuitu personae*, ocorre quando os pais biológicos escolhem e entregam o filho ao adotante, sem cadastrar no registro das crianças em condições de ser adotadas e sem observar a ordem cronológica do cadastro das pessoas habilitadas para adoção. Existe uma escolha direta pelos genitores biológicos dos adotantes.

O art. 19-A, do Estatuto Menorista, incluído pela Lei n. 13.509/2017, dispõe que "a gestante ou mãe que manifestem interesse em entregar seu filho para adoção, antes ou logo após o nascimento será encaminhada à Justiça da Infância e da Juventude". A determinação, entretanto, não pode ser observada de forma absoluta, devendo ser aplicada naquelas situações em que as gestantes ou mães se encontram em hospitais e abrigos e não interessam em ficar com o filho, evitando comercialização de crianças, promessa de pagamento ou até mesmo burlar a fila de inscrição dos pretendentes a adotar. Para tanto, o art. 258-B impõe multa apenas ao médico, enfermeiro ou dirigente de unidade de saúde que deixar de fazer comunicação à autoridade judiciária, bem como ao servidor de programa oficial ou comunitário que atua em órgãos de defesa da criança e do adolescente.

Inequívoco que a lei veda é a maléfica intermediação de terceiros em hospitais e pelos próprios agentes de defesa da criança e adolescente, incluindo conselheiros tutelares e outros envolvidos na adoção, evitando-se comercialização ou favorecimento.

É requisito essencial o consentimento dos pais conhecidos e não destituídos do poder familiar para o deferimento da adoção. Da mesma forma que podem os pais indicar por testamento ou documento autêntico, para após a morte, os tutores de seus filhos, também deve ser permitido escolher os adotantes de sua confiança.

Não estando os filhos abandonados, entregues pelos genitores ao Conselho Tutelar ou em situação de risco para exigir atuação da Justiça da Infância e da Juventude e, se for o caso, serem inscritos nos cadastros de crianças e adolescentes em condições de ser adotados, não se vislumbra nenhum impedimento aos próprios pais optarem pelos adotantes em que confiam e entregarem seus filhos para adoção direta, permitindo-se aos pretensos adotantes, preliminarmente, requerer a guarda para regularizar a posse de fato, nos termos do art. 33 do ECA, e, após, conforme o art. 50, § 13, III, requerer a adoção.

Rolf Madaleno critica o exacerbado rigor do cadastro e a cega obediência ao cumprimento da lista de preferências pelos juízes nas comarcas, desconsiderando o desejo dos pais, o que acaba incentivando a entrega sorrateira dos filhos até deixar que o transcurso do tempo crie o vínculo da socioafetividade. Ressalta que:

> O exacerbado rigor da lei brasileira em seguir à risca uma lista de pessoas inscritas previamente como candidatas à adoção, em completo e inexplicável detrimento de escolhas conscientes realizadas por gestantes que entregam seus filhos a pais que conhecem e nos quais confiam que o filho enjeitado terá o carinho, os cuidados, o afeto, a proteção e as oportunidades materiais que a mãe biológica não teve, não pode ou não quis dar ao filho por ela gestado. Esse rigor, portanto, não se explica quando confrontado com instituto da *tutela testamentária*, regulado pelo artigo 1.729 do Código Civil, que permite e prefere que os pais nomeiem, em conjunto, o tutor de seus filhos[205].

Evidentemente que ninguém é melhor que pais conscientes para escolher aqueles que consideram ideal para tornarem-se os pais afetivos de seus filhos biológicos, pois o consentimento para adoção, na maioria das

---

205 MADALENO, Rolf. *Curso de direito de família*. 5. ed., cit., p. 649.

vezes, é um ato de amor extremo, buscando o melhor para os filhos que não podem cuidar.

O art. 197-E, § 1º, do Estatuto da Criança e do Adolescente prevê expressamente a possibilidade de não ser observada a ordem cronológica das habilitações nos cadastros, sempre no melhor interesse da criança, nas hipóteses previstas no art. 50, § 13. São três as hipóteses:

I – quando se tratar de adoção unilateral;

II – quando formulada por parente com quem o adotando já possui vínculo de afinidade e afetividade;

III – quando formulada por quem, agindo de boa-fé, detém a guarda legal ou a tutela de criança maior de três anos, já existindo laços de afetividade e afinidade pela convivência.

A questão, entretanto, não é pacífica. O Tribunal de Justiça mineiro, acolheu a adoção de criança entregue pela própria mãe, desde o nascimento, por já estar integrada ao lar substituto, devendo nele permanecer[206]. No entanto, a justiça de primeira instância, em decisão do juiz Mário Paulo de Moura Campos Montoro, concluiu que, com o advento da Lei n. 12.010/2009, não é permitida a adoção senão por aqueles que já estejam cadastrados na lista de pretendentes da Comarca, exceto nas hipóteses legais (art. 50, § 13, do ECA), não sendo mais autorizada a entrega da criança pela mãe a terceiros, devendo ser encaminhada à Justiça da Criança e da Juventude, impondo-se ao pedido de guarda para fins de adoção do que recebeu a criança, entregue pela mãe, a extinção do processo sem resolução do mérito por ser juridicamente impossível[207].

Diante da previsão do art. 50, § 3º, da Lei n. 8.069/1990, é necessária uma cuidadosa interpretação dos objetivos dos cadastros de adoção. É inequívoco que os cadastros tenham por objetivo:

a) evitar a venda e o tráfico de crianças para adoção;

b) preparar e avaliar os interessados em adotar antecipadamente, com profissionais qualificados, excluindo os que não possuem aptidão e maturidade suficientes, indeferindo as inscrições nos cadastros;

---

206 TJMG, AC 1.0450.07.004670-8/001, Rel. Des. Silas Vieira, p. 2-10-2009.

207 MONTORO, Mário Paulo de Campos. Comarca de Lavras, Autos 0382.09.110116-4, j. 6-11-2009.

c) evitar tratamento privilegiado e desigual aos adotantes com poder, tanto na escolha das crianças a serem adotadas quanto na ordem de inscrição, evitando o que denomina popularmente de *furar a fila*.

O rigor nos cadastros, apesar de também conferir igualdade de tratamento para os interessados em adotar, possui inequivocadamente o objetivo de proteger integralmente o adotando, prevalecendo o *princípio do melhor interesse da criança e do adolescente* (art. 227 da CF). Considerando o princípio do melhor interesse, é possível vislumbrar pelo menos três hipóteses em que a ordem dos cadastros deveria ser relativizada, além das previstas no art. 50, § 13, da Lei n. 8.069/1990:

a) quando já existe vínculo afetivo entre adotante e adotado em razão da convivência, mesmo que em idade inferior a três anos;
b) quando os adotantes foram escolhidos pelos pais biológicos ao doar o filho;
c) quando o menor foi acolhido em situação de perigo por abandono dos pais.

Ocorrendo uma dessas hipóteses, deve ser permitida a adoção, independentemente da ordem de inscrição no cadastro. O Superior Tribunal de Justiça já decidiu que a ordem do cadastro não é absoluta:

> RECURSO ESPECIAL – AFERIÇÃO DA PREVALÊNCIA ENTRE O CADASTRO DE ADOTANTES E A ADOÇÃO *INTUITU PERSONAE* – APLICAÇÃO DO PRINCÍPIO DO MELHOR INTERESSE DO MENOR – VEROSSÍMIL ESTABELECIMENTO DE VÍNCULO AFETIVO DA MENOR COM O CASAL DE ADOTANTES NÃO CADASTRADOS – PERMANÊNCIA DA CRIANÇA DURANTE OS PRIMEIROS OITO MESES DE VIDA – TRÁFICO DE CRIANÇA – NÃO VERIFICAÇÃO – FATOS QUE, POR SI, NÃO DENOTAM A PRÁTICA DE ILÍCITO – RECURSO ESPECIAL PROVIDO.
>
> I – A observância do cadastro de adotantes, vale dizer, a preferência das pessoas cronologicamente cadastradas para adotar determinada criança não é absoluta. Excepciona-se tal regramento, em observância ao princípio do melhor interesse do menor, basilar e norteador de todo o sistema protecionista do menor, na hipótese de existir vínculo afetivo entre a criança e o pretendente à adoção, ainda que este não se encontre sequer cadastrado no referido registro;

> [...]
>
> IV – Mostra-se insubsistente o fundamento adotado pelo Tribunal de origem no sentido de que a criança, por contar com menos de um ano de idade, e, considerando a formalidade do cadastro, poderia ser afastada deste casal adotante, pois não levou em consideração o único e imprescindível critério a ser observado, qual seja, a existência de vínculo de afetividade da infante com o casal adotante, que, como visto, insinua-se presente[208].

Em novos julgados, o Superior Tribunal de Justiça decidiu no mesmo sentido. No primeiro fundamentou o Relator, Min. Sidnei Beneti, que a observância do cadastro, a ordem cronológica, não é absoluta. O princípio do melhor interesse da criança permite exceções, como quando já existe forte vínculo afetivo formado entre o menor e os pretendentes à adoção[209]. No segundo ressaltou o Ministro Luís Felipe Salomão que "a observância da preferência das pessoas cronologicamente cadastradas para adotar criança não é absoluta, pois há de prevalecer o princípio do melhor interesse do menor, norteador do sistema protecionista da criança"[210].

Os Tribunais de Justiça têm acolhido esse entendimento.

O Tribunal de Justiça de Minas Gerais decidiu que se deve ter em mente sempre o melhor interesse do menor, mitigando em casos excepcionais a habilitação nos cadastros para deferir a adoção direta ou *intuitu personae*. É extremamente prejudicial retirar uma criança de cinco anos do seio de uma família substituta, que hoje já é sua, e da convivência com os irmãos biológicos, sob o pretexto de coibir a adoção *intuitu personae*. Devem ser preservados os laços de afetividade e preponderar o melhor interesse da criança, que possui prioridade absoluta[211]. O Tribunal de Justiça Gaúcho também autorizou excepcionalmente a adoção *intuitu personae* para preservar os interesses da criança. Nesse sentido:

> APELAÇÃO CÍVEL. ECA. DESTITUIÇÃO DO PODER FAMILIAR E ADOÇÃO *INTUITU PERSONAE*. CONCESSÃO EXCEPCIONAL.

---

208 STJ, 3ª Turma, REsp 1.172.067/MG, Rel. Min. Massami Uyeda, j. 19-3-2010.

209 STJ, 3ª Turma, REsp 1.347.228/SC, Rel. Min. Sidnei Beneti, j. 6-11-2012.

210 STJ, 4ª Turma, HC 279059/RS, Rel. Min. Luis Felipe Salomão, j. 10-12-2013.

211 TJMG, AC 1.0194.12.006162-8/002, Rel. Des. Hilda Teixeira Costa, j. 27-1-2015.

PREVALÊNCIA DO INTERESSE DA MENOR. VERIFICAÇÃO DE ABANDONO DESDE TENRA IDADE. GUARDA FÁTICA EXERCIDA PELA AUTORA. SITUAÇÃO DE FATO CONSOLIDADA. SENTENÇA CONFIRMADA.

Situação de fato em que a menor foi entregue pelos genitores aos cuidados da adotante quando contava apenas 04 meses de idade, caracterizando abandono, porquanto nunca foi mantido qualquer vínculo entre os pais e a menina, que desenvolveu plenamente referência parental com a autora. Pretendente à adoção que apresenta plenas condições de manter os cuidados com a criança, assumindo o poder familiar sobre ela. Adoção *intuitu personae* autorizada excepcionalmente, em preservação do *status quo*, verificando-se situação de fato consolidada há cerca de 06 anos[212].

O Tribunal de Justiça do Amazonas revogou ordem de busca e apreensão do juiz de 1º grau e determinou que a criança ficasse sob a guarda do casal que recebeu a criança diretamente da mãe, sem estar inscrito no cadastro. Consta na ementa que:

DIREITO CIVIL – AGRAVO DE INSTRUMENTO – AÇÃO ORDINÁRIA – AÇÃO DE ADOÇÃO – MELHOR INTERESSE DA CRIANÇA – DIREITO AO CONVÍVIO FAMILIAR – VÍNCULO FAMILIAR ESTABELECIDO – MANUTENÇÃO DA GUARDA PROVISÓRIA – POSSIBILIDADE DA ADOÇÃO *INTUITU PERSONAE* – REFORMA DA DECISÃO – RECURSO CONHECIDO E PROVIDO.

(...)

4. Em minuciosa análise ao caso, conclui-se que o recurso deve ser provido, uma vez que deve ser preservado o melhor interesse da criança, direito esse resguardado pela própria Constituição. Preservação do vínculo familiar. Entendimento firmado pela jurisprudência e doutrina pátrias de que é plenamente possível a adoção *intuitu personae*.

5. Reforma da decisão para que seja revogada a busca e apreensão e que seja mantida a guarda da criança com os agravantes, até o julgamento da ação originária.

212 TJRS, 7ª CC, AC 70065445413, Rel. Des. Sandra Brisolara Medeiros, j. 16-3-2016.

5. Recurso conhecido e provido[213].

Cabe à Justiça da Infância e Juventude, nos casos de filhos entregues pelos pais diretamente, examinar se a solução atende aos melhores interesses da criança e do adolescente (art. 197-E, § 1º, do ECA e demais hipóteses não previstas legalmente), considerando também a vontade dos genitores, se a adoção funda-se em motivos legítimos, sem má-fé, se os requisitos legais estão preenchidos e se não ocorreu subtração de menores, promessa ou pagamento no consentimento e entrega (arts. 237 e 238 do ECA), para deferir ou não a adoção, independentemente do cadastro dos habilitados para adotarem. O interesse maior da criança deve prevalecer sobre a rigidez da ordem no cadastro, possibilitando, inclusive, como ocorre em muitos casos manutenção dos vínculos afetivos com a família biológica, incluindo irmãos, quando os adotantes são pessoas próximas.

3.6.6. Adoção simulada ou *adoção à brasileira*

A adoção simulada é mais conhecida como *adoção à brasileira*, quando uma pessoa registra filho alheio como próprio, mas também pode ocorrer quando se simula a adoção para obter benefícios indevidos, sem constituir efetivamente os vínculos de filiação.

A *adoção simulada para obter benefícios* é nula se restar comprovada a fraude, por desvirtuar o instituto da adoção, que tem por objetivo constituir família criando vínculos de paternidade/maternidade. Nesse sentido, já decidiu o Tribunal Regional Federal da 4ª Região:

> ADMINISTRATIVO. PENSÃO MILITAR. ADOÇÃO SIMULADA PARA PERCEPÇÃO DE BENEFÍCIO. NULIDADE DO ATO. É nulo de pleno direito ato de adoção entre sogro e nora, máxime quando esse ato se direciona a burlar Administração Militar com o propósito de perceber pensão que somente as filhas teriam direito, passando, assim, indiretamente, o recebimento da pensão por filho, excluído da relação de dependente[214].

213 TJAM, AI 4004929-30.2017.8.04.0000, Rel. Des. Jorge Manoel Lopes Lins, j. 24-7-2018.

214 TRF, 4ª Região, AC 2002.71.00.015186-6/RS, Rel. Des. Federal Amaury Chaves de Athayde, j. 22-6-2006.

Na *adoção à brasileira*, existe a intenção da pessoa ou casal em constituir os vínculos da filiação, entretanto, não é uma adoção jurídica, mas uma forma de reconhecimento irregular de paternidade/maternidade declarando no registro civil filho alheio como próprio.

É comum no Brasil, tanto quando o marido/companheiro reconhece o filho da mulher ou o próprio casal registra filho alheio como deles, evitando o processo de adoção.

Apesar de penalmente ser tipificada como crime (art. 242 do CP), a adoção à brasileira é válida se constituir vínculos de afetividade, importando em filiação socioafetiva, que prevalece, nessa hipótese, sobre a biológica.

Os pais, na *adoção à brasileira*, sabem que o filho não é biologicamente seu e de forma consciente o registram irregularmente como próprio, não podendo, pois, se arrependerem, alegar falsidade do seu ato ou erro a autorizar a impugnação da paternidade/maternidade no registro público, conforme permissão do art. 1.604 do Código Civil. O reconhecimento consciente da paternidade, ainda que sabendo não ser filho biológico, é irrevogável (art. 1.609 do CC).

A jurisprudência é firme no sentido de que não se anula o registro de nascimento quando o pai sabia que o menor não era seu filho biológico[215], sendo certo que "o registro espontâneo e consciente da paternidade – mesmo existindo sérias dúvidas sobre a ascendência genética – gera a paternidade socioafetiva, que não pode ser desconstituída posteriormente"[216].

O Superior Tribunal de Justiça, em relatoria da Ministra Nancy Andrighi, ao julgar pedido de uma irmã que buscava a anulação da maternidade no registro da outra, alegando que a mãe registrou filha de outrem como sua, reconheceu a irrevogabilidade do reconhecimento para consolidar a filiação socioafetiva, erigindo-se em cláusula geral de tutela da personalidade humana, que salvaguarda a filiação como elemento fundamental na formação da identidade do ser humano. Consta em partes da ementa que:

[215] STJ, REsp 709.608/MS, Rel. Min. João Otávio Noronha, j. 5-11-2009.
[216] STJ, REsp 1.244.957/SC, Rel. Min. Nancy Andrighi, j. 7-8-2012.

Direito civil. Família. Recurso Especial. Ação de anulação de registro de nascimento. Ausência de vício de consentimento. Maternidade socioafetiva. Situação consolidada. Preponderância da preservação da estabilidade familiar.

[...]

– Dessa forma, tendo em mente as vicissitudes e elementos fáticos constantes do processo, na peculiar versão conferida pelo TJ/SP, em que se identificou a configuração de verdadeira "adoção à brasileira", a caracterizar vínculo de filiação construído por meio da convivência e do afeto, acompanhado por tratamento materno-filial, deve ser assegurada judicialmente a perenidade da relação vivida entre mãe e filha. Configurados os elementos componentes do suporte fático da filiação socioafetiva, não se pode questionar sob o argumento da diversidade de origem genética o ato de registro de nascimento da outrora menor estribado na afetividade, tudo com base na doutrina de proteção integral à criança.

[...]

– Mantém-se o acórdão impugnado, impondo-se a irrevogabilidade do reconhecimento voluntário da maternidade, por força da ausência de vício na manifestação da vontade, ainda que procedida em descompasso com a verdade biológica. Isso porque prevalece, na hipótese, a ligação socioafetiva construída e consolidada entre mãe e filha, que tem proteção indelével conferida à personalidade humana, por meio da cláusula geral que a tutela e encontra respaldo na preservação da estabilidade familiar[217].

Novamente, o STJ, desta vez com relatoria do Ministro Massami Uyeda, em pedido de nulidade do registro pleiteado pela segunda esposa do marido falecido, que registrou como sua a filha da primeira esposa, sem ser o pai biológico, decidiu pela manutenção do reconhecimento da paternidade. O julgado concluiu que quem *adota à moda brasileira* não labora em equívoco nem mesmo aquele que procedeu ao registro de filha alheia como própria pode anulá-lo, não se admitindo que terceiro (a viúva) o faça. Consta da ementa que:

---

[217] STJ, 3ª Turma, REsp 1.000.356/SP, Rel. Min. Nancy Andrighi, j. 25-5-2010.

RECURSO ESPECIAL – AÇÃO DECLARATÓRIA DE NULIDADE DE REGISTRO CIVIL – NEGATIVA DE PRESTAÇÃO JURISDICIONAL – ALEGAÇÃO DE VIOLAÇÃO GENÉRICA – RECURSO ESPECIAL, NO PONTO, DEFICIENTEMENTE FUNDAMENTADO – APLICAÇÃO DA SÚMULA N. 284/STF – ADOÇÃO À BRASILEIRA – PATERNIDADE SOCIOAFETIVA – IMPOSSIBILIDADE, NA ESPÉCIE DE DESFAZIMENTO – RECURSO ESPECIAL IMPROVIDO.

[...]

2. Em se tratando de adoção à brasileira, a melhor solução consiste em só permitir que o pai-adotante busque a nulidade do registro de nascimento, quando ainda não tiver sido constituído o vínculo de socioafetividade com o adotado[218].

A *adoção à brasileira*, portanto, ainda que juridicamente não importa em adoção legal, é perfeitamente válida como forma de reconhecimento de paternidade/maternidade socioafetiva, irrevogável por quem reconheceu filho alheio como próprio, que não pode alegar sua própria falsidade ou erro. A doutrina ou a jurisprudência, como já visto, permite, todavia, ausente o vínculo da socioafetividade, que o filho retifique o registro de nascimento por falsidade (art. 1.604 do CC), inclusive cumulando com investigatória de paternidade/maternidade em face dos pais biológicos.

3.7. Procedimentos, requisitos e vínculos da adoção

A adoção, como medida excepcional, é precedida de preparação gradativa, acompanhada por equipe especializada a serviço da Justiça da Infância e da Juventude, e acompanhamento posterior (art. 28, § 5º, do ECA), após esgotadas as possibilidades de reintegração da criança e do adolescente na família natural ou extensa.

O Poder Público deve prestar assistência psicológica à gestante que manifestar interesse em entregar seu filho para adoção e encaminhá-la, bem como as mães que demonstrarem o mesmo desejo, à Justiça da Infância e Juventude.

[218] STJ, 3ª Turma, REsp 1.088.157/PB, Rel. Min. Massami Uyeda, j. 23-6-2009.

A Lei n. 13.509/2017 inseriu o art. 19-A e modificou o § 1º, do art. 166 do Estatuto da Criança e do Adolescente, regulamentando a situação da gestante, ou da mãe logo após o nascimento, que manifeste interesse em dar o filho para adoção, conforme já visto ao tratar do direito à convivência familiar (3.3.). Após efetuado o relatório pela equipe interprofissional e a busca infrutífera pela família extensa, se não for indicado o outro genitor, ou este também concordar em entregar o filho para adoção, o juiz designa audiência para oitiva da mãe, e do pai, se identificado. Mantida a concordância com a adoção, a justiça declara extinto o poder familiar. Dispõe o § 4º do art. 19-A da Lei n. 8.069/1990 que:

> Art. 19-A. [...]
>
> § 4º Na hipótese de não haver a indicação do genitor e de não existir outro representante da família extensa apto a receber a guarda, a autoridade judiciária competente deverá decretar a extinção do poder familiar e determinar a colocação da criança sob a guarda provisória de quem estiver habilitado a adotá-la ou de entidade que desenvolva programa de acolhimento familiar ou institucional.

O art. 166 e o § 1º do ECA também preveem o procedimento comum em caso de destituição do poder familiar ou os pais concordarem com a adoção, dispondo que:

> Art. 166. Se os pais forem falecidos, tiverem sido destituídos ou suspensos do poder familiar, ou houverem aderido expressamente ao pedido de colocação em família substituta, este poderá ser formulado diretamente em cartório, em petição assinada pelos próprios requerentes, dispensada a assistência de advogado.
>
> § 1º Na hipótese de concordância dos pais, o juiz:
>
> I – na presença do Ministério Público, ouvirá as partes, devidamente assistidas por advogado ou por defensor público, para verificar sua concordância com a adoção, no prazo máximo de 10 (dez) dias, contado da data do protocolo da petição ou da entrega da criança em juízo, tomando por termo as declarações; e
>
> II – declarará a extinção do poder familiar.

Os pais devem ser esclarecidos de todas as consequências do consentimento, especialmente a irrevogabilidade (§ 2º) e podem manifestar arrependimento no prazo de dez dias e retratar o consentimento para a adoção, que somente será válido após o nascimento da criança e ratificado na presença do juiz (art. 166, §§ 4º a 6º)[219]. Mantido o consentimento e deferida a guarda aos postulantes à adoção, possuem o prazo de quinze dias para propor a ação de adoção (art. 19-A, ECA).

Os menores em situação de risco devem ser incluídos preferencialmente em programas de acolhimento familiar, conferindo-se a guarda ao casal ou pessoa cadastrada, somente sendo acolhidos institucionalmente na inexistência de famílias em condições de recebê-los (art. 34 do ECA). A cada seis meses, no máximo, a situação deve ser reavaliada para reintegração familiar ou colocação em família substituta, não devendo a permanência em instituição se prolongar por mais de dezoito meses.

O acolhimento familiar de crianças ou adolescentes, em condições de ser adotados, deve ocorrer preferencialmente para a pessoa ou casal inscritos nos cadastros da comarca, estaduais ou nacional habilitados à adoção, somente sendo colocados sob a guarda de famílias cadastradas em programa de acolhimento familiar enquanto não localizados os interessados na adoção (art. 50, *caput,* §§ 5º e 11, do ECA). Possuem prioridade nos cadastros as pessoas interessadas em adotar grupos de irmãos e pessoas com deficiência, doença crônica ou necessidades específicas de saúde (art. 50, § 15, ECA).

Pode adotar a pessoa ou casal habilitados à adoção inscritos nos cadastros da comarca, estaduais e nacional. A inscrição nos cadastros de postulantes à adoção será precedida de um período de preparação psicossocial e jurídica, incluindo o contato com crianças e adolescentes em condições de ser adotados, buscando estreitar o relacionamento e criar vínculos de afinidade.

O Estatuto da Criança e do Adolescente determina que deve ser mantido na comarca ou foro regional a existência do cadastro de pessoas inte-

---

219 "Art. 166. [...]

§ 4º O consentimento prestado por escrito não terá validade se não for ratificado na audiência a que se refere o § 1º deste artigo.

§ 5º O consentimento é retratável até a data da realização da audiência especificada no § 1º deste artigo, e os pais podem exercer o arrependimento no prazo de 10 (dez) dias, contado da data de prolação da sentença de extinção do poder familiar.

§ 6º O consentimento somente terá valor se for dado após o nascimento da criança."

ressadas na adoção e o cadastro de menores em condições de ser adotados, sendo deferida pelo juiz a inscrição do interessado em adotar somente após preencher os requisitos legais, consultados os órgãos técnicos e ouvido o Ministério Público (art. 50, *caput*, e §§ 1º e 2º).

O art. 50 do ECA prevê os seguintes cadastros:

Nas *Comarcas*: um cadastro de crianças e adolescentes em condições de serem adotadas; e um cadastro de pessoas ou casais habilitados à adoção.

Nos *Estados*: um cadastro de menores em condições de serem adotados; um cadastro de pessoas ou casais residentes no Brasil habilitados à adoção; e um cadastro de pessoas ou casais residentes fora do país habilitados à adoção.

Nacional: um cadastro de menores em condições de serem adotados; um cadastro de pessoas ou casais residentes no Brasil habilitados à adoção; e um cadastro de pessoas ou casais residentes fora do país habilitados à adoção, conforme §§ 5º e 6º do art. 50[220].

Somente na ausência de pessoas ou casais em condição de adotar na comarca de origem, serão as crianças e adolescentes inscritos nos cadastros estaduais e nacional, o mesmo ocorrendo com os interessados habilitados na ausência de menores para adoção.

O Estatuto da Criança e do Adolescente estabelece que serão distintos os cadastros para pessoas residentes no Brasil (nacionais ou estrangeiros) e para pessoas residentes fora do Brasil, mesmo se for brasileiro, tratando-se, neste caso, de adoção internacional, sendo preferida a adoção para os candidatos domiciliados no Brasil. Assim, a preferência para a adoção será da pessoa ou casal domiciliados na comarca de origem do menor, cadastrados e habilitados no Juízo da Infância e da Juventude. Na ausência de pessoas domiciliadas na comarca, a preferência recairá nos interessados inscritos nos cadastros estaduais e nacional. Somente não existindo interessados no Brasil, será deferida a adoção internacional, sendo preferidos os brasileiros residentes no exterior aos estrangeiros, conforme expressamente determina

220 "§ 5º Serão criados e implementados cadastros estaduais e nacional de crianças e adolescentes em condições de serem adotados e de pessoas ou casais habilitados à adoção. § 6º Haverá cadastros distintos para pessoas ou casais residentes fora do País, que somente serão consultados na inexistência de postulantes nacionais habilitados nos cadastros mencionados no § 5º deste artigo."

o art. 51, § 2º, do ECA. Em face da clareza da lei, é oportuno transcrever o art. 50, *caput*, e os §§ 8º e 10 da Lei n. 8.069/1990:

> Art. 50. A autoridade judiciária manterá, em cada comarca ou foro regional, um registro de crianças e adolescentes em condições de serem adotados e outro de pessoas interessadas na adoção.
>
> [...]
>
> § 8º A autoridade judiciária providenciará, no prazo de 48 (quarenta e oito) horas, a inscrição das crianças e adolescentes em condições de serem adotados que não tiveram colocação familiar na comarca de origem, e das pessoas ou casais que tiveram deferida sua habilitação à adoção nos cadastros estadual e nacional referidos no § 5º deste artigo, sob pena de responsabilidade.
>
> [...]
>
> § 10. Consultados os cadastros e verificada a ausência de pretendentes habilitados residentes no País com perfil compatível e interesse manifesto pela adoção de criança ou adolescente inscrito nos cadastros existentes, será realizado o encaminhamento da criança ou adolescente à adoção internacional.

A inscrição no cadastro dos interessados em adoção é essencial para a adoção de crianças e adolescentes em condição de ser adotados, cadastrados nas Varas da Infância e da Juventude e inscritos nos cadastros estaduais e nacional, sendo obrigatória a observância da ordem cronológica de habilitações.

O Estatuto da Criança e do Adolescente prevê no Capítulo III, na seção VIII, o procedimento para habilitação dos pretendentes à adoção (arts. 197-A a 197-E). Na petição inicial dos postulantes deve constar a qualificação completa, dados familiares, cópias das certidões de nascimento ou casamento, ou declaração de união estável, comprovante de renda e domicílio, atestados de sanidade física e mental, certidão de antecedentes criminais e certidão de distribuição cível.

Os postulantes deverão obrigatoriamente participar de programas oferecidos pela Justiça da Infância e da Juventude que inclua preparação psicológica, orientação e estímulo à adoção inter-racial, adoção de menores com necessidades específicas de saúde ou com deficiências, objetivando o acolhimento de crianças e adolescentes com dificuldades de ser adotados, e adoção de grupos de irmãos, mantendo a família e evitando separações dolorosas. Durante a participação do programa, desde que recomendável, devem os postulantes manter contato com menores em condições de ser adotados, estimulando a reciprocidade, o afeto, e preparando os interessados para o exercício da paternidade ou maternidade responsável.

A equipe interprofissional deverá elaborar estudo psicossocial para ser juntado ao pedido de habilitação e, certificada a conclusão da participação no programa preparatório, a autoridade judiciária, após ouvir o Ministério Público, decidirá, podendo, antes, se for necessário, deferir diligências e audiência de instrução e julgamento.

A habilitação à adoção deverá ser renovada a cada três anos, dispensando-se se o pretendente candidatar-se a uma nova adoção. Recusando-se o candidato injustificadamente por três vezes a adotar, dentro do perfil escolhido, a habilitação será reavaliada. Será excluído o pretendente que desistir da guarda ou, o mais grave, devolver a criança ou o adolescente após a sentença de adoção, sem prejuízo das demais sanções legais (art. 197-E, §§ 2º a 5º, ECA).

A adoção somente poderá ser deferida em favor de candidato não cadastrado previamente quando se tratar de pedido de adoção unilateral, for formulado por parente que mantenha vínculos de afinidade e afetividade com o adotando ou por quem detenha a guarda ou tutela de criança maior de três anos e o período de convivência comprove a existência de laços de afinidade e afetividade (art. 50, § 13, do ECA).

A observância da prioridade aos pretendentes habilitados e inscritos no cadastro, portanto, não é absoluta.

Tratando-se de pedido de adoção unilateral, quando um dos cônjuges ou companheiro adota o filho do outro, a adoção é direta, sem qualquer observância ao cadastro, o mesmo ocorrendo quando o pedido for formulado por parentes com os quais a criança ou adolescente possui vínculos de afinidade e afetividade. Obviamente que a ausência de cadastro não exclui a observância dos requisitos legais e o melhor interesse do adotando, sendo indeferida a adoção se não for benéfica à criança ou adolescente.

Permite-se ainda pedido de adoção, sem prévia inscrição no cadastro, pelo guardião ou tutor do menor. A Lei n. 12.010/2009 inovou ao exigir que o adotando possua idade mínima de três anos, o que é questionável e viola o princípio do melhor interesse da criança, pois mesmo com idade inferior a criança já pode estar completamente integrada à família do postulante e presentes os vínculos de afinidade e afetividade paterno filial. Evidentemente, também nesta hipótese a adoção deve fundar-se em motivos legítimos, preencher os requisitos legais e ser benéfica ao menor.

O vínculo da adoção constitui-se por sentença (art. 47, do ECA), após regular processo judicial, mesmo quando o adotando for maior de 18 anos, observando os requisitos legais e o procedimento previsto na Lei n. 8.069/1990, especialmente a realização de estudo social (arts. 165 a 170) e estágio de convivência para verificar a conveniência do vínculo e adaptação das partes, dispensando-se se o adotando já estiver tempo suficiente em companhia do adotante para uma avaliação segura, não sendo dispensado o estágio a simples guarda de fato (art. 46).

O estágio de convivência pelo prazo que o juiz fixar, não podendo ser superior a noventa dias, nos termos de art. 46, *caput,* da Lei n. 8.069/1990, prorrogável por igual período[221], é fundamental para verificar se o adotando se adaptou à família e se os adotantes realmente estão preparados para assumir o filho afetivo, sendo imprescindível para demonstrar a conveniência do deferimento do vínculo, o que deve ser acompanhado por profissionais especializados e ao final apresentar relatório de estudo social, fornecendo subsídios da situação de fato para o magistrado deferir a adoção com segurança (art. 46, § 4º, do ECA). Na adoção internacional, o estágio será de no máximo trinta e no máximo quarenta e cinco dias, também prorrogáveis por igual período por uma vez. No final do prazo deve ser apresentado laudo fundamentado pela equipe interprofissional (art. 46, §§ 3º e 5º, ECA).

A adoção somente será deferida se constituir efetivo benefício para o adotando e fundar-se em motivos legítimos, restando indeferida se o adotante revelar incompatibilidade para exercer a paternidade ou não oferecer ambiente familiar adequado, conforme dispõe o art. 43 da Lei n. 8.069/1990:

> Art. 43. A adoção será deferida quando apresentar reais vantagens para o adotando e fundar-se em motivos legítimos.

A adoção só pode ser requerida pelos próprios interessados, não se admitindo procuração formulada por brasileiros ou estrangeiros, tratando-se de ato pessoal, conforme expressamente determina o art. 39, § 2º, do ECA.

---

221 "Art. 46. A adoção será precedida de estágio de convivência com a criança ou adolescente, pelo prazo máximo de 90 (noventa) dias, observadas a idade da criança ou adolescente e as peculiaridades do caso."

Dispõe o art. 1.619 do Código Civil, ao exigir procedimento judicial para adoção dos maiores, que:

> Art. 1.619. A adoção de maiores de 18 (dezoito) anos dependerá da assistência efetiva do poder público e de sentença constitutiva, aplicando-se, no que couber, as regras gerais da Lei n. 8.069 de 13 de julho de 1990 – Estatuto da Criança e do Adolescente.

O prazo máximo para a conclusão do processo de adoção é de cento e vinte dias, prorrogável uma única vez pelo mesmo período, mediante decisão fundamentada pelo juiz (art. 47, § 10, ECA), ressaltando que os prazos previstos no Estatuto da Criança e do Adolescente são contados em dias corridos, conforme determina o § 2º do art. 152[222].

A adoção cria os mesmos vínculos, direitos e obrigações da filiação legítima, inclusive sucessórios, sem qualquer discriminação, desvinculando o adotado totalmente de sua família biológica, salvo quanto aos impedimentos matrimoniais; entretanto, permite-se que o cônjuge ou companheiro adote o filho do outro, mantendo-se, neste caso, os vínculos de filiação e parentesco, na chamada *adoção unilateral* ou *singular*.

O mandado judicial expedido ao Cartório de Registro Civil para inscrição da adoção cancelará o registro original do adotado e permite-se a lavratura do novo registro no Cartório do Registro Civil de residência do adotante. Nenhuma observação sobre a origem do ato poderá constar nas certidões do registro, devendo ser arquivado no Cartório e somente por determinação judicial poderá ser fornecida certidão da adoção para salvaguarda de direitos, como, por exemplo, sucessórios antes da constituição do vínculo e impedimentos para o casamento (art. 47 do ECA).

Dispõe o art. 41 da Lei n. 8.069/1990 quanto aos vínculos da adoção que:

> Art. 41. A adoção atribui a situação de filho ao adotado, com os mesmos direitos e deveres, inclusive sucessórios, desligando-o de qualquer vínculo com os pais e parentes, salvo os impedimentos para o casamento.

---

[222] "Art. 152.
§ 2º Os prazos estabelecidos nesta Lei e aplicáveis aos seus procedimentos são contados em dias corridos, excluído o dia do começo e incluído o dia do vencimento, vedado o prazo em dobro para a Fazenda Pública e o Ministério Público."

> § 1º Se um dos cônjuges ou concubinos adota o filho do outro, mantêm-se os vínculos de filiação entre o adotado e o cônjuge ou concubino do adotante e os respectivos parentes.

O processo de adoção, bem como os outros a ele relacionados, como as medidas de proteção, guarda e destituição do poder familiar, devem ser mantidos em arquivo ou armazenados em microfilme ou por outros meios, para garantir sua consulta a qualquer tempo, já que é garantido ao adotado o direito de conhecer sua origem biológica, obtendo acesso irrestrito aos processos ao completar 18 anos e, se menor, mediante orientação e assistência jurídica e psicológica (arts. 47, § 8º, e 48, do ECA).

Entre os requisitos, determina a lei que o adotante deve ter mais de 18 anos e ser 16 anos mais velho que o adotado. Para adoção conjunta, é indispensável que os adotantes sejam casados civilmente ou mantenham união estável, comprovada a estabilidade da família; entretanto, não se admite redução na diferença de idade entre o adotante e o adotado, dispondo o art. 42, § 3º, do ECA, que "o adotante há de ser, pelo menos, 16 (dezesseis) anos mais velho que o adotando". A jurisprudência tem relativizado, no melhor interesse do menor, em situações excepcionais, a diferença de idade.

Exige-se, para a adoção, o consentimento dos pais biológicos, dos representantes legais e do próprio adotando, se possuir mais de 12 anos de idade. O consentimento pode ser retratado até a publicação da sentença constitutiva (art. 166, § 5º, do ECA). Dispensa-se o consentimento se os pais forem desconhecidos ou destituídos do poder familiar, conforme dispõe o art. 45 da Lei n. 8.069/1990:

> Art. 45. A adoção depende de consentimento dos pais ou do representante legal do adotando.
>
> § 1º O consentimento será dispensado em relação à criança ou adolescente cujos pais sejam desconhecidos ou tenham sido destituídos do poder familiar.
>
> § 2º Em se tratando de adotando maior de doze anos de idade, será também necessário o seu consentimento.

O consentimento é requisito essencial, pois a adoção importará extinção do vínculo biológico, devendo ser expressada de forma inequívoca perante o juiz e somente será válido após o nascimento da criança (art. 166, §§

4º e 6º, do ECA), não podendo ser admitido presumidamente, como equivocadamente defendem alguns, com a mera citação dos pais biológicos. Não se admite, da mesma forma, seja suprimido judicialmente.

Dispensa-se o consentimento dos pais apenas se forem desconhecidos ou destituídos do poder familiar.

O Superior Tribunal de Justiça noticiou no dia 16-12-2019, no STJ notícias, que "em situação excepcional, Quarta Turma admite poder familiar do pai biológico e adoção unilateral materna"[223] (REsp 1.410.478/RN, j. 5-12-2019). A decisão é pioneira e vai solucionar muitas demandas que ocorrem quando a mãe entrega o filho para adoção, após registrá-lo sem informar o nome do pai, que muitas vezes não tinha conhecimento da existência do filho. No caso julgado a mãe biológica entregou a filha com um mês de vida para adoção unilateral a uma mulher e forneceu falsamente o nome do pai biológico.

Somente após a adoção o Conselho Tutelar informou que o pai biológico tinha denunciado o desaparecimento da criança e recorreu da decisão, requerendo a guarda da filha. O Tribunal de Justiça negou provimento, tendo o pai biológico requerido no recurso especial a reforma do acórdão.

A Relatora, Ministra Isabel Gallotti, fundamentou que a adoção rompe definitivamente os vínculos jurídicos com a família biológica, mas no caso concreto o pai biológico não praticou qualquer conduta a autorizar a destituição do poder familiar, pelo contrário, desde o momento que soube da paternidade luta para ter a filha em sua companhia. O Ministro Marco Buzzi fundamentou que o conceito de multiparentalidade permite, excepcionalmente, a coexistência da manutenção do poder familiar e da adoção unilateral, defendendo a restituição do poder familiar ao pai, já que a perda pode ocorrer em razão de apenas um genitor. Fundamentou que:

> Nos termos da lei, a coexistência dos institutos do poder familiar e da adoção é compatível, e, uma vez cumpridos os requisitos legais, viável é a adoção unilateral, sem a necessidade de extinção absoluta dos vínculos

[223] STJ: notícias. *Em situação excepcional, Quarta Turma admite poder familiar do pai biológico e adoção unilateral materna*. Disponível em: <www.stj.jus.br/páginas/noticias>. Acesso em: 25-1-2020.

mantidos com ambos os genitores, pois aqui não se trata de multiparentalidade, porquanto a mãe biológica, além de ter consentido com a adoção, realizou conduta incompatível com a manutenção do poder familiar que antes exercia, dando espaço à figura da adotante, que a substituiu enquanto figura materna[224].

O juiz Fernando Moreira, especialista em adoção, ressalta que o STJ firmou o entendimento, ao longo dos anos, no sentido de proteger o melhor interesse da criança e do adolescente. No caso do referido julgado, relativizou a regra do art. 41 do ECA para não afastar o exercício da paternidade pelo pai biológico, que não abandonou o filho e judicialmente busca o exercício da parentalidade. Acrescenta que:

> Vejo com total acerto a decisão que utilizou o fundamento da multiparentalidade para conciliar interesses concorrentes e disjuntivos, garantindo a ambos os pais (mãe adotiva e pai biológico) o exercício da autoridade parental[225].

A decisão inédita vai possibilitar regularizar muitas situações de pais que não tiveram conhecimento da paternidade e os filhos foram encaminhados para adoção sem o seu consentimento.

Não deveria ser cumulado com o pedido de adoção a destituição do poder familiar, de procedimento distinto e contraditório, com possibilidade de ampla defesa. A prática forense, entretanto, tem adotado a cumulação do pedido de adoção com destituição do poder familiar, contrariando o procedimento específico para destituição previsto nos arts. 155 a 163 da Lei n. 8.069/1990, contencioso e oferecendo ampla defesa, orientando sobre a necessidade de citação pessoal e estipulando o prazo máximo de 120 dias para conclusão. Fundamenta-se sobre a possibilidade de destituir o poder familiar cumulado com o pedido de adoção como pressuposto lógico de seu deferi-

---

224 STJ: notícias. *Em situação excepcional, Quarta Turma admite poder familiar do pai biológico e adoção unilateral materna*. Disponível em: <www.stj.jus.br/páginas/noticias>. Acesso em: 25-1-2020.

225 MOREIRA, Fernando. *Multiparentalidade: STJ admite poder familiar do pai biológico e adoção unilateral materna*. Disponível em: <www.ibdfam.org.br/noticias>. Acesso em: 25-1-2020.

mento, tratando-se de pedido implícito, observando-se a supremacia dos interesses maiores do menor e a existência de elementos suficientes. Admite a jurisprudência, o julgamento de procedência de pedido de adoção com a consequente destituição do poder familiar, já tendo o Tribunal de Justiça de Minas Gerais, em acórdão que foi relator o Desembargador Edgard Penna Amorim, decidido que deve ser mantida a sentença que julgou procedente ação de adoção c/c destituição do poder familiar, quando devidamente comprovado que o pai, em razão de alcoolismo, não vem cumprindo seu dever de sustento, guardar e educar o filho[226].

O Estatuto da Criança e do Adolescente regula o procedimento de perda e suspensão do poder familiar nos arts. 155 a 163, com várias alterações introduzidas pela Lei n. 13.509/2017. Prevê prazos por dias corridos; despacho determinando a citação do réu e realização de estudo social concomitante; citação por hora certa se o citando não for localizado na residência ou por edital se não possuir endereço conhecido; vistas ao Ministério Público se não for o autor; a obrigatoriedade de oitiva dos pais se comparecerem à audiência; oitiva de testemunhas, debates e sentença.

Dispõe o art. 163 da Lei n. 8.069/1990 que "o prazo máximo para conclusão do procedimento será de 120 (cento e vinte) dias e caberá ao juiz, no caso de notória inviabilidade de manutenção do poder familiar, dirigir esforços para preparar a criança ou o adolescente com vistas à colocação em família substituta". Na prática, vem sendo deferida a adoção na mesma decisão que destitui o poder familiar.

O Superior Tribunal de Justiça vem mantendo decisões que destituíram o poder familiar dos pais e concederam a adoção aos requerentes, na mesma ação, sob o fundamento de que "os adotantes preenchem todos os requisitos objetivos e subjetivos à concessão do pedido. [...] A sentença atacada apreciou cuidadosamente as provas, mostrando as necessidades da destituição do poder familiar e que a adoção é o mais adequado para a criança, nos termos do art. 161, § 1º, do ECA. [...] Finalmente se deve acrescentar que a r. sentença foi bem deferida nos termos do art. 43 do ECA, pois a decisão apresentou reais vantagens para a criança"[227].

---

[226] TJMG, AC 1.0112.01.002100-7/001, Rel. Des. Edgard Penna Amorim, j. 23-9-2004, p. 23-2-2005.

[227] STJ, REsp 1.302.600/SP, Rel. Min. Maria Isabel Galotti. p. 30-5-2016.

Prevalece, portanto, na doutrina e na jurisprudência, a possibilidade de destituição do poder familiar cumulada com o pedido de adoção, por atender ao melhor interesse da criança.

Por outro lado, para evitar abandono e destituição do poder familiar, especialistas em direito de família, incentivados pelo IBDFAM, debateram para instituir no Brasil o parto anônimo, revivendo a *roda dos enjeitados* ou *portinhola de bebês*, evitando que mães abandonem os recém-nascidos em situações degradantes, como constantemente a mídia tem noticiado. O objetivo era a criação de lei para possibilitar à mãe trocar o *abandono* pela *entrega* da criança e manter-se no anonimato.

A Lei n. 13.509/2017 acolheu os projetos ao incluir o art. 19-A no Estatuto da Criança e do Adolescente, dispondo que a gestante que manifesta interesse em entregar seu filho para adoção seja encaminhada à Justiça da Infância e da Juventude, acrescentando no § 9º que "é garantido à mãe o direito ao sigilo sobre o nascimento, respeitado o disposto no art. 48 desta lei".

O vínculo da adoção constitui-se por sentença, ainda que o adotando seja maior (arts. 47, *caput*, do ECA, e 1.619 do CC).

A morte dos adotantes não restabelece o poder familiar dos pais biológicos, posto que a adoção desliga o adotando da família consanguínea e o insere na família dos adotantes, que passarão a figurar como pais e os pais destes como avós.

É conferido ao adotado o nome da família dos adotantes, podendo-se, até mesmo, modificar o prenome (art. 47, §§ 1º, 5º e 6º, do ECA), devendo, neste caso, ser ouvido o menor, sendo necessário seu consentimento se contar com mais de 12 anos.

O fato de o interessado estar inscrito no cadastro de pessoas em condições de adotar, por si só, não autoriza o deferimento do pedido de adoção quando surgirem crianças e adolescentes em condições de ser adotados, sendo exigidos os requisitos no processo judicial de adoção, observando-se, todavia, a ordem de inscrição na habilitação ao cadastro.

Os cadastros estaduais e nacional de adoção possibilitam coletar as informações de todo o país de crianças e adolescentes em condições de ser adotadas e das pessoas em condições de adotar que não obtiveram êxito nas comarcas. Ao cruzar as informações, será possível localizar menores com o perfil desejado pelos adotantes em diferentes lugares, bem como averiguar os locais em que o processo não está funcionando adequadamente e as razões dos entraves, já que será constantemente atualizado.

Carlos Roberto Gonçalves apresenta como principais os seguintes requisitos para a adoção:

a) idade mínima de 18 anos para o adotante;

b) diferença de 16 anos entre adotante e adotado;

c) consentimento dos pais ou dos representantes legais de quem se deseja adotar;

d) concordância do adotando se contar com mais de 12 anos;

e) processo judicial;

f) efetivo benefício para o adotando[228].

Pode ser incluído ainda o consentimento dos adotantes, por exigir convergência das vontades do adotante e do adotado, e a prévia destituição do poder familiar dos pais, se forem conhecidos e existindo elementos suficientes, caso não consintam na adoção.

Maria Helena Diniz apresenta como imprescindível para a adoção o cumprimento dos seguintes requisitos:

a) efetivação por maior de 18 anos de idade independentemente do estado civil, mediante adoção singular ou adoção conjunta por casal ligado por matrimônio ou união estável;

b) diferença mínima de idade de 16 anos entre o adotante e o adotado;

c) consentimento do adotado, de seus pais ou de seu representante legal, não cabendo nesta matéria suprimento judicial;

d) intervenção judicial, pois somente se aperfeiçoa em processo judicial, inclusive do maior de 18 anos;

e) irrevogabilidade, pois a adoção é irreversível, mesmo que os adotantes venham a ter filhos ou faleçam, não restabelecendo, neste caso, o poder familiar dos pais naturais;

f) estágio de convivência entre os divorciados ou separados juridicamente e o adotando iniciado na constância da sociedade conjugal;

---

[228] GONÇALVES, Carlos Roberto. *Direito civil brasileiro* – Direito de família, cit., p. 344.

g) acordo sobre a guarda e a visitação entre o casal que pretende adotar conjuntamente já separado sobre o adotando que com eles conviveu;

h) prestação de contas da administração e quitação dos débitos por parte do tutor ou curador que quer adotar o pupilo ou curatelado;

i) comprovação da estabilidade da família se a adoção se der por conviventes[229].

3.8. Pessoas que podem adotar e que podem ser adotadas

3.8.1. Pessoas que podem adotar

Apenas os maiores de dezoito anos podem adotar, independentemente do estado civil. Tratando-se de adoção conjunta, é necessário que sejam casados ou mantenham união estável, comprovada a estabilidade da família, conforme dispõem o art. 42 e §§ 1º e 2º do ECA:

> Art. 42. Podem adotar os maiores de 18 (dezoito) anos, independentemente do estado civil.
>
> § 1º Não podem adotar os ascendentes e os irmãos do adotando.
>
> § 2º Para adoção conjunta, é indispensável que os adotantes sejam casados civilmente ou mantenham união estável, comprovada a estabilidade da família.

A primeira regra, portanto, é que só podem adotar as pessoas que atingiram a maioridade, comprovando-se que a família é estável.

A segunda regra é a diferença de idade mínima de 16 anos. O requisito de diferença mínima de 16 anos de idade entre o adotante e o adotado, exigido pela lei, para as pessoas que querem adotar, tem por objetivo instituir ambiente de respeito e austeridade, resultante da natural ascendência de pessoa mais idosa sobre outra mais jovem, como acontece na família natural, entre pais e filhos, porque a adoção imita a natureza[230]. A diferença de idade, entretanto, não vem sendo interpretada de forma absoluta, já existindo decisões que permitem, excepcionalmente, reduzir a diferença de 16 anos quando já existe uma situação de fato consolidada pela convivência afetiva,

[229] DINIZ, Maria Helena. *Curso de direito civil brasileiro* – Direito de família, cit., p. 487-493.

[230] GONÇALVES, Carlos Roberto. *Direito civil brasileiro* – Direito de família, cit., p. 345.

evidenciando a relação paterno-filial entre o adotando e os adotantes. A possibilidade, reitera-se, é excepcional, somente admitida no caso concreto em que a filiação socioafetiva já se desenvolveu e solidificou, configurando-se a prevalência do melhor interesse do menor em regularizar juridicamente uma situação de fato, nos casos em que o adotando já está inserido como filho na família dos adotantes. O Superior Tribunal de Justiça flexibilizou a regra legal à luz do princípio da socioafetividade, posto que nessa hipótese pressupõe maturidade emocional para assunção pelos adotantes do poder familiar[231]. Incabível, portanto, desconsiderar o requisito da diferença de idade em pedidos recentes de adoção, sem uma situação filial de fato já consolidada.

Não basta, porém, que os adotantes possuam mais de 18 anos e sejam 16 anos mais velhos que o adotando. É necessário que os adotantes possuam idoneidade, responsabilidade para assumir ato de tamanha importância, aptidão para ser pai e ambiente familiar adequado, sob pena de indeferimento do pedido de adoção, conforme expressamente determina o art. 29 do Estatuto da Criança e do Adolescente:

> Art. 29. Não se deferirá colocação em família substituta a pessoa que revele, por qualquer modo, incompatibilidade com a natureza da medida ou não ofereça ambiente familiar adequado.

Com o objetivo de proteger os interesses do adotando, é vedado ao tutor ou curador adotar pupilo e curatelado enquanto não prestar contas de sua administração e saldar o débito, porventura, existente (art. 44 do ECA).

A adoção pode ser requerida pelo maior de 18 anos, independentemente do estado civil, formando uma família monoparental, ou por casal, desde que casados ou em união estável, comprovada a estabilidade da família; admite-se, entretanto, que os separados e os divorciados adotem, desde que o estágio de convivência tenha sido iniciado na constância da sociedade conjugal, e acordem sobre a guarda unilateral ou compartilhada e o direito de visitas. Veda a lei, portanto, a adoção por duas pessoas se não forem casadas ou viverem em união estável (art. 42, §§ 2º e 4º, do ECA).

---

231 STJ: notícias. *Vínculo afetivo autoriza flexibilizar regra legal mínima de diferença de idade entre adotante e adotando*. Disponível em: <www.stj.jus.br/noticias>. Acesso em: 25-1-2020.

O marido não pode adotar sua mulher, ou vice-versa, porque implicaria matrimônio entre ascendente e descendente, ou serem adotados pela mesma pessoa, pois passariam a ser irmãos, importando impedimento para o casamento. Da mesma forma, não pode adotar o pai ou mãe que reconheceu o filho, posto que já detentor do poder familiar, importando em ato jurídico sem objeto[232].

O Estatuto da Criança e do Adolescente dispõe no art. 42, § 1º, que *não podem adotar os ascendentes e os irmãos do adotando*. A adoção pelo avô ou irmão importa desvirtuamento do instituto e confusão no parentesco, pois o filho passaria a ser irmão do pai ou da mãe, cunhado do outro genitor ou sobrinho dos pais. A jurisprudência, entretanto, já admitiu a adoção de um infante por dois irmãos, que moravam na mesma casa, configurando uma família anaparental. Ambos o criaram como filho, até o falecimento de um deles.

A família anaparental, lecionam Liane Maria Busnello Thomé e Aline Maria Guidolin, inclui-se entre as famílias não previstas na Constituição Federal e se baseia "na convivência entre parentes ou entre pessoas, ainda que não parentes e sem conotação sexual, dentro de uma mesma estruturação com identidade de propósito, que é a vontade de constituir família", como ocorre entre dois irmãos[233].

No caso concreto, a Terceira Turma do Superior Tribunal de Justiça, tendo como Relatora a Ministra Nancy Andrighi, fundamentou que a adoção conjunta busca garantir a inserção do adotando em uma família, na qual possa ser cuidado e desenvolver-se, obtendo uma rede de proteção familiar e social. Assim, a adoção conjunta não pode se restringir aos casados ou em união estável, pois contraria a própria norma de proteção integral ao adotando, devendo ser flexibilizada e adequada às transformações sociais e pluralidade dos modelos de família. Consta ainda na ementa que:

---

232 DINIZ, Maria Helena. *Curso de direito civil brasileiro* – Direito de família. 22. ed., cit., p. 488.

233 THOMÉ, Liane Maria Busnello; GUIDOLIN, Aline Maria. O reconhecimento das famílias anaparentais pelo Superior Tribunal de Justiça. In: ROSA, Conrado Paulino da; THOMÉ, Liane Maria Busnello (Coords.). *Um presente para construir o futuro*: diálogos sobre família e sucessões. Porto Alegre: IBDFAM/RS, 2015. p. 334-335.

CIVIL. PROCESSUAL CIVIL. RECURSO ESPECIAL. ADOÇÃO PÓSTUMA. VALIDADE. ADOÇÃO CONJUNTA. PRESSUPOSTOS. FAMÍLIA ANAPARENTAL. POSSIBILIDADE.

[...]

4. O art. 42, § 2º, do ECA, que trata da adoção conjunta, buscou assegurar ao adotando a inserção em um núcleo familiar no qual pudesse desenvolver relações de afeto, aprender valores sociais, receber e dar amparo nas horas de dificuldades, entre outras necessidades materiais e imateriais supridas pela família que, nas suas diversas acepções, ainda constitui a base de nossa sociedade.

[...]

6. Restringindo a lei, porém, a adoção conjunta aos que, casados civilmente ou que mantenham união estável, comprovem estabilidade na família, incorre em manifesto descompasso com o fim perseguido pela própria norma, ficando teleologicamente órfã. Fato que ofende o senso comum e reclama atuação do intérprete para flexibilizá-la e adequá-la às transformações sociais que dão vulto ao anacronismo do texto de lei.

[...]

8. O fim expressamente assentado pelo texto legal – colocação do adotando em família estável – foi plenamente cumprido, pois os irmãos, que viveram sob o mesmo teto, até o óbito de um deles, agiam como família que eram, tanto entre si, como para o então infante, e naquele grupo familiar o adotado se deparou com relações de afeto, construiu – nos limites de suas possibilidades – seus valores sociais, teve amparo nas horas de necessidade físicas e emocionais, em suma, encontrou naqueles que o adotaram, a referência necessária para crescer, desenvolver-se e inserir-se no grupo social que hoje faz parte.

9. Nessa senda, a chamada família anaparental – sem a presença de um ascendente –, quando constatado os vínculos subjetivos que remetem à família, merece o reconhecimento e igual *status* daqueles grupos familiares descritos no art. 42, § 2º, do ECA[234].

Permite-se que um cônjuge ou companheiro adote o filho do outro, mantendo-se os vínculos de filiação entre o adotado e o cônjuge ou compa-

[234] STJ, REsp 1.217.415/RS, Rel. Min. Nancy Andrighi, j. 19-6-2012.

nheiro do adotante e os respectivos parentes. Altera-se, portanto, apenas a filiação quanto ao outro genitor, tratando-se de *adoção unilateral ou singular*, exigindo seu consentimento se for conhecido (art. 41, § 1º, do ECA). Pode, portanto, o cônjuge ou companheiro adotar unilateralmente o filho do outro.

A adoção se consuma mesmo se o adotante vier a falecer no curso do procedimento, após demonstrar a inequívoca vontade de adotar (art. 42, § 6º, do ECA), denominada *post mortem*, dispondo o art. 47, § 7º, da Lei n. 8.069/1990, que "a adoção produz seus efeitos a partir do trânsito em julgado da sentença constitutiva, exceto na hipótese prevista no § 6º do art. 42 desta Lei, caso em que terá força retroativa à data do óbito". Assim, falecendo o adotante no curso da adoção, após demonstrar o desejo de adotar, o procedimento prossegue como se vivo fosse até decisão final, entretanto, a sentença constitutiva retroage à data do óbito para produção de todos os efeitos, permitindo-se possa adotar *post mortem*. O art. 199-A do Estatuto da Criança e do Adolescente dispõe, entretanto, conflitando com a primeira parte do art. 47, § 7º, que a sentença que deferir a adoção produz efeito desde logo, embora sujeita à apelação, que será recebida apenas no efeito devolutivo.

O art. 42, § 2º, do ECA dispõe que ninguém pode ser adotado por duas pessoas, salvo se forem marido e mulher, ou se viverem em união estável. Veda-se, portanto, adoção cumulativa por duas pessoas, simultânea ou sucessiva, se não forem casados ou viverem em união estável. Ocorre a *adoção cumulativa simultânea* ou *conjunta* quando o casal, ao mesmo tempo, adota o filho. Não existe vedação, desde que entre casal, da *adoção cumulativa sucessiva*, quando uma pessoa adota um filho e, posteriormente, em razão de casamento ou união estável, o companheiro também o adota, mantendo os vínculos da adoção anterior, ocorrendo, portanto, duas adoções unilaterais ou singulares, cada uma para um genitor.

Não se permite a adoção por duas pessoas sem o vínculo do casamento ou união estável, exigindo-se estabilidade da família. A lei, entretanto, excepciona a necessidade de vigência do casamento ou da união estável no momento da efetivação da adoção, desde que o menor já esteja sob a guarda do casal ou tenha iniciado o estágio de convivência na constância da união, tendo surgido o vínculo afetivo de filiação. Exige-se, ainda, que o casal acorde sobre a guarda, exclusiva ou compartilhada, e o regime de visitas. Assim, iniciada a adoção na constância da união, mesmo que dissolvido o casamento ou a união estável, podem os ex-cônjuges ou ex-companheiros adotar, conforme dispõe o art. 42, § 4º, do ECA.

Art. 42. [...]

[...]

§ 4º Os divorciados, os judicialmente separados e os ex-companheiros podem adotar conjuntamente, contanto que acordem sobre a guarda e o regime de vistas e desde que o estágio de convivência tenha sido iniciado na constância do período de convivência e que seja comprovada a existência de vínculos de afinidade e afetividade com aquele não detentor da guarda, que justifiquem a excepcionalidade da concessão.

As restrições anteriores à adoção por casal homoafetivo não mais existem. A doutrina moderna contra o preconceito na adoção por casal homoafetivo e as decisões isoladas encontraram eco no Supremo Tribunal Federal.

No julgamento conjunto da ADI 4.277/DF e da ADPF 132/RJ, em 5 de maio de 2011, a Corte Constitucional decidiu por unanimidade, com eficácia *erga omnes* e efeito vinculante, que deve ser conferido ao art. 1.723 do Código Civil, que conceitua a união estável entre homem e mulher, *interpretação conforme à Constituição*, aplicando as mesmas regras à união de pessoas do mesmo sexo. Na ementa do julgamento consta no item 6 que:

> 6. INTERPRETAÇÃO DO ART. 1.723 DO CÓDIGO CIVIL EM CONFORMIDADE COM A CONSTITUIÇÃO FEDERAL (TÉCNICA DA "INTERPRETAÇÃO CONFORME"). RECONHECIMENTO DA UNIÃO HOMOAFETIVA COMO FAMÍLIA. PROCEDÊNCIA DAS AÇÕES. Ante a possibilidade de interpretação em sentido preconceituoso ou discriminatório do art. 1.723 do Código Civil, não resolúvel à luz dele próprio, faz-se necessária a utilização da técnica de "interpretação conforme à Constituição". Isso para excluir do dispositivo em causa qualquer significado que impeça o reconhecimento da união contínua, pública e duradoura entre pessoas do mesmo sexo como família. Reconhecimento que é de ser feito segundo as mesmas regras e com as mesmas consequências da união estável heteroafetiva[235].

A partir da decisão do Supremo Tribunal Federal, não mais se admite qualquer recusa ou restrição entre as pessoas que podem adotar de casais homoafetivos.

---

[235] STF Pleno, ADI 4.277/DF e ADPF 132/RJ, Rel. Min. Ayres Britto, j. 5-5-2011, p. 14-10-2011.

Atendidos os requisitos do art. 29 da Lei n. 8.069/1990, ou seja, o casal homoafetivo demonstrar compatibilidade e ambiente familiar adequado, como também se exige dos casais hétero, a adoção apresentar reais vantagens ao adotando, fundando-se em motivos legítimos, o preconceito restou afastado, possibilitando a adoção por pessoas do mesmo sexo, se benéfica ao adotando.

3.8.2. Pessoas que podem ser adotadas

Pode ser adotada qualquer pessoa, capaz ou incapaz, observados os requisitos e as vedações legais.

O grupo de irmãos devem ser adotados por uma mesma família, mantendo-se os vínculos fraternais, salvo em condições excepcionais e justificadas (art. 28, § 4º, do ECA).

A adoção do maior, conforme já ressaltado, também se procede mediante processo judicial e sentença constitutiva, exigindo o consentimento do adotando e, para alguns, de seus genitores, posto que, apesar de mesmo não estando sob o poder familiar, a adoção importará em extinção de todos os vínculos com os pais biológicos. O entendimento, entretanto, não é pacífico, posto que com a maioridade extingue-se o poder familiar. Inequívoco, todavia, o interesse dos pais biológicos em manifestarem sobre a adoção, devendo, pelo menos, serem citados pessoalmente em razão do legítimo interesse de opor-se ao pedido.

Questão interessante a ser abordada é se a *pessoa pode ser adotada pelos pais biológicos depois de ser adotada por outra família*, ocorrendo *readoção*. Do ponto de vista legal, não se vislumbra óbice. Ao ser adotada, a pessoa passa a ser filho dos adotantes, desligando todos os vínculos jurídicos com os pais biológicos, exceto quanto aos impedimentos matrimoniais, logo não existe impedimento legal para ser adotado pelos pais biológicos, restaurando os efeitos jurídicos da filiação.

O art. 41 do Estatuto Menorista, ao dispor que "a adoção atribui a situação de filho ao adotado, com os mesmos direitos e deveres, inclusive sucessórios, desligando-o de qualquer vínculo com os pais e parentes consanguíneos, salvo quanto aos impedimentos matrimoniais", mantém como única vedação o casamento do adotado com os parentes biológicos. Afasta-se, assim, qualquer vedação aos pais genéticos de readquirem a paternidade jurídica, solucionando uma situação de fato e atendendo ao princípio da melhor proteção aos interesses dos menores com absoluta prioridade.

Não é incomum o filho adotivo, mesmo após longo período de adoção, buscar suas origens e diante de outra realidade social voltar a conviver com os pais biológicos, afastando ou até mesmo rompendo os vínculos afetivos com os pais adotivos, não se justificando, para a pacificação social e o interesse das partes, a manutenção de uma situação jurídica diversa da realidade de fato.

Da mesma forma, não é incomum com o falecimento dos pais adotivos o filho retornar para a família biológica, rompendo os laços com os parentes afetivos, necessitando também uma solução jurídica para se adequar à situação de fato.

Tendo em vista que a adoção é irrevogável e a morte dos adotantes não restabelece o poder familiar dos pais biológicos (arts. 39, § 1º, e 49 do ECA), não existe óbice legal de os filhos biológicos, após adoção, serem juridicamente readotados pelos pais naturais, constituindo-se (ou reconstituindo) por sentença todos os efeitos da filiação, obedecendo, obviamente, todos os requisitos legais, como o melhor interesse do adotando, legitimidade dos motivos, vantagens na adoção, consentimento do adotado e do adotante, e o processo judicial.

A jurisprudência, em caso concreto análogo, como será abordado no título seguinte, preferiu invalidar a adoção (e não revogar) para regularizar a situação de uma menor adotada, mas que nunca se considerou filha dos pais adotivos e irmã dos filhos destes. A decisão se baseava no direito fundamental da dignidade da pessoa humana, nos princípios da proporcionalidade e da razoabilidade e na teoria da concreção jurídica, que podem, todos, ser aplicados para autorizar a readoção pelos pais biológicos.

Não pode ser adotado o nascituro, restando suprimida no Estatuto da Criança e do Adolescente e no Código Civil. A convenção de Haia exige o consentimento da mãe, após o nascimento do filho, para a adoção internacional, restando um contrassenso, sob o ponto de vista humano e jurídico, adotar uma criança que ainda não nasceu[236]. Com efeito, não há como adotar o nascituro, dependendo de um futuro incerto que é o nascimento com vida e a possibilidade de a mãe mudar sua vontade ao ver e amamentar o filho,

[236] DIAS, Maria Berenice. *Manual de direito das famílias*. 4. ed., cit., p. 441.

discordando do consentimento anteriormente dado, tanto que o § 6º do art. 166 do Estatuto da Criança e do Adolescente, introduzido pela Lei n. 12.010/2009, dispõe expressamente que "o consentimento somente terá valor ser for dado após o nascimento da criança".

3.9. Efeitos da adoção

3.9.1. Considerações gerais – irrevogabilidade, readoção e invalidação

A adoção produz efeitos pessoais e patrimoniais entre o adotante e o adotado a partir do trânsito em julgado da sentença constitutiva, exceto, como já visto, se o adotante falecer no curso do processo, hipótese em que retroage à data do óbito, estendendo-se o vínculo de parentesco do adotado e seus descendentes com o adotante e com todos os parentes deste, conforme dispõem o art. 41, *caput*, e o § 2º do Estatuto da Criança e do Adolescente, ao atribuir ao adotado a condição de filho, com os mesmos direitos e deveres, e ressaltar o direito sucessório recíproco entre o filho adotivo e seus descendentes e o adotante e seus parentes.

O principal efeito da adoção é atribuir ao adotado a condição de filho do adotante, sem qualquer distinção dos demais filhos, dispondo a Constituição Federal que "os filhos, havidos ou não da relação do casamento, ou por adoção, terão os mesmos direitos e qualificações, proibidas quaisquer designações discriminatórias relativas à filiação" (art. 227, § 4º).

Outro efeito da adoção é desligar o adotado de todos os vínculos com a família natural, exceto os impedimentos para o casamento, posto que "a adoção atribui a condição de filho ao adotado, com os mesmos direitos e deveres, inclusive sucessórios, desligando-o de qualquer vínculo com os pais e parentes, salvo quanto os impedimentos matrimoniais" (art. 41 do ECA).

A adoção, obedecidos os requisitos legais e o devido processo judicial, é irrevogável, não se admitindo arrependimento posterior dos pais biológicos no consentimento, dos pais adotivos ou mesmo do adotado, não restando restabelecido o poder familiar dos pais naturais com a morte dos adotivos (arts. 39, § 1º, e 49 do ECA). Todavia, tendo em vista que em tudo o filho adotivo se equipara ao filho natural, a lei não veda a adoção do filho adotivo, com seu consentimento e dos pais afetivos, por outra pessoa ou casal.

Assim, não existe vedação legal para a *readoção*, inclusive pelos pais biológicos, conforme já abordado. Não é permitida a revogação da adoção, o que não impede a readoção.

O Tribunal de Justiça de Minas Gerais admitiu, porém, em abstrato, a possibilidade jurídica de *invalidação da adoção* no caso concreto, quando é extremamente prejudicial ao adotado em razão de fatos posteriores, atingindo direitos fundamentais, cabendo ao julgador a releitura do texto legal, sob inspiração sociológica, sob pena de preterição do conteúdo pelo invólucro e da prevalência da literalidade do texto legal sobre a *mens legis*, porque a finalidade da norma não é ser dura, mas justa. O relator invocou o art. 5º da LINDB, que consagrou a equidade como elemento de adaptação e integração da norma ao caso concreto, atenuando seu rigor, sem quebrá-la ou desvirtuar-lhe as feições, mas amoldando-a às circunstâncias sociovalorativas, arredondando as suas arestas, corrigindo a inadequação à realidade fático-social e aos valores positivados, harmonizando o abstrato e rígido da norma com a realidade concreta, ajustando-a, do melhor modo possível, ao caso emergente. Ressalta ser íntima a relação entre ideologia, ciência do direito e aplicação jurídica, pois o enfoque hermenêutico deverá ser feito sob a luz da teoria da concreção jurídica, caracterizada pela circunstância de estabelecer a correlação entre norma, fato e valor, visando a uma decisão judicial que, além das exigências legais, atenda aos fins sociais e axiológicos do direito.

No caso concreto, a autora foi adotada quando criança por uma prima de sua mãe biológica, que já possuía dois filhos. A filha adotiva, entretanto, sempre considerou os irmãos adotivos como primos e veio a nutrir sentimento amoroso por um deles. Da relação adveio gravidez e o nascimento de uma filha, constando no seu assento de nascimento os mesmos avós paternos e maternos, afrontando o seu direito de personalidade, pois, aos olhos da lei, é fruto de uma relação ilegal e corre o risco de ser alvo de chacota e apontada com filha de irmãos. Alegou a autora que considera o pai de sua filha como primo, mas a realidade jurídica os transformou em irmãos, considerando a relação amorosa como espúria e incestuosa, gerando impedimento para a configuração de união estável ou para o casamento. A autora ajuizou pedido de cancelamento de sua adoção para que possa contrair núpcias com o pai de sua filha, tendo o juiz da comarca de origem extinguido o processo sem resolução do mérito, em face da impossibilidade jurídica do pedido.

O voto do relator ressaltou tratar-se de realidade fática-singular, diferenciada e especialíssima, cujo exame exige cautela e ponderação, porquanto envolve valores éticos-constitucionais, não podendo simplesmente negar provimento ao recurso, ao singelo argumento de que a adoção é irrevogável, em face do texto letárgico e indiferente da lei. A lei deve ser interpretada buscando seu real sentido e alcance, com adstrição ao seu caráter teleológico (ou sociológico), observando a prerrogativa fundamental, atinente à dignidade da pessoa humana, exigindo a análise sob inspiração hermenêutico-constitucional, no caso concreto, a fim de alcançar o objetivo da jurisdição, que é a pacificação social.

Não se trata, no caso, de anulação do ato jurídico (adoção), porque não se apresenta inquinado de vício; não se trata também de revogação da adoção. Trata-se de *invalidação da adoção* em decorrência de múltiplos fatores, como a não utilização da tutela na época da adoção; superveniência fático-social em razão do envolvimento amoroso da adotada e seu primo ora irmão adotivo; efetividade da dignidade da pessoa humana quanto à criança advinda do relacionamento, que poderá ser estigmatizada por toda a sua vida com a pecha de incestuosa a que não deu causa; prevalência da situação fática sobre a jurídica, pois nunca houve entre os envolvidos sentimento fraternal; e união acolhida e reconhecida no meio sociofamiliar. Fundamentou ainda o eminente relator que os direitos fundamentais da criança, nascida do relacionamento, impõe apreciar o caso concreto sob a égide principiológica da proporcionalidade e da razoabilidade.

Não restando permitido julgar a lide desde logo, suprimindo a instância, e a necessidade de a mãe biológica da adotada integrar a lide no polo passivo, o Tribunal de Justiça mineiro anulou a sentença de extinção do processo e reconheceu abstratamente a possibilidade jurídica no caso concreto, determinando o retorno dos autos à comarca de origem para seu regular prosseguimento. Consta da ementa do acórdão o seguinte teor:

> ADOÇÃO – ELEMENTOS E CIRCUNSTÂNCIAS DOS AUTOS – DIREITO FUNDAMENTAL – DIGNIDADE DA PESSOA HUMANA – CANCELAMENTO DO ATO – POSSIBILIDADE JURÍDICA DO PEDIDO EM ABSTRATO, NO CASO CONCRETO – INTERPRETAÇÃO TELEOLÓGICA/SOCIOLÓGICA – PRINCÍPIOS DA PROPORCIONALIDADE E DA RAZOABILIDADE – TEORIA DA CONCREÇÃO JURÍDICA – TÉCNICA DA PONDERAÇÃO – SITUAÇÃO FÁTICO-SOCIAL – CRIANÇA – PRO-

TEÇÃO INTEGRAL, COM ABSOLUTA PRIORIDADE – SENTENÇA ANULADA – RECURSO PROVIDO. Tem-se o conflito das realidades fático-social e jurídica, ocasionado pela escolha indevida do instituto da adoção, ao invés de tutela. Não se olvida que a adoção é irrevogável, mas o caso sob exame revela-se singular e especialíssimo, cujas peculiaridades recomendam (ou melhor, exigem) sua análise sob a ótica dos direitos fundamentais, mediante interpretação teleológica (ou sociológica), com adstrição aos princípios da proporcionalidade e da razoabilidade, dando-se azo, com ponderação, à concreção jurídica, máxime por envolver atributo da personalidade de criança, advinda de relacionamento "aparentemente" incestuoso, até porque o infante tem proteção integral e prioritária, com absoluta prioridade, assegurada por lei ou por outros meios. Inteligência dos arts. 5º da LINDB; 3º e 4º, "caput" do ECA; e 226, "caput" e 227, "caput" da CF)[237].

As situações que se apresentam na vida, com o retorno de filhos adotivos à família natural, perdendo-se os vínculos com a família adotiva, reforçam não apenas a possibilidade, mas a necessidade de se permitir a readoção pelos pais biológicos.

A adoção jurídica, como já visto anteriormente, não se confunde com a chamada *adoção à brasileira*, forma de reconhecimento de paternidade irregular, que se materializa pelo reconhecimento da paternidade/maternidade diretamente no registro civil, sem o devido procedimento judicial de adoção.

A jurisprudência e a doutrina, apesar das inúmeras controvérsias, reconhecem a validade do reconhecimento e a irrevogabilidade do ato praticado pelos pais, quando configura paternidade jurídica socioafetiva, posto que não viola a verdade do registro, o reconhecimento, mesmo que não corresponda à paternidade biológica, mas que espelha a paternidade socioafetiva consolidada. Permite-se, entretanto, ao filho investigar sua paternidade biológica c/c retificação do registro se inexistente o vínculo afetivo. Existente o vínculo socioafetivo, inclina-se a jurisprudência pelo descabimento da pretensão anulatória do registro, sob o fundamento de que, neste caso, o ato configura uma verdadeira adoção, restando irrevogável,

---

237 TJMG, 5ª CC, AC 1.0056.06.132269-1/001, Rel. Des. Nepomuceno Silva, j. 6-12-2007, p. 9-1-2008.

apesar de facultar ao interessado pesquisar sua origem genética, sem atribuição de paternidade jurídica.

O pai que reconheceu o filho consciente de que não era seu biologicamente cria o ato irrevogável e não pode posteriormente pretender desconstituí-lo, mesmo que tenha separado da mãe do menor, alegando falsidade do registro, quando foi o próprio agente causador da fraude.

A paternidade socioafetiva, é oportuno registrar, somente se caracteriza se consolidados os vínculos paterno-filiais, ou seja, o pai reconhecer o outro como filho e este reconhecê-lo como pai. Diante dos novos conceitos de filiação *por outra origem*, que inclui a posse do estado de filho e a reprodução heteróloga, juridicamente é possível ao pai socioafetivo reconhecer o filho extrajudicialmente no registro civil (Prov. n. 63/2017), sem configurar *adoção à brasileira*, que no direito penal é crime, especialmente se realizada por má-fé e objetivos escusos.

3.9.2. Efeitos de ordem pessoal

Os efeitos de ordem pessoal da adoção se resumem, essencialmente, no desligamento do adotado de sua família biológica e integrar como filho a família do adotante.

Carlos Roberto Gonçalves resume os efeitos de ordem pessoal no parentesco, poder familiar e o nome. Ressalta que a adoção gera um *parentesco* entre o adotante e o adotado, chamado de civil, mas em tudo equiparado ao consanguíneo, integrando o filho adotivo na família do adotante, com os mesmos direitos e deveres do consanguíneo. Com a adoção, o filho adotivo sujeita-se ao *poder familiar* do adotante, transferindo para este todos os direitos e deveres do pai natural. O *nome* do adotante é conferido ao adotado, tratando-se de direito próprio da mesma forma que os filhos consanguíneos, podendo a pedido alterar até mesmo o prenome[238].

Maria Helena Diniz apresenta diversos efeitos pessoais na adoção. De forma resumida, pode-se apresentar os seguintes efeitos elencados pela doutrinadora:

238 GONÇALVES, Carlos Roberto. *Direito civil brasileiro* – Direito de família, cit., p. 347-350.

a) rompimento automático do vínculo de parentesco com a família de origem, salvo os impedimentos matrimoniais;

b) estabelecimento de verdadeiros laços de parentesco civil entre o adotado (e seus descendentes) e o adotante, abrangendo a família do adotante;

c) transferência definitiva e de pleno direito do poder familiar para o adotante, se o adotado for menor, com todos os direitos e deveres que lhe são inerentes;

d) liberdade razoável em relação à formação do nome patronímico do adotado;

e) possibilidade de promoção da interdição e inabilitação do pai ou mãe adotiva pelo adotado ou vice-versa;

f) inclusão do adotante e do adotado no rol das pessoas que não podem testemunhar e daquelas em relação às quais o juiz tem impedimentos;

g) determinação do domicílio do adotando menor de idade, que adquire o do adotante[239].

3.9.3. Efeitos patrimoniais

Os principais efeitos patrimoniais na adoção são os direitos recíprocos de alimentos e sucessórios entre o adotado e seus descendentes e o adotante e seus parentes. Maria Helena Diniz relaciona também diversos efeitos jurídicos patrimoniais, apresentando resumidamente, entre eles:

a) direito do adotante à administração e ao usufruto dos bens do adotado menor (arts. 1.689, 1.691 e 1.693 do CC);

b) dever do adotante de sustentar o adotado enquanto durar o poder familiar (art. 1.634 do CC);

c) obrigação recíproca de prestação de pensão alimentícia entre o adotado e seus pais adotivos (arts. 1.694, 1.696 e 1.697 do CC);

d) direito à indenização dos filhos adotivos por acidente de trabalho do adotante;

---

[239] DINIZ, Maria Helena. *Curso de direito civil brasileiro* – Direito de família. 22. ed., cit., p. 494-496.

e) responsabilidade civil do adotante pelos atos cometidos pelo adotado menor de idade (arts. 932, I, 933 e 934 do CC);

f) direito sucessório do adotado (arts. 1.829, I, e 1.790, I e II, do CC);

g) reciprocidade nos efeitos sucessórios (arts. 1.829, II, e 1.790, III, do CC);

h) rompimento de testamento se sobrevier filho adotivo (art. 1.973 do CC);

i) direito de o adotado recolher bens deixados pelo fiduciário, em caso de fideicomisso, por ser herdeiro necessário, tratando-se de direito recíproco (arts. 1.951 a 1.960 do CC);

j) superveniência de filho adotivo pode revogar doação feita pelo adotante (arts. 1.789 e 1.846 do CC)[240].

3.9.4. Benefícios legais

A adoção assegura, além dos efeitos pessoais e materiais, envolvendo o adotante e o adotado, auferir benefícios legais, como o salário-maternidade, benefício previdenciário e licença-maternidade, permitindo à adotante dispor de um período maior para conviver e estreitar os laços de afinidade com o filho adotivo, construindo sua estrutura social e emocional, e se identificando como a pessoa que preenche suas necessidades psicológicas e naturais, construindo a figura da mãe. Injustificadamente, não é concedido o benefício da licença-paternidade ao adotante[241].

O filho adotivo possui direito a todos os benefícios legais como dependente dos adotantes, inclusive previdenciários, sem qualquer discriminação em relação aos filhos naturais.

3.9.5. Inexistência, nulidade e anulação da adoção

Maria Helena Diniz cita Antônio Chaves para lecionar que a adoção pode ser inexistente, nula ou anulável.

---

[240] DINIZ, Maria Helena. *Curso de direito civil brasileiro* – Direito de família. 22. ed., cit., p. 497-498.

[241] DIAS, Maria Berenice. *Manual de direito das famílias*. 4. ed., cit., p. 441-442.

A adoção será *inexistente* se realizada com falta de consentimento do adotado e do adotante, por falta de objeto, por exemplo, se o adotante estiver interditado, ausente ou incapaz de exercer o poder familiar; e por falta de processo judicial com intervenção do Ministério Público.

A adoção será *nula* se violadas as prescrições legais, apesar de não se exigir rigor absoluto no exame de suas formalidades por se tratar de ato de liberalidade, ocorrendo, por exemplo, se o adotante não tiver mais de 18 anos e diferença superior a 16 anos de idade do adotado; se for realizada por duas pessoas que não sejam marido e mulher ou conviventes; se ocorrer por tutor ou curador sem prestação de contas; por vícios resultantes de simulação ou fraude à lei (arts. 166 e 167, VI, do CC); podendo acrescentar ainda por ausência de consentimento dos pais biológicos conhecidos, sem prévia destituição do poder familiar, e do adotando maior de 12 anos.

Por fim, a adoção será *anulada* se faltar assistência do representante legal ao consentimento do adotado relativamente incapaz (art. 171 do CC); se o consentimento for manifestado somente pelo adotado relativamente incapaz, por vícios de consentimento (erro, dolo, coação – art. 171, II, do CC); ausência de anuência da pessoa sob cuja guarda se encontra o menor[242].

Importante ressaltar que a nulidade da adoção, já existente vínculo de afetividade, autoriza o reconhecimento da filiação socioafetiva e multiparentalidade.

3.10. Adoção internacional

A adoção internacional ou transnacional, não era regulada no Código Civil de 2002, que dispunha no revogado art. 1.629 que obedecerá aos casos e condições estabelecidas em lei, o que já era previsto no Estatuto da Criança e do Adolescente. A Lei n. 12.010/2009, entretanto, aperfeiçoou a adoção internacional, dando nova redação aos arts. 51 e 52, acrescentando no último diversos parágrafos e incisos, e incluindo os arts. 52-A a 52-D. A Lei n. 13.509/2017 deu nova redação ao art. 51, dispondo que:

> Art. 51. Considera-se adoção internacional aquela na qual o pretendente possui residência habitual em país-parte da Convenção de Haia, de 29 de

[242] DINIZ, Maria Helena. *Curso de direito civil brasileiro* – Direito de família. 22. ed., cit., p. 499-442.

maio de 1993, relativa à Proteção das Crianças e à Cooperação em Matéria de Adoção Internacional, promulgada pelo Decreto n. 3.087, de 21 junho de 1999, e deseja adotar criança em outro país-parte da Convenção.

A colocação em família substituta internacional constitui medida excepcional, admitindo-se apenas mediante adoção, objetivando, com as restrições legais, combater o tráfico de menores e a corrupção nas adoções mal-intencionadas.

Tarcísio José Martins Costa ressalta, entretanto, que o princípio da prioridade da própria família ou princípio da excepcionalidade da adoção internacional não pode ser considerado absoluto para impor exigências rigorosas e impedir ou dificultar as adoções. A carência ou falta de recursos materiais não são motivos para destituição do poder familiar, entretanto, não se pode admitir que uma criança permaneça na família natural em situação de abandono psicológico ou desamparo físico e material, não reunindo os pais condições mínimas de cumprir seus deveres e obrigações, devendo o menor ser encaminhado a uma família substituta. Não restam dúvidas de que toda criança tem o direito de ser criada e educada em sua própria família, em seu próprio país e na sua própria cultura, mas após restar infrutífera a reinserção do menor em família substituta nacional deve ser considerada a possibilidade de adoção internacional, encarada como um remédio subsidiário, e não principal, para o desamparo deste. A população mundial está cada vez mais globalizada e, especialmente em razão do avanço tecnológico, está ocorrendo o estreitamento dos laços entre os povos, o transporte de costumes de um país para outro com imensa rapidez, facilidade de deslocamentos entre fronteiras, aumento de uniões entre homens e mulheres de diferentes nacionalidades e a internacionalização da família, quebrando desconfianças e preconceitos. Do ponto de vista cultural, pesquisas revelam que a maioria das adoções internacionais, feitas legalmente, tem alcançado notável sucesso na sua finalidade de promover a integração plena da criança em seu novo meio familiar e social. Assim, não encontrando a criança uma família dentro de seu próprio país, não se pode privá-la de encontrar o seu bem-estar e felicidade junto a uma família estrangeira[243].

---

243 COSTA, Tarcísio José Martins. Adoção internacional: aspectos jurídicos, políticos e socioculturais. In: PEREIRA, Rodrigo da Cunha (Coord.). *Anais do II Congresso Brasileiro de Direito de Família*. Belo Horizonte: IBDFAM: OAB/MG. Belo Horizonte: Del Rey, 2000. p. 265-281.

A Organização das Nações Unidas e a comunidade internacional têm demonstrado preocupação e não estão medindo esforços para criar mecanismos eficientes para fiscalização, proteção ao bem-estar e assegurar uma situação jurídica estável da criança adotada, tanto no seu país de origem como no país de acolhimento.

Orienta ainda Tarcísio José Martins Costa sobre medidas necessárias para melhor garantir a adoção por estrangeiros e apresenta a seguinte conclusão sobre a adoção internacional:

> Do ponto de vista jurídico, as garantias desejáveis para a adoção internacional podem ser assim resumidas:
>
> a) determinação das autoridades competentes para pronunciá-la, a lei que deve por elas ser aplicada e a definição do procedimento a seguir;
>
> b) assegurar que a adoção seja reconhecida nos países envolvidos;
>
> c) impedir que se concedam autorizações de adoção sem as necessárias precauções;
>
> d) estabelecer preferência de organizações confiáveis, devidamente credenciadas, em lugar de indivíduos que atuam como intermediários;
>
> e) vedação de adoções por procuração;
>
> f) punição dos responsáveis pelas adoções realizadas com fraude às leis nacionais e internacionais;
>
> g) melhor controle das autorizações de viagens internacionais e emissão de passaportes para menores;
>
> h) respeito aos princípios básicos já mencionados, consagrados pela Convenção das Nações Unidas sobre direitos das crianças e Convenção de Haia relativa à adoção.
>
> [...]
>
> Finalmente, é dentro do contexto de inescapável mundialização em que vivemos que a adoção internacional deve ser inserida.
>
> A revolução dos meios de comunicação, a integração dos países em blocos econômicos, a flexibilização das fronteiras, o aumento das uniões entre homens e mulheres de diferentes nacionalidades e o intenso deslocamento de pessoas além-fronteiras cada vez mais aproximam os povos, permitindo-lhes que melhor se conheçam e se tratem mais solidariamente. Portanto, nada mais natural no mundo de hoje do que o intercâmbio entre as nações e os povos.

> Não se pode, entretanto, esquecer os imensos obstáculos a superar, em especial o de compatibilizar não só legislações mas, principalmente, costumes e culturas distintas. Não obstante, impõe-se enfrentar a questão das crianças desamparadas, centro de todas as preocupações e valor fundamental a defender, sem preconceitos ou condicionamentos ideológicos prévios. Como os valores familiares e humanos estão acima dos valores difusos, como pátria, cultura, língua e outros, não se podem transformar o instituto humanístico da adoção internacional em cenário de confrontos, seja pela reafirmação injustificada de nacionalismo, seja pela invocação da soberania como valor politicamente superior[244].

A Lei n. 12.010/2009, ao incluir modificações no Estatuto da Criança e do Adolescente, acolheu as diretrizes da Convenção de Haia de 1993 (que passou a integrar o direito positivo pátrio ao ser aprovada e promulgada em 1999) na adoção internacional.

Uma das diretrizes foi o critério identificador da adoção internacional, que passou a ser territorial e não a nacionalidade das partes. No art. 2º, I, a Convenção de Haia dispõe que será aplicada quando ocorrer deslocamento de uma criança de sua residência habitual de um país (Estado de origem) para outro (Estado de acolhida).

Assim, é considerada adoção internacional se uma criança for adotada por brasileiros que possuem domicílio e residência no exterior e, lado outro, será adoção nacional ou comum a adoção de uma criança brasileira adotada por estrangeiros que residem no Brasil.

O critério afasta intermináveis discussões nas adoções de crianças brasileiras que envolvem casal formado por brasileiro e estrangeiro. Se residentes no exterior, a adoção é internacional e deve atender aos seus requisitos. Se residentes no Brasil, a adoção é a comum.

O que vai demandar maior cuidado no caso concreto é a hipótese de dupla residência no Brasil e no exterior. Deve ser observado neste caso onde a pessoa ou casal possui o centro de suas atividades e residência principal. Se no Brasil, a adoção será nacional; se no exterior, a adoção será internacional e devem ser observados os seus requisitos.

---

244 COSTA, Tarcísio José Martins. Adoção internacional: aspectos jurídicos, políticos e socioculturais, cit., p. 278-281.

O Tribunal de Justiça de Minas Gerais, em acórdão em que foi Relator o Des. Caetano Levi Lopes (*DJMG* de 29-5-2003), decidiu que casal formado por estrangeiro e brasileira com dupla residência, sendo uma no exterior, de onde aufere rendimentos para sua subsistência, necessita de inscrição no Conselho Estadual Judicial de Adoção (CEJA), tratando-se de adoção transnacional. Somente se o casal tivesse residência permanente no Brasil, a adoção poderia ser nacional, sem exigência de prévia inscrição no CEJA[245].

A adoção internacional, entretanto, tem caráter de excepcionalidade. Somente será deferida na impossibilidade de colocação da criança ou adolescente em família substituta residente no Brasil e a pessoa ou casal esteja devidamente habilitado pela Autoridade Central Estadual (CEJA), após atender aos requisitos legais, inclusive os realizados perante a autoridade central do país de acolhida.

A prioridade de adoção no país de origem é prevista na Convenção de Haia, que estabelece no art. 4º requisitos para a adoção internacional, dispondo na letra *a* determinação pelo Estado de Origem que a criança é adotável, e na letra *b* que tenham sido verificadas adequadamente as possibilidades de colocação no próprio País.

Nas letras *c* e *d* do art. 4º exige ainda a Convenção de Haia que sejam asseguradas orientações quanto às pessoas ou autoridades que consentirem na adoção, que os consentimentos sejam livres e sem pagamentos, que o consentimento da mãe ocorra após o nascimento e que a criança ou adolescente seja orientado e ouvido, considerando sua vontade, observando a idade e o grau de maturidade, colhendo-se o consentimento, livre e consciente, quando exigido.

Tarcísio José Martins Costa ensina que a adoção internacional deve ser considerada somente após exauridas todas as possibilidades de manter o menor na família de origem e buscada a colocação em família substituta nacional, para que se mantenha a identidade nacional, continuidade na educação, a origem étnica, cultural, religiosa e linguística da criança, direito essencial da pessoa humana, que se adquire com o simples fato de nascer com vida[246].

---

245 FERREIRA, Rui Barbosa Marinho. *Adoção* – Comentários à nova Lei n. 12.010 de 03 de agosto de 2009. Leme: Edijur, 2009. p. 94.

246 COSTA, Tarcísio José Martins. *Adoção transnacional*. cit., p. 239.

O Estatuto da Criança e do Adolescente dispõe expressamente que a colocação em família substituta constitui medida excepcional, somente admitida na modalidade de adoção (art. 31), acrescentando no § 1º do art. 51, com nova redação dada pela Lei n. 12.010/2009 e 13.509/2017 que:

> Art. 51. [...]
>
> § 1º A adoção internacional de criança ou adolescente brasileiro ou domiciliado no Brasil somente terá lugar quando restar comprovado:
>
> I – que a colocação em família adotiva é a solução adequada ao caso concreto;
>
> II – que foram esgotadas todas as possibilidades de colocação da criança ou adolescente em família adotiva brasileira, com a comprovação, certificada nos autos, da inexistência de adotantes habilitados residentes no Brasil com perfil compatível com a criança ou adolescente, após consulta aos cadastros mencionados nesta Lei;
>
> III – que, em se tratando de adoção de adolescente, este foi consultado, por meios adequados ao seu estágio de desenvolvimento, e que encontra preparado para a medida, mediante parecer elaborado por equipe interprofissional, observando o disposto nos §§ 1º e 2º do art. 28 desta Lei.

O ECA estabelece o mesmo critério de territorialidade do domicílio do adotando, acolhendo o art. 7º da LINDB, que dispõe que a lei do país em que for domiciliada a pessoa determina as regras sobre os direitos de família. Assim, aplicam-se ao menor estrangeiro residente no Brasil as regras de adoção do direito brasileiro e, ao infante brasileiro residente no exterior, as leis do país onde se encontra.

Os cadastros estaduais e nacional de criança e adolescente em condições de ser adotados é único, entretanto, são distintos os cadastros para adoção nacional, de pessoas ou casais que possuem residência no Brasil, e para adoção internacional, quanto aos interessados que residem no exterior. Além dos requisitos de cada inscrição, será precedida de um período de preparação para adoção psicossocial e jurídica, evitando-se o contato dos interessados com crianças e adolescentes sem estarem preparados, criando expectativas infrutíferas (art. 50, §§ 3º, 5º e 6º, do ECA).

A colocação em família substituta residente fora do Brasil somente é admitida mediante adoção e o estágio, cumprido obrigatoriamente no território nacional, acompanhado por equipe interprofissional judicial, será de, no mínimo, 30 dias (art. 46, §§ 3º e 4º, do ECA), possibilitando auferir a conveniência do deferimento do vínculo.

Somente após o trânsito em julgado da sentença constitutiva de adoção será permitida a saída do adotado do território nacional, expedindo a autoridade judiciária alvará com autorização de viagem e para obtenção de passaporte (art. 52, §§ 8º e 9º, do ECA), permitindo o embarque do adotado para o país do adotante.

O deferimento da adoção não exclui a fiscalização do poder público, podendo a qualquer momento solicitar informações sobre a situação das crianças e adolescentes adotados.

Apesar de acolhido o princípio da territorialidade para deferir a adoção internacional, a legislação brasileira optou em dar preferência à pessoa ou casal brasileiro, que reside no exterior, aos estrangeiros para adoção de menor brasileiro, conforme dispõe, expressamente, o § 2º[247] do art. 51 do Estatuto da Criança e do Adolescente.

A preferência se justifica para manter a criança ou adolescente em família que preserva os costumes, cultura e língua de origem, favorecendo a adaptação do adotando e mantendo suas raízes e origem. A preferência por brasileiro em relação ao estrangeiro, todavia, não é absoluta, devendo, sempre, ser observado o melhor interesse do menor.

As alterações introduzidas pela Lei n. 12.010/2009, acolhendo as disposições da Convenção de Haia de 2003, regulam procedimentos já adotados pelos Conselhos (ou centrais) Estaduais Judiciais de Adoção (CEJAs), quanto aos registros ou candidatos estrangeiros habilitados. O ECA atualmente regula com maior clareza os procedimentos para adoção internacional, desde a formulação e aprovação do pedido de habilitação no país de acolhida, documentos necessários, estudos psicossociais, autenticações, traduções, envio de relatórios ao Brasil, até a inscrição nos cadastros e expedição do laudo de habilitação à adoção internacional, com validade por, no máximo, um ano (art. 52, I a VIII). Preferiu a legislação nacional diferenciar o prazo

[247] "Art. 51. [...]

[...]

§ 2º Os brasileiros residentes no exterior terão preferência aos estrangeiros, nos casos de adoção internacional de criança ou adolescente brasileiro."

de validade da habilitação para os residentes no estrangeiro, que é de um ano, dos residentes no Brasil, ao não especificar o prazo (art. 197-E).

A legislação regula ainda os organismos nacionais e estrangeiros credenciados para intermediar as adoções, exigindo que sejam oriundos de países que ratificaram a Convenção de Haia, estejam credenciados pelas autoridades centrais nos países onde se situam e no de acolhida, atendam aos requisitos de condições éticas, qualificação profissional e experiência, inclusive dos administradores, não persigam fins lucrativos e apresentem relatórios e os documentos necessários nos prazos legais (art. 52, §§ 1º a 7º, do ECA).

Veda-se o contato dos representantes dos organismos diretamente com dirigentes de programas de acolhimento de menores, sem autorização judicial, vedando-se, ainda, o repasse de recursos de organismos estrangeiros ligados à adoção a organismos nacionais ou pessoas físicas, permitindo-se tão somente aos Fundos dos Direitos da Criança e do Adolescente (arts. 52, § 14, e 52-A, do ECA).

As adoções internacionais exigem a intervenção das autoridades centrais estaduais e federal. Cabe à autoridade central estadual, após receber o relatório da autoridade central do país de acolhida, considerando os postulantes habilitados e aptos para adotar, instruída com toda a documentação necessária, analisar a documentação e deferir ou não a inscrição dos interessados. Deferindo-se a inscrição, a autoridade central estadual expedirá o laudo de habilitação, autorizando os postulantes a formularem o pedido de adoção internacional perante o Juízo da Infância e Juventude do local onde se encontra o adotando indicado (arts. 51, § 3º, e 52, VII e VIII, do ECA).

3.11. Teses do STJ sobre adoção e guarda

O Superior Tribunal de Justiça publicou em 4 de fevereiro de 2014 quatorze teses na ferramenta "Jurisprudência em Teses"[248] edição 27, com o título *Estatuto da Criança e do Adolescente – guarda e adoção*, extraídas de julgamentos realizados até 22-11-2014, com o seguinte teor:

1) A observância do cadastro de adotantes não é absoluta, podendo ser excepcionada em prol do princípio do melhor interesse da criança.

---

[248] STJ, *Jurisprudência em Teses* – Edição n. 27. Disponível em: <www.stj.jus.br>. Acesso em: 26-1-2020.

2) A jurisprudência tem excepcionado o entendimento de que o *habeas corpus* não seria adequado para discutir questões relativas à guarda e adoção de crianças e adolescentes.

3) O acolhimento institucional ou familiar temporário não representa o melhor interesse da criança mesmo nos casos de adoção irregular ou "à brasileira", salvo quando há evidente risco à integridade física ou psíquica do menor.

4) É possível a adoção póstuma quando comprovada a anterior manifestação inequívoca do adotante.

5) A competência para processar e julgar as ações conexas de interesse de menor é, em princípio, do foro do domicílio do detentor de sua guarda. (Súmula n. 383/STJ)

6) Eventuais irregularidades na adoção podem ser superadas em virtude da situação de fato consolidada no tempo, desde que favoráveis ao adotando.

7) O reconhecimento do estado de filiação constitui direito personalíssimo, indisponível e imprescritível, podendo ser exercitado sem qualquer restrição, fundamentado no direito essencial à busca pela identidade biológica.

8) Nas disputas de custódia de crianças e adolescentes devem ser evitadas sucessivas e abruptas alterações de guarda e residência, ressalvados os casos de evidente risco.

9) Compete à Justiça Federal o julgamento dos pedidos de busca e apreensão ou de guarda de menores quando fundamentados na Convenção de Haia sobre os Aspectos Civis do Sequestro Internacional de Crianças.

10) Nos casos em que o Ministério Público promove a ação de destituição do poder familiar ou de acolhimento institucional não é obrigatória a nomeação da Defensoria Pública como curadora especial.

11) A falta da citação do pai biológico no processo de adoção não obsta a homologação da sentença estrangeira, nos casos em que se verifica o abandono ou desinteresse do genitor.

12) É possível o deferimento da guarda de criança ou adolescente aos avós, para atender situações peculiares, visando preservar o melhor interesse da criança.

13) Não é possível conferir-se a guarda de criança ou adolescente aos avós para fins exclusivamente financeiros ou previdenciários.

14) Não há óbice à adoção feita por casal homoafetivo desde que a medida represente reais vantagens ao adotando.

4. PODER FAMILIAR

4.1. Conceito, histórico e características

4.1.1. Conceito

O *poder familiar*, denominação introduzida pelo Código Civil de 2002 em substituição ao *pátrio poder*, também denominado *poder parental* ou *autoridade parental*, hoje é um complexo de direitos e deveres dos pais quanto à pessoa e bens dos filhos menores, instituído mais em benefício destes do que para conceder privilégios aos genitores. É um conjunto de direitos e obrigações, quanto à pessoa e bens do filho menor não emancipado, exercido, em igualdade de condições, por ambos os pais ou por apenas um deles, para que possam desempenhar os encargos que a norma jurídica lhes impõe, tendo em vista o interesse e a proteção do filho, possuindo, ambos, igualdade de condições de poder decisório[249].

Para o juiz Marcelo Paulo Salgado, citando Maria Berenice Dias e Rodrigo da Cunha Pereira, o poder familiar é mais dever do que poder, é um múnus do qual os pais não podem fugir, um encargo legalmente atribuído a eles pela sociedade organizada em razão da parentalidade. O exercício do múnus é necessário no interesse dos filhos[250].

A relação paterno/filial, assentada na doutrina da proteção integral e no princípio da paternidade responsável, determina e orienta para o bem do menor, assegurando todos os cuidados necessários para desenvolver suas potencialidades, para que consiga se estruturar enquanto pessoa humana, e chegar à condição adulta sob as melhores condições psíquicas, morais, profissionais e materiais. Os interesses dos maiores estão em segundo plano quando conflitantes com os interesses dos infantes. Zelar pelos interesses da criança e do adolescente é garantir o direito de ter uma

---

249 DINIZ, Maria Helena. *Curso de direito civil brasileiro* – Direito de família. 22. ed., cit., p. 514-515.

250 SALGADO, Paulo Marcelo. Autos 0223.07.229913-2, Vara da Infância e da Juventude, Comarca de Divinópolis/MG.

família, cuidar de sua boa formação, proporcionar uma boa convivência familiar em ambiente afetivo, enfim, prestar os cuidados necessários para seu pleno desenvolvimento[251].

Os filhos ficam sob o poder familiar somente enquanto menores e não emancipados, já que a emancipação o extingue (art. 1.653, II, do CC), não se aplicando ao filho maior, ainda que mentalmente incapaz, devendo, neste caso, ser nomeado curador, exercendo os pais a preferência. É o que dispõe o art. 1.630 do Código Civil:

> Art. 1.630. Os filhos estão sujeitos ao poder familiar, enquanto menores.

O poder familiar tem por escopo atualmente a integral proteção do menor, por sua peculiar condição de pessoa em desenvolvimento e a falta de maturidade. Ensina Ana Carolina Brochado Teixeira e Maria de Fátima Freire de Sá que a criança e o adolescente receberam relevante proteção da Constituição Federal, no art. 227, posto que elevados ao *status* de sujeitos de direitos fundamentais, alvo da proteção integral da família, do Estado e da sociedade, devendo ser buscado seu melhor interesse a qualquer custo, de modo a lhes proporcionar um crescimento biopsíquico saudável. O menor assumiu papel relevante, passando a ser protagonista, exatamente por estar em condições de desenvolvimento e de construções de sua personalidade. A família consubstancia-se hoje no lugar privilegiado para o desenvolvimento psicofísico do menor, tornando-se, na sua atual faceta, em núcleo de realização do ser humano, de afetividade, sonho e amor. Nos princípios previstos no art. 6º do Estatuto da Criança e do Adolescente, destaca-se a "condição peculiar da criança e do adolescente como pessoas em desenvolvimento", antevendo a relevância do princípio do melhor interesse da criança, veiculador da doutrina da proteção integral, que inclui o princípio da paternidade responsável[252], expressada no exercício do poder familiar.

---

[251] PEREIRA, Rodrigo da Cunha. *Princípios fundamentais norteadores do direito de família*, cit., p. 151-162.

[252] TEIXEIRA, Ana Carolina Brochado; SÁ, Maria de Fátima Freire de. Fundamentos principiológicos do Estatuto da Criança e do Adolescente e do Estatuto do Idoso. *Revista Brasileira de Direito de Família*, n. 26. Porto Alegre: Síntese/IBDFAM, out.-nov. 2004. p. 22-26.

O ser humano necessita, durante os primeiros anos de sua vida, de cuidados essenciais para sua sobrevivência e, durante o crescimento, de orientação e educação. Não basta, portanto, apenas alimentar e dar abrigo ao menor, sendo necessário ampará-lo e protegê-lo integralmente, proporcionando-lhe um ambiente saudável e afetivo para seu desenvolvimento físico e psicológico, conferindo a incumbência prioritariamente aos pais, que exercem o poder familiar. O poder familiar ou paternal não se resume, ainda, apenas quanto à criação, educação e proteção do filho, estendendo-se para a defesa e administração de seus bens e direitos, no seu melhor interesse.

4.1.2. Histórico

O pátrio poder surgiu no direito romano e era um conjunto de poderes absolutos conferidos ao *pater*, na condição de chefe da organização familiar, a fim de consolidar a família romana, assim, visava tão somente o interesse do chefe da família. No início, era exercido sem limites, compreendendo o direito de punir, de expor, de vender o filho e, mesmo, o *jus vitae et necis,* o direito de vida e morte do filho. O filho em Roma, *alieni juris*, sequer tinha patrimônio, portanto, tudo o que ganhasse pertencia ao pai[253].

Com o passar do tempo, a concepção do pátrio poder foi abrandando, mesmo em Roma, sendo restringidos os poderes outorgados ao chefe de família, não mais podendo expor o filho (*jus exponendi*), matá-lo (*jus vitae et necis*) ou entregá-lo como indenização (*noxae deditio*). Na Idade Média, os países que adotavam a orientação germânica, de direito costumeiro, em conflito com o direito romano, inspiravam o pátrio poder mais no interesse do filho do que do pai, caminho seguido pelo Código Civil francês, que diminuiu os poderes do pai e alargou os seus deveres. O antigo direito lusitano, inspirado no direito romano, acolheu o instituto após os seus abrandamentos, impondo ao chefe de família, ao lado dos direitos, diversos e variados deveres[254].

A concepção do pátrio poder, portanto, foi se modificando, abrandando o poder do chefe de família, de modo que, ao lado dos direitos concedidos, foram impostos muitos e variados deveres, caracterizando-se, no direi-

---

[253] RODRIGUES, Silvio Rodrigues. *Direito civil* – Direito de família. 27. ed., cit., p. 396.
[254] GONÇALVES, Carlos Roberto. *Direito civil brasileiro* – Direito de família, cit., p. 358.

to moderno, como um instituto de caráter eminentemente protetivo em que, a par de poucos direitos, se encontram sérios e pesados encargos ao seu titular, tratando-se de um *munus* público, imposto pelo Estado aos pais, a fim de que zelem pelo futuro de seus filhos, tanto que alguns autores sugerem que deveria denominar-se *pátrio dever* ou *poder de proteção*. O Código Civil de 2002 passou a denominá-lo *poder familiar* em razão de atualmente ser exercido em igualdade de condições pelos pais e não mais pelo marido com a colaboração da mulher, como dispunha a legislação anterior. A expressão peca, entretanto, pela excessiva preocupação em retirar o pátrio, por relacioná-la ao pai, do que cuidar para incluir na identificação o seu real conteúdo, posto que o poder é mais uma obrigação de responsabilidade e exercício dos pais e não da *família*, como indica o nome[255].

4.1.3. Características

O poder familiar conferido aos pais e exercido no proveito, interesse e proteção dos filhos menores, resulta da necessidade natural do ser humano que precisa, durante sua infância, de alguém que o crie, eduque, ampare, defenda, guarde e cuide de seus interesses, regendo sua pessoa e seus bens, razão da intervenção do Estado para submeter o exercício do poder familiar à sua fiscalização e controle, limitando o poder, restringindo o uso e o direito dos pais. O poder familiar, em razão desses objetivos, é dotado das seguintes características:

a) constitui um *munus* público, tratando-se de uma espécie de função correspondente a um cargo privado fixado pelo Estado, normatizando seu exercício. É um direito-função e um poder-dever, numa situação intermediária entre o poder e o direito subjetivo;

b) é *irrenunciável*, não podendo os pais abrirem mão dele;

c) é *inalienável ou indisponível*, posto que não pode ser transferido a outrem a título gratuito ou oneroso, já que o poder parental faz parte do estado das pessoas, restando indelegável;

d) é *imprescritível*, não decaindo os genitores pelo simples fato de deixarem de exercê-lo, somente perdendo nos casos previstos em lei;

[255] RODRIGUES, Silvio. *Direito civil* – Direito de família. 27. ed., cit., p. 397.

e) é *incompatível com a tutela*, posto que não pode ser nomeado tutor para o menor que se encontra sob o poder familiar, sendo pressuposto, para o deferimento da tutela, a sua prévia decretação de perda ou suspensão (art. 36, parágrafo único, do ECA);

f) possui natureza de uma *relação de autoridade* pois existe um vínculo de subordinação já que os genitores têm o poder de mando e os filhos o dever de obediência (art. 1.634, VII, do CC)[256];

g) é exercido para a *plena proteção* do menor, priorizando os seus interesses.

4.2. Titularidade de exercício do poder familiar

O pátrio poder no Código Civil de 1916 era exercido pelo pai, considerado o chefe da família, e só na sua falta ou impedimento, era exercido pela mulher. Ocorrendo divergências, prevalecia a vontade paterna.

O poder familiar é exercido, atualmente, em igualdade de condições pelo pai e pela mãe (arts. 21 do ECA e 1.631 do CC), havido o filho do casamento e união estável ou não, sendo, portanto, exercido simultaneamente e não sucessivamente, como ocorria na legislação anterior, cabendo ao juiz decidir no melhor interesse do menor, se ocorrer divergências entre os pais. O Código Civil de 2002, reproduzindo o art. 21 do Estatuto da Criança e do Adolescente, dispõe, em seu art. 1.631 sobre a titularidade e exercício do poder familiar:

> Art. 1.631. Durante o casamento e a união estável, compete o poder familiar aos pais; na falta ou impedimento de um deles, o outro o exercerá com exclusividade.
>
> Parágrafo único. Divergindo os pais quanto ao exercício do poder familiar, é assegurado a qualquer deles recorrer ao juiz para solução do desacordo.

O Código Civil regula o poder familiar dos filhos por duas pessoas, quando havidos do casamento ou união estável; entretanto, se havidos fora dessas circunstâncias e, se reconhecidos por ambos os genitores, o exercerão

[256] DINIZ, Maria Helena. *Curso de direito civil brasileiro* – Direito de família. 22. ed., cit., p. 515-516.

em igualdade de condições. Desconhecido um dos pais, na sua falta por morte ou impedimento por suspensão ou destituição do poder familiar, o outro exercerá com exclusividade. Havido o filho fora do casamento, ficará sob o poder do genitor que o reconheceu, se apenas um deles, o que normalmente ocorre em relação a mãe. Se também a mãe não for conhecida ou incapaz de exercer o poder familiar, como ser menor ou ausentar-se, determina o art. 1.633[257], do Código Civil a nomeação de tutor ao menor.

Ressalta-se, entretanto, que se a mãe, ou mesmo o pai, forem interditados e possuírem curador, é desnecessária nomeação de tutor ao filho menor, já que a autoridade do curador se estende à pessoa e aos bens dos filhos menores do curatelado (art. 1.778 do CC).

O casamento ou união estável do pai ou da mãe com terceiros não altera a titularidade do poder familiar dos filhos anteriores, que será exercido sem qualquer interferência do novo parceiro, aplicando-se as mesmas regras, se o pai ou mãe, solteiros, se casarem ou constituírem união estável (art. 1.636 do CC).

4.3. Conteúdo do poder familiar

A Constituição Federal estabelece, no art. 229, os deveres dos pais, no exercício do poder familiar, de assistir, criar e educar os filhos menores, bem como os deveres dos filhos maiores de ajudar e amparar os pais, quando idosos, na carência ou nas enfermidades. O art. 227, ao estabelecer a proteção integral à criança e ao adolescente, determina, além dos pais, os deveres da família, da sociedade e do Estado em assegurar, com absoluta prioridade, o direito à vida, à saúde, à alimentação, à educação, ao lazer, à profissionalização, à cultura, à dignidade, ao respeito, à liberdade e à convivência familiar e comunitária, colocando-os a salvo de toda forma de negligência, discriminação, exploração, violência, crueldade e opressão.

O poder familiar contém diversos direitos e deveres dos pais referentes aos filhos, desdobrando-se quanto *à pessoa* e quanto aos *bens* dos filhos, devendo observar os princípios constitucionais e os estabelecidos na legislação ordinária, notadamente no Estatuto da Criança e do Adolescente.

257 "Art. 1.633. O filho, não reconhecido pelo pai, fica sob poder familiar exclusivo da mãe; se a mãe não for conhecida ou capaz de exercê-lo, dar-se-á tutor ao menor."

4.3.1. Poder familiar quanto à pessoa do filho

O art. 1.634 do Código Civil, com alteração promovida pela Lei da Guarda Compartilhada (Lei n. 13.058/2014), enumera, em nove incisos os direitos e deveres que incumbem aos pais referentes à pessoa do filho, que evidentemente não se esgotam, já que é omisso quanto a diversos direitos previstos constitucionalmente. Dispõe o dispositivo referido:

> Art. 1.634. Compete a ambos os pais, qualquer que seja a sua situação conjugal, o pleno exercício do poder familiar, que consiste em, quanto aos filhos:
>
> I – dirigir-lhes a criação e a educação;
>
> II – exercer a guarda unilateral ou compartilhada nos termos do art. 1.584;
>
> III – conceder-lhes ou negar-lhes consentimento para casarem;
>
> IV – conceder-lhes ou negar-lhes consentimento para viajarem ao exterior;
>
> V – conceder-lhes ou negar-lhes consentimento para mudarem sua residência permanente para outro Município;
>
> VI – nomear-lhes tutor por testamento ou documento autêntico, se o outro dos pais não lhe sobreviver, ou o sobrevivo não puder exercer o poder familiar;
>
> VII – representá-los judicial e extrajudicialmente até os 16 (dezesseis) anos, nos atos da vida civil, e assisti-los, após essa idade, nos atos em que forem partes, suprindo-lhes o consentimento;
>
> VIII – reclamá-los de quem ilegalmente os detenha;
>
> IX – exigir que lhes prestem obediência, respeito e os serviços próprios de sua idade e condição.

Abordaremos a seguir cada um dos incisos.

I – *Dirigir-lhes a criação e educação*, já previsto na Constituição Federal (art. 229), ao dispor que "os pais têm direito de assistir, criar e educar os filhos menores", o que também é reproduzido na Lei n. 8.069/1990 ao determinar que "aos pais incumbe o dever de sustento, guarda e educação dos filhos menores" (art. 22).

Assim, cumpre aos pais prover o sustento dos filhos, de acordo com suas condições financeiras e sociais, dar-lhes educação, formação moral, espiritual, intelectual e social. Os pais podem usar o direito de correção, desde que aplicado moderadamente, posto que o poder familiar não poderia ser exercido efetivamente se os pais não pudessem castigar os filhos para disciplinar. O uso imoderado, abusivo e injustificável, entretanto, pode constituir crime e autorizar a destituição do poder familiar (arts. 136 do CP e 1.638, I, do CC). A ausência do cumprimento do dever de sustento pode tipificar crime de abandono material (art. 244 do CP), enquanto a ausência de educação pode configurar crime de abandono intelectual (art. 246 do CP), importando, além da sanção penal, em causa de perda do poder familiar (art. 1.638, II, do CC), o que não desobriga os pais de sustentarem os filhos, ainda que em poder de terceiros com condições, pois do contrário os pais relapsos seriam beneficiados com a exoneração do encargo, transformando, para eles, a perda de poder familiar em prêmio e não numa punição[258].

II – *Exercer a guarda unilateral ou compartilhada nos termos do art. 1.584,* ou seja, tê-los em sua companhia e conviver, o que importa em direito-dever. Direito, porque é indispensável para que possam exercer a necessária vigilância sobre os filhos, orientando seu comportamento, retendo-os e impondo limites, e dever, porque a quem incumbe criar, incumbe igualmente guardar até mesmo porque sendo o pai responsável pelos atos ilícitos praticados pelo filho menor (arts. 932, I, e 934 do CC), é indispensável para exercer vigilância[259]. A jurisprudência tem decidido que para substituir a responsabilidade dos pais pelos atos ilícitos dos filhos, é indispensável que os tenham sob seu poder e vigilância, não podendo o genitor ser responsabilizado por acidente provocado pelo filho se estava sob a guarda e responsabilidade do outro, especialmente se os pais forem separados[260].

Se os pais forem separados, e os filhos estiverem sob a guarda unilateral de um deles, não há ofensa ao poder familiar do outro, já que a guarda é um poder-dever submetido a um regime legal e será atribuído ao genitor que revelar melhores condições de exercê-la ou, até mesmo, confiar o menor à pessoa idônea, sem excluir o poder familiar dos pais, competindo-lhe a fiscalização, o direito de visitas e o dever de convivência.

---

[258] GONÇALVES, Carlos Roberto. *Direito civil brasileiro* – Direito de família, cit., p. 363.

[259] RODRIGUES, Silvio. *Direito civil* – Direito de família. 27. ed., cit., p. 403.

[260] STJ, AI 29.652-5/RJ, Rel. Min. Athos Gusmão Carneiro, j. 26-11-1992.

III – *Conceder-lhes, ou negar-lhes consentimento para casarem,* pois, conforme já visto, os filhos menores necessitam de autorização de ambos os pais para se casarem, é uma prerrogativa paterna, o que pode ser suprido, judicialmente, se injustificável.

IV – *Conceder-lhes ou negar-lhes consentimento para viajarem ao exterior,* evitando que apenas um dos pais subtraia os filhos, exigindo o compartilhamento e autorização de ambos os genitores.

V – *Conceder-lhes ou negar-lhes consentimento para mudarem sua residência permanente para outro município,* dando efetividade ao § 3º do art. 1.583, que determina que na guarda compartilhada a moradia dos filhos será na cidade que melhor atender aos seus interesses, evitando mudanças bruscas e constantes de um dos pais que quer afastar o filho do outro. A recusa injustificável da autorização prevista neste e no inciso IV pode ser suprida judicialmente.

VI– *Nomear-lhes tutor por testamento ou documento autêntico, se o outro dos pais não lhe sobreviver, ou o sobrevivo não puder exercer o poder familiar.* É a chamada tutela testamentária, autorizando os pais a nomear o tutor de seus filhos na sua ausência, posto que, evidentemente, ninguém melhor que os genitores para indicar a pessoa em que será confiada a prole.

VII – *Representá-los, judicial e extrajudicialmente, até 16 anos, nos atos da vida civil, e assisti-los, após essa idade, nos atos em que forem partes, suprimindo-lhes o consentimento,* pois na proteção que a lei confere aos incapazes, encontra-se a proibição de atuarem, por si mesmos, na vida jurídica, sendo os atos jurídicos praticados pelos pais se os filhos possuírem menos de 16 anos e, por estes, assistidos pelos genitores, se possuírem entre 16 e 18 anos. A incapacidade absoluta dos filhos é suprida pelos pais com a representação e a incapacidade relativa pela assistência.

VIII – *Reclamá-los de quem ilegalmente os detenha,* tratando-se de direito a ser exercido pelos pais contra quem ilegalmente detenha o filho, mediante *ação de busca e apreensão,* para tê-los em sua companhia e guarda.

IX – *Exigir que lhes prestem obediência, respeito e os serviços próprios de sua idade e condição,* pois dentre as prerrogativas do pai encontra-se o direito de exigir obediência e respeito dos filhos, inclusive como parte da educação, podendo, para tanto, castigá-los moderadamente. Podem, ainda, exigir serviços próprios de sua idade e condição, para auxílio e mantença da família, obviamente, desde que não se prejudique a educação e o direito ao lazer, observando que, atualmente, a Constituição Federal proíbe o trabalho fora do lar de menores de 16 anos, salvo na condição de aprendiz, a partir de 14 anos, e dos menores de 18 anos em trabalho noturno, perigoso ou insalubre (art. 7º, XXXIII). O trabalho exigido dos filhos menores deve ser no sentido de colaboração, de participação nos serviços domésticos sem fins lucrativos, desde que não prejudique a educação e a formação, sob pena de configurar trabalho infantil.

4.3.2. Poder familiar quanto aos bens dos filhos

O exercício do poder familiar quanto aos bens dos filhos importa no dever de administração, observando o melhor interesse do menor, e no direito ao usufruto, conforme dispõe o art. 1.689 do Código Civil:

> Art. 1.689. O pai e a mãe, enquanto no exercício do poder familiar:
>
> I – são usufrutuários dos bens dos filhos;
>
> II – têm a administração dos bens dos filhos menores sob sua autoridade.

4.3.2.1. *Administração dos bens*

Os pais são os administradores dos bens dos filhos menores que estão sob a sua autoridade (art. 1.689, II, do CC), podendo praticar atos idôneos à conservação e ao incremento desse patrimônio, como celebrar contratos, inclusive locação de imóveis, pagar impostos, defender judicialmente, receber juros ou rendas, adquirir bens e aliená-los quando móveis[261]. Os genitores devem zelar pela preservação do patrimônio, não podendo praticar atos que impliquem diminuição, salvo em caso de necessidade comprovada.

Os pais representarão, em conjunto, os filhos menores de 16 anos e assistirão os maiores de 16 e menores de 18 anos, decidindo, em comum, as questões relativas aos mesmos e aos seus bens, recorrendo ao juiz, se ocorrer divergência (art. 1.690 do CC).

---

[261] DINIZ, Maria Helena. *Curso de direito civil brasileiro* – Direito de família. 22. ed., cit., p. 522.

Os poderes de administração não autorizam, entretanto, alienar ou gravar de ônus reais os bens imóveis dos filhos e contrair obrigações que ultrapassam a simples administração, salvo em caso de necessidade ou no interesse destes, mediante autorização judicial (art. 1.691 do CC).

A autorização judicial normalmente é requerida em *pedido de alvará para venda de bens de menores* e somente será deferida se provar necessidade, como vender um imóvel para tratamento de saúde, aplicar em educação; ou evidente utilidade como permuta de imóvel rural de difícil administração por urbano onde reside a família; ou, ainda, se o negócio for vantajoso ao menor, como proposta de compra de imóvel por valor superior ao do mercado em razão de interesse do comprador, aumentando o patrimônio do menor com a aquisição de outros bens.

É comum também pedido de autorização para venda de imóvel em que o menor é condômino, em razão de doação ou herança, devendo ser deferida a venda, desde que por valor igual ou superior ao preço de mercado, já que os coproprietários podem, a qualquer tempo, requerer a extinção do condomínio e a divisão da coisa comum, adjudicando a um só dos condôminos, indenizando os outros se for indivisível, ou vendê-la, repartindo o produto (arts. 1.320 e 1.322 do CC).

O produto da venda, se não for utilizado integralmente para custear as despesas necessárias com saúde, educação, alimentação, deve ser depositado em conta remunerada com controle judicial.

Na venda de bens de menores, sob o poder familiar, não existe necessidade de hasta pública, que era exigida no Código Civil de 1916 nos casos de tutela (art. 1.750); entretanto, exige-se a intervenção do Ministério Público que fiscalizará os interesses dos menores, devendo requerer a avaliação dos bens judicialmente para não aliená-los por preços inferiores ao valor, bem como comprovação, mediante certidões negativas, de que o possível bem, a ser permutado ou adquirido para o menor, não possui ônus, além de certidões negativas em nome dos vendedores de ações ajuizadas contra eles, para proteger o menor de possível ação por fraude contra credores ou declaração de ineficácia da venda e compra em fraude à execução.

Demonstrando-se colisão de interesses dos pais com os dos filhos, na administração dos bens, a requerimento do próprio filho ou do Ministério Público, o juiz lhe dará curador especial para agir no conflito, zelando pelo incapaz, como nos casos de venda de bens dos genitores para outro descendente, permuta de bens com os pais, recebimento de doação dos pais, venda de bens comuns, entre outros. É uma medida preventiva, não exigindo comprovação de que o pai está lesando o filho, bastando a demonstração de colisão dos interesses.

Na hipótese de os pais infringirem as normas que regulam o poder familiar na administração dos bens, possui legitimidade para propor a competente *ação declaratória de nulidade* o próprio filho, ao atingir a maioridade ou ser emancipado, seus herdeiros, falecendo menor, ou o representante legal, se cessou o poder familiar na menoridade e nomeado tutor ou se, ao atingir a maioridade, o filho for interditado e nomeado curador.

Os genitores que exercem o poder familiar não têm qualquer direito à remuneração pela administração dos bens dos filhos[262], possuindo, entretanto, direitos aos rendimentos, devendo entregar aos filhos, alcançada a capacidade pela maioridade ou emancipação, os bens e acréscimos.

4.3.2.2. *Usufruto*

Os pais, no exercício do poder familiar, além de administradores, são usufrutuários dos bens dos filhos menores (art. 1.689, I, do CC). O usufruto é inerente ao poder familiar, outorgando-o a lei como compensação dos encargos decorrentes da criação e da educação dos filhos. Trata-se de usufruto legal, que dispensa prestação de caução (art. 1.400 do CC), posto que as questões referentes às rendas produzidas pelos bens não interessam à pessoa do administrado, mas sim à do administrador, pois, se aos pais incumbe o dever de criação, educação e sustento dos filhos, quando estes não possuem bens, é justo que os filhos, possuindo bens, usem suas rendas para esse fim[263].

O usufruto paterno ou materno constitui razão de imposição legal, recaindo sobre todos os bens dos filhos, à exceção dos excluídos por lei ou disposição expressa do testador ou doador, desobrigando os pais de caução e tratando-se de direito irrenunciável. Podem os pais reterem as rendas oriundas dos bens do filho menor sem prestação de contas e consumi-las, como compensação dos encargos decorrentes da criação e educação, embo-

---

[262] DINIZ, Maria Helena. *Curso de direito civil brasileiro* – Direito de família. 22. ed., cit., p. 523.

[263] GONÇALVES, Carlos Roberto. *Direito civil brasileiro* – Direito de família, cit., p. 369.

ra possam, eventualmente, ser compelidos a prestar contas dos rendimentos. Obviamente que os pais podem, em vez de consumir os rendimentos, acumulá-los e reinvestir em proveito do filho, aumentando seu patrimônio[264].

4.3.2.3. *Bens excluídos da administração e do usufruto*

São excluídos da administração e do usufruto dos pais, conforme o art. 1.693, do Código Civil, os seguintes bens dos filhos menores:

> Art. 1.693. Excluem-se do usufruto e da administração dos pais:
>
> I – os bens adquiridos pelo filho havido fora do casamento, antes do reconhecimento;
>
> II – os valores auferidos pelo filho maior de dezesseis anos, no exercício de atividade profissional e os bens com tais recursos adquiridos;
>
> III – os bens deixados ou doados ao filho, sob a condição de não serem usufruídos, ou administrados, pelos pais;
>
> IV – os bens que aos filhos couberem na herança, quando os pais forem excluídos da sucessão.

I – *Os bens adquiridos pelo filho fora do casamento, antes do reconhecimento*, impedindo, nesse caso, que o reconhecimento, voluntária ou judicialmente, tenha o intuito dos pais em beneficiarem-se com a fortuna do filho, em razão de bens que já possuía e integrava seu patrimônio antes do reconhecimento do vínculo de filiação.

II – *Os valores auferidos pelo filho maior de 16 anos, no exercício de atividade profissional e os bens com tais recursos adquiridos*, pois, neste caso, trata-se de patrimônio do filho, auferido com seu próprio esforço, alheio ao domínio e interferência dos pais, na sua atividade.

III – *Os bens deixados ou doados ao filho, sob a condição de não serem usufruídos ou administrados pelos pais*, tratando-se de bens havidos por liberalidade do testador ou doador que possui a faculdade de excluir a administração e o usufruto dos pais por diversas razões, querendo, neste caso, que os genitores não se beneficiem. Se a

[264] DINIZ, Maria Helena. *Curso de direito civil brasileiro* – Direito de família. 22. ed., cit., p. 524.

exclusão for de apenas um dos pais, o outro administrará e usufruirá exclusivamente dos bens; se a exclusão atingir ambos os genitores, pode o doador ou testador indicar administrador e, se não o fizer, cabe ao juiz nomear. Na hipótese de exclusão apenas do usufruto, os pais administrarão os bens dos filhos, entretanto, as rendas acrescerão ao patrimônio do menor.

IV – *Os bens que aos filhos couberem na herança quando os pais forem excluídos da sucessão*, que ocorre nos casos de exclusão de herdeiro por deserdação e indignidade. Na hipótese de o herdeiro ingrato ser privado da herança, os filhos podem ser chamados à sucessão por representação, recebendo o que caberia ao pai ou mãe excluído, ou por cabeça, se o genitor for o único da classe. Permitir aos pais excluídos administrar e possuir usufruto destes bens retiraria parte da eficácia da pena imposta ao indigno, razão da vedação legal.

Além dessas hipóteses, excluem do usufruto os bens deixados ou doados aos menores para fins certos e determinados, pois o desvio da renda tornaria impossível alcançar o fim almejado, como constava no Código Civil de 1916 e não foi reproduzido no atual por ser uma decorrência natural da previsão do doador ou testador.

O Código de 2002 não reproduziu a penalidade de perda do usufruto dos bens dos filhos menores ao viúvo ou viúva que se casar antes de fazer inventário e der partilha aos herdeiros, que era prevista no art. 225 do Código de 1916.

4.4. Extinção, suspensão e perda do poder familiar

4.4.1. Extinção do poder familiar

O poder familiar extingue-se pela *morte dos pais ou do filho,* ou seja, pelo desaparecimento do titular do direito ou do menor destinatário da proteção; *pela emancipação ou maioridade,* posto que presume a lei, atingindo a capacidade, a pessoa não necessita mais ser administrada pelos pais; *pela adoção,* porém, apenas quanto aos pais biológicos, já que o menor, neste caso, continuará submetido ao poder familiar dos pais adotivos; e *por decisão judicial, na forma do art. 1.638*, que trata das hipóteses de perda do poder familiar judicialmente. As formas de extinção estão previstas no art. 1.635 do Código Civil:

> Art. 1.635. Extingue-se o poder familiar:
>
> I – pela morte dos pais ou do filho;
>
> II – pela emancipação, nos termos do art. 5º, parágrafo único;
>
> III – pela maioridade;
>
> IV – pela adoção;
>
> V – por decisão judicial, na forma do artigo 1.638.

A última hipótese de extinção do poder familiar, por decisão judicial, incluída pelo atual Código Civil, não é definitiva porque se admite que a medida seja revogada, diversamente dos demais casos que possuem caráter permanente. A doutrina orienta que, mesmo decretada judicialmente a perda, o poder familiar pode ser restabelecido aos pais se, comprovadamente, não mais subsistirem os motivos autorizadores, exceto se o menor foi adotado ou o restabelecimento não for recomendável.

4.4.2. Suspensão do poder familiar

O Estado interfere na família para fiscalizar a criação e a educação da prole pelos pais, com o propósito de evitar que o exercício do poder familiar possa ser nocivo aos filhos. A defesa dos menores, titulares de direito à proteção integral, é questão relevante a justificar intervenção do Estado. Se o comportamento dos pais, de um modo ou de outro, prejudica os filhos, o ordenamento jurídico reage conforme a menor ou a maior gravidade da falta praticada, suspendendo-os ou destituindo o poder familiar ou pátrio poder. As medidas constituem sanções aplicadas aos pais em razão das infrações aos deveres do poder familiar, mais com o intuito de preservar e proteger a prole do que de punir os genitores[265].

A suspensão é uma medida menos grave, prevista no art. 1.637[266] do Código Civil, e pode ser cancelada se não existir inconveniência no retorno

---

[265] RODRIGUES, Silvio. *Direito civil – Direito de família*. 27. ed., cit., p. 411.

[266] "Art. 1.637. Se o pai, ou a mãe, abusar de sua autoridade, faltando aos deveres a eles inerentes ou arruinando os bens dos filhos, cabe ao juiz, requerendo algum parente,

do menor para a companhia do pai, sendo, portanto, temporária. Possibilita, ainda, abranger apenas algumas prerrogativas, como no caso de o pai ser diligente e cuidadoso na criação e na educação do filho, mas péssimo na administração de seus bens, admitindo que seja suspenso apenas da administração dos bens, ou apenas quanto a um dos filhos[267]. Se apenas um dos pais for suspenso, o outro exercerá com exclusividade e, se ambos, o juiz nomeará tutor ao menor. Tratando-se apenas de suspensão, em razão da menor gravidade dos atos praticados pelos pais, o juiz pode deixar de aplicá-la e adotar outra medida que lhe pareça mais recomendável, inclusive as pertinentes aos pais ou responsáveis previstas no Estatuto da Criança e Adolescente. Podem ser aplicadas as seguintes medidas, de acordo com o art. 129 do ECA:

I – encaminhamento a serviços e programa oficiais ou comunitários de proteção, apoio e promoção à família;

II – inclusão em programa oficial ou comunitário de auxílio, orientação e tratamento a alcoólatras e toxicômanos;

III – encaminhamento a tratamento psicológico ou psiquiátrico;

IV – encaminhamento a cursos ou programas de orientação;

V – obrigação de matricular o filho ou pupilo e acompanhar sua frequência e aproveitamento escolar;

VI – obrigação de encaminhar a criança ou o adolescente a tratamento especializado;

VII – advertência;

VIII – perda da guarda;

IX – destituição da tutela;

X – suspensão ou destituição do pátrio poder.

O juiz pode decretar a suspensão do poder familiar de ofício, havendo motivo grave para a proteção da criança e do adolescente (art. 157 do ECA).

---

ou o Ministério Público, adotar a medida que lhe pareça reclamada pela segurança do menor e seus haveres, até suspendendo o poder familiar, quando convenha.
Parágrafo único. Suspende-se igualmente o exercício do poder familiar ao pai ou à mãe condenados por sentença irrecorrível, em virtude de crime cuja pena exceda a dois anos de prisão."

[267] RODRIGUES, Silvio. *Direito civil* – Direito de família. 27. ed., cit., p. 411.

Admite-se, portanto, a suspensão do poder familiar se o pai ou a mãe abusar de sua autoridade, faltando aos deveres a ele inerentes, se administrar arruinando os bens dos filhos, ou se for condenado criminalmente por sentença irrecorrível e pena superior a dois anos de prisão. Na condenação criminal irrecorrível, a causa é objetiva, podendo o juiz julgar antecipadamente o pedido de suspensão do poder familiar[268].

O abuso dos pais pode ocorrer nos casos de maus-tratos; privação de alimentos; exploração ou perversidade; maus exemplos; omissão, como deixar os filhos em vadiagem, sem estudo, sem cuidados necessários, comprometendo a saúde e a segurança, praticarem atos infracionais; doenças transmissíveis; exigir trabalhos incompatíveis com a condição do menor, entre outros; enquanto a ruína dos bens, pode ocorrer por administração desastrosa ou, até mesmo, por dilapidação ou esbanjo injustificável.

A suspensão é temporária, possui prazo determinado, perdurando somente até quando se mostre necessária, já que a lei não estabeleceu o limite de tempo, retornando os pais ao exercício do poder familiar, após desaparecerem as causas que lhe deram origem. A suspensão deixa intacto o poder familiar, excluindo apenas o exercício, entretanto, durante o período, os pais perdem direito a usufruto dos bens dos filhos e são obrigados a prestar alimentos.

4.4.3. Perda ou destituição do poder familiar

A perda do poder familiar difere da simples suspensão, porque é uma sanção muito mais grave e, em regra, permanente. Na suspensão, transcorrido o prazo ou desaparecendo as causas, os pais retornam ao exercício do poder familiar. Na perda, o exercício somente será restabelecido se, em processo judicial contencioso, restar, efetivamente comprovada, a regeneração do genitor e desaparecida a causa que a determinou[269] e no interesse do filho. Dispõe o art. 1.638 do Código Civil, ao apontar as causas que autorizam a perda do poder familiar, que:

> Art. 1.638. Perderá por ato judicial o poder familiar o pai ou a mãe que:

---

[268] TJSP, 5ª CC, AC 236.366-1, Rel. Des. Luiz Carlos de Barros, j. 5-10-1995.

[269] DINIZ, Maria Helena. *Curso de direito civil brasileiro* – Direito de família. 22. ed., cit., p. 527.

I – castigar imoderadamente o filho;

II – deixar o filho em abandono;

III – praticar atos contrários à moral e aos bons costumes;

IV – incidir, reiteradamente, nas faltas previstas no artigo antecedente;

V – entregar de forma irregular o filho a terceiros para fins de adoção.

A Lei n. 13.715/2018 alterou o ECA, o Código Penal e acrescentou o parágrafo único ao art. 1.638 do Código Civil, prevendo a perda do poder familiar pela condenação por crime doloso sujeito a pena de reclusão contra o outro titular do poder familiar, contra filho ou outro descendente. Consta no parágrafo único que:

Parágrafo único. Perderá também por ato judicial o poder familiar aquele que:

I – praticar contra outrem igualmente titular do mesmo poder familiar:

a) homicídio, feminicídio ou lesão corporal de natureza grave ou seguida de morte, quando se tratar de crime doloso envolvendo violência doméstica e familiar ou menosprezo ou discriminação à condição de mulher;

b) estupro ou outro crime contra a dignidade sexual sujeito à pena de reclusão;

II – praticar contra filho, filha ou outro descendente:

a) homicídio, feminicídio ou lesão corporal de natureza grave ou seguida de morte, quando se tratar de crime doloso envolvendo violência doméstica e familiar ou menosprezo ou discriminação à condição de mulher;

b) estupro, estupro de vulnerável ou outro crime contra a dignidade sexual sujeito à pena de reclusão.

As hipóteses de destituição do poder familiar são exaustivas, não permitindo interpretação extensiva, conforme já decidiu o Tribunal de Justiça de Minas Gerais, em julgado que teve como Relator o Desembargador Wander Marotta:

MENOR – DESTITUIÇÃO DE PODER FAMILIAR – LIMINAR – AUSÊNCIA DOS REQUISITOS AUTORIZADORES PARA O EXERCÍCIO DE JUÍZO ACAUTELADOR – DECISÃO QUE FICA RELEGADA PARA O JULGAMENTO FINAL, COM A PRODUÇÃO DE PROVA MAIS

APROFUNDADA – APLICAÇÃO DA LEI N. 12.010, DE 2009. – As hipóteses de destituição do pátrio poder estão previstas no Código Civil e no art. 23, do ECA, sendo exaustivas. Não permitem, por isto, interpretação extensiva. A destituição e a suspensão desse poder-dever, mormente em sede de liminar, é medida excepcional, sendo permitida apenas nos casos expressamente previstos em lei. – A Lei 12.010, de 2009 (art. 1º, par. 1º) enfatiza a regra segundo a qual "a intervenção estatal ... será prioritariamente voltada à orientação, apoio e promoção social da família natural, junto à qual a criança e o adolescente devem permanecer, ressalvada absoluta impossibilidade, demonstrada por decisão judicial fundamentada". – E a doutrina, em uníssono, assevera: "O direito à convivência familiar garante ao menor ser mantido na família de origem, cabendo ao poder público promover ações para a sua proteção e prioritariamente manter ou integrá-lo na família natural, somente promovendo sua colocação em família substituta na impossibilidade, excepcionalmente, proporcionando aos pais a mais ampla defesa e contraditório." (CARVALHO, Dimas Messias de. *Adoção e Guarda*. Del Rey Editora, Belo Horizonte, 2010, p. 12)[270].

A expressão *castigar imoderadamente o filho* não se trata, por óbvio, de vedar o direito de correção, moderada, plenamente justificados em determinadas situações de corretivos necessários e educacionais no exercício *jus corrigendi*, mas do reiterado abuso em correções injustificadas, maus-tratos, violência desproporcional, castigos desumanos, espancamentos que podem configurar crime (art. 136 do CP). A Lei n. 13.010, chamada de *Lei da Palmada*, veda o uso de castigo físico ou de tratamento cruel ou degradante, impondo sanções aos responsáveis. Essa lei acrescentou ao Estatuto da Criança e do Adolescente os arts. 18-A[271], 18-B e 70-A. O castigo físico é aquele que importa em sofrimento físico ou lesão, não se vedando, portanto, que os pais castiguem os filhos para educá-los, suspendendo o uso de aparelhos eletrônicos, telefone, proibindo de sair de casa, entre outras medidas.

[270] TJMG, 7ª CC, AI 1.0056.10.235427-3/001, Rel. Des. Wander Marotta, j. 28-6-2011.

[271] "Art. 18-A. A criança e o adolescente têm o direito de ser educados e cuidados sem o uso de castigo físico ou de tratamento cruel ou degradante, como formas de correção, disciplina, educação ou qualquer outro pretexto, pelos pais, pelos integrantes da família ampliada, pelos responsáveis, pelos agentes públicos executores de medidas socioeducativas ou por qualquer pessoa encarregada de cuidar deles, tratá-los, educá-los ou protegê-los."

Luciana Berlini ressalta que o Código Civil, ao tentar coibir o castigo contra a criança e o adolescente no art. 1.638, I, não impediu todo e qualquer castigo, mas tão somente o imoderado, o que tem permitido diversas interpretações entre os doutrinadores. A primeira corrente admite o castigo, desde que não exceda o limite do razoável. A segunda também admite castigos, mas apenas os corretivos e a palmada. A última, à qual se filia a autora citada, é contrária à utilização de castigos físicos, o que a Lei da Palmada tenta solucionar e coibir. Após ressaltar que a Constituição Federal e o Estatuto da Criança e do Adolescente vedam qualquer forma de violência contra a criança, conclui que:

> E como não há, ainda, um parâmetro objetivo que estabeleça se determinado castigo é ou não moderado, mister se faz a interpretação contrária à admissibilidade da violência, pois desafia a noção moderna de autoridade parental e mostra-se incompatível com o Estado democrático de direito, no qual crianças e adolescentes foram elevados à condição de sujeitos de direito[272].

Conrado Paulino da Rosa, citando Arnaldo Rizzardo, entretanto, tem entendimento diverso, ao lecionar que:

> A lei tolera os castigos comedidos e sensatos, necessários em momentos críticos da conduta do filho, mas condena as explosões de cólera e da violência, que nada trazem de positivo. Pelo contrário, tal repressão conduz à revolta, ao desamor e ao aniquilamento do afeto, do carinho e da estima[273].

Deixar o filho em abandono inclui não apenas deixá-lo sem lar ou assistência material, mas também privá-lo de condições imprescindíveis à sua subsistência, saúde e instrução obrigatória, tanto que o Código Penal tipifica como crime o abandono de incapaz (art. 133), o abandono material (art. 244) e o abandono intelectual (art. 246). A ausência de recursos para fornecer sustento adequado aos filhos não é motivo para perda do poder familiar (art. 23 do ECA), cabendo ao Estado a inclusão da família em programas oficiais de assistência. O mesmo ocorre com a imaturidade dos pais, especialmente mães adolescentes que engravidam precocemente e possuem

---

272 BERLINI, Luciana Fernandes. *Lei da Palmada: uma análise sobre a violência doméstica infantil*. Belo Horizonte: Arraes Editores, 2014, p. 75.

273 ROSA, Conrado Paulino da. *Curso de direito de família contemporâneo*, cit., p. 398.

dificuldades em sustentar e cuidar do filho, cabendo ao Estado proporcionar-lhe condições de exercer a maternidade, inclusive com orientação e acompanhamento pelos conselhos tutelares.

O Tribunal de Justiça de Minas Gerais, em julgado que teve a relatoria da Desembargadora Maria Elza, decidiu quanto à possibilidade da destituição do poder familiar em razão do *abandono afetivo*. Ressaltou que a destituição do poder familiar, por envolver o poder de declarar desfeitos os vínculos de filiação e parentesco entre pais e filhos, é sempre traumático e perturbador para o juiz, tanto que, pela seriedade e relevância do ato, a lei trata como algo excepcional, enfatizando que a falta ou carência de recursos materiais não constitui motivo suficiente para a perda e suspensão do poder familiar. Contudo, o mesmo não ocorre acerca da carência de amor, afeto, atenção, cuidado, responsabilidade e compromisso dos pais, pois tais sentimentos são imprescindíveis para o pleno e integral desenvolvimento da criança, que restará imensamente prejudicada no seu processo de desenvolvimento e como sujeito de direitos civis, humanos e sociais, tendo, seriamente ameaçados seus valores maiores e fazendo pouco caso dos princípios constitucionais da dignidade da pessoa humana e da proteção integral à criança. O abandono afetivo, evidenciado no desinteresse de criar, educar, orientar e formar os filhos, transferindo tal responsabilidade para terceiros, que culmina na ausência de cuidados e falta de comprometimento, impõe a perda do poder familiar, possibilitando à criança ser acolhida por uma nova família que lhe conceda uma relação de parentesco afetiva[274]. Consta na ementa que:

> DESTITUIÇÃO DO PODER FAMILIAR. POSSIBILIDADE. INTELIGÊNCIA DO PRINCÍPIO CONSTITUCIONAL DE MÁXIMA PROTEÇÃO À CRIANÇA E DA DIGNIDADE DA PESSOA HUMANA. [...]. Evita-se, assim, a possibilidade de os pais, apenas por serem carentes de recursos materiais, serem destituídos de seus filhos. Contudo, se a falta de recursos materiais não é motivo para destituição do poder familiar, o mesmo não ocorre acerca da carência de amor, afeto, atenção, cuidado, responsabilidade, compromisso e proteção, pois tais sentimentos são imprescindíveis para o pleno e integral desenvolvimento da criança. Sem amor, afeto, atenção, cuidado, responsabilidade, compromisso e proteção dos pais, a criança será

[274] TJMG, AC 1.0024.02.619286-4/001, Rel. Des. Maria Elza, j. 5-5-2005.

> imensamente prejudicada, tendo, seriamente, ameaçados seus valores maiores, como, dignidade, respeito, saúde, vida, lazer, alimentação, cultura, liberdade e educação. O abandono afetivo, evidenciado no desinteresse de criar, educar, orientar e formar os filhos, transferindo tal responsabilidade para terceiros, que culmina na ausência de cuidados e falta de comprometimento, impõe a perda do poder familiar. Entender o contrário é fazer pouco caso dos princípios constitucionais da dignidade da pessoa humana e de proteção integral à criança, que asseguram a ela o direito à vida, à dignidade, ao amor, ao afeto, ao cuidado, à proteção, ao carinho e ao respeito, pois, como pessoa humana em processo de desenvolvimento e como sujeito de direitos civis, humanos e sociais garantidos na Constituição e nas leis, tem ela direito de ser acolhida por uma nova família que lhe conceda uma relação de parentesco afetiva. Em todos os litígios em que uma criança esteja envolvida, notadamente aquelas que envolvam pedido de adoção e de destituição de poder familiar, o julgador deve ter em vista, sempre e primordialmente, o interesse da criança[275].

Na *prática de atos contrários à moral e aos bons costumes,* deve ser observado que a evolução alterou o conceito de moral e bons costumes. Situações anteriores, como o fato de a mulher que constituía nova união antes da Lei n. 4.121/1962 perder o pátrio poder, hoje possui norma em contrário, dispondo que o pai ou mãe, que contraírem novo casamento ou união, não perde o poder familiar (art. 1.636 do CC). Autoriza a perda do poder familiar os pais que expõem os filhos a situações que contaminem sua formação moral e influenciem negativamente sua personalidade, como viver em companhia de mãe prostituta; pais que vivem na libertinagem; que se entregam ao uso de entorpecentes, bebidas alcoólicas ou vadiagem; que obrigam os filhos a mendigar para os sustentarem, que vivem em ambiente desregrado ou sofrendo abusos sexuais, devendo ser observado o caso concreto, a exposição e as consequências causadas ao menor.

O juiz Elias Charbil Abdou Obeid destituiu do poder familiar a mãe que deixava os filhos em abandono para prostituir-se e usar drogas[276]. Tam-

---

275 TJMG, 5ª CC, AC 1.0024.02.619286-4/001, Rel. Des. Maria Elza, j. 5-5-2005.

276 OBEID, Elias Charbil Abdou. Autos 0079.08.442173-8, Vara da Infância e Juventude, Comarca de Contagem/MG.

bém perde o poder familiar por praticar ato contrário aos bons costumes o pai que assassina a mãe de seus filhos, privando-os dos cuidados e da convivência materna, com graves danos psicológicos[277].

O Tribunal de Justiça de Minas Gerais já decidiu que deve ser destituída do poder familiar, quando comprovado mediante provas seguras, a mãe que não reúne condições psicológicas e morais para criação e educação do filho, e que tal medida apresente reais vantagens para o menor, possibilitando sua adoção[278].

Incidir, reiteradamente, nas faltas previstas no artigo antecedente, ou seja, o abuso, a omissão do cumprimento dos deveres, a administração ruinosa dos bens e a condenação criminal em crimes com pena superior a dois anos de prisão também autorizam a perda do poder familiar. O inciso acolheu o art. 24 do Estatuto da Criança e do Adolescente[279] que já dispunha sobre a suspensão ou perda do pátrio poder no caso de descumprimento injustificado dos deveres e obrigações de guarda, sustento, educação dos filhos e cumprimento das determinações judiciais, evitando o abuso e a displicência dos pais na repetida incidência de falhas, ainda que mais brandas. A reincidência no descumprimento, entretanto, deve ser prejudicial aos filhos, colocando-os em risco, para justificar a medida extrema de perda do poder familiar.

Entregar de forma irregular o filho a terceiros para fins de adoção, inciso V acrescido pela Lei n. 13.509/2017, e que tem por objetivo evitar o comércio dos filhos e burlar a ordem de preferência dos cadastros. A conduta deve ser praticada com má-fé, prevalecendo o interesse dos pais e não da criança, ou seja, fundando-se em motivos ilegítimos. A conduta de boa-fé da mãe, buscando proteção e melhores cuidados ao filho, não pode ser punida com a perda do poder familiar, devendo a disposição ser interpretada com moderação.

Praticar crime contra o outro titular do poder familiar, parágrafo único, inciso I, letras "a" e "b" dispõe que também importa em perda do poder familiar o genitor que comete crime doloso, *contra o outro titular do poder*

---

277 OBEID, Elias Charbil Abdou. Autos 0223.07.229913-2, Vara da Infância e da Juventude, Comarca de Contagem/MG.

278 TJMG, AC 1.007.04.041297-8/001, Rel. Des. Célio César Paduani, j. 13-10-2005.

279 Art. 24. A perda e a suspensão do poder familiar serão decretadas judicialmente, em procedimento contraditório, nos casos previstos na legislação civil, bem como na hipótese de descumprimento injustificado dos deveres e obrigações a que alude o art. 22.

familiar, de homicídio, feminicídio, lesão corporal de natureza grave, quando se tratar de violência doméstica ou familiar, menosprezo ou discriminação contra a mulher, ou ainda, crime de estupro ou contra a dignidade sexual em que resulte pena de reclusão.

Praticar crime contra filhos ou outros descendentes, nas mesmas hipóteses do inciso I, o inciso II prevê a perda do poder familiar também pela prática dos mesmos crimes contra filho, filha ou outro descendente, como neto e neta.

O parágrafo único e seus incisos objetivam coibir a violência doméstica, a discriminação e o menosprezo à mulher, bem como a prática de violência e os crimes contra a dignidade sexual dos descendentes.

4.5. Procedimento para suspensão ou perda do poder familiar

O procedimento para suspensão ou perda do poder familiar é regulado no Estatuto da Criança e do Adolescente, especialmente nos arts. 24 e 155 a 163. A destituição do poder familiar não possui como objetivo a punição dos pais, mas proteger os direitos fundamentais da criança e do adolescente, resguardando seus interesses.

Considerando-se a proteção dos direitos fundamentais na unidade de cada membro da família, merece atenção e prioridade as pessoas em formação, que necessitam de cuidados especiais para sua criação, orientação, educação e plena assistência familiar e comunitária, ou seja, possuem direito ao dever de cuidado.

Na Convenção Internacional dos Direitos da Criança, adotada pela Assembleia Geral das Nações Unidas, no dia 20 de novembro de 1989, e ratificada no Brasil em 1990, consagrou no art. 3º, I, que:

> Todas as ações relativas às crianças, levadas a efeito por instituições públicas ou privadas de bem-estar social, autoridades administrativas ou órgãos legislativos, devem considerar, primordialmente, o interesse maior da criança.

O princípio do melhor interesse é o corolário da doutrina da proteção integral, considerando, sobretudo, as necessidades do infante em detrimento dos interesses dos pais. Atrela-se à estabilidade de condições de vida do menor, de seu ambiente físico e social e das suas relações afetivas, norteando os responsáveis por sua educação e orientação. Tratando-se de pessoas em desenvolvimento, possuem condição prioritária e proteção não apenas da família, mas do Estado e da sociedade[280].

O dever de cuidado dispensado à criança e ao adolescente pela família, sociedade e Estado, assegura com absoluta prioridade a efetivação de seus direitos fundamentais, entre eles os direitos à dignidade, respeito, liberdade e convivência familiar, conforme positivado no art. 227, *caput*, da Constituição Federal.

A suspensão ou a perda somente podem ser decretadas mediante sentença judicial, em procedimento contraditório, nos casos previstos na lei, e possibilitando ampla defesa, tendo o Tribunal mineiro decretado a nulidade de sentença em que o juiz de ofício destituiu os pais do poder familiar, visto que tal matéria não foi objeto de processo, não sendo lícito ao magistrado alterar o pedido e a causa do pedido[281].

A legitimidade é conferida *aos parentes, Ministério Público ou a quem tenha legítimo interesse* (arts. 1.637 do CC e 155 do ECA), incluindo, entre estes, o outro genitor, guardião ou quem tenha legítimo interesse em adotar o menor.

A Lei n. 13.509/2017, como visto ao tratar do procedimento para a adoção (3.7), introduziu várias alterações nos procedimentos do Estatuto da Criança e do Adolescente, incluindo a suspensão e perda do poder familiar, com alterações nos arts. 152, 157, 158, 161, 162, 163 e 166 para agilizar o processo, que deve ser concluído no prazo de cento e vinte dias. Os prazos são contados em dias corridos e não em dias úteis; o estudo social será determinado pelo juiz ao receber a petição inicial e mandar citar o réu; regula ainda a citação por edital e por hora certa; a intervenção e prazos para o Ministério Público, debates na audiência, oitiva dos pais e testemunhas.

A petição deve ser dirigida ao Juiz da Infância e Juventude do domicílio dos pais ou no local onde se encontra o menor se desconhecido o paradeiro dos pais (arts. 147 e 148, parágrafo único, *b*, c/c o art. 98, II, do ECA).

O art. 156 do Estatuto da Criança e do Adolescente orienta os requisitos da petição inicial, que deve indicar a autoridade judiciária a que for dirigida;

---

280 TEIXEIRA, Ana Carolina Brochado. *Família, guarda e autoridade parental*, cit., p. 75.
281 TJMG, AC 1.0231.06.064764-2/001, Rel. Des. Maria Elza, j. 3-4-2008.

o nome, o estado civil, a profissão e a residência do requerente e do requerido, dispensada a qualificação em se tratando de pedido formulado por representante do Ministério Público; a exposição sumária do fato e o pedido; e as provas que serão produzidas, oferecendo, desde logo, o rol de testemunhas e documentos.

Predomina, como já visto, inclusive no Superior Tribunal de Justiça, o entendimento da possibilidade de cumulação do pedido de destituição do poder familiar com a adoção, em face do princípio do melhor interesse da criança e do adolescente. A jurisprudência do Tribunal de Justiça de Minas Gerais é pacífica em reconhecer a possibilidade de cumular o pedido de adoção com destituição do poder familiar, em observância ao princípio do melhor interesse. Decidiu a 3ª Câmara Cível, por unanimidade, que:

> APELAÇÃO CÍVEL – DIREITO DE FAMÍLIA – AÇÃO DE DESTITUIÇÃO DE PÁTRIO PODER C/C ADOÇÃO – ABANDONO MATERIAL E AFETIVO DE MENOR – ART. 1.638 DO CC – PERDA DO PÁTRIO PODER – POSSIBILIDADE ADOÇÃO DEFERIDA.
>
> – Restando demonstrado o abandono de menor por sua genitora, que, ao entregá-lo aos cuidados de terceiros, deixa de lhe prestar os necessários cuidados, carinho e atenção indispensáveis ao seu desenvolvimento saudável, em total descumprimento de suas obrigações inerentes à maternidade, a perda de seu poder familiar é medida que se impõe.
>
> – Preenchidos os requisitos do art. 1.618 e seguintes do Código Civil/2002, e art. 40 e seguintes do ECA, o deferimento da adoção de menor àqueles que sempre lhe prestaram, e continuam prestando, toda assistência material e afetiva é medida que se impõe[282].

No mesmo sentido decidiu a 1ª Câmara Cível:

> CIVIL E FAMÍLIA. AÇÃO DE DESTITUIÇÃO DO PODER FAMILIAR CUMULADA COM ADOÇÃO. FILHA ABANDONADA. RUPTURA DO VÍNCULO AFETIVO COM A MÃE BIOLÓGICA. VÍNCULOS ESTREITAMENTE FIXADOS COM OS GUARDIÕES. PROVA. MELHOR

[282] TJMG, 3ª CC, AC 1.0097.07.001019-0/001, Rel. Des. Elias Camilo, j. 28-1-2010.

INTERESSE DA CRIANÇA. PEDIDO PROCEDENTE. SENTENÇA MANTIDA.

– Conquanto a mãe biológica tenha posteriormente modificado seu modo de vida, viva hoje situação de equilíbrio, estrutura familiar e religiosidade, não é possível que se apague o que fez no passado; não é possível refazer laço de afeto e ternura, realidade que, aliada ao fato de a filha estar inteiramente adaptada e integrada à família substituta, tendo identificado pai e mãe, conduz à conclusão de que a adoção atende ao melhor interesse da infante.

– Abandonada a criança, rompido o vínculo com a mãe biológica e estabelecidos fortes vínculos de afeto e carinho com os guardiões, que reúnem os requisitos para obter a adoção, este é seguramente o melhor para a criança[283].

Os pais deverão ser citados, esgotando-se todos os meios para a citação pessoal, para oferecer resposta no prazo de dez dias, não se aplicando os efeitos da revelia por se tratar de direito indisponível, observando o procedimento previsto nos arts. 158 a 160 da Lei n. 8.069/1990, que admite requisição de documentos, exige intervenção do Ministério Público, se não for parte, orienta para realização de estudo social por equipe interprofissional e a oitiva do menor, independentemente das outras provas produzidas.

O juiz pode decretar a suspensão do poder familiar, liminar ou incidentalmente, até a decisão final, havendo motivo grave, confiando o menor a pessoa idônea (art. 157 do ECA) ou determinar, como medida cautelar, o afastamento do pai ou da mãe da moradia comum nos casos de maus-tratos, opressão ou abuso sexual (art. 130 do ECA).

O prazo máximo para conclusão do procedimento de perda do poder familiar é de 120 dias (art. 163, *caput*, ECA). A sentença que decretar a perda ou suspensão do poder familiar será averbada à margem do registro do menor (art. 163 do ECA).

---

283 TJMG, 1ª CC, AC 1.0079.10.001051-5/001, Rel. Des. Alberto Vilas Boas, j. 15-10-2013.

7

ALIMENTOS

1. CONCEITO E NATUREZA JURÍDICA

Alimentos, no conceito de direito de família, é a prestação fornecida a uma pessoa, em dinheiro ou em espécie, para que possa atender às necessidades de sobrevivência, tratando-se não só de sustento, mas também de vestuário, habitação, assistência médica em caso de doença, enfim, de tudo para atender às necessidades da vida e, em se tratando de criança, abrange o que for preciso para sua instrução. Os alimentos têm um fim principal, isto é, atender à necessidade de uma pessoa que não pode prover à sua subsistência[1], alcançando, inclusive, as despesas de sepultamento do alimentando, custeadas pelo alimentante (art. 872 do CC). São prestações destinadas à satisfação das necessidades vitais de quem não pode provê-las por si[2], por seus próprios meios, em razão da pouca ou avançada idade, por doença, ausência de recursos suficientes para arcar com todas as despesas essenciais, incapacidade ou ausência de trabalho.

---

1 RODRIGUES, Silvio. *Direito civil* – Direito de família. 27. ed., cit., p. 418.

2 GOMES, Orlando. *Direito de família*. 14. ed. Rio de Janeiro: Forense, 2002. p. 427.

Douglas Phillips Freitas leciona que "o instituto jurídico dos alimentos pode ser definido como o valor destinado a satisfazer as necessidades naturais e sociais do ser humano em seu sentido pleno"[3].

Leonardo de Farias Beraldo leciona que a fundamentação do dever recíproco de fornecer alimentos se encontra no princípio da solidariedade familiar, possibilitando a sobrevivência do ser humano. Acrescenta que:

> O ser humano tem o direito de sobreviver, e é justamente por causa disso que se criou este dever mútuo e legal de se prestar alimentos. Destarte, a sua fundamentação se encontra, especialmente, no princípio da solidariedade, isto é, os laços de parentalidade que unem as pessoas são a fonte da obrigação alimentar. Como bem disse Orlando Gomes, "alimentos são prestações para satisfação das necessidades vitais de quem não pode provê-las por si". Essas necessidades à existência da pessoa devem compreender aquelas do ponto de vista físico, intelectual e psíquico, suficientes para colaborar ou cobrir todos os gastos com alimentação, habitação, vestuário, saúde, lazer e, dependendo do caso concreto, até a educação. Esse último item é normal em se tratando de alimentos entre pais e filhos, mas pode ser tido como necessidades também entre cônjuges, por exemplo[4].

Tem o significado de valores em dinheiro, denominados pensão alimentícia, bens ou serviços, denominados *in natura* ou naturais, como imóvel fornecido para moradia ou entrega de gêneros para consumo, destinados às necessidades existenciais da pessoa, quando ela própria não pode prover, com seu trabalho ou rendimentos, a própria mantença.

Os alimentos são derivados da relação de parentesco e dos deveres de mútua assistência oriundos do casamento e da união estável, incluindo a união estável homoafetiva, na qual se aplicam os mesmos direitos e deveres das uniões de pessoas de sexos diferentes.

O pagamento da pensão alimentícia pode ser direto, entregando ou depositando em estabelecimento bancário a quantia em dinheiro, ou indireto, como pagamento de mensalidades escolares, clubes, aluguel e planos de saúde[5].

---

3 FREITAS, Douglas Phillips. *Alimentos gravídicos*. Florianópolis: Voxlegem, 2009. p. 75.

4 BERALDO, Leonardo de Farias. *Alimentos no Código Civil*. 2. ed. Belo Horizonte: Fórum, 2017, p. 26.

5 LÔBO, Paulo. *Direito civil. Famílias*, cit., p. 344.

As normas jurídicas que regulam o direito alimentar são de ordem pública, posto que inerentes à personalidade da pessoa e relacionadas com a integridade física e psíquica do alimentando, fundando-se no dever de prestar alimentos, na solidariedade humana reinante nas relações familiares e que têm, como inspiração fundamental, a preservação da dignidade da pessoa humana, de modo a garantir a subsistência de quem não consegue sobreviver por seus próprios meios[6].

O Código Civil dispõe no *caput* de seu art. 1.694 que os alimentos devem atender ao necessário para o alimentando viver de modo compatível com sua condição social, inclusive para atender às necessidades de sua educação, tratando-se, neste caso, dos chamados *alimentos civis*, enquanto no § 2º prevê os *alimentos naturais ou mínimos*, destinados ao cônjuge considerado culpado pela separação, como os indispensáveis à sua subsistência:

> Art. 1.694. Podem os parentes, os cônjuges ou companheiros pedir uns aos outros os alimentos de que necessitem para viver de modo compatível com a sua condição social, inclusive para atender às necessidades de sua educação.
>
> [...]
>
> § 2º Os alimentos serão apenas os indispensáveis à subsistência, quando a situação de necessidade resultar de culpa de quem os pleiteia.

A discussão de culpa da separação na dissolução do casamento, notadamente na separação sanção, não se aplica mais no direito brasileiro, prevalecendo o entendimento de que foi substituída pelo *princípio da ruptura*, diante da impossibilidade de apontar um responsável pelo desamor. Após o advento da EC n. 66/2010, predomina a corrente largamente majoritária na doutrina e na jurisprudência da abolição da separação sanção no ordenamento jurídico. A discussão de culpa na fixação dos alimentos, todavia, como será oportunamente abordado, foi mantida para diferenciar os alimentos civis e os naturais.

A respeito da *natureza jurídica* dos alimentos, os doutrinadores se dividem, considerando, uma corrente, como um *direito pessoal extrapatrimonial*

---

[6] MADALENO, Rolf. Renúncia a alimentos. *Revista Brasileira de Direito de Família*. n. 27. Porto Alegre: Síntese, IBDFAM, dez.-jan. 2005. p. 147.

em virtude de seu fundamento ético-social e do fato de que o alimentando não tem nenhum interesse econômico, visto que a verba alimentar não aumenta seu patrimônio ou presta garantia a seus credores, tratando-se de direito personalíssimo por garantir a vida. A outra posição doutrinária o considera *um direito com conteúdo patrimonial e finalidade pessoal,* conexo a um interesse superior familiar, apresentando-se como uma relação patrimonial de crédito-débito, já que consiste no pagamento periódico de soma em dinheiro ou fornecimento de bens de consumo, tanto que o credor pode exigir uma prestação econômica do devedor[7].

2. FONTES DO DIREITO ALIMENTAR

O direito a alimentos pode originar-se de várias fontes, inclusive não reguladas pelo direito de família. A fonte primária é a lei, ao prever as hipóteses que autorizam a obrigação alimentar, enquanto as fontes secundárias são as possibilidades que admitem a concessão de alimentos e podem ser em razão de parentesco, casamento e união estável, reguladas pelo direito de família, contrato, testamento e ato ilícito.

No direito de família, o Código Civil atual, ao contrário da legislação anterior, concentrou as fontes no art. 1.694, dispondo que "podem os parentes, os cônjuges ou companheiros pedir uns aos outros os alimentos de que necessitem para viver".

2.1. Parentesco e obrigação complementar

Os parentes devem alimentos e são credores entre si, sendo, portanto, potencialmente credores e devedores, não importando a origem do parentesco, se natural (consanguíneo), civil (adoção), ou socioafetivo.

Da mesma forma, não importa se o parentesco resulta ou não do casamento, podendo o filho havido fora do matrimônio acionar os genitores livremente ou os demais parentes, sendo desnecessário o Código Civil prever a possibilidade de segredo de justiça se requerido pelas partes (art. 1.705 do CC), já que as ações que dizem respeito a alimentos, filiação, separação, divórcio e de guarda de menores correm em segredo de justiça (art. 189, II, do CPC).

---

7 DINIZ, Maria Helena. *Curso de direito civil brasileiro* – Direito de família. 22. ed., cit., p. 542 e 543.

Os alimentos não são devidos entre os afins, posto que, apesar da denominação parentesco por afinidade do Código Civil (art. 1.595, § 1º), não são parentes, não descendem de um ancestral comum (art. 1.592). Maria Berenice Dias doutrina que a lei, ao impor a obrigação alimentar aos parentes, no art. 1.694 do Código Civil, não faz qualquer distinção ou especificidade, portanto, a obrigação alimentar decorre não só do parentesco natural, mas também do parentesco por afinidade, que permanece na linha reta, mesmo após a dissolução do casamento ou da união estável. Remanescendo o vínculo jurídico, mantém-se a solidariedade familiar, sendo devidos os alimentos[8].

Apesar dos fortes argumentos da doutrinadora, a posição não é acolhida na doutrina e na jurisprudência. Silvio Rodrigues leciona que, no direito brasileiro, os parentes afins não são obrigados a prestar alimentos, nem têm o direito a receber uns dos outros[9]. No mesmo sentido, orienta Maria Helena Diniz que somente pessoas que procedem do mesmo tronco ancestral devem alimentos, excluindo-se os afins, por mais próximo que seja o grau de afinidade (*RT*, 703:193)[10]. O Superior Tribunal de Justiça já decidiu que não se pode ampliar a pessoas não contempladas na lei a obrigação alimentar, inexistindo esse dever em relação à nora[11]. O Tribunal de Justiça de Minas Gerais também já decidiu que a nora está no campo do parentesco por afinidade e, embora não se dissolva pela extinção do casamento que a constituiu, ela não municia, no ordenamento legal específico, direito à pretensão de alimentos aos sogros, importando em ilegitimidade passiva *ad causam*[12].

O direito a alimentos entre parentes *obedece a uma ordem de preferência*, observando *primeiro* a reciprocidade *entre pais e filhos* (art. 1.696, 1ª parte, do CC), cumprindo aos genitores o dever de assistir, criar e educar os filhos menores e estes, quando maiores, de amparar os pais na velhice, carência ou enfermidade (art. 229 da CF).

Duas são as obrigações de alimentos devidos pelos pais em relação aos filhos. A primeira é oriunda do poder familiar, que perdura até aos 18 anos;

---

8 DIAS, Maria Berenice. *Manual de direito das famílias*. 13. ed., cit., p. 811.

9 RODRIGUES, Silvio. *Direito civil* – Direito de família. 27. ed., cit., p. 423.

10 DINIZ, Maria Helena. *Curso de direito civil brasileiro* – Direito de família. 22. ed., cit., p. 555-556.

11 STJ, 3ª Turma, RMS 957/BA, Rel. Min. Eduardo Ribeiro, j. 9-8-1993.

12 TJMG, 3ª CC, Ag. 000.230.211-5/00, Rel. Des. Isalino Lisboa, j. 18-10-2001.

a outra é oriunda do parentesco, de vínculo vitalício, durante a maioridade do filho, cuja necessidade de alimentos deve ser comprovada[13].

É importante distinguir os alimentos devidos pelos pais aos filhos, pois cumpre aos genitores criar, educar e sustentar os filhos menores (art. 22, ECA), portanto os alimentos são uma imposição do poder familiar, independente das condições dos pais. Nos alimentos devidos pelos pais aos filhos maiores ou entre parentes exige-se que o devedor tenha possibilidade de fornecer.

A obrigação alimentar em razão do poder familiar é temporária, permanecendo até o filho completar 18 anos ou emancipar, sendo presumida a necessidade pela própria lei, cabendo ao pai comprovar que o filho não possui necessidade e pode prover seu próprio sustento com trabalho ou rendimento suficientes. Alguns autores incluem nesta categoria o filho estudante até que atinja 24 anos, entretanto, com a maioridade extingue-se o poder familiar e a presunção da necessidade, cabendo ao filho o ônus da prova de que é estudante e não pode prover às suas necessidades de subsistência e educação em razão dos estudos, possuindo amparo legal o pedido de alimentos em razão do parentesco, inclusive para educação (art. 1.694, parte final, do CC). A obrigação alimentar em razão do parentesco é vitalícia e recíproca, entretanto, a presunção de necessidade do filho é inversa. Presume-se que, com a maioridade e a extinção do poder familiar, a pessoa não mais necessita ser alimentada pelo pai, cabendo-lhe, neste caso, comprovar que ainda necessita do sustento. A maioridade, entretanto, não exonera automaticamente os alimentos fixados ou acordados, sendo necessário pronunciamento judicial para exoneração, oportunizando ao filho demonstrar que ainda necessita ser alimentado em razão de estudos ou insuficiência de rendimentos ou emprego.

O Superior Tribunal de Justiça editou a Súmula 358, dispondo que "o cancelamento de pensão alimentícia de filho que atingiu a maioridade está sujeito à decisão judicial, mediante contraditório, ainda que nos próprios autos".

Excluída a reciprocidade, a obrigação recairá em *segundo* nos *ascendentes* mais próximos em graus e, na ausência ou comprovada impossibilidade do ascendente. Assim, ao avô incumbe-se fornecer alimentos antes do bisavô e este antes do neto, dispondo o art. 1.696 do Código Civil:

---

[13] LÔBO, Paulo. *Direito civil. Famílias*, cit., p. 354.

> Art. 1.696. O direito à prestação de alimentos é recíproco entre pais e filhos, e extensivo a todos os ascendentes, recaindo a obrigação nos mais próximos em grau, uns em falta de outros.

Cabe a obrigação em *terceiro lugar* aos *descendentes* em condições de prestá-la, observando também que o grau mais próximo exclui o mais remoto.

Na ausência de descendentes, o parente necessitado pode pleitear alimentos em *quarto lugar* aos *irmãos* unilaterais ou bilaterais, parentes colaterais no segundo grau, conforme disposição expressa no Código Civil, art. 1.697:

> Art. 1.697. Na falta dos ascendentes, cabe a obrigação aos descendentes, guardada a ordem de sucessão e, faltando estes, aos irmãos, assim germanos como unilaterais.

Apesar de a lei considerar parentes os colaterais até o 4º grau, beneficiados na sucessão legítima, no direito alimentar, a obrigação limita-se ao 2º grau, assim, tios, sobrinhos e primos não devem alimentos entre si, mesmo sendo herdeiros entre si.

A redação do art. 1.694 do Código Civil, ao referir-se aos parentes, genericamente, fez surgir entendimento doutrinário no sentido de que a obrigação alimentar se estende aos colaterais até o 4º grau, que possuem direito à herança na inexistência de descendentes, ascendente ou cônjuge sobrevivente (art. 1.829, IV, do CC). Maria Berenice Dias leciona que não há como reconhecer direitos aos parentes e não lhes atribuir deveres. O fato de a lei explicitar o dever dos irmãos e silenciar quanto aos tios, sobrinhos e primos não significa que foram excluídos da obrigação alimentar, pois o grau de parentesco não deve servir só para se ficar com o bônus, sem assunção de ônus, exigindo-se integral proteção à família, não sendo razoável afastar tios, sobrinhos e primos do encargo alimentar e permitir ser herdeiros e receber bens do parente que necessitou de alimentos[14].

A doutrina e a jurisprudência[15], entretanto, de forma maciça, não reconheceram a divergência que admite a ampliação da obrigação de alimen-

[14] DIAS, Maria Berenice. *Manual de direito das famílias*. 13. ed., cit., p. 810.

[15] TJRS, 7ª CC, AC 70077120384, Relª. Desª. Liselena Schifino Robles Ribeiro, j. 9-5-2018.

tos além do segundo grau, fundamentando que, no direito brasileiro, o parentesco na linha colateral é limitado de acordo com os fins de cada norma de maneira diferente. Assim, limita ao segundo grau para alimentos, no terceiro grau para impedimentos matrimoniais e tutela, e ao quarto grau, para fins sucessórios[16]. Com efeito, o Código Civil de 2002 complementa o art. 1.694 com a disposição expressa do art. 1.697, limitando o dever alimentar entre parentes colaterais no segundo grau, aliás, reproduzindo as disposições do Código de 1916, que reconhecia o direito recíproco de alimentos entre os parentes no art. 396 e limitava aos irmãos no art. 398, sedimentando, no direito brasileiro, que na linha colateral são devidos alimentos somente entre os irmãos.

A lei estabelece as preferências em *quem deve prestar alimentos em razão do parentesco*, incluindo, pela ordem, a reciprocidade entre pais e filhos, ascendentes, descendentes, observando o grau de parentesco e, por fim, aos colaterais. A *ordem de preferência*, entretanto, *não é excludente*, ou seja, o parente mais distante não fica excluído da obrigação de prestar alimentos pela simples existência de parente mais próximo na ordem de obrigação, salvo se possui condições de atender toda a necessidade do alimentando, já que o parente mais distante pode suprir a incapacidade do mais próximo em prestar alimentos ou complementá-la, se possuir condições de atender, apenas em parte, as necessidades.

A obrigação alimentar é excludente somente quando o parente que está obrigado em primeiro lugar possui condições de suprir integralmente as necessidades do alimentando.

É *sucessiva ou subsidiária*, quando o parente que está preferencialmente obrigado não possui condições de fornecer os alimentos, recaindo a obrigação ao próximo na ordem legal, que supre a obrigação do alimentante originário, substituindo-o, o que ocorre, por exemplo, quando o filho menor de idade, ainda estudante e sustentado pelos pais, tem um filho, cabendo aos avós exclusivamente o sustento do neto e do próprio filho.

A obrigação é *complementar ou suplementar* quando o primeiro obrigado já contribui para o sustento do alimentando de acordo com suas possibilidades, mas não supre integralmente as necessidades básicas, como

---

16 LÔBO, Paulo. *Direito civil. Famílias*, cit., p. 358.

ocorre com os alimentos fornecidos pelo pai, que possui baixos rendimentos, ao filho, sem satisfazer suas necessidades, sendo o valor complementado pelos avós que possuem condições. A substituição ou complemento dos alimentos normalmente ocorre com os avós em relação aos netos, denominada *obrigação avoenga*.

A possibilidade de concorrência entre os alimentantes, sucessiva ou complementar, é expressamente prevista no art. 1.698 do Código Civil:

> Art. 1.698. Se o parente, que deve alimentos em primeiro lugar, não estiver em condições de suportar totalmente o encargo, serão chamados a concorrer os de grau imediato; sendo várias as pessoas obrigadas a prestar alimentos, todas devem concorrer na proporção dos respectivos recursos, e, intentada ação contra uma delas, poderão as demais ser chamadas a integrar a lide.

O Superior Tribunal de Justiça tem reiteradamente decidido que, na ausência ou impossibilidade de o pai arcar integralmente com os alimentos, os avós podem ser chamados a complementar[17], sendo que a responsabilidade dos avós de prestar alimentos aos netos não é apenas sucessiva, mas também complementar, quando demonstrada a insuficiência de recursos do genitor[18], conforme será abordado ao tratar dos alimentos avoengos subsidiários ou complementares (item 3.4). A responsabilidade dos avós em suprir ou complementar os alimentos aos netos é excepcional e só ocorre se comprovada a insuficiência de condições dos pais e a possibilidade daqueles de fornecerem.

2.2. Casamento

Os cônjuges não são parentes; portanto, não se aplica a ordem de preferência existente no parentesco, originando a obrigação no dever de mútua assistência (art. 1.566, III, do CC), autorizando o cônjuge pleitear alimentos ao outro, mesmo que dissolvida a sociedade conjugal pela separação.

Os alimentos entre cônjuges e companheiros estão se tornando raros nas varas de família, tendo em vista a igualdade jurídica entre homens e

---

17 STJ, 4ª Turma, REsp 821.402/MG, Rel. Min. Fernando Gonçalves, j. 8-4-2008.

18 STJ, 3ª Turma, REsp 579.385/SP, Rel. Min. Nancy Andrighi, j. 26-8-2004.

mulheres, restando deferidos de forma excepcional apenas em situações em que o consorte, em razão de saúde ou idade, não consiga ingressar no mercado de trabalho. A posição predominante nos tribunais de justiça e especialmente no Superior Tribunal de Justiça é a fixação dos alimentos por tempo certo para possibilitar ao ex-cônjuge ingressar ou reinserir-se no mercado de trabalho, mantendo o pensionamento por prazo indeterminado excepcionalmente. Nesse sentido:

> RECURSO ESPECIAL – DIREITO CIVIL – FAMÍLIA – AÇÃO DE EXONERAÇÃO DE ALIMENTOS – PENSIONAMENTO ENTRE EX-CÔNJUGES – EXCEPCIONALIDADE – CARÁTER TEMPORÁRIO – CAPACIDADE LABORATIVA E INSERÇÃO NO MERCADO DE TRABALHO DA EX-CONSORTE – EXONERAÇÃO – POSSIBILIDADE – PROVIMENTO DO APELO EXTREMO.
>
> [...]
>
> 2. A pensão entre ex-cônjuges deve ser fixada, em regra, com termo certo, assegurando ao beneficiário tempo hábil para que seja inserido no mercado de trabalho, possibilitando-lhe a manutenção pelos próprios meios. A perpetuidade do pensionamento só se justifica em excepcionais situações, como a incapacidade laboral permanente, saúde fragilizada ou impossibilidade prática de inserção no mercado de trabalho, que evidentemente não é o caso dos autos.
>
> Precedentes.
>
> 3. A ausência de alteração nas condições financeiras dos envolvidos, por si só, não afasta a possibilidade de desoneração dos alimentos prestados à ex-cônjuge. Precedentes.
>
> 4. No caso em apreço, não se evidencia hipótese a justificar a perenidade da prestação alimentícia e excetuar a regra da temporalidade do pensionamento devido aos ex-cônjuges, merecendo procedência o recurso, em razão do lapso de tempo decorrido desde o início da prestação alimentar até o pedido de exoneração[19].

O Tribunal de Justiça da Paraíba, em julgamento em que foi relator o Des. José Ricardo Porto e causou muita repercussão, decidiu por unanimi-

---

19 STJ, 4ª Turma, REsp 1.370.778/MG, Rel. Ministro Marco Buzzi, j. 10-3-2016.

dade que *o marido não é órgão previdenciário, por isso a concessão de alimentos, após a ruptura do matrimônio, deve ser fixada com parcimônia, de modo a impedir que o casamento se torne uma profissão*. No caso concreto, os alimentos foram fixados por um período de seis meses para possibilitar à ex-esposa, jovem e saudável, exercer atividade remunerada e assegurar a própria subsistência[20].

Os alimentos devidos ao cônjuge estão previstos no art. 1.694 do Código Civil e são autorizados mesmo que dissolvida a sociedade conjugal, conforme dispõe o art. 1.704:

> Art. 1.704. Se um dos cônjuges separados judicialmente vier a necessitar de alimentos, será o outro obrigado a prestá-los mediante pensão a ser fixada pelo juiz, caso não tenha sido declarado culpado na ação de separação judicial.
>
> Parágrafo único. Se o cônjuge declarado culpado vier a necessitar de alimentos, e não tiver parentes em condições de prestá-los, nem aptidão para o trabalho, o outro cônjuge será obrigado a assegurá-los, fixando o juiz o valor indispensável à sobrevivência.

O cônjuge que dispensou os alimentos por ocasião da separação jurídica pode pleiteá-los posteriormente, comprovando a alteração em sua situação e a necessidade. A dispensa à pensão alimentícia homologada em separação judicial não importa em renúncia, que é válida e eficaz, nem mesmo obsta que o ex-cônjuge pretenda posteriormente, em ação própria, o recebimento dos alimentos dispensados[21].

Incabível, todavia, pedido de alimentos ao ex-cônjuge após o divórcio, pouco importando tenha sido omitida referência aos alimentos por ocasião do divórcio, dispensados ou renunciados. Com o divórcio, extingue-se o vínculo conjugal e, em consequência, a fonte alimentar. Fixados alimentos anteriormente ou no próprio divórcio, quando ainda existia casamento, o ex-cônjuge mantém o direito de percebê-los, mesmo após a dissolução do vínculo.

Não fixados os alimentos, por ocasião do divórcio, o ex-cônjuge não possui legitimidade para pleiteá-los. Apesar de uma ou outra posição doutri-

---

[20] Informações da Assessoria de Imprensa do TJ-PB. *Desembargador diz que marido não é previdência*. Disponível em: <www.conjur.com.br>. Acesso em: 5-9-2017.

[21] TJMG, AC 1.0183.06.109209-8/001, Rel. Des. Armando Freire, j. 8-4-2008.

nária estender a interpretação do art. 1.704 do Código Civil, a jurisprudência é pacífica quanto à impossibilidade de o ex-cônjuge postular alimentos se, no divórcio, não se faz nenhuma ressalva quanto às parcelas, dado que já definitivamente dissolvido qualquer vínculo existente entre eles, extinguindo o dever conjugal de assistência material[22], importando em carência de ação. O dever de prestar alimentos entre os ex-cônjuges reveste-se de caráter assistencial e avança no tempo, mesmo após o término da sociedade conjugal, em razão do vínculo conjugal que ainda os une. Dissolvido o casamento, pelo divórcio, não remanesce qualquer vínculo entre os ex-cônjuges e extingue-se o dever de mútua assistência. Dá-se, portanto, a ruptura dos deveres e obrigações impostas pelo casamento cujo divórcio impôs definitivo termo, cortando-se a possibilidade de se postular alimentos[23].

Decretado o divórcio, rompem-se todos os vínculos legais entre os cônjuges, descabendo à mulher receber alimentos se o direito não veio estipulado ou ressalvado na separação jurídica ou na conversão em divórcio[24]. Com efeito, o art. 1.694 do Código Civil não prevê o dever de prestação de alimentos entre ex-cônjuges após o rompimento do vínculo do casamento, tratando-se de partes ilegítimas na obrigação alimentar. Os ex-cônjuges não são parentes e, inexistente o vínculo matrimonial, passam a ser pessoas estranhas para as quais não subsiste o dever de mútua assistência própria do casamento. Independentemente da possibilidade ou não de dispensa ou renúncia aos alimentos, não tem a ex-mulher legitimidade para reclamar do ex-marido o pagamento de pensão alimentícia[25].

Tratando-se de necessitado casado ou separado judicialmente, primeiro se impõe ao cônjuge o encargo de fornecer alimentos em razão do dever de assistência recíproca e somente, na sua impossibilidade, aos parentes. A situação se inverte, entretanto, se o cônjuge necessitado foi declarado culpado pela separação, cabendo, neste caso, a obrigação primeiro aos parentes e, somente na impossibilidade destes, o outro será obrigado a fornecer alimentos, mesmo assim os naturais ou mínimos, indispensáveis à sobrevivência (art. 1.704, parágrafo único, do CC).

---

[22] STJ, 4ª Turma, REsp 199.427/SP, Rel. Min. Fernando Gonçalves, j. 9-3-2004.

[23] STJ, 3ª Turma, REsp 933.355/SP, Rel. Min. Nancy Andrighi, j. 25-3-2008.

[24] TJMG, AC 1.0456.06.040573-9/001, Rel. Des. Carreira Machado, j. 10-6-2008.

[25] TJMG, AC 1.0024.05.901209-6/001, Rel. Des. Maria Elza, j. 22-11-2007.

Leonardo Beraldo, sob o fundamento da característica da *proximidade*, apresenta interessante tese no sentido de que o vínculo existente entre pais e filhos é infinitamente superior ao vínculo existente entre ex-cônjuges, logo, em face da proximidade, os ascendentes deveriam assumir a obrigação alimentar antes do cônjuge. Ressalta, ainda, que os arts. 1.696 a 1.698 do Código Civil, ao omitir o cônjuge na ordem da obrigação alimentar, pode levar à conclusão que somente é obrigado após os parentes[26]. Os fundamentos são muito pertinentes, mas o casamento e a união estável importam no dever de mútua assistência, afastando a obrigação alimentar dos parentes da ordem de preferência, somente ocorrendo de forma sucessiva ou complementar, na impossibilidade ou insuficiência do cônjuge ou companheiro de arcar com a subsistência do outro. O parágrafo único do art. 1.704 do Código Civil não deixa margem a dúvidas da obrigação primeiro do cônjuge e somente excepcionalmente, ocorrendo culpa, é que a obrigação seria dos parentes.

2.3. União estável hétero e homoafetiva

As Leis n. 8.971/1994 (art. 1º) e 9.278/1996 (art. 7º) incluíram a união estável como fonte de direitos e obrigações alimentares, reconhecendo que os companheiros têm o dever de assistência moral e material recíproca. Até a Lei n. 8.971/94 não eram devidos alimentos entre os companheiros.

O Código Civil de 2002 conferiu aos companheiros, com os cônjuges e os parentes, o direito recíproco a alimentos (art. 1.694), aplicando os mesmos princípios que os autorizaram no casamento, tanto que dispõe no art. 1.724 que entre os deveres pessoais dos companheiros inclui-se o de assistência.

A legislação é omissa quanto à culpa do companheiro no rompimento da união estável e as consequências do que violou os deveres de lealdade e respeito, se necessitar de alimentos. Na omissão da lei, tendo em vista os mesmos princípios e as regras previstas para o casamento, deve ser aplicada a analogia, concedendo, ao companheiro culpado, apenas os alimentos naturais ou mínimos (art. 1.704, parágrafo único, do CC), apesar da acirrada crítica quanto a discussão de culpa na separação judicial, tendo em vista que o fundamento para a família é o afeto. Ocorre que o § 2º do art. 1.694 do Código Civil prevê a discussão de culpa de quem pleiteia os alimentos em

26 BERALDO, Leonardo de Farias. *Alimentos no Código Civil*. 2. ed., cit., p. 71-74.

razão de sua conduta para criar a situação de necessidade, independentemente de apontar o responsável pelo fim da união. O fundamento é que no sentido de que aquele que descumpriu os deveres na união estável não pode exigir que o outro cumpra o dever de assistência.

Dissolvida a união estável formalmente, sem ajustar ou dispensando pensão alimentícia, a jurisprudência vem se inclinando no sentido de que a dissolução opera efeitos semelhantes ao divórcio, extinguindo o elo outrora constituído com a relação, não existindo como deferir pedido de alimentos depois de longo tempo, pois o vínculo é requisito essencial para o seu deferimento. Da mesma forma que no casamento, é válida a renúncia aos alimentos na união estável, não sendo dado à mulher ingressar posteriormente em juízo para reclamá-los do ex-marido[27]. Dissolvida há mais de três anos a união estável, onde não ficou ajustada pensão alimentícia, a ex-companheira não tem título para reclamar alimentos, equiparando-se a ruptura efetiva da união estável ao divórcio, não tendo o ex-companheiro, portanto, obrigação moral ou legal de assisti-la[28].

A união homoafetiva também é fonte do direito alimentar, aplicando-se as mesmas regras da união heteroafetiva.

2.4. Contratos

Apesar de rara, a prestação de alimentos pode ainda decorrer da vontade das partes, quer manifestada por meio de contrato, quer por meio de testamento[29].

No limite da lei e da moralidade, tudo pode ser contratado, surgindo a obrigação em virtude de cláusulas de contrato, obedecendo aos princípios do direito das obrigações e podendo ser objeto de transação voluntária ou renúncia.

2.5. Testamento

O testador pode, em disposição de última vontade, fixar alimentos a terceiros, tratando-se de legado de alimentos. Se o testador não estipular, o

---

[27] TJMG, 7ª CC, AC 1.0194.3.029534-0/001, Rel. Des. Wander Marotta, j. 9-12-2003.

[28] TJRS, 7ª CC, AC 70009090135, Rel. Des. Sérgio Fernando de Vasconcelos Chaves, j. 15-9-2004.

[29] RODRIGUES, Sílvio. *Direito civil* – Direito de família. 27. ed., cit., p. 420.

valor deve abranger o sustento, saúde, moradia, vestuário e, se o legatário for menor, a educação. O cumprimento da obrigação pode ser imposto ao herdeiro ou outro legatário de acordo com a possibilidade da herança, sendo regulada pelo direito das sucessões.

É o que dispõe o art. 1.920 do Código Civil:

> Art. 1.920. O legado de alimentos abrange o sustento, a cura, o vestuário e a casa, enquanto o legatário viver, além da educação, se ele for menor.

2.6. Ato ilícito

Também é fonte de alimentos, em razão da responsabilidade civil, os alimentos *ex delicto*, considerados dívida de valor. São advindos de ato ilícito e consistentes no pagamento de prestação alimentícia, pelo autor de homicídio, às pessoas a quem a vítima devia, considerando a duração provável de sua vida. É previsto no art. 948, II, do Código Civil:

> Art. 948. No caso de homicídio, a indenização consiste, sem excluir outras reparações:
>
> [...]
>
> II – na prestação de alimentos às pessoas a quem o morto os devia, levando-se em conta a duração provável da vida da vítima.

Trata-se de responsabilidade civil do autor de homicídio, portanto, também estranho ao direito de família, tanto que a jurisprudência, em face do caráter indenizatório e pertencendo ao Direito das Obrigações, não admite a execução na forma da prestação alimentícia que permite a prisão civil, se o devedor não pagar.

O Código de Processo Civil de 2015 inovou ao incluir a prestação de alimentos, devida por indenização em razão de ato ilícito, no capítulo que trata do cumprimento de sentença que reconheça a exigibilidade de obrigação de prestar alimentos, dispondo que o executado, a requerimento do exequente, deverá constituir capital cuja renda assegure o pagamento do valor mensal da pensão. Não autorizou, todavia, a execução indireta mediante prisão civil.

3. CLASSIFICAÇÃO DOS ALIMENTOS

Os alimentos podem ser classificados, na doutrina clássica, quanto: às fontes ou causa legal; à definitividade ou finalidade; e ao objetivo da prestação.

3.1. Quanto às fontes ou causa legal

Quanto às fontes, ou causa legal, ou jurídica, os alimentos podem ser:

a) *legítimos ou legais* que são os devidos por força da lei e recíprocos entre os parentes, cônjuges e companheiros, regulados pelo direito de família;

b) *convencionais* que ocorrem em razão de contrato, por convenção entre as partes;

c) *testamentários* que são os instituídos por testamento, por disposição de última vontade em ato *unilateral* do testador;

d) *ressarcitórios ou indenizatórios* que são os devidos em razão da responsabilidade civil ou *ex delicto*, destinados a indenizar os dependentes da vítima em razão de ato ilícito praticado pelo réu.

Os alimentos convencionais e os indenizatórios se inserem no direito das obrigações e os testamentários, nas sucessões.

Parte da doutrina classifica os alimentos convencionais e os testamentários como voluntários, resultantes de declaração de vontade *inter vivos ou causa mortis*, incluindo, entre eles, a pensão convencionada pelo marido à mulher na separação consensual[30]; entretanto, neste caso, mesmo se convencionado entre as partes, os alimentos devidos pelo marido à mulher são regulados pelo direito de família e aplicam as mesmas regras dos alimentos arbitrados, tratando-se, pois, de alimentos legítimos.

3.2. Quanto à definitividade ou finalidade

Os alimentos podem ser classificados quanto à finalidade, em definitivos e não definitivos, que se subdividem em provisionais ou provisórios.

Os *definitivos, atuais ou regulares* são fixados por sentença de mérito, com trânsito em julgado, e que não deixam pairar dúvidas sobre o direito

[30] RODRIGUES, Silvio. *Direito civil* – Direito de família. 27. ed., cit., p. 420.

em si e o *quantum*. A sentença faz coisa julgada, mesmo no caso de homologação dos alimentos convencionados pelas partes; contudo, sujeita-se à revisão para modificar o valor ou exonerar o devedor, se ocorrer mudança nas condições econômicas das partes, com outra causa de pedir e em outra ação, denominada *revisional de alimentos*. São, portanto, os estabelecidos pelo juiz na sentença ou acordo homologado, com trânsito em julgado, ou mesmo os acordados em escritura pública de separação extrajudicial, em caráter permanente, apesar de possibilitar revisão ou exoneração.

Os *não definitivos* são os alimentos que podem ser modificados pela sentença, dividindo-se em provisionais e provisórios. Tratam ambos de alimentos antecipados e produzem praticamente os mesmos efeitos.

Provisionais, com referência no art. 1.706 do Código Civil[31], também denominados *ad litem ou acautelatórios*. Eram previstos no Código de Processo Civil de 1973, determinados em medida cautelar, preparatória ou incidental e podiam ser pedidos por quem não tinha prova constituída de sua qualidade de credor, pois estavam sujeitos à discrição do juiz. Admitia-se sua fixação, por exemplo, em ação de alimentos cumulada com investigação de paternidade ou reconhecimento de união estável, excepcionando a necessidade de comprovar a obrigação se houvesse indícios destas. Possuíam a finalidade de manter a subsistência do alimentando durante o período em que transcorresse a ação principal[32], especialmente nas ações de separação judicial, anulação ou nulidade do casamento. Tinham natureza antecipatória e cautelar (art. 852 do CPC/1973) sendo, portanto, sujeitos aos requisitos da cautelar, consistentes no *periculum in mora e fumus boni iuris*[33].

Atualmente os alimentos provisionais são apenas os fixados na sentença de primeira instância nas ações de investigação de paternidade, até o trânsito em julgado, mesmo que interposto recurso, caracterizados por conceder meios de subsistência ao alimentando como adiantamento de mérito (arts. 5º da Lei n. 883/1949 e 7º da Lei n. 8.560/1992). Destinam-se, assim, a manter o suplicante, geralmente a mulher ou o filho, durante o

---

31 "Art. 1.706. Os alimentos provisionais serão fixados pelo juiz, nos termos da lei processual."

32 GONÇALVES, Carlos Roberto. *Direito civil brasileiro* – Direito de família, cit., p. 444 e 445.

33 DINIZ, Maria Helena. *Curso de direito civil* – Direito de família. 22. ed., cit., p. 553.

processo principal, e ao pagamento das despesas do processo, inclusive honorários advocatícios, daí a razão do nome *ad litem* ou *alimenta in litem*[34].

Provisórios são os fixados liminarmente, *inaudita altera parte,* quando o juiz despacha a petição inicial na ação de alimentos (art. 4º da Lei n. 5.478/1968), desde que comprovada a obrigação (parentesco, casamento ou união estável). O juiz deve fixá-los mesmo se não houver pedido, exceto se o requerente dispensar expressamente, sendo mantidos até o trânsito em julgado da ação, quando se tornam definitivos.

Os alimentos provisórios são devidos até o julgamento da ação principal, conforme entendimento do Superior Tribunal de Justiça, inclusive nas ações exoneratórias. Assim, o devedor de alimentos provisórios está obrigado a cumprir com o pagamento dos alimentos provisórios desde o seu deferimento até a data da sentença que exonerou a obrigação, possibilitando ao credor, inclusive, executar as prestações não pagas. A sentença de exoneração ou redução dos alimentos possui efeitos *ex nunc*, não retroagindo aos alimentos provisórios. Nesse sentido:

> AGRAVO REGIMENTAL NO AGRAVO EM RECURSO ESPECIAL. ALIMENTOS PROVISÓRIOS. EXECUÇÃO. POSTERIOR RECONHECIMENTO JUDICIAL DE INEXISTÊNCIA DA RESPONSABILIDADE ALIMENTAR. EFICÁCIA *EX NUNC*. PRECEDENTES. IMPROVIMENTO.
>
> 1. Considerando os precedentes da Corte, o valor dos alimentos provisórios é devido desde a data em que foram fixados e a sentença que altera a situação jurídica regulada pelo provimento precário opera efeitos ex nunc, não podendo retroagir em prejuízo do Alimentante.
>
> 2. Agravo Regimental improvido[35].

Os alimentos provisórios, como ocorria com os alimentos provisionais no CPC de 1973 (art. 852), são admitidos em tutela de urgência de natureza antecipada, tendo como objetivo a manutenção do cônjuge, companheiro e dos filhos durante a tramitação do processo de separação, divórcio, extinção da união estável ou nas ações investigatórias de paternidade, exigindo-se, nesse caso, a demonstração de indícios robustos que

[34] GONÇALVES, Carlos Roberto. *Direito civil brasileiro* – Direito de família, cit., p. 444.

[35] STJ, Agravo em REsp 300.953/SP, Rel. Min. Sidnei Beneti, j. 13-5-2014.

evidenciem a probabilidade da paternidade imputada. Os indícios da paternidade, para deferimento dos alimentos provisionais nas ações investigatórias, podem ser demonstrados em audiência de justificação prévia (art. 300 e § 2º do CPC)[36].

3.3. Quanto ao objetivo ou natureza da prestação

Os alimentos, quanto à natureza ou o objetivo da prestação, podem ser naturais ou civis.

Os *alimentos naturais, mínimos* ou *necessários* são os fixados, observando-se as condições mínimas para a sobrevivência do alimentando, como alimentação, medicamentos, habitação e vestuário, ou, na definição do Código Civil, *apenas os indispensáveis à subsistência* (art. 1.694, § 2º), destinando-se a acudir as necessidades básicas.

Os alimentos *civis ou côngruos* são os fixados para manutenção do *status quo* do alimentando, acrescentando, neste caso, além do necessário à sobrevivência, educação, instrução, lazer, observando-se, obviamente, o poder econômico do alimentante. O Código Civil o conceitua como o necessário *para viver de modo compatível com a condição social* (art. 1.694, *caput*, parte final), ou seja, a conservar seu *status* social, mantendo o mesmo padrão e qualidade de vida.

3.4. Alimentos avoengos – subsidiários ou complementares

Os alimentos avoengos, ou pensão alimentícia avoenga, são os alimentos devidos em razão do parentesco pelos avós (ou bisavós) aos netos, de forma subsidiária ou complementar, quando os pais não conseguem suprir as necessidades dos filhos.

---

[36] "Art. 300. A tutela de urgência será concedida quando houver elementos que evidenciem a probabilidade do direito e o perigo de dano ou o risco ao resultado útil do processo.

§ 1º Para a concessão da tutela de urgência, o juiz pode, conforme o caso, exigir caução real ou fidejussória idônea para ressarcir os danos que a outra parte possa vir a sofrer, podendo a caução ser dispensada se a parte economicamente hipossuficiente não puder oferecê-la.

§ 2º A tutela de urgência pode ser concedida liminarmente ou após justificação prévia."

A obrigação avoenga, já abordada ao tratar do parentesco como fonte alimentar (item 2.1), encontra previsão no art. 1.698 do Código Civil, ao dispor que, se o parente obrigado em primeiro lugar não possuir condições de suportar totalmente o encargo, serão chamados os de grau imediato.

A obrigação é subsidiária quando o pai não possui condições de prestar alimentos ao filho, o que ocorre, p. ex., quando o pai é falecido, doente ou desempregado, e os avós pagam integralmente os alimentos aos netos. A obrigação é complementar quando os avós contribuem apenas com uma parte da pensão alimentícia para ajudar os pais a suprir as necessidades dos netos.

O Superior Tribunal de Justiça acolhe a obrigação avoenga, dispondo a Súmula n. 596, publicada em 20-11-2017, que:

> Súmula n. 596 – A obrigação alimentar dos avós tem natureza complementar e subsidiária, somente se configurando no caso de impossibilidade total ou parcial de seu cumprimento pelos pais.

O entendimento do Superior Tribunal de Justiça é o de que a responsabilidade dos pais é preponderante. Somente podem ser chamados os avós se efetivamente restar demonstrada a necessidade da pensão alimentícia pelos netos e a impossibilidade de pagamento pelos pais, que são os responsáveis pelo sustento dos filhos. Assim, a responsabilidade não é transferida automaticamente para os avós, sendo necessária a demonstração de insuficiência de recursos dos pais.

Predomina a compreensão da impossibilidade de se buscar a pensão diretamente aos avós, utilizando um "atalho processual", sem antes demonstrar a impossibilidade dos genitores, exceto se comprovada de plano, como, p. ex., o falecimento dos pais.

Ressalta-se, nos termos da Súmula n. 7[37], que o Superior Tribunal de Justiça não reexamina as provas do processo, devendo ser demonstrada na instância ordinária a necessidade dos alimentos e a comprovação da impossibilidade dos pais de fornecê-los ou o fornecimento insuficiente. Nesse sentido:

---

[37] "Súmula n. 7. A pretensão de simples reexame de prova não enseja recurso especial."

Ementa: AGRAVO INTERNO NO AGRAVO EM RECURSO ESPECIAL. OFENSA AO ART. 535 DO CPC. ALIMENTOS AVOENGOS. RESPONSABILIDADE COMPLEMENTAR E SUBSIDIÁRIA DOS AVÓS. NÃO COMPROVADA A EXCEPCIONALIDADE. REEXAME DO CONJUNTO FÁTICO-PROBATÓRIO DOS AUTOS. IMPOSSIBILIDADE. SÚMULA 7 DO STJ. AGRAVO DESPROVIDO. 1. O Tribunal *a quo*, após detida análise do suporte fático-probatório dos autos, entendeu não ter sido demonstrada a hipossuficiência financeira da genitora, bem como o desaparecimento do genitor de modo a justificar a fixação dos alimentos avoengos. 2. A jurisprudência desta Corte, manifesta-se no sentido de que a responsabilidade dos avós de prestar alimentos é subsidiária e complementar à responsabilidade dos pais, sendo exigível, tão somente, em caso de impossibilidade de cumprimento da prestação, ou de cumprimento insuficiente, pelos genitores. 3. A reforma do julgado que entendeu não restar comprovada a impossibilidade econômica dos genitores em prover alimentos ao menor, de modo a exigir que os alimentos complementares fossem prestados pelo avô paterno, demandaria o reexame do conjunto fático-probatório dos autos, procedimento vedado, nos termos da Súmula n. 7/STJ. 4. Agravo interno a que se nega provimento[38].

Necessário, portanto, serem demonstrados três requisitos básicos para o deferimento dos alimentos avoengos:

a) a necessidade dos netos de pensão alimentícia, por não terem condições de proverem o próprio sustento;

b) a impossibilidade de pagamento de pensão alimentícia por parte dos pais, integral ou parcial;

c) a possibilidade de os avós contribuírem para a subsistência dos netos sem comprometer o próprio sustento.

Não restando demonstrada a impossibilidade de ambos os genitores proverem a subsistência dos filhos, falta um dos pressupostos para a condenação dos avós em alimentos avoengos, conforme também já decidiu o Superior Tribunal de Justiça.

---

[38] STJ, AgInt no AREsp 1223379/BA, Rel. Min. Lázaro Guimarães (Des. Convocado do TRF 5ª Região), j. 26-6-2018.

Ementa: RECURSO ESPECIAL. DIREITO DE FAMÍLIA. OBRIGAÇÃO ALIMENTAR AVOENGA. RESPONSABILIDADE COMPLEMENTAR E SUBSIDIÁRIA DOS AVÓS. PRESSUPOSTOS. 1. A obrigação alimentar dos avós apresenta natureza complementar e subsidiária, somente se configurando quando pai e mãe não dispuserem de meios para promover as necessidades básicas dos filhos. 2. Necessidade de demonstração da impossibilidade de os dois genitores proverem os alimentos de seus filhos. 3. Caso dos autos em que não restou demonstrada a incapacidade de a genitora arcar com a subsistência dos filhos. 4. Inteligência do art. 1.696 do Código Civil. 5. Doutrina e jurisprudência do STJ acerca do tema. 6. Recurso especial desprovido[39].

A responsabilidade de sustento, criação e educação dos filhos é dos pais (arts. 229 da CF e 22 do ECA), agindo os avós apenas de forma subsidiária, em razão do princípio da solidariedade familiar, na impossibilidade dos pais, desde que possuam condições, pois na maioria das vezes, já idosos, os avós também necessitam de auxílio.

O STJ já fixou tese no sentido de que "a responsabilidade dos avós de prestar alimentos aos netos apresenta natureza complementar e subsidiária, somente se configurando quando demonstrada a insuficiência de recursos do genitor"[40].

O TJRS decidiu que a obrigação de prestar alimentos aos filhos é do pai e da mãe, somente sendo chamados os avós em situação de excepcional necessidade. Consta na ementa que:

ALIMENTOS. OBRIGAÇÃO AVOENGA. FIXAÇÃO DE ALIMENTOS PROVISÓRIOS. TUTELA PROVISÓRIA. DESCABIMENTO. 1. A obrigação de prover o sustento dos filhos é de ambos os genitores, isto é, do pai e da mãe, e de um na falta do outro. 2. O chamamento dos avós para prestar alimentos somente cabe em situação de excepcional necessidade. 3. O fato de o pai não estar prestando de forma regular os alimentos não trans-

39 STJ, REsp 1415752/MS, Rel. Min. Paulo de Tarso Sanseverino, j. 24-11-2015.

40 STJ. *Boletim de jurisprudências*, edição n. 65, tese n. 15. Disponível em: <www.stj.jus.br/jurisprudencia>. Acesso em: 27-1-2020.

fere automaticamente a responsabilidade para os avós paternos. 4. Descabe fixar alimentos provisórios quando os avós são idosos, têm ganhos modestos e boa parte está comprometida com gastos com os seus problemas de saúde. Recurso provido[41].

3.5. Alimentos transitórios ou temporais

Os *alimentos transitórios*, também denominados *temporários*, são os fixados durante um período determinado ou até que se implemente uma condição que possibilite o credor manter-se pelo seu trabalho ou por rendimentos. Não possuem previsão legal, mas são cabíveis quando o alimentando for pessoa que tenha condições de inserir ou reinserir no mercado de trabalho e prover o próprio sustento. São cabíveis, portanto, quando as necessidades do credor não são permanentes, mas necessita de um período para ingressar no mercado e ter ganhos suficientes para se manter sem o auxílio do devedor. O Tribunal de Justiça de Minas Gerais reconhece a possibilidade de fixação de alimentos por prazo determinado à ex-companheira e ex-cônjuge para reinserir ou ingressar no mercado de trabalho, ressaltando na ementa que "não se pode negar alimentos transitórios à ex-companheira, que esteve afastada do mercado de trabalho por alguns anos e necessita de tempo para obter reinserção no mercado de trabalho"[42]. E ainda:

> AGRAVO DE INSTRUMENTO. AÇÃO DE ALIMENTOS. OBRIGAÇÃO ALIMENTAR. ALIMENTOS TRANSITÓRIOS PARA EX-CÔNJUGE. NECESSIDADE COMPROVADA. BINÔMIO NECESSIDADE/POSSIBILIDADE. RECURSO A QUE SE NEGA PROVIMENTO. [...]. Tratando-se de ex cônjuge serão devidos os alimentos transitórios estipulados por prazo determinado a fim de que este possa ingressar no mercado de trabalho e prover seu próprio sustento[43].

Os alimentos normalmente possuem caráter de definitividade, ou seja, enquanto perdurar a necessidade alimentar.

---

41 TJRS, 7ª CC, AI 70082947367, Rel. Des. Sérgio Fernandes de Vasconcellos Chaves, j. 12-12-2019.

42 TJMG, 1ª CC, AC 1.0024.09.518507-0/004, Rel. Des. Alberto Vilas Boas, j. 13-3-2013.

43 TJMG, AC 1.0016.11.007799-3/001, Rel. Des. Belizário de Lacerda, j. 13-3-2012.

A definitividade, entretanto, deve ceder se o credor possui capacidade de autossustento, sendo devidos os alimentos por tempo certo para providenciar sua autonomia financeira, sua própria subsistência. Nesse sentido, os alimentos temporários se diferenciam dos alimentos civis, sendo fixados por um prazo determinado até o alimentando poder assumir sua própria mantença. O Superior Tribunal de Justiça adota o entendimento de que os alimentos devidos entre ex-cônjuges e companheiros devem ser fixados, em regra, por tempo determinado. Nesse sentido:

> PROCESSUAL CIVIL E CIVIL. DIREITO DE FAMÍLIA. ART. 535 DO CPC. VIOLAÇÃO NÃO CONFIGURADA. ALIMENTOS TRANSITÓRIOS DEVIDOS ENTRE EX-COMPANHEIROS.
>
> [...]
>
> 2. Entre ex-cônjuges ou ex-companheiros, desfeitos os laços afetivos e familiares, a obrigação de pagar alimentos é excepcional, de modo que, quando devidos, ostentam, ordinariamente, caráter assistencial e transitório, persistindo apenas pelo prazo necessário e suficiente ao soerguimento do alimentado, com sua reinserção no mercado de trabalho ou, de outra forma, com seu autossustento e autonomia financeira.
>
> 3. As exceções a esse entendimento se verificam, por exemplo, nas hipóteses em que o ex-parceiro alimentado não dispõe de reais condições de reinserção no mercado de trabalho e, de resto, de readquirir sua autonomia financeira. É o caso de vínculo conjugal desfeito quando um dos cônjuges ou companheiros encontra-se em idade já avançada e, na prática, não empregável, ou com problemas graves de saúde, situações não presentes nos autos. Precedentes de ambas as Turmas de Direito Privado desta Corte.
>
> 4. Os alimentos transitórios – que não se confundem com os alimentos provisórios – têm por objetivo estabelecer um marco final para que o alimentando não permaneça em eterno estado de dependência do ex-cônjuge ou ex-companheiro, isso quando lhe é possível assumir sua própria vida de modo autônomo.
>
> 5. Recurso especial provido em parte. Fixação de alimentos transitórios em quatro salários mínimos por dois anos a contar da publicação deste acórdão, ficando afastada a multa aplicada com base no art. 538 do CPC[44].

---

[44] STJ, REsp 1.454.263, Rel. Min. Luis Felipe Salomão, j. 16-4-2015.

Não mais se justifica, especialmente entre ex-cônjuges ou ex-companheiros, diante da igualdade jurídica, um deles sustentar o outro, conforme ressalta o Ministro Marco Aurélio Buzzi:

> Atualmente não mais se justifica impor a uma das partes integrantes da comunhão desfeita a obrigação de sustentar a outra, de modo vitalício, quando aquela reúne condições para prover a sua própria manutenção.
>
> [...]
>
> Após o término da vida em comum, havendo plena capacidade física e mental, bem como expectativa de razoável período de vida útil com condições de aprendizagem e adaptação, é dever e obrigação de cada um dos integrantes da comunhão desfeita manter a si próprio, liberando a outra parte do ônus do provimento, uma vez que rompidos já estão todos elos possíveis de justificar a manutenção daquele dever, de ordem essencialmente familiar, que já não mais subsiste[45].

A fixação de alimentos por tempo certo, ainda que não previstos legalmente, possui relevante estímulo ao credor a buscar aperfeiçoar-se para ingressar no mercado de trabalho, pois os alimentos definitivos, em muitos casos, incentivam o ócio e o parasitismo, importando em enriquecimento ilícito quando o alimentante prolonga o estado de necessidade para recebimento da pensão alimentícia[46].

Os alimentos transitórios, portanto, adotam um caráter motivador, quando a pessoa tem condições, idade e formação profissional para o trabalho, incentivando o alimentando para que busque efetiva inserção ou reinserção profissional, e não permaneça indefinidamente à sombra do prestador de alimentos, conseguindo seu autossustento e emancipando da tutela do alimentante, outrora provedor do lar.

Os alimentos transitórios privilegiam a boa-fé objetiva e evitam a quebra da confiança entre as partes por obstar que o alimentando se mantenha indefinidamente precisando dos alimentos[47]. A título exemplificativo, podem

---

45 BUZZI, Marco Aurélio. *Alimentos transitórios, uma obrigação por tempo certo*. Curitiba: Juruá, 2003. p. 123-128.

46 PEREIRA, Rodrigo da Cunha. *Divórcio* – teoria e prática, cit., p. 116.

47 FARIAS, Cristiano Chaves de; ROSENVALD, Nelson. *Curso de direito de família*. 5. ed., cit., p. 864.

ser apresentadas algumas hipóteses que autorizam os alimentos temporários quanto aos cônjuges ou companheiros e os filhos[48]:

Cônjuge ou companheiro(a) na dissolução da união:

a) quando jovem, por um período para profissionalizar-se e inserir-se no mercado de trabalho;

b) quando abriu mão da carreira profissional, por um período para atualizar-se e reinserir-se no mercado de trabalho;

c) na dissolução traumática, por um período para superar as dificuldades da separação;

d) quando possui filhos menores, por um período para o crescimento da prole e poder trabalhar externamente;

e) quando tiver patrimônio, até a venda dos bens que couberem na partilha.

Filhos:

a) até a conclusão do curso superior;

b) até a conclusão do curso profissionalizante;

c) por um período após a maioridade;

d) por um período após a conclusão do curso para ser aprovado em concurso, OAB, ou firmar-se profissionalmente;

e) por um período para firmar-se na atividade mercantil.

A duração dos alimentos temporários depende do caso concreto. Entre ex-cônjuges ou companheiros existe na jurisprudência uma tendência em fixar o prazo de seis meses a dois anos, tempo suficiente para inserir-se ou reinserir-se no mercado de trabalho, mas pode variar de acordo com o caso concreto, como a conclusão de um curso ou os filhos atingirem certa idade.

Transcorrido o prazo ou implementada a condição, não existe necessidade de ação de exoneração, extinguindo automaticamente a obrigação. O devedor pode requerer diretamente ao juiz que determine o cancelamento do desconto em folha de pagamento quando for descontado diretamente.

---

48 MADALENO, Rolf. *Curso de direito de família*. 5. ed., cit., p. 951.

Conforme Rolf Madaleno "alcançada a condição projetada, a pensão se extingue de plano, independentemente do ajuizamento de ação exoneratória"[49].

Ocorrendo, portanto, o implemento da condição, a consequência é a extinção dos alimentos provisórios.

É possível, entretanto, rever os alimentos transitórios para determinar a continuidade (definitivos), se durante o período surgir fato novo que impossibilite o autossustento, desde que não tenha ocorrido renúncia expressa[50]. Nesse sentido, já decidiu o Tribunal de Justiça do Distrito Federal:

> DIVÓRCIO. ALIMENTOS ACORDADOS ENTRE OS CÔNJUGES POR PERÍODO CERTO DE TEMPO (13 MESES). RECLAMAÇÃO DE CONTINUIDADE DOS PAGAMENTOS. NECESSIDADE-POSSIBILIDADE. FALTA DE RENÚNCIA EXPRESSA. Somente a renúncia expressa em termos inequívocos impossibilita que a cônjuge-virago, que quando do divórcio, concordou em perceber alimentos do cônjuge-varão durante 13 (treze) meses, venha a reclamar a prorrogação do acordo. Desse modo, atendido o duplo requisito possibilidade-necessidade, e não tendo renúncia expressa, mas apenas eventual dispensa, assiste razão à autora a reclamar a continuidade dos pagamentos, máxime quando superveniente doença que a impossibilita de promover o próprio sustento[51].

Conforme consta da ementa, foram fixados alimentos temporários por um período de 13 meses para o ex-cônjuge adequar-se à nova situação jurídica e possibilitar auferir rendimentos para o autossustento, entretanto, a mulher adoeceu e restou impossibilitada de exercer atividades laborativas. Ocorrendo necessidade permanente do credor, é possível a prorrogação indefinida dos alimentos, enquanto perdurar a necessidade. Os alimentos, assim, deixam de ser transitórios, convertendo-se em definitivos.

3.6. Alimentos compensatórios

Os *alimentos compensatórios* diferem da pensão alimentícia e dos alimentos transitórios por não ter como objetivo suprir uma necessidade do

---

49 MADALENO, Rolf. *Curso de direito de família*. 5. ed., cit., p. 951.

50 DIAS, Maria Berenice. *Manual de direito das famílias*. 8. ed., cit., p. 550.

51 TJDF, 4ª Turma, AC 20030610042647, Rel. Des. Cruz Macedo, j. 18-10-2005.

alimentado, permanente ou transitória, mas reduzir parcialmente os efeitos do desequilíbrio econômico entre o casal, causado pela ruptura do casamento ou união estável em razão do regime de bens, ou, ainda, indenizar até que ocorra a partilha, o cônjuge afastado dos rendimentos e administração dos bens comuns.

Na primeira hipótese, *desequilíbrio econômico em razão do regime de bens*, não existe previsão legislativa expressa dos alimentos compensatórios no ordenamento jurídico brasileiro, tratando-se de construção doutrinária e jurisprudencial. Leciona Rolf Madaleno que com a denominação de prestações compensatórias, os alimentos compensatórios surgiram na Alemanha e foram adotados na legislação da França e Espanha, e serviram de fonte para a doutrina e a jurisprudência na Argentina, Áustria, Dinamarca, Reino Unido, Itália, Canadá e El Salvador. O Código Civil Francês é a grande referência ao prever no art. 270 a prestação compensatória destinada a compensar, na medida do possível, a disparidade criada pela extinção do casamento nas condições de vida dos cônjuges, podendo ser fixada por acordo entre o casal ou decisão judicial. O Código Civil espanhol prevê a pensão compensatória no art. 97 e indica as seguintes variantes a serem utilizadas na fixação do *quantum*:

a) os acordos a que se chegaram os cônjuges;

b) a idade e o estado de saúde;

c) a qualificação profissional e as probabilidades de acesso a um emprego;

d) a dedicação passada e futura à família;

e) a colaboração com seu trabalho e as atividades mercantis, industriais ou profissionais do outro cônjuge;

f) a duração do casamento e da convivência conjugal;

g) a eventual perda de um direito de pensão;

h) a riqueza e os meios econômicos e as necessidades de um e do outro cônjuge;

i) qualquer outra circunstância relevante[52].

---

[52] MADALENO, Rolf. *Curso de direito de família*. 5. ed., cit., p. 1000.

Ocorrem especialmente quando durante a união um dos parceiros não agrega qualquer bem em sua meação, quer em razão do regime, quer por não ter o casal adquirido bens, e o outro possui grande patrimônio. A desigualdade econômica, que não era percebida durante a sociedade conjugal ou convivencional, causa enorme desequilíbrio com a ruptura. Durante a convivência, um dos parceiros, em razão do patrimônio do outro, possuía um estilo de vida que foi drasticamente reduzido com a ruptura do casamento ou da união estável. Não se busca, todavia, com os alimentos compensatórios, uma igualdade econômica do casal, mas reduzir, quando da ruptura da união, os graves efeitos na disparidade social e perda do padrão de vida experimentada durante a convivência, causada pela ausência de recursos pessoais de um dos parceiros[53].

Os alimentos compensatórios, assim, somente se admitem entre cônjuges e companheiros e têm por objetivo corrigir o desequilíbrio econômico entre o casal, tendo caráter indenizatório. Não possuía natureza de verba alimentar da prestação que decorre da necessidade de subsistência, não exigindo os pressupostos da proporcionalidade/possibilidade/necessidade e também não se submete ao rito de execução mediante prisão civil[54].

Rodrigo da Cunha Pereira ressalta que os princípios constitucionais da igualdade, solidariedade, responsabilidade e dignidades humanas criam a obrigação de o cônjuge afortunado solidarizar-se com o menos favorecido. Dão suporte e autorizam os alimentos compensatórios, pois o fim de uma união não pode significar desequilíbrio no modo e padrão de vida socioeconômico pós-divórcio. Complementa, ao tratar do princípio da solidariedade, que:

> O princípio da solidariedade distingue-se do conceito de obrigação solidária em sentido estrito.
>
> Solidariedade como princípio norteador do direito de família advém da ideia que traduz uma relação de corresponsabilidades entre pessoas unidas, inclusive, por um sentimento moral e social de apoio a outro[55].

---

53 MADALENO, Rolf. *Curso de direito de família*, cit., p. 995-996.

54 DIAS, Maria Berenice. *Manual de direito das famílias*. 8. ed., cit., p. 549.

55 PEREIRA, Rodrigo da Cunha. *Divórcio* – teoria e prática, cit., p. 136.

Leonardo Beraldo ressalta que os alimentos compensatórios podem ser pagos em dinheiro, em bens ou usufruto, de uma única vez ou mediante parcelas, ressaltando o cuidado, se fixado em parcelas mensais, para não ser fixado por prazo indeterminado, pois não teria como aferir o valor a ser efetivamente compensado[56].

Os alimentos compensatórios podem ocorrer em duas hipóteses:

a) *em razão da administração dos bens do casal* por apenas um dos parceiros;
b) *em razão do desequilíbrio financeiro* entre o casal com o fim da união.

3.6.1. Alimentos compensatórios ou ressarcitórios em razão da administração dos bens comuns

Rolf Madaleno distingue os alimentos devidos em razão da administração dos bens comuns, que denomina de *ressarcitórios* ou *indenizatórios*, dos alimentos compensatórios[57], entretanto, a indenização não deixa de ser uma compensação pela fruição exclusiva dos bens comuns. A doutrina e a jurisprudência utilizam o termo *alimentos compensatórios* como gênero, que possuem como espécies os alimentos ressarcitórios em razão da administração dos bens comuns e em razão do desequilíbrio financeiro. Ao tratar da administração dos bens comuns, o Superior Tribunal de Justiça ressalta, quanto à esposa que não possui a posse dos bens comuns, que tem "o condão de ressarci-la ou compensá-la pelo prejuízo [...] levando-se em conta o caráter compensatório e/ou ressarcitório da verba correspondente à parte dos frutos dos bens comuns"[58].

São devidos até que se efetive a partilha dos bens comuns. Possuem previsão legal no art. 4º, parágrafo único, da Lei n. 5.478/1968, ao determinar que o cônjuge devedor que administre os bens comuns entregue parte da renda líquida mensalmente ao cônjuge credor, independentemente de sua necessidade para sobrevivência ou recebimento de outras rendas. Dispõe o parágrafo único do art. 4º da Lei de Alimentos que:

---

56 BERALDO, Leonardo de Faria. *Alimentos no Código Civil*: aspectos atuais e controvertidos com enfoque na jurisprudência. cit., p. 136.

57 MADALENO, Rolf. *Curso de direito de família*. 5. ed., cit., p. 1002-1003.

58 STJ, HC 28.853/RS, Rel. Min. Massami Uyeda, j. 1º-12-2011.

Art. 4º [...].

Parágrafo único. Se se tratar de alimentos provisórios pedidos pelo cônjuge, casado pelo regime da comunhão universal de bens, o juiz determinará igualmente que seja entregue ao credor, mensalmente, parte da renda líquida dos bens comuns, administrados pelo devedor.

A jurisprudência reconhece os alimentos compensatórios quando os bens comuns são administrados exclusivamente por um dos cônjuges, ocasionando desigualdade econômica, ainda que o outro receba pró-labore. Fundamentou o Desembargador Ronei Danielli, do Tribunal de Justiça de Santa Catarina, que:

> O recebimento de pró-labore não impede a fixação de alimentos compensatórios. Administração e fruição do patrimônio comum exercida exclusivamente pelo ex-marido. Injustificável disparidade econômica entre o ex-par. Verba devida até a efetiva partilha do acervo patrimonial comum[59].

No mesmo sentido, decidiu o Tribunal de Justiça do Rio Grande do Sul, ao manter decisão que fixou alimentos compensatórios em ação de separação judicial e partilha, para remunerar a mulher em decorrência da administração dos bens pelo marido. Na ementa, consta como "correta a decisão que estabeleceu uma espécie de indenização provisória pela exploração do patrimônio comum enquanto não ultimada a partilha de bens, conforme precedentes da corte"[60].

Não existem resistências na jurisprudência em deferir os alimentos compensatórios em razão da administração dos bens comuns e são devidos até que se efetive a partilha, tratando de verba indenizatória, diverso dos alimentos fundados no dever de mútua assistência, para prover a subsistência do cônjuge necessitado. Nesse sentido:

> EMENTA: ALIMENTOS PROVISÓRIOS – BINÔMIO NECESSIDADE/ DISPONIBILIDADE ENTRE ALIMENTANDO E ALIMENTANTE NO MOMENTO DE SUA FIXAÇÃO – RAZOABILIDADE DA MAJORAÇÃO

---

59 TJSC, AI 2012.022359-5, Rel. Des. Ronei Danielli, j. 18-10-2012.

60 TJRS, AI 70034501189. Rel. Des. Alzir Felippe Schmitz, j. 29-4-2010.

> DOS ALIMENTOS PROVISÓRIOS E DE DEFERIMENTO DE ALIMENTOS COMPENSATÓRIOS TAMBÉM EM VALOR PROVISÓRIO.
>
> [...] E também não se contesta que o agravado continua na posse e administração exclusiva dos bens do casal. Tudo a justificar a majoração dos alimentos provisórios e a fixação, ainda que parcial e por antecipação, de alimentos compensatórios, na forma legal[61].

No mesmo sentido decidiu novamente o Tribunal em julgado que teve com o Relator o Des. Afrânio Vilela:

> AGRAVO DE INSTRUMENTO – AÇÃO DE RECONHECIMENTO E DISSOLUÇÃO DE UNIÃO ESTÁVEL C/C ALIMENTOS E REGULAMENTAÇÃO DE GUARDA – ALIMENTOS COMPENSATÓRIOS – DESEQUILÍBRIO PATRIMONIAL – POSSE EXCLUSIVA SOBRE PATRIMÔNIO COMUM – VALOR – MINORAÇÃO – DECISÃO PARCIALMENTE REFORMADA. Diversamente dos alimentos fundados no dever de mútua assistência (artigo 1566, III, do CC/2002), a verba alimentar de cunho compensatório visa recompor eventual desequilíbrio patrimonial verificado em situações em que, por exemplo, um dos cônjuges exerça com exclusividade a posse do patrimônio comum[62].

3.6.2. Alimentos compensatórios em razão do desequilíbrio econômico do casal

Os alimentos compensatórios, em razão do desequilíbrio econômico do casal por ocasião da partilha dos bens, também denominados pensão compensatória, também não se confundem com os alimentos regulares, que têm por finalidade suprir as necessidades do alimentando, mas estabelecer um equilíbrio entre os cônjuges ou companheiros quando o rompimento da união causar disparidade na situação econômica entre eles.

Assim, não tem por finalidade atender as necessidades do cônjuge credor, mas corrigir o desequilíbrio que passa a existir entre o casal após dissolver a união, causando empobrecimento de um deles, mas sem pretender dividir o patrimônio como se fosse uma meação. Busca amparar o cônjuge

---

61 TJMG, AI 1.0382.14.000327-0/001, Rel. Des. Geraldo Augusto, j. 20-5-2014.

62 TJMG, AI 1.0382.14.000452-6/001, Rel. Des. Afrânio Vilela, j. 3-6-2014.

que restou empobrecido com o fim da união, reduzindo em parte os efeitos do desequilíbrio econômico.

O objetivo dos alimentos compensatórios é, portanto, compensar a desigualdade patrimonial e condições de vida de um dos cônjuges ou companheiros ocorridos com o fim da união.

Possui, assim, a finalidade de "corrigir o desequilíbrio existente no momento do divórcio, quando o juiz compara o status econômico de ambos os cônjuges e o empobrecimento de um deles em razão da dissolução do vínculo conjugal", em comparação com estilo de vida que possuíram durante a união[63].

Os alimentos compensatórios não se confundem com os alimentos civis, pois estes impõem o dever de prestar alimentos em face do cônjuge ou companheiro para atender as necessidades de subsistência, substituindo o dever de mútua assistência que ocorria na constância da união. Os alimentos civis dependem de prova da necessidade (art. 1.694 do CC) e o valor da pensão alimentícia pode ser modificado se sobrevier mudança na situação financeira das partes. É devida enquanto existir necessidade e cabe execução indireta com prisão civil (art. 1.699 do CC). Os alimentos compensatórios têm o propósito de evitar desequilíbrio econômico entre as partes, com fundamento na solidariedade familiar. Possui natureza indenizatória e não depende de prova de necessidade, tanto que as alterações de fortuna não justificam mudança da quantia compensatória. O pagamento pode ser efetuado de uma só vez ou parcelado e não cabe execução pelo rito de prisão civil.

A doutrina e a jurisprudência apresentam duas hipóteses de cabimento dos alimentos compensatórios em razão do desequilíbrio econômico do casal, podendo, ainda, ser incluída uma terceira:

a) Na *partilha de bens*, quando em razão do regime de bens ocorrer grave desequilíbrio econômico. É a hipótese mais aceita na jurisprudência, com inúmeros julgados admitindo. Nesse sentido, julgado do Tribunal de Justiça do Distrito Federal:

> ALIMENTOS COMPENSATÓRIOS. MANUTENÇÃO DO EQUILÍBRIO ECONÔMICO-FINANCEIRO. Alimentos compensatórios são pagos por

63 MADALENO, Rolf. *Curso de direito de família*. 5. ed., cit., p. 999-1002.

um cônjuge ao outro, por ocasião da ruptura do vínculo conjugal. Servem para amenizar o desequilíbrio econômico no padrão de vida de um dos cônjuges, por ocasião do fim do casamento[64].

b) Quando *um dos parceiros se dedicou aos afazeres domésticos*, abrindo mão da carreira profissional em favor do outro, especialmente em face da mulher. Apesar da igualdade jurídica formal, ainda persiste a realidade socioeconômica de a mulher exercer a função de cuidar da casa e dos filhos, proporcionando ao marido ou companheiro dedicar-se integralmente ao trabalho e obter sucesso na carreira profissional. Não pode ser desprezado o conteúdo econômico do trabalho doméstico por ocasião da separação, deixando a mulher em uma situação bem menos vantajosa financeiramente que o homem, que teve todas as oportunidades na constância do casamento para exercer atividade remunerada. A mulher que se dedicou a cuidar da família vai ter muito mais dificuldades de ingressar no mercado de trabalho e receber os mesmos rendimentos do parceiro. A jurisprudência já reconheceu os alimentos compensatórios por ter a mulher dedicado às tarefas domésticas, conforme ementa abaixo:

CIVIL – DIVÓRCIO LITIGIOSO – ALIMENTOS COMPENSATÓRIOS, A SEREM PRESTADOS DURANTE 12 (DOZE MESES). MULHER QUE SE ENCONTRA DESEMPREGADA, EM VIRTUDE DE HAVER-SE DEDICADO ÀS TAREFAS DOMÉSTICAS, NA ÉPOCA EM QUE FOI CASADA COM O APELANTE. BINÔMIO NECESSIDADE X POSSILIBIDADE. SENTENÇA MANTIDA. APELO IMPROVIDO.

1. "Produzindo o fim do casamento desequilíbrio econômico entre o casal, em comparação com o padrão de vida de que desfrutava a família, cabível a fixação de alimentos compensatórios. Em decorrência do dever de mútua assistência (CC 1.566 III), os cônjuges adquirem a condição de consortes, companheiros e responsáveis pelos encargos da família (CC 1.565). Surge, assim, verdadeiro vinculo de solidariedade (CC 265), devendo o cônjuge mais afortunado garantir ao ex-consorte alimentos compensatórios, visando a ajustar o desequilíbrio econômico e a reequilibrar suas condições sociais.

[64] TJDF, AI 20080020195721, Rel. Des. Jair Soares, j. 10-6-2009.

Faz jus a tal verba o cônjuge que não perceber bens, quer por tal ser acordado entre as partes, quer em face do regime de bens adotado no casamento, que não permite comunicação dos aquestos" (in Divorcio Já, Maria Berenice Dias, RT, 2012, pág. 122)[65].

Leonardo Beraldo cita como precedente no Superior Tribunal de Justiça o julgamento do recurso envolvendo Fernando Collor de Mello e sua ex-esposa Rosane Malta Collor de Mello[66], que logrou receber a título de prestação compensatória (mesmo não tendo requerido expressamente com essa denominação) visando restaurar o equilíbrio econômico e financeiro, mas sem a pretensão de igualar o patrimônio, que resultou com o fim do matrimônio, considerando que o regime era o de separação de bens, e por ter sido privada de trabalhar pelo marido durante os vinte e dois anos de casamento. O marido foi condenado a título de pensão compensatória no valor de novecentos e cinquenta mil reais em imóveis e dois veículos. Apresenta as seguintes partes dos votos:

"Nesse contexto, os alimentos compensatórios encontram especial aplicação nas hipóteses do rompimento de matrimônio celebrado pelo regime de separação de bens, cuja ausência de divisão patrimonial ou comunicação de aquestos importe numa abrupta alteração do padrão de vida de um dos cônjuges, sem, no entanto, representar intervenção no regime convencional do casamento. O Tribunal estadual, a partir das alegações deduzidas pelas partes e escorado em ampla cognição fático-probatória, assentou que a ora recorrida, nada obstante ser pessoa jovem e com instrução de nível superior, não possui plenas condições de imediata inserção no mercado de trabalho, situação agravada pela súbita ruptura do vínculo conjugal, que lhe impôs inequívoco desequilíbrio econômico-financeiro, conforme se conclui do voto condutor dos embargos infringentes" (STJ, 4ª T., REsp n. 1.290.313/AL, Rel. Min. Antônio Carlos Ferreira, j. 12/11/2013, *DJe* 07/11/2014 – trecho do voto do relator). Extrai-se, ainda, do voto-vista da Min. Isabel Gallotti o seguinte: "Entendo, portanto, que o regime de separação total de bens afasta a possibilidade da pretendida meação, como corretamente decidido pela sentença. Mas não impede o deferimento, seja como o rótulo de 'in-

---

[65] TJDF, AC 20110710144307, Rel. Des. João Egemont, j. 21-11-2012.

[66] STJ, 4ª Turma, REsp 1.290.313/AL, Rel. Min. Antônio Carlos Ferreira, j. 12-11-2013.

denização' seja como o de 'alimentos compensatórios', de compensação financeira para aquele que, no interesse da vida pessoal e profissional de seu cônjuge, como incontroversamente aconteceu no caso em exame, deixa de ingressar no mercado de trabalho e, após longos anos de união, vê-se destituído de patrimônio. Se a dignidade da entidade familiar já assegurava compensação patrimonial à companheira em razão de mera solidariedade, sem aporte de recursos ou força de trabalho, antes do regime de Lei 9.278/96, não há por que deixar de emprestar valor à dedicação integral à vida profissional do cônjuge, com incontroversa privação da possibilidade de ingresso no mercado de trabalho, sob o fundamento de pacto de separação de bens (STJ, 4ª T., REsp n. 1.290.313/Al, Rel. Min. Antonio Carlos Ferreira, j. 12/11/2013, *DJe* 07/11/2014)"[67].

c) Quando *um dos parceiros investiu nos estudos e profissionalização do outro*, sem progredir na própria carreira, perdendo a sua chance. Esta hipótese não vem sendo abordada na doutrina, mas é perfeitamente cabível o companheiro ou cônjuge que abriu mão de seu crescimento profissional para investir na qualificação do outro receber uma indenização com a dissolução da união estável ou do casamento, em face do princípio da solidariedade. É muito comum o casal, em plena comunhão de vida, decidir que apenas um deles irá trabalhar na manutenção da família e investir todas as esperanças de uma melhora econômica da família na formação profissional e qualificação do outro. Assim, por exemplo, enquanto a mulher trabalha, o homem cursa o ensino superior, ou vice-versa, especializa-se, cursa mestrado, doutorado ou é aprovado em concurso público com ótimos rendimentos, auferindo um *patrimônio intelectual* com o auxílio do outro. Se após o sucesso profissional do parceiro auxiliado pelo outro ocorrer a dissolução da união é inegável que aquele que contribuiu faça jus aos alimentos compensatórios para minimizar o desequilíbrio financeiro que vai surgir entre o casal. O investimento do casal nos estudos e profissionalização de apenas um deles tem gerado também debates sobre a possibilidade de partilha do patrimônio intelectual, indenizando-se o parceiro que contribuiu, ao invés de conceder alimentos compensatórios.

---

[67] BERALDO, Leonardo de Farias. *Alimentos no Código Civil*, cit., p. 209.

Os alimentos compensatórios vêm sendo acolhidos na doutrina e na jurisprudência, entretanto, não é unânime. Existem entendimentos no sentido de sua impossibilidade jurídica por ausência de previsão legal, incluindo entre eles Leonardo de Faria Beraldo, que apresenta vários argumentos, por exemplo, o de que com a dissolução da união é natural a redução do padrão de vida; o art. 1.694 do Código Civil já exige a fixação de alimentos observando a condição social; existem procedimentos próprios para evitar o locupletamento do cônjuge que administra os bens comuns; e, por fim, não deve ser estimulado o ócio do cônjuge alimentando. Conclui o autor que:

> De fato, não há como defender os alimentos compensatórios, pois, além de não possuírem previsão legal, são uma mistura de danos materiais (danos emergentes e lucros cessantes), danos morais e perda de uma chance, ou seja, algo de certa forma indevido nas relações familiares. Caso os bens a partilhar estejam sendo administrados por um só, indo apenas para ele os rendimentos e os frutos, é possível que seja formulado pedido para o juízo de família para que este pague ao outro cônjuge a parte que lhe tocar, sob pena de se aplicar *astreintes*, busca e apreensão do bem ou até mesmo a remoção da pessoa da atividade ou função que exerce sobre ou com a coisa ou empresa[68].

A ausência de previsão expressa, todavia, não veda o reconhecimento dos alimentos compensatórios, aplicando-se diante da omissão os princípios norteadores do direito de família, notadamente a solidariedade entre os cônjuges e companheiros. Lado outro, como ressaltado, a finalidade dos alimentos compensatórios não é suprir as necessidades, mas minimizar o desequilíbrio econômico ou compensar os rendimentos recebidos por apenas um dos cônjuges na administração dos bens comuns.

3.7. Alimentos *intuitu personae* e *intuitu familiae*

Os alimentos *intuitu personae* são aqueles fixados para atender as necessidades específicas do alimentando, individualmente, sem considerar o

[68] BERALDO, Leonardo de Faria. *Alimentos no Código Civil*: aspectos atuais e controvertidos com enfoque na jurisprudência, cit., p. 140.

grupo familiar. Pode ocorrer quando é apenas uma pessoa beneficiada da pensão alimentícia, observando apenas as suas necessidades, ou quando o beneficiado é o grupo familiar, mas particularizando o montante de cada membro, observando suas necessidades específicas, ou ainda fixando uma fração ideal proporcional.

Na fixação dos alimentos ao grupo familiar, ocorrerá alimentos *intuitu personae* se for atribuída a fração devida a cada membro, como 10% dos rendimentos do devedor à mulher, 10% à filha e 10% ao filho. As frações não precisam ser idênticas, podendo ser fixado o percentual à mulher em 15%, à filha que cursa faculdade 10% e ao filho pequeno 5%. A fixação individualmente dos alimentos assume importância na exoneração, pois com a desnecessidade de um deles o pagamento será reduzido de acordo com o seu percentual, individualmente, sem necessidade de chamamento dos outros beneficiados. Assim, se a filha concluiu o curso superior e começou a trabalhar, a exoneração será proposta em face apenas dela, diverso do que ocorre com os alimentos fixados para o sustento do grupo familiar.

Os alimentos *intuitu familiae* são os destinados *à manutenção do grupo familiar*, não sendo individualizada a proporção no montante a cada um deles. São fixados de forma global, para atender as despesas comuns de moradia, alimentação, lazer, além das despesas individuais. Segundo Rolf Madaleno:

> Alimentos *intuitu familiae* são aqueles arbitrados, ou acordados de forma global, para todo o grupo familiar, sem pormenorizar e separar as quotas de cada integrante da célula familiar, destinatária coletiva da pensão alimentar. O montante dos alimentos é estabelecido em prol de todos os familiares, e quando um deles deixa de ser credor pode até ocorrer uma pequena redução da pensão, mas não divisão proporcional ao número de alimentandos, sucedendo, se for o caso, um ajuste com a simples readequação do valor dos alimentos[69].

Tratando-se de alimentos para família, por muitas vezes a desnecessidade de um dos membros não importa redução significativa nas despesas familiares. Fixados os alimentos na porcentagem de 30% dos rendimentos

---

[69] MADALENO, Rolf. *Curso de direito de família.* 5. ed., cit., p. 989.

do marido para a esposa, a filha e o filho, se a filha concluir curso superior e mudar-se não vai reduzir proporcionalmente o valor do aluguel, do IPTU, da internet, da TV por assinatura, do seguro do veículo, das despesas de manutenção da casa. Muito pouco pode reduzir as despesas com supermercado, água e luz.

Yussef Said Cahali leciona que prevalece na jurisprudência o entendimento de que fixados alimentos *intuitu familiae*, não restando fixada quota de cada membro, os alimentos são destinados para manutenção da família, não sendo reduzidos se algum dos dependentes alimentares não mais necessitar. Aplica-se nos alimentos para a família o mesmo procedimento do direito previdenciário, qual seja, a quota do alimentado acresce aos demais necessitados[70].

Maria Berenice Dias[71] ressalta a natureza difusa dos alimentos estipulados em favor da entidade familiar, sem indicar o percentual de cada um dos membros, o que não autoriza a redução se um dos alimentandos não mais necessitar, mediante simples operação matemática. Cita o seguinte julgado do Tribunal de Justiça do Rio Grande do Sul, autorizando apenas um dos beneficiados cobrar o valor integral da verba alimentar:

> APELAÇÃO CÍVEL. EXECUÇÃO DE ALIMENTOS. FIXAÇÃO *INTUITU FAMILIAE* EM FAVOR DE AMBOS OS FILHOS DO ALIMENTANTE. MAIORIDADE DE UM DOS BENEFICIÁRIOS DA PENSÃO. EXECUÇÃO PELO FILHO MENOR. ADMISSIBILIDADE. Alimentos fixados em favor de dois filhos, sem especificação da quota de cada um dos beneficiários, caracteriza fixação *intuitu familiae*, não admitindo simples divisão matemática da verba para fins de exoneração, mas sim a aferição da necessidade dos alimentados. Tendo sido os alimentos objeto da ação de execução acordados *intuitu familiae*, ou seja, em proveito dos dois filhos do alimentante, pode apenas um deles executar a integralidade da verba em atraso. O implemento da maioridade de um dos alimentados não tem o condão de exonerar o alimentante do encargo, enquanto não comprovada a ausência de necessidade daquele, mormente não integrando a lide[72].

[70] CAHALI, Yussef Said. *Dos alimentos*. 6. ed. São Paulo: Revista dos Tribunais, 2009. p. 224.

[71] DIAS, Maria Berenice. *Manual de direito das famílias*. 8. ed., cit., p. 551.

[72] TJRS, 7ª CC, AC 70036164101, Rel. Des. André Luiz Planella Villarinho, j. 10-11-2010.

Renata Barbosa de Almeida e Walsir Edson Rodrigues Júnior, mesmo admitindo julgados que reduzem proporcionalmente os alimentos *intuitu familiae*, confundindo obrigação alimentar com direito das obrigações e aplicando indevidamente princípio de que as obrigações são divisíveis (art. 257 do CC), como se sustento da família fosse um negócio, ressaltam que o entendimento predominante é de não reduzir a verba global da família se um dos beneficiados for excluído. Complementam que "a cessação da obrigação para um dos beneficiados não tem o condão de determinar automaticamente a diminuição proporcional do valor da pensão paga pelo alimentante"[73]. Os autores citam jurisprudências, inclusive do Tribunal de Justiça de Minas Gerais, reproduzida abaixo, para demonstrarem o entendimento predominante:

> AGRAVO DE INSTRUMENTO – ANTECIPAÇÃO DE TUTELA – EXONERAÇÃO DE ALIMENTOS – PENSÃO *INTUITU FAMILAE* – MAIORIDADE E INDEPENDÊNCIA DA FILHA – IMPOSSIBILIDADE DE REDUÇÃO AUTOMÁTICA DE 1/3 DO VALOR DOS ALIMENTOS – NECESSÁRIA DILAÇÃO PROBATÓRIA – BINÔMIO NECESSIDADE/POSSIBILIDADE. [...]. Quando a pensão alimentícia é fixada 'intuito familiae', ou seja, sem definição especificada dos percentuais cabíveis a cada um dos beneficiários, excluído um deles, não é possível a redução automática e proporcional da pensão referente ao excluído, eis que, os alimentos foram fixados em prol da família e não da pessoa. Dessa forma, não seria justo, simplesmente, pela retirada da filha como beneficiária diminuir a pensão em 1/3, sem observar as provas dos autos. Na verdade, o critério para fixação da pensão continua sendo o mesmo: possibilidade e necessidade[74].

O fato de um dos membros não mais necessitar dos alimentos, for excluído ou passar a morar com o alimentante, não importa em redução significativa das despesas, devendo ser acrescido seu direito na família remanescente. Com propriedade, em decisão unânime, fundamentou em voto a Desembargadora Vanessa Verdolim Hudson de Andrade, do Tribunal Mineiro:

---

[73] ALMEIDA, Renata Barbosa de; RODRIGUES JUNIOR, Walsir Edson. *Direito civil*: Famílias, cit., p. 454-456.

[74] TJMG, 4ª CC, AI 1.0024.07.392845-9/002, Rel. Des. Dárcio Lopardi Mendes, j. 6-12-2007.

O argumento de que se um dos filhos não mais necessita dos alimentos deve ser reduzida a sua parte não pode prosperar, visto que a pensão foi fixada em valor certo para toda a família e a necessidade do filho continua.

Ora, a maioria das despesas não se altera, como água, esgoto, aluguel, quando devido, luz, despesas com manutenção da casa e outros. Assim, não é certo que a redução deveria ser na proporção de 50% (cinquenta por cento), mormente em se tratando de fixação de alimentos *intuitu familiae*, em que o valor de um agrega ao do outro. A fixação dos alimentos *intuitu familiae* (locução latina que significa "para a família") presume o direito de acrescer[75].

A redução proporcional nos alimentos destinados à família, considerando o número de beneficiados, é indevida em razão das despesas comuns no grupo familiar. Não se aplica uma redução automática da quota-parte sem apurar se a necessidade diminuiu. Novamente o Tribunal mineiro, em relatoria do Desembargador Elias Camilo, decidiu que:

> AGRAVO DE INSTRUMENTO – ALIMENTOS FIXADOS *INTUITU FAMILIAE* – MAIORIDADE DO BENEFICIÁRIO DO QUAL O ALIMENTANTE ERA TITULAR DA GUARDA – REDUÇÃO AUTOMÁTICA DA PENSÃO ALIMENTÍCIA EM RELAÇÃO AO OUTRO BENEFICIÁRIO – IMPOSSIBILIDADE – DEPÓSITO DE 50% DO VALOR EM EXECUÇÃO – DÉBITO ATUAL REMANESCENTE EM ATRASO EM FAVOR DO BENEFICIÁRIO SUBSISTENTE – PRISÃO CIVIL DO ALIMENTANTE.
>
> – Fixados os alimentos *intuitu familiae*, em caso de exoneração/cessação da obrigação em relação a um de seus beneficiários, é descabida a redução automática da referida quota-parte, proporcionalmente à obrigação do alimentante e ao número de alimentados.
>
> – Persistindo débito atual em relação à pensão alimentícia fixada, que subsiste em razão do beneficiário remanescente, deve ser mantida a decisão que determinou o seu pagamento, sob pena de prisão civil, observando o disposto na Súmula 309 do STJ[76].

---

75 TJMG, 1ª CC, AC 1.0024.06.985925-4/001, Rel. Des. Vanessa Verdolim Hudson Andrade, j. 31-3-2009.

76 TJMG, 3ª CC, AI 0303493-26.2010.8.13.0000, Rel. Des. Elias Camilo, j. 5-11-2010.

Os alimentos *intuitu familiae*, sem destinação daquilo que é necessário a cada um dos integrantes do grupo familiar, atende às necessidades de toda a família, portanto, qualquer um dos beneficiados pode propor a ação de execução do todo. A ação de exoneração dos alimentos, entretanto, ainda que proposta contra apenas um dos alimentados, exige que todos componham a lide, formando-se um litisconsórcio passivo necessário, já que a redução em razão de um dos beneficiários afetará diretamente os demais. É o que tem decidido os tribunais:

> PROCESSUAL CIVIL – AÇÃO DE EXONERAÇÃO DE ALIMENTOS – OBRIGAÇÃO FIXADA "INTUITU FAMILIAE" – INCLUSÃO DE TODOS OS BENEFICIÁRIOS NO POLO PASSIVO – DETERMINAÇÃO DE EMENDA DA INICIAL – PROCESSO ANULADO PARCIALMENTE.
>
> 1. O fato de a obrigação alimentar ter sido fixada "intuitu familiae", sem individualização do montante de cada beneficiário, impõe ao alimentante a inclusão de todos eles no polo passivo da demanda por meio da qual pretende a exoneração da obrigação relativamente a um deles, com redução do valor devido aos demais.
>
> 2. Recurso provido[77].

Resumindo, nos alimentos *intuitu personae*, fixada a quota-parte de cada beneficiado, é possível reduzir o valor dos alimentos que lhe cabia sem intervenção dos demais alimentandos. Os alimentos *intuitu familiae*, no entanto, são destinados à manutenção da família, não cabendo redução automática considerando proporcionalmente a quota-parte de um dos beneficiados que foi exonerado, acrescendo seu valor aos demais. Na ação de exoneração, devem ser incluídos todos os credores da pensão alimentícia no polo passivo, formando um litisconsórcio passivo necessário.

3.8. Alimentos gravídicos

Os *alimentos gravídicos*, que antes eram acolhidos na doutrina e na jurisprudência como alimentos ao nascituro, foram disciplinados pela Lei n. 11.804/2008, que dispõe sobre o direito de alimentos à mulher gestante[78],

---

77 TJMG, 8ª CC, AC 1.0433.08.268164-7/001, Rel. Des. Edgard Penna Amorim, j. 30-1-2014.

78 "Art. 1º Esta Lei disciplina o direito de alimentos da mulher gestante e a forma como será exercido."

deferindo, de forma provisória, apenas com indícios da paternidade[79] à mulher gestante enquanto perdurar a gravidez, já que, com o nascimento do filho, converte-se em pensão alimentícia. Douglas Phillips Freitas apresenta o seguinte conceito:

> Alimentos Gravídicos é o direito que a mulher grávida possui, mediante propositura de ação antes do nascimento da prole, de buscar o ressarcimento e o auxílio financeiro do suposto pai, na parte que lhe cabe, de acordo com a proporção dos recursos de ambos, no custo das despesas realizadas desde a concepção até o parto, entre outras decorrentes da gravidez, convertendo este benefício em pensão de alimentos com o nascimento da criança, sem que, todavia, haja declaração ou imputação de paternidade[80].

O direito é conferido à mulher gestante, destinando-se a custear todas as despesas da gravidez, que inclui despesas médico-hospitalares, medicamentos, alimentação e enxoval, observando a necessidade da gestante e as possibilidades do suposto pai (art. 2º). Os alimentos gravídicos são devidos somente até o nascimento da criança, pois se já tiver nascido são incabíveis, sendo necessária a propositura da ação de alimentos no rito da Lei n. 5.478/1968 pelo recém-nascido, representado pela mãe.

Os alimentos gravídicos serão abordados com maior profundidade ao tratar da ação de alimentos gravídicos (7.4).

3.9. Alimentos *in natura* e alimentos impróprios

Os alimentos *in natura*, também denominados de *próprios* ou em *habitação*, ocorrem quando o alimentante se responsabiliza diretamente pelas necessidades do credor, fornece hospedagem ou quando a pensão consiste no usufruto pelo alimentando de algum bem do devedor (art. 1.701 do CC e art. 21, § 1º, da Lei n. 6.515/1977)[81].

---

79 RESENDE, Clayton Rosa de. Alimentos gravídicos – indícios de paternidade. In: NOGUEIRA, Luiz Fernando Valladão (Coord.). *Paternidade e alimentos*. Belo Horizonte: Del Rey, 2012. p. 359-363.

80 FREITAS, Douglas Phillips. *Alimentos gravídicos* – Comentários à Lei 11.804/2008. Rio de Janeiro: Forense, 2011. p. 73.

81 GONTIJO, Juliana; GONTIJO, Felipe. Alimentos: ação, fixação e execução. In: NOGUEIRA, Luiz Fernando Valladão (Coord.). *Paternidade e alimentos*. Belo Horizonte: Del Rey, 2012. p. 284.

O devedor possui uma faculdade relativa de suprir os alimentos mediante a pensão *in natura*, pois compete ao juiz, de acordo com as circunstâncias, fixar a forma do cumprimento da obrigação, evitando ao credor passar por constrangimentos, como obrigá-lo a residir sob o mesmo teto. Nos alimentos próprios, o alimentante paga diretamente as despesas com saúde, educação, hospedagem, transportes, impostos, alimentação, sem fornecer dinheiro ao alimentando[82].

Os *alimentos impróprios* ou *pensão alimentícia* é o pagamento em dinheiro, fixado pelo juiz em prestações mensais, normalmente em salários mínimos, que automaticamente atua como índice de correção monetária. Não é obrigatória a fixação dos alimentos impróprios em salário mínimo, já que o art. 1.710 do Código Civil prevê que devem ser atualizados de acordo com os índices oficiais[83], entretanto, na prática, por maior comodidade e garantia ao credor, normalmente são fixados em salário mínimo ou porcentagem do salário do devedor.

Apesar de a previsão legal de faculdade ao devedor optar pela forma de suprimento dos alimentos, a jurisprudência tem se inclinado no sentido de que, na ausência de consenso, deve ser privilegiado o pagamento em dinheiro. Nesse sentido, já decidiu o Superior Tribunal de Justiça:

> PROCESSUAL CIVIL. CIVIL. RECURSO ESPECIAL. ALIMENTOS. REVISÃO. ALTERAÇÃO NO VALOR DA PENSÃO. REEXAME DE PROVAS. CONVERSÃO DE ALIMENTOS *IN NATURA* PARA PAGAMENTO EM PECÚNIA. POSSIBILIDADE.
>
> [...]
>
> 2. Se os alimentos *in natura* compõem a prestação alimentar, por força de convenção, não há o que se objetar quanto à conveniência das partes e o amparo legal da medida.
>
> [...]
>
> 4. O fim do consenso que regulava a forma de prestação alimentar, aliado a pedido do alimentado para que haja conversão dos alimentos *in natura* para pecúnia, são elementos suficientes para autorizar o julgador, com base no parágrafo único do art. 1.701 do CC-02, a fixar de pronto nova forma

[82] MADALENO, Rolf. *Curso de direito de família.* 5. ed., cit., p. 989-991.

[83] TARTUCE, Flávio. *Manual de direito civil.* 3. ed. Rio de Janeiro: Forense, 2013. p. 1.244.

de cumprimento da prestação que deverá, prioritariamente, privilegiar o pagamento de alimentos em dinheiro[84].

4. PRESSUPOSTOS DA OBRIGAÇÃO ALIMENTAR

O art. 1.695 do Código Civil preceitua que são devidos os alimentos quando quem os pretende não tem bens suficientes, nem pode prover, pelo seu trabalho, à própria mantença, e aquele, de quem se reclama, pode fornecê-los, sem desfalque do necessário ao seu sustento, complementando no art. 1.694, § 1º, que os alimentos devem ser fixados na proporção das necessidades do reclamante e dos recursos da pessoa reclamada; daí se conclui que, além das fontes legais, são indispensáveis, para a obrigação alimentar, a comprovada necessidade de quem pede, a possibilidade de quem paga e a proporcionalidade de sua fixação.

Com efeito, dispõem os dispositivos legais referidos que:

> Art. 1.694. [...].
>
> § 1º Os alimentos devem ser fixados na proporção das necessidades do reclamante e dos recursos da pessoa obrigada.
>
> [...]
>
> Art. 1.695. São devidos os alimentos quando quem os pretende não tem bens suficientes, nem pode prover, pelo seu trabalho, à própria mantença, e aquele, de quem se reclamam, pode fornecê-los, sem desfalque do necessário ao seu sustento.

Assim, além da existência do pressuposto essencial primário (ou fontes) consistente na existência de parentesco, vínculo conjugal ou companheirismo entre as partes, são pressupostos da obrigação alimentar a necessidade de quem pode reclamar, a possibilidade de quem deve prestar e a proporcionalidade na fixação do valor.

4.1. Necessidade de quem pode reclamar

Para pleitear alimentos, quem os pretende não pode possuir bens capazes de proporcionar renda suficiente para sua sobrevivência ou condições

84 STJ, 3ª Turma, REsp 1.284.177, Min. Nancy Andrighi, j. 4-10-2011.

de trabalhar para manter o próprio sustento. São, portanto, titulares ou credores dos alimentos, denominados *alimentandos*, os parentes, cônjuges ou conviventes que não possuem condições de se sustentar.

A regra é que toda pessoa maior, homem ou mulher, possui condições de trabalhar e prover sua própria mantença, não podendo ser utilizado o direito a alimentos para incentivar a ociosidade e o parasitismo, mantendo-se às custas de outros. Portanto, podem reclamar os menores, os idosos, os doentes, as pessoas incapacitadas para o trabalho ou momentaneamente desempregadas e ainda, justificadamente, os estudantes.

A posição predominante do Superior Tribunal de Justiça é no sentido de que o ex-cônjuge ou ex-companheiro podem reclamar alimentos em situações excepcionais, como incapacidade para o trabalho, saúde fragilizada, impossibilidade de ingresso no mercado de trabalho[85]. Comprovando-se a incapacidade laborativa e a necessidade de quem pede, os alimentos devem ser fixados de forma definitiva. Nesse sentido:

> AGRAVO REGIMENTAL. RECURSO ESPECIAL. FAMÍLIA. ALIMENTOS PRESTADOS A EX-CÔNJUGE. OBRIGAÇÃO EXCEPCIONAL. PRAZO INDETERMINADO. EXCEÇÃO. ALTERAÇÃO NO BINÔMIO NECESSIDADE/POSSIBILIDADE. REEXAME DE PROVAS. SÚMULA 7/STJ. ACÓRDÃO RECORRIDO EM CONSONÂNCIA COM A JURISPRUDÊNCIA DESTA CORTE SUPERIOR. SÚMULA N. 83/STJ.
>
> [...]
>
> 2. O Superior Tribunal de Justiça possui jurisprudência no sentido de que a obrigação de pagar alimentos entre ex-cônjuges é excepcional, de modo que, quando devidos, devem persistir apenas pelo prazo necessário para a reinserção no mercado de trabalho ou autonomia financeira do alimentado. As exceções a esse entendimento, caso em que os alimentos entre ex-cônjuges devem ser fixados por prazo indeterminado, ocorrem nas hipóteses em que o ex-parceiro alimentado não dispõe de reais condições de reinserção no mercado de trabalho e de readquirir sua autonomia financeira ou quando conta com problemas graves de saúde.

[85] STJ, REsp 1.370.778/MG, Rel. Min. Marco Buzzi, j. 10-3-2016.

3. Agravo regimental a que se nega provimento[86].

A redução da maioridade para 18 anos, porém, ocasiona muitas situações de filhos maiores sem conseguir ainda ingressar no mercado de trabalho por falta de qualificação, alto índice de desemprego ou por estar estudando, o que justifica o recebimento de alimentos de acordo com o caso concreto. Da mesma forma, é necessário o exame da situação entre os companheiros e cônjuges, em casos de separação, pois, muitas vezes, a mulher afasta-se do mercado de trabalho por imposição do consorte ou para cuidar dos filhos e depois, em razão da idade ou qualificação, não consegue retornar, devendo, entretanto, ser evitados os abusos, pois não faltará quem sonhe com a profissão de ex-mulher ou ex-companheira pensionada. Nesses casos a jurisprudência tem se inclinado a conceder os alimentos transitórios ou temporários por um prazo certo.

São cabíveis alimentos aos menores devidos pelos pais em razão do poder familiar até atingir a capacidade. Após, cabem aos filhos maiores em razão do parentesco, como os demais parentes, especialmente pessoas idosas, inválidas, doentes ou pessoa válida em momento de crise de empregos.

4.2. Possibilidade de quem deve prestar

São devedores potenciais de alimentos, denominados *alimentantes*, os parentes, cônjuges ou companheiros que possuem condições de se sustentar e ainda contribuir para o sustento do outro.

Os alimentos, portanto, devem ser prestados por aquele que os forneça sem desfalque do necessário ao próprio sustento. O ideal é o alimentante possuir condições de satisfazer as necessidades do alimentado; infelizmente, na prática, isso nem sempre ocorre, especialmente se tratando de pessoas carentes. Não raras vezes, o pai percebe apenas o salário mínimo ou pouco mais e possui diversos filhos, exigindo sensibilidade do magistrado ao fixar os alimentos sem comprometer a própria sobrevivência do devedor e possibilitar o mínimo necessário para a subsistência do credor, principalmente na inexistência de outro parente em condições de prestá-los. A lei não quer o perecimento do alimentado, mas também não deseja o sacrifício do ali-

86 STJ, AgRg no REsp 1.537.060/DF, Rel. Min. Maria Isabel Gallotti, j. 1-9-2015.

mentante. Se este possui tão somente o indispensável à sua sobrevivência, não há direito alimentar contra ele, pois não é justo desviar seu próprio sustento para socorrer o parente necessitado, se não se encontra em condições de fornecer a ajuda[87]. Tratando-se de filhos menores, o pai, entretanto, contribui, ainda que com sacrifícios, para a sobrevivência destes.

Nesse sentido, é de fundamental importância diferenciar os alimentos entre parentes, mesmo entre pais e filhos maiores, e entre os pais e os filhos menores.

Durante a menoridade dos filhos os pais, em razão do poder familiar e do princípio da paternidade responsável, têm o dever de sustento, guarda e educação (art. 22, ECA), de assistir, criar e educar (art. 229, CF), independentemente de suas possibilidades.

O TJRS diferencia os alimentos entre parentes, condicionados à possibilidade do devedor, e o dever alimentar dos pais, incondicionado. Consta na ementa que:

> AGRAVO DE INSTRUMENTO. ALIMENTOS PROVISÓRIOS. OBRIGAÇÃO AVOENGA. DISTINÇÃO ENTRE OBRIGAÇÃO GENÉRICA DE ALIMENTOS DECORRENTE DO PARENTESCO (ART. 1.695 DO CCB) E DEVER DE SUSTENTO DOS GENITORES EM RELAÇÃO AOS FILHOS MENORES. PRECEDENTE DO STJ 1. Há substancial diferença entre a obrigação genérica de alimentos decorrente do parentesco e o dever de sustento dos pais em relação aos filhos menores, pois enquanto a primeira (obrigação alimentar) é CONDICIONADA à possibilidade de o parente prestar os alimentos SEM PREJUÍZO DO INDISPENSÁVEL AO SEU SUSTENTO (art. 1.695 do CCB), o DEVER ALIMENTAR DOS GENITORES (art. 1.566, IV, do CCB) é INCONDICIONADO – ou seja, mesmo com o prejuízo de seu próprio sustento os genitores devem priorizar o atendimento das necessidades fundamentais dos filhos menores. 2. Esta perspectiva ressalta o caráter absolutamente complementar e subsidiário da obrigação alimentar dos progenitores, que somente se configura, na prática, quando nenhum dos genitores tenha condições de atender às

[87] MONTEIRO, Washington de Barros. *Curso de direito civil* – Direito de família. 22. ed. São Paulo: Saraiva, 2007. p. 542.

mínimas necessidades dos filhos menores (Precedente do STJ no REsp 1211314/SP)[88].

Muitas vezes, o devedor procura furtar-se em demonstrar suas reais possibilidades, trabalhando na economia informal, usando o nome de outras pessoas nos negócios ou, até mesmo, solicitando ao empregador a anotação de salário inferior no contrato de trabalho. Nesses casos, a aparência do devedor, ostentando capacidade superior a que alega possuir, deve ser arguida pelo credor para provar a possibilidade. Se o alimentante não conseguir carrear aos autos prova documental robusta, não pode passar desapercebido o exame inquestionável da aparência deste em relação ao contexto social das partes, por ocasião da fixação dos alimentos pelo juiz[89], aplicando-se a *teoria da aparência* para demonstrar a possibilidade do alimentante.

A demonstração da possibilidade do devedor, especialmente quando se trata de profissional autônomo ou empresário, raramente condiz com a realidade, ocorrendo, quase sempre, sonegação das informações da totalidade dos ganhos, necessitando exame acurado da aparência para obter um resultado satisfatório e próximo da realidade.

4.3. Proporcionalidade na fixação

Na fixação dos alimentos, deve ser observada a proporcionalidade ou razoabilidade entre as necessidades do alimentando e os recursos econômico-financeiros do alimentante, sendo que a adequação desses dois fatores deverá ser feita em cada caso, levando-se em consideração que os alimentos são concedidos para atender às necessidades, não existindo um critério predeterminado, apesar da tendência em serem fixados em 1/3 ou em 30% dos vencimentos líquidos, quando destinados pelo marido à mulher e aos filhos; entretanto, tratando-se de questões de fato, devem ser apreciados caso a caso, podendo os valores ser superiores ou inferiores a este critério.

A fixação dos alimentos, observando uma determinada percentagem dos rendimentos líquidos do alimentante, considerando os ganhos normais,

88 TJRS, AI 70079820346, Rel. Des. Luiz Felipe Brasil Santos, j. 9-4-2019.

89 TJMG, AC 30.410, Rel. Des. Francisco Figueiredo, j. 27-4-1995, p. *MG* 17-6-1995.

inclusive 13º salário e os descontos obrigatórios como previdência e imposto de renda, é o critério mais adotado por importar os reajustes automáticos e manter a proporcionalidade nas condições do alimentante e a necessidade do alimentado, proporcionando segurança entre a partes e evitando defasagem.

O devedor deve satisfazer, dentro de sua capacidade, a necessidade do credor, buscando a melhor sintonia, não podendo colocar o alimentante em situação de penúria, para atender todas as necessidades do alimentando, ou, ao inverso, estipular valores insuficientes ao credor se o devedor possui condições de atender todas suas necessidades. Tratando-se de filho comum, deve o valor atender à capacidade do pai alimentante se a mãe possui profissão rendosa e em condições de complementar as necessidades do filho[90].

Os alimentos não se prestam à formação de patrimônio, mas de manutenção digna de sobrevivência, respeitado o binômio possibilidade e necessidade[91].

5. MUTABILIDADE DO *QUANTUM* DA PENSÃO ALIMENTÍCIA

Fixados os alimentos em regular ação, são inalteráveis enquanto perdurar a mesma situação; entretanto, pode ser revista sempre que ocorrer alteração na situação financeira das partes, mediante *ação revisional de alimentos* para aumentar (*plus)* havendo alteração na fortuna do devedor para mais e o credor estiver recebendo menos que o necessário, ou para diminuir (*minus),* se ocorrer o inverso. Assim, existe na obrigação de prestar alimentos a possibilidade de mudar o valor da pensão alimentícia, que pode sofrer variações quantitativas ou qualitativas, conforme se alterem os pressupostos, circunstâncias eminentemente variáveis no tempo e no espaço, razão pela qual a decisão que concede alimentos não faz coisa julgada referente ao *quantum,* se as condições não permanecerem no mesmo estado.

Se o credor não necessitar mais de alimentos, ou o devedor não possuir condições de continuar a fornecê-los, pode requerer a desobrigação do encargo, mediante *ação de exoneração de alimentos.*

---

90 TJMG, 2ª CC, AC 000.271.790-8/00, Rel. Des. Francisco Figueiredo, *DJMG* 1º-7-2003.
91 TJMG, AC 1.0433.03.071594-3/002, Rel. Des. Francisco Figueiredo, j. 1º-5-2005.

A variedade do *quantum* ou mesmo a exoneração dos alimentos é prevista no art. 1.699 do Código Civil:

> Art. 1.699. Se, fixados os alimentos, sobrevier mudança na situação financeira de quem os supre, ou na de quem os recebe, poderá o interessado reclamar ao juiz, conforme as circunstâncias, exoneração, redução ou majoração do encargo.

Tendo em vista a reciprocidade da obrigação de prestar alimentos, aquele que era devedor poderá reclamá-los do antigo credor (art. 1.696, 1ª parte, do CC). Assim, o avô que fornecia alimentos ao neto ou o pai ao filho, podem exigir deste se necessitarem e o parente possuir condições de fornecê-los.

6. CARACTERÍSTICAS DO DIREITO ALIMENTAR

6.1. Atualidade

Os alimentos são fixados para atender a uma necessidade atual e futura da pessoa, não podendo pedi-los retroativamente, tendo como finalidade prática a subsistência. A qualquer tempo, pode-se pleitear alimentos, desde que a necessidade seja atual, pois quem precisava de alimentos e não os pediu sobreviveu da mesma forma (*in praeteritur non vivitur* – ninguém vive do passado). Se o filho havido fora do casamento necessitava de alimentos desde o nascimento, mas, representado pela mãe, só requereu ao pai aos cinco anos de idade, serão devidos a partir da citação do genitor para pagá-los, mesmo os provisórios, já que a sentença possui eficácia *ex nunc*. A pensão alimentícia em nenhuma hipótese pode ser pleiteada por período anterior à sua propositura. Alimentos atrasados só são devidos se fundados em convenção, testamento ou ato ilícito, quer dizer, por título estranho ao direito de família[92].

O princípio da atualidade é invocado mesmo nos alimentos já fixados, tendo a jurisprudência se firmado no sentido de que, nas execuções, só é cabível prisão civil nos débitos relativos aos últimos três meses anteriores ao

[92] MONTEIRO, Washington de Barros. *Curso de direito civil* – Direito de família. 33. ed. São Paulo: Saraiva, 1996, p. 302.

ajuizamento da execução, conforme a Súmula 309 do Superior Tribunal de Justiça[93], que acabou acolhida no Código de Processo Civil de 2015, ao dispor no § 7º do art. 528:

> Art. 528. No cumprimento de sentença que condene ao pagamento de prestação alimentícia ou de decisão interlocutória que fixe alimentos, o juiz, a requerimento do exequente, mandará intimar o executado pessoalmente para, em 3 (três) dias, pagar o débito, provar que o fez ou justificar a impossibilidade de efetuá-lo.
>
> [...]
>
> § 7º O débito alimentar que autoriza a prisão civil do alimentante é o que compreende até as 3 (três) prestações anteriores ao ajuizamento da execução e as que se vencerem no curso do processo.

6.2. Imprescritibilidade do direito

O direito a alimentos, ainda que não exercido ou dispensado, é imprescritível, podendo o alimentando, sem importar a idade, a qualquer tempo, demandar do alimentante o necessário para sobreviver (art. 23 da Lei de Alimentos). Mesmo na hipótese de exonerados os alimentos, se voltar a necessitar em outras circunstâncias, pode o necessitado reavê-los.

As prestações alimentícias vencidas e não pagas prescrevem, entretanto, no prazo de dois anos, a partir do vencimento (art. 206, § 2º, do CC), ressaltando-se, todavia, que a prescrição não corre contra incapazes, ascendentes e descendentes durante o poder familiar e entre cônjuges na constância do casamento (arts. 198, I e 197, I e II, do CC).

A prescrição atinge, portanto, apenas as prestações já vencidas e não pagas, mas jamais o direito, permitindo ao necessitado postular alimentos em juízo, mesmo que não tenha exercido o direito por longos períodos.

---

93 "Súmula 309 STJ. O débito alimentar que autoriza a prisão civil do alimentante é o que compreende as três prestações anteriores ao ajuizamento da execução e as que se vencerem no curso do processo."

6.3. Irrenunciabilidade

O Código Civil de 1916 regulava os alimentos nos arts. 396 a 405, dispondo que "podem os parentes exigir uns dos outros os alimentos de que necessitem para sobreviver" (art. 396), regulando, portanto, os alimentos entre os parentes. Determinava, ainda, que se "pode deixar de exercer, mas não se pode renunciar o direito a alimentos" (art. 404).

Os alimentos, portanto, são considerados direitos indisponíveis, vedando ao seu titular renunciá-los, ainda que seja capaz, por se tratar de necessidade vital do ser humano, carregando no seu bojo o imprescindível sustento à vida da pessoa atendendo suas necessidades básicas. A lei rejeita sua renúncia, pois o direito é de ordem pública, inerente à personalidade da pessoa e relacionado com a integridade física e psíquica do alimentando. O dever funda-se na solidariedade humana, garantindo a subsistência dos parentes que não conseguem sobreviver por seus próprios meios, como os menores, os doentes, os idosos, os incapacitados para o trabalho e mesmo os maiores capacitados pela inexistência justificada de trabalho[94].

A irrenunciabilidade dos alimentos, prevista legalmente, era aplicada aos parentes, entretanto, o Supremo Tribunal Federal estendeu a impossibilidade de renúncia aos alimentos nos desquites amigáveis, dispondo a Súmula n. 379 que "no acordo de desquite não se admite renúncia aos alimentos, que poderão ser pleiteados ulteriormente, verificados os pressupostos legais", sendo mantida com explicitação e quatro votos vencidos em 3-11-1977, passando a considerar a renúncia como mera dispensa temporária.

A doutrina e a jurisprudência majoritária, entretanto, contrariando a Súmula n. 379 do STF, passaram a defender a validade da renúncia nas separações judiciais consensuais, especialmente o Superior Tribunal de Justiça, considerando que é válida e eficaz a cláusula de renúncia a alimentos, em separação judicial, não podendo, o cônjuge renunciante, voltar a pleitear que seja pensionado. Fundamentava-se que a irrenunciabilidade dos alimentos se aplicava somente em razão do parentesco, que não se dissolve, o que não se aplica ao casamento, que perdura enquanto existente a sociedade conjugal, derivando da mútua assistência advinda do dever escrito entre os

---

94 MADALENO, Rolf. Renúncia a alimentos. *Revista Brasileira de Direito de Família*. n. 27. Porto Alegre: Síntese, IBDFAM, dez.-jan. 2005. p. 146-147.

cônjuges. Em razão da distinção entre alimentos oriundos do parentesco, portanto, consanguíneos e irrenunciáveis, especialmente os devidos em razão do pátrio poder, e os oriundos do casamento, prevaleceu o entendimento, ancorado no Superior Tribunal de Justiça, da possibilidade de renúncia dos alimentos derivados do casamento. A renúncia, entretanto, tinha de ser expressa, declarando os cônjuges que possuíam meios para prover a própria sobrevivência, prevalecendo, na omissão ou declaração de mera dispensa, a possibilidade de pleiteá-los posteriormente.

Na vigência do Código Civil de 1916, o Tribunal de Justiça de Minas Gerais já tinha decidido que se deve pensionar a ex-companheira, quando presentes os requisitos legais e esta comprovar a necessidade dos alimentos, com estado de saúde precário, ainda que dispensados, quando da separação do casal, tendo a pensão alimentícia, no caso, função indenizatória e assistencial, à luz do art. 1º da Lei n. 8.971/1994 e do art. 404 do Código Civil de 1916[95].

Ocorre que o Código Civil de 1916 regulava os alimentos apenas entre os parentes e estabelecia que era irrenunciável (arts. 396 e 404), sendo os alimentos entre os cônjuges regulados pela Lei n. 6.515/1977 e posteriormente entre companheiros nas Leis n. 8.971/1994 e 9.278/1996. O Código Civil de 2002, porém, passou a regular no mesmo subtítulo, aplicando as mesmas regras, os alimentos devidos aos parentes, cônjuges e companheiros (art. 1.694), dispondo no art. 1.707 que:

> Art. 1.707. Pode o credor não exercer, porém lhe é vedado renunciar o direito a alimentos, sendo o respectivo crédito insuscetível de cessão, compensação ou penhora.

A conclusão legal, portanto, é a de que, na vigência do atual Código Civil, são irrenunciáveis os alimentos também em relação aos cônjuges e companheiros, logo, presentes os pressupostos legais, aquele que renunciou poderá pleiteá-lo posteriormente, se necessitar, podendo, pois, dispensar ou renunciar o exercício, mas não o direito.

A bifurcação dos deveres a alimentos, oriundos dos vínculos do parentesco e do casamento, já não mais produz efeitos diversos, tendo em vista a

95 TJMG, AC 219.160-0/00, Rel. Des. Campos Oliveira, p. 30-4-2002. p. 3.

inclusão dos cônjuges e também dos companheiros no mesmo título alimentar dos parentes, impondo de modo expresso o art. 1.707 do Código Civil que nenhum deles poderá renunciar, em definitivo, ao direito alimentar, podendo apenas deixar de exercê-lo temporariamente. A irrenunciabilidade dos alimentos vem confirmada ainda no art. 1.704, também do Código Civil, ao dispor que, se um dos cônjuges, já separados judicialmente vier a necessitar de alimentos, o outro será obrigado a prestá-los. Assim, se o cônjuge não precisar de alimentos no momento da separação, sendo irrelevante ter constado cláusula de renúncia porque será nula, pode posteriormente pleiteá-los. O Código Civil, entretanto, andou na contramão da evolução, em indevido retrocesso, ao não distinguir os alimentos oriundos dos vínculos de parentesco daqueles emanados das relações afetivas do casamento e da união estável, possibilitando renúncia entre cônjuges e conviventes[96].

Não se pode confundir renúncia com dispensa. Na *renúncia*, o cônjuge ou companheiro abre mão de seu direito, enquanto, na *dispensa*, apenas deixa de exercê-lo. Logo, enquanto não extinto o vínculo do casamento, se apenas dispensou, pode pleitear os alimentos, conforme autoriza o art. 1.704 do Código Civil[97].

A irrenunciabilidade dos alimentos, que atinge também os cônjuges e companheiros, é clara na lei, mas tem sofrido críticas na doutrina em razão de ter o atual Código Civil contrariado sólida jurisprudência, que distinguia os alimentos devidos em razão do parentesco e do casamento ou união estável, surgindo projetos de lei com propostas de que somente são irrenunciáveis os decorrentes de parentesco. A irrenunciabilidade se justificava no sistema patriarcal, já que as mulheres eram impedidas de trabalhar e, por ocasião da separação, não possuíam meios de sobreviver, entretanto, renunciavam aos alimentos enganadas, ameaçadas ou para livrar-se de um casa-

[96] MADALENO, Rolf. Renúncia a alimentos. *Revista Brasileira de Direito de Família*. n. 27. Porto Alegre: Síntese, IBDFAM, dez.-jan. 2005. p. 151-152.

[97] "Art. 1.704. Se um dos cônjuges separados judicialmente vier a necessitar de alimentos, será o outro obrigado a prestá-los mediante pensão a ser fixada pelo juiz, caso não tenha sido declarado culpado na ação de separação judicial.
Parágrafo único. Se o cônjuge declarado culpado vier a necessitar de alimentos, e não tiver parentes em condições de prestá-los, nem aptidão para o trabalho, o outro cônjuge será obrigado a assegurá-los, fixando o juiz o valor indispensável à sobrevivência."

mento infeliz. Ainda existem famílias patriarcais, mas a igualdade constitucional tem restringido as demandas alimentares, despontando tendência da jurisprudência, quando houve renúncia dos alimentos na separação, de não aceitar posterior pedido de alimentos[98].

O Superior Tribunal de Justiça já decidiu, na vigência do Código Civil atual, que a cláusula de renúncia a alimentos, em acordo de separação devidamente homologado, é válida e eficaz, não sendo permitido ao ex-cônjuge que renunciou os alimentos, a pretensão de ser pensionado ou voltar a pleitear o encargo em ação de alimentos posterior, devendo ser reconhecida a carência da ação, por ilegitimidade ativa para postular, em juízo, o que anteriormente renunciara expressamente. A Relatora, Ministra Nancy Andrighi, fundamentou em seu voto, no julgamento ocorrido em 15 de setembro de 2005, já vigente a nova codificação civil, apesar da renúncia aos alimentos ter ocorrido na vigência do Código Civil de 1916, referindo-se a dispositivos da legislação anterior e seu correspondente na atual, que a irrenunciabilidade de alimentos que alicerçou a Súmula n. 379 do STF são os fundados no parentesco. Por certo, entre marido e mulher, que não são parentes, o direito a alimentos assenta-se na obrigação de mútua assistência, que cessa com a separação ou divórcio, salvo nos casos em que a lei a excepcionou. A cláusula de renúncia a alimentos, constante em acordo de separação ou divórcio, é válida e eficaz, não permitindo ao cônjuge que renunciou a pretensão de ser pensionado ou voltar a pleitear o encargo. Ressalta o firme entendimento do Superior Tribunal de Justiça da irrenunciabilidade dos alimentos apenas entre os parentes, citando diversos julgados, inclusive em 12-5-2003 (REsp 226.330), e concluiu que a carência de ação é manifesta, porque aos alimentos, ora pleiteados, o ex-cônjuge expressamente renunciou em acordo homologado na separação judicial do casal, impondo o reconhecimento de sua ilegitimidade ativa para postular o que anteriormente renunciara. Ao final, julgou o ex-cônjuge carecedor da ação e extinguiu o processo sem julgamento do mérito, nos termos do art. 267, VI, do CPC. Consta na ementa que:

> Direito civil e processual civil. Família. Recurso especial. Separação judicial. Acordo homologado. Cláusula de renúncia a alimentos. Posterior ajuizamento de ação de alimentos por ex-cônjuge. Carência de ação. Ilegitimidade ativa.

---

[98] DIAS, Maria Berenice. *Manual de direito das famílias*. 13. ed., cit., p. 778-779.

> – A cláusula de renúncia a alimentos, constante em acordo de separação devidamente homologado, é válida e eficaz, não permitindo ao ex-cônjuge que renunciou, a pretensão de ser pensionado ou voltar a pleitear o encargo.
>
> – Deve ser reconhecida a carência da ação, por ilegitimidade ativa do ex-cônjuge para postular em juízo o que anteriormente renunciara expressamente[99].

O Superior Tribunal de Justiça, em outro julgado, já sinalizou que a irrenunciabilidade se aplica somente aos alimentos oriundos do parentesco, não contemplando os cônjuges e companheiros. Novamente, nesse sentido:

> União estável. Dissolução. Se no momento da separação há dispensa quanto à prestação alimentícia sem nenhuma ressalva quanto a essa parcela, não pode um dos ex-companheiros, posteriormente, postular alimentos, dado que já definitivamente dissolvido qualquer vínculo existente entre eles[100].

Na III Jornada de Direito Civil do Conselho da Justiça Federal, foi aprovado o Enunciado 263, que dispõe:

> Enunciado 263. Art. 1.707: O art. 1.707 do Código Civil não impede seja reconhecida válida e eficaz a renúncia manifestada por ocasião do divórcio (direto ou indireto) ou da dissolução da "união estável". A irrenunciabilidade do direito a alimentos somente é admitida enquanto subsista vínculo de Direito de Família.

A doutrina e a jurisprudência são praticamente unânimes em reconhecer que a renúncia aos alimentos é válida após o divórcio, posto que rompeu o vínculo do casamento e a fonte do direito alimentar. O Tribunal de Justiça do Rio de Janeiro decidiu que não subsiste o encargo alimentar quando rompido o vínculo matrimonial pelo divórcio, salvo se fixado em sentença ou acordo. Com o divórcio, extinguem-se os efeitos jurídicos do casamento, entre eles a obrigação de mútua assistência. Após, não pode o ex-cônjuge pretender receber alimentos do outro, quando a tanto renunciara no divórcio devidamente homologado[101]. O Superior Tribunal de Justiça já pacificou

---

[99] STJ, 3ª Turma, REsp 701.902/SP, Rel. Min. Nancy Andrighi, j. 15-9-2005.

[100] STJ, 4ª Turma, REsp 674.233, Rel. Min. Fernando Gonçalves, j. 12-4-2005.

[101] TJRJ, 7ª CC, AC 2006.001.15495/2006, Rel. Des. Maria Henriqueta Lobo, j. 29-8-2006.

o entendimento com precedentes da 2ª seção, no sentido de que "após a homologação do divórcio, não se pode o ex-cônjuge pleitear alimentos de deles, desistiu expressamente por ocasião do acordo de separação consensual"[102].

A renúncia aos alimentos por ocasião da cessação da união estável também se aplica as mesmas regras do casamento, sendo válida a renúncia..

O Superior Tribunal de Justiça, em julgado mais recente, citando precedentes (REsp 701.902/RS e REsp 70.630), reitera que a Corte vem sustentando a possibilidade de renúncia de alimentos entre cônjuges e companheiros, sob o fundamento de que a irrenunciabilidade de que tratam o art. 404 do Código Civil de 1916, que alicerçou a Súmula n. 379 do STF, e o art. 1.707, 1ª parte, do Código Civil de 2012, é a que versa acerca dos alimentos fundados no parentesco, estes irrenunciáveis. No julgamento foi reconhecida carência de ação da ex-companheira para propor ação de alimentos após renunciá-los por escritura pública. Consta no voto do Ministro Sidnei Beneti que:

> Ademais, mesmo no caso de desfazimento do casamento formalmente celebrado não haveria direito de exigir alimentos por parte de quem a eles expressamente renuncie em acordo de separação nutrido pelo equilíbrio e pela razoabilidade da cisão patrimonial. Com muito mais razão não gerará esse direito no caso de união estável, que a lei torna equivalente ao casamento em vários aspectos, sem, contudo, tecnicamente, transformá-la em casamento [...][103].

Ressalta-se, todavia, a exigência de cláusula expressa de renúncia por ocasião da separação, pois a ausência "não importa em ato abdicativo do ato"[104]. O STJ já decidiu que "não há que falar-se em renúncia do direito aos alimentos ante a simples inércia de seu exercício, porquanto o ato abdicativo do direito deve ser expresso e inequívoco". Assim, existindo necessidade e ausente renúncia expressa, em razão do dever da mútua assistência pode ser requerida posteriormente[105].

---

102 STJ, AgRg no Ag 1.044.922/SP, Rel. Min. Raul Araújo, j. 22-6-2010.

103 STJ, REsp 1.143.762/SP, Rel. Min. Nancy Andrighi, Rel. p/ acórdão Min. Massami Uyeda, j. 22-5-2012.

104 ROSA, Conrado Paulino da. *Curso de direito de família contemporâneo*. 4. ed., cit., p. 476.

105 STJ, REsp 1.073.052/SC, Rel. Min. Marco Buzzi, j. 11-6-2013.

Conclui-se, assim, que são irrenunciáveis os alimentos devidos entre os parentes e que é válida a renúncia entre cônjuges e companheiros, desde que haja ato abdicativo expresso.

Extinto o casamento pelo divórcio e, consequentemente, o direito a alimentos, não é plausível que após dissolver formalmente a união estável o ex-companheiro possa pleitear alimentos. A jurisprudência já decidiu que a ex-companheira, separada há mais de três anos, e com dissolução formal da união estável, onde não ficou ajustada obrigação alimentar, não tem título para reclamar pensão alimentícia, já que a ruptura efetiva da união estável se equipara ao divórcio[106].

O rompimento da sociedade conjugal e a renúncia aos alimentos, entretanto, não produz efeitos para *fins previdenciários* (pensão por morte), possibilitando ao ex-cônjuge que renunciou, comprovando a necessidade, o direito de pleitear e ratear em partes iguais com outros pensionistas. Consta na Súmula n. 336 do STJ que:

> Súmula n. 336. A mulher que renunciou aos alimentos na separação judicial tem direito à pensão previdenciária por morte do ex-marido, comprovada a necessidade econômica superveniente.

6.4. Divisibilidade e obrigação solidária ao idoso

6.4.1. Divisibilidade da obrigação alimentar

A obrigação de alimentos não é solidária, mas divisível, não podendo o réu defender-se com a alegação de que existem outras pessoas igualmente obrigadas e aptas a fornecê-los[107], possibilitando-lhe apenas chamar os demais devedores ao processo. Existindo mais de um devedor, tendo em vista que a obrigação alimentar pode ser sucessiva ou complementar, responderá apenas pelo *quantum* a que foi obrigado, e não pela totalidade da obrigação alimentar, já que o dever não é solidário entre os codevedores, mas divisível

---

[106] TJRS, 7ª CC, AC 70009090135, Rel. Des. Sérgio Fernandes Vasconcelos Chaves, *DOERS* 15-9-2004.

[107] MONTEIRO, Washington de Barros. *Curso de direito civil* – Direito de família. 33. ed., cit., p. 303.

de acordo com as possibilidades de cada um. A solidariedade não se presume, tem que ser prevista legalmente, como ocorre excepcionalmente na obrigação alimentar devida ao idoso.

A jurisprudência e a doutrina vacilaram na discussão se a obrigação alimentar é ou não solidária, posto que podem existir diversos devedores, ainda que em graus diversos, mas pendeu-se no entendimento dominante de que a obrigação alimentar possui caráter divisível, o que foi acolhido pelo atual Código Civil, ao dispor em seu art. 1.698 que:

> Art. 1.698. Se o parente, que deve alimentos em primeiro lugar, não estiver em condições de suportar totalmente o encargo, serão chamados a concorrer os de grau imediato; sendo várias as pessoas obrigadas a prestar alimentos, todas devem concorrer na proporção dos respectivos recursos e, intentada ação contra uma delas, poderão as demais ser chamadas a ingressar a lide.

Os alimentos são fixados proporcionalmente às possibilidades dos alimentantes, podendo ser proposta contra apenas um deles, que possui a faculdade e não a obrigatoriedade de chamar os demais parentes a integrar a lide. Assim, por se tratar de ação divisível e não solidária, o neto pode ajuizar o pedido em face apenas dos avós paternos, que poderão, portanto, facultativamente, chamar ao processo os avós maternos; entretanto, os valores serão fixados proporcionalmente às condições de cada um, bem como imputar a obrigação a apenas um deles, se os demais não possuírem condições ou possuírem valores diversos.

Havendo devedores de graus diferentes, o mais próximo exclui o mais remoto apenas se possuir condições de suportar o encargo, já que o mais distante poderá ser compelido a complementar o necessário ou suportá-lo, se o mais próximo não possuir meios. Existindo parentes do mesmo grau, se a ação de alimentos for intentada contra um deles, os demais poderão ser chamados a ingressar a lide (art. 1.698 do CC) para contribuir com sua parte, distribuindo-se a dívida entre todos na proporção de seus recursos. Na sentença, o juiz rateará entre todos a soma arbitrada e proporcional às possibilidades econômicas de cada um, exceto aquele que se encontra financeiramente incapacitado e, assim, cada qual será responsável pela sua parte. Se, por acaso, algum dos obrigados suportar o encargo, satisfazendo totalmente o necessitado, não há o que exigir dos outros. Não há, portanto, solidariedade, por ser divisível a obrigação. A obrigação alimentar será solidária apenas se o credor for idoso, em razão do art. 12 da Lei n. 10.741/2003 (Estatuto do Idoso), por se tratar de norma especial, cabendo ao credor optar entre os prestadores[108].

A divisibilidade do direito alimentar ocorre com maior frequência na obrigação avoenga, quando os avós, especialmente os paternos, são chamados a complementar os alimentos fornecidos pelos pais aos filhos.

Duas questões assumem discussão relevante na doutrina e na jurisprudência: a possibilidade de ajuizamento da ação diretamente em face dos avós e a obrigatoriedade de chamamento ao processo dos avós paternos e maternos para diluir a obrigação entre eles.

O art. 1.698 do Código Civil estabelece a obrigatoriedade de os pais prestarem alimentos aos filhos, estendendo a obrigação aos avós somente na incapacidade total ou parcial dos genitores, devedores originários. Assim, a obrigação avoenga pode ser sucessiva ou complementar, de acordo com as possibilidades dos pais, que possuem a obrigação primordial de prover o sustento do filho. A ação de alimentos, em face dos avós, somente pode ser proposta quando comprovada a falta total ou parcial de recursos financeiros dos pais, restando correta a decisão que condena os avós a pensionar a neta, se estes dispõem de recursos financeiros, e o pai da menor não tem meios suficientes para cumprir a obrigação, observando o binômio possibilidade e necessidade[109].

É necessária, portanto, a comprovação da impossibilidade dos pais para ajuizamento da ação de alimentos contra os avós, posto que, se os genitores possuírem condições de arcar com a obrigação, os avós são partes ilegítimas para figurar no polo passivo, devendo ser excluídos da ação. O Superior Tribunal de Justiça decidiu que é inviável a ação de alimentos ser ajuizada diretamente contra os avós paternos, sem comprovação de que o devedor originário esteja impossibilitado de cumprir com o seu dever, já que a responsabilidade de os avós pagarem pensão alimentícia aos netos decorre da incapacidade de o pai cumprir com sua obrigação[110]. Decidiu ainda que:

---

[108] DINIZ, Maria Helena. *Curso de direito civil brasileiro* – Direito de família. 22. ed., cit., p. 558-560.

[109] TJMG, 3ª CC, AC 000.259.838-1/00, Rel. Des. Kildare Carvalho, j. 24-10-2002.

[110] STJ, 3ª Turma, HC 38.314/MS, Rel. Min. Antônio de Pádua Ribeiro, j. 22-2-2005.

CIVIL. PROCESSUAL CIVIL. RECURSO ESPECIAL. OBRIGAÇÃO ALIMENTAR AVOENGA. PRESSUPOSTOS. POSSIBILIDADES DO ALIMENTANTE. ÔNUS DA PROVA.

1. Apenas na impossibilidade de os genitores prestarem alimentos, serão os parentes mais remotos demandados, estendendo-se a obrigação alimentar, na hipótese, para os ascendentes mais próximos.

2. O desemprego do alimentante primário genitor ou sua falta confirmam o desamparo do alimentado e a necessidade de socorro ao ascendente de grau imediato, fatos que autorizam o ajuizamento da ação de alimentos diretamente contra este.

3. O mero inadimplemento da obrigação alimentar, por parte do genitor, sem que se demonstre sua impossibilidade de prestar os alimentos, não faculta ao alimentado pleitear alimentos diretamente aos avós.

4. Na hipótese, exige-se o prévio esgotamento dos meios processuais disponíveis para obrigar o alimentante primário a cumprir sua obrigação, inclusive com o uso da coação extrema preconizada no art. 733 do CPC.

5. Fixado pelo Tribunal de origem que a avó demonstrou, em contestação, a impossibilidade de prestar os alimentos subsidiariamente, inviável o recurso especial, no particular, pelo óbice da Súmula 7/STJ.

6. Recurso não provido[111].

Nada impede que o filho, já alimentado pelo pai, reclame complementação aos avós, entretanto, o ajuizamento de ação de alimentos anterior em face do genitor é indispensável para o pedido complementar contra os avós, se não existir prova pré-constituída, tendo em vista a demonstração da possibilidade insuficiente de devedor originário em suprir as necessidades do alimentado, sendo impossível a propositura de ação diretamente contra os avós paternos, sem prova da incapacidade do pai.

A outra questão que tem demandado discussões na doutrina e jurisprudência é se a obrigação avoenga deve ser obrigatoriamente diluída ou dividida entre os avós paternos e maternos, ou se pode ser ajuizada em face de qualquer deles, facultando a escolha ao credor.

---

[111] STJ, REsp 1.211.314/SP, Rel. Min. Nancy Andrighi, j. 15-9-2011.

Maria Helena Diniz leciona que, na obrigação alimentar, não se pode afirmar que o mais próximo exclui o mais remoto, pois mesmo existindo um parente mais chegado, o mais distante pode ser compelido a prestar os alimentos ou apenas complementá-los, se o devedor originário não possuir condições ou for insuficiente, podendo haver um rateio proporcional sucessivo e não solidariedade entre os parentes. Existindo parentes obrigados de grau diverso (avô e irmão, pai e avô), só respondem conforme a ordem legal, se os alimentos forem sucessivos (arts. 1.696 e 1.697 do CC) ou em caráter complementar. Nada impede o cumprimento da obrigação por concurso entre os parentes do mesmo grau (avós, pais, irmãos), contribuindo cada um de acordo com suas possibilidades, permitindo a qualquer deles, se for acionado individualmente, chamar os demais, na contestação, para integrar a lide e distribuir a obrigação na proporção de seus recursos. Apesar de a obrigação alimentar ter por característica a não solidariedade, ter-se-á excepcionalmente chamamento à lide dos coobrigados em razão da norma adjetiva do art. 1.698 do Código Civil (mais recente que o art. 77 do CPC). Trata-se, na verdade, de *litisconsórcio passivo facultativo ulterior simples*, uma nova intervenção de terceiros, *sui generis*, não previsto na lei processual, permitindo ao juiz, na sentença, fixar os alimentos e ratear entre todos, de acordo com as possibilidades econômicas de cada um, excluindo os que não possuírem capacidade[112].

O Superior Tribunal de Justiça tem decidido (REsp 401.484) que a responsabilidade dos avós quanto aos alimentos deve ser diluída entre todos eles, pois podem ser instados a pagar alimentos aos netos por obrigação própria, complementar ou sucessiva, mas não solidária. A obrigação de prestá-los se dilui entre todos os avós, paternos e maternos, associada, na obrigação complementar, à responsabilidade primária de o pai alimentar os seus filhos. Não é só porque o pai deixa de adimplir a obrigação devida aos seus filhos que, sobre os avós paternos, deve recair a responsabilidade pelo seu cumprimento integral, devendo a pensão ser reduzida para 50% do valor que foi arbitrado[113].

---

[112] DINIZ, Maria Helena. *Curso de direito civil brasileiro* – Direito de família. 22. ed., cit., p. 558-559.

[113] STJ, 4ª Turma, REsp 401.484/PB, Rel. Min. Fernando Gonçalves, j. 20-10-2003 e REsp 366.837/RJ, Rel. p/ acórdão Min. Cesar Asfor Rocha, j. 22-9-2003.

Frustrada a obrigação alimentar, originária dos pais, a obrigação subsidiária deve ser diluída entre os avós paternos e maternos na mesma medida de seus recursos, diante de sua divisibilidade e possibilidade de fracionamento, possuindo o demandado o direito de chamar ao processo os corresponsáveis da obrigação alimentar para cada um contribuir com as suas possibilidades financeiras. A necessidade alimentar não deve ser pautada por quem paga, mas, sim, por quem recebe, representando para o alimentado maior provisionamento tantos quantos coobrigados houver no polo passivo da demanda, ou seja, existindo maior número de alimentantes no polo passivo, maior as possibilidades de atenderem a contento as necessidades de quem recebe. Na decisão citada, fundamentou o Ministro Fernando Gonçalves que, na vigência do Código Civil de 1916, o Superior Tribunal de Justiça pacificou o entendimento de que, na ação proposta pelos netos contra o avô paterno, seria dispensável a citação dos maternos, por não se tratar de litisconsórcio necessário, mas, sim, facultativo impróprio. No Código atual, apesar de que uma interpretação literal do art. 1.698 parece conceder uma faculdade do autor de escolher os avós paternos ou maternos, uma melhor exegese também leva ao entendimento de que a obrigação subsidiária deve ser diluída entre os avós paternos e maternos na medida de seus recursos, diante de sua divisibilidade e possibilidade de fracionamento, tratando-se na hipótese de *litisconsórcio obrigatório simples*, determinando-se a citação dos avós maternos se requerida pelos avós paternos.

Newton Teixeira de Carvalho leciona que, tratando-se de alimentos, não há falar em solidariedade nem indivisibilidade desta obrigação, sendo desnecessária a formação de litisconsórcio passivo necessário e muito menos em denunciação à lide, não se permitindo, portanto, aos réus alimentantes pretender chamar os coobrigados para integrar a lide no polo passivo da ação, sendo esta uma faculdade exclusiva do autor alimentando. Ressalta, entretanto, que o conteúdo processual do art. 1.698 do Código Civil admitiu uma nova modalidade de chamamento ao processo, além das três outras, já previstas no art. 77 do Código de Processo Civil, tratando-se de mera faculdade a ser exercida ou não pela parte requerida em uma ação de alimentos, com a convocação dos demais parentes, também responsáveis pelo pagamento de tais verbas. Assim, ajuizada ação de alimentos exclusivamente contra os avós paternos, requerendo alimentos sucessivos ou complementares, estes podem chamar ao processo os avós maternos[114], tratando-se de mera faculdade.

Diante da disposição do art. 1.698 do Código Civil, é inquestionável a conclusão de que o chamamento ao processo na ação de alimentos, existindo mais de um coobrigado no mesmo grau, especialmente os avós, por ser a hipótese mais comum, é facultativa entre as partes e não obrigatória, não se tratando de litisconsórcio passivo necessário, mas de uma nova modalidade de chamamento ao processo. Assim, faculta-se ao autor alimentando ajuizar a ação em face de todos os devedores coobrigados e diluir a obrigação entre eles para atender suas necessidades ou apenas em face de um deles, sujeitando-se, nesta hipótese, às possibilidades do alimentante devedor.

Da mesma forma, faculta-se ao requerido suportar a ação somente contra si e arcar com os alimentos, observando o binômio possibilidade e necessidade na fixação ou, na contestação, requerer o chamamento ao processo dos demais coobrigados, ou seja, se ajuizar a ação somente contra o avô paterno este pode chamar a avó paterna e avós maternos, para diluir a obrigação entre todos, proporcionalmente às possibilidades de cada um, excluindo apenas aqueles que não possuem condições de contribuir sem comprometer o próprio sustento. Os alimentos, portanto, não serão fixados na proporção de 50% para os avós paternos e 50% para os avós maternos, ou, ainda, 25% para cada um, mas de acordo com as possibilidades econômicas individuais, podendo, por exemplo, ser fixado em 90% para o avô materno e 10% para a avó paterna, se os demais não possuírem recursos, observando, sempre, o caso concreto.

6.4.2. Obrigação alimentar solidária ao idoso

A solidariedade, prevista no Estatuto do Idoso (art. 12), ao dispor que "a obrigação alimentar é solidária, podendo o idoso optar entre os prestadores", tem provocado discussões por contrariar as características do direito alimentar de tratamento diferenciado entre os necessitados, notadamente entre idosos e menores, que merecem proteção especial, atentando ao princípio da isonomia. Maria Berenice ressalta que, mesmo que tenha a obrigação

---

[114] CARVALHO, Newton Teixeira. Principais inovações processuais no NCCB no direito de família. In: PEREIRA, Rodrigo da Cunha (Coord.). *Anais do IV Congresso Brasileiro de Direito de Família*. Belo Horizonte: Del Rey, 2004. p. 484-488.

alimentar se tornado solidária aos idosos e se estendido a crianças e adolescentes também sujeitos à proteção integral, não há como invocar todos os dispositivos da lei civil que regem a solidariedade passiva e afastar os critérios da proporcionalidade e da sucessividade na escolha dos alimentantes, devendo ser individualizado o cargo de cada um deles. A divisibilidade do dever de alimentos não desconfigura a natureza solidária, que tem intuito de não deixar desatendido o necessitado[115].

A Lei n. 10.741/2003, ao determinar que *os alimentos serão prestados ao idoso na forma da lei civil*, impondo-se a observância dos princípios do direito alimentar e a ordem de preferência, não obriga ao idoso obedecer os critérios dos alimentos comuns na sucessividade na escolha do devedor. O Superior Tribunal de Justiça já decidiu que a Lei n. 10.741/2003, por sua natureza especial, prevalece sobre as disposições específicas do Código Civil, atribuindo natureza solidária à obrigação de prestar alimentos quando os credores forem idosos, garantindo-lhes a opção entre os credores e assegurando a celeridade no processo, impedindo intervenção de outros eventuais devedores de alimentos. Assim, ajuizada ação de alimentos pelo idoso em face de um dos filhos, o Estatuto do Idoso, cumprindo política pública (art. 3º), impede o chamamento de outros filhos para integrar a lide, priorizando a celeridade ao processo. Consta na ementa que:

> Direito civil e processo civil. Ação de alimentos proposta pelos pais idosos em face de um dos filhos. Chamamento da outra filha para integrar a lide. Definição da natureza solidária da obrigação de prestar alimentos à luz do Estatuto do Idoso.
>
> – A doutrina é uníssona, sob o prisma do Código Civil, em afirmar que o dever de prestar alimentos recíprocos entre pais e filhos não tem natureza solidária, porque é conjunta.
>
> – A Lei 10.741/2003 atribuiu natureza solidária à obrigação de prestar alimentos quando os credores forem idosos, que por força da sua natureza especial prevalece sobre as disposições específicas do Código Civil.
>
> – O Estatuto do Idoso, cumprindo política pública (art. 3º), assegura celeridade no processo, impedindo intervenção de outros eventuais devedores de alimentos.

---

[115] DIAS, Maria Berenice. *Manual de direito das famílias*, 13. ed., cit., p. 769-770.

– A solidariedade da obrigação alimentar devida ao idoso lhe garante a opção entre os prestadores (art. 12)[116].

No voto, a relatora ressaltou que nos alimentos devidos aos idosos mudou a natureza da obrigação alimentícia conjunta para solidária, pois o objetivo é acelerar o processo e evitar discussões e ingresso na ação dos demais devedores para figurarem no polo passivo. Assim, com fundamento no princípio da proteção do idoso, das pessoas com sessenta anos ou mais, pode o credor demandar qualquer um dos devedores, sem observar a ordem da sucessividade, requerendo o pagamento integral dos alimentos de que necessita.

Rolf Madaleno ressalta que, diante da urgência no deferimento dos alimentos devidos ao ancião, a lei criou uma exceção à regra geral da divisibilidade alimentar, vinculando como devedor qualquer parente, de qualquer classe, bem como o cônjuge ou companheiro, elegendo um ou mais devedores, que possuam mais condições de adimplir os alimentos. A solidariedade é decorrente da lei ou da vontade das partes (art. 265, CC), mas autoriza aquele que quitou a obrigação exigir dos codevedores a sua quota, nos termos do art. 283 do Código Civil[117]. Acrescenta que:

> O direito de regresso está condicionado à possibilidade de cada um dos demais devedores solidários, persistindo entre os coobrigados a regra da proximidade do vínculo de parentesco, no sentido de o direito de regresso autorizar o devedor que satisfez a dívida alimentar do idoso alimentando ser ressarcido pelo cônjuge ou companheiro do idoso, ou por seus parentes mais próximos em grau, sendo solidários os do mesmo grau, já que os parentes de graus mais afastados podem invocar a regra da proximidade para arredarem a sua responsabilidade alimentar[118].

Cumpre ressaltar, portanto, que o devedor que satisfaz o pagamento dos alimentos por inteiro, pode acionar os demais parentes coobrigados em

---

116 STJ, REsp 775.565/SP, Rel. Min. Nancy Andrighi, j. 13-6-2006.

117 "Art. 283. O devedor que satisfez a dívida por inteiro tem direito a exigir de cada um dos codevedores a sua quota, dividindo-se igualmente por todos a do insolvente, se o houver, presumindo-se iguais, no débito, as partes de todos os codevedores."

118 MADALENO, Rolf. Curso de direito de família, cit., p. 884-885.

procedimento próprio (art. 283, CC), para exigir dos codevedores, proporcionalmente às suas condições econômicas, a ressarcir os pagamentos dos alimentos.

6.5. Direito personalíssimo

O direito a alimentos é personalíssimo, vinculado a um direito da personalidade, tendente a assegurar a subsistência e a integridade física do ser humano. O direito personalíssimo é a característica fundamental dos alimentos, da qual decorrem as demais. Visando preservar a vida do indivíduo, considera-se direito pessoal, no sentido de que a sua titularidade não passa a outrem por negócio jurídico ou fato jurídico[119], tratando-se de direito à vida, tem o objetivo de assegurar a subsistência do ser humano, resultando as características da indisponibilidade e a intransferência.

6.6. Indisponibilidade do direito

Da mesma forma, os direitos a alimentos são intransacionáveis, por serem indisponíveis (art. 841 do CC). Apenas o *quantum* das parcelas vencidas ou vincendas são transigíveis, mas não o direito, por não se tratar de direito patrimonial. Tratando-se de prestações vencidas, o *quantum* é considerado dívida de valor, direito patrimonial, permitindo composição entre as partes, comum nas execuções de alimentos, inclusive com redução de valor ou parcelamento do débito.

6.7. Direito intransferível ou incessível

É intransferível ou incessível, pois o crédito não pode ser cedido a outrem, restringindo-se entre o titular e o devedor, em face do caráter personalíssimo da obrigação (art. 1.707, parte final, do CC). Não pode ser cedido o direito em razão da natureza personalíssima dos alimentos, entretanto, o crédito que se constituir em razão de prestação vencida é considerado um crédito comum, já integrado ao patrimônio do alimentado, podendo, portanto, ser objeto de cessão (art. 286 do CC)[120].

---

[119] CAHALI, Yussef Said. *Dos alimentos*. 3. ed. São Paulo: Saraiva, 1998. p. 50-51.

[120] GONÇALVES, Carlos Roberto. *Direito civil brasileiro* – Direito de família, cit., p. 459.

6.8. Obrigação incompensável

A obrigação alimentar é incompensável posto que destinada à subsistência. O devedor não pode compensar dívida do alimentado, sob pena de comprometer seus meios de sobrevivência (arts. 373, II, e 1.707, parte final, CC), privando-o dos recursos indispensáveis e condenando-o a inevitável perecimento. A compensação é o modo de extinguir a obrigação, quando uma pessoa for devedora e ao mesmo tempo credora da outra. A tutela da inviolabilidade dos alimentos, entretanto, diverge-se até mesmo contra o alimentando, que está impedido de efetuar compensação das dívidas e obrigações com o alimentante, porque não se compensa dívida de natureza econômica com dívida de natureza existencial[121]. A dívida, todavia, deve ser estranha à obrigação alimentar, pois na hipótese de o credor receber valores superiores às parcelas fixadas na prestação alimentícia deve, desde que não comprometa a subsistência, ter permissão para deduzir o valor nas prestações vincendas, sob pena de enriquecimento sem causa.

O Superior Tribunal de Justiça já firmou teses no sentido de que "os valores pagos a título de alimentos são insuscetíveis de compensação, salvo quando configurado o enriquecimento sem causa do alimentando" (tese 13 – edição n. 77) e ainda que "não é possível a compensação dos alimentos fixados em pecúnia com parcelas pagas *in natura* (tese 16 – edição n. 65)[122].

6.9. Impenhorabilidade

Pelo mesmo fundamento, destinando-se a prover a mantença do alimentado, a prestação alimentar não responde por suas dívidas, restando impenhoráveis (art. 1.707, parte final, do CC). A impenhorabilidade tem por fim obter a finalidade natural do direito a alimentos, que é a subsistência da pessoa, essencial para sua existência, excluindo, portanto, dos valores ou bens sujeitos à penhora.

6.10. Intransmissibilidade do credor

O direito a alimentos é intransmissível, extinguindo-se a obrigação com o falecimento do alimentado, não podendo seus herdeiros, nesta

[121] LÔBO, Paulo. *Direito civil. Famílias*, cit., p. 348-349.

[122] STJ, *Jurisprudência em Teses* – Edições n. 65 e 77. Disponível em: <www.stj.jus.br/jurisprudências>. Acesso em: 28-1-2020.

qualidade, demandar do primitivo devedor a continuidade da prestação alimentar. Na hipótese de os herdeiros do credor necessitarem de alimentos, devem requerê-los, por direito próprio, como parentes, não como sucessores do falecido, da pessoa que seja obrigada a prestá-los[123].

6.11. Transmissibilidade da obrigação alimentar aos herdeiros

Como já visto, a obrigação de prestar alimentos é um dever jurídico e direito personalíssimo, tanto que o Código Civil de 1916, no art. 402, dispunha "que a obrigação de prestar alimentos não se transmite aos herdeiros do devedor", que respondia apenas pelas prestações vencidas até a data da morte. O art. 23 da Lei do Divórcio, entretanto, inovou ao estabelecer que "a obrigação de prestar alimentos transmite-se aos herdeiros do devedor, na forma do art. 1.796 do Código Civil" (de 1916), ou seja, remetia a obrigação até o limite da herança.

Ocorreu grande discussão jurídica na ocasião, em razão da celeuma criada pelo art. 23 da Lei n. 6.515/1977, entendendo alguns que esta regra se aplicava apenas aos cônjuges, mas prevaleceu a posição da generalidade, isto é, aplicava-se também aos alimentos devidos em razão do parentesco.

O Código Civil de 2002 regulou a transmissão dos alimentos de maneira diversa do anterior, acolhendo a transmissão da obrigação aos herdeiros do devedor, ao dispor no art. 1.700 que:

> Art. 1.700. A obrigação de prestar alimentos transmite-se aos herdeiros do devedor na forma do art. 1694.

O art. 1.694 estabelece o direito recíproco de alimentos entre os parentes, cônjuges e companheiros, autorizando uns pedirem aos outros de acordo com a necessidade e a possibilidade.

O atual Código Civil, ao estabelecer a transmissão, não se refere ao artigo correspondente ao 1.716 do Código revogado (que determina que os herdeiros não respondem por encargos superiores às forças da herança) como fez o art. 23 da Lei do Divórcio, mas ao artigo que indica as pessoas obrigadas a prestar alimentos.

---

[123] CAHALI, Yussef Said. *Dos alimentos*, cit., 3. ed. p. 53.

Ocorre que o direito de família não pode ser interpretado isoladamente, mas em conjunto com o direito sucessório, somando seus princípios, entre eles que "os herdeiros não respondem por encargos superiores à força da herança" (art. 1.792 do CC), "a herança responde pelas dívidas do falecido e os herdeiros, ultimada a partilha, apenas até a proporção que lhes coube na herança" (art. 1.997 do CC) e "os credores só podem pedir o pagamento das dívidas nos limites das forças da herança" (art. 1.821 do CC).

Assim, é fácil concluir que os alimentos devidos pelo falecido se transmitem aos seus herdeiros, desde que existam bens suportáveis pela herança e até os seus limites, sob pena, por exemplo, da segunda mulher herdeira do marido, ter de continuar pagando alimentos à primeira mulher a quem o falecido devia, mesmo não recebendo bens suficientes.

No mesmo sentido, foi a conclusão do Conselho da Justiça Federal, na IV Jornada de Direito Civil, 2006, dispondo que "a transmissibilidade da obrigação alimentar é limitada às forças da herança" (Enunciado 343).

Se o devedor não deixou bens, não existe transmissão, até porque, se não deixou bens, não há herança e, consequentemente, herdeiros. Na ausência de herdeiros, não existe como exigir a continuação do pagamento de alimentos. O direito a alimentos e a obrigação alimentar possuem caráter personalíssimo, não contrariado pelo Código Civil. Fundam-se exclusivamente na relação pessoal, portanto, apenas a obrigação de prestar alimentos, na verdade, o dever de prestá-la, transmite-se aos herdeiros do devedor, mas no limite das forças da herança, pois não é possível a transmissão da condição própria, personalíssima, de alimentário e alimentante[124].

Da mesma forma, se o credor também for herdeiro e a herança for suficiente para atender suas necessidades, extingue-se a obrigação; caso contrário, se ainda necessitar, os herdeiros devem complementar até os limites da herança.

Nada impede, por óbvio, que se o pensionado for parente dos herdeiros, independentemente das forças da herança, por obrigação de caráter pessoal, requeira alimentos, como o avô que recebia alimentos do filho, com sua morte, requerer alimentos aos netos, a despeito da existência de herança.

---

124 ALMEIDA, Renata Barbosa de; RODRIGUES JÚNIOR, Walsir Edson. *Direito civil*: Famílias, cit., p. 398.

Em boa análise, portanto, a obrigação não se transfere aos herdeiros do devedor morto, mas ao patrimônio deixado, ou seja, vinculados não são propriamente os herdeiros, mas os bens da herança. Não é lícito o devedor de alimentos transmitir seu patrimônio aos herdeiros, fraudando aos credores de alimentos, pois a morte não pode extinguir a obrigação pessoal, se o patrimônio lhe sobrevive.

A celeuma, entretanto, continua no que se refere ao alcance da transmissão, surgindo, pelo menos, três correntes doutrinárias.

A *primeira corrente* conclui que a obrigação alimentar é vinculada ao patrimônio do falecido, por se tratar de obrigação pessoal, sendo devida enquanto a herança suportar o encargo ou o devedor não mais necessitar, devendo a obrigação ser garantida em pecúlio fixado pelo juiz, imóveis ou suas rendas. Para esta corrente, a transmissão da obrigação de prestar alimentos deve ser de maneira ampla, limitada apenas às forças da herança, inclusive na hipótese de que a pessoa obrigada cumpria a prestação por vontade própria. Após a partilha dos bens, os herdeiros só responderão nos limites dos benefícios sucessórios transmitidos, sugerindo-se a constituição de capital, com valores deixados pelo autor da herança, cuja renda assegure o pagamento da prestação alimentar[125].

O Tribunal de Justiça do Rio Grande do Sul já decidiu que o art. 1.700 do Código Civil tornou inquestionável a transmissibilidade da obrigação alimentar, abrangendo as parcelas que vençam inclusive após o óbito do devedor, ao referir-se à *obrigação* e não a *dívidas*, sob pena de tornar a regra inteiramente vazia, posto que o art. 1.997 já torna o espólio responsável pelo pagamento das dívidas do falecido[126]. Assim, com a morte do alimentante, a obrigação de prestar alimentos transmite ao espólio até o limite das forças da herança[127].

A *segunda corrente*, que tornou-se majoritária, é no sentido de que o débito alimentar transmite-se aos herdeiros do devedor somente até a data do óbito. Com efeito, a condição personalíssima de alimentante não afasta a responsabilidade dos herdeiros pelo pagamento das prestações vencidas

---

[125] ALMEIDA, Renata Barbosa de; RODRIGUES JÚNIOR, Walsir Edson. *Direito civil*: Famílias, cit., p. 400-402.

[126] TJRS, 7ª CC, AC 7000795524, Rel. Des. Luiz Felipe Brasil Santos, j. 22-12-2004.

[127] TJRS, 8ª CC, AI 70033608522, Rel. Des. Rui Portanova, j. 30-11-2009.

até a data do óbito[128], mas o que se transmite aos herdeiros do devedor são os débitos de natureza alimentar em aberto, até a data do óbito, não a própria condição de alimentante, que é personalíssima[129]. Assim, a obrigação alimentar, por ter caráter personalíssimo, extingue-se com a morte do alimentante, não transferindo aos herdeiros. O espólio responde pelos débitos de natureza alimentar vencidos até a data do óbito, como qualquer dívida pretérita do devedor que se transmite a seus herdeiros, sem que isso signifique a transferência da própria obrigação, posto que não pode figurar na condição de alimentante, não é devedor de obrigação alimentícia. Ajuizada ação de alimentos em face do espólio ou execução por dívidas posteriores ao falecimento do devedor, resta configurada a ilegitimidade passiva, impondo-se a extinção do processo sem julgamento do mérito[130].

O Superior Tribunal de Justiça também já decidiu no mesmo sentido, ou seja, que a obrigação alimentar é personalíssima, extinguindo-se com a morte do devedor, transmitindo aos herdeiros a obrigação de pagar as prestações atrasadas até o momento do óbito e não a obrigação de prestar alimentos. A condição do alimentante, portanto, é personalíssima, não transmitindo aos herdeiros; todavia, não afasta a responsabilidade dos sucessores pelo pagamento dos débitos alimentares verificados até a data do óbito[131].

A *terceira corrente*, além das duas correntes já citadas, admitindo, a primeira, a transmissão da obrigação alimentar, após a morte do devedor, ao patrimônio deixado, garantido nos bens da herança, e a segunda limitando a obrigação alimentar em razão de seu caráter personalíssimo até a data do óbito do devedor, transmitindo aos herdeiros a obrigação de pagar apenas os débitos vencidos, acolhe a transmissão da obrigação alimentar até a partilha dos bens, quando se extingue o espólio.

A partilha é a repartição ou distribuição dos bens do falecido, fixando o momento em que o acervo deixa de ser uma coisa comum e se transforma em coisas particulares dos herdeiros. É o ponto culminante da liquidação da herança, pondo termo ao estado de indivisão, discriminando e especificando os quinhões hereditários[132].

---

[128] TJMG, 4ª CC, AC 1.0024.03.000922-9/001, Rel. Des. Almeida Melo, j. 28-2-2008.

[129] TJMG, 4ª CC, AC 1.0000.00.215605-7/000, Rel. Des. Bady Curi, j. 4-9-2003.

[130] TJMG, 7ª CC, AC 1.0024.04.461749-2/001, Rel. Des. Wander Marotta, j. 11-7-2007.

[131] STJ, 3ª Turma, REsp 64.112/SC, Rel. Min. Antonio de Pádua Ribeiro, j. 16-5-2002.

[132] CARVALHO, Dimas Messias de; CARVALHO, Dimas Daniel. *Direito das sucessões – inventário e partilha*. 3. ed. cit., p. 291.

O espólio somente se extingue com o julgamento da partilha, momento em que o direito de cada herdeiro fica circunscrito aos bens do seu quinhão (art. 2.023 do CC), sendo que até este momento, a administração da herança será exercida pelo inventariante (art. 1.991 do CC). Assim, para essa corrente, melhor exegese dos arts. 1.700 e 2.023 do Código Civil levam à conclusão de que a obrigação alimentar é transmitida aos herdeiros do alimentante, circunscrita aos bens do espólio, somente até o momento da partilha, ocasião em que se extingue o espólio, passando os bens da herança ou acervo hereditário, a serem particulares dos herdeiros, afastando-se da administração do inventariante.

Extingue-se, portanto, ao mesmo tempo, a herança e a obrigação alimentar imposta aos herdeiros até o limite da herança. Não se transmite direito personalíssimo, mas a obrigação aos sucessores de honrar dever do titular do patrimônio, enquanto comum os bens e existente o espólio.

Mesmo o alimentando na condição de herdeiro, se não possuir, com a morte do alimentante e consequente abertura da sucessão, os frutos e administração dos bens, que só ocorrem com a partilha, possui direito de receber os alimentos do espólio para sua subsistência até ser concluído o inventário, efetuando-se o pagamento dos quinhões aos herdeiros.

A possibilidade de transmissão da obrigação alimentar ao espólio, em face do art. 1.700 do Código Civil, também já foi acolhida pelo Superior Tribunal de Justiça, ao decidir que, enquanto não for encerrado o inventário e pagas as quotas devidas aos sucessores, o espólio tem a obrigação de prestar os alimentos devidos pelo falecido àquele a quem devia, mesmo vencidos após a sua morte. O alimentando e presumível herdeiro não pode ficar sem condições de subsistência no decorrer do processo[133].

Assim o Superior Tribunal de Justiça já decidiu, portanto, a transmissibilidade da obrigação de pagar os alimentos que o autor da herança devia, mesmo que vencidos após a morte e o alimentando ser herdeiro, a fim de suprir sua subsistência no decorrer do processo de inventário[134]. No mesmo sentido:

---

[133] STJ, 2ª Turma, REsp 219.199/PB, Rel. Min. Ruy Rosado de Aguiar, Rel. p/ acórdão Min. Fernando Gonçalves, j. 10-12-2003.

[134] STJ, 3ª Turma, AgRg 1.040.969/RJ, Rel. Min. Massami Uyeda, j. 23-9-2008.

HABEAS CORPUS. DIREITO DE FAMÍLIA. ALIMENTOS. EXECUÇÃO. ESPÓLIO. RITO DO ART. 733 DO CPC. DESCUMPRIMENTO. PRISÃO CIVIL DO INVENTARIANTE. IMPOSSIBILIDADE.

1. Malgrado a divergência doutrinária e jurisprudencial sobre o alcance da alteração sobre o tema no âmbito do Código Civil de 2002, e apesar de sua natureza personalíssima, o fato é que previu o novo Código que "a obrigação de prestar alimentos transmite-se aos herdeiros do devedor" (art. 1.700), não podendo a massa inventariada nem os herdeiros, contudo, responder por valores superiores à força da herança, haja vista ser a dívida oriunda de obrigação pretérita do morto e não originária daqueles (arts. 1.792 e 1.997 e En. 343 do CJF)[135].

O Tribunal de Justiça de Minas Gerais, em julgamento em que foi o relator o Desembargador Wander Marotta, abordou sobre a necessidade de amparo ao alimentando menor durante a tramitação do inventário, até que se formalize a partilha e receba seu quinhão hereditário. Concluiu o julgado pelo reconhecimento da legitimidade passiva do espólio no caso concreto para cumprir obrigação preexistente e satisfazer o direito do alimentando junto aos bens da herança, até receber seu quinhão hereditário. Transcreve-se a ementa do acórdão:

> A interpretação, aplicação, bem como a produção do direito deve dar-se em consonância com a dinâmica das demandas sociais, o que especialmente se aplica ao direito de família. A meu ver, outro não foi o espírito que animou o legislador ao elaborar o texto da atual Constituição – a Constituição Cidadã –, revolucionando o direito brasileiro ao marcar sua passagem da fase positivista para a pós-positivista, em que se privilegiam os princípios enquanto amálgama que permite a sustentação e o equilíbrio entre as regras que constituem o ordenamento. Há hipóteses em que o espólio detém legitimidade passiva para figurar em ações de alimentos, como no caso da obrigação que preexistia e subsistiu ao óbito, cujo cumprimento não pode ver-se interrompido durante o curso do inventário, deixando em desamparo a alimentanda até que se formalize a partilha, momento em que receberá seu quinhão na condição de herdeira, não havendo extensão do ônus aos demais. Trocando em miúdos, tratando-se de obrigação alimentícia de

135 STJ, HC 256.793, Rel. Des. Luis Felipe Salomão, j. 1º-10-2013.

> filho menor preexistente ao falecimento do alimentante, pode o credor buscar a satisfação de seu direito junto à universalidade de bens deixada pelo de cujus até que receba a sua parcela da herança. É o que se extrai da interpretação sistêmica do ordenamento jurídico brasileiro, em especial do disposto no art. 227 da CF c/c art. 1.700 do CC. Precedentes do STJ[136].

Em novo julgado, em execução de alimentos, sob o rito do art. 732 do Código de Processo Civil de 1973, proposta por credor incapaz em face do espólio de seu pai, representado pela inventariante, patrocinada pela advogada mineira Fabíola Meijon Fadul, novamente o Superior Tribunal de Justiça acolheu o mesmo entendimento e manteve a transmissibilidade da obrigação dos alimentos fixados antes da morte do devedor, ressaltando na ementa que "o espólio tem a obrigação de continuar prestando alimentos àquele a quem o falecido devia. Isso porque o alimentado e herdeiro não pode ficar à mercê do encerramento do inventário"[137].

A interpretação do art. 1.700 do Código Civil, acolhida em diversos julgados, era portanto, a transmissibilidade da obrigação de prestar alimentos ao espólio, até pelo menos ultimar a partilha, se o alimentado também for herdeiro, e receber os bens para sua subsistência, posto que somente com a partilha fica o direito dos herdeiros circunscritos aos bens do seu quinhão, deixando o espólio de ser um todo unitário, indivisível e administrado pelo inventariante, tornando-se os quinhões bens particulares de cada herdeiro, quando não poderá ocorrer a transmissão de obrigação personalíssima. Os valores, entretanto, sujeitam-se às forças da herança.

A Corte Superior, entretanto, por maioria, modificou o entendimento em julgado na Segunda Seção, reconhecendo que *a obrigação de alimentos extingue-se com o óbito do alimentante*. Consta da ementa que:

> CIVIL. AÇÃO ORDINÁRIA. RECONHECIMENTO E DISSOLUÇÃO DE UNIÃO ESTÁVEL. CELEBRAÇÃO DE ACORDO COM FIXAÇÃO DE ALIMENTOS EM FAVOR DA EX-COMPANHEIRA. HOMOLOGAÇÃO. POSTERIOR FALECIMENTO DO ALIMENTANTE. EXTINÇÃO DA OBRIGAÇÃO PERSONALÍSSIMA DE PRESTAR ALIMENTOS. IMPOSSIBILIDADE DE TRANSMISSÃO AO ESPÓLIO.

---

[136] TJMG, 7ª CC, AC 1.0702.07.345659-3-001, Rel. Des. Wander Marotta, j. 1º-4-2008.
[137] STJ, 3ª Turma, REsp 1.010.963/MG, Rel. Min. Nancy Andrighi, j. 26-6-2008.

1. Observado que os alimentos pagos pelo *de cujus* à recorrida, ex-companheira, decorrem de acordo celebrado no momento do encerramento da união estável, a referida obrigação, de natureza personalíssima, extingue-se com o óbito do alimentante, cabendo ao espólio recolher, tão somente, eventuais débitos não quitados pelo devedor quando em vida. Fica ressalvada a irrepetibilidade das importâncias percebidas pela alimentada. Por maioria.

2. Recurso especial provido[138].

No REsp 1.354.693/SP, a Min. Nancy Andrighi votou pela possibilidade de transmissão da obrigação quando o alimentando também for herdeiro, enquanto perdurar o inventário, em caráter excepcional, em face da natureza personalíssima dos alimentos.

O STJ vem adotando essa orientação por maioria: a impossibilidade de transmissão da obrigação após o óbito do devedor, exceto se o alimentado também for herdeiro, ressalvando a possibilidade de transmissão da obrigação ao espólio apenas até a partilha, se o alimentado também for herdeiro. Com o CC/2002 (art. 1.700), o STJ entendeu que o espólio tinha o dever de continuar prestando os alimentos a que o falecido era obrigado, até a partilha dos bens. Posteriormente, no julgamento do REsp 1.354.693/SP-2014, a orientação mudou no sentido de que a obrigação se extingue com o óbito do alimentante, em razão da natureza personalíssima, com a ressalva de que a vedação não se aplica se o alimentado for herdeiro. Após o julgamento desse REsp, a 3ª e a 4ª Turmas adotaram essa ressalva, firmando a orientação de que o espólio somente deve alimentos se o alimentado também for herdeiro, e até a partilha dos bens, com o encerramento do inventário.

A ferramenta Jurisprudência em Teses, do STJ, na edição n. 77, publicou a tese n. 7, ratificando esse entendimento, com o seguinte teor:

7) A obrigação de prestar alimentos é personalíssima, intransmissível e extingue-se com o óbito do alimentante, cabendo ao espólio saldar, tão somente, os débitos alimentares preestabelecidos mediante acordo ou sentença não adimplidos pelo devedor em vida, ressalvados os casos em

[138] STJ, 2ª Seção, REsp 1.354.693/SP, Rel. Min. Maria Isabel Gallotti, j. 26-11-2014.

que o alimentado seja herdeiro, hipóteses nas quais a prestação perdurará ao longo do inventário[139].

Assim, predomina no STJ o entendimento que a obrigação alimentar se extingue com a morte do devedor, exceto se o credor for herdeiro, mantendo-se a obrigação até a partilha, se fixada anterior ao óbito.

A *transmissibilidade da obrigação alimentar* não se confunde com a *transmissão do dever jurídico de prestar alimentos*, não reconhecido antes do falecimento do autor da herança. O Superior Tribunal de Justiça decidiu que não se confundem pois "o dever jurídico é abstrato e indeterminado e a ele se contrapõe o direito subjetivo, enquanto que a obrigação é concreta e determinada e a ela se contrapõe uma prestação". Existindo uma condenação ao autor da herança antes do óbito, há obrigação de prestar alimentos que se transmite aos herdeiros. Não existindo condenação prévia à prestação alimentícia, não há de se falar em transmissão do dever jurídico alimentar, em razão do seu caráter personalíssimo e, portanto, intransmissível[140]. No mesmo sentido:

> Se a obrigação alimentar não foi constituída antes da morte do companheiro da apelante, não há falar em fixação de alimentos em face do espólio, uma vez antes que a correta interpretação do CC 1.700 é no sentido de que se transmite aos herdeiros a dívida constituída antes do falecimento do devedor, sem que isso signifique a transferência da condição de alimentante[141].

O Tribunal de Justiça mineiro também já decidiu pela ilegitimidade passiva do espólio para figurar em ação de alimentos, devendo, por consequência, ser extinto o processo nos termos dos arts. 267, I, e 295, II, do Código de Processo Civil de 1973. É necessário que a obrigação de prestar alimentos já houvesse sido instituída em desfavor do alimentante falecido, ou seja, o direito já estivesse constituído à data do óbito do alimentante[142].

---

139 STJ, *Jurisprudência em Teses* – Edição n. 77. Disponível em: <www.stj.jus.br>. Acesso em: 28-1-2020.

140 STJ, 4ª Turma, REsp 775.180/MT, Rel. Min. João Otávio de Noronha, j. 15-12-2009.

141 RJM 190/177, AP 1.0024.09.632850-5/001. Ainda: STJ, 3ª Turma, AgRg em REsp 271.410, Rel. Min. Sidnei Beneti, j. 23-4-2013.

142 "APELAÇÃO CÍVEL – AÇÃO DE ALIMENTOS – FALECIMENTO DO ALIMENTANTE – OBRIGAÇÃO PERSONALÍSSIMA – ILEGITIMIDADE PASSIVA DO ESPÓLIO – EXTINÇÃO DO PROCESSO SEM A APRECIAÇÃO DO MÉRITO.

6.12. Irrestituíveis ou irrepetíveis

Os alimentos, uma vez prestados, não há lugar, em caso algum, à restituição, ainda que provisórios ou provisionais durante a demanda ao final julgada improcedente. O alimentante não pode repetir (pedir de volta) os alimentos e o alimentando não está obrigado a devolvê-los, se indevidamente recebidos, por se tratar de prestação de dever moral[143].

Somente a partir da decisão final cessará o direito, já que o dever alimentar constitui matéria de ordem pública e só nos casos legais pode ser afastado, devendo subsistir até a decisão final em sentido contrário[144], não sendo restituíveis mesmo quando o alimentado seja vencido na ação.

Não se admite, ainda, compensação de dívidas em relação aos alimentos (art. 1.707 do CC). Yussef Said Cahali, entretanto, doutrina que o princípio da não compensação da dívida alimentar deve ser aplicado ponderadamente, para que dele não resulte eventual enriquecimento sem causa do beneficiário, nada impedindo que os valores pagos a mais sejam computados nas prestações vincendas, operando-se a compensação dos créditos[145], desde que, obviamente, a compensação não comprometa a subsistência do credor.

Bertoldo Mateus de Oliveira Filho, citando Arnoldo Wald, sustenta que a restituição pode ser buscada perante apenas ao terceiro que deverá prestá-los, quando quem os prestou não os devia, mas jamais contra o alimentado, que, por utilizá-los, não teve nenhum enriquecimento ilícito[146]. Admite-se, entretanto, pedir de volta os alimentos, se a pessoa não obrigada a pagá-los efetuar o pagamento e provar que o responsável já havia pago, por exemplo, o avô pagar prestações que se alegava atrasados ao neto e

---

1. A obrigação de prestar alimentos, em razão de seu caráter personalíssimo, é transmissível ao espólio apenas no caso do reconhecimento da dívida até a data do óbito do de cujus, e nos limites do valor da herança, sendo que, desaparecendo direitos e obrigações com a morte do sujeito, eventual direito aos alimentos deve ser pleiteado em face dos herdeiros, em razão de nova relação e vínculo familiar, desde que demonstrados os requisitos legais para a obrigação alimentícia" (TJMG, 8ª CC, AC 1.0024.08.177468-9/002, Rel. Des. Teresa Cristina da Cunha Peixoto, j. 8-3-2012).

143 LÔBO, Paulo. *Direito civil. Famílias*, cit., p. 349.

144 CAHALI, Yussef Said. *Dos alimentos*. 3. ed., cit., p. 114.

145 CAHALI, Yussef Said. *Dos alimentos*, cit., p. 117.

146 OLIVEIRA FILHO, Bertoldo Mateus de. *Alimentos e investigação de paternidade*, cit., p. 42.

depois comprovar que seu filho, responsável legal, já tinha efetuado o pagamento integral, pois, neste caso, importa enriquecimento sem causa, recebendo duas vezes os alimentos.

A possibilidade de indenização para reparação do dano àquele que pagou alimentos indevidamente, por conduta culposa ou dolosa do outro, é cabível. Pode ocorrer, por exemplo, de a mulher, ciente que determinada pessoa não é o pai de seu filho, aproveita-se de uma situação ocorrida e imputar-lhe a paternidade por ter condições de pensionar, omitindo o verdadeiro pai. Nesse caso, cabe ação de indenização em face da mulher, por ter agido maliciosamente, para reparar os alimentos que foram pagos sem, entretanto, importar repetibilidade nos alimentos.

Na hipótese dos alimentos provisionais vencidos e não pagos no curso da ação principal, não se autoriza mais serem executadas as prestações, tendo o Superior Tribunal de Justiça modificado o entendimento de que a característica de antecipação provisória da prestação jurisdicional, somada à de irrepetibilidade dos alimentos, garantem a eficácia plena da decisão concessiva dos alimentos provisionais. Do contrário, os devedores seriam incentivados ao descumprimento, aguardando o desfecho do processo principal[147]. O entendimento atual, firmado na Segunda Seção, integrada pela Terceira e Quarta Turmas, é no sentido de que a sentença retroage à data da citação, tanto na ação quanto na revisão de alimentos, resguardando apenas a irrepetibilidade dos valores já pagos e vedando a compensação dos valores já pagos nas prestações futuras[148].

6.13. Reciprocidade

Por fim, uma das características do direito alimentar é a reciprocidade entre os parentes, cônjuges e companheiros, prevista nos arts. 1.694 e 1.696, do Código Civil, dispondo o último que o direito à prestação de alimentos é recíproco. O credor de hoje pode ser devedor amanhã ou vice-versa. O pai que presta alimentos ao filho menor pode, na velhice, pedir alimentos ao filho já maior (art. 229 da CF).

No parentesco, a reciprocidade se estende por toda a linha reta (ascendente e descendente) e entre os irmãos na linha colateral.

[147] STJ, REsp 36.170-2/SP, Rel. Min. Ruy Rosado de Aguiar, *RSTJ* 63/381.
[148] STJ, EAg 1.152.842, Rel. Min. Ricardo Villas Bôas Cueva. p. 8-9-2015.

Alguns autores dividem as características do direito alimentar em *características do direito à prestação alimentícia* e *características da obrigação alimentar*, incluindo, na última, a *condicionalidade*, uma vez que só surge a relação obrigacional quando ocorrem seus pressupostos legais; *a mutabilidade do quantum da pensão alimentícia*, pois pode sofrer variações quantitativas ou qualitativas; a *reciprocidade*, pois podem reclamar uns dos outros; e a *periodicidade*, pois os pagamentos são periódicos para que possa atender as necessidades do alimentando, quinzenal ou mensal, não podendo ser pago de uma só vez[149].

7. AÇÕES QUE ENVOLVEM OBRIGAÇÃO ALIMENTAR

7.1. Ação cautelar de alimentos provisionais e tutela antecipada de urgência

O processo cautelar, que foi excluído no novo CPC, tinha por finalidade obter segurança que torne útil e possível a prestação jurisdicional de conhecimento e de execução. No caso de alimentos, tratava-se de medida específica, prevista nos arts. 852 a 854 do Código de Processo Civil de 1973, em ação preparatória ou incidental (art. 796), destinando-se a prover a subsistência e despesas do processo (art. 852, parágrafo único). Os alimentos são chamados *ad litem* e, apesar de a lei processual anterior prever nas ações de desquite (hoje separação judicial), anulação de casamento e alimentos, era cabível, ainda, nas ações de divórcio e de dissolução da união estável.

Na vigência do Código de Processo Civil de 1973 admitiam-se as medidas cautelares em pedidos satisfativos, entre eles os alimentos provisionais, separação de corpos, posse provisória dos filhos, entre outros. A partir de 1994 a medida cautelar perdeu espaço para a tutela antecipada no pedido principal, mas ainda era utilizada.

O Código de Processo Civil de 2015 extinguiu o processo cautelar, mas manteve as tutelas cautelares ao criar no Livro V a tutela provisória (arts. 294 a 311), que pode fundamentar-se na urgência ou na evidência (*vide* título 8 – Tutela de urgência na separação e no divórcio). Oportuno o escólio de Leonardo Beraldo:

---

[149] DINIZ, Maria Helena. *Curso de direito civil brasileiro* – Direito de família. 22. ed., cit., p. 550-552.

> *A tutela de urgência é gênero do qual são espécies a tutela antecipada e a tutela cautelar.* Os requisitos para seu deferimento estão no art. 300, quais sejam, a probabilidade do direito (*fumus boni iuris*) e o perigo de dano ou risco ao resultado útil do processo (*periculum in mora*)[150].

Acrescenta que:

> A tutela antecipada possui um outro requisito, que é a reversibilidade dos efeitos da decisão (§ 3º do art. 300).
>
> [...]
>
> A função dessas duas espécies de tutela de urgência continua sendo aquela mesma de antes, qual seja, a tutela antecipada tem natureza satisfativa e visa antecipar os efeitos da sentença, enquanto que a tutela cautelar tem natureza conservativa e seu escopo é garantir a efetividade e o sucesso do processo[151].

Existindo indícios da filiação comprovada a necessidade do filho sem paternidade reconhecida (art. 300, CPC), na vigência do Código de Processo Civil de 2015 é cabível a tutela de urgência antecipada de alimentos provisórios, garantindo a subsistência do necessitado, mantendo-se o posicionamento jurisprudencial da legislação anterior, conforme dispõe o art. 303, *caput*:

> Art. 303. Nos casos em que a urgência for contemporânea à propositura da ação, a petição inicial pode limitar-se ao requerimento da tutela antecipada e à indicação do pedido de tutela final, com a exposição da lide, do direito que se busca realizar e do perigo de dano ou do risco ao resultado útil do processo.

O mesmo raciocínio pode ser aplicado nas ações declaratórias da união estável.

Vislumbra-se, portanto, a possibilidade de deferimento de alimentos provisórios (ou provisionais) sem reconhecimento do vínculo de paren-

---

150 BERALDO, Leonardo de Farias. *Alimentos no Código Civil*, cit., p. 180-181.

151 BERALDO, Leonardo de Farias. *Alimentos no Código Civil*, cit., p. 180-181.

tesco, já com precedentes na jurisprudência, desde que, na tutela provisória de urgência, na ação de investigação de paternidade, demonstrem-se fortes indícios da paternidade e da carência material do autor, necessitando dos alimentos para sobreviver; presentes, portanto, a probabilidade do direito e o perigo de dano na demora.

A possibilidade de fixação dos alimentos provisórios encontra hoje amparo na Lei n. 11.804/2008, ao autorizar a fixação de alimentos gravídicos à gestante apenas com indícios da paternidade (art. 6º). Com efeito, se existe presunção de paternidade para fixar alimentos ao filho que sequer nasceu, por razão muito mais forte deve ser aplicado o princípio e fixados os alimentos provisórios, mediante tutela provisória, na ação investigatória c/c alimentos ou em tutela cautelar antecedente de alimentos ao filho já nascido, mediante indícios da paternidade. A toda evidência que a retroatividade dos alimentos à citação não socorre a necessidade atual do alimentando na propositura da ação, devendo também possibilitar, como nos gravídicos, o deferimento dos provisórios, antecipando os efeitos da sentença.

A tutela antecipada é desnecessária se a obrigação alimentar restar comprovada, em face da previsão de alimentos provisórios na ação de alimentos, no despacho da petição inicial.

7.2. Ação de alimentos

Trata-se de ação de conhecimento, de rito especial, regulada pela Lei n. 5.478/1968 e mantida pelo Código de Processo Civil de 2015, ao dispor no parágrafo único[152] do art. 693 que as ações de alimentos e as previstas no ECA observarão os procedimentos próprios, aplicando-se, no que couber, as disposições previstas para as ações de família.

Juliana Gontijo leciona que "a ação de alimentos é o mecanismo de prestação de tutela jurisdicional diferenciada. É o meio processual específico posto à disposição daquele que, por vínculo de parentesco ou conjugali-

[152] "Art. 693. As normas deste Capítulo aplicam-se aos processos contenciosos de divórcio, separação, reconhecimento e extinção de união estável, guarda, visitação e filiação. Parágrafo único. A ação de alimentos e a que versar sobre interesse de criança ou de adolescente observarão o procedimento previsto em legislação específica, aplicando-se, no que couber, as disposições deste Capítulo."

dade, tem o direito de reclamar de outrem, o pagamento de pensão alimentícia"[153].

Exige-se para sua propositura, a prova documental pré-constituída da obrigação (parentesco, casamento ou união estável), conforme determina o art. 2º, ao dispor que:

> Art. 2º O credor, pessoalmente, ou por intermédio de advogado, dirigir-se-á ao juiz competente, qualificando-se, e exporá suas necessidades, provando, apenas, o parentesco ou a obrigação de alimentar do devedor, indicando seu nome e sobrenome, residência ou local de trabalho, profissão e naturalidade, quanto ganha aproximadamente ou os recursos de que dispõe.

A competência é firmada pelo domicílio ou residência do alimentando, determinada no momento em que a ação é proposta (art. 53, II, do CPC), afigurando-se irrelevante o fato de posteriormente o autor mudar-se para outro município.

A petição inicial deve ser apresentada em três vias, com um sumário dos fatos, expondo as necessidades do autor e os recursos e rendimentos do réu, indicando sua profissão, local de trabalho e um histórico sumário dos fatos (art. 3º da Lei n. 5.478/1968), observando, ainda, os requisitos do art. 319 do Código de Processo Civil. Dispõe o art. 3º, *caput*, da Lei de Alimentos que:

> Art. 3º O pedido será apresentado por escrito, em 3 (três) vias, e deverá conter a indicação do juiz a quem for dirigido, os elementos referidos no artigo anterior e um histórico sumário dos fatos.

O valor da causa será a soma de 12 prestações pedidas pelo requerente (art. 292, III, do CPC).

Ao despachar a petição inicial, o juiz fixa, desde logo, os alimentos provisórios, *inaudita altera parte*, de acordo com as necessidades do autor e as possibilidades do réu, informadas na petição (art. 4º, *caput*)[154]. Designa,

---

[153] GONTIJO, Juliana. *Da ação de alimentos no NCPC*. Palestra proferida no IV Congresso de Direito das Famílias e Sucessões e o novo Processo Civil. Belo Horizonte, 2016.

[154] "Art. 4º As despachar o pedido, o juiz fixará desde logo alimentos provisórios a serem pagos pelo devedor, salvo se o credor expressamente declarar que deles não necessita."

ainda, no despacho, audiência de conciliação, instrução e julgamento o mais breve possível, observando prazo razoável para possibilitar ao devedor preparar a defesa ou até mesmo eventual citação por edital (art. 5º, § 1º) e determina a requisição de informações do empregador sobre a remuneração do réu (art. 5º, § 7º), que serão prestadas sob pena de crime previsto no art. 22. Recomenda-se, todavia, apesar de ser ato de ofício do juiz, que o autor requeira, na inicial, as informações do empregador sobre o salário do réu e todas as vantagens, importantes para demonstrar as possibilidades de fornecer alimentos.

O réu será citado por carta com aviso de recebimento, com uma das cópias da inicial (art. 5º, § 2º); entretanto, a citação será por Oficial de Justiça se criar embaraços para o recebimento pelo correio, utilizando-se a terceira via da petição (art. 5º, § 3º), ou, ainda, por edital se impossibilitada a citação pessoal (art. 5º, §§ 4º e 5º), devendo conter um resumo da inicial, o despacho do juiz e a data e horário da audiência. Mesmo se o réu residir em outra comarca será citado por carta com AR, expedindo precatória apenas se a citação for por Oficial de Justiça (art. 5º, § 8º).

A contestação pode ser apresentada antes, ou na audiência de conciliação e julgamento, devendo autor e réu depositarem o rol de testemunhas, no máximo de três (art. 8º), até dez dias antes da audiência, salvo se o juiz fixar outro prazo, mesmo se comparecerem independentemente de intimação, para ensejar às partes ciência das pessoas que irão depor.

Na prática, entretanto, as partes apresentam as testemunhas, sem depósito antecipado do rol, o que pode ser impugnado e não tomado os depoimentos, já que o prazo é instituído em favor da outra parte, salvo se o juiz determinar a oitiva de ofício, tendo em vista que a ação litiga sobre direito indisponível, se estiver com dúvidas, impossibilitando a formação de seu convencimento. Existem decisões, entretanto, no sentido de que o juiz não pode determinar, de ofício, a oitiva de testemunhas arroladas fora do prazo ou diante da ausência de produção de provas[155].

Atualmente, com a criação das turmas de mediação e conciliação, várias comarcas têm adotado a prática de designação de audiência apenas de conciliação. Acordadas as partes perante o conciliador, os autos são conclusos

---

[155] STJ, 1ª Turma, REsp 703.178, Rel. Min. Francisco Galvão, j. 5-4-2005.

ao juiz, depois de ouvido o Ministério Público, para homologação. Infrutífero o acordo, o réu é intimado para contestar e o juiz designar audiência de instrução, propondo nova conciliação.

Na audiência de conciliação e instrução, o não comparecimento do autor determina o arquivamento do pedido, e não a sua extinção, admitindo-se a realização de nova audiência. Alguns juízes, entretanto, extinguem a ação decidindo sobre os alimentos provisórios, pois, se apenas arquivar, os pedidos serão mantidos. A ausência do réu, devidamente citado, importa em sua revelia (art. 7º da LA); entretanto, não dispensa a realização da audiência nem induz ao acolhimento integral do valor da pensão pretendida na inicial. A ausência do réu, mas comparecendo seu advogado e apresentando contestação, afasta a revelia, tendo como consequência a frustração da conciliação[156], além da pena de confissão, produzindo uma presunção relativa dos fatos contra ele alegados, desde que requerida pelo autor.

Presentes as partes, na audiência, com a presença do Ministério Público, o juiz proporá a conciliação e, havendo acordo, será lavrado o termo; caso contrário, será apresentada e lida a contestação, podendo ser dispensada a leitura, dando ciência ao autor. Proceder-se-á em seguida, à instrução, colhendo-se os depoimentos pessoais das partes, testemunhas e peritos, se necessário, produzindo as demais provas requeridas. Encerrada a instrução, as partes e o Ministério Público apresentarão as alegações finais no prazo de dez minutos cada um; em seguida, renova-se a tentativa de acordo e, se novamente infrutífera, o juiz profere a decisão, intimando as partes em audiência. Os arts. 8º a 12 da Lei n. 5.478/1968 regulam o procedimento na audiência de instrução e julgamento na ação de alimentos.

A Lei de Alimentos não prevê o procedimento se o réu foi citado por edital, posto que a revelia se opera com o não comparecimento na audiência de conciliação, instrução e julgamento. Neste caso, o juiz deve nomear curador especial e redesignar nova audiência para data próxima, possibilitando ao curador conhecer o processo e produzir defesa.

Os alimentos normalmente são fixados em percentual dos rendimentos líquidos do devedor, considerando, dessa forma, o salário, as comissões e gratificações, excluindo horas-extras, diárias ou ajuda de custo, deduzindo-

---

[156] NEGRÃO, Theotonio; GOUVÊA, José Roberto F. *Código de Processo Civil e legislação processual em vigor*. 40. ed., cit., p. 1.274.

-se os descontos de previdência, planos de saúde e contribuição sindical, incidindo também sobre as férias e 13º salário; ou com base no salário-mínimo, restando pacificado, na jurisprudência que, por se tratar de verba alimentar, a vinculação não ofende o art. 7º, IV, parte final, da Constituição Federal, resguardando ao alimentando a atualização automática do valor, garantindo o poder aquisitivo.

Os alimentos são devidos desde a citação, e os provisórios cabem até a decisão final (art. 13, §§ 2º e 3º, da LA), o que leva à conclusão, na letra da lei, de que os valores fixados, ao despachar a petição inicial, são devidos até o trânsito em julgado em última instância, inclusive de recurso especial; entretanto, o entendimento predominante é no sentido de que a sentença ou acórdão, no caso de recurso especial, substitui a decisão que concedeu os alimentos provisórios, mesmo fixando-os em valores superiores, reduzindo ou, até mesmo, julgando improcedente a ação tendo, portanto, eficácia imediata. Julgada improcedente a ação de alimentos e cassados os alimentos provisórios, o alimentante fica, desde logo, livre de seu pagamento, que somente voltam a ser devidos se houver pronunciamento no processo, restabelecendo-os, pois os alimentos provisórios não são imunes a decisões que levam à sua cassação[157], o que é mais correto, pois na decisão final o judiciário apreciou as provas e fixou o valor mais justo ou deixou de conceder, o que não ocorreu no deferimento dos alimentos provisórios, quando apreciou apenas as informações do autor.

O Superior Tribunal de Justiça já decidiu que, fixados os alimentos definitivos em valor inferior aos provisórios (entendimento que também deve ser aplicado aos valores superiores), retroagirão à data da citação, ressalvadas as prestações já pagas em razão da irrepetibilidade dos alimentos pagos[158].

A Segunda Seção do Superior Tribunal de Justiça pacificou entendimento no sentido de que os efeitos da sentença definitiva na ação de alimentos retroagem à data da citação, nos termos do art. 13, § 2º, da Lei de Alimentos, ressalvando, todavia, a irrepetibilidade dos alimentos provisórios pagos (devolução) e a impossibilidade de compensação (abatimento) do excesso pago nas próximas prestações vincendas. Assim, se a ação ao final

---

[157] NEGRÃO, Theotonio; GOUVÊA, José Roberto F. *Código de Processo Civil e legislação processual em vigor*. 40. ed., cit., p. 1278.

[158] STJ, 3ª Turma, REsp 209.098, Rel. Min. Nancy Andrighi, j. 14-2-2004.

for julgada improcedente, os alimentos provisórios vencidos não autorizam a execução. Da mesma forma, não podem ser cobrados os alimentos que já foram pagos. Nesse sentido:

> AGRAVO REGIMENTAL NO AGRAVO EM RECURSO ESPECIAL. AÇÃO DE REVISÃO DE ALIMENTOS. 1. EFEITOS DA SENTENÇA. RETROAÇÃO À DATA DA CITAÇÃO. PRECEDENTE DA SEGUNDA SEÇÃO. SÚMULA N. 83/STJ. 2. AGRAVO IMPROVIDO.
>
> 1. A Segunda Seção desta Corte, no julgamento do EREsp n. 1.181.119/RJ, Relator o Ministro Luis Felipe Salomão, Relatora p/ Acórdão a Ministra Maria Isabel Gallotti, *DJe* de 20/6/2014, estabeleceu que "Os efeitos da sentença proferida em ação de revisão de alimentos – seja em caso de redução, majoração ou exoneração – retroagem à data da citação (Lei 5.478/68, art. 13, § 2º), ressalvada a irrepetibilidade dos valores adimplidos e a impossibilidade de compensação do excesso pago com prestações vincendas". Incidência da Súmula n. 83/STJ.
>
> 2. Agravo regimental a que se nega provimento[159].

Cabe pedido de revisão dos alimentos provisórios, em apartado, se ocorrer modificação na situação financeira das partes, após fixação.

Da sentença que condenou à prestação de alimentos cabe apelação apenas no efeito devolutivo (art. 13 da LA). O Código de Processo Civil de 2015 dispõe no art. 1.012 que a apelação terá efeito suspensivo, excepcionando no § 1º as hipóteses do efeito apenas devolutivo e dispondo que produz efeitos imediatamente após a sua publicação a sentença que condena a pagar alimentos (inciso II).

7.3. Ação de alimentos proposta pelo devedor

Também conhecida como *ação de oferta de alimentos*, possibilita a lei que o responsável pelo sustento poderá tomar a iniciativa de comunicar ao juízo os rendimentos de que dispõe e de pedir a citação do credor para comparecer à audiência de conciliação e julgamento, destinada à fixação dos alimentos a que está obrigado, conforme dispõe o art. 24 da Lei de Alimentos:

---

[159] AgRg no AREsp 713.267/RS, Rel. Min. Marco Aurélio Bellizze, j. 4-8-2015.

> Art. 24. A parte responsável pelo sustento da família, e que deixar a residência comum por motivo, que não necessitará declarar, poderá tomar a iniciativa de comunicar ao juízo os rendimentos de que dispõe e de pedir a citação do credor, para comparecer à audiência de conciliação e julgamento destinada à fixação dos alimentos a que está obrigado.

O pedido é semelhante à ação de alimentos, devendo o juiz fixar os alimentos provisórios ao despachar a petição inicial, observada a competência do domicílio ou residência do credor, que figura na parte passiva, a intervenção do Ministério Público se existirem incapazes e a citação do réu-credor, obedecendo ao mesmo procedimento com as adaptações necessárias.

O autor-devedor ofertará os alimentos, entretanto, segundo as provas constantes do processo, o juiz pode fixar valor superior à oferta, posto que se trata de fixação, de arbitramento judicial, conforme parte final do art. 24 da Lei n. 5.478/1968, não constituindo decisão *ultra petita*, já que o valor ofertado configura mera estimativa, devendo o julgamento atender à capacidade do ofertante e à necessidade do alimentado.

Cabe contestação, mas como o autor confessa o dever de prestar os alimentos, a discussão resume-se tão somente ao *quantum*, de forma que a ausência do autor-devedor ou do réu-credor, na audiência de conciliação e julgamento, não impede o juiz de julgar procedente o pedido e fixar os alimentos, que são devidos desde a citação.

7.4. Ação de investigação de paternidade c/c alimentos

Na ação autônoma de investigação de paternidade, a competência é a regra geral do domicílio do réu; entretanto, se cumulada com alimentos, prevalece o critério especial de domicílio do alimentado.

A ação cumulada segue o rito das ações de família, conforme já abordado nas ações investigatórias de paternidade, e, se julgada procedente, o juiz fixará os alimentos na sentença, denominados provisionais (art. 7º da Lei n. 8.560/1992), que prevalecerão até o trânsito em julgado, quando passarão a ser definitivos. Dispõe o art. 7º da Lei n. 8.560/1992 que:

> Art. 7º Sempre que na sentença de primeiro grau se reconhecer a paternidade, nela se fixarão os alimentos provisionais ou definitivos do reconhecido que deles necessite.

Existiam discussões doutrinárias e jurisprudenciais sobre o momento em que os alimentos eram devidos. Defendia uma corrente que o *dies a quo* era a partir da sentença de reconhecimento da paternidade, sob o fundamento de que a pretensão de alimentos deve ser alicerçada em prova pré-constituída da obrigação, que somente surge com o reconhecimento judicial da paternidade. A outra fundamentava que a sentença que reconhece a paternidade é meramente declaratória do parentesco que já existia, produzindo efeitos *ex tunc* e retroagindo os alimentos à data da citação. As discussões restaram pacificadas pela Súmula 277 do Superior Tribunal de Justiça, ao dispor que "julgada procedente a investigação de paternidade, os alimentos são devidos a partir da citação".

Da mesma forma, o entendimento no sentido de ser incabíveis alimentos provisórios ou provisionais na investigatória de paternidade c/c alimentos, por não existir prova pré-constituída do parentesco, vem perdendo força. Firma-se a posição que defende o cabimento, se existir indícios robustos da paternidade e da extrema necessidade do investigante, especialmente após a Lei n. 11.804/2008, conferindo o direito aos alimentos gravídicos com fundamento em indícios da paternidade, o que deve ser aplicado também ao filho que já nasceu, mas ainda não teve a paternidade reconhecida.

7.5. Ação de alimentos gravídicos

A doutrina e a jurisprudência vinham se posicionando no sentido de serem cabíveis alimentos ao nascituro. No VI Congresso Brasileiro de Direito de Família, realizado em 2007, a Promotora de Justiça do Estado do Piauí, Ana Cecília Rosário Ribeiro, apresentou trabalho científico que aborda o direito a alimentos aos nascituros, fundamentando que vêm sendo reconhecidos como titulares de diversos direitos, obrigando o acolhimento de conceito mais amplo e elástico de personalidade para reconhecê-la ao nascituro e conceder-lhe direitos indisponíveis ao desenvolvimento da sua personalidade, compatíveis com a sua condição de estar concebido, o que decorreu necessariamente da sua qualidade de pessoa, com carga genética já diferenciada de seus genitores[160].

---

[160] RIBEIRO, Ana Cecília Rosário. *Alimentos ao nascituro – uma postura em defesa do direito à vida*. Trabalho científico apresentado no VI Congresso Brasileiro de Direito de Família. Belo Horizonte: IBDFAM, 14 a 17 de novembro de 2007.

A ação investigatória de paternidade c/c alimentos já era acolhida, apesar da ausência de previsão legal, para permitir o reconhecimento do parentesco ao nascituro nas ações propostas pela mãe, representando àquele que investirá na titularidade da pretensão do direito material, resguardando seus direitos, desde a concepção, nos termos do art. 2º do Código Civil, permitindo-lhe receber alimentos e atender às necessidades da gestação.

O Congresso Nacional preencheu a lacuna com a aprovação pela Comissão de Constituição e Justiça e de Cidadania (CCJ) da Câmara Federal, em caráter conclusivo, no dia 15-7-2008, do Projeto de Lei n. 7.376/2006, do Senado, que disciplina o direito a alimentos gravídicos, a forma como ele será exercido e dá outras providências. O projeto foi sancionado pelo Presidente da República em 5 de novembro de 2008, transformando-se na Lei n. 11.804/2008.

O direito aos alimentos gravídicos é conferido à mulher gestante (art. 1º) e perdurará da concepção até o parto, ocasião em que se converte em pensão alimentícia, se o menor nascer com vida, até que uma das partes solicite sua revisão (art. 6º e parágrafo único). Dispõe o art. 2º sobre as necessidades da gestante e as despesas ocasionadas pela gravidez e parto, que:

> Art. 2º Os alimentos de que trata esta lei compreenderão os valores suficientes para cobrir despesas adicionais do período de gravidez e que sejam dela decorrentes, da concepção ao parto, inclusive as referentes a alimentação especial, assistência médica e psicológica, exames complementares, internações, parto, medicamentos e demais prescrições preventivas e terapêuticas indispensáveis, a juízo do médico, além de outras que o juiz considere pertinentes.
>
> Parágrafo único. Os alimentos de que trata este artigo referem-se à parte das despesas que deverá ser custeada pelo futuro pai, considerando-se a contribuição que também deverá ser dada pela mulher grávida, na proporção dos recursos de ambos.

Os *alimentos gravídicos*, como indica o próprio nome, são destinados a custear todas as despesas que surgem com a gravidez, incluindo assistência médica e psicológica, alimentação especial da gestante, exames, medicamentos, prescrições preventivas e terapêuticas, além das internações e o parto, observando os pressupostos da obrigação alimentar consistente no binômio possibilidade/necessidade e a proporcionalidade na fixação, de acordo com as condições financeiras do futuro pai e da grávida.

No pedido de alimentos gravídicos, a petição inicial deve ser instruída com exames ou laudo médico comprovando a gravidez, as possíveis provas antecipadas, como cartas, fotografias e declarações, expor as necessidades da parte autora, qualificar o suposto pai e apontar os recursos que dispõe para fornecer os alimentos. Ao receber a petição, o juiz deve aplicar a Lei n. 5.478/1968 e fixar, desde logo, alimentos provisórios (art. 4º), se convencido dos indícios da paternidade.

Nada impede que o juiz, ao receber a petição inicial, não existindo elementos suficientes da existência de indícios da paternidade, designe audiência de justificação para seu convencimento, de ofício ou a requerimento da autora.

Deferidos os alimentos, o réu será citado para, querendo, apresentar resposta no prazo de cinco dias (art. 7º), sendo devidos os provisórios a partir da citação, em coerência com o art. 13, § 2º da Lei n. 5.478/1968 e Súmula n. 277 do Superior Tribunal de Justiça. Julgado procedente o pedido, "os alimentos gravídicos são devidos a partir da concepção e não após a citação do réu, como chegou a ensaiar o texto vigente que neste ponto mereceu veto presidencial para obviar manobras que evitassem a citação de devedor alimentar"[161].

Apresentada contestação, nos termos do art. 11 da Lei n. 11.804/2008, deve ser aplicada supletivamente as disposições da Lei de Alimentos, designando-se audiência de conciliação, instrução e julgamento, deferindo-se a produção das provas requeridas pelas partes.

A procedência do pedido se limita, entretanto, ao deferimento dos alimentos, não importando em reconhecimento da paternidade, bastando somente indícios para deferimento dos alimentos gravídicos, conforme o art. 6º, *caput*, da Lei n. 11.804/2008[162], perdurando até o nascimento da criança.

---

[161] MADALENO, Rolf. *Curso de direito de família*. 5. ed., cit., p. 921.

[162] "Art. 6º Convencido da existência de indícios da paternidade, o juiz fixará alimentos gravídicos que perdurarão até o nascimento da criança, sopesando as necessidades da parte autora e as possibilidades da parte ré."

Após o nascimento, alteram-se as despesas, antes destinadas à gestação e ao parto, passando para a criação e os cuidados necessários ao recém-nascido, incluindo alimentação assistência médica, medicamentos, vacinas, vestuários, entre outros. Assim, os alimentos gravídicos, após o nascimento com vida da criança, são convertidos em pensão alimentícia e podem ser revistos para adequar à realidade do menor, conforme expressamente dispõe o parágrafo único do art. 6º da Lei n. 11.804/2008[163].

Nascendo morta ou se a criança falecer no parto ou após, extinguem-se os alimentos gravídicos.

A presunção em razão dos indícios da paternidade nos alimentos gravídicos não importa em reconhecimento da filiação, cabendo ao alimentante, para exonerar-se da obrigação, ajuizar *ação de exoneração de alimentos c/c inexistência de vínculo biológico*, provando que não é o pai daquele que forneceu alimentos gravídicos e fornece pensão alimentícia.

7.6. Ação revisional e exoneração de alimentos

A sentença que fixa os alimentos, apesar da redação do art. 15 da Lei n. 5.478/1968, que dispõe que "a decisão judicial sobre alimentos não transita em julgado", mas depois de esgotados todos os recursos faz coisa julgada sim, referente à situação que foi apreciada.

Ocorre que o *quantum* pode ser modificado em *ação revisional de alimentos*, autônoma, em autos apartados, desde que ocorra mudança na situação financeira de uma ou de ambas as partes, oportunidade em que será discutido não o direito a alimentos, já decidido na ação anterior, mas a mudança da necessidade do alimentando, como também a disponibilidade do obrigado a alimentar, conforme expressamente dispõe o art. 1.699 do Código Civil:

> Art. 1.699. Se, fixados os alimentos, sobrevier mudança na situação financeira de quem os supre, ou na de quem os recebe, poderá o interessado reclamar ao juiz, conforme as circunstâncias, exoneração, redução ou majoração do encargo.

---

[163] "Parágrafo único. Após o nascimento com vida, os alimentos gravídicos ficam convertidos em pensão alimentícia em favor do menor até que uma das partes solicite a sua revisão."

É competente, para a *ação revisional de alimentos*, o foro da residência e domicílio do alimentando; pode, portanto, em caso de mudança, ser proposta em local diverso da ação de alimentos, apesar de alguns julgados vincularem ao juízo da ação anterior, sob o fundamento da existência de conexão, o que não se sustenta, por já ter ocorrido o julgamento da ação de alimentos e a revisional ser autônoma, tanto que a Súmula 235 do STJ dispõe que "a conexão não determina a reunião dos processos, se um deles já foi julgado".

Como o valor pode ser revisto a qualquer tempo, ocorrendo modificação na necessidade do que os recebe ou nos recursos do que os presta, admite-se ação revisional antes do trânsito em julgado da sentença na ação de alimentos, como no caso do pai sem emprego fixo no momento em que foi condenado na sentença a pagar alimentos em valores reduzidos em face da situação e, antes do trânsito em julgado, consegue empregar-se com salários que possibilitem aumentar o *quantum*. O § 1º do art. 13 da Lei n. 5.478/1968 admite expressamente a revisão dos alimentos provisórios ao dispor que:

> Art. 13. [...].
>
> § 1º Os alimentos provisórios fixados na inicial poderão ser revistos a qualquer tempo, se houver modificação na situação financeira das partes, mas o pedido será sempre processado em apartado.

O pressuposto para revisão dos alimentos é a alteração na situação financeira de uma das partes, contudo o Tribunal de Justiça do Rio Grande do Sul já decidiu, por maioria, que, se os alimentos foram fixados, desatendendo o princípio da proporcionalidade, um dos pressupostos da obrigação alimentar, é cabível a revisão ainda que não tenha ocorrido alteração nos demais pressupostos, ou seja, o binômio necessidade/possibilidade, não fazendo coisa julgada quando ocorre desrespeito ao princípio norteador da fixação do encargo alimentar[164]. O desrespeito à proporcionalidade pode ocorrer especialmente quando a ação é julgada à revelia, fixando alimentos superiores às condições que o devedor pode suportar, sem ter ocorrido uma instrução probatória para apurar efetivamente a capacidade do devedor, imputando-lhe uma obrigação superior aos limites do que pode suportar.

---

164 TJRS, 7ª CC, AI 70011932688, Rel. Des. Luiz Felipe Brasil Santos, j. 27-7-2005.

Nos alimentos acordados extrajudicialmente, também é possível rever o acordo em juízo, por não ter ocorrido trânsito em julgado de sentença homologatória ou de mérito, examinando os pressupostos da necessidade/possibilidade/proporcionalidade (nesse sentido, AC 70042039537, Rel. Des. Luiz Felipe Brasil Santos). É o que ocorre nos acordos firmados nos divórcios extrajudiciais (entre os cônjuges) e nos referendados pelo Ministério Público, pela Defensoria Pública e pelos advogados das partes.

Hipótese comum de pedido de redução de alimentos é a constituição de nova família ou nascimento de outro filho do alimentante. Como a ação revisional visa à redefinição do encargo alimentar, observando os pressupostos do binômio necessidade/possibilidade, demonstrado que o alimentante constituiu nova família ou teve o nascimento de filho, continuando nas mesmas atividades e rendimentos, o fato teve efetiva alteração na sua capacidade econômica, sendo cabível a readequação da pensão alimentícia[165]. A constituição de nova família e o nascimento de filho, entretanto, por si só, não autorizam a redução dos alimentos de filhos da união anterior se o alimentando suporta as novas despesas, devendo comprovar efetivamente a impossibilidade de cumprir a obrigação anterior da qual tinha ciência.

O Superior Tribunal de Justiça tem decidido no sentido de que "a constituição de nova família pelo alimentante não acarreta a revisão automática da quantia estabelecida em favor dos filhos advindos de união anterior"[166].

Na ação revisional, a obrigação é mantida, buscando modificar o valor da prestação para aumentar ou reduzir, tendo como pressuposto a modificação da situação financeira das partes, o que deve ser comprovado sob pena de improcedência. A jurisprudência tem admitido reconvenção em ação revisional de alimentos, se esta seguir o procedimento ordinário, todavia o rito é o especial previsto para a ação de alimentos, incompatível com reconvenção, apesar de, na prática, na maioria das vezes, ser adotado o procedimento ordinário. O art. 13, *caput*, da Lei n. 5.478/1968 estabelece, quanto ao rito que:

---

165 TJRS, 7ª CC, AC 70015223050, Rel. Des. Sérgio Fernando de Vasconcelos Chaves, j. 2-8-2006.

166 STJ, *Jurisprudência em Teses* – Edição n. 65. Tese 13. Disponível em: <www.stj.jus.br/jurisprudencias>. Acesso em: 29-1-2020.

Art. 13. O disposto nesta lei aplica-se igualmente, no que couber, às ações ordinárias de desquite, nulidade e anulação de casamento, à revisão de sentenças proferidas em pedidos de alimentos e respectivas execuções.

Os alimentos fixados na ação revisional retroagem à data da citação (art. 13, § 2º, da Lei n. 5.478/1968 e Súmula n. 277 do STJ), cabendo o pagamento de eventuais atrasados até este momento pelo valor antes estipulado. Majorados os alimentos e já pagas as parcelas devidas entre a citação e a sentença, os efeitos retroagem, autorizando o alimentando a pleitear as diferenças. Entretanto, mesmo se tratando de revisão de alimentos definitivos, se foram reduzidos na ação revisional, a tendência majoritária é descaber ao alimentante o direito de rever os valores já pagos, em face do caráter não repetível e da impossibilidade de compensação dos alimentos. É a posição consolidada do Superior Tribunal de Justiça[167], já citada, no sentido de que os efeitos da sentença retroagem à data da citação, independentemente do caso, ressalvando a irrepetibilidade dos valores pagos e a impossibilidade de compensação. Nesse sentido é a tese n. 01, da edição n. 77, da ferramenta Jurisprudência em Teses do STJ:

> 1) Os efeitos da sentença proferida em ação de revisão de alimentos – seja em caso de redução, majoração ou exoneração – retroagem à data da citação (Lei n. 5.478/68, art. 13, § 2º), ressalvada a irrepetibilidade dos valores adimplidos e a impossibilidade de compensação do excesso pago com prestações vincendas[168].

A obrigação alimentar fixada *intuitu familiae*, ou seja, em valor único para a família, existindo mais de um credor, permite a revisão do *quantum* quando um dos credores não mais necessitar, para excluir o valor que lhe era devido, mas sem considerar automaticamente uma fração obtida dividindo o valor pelo número de alimentados, já que se destina a família e muitas despesas são fixas, não importando o número de alimentandos. É necessária a citação de todos os credores, já que a redução vai atingir-lhes.

A *ação de exoneração de alimentos* obedece aos requisitos e ao procedimento da revisional, mas o que se busca é a exoneração da obrigação e

---

[167] STJ, AgRg no REsp 713.267/RS, Rel. Min. Marco Aurélio Bellizze, j. 4-8-2015.

[168] STJ, *Jurisprudência em Teses* – Edição n. 77. Tese 1. Disponível em: <www.stj.jus.br/jurisprudencias>. Acesso em: 29-1-2020.

não a alteração do valor, nada impedindo que o próprio credor, que não mais necessita dos alimentos, promova a exoneração.

O dever de prestar alimentos *cessa para o devedor com o casamento, união estável ou concubinato do credor*, sendo que, no casamento, a prova é exclusivamente documental, pré-constituída, defendendo alguns, ser desnecessária uma ação de exoneração por ser automática; entretanto, por existir uma condenação judicial para prestar alimentos, especialmente se ocorrer desconto na folha de pagamento do devedor, é necessária uma ordem judicial para suspendê-la. Nos casos de união estável e concubinato, é essencial o ajuizamento da ação para comprovar a situação de fato. O Código Civil inovou ao ampliar e incluir como causa de extinção da obrigação alimentar o fato de o credor *ter procedimento indigno em relação ao devedor*, o que, apesar de imoral, não era permitido na legislação anterior, admitindo-se apenas no direito sucessório para excluir o herdeiro. Dispõe o art. 1.708 do Código Civil:

> Art. 1.708. Com o casamento, a união estável ou o concubinato do credor, cessa o dever de prestar alimentos.
>
> Parágrafo único. Com relação ao credor cessa, também, o direito a alimentos, se tiver procedimento indigno em relação ao devedor.

As causas de exclusão do herdeiro por ato de indignidade estão previstas no art. 1.814 do Código Civil, e devem ser acolhidas no direito de família, especialmente as relacionadas nos incisos I e II, para considerar atos indignos o credor de alimentos que houver sido autor, coautor ou partícipe de homicídio ou tentativa contra o devedor, cônjuge, companheiro, ascendente e descendente, ou que o caluniou em juízo ou incorreu em crime contra a honra de seu consorte ou companheiro. Podem ser observadas, ainda, as causas que autorizam a revogação da doação por ingratidão, que acrescenta o cometimento de ofensa física ao credor pelo devedor ou recusou-lhe alimentos (art. 557, III e IV, do CC). As causas de indignidade devem ser observadas com critério, evitando subjetivismos, podendo o juiz, em vez de exonerar a pensão alimentícia, reduzir o valor para a quantia indispensável à sobrevivência do credor (Enunciado n. 345 da IV Jornada de Direito Civil do Conselho de Justiça Federal, 2006).

O Tribunal de Justiça do Rio Grande do Sul reconheceu como ato de indignidade, a autorizar a hipótese de cessação do dever de prestar alimentos, a conduta da mulher de ter induzido o alimentante em erro, dizendo que estava grávida de filho seu. Ela o induziu a se casar e omitiu por mais de três décadas a verdadeira paternidade do filho, violando o dever de lealdade e boa-fé e ferindo a dignidade (honra subjetiva) do marido.

A *maioridade* extingue o dever de prestar alimentos em razão do poder familiar, posto que cumpre aos pais criar, educar e sustentar os filhos menores, sendo presumida a necessidade do incapaz.

A posição predominante, entretanto, é no sentido de que a obrigação alimentar não cessa automaticamente com a maioridade do filho, apenas o dever em relação ao poder familiar, apesar da regra da desoneração, pois ao atingir a maioridade o filho ainda pode necessitar de ser pensionado, especialmente se ainda estudar, surgindo a obrigação em razão do parentesco. A exoneração automática do dever de prestar alimentos não tem lugar em decorrência da maioridade do filho, devendo o alimentante requerer nos autos em que forem fixados os alimentos o cancelamento em procedimento sumário, citando o alimentando e possibilitando-lhe manifestar-se e comprovar, se for o caso, a impossibilidade de prover a própria subsistência, necessitando ser pensionado. A extinção do poder familiar, com a maioridade, não cessa o dever de prestar alimentos em face do parentesco[169].

O Superior Tribunal de Justiça acolheu o entendimento de que a obrigação alimentar não cessa automaticamente com a maioridade, assegurando ao filho o direito ao contraditório e demonstrar que ainda necessita dos alimentos, tanto que expediu a Súmula 358 dispondo que "o cancelamento de pensão alimentícia de filho que atingiu a maioridade está sujeito à decisão judicial, mediante contraditório, ainda que nos próprios autos".

O Tribunal de Justiça de Minas Gerais decidiu pela manutenção dos alimentos ao filho maior de 18 anos, mesmo ainda não tendo ingressado em curso superior, para não prejudicar seus estudos. No voto, fundamentou a Rel. Des. Vanessa Verdolim Hudson Andrade que:

> Muitos pais, logo que seus filhos completam a maioridade, se sentem desobrigados de prestar-lhes assistência, entendendo que o simples fator temporal de chegarem aos 18 (dezoito) anos de idade já lhes confere toda

[169] STJ, REsp 896.739/RJ, Rel. Min. Nancy Andrighi, j. 14-6-2007.

a estrutura, amadurecimento e condições necessários para se manterem sozinhos, o que é um ledo engano.

No mundo moderno, a palavra de ordem para se conseguir uma colocação profissional é "qualificação", e isto só se consegue à custa de muito estudo, dedicação e tempo.

Hoje em dia pesquisas nos mostram que os jovens estão chegando ao mercado de trabalho mais tarde, por volta dos 25 (vinte e cinco) anos, devido à série de exigências feitas pelo mercado para sua colocação, tais como curso superior completo, domínio de técnica, fluência em outra ou até mesmo em outras línguas, informática, pós-graduação, mestrado ou até mesmo doutorado, entre outras qualificações específicas em cada área de trabalho. Consequentemente, a obrigação de os pais darem substrato material aos seus filhos aumentou, não só em quantidade como em tempo, não podendo, assim, haver um abandono econômico-financeiro na fase em que eles estão se qualificando mais, que é a fase da maioridade, quando estão deixando de ser adolescentes para se tornarem adultos, frequentadores de universidade e cursos de especialização.

[...]

Fazer com que o jovem utilize seu tempo livre para trabalhar, enquanto o pai tem condições para pagar-lhe uma pensão, acabaria por prejudicar a sua formação como estudante. Teria ele menos tempo para se concentrar nos estudos, fazer cursos extracurriculares ou utilizar, de qualquer outra forma válida, seu tempo. [...].

Ademais, é forçoso crer que os estudos, mesmo que gratuitos, geram gastos com deslocamento, compra de materiais escolares e livros etc.[170].

O juiz deve ser muito criterioso nos pedidos de exoneração em razão da maioridade, posto que, com a redução para 18 anos, pelo atual Código Civil, muitos jovens poderão perder o sustento sem possuir as mínimas condições de ingressar no mercado de trabalho em razão das dificuldades naturais do primeiro emprego, ausência de capacitação e impossibilidade de trabalhar em razão dos estudos. A jurisprudência é remansa no sentido de

---

170 TJMG, 1ª CC, AC 1.0024.06.985925-4/001, Rel. Des. Vanessa Verdolim Hudson Andrade, j. 31-3-2009.

manter a pensão ao filho estudante maior, podendo citar, entre os diversos julgados, que a só maioridade do filho, que é estudante regular de curso superior e não trabalha, não justifica a exclusão da responsabilidade do pai quanto a seu amparo financeiro para o sustento e os estudos[171].

A maioridade, entretanto, muda a natureza da obrigação e assim, por se tratar de alimentos em razão do parentesco e não mais em virtude do poder familiar, o credor tem de comprovar sua necessidade e a possibilidade do devedor, sob pena de exoneração, já que os alimentos não podem incentivar o parasitismo, razão de não ser devidos, se quem os pretende, possui condições de trabalhar para seu sustento (art. 1.695 do CC), mesmo no caso de estudante, se o horário dos estudos possibilita o trabalho. O Tribunal de Justiça de Minas Gerais já decidiu que a regra é a desoneração do alimentante, tão logo o credor atinja a maioridade civil, admitindo, todavia a manutenção em razão do parentesco, se comprovada a necessidade. Embora a natureza da obrigação alimentícia transmude com o advento da maioridade e passe a existir em decorrência do parentesco, impõe-se, nessa circunstância, a comprovação da real necessidade de percebê-la, sob pena de servir, apenas, como prêmio à ociosidade[172].

Predomina, na jurisprudência, que se o filho atingir a maioridade, sem estar efetivamente cursando universidade ou curso profissionalizante, ainda que estudando no Ensino Médio, mas apresentando um perfil nada estimulante em termos de dedicação aos estudos, tratando-se de pessoa apta para o trabalho e sem impedimento para o exercício de uma profissão, a exoneração dos alimentos deve ser determinada[173].

A tendência é de que os alimentos perdurem até o filho estudante completar 24 anos de idade.

Novo *casamento do cônjuge devedor*, que fornece alimentos ao ex-cônjuge, fixados ou mantidos na sentença de divórcio, *não extingue a obrigação* (art. 1.709 do CC), entretanto, se em razão do novo casamento sua situação financeira se modificar, pode pleitear revisão do valor.

Pode-se, ainda, exonerar a obrigação de pagar alimentos, se o devedor não possuir condições de prestá-los, observando que a perda ou ausência

---

171 TJSP, 2ª CDP, AC 262473-4/4-00, Rel. Des. Cezar Peluzo, j. 25-2-2003.

172 TJMG, 8ª CC, AC 251.912-2/00, Rel. Des. Silas Vieira, j. 1º-7-2002.

173 TJSP, 4ª CDP, AC 524.121-4/8, Rel. Des. Ênio Santaralli Zuliani, j. 29-11-2007.

de emprego, por si só, não é causa de extinção, já que grande parte da população atua e aufere rendimentos na economia informal. A redução ou exoneração somente será possível se o devedor comprovar *salienter tantum*, de forma inequívoca, a procedência de sua alegada impossibilidade de suportar o valor integralmente ou a absoluta ausência de possibilidade de fornecê-lo. Na ação revisional de alimentos, o mero desemprego é fato por si só insuficiente para reduzir ou exonerar os alimentos, especialmente quando se trata de pessoa apta para o trabalho, nada justificando o desemprego superveniente e que perdura por longo tempo[174].

7.7. Ação de cobrança de alimentos

Ensina Silvio Rodrigues que a ação de cobrança de alimentos é ordinária, referindo-se à ação de cobrança pelo rito ordinário, ressaltando, na vigência do CPC de 1973, que, optando o requerente pela ação ordinária, lhe é permitida a formulação de pedido de cautelar, incidente ou antecedente, de alimentos provisionais, facultando-lhe, ainda, alternativamente, o requerimento de tutela antecipada[175]. Atualmente, na vigência do CPC de 2015, cabe pedido de tutela provisória na ação de cobrança de alimentos, como na ação investigatória.

A ação ordinária de cobrança de alimentos, entretanto, não é utilizada no direito de família, em razão da ação de alimentos pelo rito especial da Lei n. 5.478/1968, que permite a fixação, desde logo, de alimentos provisórios a ser concluída em apenas uma audiência de conciliação, instrução e julgamento, sendo usada nas ações de cobrança de alimentos por ato ilícito, em virtude de contratos e testamentos.

7.8. Legitimidade do Ministério Público para ajuizar ação de alimentos

A lei autoriza em casos excepcionais a substituição da parte no polo ativo, permitindo ao autor em nome próprio defender interesses alheios. É

174 TJMG, AC 1.0024.04.388536-7/002, Rel. Des. Vanessa Verdolim Hudson Andrade, j. 18-10-2005.

175 RODRIGUES, Silvio. *Direito civil* – Direito de família. 27. ed., cit., p. 428-429.

a legitimidade extraordinária, prevista no art. 18 do Código de Processo Civil.

O Estatuto da Criança e do Adolescente confere legitimidade ao Ministério Público para promover e acompanhar as ações de alimentos nos procedimentos da competência da Justiça da Infância e da Juventude (art. 201, III), entretanto, a legitimidade ativa *ad causam* não é pacífica fora das situações de risco do menor quando esteja sob o poder familiar dos pais, limitando o alcance da norma protetiva menorista.

O Superior Tribunal de Justiça, em recentes julgados, acabou por reconhecer a legitimidade do Ministério Público, independentemente de o menor estar sob o exercício do poder familiar, conforme julgado com a seguinte ementa:

> DIREITO CIVIL E PROCESSUAL CIVIL. RECURSO ESPECIAL. AÇÃO DE ALIMENTOS. DIREITO INDIVIDUAL INDISPONÍVEL. MINISTÉRIO PÚBLICO. LEGITIMIDADE ATIVA. ORIENTAÇÃO CONSOLIDADA NO RECURSO ESPECIAL REPETITIVO N. 1.265.821/BA.
>
> 1. O Ministério Público tem legitimidade para figurar no polo ativo de ação de alimentos em prol de menor e na qualidade de substituto processual, independentemente da situação fática referente ao exercício do poder familiar dos pais, da condição em que se encontra esse menor ou ainda da existência ou eficiência da Defensoria Pública na comarca onde reside o menor.
>
> 2. Preliminar julgada prejudicada. Recurso especial conhecido e provido[176].

A questão acabou pacificada na Segunda Seção do Superior Tribunal de Justiça no dia 25-10-2017, editando-se a Súmula n. 594, com o seguinte enunciado:

> Súmula 594: "O Ministério Público tem legitimidade ativa para ajuizar ação de alimentos em proveito de criança ou adolescente independentemente do exercício do poder familiar dos pais, ou do fato de o menor se encontrar nas situações de risco descritas no art. 98 do Estatuto da Criança e do

[176] STJ, REsp 1.415.375/BA, Rel. Min. João Otávio de Noronha, j. 24-2-2016.

Adolescente, ou de quaisquer outros questionamentos acerca da existência ou eficiência da Defensoria Pública na comarca".

Assim, atualmente não se suscitam mais dúvidas sobre o alcance da legitimidade ativa conferida ao Ministério Público no art. 201, III, do Estatuto da Criança e do Adolescente, podendo ajuizar ação de alimentos independentemente de o menor estar em situação de risco ou sob o exercício do poder familiar dos pais.

8. EXECUÇÃO DE ALIMENTOS

A extrema urgência e necessidade de garantir os alimentos inspiraram o legislador a criar instrumentos eficazes à disposição do credor para garantir o cumprimento das prestações alimentícias.

Diversos dispositivos, na legislação, demonstram interesse público para o fiel cumprimento da lei, inclusive constituindo uma das exceções ao princípio de que não há prisão por dívidas[177], ao permitir a prisão civil do devedor inadimplente, além de outras formas de execução.

O Código de Processo Civil de 2015 revogou os arts. 16, 17 e 18 da Lei de Alimentos e regula o cumprimento da sentença que reconhece a exigibilidade de obrigação de prestar alimentos nos arts. 528 a 533, ao dispor das diversas hipóteses de cumprimento de sentença, quando os alimentos foram fixados ou homologados judicialmente. Nos arts. 911 a 913 regula a execução de alimentos fundada em título extrajudicial, dispondo ainda que se aplicam, no que couber, as disposições do cumprimento de sentença.

8.1. Desconto em folha de pagamento

Na hipótese de o devedor possuir emprego fixo, se funcionário público, militar ou particular, na qualidade de diretor ou empregado, o juiz poderá mandar descontar na folha de pagamento da pessoa obrigada a importância da prestação alimentícia e entregá-la diretamente ao credor. Na vigência do Código de Processo Civil anterior existiam decisões judiciais no sentido de

[177] MONTEIRO, Washington de Barros. *Curso de direito civil* – Direito de família. 33. ed., cit., p. 305.

que, tratando-se de funcionário público, a prestação alimentícia executada deve ser descontada em folha de pagamento, não sendo o caso de decretar-se, desde logo, a sua prisão, o que é estendido aos demais empregados fixos, desde que exista a possibilidade de desconto dos valores. O entendimento, entretanto, era minoritário, cabendo ao alimentando a opção pelo procedimento.

O novo Código de Processo Civil reproduz a execução mediante o desconto na folha de pagamento, se o exequente requerer, conforme art. 529, *caput*[178]. Acrescenta no § 3º[179] que, sem prejuízo dos alimentos vincendos, o débito executado pode ser descontado parceladamente nos rendimentos e rendas do executado até o limite de 50% de seus ganhos líquidos. Assim, é permitido cumular a pensão alimentícia e o débito atrasado até o valor da metade dos rendimentos líquidos do empregado.

Admite-se, assim, e ocorre muito na prática, o desconto na folha de pagamento dos alimentos fixados ou acordados, e não apenas na execução, depositando-os em conta bancária do credor, medida que assegura o pronto pagamento e evita eventuais atrasos ou inadimplementos.

É crime o devedor abandonar, injustificadamente, o emprego ou função para furtar-se ao pagamento dos alimentos (art. 244 do CP), e o empregador ou funcionário público deixar de proceder ou procrastinar os descontos determinados pelo juiz na folha de pagamento, ou, ainda, de qualquer forma, auxiliar o devedor a eximir-se ao pagamento (art. 22, parágrafo único, da Lei n. 5.478/1968). O desconto deve ser efetuado a parir da primeira remuneração do executado, após o empregador receber o ofício do juiz, sob pena, além dos crimes previstos na Lei de Alimentos, do crime de desobediência (art. 529, § 1º do CPC).

A pensão alimentícia não incide sobre o FGTS do empregado e indenizações trabalhistas, apenas em face dos salários, férias e 13º, entre-

---

[178] "Art. 529. Quando o executado for funcionário público, militar, diretor ou gerente de empresa ou empregado sujeito à legislação do trabalho, o exequente poderá requerer o desconto em folha de pagamento da importância da prestação alimentícia."

[179] "§ 3º Sem prejuízo do pagamento dos alimentos vincendos, o débito objeto de execução pode ser descontado dos rendimentos ou rendas do executado, de forma parcelada, nos termos do *caput* deste artigo, contanto que, somado à parcela devida, não ultrapasse cinquenta por cento de seus ganhos líquidos."

tanto, suspenso o desconto em folha de pagamento em virtude de desemprego do devedor, não se ressente de ilegalidade a determinação judicial de bloqueio parcial dos valores relativos do FGTS, visando atender o pagamento dos alimentos[180].

8.2. Recebimento de alugueres ou outros rendimentos

Além do desconto em folha de pagamento, a Lei de Alimentos ampliava as formas de execução, permitindo, ainda, a cobrança das prestações atrasadas em alugueres de prédios ou outros rendimentos do devedor, como pensões, montepios (pensão paga pelo Estado aos herdeiros do funcionário falecido), conforme autorizava o art. 17, até ser revogado pelo Código de Processo Civil de 2015.

O Código de Processo Civil atual não prevê a execução mediante o recebimento de alugueres, mas os aluguéis podem ser penhorados, observadas as preferências legais, se adotado o procedimento de cumprimento de sentença de pagar quantia certa. A jurisprudência, entretanto, suprirá, permitindo o recebimento dos alimentos diretamente na fonte da renda quando o alimentante for contumaz em descumprir a obrigação.

Os alugueres podem, também, ser acordados como forma de pagamento dos alimentos e até mesmo ser determinada a constituição de garantia real ou fidejussória (garantia pessoal, fiança) para assegurar o pagamento ou instituir usufruto ao credor de determinados bens do devedor (art. 21 da Lei do Divórcio).

8.3. Execução indireta ou prisão civil

É a forma mais eficiente de execução de alimentos, apesar de permitir fase de conhecimento ao devedor, para justificar a impossibilidade de pagamento. A execução dos alimentos, mediante coação pessoal, ao permitir a prisão do devedor, é a que dispõe de maior rapidez e efetividade para cobrança, justificada pela premência ao atendimento.

A prisão civil, inclina-se uma corrente, deve ser utilizada depois de esgotados os outros meios mais brandos, especialmente se o devedor possuir

[180] STJ, 3ª Turma, RMS 980/RJ, Rel. Min. Eduardo Ribeiro, j. 20-8-1991.

bens, desde que os outros meios sejam eficazes para atender com a brevidade necessária, posto que os alimentos são indispensáveis para a sobrevivência. Entretanto, o Código de Processo Civil faculta, ao credor, a escolha do procedimento na execução dos alimentos, não podendo o juiz determinar a forma, pois o credor, para pedir prisão civil do devedor, não está obrigado, antes, a promover uma possível execução menos gravosa contra devedor solvente[181]. Cabe ao credor a escolha do rito processual a ser seguido para execução dos alimentos, nada obstando que primeiro proceda ao cumprimento de sentença e penhora de bens e uma vez frustrada, valha da execução indireta com prisão civil[182].

O Superior Tribunal de Justiça já firmou o entendimento no sentido de que cabe ao credor de prestação alimentícia escolher o rito de execução dos alimentos[183].

A possibilidade de prisão civil do devedor de alimentos é admitida na Constituição Federal, ao dispor no art. 5º, LXVII que "não haverá prisão civil por dívida, salvo do responsável voluntário pelo inadimplemento voluntário e inescusável de obrigação alimentícia".

O art. 18 da Lei de Alimentos foi revogado pelo Código de Processo Civil de 2015, pois remetia, na impossibilidade de desconto na folha de pagamento, a execução dos alimentos para as formas previstas no CPC de 1973. O Código atual regula a execução indireta no art. 528, dispondo no *caput* e no § 3º que:

> Art. 528. No cumprimento de sentença que condene ao pagamento de prestação alimentícia ou de decisão interlocutória que fixe alimentos, o juiz, a requerimento do exequente, mandará intimar o executado pessoalmente para, em 3 (três) dias, pagar o débito, provar que o fez ou justificar a impossibilidade de efetuá-lo.
>
> [...]
>
> § 3º Se o executado não pagar ou se a justificativa apresentada não for aceita, o juiz, além de mandar protestar o pronunciamento judicial na forma do § 1º, decretar-lhe-á a prisão pelo prazo de 1 (um) a 3 (três) meses.

---

181 NEGRÃO, Theotonio; GOUVÊA, José Roberto F. *Código de processo civil*. 40. ed., cit., p. 905.

182 STJ, 4ª Turma, REsp 216.560/SP, Rel. Min. Cesar Rocha, j. 28-11-2000.

183 STJ, REsp 1.219.522/MG, Rel. Min. Luis Felipe Salomão, j. 21-10-2015.

O art. 531 do CPC dispõe que a execução se aplica aos alimentos definitivos ou provisórios, excluindo as discussões dos prazos de prisão, que é para todas as modalidades de alimentos de 1 (um) a 3 (três) meses.

A justificativa para o não pagamento dos alimentos, dispõe o § 2º do art. 528 do CPC, somente será acolhida se provar fato que gere absoluta impossibilidade de pagar, caso contrário, será decretada a prisão civil, que será cumprida em regime fechado (§ 4º[184]), devendo o executado ficar separado dos presos comuns. No cumprimento de sentença indireta, o executado será intimado pessoalmente no prazo de três dias, como ocorre no Código atual.

Na execução indireta, o juiz manda, portanto, citar (ou intimar no novo CPC) o devedor para, no prazo de três dias, "pagar as prestações em atraso, provar que já pagou ou provar justificadamente que não possui meios para pagar".

Se o devedor provar que já pagou ou pagar as prestações em atraso, extingue-se a execução, entretanto, se for firmado acordo parcelado entre as partes, é apenas suspensa, posto que não extingue a execução, o parcelamento do débito antes do adimplemento da última parcela[185], cabendo às partes, satisfeita a obrigação, requerer a extinção.

O descumprimento, pelo devedor, do acordo celebrado entre as partes, autoriza o prosseguimento da execução e a decretação ou restabelecimento da ordem de prisão, não cabendo alegação de constrangimento ilegal em razão de prestações pretéritas ou necessidade de nova citação. O Superior Tribunal de Justiça já decidiu que, se houve transação entre alimentante e alimentando, o descumprimento do acordo não constitui dívida pretérita, mas débito em atraso. Se a prisão se fundou no descumprimento de parte desse acordo firmado para pagamento da verba alimentar, ainda que referente a período anterior, é de afastar-se o constrangimento ilegal[186]. E ainda, se o processo de execução de alimentos é suspenso, por força de acordo entre as partes, o inadimplemento deste autoriza o restabelecimento da

---

184 "§ 4º A prisão será cumprida em regime fechado, devendo o preso ficar separado dos presos comuns."

185 STJ, REsp 59.256-9/RS, Rel. Min. Demócrito Reinaldo, j. 15-5-1995.

186 STJ, REsp 8.880/DF, Rel. Min. Sálvio de Figueiredo, j. 14-2-2000.

ordem de prisão anteriormente decretada, independentemente de nova citação do devedor, bastando a intimação do procurador[187]. Realizado acordo, nos autos de execução da prestação alimentar, o inadimplemento das parcelas, dele decorrentes, justifica a ordem de prisão, sob pena de prestigiar o devedor relapso[188], pois o pagamento parcial da obrigação alimentar não impede a prisão civil do devedor[189].

Após devidamente citado, se o devedor permanecer omisso, não pagando ou justificando a impossibilidade, decreta-se a prisão civil e a decisão será levada a protesto.

Na hipótese de o devedor apresentar justificativa, abre-se uma fase de conhecimento, inclusive com designação de *audiência de justificação,* se for necessária a produção de provas em audiência, oferecendo possibilidade, ao credor, de impugná-la. Não pode o magistrado decretar a prisão desde logo, sem apreciar a justificação, sob pena de constrangimento ilegal. Após ouvir o Ministério Público, se o exequente for incapaz, o juiz aprecia as razões apresentadas e, se julgá-las improcedentes, não acolhe a justificativa e decreta a prisão civil. Aceita a justificativa, não se decreta a prisão do devedor, mas este não se exonera da dívida, que pode ser executada nas outras formas.

A justificativa tem de ser fato que gere impossibilidade absoluta de pagar e o argumento mais comum dos alimentos, nas justificativas de impossibilidade de efetuar o pagamento dos alimentos, é a *alegação de desemprego*. Conforme reiteradamente tem decidido o Superior Tribunal de Justiça, a simples alegação de desemprego não é o bastante para eximir o devedor do pagamento das prestações acordadas, se não demonstrar, de modo cabal, a impossibilidade de cumprir a obrigação[190]. A alegação de desemprego não é o bastante para demonstrar qualquer ilegalidade na decretação da prisão civil do devedor ou para eximi-lo do pagamento dos alimentos, ainda que o alimentando tenha atingido a maioridade, pois a desoneração não é automática, devendo pagar, para livrar-se da prisão, a

---

[187] STJ, HC 16.602/SP, Rel. Min. Ari Pargendler, j. 3-9-2001.

[188] STJ, 4ª Turma, REsp 401.273/SP, Rel. Min. Aldir Passarinho Jr., j. 25-2-2003.

[189] STJ, HC 350.101/MG. Rel. Min. Paulo de Tarso Sanseverino, j. 14-6-2016.

[190] STJ, 4ª Turma, RHC 13.799/PR, Rel. Min. Barros Monteiro, j. 25-2-2003.

totalidade das três parcelas anteriores, bem como as que vencerem no curso da execução (Súmula 309 do STJ)[191].

O Tribunal de Justiça de Minas Gerais também tem decidido reiteradamente que a alegação de desemprego, por si só, é insuficiente para eximir o alimentante de seu dever legal, devendo ser decretada a prisão civil do devedor nos casos em que a execução compreender as parcelas vencidas, nos três meses anteriores ao ajuizamento da ação, e as que vencerem no curso do processo. Ante a natureza da obrigação devida, não basta ao devedor demonstrar estar desempregado, pois a impossibilidade a que lei se refere é aquela que não depende da vontade do devedor e resultante de força maior, de situações concretas que tornem, de fato, impossível obter, com o trabalho, os recursos que satisfaçam a dívida, o que não ocorre com o desemprego, quando o devedor não possui obstáculos para outro serviço lícito. Pessoa que possui saúde e condições de trabalhar não pode alegar falta de serviço, quando existe possibilidade de dedicar-se a atividades diversas da que tinha e auferir renda para cumprir a obrigação legal se os alimentos foram fixados em valor razoável, atendendo o binômio necessidade/possibilidade[192].

As pesquisas comprovam que grande massa da população brasileira exerce atividades informais, sem um vínculo empregatício direto, especialmente entre os profissionais autônomos e atividades mercantis sem registros. Não raras vezes, o alimentante empregado atrasa o pagamento dos alimentos e utiliza o argumento quando executado, se posteriormente desempregado, para justificar a inadimplência. A jurisprudência é no sentido de que, ainda que o desemprego, em princípio, possa até justificar excepcionalmente no caso concreto, eventual inadimplência quanto ao pagamento da pensão alimentícia, não há como justificar o não pagamento de alimentos, se o desemprego ocorreu após o início do descumprimento da obrigação, agravado, se o devedor recebeu verbas rescisórias e as utilizou apenas para o sustento próprio[193].

Como é sabido, a demissão involuntária garante ao empregado o recebimento das parcelas rescisórias, levantamento do fundo de garantia e

---

191 STJ, 4ª Turma, RHC 77.839/SP, Rel. Min. Hélio Quaglia Barbosa, j. 9-10-2007, *DJ* 17-3-2008.

192 TJMG, 8ª CC, AI 1.0525.99.006093-7/001, Rel. Des. Silas Vieira, j. 18-3-2004.

193 TJMG, 3ª CC, AI 000.175.697-2/00, Rel. Des. José Antonio Baía Borges, j. 28-9-2000.

recebimento de seguro desemprego, preferindo muitos trabalhadores exercerem a profissão na informalidade enquanto recebem as parcelas, não podendo a mera alegação de desemprego justificar o descumprimento do pagamento dos alimentos.

Não acolhida a justificativa, o credor deve efetuar, de imediato, o pagamento dos alimentos atrasados, não existindo impedimento, entretanto, que o juiz conceda o prazo de três dias para o cumprimento.

Parte da jurisprudência tem acolhido o entendimento de que a prisão civil do devedor de alimentos não pode ser decretada de ofício, entretanto, existem decisões admitindo-a por determinação *ex officio*, especialmente se a credora requereu execução indireta, em face da redação imperativa do art. 733, § 1º, do Código de Processo Civil de 1973. Permite-se, ainda, a decretação da prisão civil mediante requerimento do Ministério Público, se a parte na execução indireta permanecer inerte, após a citação do devedor. Na redação do novo CPC, se o exequente requerer o cumprimento da sentença no rito da prisão civil, não efetuado o pagamento ou acolhida a justificativa, o juiz manda protestar e decreta a prisão civil, independentemente de novo requerimento.

A decisão que acolhe a justificativa ou decreta a prisão civil é interlocutória, cabendo agravo de instrumento, sem efeito suspensivo (art. 19, §§ 2º e 3º, da Lei n. 5.478/1968), entretanto, em face da redação do art. 1.019, I, do Código de Processo Civil, sendo relevante a fundamentação, o relator pode conceder o efeito suspensivo.

A prisão civil não é pena; é uma medida de constrangimento, de coação legal, para que o devedor efetue o pagamento, razão de ser chamada de execução indireta, e o seu cumprimento não exime o devedor do pagamento das prestações vencidas e vincendas (arts. 528, § 6º, do CPC e 19 da LA).

Não se admite nova prisão pelas mesmas prestações atrasadas, mas é possível decretá-la por outras parcelas posteriores e novamente não pagas.

O art. 528, § 3º, do Código de Processo Civil, fixa o prazo da prisão civil de um a três meses.

A prisão civil, como já visto, não é pena, mas uma medida coercitiva para obrigar o pagamento dos alimentos. Assim, da mesma forma que o cumprimento não exime o devedor do pagamento da prestação, paga a prestação alimentícia, suspende-se o cumprimento da prisão e recolhe-se o mandado, se o devedor ainda não foi preso.

O entendimento predominante, em face do princípio da atualidade dos alimentos, é de que não cabe prisão civil por dívidas superiores a três meses, já que com o tempo, a quantia devida perde o cunho alimentar e passa a ter caráter de ressarcimento. Consolidou-se na jurisprudência o entendimento de que, em caso de dívida alimentar que se acumula por longo período, esta deixa de ter esse caráter, salvo quanto às três últimas parcelas, devendo as demais ser cobradas mediante cumprimento de sentença ou outras formas.

O Superior Tribunal de Justiça, após revisão, conferindo nova redação no julgamento realizado em 22-3-2006, publicada no *DJ* de 19-4-2006, p. 153, editou a Súmula n. 309, sendo que o enunciado passou a ter a seguinte redação:

> Súmula n. 309. O débito alimentar que autoriza a prisão civil do alimentante é o que compreende as três prestações anteriores ao ajuizamento da execução e as que se vencerem no curso do processo.

O Código de Processo Civil de 2015 acolheu a Súmula n. 309 do STJ, dispondo expressamente, com a mesma redação, que somente as três prestações anteriores ao ajuizamento da ação e as que vencerem durante o processo autorizam a prisão civil (art. 528, § 7º).

O Superior Tribunal de Justiça decidiu, em *habeas corpus*, entretanto, que, em caso de débitos alimentares avolumados durante anos de execução, já tendo o credor atingido a maioridade, e exercendo atividade profissional remunerada, perde a atualidade do débito e a urgência na prestação dos alimentos mediante prisão civil, embora não desobrigue o genitor pela dívida pretérita. A Corte Superior decidiu pela desnecessidade da prisão civil como via coativa, conforme consta na ementa:

> 1 – O propósito do presente *habeas corpus* é definir se deve ser mantida a ordem de prisão civil do paciente em virtude de dívida de natureza alimentar que, em razão do reiterado inadimplemento do genitor, avolumou-se ao longo dos últimos 19 (dezenove) anos. 2 – O fato de o credor dos alimentos, durante o trâmite da execução, ter atingido a maioridade civil, cursado ensino superior e passado a exercer atividade profissional remu-

> nerada, embora não desobrigue o genitor pela dívida pretérita contraída exclusivamente em razão de sua recalcitrância, torna desnecessária, na hipótese, a prisão civil como medida coativa, seja em razão da ausência de atualidade e de urgência da prestação dos alimentos, seja porque essa técnica será ineficaz para compelir o devedor a satisfazer integralmente o débito que se avolumou de forma significativa. 3 – A existência de dúvida sobre o período em que os alimentos foram prestados pela avó, quais valores foram destinados ao credor e a natureza substitutiva ou complementar dos alimentos que foram prestados também desautoriza o uso da prisão civil como técnica coercitiva. 4 – Ordem concedida, confirmando-se a liminar anteriormente deferida[194].

A jurisprudência é pacífica no entendimento que só cabe prisão civil por alimentos em razão do parentesco, casamento e união estável, afeitos ao direito de família. Não cabe prisão por inadimplemento de prestação alimentícia decorrente de responsabilidade civil por ato ilícito[195]. A obrigação alimentar pela prática de ato ilícito configura modalidade de indenização do dano *ex delicto*, portanto, derivada da obrigação indenizatória, não se admitindo interpretação extensiva da norma punitiva excepcional que autoriza a prisão civil em se tratando de direito de liberdade.

Outra questão que demanda análise é sobre a possibilidade de prisão civil nas execuções de alimentos por título executivo extrajudicial. Prevalecia o entendimento de que o acordo de alimentos extrajudicial homologado ou realizado pela Defensoria Pública configura título executivo extrajudicial, com força executiva, entretanto, apesar de indiscutível a necessidade alimentar dos alimentandos, não possuía a capacidade de se instrumentalizar como sentença ou decisão judicial, exigidos no *caput* do art. 733 do Código de Processo Civil de 1973, para autorizar a medida extrema de prisão civil[196], mas a posição não era unânime.

O Código de Processo Civil de 2015, em boa hora, acolheu o melhor entendimento e encerrou de vez todos os debates, autorizando a prisão civil do devedor de alimentos na execução dos títulos executivos extrajudiciais, ao dispor no art. 911 que:

---

194 STJ, HC 415215/SP, Rel. Min. Nancy Andrighi, j. 6-2-2018.

195 STJ, REsp 93.948/SP, Rel. Min. Eduardo Ribeiro, j. 1º-6-1998.

196 TJMG, 6ª CC, AC 1.0702.04.132803-1/001, Rel. Des. Edílson Fernandes, j. 20-5-2008.

> Art. 911. Na execução fundada em título executivo extrajudicial que contenha obrigação alimentar, o juiz mandará citar o executado para, em 3 (três) dias, efetuar o pagamento das parcelas anteriores ao início da execução e das que se vencerem no seu curso, provar que o fez ou justificar a impossibilidade de fazê-lo.
>
> Parágrafo único. Aplicam-se, no que couber, os §§ 2º a 7º do art. 528.

O § 3º do art. 528, CPC, autoriza a prisão civil do devedor.

Na execução indireta de título executivo extrajudicial, o juiz não manda protestar o pronunciamento judicial, previsto no § 1º do art. 528, aplicando-se, porém, todas as demais disposições da execução do título judicial, ou seja, a justificativa somente será acolhida se a impossibilidade for absoluta, caso contrário será decretada a prisão civil nos títulos extrajudiciais de alimentos, a ser cumprida em regime fechado.

8.4. Execução por quantia certa

É a execução comum, prevista no art. 824 e seguintes do Código de Processo Civil com citação do devedor para efetuar o pagamento da dívida no prazo de três dias, sob pena de penhora imediata de bens, que podem ser indicados pelo próprio credor ou intimado o executado para indicá-los, avaliação, depósito dos bens, embargos, avaliação, arrematação mediante praça ou leilão e o pagamento ao credor em dinheiro ou adjudicação dos bens penhorados.

Aplica-se somente aos *títulos executivos extrajudiciais* de obrigação alimentar por escritura pública ou outro documento público, documento particular assinado pelo devedor e duas testemunhas ou os acordos referendados pelo Ministério Público, pela Defensoria Pública ou pelos advogados das partes, não se aplicando aos *títulos executivos judiciais*, em razão do *cumprimento de sentença*, acrescentando ao Código de Processo Civil nos arts. 513 a 519.

Trata-se de execução morosa e, portanto, incompatível com o caráter alimentar, que só deve ser utilizada por opção do credor, se não for possível a execução pelas formas anteriores, se o devedor cumpriu a prisão civil e não pagou ou nas prestações anteriores a três meses, acolhendo a posição jurisprudencial que não admite prisão civil quanto a estas parcelas.

Os embargos do executado não possuem efeitos suspensivos, salvo se atribuído pelo juiz, entretanto, no caso de alimentos, se a penhora recair em dinheiro, permite-se o levantamento mensal da importância da prestação alimentícia para subsistência do credor, não sendo conferido efeito suspensivo.

8.5. Cumprimento de sentença

Após a entrada em vigor da Lei n. 11.232/2005 surgiu a discussão se o cumprimento de sentença se aplicaria ou não nas execuções de alimentos, se a execução por quantia certa (art. 732 do CPC/1973) continua vigente e se é cabível a aplicação da multa de 10% nas execuções alimentícias. As discussões perderam o sentido com a entrada em vigor do CPC/2015 que regulamentou o cumprimento de sentença nos alimentos.

O Código de Processo Civil de 2015 prevê expressamente que, em vez de requerer a execução indireta com prisão civil, o exequente pode optar por promover o cumprimento da sentença ou da decisão no rito da obrigação de pagar quantia certa, nos termos do § 8º do art. 528, que dispõe:

> Art. 528. [...]
>
> [...]
>
> § 8º O exequente pode optar por promover o cumprimento da sentença ou decisão desde logo, nos termos do disposto neste Livro, Título II, Capítulo III, caso em que não será admissível a prisão do executado, e, recaindo a penhora em dinheiro, a concessão de efeito suspensivo à impugnação não obsta a que o exequente levante mensalmente a importância da prestação.

Nesse caso, o devedor será intimado para pagar o débito no prazo de 15 dias, acrescido das custas. Se o executado não efetuar o pagamento no prazo, o débito será acrescido de multa de 10% e também de honorários de advogado de 10%, expedindo-se, de imediato, mandado de penhora e avaliação, seguindo-se os atos de expropriação. Se a penhora recair em dinheiro, a concessão de efeito suspensivo à impugnação não impede o levantamento mensal do valor da pensão alimentícia (arts. 523 a 525 do CPC).

O Código de Processo Civil incluiu no capítulo do cumprimento de sentença que reconheça a exigibilidade de obrigação alimentar a prestação de alimentos mediante indenização por ato ilícito (art. 533), dispondo que caberá ao executado, requerendo o exequente, constituir capital cuja renda assegure o pagamento mensal do valor da pensão. O capital, constituído por imóveis, direitos reais, títulos ou aplicações financeiras, será inalienável e impenhorável enquanto persistir a obrigação, podendo ser substituído por desconto em folha de pagamento de pessoa jurídica de reconhecida capacidade econômica ou por fiança bancária. Inova ainda ao prever, nos alimentos mediante indenização, que podem ser fixados tendo por base o salário mínimo, a possibilidade de revisão do valor, para diminuir ou aumentar, se sobrevier modificação nas condições econômicas das partes, o que vai gerar muita controvérsia por tratar-se de indenização.

Dispõe o art. 533, *caput* e §§ 3º e 4º, do CPC, que:

> Art. 533. Quando a indenização por ato ilícito incluir prestação de alimentos, caberá ao executado, a requerimento do exequente, constituir capital cuja renda assegure o pagamento do valor mensal da pensão.
>
> [...]
>
> § 3º Se sobrevier modificação nas condições econômicas, poderá a parte requerer, conforme as circunstâncias, redução ou aumento da prestação.
>
> § 4º A prestação alimentícia poderá ser fixada tomando por base o salário-mínimo.

A competência nas execuções de alimentos poderá ser do juízo que decidiu a causa no primeiro grau de jurisdição, do juízo do domicílio do devedor, do juízo onde se encontrem os bens sujeitos à execução (art. 516 do CPC) ou do domicílio do alimentando, cabendo-lhe a escolha, conforme autoriza o § 9º do art. 528 do Código de Processo Civil:

> Art. 528. [...]
>
> [...]
>
> § 9º Além das opções previstas no art. 516, parágrafo único, o exequente pode promover o cumprimento da sentença ou decisão que condena ao pagamento de prestação alimentícia no juízo de seu domicílio.

O cumprimento da execução de alimentos definitivos será processado nos próprios autos da decisão proferida; entretanto, tratando-se de alimentos provisórios, a execução se processa em autos apartados, conforme determina o art. 531 do Código de Processo Civil:

> Art. 531. O disposto neste Capítulo aplica-se aos alimentos definitivos ou provisórios.
>
> § 1º A execução dos alimentos provisórios, bem como a dos alimentos fixados em sentença ainda não transitada em julgado, se processa em autos apartados.
>
> § 2º O cumprimento definitivo da obrigação de prestar alimentos será processado nos mesmos autos em que tenha sido proferida a sentença.

Conrado Paulino da Rosa alerta, entretanto, que, para agilizar a execução, o recomendável é propor no domicílio do executado ou no local onde se encontrem os bens, portanto, em autos apartados. Discorre o autor que:

> Todavia, considerando a necessidade de um processo célere para cumprir o desiderato da demanda, qual seja, a garantia da subsistência de quem recebe alimentos, necessário alertarmos duas possibilidades para a propositura da execução, previstas no parágrafo único do artigo 516 do CPC de 2015: a) juízo do atual domicílio do executado, evitando assim a necessidade da expedição de carta precatória que, muitas vezes, impõe uma demora excessiva ao cumprimento da obrigação; b) juízo do local onde se encontrem os bens sujeitos à execução, facilitando o alcance do alimentando aos valores que garantirão suas necessidades. Nesses casos, o exequente deverá solicitar a remessa dos autos do processo pelo juízo de origem[197].

8.6. Inclusão do nome do devedor de alimentos nos cadastros de proteção ao crédito

A possibilidade de inscrição dos nomes dos devedores de alimentos nos cadastros do Serviço de Proteção ao Crédito (SPC) e do Serasa é uma forma de execução indireta que já vinha sendo defendida na doutrina e já acolhida em algumas decisões do Judiciário, apesar das divergências anteriores.

O segredo de justiça imposto nas ações de alimentos e o caráter privado dos serviços de proteção ao crédito (dívidas privadas) não podem importar

[197] ROSA, Conrado Paulino da. *Curso de direito de família contemporâneo*, cit., p. 416.

em óbice para a inscrição, como defendiam alguns. O direito à intimidade do devedor não pode sobrepor ao direito ao sustento e sobrevivência, em última análise à vida, do alimentando. Ademais, na inscrição, não serão divulgados dados do processo e das partes, apenas que o inscrito foi executado e deve pensão alimentícia, mantendo em sigilo o alimentado, especialmente se menor.

A inscrição do nome do devedor nos serviços de proteção ao crédito assume grande relevância quando não é localizado para pagamento ou cumprimento da prisão civil, quando já cumpriu a prisão civil e não efetuou o pagamento e quando exerce economia informal, não sendo possível desconto em folha de pagamento ou penhora de bens. A restrição ao crédito, hoje de extrema importância na vida das pessoas, é mais uma ferramenta para coagir o devedor a honrar com sua obrigação.

O Código de Processo Civil de 2015 não apenas autoriza, mas determina ao juiz mandar protestar o pronunciamento judicial, juntamente com a decretação da prisão civil, se o devedor não efetuar o pagamento e a justificativa não for acolhida. A nova legislação prevê que a decisão judicial transitada em julgado pode ser levada a protesto, mediante certidão de inteiro teor da decisão, se no cumprimento de sentença o pagamento voluntário não ocorrer no prazo de 15 dias. Dispõe o § 1º do art. 528 que:

> Art. 528. [...]
>
> [...]
>
> § 1º Caso o executado, no prazo referido no *caput*, não efetue o pagamento, não prove que o efetuou ou não apresente justificativa da impossibilidade de efetuá-lo, o juiz mandará protestar o pronunciamento judicial, aplicando-se, no que couber, o disposto no art. 517.

Tratando-se de mais uma ferramenta para obrigar o devedor de alimentos a cumprir sua obrigação, não existe vedação legal para a inscrição do nome do devedor nos serviços de proteção ao crédito, já que o art. 43 do Código de Defesa do Consumidor não faz qualquer restrição à natureza do débito, tanto que utilizam de informações judiciais de execuções em andamento para inscrição de devedores. A privacidade do devedor de alimentos não pode se sobrepor aos direitos fundamentais da criança e do adolescente à alimentação, saúde, educação e dignidade, que possuem prioridade absoluta (art. 227 da CF).

8.7. Penhora do FGTS nas execuções de alimentos

A Lei n. 8.036/1990, que dispõe sobre o Fundo de Garantia do Tempo de Serviço (FGTS), estabelece no art. 2º, § 2º, que "as contas vinculadas em nome dos trabalhadores são absolutamente impenhoráveis", enquanto no art. 20 apresenta um rol de hipóteses em que a conta pode ser movimentada, não estando incluída a possibilidade de penhora ou retenção para quitação de pensão alimentícia.

A penhora do saldo do FTGS do devedor de alimentos tem dividido a jurisprudência. Algumas decisões concluem sobre a impossibilidade da penhora, em face do art. 2º, § 2º, da Lei n. 8.036/1990, admitindo-se o levantamento dos fundos na conta vinculada apenas nas hipóteses expressamente previstas[198].

Predomina o entendimento, todavia, que em regra o FGTS é impenhorável, entretanto, o rol taxativo do art. 20 da Lei n. 8.036/1990 deve ser mitigado no caso de inadimplemento de pensão alimentícia, quando esgotados todos os meios para satisfação do débito alimentar. O Tribunal de Justiça de Minas Gerais decidiu que o cumprimento da pensão alimentícia encontra tutela na Constituição Federal, permitindo inclusive a prisão civil do devedor (art. 5º, LXVII), não podendo a legislação infraconstitucional limitar o seu cumprimento e comprometer a subsistência do alimentando, sob pena de ofensa à dignidade da pessoa humana. Assim, o art. 20 da Lei do FGTS deve ser mitigado para garantir a efetividade dos direitos fundamentais constitucionalmente garantidos. Concluiu o julgado que a Caixa Econômica Federal não possui direito líquido e certo para negar a liberação de valores existentes na conta do devedor de alimentos, indispensáveis para cumprir a obrigação sob pena de prisão civil do depositante/executado[199].

A vedação de impenhorabilidade deve ser mitigada para satisfazer crédito de natureza alimentar, de subsistência do necessitado, pois prevalece o princípio constitucional da dignidade humana e do direito à vida em face da previsão constante do art. 2º, § 2º, da Lei n. 8.036/1990[200].

---

198 TJDF, AI 0004966-54.2011.807.0000, Rel. Des. Angelo Passareli, j. 16-1-2012.

199 TJMG, MS 4929213.09.2009.8.13.0000, Rel. Des. Edilson Fernandes, j. 12-3-2010.

200 TJDF, 1ª Turma Cível. AI 0026837-72.2013.8.07.0000, Acórdão 750.898, Rel. Des. Flavio Rostirola, j. 16-1-2014.

O Superior Tribunal de Justiça firmou o entendimento da possibilidade de penhora das contas vinculadas ao FGTS e também do PIS nas execuções de alimentos, mitigando o rol que autoriza a movimentação da conta, diante das peculiaridades do caso concreto, para conferir efetividade aos direitos fundamentais constitucionalmente garantidos. Nesse sentido:

> RECURSO ESPECIAL. AÇÃO DE EXECUÇÃO DE DÉBITO ALIMENTAR. PENHORA DE NUMERÁRIO CONSTANTE NO FUNDO DE GARANTIA POR TEMPO DE SERVIÇO (FGTS) EM NOME DO TRABALHADOR/ALIMENTANTE. COMPETÊNCIA DAS TURMAS DA SEGUNDA SEÇÃO. VERIFICAÇÃO. HIPÓTESES DE LEVANTAMENTO DO FGTS ROL LEGAL EXEMPLIFICATIVO. PRECEDENTES. SUBSISTÊNCIA DO ALIMENTANDO. LEVANTAMENTO DO FGTS. POSSIBILIDADE. PRECEDENTES. RECURSO ESPECIAL PROVIDO.
>
> I – A questão jurídica consistente na admissão ou não de penhora de numerário constante do FGTS para quitação de débito, no caso, alimentar, por decorrer da relação jurídica originária afeta à competência desta c. Turma (obrigação alimentar), deve, de igual forma ser conhecida e julgada por qualquer dos órgãos fracionários da Segunda Seção desta a. Corte;
>
> II – Da análise das hipóteses previstas no artigo 20 da Lei n. 8.036/90, é possível aferir seu caráter exemplificativo, na medida em que não se afigura razoável compreender que o rol legal abarque todas as situações fáticas, com a mesma razão de ser, qual seja, a proteção do trabalhador e de seus dependentes em determinadas e urgentes circunstâncias da vida que demandem maior apoio financeiro;
>
> III – Irretorquível o entendimento de que a prestação dos alimentos, por envolver a própria subsistência dos dependentes do trabalhador, deve ser necessariamente atendida, ainda que, para tanto, proceda-se ao levantamento do FGTS do trabalhador[201].

O Superior Tribunal em reiteradas decisões (AgRg no REsp 1.570.775/PR, j. 3-5-2016; AgRg no REsp 1.427.836/SP, j. 29-4-2014, entre outros), tem mantido o julgado citado no sentido de que admite-se a penhora dos valores do FGTS e do PIS nas execuções de alimentos.

---

201 STJ, 3ª Turma, REsp 1.083.061/RS, Rel. Min. Massami Uyeda, j. 2-3-2010.

A mitigação dos arts. 20, § 2º, e 20 da Lei n. 8.036/1990 encontra amparo, ainda, tratando de alimentando menor, no art. 227 da Constituição Federal, que garante, com absoluta prioridade, o direito à alimentação, à saúde e à educação da criança e do adolescente, o que prevalece sobre qualquer norma infraconstitucional, autorizando a penhora dos saldos do FGTS para satisfação da obrigação alimentar.

8.8. Execução de alimentos fundada em título extrajudicial no CPC de 2015

Os instrumentos de transação de alimentos referendados pelo Ministério Público, pela Defensoria Pública, pela Advocacia Pública, pelos advogados dos acordantes, por conciliador ou mediador credenciado pelo tribunal ou por escrituras públicas de separação, divórcio ou extinção de união estável consensual, são títulos executivos extrajudiciais, autorizando a instauração do procedimento de execução caso o devedor não satisfaça a obrigação.

O Código de Processo Civil de 2015 trouxe grande inovação ao permitir a prisão civil do devedor de alimentos fundado em título extrajudicial, eliminando os debates sobre a sua possibilidade ou não. No Livro II – Do Processo de Execução, foi inserido no Título II – Das Diversas Espécies de Execução, o Capítulo VI, que trata da Execução de Alimentos, semelhante ao rito da execução indireta mediante prisão civil fundada em título judicial, deixando apenas de determinar o protesto.

Dispõe o novo dispositivo legal (art. 911), que o juiz mandará citar o executado, nas execuções fundadas em título executivo extrajudicial que contenha obrigação alimentar, para, no prazo de três dias, efetuar o pagamento das parcelas anteriores ao início da execução e das que vencerem no seu curso, provar que o fez ou justificar a impossibilidade de fazê-lo. A seguir determina a aplicação dos §§ 2º a 7º do art. 528, que trata da execução indireta, ou seja, a justificativa exige fato que gere impossibilidade absoluta de pagar; se o pagamento não for efetuado, o juiz decreta a prisão civil de um a três meses; em regime fechado, separado dos presos comuns; o cumprimento da pena não exime o pagamento; pagas as prestações alimentícias, o juiz suspende a ordem de prisão; o débito alimentar que autoriza a prisão civil é o que compreende as três prestações vencidas antes do ajuizamento da execução e as que vencerem no seu curso.

Na execução por título extrajudicial, o Código de Processo Civil de 2015 autoriza também que a execução se proceda mediante desconto em folha de pagamento, a partir da primeira remuneração posterior do executado, a contar do protocolo do ofício, sob pena de crime de desobediência do empregador (art. 912).

Por fim, frustrada a execução indireta mediante prisão civil ou impossibilitado o desconto em folha de pagamento, resta ao exequente promover a execução por quantia certa realizada pela expropriação de bens do executado, ressaltando que, se a penhora recair em dinheiro, a concessão de efeito suspensivo aos embargos à execução não impede que o alimentado levante mensalmente o valor da pensão alimentícia (art. 913).

9. TESES DO STJ SOBRE ALIMENTOS

O Superior Tribunal de Justiça editou várias teses sobre alimentos, referentes a entendimentos consolidados por suas turmas.

Na edição n. 65 os entendimentos foram extraídos de julgados publicados até 24-6-2016, em 19 teses:

> 1) Os créditos resultantes de honorários advocatícios têm natureza alimentar e equiparam-se aos trabalhistas para efeito de habilitação em falência, recuperação judicial e privilégio geral em concurso de credores nas execuções fiscais (Tese julgada sob o rito do art. 543-C do CPC – Tema 637).
>
> 2) Na execução de alimentos, é possível o protesto (art. 526, § 3º do NCPC) e a inscrição do nome do devedor nos cadastros de proteção ao crédito.
>
> 3) O Ministério Público tem legitimidade ativa para ajuizar ação/execução de alimentos em favor de criança ou adolescente, nos termos do art. 201, III, da Lei n. 8.069/90 (Tese julgada sob o rito do art. 543-C do CPC/1973 – Tema 717).
>
> 4) É devido alimentos ao filho maior quando comprovada a frequência em curso universitário ou técnico, por força da obrigação parental de promover adequada formação profissional.
>
> 5) O débito alimentar que autoriza a prisão civil do alimentante é o que compreende as três prestações anteriores ao ajuizamento da execução e as que se vencerem no curso do processo (Súmula n. 309/STJ) (Art. 528, § 7º do NCPC).

6) O atraso de uma só prestação alimentícia, compreendida entre as três últimas atuais devidas, já é hábil a autorizar o pedido de prisão do devedor, nos termos do artigo 528, § 3º do NCPC (art. 733, § 1º do CPC/1973).

7) É possível a modificação da forma da prestação alimentar (em espécie ou *in natura*), desde que demonstrada a razão pela qual a modalidade anterior não mais atende à finalidade da obrigação, ainda que não haja alteração na condição financeira das partes nem pretensão de modificação do valor da pensão.

8) O cancelamento de pensão alimentícia de filho que atingiu a maioridade está sujeito à decisão judicial, mediante contraditório, ainda que nos próprios autos (Súmula n. 358/STJ).

9) O pagamento parcial da obrigação alimentar não impede a prisão civil do devedor.

10) A base de cálculo da pensão alimentícia fixada sobre o percentual do vencimento do alimentante abrange o décimo terceiro salário e o terço constitucional de férias, salvo disposição expressa em contrário (Tese julgada sob o rito do art. 543-C do CPC/1973 – Tema 192).

11) Cabe ao credor de prestação alimentícia a escolha pelo rito processual de execução a ser seguido.

12) A real capacidade econômico-financeira do alimentante não pode ser aferida por meio de *habeas corpus*.

13) A constituição de nova família pelo alimentante não acarreta a revisão automática da quantia estabelecida em favor dos filhos advindos de união anterior.

14) Os alimentos devidos entre ex-cônjuges devem ter caráter excepcional, transitório e devem ser fixados por prazo determinado, exceto quando um dos cônjuges não possua mais condições de reinserção no mercado do trabalho ou de readquirir sua autonomia financeira.

15) A responsabilidade dos avós de prestar alimentos aos netos apresenta natureza complementar e subsidiária, somente se configurando quando demonstrada a insuficiência de recursos do genitor.

16) Não é possível a compensação dos alimentos fixados em pecúnia com parcelas pagas *in natura*.

17) É possível a fixação da pensão alimentícia com base em determinado número de salários-mínimos.

18) A fixação da verba alimentar tem como parâmetro o binômio necessidade do alimentando e possibilidade do alimentante, insusceptível de análise em sede de recurso especial por óbice da Súmula n. 7/STJ.

19) A mulher que renunciou aos alimentos na separação judicial tem direito à pensão previdenciária por morte do ex-marido, comprovada a necessidade econômica superveniente (Súmula n. 336/STJ).

Na edição n. 77 os entendimentos foram extraídos dos julgados publicados até 17-2-2017, em 15 teses:

1) Os efeitos da sentença proferida em ação de revisão de alimentos – seja em caso de redução, majoração ou exoneração – retroagem à data da citação (Lei n. 5.478/68, art. 13, § 2º), ressalvada a irrepetibilidade dos valores adimplidos e a impossibilidade de compensação do excesso pago com prestações vincendas.

2) A pretensão creditícia ao reembolso de despesas alimentícias efetuadas por terceiro, no lugar de quem tinha a obrigação de prestar alimentos, por equiparar-se à gestão de negócios, é de direito comum e prescreve em 10 anos.

3) O descumprimento de acordo celebrado em ação de execução de prestação alimentícia pode ensejar o decreto de prisão civil do devedor.

4) O cumprimento da prisão civil em regime semiaberto ou em prisão domiciliar é excepcionalmente autorizado quando demonstrada a idade avançada do devedor de alimentos ou a fragilidade de sua saúde.

5) O advogado que tenha contra si decretada prisão civil por inadimplemento de obrigação alimentícia não tem direito de cumprir a restrição em sala de Estado Maior ou em prisão domiciliar.

6) Não cabe prisão civil do inventariante em virtude do descumprimento pelo espólio do dever de prestar alimentos.

7) A obrigação de prestar alimentos é personalíssima, intransmissível e extingue-se com o óbito do alimentante, cabendo ao espólio saldar, tão somente, os débitos alimentares preestabelecidos mediante acordo ou sentença não adimplidos pelo devedor em vida, ressalvados os casos em que o alimentado seja herdeiro, hipóteses nas quais a prestação perdurará ao longo do inventário.

8) Ante a natureza alimentar do salário e o princípio da razoabilidade, os empréstimos com desconto em folha de pagamento (consignação facultativa/voluntária) devem limitar-se a 30% (trinta por cento) dos vencimentos do trabalhador.

9) Excepcionalmente, é possível penhorar parte dos honorários advocatícios – contratuais ou sucumbenciais – quando a verba devida ao advogado ultrapassar o razoável para o seu sustento e o de sua família.

10) Os honorários advocatícios – contratuais ou sucumbenciais – têm natureza alimentícia, razão pela qual é possível a penhora de verba salarial para seu pagamento.

11) As parcelas percebidas a título de participação nos lucros e resultados das empresas integram a base de cálculo da pensão alimentícia quando esta é fixada em percentual sobre os rendimentos, desde que não haja disposição transacional ou judicial em sentido contrário.

12) Admite-se, na execução de alimentos, a penhora de valores decorrentes do Fundo de Garantia por Tempo de Serviço – FGTS, bem como do Programa de Integração Social – PIS.

13) Os valores pagos a título de alimentos são insuscetíveis de compensação, salvo quando configurado o enriquecimento sem causa do alimentando.

14) Julgada procedente a investigação de paternidade, os alimentos são devidos a partir da citação (Súmula n. 277/STJ).

15) A natureza do crédito alimentar não se altera com o mero decurso do tempo.

8

Da tutela, da curatela, da tomada de decisão apoiada e da autocuratela

1. TUTELA

1.1. Conceito e natureza jurídica

O instituto da tutela não é novidade no direito moderno. Ensina Sílvio Venosa que seus antecedentes históricos são antigos, remontando ao direito romano, em que o *pater familias* exercia o poder sobre todos os filhos e netos, independentemente da idade, já que todos eram considerados incapazes. Apenas o *pater* era *sui juris*. Falecendo o pai da família, os filhos tornavam-se *sui juris*, livres, independente da idade, entretanto, se fossem menores, não existia impedimento para nomeação de tutores para cuidar de sua pessoa e seus bens, até atingir a puberdade, 12 anos para a mulher e 14 para o homem. Após esta idade, e até os 25 anos, se homem, ficava sob a proteção de um curador. Também se nomeava curador aos maiores, quando incapazes mentalmente ou com outras enfermidades permanentes. A tutela, portanto, era deferida para os impúberes, semelhante ao pátrio poder, e a curatela aos menores púberes e aos enfermos maiores para proteção de seus bens. Era conhecida, ainda, a tutela para as mulheres também púberes, *aliene juris*, em caráter permanente, para proteger sua condição de debilidade do sexo. As restrições ao direito e à tutoria das mulheres foram diminuindo nas legislações, até atingir a igualdade jurídica nos tempos modernos. No curso da história, as funções do tutor e curador assimilaram-se e se confundiram as figuras. No nosso direito, foi mantida a distinção da tutela para proteção dos menores e curatela para os maiores incapazes[1].

Os institutos, entretanto, possuem regras comuns, como os poderes de administração e disposição dos bens, prestação de contas, remuneração, controle judicial da nomeação, exoneração e cessação do encargo[2].

A lei determina aos pais, no exercício do poder familiar, administrar a pessoa e os bens dos filhos menores. Na impossibilidade de os genitores exercerem esta função por morte, ausência ou destituição, a lei confere seu exercício a terceira pessoa, denominada *tutor*. Destina-se o tutor, assim, a substituir o pai e a mãe, tutores naturais no exercício do poder familiar.

Dispõe o art. 1.728 do Código Civil que:

> Art. 1.728. Os filhos menores são postos em tutela:
>
> I – com o falecimento dos pais, ou, sendo estes julgados ausentes;
>
> II – em caso de os pais decaírem do poder familiar.

A tutela, portanto, é o conjunto de poderes e encargos conferidos pela lei a um terceiro, para que zele pela pessoa de um menor que se encontre fora do poder familiar e lhe administre os bens, ou seja, que exerça o encargo de zelar pela criação, pela educação e pelos bens do menor[3]. O tutor representa ou assiste o pupilo, dirige sua criação e educação, regendo sua pessoa, defende-o, presta-lhe alimentos e administra os bens como o pai e a mãe, prestando contas ao juiz e solicitando autorização quando necessário.

João Aguirre, em uma nova leitura do regime das incapacidades, adequando-o ao paradigma existencialista do atual ordenamento jurídico e aos valores essenciais da doutrina da proteção integral, conceitua a tutela como o "instituto jurídico de direito assistencial voltado à proteção prioritária

---

1 VENOSA, Sílvio de Salvo. *Direito civil* – Direito de família. 3. ed., cit., p. 403-404.

2 ROSA, Conrado Paulino da. *Curso de direito de família contemporâneo,* cit., p. 453.

3 RODRIGUES, Silvio. *Direito civil* – Direito de família. 27. ed., cit., p. 437.

existenciais da criança e do adolescente, cujos pais morreram, foram declarados ausentes por decisão judicial ou decaíram de seu poder familiar"[4].

Assim a tutela, bem como o poder familiar e curatela, são institutos que visam suprir as incapacidades de fato existentes, permitindo a administração ou assistência ao incapaz, a administração dos seus bens e o auxílio que for necessário para sua manutenção, criação e educação, formando a *trilogia assistencial aos incapazes*. Possui, portanto, caráter assistencial para proteção dos menores, suprimindo a falta dos pais, o que inclui o dever de guarda, de manter o menor sob sua vigilância e cuidados. Constitui uma das formas de família substituta para a integral proteção do menor, exigindo para nomeação do tutor os requisitos e procedimentos previstos nos arts. 28 e 29 da Lei n. 8.069/1990.

É um instituto transitório, nascendo em circunstâncias especiais que atingem o menor, por ausência, morte, suspensão ou destituição do poder familiar dos pais, cessa no caso de reconhecimento, adoção ou maioridade do pupilo ou até os pais readquirirem o poder familiar.

Deferida à pessoa de até 18 anos incompletos, portanto, a tutela visa substituir o poder familiar e se apresenta como instituto de natureza semelhante, com os mesmos fins, consistente não apenas na criação, educação e preservação do patrimônio do menor, mas também no atendimento ao interesse da sociedade, que almeja o aperfeiçoamento das gerações futuras[5]. Consiste, pois, no encargo conferido a alguém para zelar pela pessoa e administrar os bens de um menor que se encontra fora do poder familiar, tratando-se de um *munus* imposto pelo Estado, sendo obrigatório o exercício, se o juiz não aceitar a escusa (art. 1.739 do CC). Sendo a tutela sucedâneo do poder familiar, o exercício simultâneo é incompatível, não podendo ocorrer a substituição mesmo com o consentimento dos pais, tendo a jurisprudência decidido que, estando a mãe do menor viva e no exercício do pátrio poder (atual poder familiar), pouco importa a declaração favorável quanto à pretensão de tutela, visto que não se pode abdicar do pátrio poder. Só se concede o pedido de tutela, havendo, anteriormente, o falecimento dos pais, declaração de ausência destes por ato do juiz, suspensão ou destituição do pátrio poder[6].

---

4 AGUIRRE, João. Tutela. *Tratado de direito das famílias*, cit., p. 700.

5 RODRIGUES, Silvio. *Direito civil* – Direito de família. 27. ed., cit., p. 437.

6 TJMG, AC 109.633/8, Rel. Des. Isalino Lisboa, p. 3-12-1998.

O art. 36, parágrafo único, do Estatuto da Criança e do Adolescente, ressalta incompatibilidade da tutela com o poder familiar, destacando seu caráter substitutivo, ao dispor que o deferimento da tutela pressupõe a "prévia decretação da perda ou substituição do poder familiar e implica necessariamente o dever de guarda".

Maximilianus ressalta, porém, que a jurisprudência tem admitido a tutela especial para menores cujos pais estejam impedidos ou em local distante ou ignorado, provisoriamente, sem condições de dar a devida proteção aos filhos, coexistindo com o poder familiar, suprimindo-lhe eventuais deficiências passageiras[7]. O entendimento colide, todavia, com o disposto no art. 1.728, do Código Civil, sendo preferível a guarda cumulada com o direito de representação para os atos necessários (art. 33, § 2º, da Lei n. 8.069/1990). Não raras vezes, entretanto, em circunstâncias especiais, depara-se com decisões que deferem a tutela especial sem a desconstituição do poder familiar.

As prerrogativas da tutela, apesar das semelhanças, são mais restritas que o poder familiar e sujeitas a maior fiscalização, já que é exercida por terceiros e não pelos pais, que, presume-se, amam os filhos e anseiam por defender seus interesses.

A semelhança do poder familiar, entretanto, busca-se na nomeação do tutor que, presumidamente, dispense ao menor os cuidados dos pais, razão da preferência pelos avós e parentes próximos, bem como a relação de afetividade ou afinidade, para constituir uma família. O art. 28 da Lei n. 8.069/1990, ao tratar a família substituta, que se fará mediante guarda, tutela e adoção, orienta no § 3º que "na apreciação do pedido levar-se-á em conta o grau de parentesco e a relação de afinidade ou de afetividade, a fim de evitar ou minorar as consequências decorrentes da medida". Determina ainda o Estatuto da Criança e do Adolescente que o menor será previamente ouvido por equipe interprofissional, sendo necessário o consentimento se tratar de maior de doze anos (art. 28, §§ 1º e 2º).

O Código Civil de 1916, ao cuidar da tutela, preocupou-se especialmente com o menor que possui bens, para preservação de seu patrimônio, tanto que quase todos os dispositivos regulavam o assunto e apenas um tratava do menor abandonado, o que foi reproduzido no Código de 2002;

[7] FÜHER, Maximilianus Cláudio Américo. *Resumo de direito civil*. 28. ed., cit., p. 119.

todavia, o Estatuto da Criança e do Adolescente, ao dispor sobre a proteção integral da criança e do adolescente como o principal objetivo da família substituta (art. 1º), modificou esta orientação, democratizando a tutela e tornando-a indispensável às classes menos abastadas da população, crescendo sua importância, especialmente em razão da legislação previdenciária e assistencial[8].

1.2. Espécies de tutela

As espécies de tutela estão previstas nos arts. 1.729, 1.731 e 1.732 do Código Civil, dependendo do modo de sua instituição que pode ser testamentária, documental, legítima ou dativa. Alguns autores incluem a tutela irregular como uma das espécies, entretanto, não se configura como tutela, não gerando efeitos jurídicos de ofício tutelar, pois ocorre quando uma pessoa zela pelos interesses de um menor, tanto de sua pessoa quanto de seus bens, sem nomeação legal. Trata-se de mera gestão de negócios e como tal deve ser regida[9].

O Código Civil determina a nomeação de um só tutor aos menores, tanto que nomeados vários pelos pais por testamento, presume-se que a tutela foi cometida ao primeiro e os outros são substitutos pela ordem de nomeação (art. 1.733, *caput* e § 1º, do CC). Maria Berenice Dias ressalta, entretanto, que não existe impedimento quanto à tutela compartilhada, nomeando-se duas pessoas para o encargo, até porque melhor atende aos interesses do tutelado passar a viver com um casal, sejam eles casados ou vivam em união estável, devendo o critério tradicional ser revisto diante da concepção do Estatuto da Criança e do Adolescente de proteção integral no melhor interesse do menor[10]. É inequívoco que a nomeação conjunta do casal, hétero ou homoafetivo, no exercício compartilhado da tutela, melhor resguarda os interesses do menor, existindo até mesmo uma fiscalização mútua, além de integrar a criança ou adolescente na família substituta, assemelhando à natural, cabendo ao juiz decidir, no caso de divergências, como ocorre no poder familiar.

---

8 RODRIGUES, Silvio. *Direito civil* – Direito de família. 27. ed., cit., p. 436.

9 MONTEIRO, Washington de Barros. *Curso de direito civil* – Direito de Família. 33. ed., cit., p. 312.

10 DIAS, Maria Berenice. *Manual de direito das famílias*. 13. ed., cit., p. 903.

O Estatuto da Criança e do Adolescente determina que os grupos de irmãos serão colocados sob adoção, tutela e guarda na mesma família substituta, mantendo os vínculos fraternais, admitindo excepcionar a manutenção de todos os irmãos somente para evitar riscos ou outras causas plenamente justificáveis (art. 28, § 4º).

1.2.1. Tutela testamentária

A tutela testamentária ocorre quando a nomeação do tutor é feita pelos pais, constando de disposição de última vontade (testamento). É o que dispõe o art. 1.729 do Código Civil:

> Art. 1.729. O direito de nomear tutor compete aos pais, em conjunto.
> Parágrafo único. A nomeação deve constar de testamento ou de qualquer outro documento autêntico.

A lei não exige documento público para nomeação do tutor; apenas que seja autêntico, isto é, que inexistam dúvidas a respeito da identidade do subscritor e da realidade da declaração feita, podendo, portanto, constar de testamento público cerrado ou particular, ou ainda de codicilo. No testamento, por se tratar de ato personalíssimo e unilateral, o genitor deve nomear tutor para exercer a tutela apenas na ausência ou impossibilidade do outro.

Exige-se, para a nomeação de tutor, que o pai ou a mãe esteja no exercício do poder familiar, pois nula é a designação por aquele que não o tinha (art. 1.730 do CC).

A nomeação feita pelos pais é uma prerrogativa familiar, pois ninguém sabe melhor que os genitores escolher a pessoa para cuidar de seus filhos na falta deles.

A Lei n. 12.010/2009, ao dar nova redação ao art. 37 do Estatuto da Criança e do Adolescente, regulamentou o procedimento judicial para o controle da tutela testamentária, exigindo a observância dos requisitos para colocação do menor em família substituta, o atendimento dos requisitos pessoais para o exercício da tutela pelo tutor nomeado pelos pais e a demonstração de que a medida é vantajosa ao tutelando. Dispõe o art. 37 da Lei n. 8.069/1990, com a nova redação, que:

> Art. 37. O tutor nomeado por testamento ou qualquer documento autêntico, conforme previsto no parágrafo único do art. 1.729 da Lei no 10.406,

de 10 de janeiro de 2002 – Código Civil, deverá, no prazo de 30 (trinta) dias após a abertura da sucessão, ingressar com pedido destinado ao controle judicial do ato, observando o procedimento previsto nos arts. 165 a 170 desta Lei.

Parágrafo único. Na apreciação do pedido, serão observados os requisitos previstos nos arts. 28 e 29 desta Lei, somente sendo deferida a tutela à pessoa indicada na disposição de última vontade, se restar comprovado que a medida é vantajosa ao tutelando e que não existe outra pessoa em melhores condições de assumi-la.

A norma protetiva que regulamenta o procedimento para nomeação do tutor testamentário, exigindo os mesmos requisitos para colocação do menor em família substituta (arts. 28 a 32 e 165 a 170 do ECA), colocou fim nos debates sobre o alcance da nomeação dos tutores pelos pais. Exige-se procedimento judicial ajuizado pelos nomeados no prazo de 30 dias após a morte dos genitores para deferimento da tutela, oportunidade em que será verificado se a medida atende aos requisitos legais, se é vantajosa ao tutelando e se os tutores possuem idoneidade, compatibilidade para o exercício e ambiente familiar adequado.

A prerrogativa familiar, portanto, não afasta o exame dos requisitos, bem como os impedimentos ao exercício da tutela, previstos no art. 1.735 do Código Civil, pelo juiz, de ofício, ou mediante requerimento do órgão do Ministério Público, devendo o nomeado não ser confirmado e indeferido o exercício se a falta de idoneidade ou incapacidade for anterior à assunção do cargo ou exonerado se sobrevierem as causas proibitórias após a confirmação.

Aos órfãos, deve-se nomear um só tutor e, no caso de ser nomeado mais de um pelos pais, sem indicar a precedência, considera-se que a tutela foi cometida ao primeiro e os demais são substitutos eventuais. Admite-se, ainda, que o testador, ao instituir um menor seu herdeiro ou legatário, nomeie curador especial para administrar os bens deixados, independentemente de o beneficiado estar sob o poder familiar ou tutela, conforme dispõe o art. 1.733 do Código Civil e seus parágrafos[11].

[11] "Art. 1.733. Aos irmãos órfãos dar-se-á um só tutor.

§ 1º No caso de ser nomeado mais de um tutor por disposição testamentária sem indicação de precedência, entende-se que a tutela foi cometida ao primeiro, e que os

O Código Civil de 1916 autorizava a nomeação de tutor pelo avô paterno ou materno, o que era criticado pela doutrina por se tratar de escusado romanismo, já que no direito romano a *pater potestas* podia ser exercida pelo avô e, por esta razão, lhe assistia o direito de nomear tutor ao neto, porém, no nosso direito, o poder familiar é privativo dos pais; por isso, desarrazoada a nomeação de tutor pelo avô[12], o que corretamente não foi reproduzido no atual Código Civil.

Sílvio Rodrigues leciona que dois pressupostos são exigidos para nomeação do tutor por um dos pais: que o outro progenitor não possa exercer o poder familiar, pois o pré-morto não pode privar o sobrevivente do exercício de tal prerrogativa, e que o progenitor que nomeia o tutor esteja no exercício do poder familiar, pois é óbvio que não pode transferir um direito que não tem[13].

Se ambos os pais nomearem, em documentos distintos, tutores diversos, prevalece a nomeação do sobrevivente, que exerceu exclusivamente o poder familiar, se, porém, ambos falecerem ao mesmo tempo, cabe ao juiz escolher entre os indicados o que melhor atenda aos interesses do menor (art. 1.631, *caput* e parágrafo único, do CC).

1.2.2. Tutela documental

O Código Civil autoriza a nomeação do tutor pelos pais por testamento ou qualquer outro documento autêntico (art. 1.729, parágrafo único, parte final). Maria Berenice Dias desmembra a tutela testamentária, adotada pela maioria dos autores como aquela constituída por testamento ou documento autêntico, em testamentária constituída por testamento, e documental, constituída por outros documentos, desde que autênticos, por um ou ambos os pais, como escritura pública, escrito particular ou até mesmo por cartas.

---

outros lhe sucederão pela ordem de nomeação, se ocorrer morte, incapacidade, escusa ou qualquer outro impedimento.

§ 2º Quem institui um menor herdeiro, ou legatário seu, poderá nomear-lhe curador especial para os bens deixados, ainda que o beneficiário se encontre sob o poder familiar, ou tutela."

12 MONTEIRO, Washington de Barros. *Curso de direito civil* – Direito de família. 33. ed., cit., p. 309.

13 RODRIGUES, Silvio. *Direito civil* – Direito de família. 27. ed., cit., p. 437.

Vale qualquer registro autêntico em que os pais nomeiem e identifiquem o tutor, sem dar margem a dúvidas[14]. Aplicam-se ao documento de nomeação do tutor as mesmas regras da nomeação por testamento, já abordadas.

1.2.3. Tutela legítima

A tutela legítima se dá quando são nomeados, pelo juiz, parentes consanguíneos do menor, na falta da testamentária, estabelecendo a lei que a ordem deve recair nos ascendentes, preferindo os de grau mais próximo ao mais remoto e, na ausência de ascendentes, aos colaterais até o terceiro grau, também preferindo os mais próximos aos mais remotos e os mais velhos aos mais moços. O Código Civil de 2002 excluiu a discriminação do anterior que estabelecia preferência dos homens às mulheres, dispondo no art. 1.731 que:

> Art. 1.731. Em falta de tutor nomeado pelos pais incumbe a tutela aos parentes consanguíneos do menor, por esta ordem:
>
> I – aos ascendentes, preferindo o de grau mais próximo ao mais remoto;
>
> II – aos colaterais até o terceiro grau, preferindo os mais próximos aos mais remotos, e, no mesmo grau, os mais velhos aos mais moços; em qualquer dos casos, o juiz escolherá entre eles o mais apto a exercer a tutela em benefício do menor.

A legislação prefere que, na ausência de tutela testamentária, o tutor seja parente do menor, entretanto, a ordem legal não é absoluta, priorizando o melhor interesse do menor e os vínculos de afetividade. Pode o juiz, verificado que o parente com preferência legal não tem, notoriamente, a necessária idoneidade ou que a investidura é inconveniente para o menor, abandonar a ordem estabelecida; porém, em igualdade de condições, deve ser atendida a prioridade[15]. É o que ocorre, por exemplo, quando os irmãos menores vivem em companhia do irmão maior e são bem cuidados, devendo ser preferido este em relação ao avô, por estar mais apto a exercer a tutela em benefício dos irmãos.

---

[14] DIAS, Maria Berenice. *Manual de direito das famílias*. 13. ed., cit., p. 905.

[15] MONTEIRO, Washington de Barros. *Curso de direito civil* – Direito de família. 33. ed., cit., p. 310.

1.2.4. Tutela dativa

A tutela dativa é a que recai em pessoa idônea, sem parentesco e residente no domicílio do menor, que com ele possuía vínculos afetivos preferencialmente, na falta de tutor testamentário ou legítimo, quando foram excluídos ou escusados da tutela ou, ainda, removidos por não idôneos, conforme previsto no art. 1.732 do Código Civil:

> Art. 1.732. O juiz nomeará tutor idôneo e residente no domicílio do menor:
>
> I – na falta de tutor testamentário ou legítimo;
>
> II – quando estes forem excluídos ou escusados da tutela;
>
> III – quando removidos por não idôneos o tutor legítimo e o testamentário.

Na nomeação do tutor, o juiz deve considerar, além das outras exigências, o disposto no art. 28, § 3º, do Estatuto da Criança e do Adolescente, ou seja, os vínculos de afinidade e afetividade do tutor com o menor.

A pessoa estranha à família não será obrigada a aceitar a tutela dativa se o menor possuir, no lugar em que vivia com os pais, parente ou afim idôneo em condições de exercê-la (art. 1.737 do CC).

A nomeação deve recair naturalmente em pessoa idônea, a quem será confiada a guarda do menor e a administração de seus bens, devendo ter preferência, como visto, aquela que atende aos requisitos e possui vínculos afetivos com o menor. Sílvio Rodrigues lembra o fato com ampla divulgação na imprensa, nos anos de 2001 e 2002, envolvendo o filho da cantora Cássia Eller, que, com sua morte, teve deferida a tutela do menor a Maria Eugênia, pessoa que vivia em união homoafetiva com a cantora e cuidava da criança como filho, sendo preterido o avô materno, invertendo-se a ordem legal de preferência na nomeação do tutor[16]. Preferiu-se, neste caso, manter os vínculos afetivos e de afinidade do menor em vez do parentesco de sangue. A decisão audaciosa naquela época gerou polêmicas em razão da opção sexual da tutora, restando positiva por quebrar preconceitos e preservar os interesses do tutelado, resguardando a igualdade e preservando a dignidade da pessoa humana, independentemente, como deve ser, de sua opção sexual.

---

[16] RODRIGUES, Silvio. *Direito civil* – Direito de família. 27. ed., cit., p. 439.

A decisão, entretanto, não foi pioneira. No ano de 1999, o então Juiz da 1ª Vara de Família de Belo Horizonte, Newton Teixeira de Carvalho, indeferiu o pedido de tutela da avó materna de dois netos, órfãos, após falecer primeiro o pai e depois a mãe e deferiu a guarda à sua companheira, com quem mantinha união homoafetiva por mais de dez anos. Fundamentou o magistrado, naquela época, já afastando preconceitos, que, passados vários anos de convivência dos menores com a companheira de sua mãe, com quem manifestaram o desejo de permanecer, demonstrando uma situação já solidificada, não seria correto atribuir a tutela à avó, ainda que exercesse a preferência *ex vi* do art. 409 do Código Civil (de 1916, hoje art. 1.731), devendo permanecer os netos com quem já estavam e que lhes prestava assistência material, moral e educacional[17]. A decisão acolheu os princípios do Estatuto da Criança e do Adolescente de preservar o melhor interesse dos menores e os princípios constitucionais da liberdade de opção sexual, de escolha do planejamento familiar, preservação da dignidade do ser humano e reconhecimento de outras formas de constituição de família, fundada no afeto e solidariedade, hoje tão decantados, mas, que na ocasião, há quase dez anos, sofriam forte discriminação e preconceito, especialmente quanto aos casais homoafetivos para acolherem menores sob guarda ou adoção.

O Estatuto da Criança e do Adolescente prioriza a criação e a educação da criança e do adolescente no seio de sua família natural, formada pelos pais ou qualquer deles e seus descendentes, ou na família extensa, e, excepcionalmente, em família substituta (art. 19), mediante guarda, tutela ou adoção, devendo, neste caso, a colocação observar o grau de parentesco e a relação de afinidade ou de afetividade (art. 28 e § 3º).

O Código Civil autoriza o juiz escolher, entre os parentes colaterais, o mais apto a exercer a tutela em benefício do menor (art. 1.731, II, parte final), entretanto, somente permite a nomeação de tutor sem parentesco (tutela dativa) na falta de tutor testamentário, ou legítimo, que atendam os requisitos legais ou quando forem excluídos, escusados, ou removidos da tutela (art. 1.732).

Existindo ascendentes ou colaterais até o terceiro grau, estes terão preferência em ser nomeados tutores, em relação ao postulante não parente.

---

[17] CARVALHO, Newton Teixeira, Processo 98/025.326.4, Comarca de Belo Horizonte, 1ª Vara de Família, j. 14-8-1999.

A tradição jurídica, preferindo nomear parentes para exercício da tutela, é questionada, como nas decisões referidas, quando confrontada com o melhor interesse do menor em permanecer com o não parente, com quem possui vínculos de afetividade e afinidade, o que deve prevalecer.

Os arts. 1º e 28 da Lei n. 8.069/1990 priorizam os interesses do menor, sua proteção e os vínculos de afinidade e afetividade, o que foi reafirmado no atual Código Civil nos arts. 1.584, § 5º, e 1.586 ao conceder poderes mais elásticos ao juiz para decidir sobre a guarda dos filhos aos pais separados ou divorciados, inclusive retirando a guarda de ambos os genitores e a conferindo a terceiros. O mesmo princípio pode e deve ser aplicado, na tutela, na hipótese de ser mais recomendável, a bem do menor, a nomeação de tutor sem parentesco no lugar do parente legitimado, conforme o art. 1.731 do Código Civil.

Os menores abandonados ou que os pais foram destituídos do poder familiar ou desconhecidos terão tutores nomeados pelo juiz ou serão incluídos em programas de acolhimento familiar (art. 1.734 do CC), admitindo ainda o Estatuto da Criança e do Adolescente o acolhimento desses menores sob a forma de guarda, inclusive com incentivos fiscais e subsídios (art. 34, *caput*). Apenas excepcionalmente serão recolhidos em abrigos.

1.2.5. Tutela interina

Apesar de não estar entre as espécies comuns de tutela, deve o juiz suspender o tutor do exercício de suas funções, em casos de gravidade, e nomear ao menor *tutor interino*. Nas mesmas hipóteses em que a lei autoriza a suspensão ou a perda do poder familiar, pode o juiz remover o tutor, por ter agido em desvios de conduta ou prevaricação.

A remoção ou destituição do tutor, entretanto, não é automática, sendo necessário o ajuizamento de pedido de remoção ou destituição e a citação do tutor para contestar no prazo de cinco dias, instaurando procedimento para apuração dos fatos, inclusive com designação de audiência de instrução e julgamento para produção de provas e, somente após, o juiz decidirá. Em caso de remoção, nomeará outro tutor, observando a ordem legal.

Ocorre que determinadas hipóteses exigem urgência no afastamento do tutor, suspendendo-o de suas funções, de imediato, para preservar os interesses do menor, sem aguardar o desfecho do procedimento de remoção, como nos casos de maus-tratos, abuso sexual ou dilapidação do patrimônio, nomeando tutor interino, até decisão final, conforme autoriza o art. 762 do Código de Processo Civil:

> Art. 762. Em caso de extrema gravidade, o juiz poderá suspender o tutor ou o curador do exercício de suas funções, nomeando substituto interino.

O juiz possui responsabilidade subsidiária se não remover o tutor quando se tornou suspeito, cabendo ainda à autoridade judiciária inspecionar a administração dos bens do tutelado (arts. 1.744, II, e 1.741 do CC). Assim, pode determinar de ofício a instauração de procedimento para remoção ou destituição do tutor, suspendendo-o do exercício das funções de imediato em caso de gravidade.

1.3. Dos incapazes de exercer a tutela

Algumas pessoas não podem ser tutoras e outras podem escusar de exercer o *munus*. Tanto para as proibições quanto para as escusas, a lei estabelece as hipóteses de forma taxativa, não admitindo interpretação extensiva. Por envolverem interesse de ordem pública, as hipóteses de incapacidade ou falta de legitimidade também autorizam a exoneração do tutor, quando constatadas durante o exercício da tutela, podendo ser suscitadas em pedido de remoção do tutor por qualquer pessoa com legítimo interesse, ou pelo Ministério Público, observando o procedimento previsto nos arts. 759 a 763 do Código de Processo Civil.

O CPC de 2015 dispõe que incumbe ao Ministério Público ou a quem possua legítimo interesse, a legitimidade para requerer a remoção do tutor ou curador nas hipóteses legais (art. 761).

Não se defere a tutela a pessoa que demonstre incompatibilidade para o exercício do cargo ou não ofereça ambiente familiar adequado. O Código Civil enumera em seu art. 1.735 as pessoas incapazes ou que não estão legitimadas para exercer a tutela e que serão exonerados caso a exerçam, complementando o art. 29 da Lei n. 8.069/1990. Não podem ser tutores:

I – aqueles que não tiverem a livre administração de seus bens;

II – aqueles que, no momento de lhes ser deferida a tutela, se acharem constituídos em obrigação para com o menor, ou tiverem de fazer valer direitos contra este, e aqueles cujos pais, filhos ou cônjuges tiverem demanda contra o menor;

III – os inimigos do menor, ou de seus pais, ou que tiverem sido por estes expressamente excluídos da tutela;

IV – os condenados por crime de furto, roubo, estelionato, falsidade, contra a família ou costumes, tenham ou não cumprido pena;

V – as pessoas de mau procedimento, ou falhas em probidade, e as culpadas de abuso em tutorias anteriores;

VI – aqueles que exercerem função pública incompatível com a boa administração da tutela.

Assim, não podem ser tutores os menores, interditos, surdos-mudos, pródigos, falidos, que não possuem a administração de seus bens; os incompatibilizados com o exercício da tutela por se acharem constituídos em obrigação ou fazendo valer direitos contra o menor; os inimigos do menor ou de seus pais; as pessoas inidôneas condenadas por crimes contra o patrimônio, falsidade ou contra os costumes; as pessoas de mau procedimento, ímprobas ou que anteriormente abusaram no exercício da tutela; e os de funções incompatíveis, como magistrado, escrivão, promotor de justiça, que atuarem no processo.

Por óbvio, as pessoas que não podem administrar os seus bens não possuem condições de administrar os alheios, bem como as pessoas desonestas. É temerário confiar os cuidados e a administração dos bens do menor a inimigos ou pessoas que possuam colisão de interesses.

Maria Helena Diniz cita Orlando Gomes para observar que a falta de idoneidade e as incompatibilidades pessoais não podem ser tidas como incapacidade, no sentido jurídico, como inclui a lei, por serem, na verdade, impedimentos à assunção do cargo. Assim, as pessoas arroladas no art. 1.735 do Código Civil, são capazes, mas não estão legitimadas para exercer a tutela, devendo ser exoneradas do encargo por ser causas proibitórias e não removidas como designa a lei processual civil (art. 761 do CPC/2015), já que a remoção tem caráter de sanção aplicável aos tutores que agem com culpa (art. 1.766 do CC)[18].

---

[18] DINIZ, Maria Helena Diniz. *Curso de direito civil brasileiro* – Direito de família. 22. ed., cit., p. 586.

1.4. Da escusa dos tutores

O exercício da tutela é um *munus* público e obrigatório, sendo um encargo imposto pela lei a uma pessoa da mesma maneira que a obriga a prestar serviço militar ou a ser jurado[19], de modo que, em princípio, não pode ser recusado[20]. A impossibilidade de recusar a nomeação ou exercício da tutela admite exceções, podendo escusar-se nos casos taxativos previstos no art. 1.736 do Código Civil[21]. Ou seja: podem se escusar de ser tutoras as mulheres casadas ou que vivam em união estável, as pessoas idosas (maiores de 60 anos), as que possuírem mais de três filhos, as pessoas enfermas, as que residirem em locais distante, as que já exerceram tutela ou curatela anteriormente e os militares em serviço.

As hipóteses de escusa possibilitam excluir as pessoas idosas, doentes, já sobrecarregadas de encargos ou em constantes viagens como os militares, que dificilmente poderiam dedicar-se de forma integral ao exercício da tutela.

Maria Berenice Dias ressalta que não pode reconhecer as possibilidades de recusa como *numerus clausus*, pois é de suma inconveniência atribuir o encargo a alguém contra sua vontade[22].

Atualmente, só as mulheres casadas, nos termos da lei, podem escusar-se, mas devem também ser incluídas as que vivem em união estável, acolhendo o entendimento que possuem jornada já árdua com os deveres do casamento, podem escusar-se, o que não ser arguido pelas solteiras, separadas ou divorciadas, que possuem filhos e exercem a chefia da família. A doutrina critica esta possibilidade ao fundamentar que, atualmente, a mulher concorre em igualdade com o homem em direitos e obrigações (art. 5º, I, da

---

19 RODRIGUES, Silvio. *Direito civil* – Direito de família. 27. ed., cit., p. 440.

20 VENOSA, Sílvio de Salvo. *Direito civil* – Direito de família. 3. ed., cit., p. 413.

21 "Art. 1.736. Podem escusar-se da tutela:
I – mulheres casadas;
II – maiores de 60 (sessenta) anos;
III – aqueles que tiverem sob sua autoridade mais de 03 (três) filhos;
IV – os impossibilitados por enfermidade;
V – aqueles que habitarem longe do lugar onde se haja de exercer a tutela;
VI – aqueles que já exercerem tutela ou curatela;
VII – militar em serviço."

22 DIAS, Maria Berenice. *Manual de direito das famílias*. 13. ed., cit., p. 907.

CF), não devendo gozar deste privilégio, entretanto, é sabido que a imensa maioria das mulheres exerce jornada dupla, com trabalho externo e cuidando da casa.

Na tutela dativa, admite-se, ainda, a escusa do nomeado se, no lugar onde reside, o menor possuir parente idôneo, consanguíneo ou afim, em condições de exercê-la (art. 1.737 do CC).

O pedido de dispensa devia ser apresentado no prazo dez dias, a partir da intimação da designação ou do dia em que ocorreu o motivo, se já no exercício (art. 1.738 do CC).

O CPC de 2015 manteve o prazo de cinco dias do CPC/1973, que volta a prevalecer, para eximir-se do encargo, contados, antes de aceitar o encargo, da intimação para prestar compromisso, e, depois de entrar em exercício, do dia em que ocorrer o motivo.

Não sendo acolhido o pedido de escusa, o nomeado exercerá a tutela até o trânsito em julgado de possível recurso interposto, respondendo pelas perdas e danos que o menor venha a sofrer (art. 1.739 do CC).

1.5. Nomeação do tutor e garantia da tutela

O procedimento de nomeação de tutor é regulado nos arts. 759 e 760 do Código de Processo Civil e na Lei n. 8.069/1990.

Tratando-se de colocação em família substituta, deve ser observado no que couber, o procedimento previsto no Estatuto da Criança e do Adolescente (arts. 165 a 170), especialmente a realização de estudo social e a oitiva dos menores, evitando-se nomear tutor sem aptidão para exercer o encargo.

O Estatuto da Criança e do Adolescente, com as inovações introduzidas pela Lei n. 12.010/2009, estabelece no art. 28 que o menor, sempre que possível, deve ser previamente ouvido por equipe interprofissional e sua opinião devidamente considerada. Tratando-se de maior de 12 anos, será necessário seu consentimento colhido em audiência. O grupo de irmãos deve ser colocado sob tutela na mesma família substituta, considerando para nomeação do tutor o grau de parentesco e a relação de afinidade ou de afetividade para minorar as consequências decorrentes da medida. A tutela será precedida de preparação gradativa e acompanhamento posterior, realizados por equipe interprofissional, inclusive por técnicos responsáveis pela execução da política municipal de garantia do direito à convivência familiar, a serviço da justiça da infância e da juventude.

Tratando-se menor indígena ou quilombola, deve preferencialmente ser nomeado tutor membro de sua comunidade ou da mesma etnia, para preservar sua identidade social e cultural, costumes e tradições.

A competência territorial é regulada pelo domicílio dos pais ou responsáveis e, na sua falta, pelo lugar onde se encontra a criança ou adolescente (art. 147 do ECA)[23], sendo isentas de custas e emolumentos as ações de competência da Justiça da Infância e da Juventude, nos termos do § 2º do art. 141 do Estatuto da Criança e do Adolescente.

A Justiça da Infância e da Juventude é competente para conhecer os pedidos de tutela quando o menor estiver em situação de risco por ação ou omissão do Estado, por falta, omissão ou abuso dos pais ou responsável ou em razão de sua conduta (art. 98 do ECA). Não estando o menor nessas situações, a competência é da Vara de Família. A competência, para conhecer os pedidos do menor em situação de risco pela Vara da Infância e da Juventude, é prevista no art. 148, parágrafo único, do ECA, que dispõe:

> Art. 148. A Justiça da Infância e da Juventude é competente para:
>
> [...].
>
> Parágrafo único. Quando se tratar de criança ou adolescente nas hipóteses do art. 98, é também competente a Justiça da Infância e da Juventude para o fim de:
>
> a) conhecer de pedidos de guarda e tutela;
>
> b) conhecer de ações de destituição do pátrio poder, perda ou modificação da tutela ou guarda;
>
> c) suprir a capacidade ou o consentimento para o casamento;
>
> d) conhecer de pedidos baseados em discordância paterna ou materna, em relação ao exercício do pátrio poder;
>
> e) conceder a emancipação, nos termos da lei civil, quando faltarem os pais;

---

[23] "Art. 147. A competência será determinada:
I – pelo domicílio dos pais ou responsável;
II – pelo lugar onde se encontre a criança ou adolescente, à falta dos pais ou responsável."

f) designar curador especial em casos de apresentação de queixa ou representação, ou de outros procedimentos judiciais ou extrajudiciais em que haja interesses de criança ou adolescente;

[...]

Não estando o menor em situação de risco (art. 98 do ECA), a competência para apreciar os pedidos de guarda e tutela, bem como seus incidentes, é da Vara de Família, aplicando-se os princípios protetivos e de melhor interesse da criança e do adolescente.

O pedido de nomeação de tutela pode ser requerido por qualquer parente, interessado, por exemplo, quem já possui a guarda (art. 165, I e II, do ECA), pelo Ministério Público (art. 200, III, da Lei n. 8.069/1990) ou curador especial nomeado pelo juiz (art. 142, parágrafo único, do ECA).

Para assegurar a boa administração e garantir a devolução dos bens e das rendas do tutelado o Código Civil de 1916 exigia que o tutor, ao assumir o encargo, desses bens em hipoteca legal, o que, na prática, tornava difícil a obtenção de pessoas para assumir o encargo, onerando os seus próprios bens, ocorrendo, na maioria dos casos, a dispensa. A exigência da hipoteca legal, todavia, é uma garantia instituída em favor do menor, ou do interditando em caso de interdição, e somente deve ser afastada se restar efetivamente demonstrada a idoneidade financeira do tutor ou curador[24] nomeado em face dos bens do incapaz.

O Código de 2002 não reproduziu a exigência, dispondo que, se o patrimônio do menor for de valor considerável, o juiz poderá condicionar o exercício da tutela à prestação de caução bastante, seja real ou fidejussória, para garantir os bens do tutelado, autorizando a dispensa da garantia, se o tutor for de reconhecida idoneidade. Exige-se, entretanto, sem exceção, a entrega dos bens do menor ao tutor mediante termo especificado, discriminando-os e os seus valores, para acautelar os haveres confiados e facilitar a fiscalização na prestação de contas, conforme disposto no art. 1.745 do Código Civil[25].

---

24 TJMG, AC 1.0017.08.036190-4/001, Rel. Des. Edilson Fernandes, j. 10-8-2010.

25 "Art. 1.745. Os bens do menor serão entregues ao tutor mediante termo especificado deles e seus valores, ainda que os pais o tenham dispensado.

A *reconhecida idoneidade* prevista no parágrafo único do art. 1.745 do Código Civil, a justificar a dispensabilidade do oferecimento de garantia para o exercício da tutela, não é apenas moral, mas, sobretudo financeira, demonstrando a capacidade do tutor de suportar com seus bens os prejuízos que causar ao menor pela má administração dos bens que lhe são entregues[26].

O Código Civil, além da responsabilidade pessoal e direta do juiz em não nomear tutor ao menor ou não o houver feito oportunamente, inovou ao acarretar a responsabilidade subsidiária quando não exigir garantias do tutor, ou o removido quando se tornou suspeito, devendo reparar os prejuízos sofridos, pelo menor, se o tutor se tornar insolvente. É o que expressamente dispõe o art. 1.744:

> Art. 1.744. A responsabilidade do juiz será:
>
> I – direta e pessoal, quando não tiver nomeado o tutor, ou não o houver feito oportunamente;
>
> II – subsidiária, quando não tiver exigido garantia legal do tutor, nem o removido, tanto que se tornou suspeito.

Ao assumir a tutela, o tutor prestará compromisso de bem e fielmente desempenhar o encargo, mediante termo nos autos (art. 32 do ECA).

1.6. Do exercício da tutela e o protutor

O exercício da tutela é, em regra, uno e indivisível, de caráter pessoal e, portanto, indelegável, não sendo permitido ao tutor transferi-lo a outrem, embora possa cometer a outras pessoas certas funções de caráter executivo, sem que, com isso, transfira sua responsabilidade[27]. A lei autoriza, entretanto, que se os bens ou interesses administrativos exigirem conhecimentos técnicos, forem complexos, ou realizados em lugares distantes do domicílio

---

Parágrafo único. Se o patrimônio do menor for de valor considerável, poderá o juiz condicionar o exercício da tutela à prestação de caução bastante, podendo dispensá-la se o tutor for de reconhecida idoneidade."

[26] TJMG, AC 1.0017.08.036190-4/001, Rel. Des. José Francisco Bueno, j. 17-3-2005.

[27] DINIZ, Maria Helena Diniz. *Curso de direito civil brasileiro* – Direito de família. 22. ed., cit., p. 591.

do tutor, poderá ele, com autorização judicial, delegar o exercício parcial da tutela a outras pessoas físicas ou jurídicas (art. 1.743 do CC).

Apesar de semelhante, o exercício da tutela não é idêntico ao poder familiar, já que é temporário (art. 1.765 do CC), inspecionado judicialmente quanto às medidas corretivas ao menor e à administração de seus bens (arts. 1.740, II e 1.741 do CC) e fiscalizado pelo protutor.

Ensina Maria Helena Diniz que, no direito brasileiro, o tutor não é o único órgão ativo no exercício da tutela. Além da necessidade de autorização do juiz para a prática de determinados atos e julgamento das contas apresentadas, reconhece-se a figura do protutor, que constitui um órgão complementar, nomeado pelo magistrado. A nomeação não só para o bom andamento no exercício da tutela, como também da ocorrência de atos de má administração, de descuido ou malversação dos bens do tutelado. Reportando-se diretamente ao juiz, o protutor deve ser diligente e exercer sua função com zelo e boa-fé, sob pena de responder solidariamente pelos danos causados ao menor[28].

O *protutor*, portanto, é nomeado facultativamente pelo juiz com o objetivo único de fiscalizar os atos do tutor e será solidariamente responsável pelos prejuízos que o menor sofrer nas atividades deste, devendo agir com zelo e boa-fé e noticiar ao juiz, de imediato, se o tutor estiver agindo com negligência ou prevaricação. Pelos serviços prestados, o protutor possui direito a uma gratificação módica. Dispõem o art. 1.742 e os §§ 1º e 2º do art. 1.752:

> Art. 1.742. Para fiscalização dos atos do tutor, pode o juiz nomear um protutor.
>
> Art. 1.752. [...].
>
> § 1º Ao protutor será arbitrada uma gratificação módica pela fiscalização efetuada.
>
> § 2º São solidariamente responsáveis pelos prejuízos as pessoas às quais competia fiscalizar a atividade do tutor, e as que concorreram para o dano.

---

28 DINIZ, Maria Helena Diniz. *Curso de direito civil brasileiro* – Direito de família. 22. ed., cit., p. 590.

O prazo do exercício da tutela é de dois anos, entretanto, o tutor pode continuar além do prazo, se o quiser e o juiz julgar conveniente ao menor (art. 1.756 do CC), o que normalmente ocorre na prática e atende aos interesses do menor, mantendo continuidade na administração dos bens e estreitando os laços de afetividade entre o tutor e pupilo.

Se o menor possuir bens suficientes, o tutor tem direito de ser remunerado pelo exercício da tutela, proporcional ao valor dos bens administrados e sua complexidade, em valor fixado pelo juiz. O exercício da tutela, portanto, não é necessariamente remunerado, dependendo da existência de bens do menor e capacidade de suportar a remuneração sem desfalecer o patrimônio do pupilo. Na tutela, não se exercem as mesmas competências do poder familiar, ainda que semelhantes, pois, apesar de o Código Civil prever, em seu art. 1.740, que o tutor deve cumprir os deveres que normalmente cabem aos pais, não pode castigar o menor ou ter o direito de tê-lo em sua companhia, da mesma forma, não pode exigir-lhe o dever de afetividade[29]. O exercício da tutela é fiscalizado pelo juiz e por prazo determinado. Divide-se em relação *à pessoa* do menor e em relação *aos bens* do pupilo.

1.6.1. Exercício da tutela quanto à pessoa do menor

Os deveres do tutor, no exercício da tutela quanto à pessoa do menor estão previstos no art. 1.740 do Código Civil, dispondo que:

> Art. 1.740. Incumbe ao tutor, quanto à pessoa do menor:
>
> I – dirigir-lhe a educação, defendê-lo e prestar-lhe alimentos, conforme os seus haveres e condição;
>
> II – reclamar do juiz que providencie, como houver por bem, quando o menor haja mister correção;
>
> III – adimplir os demais deveres que normalmente cabem aos pais, ouvida a opinião do menor, se este já contar doze anos de idade.

Assim, no exercício em relação à pessoa do menor, incumbe ao tutor dirigir-lhe a educação, defendê-lo e prestar-lhe alimentos, conforme os seus haveres e condições. Deve representar o menor até os 16 anos e assisti-lo

---

[29] LÔBO, Paulo. *Direito civil. Famílias*, cit., p. 390.

após esta idade e, ainda, fornecer sustento e educação, às próprias expensas do menor, se possuir bens, mediante valor arbitrado pelos pais ou pelo juiz (art. 1.746 do CC).

Se o menor não possuir bens suficientes para seu sustento e educação e tiver parentes em condições de fornecê-los, ainda que incapazes ou escusados de exercer a tutela, pode o tutor exigir-lhes o pagamento de alimentos, somente fornecendo ele próprio, se o pupilo não possuir bens ou parentes[30].

O tutor pode corrigir o pupilo, aplicando, contudo, apenas sanções morais, devendo recorrer ao juiz nos casos mais graves para manter sua autoridade, já que, ao contrário dos pais, não pode recorrer a castigos físicos moderados.

Ainda no exercício da tutela, quanto à pessoa do menor, incumbe ao tutor cumprir os deveres que normalmente cabem aos pais, ouvindo a opinião do pupilo, se já possuir 12 anos de idade, como escolha da escola e de cursos complementares.

1.6.2. Exercício da tutela quanto aos bens do menor

No exercício da tutela, quanto aos bens do menor, os poderes do tutor também são menos amplos que os dos pais, sujeitando-se, muito deles, à fiscalização judicial. Ao prestar o termo de compromisso de exercício da tutela, os bens do menor devem ser especificados, constando os valores, conforme o art. 1.745 do Código Civil[31], ainda que os pais tenham dispensado.

O tutor, portanto, recebe os bens mediante termo, especificando-os e constando os valores, podendo praticar os *atos de administração ordinária sem autorização do juiz*, como, representar e assistir o menor nos atos em que for parte, receber rendas, pensões e quantias devidas ao menor, fazer-lhe as despesas de educação, bem como as de administração, conservação e melhoramento dos bens, alienar os bens destinados à venda e arrendar os bens de raiz. Os atos ordinários, que podem ser praticados sem autorização

[30] DINIZ, Maria Helena Diniz. *Curso de direito civil brasileiro* – Direito de família. 22. ed., cit., p. 592.

[31] "Art. 1.745. Os bens do menor serão entregues ao tutor mediante termo especificado deles e seus valores, ainda que os pais o tenham dispensado."

do juiz, estão relacionados no art. 1.747 do Código Civil, ao dispor que compete ao tutor:

I – representar o menor, até os 16 anos, nos atos da vida civil, e assisti-lo, após essa idade, nos atos em que for parte;

II – receber as rendas e pensões do menor, e as quantias a ele devidas;

III – fazer-lhe as despesas de subsistência e educação, bem como as de administração, conservação e melhoramentos de seus bens;

IV – alienar os bens do menor destinados a venda;

V – promover-lhe, mediante preço conveniente, o arrendamento de bens de raiz.

Os *atos que exigem autorização do juiz*, de incumbência do tutor, estão relacionados no art. 1.748 do Código Civil. É necessária autorização judicial para pagamento das dívidas do menor; aceitar pelo menor heranças, legados e doações, ainda que com encargos; firmar acordos (transigir); vender móveis e imóveis nos casos em que for permitido e não for conveniente a conservação; bem como propor ações judiciais e defender o menor nos processos movidos contra ele.

Assim, faz-se necessária a autorização do juiz para o tutor pagar dívidas do menor, aceitar por ele heranças, legados ou doações, ainda que com encargos, transigir, vender bens móveis e imóveis nos casos em que for permitido e propor ações em juízo, assistir o menor ou defendê-lo nos pleitos.

A autorização deve ser requerida antecipadamente, sendo expedido alvará judicial; entretanto, se realizado sem autorização judicial, a eficácia dependerá de aprovação ulterior do juiz (art. 1.748, parágrafo único, do CC), desde que o ato tenha sido necessário e benéfico ao menor.

No Código Civil de 1916, os bens imóveis de menores, sob tutela, só podiam ser vendidos em praça, o que dificultava e onerava o ato. O atual Código Civil, mais flexível, autoriza a alienação mediante alvará judicial, quando houver manifesta vantagem e prévia avaliação judicial aprovada pelo juiz (art. 1.750[32]).

---

[32] "Art. 1.750. Os imóveis pertencentes aos menores sob tutela somente podem ser vendidos quando houver manifesta vantagem, mediante prévia avaliação judicial e aprovação do juiz."

Determinados *atos não podem ser praticados pelo tutor, mesmo com autorização judicial*, sob pena de nulidade, conforme determina o art. 1.749 do Código Civil:

> Art. 1.749. Ainda com a autorização judicial, não pode o tutor, sob pena de nulidade:
>
> I – adquirir por si, ou por interposta pessoa, mediante contrato particular, bens móveis ou imóveis pertencentes ao menor;
>
> II – dispor dos bens do menor a título gratuito;
>
> III – constituir-se cessionário de crédito ou de direito, contra o menor.

O tutor, portanto, não tem legitimidade, mesmo com autorização judicial, para adquirir para si, ou por interposta pessoa, mediante contrato particular, bens móveis ou imóveis pertencentes ao menor, evitando locupletar-se dos bens que administra; dispor dos bens do menor a título gratuito, pois não lhe é lícito praticar atos de liberalidade com bens que não lhe pertencem; ou constituir-se cessionário de crédito ou direito contra o pupilo, sendo nulos, se praticados. Da mesma forma, não pode cobrar, enquanto exercer a tutoria, o que o menor lhe devia antes de assumir a tutela, se na ocasião não o declarou, salvo se provar que não conhecia o débito (art. 1.751 do CC).

No exercício da tutela, o tutor não pode conservar em seu poder dinheiro do menor além do necessário para as despesas normais para o sustento, educação e administração dos bens, devendo recolher em estabelecimento bancário oficial o excedente, sob pena de pagamento dos juros legais na demora, desde o dia que deveria efetuar o depósito, incluindo os valores obtidos com alienação de bens ou de outra procedência (art. 1.753 do CC).

Os valores depositados nos estabelecimentos bancários só podem ser retirados mediante alvará judicial para despesas de sustento, educação, administração dos bens do menor, aquisição de bens imóveis, títulos, obrigações ou letras, desde que vantajoso ao pupilo, para cumprimento das disposições do doador ou testador e para entregar aos órfãos, quando adquirirem a capacidade ou aos seus herdeiros, se falecer (art. 1.754 do CC).

O tutor, diverso dos pais, não tem direito ao usufruto dos bens do pupilo, mas o exercício da tutela não é gratuito, salvo nos casos de menor abandonado ou nas hipóteses de menor com recursos muito exíguos e insuficientes para seu sustento, possuindo direito à remuneração fixada pelos pais e, na sua ausência, pelo juiz. O Código de 1916 dispunha que a gratificação arbitrada pelo juiz não podia ultrapassar a 10% da renda anual do pupilo, enquanto o Código Civil atual estabelece que deve ser proporcional à importância dos bens administrados (art. 1.752, *caput*, parte final), remetendo para a jurisprudência a função de estabelecer um critério de acordo com o caso concreto, mas certamente não ultrapassará o limite estabelecido na legislação anterior.

1.6.3. Responsabilidade civil do tutor, protutor e do juiz

No exercício da tutela, o tutor deve ser diligente, probo, sob pena de responder pelos danos causados ao menor. Porém só responde se age com dolo ou culpa. Se os prejuízos advêm do fortuito, ou se ocorrerem sem que se caracterize a imprudência, ou negligência do tutor, a perda fica irressarcida[33].

A responsabilidade do tutor é subjetiva, dependendo de prova de ter o tutor agido culposamente, por imprudência, negligência ou imperícia, ou dolosamente. A responsabilidade pelos danos causados pelo tutor é solidária, estendendo-se ao protutor e às pessoas que tenham concorrido para o prejuízo ao menor (art. 1.752, § 2º, do CC), ou seja, pode qualquer um deles responder pela totalidade da dívida. A responsabilidade solidária também é subjetiva, podendo o protutor comprovar não ter agido com culpa ou dolo na fiscalização dos atos do tutor. O juiz responde subsidiariamente pelos prejuízos sofridos pelo menor, quando não exigir caução bastante, se os bens forem de valor considerável, ou quando não determinar a remoção do tutor, quando necessária. A responsabilidade é do juiz, que responde com seus bens subsidiariamente, se os do tutor não forem suficientes para reparar o dano causado ao patrimônio do tutelado. O juiz também responde direta e pessoalmente, com seus próprios bens, quando negligenciar na escolha e nomeação de tutor, causando prejuízos ao menor[34]. É o que expressamente dispõem os arts. 1.752, *caput*, e 1.744 do Código Civil:

> Art. 1.752. O tutor responde pelos prejuízos que, por culpa, ou dolo, causar ao tutelado; mas tem direito a ser pago pelo que realmente despender no

[33] RODRIGUES, Silvio. *Direito civil* – Direito de família. 27. ed., cit., p. 445.
[34] LÔBO, Paulo. *Direito civil. Famílias*, cit., p. 391.

exercício da tutela, salvo no caso do art. 1.734, e a perceber remuneração proporcional à importância dos bens administrados.

Art. 1.744. A responsabilidade do juiz será:

I – direta e pessoal, quando não tiver nomeado o tutor, ou não o houver feito oportunamente;

II – subsidiária, quando não tiver exigido garantia legal do tutor, nem o removido, tanto que se tornou suspeito.

O tutor responde ainda civilmente, perante terceiros, pelos atos do pupilo, desde que este se encontre em sua guarda e companhia (art. 932, II, do CC), mesmo que não haja culpa de sua parte (art. 933 do CC)[35]. O art. 1.752 do Código Civil, entretanto, possibilita ao tutor o direito a ser reembolsado pelo que realmente despender no exercício da tutela, quer na administração dos bens, no sustento do menor ou na responsabilidade civil, se não agiu com dolo ou culpa.

1.7. Prestação de contas

O tutor, ao administrar bens alheios, tem o dever ético e jurídico de prestar contas, a fim de comprovar sua lisura e a regularidade da gestão, constituindo a máxima garantia da administração[36].

A prestação de contas é obrigatória de dois em dois anos, quando o tutor deixar o exercício da tutela ou toda vez que o juiz achar conveniente, conforme art. 1.757 do Código Civil[37], mesmo que os pais tenham dispensado (arts. 1.755 do CC). Deve ser organizada de forma contábil, descreven-

[35] DINIZ, Maria Helena. *Curso de direito civil brasileiro* – Direito de família. 22. ed., cit., p. 595.

[36] MONTEIRO, Washington de Barros. *Curso de direito civil* – Direito de família. 33. ed., cit., p. 321.

[37] "Art. 1.757. Os tutores prestarão contas de dois em dois anos, e também quando, por qualquer motivo, deixarem o exercício da tutela ou toda vez que o juiz achar conveniente.

Parágrafo único. As contas serão prestadas em juízo, e julgadas depois da audiência dos interessados, recolhendo o tutor imediatamente a estabelecimento bancário oficial os saldos, ou adquirindo bens imóveis, ou títulos, obrigações ou letras, na forma do § 1º do art. 1.753."

do o ativo e o passivo, instruída com os comprovantes necessários e justificando as despesas realizadas.

As contas serão prestadas em juízo e apensadas aos autos do processo que nomeou o tutor. Ouvidos os interessados, o Ministério Público e aprovadas pelo juiz, o tutor deve recolher o saldo apurado, imediatamente, em estabelecimento bancário (art. 1.755, parágrafo único, do CC); caso contrário, ocorrendo impugnação dos interessados ou do Ministério Público, aplicará, no que couber, o procedimento da ação de prestação de contas.

Determina a lei que o tutor deve, ainda, no fim de cada ano, apresentar um balanço de sua administração, resumindo as receitas e despesas (art. 1.756 do CC); entretanto, o dispositivo, que já existia no Código de 1916 (art. 435), não é aplicado na prática.

As despesas efetuadas pelo tutor em proveito do menor e justificadas, como com alimentos e manutenção de bens, devem ser creditadas ao tutor e reembolsadas (art. 1.760 do CC), glosando as desnecessárias e sem proveito para o menor. O saldo apurado a favor do tutor ou do tutelado considera-se dívida de valor e vencem juros legais desde o julgamento definitivo das contas (art. 1.762 do CC).

As despesas, para a prestação de contas, quando aprovadas, devem ser pagas pelo tutelado, já que visa acautelar seus interesses; entretanto, se impugnadas e transformarem-se em litígio, serão custeadas pelo vencido, observando o ônus da sucumbência[38].

Não produz efeitos a quitação das contas pelo menor antes da aprovação judicial, ainda que tenha atingido a capacidade por emancipação ou maioridade (art. 1.758 do CC), evitando-se, com isso, que o tutor abuse da inexperiência do pupilo ou exerça a natural ascendência, permanecendo a responsabilidade do tutor até o julgamento definitivo.

Na hipótese de morte, ausência ou interdição do tutor, as contas serão apresentadas por seus herdeiros ou curador (art. 1.759 do CC).

Sílvio de Salvo Venosa cita Caio Mário da Silva Pereira para lembrar que a responsabilidade do tutor não se limita, obviamente, ao resultado contábil de sua prestação de contas. Se da sua gestão resultar prejuízo ao

[38] MONTEIRO, Washington de Barros. *Curso de direito civil* – Direito de família. 33. ed., cit., p. 322.

tutelado, incumbe-lhe o dever de ressarci-lo, segundo as regras que presidem a composição do princípio da responsabilidade civil: procedimento culposo do tutor, dano causado, relação de causalidade entre um e outro[39].

1.8. Cessação da tutela

A tutela é temporária, posto que é devida para proteção do menor e um sucedâneo do poder familiar; assim, cessa para o pupilo com a maioridade ou emancipação, ou se cair sob o poder familiar, em caso de reconhecimento ou adoção (art. 1.763 do CC).

Cessam as funções do tutor ao expirar o termo em que era obrigado a servir, pelo espaço de dois anos (art. 1.765 do CC), se sobrevir escusa legítima ou for removido (art. 1.764 do CC), ou, ainda, se for exonerado de exercer a tutela (art. 1.735 do CC), se sobrevier causas proibitivas do exercício.

As funções do tutor serão prorrogadas, se não requerer a exoneração no prazo de 10 dias e for conveniente ao menor (art. 1.765 do CC), dispondo o art. 763 do Código de Processo Civil:

> Art. 763. Cessando as funções do tutor ou do curador pelo decurso do prazo em que era obrigado a servir, ser-lhe-á lícito requerer a exoneração do encargo.
>
> § 1º Caso o tutor ou o curador não requeira a exoneração do encargo dentro dos 10 (dez) dias seguintes à expiração do termo, entender-se-á reconduzido, salvo se o juiz o dispensar.
>
> § 2º Cessada a tutela ou a curatela, é indispensável a prestação de contas pelo tutor ou pelo curador, na forma da lei civil.

Cessando as funções do tutor pela expiração do prazo em que deveria servir, o juiz o exonera e nomeia outro, observando a ordem de preferência.

1.9. Exoneração e remoção do tutor

O tutor será *exonerado*, se após a nomeação se apurar um dos impedimentos previstos na lei, incluindo a incapacidade, e será *destituído* ou *removido*, quando negligente ou prevaricador.

---

39 VENOSA, Sílvio de Salvo. *Direito civil* – Direito de família. 3. ed., cit., p. 421.

As hipóteses de *exoneração* são, portanto, diversas da *remoção*.

O tutor será exonerado se incapaz ou não legitimado para exercer a tutela em razão das causas proibitórias previstas no art. 1.735 do Código Civil. Será removido, quando negligente prevaricador, abusando da tutoria e contrariando os interesses do pupilo. A incapacidade ou falta de legitimação são impedimentos, na sua maioria, sem qualquer vínculo direto com a tutela, que impedem a pessoa de assumir a tutoria, de entrar em exercício, e, se ocorrer após a assunção ao cargo, o tutor será exonerado, independentemente de sua administração. A remoção ocorre em razão do exercício da tutela, pela má-administração da pessoa e dos bens do tutelado. Pode suceder por negligência, deixando o tutor de exercer com responsabilidade, zelo e comprometimento as suas funções, faltando com seus deveres; por prevaricação, agindo por interesse próprio ou de terceiros e não do pupilo, dilapidando ou desviando seus bens; por abusos ou maus-tratos nos cuidados e educação ao menor. O art. 1.766 do Código Civil[40] estabelece os casos de remoção ou destituição do tutor, apesar da incapacidade, repita-se, ser caso de exoneração, ao dispor que o tutor será destituído quando negligente, prevaricador ou incapaz.

As possibilidades de remoção ou destituição não são taxativas, podendo ocorrer ainda em casos de concorrência do tutor para que o menor trabalhe em serviços perigosos e insalubres ou, se ocorrerem hipóteses de maus-tratos, opressão ou abusos sexuais[41] (art. 130 do ECA), bem como no descumprimento das determinações judiciais ou falta aos deveres de guarda, sustento e educação (art. 38 do ECA).

A *ação de remoção do tutor* pode ser requerida pelo Ministério Público ou qualquer interessado (art. 761 do CPC), ou determinada de ofício pelo juiz (art. 1.744, II, do CC). O tutor será citado para contestar no prazo de 5 dias, observando-se a seguir o procedimento comum, conforme dispõe o art. 761 do CPC de 2015:

> Art. 761. Incumbe ao Ministério Público ou a quem tenha legítimo interesse requerer, nos casos previstos em lei, a remoção do tutor ou do curador.

---

40 "Art. 1.766. Será destituído o tutor, quando negligente, prevaricador ou incurso em incapacidade."

41 MONTEIRO, Washington de Barros. *Curso de direito civil* – Direito de família. 33. ed., cit., p. 324.

Parágrafo único. O tutor ou o curador será citado para contestar a arguição no prazo de 5 (cinco) dias, findo o qual observar-se-á o procedimento comum.

Deve ser observado, supletivamente, o procedimento previsto nos arts. 155 a 163 da Lei n. 8.069/1990 (art. 164), que recomenda a oitiva do menor e, se necessário, a realização de estudo social.

Nas hipóteses de extrema gravidade, o juiz pode suspender o tutor do exercício de suas funções, nomeando-lhe substituto interinamente e determinar o seu afastamento da moradia comum (arts. 130 do ECA e 762 do CPC).

2. CURATELA

2.1. Conceito – capacidade de direito e capacidade de fato

Curatela, em sentido estrito, é o encargo cometido a alguém para dirigir a pessoa e administrar os bens de maiores incapazes que não podem exprimir sua vontade, por causa temporária ou permanente, possuem vícios de álcool ou tóxicos e prodigalidade, impedindo-os de exprimir sua vontade, cuidar dos próprios interesses, sendo, em regra, de caráter provisório (art. 84, § 3º, da Lei n. 13.146/2015).

Rodrigo da Cunha Pereira conceitua curatela como "o encargo conferido judicialmente a alguém para que zele pelos interesses de outrem, que não pode administrar seus bens e direitos em razão de sua incapacidade ou de uma insanidade permanente ou temporária, que inviabiliza o discernimento, entendimento e compromete o elemento volitivo do sujeito[42].

Nelson Rosenvald, ao referir-se ao Código Reale (Código Civil de 2002), ressalta que, em razão de "ausência" ou de "redução" do discernimento (arts. 3º e 4º), a pessoa é submetida à curatela, que pode ser conceituada como "um encargo deferido a alguém para reger a pessoa e administrar os bens de outrem, que não pode fazê-lo por si mesmo em razão de *modo de ser*, ou seja, um déficit cognitivo (de deficiência) ou um *modo de estar*, calcado em um processo patológico (enfermidade)[43].

---

[42] PEREIRA, Rodrigo da Cunha. *Dicionário de direito de família e sucessões*, cit., p. 200.

[43] ROSENVALD, Nelson. Curatela. In: PEREIRA, Rodrigo da Cunha (Org.). *Tratado de direito das famílias*. Belo Horizonte: IBDFAM, 2015. p. 734-735.

Thaís Câmara alerta para a necessidade de diferenciar *capacidade de direito* da *capacidade de fato*. A incapacidade das pessoas curateladas é a incapacidade de fato para exercerem pessoalmente seus direitos, já que toda pessoa é capaz de direitos e deveres na ordem civil (art. 1º, CC), portanto, é atrelada ao conceito de personalidade jurídica, inerente ao ser humano, que surge do nascimento com vida e perdura até a morte (art. 2º, CC)[44]. Assim, a *capacidade de direito*, ou de gozo, é a capacidade que a pessoa tem para adquirir direitos e deveres na ordem civil, desde o nascimento com vida, independente de discernimento. A *capacidade de fato*, por seu lado, também denominada de capacidade de exercício ou de ação, é a aptidão que a pessoa possui, por si só, de exercer plenamente os atos da vida civil[45].

A incapacidade de fato da pessoa pode ser absoluta e abrange atualmente apenas os menores de dezesseis anos (art. 3º, CC) e relativa, que inclui os maiores de dezesseis e menores de dezoito anos, os ébrios habituais e os viciados em tóxicos, os que não podem exprimir sua vontade e os pródigos.

Os menores de dezoito anos são assistidos ou representados pelos pais (poder familiar) ou pelos tutores (tutela). Os demais, relativamente incapazes, são assistidos pelo curador (curatela).

Em sentido amplo, a curatela abrange, ainda, algumas espécies provisórias que, pela natureza e os efeitos específicos, se denominam curadorias, envolvendo, neste caso, várias situações, atingindo nascituros, menores ou pessoas no gozo de sua capacidade.

Não se confunde com a tutela que recai sobre os menores, presumidamente incapazes, constitui medida de amparo e proteção aos maiores e emancipados, que se presume capazes e devem, por si mesmos, reger sua pessoa e administrar seus bens, entretanto, encontram-se privados de discernimento.

A responsabilidade do curador é idêntica à do tutor e, juntamente com os pais no exercício do poder familiar, completa a trilogia assistencial aos incapazes. Aplicam-se à curatela as mesmas regras que regulam a tutela no que tange à nomeação e garantias do exercício da curatela quanto à pessoa e bens do maior incapaz, prestação de contas, responsabilidades do curador,

[44] "Art. 2º A personalidade civil da pessoa começa do nascimento com vida; mas a lei põe a salvo, desde a concepção, os direitos do nascituro."

[45] COELHO, Thaís Câmara Maia Fernandes. *Autocuratela*. Rio de Janeiro: Lumen Juris, 2016, p. 10-12.

do juiz e da pessoa nomeada para fiscalizar os atos do curador, prazos de exercício e hipóteses de remoção.

Tendo em vista a presunção de capacidade dos maiores ou emancipados, exigem-se dois pressupostos para a curatela: pressuposto fático e pressuposto jurídico.

O *pressuposto fático* é a incapacidade de fato de o adulto reger sua pessoa e administrar os seus bens, por ausência de discernimento ou por não poder exprimir sua vontade.

O *pressuposto jurídico* é a decisão judicial que declara que o maior é incapaz de reger sua pessoa e administrar os seus bens ou apenas administrar o patrimônio, no caso do pródigo, interditando-o e nomeando curador.

2.2. Revisão da curatela em face do Estatuto das Pessoas com Deficiência

A interdição e a curatela sofreram significativa revisão com a Lei n. 13.146/2015 – Estatuto da Pessoa com Deficiência, que entrou em vigor em 5 de janeiro de 2016, tendo como base a Convenção sobre os Direitos das Pessoas com Deficiência e destinando-se a promover a inclusão social e cidadania da pessoa com deficiência, possibilitando, em condições de igualdade com todos, o exercício dos direitos e das liberdades fundamentais.

Iara Antunes de Souza ressalta que o Estatuto da Pessoa com Deficiência – Lei n. 13.146/2015, traz um novo conceito de (in)capacidade, eis que garante o fim de modelos prefixados e, consequentemente, "a aplicação da interdição e da curatela, como mecanismo de efetiva proteção, promoção, melhoria de vida e bem estar das pessoas em razão da sua saúde mental, bem como garantia de seus Direitos Humanos, fundamentais e de personalidade, especialmente a sua autonomia privada, quando possível e existente"[46].

A regra é a capacidade, passando a curatela, a partir da vigência da Lei n. 13.146/2015, a ser uma medida protetiva excepcional, aplicada apenas quando for estritamente necessário. A pessoa com deficiência possui o exercício, em igualdade de condições com outras pessoas, de sua capacida-

---

46 SOUZA, Iara Antunes de. *Estatuto da pessoa com deficiência: curatela e saúde mental*. Belo Horizonte: D'Plácido Editora, 2016. p. 386.

de legal. É o que dispõe o art. 84, §§ 1º e 3º, do Estatuto da Pessoa com Deficiência[47], dispondo ainda o § 2º do art. 85 que "constitui medida extraordinária, devendo constar na sentença as razões e motivações de sua definição, preservados os interesses do curatelado".

Nelson Rosenvald ressalta que a Constituição Federal de 1988 potencializa o princípio da autonomia e consequentemente o direito fundamental à capacidade civil, restringindo a interdição, já que a curatela deve ser funcionalizada para promover a autonomia e não restringir[48].

O autor cita o Decreto n. 6.949/2009, que aprovou a convenção sobre os Direitos das Pessoas com Deficiência, possuindo força legislativa de emendas constitucionais (art. 5º, § 3º, da CF de 1988)[49], para ressaltar que "as pessoas com deficiência gozam de capacidade legal em igualdade de condições com as demais pessoas em todos os aspectos da vida" (art. 12, n. 2). Cita também o art. 12, n. 4, que prevê a obrigação dos Estados-partes de assegurar a vontade e as preferências da pessoa, que as medidas sejam proporcionais, por período curto, e que sejam revistas. Conclui Nelson Rosenvald que:

> Três aspectos acima referidos merecem destaques: a) a necessidade de a curatela respeitar os direitos, as vontades e preferências da pessoa humana, sendo proporcional e adequada às suas circunstâncias; b) a restrição à capacidade deve se dar pelo período mais curto possível; c) a necessidade de submissão da curatela a uma revisão regular, independente e imparcial[50].

---

47 "Art. 84. A pessoa com deficiência tem assegurado o direito ao exercício de sua capacidade legal em igualdade de condições com as demais pessoas.
§ 1º Quando necessário, a pessoa com deficiência será submetida à curatela, conforme a lei.
[...]
§ 3º A definição de curatela de pessoa com deficiência constitui medida protetiva extraordinária, proporcional às necessidades e às circunstâncias de cada caso, e durará o menor tempo possível."

48 ROSENVALD, Nelson. Curatela, cit., p. 736.

49 "Art. 5º. [...]
[...]
§ 3º Os tratados e convenções internacionais sobre direitos humanos que forem aprovados, em cada Casa do Congresso Nacional, em dois turnos, por três quintos dos votos dos respectivos membros, serão equivalentes às emendas constitucionais."

50 ROSENVALD, Nelson. Curatela, cit., p. 739.

A curatela, portanto, não visa apenas a proteção da pessoa com deficiência, mas também proporcionar a inclusão, resguardar suas vontades e promover a autonomia.

Além de tratar-se de medida excepcional, a curatela atinge somente os direitos de natureza patrimonial e negocial da pessoa com deficiência, não alcançando direitos pessoais. Dispõe o art. 85, § 1º, da Lei n. 13.146/2015 que:

> Art. 85. A curatela afetará tão somente os atos relacionados aos direitos de natureza patrimonial e negocial.
>
> § 1º A definição da curatela não alcança o direito ao próprio corpo, à sexualidade, ao matrimônio, à privacidade, à educação, à saúde, ao trabalho e ao voto.

No mesmo sentido, o art. 6º do Estatuto da Pessoa com Deficiência dispõe que o impedimento de natureza física, mental, intelectual ou sensorial, que pode obstruir a prática de alguns atos, não afeta a capacidade civil da pessoa:

> Art. 6º A deficiência não afeta a plena capacidade civil da pessoa, inclusive para:
>
> I – casar-se e constituir união estável;
>
> II – exercer direitos sexuais e reprodutivos;
>
> III – exercer o direito de decidir sobre o número de filhos e de ter acesso a informações adequadas sobre reprodução e planejamento familiar;
>
> IV – conservar sua fertilidade, sendo vedada a esterilização compulsória;
>
> V – exercer o direito à família e à convivência familiar e comunitária; e
>
> VI – exercer o direito à guarda, à tutela, à curatela e à adoção, como adotante ou adotando, em igualdade de oportunidades com as demais pessoas.

Assim, a pessoa com deficiência possui capacidade civil para exercer os atos de natureza pessoal, devendo sua vontade ser respeitada.

2.3. A interdição no CPC de 2015, humanização e efeitos

Com a entrada em vigor do Estatuto da Pessoa com Deficiência, dispondo que "a deficiência não afeta a plena capacidade civil da pessoa" e excluindo os enfermos, deficientes mentais e os que não podem exprimir a vontade da condição de absolutamente incapazes (a Lei n. 13.146/2015 revogou os incisos I a III do art. 3º do Código Civil), foram mantidos na situação de absolutamente incapazes apenas os menores de 16 anos, conforme a nova redação do *caput* do art. 3º do Código Civil. Boa parte da doutrina concluiu que não existe mais interdição no ordenamento jurídico brasileiro, mas tão somente a curatela específica para atos determinados.

Paulo Lôbo ressalta que os deficientes mentais não são mais incapazes, pois tudo mudou com a Convenção sobre os Direitos das Pessoas com Deficiência, incorporada ao direito brasileiro, que considera que as pessoas com deficiência (e não portadoras de deficiência) "gozam de capacidade legal em igualdade de condições com as demais pessoas em todos os aspectos da vida". Conclui:

> Assim, não há que se falar mais de "interdição", que, em nosso direito, sempre teve por finalidade vedar o exercício, pela pessoa com deficiência mental ou intelectual, de todos os atos da vida civil, impondo-se a mediação de seu curador. Cuidar-se-á, apenas, de curatela específica, para determinados atos[51].

Nelson Rosenvald, no mesmo sentido, leciona que a Constituição Federal transpõe a esfera meramente defensiva da proteção da pessoa, para conceder uma tutela promocional ao desenvolvimento e potencializar a autonomia e em consequência o direito fundamental à capacidade civil, corolário de sua dignidade e liberdade. Assim, a curatela deve ser fundada em circunstâncias especiais para proteção e promoção existencial da pessoa com deficiência, jamais em punição. Acrescenta que:

> Com o ingresso da CDPD em nosso direito interno, o vocábulo "interdição" é suprimido da ordem infraconstitucional, pois relaciona a curatela a um processo de supressão de direitos patrimoniais e existenciais da pessoa, quando na verdade, a curatela será funcionalizada à promoção da autonomia. De fato, o termo "interdição" remete a uma sanção civil de natureza punitiva contra uma pessoa que não praticou qualquer ato ilícito[52].

---

51 LÔBO, Paulo. *Com os avanços legais, pessoas com deficiência mental não são mais incapazes*. Disponível em: <www.conjur.com.br>. Acesso em: 25-7-2016.

52 ROSENVALD, Nelson. Curatela, cit., p. 735-736.

As conclusões devem ser interpretadas com cautela, notadamente após a entrada em vigor do Código de Processo Civil, posterior à vigência do Estatuto das Pessoas com Deficiência, que prevê especificamente o processo de interdição (arts. 747 a 757). O procedimento de interdição, entretanto, tem por finalidade específica apurar em quais atos patrimoniais e negociais a pessoa com deficiência necessita de auxílio do curador, fixando os limites da curatela, e não mais no sentido de suprimir direitos. Nesse sentido, andou bem Pablo Stolze ao afirmar:

> Por óbvio, o procedimento de interdição (ou de curatela), continuará existindo, ainda que em uma nova perspectiva, limitada aos atos de conteúdo econômico ou patrimonial, como bem ressaltou Rodrigo da Cunha Pereira.
>
> É o fim, portanto, não do "procedimento de interdição", mas sim, do *standard* tradicional da interdição, em virtude de fenômeno da "flexibilização da curatela", anunciado por Célia Barbosa Abreu[53].

A ação de interdição ou de curatela ganhou novos contornos, é uma medida de amparo e proteção. O Estatuto da Pessoa com deficiência reformulou o conceito de capacidade civil, razão pela qual é irrelevante a terminologia utilizada para indicar os atos que a pessoa com deficiência não pode praticar sem a assistência do curador. Ainda que se utilize a nomenclatura de *ação de curatela*, deve o juiz especificar os atos de que o relativamente incapaz deve se abster, o que não mais inclui os atos de natureza pessoal.

Com efeito, desaparece a interdição total da pessoa com deficiência, vedando-o de praticar todos os atos da vida civil, patrimoniais e pessoais, personalizando e humanizando a curatela. A pessoa com deficiência não só será mais "interrogado" pelo juiz, mas entrevistado e indagado sobre suas vontades, preferências e laços familiares e afetivos, para orientar o magistrado no estabelecimento dos limites da curatela e a nomeação de curador, restrito aos atos de natureza patrimonial e negocial. Nesse sentido, a lição de Sabrina Dourado:

> O interditando não será mais interrogado. Oportuna a troca da expressão por entrevistas, já ele é o principal protagonista do procedimento especial em tela e não deve ser visto como réu.

53 STOLZE, Pablo. *É o fim da interdição*? Disponível em: <www.jus.com.br>. Acesso em: 25-7-2016.

> Há nítida preocupação com o *ser* no dispositivo em casamento. Na redação do revogado art. 1.181, o juiz interrogaria o interditando sobre sua vida, seus negócios, seus bens e mais o que lhe parecesse necessário.
>
> No NCPC, o juiz entrevistará minuciosamente o interditando acerca de sua vida, seus negócios, seus bens, suas vontades, suas preferências e seus *laços familiares e afetivos*. Irá entrevistá-lo sobre o que mais lhe parecer indispensável para o convencimento quanto à sua capacidade para praticar atos da vida civil. A interdição se mostra humanizada e dignificada no NCPC[54].

O art. 751, *caput*, e § 3º, do Código de Processo Civil de 2015, dispõe que:

> Art. 751. O interditando será citado para, em dia designado, comparecer perante o juiz, que o entrevistará minuciosamente acerca de sua vida, negócios, bens, vontades, preferências e laços familiares e afetivos e sobre o que mais lhe parecer necessário para convencimento quanto à sua capacidade para praticar atos da vida civil, devendo ser reduzidas a termo as perguntas e respostas.
>
> [...]
>
> § 3º Durante a entrevista, é assegurado o emprego de recursos tecnológicos capazes de permitir ou de auxiliar o interditando a expressar suas vontades e preferências e a responder às perguntas formuladas.

Durante a entrevista, o interditado deve ser indagado sobre sua vontade em relação à escolha do curador, preferencialmente nomeado pelo juiz, se atender os requisitos legais para o exercício do encargo, ao proferir a sentença de curatela. O parágrafo único do art. 1.772 do Código Civil (foi revogado pelo CPC de 2015) dispunha que, para a escolha do curador, o juiz levaria em conta a vontade e as preferências do interditando, o que devia ser observado na sentença de curatela.

A sentença é declaratória por reconhecer uma situação fática que já existia, o que não se confunde com a questão processual do momento de sua produção de efeitos, que ocorre a partir da prolação, independentemente do trânsito em julgado, pois o recurso possui efeito apenas devolutivo. Thaís

---

54 DOURADO, Sabrina. A interdição – sua humanização e ressignificação no NCPC e EPD. *Revista Nacional de Direito de Família e Sucessões*, v. 10 (jan.-fev. 2016). Porto Alegre: Magister, 2016. p. 176-177.

Câmara considera que a ação de curatela é constitutiva[55]. Maria Helena Diniz acolhe o entendimento de que a sentença é *declaratória* e *constitutiva* sob o fundamento de que, em regra, só depois de decretada a interdição é que se recusa a capacidade de exercício, sendo nulo ou anulável o ato praticado, conforme seja o interditado considerado absoluto ou relativamente incapaz, produzindo, portanto, efeitos *ex nunc*, embora seja possível invalidar ato praticado por doente mental, mesmo antes da decretação judicial de sua interdição, desde que se comprove judicialmente a existência de sua insanidade por ocasião da efetivação do ato negocial[56].

O reconhecimento da incapacidade, portanto, não se limita apenas ao momento processual da produção de efeitos da sentença, posto que os atos praticados pelo incapaz não serão nulos ou anuláveis somente após a sentença declaratória, admitindo-se anular os atos praticados por deficiência mental, comprovando-se judicialmente a existência de incapacidade por ocasião da realização do ato. Exige-se, entretanto, ação própria de nulidade ou anulatória dos atos praticados anteriormente e demonstração de forma inequívoca, robusta e convincente da incapacidade do contratante por ocasião do negócio, resguardando-se a boa-fé de terceiros e a segurança do comércio jurídico. É certo que não é a sentença que gera a incapacidade, mas a doença mental (STF, *RF* 153/172). Para alegar a nulidade de um ato praticado por um incapaz já interdito, basta apenas a sentença de curatela, especificando os atos que está impedido de praticar. A sentença de curatela não é o único pressuposto para anular ou declarar nulo o negócio praticado pelo incapaz, que pode ocorrer na sua ausência, todavia é necessário provar o estado de incapacidade do contratante ao tempo da celebração do ato e que a outra parte tinha conhecimento ou podia apurar a deficiência mental do contratante incapaz.

Dispunha o art. 1.773 do Código Civil, revogado pelo CPC de 2015, que a sentença declaratória de interdição produz efeitos imediatamente, sem necessidade de aguardar o julgamento de recursos e o trânsito em julgado.

Assim, são anuláveis todos os atos praticados pelo curatelado previstos na sentença, ainda que não intimadas as partes ou publicada a sentença de interdição na imprensa. Os atos anteriores à sentença declaratória também são anuláveis, mas só serão invalidados se for demonstrado em juízo, me-

---

55 COELHO, Thaís Câmara Maia Fernandes. *Autocuratela*, cit., p. 30.

56 DINIZ, Maria Helena. *Curso de direito civil brasileiro* – Direito de família. 22. ed., cit., p. 616.

diante ação própria, que foram praticados por pessoa com deficiência, com a prova da incapacidade já demonstrada da sentença de interdição[57].

2.4. Pessoas sujeitas à curatela

De acordo com o art. 1.767 do Código Civil, com a nova redação dada pela Lei n. 13.146/2015, estão sujeitos à curatela:

a) aqueles que, por causa temporária ou permanente, não puderem exprimir sua vontade (inc. I);

b) os ébrios habituais e os viciados em tóxicos (inc. III);

c) os pródigos (inc. V).

Os incisos II e IV foram revogados pela Lei n. 13.146/2015.

Maria Berenice Dias ressalta ser questionável o elenco legal de pessoas sujeitas à curatela, por ser desnecessário rotular a causa, bastando o reconhecimento da deficiência para o decreto de interdição. A tentativa de arrolar ou definir as limitações ou inaptidões que geram o comprometimento da higidez mental é descabida, pois o que definirá o grau de incapacidade e se a causa é realmente incapacitante, bem como o seu grau de comprometimento para os atos da vida civil, é a perícia médica[58].

A Lei n. 13.146/2015 – Estatuto da Pessoa com Deficiência – alterou substancialmente as incapacidades previstas no Código Civil de 2002, mantendo como absolutamente incapazes apenas os menores de 16 anos (art. 3º)[59], excluindo a incapacidade absoluta das pessoas com enfermidade ou deficiência mental que não possuam discernimento para os atos da vida civil e as que não possam exprimir sua vontade. As pessoas com deficiência que não possam exprimir sua vontade passam a ser apenas relativamente incapazes, conforme dispõe o art. 4º, com a nova redação do Código Civil:

> Art. 4º São incapazes, relativamente a certos atos ou à maneira de os exercer:
>
> I – os maiores de dezesseis e menores de dezoito anos;

---

57 MONTEIRO, Washington de Barros. *Curso de direito civil* – Direito de família. 33. ed., cit., p. 332-333.

58 DIAS, Maria Berenice. *Manual de direito das famílias*. 13. ed., cit., p. 920.

59 "Art. 3º São absolutamente incapazes de exercer pessoalmente os atos da vida civil os menores de 16 (dezesseis) anos."

II – os ébrios habituais e os viciados em tóxico;

III – aqueles que, por causa transitória ou permanente, não puderem exprimir sua vontade;

IV – os pródigos.

Parágrafo único. A capacidade dos indígenas será regulada por legislação especial.

Assim, as pessoas com deficiência mental que podem se expressar passam a ser absolutamente capazes para os atos da vida civil. Dispõe o Estatuto da Pessoa com Deficiência, no seu art. 2º, que:

Art. 2º Considera-se pessoa com deficiência aquela que tem impedimento de longo prazo de natureza física, mental, intelectual ou sensorial, o qual, em interação com uma ou mais barreiras, pode obstruir sua participação plena e efetiva na sociedade em igualdade de condições com as demais pessoas.

§ 1º A avaliação da deficiência, quando necessária, será biopsicossocial, realizada por equipe multiprofissional e interdisciplinar e considerará:

I – os impedimentos nas funções e nas estruturas do corpo;

II – os fatores socioambientais, psicológicos e pessoais;

III – a limitação no desempenho de atividades; e

IV – a restrição de participação.

§ 2º O Poder Executivo criará instrumentos para avaliação da deficiência.

O Estatuto da Pessoa com Deficiência adota uma política não apenas protetiva e defensiva da pessoa com deficiência, mas sobretudo inclusiva e que promove a autonomia. Elissaidy Tamamini ressalta, quanto à inclusão das pessoas com deficiência, que:

Em síntese, a inclusão, como processo social amplo, que busca modificar o comportamento da sociedade, e até mesmo das pessoas com deficiência, deve estar aliada às indispensáveis mudanças nos ambientes físicos e jurídicos.

[...]

É preciso um novo olhar, que mesmo impregnado de recordações do passado, torne-se um olhar repleto de sentimentos de luta, vislumbrando a construção de um projeto inclusivo, educativo e social, que leve as pessoas deficientes intelectuais, a alcançar, pelo menos, o seu direito à cidadania[60].

O Estatuto da Pessoa com Deficiência, ao tratar no art. 4º da igualdade e da não discriminação, dispõe que "toda pessoa com deficiência tem direito à igualdade de oportunidades com as demais pessoas e não sofrerá nenhuma espécie de discriminação". A exclusão da pessoa sem nenhum discernimento e que não consegue expressar sua vontade da situação de absolutamente incapaz, bem como do deficiente considerado plenamente capaz, entretanto, tem sofrido críticas na doutrina, por ser prejudicial aos seus interesses, sob alguns aspectos.

José Simão ressalta, entre outras hipóteses, que a pessoa com alguma deficiência é considerada capaz, e pode, portanto, celebrar negócios jurídicos sem qualquer restrição, assinar contrato desvantajoso, dar quitação de dívida sem receber, liberando o devedor. O deficiente sem discernimento e que não pode manifestar sua vontade perde a proteção de não correr contra ele a prescrição e a decadência, pois agora é considerado relativamente incapaz e passa a responder com seus próprios bens pelos danos que causar a terceiros. Não se vislumbra ainda, na prática, como vai realizar os atos assistidos pelo curador, já que não exprime sua vontade[61].

É inequívoco que o Estatuto da Pessoa com Deficiência exagerou ao desconsiderar como absolutamente incapazes as pessoas que conseguem se manifestar e aquelas que não possuem nenhum discernimento, perdendo toda a proteção dos incapazes de forma absoluta. Da mesma forma, excluiu os relativamente incapazes do auxílio e assistência do curador, o que vai exigir muito critério do judiciário ao deferir curatela, não podendo se resumir tão somente às pessoas que não conseguem exprimir a vontade. Thaís Câmara ressalta que:

> Assim, para promover uma ação de curatela, a pessoa tem que ter uma ausência total de discernimento de caráter permanente ou temporário que a

---

[60] TAMAMINI, Elissaidy Jangada Oliveira. *Curatela de pessoa deficiente intelectual e mental*. Monografia de conclusão de curso de pós-graduação. Curitiba: ABDConst, 2016. p. 10.

[61] SIMÃO, José Fernando. *Estatuto da pessoa com deficiência causa perplexidade*. Parte I e II. Disponível em: <www.conjur.com.br>. Acesso em: 14-7-2016.

impossibilite de manifestar vontade, de forma a sugerir a representação ou assistência pelo curador. Caso tenha discernimento reduzido, não será a curatela o procedimento adequado e sim a tomada de decisão apoiada (TDA)[62].

2.4.1. Pessoas que por causas temporárias ou permanentes não podem exprimir sua vontade

O Código Civil de 2002 excluiu a expressão "loucos de todo o gênero", utilizada no art. 446, I, do Código anterior, tratando por "enfermos ou deficientes mentais sem o necessário discernimento" os deficientes que não possuem condições de entendimento para a prática dos atos da vida civil, e os considerava, na redação original, apesar de maiores, absolutamente incapazes (art. 3º, I, do CC). Considerava também absolutamente incapazes as pessoas que não podiam exprimir sua vontade por outras causas duradouras, expressão que não abrange os enfermos ou deficientes mentais, mas aqueles que por outras causas, desde que duradouras, não podem exprimir sua vontade, como os surdos-mudos que não possuem a necessária educação que os habilite a se comunicar e as pessoas que se encontram em estado de coma, tornando-se necessária nomeação de curador para administrar-lhes os bens. A Lei n. 13.416/2015 revogou os incisos do art. 3º e deu nova redação ao *caput*, considerando absolutamente incapazes os menores de 16 anos.

Atualmente, as pessoas que não podem exprimir a vontade são consideradas relativamente incapazes. Os apenas deficientes, que conseguem exprimir a vontade, são capazes. O Código Civil autoriza a curatela apenas daqueles que não podem expressar a vontade, quer por total ausência de discernimento, quer por outras causas que impossibilite comunicar (art. 4º, III).

2.4.2. Ébrios habituais e viciados em tóxicos

A curatela do ébrio habitual se justifica quando já não consegue ter discernimento de seus atos, dominado pelo vício ao álcool. Necessita de curador que o assista, pois em razão de deterioração mental alcoólica pode ter alucinações ou embrutecimento da mente e de ser acometido de *delirium tremens* (psicose aguda em razão de alcoolismo)[63].

---

[62] COELHO, Thaís Câmara Maia Fernandes. *Autocuratela*, cit., p. 15.

[63] DINIZ, Maria Helena Diniz. *Curso de direito civil brasileiro* – Direito de família. 22. ed., cit., p. 605-607.

Na legislação anterior, a curatela do toxicômano era regulada pelo Decreto n. 891/38, que permitia a interdição plena ou parcial segundo a gravidade[64] da intoxicação, sujeitando-o à internação em estabelecimentos especializados, obrigatória darold ou facultativa, para tratamento. Tóxico é qualquer substância natural, sintética ou modificada, que causa dependência física ou psíquica modificando as funções do organismo e interferindo na capacidade de discernimento da pessoa, como o álcool, maconha, cocaína, morfina, heroína, independentemente, para fins de interdição, de ser lícita ou não.

O Código Civil de 2002 manteve a orientação da legislação extravagante ao dispor que, nas hipóteses de deficientes mentais relativos, alcoólatras, toxicômanos e excepcionais sem completo desenvolvimento mental, os limites da curatela são relativos e de acordo com o estado de desenvolvimento mental do interdito, podendo, inclusive, se limitar apenas à administração dos bens nos atos que importam em diminuição do patrimônio, excluindo os de mera administração.

Da mesma forma, estas pessoas são consideradas relativamente incapazes (art. 4º, II, do CC) e havendo meios de recuperar o interdito, o curador deve proporcionar o tratamento bem como promover o recolhimento em estabelecimento adequado, quando não se adaptarem ao convívio doméstico. Cessando a incapacidade em razão de educação ou sucesso nos tratamentos, levanta-se a curatela, retomando o interditado as condições de exercício dos atos da vida civil.

2.4.3. Pródigos

Pródigo é o indivíduo que, desordenadamente, desbarata sua fortuna, com risco de reduzir-se à miséria. A prodigalidade pressupõe habitualidade nas dissipações, vida desregrada, gastos imoderados, pendor irresistível para consumir o que possui[65]. É necessário, entretanto, auferir se o interditando realmente é descontrolado e gastador compulsivo, colocando a si próprio e a família em risco, não se justificando se apenas busca a realização de seus desejos, ainda que dispondo de bens, já que a ninguém é imposto abdicar de seus desejos e realizações para poupar e adquirir riquezas para os parentes.

---

64 VENOSA, Sílvio de Salvo. *Direito civil* – Direito de família. 3. ed., cit., p. 429-430.

65 MONTEIRO, Washington de Barros. *Curso de direito civil – Direito de família*. 33. ed., cit., p. 328.

A distinção entre a irresponsabilidade do perdulário, com total ausência de compromisso para com a família, dilapidando o patrimônio, e a desordem mental em razão de distúrbios psíquicos que se exteriorizam por gastos excessivos, é fundamental para fixar os limites de interdição.

Com efeito, o pródigo é considerado relativamente incapaz (art. 4º, IV, do CC) e a interdição só o tolhe, na ausência do curador, de praticar atos que envolvam o comprometimento do patrimônio, como emprestar, transigir, dar quitação, alienar, hipotecar, demandar ou ser demandado e ser tutor, por não possuir a livre administração dos bens, embora exerça atos de mera administração (art. 1.782 do CC). A interdição, portanto, é de cunho exclusivamente patrimonial, não existindo restrições de caráter pessoal, podendo exercer livremente a profissão, desde que não pratique os atos vedados (como ocorre com o comerciante), ser testemunha, votar e ser votado, casar-se ou constituir união estável.

A interdição do pródigo visa proteger sua pessoa e sua família, denotando, ainda, preocupação social posto que, se ocorrer sua ruína, o perdulário torna-se um ônus também para a sociedade[66]. O Código Civil de 1916 limitava-se a proteger a família do pródigo, tanto que somente podiam requerer a interdição o cônjuge, ascendente ou descendente (art. 460) e levantava-se a interdição, se deixassem de existir essas pessoas (art. 461), o que não foi reproduzido pelo Código atual, demonstrando a mudança de pensamento do legislador moderno.

2.4.4. Nascituro

Não se justifica incluir o nascituro no capítulo da curatela.

O Código Civil inclui, na instituição da curatela, o nascituro (art. 1.779), que é o ser já concebido, mas que ainda se encontra no ventre materno[67]. Trata-se de hipótese rara de ocorrer, pois somente se aplica provisoriamente para preservar os interesses do nascituro em herança, legado ou doação, subordinando seus direitos à condição de nascer com vida, quando adquire personalidade civil (art. 2º do CC), desde que o pai faleceu, estando grávida a mulher e não tendo o poder familiar. Se a mãe for interditada, seu curador será o do nascituro (art. 1.779, *caput* e parágrafo único, do CC).

---

[66] VENOSA, Sílvio de Salvo. *Direito civil* – Direito de família. 3. ed., cit., p. 433.

[67] RODRIGUES, Silvio. *Direito civil* – Direito de família. 27. ed., cit., p. 459.

2.5. Legitimidade para requerer e processo de curatela

A doutrina atual, como orienta Maria Berenice Dias citando Paulo Lôbo, ressalta que após o Estatuto da Pessoa com Deficiência, não se pode mais falar em *ação de interdição*, que tinha por objetivo impedir o exercício dos atos da vida civil pelas pessoas, existindo agora a *ação de curatela*[68], que possui um caráter protetivo e inclusivo, apesar do CPC ainda manter a expressão *interdição*.

O Código de Processo Civil de 2015 revogou os arts. 1.768 a 1.773 do Código Civil (art. 1.072, II), alterados pela Lei n. 13.146/2015, regulando as disposições processuais.

A curatela pode ser promovida pelo cônjuge ou companheiro, pelos parentes ou tutores, pelo representante da entidade em que se encontra abrigado o curatelado e pelo Ministério Público. Entretanto, o Ministério Público só promoverá a interdição no caso de doença mental grave e se as pessoas legitimadas não existirem ou forem incapazes, ou se a deixarem de promover tempestivamente, nos termos do art. 748[69]. O Código de Processo Civil dispõe no art. 747 sobre as pessoas legitimadas a propor a ação.

> Art. 747. A interdição pode ser promovida:
>
> I – pelo cônjuge ou companheiro;
>
> II – pelos parentes ou tutores;
>
> III – pelo representante da entidade em que se encontra abrigado o interditando;
>
> IV – pelo Ministério Público.
>
> Parágrafo único. A legitimidade deverá ser comprovada por documentação que acompanhe a petição inicial.

A legitimidade para promover o pedido de curatela é conferida, portanto, aos pais, tutores, cônjuge, companheiro, parentes, responsável pela entidade e ao Ministério Público. Não existe ordem de preferência quanto aos legitimados, em face do interesse público na proteção da pessoa com

---

68 DIAS, Maria Berenice. *Manual de direito das famílias*. 13. ed., cit., p. 934.

69 "Art. 748. O Ministério Público só promoverá interdição em caso de doença mental grave:

deficiência, ocorrendo apenas na nomeação do curador. Assim, pode um tio ou até mesmo um primo requerer a curatela do incapaz que possui irmãos. O Ministério Público, todavia, pode tomar a iniciativa apenas em caso de doença mental grave evidente, se não existirem ou ficar provada a omissão dos demais legitimados ou se forem incapazes[70].

Nos termos do art. 747 do Código de Processo Civil, o Ministério Público possui legitimidade extraordinária e supletiva, ajuizando a ação apenas nos casos de doença mental grave, em face da urgência da medida para proteção do interditando e a prevenção de possíveis riscos que pode causar a si próprio e à sociedade, sem a presença de um curador. Nas outras hipóteses de curatela o *parquet* não possui legitimidade para propor a ação.

Na vigência do Código Civil de 1916, o pródigo só podia ser interditado pelo cônjuge ou parentes em linha reta, levantando-se a interdição se não existissem estas pessoas (arts. 460 e 461), o que não foi reproduzido no Código atual. A doutrina, entretanto, leciona que a lei sujeita o pródigo à curatela com o único objetivo de resguardar o patrimônio da família, tanto que a interdição só o privará da prática de atos que importem diminuição do patrimônio; portanto, o Ministério Público não poderá intervir para requerê-la[71].

Não sendo o autor, o Ministério Público intervirá como fiscal da ordem jurídica, nomeando-se curador especial se o interditando não constituir advogado (§§ 1º e 2º do art. 752 do CPC).

O tutor pode requerer a curatela do pupilo, quando atingir 16 anos, portanto, relativamente incapaz em razão da idade, quando este não puder exprimir sua vontade.

Na petição inicial do processo de curatela, o autor deve comprovar documentalmente sua legitimidade e especificar os fatos que revelam a necessidade do pedido e a incapacidade do curatelando para administrar os

---

I – se as pessoas designadas nos incisos I, II e III do art. 747 não existirem ou não promoverem a interdição;

II – se, existindo, forem incapazes as pessoas mencionadas nos incisos I e II do art. 747."

70 LÔBO, Paulo. *Direito civil. Famílias*, cit., p. 395.

71 DINIZ, Maria Helena. *Curso de direito civil brasileiro* – Direito de família. 22. ed., cit., p. 613.

seus bens, incluindo, ainda, o momento em que a capacidade se revelou. Em caso de urgência, o juiz pode nomear curador provisório. Dispõe o art. 749 do CPC de 2015 que:

> Art. 749. Incumbe ao autor, na petição inicial, especificar os fatos que demonstram a incapacidade do interditando para administrar seus bens e, se for o caso, para praticar atos da vida civil, bem como o momento em que a incapacidade se revelou.
>
> Parágrafo único. Justificada a urgência, o juiz pode nomear curador provisório ao interditando para a prática de determinados atos.

O juiz mandará citar o curatelando para comparecer à sua presença, oportunidade em que o entrevistará acerca de sua vida, negócios e bens para verificar seu estado mental, reduzindo a termo as perguntas e respostas, bem como suas vontades, preferências, vínculos afetivos e familiares. A entrevista pode ser acompanhada por especialista, podendo ser empregados recursos técnicos para permitir ou auxiliar o curatelando a se manifestar (art. 751 do CPC)[72]. A entrevista é de extrema importância para o juiz ter contato com o curatelando e verificar pessoalmente suas condições pessoais. Na hipótese de impossibilidade de deslocamento do deficiente, o juiz comparecerá em diligência até o local onde se encontrar para ouvi-lo.

O pedido de interdição pode ser impugnado no prazo de 15 dias contados da entrevista, pelo próprio curatelando, se constituir advogado. Caso não constitua, o seu cônjuge, companheiro ou qualquer parente sucessível pode intervir no processo, constituindo advogado e atuando como assisten-

---

72 "Art. 751. O interditando será citado para, em dia designado, comparecer perante o juiz, que o entrevistará minuciosamente acerca de sua vida, negócios, bens, vontades, preferências e laços familiares e afetivos e sobre o que mais lhe parecer necessário para convencimento quanto à sua capacidade para praticar atos da vida civil, devendo ser reduzidas a termo as perguntas e respostas.

§ 1º Não podendo o interditando deslocar-se, o juiz o ouvirá no local onde estiver.

§ 2º A entrevista poderá ser acompanhada por especialista.

§ 3º Durante a entrevista, é assegurado o emprego de recursos tecnológicos capazes de permitir ou de auxiliar o interditando a expressar suas vontades e preferências e a responder às perguntas formuladas.

§ 4º A critério do juiz, poderá ser requisitada a oitiva de parentes e de pessoas próximas."

te. O Ministério Público, como já visto, caso não seja o autor, intervirá no processo como fiscal da ordem jurídica; de toda forma, não tendo o curatelando constituído advogado, o juiz irá nomear-lhe curador especial, conforme disposições do art. 752 do Código de Processo Civil[73].

Transcorrido o prazo de impugnação e manifestação do Ministério Público e do curador especial, se for o caso, o juiz determina a realização da prova pericial, que deve ser realizada por um especialista ou por uma equipe multidisciplinar, para praticar os atos da vida civil, indicando quais os atos específicos que necessitam de curador. Entregue o laudo, se necessário serão produzidas as demais provas. Encerrada a instrução, serão intimados a se manifestar os interessados e o Ministério Público. Em seguida, o juiz proferirá a sentença (arts. 753 e 754 do CPC). A jurisprudência, já na vigência do Estatuto da Pessoa com Deficiência, é no sentido de ser nula a sentença que julga a ação e decreta a interdição sem realização de perícia, que representa "um meio de defesa da pessoa supostamente sujeita à curatela" e identifica os atos que necessitam de curador[74].

Reconhecida a necessidade o juiz acolhe o pedido de curatela e determinará os limites, segundo o estado ou o desenvolvimento mental do curatelado (art. 755 do CPC), considerando suas características pessoais, observando suas potencialidades, habilidades, vontades e preferências, e fixará o termo da curatela, nomeando curador em seguida. Thaís Câmara cita Nelson Rosenvald e Cristiano Chaves para orientar que o juiz deve analisar todas as características do curatelado para estabelecer os limites da curatela. Acrescenta que:

> O artigo 755, inciso II, do Código de Processo Civil estabelece que, na sentença que decretar a curatela, o juiz *considerará as características pessoais do interdito, observando suas potencialidades, habilidades, vontades e preferências*. O

[73] "Art. 752. Dentro do prazo de 15 (quinze) dias contado da entrevista, o interditando poderá impugnar o pedido.

§ 1º O Ministério Público intervirá como fiscal da ordem jurídica.

§ 2º O interditando poderá constituir advogado, e, caso não o faça, deverá ser nomeado curador especial.

§ 3º Caso o interditando não constitua advogado, o seu cônjuge, companheiro ou qualquer parente sucessível poderá intervir como assistente."

[74] TJRS, AC 70068532464, Rel. Des. Rui Portanova, j. 25-5-2016.

juiz deverá analisar quais atos da vida civil o curatelado é incapaz de praticar, de forma a preservar aqueles que podem ser praticados por ele, protegendo a dignidade da pessoa humana. Nesse aspecto, o juiz poderá decretar a curatela plena, privando o curatelado de praticar inteiramente os atos da vida civil; poderá apenas limitar a prática de alguns atos pelo curatelado ou não limitar a prática de qualquer ato por ele, impondo apenas a presença de um assistente[75].

Assim, a curatela tem que ser individualizada de acordo com as potencialidades e habilidades do interdito, podendo ser total se não possuir condições de praticar nenhum ato ou de apenas alguns atos especificados na sentença, observando as necessidades no caso concreto. O TJMG rejeitou alegação de inconstitucionalidade dos arts. 84 e 85 da Lei n. 13.146/2015 e manteve a sentença que estabeleceu os limites da curatela, de acordo com o art. 755, CPC:

> APELAÇÃO CÍVEL – AÇÃO DE CURATELA – ARGUIÇÃO DE INCONSTITUCIONALIDADE DO ART. 84, *CAPUT*, § 3º E ART. 85, §§ 1º E 2º DA LEI N. 13.146/2015 (ESTATUTO DA PESSOA COM DEFICIÊNCIA) – CONVENÇÃO SOBRE OS DIREITOS DAS PESSOAS COM DEFICIÊNCIA – ESPECIFICAÇÃO DOS LIMITES DA CURATELA – POSSIBILIDADE – APLICAÇÃO DO ART. 755 DO NCPC – MODIFICAÇÃO SUPERVENIENTE DO ESTADO DE FATO OU DE DIREITO – AMPLIAÇÃO OU REDUÇÃO DOS LIMITES DA CURATELA – GARANTIA DO INTERDITO – SENTENÇA MANTIDA – RECURSO NÃO PROVIDO. 1. Não prospera a arguição de inconstitucionalidade dos arts. 84, *caput* e § 3º, e 85, §§ 1º e 2º, ambos da Lei n. 13.146/2015 (Estatuto da Pessoa com Deficiência), uma vez que a referida lei está em consonância com a Convenção Sobre os Direitos das Pessoas com Deficiência, promulgada pelo Decreto n. 6.949/2009. 2. Conforme a nova lei, pessoas com deficiência mental ou intelectual deixaram de ser consideradas absolutamente incapazes, mas sim relativamente incapazes a certos atos ou à maneira de os exercer. 3. Nos termos do art. 755 do CPC, a sentença deve fixar os limites da curatela, segundo o estado e o desenvolvimento mental do curatelado, tendo como base o exame pericial, a fim de constatar as necessidades em cada caso concreto, sempre buscando atender aos interesses da pessoa com

75 COELHO, Thaís Câmara Maia Fernandes. Autocuratela, cit., p. 29-30.

deficiência (física ou mental). 4. Considerando que a curatela passou a constituir medida extraordinária, deve ser mantida a sentença que, com base no laudo pericial, estabeleceu os limites da curatela às questões patrimoniais e negociais, nos termos do art. 85, da Lei n. 13.146/2015. 5. Considerando que a finalidade da curatela é a proteção dos interesses do curatelado, seja concernentes aos aspectos pessoais, aos elementos patrimoniais, ou para garantir a preservação de seus negócios, seus limites podem ser ampliados ou reduzidos, desde que comprovada alteração da situação fática ou de direito, sempre observando o melhor interesse do interdito. 6. Sentença mantida. 7. Recurso não provido[76].

Na nomeação do curador, apesar da ordem de preferência, deve ser atribuída a curatela à pessoa que melhor possa atender os interesses do curatelado (art. 755, § 1º, do CPC). Assim, o juiz não é obrigado a seguir a ordem de preferência, podendo alterá-la se for conveniente ao incapaz.

A sentença de curatela, como já visto, produz efeitos desde logo, embora sujeita a recurso. Será inscrita no registro de pessoas naturais e publicada imediatamente na internet, no sítio do tribunal a que estiver vinculado o juízo e na plataforma de editais do Conselho Nacional de Justiça, onde permanecerá por seis meses. Também será publicada uma vez na imprensa local e três no órgão oficial, com intervalo de dez dias, constando do edital os nomes do curatelado, do curador, a causa da interdição, os limites e os atos que o curatelado pode praticar autonomamente se a interdição não for total (art. 755, § 3º, CPC).

2.6. Nomeação de curador, curatela conjunta e exercício da curatela

2.6.1. Nomeação do curador

A exemplo da tutela, a lei estabelece uma ordem de preferência para nomeação de curador ao incapaz, recaindo primeiro no cônjuge ou companheiro, não separado judicialmente ou de fato, depois no pai ou mãe do curatelado e, na ausência destes, no descendente que se demonstrar mais apto, preferindo-se os de graus mais próximos. Na inexistência dessas pessoas, compete ao juiz

[76] TJMG, 2ª CC, AC 1.000.19.022083-0/001, Rel. Des. Raimundo Messias Júnior, j. 29-9-2019.

escolher o curador (art. 1.775, § 3º, do CC), existindo, assim, a curatela *legítima* e a *dativa*. É o que expressamente dispõe o art. 1.775 do Código Civil:

> Art. 1.775. O cônjuge ou companheiro, não separado judicialmente ou de fato, é, de direito, curador do outro, quando interdito.
>
> § 1º Na falta do cônjuge ou companheiro, é curador legítimo o pai ou a mãe; na falta destes, o descendente que se demonstrar mais apto.
>
> § 2º Entre os descendentes, os mais próximos precedem aos mais remotos.
>
> § 3º Na falta das pessoas mencionadas neste artigo, compete ao juiz a escolha do curador.

O Código Civil dispõe que o cônjuge ou companheiro é, de direito, curador do outro; o entendimento, entretanto, é de que a ordem do art. 1.775 não é absoluta, podendo o juiz, no interesse do incapaz, que deve prevalecer, nomear justificadamente outro curador, sem observar a ordem legal. Existindo motivo relevante, é admissível a alteração, evitando-se submeter o curatelado à curatela de pessoa que não inspire confiança. O Código de Processo Civil dispõe nesse sentido no § 1º[77] do art. 755, devendo atribuir a curatela a quem mais bem possa atender aos interesses do curatelado.

2.6.2. Curatela conjunta – compartilhada e fracionada

Inovação no Código Civil, patrocinada pelo Estatuto da Pessoa com Deficiência, ao acrescer o art. 1.775-A, foi possibilitar a *curatela conjunta*, dispondo que:

> Art. 1.775-A. Na nomeação de curador para a pessoa com deficiência, o juiz poderá estabelecer curatela compartilhada a mais de uma pessoa.

Nelson Rosenvald diferencia a curatela conjunta em compartilhada e fracionada.

A *curatela conjunta compartilhada* ocorre para manter a convivência familiar do curatelado com ambos os pais, tal como ocorre com a guarda compartilhada, entretanto pode alcançar outros sujeitos, como a responsabilização conjunta por dois filhos, dois irmãos, dois avós, no contexto de

[77] "§ 1º A curatela deve ser atribuída a quem melhor possa atender aos interesses do curatelado."

família extensa e preservando os laços de afetividade. A responsabilização dos curadores é conjunta.

Na *curatela conjunta fracionada* não existe responsabilização na totalidade dos deveres, mas cada curador exerce tarefas distintas, fracionando os deveres de acordo com suas competências. Ocorre a cisão das responsabilidades entre duas pessoas[78].

2.6.3. Exercício da curatela

Aplicam-se ao exercício da curatela as mesmas disposições concernentes à tutela, conforme determinação legal do Código Civil em seu art. 1.774[79], com alterações apenas na ordem de preferência na nomeação do curador, recaindo primeiro no cônjuge ou companheiro; a extensão da autoridade do curador à pessoa e aos bens dos filhos do curatelado; e o dever de promover tratamento ao curatelado se existir meios de recuperá-lo, para conquista de sua autonomia (arts. 757 e 758 do CPC).

Da mesma forma que a tutela, o juiz poderá condicionar que antes de entrar em exercício na curatela o curador nomeado preste garantias, mediante hipoteca legal, com bens imóveis para acautelar os bens do incapaz que receberá para administrar, dispensando, tão somente, se possuir reconhecida idoneidade financeira (art. 1.745, parágrafo único, CC), pois a idoneidade moral é observada quando da nomeação do curador e não no momento de receber os bens. Não existindo uma reconhecida idoneidade patrimonial não se afasta a exigência da hipoteca legal. Nesse sentido:

> APELAÇÃO CÍVEL – AÇÃO DE INTERDIÇÃO – CURATELA – HIPOTECA LEGAL – ARTIGO 1.190 DO CPC – IDONEIDADE – NÃO COMPROVAÇÃO. Constitui uma das garantias aos interesses do curatelado a especialização em hipoteca legal de imóveis a acautelar os bens confiados à administração do curador. Inexistindo comprovação da idoneidade financeira do curador, impossível se torna o afastamento da hipoteca legal, notadamente em razão do disposto no art. 1.190 do CPC[80].

---

78 ROSENVALD, Nelson. Curatela, cit., p. 773-775.

79 "Art. 1.774. Aplicam-se à curatela as disposições concernentes à tutela, com as modificações dos artigos seguintes."

80 TJMG, AC 1.0701.11.038426-3, Rel. Des. Versianni Penna, j. 30-1-2014.

O julgado cita o art. 1.190 do CPC de 1973, não reproduzido no atual, entretanto a exigência de garantia é prevista no art. 1.745 do Código Civil, que também admite a dispensa por reconhecida idoneidade, aplicando-se na curatela as mesmas regras da tutela (art. 1.781 do CC)[81].

A autoridade do curador estende-se à pessoa e aos bens dos filhos do curatelado (art. 1.778 do CC), mesmo se nascituro (art. 1.779, parágrafo único, do CC), devendo o juiz atribuir a curatela a quem melhor possa atender aos interesses do interdito e das pessoas que estão sob sua responsabilidade, salvo se o juiz considerar outra situação mais conveniente, conforme autoriza o art. 757 do Código de Processo Civil:

> Art. 757. A autoridade do curador estende-se à pessoa e aos bens do incapaz que se encontrar sob a guarda e a responsabilidade do curatelado ao tempo da interdição, salvo se o juiz considerar outra solução como mais conveniente aos interesses do incapaz.

Na curatela, é dispensada a prestação de contas, salvo por determinação judicial, quando o curador for o cônjuge casado sob o regime de comunhão universal de bens, nos termos do art. 1.783 do Código Civil[82].

A dispensa de prestação de contas permite-se apenas no regime de comunhão universal, quando todo o patrimônio é comum, mas não é absoluta, podendo o juiz determinar a prestação se as circunstâncias recomendarem. Não é dispensável no regime de comunhão parcial e nos demais regimes, sendo dever do curador prestá-las no período de exercício da curatela.

2.7. Levantamento da curatela

A lei incentiva a recuperação do curatelado, orientando o curador a promover-lhe o tratamento e o apoio necessário e apropriado para conquistar sua autonomia. Cessando a incapacidade, cessará a curatela. Com efeito, a deficiência mental pode desaparecer, o ébrio ou o toxicômano podem

---

81 "Art. 1.781. As regras a respeito do exercício da tutela aplicam-se ao da curatela, com a restrição do art. 1.772 e as desta Seção."

82 "Art. 1.783. Quando o curador for o cônjuge e o regime de bens do casamento for de comunhão universal, não será obrigado à prestação de contas, salvo determinação judicial."

curar-se, assim como pode o surdo-mudo, mediante educação apropriada, adquirir a capacidade de entendimento[83]. Com efeito, dispõe o art. 758 do Código de Processo Civil que "o curador deverá buscar tratamento e apoio apropriados à conquista da autonomia pelo interdito".

Cessada a causa que a determinou, a curatela será levantada mediante pedido do interditado (do curador ou do Ministério Público), sendo apensado aos autos do processo de curatela, conforme dispõe o art. 756, § 1º, do Código de Processo Civil:

> Art. 756. Levantar-se-á a curatela quando cessar a causa que a determinou.
>
> § 1º O pedido de levantamento da curatela poderá ser feito pelo interdito, pelo curador ou pelo Ministério Público e será apensado aos autos da interdição.

Requerido o levantamento da curatela, o juiz nomeará perito ou equipe multidisciplinar para examinar o curatelado e, após a entrega do laudo, designará audiência de instrução e julgamento. Acolhido o pedido, será decretado o levantamento da curatela, que pode ser parcial, quando o curatelado possuir capacidade para praticar apenas alguns atos.

Após transitar em julgado, a sentença será publicada da mesma forma da publicação da curatela e averbada no registro das pessoas naturais.

2.8. Administrador provisório e curatela transitória

O Código de Processo Civil prevê especificamente a possibilidade de nomeação de curador provisório em casos de urgência, dispondo que "justificada a ausência, o juiz pode nomear curador provisório ao interditando para a prática de determinados atos". A legislação anterior à vigência do CPC/2015 prevê, entretanto, a figura do administrador provisório para os casos de incapacidade temporária.

O Decreto n. 24.559, de 3 de julho de 1934, trata sobre a profilaxia mental, assistência e proteção à pessoa e aos bens dos psicopatas e toxicômanos. Dispõe em seu art. 27 e parágrafos que os atos de administração dos bens dos psicopatas e toxicômanos podem ser praticados nos primeiros 90

[83] VENOSA, Sílvio de Salvo. *Direito civil* – Direito de família. 3. ed., cit., p. 438.

dias de internação pelo cônjuge (e obviamente pelo companheiro pelas razões já expostas), ascendentes e descendentes, com prévia autorização judicial, quando for necessária. Decorrido este prazo e persistindo a incapacidade, o juiz nomeará um administrador provisório – por tempo não excedente a dois anos –, ao deficiente mental que possuir bens, salvo se ficar provada a conveniência imediata da interdição e curatela.

O decreto continua em vigor, pois em razão de possuir força de lei não podia ser revogado pelo Decreto n. 99.678/1990, apesar de controvérsias, até mesmo porque o Código Civil tratava de causa duradoura para sujeitar o incapaz à curatela, no revogado art. 1.767, II. É possível, entretanto, em casos específicos de incapacidade temporária para os atos da vida civil, por exemplo, acidentes ou intervenções cirúrgicas, o juiz autorizar mediante alvará a prática de atos para atender a necessidades especificas, em situação emergencial, sem necessidade de interdição[84].

Decorrido o prazo de dois anos e não podendo o psicopata ainda assumir a direção de sua pessoa e bens, deve ser decretada a interdição e nomeado curador. Se as pessoas legitimadas não requererem a interdição, deve ser promovida, obrigatoriamente, pelo Ministério Público.

A nomeação de administrador provisório foi ampliada pela jurisprudência para abranger outras hipóteses, alargando o âmbito de sua aplicação, em que a pessoa se encontra impossibilitada de administrar os seus bens e, até mesmo, no curso do processo de interdição, para proteger o interditando e seus bens. Sílvio de Salvo Venosa ressalta que os Tribunais, com base nesse dispositivo (art. 27, § 2º, do Decreto n. 24.559/1934), vinham procurando alargar o conceito, admitindo o administrador provisório para todas as modalidades de curatela. De fato, por vezes, a demora na conclusão do processo de interdição pode prejudicar o deficiente. Aliás, nada obsta que o juiz, como regra geral, dentro do seu poder de cautela, tome qualquer decisão para proteção de direitos[85].

A demora no processo de curatela, por muitas vezes, pode ser prejudicial ao interditando, cabendo concessão da curatela provisória que pode ser requerida em procedimento preparatório ou liminarmente na própria ação de interdição.

---

[84] DIAS, Maria Berenice. *Manual de direito das famílias*. 4. ed., cit., p. 552.

[85] VENOSA, Sílvio de Salvo. *Direito civil* – Direito de família. 3. ed., cit., p. 427.

O Estatuto da Pessoa com Deficiência deu nova redação ao art. 1.767 do Código Civil, dispondo no inciso I que estão sujeitos à curatela "aquelas que, por causa transitória ou permanente, não puderem exprimir sua vontade".

Assim, permite-se a *curatela temporária* ou *transitória* durante o período em que a pessoa não consegue se expressar, como ocorre com os que estão em coma, o que vai tornar desnecessário, doravante, a nomeação de administrador provisório. Existindo a necessidade de autorização para a prática de atos específicos urgentes, o juiz pode nomear curador provisório, para a prática apenas dos atos determinados, conforme autoriza o parágrafo único do art. 749 do Código de Processo Civil.

2.9. Curadorias especiais

Além da curatela do nascituro, temporária até o nascimento, prevê o Código Civil a nomeação de curador ao ausente que desapareceu de seu domicílio sem deixar notícia, representante ou procurador para administrar os seus bens, até o ausente retornar, ou aos seus herdeiros, aberta a sucessão provisória. Esta curadoria objetiva, apenas, a administração dos bens do ausente.

São previstas diversas outras curadorias, denominadas *especiais*, em razão de sua finalidade específica de defesa de interesses e não a regência de pessoas, e temporária, já que, uma vez exauridas, esgota-se, automaticamente, a função do curador, podendo-se destacar, dentre elas, a instituída pelo testador para os bens deixados a herdeiro ou legatário menor (art. 1.733, § 2º, do CC); a que se dá à herança jacente (art. 1.819 do CC); ao filho, sempre que, no exercício do poder familiar, colidirem os interesses do pai com os seus (art. 1.692 do CC); ao incapaz que não tiver representante legal ou conflito de interesses (art. 72, I, do CPC); ao réu preso (art. 72, II, 1ª parte, do CPC); ao revel, citado por edital ou com hora certa (art. 72, II, 2ª parte, do CPC)[86]; ao interditando no processo de curatela, se não constituir advogado (art. 752, § 2º), entre outras hipóteses.

3. DA TOMADA DE DECISÃO APOIADA

O Estatuto da Pessoa com Deficiência introduziu no Código Civil a possibilidade de a pessoa com deficiência que consegue se expressar, por-

[86] DINIZ, Maria Helena Diniz. *Curso de direito civil brasileiro* – Direito de família. 22. ed., cit., p. 610-611.

tanto, legalmente capaz, escolher duas pessoas, ou mais, nas quais confia, para auxiliá-la a tomar decisões nos atos da vida civil. O *caput* do art. 1.783-A conceitua a tomada de decisão apoiada:

> Art. 1.783-A. A tomada de decisão apoiada é o processo pelo qual a pessoa com deficiência elege pelo menos 2 (duas) pessoas idôneas, com as quais mantenha vínculos e que gozem de sua confiança, para prestar-lhe apoio na tomada de decisão sobre atos da vida civil, fornecendo-lhes os elementos e informações necessários para que possa exercer sua capacidade.

A tomada de decisão apoiada, leciona Nelson Rosenvald, atende à Convenção das Nações Unidas sobre os Direitos da Pessoa com Deficiência, ao determinar que "Os Estados partes tomarão medidas apropriadas para prover o acesso de pessoas com deficiência ao apoio que necessitarem no exercício de sua capacidade legal". Inspirou-se na figura de *administrador de apoio*, prevista no Código Civil italiano e ingressa no direito brasileiro como um novo modelo jurídico, além dos institutos clássicos da tutela e curatela. Conclui o autor que:

> Na tomada de decisão apoiada, o beneficiário conservará a capacidade de fato. Mesmo nos específicos atos em que seja coadjuvado pelos apoiadores, a pessoa com deficiência não sofrerá restrição em seu estado de plena capacidade, apenas será privada de legitimidade para praticar episódicos atos da vida civil. Assim, esse modelo poderá beneficiar pessoas deficientes com capacidade psíquica plena, porém com impossibilidade física ou sensorial (*v.g.* tetraplégicos, obesos mórbidos, cegos, sequelados de AVC e vítimas de outras enfermidades que as privem da deambulação para a prática de negócios e atos jurídicos de cunho econômico)[87].

Trata-se, portanto, de *um apoio*, um auxílio, para a pessoa que possui alguma deficiência, mas capaz para exercer os atos da vida civil sem necessidade de ser curatelado, exercendo a plena autonomia e participando efetivamente nos seus negócios.

---

87 ROSENVALD, Nelson. Curatela. p. 754-755.

A tomada de decisão apoiada não se confunde com a curatela, que se aplica às pessoas relativamente incapazes, que não conseguem exprimir a vontade. As pessoas portadoras de deficiência que conseguem manifestar suas vontades possuem autogoverno e são plenamente capazes, mas podem solicitar apoio nas suas decisões, sem limitação na sua capacidade de fato. Thaís Câmara bem diferencia a curatela e a tomada de decisão apoiada:

> Esse instituto distinto da curatela, uma vez que é facultada a sua utilização por indivíduos que tenham discernimento, ainda que reduzido, maiores de dezoito anos ou emancipados, mas que, em razão de alguma limitação (física, sensorial ou psíquica), encontrem-se em estado de vulnerabilidade, precisando ser apoiados por pessoas da sua confiança. O instituto evita, assim, uma anulação da pessoa como acontece muitas vezes nos processos de curatela, considerando que o apoiado participa ativamente das decisões da sua vida juntamente com os apoiadores, tendo o controle da situação. Na curatela o juiz nomeará um curador para assistir ou representar o curatelado, determinando os atos da vida civil que o curatelado não pode exercer por si.
>
> A previsão desse novo instituto apresenta uma evolução no ordenamento jurídico brasileiro. Ele possui caráter protetivo e visa à concessão de maior autonomia de vontade a pessoa portadora de deficiência, trazendo efetividade ao princípio da dignidade da pessoa humana[88].

O Estatuto da Pessoa com Deficiência prevê a possibilidade de a pessoa com deficiência ser submetida à curatela, conforme a lei, no caso sem discernimento, mas também faculta a pessoa com discernimento, mas com deficiência, adotar o processo de tomada de decisão apoiada, conforme os §§ 1º e 2º do art. 84[89].

---

[88] COELHO, Thaís Câmara Maia Fernandes. *Autocuratela*, cit., p. 43.

[89] "Art. 84. A pessoa com deficiência tem assegurado o direito ao exercício de sua capacidade legal em igualdade de condições com as demais pessoas.

§ 1º Quando necessário, a pessoa com deficiência será submetida à curatela, conforme a lei.

§ 2º É facultado à pessoa com deficiência a adoção de processo de tomada de decisão apoiada."

Com a entrada em vigor do Estatuto da Pessoa com Deficiência não mais existe absolutamente incapaz por enfermidade ou deficiência mental. Aqueles que não conseguem expressar sua vontade passaram a ser relativamente incapazes e serão curatelados para os atos da vida civil patrimoniais e negociais, nomeando-se-lhes curador. As pessoas com alguma deficiência que conseguem se expressar são capazes, sendo-lhes assegurado, todavia, o processo de tomada de decisão apoiada para auxiliar-lhes no exercício dos atos da vida civil.

O procedimento do processo de tomada de decisão apoiada é previsto nos parágrafos do art. 1.783-A do Código Civil, exigindo-se decisão judicial, sem interditar ou nomear curador ao assistido, com intervenção do Ministério Público. No pedido deve constar, além da indicação expressa dos apoiadores (§ 2º)[90], termo constando os limites do apoio, os compromissos dos apoiadores em respeitarem a vontade, direitos e interesses do assistido, além do prazo de vigência do acordo. É o que consta do § 1º do art. 1.783-A:

> Art. 1.783-A. [...]
>
> § 1º Para formular pedido de tomada de decisão apoiada, a pessoa com deficiência e os apoiadores devem apresentar termo em que constem os limites do apoio a ser oferecido e os compromissos dos apoiadores, inclusive o prazo de vigência do acordo e o respeito à vontade, aos direitos e aos interesses da pessoa que devem apoiar.

A legitimidade para o pedido de tomada de decisão apoiada é apenas do assistido, privilegiando sua vontade e autonomia. O juiz ouvirá pessoalmente o requerente e as pessoas que lhe prestarão apoio, assistido por equipe multidisciplinar, com intervenção do Ministério Público, antes de se pronunciar sobre o pedido de tomada de decisão apoiada. Proferida a deci-

---

90 "Art. 1.783-A. [...]
§ 2º O pedido de tomada de decisão apoiada será requerido pela pessoa a ser apoiada, com indicação expressa das pessoas aptas a prestarem o apoio previsto no *caput* deste artigo."

são, terá validade e produzirá efeitos contra terceiros dentro dos limites do apoio acordado (§§ 3º e 4º).

O apoio somente pode se referir aos "atos de natureza patrimonial e negocial", conforme determina o Estatuto da Pessoa com Deficiência no art. 85, *caput*, não podendo dispor sobre direitos da personalidade. O termo deve especificar quais atos necessitarão de apoio.

Os terceiros que contratarem com o assistido podem, por segurança, solicitar que os apoiadores contra-assinem os contratos ou acordos. Existindo divergências entre o assistido e os apoiadores, ou entre estes, caberá ao juiz, após ouvir o Ministério Público, decidir a questão (§§ 5º e 6º).

Dispõem os §§ 7º, 8º e 10 do art. 1.783-A do Código Civil que o apoiador pode solicitar ao juiz a exclusão de sua participação nas decisões apoiadas, devendo, entretanto, continuar agindo até o juiz autorizar o desligamento, nomeando outra pessoa, se for do interesse do assistido. Da mesma forma, se o apoiador agir negligentemente ou pressionando indevidamente a pessoa apoiada, poderá o juiz destituí-lo, mediante denúncia do assistido ou de qualquer pessoa, diretamente ao magistrado ou ao Ministério Público.

O Código Civil não estabelece um prazo para a duração da decisão apoiada, cabendo ao requerente e aos apoiadores fixar no termo, com previsão de prorrogação ou não. Priorizando a vontade da pessoa apoiada, mesmo existindo um prazo fixado, o § 9º autoriza ao assistido, a qualquer tempo, requerer ao juiz o término do acordo firmado no processo de tomada de decisão apoiada.

Na tomada de decisão apoiada os apoiadores, no que couber, deverão prestar contas como ocorre na curatela (§ 11).

4. AUTOCURATELA

A autocuratela é um negócio jurídico atípico, com semelhanças ao testamento vital, em que a pessoa manifesta antecipadamente sua vontade para questões pessoais e patrimoniais em caso de futuramente vir a perder sua capacidade de fato e ser declarada judicialmente incapaz. Trata-se, pois, de uma antecipação de vontade na hipótese de ausência de discernimento posterior, estipulando diretrizes sobre seus cuidados pessoais, negócios e indicando o curador de sua confiança. Thaís Câmara ressalta que o aumento de expectativa de vida do brasileiro, a preocupação com uma vida boa e os riscos de perda do discernimento recomendam a autocuratela. Ressalta que:

> Nessas hipóteses, a autocuratela surge como um negócio jurídico atípico, realizado através de um documento preventivo, no qual a própria pessoa, no pleno gozo de suas faculdades mentais, pode planejar antecipadamente a sua futura curatela ao dispor sobre questões patrimoniais e/ou existenciais para serem implementadas em uma eventual situação de ausência de discernimento, desde que não violem o ordenamento jurídico[91].

Nelson Rosenvald também considera a autocuratela um negócio jurídico de eficácia reprimida, na espera do acontecimento futuro de uma possível incapacidade da pessoa. Esclarece que:

> A "autocuratela" é um negócio jurídico de eficácia sustida, através do qual a pessoa que se encontra na plenitude de sua integridade psíquica promove a sua autonomia de forma prospectiva, planejando a sua eventual curatela, nas dimensões patrimonial e existencial, a fim de que no período de impossibilidade de autogoverno existam condições financeiras adequadas para a execução de suas deliberações prévias sobre o cuidado que receberá e a sua compatibilização com as suas crenças, valores e afetos[92].

A autocuratela possui um caráter protetor e preserva a autodeterminação da pessoa, acolhendo sua vontade antecipadamente externada, como ocorre nas diretrizes antecipadas de vontade dos pacientes nos tratamentos de saúde, previstas na Resolução n. 1.995/2012 do Conselho Federal de Medicina, e que devem ser observadas pelos médicos quando o paciente estiver incapacitado de se manifestar.

A doutrina, entretanto, ressalta que a autocuratela ultrapassa os efeitos das diretrizes antecipadas de vontade, pois além dos cuidados com a saúde manifesta suas vontades com as questões pessoais de ordem afetiva e existencial, indicando quais cuidados deseja receber, as pessoas responsáveis

---

[91] COELHO, Thaís Câmara Maia Fernandes. *Autocuratela*, cit., p. 142.

[92] ROSENVALD, Nelson. *Os confins da autocuratela*. Disponível em <www.nelsonrosenvald.info.p.16.05.2017>. Acesso em: 8-9-2017.

pelos cuidados, espaço familiar que quer permanecer, bem como a organização e a administração de seu patrimônio, indicando o curador que de forma eficaz zele pelo cumprimento de suas vontades e por sua situação financeira, mantendo o padrão de vida que estipulou. O fundamento jurídico da autocuratela e sua validade no Brasil encontra amparo no art. 3, "a", da Convenção sobre os Direitos das Pessoas com Deficiência, em Nova York, 2007, ao dispor que entre os princípios da Convenção incluem "o respeito pela dignidade inerente, a autonomia individual, inclusive a liberdade de fazer as próprias escolhas, e a independência das pessoas".

A liberdade de fazer as próprias escolhas valoriza a autodeterminação, protegida pelo Estatuto da Pessoa com Deficiência, e projeta uma eficácia futura quando não mais possuir discernimento. Novamente é oportuna a lição de Thaís Câmara:

> É através da autodeterminação dos indivíduos que se dá a possibilidade de administração dos interesses patrimoniais e existenciais, orientada sobre as suas escolhas de vida para serem projetadas no futuro. Dessa forma, é por meio da promoção da autonomia privada e pelos princípios constitucionais que se pretende modular o instituto da autocuratela, considerando que o direito tem mudado a sua perspectiva, privilegiando a autonomia do sujeito, na busca da efetividade das escolhas que ele deve fazer para a sua vida.
>
> É importante ressaltar que as medidas de cunho patrimonial têm caráter complementar, prevalecendo primordialmente o caráter existencial (cuidados pessoais e com a saúde) nas questões atinentes à autocuratela. A proteção patrimonial que o curatelado tanto deseja é para resguardar ele próprio na sua qualidade de vida como impossibilitado para gerenciar os seus bens, e não para resguardar direitos sucessórios de seus familiares[93].

A autocuratela pode ser efetuada por escritura pública declaratória ou documento particular autêntico e juntada do processo de curatela para acolhimento judicial, proporcionando à pessoa o cumprimento de suas vontades quando não mais puder se manifestar, valorizando a autodeterminação e conferindo a curatela a quem melhor atende a seus interesses, conforme previsto no art. 755, § 1º, do Código de Processo Civil.

---

[93] COELHO, Thaís Câmara Maia Fernandes. *Autocuratela*, cit., p. 143.

Referências

ABATE, Alessandra. *Dissolução da sociedade conjugal e a partilha das quotas sociais*. Disponível em: <www.correiadasilva.com.br>.

AGUIAR JÚNIOR, Ruy Rosado de. Responsabilidade civil no direito de família. In: MADALENO, Rolf Hanssen; WELTER, Belmiro Pedro (coords.). *Direitos fundamentais no direito de família*. Porto Alegre: Livraria do Advogado, 2004.

AGUIRRE, João Ricardo Brandão. O dano moral pela infidelidade. In: MADALENO, Rolf; BARBOSA, Eduardo (Coords.). *Responsabilidade civil no direito de família*. São Paulo: Atlas, 2015.

ALMEIDA, Renata Barbosa de; RODRIGUES JUNIOR, Walsir Edson. *Direito civil:* famílias. Rio de Janeiro: Lumen Juris, 2010.

ALVES, Leonardo Barreto Moreira. A função social da família. *Revista Brasileira de Direito de Família*. n. 39. Porto Alegre: Síntese/IBDFAM, 2007.

________. *O fim da culpa na separação judicial*. Belo Horizonte: Del Rey, 2007.

________. Reformas legislativas necessárias nos direitos de família. *Revista Brasileira de Direito de Família*. n. 42. Porto Alegre: Síntese/IBDFAM, jun.-jul. 2007.

AMARAL, D. M. S. do. O princípio da boa-fé e suas diferenças entre objetiva e subjetiva. *JurisWay*. 28 jul. 2009.

AMIN, Andréa Rodrigues. Dos direitos fundamentais. In: MACIEL, Kátia Regina Ferreira Lobo Andrade (Coord.). *Curso de direito da criança e do adolescente*. 4. ed. Rio de Janeiro: Lumen Juris, 2010.

ANDRADE, Diogo de Calasans Melo. Adoção entre pessoas do mesmo sexo e princípios constitucionais. *Revista Brasileira de Direito de Família*, n. 30. Porto Alegre: Síntese, IBDFAM, jun.-jul. 2005.

ANDRADE, Muriel Gustavo de. Alienação parental: mecanismos para inibição desta prática. In: RODRIGUES JÚNIOR, Walsir Edson (Org.). *Direito das famílias e das sucessões: novas tendências*. Belo Horizonte: D'Plácido, 2017, v. 1.

ARANTES, Geraldo Claret de. A criança e o direito à convivência familiar. *Revista Síntese Direito de Família*. São Paulo. V. 12, n. 63, dez.-jan. 2011.

ARAÚJO, Sandra Maria Baccara. O psicólogo como perito e como assistente técnico. In: ARAÚJO, Sandra Maria Baccara et al. (Orgs.). *Alienação parental: interlocuções entre o direito e a psicologia*. Curitiba: Maresfiels Gardens, 2014.

AZEVEDO, Álvaro Villaça. *Estatuto da família de fato*. 2. ed. São Paulo: Atlas, 2002.

________. *Teoria geral do direito civil*. São Paulo: Atlas, 2012.

AZEVEDO, Juarez Morais de. *Criança terá duas mães e um pai em seu registro*. Disponível em: <www.lex.com.br/noticia>.

BARBOSA, Eduardo. A responsabilidade civil pelo descumprimento do dever de coabitação e a usucapião familiar. In: MADALENO, Rolf; BARBOSA, Eduardo (Coords.). *Responsabilidade civil no direito de família*. São Paulo: Atlas, 2015.

________. Planejamento sucessório. In: FREITAS, Douglas Phillips; BARBOSA, Eduardo Lemos (Org.). *Direito de família nas questões empresariais*. 2. ed. Florianópolis: Voxlegem, 2012.

BARROS, Cibelle Kähler de Moraes. 2ª Vara Cível da Comarca de Lavras/MG, Execução de Alimentos n. 029257-9, 29-8-2003.

BARROS, Sérgio Resende de. A tutela constitucional do afeto. *Família e dignidade humana. Anais do V Congresso Brasileiro de Direito de Família*. Belo Horizonte: IBDFAM, 2006.

________. Matrimônio e patrimônio. *Revista Brasileira de Direito de Família*. Porto Alegre: IBDFAM/Síntese, n. 8, jan.-mar. 2001.

BERALDO, Leonardo de Faria. *Alimentos no Código Civil:* aspectos atuais e controvertidos com enfoque na jurisprudência. Belo Horizonte: Fórum, 2012.

________. *Alimentos no Código Civil*. 2. ed. Belo Horizonte: Fórum, 2017.

BERLINI, Luciana Fernandes. *Lei da Palmada: uma análise sobre a violência doméstica infantil*. Belo Horizonte: Arraes Editores, 2014.

BEVILÁQUA, Clóvis. *Código Civil comentado*. Rio de Janeiro: Francisco Alves. 1954. v. 2.

_________. *Código Civil dos Estados Unidos do Brasil comentado*. Rio de Janeiro: Francisco Alves, 1917. v. 2.

_________. *Direito de família*. 7. ed. Rio de Janeiro: Editora Rio, 1976.

BIRCHAL, Alice de Souza. A relação processual dos avós no direito de família: direito à busca de ancestralidade, convivência familiar e alimentos. In: PEREIRA, Rodrigo da Cunha (Coord.). *Anais do IV Congresso Brasileiro de Direito de Família*. Belo Horizonte: Del Rey, 2004.

_________. *Inconstitucionalidade da pensão entre divorciados*. Disponível em: <www.jusvi.com/artigos>.

BOBBIO, Norberto. *Teoria do ordenamento jurídico*. 10. ed. Brasília: Editora UnB, 1999.

BODENMÜLLER, Mariana da Silva. A aplicabilidade da multa de 10% estabelecida no art. 475-J do Código de Processo Civil na execução de prestação alimentícia. *Revista Dialética de Direito Processual*. n. 83. São Paulo: Dialética, fev. 2010.

BOEIRA, José Bernardo Ramos. *Investigação de paternidade, posse de estado de filho, paternidade socioafetiva*. Porto Alegre: Livraria do Advogado, 1999.

BOGO, Cristina Paul Cunha. *Jovem terá os nomes dos pais biológicos e socioafetivo anotados em seu registro civil*. Disponível em: <www.aasp.org.br/aasp/imprensa/clipping>.

Boletim de Jurisprudência – Direito de Família. Corregedoria-Geral do Ministério Público do Estado de Minas Gerais. Belo Horizonte: Unifenas, 1997.

BONAVIDES, Paulo. *Curso de direito constitucional*. 26. ed. São Paulo: Malheiros, 2010.

BRASIL, Glícia Barbosa de Mattos. A reconstrução dos vínculos afetivos pelo judiciário. *Revista Brasileira de Direito de Família e Sucessões*. Porto Alegre: Magister; Belo Horizonte: IBDFAM. n. 13, dez.-jan. 2010.

_________. Quando a alienação se torna síndrome. *IBDFAM Revista*, Edição 32, abr./maio 2017.

BRAVO, M. C.; SOUZA, M. J. U. As entidades familiares na constituição. *Jus Navigandi,* Teresina, ano 6, n. 54, fev. 2002. Disponível em: <www.jus2.uol.com.br/doutrina/texto>. Acesso em: 8-1-2013.

BRAZ, Élio. Casal homossexual consegue adoção inédita. Portal uai. Disponível em: <www.uai.com.br>.

BROERING, Luiz Cláudio. *Bebê será registrado com nomes de dois pais em caso de gestação por substituição*. Disponível em: <www.lex.com.br/noticia>.

BUZZI, Marco Aurélio. *Alimentos transitórios, uma obrigação por tempo certo*. Curitiba: Juruá, 2003.

CAHALI, Yussef Said. Casamento fiduciário, fictício ou simulado. *Enciclopédia Saraiva do Direito*. São Paulo: Saraiva. v. 132.

_________. *Dos alimentos*. 3. ed. São Paulo: Saraiva, 1998; 4. ed. São Paulo: Revista dos Tribunais, 2002; 6. ed. São Paulo: Revista dos Tribunais, 2009.

CALDERÓN, Ricardo Lucas. *Princípio da afetividade no direito de família*. Rio de Janeiro: Renovar, 2013.

CANOTILHO, J. J. Gomes. *Direito constitucional e teoria da constituição*. Coimbra: Almedina, 1998.

CANUTO, Erica Verícia de Oliveira. Liberdade de contratar o regime patrimonial de bens no casamento. Regimes mistos. In: PEREIRA, Rodrigo da Cunha (Coord.). *Anais do V Congresso Brasileiro de Direito de Família*. Belo Horizonte: IBDFAM, 2006.

CARNEIRO, Sérgio Barradas. Deputado federal. Justificativa à PEC 33/2007.

CARPINEJAR, Fabrício. Distância e distanciamento. *O amor esquece de começar:* crônicas. Rio de Janeiro: Bertrand Brasil, 2006.

CARVALHO, Dimas Daniel de. *Famílias simultâneas na ordem constitucional democrática*. Dissertação. Faculdade de Direito do Sul de Minas, Pouso Alegre, 2013.

CARVALHO, Dimas Messias de. *Adoção e guarda*. Belo Horizonte: Del Rey, 2010.

_________. *Adoção, guarda e convivência familiar*. 2. ed. Belo Horizonte: Del Rey, 2013.

________. Alimentos: alterações advindas da EC 66/2010. In: NOGUEIRA, Luiz Fernando Valladão (Coord.). *Paternidade e alimentos*. Belo Horizonte: Del Rey, 2012.

________. Caso concreto: emenda do divórcio (EC n. 66/2010) e separação judicial em andamento: parecer do Ministério Público. *De Jure: Revista Jurídica do Ministério Público do Estado de Minas Gerais*. n. 16. Belo Horizonte, jan.-jun. 2011.

________. Da legitimidade do Ministério Público para propor ação de investigação de paternidade. *Revista Jurídica do Ministério Público/MG*. JUS. V. 19. Belo Horizonte: Associação Mineira do Ministério Público, 1999.

________. *Divórcio:* judicial e administrativo. Belo Horizonte: Del Rey, 2010.

________; CARVALHO, Dimas Daniel de. *Direito das sucessões – inventário e partilha*. Belo Horizonte: Del Rey, 2007; 3. ed. Belo Horizonte: Del Rey, 2012.

________. Separação e divórcio extrajudicial. In: CARVALHO, Dimas Messias de. *Direito de Família*. 2. ed. Belo Horizonte: Del Rey, 2009.

CARVALHO, Kildare Gonçalves. *Direito constitucional*. 14. ed. Belo Horizonte: Del Rey, 2008; 19. ed. Belo Horizonte: Del Rey, 2012.

CARVALHO, Luiz Paulo Vieira de. *Direito das sucessões*. 3. ed. São Paulo: Atlas, 2017.

CARVALHO, Newton Teixeira de. A nova execução no direito de família. In: CARVALHO, Dimas Messias de Carvalho. *Direito das famílias*. 3. ed. Lavras: Unilavras, 2014.

________. Lei 11.441 em debate. *Boletim do IBDFAM*. n. 42. Belo Horizonte: IBDFAM, jan.-fev. 2007.

________. *O fim da separação no ordenamento jurídico brasileiro*. Disponível em: <www.ibdfam.org.br>.

________. *Os entraves processuais em ação de alimentos, execução e o novo CPC*. Palestra no VI Congresso Brasileiro de Direito de Família. Belo Horizonte, 16-11-2007.

________. Processo n. 98/025.326.4. Comarca de Belo Horizonte, 1ª Vara de Família, j. 14-8-1999.

________. Principais inovações processuais no NCCB no direito de família. In: PEREIRA, Rodrigo da Cunha (Coord.). *Anais do IV Congresso Brasileiro de Direito de Família*. Belo Horizonte: Del Rey, 2004.

________; FADUL, Fabíola Meijon. Ações declaratórias de existência e inexistência da filiação. In: NOGUEIRA, Luiz Fernando Valladão (Coord.). *Paternidade e alimentos*. Belo Horizonte: Del Rey, 2012.

CASSETARI, Christiano. *Efeitos jurídicos da parentalidade socioafetiva*. 2013. 245 f. Tese (Doutorado em Direito Civil) – Faculdade de Direito da Universidade de São Paulo, São Paulo, 2013.

________. *Divórcio, extinção de união estável e inventário por escritura pública:* teoria e prática. 8. ed. São Paulo: Atlas, 2017.

CHAVES, Adalgisa Wiedemann. A tripla parentalidade (biológica, registral e socioafetiva). *Revista Brasileira de Direito de Família*. Porto Alegre: Síntese/IBDFAM, n. 31, ago.-set. 2005.

CHAVES, Antônio. *Lições de direito civil*. Revista dos Tribunais, 1975. v. 2. p. 11-13. In: DINIZ, Maria Helena. *Curso de direito civil brasileiro* – direito de família. 22. ed. São Paulo: Saraiva. v. 5.

CHAVES, Luiz Cláudio da Silva. O novo divórcio. *Jornal O Estado de Minas*, Caderno Especial. Edição de domingo. 18-7-2010.

CHAVES, Marianna. Famílias ectogenéticas: os limites para utilização de técnicas de reprodução assistida. In: PEREIRA, Rodrigo da Cunha (Coord.). *Famílias nossas de cada dia*. Belo Horizonte: IBDFAM, 2015.

COELHO, Fábio Ulhoa. *Curso de direito civil* – direito de família e sucessões. São Paulo: Saraiva, 2006. v. 5.

________. *Curso de direito civil* – direito de família e sucessões. São Paulo: Saraiva, 2003. v. 1.

________. *Curso de direito civil*. São Paulo: Saraiva, 2005. v. 1.

COELHO, Thaís Câmara Maia Fernandes. *Autocuratela*. Rio de Janeiro: Lumen Juris, 2016.

COL, Helder Martinez Dal. União estável e contratos de namoro no NCCB. *Revista Brasileira de Direito de Família*. Porto Alegre, n. 23, abr.-maio 2004.

COLOMBO, Cristiano. Uma perspectiva acerca da presunção de filiação em matéria de fecundação artificial homóloga *post mortem* e da legitimidade para suceder. *Revista Brasileira de Direito de Família*. Porto Alegre/Síntese, n. 55, ago.-set. 2009.

CORSO, Diana Lichtenstein; CORSO, Mário. *A psicanálise na terra do nunca:* ensaio sobre a fantasia. Porto Alegre: Artmed, 2011.

COSTA, Albergaria. TJMG. AC n. 1.0343.10.000135-7/001 – Comarca de Itumirim/MG. Rel. Des. Kildare Carvalho, j. 8-8-2013, p. 21-8-2013.

COSTA, Gley P. *O amor e seus labirintos*. Porto Alegre: Artmed, 2007.

COSTA, Jurandir Freire. A questão psicanalítica da identidade sexual. In: GRAÑA, Roberto B. (Org.). *Homossexualidade. Formulações psicanalíticas atuais*. Porto Alegre: Artmed, 1998.

COSTA, Tarcísio José Martins. Adoção internacional: aspectos jurídicos, políticos e socioculturais. In: PEREIRA, Rodrigo da Cunha (Coord.). *Anais do II Congresso Brasileiro de Direito de Família*. Belo Horizonte: IBDFAM: OAB/MG. Belo Horizonte: Del Rey, 2000.

________. *Adoção transnacional*. Belo Horizonte: Del Rey, 1998.

COULANGES, Fustel de. *A cidade antiga*. Tradução de Jonas Camargo Leite e Eduardo Fonseca. 6. ed. Rio de Janeiro: Ediouro, 1996.

________. *La cité antique*. 17. ed. Paris: Hachette, 1900.

CRUZ, Maria Luiza Póvoa. *Guarda compartilhada e interesse do menor*. Disponível em: <www.ibdfam.org./artigos>. Acesso em: 10-11-2014. CRUZ, Maria Luiza Póvoa. Citada em *Juízes e cartórios têm três interpretações para emenda do divórcio*. Fonte: *Folha de S. Paulo*. Disponível em: <www.ibdfam.org.br>.

________. *Separação, divórcio e inventário por via administrativa*. 2. ed. Belo Horizonte: Del Rey, 2008; 4. ed. Belo Horizonte: Del Rey, 2011.

CUNHA, Graciela Leães Álvares da; MOREIRA, José Alberto Marques. *Os efeitos jurídicos da união homossexual*. Porto Alegre: Data Certa, 1999.

DANTAS, San Tiago. *Direitos de família e sucessões*. Revista e atualizada por José Gomes Bezerra Câmara e Jair Barros. Rio de Janeiro: Forense, 1991.

DELGADO, Mário. *O direito intertemporal e o Código Civil*. Disponível em: <www.flaviotartuce.adv.br/secoes>.

________. Divórcio. In: PEREIRA, Rodrigo da Cunha (Org.). *Tratado de direito das famílias*. Belo Horizonte: IBDFAM, 2015.

DELINSKI, Julie Cristine. *O novo direito de filiação*. São Paulo: Dialética, 1997.

DIAS, Maria Berenice. Alimentos à gestante. *Revista Brasileira de Direito das Famílias e Sucessões*. n. 5. Porto Alegre: Magister. Belo Horizonte: IBDFAM, ago.-set. 2008.

________. *Conversando sobre homoafetividade*. Porto Alegre: Livraria do Advogado, 2004.

________. *Divórcio já!* São Paulo: Revista dos Tribunais, 2010.

________. *EC 66/10 – e agora?* Disponível em: <www.ibdfam.org.br/artigos>.

________. *Homoafetividade:* O que diz a justiça? Porto Alegre: Livraria do Advogado, 2003.

________. *Manual de direito das famílias*. 3. ed. São Paulo: Revista dos Tribunais, 2006; 4. ed. São Paulo: Revista dos Tribunais, 2007; 5. ed. São Paulo: Revista dos Tribunais, 2009; 8. ed. São Paulo: Revista dos Tribunais, 2011; 11. ed. São Paulo: Revista dos Tribunais, 2016.

________. *União homossexual*: o preconceito e a justiça. 3. ed. Porto Alegre: Livraria do Advogado, 2006.

DINIZ, Márcio Augusto de Vasconcelos. *Constituição e hermenêutica constitucional*. Belo Horizonte: Mandamentos, 2003.

DINIZ, Maria Helena. *Curso de direito civil – direito de família*. 22. ed. São Paulo: Saraiva, 2007. v. 5.

________. *Curso de direito civil – direito de família*. 17. ed. São Paulo: Saraiva, 2002. v. V.

________. *Curso de direito civil brasileiro*. 21. ed. São Paulo: Saraiva, 2007. v. 7.

DONIZETI, Elpídio; QUINTELLA, Felipe. *Curso didático de direito civil*. São Paulo: Atlas, 2012.

DOURADO, Sabrina. A interdição: sua humanização e ressignificação no NCPC e EPD. *Revista Nacional de Direito de Família e Sucessões*, v. 10 (jan.-fev. 2016). Porto Alegre: Magister, 2016.

DOXSEY, Sonia Maria Rabello. A coisa julgada e a investigação de paternidade cumulada com alimentos. In: PEREIRA, Rodrigo da Cunha

(Coord.). *Anais do II Congresso Brasileiro de Direito de Família*. Belo Horizonte: IBDFAM/OAB/MG; Del Rey, 2000.

DUARTE, Marcos. Alienação parental: a morte inventada por mentes perigosas. *Revista Leis e Letras*. 18. ed. Fortaleza: Leis e Letras, 2009.

FACHIN, Luiz Edson. *Da paternidade – relação biológica e afetiva*. Belo Horizonte: Del Rey, 1996.

________. *Elementos críticos do direito de família*. Rio de Janeiro: Renovar, 1999.

________. Prefácio. In: ALMEIDA, Maria Christina. *Investigação de paternidade e DNA:* aspectos polêmicos. Porto Alegre: Livraria do Advogado, 2001.

FARIAS, Cristiano Chaves de. Alimentos decorrentes do parentesco. In: CAHALI, Francisco José; PEREIRA, Rodrigo da Cunha (Coord.). *Alimentos no Código Civil*. São Paulo: Saraiva, 2005.

________. *Escritos de direito de família*. Rio de Janeiro: Lumen Juris, 2007.

________. O novo procedimento para a separação e o divórcio consensuais e a sistemática da Lei n. 11.441/07: o bem vencendo o mal. *Revista Brasileira de Direito de Família*. Porto Alegre: Síntese, IBDFAM. v. 8, n. 40. fev.-mar. 2007.

________; ROSENVALD, Nelson. *Curso de direito civil:* famílias. 5. ed. Salvador: JusPodivm, 2013. v. 6.

________; ROSENVALD, Nelson. *Direito das famílias*. Rio de Janeiro: Lumen Juris, 2008.

FARIAS, Luciano Chaves de. Teoria do risco desautorizando a indenização por danos morais nos casos de ruptura de noivado e das relações matrimoniais. *Revista Brasileira de Direito das Famílias e Sucessões*. n. 1. Porto Alegre: Magister. Belo Horizonte: IBDFAM, dez.-jan. 2008.

FERNANDES, Rodrigo Flores; CASAGRANDE, Aline. Manifestações da juventude nas redes sociais: a ágora da pós-modernidade? *Seminário Internacional de Demandas Sociais e Políticas Públicas na Sociedade Contemporânea*, n. 9. Santa Cruz do Sul: Unisc, 2012. CD-ROM.

FERNANDES, Taísa Ribeiro. *Uniões homossexuais e seus efeitos jurídicos*. São Paulo: Método, 2004.

FERRARINI, L. *Famílias simultâneas e seus efeitos jurídicos*: pedaços da realidade em busca da dignidade. Porto Alegre: Livraria do Advogado Editora, 2010.

FERREIRA, Cristina Sanchez Gomes. *Análise econômica do divórcio*. Porto Alegre: Livraria do Advogado, 2015.

FERREIRA, Juiz Amauri Pinto. 5ª Vara de Família da Comarca de Belo Horizonte/MG. Autos 0024.08.066633-1, j. 2-3-2010.

FERREIRA, Rui Barbosa Marinho. *Adoção* – Comentários à nova Lei n. 12.010 de 03 de agosto de 2009. Leme/SP: Edijur, 2009.

FIGUEIRAS, Fernanda Louro. Aspectos constitucionais da união de pessoas do mesmo sexo. In: PORTO, Sergio Gilberto; USTÁRROZ, Daniel. *Tendências constitucionais no direito de família*. Porto Alegre: Livraria do Advogado, 2003.

FIGUEIREDO, Francisco. TJMG. 2ª CC. Ag n. 1.0702.03.094371-7/001. Rel. Des. Caetano Levi Lopes, j. 14-4-2005.

FIGUEIREDO, Luiz Carlos de Barros. *Comentários à nova lei de adoção* – Lei 12.010 de 2009. Curitiba: Juruá, 2009.

FIUZA, César. *Direito civil* – curso completo. 10. ed. Belo Horizonte: Del Rey, 2007.

FIUZA, Ricardo. *Novo Código Civil comentado*. São Paulo: Saraiva, 2003.

FRANÇA, R. Limongi. *Direito de família* – Enciclopédia Saraiva de Direito. São Paulo: Saraiva. v. 26.

FRANKE, Denise; ROSA, Conrado Paulino da. *Casamento gay e o dia mundial do orgulho LGBT*. Disponível em: <www.ibdfam.org.br/artigos>.

FREITAS, Douglas Phillips. *Alimentos gravídicos* – Comentários à Lei 11.804/2008. Rio de Janeiro: Forense, 2011.

________. *Alimentos gravídicos*. Florianópolis: Voxlegem, 2009.

________. *Guarda compartilhada*. Florianópolis: Conceito Editorial, 2009.

________. *A nova guarda compartilhada*. 3. ed. Florianópolis: Voxlegem, 2017.

________. Partilha e sucessão das quotas empresariais. In: FREITAS, Douglas Phillips; BARBOSA, Eduardo Lemos (Coords.). *Direito de família nas questões empresariais*. 2. ed. Florianópolis: Voxlegem, 2012.

________; LIMA, Ana Cristina Quint; ROSA, Conrado Paulino. *Adoção por casal homoafetivo*. Florianópolis: Voxlegem, 2012.

________; BARBOSA, Eduardo Lemos. *Direito de família nas questões empresariais*. Florianópolis: Voxlegem, 2012.

FREITAS, Lúcia Maria de Fátima. Adoção – quem em nós quer um filho? *Revista Brasileira de Direito de Família*. n. 10. Porto Alegre: Síntese/IBDFAM, jul.-set. 2001.

FRIGHETTO, Edu. *Considerações sobre o conceito de 'gens' e a sua relação com a ideia de identidade nobiliárquica no pensamento de Isidoro de Servilha (século VII)*. Disponível em: <www.academia.edu>. Acesso em: 21-8-2017.

FUGIE, Érika Harumi. A união homossexual e a Constituição Federal. *Revista Brasileira de Direito de Família*, Porto Alegre, n. 15, out.-dez. 2002.

FÜHRER, Maximilianus Cláudio Américo. *Resumo de direito civil*. 28. ed. São Paulo: Malheiros, 2003.

GAGLIANO, Pablo Stolze. *A nova emenda do divórcio:* primeiras reflexões. Disponível em: <www.ibdfam.org.br>.

________; PAMPLONA FILHO, Rodolfo. *Novo curso de direito civil* – Parte geral. 8. ed. São Paulo: Saraiva, 2006. v. I.

________; PAMPLONA FILHO, Rodolfo. *Novo curso de direito civil*. 9. ed. São Paulo: Saraiva, 2011. v. III.

________; PAMPLONA FILHO, Rodolfo. *Direito de família* – As famílias em perspectiva constitucional. 2. ed. São Paulo: Saraiva, 2012.

________; PAMPLONA FILHO, Rodolfo. *Manual de direito civil*. São Paulo: Saraiva, 2017.

GAMA, Guilherme Calmon Nogueira da. Das relações de parentesco. In: DIAS, Maria Berenice; PEREIRA, Rodrigo da Cunha (Coords.). *Direito de família e o novo Código Civil*. 4. ed. Belo Horizonte: Del Rey, 2006.

________. *O companheirismo:* uma espécie de família. 2. ed. São Paulo: Revista dos Tribunais, 2001.

________; GUERRA, Leandro dos Santos. A função social da família. *Revista Brasileira de Direito de Família*. n. 39. Porto Alegre: Síntese/IBDFAM, 2007.

GARCEZ, Sérgio Matheus. A filiação legítima como princípio constitucional e como preceito infraconstitucional. *Revista IOB de Direito de Família*. Porto Alegre: v. 50, out.-nov. 2008.

GARCIA, Marco Túlio Murano. *Las Vegas é aqui!* Disponível em: <www.ibdfam.org.br/artigos>.

GARDNER, Richard A. *O DSM-IV tem equivalente para o diagnóstico de síndrome de alienação parental (SAP)?* Tradução para o português por Rita Rafaeli. Disponível em: <www.alienacaoparental.com.br/textos>.

GASPAROTTO, Geovana Prante; GROSSI, Patrícia Krieger. Matricialidade sociofamiliar: problematizando conceitos e práticas. In: ROSA, Conrado Paulino da; IBIAS, Delma Silveira; THOMÉ, Liane Maria Busnello. *Novos rumos do direito de família e sucessões*. Porto Alegre: IBDFAM/RS, 2016.

GIORGIS, José Carlos Teixeira. A relação homoerótica e a partilha de bens. *Instituto Interdisciplinar de Direito de Família – IDEF. Homossexualidade*: discussões jurídicas e psicológicas. Curitiba: Juruá, 2001.

GIRARDI, Viviane. *Famílias contemporâneas, filiação e afeto*: a possibilidade jurídica da adoção por homossexuais. Porto Alegre: Livraria do Advogado, 2005.

GOMES, Jesus Tupã Silveira. Do sentimento às consequências jurídicas: análise sobre o afeto e o reconhecimento do princípio da afetividade. In: ROSA, Conrado Paulino da; IBIAS, Delma Silveira; THOMÉ, Liane Maria Busnello. *Novos rumos do direito de família e sucessões*. Porto Alegre: IBDFAM/RS, 2016.

GOMES, José Jairo. *Direito civil* – Introdução e parte geral. Belo Horizonte: Del Rey, 2006.

GOMES, Orlando. *Direito de família*. 14. ed. Rio de Janeiro: Forense, 2002.

GONÇALVES, Carlos Roberto. *Direito civil brasileiro – direito de família*. São Paulo: Saraiva, 2005. v. VI.

GONTIJO, Juliana; GONTIJO, Felipe. Alimentos: ação, fixação e execução. In: NOGUEIRA, Luiz Fernando Valladão (Coord.). *Paternidade e alimentos*. Belo Horizonte: Del Rey, 2012.

GRISARD FILHO, Waldyr. *Divórcio express:* uma mudança de vanguarda. Disponível em: <www.ibdfam.org.br/artigos>.

GROENINGA, Giselle Câmara. Direito e psicanálise – um novo horizonte epistemológico. In: PEREIRA, Rodrigo da Cunha (Coord.). *Anais do IV Congresso Brasileiro de Direito de Família. Afeto, ética e família e o novo Código Civil brasileiro*. Belo Horizonte: Del Rey, 2004.

GRUPO de Estudos da Corregedoria-Geral de Justiça do Estado de São Paulo. Disponível em: <www.mundonotarial.org>.

GUIMARÃES, Luis Paulo Cotrim. *A paternidade presumida no direito brasileiro e comparado*. Rio de Janeiro: Renovar, 2001.

GUIMARÃES, Marilene Silveira. Adultério virtual, infidelidade virtual. In: PEREIRA, Rodrigo da Cunha (Coord.). *A família na Travessia do Milênio: Anais do II Congresso Brasileiro de Direito de Família*. Belo Horizonte: Del Rey, 2000.

HIRONAKA, Giselda Maria Fernandes Novaes. A incessante travessia dos tempos e a renovação dos paradigmas. In: SOUZA, Ivone Maria Candido Coelho de (Coord.). *Direito de família, diversidade e multidisciplinariedade*. Porto Alegre: IBDFAM, 2007.

________. Família e casamento em evolução. *Revista Brasileira de Direito de Família*. Porto Alegre: IBDFAM/Síntese, n. 1, abr.-jun. 1999. Apud ALVES, Leonardo Barreto Moreira. A função social da família. *Revista Brasileira de Direito de Família*. Porto Alegre: IBDFAM/Síntese, n. 39, dez.-jan. 2007.

________. Família e casamento em evolução. *Revista Brasileira de Direito de Família*, Porto Alegre, n. 1, abr.-jun. 1999.

IBIAS, Delma Silveira. Aspectos jurídicos acerca da homossexualidade. In: *Instituto Interdisciplinar de Direito de Família – IDEF. Homossexualidade. Discussões Jurídicas e Psicológicas*. Curitiba: Juruá, 2001.

________. Famílias simultâneas e efeitos patrimoniais. In: SOUZA, Ivone M. Candido Coelho de (Org.). *Família contemporânea:* uma visão interdisciplinar. Porto Alegre: IBDFAM, 2011.

JMG. AC n. 1.0017.08.036190-4/001. Rel. Des. Edilson Fernandes, j. 10-8-2010.

JORGE JÚNIOR, Alberto Gosson. União estável e concubinato. *Revista IOB de Direito de Família*. n. 45. Porto Alegre: Síntese. v. 9, n. 45, dez.-jan. 2008.

KANT, Immanuel. *Fundamentação da metafísica dos costumes*. São Paulo: Abril Cultural, 1980. v. 1. (Coleção Os Pensadores).

LABRES, Carine. *Justiça reconhece o direito de criança ter dois pais no registro de nascimento*. Disponível em: <www.ibdfam.org.br/noticia>.

LAGRASTA, Caetano. *O fim da separação e da culpa?* Disponível em: <www.ibdfam.org.br/artigos>.

LANGOSKI, Deisemara Turotti. Direito de visitas x direito de convivência. *Revista Síntese Direito de Família*. São Paulo. v. 13, n. 70, fev.-mar. 2012.

LEITE, Eduardo de Oliveira. *Tratado de direito de família:* origem e evolução do casamento. Curitiba: Juruá, 1991.

LENZA, Pedro. *Direito constitucional esquematizado*. 11. ed. São Paulo: Método, 2007.

LIMA, Ana Cristina Quint de; ROSA, Conrado Paulino da; FREITAS, Douglas Phillips. *Adoção por casal homoafetivo*. Florianópolis: Vox Legem, 2012.

LIMA, Márcia Fidelis. O registro civil da parentalidade socioafetiva e da multiparentalidade. *Revista IBDFAM*: famílias e sucessões, v. 25 (jan./fev.). Belo Horizonte: IBDFAM, 2018.

LIMA, Ricardo Alves de. *Função social da família:* família e relações de poder – transformação funcional familiar a partir do direito privado. Curitiba: Juruá, 2013.

LISBOA, Éricka de Fátima Matozinhos Ribeiro. Refletindo sobre a guarda compartilhada. *Revista AMMP Notícias*. Belo Horizonte: AMMP, abr. 2010, n. 24.

LISBOA, Roberto Senise. *Manual de direito civil:* direito de família e sucessões. 6. ed. São Paulo: Saraiva, 2010. v. 5.

LÔBO, Paulo. A repersonalização das relações de família. *Revista Brasileira de Direito de Família*. Porto Alegre: IBDFAM/Síntese, n. 24, jun.-jul. 2004.

________. *Com os avanços legais, pessoas com deficiência mental não são mais incapazes*. Disponível em: <www.conjur. com.br>.

________. Constitucionalização do direito civil. *Revista de Informação Legislativa*. Brasília, ano 36, n. 141, jan.-mar. 1999.

________. *Direito civil. Famílias*. São Paulo: Saraiva, 2008.

________. *Divórcio:* alteração constitucional, suas consequências. Disponível em: <www.ibdfam.org.br/artigos>.

________. *Divórcio e separação consensuais extrajudiciais*. Disponível em: <www.cjn.gov.br>.

________. Entidades familiares constitucionalizadas: para além do "numerus clausus". *Revista Brasileira de Direito de Família*. n. 12. Porto Alegre: Síntese/IBDFAM, jan.-mar. 2002.

________. *Novo CPC não recriou ou restaurou a separação judicial*. Disponível em: <www.conjur.com.br>.

________. Socioafetividade em família e a orientação do Superior Tribunal de Justiça. In: FRAZÃO, Ana; TEPEDINO, Gustavo (Coords.). *O Superior Tribunal de Justiça e a reconstrução do direito privado*. São Paulo: Revista dos Tribunais, 2011.

________. Socioafetividade no direito de família: a persistente trajetória de um conceito fundamental. *Revista Brasileira de Direito das Famílias e Sucessões*. Porto Alegre: Magister. Belo Horizonte: IBDFAM, n. 5, ago.-set. 2008.

LUHMAN, N. *Sociologia do direito I*. Rio de Janeiro: Tempo Brasileiro, 1983.

LUPIANHES NETO, Nicolau. *A urgência no acolhimento da família*. Alfenas: Jornal dos Lagos, 31 de maio de 2008. Ed. n. 304. Caderno L.

MACIEL, Kátia Regina Ferreira Lobo Andrade. *Curso de direito da criança e do adolescente*. 4. ed. Rio de Janeiro: Lumen Juris, 2010.

MADALENO, Ana Carolina Carpes; MADALENO, Rolf. *Síndrome da alienação parental*. 4. ed. Rio de Janeiro: Forense, 2017.

MADALENO, Rolf. *Curso de direito de família*. Rio de Janeiro: Forense, 2008; 3. ed. Rio de Janeiro: Forense, 2009; 4. ed. Rio de Janeiro: Forense, 2011; 5. ed. Rio de Janeiro: Forense, 2013.

________. Fraude material na união estável e conjugal. In: FREITAS, Douglas Phillips; BARBOSA, Eduardo Lemos (Org.). *Direito de família nas questões empresariais*. 2. ed. Florianópolis: Voxlegem, 2012.

________. Renúncia a alimentos. *Revista Brasileira de Direito de Família*. n. 27. Porto Alegre: Síntese, IBDFAM, dez.-jan. 2005.

________. Responsabilidade civil na conjugalidade e alimentos compensatórios. *Revista Brasileira de Direito de Família e Sucessões*. v. 13. Porto Alegre: Magister; Belo Horizonte: IBDFAM, dez.-jan. 2010.

__________. Separação extrajudicial: praticidade, trâmite e fraude. *Revista Brasileira de Direito de Família*. Porto Alegre: Síntese, IBDFAM, v. 8, n. 40, fev.-mar. 2007.

MAGALHÃES, José Luiz Quadros de; SOUZA, Tatiana Ribeiro de. O direito do nascituro: vida e pessoa. *Revista Brasileira de Direito de Família*. n. 34. Porto Alegre: Síntese/IBDFAM, fev.-mar. 2006.

MAIA, Renato. Da horizontalização dos direitos fundamentais. *Revista da Faculdade de Direito do Sul de Minas*. Pouso Alegre, 2008. Ed. especial, n. 1.

__________; LIMA, Ricardo Alves de. Adoção e direitos fundamentais: a adoção como efetivação da convivência familiar. *Revista da Faculdade de Direito da UFMG*, Belo Horizonte, n. 58, 2011.

MANFRÉ, José Antônio Encinas. *Regime matrimonial de bens no novo Código Civil*. São Paulo: Juarez de Oliveira, 2003.

MATOS, Ana Carla Harmatiuk. *União entre pessoas do mesmo sexo*: aspectos jurídicos e sociais. Belo Horizonte: Del Rey, 2004.

MAXIMILIANO, Carlos. *Hermenêutica e aplicação do direito*. Rio de Janeiro: Forense, 1996.

MEIRA, Fernanda de Melo. A guarda e a convivência familiar como instrumentos veiculadores de direitos fundamentais. In: TEIXEIRA, Ana Carolina Brochado; RIBEIRO, Gustavo Pereira Leite (Coords.). *Manual de direito das famílias e das sucessões*. 2. ed. Belo Horizonte: Del Rey, 2010.

MEIRA, Silvio A. B. *Instituições de direito romano*. 4. ed. São Paulo: Max Limonad, 1971.

MELLO, Celso Antônio Bandeira de. *Conteúdo jurídico do princípio da igualdade*. 3. ed. São Paulo: Malheiros, 2005.

MENDES, Gilmar Ferreira. *Curso do direito constitucional*. 4. ed. MENDES, Gilmar Ferreira; COELHO, Inocêncio Mártires; BRANCO, Paulo Gustavo Gonet (Coords.). São Paulo: Saraiva, 2009.

__________; et al. *Hermenêutica constitucional e direitos fundamentais*. Brasília: Brasília Jurídica, 2000.

MIGUEL, Alexandre. A responsabilidade civil no novo Código Civil: algumas considerações. In: NERY, Rosa Maria Barreto Borriello de Andrade; NERY JÚNIOR, Nelson (Org.). *Responsabilidade civil:* teoria geral. São Paulo: Revista dos Tribunais, 2010.

MIRANDA, Pontes de. *Tratado de direito de família*. 3. ed. São Paulo: Bookseller, 2001. v. I.

MONTEIRO, Washington de Barros. *Curso de direito civil* – direito de família. 26. ed. São Paulo: Saraiva, 1988. v. 2; 22. ed. São Paulo: Saraiva, 1984; 32. ed. São Paulo: Saraiva, 1995; 33. ed. São Paulo: Saraiva, 1996.

MONTORO, Mário Paulo de Moura Campos. Comarca de Lavras/MG. Autos 0080672-30.2010.8.13.0382, j. 18-10-2010.

_________. Comarca de Lavras/MG. Autos 0382.09.110116-4, j. 6-11-2009.

MOREIRA, José Carlos Barbosa. O direito do nascituro à vida. *Revista Brasileira de Direito de Família*. n. 34. Porto Alegre: Síntese/IBDFAM, fev.-mar. 2006.

MOREIRA FILHO, Ibrahim Fleury de Camargo. *Conversão da união estável em casamento*. São Paulo: Saraiva, 2014.

MOREIRA FILHO, José Roberto. A investigação de paternidade e maternidade diante das novas técnicas de reprodução humana artificial. In: NOGUEIRA, Luiz Fernando Valladão (Coord.). *Paternidade e alimentos*. Belo Horizonte: Del Rey, 2012.

NEGRÃO, Theotonio; GOUVÊA, José Roberto F. *Código de Processo Civil*. 39. ed. São Paulo: Saraiva, 2007; 40. ed. São Paulo: Saraiva, 2008.

NOGUEIRA, Luiz Fernando Valladão. *Divórcio*: inovações e consequências da EC n. 66/2010. Belo Horizonte: Del Rey, 2011.

NOTICIÁRIO: STJ enfrenta polêmica sobre direitos das concubinas. *Revista Brasileira de Direito das Famílias e Sucessões*. n. 2. Porto Alegre: Magister; IBDFAM: Belo Horizonte, fev.-mar. 2008.

_________. Autos 46.869-8, 2ª Vara Cível da Comarca de Lavras/MG, j. 18-1-2008.

OBEID, Elias Charbil. Autos 0079.08.442173-8. Vara da Infância e Juventude. Comarca de Contagem/MG.

OLIVEIRA, Euclides Benedito de; HIRONAKA, Giselda Maria Fernandes Novaes. Do casamento. In: DIAS, Maria Berenice; PEREIRA, Rodrigo da Cunha (Coords.). *Direito de família e o novo Código Civil*. IBDFAM. Belo Horizonte: Del Rey, 2001.

______. Casamento avuncular: dispensa de impedimento ou a quebra do tabu do incesto. *Revista Jurídica Leis e Letras*. n. 10. Fortaleza: Leis e Letras, 2007.

______. *União estável*: do concubinato ao casamento. Antes e depois do novo Código Civil. 6. ed. São Paulo: Método, 2003.

OLIVEIRA, Paulo Roberto de Lima. *Contribuição à teoria da coisa julgada*. São Paulo: Revista dos Tribunais, 1997.

OLIVEIRA FILHO, Bertoldo Mateus de. *Alimentos e investigação de paternidade*. Belo Horizonte: Del Rey, 1993.

ORSELL, Helena de Azevedo. Reflexões acerca do direito fundamental do filho à convivência com o genitor que não detém sua guarda. *Revista Síntese Direito de Família*. São Paulo. V. 12, n. 63, dez.-jan. 2011.

PALFREY, John; GASSER, Urs. *Nascidos na era digital:* entendendo a primeira geração de nativos digitais. Tradução de Magda França Lopes. Porto Alegre: Artmed, 2011.

PARREIRAS, Núbio de Oliveira. Separação Litigiosa 0382 09 109264-5. Comarca de Lavras/MG. Audiência em 14-7-2010.

PEREIRA, Caio Mário da Silva. *Instituições de direito civil* – direito de família. 7. ed. Rio de Janeiro: Forense, 1991. v. V.

______. *Instituições de direito civil*. 22. ed. Rio de Janeiro: Forense, 2007.

______. *Reconhecimento de paternidade e seus efeitos*. Rio de Janeiro: Forense, 1991.

PEREIRA, Daniella Velloso; MÁXIMO, Maria Flávia Cardoso. Maternidade e paternidade socioafetivas. In: NOGUEIRA, Luiz Fernando Valladão (Coord.). *Paternidade e alimentos*. Belo Horizonte: Del Rey, 2012.

PEREIRA, Jane Reis Gonçalves. Apontamentos sobre a aplicação das normas de direito fundamental nas relações jurídicas entre particulares. In: BARROSO, Luis Roberto (Org.). *A nova interpretação constitucional:* ponderação, direitos fundamentais e relações privadas. 2. ed. Rio de Janeiro: Renovar, 2006.

PEREIRA, Lafayette Rodrigues. *Direito de família*. 4. ed. Rio de Janeiro: Freitas Bastos, 1945.

PEREIRA, Rodrigo da Cunha. *Princípios fundamentais norteadores do direito de família*. 2. ed. São Paulo: Saraiva, 2012.

______. *A Emenda Constitucional n. 66/2010*: semelhanças, diferenças e inutilidades entre separação e divórcio e o direito intertemporal. Disponível em: <www.ibdfam.org.br/artigos>. Acesso em: 20-7-2010.

______. *A sexualidade vista pelos tribunais*. 2. ed. Belo Horizonte: Del Rey, 2001.

______. *Concubinato e união estável de acordo com o novo Código Civil*. 6. ed. Belo Horizonte: Del Rey, 2001.

______. *Concubinato e união estável*. 4. ed. Belo Horizonte: Del Rey, 1997.

______. *Dicionário de direito de família e sucessões*. São Paulo: Saraiva, 2015.

______. *Direito de família e o novo Código Civil*. In: DIAS, Maria Berenice; PEREIRA, Rodrigo da Cunha – IBDFAM (Coords.). Belo Horizonte: Del Rey, 2001.

______. *Direito de família:* uma abordagem psicanalítica. 2. ed. Belo Horizonte: Del Rey, 1999.

______. *Divórcio:* teoria e prática. 2. ed. Rio de Janeiro: GZ, 2010.

______. Família, direitos humanos, psicanálise e inclusão social. *Revista Brasileira de Direito de Família*, Porto Alegre, n. 16, jan.-mar. 2003.

______. *Gêneros, transgêneros, cisgêneros*: orgulho e preconceito. Disponível em: <www.ibdfam.org.br/noticias>.

______. *Princípios fundamentais norteadores do direito de família*. Belo Horizonte: Del Rey, 2008.

______. *Princípios fundamentais norteadores para o direito de família*. Belo Horizonte: Del Rey, 2005.

______. *Restrições ao direito de amar*. Disponível em: <www.editoramagister.com/doutrina>.

______. Teoria geral dos alimentos. In: CAHALI, Francisco José (Coord.). *Alimentos no Código Civil*. São Paulo: Saraiva, 2005.

PEREIRA, Sérgio Gischkow. A alteração do regime de bens: possibilidade de retroagir. *Revista Brasileira de Direito de Família*. n. 23. Porto Alegre: Síntese/IBDFAM, abr.-maio 2004.

PERLINGIERI, Pietro. *Perfis do direito civil* – Introdução ao direito civil constitucional. Tradução de Maria Cristina de Cicco. 2. ed. Rio de Janeiro: Renovar, 2002.

PERROT, Michele. O nó e o ninho. *Veja 25:* reflexões para o futuro. São Paulo: Abril, 1993.

PORTO, Sérgio Gilberto. *Doutrina e prática dos alimentos*. 3. ed. São Paulo: Revista dos Tribunais, 2003.

QUEIROZ, Juliane Fernandes. *Paternidade:* aspectos jurídicos e técnicas de inseminação artificial. Belo Horizonte: Del Rey, 2001.

QUINTANA, Mario. *80 anos de poesia*. 3. ed. São Paulo: Globo, 1994.

RESENDE, Clayton Rosa de. Alimentos gravídicos – indícios de paternidade. In: NOGUEIRA, Luiz Fernando Valladão (Coord.). *Paternidade e alimentos*. Belo Horizonte: Del Rey, 2012.

RIBEIRO, Ana Cecília Rosário. *Alimentos ao nascituro – uma postura em defesa do direito à vida*. Trabalho científico apresentado no VI Congresso Brasileiro de Direito de Família. Belo Horizonte: IBDFAM, 14 a 17 de novembro de 2007.

RIBEIRO, Paulo Hermano Soares. *Análise preliminar da EC n. 66/10 e seus reflexos no divórcio por escritura pública*. Disponível em: <www.serjus.com.br>.

RIOS, Roger Raupp. *A homossexualidade no direito*. Porto Alegre: Livraria do Advogado e Esmafe, 2001.

__________. *O princípio da igualdade e a discriminação por orientação sexual. A homossexualidade no direito brasileiro e americano*. São Paulo: RT, 2002.

ROCHA, Marco Túlio Carvalho. *O conceito de família e suas implicações jurídicas:* teoria sociojurídica do direito de família. Rio de Janeiro: Elsevier, 2009.

RODRIGUES, Humberto. *O amor entre iguais*. São Paulo: Mythos, 2004.

RODRIGUES, Renata de Lima; TEIXEIRA, Ana Carolina Brochado. Multiparentalidade como fenômeno jurídico contemporâneo. *Revista Brasileira de Direito das Famílias e Sucessões*. Porto Alegre, Magister; Belo Horizonte, IBDFAM, v. 14, fev.-mar. 2010.

RODRIGUES, Silvio. *Direito civil – direito de família*. 22. ed. São Paulo: Saraiva, 1997. v. 6.

__________. *Direito civil – direito de família*. 27. ed. São Paulo: Saraiva, 2002. v. 6.

ROSA, Conrado Paulino da; CARVALHO, Dimas Messias de; FREITAS, Douglas Phillips. *Dano moral & direito das famílias*. 2. ed. Belo Horizonte: Del Rey, 2012.

________. *Curso de direito de família contemporâneo*. Salvador: JusPodivm, 2016; 4. ed. 2018.

________. *Desatando nós e criando laços:* os novos desafios da mediação familiar. Belo Horizonte: Del Rey, 2012.

________. *iFamily:* um novo conceito de família? São Paulo: Saraiva, 2013.

ROSENVALD, Nelson. *Dignidade humana e boa-fé no Código Civil*. São Paulo: Saraiva, 2005.

________. Curatela. In: PEREIRA, Rodrigo da Cunha (Coord.). *Tratado de direito de família*. Belo Horizonte: IBDFAM, 2015.

________. *Os confins da autocuratela*. Disponível em <www.nelsonrosenvald.info.p.16.05.2017>. Acesso em: 8-9-2017.

ROUDINESCO, Elisabeth. *A família em desordem*. Tradução de André Telles. Rio de Janeiro: Zahar, 2003.

RUSSO, José. Casamento perante autoridade consular. *Revista Brasileira de Direito de Família*. n. 23. São Paulo: Síntese, 2004.

RUZYK, C. E. P. *Famílias simultâneas:* da unidade codificada à pluralidade constitucional. Rio de Janeiro: Renovar, 2005.

SALGADO, Marcelo Paulo. Ação Negatória de Paternidade 38.068-7. 1ª Vara Cível. Comarca de Lavras/MG, j. 30-6-2005.

________. Autos 0223.07.229913-2. Vara da Infância e da Juventude. Comarca de Divinópolis/MG.

________. Autos 10.887-03. 1ª Vara Cível. Comarca de Lavras/MG, j. 22-4-2003.

SANTOS, Ernane Fidélis dos. As *reformas de 2005 e 2006 do Código de Processo Civil*. 2. ed. São Paulo: Saraiva, 2006.

SANTOS, Luiz Felipe Brasil. A separação judicial e o divórcio no novo Código Civil brasileiro. *Revista Brasileira de Direito de Família*. n. 12. Porto Alegre: Síntese/IBDFAM, jan.-mar. 2002.

________. *Emenda do divórcio:* cedo para comemorar. Disponível em: <www.ibdfam.org.br/artigos>.

SANTOS, Romualdo Baptista dos. Considerações sobre a lei de divórcios e separações extrajudiciais. *Revista Brasileira de Direito de Família*. Porto Alegre: Síntese, IBDFAM. v. 9. n. 41. abr.-maio 2007.

SARLET, Ingo Wolfgang. *A eficácia dos direitos fundamentais:* uma teoria geral dos direitos fundamentais na perspectiva constitucional. Porto Alegre: Livraria do Advogado, 2011.

________. *Dignidade da pessoa humana e direitos fundamentais na Constituição Federal de 1988*. 9. ed. Porto Alegre: Livraria do Advogado, 2011.

SARMENTO, D. *Direitos fundamentais e relações privadas*. 2. ed. Rio de Janeiro: Lumen Juris, 2006.

SCHREIBER, A. Famílias simultâneas e redes familiares. In: HIRONAKA, G. M. F. N.; TARTUCE, F.; SIMÃO, J. F. (Coords.). *Direito de família e das sucessões*. São Paulo: Método, 2009.

SILVA JÚNIOR, Enézio de Deus. A *possibilidade jurídica de adoção por casais homossexuais*. Curitiba: Juruá, 2005.

SILVA, De Plácido e. *Vocabulário jurídico*. 3. ed. Rio de Janeiro: Forense, 1993.

SILVA, José Afonso. *Curso de direito constitucional positivo*. 23. ed. São Paulo: Malheiros, 2004.

SILVA, Juiz Célio Marcelino da. Vara Única da Comarca de Itumirim/MG. Autos 0001357-70. 2010, j. 11-7-2012.

SILVA, M. A. da. *Da monogamia:* a sua superação como princípio estruturante do direito de família. Curitiba: Juruá, 2013.

SILVA, Paulo Roberto da. Autos 2.634/94 (autos apensos). Comarca de Passa Tempo/MG.

SILVA, Regina Beatriz Tavares da. *Leia enunciado da V Jornada do Conselho da Justiça Federal sobre a emenda do divórcio*. Disponível em: <www.reginabeatriz.com.br>.

________. *Novo Código Civil comentado*. FIUZA, Ricardo (Coord.). São Paulo: Saraiva. 2003.

SILVA, Sandra Maria da. *Direito de filiação. O valor do exame de DNA*. Belo Horizonte: Decálogo, 2007.

SILVEIRA, Claudia da. *A origem da família, da propriedade privada e do Estado*. Disponível em: <www.egov.ufsc.br>.

SIMÃO, José Fernando. *A PEC do divórcio e a culpa:* impossibilidade. Disponível em: <www.ibdfam.org.br/artigos>.

________. *A PEC do divórcio:* a revolução do século em matéria de direito de família. Disponível em: <www.ibdfam.org.br/artigos>.

________. *Estatuto da pessoa com deficiência causa perplexidade.* Parte I e II. Disponível em: <http://www.conjur.com.br>.

SIMIONI, Rafael Lazzarotto. Decisão jurídica e autonomia do direito: a legitimidade da decisão para além do constitucionalismo e democracia. In: FIGUEIREDO, Eduardo Henrique Lopes; MONACO, Gustavo Ferraz de Campos; MAGALHÃES, José Luiz Quadros de (Coords.). *Constitucionalismo e democracia.* Rio de Janeiro: Elsevier, 2012.

SOBREIRA, Vera Mikevis. Alimentos decorrentes da união estável e do concubinato. In: CAHALI, Francisco José; PEREIRA, Rodrigo da Cunha (Coord.). *Alimentos no Código Civil.* São Paulo: Saraiva, 2005.

SOUZA, Carlos Eduardo Silva e. *Casamento por procuração: ambos nubentes podem estar ausente na celebração do matrimônio e representados pelo mesmo procurador?.* Disponível em: <www.ambito-juridico.com.br>.

SOUZA, Ivone Maria Candido Coelho de. Leis codificadas e leis cifradas: razão e sensibilidade no direito de família. In: SOUZA, Ivone M. C. Coelho de (Org.). *Casamento:* uma escuta além do judiciário. Florianópolis: Voxlegem, 2006.

________. Homossexualismo, uma instituição reconhecida em duas grandes civilizações. In: Instituto Interdisciplinar de Direito de Família – IDEF. *Homossexualidade. Discussões jurídicas e psicológicas.* Curitiba: Juruá, 2001.

________; DIAS, Maria Berenice. Famílias modernas: (inter)secções do afeto e da lei. *Revista Brasileira de Direito de Família*, Porto Alegre, n. 8, jan.-mar. 2001.

SPAGNOLO, Juliano. Uma visão dos alimentos através do prisma fundamental da dignidade da pessoa humana. In: PORTO, Sergio Gilberto; USTÁRROZ, Daniel. *Tendências constitucionais no direito de família.* Porto Alegre: Livraria do Advogado, 2003.

SPENCER, Colin. *Homossexualidade:* uma história. Tradução de Rubem Mauro Machado. 2. ed. Rio de Janeiro: Record, 1999.

SPENGLER, Fabiana Marion. *Alimentos:* da ação à execução. Porto Alegre: Livraria do Advogado, 2002.

________. *União homoafetiva:* o fim do preconceito. Santa Cruz do Sul: EDUNISC, 2003.

STOLZE, Pablo. *É o fim da interdição?*. Disponível em: <www. jus.com.br>.

TAMAMINI, Elissaidy Jangada Oliveira. *Curatela de pessoa deficiente intelectual e mental.* Monografia de conclusão de curso de pós-graduação. Curitiba: ABDConst, 2016.

TARTUCE, Fernanda. *Processo civil no direito de família*. 2. ed. Rio de Janeiro: Forense; São Paulo: Método, 2017.

TARTUCE, Flávio. *A emenda constitucional e os alimentos pós-divórcio.* Disponível em: <www.ibdfam.org.br/artigo>.

________. *Manual de direito civil.* 3. ed. Rio de Janeiro: Forense. São Paulo: Método, 2013.

________. *Manual de direito das famílias e das sucessões.* In: TEIXEIRA, Ana Carolina Brochado; RIBEIRO, Gustavo Pereira Leite (Coords.). Belo Horizonte: Del Rey e Mandamentos, 2008.

________. Novos princípios do direito de família brasileiro. In: TEIXEIRA, Ana Carolina Brochado; RIBEIRO, Gustavo Pereira (Coords.). *Manual de direito das famílias e sucessões.* 2. ed. Belo Horizonte: Del Rey, 2010.

TEIXEIRA, Ana Carolina Brochado. *Família, guarda e autoridade parental.* 2. ed. Rio de Janeiro: Renovar, 2009.

________; RODRIGUES, Renata de Lima. *O direito das famílias entre a norma e a realidade.* São Paulo: Atlas, 2010.

________; SÁ, Maria de Fátima Freire de. Fundamentos principiológicos do Estatuto da Criança e do Adolescente e do Estatuto do Idoso. *Revista Brasileira de Direito de Família*, n. 26. Porto Alegre: Síntese/IBDFAM, out.-nov. 2004.

TEPEDINO, Gustavo. *Temas de direito civil.* Rio de Janeiro: Renovar, 1999.

THEODORO JÚNIOR, Humberto. *Curso de direito processual civil – processo de execução e processo cautelar*. 39. ed. Rio de Janeiro: Forense, 2006. v. II.

THOMÉ, Liane Maria Busnello; GUIDOLIN, Aline Maria. O reconhecimento das famílias anaparentais pelo Superior Tribunal de Justiça. In: ROSA, Conrado Paulino da; THOMÉ, Liane Maria Busnello (Coords.). *Um presente para construir o futuro*: diálogos sobre família e sucessões. Porto Alegre: IBDFAM/RS, 2015.

VALADARES, Maria Goreth Macedo. *Multiparentalidade e as novas relações parentais*. Rio de Janeiro: Lumen Juris, 2016.

VEJA, Revista. Edição n. 2179, 25-8-2010. São Paulo: Abril.

VELOSO, Zeno. *Direito brasileiro da filiação e paternidade*. São Paulo: Malheiros, 1997.

________. *Invalidade do negócio jurídico*. Belo Horizonte: Del Rey, 2005.

________. Novo casamento do cônjuge ausente. *Revista Brasileira de Direito de Família*. n. 23. Porto Alegre: Síntese/IBDFAM, abr.-maio, 2004.

________. Novo casamento do cônjuge ausente. In: DEL'OLMO, Florisbal de Souza; ARAÚJO, Luis Ivano de Amorim (Coords.). *Direito de Família contemporâneo e os novos direitos: estudos em homenagem ao Professor José Russo*. Rio de Janeiro: Forense, 2006.

________. *O novo divórcio e o que restou do passado*. Disponível em: <www.ibdfam.org.br>.

________. *Separação, extinção de união estável, divórcio, inventário e partilha consensuais, de acordo com o Novo CPC*. Separata do *Boletim do Instituto de Registro Imobiliário do Brasil – IRIB – em Revista*, edição n. 35, set./2016, São Paulo.

VENOSA, Sílvio de Salvo. *Direito civil* – direito de família. 3. ed. São Paulo: Atlas, 2003.

________. *Introdução ao estudo do direito:* primeiras linhas. São Paulo: Atlas, 2004.

VIANA, Marco Aurélio S. *Curso de direito civil*. 2. ed. Belo Horizonte: Del Rey, 1998. v. 2.

________. *Curso de direito civil:* direito de família. Belo Horizonte: Del Rey, 1993.

VIEGAS, Suzana. *A nova emenda constitucional do divórcio* – é o fim da família? Disponível em: <www.ibdfam.org.br>.

VILAS BÔAS, Renata Malta. Direito das famílias: a figura da madrasta e sua importância para a criança ou adolescente. *Revista Síntese Direito de Família*, São Paulo. v. 14, n. 71, abr.-maio, 2012.

VILLELA, João Baptista. A desbiologização da paternidade. *Revista da Faculdade de Direito da UFMG*. Belo Horizonte, n. 21, 1979.

________. Família hoje. In: BARRETO, Vicente (Coord.). *A nova família:* problema e perspectivas. Rio de Janeiro: Renovar, 1997.

WAËL, Francis. *Droits des enfants naturels reconnus dans la succession de leurs peres et mères*. Paris: Rousseau, 1901. p. 22-23. Apud PEREIRA, Caio Mário da Silva. *Reconhecimento de paternidade e seus efeitos*. Rio de Janeiro: Forense, 1991.

WAGNER, Adriana; TRONCO, Cristina; ARMANI, Ananda Borgert. Os desafios da família contemporânea. In: WAGNER, Adriana (Coord.). *Desafios psicossociais da família contemporânea*: pesquisas e reflexões. Porto Alegre: Artmed, 2011.

WAMBIER, Teresa Arruda Alvim. *Precedentes e evolução do direito. Direito jurisprudencial*. São Paulo: Revista dos Tribunais, 2012.

WELTER, Belmiro Pedro. *Alimentos no Código Civil*. Porto Alegre: Síntese, 2003.

________. Relativização da coisa julgada na investigação de paternidade. In: PEREIRA, Rodrigo da Cunha (Coord.). *Anais do IV Congresso Brasileiro de Direito de Família*. Belo Horizonte: Del Rey, 2004.

________. Teoria tridimensional do direito de família: reconhecimento de todos os direitos das filiações genética e socioafetiva. *Revista Brasileira de Direito das Famílias e Sucessões*. Porto Alegre: Magister; Belo Horizonte: IBDFAM. fev.-mar. 2009.

WITZEL, Ana Cláudia Paes. *Aspectos gerais da responsabilidade civil no direito de família*. Disponível em: <www.ambitojurídico.com.br>.

ZANNONI, Eduardo A. *Derecho civil:* derecho de familia. 4. ed. Buenos Aires: Astrea, 2002.

ZENI, Bruna Schlindwein. *A evolução histórico-legal da filiação no Brasil*. Disponível em: <www.revistas.unijui.edu.br/revistadireitoemdebate>. Acesso em: 17-10-2013.

ZIMERMAN, David E. *Etimologia de termos psicanalíticos*. Porto Alegre: Artmed, 2012.